RECUEIL GÉNÉRAL

ANNOTÉ

DES LOIS, DÉCRETS, ORDONNANCES, ETC., ETC.,

DEPUIS LE MOIS DE JUIN 1789 JUSQU'AU MOIS D'AOUT 1830;

AVEC DES NOTICES PAR MM. ODILON-BARROT, VATIMESNIL, YMBERT

PUBLIÉ

PAR LES RÉDACTEURS DU JOURNAL DES NOTAIRES ET DES AVOCATS,

SOUS LES AUSPICES

De plusieurs pairs de France, députés, magistrats, jurisconsultes, MM. Portalis, Siméon, Tripier, Dupin aîné, de Haussy, de Noé, de Balsac, Bernard (de Rennes), Bignon, Boissy-d'Anglas, Champanhet, Cormenin, Dubois (de Nantes), Étienne, Gillon, Havin, Mauguin, Persy, de Schonen, Taïs, Mestadier, Debelleyme, Merlin, Crémieux, etc., etc.

16 VOLUMES GRAND IN-8.

A PARIS,

AU BUREAU DE L'ADMINISTRATION DU JOURNAL DES NOTAIRES ET DES AVOCATS,

RUE DE CONDÉ, N° 10.

1835.

BUT ET PLAN DU

RECUEIL GÉNÉRAL,

ANNOTÉ,

DES LOIS, DÉCRETS, ORDONNANCES, ETC., ETC.,

DEPUIS LE MOIS DE JUIN 1789 JUSQU'AU MOIS D'AOUT 1830.

L'Administration du *Journal des Notaires et des Avocats* public, depuis le mois d'août 1830, un *Recueil des Lois et Ordonnances*, *avec des notes explicatives*. Parvenu à la cinquième année de son existence, ce Recueil compte déjà plus de *sept mille* abonnés Ce succès, qui s'accroît de jour en jour et doit devenir universel, est dû à l'utilité de cette publication pour toutes les classes de fonctionnaires publics, pour les jurisconsultes et hommes de loi, et même pour les simples citoyens : au soin et à l'exactitude avec lesquels sont analysés, sous le texte de chaque loi, les rapports et discussions dont elle a été l'objet dans les deux Chambres ; enfin, à l'extrême modicité du prix de l'abonnement, qui n'est que de *trois francs* par année (1).

Depuis long-temps, les abonnés au *Recueil des Lois et Ordonnances depuis le 7 août* 1830 demandaient que l'Administration du Journal des Notaires fît remonter cette publication à l'ère de notre société nouvelle, à 1789 ; ces vœux étaient reproduits avec trop d'insistance pour n'être pas l'expression d'un besoin réel et général. Nous nous sommes donc déterminés à publier un RECUEIL GÉNÉRAL, ANNOTÉ, DES LOIS, DÉCRETS, ORDONNANCES, etc., etc., *depuis le mois de juin 1789 jusqu'au mois d'août 1830.*

Il est nécessaire d'entrer dans quelques détails sur l'esprit et le plan de ce grand ouvrage, et sur le mode de sa publication.

Tous les gouvernemens qui se sont succédé depuis quarante-cinq ans ont déposé dans la collection générale de nos lois les monumens de leurs travaux : l'Assemblée constituante, ses vastes et fécondes conceptions ; la Convention, les actes de la puissance révolutionnaire la plus formidable qui ait existé ; le Consulat et l'Empire, leurs plans réparateurs, leurs idées de gloire mais aussi de despotisme militaire ; la Restauration, ses systèmes incertains de gouvernement représentatif, ses libertés incomplètes, ses réglemens d'ordre et d'administration intérieure. Tous, sans exception, ont apporté à ces archives d'une époque à jamais mémorable l'inévitable tribut de leurs erreurs, de leurs préoccupations politiques, et des tristes nécessités d'une position presque toujours précaire et mal affermie.

C'est dans cet informe assemblage d'élémens si divers de nature et d'origine qu'il faut chercher les dispositions qui régissent l'administration, la justice, les finances, le commerce, l'industrie, toutes les branches de service public, et qui sont demeurées debout au milieu de l'instabilité des principes et des

(1) *V.* d'autre part la Notice relative à ce Recueil.

RECUEIL GÉNÉRAL

ANNOTÉ

DES LOIS, DÉCRETS, ORDONNANCES, ETC., ETC.

ABRÉVIATIONS.

Arr. du cons.. ... Arrêt du conseil d'état.

Art......... .... Article.

Avis du cons...... Avis du conseil d'état.

B., V, 79........ Collection Randoin, tome 5, page 79.

Bull civ., III, 27.... Bulletin civil de la cour de cassation, tome 3, page 27.

Bull. crim , X, 509. Bulletin criminel de la cour de cassation , tome 10, page 509

Cass. .... Arrêt de la cour de cassation.

Cod. civ.......... Code civil.

Cod. comm........ Code de commerce.

Cod. inst. crim...... Code d'instruction criminelle.

Cod. pén.......... Code pénal.

Cod. proc. civ...... Code de procédure civile.

DALL........ .... Dalloz.

Dup., X, 50...... Collection de Duport, tome 10, page 50.

J, Bull. XXVII, n° 127. Bulletin des Lois, 1re série, Bulletin n° 27, Loi n° 127.

Jur. du cons....... Jurisprudence du conseil d'état.

L , III, 85........ Collection du Louvre, tome 3, page 85.

MAC............. Macarel.

Sect............. Section.

Sén.-cons .... Senatus-consulte.

SIR., IV, 1, 27... . Sirey, tome 4, 1re partie, page 27.

SIR. et DAVILL.. ... Sirey et Devilleneuve.

S. M............. Sa Majesté.

Suiv............. Suivans.

Tit. .... Titre.

vis.. ....·. Verbis.

v°............. Verbo

Paris, Imprimerie de PAUL DUPONT et Cie,
Rue de Grenelle-St Honoré, n. 55.

RECUEIL GÉNÉRAL

ANNOTÉ

DES LOIS, DÉCRETS, ORDONNANCES, ETC., ETC.,

DEPUIS LE MOIS DE JUIN 1789 JUSQU'AU MOIS D'AOUT 1830;

AVEC DES NOTICES PAR MM. ODILON BARROT, VATIMESNIL, YMBERT;

PUBLIÉ

PAR LES RÉDACTEURS DU JOURNAL DES NOTAIRES ET DES AVOCATS

SOUS LES AUSPICES

De plusieurs *pairs de France, deputés, magistrats, jurisconsultes*, MM. Portalis, Siméon, Tripier, Zangiacomi, de Haussy, Bernard (de Rennes), Bignon, Boissy-d'Anglas, Champanhet, Cormenin, Dubois (de Nantes), Etienne, Gillon, Havin, Mauguin, Passy, de Schonen, Teste, Mestadier, Debelleyme, Merlin, Cremieux, etc., etc.

16 VOLUMES GRAND IN-8°.

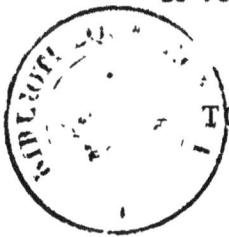

———

TOME SIXIÈME.

———

A PARIS,

A L'ADMINISTRATION DU JOURNAL DES NOTAIRES ET DES AVOCATS,
RUE DE CONDÉ, N° 10.

———

1835.

CONVENTION NATIONALE.

N° 1. = 1er prairial an 3 (20 mai 1795). = DÉCRET *portant qu'il ne sera provisoirement fabriqué qu'une seule espèce de pain dans la commune de Paris, etc.* (I, Bull. CXLV, n° 820; B., LV, 3.)

N° 2. = 2 prairial an 3 (21 mai 1795). = DÉCRET *contenant des mesures pour assurer la subsistance des communes et des armées.* (I, Bull. CXLVI, n° 829; B., LV, 9.)

N° 3. = 2 prairial an 3 (21 mai 1795). = DÉCRET *qui ordonne la publication et l'affiche d'un rapport et d'une lettre annonçant la conclusion d'un traité d'alliance avec les Provinces-Unies.* (I, Bull. CXLVI, n° 830; B., LV, 10.)

N° 4. = 2 prairial an 3 (21 mai 1795). = DÉCRET *qui rapporte celui qui a déclaré marchandise l'or et l'argent monnayés* (1). (I, Bull. CXLVI, n° 825; B., LV, 18.)

La convention nationale rapporte son dernier décret qui a déclaré marchandise l'or et l'argent monnayés; ordonne l'exécution des lois antérieures qui prohibent le commerce des monnaies métalliques.

N° 5. = 3 prairial an 3 (22 mai 1795). = DÉCRET *relatif aux traites tirées par les ordonnateurs des colonies de Saint-Domingue, la Martinique, la Guadeloupe et Sainte-Lucie.* (I, Bull. CL, n° 865; B., LV, 23.)

Art. 1er. Les traites tirées par les ordonnateurs des colonies de Saint-Domingue, la Martinique, la Guadeloupe et Sainte-Lucie, acceptées jusqu'à ce jour, et dont les objets se trouvent désignés et compris dans les articles 4 du décret du 2 novembre 1792 et 2 de celui du 9 mai 1793, seront acquittées par la trésorerie nationale, à leur échéance, et suivant leurs stipulations.

2. Conformément aux dispositions des articles 6 du décret du 2 novembre 1792 et 7 du décret du 9 mai 1793, les traites causées pour dépenses extraordinaires, indemnités des assemblées coloniales, dépenses et pensions accordées par elles, et autres titres vagues et d'une extension illimitée, ne seront point acquittées.

3. La convention nationale renvoie à l'examen de ses comités de salut public et des finances, et de la commission de marine et des colonies, les traites ayant pour titre, *soumission pour prêt, prêt à la caisse municipale, dépenses et besoins urgens du Port-au-Prince, des caisses, etc., logement d'incendies,* et autres qui ne se trouvent point désignées dans les articles 1er et 2 du présent décret; charge lesdits comités et commission d'en faire un prompt rapport.

4. Les dépenses publiques autorisées par les décrets, et qui n'auront pas

(1) C'est le décret du 6 floréal an 3 (25 avril 1795).

été acquittées dans les colonies, le seront par la trésorerie nationale, sur la production des pièces justificatives, d'après l'avis des administrateurs et la vérification de la commission de marine.

5. La commission de marine et la trésorerie nationale sont chargées, sur leur responsabilité respective, de la vérification des traites et autres titres de créance qui, aux termes du présent décret, doivent être acquittés, et pour lesquels il est mis à la disposition de ladite commission de marine la somme de douze millions.

N° 6. ⇉ 3 prairial an 3 (22 mai 1795). = DÉCRET *qui prononce des peines contre quiconque battra ou fera battre la caisse sans autorisation légale.* (I, Bull. CXLVII, n° 837 ; B. , LV, 24.)

N° 7. = 3 prairial an 3 (22 mai 1795). = DÉCRET *qui ordonne l'impression d'un rapport sur le nouveau traité avec la Prusse. Teneur de ce rapport et du traité* (1). (B., LV, 24.)

N° 8. = 4 prairial an 3 (23 mai 1795). = DÉCRET *qui exclut les femmes des assemblées politiques.* (I, Bull. CXLVII, n° 848 ; B., LV, 35.)

N° 9. = 5 prairial an 3 (24 mai 1795). = DÉCRET *d'accusation contre Barère, Collot, Billaud et autres.* (I, Bull. CXLVIII, n° 852 ; B., LV, 36.)

N° 10. ⇉ 8 prairial an 3 (27 mai 1795). = DÉCRET *portant que les assignats de cinq cents livres à face royale seront admis en paiement de biens nationaux.* (I, Bull. CL, n° 873 ; B., LV, 52.)

N° 11. = 8 prairial an 3 (27 mai 1795). = DÉCRET *qui détermine le mode de distribution des lots de la loterie des meubles et immeubles provenant des émigrés* (2). (I, Bull. CL, n° 872 ; B. , LV , 54.)

Art. 1er. Les loteries de meubles et immeubles provenant des émigrés seront composées par moitié desdits meubles et immeubles, et par moitié de bons au porteur admissibles en paiement de domaines nationaux à vendre.

2. Le comité des finances présentera, dans la décade, à la ratification de la convention, le prospectus de la première loterie.

N° 12. ⇉ 8 prairial an 3 (27 mai 1795.) = DÉCRET *qui confirme et ratifie le traité de paix et d'alliance conclu entre la république française et celle des Provinces-Unies* (3). (I, Bull. CL, n° 874 ; B., LV, 56.)

La convention nationale, après avoir entendu le rapport de son comité de

---

(1) Voyez ci-après le décret du 8 prairial an 3 (27 mai 1795), qui ratifie ce nouveau traité.

(2) Voyez le décret du 29 germinal an 3 (18 avril 1795), qui crée cette loterie; celui du 27 vendémiaire an 4 (19 octobre 1795), qui prononce la déchéance contre les porteurs de billets gagnans qui n'auront pas réclamé dans le délai fixé, la loi du 25 messidor suivant (13 juillet 1796), qui accorde un nouveau délai de trois mois aux porteurs de ces billets pour réclamer ; et celle du 23 brumaire an 5 (13 novembre 1796), qui maintient celle du 25 messidor. Voyez en outre, dans le § 3 des notes qui accompagnent le décret du 9—12 février 1792, l'énonciation des lois qui ont rapport aux biens des émigrés.

(3) Voyez le traité de paix du 30 floréal an 10 (20 mai 1802), entre la France et la république batave; le décret du 9 juillet 1810, portant réunion de la Hollande à la France; le sén.-cons. du 13 décembre suivant, sur le même objet; et le traité du 30 mai—8 juin 1814, art. 6, qui replace ce pays sous la souveraineté de la maison d'Orange.

salut public, confirme et ratifie le traité de paix, d'amitié et d'alliance, passé a la Haie le 27 floréal dernier (15 mai 1795), entre les représentans du peuple *Reubell* et *Sieyes*, et les membres des états-généraux *Peter Paulus*, *Lestevenon*, *Mathias Pons* et *Huber*, munis respectivement de pleins-pouvoirs à cet effet.

Teneur du traité.

La république française et la république des Provinces-Unies, également animées du désir de mettre fin a la guerre qui les a divisées, d'en réparer les maux par une juste distribution de dédommagemens et d'avantages réciproques, et de s'unir à perpétuité par une alliance fondée sur les vrais intérêts des deux peuples, ont nommé pour traiter définitivement de ces grands objets, sous la ratification de la convention nationale et des états-généraux ; savoir, — La république française, les citoyens *Reubell* et *Sieyes*, représentans du peuple ; et la république des Provinces-Unies, les citoyens *Paulus*, *Lestevenon*, *Mathias Pons* et *Huber*, membres des états-généraux ; lesquels, après avoir échangé leurs pleins-pouvoirs, ont arrêté les articles suivans :

Art. 1er. La république française reconnaît la république des Provinces-Unies comme puissance libre et indépendante, et lui garantit sa liberté, son indépendance, et l'abolition du stathoudérat décrétée par les états-généraux et par chaque province en particulier.

2. Il y aura, à perpétuité, entre les deux républiques française et des Provinces Unies, paix, amitié et bonne intelligence.

3. Il y aura entre les deux républiques, jusqu'à la fin de la guerre, alliance offensive et défensive contre tous leurs ennemis sans distinction.

4. Cette alliance offensive et défensive aura toujours lieu contre l'Angleterre, dans tous les cas où l'une des deux républiques sera en guerre avec elle.

5. Aucune des deux républiques ne pourra faire la paix avec l'Angleterre, ni traiter avec elle, sans le concours et le consentement de l'autre.

6. La république française ne pourra faire la paix avec aucune des autres puissances coalisées, sans y faire comprendre la république des Provinces-Unies.

7. La république des Provinces-Unies fournira pour son contingent, pendant cette campagne, douze vaisseaux de ligne et dix-huit frégates, pour être employés principalement dans les mers d'Allemagne, du Nord et de la Baltique. — Ces forces seront augmentées pour la campagne prochaine, s'il y a lieu. — La république des Provinces-Unies fournira en outre, si elle en est requise, la moitié au moins des troupes de terre qu'elle aura sur pied.

8. Les forces de terre et de mer des Provinces-Unies qui seront expressément destinées a agir avec celles de la république française, seront sous les ordres des généraux français.

9. Les opérations militaires combinées seront arrêtées par les deux gouvernemens : pour cet effet, un député des états-généraux aura séance et voix délibérative dans le comité français chargé de cette direction.

10. La république des Provinces-Unies rentre dès ce moment en possession de sa marine, de ses arsenaux de terre et de mer, et de la partie de son artillerie dont la république française n'a pas disposé.

11. La république française restitue pareillement et dès à présent à la république des Provinces-Unies, tout le territoire, pays et villes faisant partie ou dépendant des Provinces-Unies, sauf les réserves et exceptions portées dans les articles suivans.

12. Sont réservés par la république française, comme une juste indemnité

1.

des villes et pays conquis restitués par l'article précédent, — 1° La Flandre hollandaise, y compris tout le territoire qui est sur la rive gauche du Hondt; —2° Maestricht, Venloo et leurs dépendances, ainsi que les autres enclaves et possessions des Provinces Unies situées au sud de Venloo, de l'un et l'autre côté de la Meuse.

13. Il y aura dans la place et le port de Flessingue garnison française exclusivement, soit en paix, soit en guerre, jusqu'à ce qu'il en soit stipulé autrement entre les deux nations.

14. Le port de Flessingue sera commun aux deux nations en toute franchise; son usage sera soumis à un réglement convenu entre les parties contractantes, lequel sera attaché comme supplément au présent traité.

15. En cas d'hostilité de la part de quelqu'une des puissances qui peuvent attaquer soit la république des Provinces-Unies, soit la république française, du côté du Rhin ou de la Zélande, le gouvernement français pourra mettre garnison française dans les places de Bois-le-Duc, Grave et Berg-op-Zoom.

16. A la pacification générale, la république française cédera à la république des Provinces-Unies, sur les pays conquis et restés à la France, des portions de territoire égales en surface à celles réservées par l'article 12; lesquelles portions de territoire seront choisies dans le site le plus convenable pour la meilleure démarcation des limites réciproques.

17. La république française continuera d'occuper militairement, mais par un nombre de troupes déterminé et convenu entre les deux nations, pendant la présente guerre seulement, les places et positions qu'il sera utile de garder pour la défense du pays.

18. La navigation du Rhin, de la Meuse, de l'Escaut, du Hondt, et de toutes leurs branches jusqu'à la mer, sera libre aux deux nations française et batave; les vaisseaux français et des Provinces-Unies y seront indistinctement reçus et aux mêmes conditions.

19. La république française abandonne à la république des Provinces-Unies tous les biens immeubles de la maison d'Orange, ceux même meubles et effets mobiliers dont la république française ne jugera pas a propos de disposer.

20. La république des Provinces-Unies paiera à la république française, à titre d'indemnité et de dédommagement des frais de la guerre, cent millions de florins, argent courant de Hollande, soit en numéraire, soit en bonnes lettres-de-change sur l'étranger, conformément au mode de paiement convenu entre les deux républiques.

21. La république française emploiera ses bons offices auprès des puissances avec lesquelles elle sera dans le cas de traiter, pour faire payer aux habitans de la république batave les sommes qui pourront leur être dues pour négociations directes faites avec les gouvernemens avant la présente guerre.

22. La république des Provinces-Unies s'engage a ne donner retraite à aucun émigré français; pareillement la république française ne donnera point retraite aux émigrés orangistes.

23. Le présent traité n'aura son effet qu'après avoir été ratifié par les parties contractantes; et les ratifications seront échangées à Paris dans le terme de deux décades, ou plus tôt s'il est possible, a compter de ce jour. En foi de quoi, nous soussignés, représentans du peuple français, et nous soussignés, membres des états-généraux, en vertu de nos pleins pouvoirs respectifs, avons signé le présent traité de paix, d'amitié et d'alliance, et y avons apposé nos sceaux respectifs. — Fait a la Haye, le 27 floréal an 3 de la république française (16 mai 1795). — *Signé* REUBELL, SIEYES, P PAULUS, J.-A. LESTEVENON, B. MATHIAS PONS et HUBER.

Réglement pour déterminer l'usage du port de Flessingue, en conséquence de l'article 14 du traité de paix et d'alliance du 27 floréal an 3 (16 mai 1795), entre la république française et celle des Provinces-Unies.

'Art. 1er. Les deux nations française et batave se serviront également du port et du bassin de Flessingue, pour la construction, la réparation et l'équipement de leurs vaisseaux.

2. Chaque nation y aura, séparément et sans mélange, ses propres arsenaux, magasins, chantiers et ouvriers.

3. Pour faire entrer dès à présent la nation française en communauté d'avantages du port de Flessingue, la république des Provinces-Unies lui cédera, sur le bassin, le bâtiment qui sert de magasin à la compagnie des Indes occidentales; en outre, il lui sera assigné le terrain nécessaire pour y établir des chantiers et des arsenaux; et jusqu'a ce qu'elle puisse en jouir, elle aura l'usage des chantiers actuellement existans.

4. Quant aux acquisitions de nouveaux terrains et constructions de bâtimens que chaque nation voudrait faire dans les port et bassin de Flessingue pour agrandir ses propres magasins, arsenaux et chantiers, ou en créer de nouveaux, les frais de renouvellement ou de réparation desdits arsenaux, magasins, chantiers, et les frais qui regardent les constructions, réparations et équipement des vaisseaux respectifs, avec tout ce qui en dépend, resteront a la charge de chaque nation respectivement.

5. Les frais des réparations nécessaires au port, au bassin et aux quais, étant pour l'avantage commun des deux nations, seront a la charge des deux gouvernemens. — Ces réparations seront arrêtées, ordonnées et conduites par la direction des Provinces-Unies : la direction de la république française sera seulement prévenue des réparations à faire, et se bornera, quand elles seront achevées, à en constater la confection, à en faire passer le procès-verbal a son gouvernement, y joint l'état des frais, afin qu'il soit de suite pourvu au remboursement de la moitié desdits frais.

6. Il est convenu qu'aucune des deux nations ne mettra dans le port ni vaisseau amiral, ni vaisseau de garde.

7. Dans tous les cas où il s'élèverait des contestations qui ne pourraient être terminées a l'amiable sur l'exécution du présent réglement, ces contestations seront décidées par cinq arbitres, qui seront nommés, savoir, deux par la direction française, deux par la direction batave; pour le cinquième, chaque direction nommera un *neutre*, et le sort déterminera entre les deux *neutres* nommés celui qui remplira les fonctions de cinquième arbitre.

8. Le présent réglement sera exécuté suivant sa forme et teneur, comme faisant partie de l'article 14 du traité de paix et d'alliance de ce jour entre la république française et celle des Provinces-Unies — Fait a la Haye, ce 27 floréal an 3 de la république française (16 mai 1795).—*Signé* REUBELL, SIEYES; P. PAULUS, J.-A. LESTEVENON, B. MATHIAS PONS et HUBER.

N° 13. =8 prairial an 3 (27 mai 1795). = DÉCRET *qui ratifie le traité conclu le 28 floréal an 3, entre la république française et le roi de Prusse* (1). (I, Bull. CLI, n° 880 ; B., LV, 61.)

La convention nationale, après avoir entendu le rapport de son comité de

(1) Voyez le traité du 16 germinal an 3, rapporté sous la date du 25 germinal (14 avril 1795), et la note.

salut public, confirme et ratifie le traité passé, le 28 floréal an 3 de la république française, entre le citoyen *François Barthélemy*, ambassadeur de la république française près les cantons helvétiques, et *Charles-Auguste* baron *de Hardenberg*, ministre plénipotentiaire du roi de Prusse, munis respectivement de pleins-pouvoirs à cet effet.

Teneur du traité.

La république française et sa majesté le roi de Prusse, ayant stipulé, dans le traité de paix et d'amitié conclu entre elles le 16 germinal dernier (5 avril 1795), des clauses secrètes qui se rapportent à l'article 7 dudit traité, et qui établissent une ligne de démarcation et de neutralisation, dont le but est d'éloigner le théâtre de la guerre de tout le nord de l'Allemagne, ont jugé convenable d'en expliquer et d'en arrêter définitivement les conditions par une convention particulière. — A cet effet, les plénipotentiaires respectifs des deux hautes puissances contractantes; savoir : — De la part de la république française, le citoyen *François Barthélemy*, son ambassadeur en Suisse ; et de la part du roi de Prusse, son ministre d'état, de guerre et du cabinet, *Charles-Auguste* baron *de Hardenberg*, chevalier de l'ordre de l'Aigle-Rouge, de l'Aigle-Blanc et de Saint-Stanislas, etc., ont arrêté les articles suivants :

Art. 1er. Afin d'éloigner le théâtre de la guerre des frontières des états de sa majesté le roi de Prusse, de conserver le repos du nord de l'Allemagne, et de rétablir la liberté entière du commerce entre cette partie de l'Empire et la France comme avant la guerre, la république française consent a ne pas pousser les opérations de la guerre ni faire entrer ses troupes, soit par terre, soit par mer, dans les pays et états situés au-delà de la ligne de démarcation suivante : — Cette ligne comprendra l'Ost-Frise et descendra le long de l'Ems et de l'Aa ou l'Alpha, jusqu'à Munster, prenant ensuite sa direction sur Coesfeld, Borken, Bockholt, jusqu'a la frontière du duché de Clèves, près d'Isselbourg : suivant cette frontière, à Magenporst, sur la nouvelle Issel, et remontant le Rhin jusqu'a Duisbourg ; de la longeant la frontière du comté de la March, sur Werden, Gemarke, et le long de la Wipper, a Hombourg, Altenkirchen, Limbourg sur la Lahn, le long de cette rivière et de celle qui vient d'Idstein, sur cette ville, Epstein et Hœchst sur le Mein ; de la sur Rauenhein, le long du Landgraben, sur Dornheim ; puis en suivant le ruisseau qui traverse cet endroit, jusqu'à la frontière du Palatinat, de la celle du pays de Darmstadt et du cercle de Franconie, que la ligne enclavera en entier, à Ebersbach sur le Necker ; continuant le cours de ce fleuve jusqu'a Wimpfen, ville libre de l'Empire, et prenant de la sur Lœwenstein, Murhard et Hohenstad, Noerdlingen, ville libre de l'Empire, et Holzkirch sur la Wernitz ; renfermant le comté de Pappenheim et tout le cercle de Franconie et de la haute Saxe, le long de la Bavière, du haut Palatinat et de la Bohême, jusqu'aux frontières de la Silésie.

2. La république française regardera comme pays et états neutres tous ceux qui sont situés derrière cette ligne, a condition qu'ils observent, de leur côté, une stricte neutralité, dont le premier point sera de rappeler leurs contingens, et de ne contracter aucun nouvel engagement qui pût les autoriser a fournir des troupes aux puissances en guerre avec la France. — Ceux qui ne rempliront pas cette condition, seront exclus du bénéfice de la neutralité.

3. Sa majesté le roi de Prusse s'engage à faire observer cette neutralité a tous les états qui sont situés sur la rive droite du Mein et compris dans la ligne de démarcation sus-mentionnée. — Le roi se charge de la garantie

qu'aucunes troupes ennemies de la France ne passent cette partie de la ligne ou ne sortent des pays qui y sont compris pour combattre les armées françaises ; et à cet effet, les deux parties contractantes entretiendront sur les points essentiels, après s'être concertées entre elles, des corps d'observation suffisans pour faire respecter cette neutralité.

4. Le passage des troupes, soit de la république française, soit de l'Empire, ou autrichiennes, restera toutefois libre par les routes conduisant sur la rive droite du Mein, par Francfort ; — 1° Sur Kœnigstein et Limbourg, vers Cologne ; — 2° Sur Friedberg, Wetzlar et Siegen, vers Cologne ; — 3° Sur Hadersheim, Wisbaden et Nassau, à Coblentz ; — 4° Enfin, sur Hadersheim à Mayence, et *vice versa*; —De même que dans tous les pays situés sur la rive gauche de cette rivière, et dans tout le cercle de Franconie, sans toutefois porter le moindre préjudice a la neutralité de tous les états et pays renfermés dans la ligne de démarcation.

5. Le comté de Sayn Altenkirchen sur le Westerwald, y compris le petit district de Bendorff au dessous de Coblentz, étant dans la possession de sa majesté le roi de Prusse, jouira des mêmes sûretés et avantages que ses autres états situés sur la rive droite du Rhin.

6. La présente convention devra être ratifiée par les parties contractantes, et les ratifications seront échangées en cette ville de Bâle dans le terme d'un mois, ou plus tôt s'il est possible, à compter de ce jour. — En foi de quoi, nous soussignés, plénipotentiaires de la république française 'et de sa majesté le roi de Prusse, en vertu de nos pleins-pouvoirs, avons signé la présente convention particulière, et y avons fait apposer nos sceaux respectifs.

Fait à Bâle, le 28 floréal an troisième de la république française (17 mai 1795).

(L. S.) *Signé* FRANÇOIS BARTHELEMY.

(L. S.) *Signé* CHARLES-AUGUSTE baron DE HARDENBERG.

N° 14.＝8 prairial an 3 (27 mai 1795).＝DÉCRET *qui ordonne l'exécution du canal de jonction de l'Oise à la Sambre.* (B., LV, 61.)

N° 15. ＝ 9 prairial an 3 (28 mai 1795). ＝ DÉCRET *qui prononce des peines contre les prisonniers de guerre qui sortiraient, sans permission du gouvernement, des lieux fixés pour leur détention ou résidence* (1). (I, Bull. CL, n° 876 ; B., LV, 65.)

Art. 1er. Tout individu fait prisonnier de guerre par les armées de la république, et retenu en France comme tel, qui, sans permission du gouvernement, sortira du lieu fixé pour sa détention ou sa résidence, sera puni de six années de fers.—S'il est trouvé dans le département de Paris, il sera puni de mort.

2. Tout prisonnier de guerre, même échangé, qui se trouve actuellement dans le département de Paris, sans ordre exprès du gouvernement, est tenu d'en sortir dans les vingt-quatre heures de la publication du présent décret. — Passé ce délai, tout contrevenant au présent article sera puni de mort.

---

(1) Voyez l'avis du cons. d'état du 4 mai 1812, concernant les officiers prisonniers de guerre qui, après avoir faussé leur parole, sont repris les armes à la main. — Voyez aussi les notes qui accompagnent le décret du 25—25 mai 1793, sur l'échange des prisonniers de guerre.

3. Les peines portées par le présent décret seront appliquées par une commission militaire de cinq membres, qui sera établie dans le chef-lieu du district de l'arrestation du contrevenant. Ce'te commission sera nommée par le général commandant la division dans l'arrondissement de laquelle elle devra tenir ses séances.—Le présent décret sera inséré au bulletin de correspondance, et cette insertion tiendra lieu de publication.

N° 16. = 10 prairial an 3 (29 mai 1795).=DÉCRET *qui dispense les artisans, journaliers et manouvriers du service dans la garde nationale* (1). (I, Bull. CL, n° 877 ; B., LV, 68.)

N° 17. = 11 prairial an 3 (30 mai 1795). = DÉCRET *relatif à la célébration des cultes dans les édifices qui y étaient originairement destinés* (2). (I, Bull. CL, n° 878; B., LV, 76.)

Art. 1er. Les citoyens des communes et sections de commune de la république auront provisoirement le libre usage des édifices non aliénés, destinés originairement aux exercices d'un ou de plusieurs cultes, et dont elles étaient en possession au premier jour de l'an 2 de la république. Ils pourront s'en servir, sous la surveillance des autorités constituées, tant pour les assemblées ordonnées par la loi, que pour l'exercice de leurs cultes.

2. Ces édifices seront remis a l'usage desdits citoyens, dans l'état où ils se trouvent, à la charge de les entretenir et réparer ainsi qu'ils verront, sans aucune contribution forcée.

3. Il ne sera accordé qu'un seul de ces édifices pour chacun des douze arrondissemens de Paris : dans la prochaine décade, au plus tard, le directoire du département de Paris désignera ces douze édifices, en préférant parmi les anciennes églises celles qu'il jugera les plus convenables, eu égard a la centralité, à l'étendue et au meilleur état de conservation.

4. Lorsque des citoyens de la même commune ou section de commune exerceront des cultes différens ou prétendu tels, et qu'ils réclameront concurremment l'usage du même local, il leur sera commun; et les municipalités, sous la surveillance des corps administratifs, fixeront pour chaque culte les jours et heures les plus convenables, ainsi que les moyens de maintenir la décence et et d'entretenir la paix et la concorde.

5. Nul ne pourra remplir le ministere d'aucun culte dans lesdits édifices, à moins qu'il ne se soit fait décerner acte devant la municipalité du lieu où il voudra exercer, de sa soumission aux lois de la république. Les ministres des cultes qui auront contrevenu au présent article, et les citoyens qui les auront appelés ou admis, seront punis chacun de mille livres d'amende par voie de police correctionnelle.

6. Les municipalités et les corps administratifs sont chargés de l'exécution de la présente loi, et les procureurs-généraux-syndics de département en rendront compte au comité de sûreté générale, de decade en décade.

7. L'insertion du présent décret au bulletin tiendra lieu de publication.

N° 18.=11 prairial an 3 (30 mai 1795). = DÉCRET *qui supprime la commission des transports, postes et messageries, et en attribue divisément les fonc-*

(1) La loi générale du 22—25 mars 1831 n'a pas reproduit cette exception. — Voyez, sur la garde nationale, le décret du 29 septembre—14 octobre 1791, et les notes.
(2) Voyez, sur l'organisation et le service du culte, la loi organique du concordat du 18 germinal an 10 (8 avril 1802), et les notes etendues qui l'accompagnent.

tions aux commissions du mouvement des armées et des revenus natio-
naux. (I, Bull. CLI, n° 881 ; B., LV, 78.)

N° 19. =12 prairial an 3 (31 mai 1795). = DÉCRET *qui détermine un nouveau
mode pour la vente des biens nationaux* (1). (I, Bull. CLI, n° 882 ; B.,
LV , 69.)

Art. 1ᵉʳ. Chaque citoyen pourra se faire adjuger, sans enchère, tel bien
national à vendre qu'il désirera, par le directoire du district où il est situé,
si alors la vente n'en est pas encore commencée, en se soumettant par écrit,
sur un registre à ce destiné, à payer en assignats le denier soixante-quinze
du revenu annuel de 1790, pris sur les baux alors existans, c'est-a-dire
soixante-quinze fois ce même revenu, certifié véritable par le fermier ou
locataire.

2. L'adjudication sera faite le même jour que la soumission, ou au plus
tard dans les trois jours suivans, a la charge de solder le prix de la vente en
quatre paiemens, dont le sixième au moment de l'adjudication, le sixième
dans le mois, le tiers dans le mois suivant, et l'autre tiers dans le troisième
mois, avec les intérêts a cinq pour cent, sans déduction, des la jouissance.

3. L'acquéreur percevra les revenus en proportion du temps qui restera à
s'écouler de l'année courante du bail, depuis son entrée en possession, qui
n'aura lieu qu'après avoir effectué les deux premiers paiemens.

4. A défaut de paiement a chaque terme indiqué, il sera déchu de son adjudication, et remboursé de ce qu'il aura déjà donné, déduction faite des
frais, en bons au porteur délivrés à la trésorerie nationale et admissibles en
paiement d'autres biens nationaux a vendre.

5. Dans le cas où le fermier était obligé au paiement de la contribution
foncière, en tout ou en partie, ou assujéti à quelques autres charges, telles
que *réparations non locatives, charrois, dimes, champarts, cens, etc.*,
le montant ou l'évaluation de ces objets sera ajouté au loyer ou fermage,
pour fixer le prix de la vente au denier soixante-quinze.

6. A l'égard des biens nationaux dont le fermage était stipulé en nature, ou
partie en monnaie, partie en nature, les objets en nature seront évalués sur
les mercuriales de 1790 du marché du chef-lieu de district.

7. Quant aux biens nationaux non loués en 1790, ou affermés sans prix
fixe, ainsi que les bois et autres immeubles non compris alors dans le bail, et
aussi ceux qui étaient loués pour plus de neuf ans, leur revenu sera présumé
être de cinq fois le montant du principal de la contribution foncière de 1792;
lequel revenu présumé servira de base pour leur vente au denier soixante-
quinze, sans qu'il soit néanmoins dérogé a la loi qui défend de vendre les
bois au dessus de cent arpens.

8. Dans le cas où il y aurait des sous-baux antérieurs à 1791, pour plus de
moitié du montant du bail, leur prix sera la base de la vente; et s'il se
trouve dans le bail général des objets non sous-fermés, le prix desdits objets
sera réglé sur le principal de la contribution foncière de 1792.

9. Les maisons et bâtimens servant aux exploitations rurales ou adjacentes
à quelque bien national, ne pourront être vendus qu'avec les terres en dépendant.

10. En cas de concurrence, le bien sera adjugé à celui qui l'aura demandé

(1) Voyez le decret du 15 prairial an 3 (3 juin 1795), interprétatif du présent; et celui du
27 du même mois (15 juin 1795), qui fixe un mode definitif pour la vente des biens nationaux.
— Voyez aussi, sur le mode d'alienation de ces domaines, les lois citées dans les notes qui accompagnent le décret du 9 juillet (25, 26, 29 juin et)—25 juillet 1790.

et soumissionné le premier, après la publication de la loi, aux conditions ci-dessus ; mais si plusieurs personnes se presentent en même temps pour cet effet, le sort décidera entre elles de la priorité.

11. Sont exceptées des dispositions précédentes, les maisons ci-devant religieuses, ainsi que celles employées ou destinées à quelques établissemens et au service public, ou mises en loterie, leurs avenues, cours, parcs, jardins, vergers et bosquets y attenans.

12. Lesdites maisons ci-devant religieuses, et ceux des autres biens nationaux à vendre qui ne se trouveront pas vendus par ce nouveau mode ou par la voie des loteries, continueront d'être mis à l'enchère suivant les lois anciennes.

13. Les ventes seront publiées et affichées tous les mois dans le bulletin de correspondance.

14. Les assignats provenant des ventes dont il s'agit, seront annulés et brûlés en la forme ordinaire.

15. L'insertion et l'affiche de la présente loi au bulletin tiendront lieu de publication.

N° 20. = 12 prairial an 3 (31 mai 1795). = DÉCRET *portant suppression du tribunal criminel extraordinaire, créé par le décret du 10—12 mars 1793* (1). (I, Bull. CLI, n° 883 ; B., LV, 81.)

La convention nationale, après avoir entendu son comité de législation, décrète ce qui suit :

Art. 1er. Le tribunal criminel extraordinaire, créé par la loi du 10 mars 1793, est supprimé.

2. Les délits dont la connaissance était attribuée au tribunal révolutionnaire seront jugés par le tribunal criminel du département où ils ont été commis.

3. Les tribunaux se conformeront pour l'instruction de ces sortes de délits, à la loi du 16 septembre 1791.

 • 4. Néanmoins les accusés traduits par un décret du corps législatif, pour fait de conspiration ou d'attentat à la sûreté publique, seront jugés par le tribunal auquel ils auront été renvoyés, dans la forme déterminée par la loi du 8 nivose; les jugemens seront exécutés sans recours au tribunal de cassation.

5. Dans le cas de l'article précédent, il sera formé un jury spécial de jugement ; à cet effet, le procureur-général-syndic du département formera une liste de trente jurés.

6. Les décrets d'attribution spéciale rendus jusqu'à ce jour sont maintenus.

N° 21. = 13 prairial an 3 (1er juin 1795).=DÉCRET *relatif aux certificats à délivrer aux préposés des anciennes compagnies de finances* (I, Bull. CLII, n° 891; B., LV, 89.)

N° 22.=15 prairial an 3 (3 juin 1795.)=DÉCRET *interprétatif de celui du 12 prairial sur la vente des biens nationaux* (2). (I, Bull. CLII, n° 895; B., LV, 101.)

Art. 1er. Les acquéreurs des biens nationaux suivant le nouveau mode

---

(1) C'est la suppression du *tribunal révolutionnaire.* Voyez le décret du 10—12 mars 1793 qui l'avait institue, et les notes.
(2) Voyez ce decret et la note.

établi par la loi du 12 prairial, ne pourront jouir des fruits naturels de leurs acquisitions qu'après la récolte de la présente année, et des fruits civils qu'après le premier trimestre du bail qui écherra depuis l'adjudication.

2. Le commencement de vente dont il est parlé dans l'article 1er de ladite loi, n'existe que lorsqu'il y a soumission et affiches dans les formes prescrites par les lois antérieures, ou qu'à défaut de soumission il y a eu affiches et première enchère.

3. Les cheptels et autres objets mobiliers servant à l'agriculture et appartenant a la nation, ne sont pas compris dans cette même loi, et seront vendus à l'encan, comme le surplus du mobilier national.

4. Les biens nationaux provenant de la ci-devant liste civile seront vendus au denier soixante-quinze, du montant des évaluations faites de leurs revenus, en exécution de la loi du 10 juin 1793; mais ceux de même origine qui n'ont pas été évalués, seront vendus conformément à l'article 7 de la loi du 12 prairial.

5. L'insertion et l'affiche de la présente loi au bulletin tiendra lieu de publication.

N° 23. = 16 prairial an 3 (4 juin 1795). = DÉCRET *contenant des mesures répressives de tout pillage de grains, farines ou subsistances* (1). (I, Bull. CLIII, n° 896 ; B., LV, 109.)

Art. 1er. Lorsqu'il sera commis des pillages de grains, farines ou subsistances sur le territoire d'une commune, la municipalité qui n'aura pas prévenu ou dissipé les attroupemens, et tous les habitans de la commune qui n'auront pas désigné les auteurs, fauteurs ou complices du délit, seront solidairement responsables de la restitution des objets pillés, ainsi que des dommages-intérêts dus aux propriétaires, et de l'amende envers la république.

2. Les grains, farines ou subsistances qui auront été pillés, seront restitués en nature et en pareille quantité au propriétaire, dans le délai de trois jours, et a la diligence des officiers municipaux.

3. En cas de non-restitution des objets en nature dans le délai ci-dessus, les douze principaux contribuables, domiciliés de fait dans la commune, seront contraints à payer le prix desdits objets sur le pied du double de leur valeur, au cours du jour où le pillage aura été commis, sauf le recours de ceux qui auront été contraints, contre les autres habitans de la commune, par forme de répartition au marc la livre, d'après le rôle des contributions, laquelle répartition devra été effectuée dans le courant de la décade par la municipalité.

4. Les dommages-intérêts résultant du délit ne pourront jamais être moindres que la valeur entière des grains, farines ou subsistances pillées.

5. Les délinquans seront en outre condamnés envers la république à une amende égale au montant de la valeur principale des objets pillés.

6. Dans le cas où la municipalité ou les habitans de la commune désigne-

---

(1) Voyez le décret additionnel du 17 prairial an 3 (5 juin 1795). Voyez aussi le Cod pén. du 25 septembre—6 octobre 1791, 2e part, tit. II, sect II, art. 39, qui prononce des peines contre le pillage des marchandises, effets et propriétés mobilieres; le décret du 1er germinal an 3 (21 mars 1795), art. 1er et 5, concernant la répression des pillages; et surtout le décret du 10 vendémiaire an 4 (2 octobre 1795), tit. V, concernant la responsabilité des communes dans le territoire desquelles il a été commis des pillages.
Voyez enfin les art. 440 et suiv. du Code penal de 1810.

ront les coupables, ils seront traduits directement et jugés par le tribunal criminel du département, et punis selon toute la rigueur des lois.

7. En cas d'insolvabilité de ceux qui seront convaincus de pillage de grains, farines ou subsistances, tous les autres habitans seront solidairement responsables de la restitution des objets pillés, mais seulement sur le pied de leur simple valeur, et sans dommages-intérêts ni amende.

8. Dans le cas où la municipalité n'aura pas dénoncé les auteurs, fauteurs et complices des pillages, dans les vingt-quatre heures du délit commis, elle sera, en son propre et privé nom, condamnée envers la nation à une amende qui ne pourra être moindre du double du prix des grains, farines ou subsistances pillés.

9. Toutes les fois que les grains, farines ou subsistances pillés seront une propriété nationale, le procureur-général-syndic du département dénoncera le délit a l'accusateur public, et les prévenus seront directement traduits au tribunal criminel : et ledit procureur-général-syndic interviendra comme partie civile, pour parvenir a la restitution des objets pillés, dommages-intérêts et amendes contre qui il appartiendra

10. Lorsque les auteurs, fauteurs ou complices du délit n'auront pas été dénoncés par la municipalité ou les habitans de la commune, et qu'il n'y aura lieu qu'a des poursuites civiles, soit contre les principaux contribuables, soit contre la municipalité, l'action devra être intentée par-devant le tribunal du district.

Nº 24. = 17 prairial an 3 (5 juin 1795). = DÉCRET *additionnel au précédent.* (I, Bull. CLIII, nº 897 ; B., LV, 110.)

Outre les condamnations et contraintes civiles, les auteurs, fauteurs et complices des pillages commis, seront punis, s'il y a attroupement non armé, d'une année de détention ; et s'il y a attroupement armé, de la peine de mort.

———

Nº 25. = 18 juin 1795). = DÉCRET *sur les baux des biens des prévenus d'émigration, et réintégrés, etc.* (1). (I, Bull. CLIII , nº 899 ; B., LV , 118.)

La convention nationale, après avoir entendu son comité de législation, décrète que l'arrêté pris par le comité de législation, le 12 floréal, concernant les baux des biens des détenus et mis en liberté, des accusés et ensuite acquittés par jugemens, est applicable, dans toutes ses dispositions, aux baux des biens des prévenus d'émigration et réintégrés dans la possession de tous leurs biens, par une radiation définitive obtenue par eux dans les formes prescrites par les lois, et passés lesdits baux, dans leur absence, par les corps administratifs ; de plus, que le même arrêté du 12 floréal sera encore appliqué aux baux des biens de ceux qui, après avoir été condamnés, soit à la peine de détention ou de déportation, et autres qui les ont privés de leur liberté, ont été relevés de leur condamnation.

———

Nº 26. = 18 prairial an 3 (6 juin 1795). = DÉCRET *relatif aux enfans nés hors mariage de pères et mères émigrés.* (I, Bull. CLIV, nº 902 ; B., LV, 119.)

La convention nationale, après avoir entendu son comité de législation,

———

(1) Voyez, dans le § 3 des notes qui accompagnent le décret du 9—12 février 1792, le résumé des mesures prises relativement aux biens des émigrés.

décrète que les lois concernant les pères et mères d'émigrés ne s'appliquent point aux pères et mères d'enfans nés hors mariage (1).

N° 27. = 18 prairial an 3 (6 juin 1795). = DÉCRET *qui détermine sur quels vaisseaux sera arboré le pavillon amiral.* (I , Bull. CLV, n° 909 ; B., LV, 121.)

Art. 1er. Les représentans du peuple près les armées navales, et les amiraux, feront arborer le pavillon amiral sur un des vaisseaux de premier rang qu'ils monteront.

2. Ils pourront, lorsqu'ils le jugeront nécessaire, changer de bord, et faire arborer le pavillon amiral sur une frégate, a la charge d'en rendre compte à leur retour.

N° 28. = 19 prairial an 3 (7 juin 1795). = DÉCRET *qui suspend l'exécution de ceux des 10, 12 et 15 prairial, relatifs à la vente sans enchères des domaines nationaux* (2). (I, Bull. CLIII, n° 901 ; B., LV, 141.)

Art. 1er. La convention nationale suspend l'exécution des lois des 10, 12 et 15 prairial, relatives a la vente sans enchères des domaines nationaux.

2. Suspend pareillement les suites et les effets des adjudications faites, jusqu'a la publication de la présente loi, en vertu de celles ci-dessus.

3. Ordonne aux comités de salut public, sûreté générale, législation et finances, de se réunir pour présenter, dans trois jours pour tout délai, leurs motifs sur les avantages et les inconvéniens des lois des 10, 12 et 15 prairial, et les moyens qu'ils croient les plus propres a opérer un prompt retirement d'assignats.—L'insertion de la présente loi au bulletin tiendra lieu de promulgation.

N° 29.=19 prairial an 3 (7 juin 1795). = DÉCRET *qui autorise le cours des sous d'ancienne fabrication.* (I , Bull. CLIV, n° 904 ; B., LV, 141.)

N° 30. = 20 prairial an 3 (8 juin 1795). = DÉCRET *qui rapporte celui du 6 floréal dernier relatif aux radiations sur les listes des émigrés* (3). (I , Bull. CLIV , n°906 ; B., LV, 143.)

Art 1er. La loi du 6 floréal dernier, relative aux radiations sur les listes des émigrés, est rapportée.

2. Aucune radiation sur les listes des émigrés ne sera définitivement arrêtée a l'avenir par le comité de législation, qu'après que la liste des prévenus d'émigration dont les réclamations seront reconnues valables, aura été distribuée aux membres de la convention nationale, et affichée pendant cinq jours dans le lieu de ses séances. Cette liste contiendra les noms, prénoms, ci-devant qualités ou professions des prévenus, avec la désignation, tant du lieu du domicile et des communes où ont été délivrés les certificats de résidence, que des districts et des départemens qui les comprennent. La distribution et l'affiche auront lieu tous les mois.

3. Les réclamations des prévenus d'émigration, soumises depuis le 6 floréal a l'examen du comité de législation, sont comprises dans les disposi-

---

(1) Voyez le § 5 des notes qui accompagnent le décret du 9—12 février 1792 : ces lois y sont résumées.

(2) Voyez, sur le mode de vente des domaines nationaux, les lois citées dans les notes qui accompagnent le décret du 9 juillet (25, 26, 29 juin et)—25 juillet 1790

(3) Voyez, dans le § 1er des notes qui accompagnent le décret du 9—12 février 1792, le résumé des lois relatives aux radiations sur les listes des émigrés.

tions de l'article précédent. Le comité est chargé de faire distribuer la liste desdits prévenus aux membres de la convention nationale, dans le plus court délai.

N° 31. = 20 prairial an 3 (8 juin 1795). ═ DÉCRET *qui ordonne l'exposition des antiques à la bibliothèque nationale, et établit des cours publics sur les inscriptions et médailles* (1). (I, Bull. CLVII, n° 921 ; B., LV, 146.)

Art. 1er. Les antiques, telles que les médailles, les monnaies, les bronzes, les inscriptions, les pierres gravées, recueillies dans la bibliothèque nationale et dans d'autres maisons nationales, seront déposées méthodiquement et offertes au public dans des salles de cet établissement.

.2. Il sera nommé, par le comité d'instruction publique, un conservateur-professeur et un conservateur-bibliothécaire.

3. Le conservateur-professeur sera chargé de disposer la collection d'une manière méthodique, et d'enseigner dans les cours publics ce qui a rapport aux inscriptions, aux médailles et aux pierres gravées, l'histoire et les progrès de l'art chez les anciens, celle des mœurs, des coutumes et des usages de l'antiquité.

4. Le conservateur-bibliothécaire sera chargé des détails bibliographiques.

5. Ces deux conservateurs auront chacun cinq mille livres de traitement par an.

N° 32. = 21 prairial an 3 (9 juin 1795).═DÉCRET *qui détermine le mode de restitution des biens des condamnés* (2). (I, Bull. CLIV, n° 908 ; B., LV, 124.)

La convention nationale, considérant que, par son décret du 14 floréal dernier, elle a maintenu le principe de la confiscation des biens à l'égard des conspirateurs, des émigrés, des fabricateurs ou distributeurs de faux assignats et de fausse monnaie, et des dilapidateurs de la fortune publique ; — Que néanmoins, considérant l'abus que l'on a fait des lois révolutionnaires, l'impossibilité de distinguer par des révisions les innocens des coupables, et qu'il y a moins d'inconvéniens et plus de justice et de loyauté à rendre des biens aux familles de quelques conspirateurs, que de s'exposer à retenir ceux des innocens, elle a décrété que les biens des condamnés révolutionnairement depuis l'époque du 10 mars 1793 seraient rendus a leurs familles, sauf les exceptions, et sans qu'il soit besoin de révision des procédures ; — Qu'en conséquence elle a ordonné qu'il lui serait présenté un projet sur la série de ces exceptions, et le mode de restitution, —Décrète ce qui suit :

SECTION Ire. — De la restitution et des exceptions.

Art. 1er. Toutes confiscations de biens, autres que celles ci-après maintenues, prononcées depuis le 10 mars 1793 par les tribunaux ou commissions révolutionnaires, militaires ou populaires, et même par les tribunaux ordinaires jugeant révolutionnairement, jusqu'au jour de l'installation du tribunal révolutionnaire réorganisé en exécution de la loi du 8 nivose de l'an 3, sont considérées comme non avenues ; les séquestres sont levés : les époux

____

(1) L'exposition des antiques a encore lieu aujourd'hui à la Bibliothèque royale.
(2) Voyez le décret du 20 frimaire an 3 (10 décembre 1794), qui suspend toute action de la part de l'état sur les biens mobiliers des condamnés, et les notes qui résument les lois rendues relativement à la restitution de tous leurs biens. — Voyez notamment la loi du 4 frimaire an 6 (24 novembre 1797), qui abolit les exceptions contenues dans le présent décret.

survivans et héritiers jouiront conformément aux lois et aux dispositions de la section II (1).

2. Sont néanmoins maintenues les confiscations des biens, droits et actions de *Louis XVI*, de sa veuve, de sa sœur et de *Philippe d'Orléans;* et il n'est point d'ailleurs dérogé aux décrets qui prononcent la confiscation ou ordonnent la main-mise nationale sur les biens des autres individus de la famille des *Bourbons*.

3. Les confiscations de biens prononcées contre les *Dubarry* sont maintenues.

4. Sont pareillement maintenues les confiscations des biens de ceux qui ont été mis hors de la loi à raison des conspiration et révolte qui ont éclaté le 9 thermidor.

5. Sont également maintenues les confiscations prononcées par les jugemens rendus dans les formes prescrites par la loi du 8 nivose de l'an 3, relative à la nouvelle réorganisation du tribunal révolutionnaire, ainsi que celles qui l'ont été postérieurement, ou qui pourront l'être par les tribunaux ou commissions, même militaires, établis par la convention.

6. Néanmoins toutes les confiscations prononcées jusqu'à ce jour, et à quelque époque que ce soit, pour prétendu fédéralisme ou pour recèlement d'individu, sont déclarées non avenues.

7. La disposition de l'article 1er, en ce qu'elle ordonne la restitution des biens confisqués par des jugemens rendus révolutionnairement, ne préjudiciera point aux droits, créances, actions et indemnités de la république sur les biens des régisseurs, fournisseurs, comptables ou dilapidateurs qui auront été condamnés révolutionnairement; lesdits droits, créances, actions et indemnités sont réservés pour être exercés civilement : à cet effet, les hypothèques et séquestres établis avant les condamnations a mort tiennent et subsistent. — Il en sera de même pour les biens des fermiers généraux, dans tous les cas où le comité des finances n'aurait pas converti ou ne convertirait pas le séquestre en opposition, conformément a la loi du 23 frimaire dernier.

8. Les confiscations de biens prononcées contre les faux monnayeurs, fabricateurs et distributeurs de faux assignats, par des jugemens rendus par les tribunaux ordinaires, dans les formes prescrites par la loi du 16—29 septembre 1791, et autres interprétatives ou additionnelles, sont maintenues.

9. Il n'est point dérogé, par l'article 1er, aux lois précédentes qui ont décrété la confiscation des biens des émigrés : en conséquence, nonobstant la disposition dudit article 1er, sont maintenues les confiscations de biens de ceux dont les noms étaient inscrits sur la liste des émigrés, et qui ont été condamnés ou exécutés comme tels, même par les tribunaux révolutionnaires, commissions militaires, ou par les tribunaux ordinaires ou autres jugeant révolutionnairement.

10. Les parens des condamnés ou exécutés pour fait d'émigration, et qui prétendront que leurs noms ont été inscrits mal-a-propos sur la liste, pourront se pourvoir en radiation dans la forme ordinaire; et si cette radiation est prononcée, la confiscation sera sans effet.

11. Les héritiers qui voudront ainsi administrer la preuve de la non-émigration, seront tenus de présenter leurs réclamations et les certificats de résidence, dans le délai de deux mois, à peine de déchéance: les réclamations

---

(1) La restitution ne peut avoir lieu si l'héritier du condamné est un émigré, parce que cet héritier est représenté par la république. Cass., 23 thermidor an 10, Sir., III, 1, 33.

déjà rejetées par le ci-devant conseil exécutif ou le comité de législation, ne pourront être reproduites.

12. Les parens de ceux qui ont été pris ou arrêtés les armes à la main, combattant contre les Français, ne pourront pas user de la faveur accordée par les articles précédens, dans le cas même où le nom de l'individu ne serait pas inscrit sur la liste des émigrés.

13. Les comités de législation et de finances feront incessamment un rapport sur les secours que la loi du 10 mars 1793 accorde aux veuves et enfans indigens des condamnés, et dont les biens demeurent confisqués aux termes du présent décret.

SECTION II. — Du mode de restitution.

14. Les inventaires, partages, cessions, estimations et autres arrangemens faits en vertu des lois précédentes entre les agens du trésor public, les veuves des condamnés et les associés de leurs maris, seront exécutés, en satisfaisant, par les veuves et associés, aux conditions desdits arrangemens, et en payant aux héritiers la part qui serait revenue au trésor public, si la restitution ci-dessus accordée n'avait pas eu lieu.

15. Lorsque le condamné à mort naturelle ou civile n'aura laissé ni enfans ni ascendans, le conjoint survivant jouira pendant sa vie de l'usufruit de la moitié des biens qui avaient été confisqués et qui sont restitués, si mieux il n'aime opter ses avantages légaux ou conventionnels, qui lui appartiendront outre sa part dans la communauté.—Il sera tenu de faire cette option dans le délai de deux mois, à compter de la publication de la présente loi; passé ce délai, il sera réduit aux droits qu'il avait par la loi ou la coutume, ou par convention ou disposition.

16. Si le condamné a laissé des enfans, ou un ou plusieurs ascendans, l'usufruit accordé par l'article précédent ne sera que du quart des biens restitués, sauf l'option énoncée audit article.

17. Les biens meubles et immeubles qui avaient été frappés de la confiscation levée par la présente loi, et qui seront encore sous la main de la république, seront remis au conjoint survivant, aux enfans ou autres héritiers; auquel effet les scellés seront reconnus et levés, sans préjudice aux droits des créanciers.

18. Les survivans ou héritiers ne pourront rien réclamer du trésor public pour restitution de loyers, intérêts ou fruits perçus par la république jusqu'au 14 floréal dernier : ces objets resteront compensés avec les frais de gardien et de séquestre. Ils ne pourront rien réclamer non plus contre le trésor public pour défaut de rentrée de créances ni pour retard de réparations; ils prendront les choses dans leur état actuel, sauf les droits qu'ils pourront faire valoir, devant les tribunaux, contre les particuliers, administrateurs ou préposés qu'ils accuseront d'enlèvement, de soustraction ou d'autres abus (1).

19. Les bijoux, or, argent et autres effets des condamnés, qui ont été déposés dans les greffes ou autres lieux, lors de leur arrestation ou condamnation et qui existent encore en nature, seront remis a leurs héritiers.

20. Les bois de haute-futaie qui auraient été coupés ou abattus par les ordres de corps administratifs ou agens nationaux, seront estimés, eu égard

_____

(1) Ces réserves ne concernent que des tiers préposés ou agens infidèles à qui le gouvernement aurait, pendant sa jouissance, confié la gestion des biens, et ne peuvent autoriser l'héritier lorsque ces biens ont été cédés par l'état a l'associé du condamné, à faire reviser et annuler les opérations faites suivant la loi entre les agens du trésor et le cessionnaire. Cass., 11 juillet 1820, SIR., XXVII, 1, 45.

à leur valeur au temps de l'enlèvement, pour le prix être restitué de la manière ci-après indiquée.

21. Les ventes de meubles et immeubles des condamnés, faites antérieurement à la promulgation du décret de surséance du 30 ventose, sont confirmées. Le prix seul qui a été ou qui sera payé au trésor public, sera restitué au conjoint survivant ou aux héritiers du condamné.

22. Les receveurs, régisseurs ou séquestres, fourniront dans le mois aux héritiers un état détaillé de ce que le trésor public a tiré par la suite des confiscations ci-dessus.

23. Cet état sera vérifié par les administrateurs du district, ordonnancé par ceux du département, chacun en ce qui le concerne ; et les sommes nettes portées auxdits états seront remboursées par les receveurs de district dans les caisses desquels avaient été faits les versemens.

24 La totalité des remboursemens à faire par la république, en exécution de la présente loi, sera faite en bons au porteur admissibles en paiement des biens d'émigrés seulement.

25. Toute prescription est déclarée interrompue, à compter du jour de l'arrestation du condamné jusqu'au jour de la publication de la présente loi.

_____

N° 33. = 21 prairial an 3 (9 juin 1795). = DÉCRET *qui fixe le port des lettres pour les bureaux de petites postes* (1). (I, Bull. CLV, n° 910 ; B., LV, 148.)

La convention nationale, après avoir entendu le rapport de son comité des transports, postes et messageries, décrete qu'à l'avenir il sera perçu par les petites postes, dans les villes où il y en a d'établies, trois sous pour chaque lettre ou paquet dans l'intérieur de ces mêmes villes, et cinq sous pour celles qui seront remises *extra muros*. Il n'est point dérogé par le présent au prix de cinq sous fixé pour la petite poste de Paris.

_____

N° 34. = 23 prairial an 3 (11 juin 1795). = DÉCRET *qui prononce la déchéance contre les créanciers de l'état qui n'ont point encore formé de réclamations* (2).(I, Bull. CLVI, n° 915 ; B., LV, 170.)

Art. 1er. Tous les créanciers de la république dont les créances étaient soumises à la liquidation, qui, jusqu'à la publication de la présente loi, n'ont formé aucune réclamation, sont définitivement déchus de toute répétition envers le trésor public. — Nul ne pourra en être excepté, s'il ne se trouve expressément compris dans les exceptions ci-après.

2. Tous les propriétaires de créances exigibles ou constituées, soumises à la liquidation, qui ont fourni jusqu'à ce jour des mémoires ou des copies collationnées, ou autres pièces, soit au directeur général de la liquidation, soit au liquidateur de la trésorerie nationale, soit au liquidateur de la liste civile, soit aux corps administratifs, soit aux autres administrations publiques, ou qui ont réclamé par petition au corps législatif, sont admis a produire à la direction générale de liquidation, ou a la tresorerie nationale,

_____

(1) Voyez les notes qui accompagnent le décret du 17—22 août 1791 : elles indiquent les variations successives que la taxe des lettres a subies.

(2) Voyez, dans le § 4 des notes qui accompagnent le titre du décret du 24 août (15, 16, 17 et)—13 septembre 1793, sur la dette publique, l'enoncé des lois nombreuses qui ont determiné les obligations des créanciers de l'état ; et, dans le § 6 des mêmes notes, la citation des lois sur l'arrière, qui ont prononcé contre ces créanciers diverses déchéances, faute de réclamation.

Voyez spécialement le décret du 9 fructidor an 3 (26 août 1795), portant que l'obligation imposée par le présent ne s'applique qu'aux créances excedant huit cents livres.

ou au liquidateur de la liste civile, chacun en ce qui le concerne, d'ici au
1er vendémiaire prochain inclusivement, pour dernier délai, les titres originaux constatant leurs créances.—Et faute par eux d'obéir à la présente
disposition à ladite époque, ils sont dès à présent déclarés déchus de toute
répétition envers la république.

3. Les créanciers liquidés jusqu'à ce jour, qui n'ont pas encore rapporté
leurs titres originaux, ou justifié de leur propriété, soit qu'ils en aient été
prévenus, ou non, par lettre chargée, seront tenus de le faire dans ledit délai, à peine de déchéance.

4. Ceux desdits créanciers (autres que les possesseurs de dîmes et autres
droits précédemment supprimés sans indemnité) qui ont remis leurs titres
aux corps administratifs, en exécution de l'article 4 du titre Ier de la loi du
9 brumaire an 2, sont autorisés, nonobstant la déchéance prononcée contre
eux par l'article 1er de la même loi, a les retirer pour les produire à la direction générale de la liquidation, ou à la trésorerie nationale, dans le même
délai, avec certificat constatant ladite remise et son époque.

5. A l'égard de ceux dont les titres ont pu être lacérés en exécution de
l'article 8 de la loi du 9 brumaire an 2, ils seront admis a la liquidation,
d'après le certificat de remise exigé par l'article précédent; savoir, pour les
titulaires d'offices, conformément aux dispositions de la loi du 7 pluviose
an 2; et pour les propriétaires d'autres créances, en rapportant les minutes
de leurs titres, qu'ils sont autorisés à se faire délivrer par tous dépositaires
d'icelles, sur les demandes qui leur en seront faites par le directeur général
de la liquidation ou le liquidateur de la trésorerie nationale.

6. Pour l'exécution de l'article précédent, les dépositaires des actes en minutes ou sur registres qui ne peuvent être déplacés ou séparés, sont autorisés à délivrer aux créanciers porteurs d'une demande faite, soit par le directeur général de la liquidation, soit par le liquidateur de la trésorerie
nationale, ou par les corps administratifs, les expéditions des titres nécessaires a leur liquidation, nonobstant les dispositions de l'article 121 de la loi
du 24 août 1793, sans que lesdits créanciers puissent être assujétis au paiement du droit de deux cinquièmes, prescrit par l'article 11 de la loi du 21
frimaire an 2.

7. Les ci-devant titulaires d'offices, ou leurs créanciers poursuivant leur liquidation, qui se sont pourvus jusqu'à ce jour, mais qui n'ont point en leur
possession les originaux de leurs provisions et autres titres nécessaires à
leur liquidation, seront liquidés sur les copies ou extraits collationnés pris sur
les minutes ou registres constatant lesdites provisions et autres titres, en af-
firmant par eux ou leur fondé de pouvoir spécial, par devant le tribunal du
district de leur domicile, qu'ils n'ont pas lesdites provisions et titres, et
qu'ils ne les retiennent directement ni indirectement, et en faisant leur
soumission de les rapporter s'ils les retrouvent, sous peine de restitution du
montant de leur liquidation, tant en principal qu'intérêts, et d'une amende
d'une somme égale au montant de leur liquidation.

8. Le directeur de la liquidation continuera d'avertir, par lettres chargées, les créanciers liquidés qui lui auront fourni leurs noms et leur adresse, à l'effet de lui justifier, dans le délai de six mois, des pièces établissant
leur propriété a l'objet liquidé.—Les avertissemens pour rapport de pièces
nécessaires à la liquidation et reconnaissance de la créance, ou au complément de la justification de propriété, continueront d'être donnés à trois
mois de date seulement.

9. A l'avenir, le directeur général de la liquidation ne présentera au comité des finances aucun travail en pension, qu'il ne soit accompagné d'un

certificat constatant la résidence du réclamant sur le territoire français depuis le 9 mai 1792. Les pensionnaires liquidés pourront retirer leur nouveau titre de pension, et remettront, si fait n'a été, au commissaire liquidateur, pareil certificat.—Par suite de la présente disposition, toutes déchéances en pension précédemment prononcées, faute de la remise du certificat de résidence à la direction générale de la liquidation, sont relevées.

10. La convention nationale, voulant venir au secours des citoyens peu fortunés qui ont pu ne pas entendre l'esprit de la loi, et les distinguer de ceux que leurs moyens et leurs lumières ont mis à même de la connaître parfaitement, accorde à tous les propriétaires de créances exigibles ou constituées, qui n'ont formé aucune réclamation jusqu'à ce jour, et dont la liquidation n'excède pas en capital la somme de dix mille livres, ou cinq cents livres d'inscription, la faculté de produire, soit au directeur général de la liquidation à Paris, soit au liquidateur de la trésorerie nationale, suivant la nature de leurs créances, les pièces, titres et renseignemens constatant leur répétition envers le trésor public, d'ici au 1er vendémiaire prochain inclusivement, à peine d'être définitivement privés de toute répétition a ce sujet.

11. Ne sont pas compris dans les dispositions de la présente loi, 1° les militaires et autres personnes dénommées en celle du 13 germinal an 2 ; 2° les détenus. — La déchéance à l'égard des premiers ne sera par eux encourue que six mois après la publication de la paix, ou leur retraite du service pendant la guerre ; et à l'égard des seconds, six mois après leur mise en liberté.

12. Toutes dispositions contraires au présent décret sont rapportées.

N° 35. =25 prairial an 3 (13 juin 1795).=DÉCRET *qui rapporte celui du 4 —15 germinal an 2, relatif aux femmes et filles d'émigrés* (1). (I, Bull. CLVI, n° 917 ; B., LV, 195.)

La loi du 4 germinal an 2, qui défend aux femmes et filles d'émigrés de vendre leurs biens ou d'épouser des étrangers, sous peine d'être traitées comme émigrées, est rapportée, sans préjudice néanmoins de l'exécution des lois générales sur l'émigration.

N° 36.=25 prairial an 3 (13 juin 1795). = DÉCRET *interprétatif de celui du 19—24 juillet 1793, qui assure aux auteurs et artistes la propriété de leurs ouvrages.* (I, Bull. CLVI, n° 916 ; B., LV, 197.)

Les fonctions attribuées aux officiers de paix par l'article 3 de la loi du 19 juillet 1793, seront à l'avenir exercées par les commissaires de police, et par les juges de paix dans les lieux où il n'y a pas de commissaire de police (2).

N° 37. =26 prairial an 3 (14 juin 1795). = DÉCRET *qui détermine un mode pour la perception du droit d'enregistrement sur le prix des baux, stipulé payable en denrées non évaluées* (3). (I, Bull. CLVI, n° 918 ; B., LV, 198.)

Lorsque le prix des baux à ferme ou à loyer aura été stipulé payable en

(1) Voyez, dans le § 5 des notes qui accompagnent le décret du 9—12 février 1792, l'énoncé des lois relatives aux parens des emigrés.

(2) Depuis cette loi, les commissaires de police et les juges de paix ont seuls qualité pour saisir des exemplaires d'ouvrages prétendus contrefaits. Cass., 9 messidor an 13, SIR., V, 2, 84.

(3) Voyez l'art. 15 de la loi du 22 frimaire an 7 (12 décembre 1798), sur l'enregistrement, et les notes.

2.

grains et denrées, et que les baux ne contiendront pas l'évaluation de leur produit annuel, les officiers publics qui les auront reçus, ou le bailleur et preneur, dans le cas du sous-seing privé, *lorsqu'il sera offert à l'enregistrement*, seront tenus de remettre aux préposés de l'enregistrement une déclaration certifiée desdits bailleur et preneur, de la valeur desdits grains et denrées pendant les dix dernières années qui auront précédé celle de la passation des baux, suivant les mercuriales du marché le plus voisin de la situation des biens a l'époque du 1er nivose de chaque année, et le droit d'enregistrement desdits baux sera perçu sur le prix commun d'une année sur les dix.—En cas de fausse déclaration de la valeur desdits grains et denrées, le bailleur et le preneur seront tenus solidairement de payer un droit d'enregistrement en sus.

N° 38. = 27 prairial an 3 (15 juin 1795). = DÉCRET *qui fixe définitivement un mode pour la vente des biens nationaux* (1). (I, Bull. CLVI, n° 919, B., LV, 201.)

Art. 1er. Les directoires de district enverront aux directoires de leurs départemens respectifs, dans dix jours pour tout délai, l'état sommaire des soumissions faites par devant eux, en conséquence des lois des 10, 12 et 15 prairial, avec le résultat de leur montant : cet état sera rédigé par colonnes suivant le modele annexé au présent décret.—Dans les districts où la totalité des biens nationaux n'aurait pas été soumissionnée en conséquence des lois ci-dessus, ils dresseront un état séparé des biens non soumissionnés, avec le montant de leur valeur d'après les bases desdites lois.

2. Les directoires de département veilleront à l'exécution de l'article précédent, et adresseront sans délai les états a la commission des revenus nationaux, à mesure qu'ils leur seront remis par les districts, qui seront tenus de faire mention de la date de la remise.

3. Les adjudications qui pourraient avoir été faites en exécution desdites lois des 10, 12 et 15 prairial, ne vaudront provisoirement que comme soumissions.

4. Les soumissions continueront à être reçues, même sur les biens soumissionnés ; et tout soumissionnaire pourra poursuivre l'adjudication à la chaleur des enchères, en prenant pour première enchère le montant de sa soumission faite en exécution de l'article 5 de la loi du 12 prairial, ou de la loi du 15 pour les biens provenant de la liste civile.

5. L'affiche qui indiquera le jour de la première enchère et de l'adjudication définitive, se fera au plus tard dans cinq jours apres la déclaration des soumissionnaires qu'ils entendent faire procéder a la chaleur des enchères sur leur soumission. La première enchère et seconde affiche indiquant le jour de l'adjudication définitive, se fera dix jours après ; et l'adjudication définitive se fera quinze jours après la première enchère, au plus offrant, sans exclusion d'enchérisseurs.—Les adjudications se feront tous les jours sans interruption.

6. Lorsqu'une soumission comprendra plusieurs corps de fermes ou de biens, les objets seront divisés de manière que chaque corps de biens ou de fermes sera affiché et vendu séparément, ce qui pourra cependant se faire le même jour.

7. Les adjudications faites en conséquence des articles précédens, seront soldées ainsi qu'il suit : un tiers du montant de la soumission dans le pre-

(1) Voyez, dans les notes qui accompagnent le décret du 9 juillet (25, 26, 29 juin et)—25 juillet 1790, l'énoncé des nombreuses lois rendues sur cet objet.

mier mois, le second tiers dans le deuxième, et le dernier tiers de la soumission dans le troisième mois. Le surplus de l'adjudication, excédant le montant de la soumission, sera acquitté en trois paiemens égaux dans les trois autres mois suivans, le tout sans intérêt, jusqu'à l'époque des échéances.

8. Les adjudicataires ne pourront se mettre en possession qu'après le paiement du premier terme, et ne jouiront des fruits naturels et civils que conformément a la loi du 15 prairial.

9. Les acquéreurs de bâtimens et d'usines ne pourront les démolir ni détériorer, et ceux des forêts ou parcs ne pourront abattre les bois, qu'après l'entier paiement du prix d'adjudication.

(*Suit le modèle prescrit par l'article 1er.*)

N° 39.=28 prairial an 3 (16 juin 1795).=DÉCRET *sur la réorganisation de la garde nationale des départemens* (1). (I, Bull. CLVI, n° 920 ; B., LV, 204.)

Organisation.

Art. 1er. Toutes les gardes nationales de la république seront sur-le-champ réorganisées (2).

2. Elles seront composées de tous les citoyens valides âgés de seize à soixante ans.

3. Ne seront compris dans l'organisation, ni commandés pour aucun service, les membres du corps législatif, ceux du pouvoir exécutif ou des commissions qui le représentent, les juges des tribunaux et de paix, les directoires de département et de district, les maires et officiers municipaux, les greffiers en chef, les receveurs des districts, les directeurs des postes aux lettres, les courriers de malles, les postillons de postes aux chevaux, les militaires en activité de service, les commissaires des guerres, les gardes des arsenaux et magasins de la république, les directeurs, officiers de santé et infirmiers des hôpitaux militaires, les employés aux transports et charrois militaires, les étrangers non naturalisés, les concierges des maisons d'arrêt, les guichetiers et les exécuteurs des jugemens criminels.

4. Les ouvriers ambulans et non domiciliés, ceux travaillant dans les manufactures sans domicile fixe, ne seront point également compris dans la présente organisation; ceux d'entre eux qui seront cautionnés, par écrit, par les citoyens chez lesquels ils travailleront, seront admis dans les rangs des compagnies de leur quartier, lorsque la générale battra.

5. Les citoyens peu fortunés, domestiques, journaliers et manouvriers des villes, ne seront plus compris dans les contrôles des compagnies, a moins qu'ils ne réclament contre cette disposition ; dans le cas ou on battra la générale, ils prendront place dans la compagnie de leur quartier, pour contribuer au secours ou a la defense commune.

6. Les bataillons seront formés de dix compagnies, y compris celles de grenadiers et de chasseurs.

7. Les compagnies seront composées d'un capitaine, un lieutenant, un sous-lieutenant, un sergent-major, quatre sergens, huit caporaux, soixante fusiliers, un tambour : total, soixante-dix-sept hommes.

8. Dans les communes, sections de commune ou cantons, dont le nombre des citoyens excédant la formation d'un bataillon ne pourrait en composer

(1) Voyez, sur l'organisation et le service des gardes nationales, le décret fondamental du 29 septembre—14 octobre 1791, et les notes qui l'accompagnent; et surtout la loi du 22—25 mars 1831, qui forme le dernier état des choses.

(2) Paris est excepté de cette disposition, parce que cette opération est bientôt terminée.

un second ou un troisième, cet excédant de citoyens sera réparti également sur toutes les compagnies.

9. S'il arrivait que la population d'une commune, d'une section de commune ou d'un canton, ne pût pas former un bataillon, elle s'adjoindrait la section, la commune ou le canton le plus voisin, pour en compléter l'organisation.

10. Alors tous les citoyens concourraient également à la nomination de l'état-major.

11. L'etat-major des bataillons sera composé d'un chef de bataillon, d'un adjudant et d'un porte-drapeau, et chaque bataillon aura un tambour instructeur.

12. Les bataillons seront tous embrigadés.

13. Les brigades seront ordinairement composées de trois bataillons ; elles pourront être portées a quatre, et réduites à deux : tellement qu'une commune ou un district qui aurait huit bataillons, les répartirait en trois brigades, deux de trois et une de deux ; et que la commune ou le district qui fournirait sept bataillons, n'aurait que deux brigades, une de quatre, et une de trois.

14. Chaque brigade sera commandée par un chef de brigade et un adjudant.

15. Les brigades seront organisées par division.

16. Les divisions seront de dix brigades au plus, et de cinq au moins.

17. Chaque division sera commandée par un chef de division et deux adjudans généraux.

18. Toutes les divisions de gardes nationales d'un département seront commandées par un officier général, lorsqu'elles seront réunies pour l'intérêt public, et ce général sera nommé par le gouvernement.

19. Dans les communes chefs-lieux de district, où il y aura de l'artillerie, il sera formé une compagnie de canonniers, composée d'un capitaine, un lieutenant, un sous-lieutenant, deux sergens, quatre caporaux, quarante canonniers ; un tambour ; total, cinquante hommes.

20. Les départemens pourront organiser de la cavalerie nationale : une compagnie sera composée d'un capitaine, un lieutenant, un sous-lieutenant, deux maréchaux-des-logis, quatre brigadiers, quarante cavaliers, un trompette ; total, cinquante hommes.

21. Les districts auront la même faculté ; et ceux qui ne pourront organiser une compagnie, en organiseront une moitié ou un quart, c'est-à-dire une ou deux brigades.

22. Une brigade sera composée de dix cavaliers et un brigadier ; elle sera commandée par un sous-lieutenant ; deux brigades, faisant moitié d'une compagnie, seront composées de vingt cavaliers, deux brigadiers, un maréchal-des-logis, commandés par un lieutenant.

23. Il sera également organisé des compagnies d'élèves et de vétérans dans les chefs-lieux de district, dans la proportion de cinquante hommes par compagnie, élus et reçus de la manière ci-après prescrite.

Elections.

24. Pour procéder à la réorganisation des gardes nationales, les procureurs-syndics donneront, au reçu de la présente loi, l'ordre aux commandans de bataillon de faire assembler, au premier jour de décadi, les citoyens sans armes, par section de commune dans les villes, et par commune dans les campagnes.

25. Les citoyens ainsi réunis se diviseront en autant de pelotons qu'ils

pourront former de compagnies de soixante-dix-sept hommes pris par arrondissement de quartier, ou d'habitations en campagne, et sous la présidence d'un officier civil de la section ou de la municipalité, lequel donnera lecture de la loi; il sera désigné par l'assemblée trois des plus anciens citoyens présens pour scrutateurs, et pour secrétaire un des plus jeunes en état d'en remplir les fonctions.

26. Le bureau ainsi organisé, le président fera prêter à l'assemblée le serment de fidélité à la république; puis il annoncera qu'il va être procédé a la nomination des officiers, par un seul scrutin, a la pluralité relative des suffrages, en désignant par une même liste le capitaine, le lieutenant et le sous-lieutenant.

27. Nul ne pourra être élu au grade d'officier, de sergent ou de maréchal-des-logis, qu'il ne sache lire et écrire.

28. Aussitôt que les capitaines seront élus, ils tireront au sort le rang de leurs compagnies.

29. Chaque citoyen fera son scrutin; et ceux qui ne sauront pas écrire, les dicteront a l'un des scrutateurs, qui mettront en tête le nom du votant, puis celui de ceux a qui il donne son suffrage, et le grade pour lequel il le donne.

30. Lorsque tous les scrutins seront écrits, le président fera faire l'appel de la compagnie, et en y répondant, chaque citoyen s'approchera du bureau, et y déposera ostensiblement son scrutin dans un vase destiné à le recevoir.

31. L'appel fini, le scrutin sera clos, et personne ne sera plus admis à en déposer de nouveaux, sous aucun prétexte.

32. Le président ouvrira le vase, et comptera le nombre des scrutins pour savoir s'il est égal à celui des votans; dans le cas contraire, l'opération sera recommencée.

33. Cette vérification faite, les scrutateurs développeront successivement tous les scrutins, et ils les présenteront au président, qui lira distinctement, et a voix haute, les noms inscrits, avec celui du grade pour lequel chacun sera désigné.

34. Le secrétaire recueillera soigneusement tous les suffrages; et le résultat en étant connu, le président proclamera chacun pour le grade auquel la pluralité l'aura porté.

35. Le même mode d'élection sera suivi pour les cinq sergens; et il sera fait un troisième scrutin pour les huit caporaux. Les officiers et sous-officiers des canonniers et de la cavalerie seront élus de la même manière.

36. Tous les scrutins qui auront servi aux élections seront brûlés en présence de l'assemblée, et avant de la dissoudre.

37. Le résultat de ces nominations sera consigné dans un procès-verbal signé du bureau et des membres élus, pour être déposé a la commune ou chef-lieu de section, qui, après l'avoir fait transcrire sur ses registres, l'adressera au procureur-syndic du district.

38. Aussitôt que la nomination des officiers et sous-officiers sera terminée, les capitaines, lieutenans, sous-lieutenans et sergens s'assembleront pour procéder, de la même manière et par un seul scrutin de liste, a la nomination d'un chef de bataillon, d'un adjudant et d'un porte-drapeau. La majorité absolue des suffrages est exigée pour le chef de bataillon seulement.

39. Le procès-verbal de ces trois élections sera également transcrit sur les registres de la commune ou de la section, et envoyé, sans retard, au procureur-syndic du district, qui convoquera de suite, au chef-lieu, les chefs de bataillon et les capitaines de toutes armes, pour élire les chefs de brigade et le chef de division.

40. Si aucuns des citoyens élus viennent à passer d'un grade à l'autre, ils ˍseront remplacés de la même manière qu'ils avaient été élus.

41. Les élections seront renouvelées tous les ans, au 1ᵉʳ décadi de germinal, excepté le cas où les bataillons seraient en activité de service contre les ennemis de la république.

42. Ceux qui, par leur civisme et leur conduite, auront mérité l'estime et la confiance de leurs concitoyens, pourront être réélus.

Des réceptions.

43. Le premier jour de décadi qui suivra l'organisation d'un bataillon, les procureurs-syndics dans les villes, et les maires de commune dans les campagnes, feront assembler les bataillons en armes, pour procéder à la réception de leurs chefs.

44. Le maire et les officiers municipaux, revêtus de leur écharpe, accompagnés du procureur-syndic dans les villes de district, se présenteront au centre du bataillon; le maire en avant, et ayant a sa gauche le chef du bataillon, l'épée a la main, il lui dira : « Jurez-vous fidélité à la nation, « haine à la royauté, et obéissance aux lois de la république?»—Il répondra : « Oui, je jure fidélité a la nation, haine à la royauté, et obéissance aux « lois de la république. » Alors le maire fera battre un ban, et dira :—« Ci- « toyens, au nom du peuple français, vous reconnaîtrez le citoyen N..... « pour votre chef de bataillon, et vous lui obéirez en tout ce qu'il vous « ordonnera pour la sûreté des personnes, la garantie des propriétés et le « service de la république. »—Il lui donnera l'accolade fraternelle, et le récipiendaire se décorera des marques distinctives de son grade.

45. Immédiatement après, le commandant du bataillon fera battre deux bans, et recevra de même l'adjudant et le porte-drapeau; puis se portant a la droite du bataillon, il recevra tous les officiers, en finissant par la gauche.

46. Chaque capitaine recevra, par deux bans différens, les cinq sergens et les huit caporaux.

47. Les chefs de brigade seront reçus de la même manière par les chefs de bataillon, le décadi suivant; et le chef de division le sera au chef-lieu de district, a la tête des bataillons de la commune, par le plus ancien chef de brigade.

48. Toutes ces réceptions seront faites en présence des municipalités; les procès-verbaux en seront rédigés par leurs greffiers, transcrits sur leurs registres, et remis aux procureurs-syndics des districts.

49. Lorsqu'il viendra à vaquer un grade quelconque, il y sera renommé le décadi suivant, et l'élu sera reçu dans les formes prescrites par la présente loi.

50. Il n'est rien changé à l'uniforme et aux marques distinctives des gardes nationales. Les tambours porteront deux épaulettes aux trois couleurs, avec le retroussis de l'habit, les houpettes et pompons affectés à leur compagnie.

51. Les chefs de brigade porteront pour marques distinctives deux épaulettes a nœud de cornelier.

52. Les chefs de division auront, de plus que les chefs de brigade, un galon de six lignes au collet et au parement de leur habit.

53. Le service et la discipline s'observeront conformément à la loi du 29 septembre—14 octobre 1791.

54. La présente loi sera promulguée par la voie du bulletin de correspondance.

N° 40. = 30 prairial an 3 (18 juin 1795). = Décret *qui rapporte l'article* 4 *du décret du* 14—16 *frimaire an* 2, *relatif à la fabrication d'un papier particulier pour l'impression du bulletin des lois, et qui supprime les commissions établies près les manufactures de papier.* (B., LV, 213.)

N° 41. = 30 prairial an 3 (18 juin 1795). = Décret *relatif à la distribution des secours promis aux habitans des départemens pacifiés, et sur les individus qui, contre leur serment de soumission aux lois de la république, auront conspiré ou se seront armés contre elle.* (I, Bull. CLVII, n° 924 ; B., LV, 215.)

N° 42. = 2 messidor an 3 (20 juin 1795). = Décret *relatif aux remises attribuées aux administrateurs et préposés de la régie* (1). (I, Bull. CLVII, n° 925 ; B., LVI, 2.)

Art. 1er. La disposition du décret du 5 février 1793, concernant la fixation des remises qui étaient à répartir entre les employés de la régie et des domaines pour l'année 1792, ne sera point applicable à la remise particulière que chaque receveur a reçue, en conformité de la loi du 18—27 mai 1791, sur le produit de sa recette, mais seulement à la portion de remise générale que ces receveurs auraient pu prétendre, tant pour la dernière année que pour la précédente, en vertu de ladite loi du 18—27 mai 1791 et de celle additionnelle du 29 septembre—9 octobre même année.

2. Le décret du 21 messidor de l'an 2 est rapporté, quant à l'effet rétroactif qu'il contenait : en conséquence, les traitemens et remises attribués aux administrateurs et préposés de ladite régie, compris au tableau joint à la loi du 14 août 1793, leur seront alloués dans leur intégrité sur le pied porté par cette loi, depuis le 1er janvier 1793 jusqu'au 1er messidor de l'an 2, sauf à déduire aux directeurs des départemens et aux principaux receveurs les sommes qui leur ont été allouées en exécution de ladite loi du 21 messidor, pendant le mois de prairial de l'an 2, pour loyer et frais de bureau.

3. Il sera payé par chaque trimestre, à compter du 1er messidor courant, jusqu'à ce qu'il en soit autrement ordonné, aux inspecteurs et vérificateurs de cette régie, autres que ceux résidant à Paris, pour les indemniser des frais de route, savoir, aux inspecteurs, la somme de quinze cents livres, et aux vérificateurs, celle de cinq cents livres.

4. Le comité des finances présentera, dans le mois, à la convention nationale, un projet d'une nouvelle organisation de la régie de l'enregistrement et des domaines, avec la fixation des remises qu'il conviendra d'accorder aux administrateurs et préposés de ladite régie, à compter du 1er vendémiaire an 3. — Quant à leurs traitemens depuis le 1er messidor an 2 jusqu'au 1er vendémiaire suivant, ils seront réglés par le comité des finances.

N° 43. = 3 messidor an 3 (21 juin 1795). = Décrét *portant établissement d'une échelle de proportion pour les paiemens et recettes, calculée sur le progrès de l'émission ou de la rentrée des assignats* (2). (B., LVI, 7.)

§ 1er.

Art. 1er. Il y aura, dans les cas prévus par le présent décret, une échelle

_____

(1) Voyez, sur le même objet, le décret du 21 messidor an 2 (9 juillet 1794), et les notes.
(2) Voyez l'arrêté du 21 nivose an 4 (11 janvier 1796), qui détermine un mode pour régler

de proportion pour les paiemens et recettes, calculée sur le progrès de l'émission ou de la rentrée des assignats.

_ 2. Le premier terme de proportion sera fixé à l'époque où il y a eu deux milliards d'assignats en circulation, et les paiemens seront élevés d'un quart au dessus de la valeur nominale des assignats, à partir de l'époque de chaque augmentation de cinq cents millions d'assignats dans la circulation.

3. Les paiemens décroîtront dans la même proportion du quart, à chaque époque où la masse des assignats en circulation aura diminué de cinq cents millions.

4. Les sommes intermédiaires ou moindres de cinq cents millions ne produiront ni augmentation ni diminution dans l'échelle de proportion.

5. Ce tableau d'échelle proportionnelle sera annexé au décret. — Il sera continué de deux mois en deux mois.

§ II. — *Application aux impositions indirectes et directes.*

6. A partir du jour de la publication de la loi, les contributions indirectes en sommes fixes, établies avant qu'il y eût au-dela de deux milliards en circulation, seront perçues, conformément aux articles précédens, sur le pied de la proportion de deux milliards à celle de la circulation au moment du paiement; celles qui se paient en proportion des prix ou valeurs, continueront a être perçues suivant le tarif, au pair.

7. La contribution foncière sera, pour l'an 3, payée dans la même proportion que les impositions indirectes en sommes fixes, c'est-à-dire dans la proportion des deux milliards a celle de la circulation au moment du paiement.

8. Il sera fait distraction de la cote totale de chaque contribuable, du montant de ce qui y est porté pour maisons d'habitation, tant de ville que de campagne, et pour usines autres que les moulins à blé. Les contribuables ne paieront la contribution de ces objets qu'avec assignats au pair.

9. Le paiement de cette contribution, pour l'an 3, sera fait dans deux termes : le premier jusqu'à la fin du dernier des jours complémentaires de cette année, et le second à la fin de frimaire suivant.

§ III. — *Application à l'arriéré, et mesures pour faire rentrer des assignats.*

10. Les débiteurs de la république, pour contributions arriérées, seront admis a se libérer avec assignats au pair dans le mois a compter de la publication de la loi : passé lequel délai ils ne pourront plus le faire que selon l'échelle de proportion, à partir de l'époque de l'échéance.

11. L'article précédent aura lieu, quand même il y aurait demande en dégrèvement, sauf a tenir compte dans la suite si la réclamation se trouve fondée. Il aura pareillement lieu quand les rôles pour les années arriérées ne seraient pas achevés : les paiemens seront faits en ce cas sur le pied du dernier rôle existant.

12. Il en sera de même des débiteurs de la république pour rentes ou prix des baux arriérés non dus en denrées; a la différence que si ces débiteurs ne se libèrent dans le mois, l'échelle de proportion partira de l'époque du contrat, ou du premier terme de l'échelle, si le contrat est antérieur.

13. Les prêts ou avances faits par la république, dont les termes de remboursement sont échus, pourront encore être acquittés en assignats au pair

---

le cours des assignats dans les départemens autres que celui de la Seine. Voyez aussi la loi du 28 ventose an 4 (18 mars 1796), portant création de mandats territoriaux, et les notes.

dans le mois, à dater de la publication de la loi; passé lequel délai, le paiement devra être fait selon l'échelle de proportion, à partir du jour du prêt ou de l'avance, ou du premier terme de l'échelle, si le prêt ou l'avance est antérieur.

14. Il en sera de même des prêts et avances remboursables à termes fixes non encore échus, qui ne seraient pas acquittés dans le mois de l'échéance.

15. Si la créance de la république n'était pas liquide, les débiteurs, pour profiter du bénéfice de la loi, pourront payer par à-compte dans le mois; si par la liquidation il résulte qu'ils ont payé les trois quarts de leur dette, ils pourront se libérer pour le restant avec assignats au pair, dans un autre délai d'un mois après la liquidation : si l'à compte n'était pas des trois quarts, ils ne pourront se libérer du restant qu'avec assignats, selon l'échelle de proportion, à partir de la date du prêt, ou du premier terme de l'échelle si le prêt est antérieur.

16. Les débiteurs de prix de domaines nationaux envers la république, qui sont en retard de paiement, pourront acquitter les termes échus dans quinzaine en assignats au pair; passé lequel délai, ils paieront suivant l'échelle de proportion, du jour de l'adjudication à celui du paiement.

17. Les débiteurs de prix de domaines nationaux envers la république, dont les termes de paiement ne sont pas échus, pourront se libérer en assignats au pair dans le courant de quarante jours, à dater de la publication de la loi; passé lequel délai, ils paieront suivant l'échelle de proportion du jour de l'adjudication à celui du paiement : à dater de la publication de la présente loi, celles qui accordaient une prime aux acquéreurs sont rapportées.

§ IV. — Application aux rentiers, fonctionnaires publics et pensionnaires.

18. Les créanciers de la république, pour rentes constituées et viagères, seront payés, pour le dernier semestre de l'an 4, dans la proportion de deux milliards en circulation comparés avec la quantité qui sera en circulation à l'époque de l'expiration dudit second semestre de l'an 4; le premier semestre de l'an 4 et le dernier semestre de l'an 3 seront payés en assignats au pair.

19. Lorsque le gouvernement aura réduit le nombre des fonctionnaires publics et des employés, le comité des finances présentera ses vues pour améliorer leur sort. Il en présentera pareillement, au plus tôt, pour améliorer celui des pensionnaires les plus infortunés.

§ V. — Renvoi pour imposer les propriétés non sujettes à la contribution foncière.

20. Le comité des finances est chargé de présenter ses vues sur un mode d'imposer les propriétés que la contribution foncière ne peut atteindre.

§ VI. — Application aux baux.

21. Les fermiers ou locataires de maisons d'habitation de ville et de campagne, et d'usines autres que moulins à blé appartenant aux citoyens, continueront de payer leur fermage ou loyer avec assignats au pair.

22. Les fermiers des autres fonds patrimoniaux ou ci-devant nationaux, y compris les moulins à blé, appartenant aux citoyens, dont les prix des baux ne sont pas stipulés en denrées, paieront leur fermage pour l'an 3 en assignats, dans la proportion de la circulation au moment du bail, à celle du paiement ou du premier terme de l'échelle, si le bail est antérieur.

23. La convention nationale charge les comités de législation et d'agriculture réunis, de présenter incessamment leurs vues sur la question de savoir s'il convient d'accorder, pour les années suivantes, aux propriétaires

et fermiers de biens ruraux, la faculté réciproque de résilier les baux dont le prix est payable autrement qu'en denrées, et pour quelle époque cette résiliation pourrait avoir lieu.

§ VII (1). — Des compensations.

24. Les créanciers de la république, à quelque titre que ce soit, qui se trouveraient en même temps débiteurs de l'état pour avances à eux faites, ou pour le prix de domaines nationaux dont les termes de remboursement ou de paiement ne sont pas encore échus, auront droit a la compensation jusqu'a due concurrence, à la charge par eux de la requérir avant l'expiration du délai d'un mois, prescrit par l'article 14, et de quarante jours accordés par l'article 17, dans les cas y relatifs, passé lesquels délais, il n'y aura plus lieu a la compensation.

25. La demande en compensation sera faite et signée par les intéressés ou leurs fondés de pouvoirs, en double expédition, l'une déposée au secrétariat du district où les créances dues a l'état sont exigibles et doivent être payées, l'autre entre les mains du receveur du même district, accompagnée des titres des créances dues par l'état, si elles sont liquidées, sinon de la promesse de fournir les titres dans les trois mois suivans.

26. Si la créance liquidée, offerte en compensation, excède la dette envers l'état, il sera délivré au créancier, pour l'excédant, une inscription sur le grand-livre, qui lui sera expédiée d'apres le bordereau du receveur, visé et approuvé par le directoire de district.

27. Il en sera usé de même pour les créances sur l'état non liquidées, si par l'événement, elles se trouvent supérieures a la dette; mais l'inscription pour l'excédant ne pourra être délivrée qu'après le rapport du titre de la quidation.

28. Dans le cas où la créance sur l'état, liquidée postérieurement a la demande de compensation, se trouverait inférieure a la somme pour laquelle elle aurait été offerte en paiement, ce qui s'en défaudra ne pourra être soldé autrement que suivant l'échelle de proportion établie par le paragraphe 1er.

29. Les femmes ou veuves ou enfans d'émigrés ou de condamnés, qui se rendront adjudicataires de biens nationaux provenant d'émigrés, pourront également demander, dans la même forme, et au plus tard avant l'expiration de quarante jours de leur adjudication, la compensation des créance qui leur seraient dues par l'état, en principal et arrérages, a quelque titre que ce soit.—Dans le cas de retard de liquidation, lesdits adjudicataires ne pourront être contraints a payer les termes échus, en justifiant par eux de leur diligence auprès du commissaire liquidateur général.—Il est dérogé, à cet effet, a tous décrets contraires a la présente disposition.

§ VIII. — Du remboursement des rentes dues à l'état.

30. Les débiteurs envers l'état de rentes foncières ou constituées, perpétuelles ou viagères, soit en denrées, soit en argent, auront, nonobstant le décret du 25 messidor dernier, la faculté de les racheter au taux fixé par les précédentes lois; et a l'égard des rentes viagères, suivant les bases fixées par le décret du 24 août 1793 sur la conversion des rentes viageres en inscription au grand livre.

31. Les débiteurs des rentes mentionnées en l'article précédent seront admis a en faire le rachat en assignats a leur valeur nominale, jusques et compris

(1) Ce paragraphe et le suivant ont été décrétés le 13 thermidor an 3 (31 juillet 1795).

pris le quarantième jour qui suivra la promulgation de la présente loi, et, après ce délai, suivant l'échelle de proportion réglée par le paragraphe 1er.

32. Lorsque le rachat ne pourra avoir lieu sans une liquidation par les corps administratifs, le débiteur sera tenu d'en verser préalablement au moins les trois quarts a la caisse du receveur du district, auquel cas il ne sera point sujet, pour l'acquittement du surplus, a l'accroissement de l'échelle de proportion. — Dans le cas contraire, il ne pourra être libéré pour le tout que suivant l'échelle de proportion, au moment du paiement final.

N° 44. = 4 messidor an 3 (22 juin 1795).= DÉCRET *qui proroge d'une année, à compter du 26 prairial dernier, le délai accordé aux ci-devant payeurs des rentes pour la remise de leurs comptes* (1). (I, Bull. CLVIII, n° 926 ; B., LVI, 16.)

N° 45.=4 messidor an 3 (22 juin 1795).= DÉCRET *qui attribue aux tribunaux criminels la connaissance des meurtres et assassinats commis depuis le 1er septembre 1792* (2). (I, Bull. CLVIII, n° 927 ; B., LVI, 19.)

Art. 1er. Les tribunaux criminels de département connaîtront *immédiatement* des crimes de meurtres et d'assassinats commis dans l'étendue de la république depuis le 1er septembre 1792, et des crimes de la même nature qui pourraient être commis dans la suite ; auquel effet, tous greffiers et autres dépositaires de pièces relatives à ces délits, sont tenus de les remettre aux greffes desdits tribunaux dans la huitaine.

2. Les auteurs, instigateurs, provocateurs et complices des crimes énoncés dans l'article précédent, seront arrêtés sur-le-champ, et traduits sans délai au tribunal du département du lieu du délit.

3. L'accusateur public dressera l'acte d'accusation et le présentera aux juges, qui décerneront l'ordonnance de prise de corps, s'il y a lieu.

4. Le président du tribunal composera un jury de douze citoyens qui seront tirés au sort sur la liste générale des jurés de jugement.

5. Les déclarations et opinions des jurés passeront a la pluralité absolue.

6. L'instruction de la procédure sera faite d'après les règles établies dans la loi du 16 septembre 1 91 (3), en tout ce qui n'y est pas dérogé par la présente.

7. Les juges seront tenus d'appliquer la peine portée au Code pénal (4).

8. Les jugemens rendus sur les délits ci-dessus énoncés, ne seront pas sujets au recours en cassation, de quoi il sera fait mention dans l'acte d'accusation.

9. Les accusateurs publics seront tenus d'envoyer copie du jugement, soit qu'il acquitte, soit qu'il condamne, au comité de législation, trois jours après sa date.

10. Les décrets particuliers qui ont accordé des attributions, seront exécutés, ainsi que les mesures et lois particulières concernant les départemens de l'Ouest.

11. Les juges, accusateurs publics et greffiers des tribunaux criminels demeureront en permanence jusqu'à ce qu'il en ait été autrement réglé; les jurés sont aussi en permanence pour le temps qu'ils doivent servir.

---

(1) Voyez le decret du 26 frimaire an 3 (16 decembre 1794), et la note.
(2) Abrogé par le decret du 5e jour complementaire an 3 (21 septembre 1795).
(3) C'est le decret du 16—29 septembre 1791. Voyez ce decret et les notes.
(4) C'est le Code penal du 25 septembre—6 octobre 1791. — Voyez l'art. 11 de la sect. 1re du tit. II, 2e partie de ce code, portant la peine de mort pour le crime d'assassinat, et les notes.

N° 46. = 6 messidor an 3 (24 juin 1795.) = DÉCRET *qui prohibe la vente des grains en vert et pendans par racines* (1). (I, Bull. CLVIII, n° 928 ; B., LVI, 43.)

Art. 1er. Toutes les ventes de grains en vert et pendans par racines sont prohibées, sous peine de confiscation des grains et fruits vendus ; la convention casse et annule toutes celles qui auraient été faites jusqu'à présent ; en défend l'exécution sous la même peine de confiscation, dans le cas où elles seraient exécutées postérieurement à la promulgation de la présente loi.

2. La confiscation encourue sera supportée, moitié par le vendeur, moitié par l'acheteur. Elle sera appliquée un tiers au dénonciateur, un tiers à la commune du lieu où les fonds qui ont produit les grains se trouvent situés ; ce tiers sera distribué à la classe indigente ; le troisième tiers au trésor public.

3. Les officiers municipaux, les administrateurs de district et de département, sont spécialement chargés de veiller à l'exécution de la présente loi.

N° 47. = 7 messidor an 3 (25 juin 1795). = DÉCRET *qui réunit la salle du Théâtre des Arts au domaine national.* (B., LVI, 45.)

N° 48. =7 messidor an 3 (25 juin 1795).=DÉCRET *relatif aux meubles et immeubles qui seront reconnus ne devoir pas être compris dans les prospectus des loteries nationales* (2). (B., LVI, 49.)

La convention nationale, sur le rapport de son comité des finances, décrète :

Art. 1er. Dans le cas où l'on aurait compris dans les prospectus des loteries nationales des meubles et immeubles qui seraient reconnus ne devoir pas y être compris, le comité des finances est autorisé à y substituer d'autres maisons et effets de même valeur, en informant le public, par des affiches, de ce changement, avant le tirage de la loterie.

2. Si la réclamation en restitution de quelques maisons ou effets, est postérieure au tirage de la loterie, l'aliénation desdites maisons et effets tiendra et le montant sera restitué aux propriétaires, conformément aux lois sur la vente des domaines nationaux.

N° 49. = 7 messidor an 3 (25 juin 1795). = DÉCRET *relatif à la formation d'un bureau des longitudes* (3). (I, Bull. CLVIII, n° 929 ; B., LVI, 50.)

Art. 1er. Il sera formé un bureau des longitudes.

---

(1) Voyez le décret du 23 messidor an 3 (11 juillet 1795), qui excepte de la prohibition le ventes qui ont lieu par suite de tutelle ou de curatelle, etc.: voyez aussi le décret du 7 vendémiaire an 4 (29 septembre 1795), sur la police des grains, et les notes.

(2) Il s'agit ici des loteries des biens meubles et immeubles provenant des émigrés. Voyez le décret du 29 germinal an 3 (18 avril 1795), portant établissement de loteries ; celui du 8 prairial suivant (27 mai 1795), qui en détermine le mode ; celui du 27 vendémiaire an (19 octobre 1795), relatif aux porteurs de billets gagnans ; la loi du 25 messidor suivant (13 juillet 1796), qui détermine le delai pendant lequel les billets gagnans seront delivrés ; et celle du 23 brumaire an 5 (13 novembre 1796), qui détermine le mode de paiement des lots échus, à defaut de réclamation par les porteurs de billets.

(3) Voyez l'ordonnance du 14 janvier 1815, portant création d'une place d'adjoint au bureau des longitudes ; et celle du 6—9 avril 1815, qui la confirme.

Le bureau des longitudes existe encore et publie tous les ans un annuaire.

2. Il aura dans son attribution l'observatoire national de Paris et celui de la ci-devant école militaire, les logemens qui y sont attachés et tous les instrumens d'astronomie qui appartiennent à la nation.

3. Il indiquera aux comités d'instruction publique et de marine, pour en faire rapport a la convention nationale, le nombre des observatoires à conserver ou a établir au service de la république.

4. Il correspondra avec les autres observatoires, tant de la république que des pays étrangers.

5. Le bureau des longitudes est chargé de rédiger la *Connaissance des temps*, qui sera imprimée aux frais de la république, de manière que l'on puisse toujours avoir les éditions de plusieurs années à l'avance : il perfectionnera les tables astronomiques et les méthodes des longitudes, et s'occupera de la publication des observations astronomiques et météorologiques.

6. Un des membres du bureau des longitudes fera chaque année un cours d'astronomie.

7. Il rendra annuellement un compte de ses travaux dans une séance publique.

8. Le bureau des longitudes est composé de deux géomètres, quatre astronomes, deux anciens navigateurs, un géographe, et un artiste pour les instrumens astronomiques.

9. Le bureau des longitudes est composé ainsi qu'il suit : — Géomètres, *Lagrange*, *Laplace* ;—Astronomes, *Lalande*, *Cassini*, *Méchain*, *Delambre;*—Anciens navigateurs, *Borda*, *Bougainville;*—Géographe, *Buache;*— Artiste, *Carochez*.

10. Les membres composant le bureau des longitudes feront leur réglement, qui sera soumis à l'approbation des comités d'instruction publique et de marine.

11. Le bureau des longitudes nommera aux places vacantes dans son sein.

12. Il y aura quatre astronomes adjoints, également nommés par le bureau pour travailler, sous sa direction, aux observations et aux calculs.

13. Le traitement des membres composant le bureau des longitudes est fixé à huit mille livres, celui des adjoints a quatre mille livres.

14. Une somme de douze mille livres est affectée annuellement pour l'entretien des instrumens, les frais de bureau et autres dépenses courantes.

15. Les dépenses de cet établissement seront prises sur les fonds mis à la disposition de la commission d'instruction publique.

16. Il sera pris, dans les dépôts de livres appartenant à la nation, et dans les doubles de la bibliothèque nationale, les livres nécessaires pour compléter la bibliotheque astronomique commencée à l'observatoire.

N° 50.=7 messidor an 3 (25 juin 1795).=**DÉCRET** *qui ordonne le renvoi au comité de législation de différentes questions relatives aux radiations des listes des émigrés.* (B., LVI, 53.)

N° 51. = 9 messidor an 3 (27 juin 1795).= **DÉCRET** *qui distrait de la trésorerie la caisse des invalides de la marine.* (B., LVI, 59.)

N° 52. = 9 messidor an 3 (27 juin 1795).=DÉCRET *concernant le Code hypo-*
thécaire (1). (I, Bull. CLXIV, n° 963 ; B. , LVI, 71.)

TITRE Ier. — DES HYPOTHÈQUES POUR L'AVENIR.

Art. 1er. A compter du 1er ventose prochain (2), l'hypothèque aura lieu et
sera réglée suivant les principes et le mode d'exécution déterminés au présent titre.

CHAPITRE Ier. — *Principes sur les hypothèques.*

2. L'hypothèque est un droit réel sur les biens de l'obligé ou du débiteur,
accordé au créancier pour sûreté des engagemens contractés envers lui.

3. Il n'y a d'hypothèque que celle résultant d'actes authentiques inscrits
dans des registres publics ouverts à tous les citoyens.

---

(1) Ce décret qui, aux inconvéniens du secret des hypothèques, substituait un régime de publicité encore existant aujourd'hui, n'a pas reçu d'exécution Le principe étant bon, mais les moyens
d'exécution furent reconnus impraticables : c'est pourquoi des prorogations successives suspendirent
la mise en vigueur du nouveau systeme que la loi du 11 brumaire an 7 (1er novembre 1798
remplaça.

Voyez le décret du même jour, 9 messidor an 3, relatif aux formes intrinsèques et extrinsèques des déclarations foncières, a leur dépôt et à leur publicité; celui du 30 vendemiaire
an 4 (22 octobre 1795), rectificatif du présent; celui du 2 brumaire suivant (24 octobre 1795)
et la loi du 21 nivose même année (11 janvier 1796), contenant des dispositions additionnelles
les lois des 26 frimaire an 4 (17 decembre 1795), 19 ventose suivant (9 mars 1796), 19 prairial
même année (7 juin 1796), 24 thermidor suivant (11 août 1796), et 28 vendémiaire an .
(19 octobre 1796), qui prorogent successivement le terme indiqué par le présent décret pour
l'introduction du nouveau systeme hypothécaire.

Voyez aussi la loi du 11 brumaire an 7 (1er novembre 1798), qui crée un nouveau systeme
hypothécaire; celle du même jour, concernant les expropriations forcées, les ordres et les distributions; celles des 16 pluviose an 7 (4 fevrier 1799), 17 germinal même année (6 avril 1799)
19 frimaire an 8 (10 decembre 1799), et 16 ventose an 9 (7 mars 1801), art. 1er et suiv., qu
prorogent successivement les delais fixés pour l'inscription des droits d'hypothèques; celle d
21 ventose an 7 (11 mars 1799), qui organise la conservation des hypothèques; et celle d
6 messidor même année (24 juin 1799), qui assujétit les comptables publics a l'inscription
hypothécaire.

Voyez encore les art. 2114 et suiv. du Cod. civ., qui substituent un nouveau systeme hypothécaire a celui de la loi de brumaire an 7; l'avis du cons. d'etat du 12 floreal an 13 (2 mai 1805)
concernant la transcription des actes de vente sous seing privé; celui du même jour, sur la né
cessité de l'inscription des créances hypothécaires des hospices; celui du 1er juin 1807, sur le
moyens de prévenir les difficultés en matiere d'hypothèques légales independantes de l'inscription
le décret du 12 août suivant, qui détermine le mode de stipulation d'hypotheque, dans les bau
à ferme des hospices et autres établissemens de bienfaisance (art. 1er), la loi du 3 septemb
même année, qui détermine les effets des inscriptions hypothecaires prises en vertu de juge
mens rendus sur les demandes en reconnaissance d'obligations sous seing prive; et celle du 4 d
même mois, qui fixe le sens et les effets de l'art. 2148 du Cod. civ. sur l'inscription des créance
hypothécaires.

Voyer enfin les art. 520, 539 et suiv., 548 et suiv. du Code de commerce, qui déterminent le
droits des créanciers et des femmes des faillis; l'avis du cons. d'etat du 22 janvier 1808, sur l
durée des inscriptions prises en vertu d'hypothèques legales; celui du 26 decembre 1810, con
cernant le mode de rectification des erreurs commises sur les registres hypothécaires; le décr
du 4 juillet 1811, contenant des dispositions sur les hypotheques pour les departemens anséatique
l'avis du cons. d'etat du 8 mai 1812, sur le mode de purger les hypothèques legales des femm
devenues veuves, et des mineurs devenus majeurs; le decret du 22 decembre même année, s
le mode d'inscription des droits d'hypotheque appartenant au domaine extraordinaire; celui d
31 janvier 1813, qui proroge, en faveur de la caisse d'amortissement et de l'administration d
domaines, le delai pour l'inscription de certains droits d'hypotheque en Hollande; l'ordonnan
du 24 mai—3 juin 1816, concernant les inscriptions hypothecaires prises aux bureaux d
Porentruy sur les immeubles situés dans les cantons de Montbeliard et d'Audincourt, réunis a
département du Doubs; celle du 17—22 juillet même année, qui maintient les hypotheques pri
au bureau de Genève sur des biens situés dans la partie de cet arrondissement formant actuelle
ment celui de Gex; et celle du 14 juin—9 octobre 1829, portant organisation de la conservati
des hypothèques à la Martinique, à la Guadeloupe et à la Guyane française.

(2) Rectifié par le décret du 30 vendemiaire an 4 (22 octobre 1795).

4. En quelques mains que la chose grevée d'hypothèque soit passée, le créancier hypothécaire a droit de la suivre, et, a défaut de paiement ou d'exécution des obligations stipulées ou prononcées a son profit, de la faire vendre, et d'en toucher le prix jusqu'a concurrence du montant de ses créances hypothécaires, suivant leur ordre de priorité et dans les formes ci-après.

§ 1er. — *Des biens susceptibles d'hypothèque.*

5. Sont seuls susceptibles d'hypothèque, — 1° La propriété des biens territoriaux étant dans le commerce ou pouvant être aliénés, — De leurs accessoires inhérens ou établis à perpétuelle demeure, — Ensemble des fruits non recueillis, — Des bois non coupés, — Et des servitudes foncières; — 2° L'usufruit des mêmes biens, résultant seulement des baux emphythéotiques, lorsqu'il reste encore vingt-cinq années de jouissance.

6. A l'égard des biens meubles, ils ne peuvent être l'objet d'aucune hypothèque, sans préjudice toutefois du droit de suite pour cause de revendication.

§ II. — *Des personnes sur les biens desquelles l'hypothèque peut être acquise.*

7. L'hypothèque est volontaire ou forcée.

SECTION 1re. — De l'hypothèque volontaire.

8. Tout citoyen, s'il est majeur, a droit d'hypothéquer ses biens présens et à venir, soit en personne, soit par son fondé de procuration spéciale.

9. A l'égard des majeurs interdits, — Des mineurs émancipés ou en tutelle, — Leurs biens ne peuvent être hypothéqués que sur avis de parens ou conseils de famille, pour les causes et dans les formes établies par les lois.

SECTION II. — De l'hypothèque forcée.

10. Il résulte, en faveur du créancier, hypothèque sur les biens présens et a venir de son débiteur contre lequel il est intervenu, soit un jugement de reconnaissance d'écrit privé ou de condamnation, soit une sentence arbitrale rendue exécutoire.

11. Néanmoins les jugemens rendus dans les dix jours antérieurs à la faillite, banqueroute ou cessation publique de paiement d'un commerçant, ne sont point susceptibles d'hypothèque.

12. Ne sont pareillement susceptibles d'aucune hypothèque les condamnations obtenues contre l'hérédité acceptée sous bénéfice d'inventaire, ou le curateur a la succession vacante.

§ III. — *Des créances donnant hypothèque.*

13. Toutes les créances résultant de transactions et engagemens, — Et les dommages résultant de délits, — Sont susceptibles de conférer hypothèque.

14. Néanmoins les arrérages de rentes foncières et constituées, perpétuelles ou viagères, — Les intérêts des capitaux qui en produisent, — Ne sont susceptibles de conférer hypothèque que pour une année et le terme courant.

15. A l'égard des frais et dépens en matière litigieuse, — De ceux de mise a exécution et autres accessoires, — Ils ne peuvent conférer hypothèque qu'après avoir été liquidés.

16. Il n'y a plus d'hypothèque indéfinie: en conséquence, tout titre de créance ou portant obligation doit en déterminer le montant; à défaut de quoi il ne peut conférer hypothèque.

§ IV. — *Des actes qui confèrent hypothèque, et de leur inscription.*

17. Nulle obligation ou titre de créance ne peut conférer hypothèque, s'il n'est fait par acte public de la juridiction volontaire ou contentieuse, ou si, étant par écrit privé, il n'a été reconnu par acte ou jugement public: en conséquence, il n'y a plus d'hypothèque tacite.

18. Quant aux actes publics passés hors du territoire français, ils sont privés de la faculté de conférer hypothèque. S'ils sont reconnus en France par acte authentique, ce dernier est celui d'où résulte hypothèque en faveur du créancier.

19. Les actes de la nature mentionnée aux deux articles précédens donnent hypothèque de plein droit, et sans avoir besoin d'être exprimée, sur les biens présens et à venir des obligés et condamnés, et ceux de leurs héritiers. — Et néanmoins l'hypothèque n'est acquise définitivement que par la formalité de l'inscription de ces actes, qui est faite dans le registre pour ce destiné, par le conservateur des hypothèques ou son agent préposé à cet effet pour chaque arrondissement, et qui est tenu d'en donner récépissé au créancier; après quoi il répond de la conservation de l'hypothèque (1).

20. Le créancier qui veut faire inscrire son titre, est tenu d'en fournir, sur papier timbré, signé du fonctionnaire public qui l'a reçu, ou qui est dépositaire de la minute, un extrait contenant le bordereau de ses créances, et de déposer cet extrait entre les mains du conservateur dans l'arrondissement duquel sont situés les biens sur lesquels le créancier se propose de faire frapper son hypothèque.

21. Il est pareillement tenu d'y joindre, aussi en papier timbré, le double dudit bordereau, au bas duquel le conservateur des hypothèques donne son récépissé, après en avoir fait l'inscription sur ses registres.

§ V. — *Du rang et de l'ordre des hypothèques.*

22. Tout acte de la juridiction volontaire ou contentieuse, même le jugement susceptible d'appel, donne hypothèque du jour de sa date, s'il est inscrit dans le mois, passé lequel délai l'hypothèque n'existe et n'a rang que du jour de son inscription.

23. En cas de vente judiciaire de la chose hypothéquée et d'insuffisance du prix pour acquitter toutes les créances hypothécaires dont elle est grevée, le prix est distribué d'abord au plus ancien créancier, jusqu'à concurrence du montant de sa créance hypothécaire, ensuite à celui qui a rang après le premier, et successivement jusqu'a épuisement du prix. — Dans le concours de deux hypothèques acquises le même jour, l'heure décide de l'antériorité.

24. A l'exception de la contribution foncière pour une année échue et celle courante, et du bailleur du fonds pour le prix qui lui en est dû, il n'y a plus d'hypothèque privilégiée ni qui puisse avoir aucune préférence sur celles plus anciennes; et néanmoins les créanciers hypothécaires n'ont droit au prix de la vente des fruits non recueillis et des bois non coupes, que sous la déduction des frais de récolte et de coupe, ou a la charge de les payer aux ouvriers qui y auront été employés.

---

(1) Les inscriptions prises conformément à la loi du 9 messidor an 3, et sous l'empire de cette loi, ont été maintenues dans tous leurs effets par celle du 11 brumaire au 7; peu importe que la loi de 9 messidor an 3 n'ait jamais été exécutée, et que, dans la localité où l'inscription a été prise, les lois antérieures exigeassent d'autres formalités qu'une inscription. Cass., 8 floréal an 13, Sir., V, 1, 162.

§ VI. — *De l'étendue de l'hypothèque.*

25. Le créancier peut faire inscrire son titre partout où il le juge convenable, même dans les arrondissemens où son débiteur n'aurait aucune propriété territoriale.

26. L'hypothèque inscrite s'étend sur tous les biens présens et à venir de l'obligé ou condamné, situés dans l'arrondissement du bureau où l'inscription a été faite.

27. A l'égard des héritiers purs et simples de l'obligé ou condamné, leurs biens particuliers n'en répondent que du jour de l'inscription faite nominativement sur eux.

28. Si l'héritier n'a accepté que sous bénéfice d'inventaire, il n'y a point d'hypothèque sur ses biens particuliers pour raison des créances hypothécaires de son auteur.

29. Lorsque les biens du débiteur ou de ses héritiers purs et simples, situés dans un ou plusieurs arrondissemens où l'inscription a eu lieu, sont suffisans pour répondre de la créance, le débiteur a le droit de faire rayer et supprimer, aux frais et dépens du créancier, et contradictoirement avec lui, l'inscription de son hypothèque qui aurait été faite ailleurs.

30. Les biens du débiteur sont présumés suffisans, lorsque, sur leur capital ou prix vénal, il reste un quart libre de toute hypothèque.

31. Tout citoyen sur les biens duquel il aura été fait une inscription d'hypothèque mal fondée en tout ou partie, a droit de la faire supprimer ou réduire, aux frais et dépens de celui qui l'aura requise, lequel répondra en outre de ses dommages et intérêts.

§ VII. — *De la déclaration foncière des biens.*

32. Tout créancier hypothécaire, dont le titre de créance est inscrit, a le droit d'exiger de son débiteur, propriétaire de biens territoriaux, la preuve qu'il a fait et déposé séparément pour chaque commune, dans les formes prescrites par la loi de ce jour, la déclaration foncière de ceux situés dans l'arrondissement du bureau de la conservation dans lequel l'inscription a eu lieu, et que les résultats sont consignés audit bureau sur le livre de raison des hypothèques.

33. Faute par le débiteur d'en justifier dans le mois de la sommation qui lui en aura été faite à personne ou domicile, à la requête du créancier, la dette en principal et accessoires est exigible de plein droit, nonobstant les termes accordés ou l'aliénation des capitaux.

34. S'il y a insuffisance de biens, et que, dans le même délai, le débiteur ne puisse en désigner d'autres, la dette est encore exigible jusqu'à concurrence du déficit d'hypothèque.

35. Le créancier cesse d'avoir droit a l'exigibilité accordée par les deux articles précédens, s'il y a renoncé.

CHAPITRE II. — De l'hypothèque sur soi-même.

36. Au nombre des diverses manières de conférer volontairement hypothèque, est comprise celle qui accorde a tous propriétaires de biens et droits susceptibles d'hypothèque, la faculté de prendre hypothèque sur lui-même, pour un temps déterminé, qui ne peut excéder dix années, par la voie de cédules hypothécaires, jusqu'à concurrence néanmoins des trois quarts de la valeur capitale ou prix vénal de ses biens présens désignés dans la cédule, y compris le montant des hypothèques dont ils sont déjà grevés. — Dans le cas où il use de cette faculté, — 1° Le conservateur des hypothèques, chargé d'en faire la délivrance, est garant de la valeur capitale annoncée par la

3.

cédule, et du montant des créances hypothécaires antérieures ; — 2° Cette cédule hypothécaire est transmissible, non point au porteur innommé, mais par la voie de l'endossement à ordre ; elle forme un titre exécutoire contre le citoyen qui l'a souscrite, au profit de celui à l'ordre duquel elle est passée; —3° Il n'y a aucun recours de garantie d'un endossement a l'autre, excepté seulement en cas de faux.

§ Ier. — Des cédules hypothécaires.

37. Les cédules hypothécaires sont délivrées au requérant dans la forme du modèle ci-annexé.

SOUCHE ORIGINALE	CÉDULE HYPOTHÉCAIRE	DOUBLE SOUCHE
Cédule de requise le l'an n° f° du registre. Departement d District d Arrondissement d Canton d Commune d Délivrée le l'an n° f° du registre.	CÉDULE HYPOTHÉCAIRE de livres, Requise le l'an n° f° du registre. DÉPARTEMENT d DISTRICT d ARRONDISSEMENT d CANTON d COMMUNE d Délivrée le l'an n° f° du registre. Au l'an préfix, je soussigne âgé de demeurant à m'oblige de payer, à ce domicile, sur la valeur de mes biens territoriaux, a l'ordre du citoyen dénommé au dos, la somme de en monnaie correspondante au marc d'argent fin, valeur reçue de la même manière. A ce l'an de la république française, une et indivisible. (Signature du débiteur.) Je soussigné, conservateur des hypothèques de l'arrondissement d au bureau d certifie sur ma responsabilité, 1° que l citoyen a souscrit en ma présence la cédule ci-dessus, de la somme de payable le 2° qu' l est propriétaire d ns l commune de 3° que ces biens sont cotisés à de contribution foncière par an ; 4° qu'ils sont de valeur capitale de suivant s déclaration foncière de 5° que les hypothèques inscrites sur ces biens, ayant une date antérieure à la réquisition de la cédule ci-dessus, sont de la somme de faisant avec ladite cédule celle de En sorte que lesdits biens offrent une valeur libre de A le l'an de la république française, une et indivisible. Inscrit le audit an, n° f° du registre. (Signature du conservateur.) Enregistré à le l'an n° f° Reçu (Signature du préposé.)	Même modèle que pour le talon original.
Payable le l'an souscrite par âgé de demeurant à propriétaire de biens territoriaux dans l commune d de valeur capitale de (Signature du débiteur.) (Signature du conservateur.)		
(Signatures du débiteur et du conservateur)	(Signatures du débiteur et du conservateur	

CÉDULE HYPOTHÉCAIRE.		CÉDULE HYPOTHÉCAIRE.
Payez à l'ordre d citoyen	Payez à l'ordre d citoyen	
Payez a l'ordre d citoyen	Payez à l'ordre d citoyen	
Payez à l'ordre d citoyen	Payez à l'ordre d citoyen	
Payez à l'ordre d citoyen	Payez à l'ordre d citoyen	
Payez à l'ordre d citoyen	Payez à l'ordre d citoyen	
Payez à l'ordre d citoyen	Payez à l'ordre d citoyen	
Payez à l'ordre d citoyen	Payez à l'ordre d citoyen	
Payez à l'ordre d citoyen	Payez a l'ordre d citoyen	
Payez à l'ordre d citoyen	Payez à l'ordre d citoyen	
Payez à l'ordre d citoyen	Payez a l'ordre d citoyen	
Payez à l'ordre d citoyen	Payez à l'ordre d citoyen	
Payez à l'ordre d citoyen	Payez à l'ordre d citoyen	

La souche originale reste entre les mains du conservateur des hypothèques qui l'a délivrée, pour que la cédule puisse y être confrontée au besoin ; et tous les dix jours il envoie au bureau de la conservation générale des hypothèques, a Paris, les doubles souches des cédules expédiées pendant le cours de la décade précédente.

38. Tout citoyen qui veut requérir cédule est tenu préalablement, s'il ne l'a déjà fait, de déposer, dans les formes prescrites par la loi de ce jour, la déclaration foncière de ses biens, et d'en justifier au conservateur, sans pouvoir se servir à cet effet de la déclaration foncière de son auteur ; le tout à peine de nullité de l'acte de réquisition, et de la cédule hypothécaire, dont ledit conservateur demeure responsable.

39. Avant d'être délivrées aux requerans par le conservateur des hypothèques, ces cédules seront, a la diligence du conservateur, enregistrées sur un registre à ce destiné, au bureau de la perception des droits d'enregistrement établi au chef-lieu de district, en exécution du décret du 5— 19 décembre 1790.

40. Le droit dû au trésor public pour cette formalité sera d'un demi pour cent, ou d'un pour deux cents, par an, du montant desdites cédules. — Si elles sont requises pour une échéance différente qu'une année, le droit cédulaire sera réduit ou augmenté à proportion. — Le conservateur des hypothèques en sera responsable ; à l'effet de quoi il est autorisé a le faire consigner d'avance.

41. Celui qui ne sait point écrire, ou qui ne peut venir en personne, ne peut requérir cédule que par procuration spéciale et authentique, qui demeurera déposée au bureau du conservateur des hypothèques.

42. Il sera tenu registre des réquisitions de cédules.

§ II. — *De la communication des titres.*

43. Afin de mettre le conservateur des hypothèques en état de juger de la propriété et de la valeur des biens du requérant, il est tenu de lui donner sur-le-champ communication sous récépissé, — 1° Des titres de propriété, baux a loyer, a ferme, a emphythéose, derniers procès-verbaux d'estimation ou d'expertise, et autres documens qui servent de base a la déclaration foncière ; — 2° De l'extrait du rôle de la contribution foncière

des biens du requérant, justifiant du montant de leur cotisation pour la dernière année et celle courante.

44. Ces pièces seront rendues pour procéder à l'expertise, si elle a lieu; sinon, lors de la remise des cédules.

45. Le conservateur aura en outre le droit de prendre, sans déplacer, communication, non seulement des registres, sommiers et tables servant a la perception de tous les droits d'enregistrement actuels, mais encore de ceux de contrôle, insinuation, centième denier, et autres perceptions supprimées par le decret du 5 décembre 1790.

46. Dans les dix jours de la réquisition de cédules hypothécaires, le conservateur est tenu de déclarer au requérant, par écrit, s'il veut contester la déclaration foncière; et dans ce cas, par quel motif.

§ III. — *De la propriété des biens.*

' 47. Si le refus de délivrer cédule tombe sur le défaut de justification de la propriété des biens dans la main du requérant, il sera tenu de rapporter au conservateur des hypothèques, pour mettre a couvert sa responsabilité, un certificat en papier timbré, signé du corps municipal de la situation des biens, justifiant qu'on le reconnait publiquement pour en être le propriétaire; sinon, caution hypothécaire jusqu'a concurrence de la valeur capitale des biens dont la propriété est douteuse; faute de quoi, le requérant ne peut les faire céduler, jusqu'a ce qu'il y ait été statué par le tribunal du district, auquel il pourra recourir.

§ IV. — *De l'expertise.*

48. Dans le cas où le conservateur des hypothèques prétendrait qu'il y a forcement de valeur dans la déclaration foncière des biens du requérant, il en sera fait estimation par experts, a sa diligence.

SECTION 1re. — Principes sur l'expertise.

49. La concurrence des bailleurs et des preneurs, et celle des vendeurs et des acheteurs, étant la seule et vraie cause déterminante du prix des choses, il en résulte que le but des experts consiste à trouver, dans leurs lumières, la réponse a ces deux questions : —Combien telle chose serait-elle louée?—Combien serait-elle vendue?—sans aucun sacrifice de convenance dans l'un ou l'autre cas.

50. En faisant cette recherche en leur ame et conscience, les experts auront pour règle ordinaire, — 1° A l'égard du revenu net annuel, que ce revenu doit être estime comme si la chose etait actuellement ou devait être donnée a ferme ou loyer ordinaire à prix d'argent pour une durée de neuf à dix-huit ans, avec la condition, de la part du fermier, de rendre les biens dans le même état qu'il les aurait reçus; et de la part du bailleur, de satisfaire a toutes les charges foncières et contributions territoriales, même à celles établies sur la personne ou l'industrie du preneur, a raison de son exploitation ; — 2° A l'égard du capital ou prix vénal, que la chose doit être considérée comme franche et quitte de toutes charges, dettes et hypothèques, excepté néanmoins, 1° de la contribution foncière ou territoriale; 2° des servitudes foncières, s'il en existe; 3° et du droit d'usufruit, lorsque le propriétaire n'a que la nue propriété, ou que son droit a percevoir actuellement l'entier revenu est suspendu.

51. Il est du devoir des experts de ne pas accorder, pour se guider dans cette recherche, trop de confiance aux baux à loyer existans, ni aux actes translatifs de propriété à titre onéreux ou à prix d'argent, attendu qu'il pourrait y avoir 'eu dol ou fraude de la part de l'une des parties contrac-

tantes, ou réticence du vrai prix, ou enfin deniers d'entrée non exprimés au
contrat.

SECTION II. — Des conditions pour être expert.

52. Les experts doivent être âgés de plus de trente ans, et n'être parens ou
alliés jusqu'au quatrième degré inclusivement, ni aux gages des parties intéressées ; mais, a défaut de récusation avant la clôture du procès-verbal
d'expertise, toute réclamation à cet égard est inadmissible.

53. Il n'y a plus de serment a prêter par eux, ni avant ni après leur rapport ; la formalité en est abrogée.

SECTION III. — De la nomination des experts.

54. L'un des experts est nommé par le conservateur des hypothèques
en même temps et par la même déclaration mentionnée en l'article 46.

55. L'autre est choisi par le requérant, lequel est tenu d'en donner avis,
par écrit, au conservateur des hypothèques, au moins dix jours avant l'expertise.

56. En cas de partage d'opinions, les experts nomment entre eux un
tiers expert, pour prononcer seulement sur les choses en difficulté.

57. Le requérant cédule est chargé de toutes les diligences qui ont pour
objet d'arriver a l'expertise, et a la tierce-expertise si elle a lieu, d'en faire
déterminer les jours, et d'en avertir par écrit le conservateur des hypothèques ; et celui-ci ne peut se refuser a donner sur-le-champ reconnaissance
desdits avertissemens.

SECTION IV. — Du dépôt de deniers.

58. Avant de faire la nomination de son expert, le requérant cédule est
tenu de déposer entre les mains du préposé a l'enregistrement, au chef-lieu
de district, pour subvenir aux frais de l'expertise, les sommes présumées
nécessaires, jusqu'à concurrence néanmoins d'un pour cinq cents, et d'en
justifier au conservateur des hypothèques, qui, faute de ce faire, en est responsable, sauf son recours.

SECTION V. — Des titres et pièces à remettre aux experts.

59. Une expédition des déclarations foncières, et tous autres titres, papiers et documens nécessaires, seront confiés par le requérant cédule aux
experts, sous le récépissé de l'un d'eux.

60. Ils peuvent, au surplus, se faire donner sur les lieux tous autres renseignemens et instructions par les citoyens dont ils croiront les connaissances
utiles à leurs operations.

SECTION VI. — Du rapport des experts.

61. Les parties intéressées peuvent assister au rapport des experts, si bon
leur semble.

62. Si l'expert choisi par le conservateur des hypothèques ne s'est point
rendu aux jour, lieu et heure indiqués, ledit conservateur ou son fondé de
procuration spéciale, s'il est présent, peut requérir la remise de l'expertise
jusqu'a cinq jours ; en cas d'absence, il sera procédé et passé outre a l'expertise, a la charge toutefois par le requérant cédule d'y appeler soit un officier
municipal ou membre du conseil général, soit l'agent national, soit le secrétaire-greffier de la commune de la situation des biens, lequel assistera à l'expertise et en signera le procès-verbal.

63. Les experts seront tenus de voir et visiter les biens dont il s'agit, sur
la désignation et démonstration des parties intéressées, et d'en faire mention
dans leur rapport.

64. Il est rédigé, sans désemparer, procès-verbal de ladite expertise, en triple minute, séparément pour chaque commune, et mention y sera faite du nombre des vacations employées a leur travail : après quoi il sera signé par ceux qui y auront assisté, sinon mention sera faite des causes de leur refus.

65. En cas de partage, les experts feront la nomination du tiers-expert ; ils la consigneront par écrit au bas de chacune des trois minutes, et ils demeurent chargés de lui remettre leur rapport avec les pièces, le tout sous son récépissé.

SECTION VII. — De la tierce-expertise.

66. Il y aura au moins cinq jours entre le rapport et la tierce-expertise.

67. La présence des parties intéressées et des experts aux opérations du tiers-expert, n'y sera admise que de son consentement ; il rédige son procès-verbal en triple minute.

SECTION VIII. — De l'inobservation des règles prescrites.

68. Dans le cas où les délais n'auraient point été observés, et dans celui où il aurait été substitué d'autres experts a ceux indiqués par écrit, le conservateur ne pourra s'en plaindre, s'il a assisté à l'operation des experts et en a signé le procès-verbal sans réclamation motivée.

69. Le tiers-expert qui aurait refusé ne pourra cependant être remplacé par un autre, sans avoir été choisi par les experts, et par écrit a la suite du procès-verbal, a peine de nullité.

70. Dans tous les autres cas où les formes prescrites n'auront point été observées, le conservateur des hypothèques pourra rejeter l'expertise, et en exiger une nouvelle, qui aura lieu dans les mêmes délais.

71. Les contestations qui pourraient survenir à cet égard seront vidées sommairement et sans frais, par le juge de paix de l'arrondissement où le bureau de la conservation des hypothèques est établi, sans avoir besoin de recourir au tribunal de paix.

SECTION IX. — Du dépôt du rapport.

72. Si les experts ne sont point contraires entre eux, l'une des trois minutes de leur rapport sera par eux déposée sur-le-champ entre les mains du secrétaire-greffier de la commune, lequel est tenu d'en donner reconnaissance au bas des deux autres minutes.

73. L'une de celles-ci sera déposée ensuite, et au plus tard dans les trois jours, entre les mains du conservateur des hypothèques, qui sera tenu de la joindre a la déclaration foncière qu'elle concerne, après avoir fait mention de ce dépôt, tant sur le registre a ce destiné que sur la troisième minute, laquelle sera remise au requérant cédule.

74. Dans le cas où il y aurait partage d'opinions entre les experts, les formalités du dépôt prescrit aux deux articles précédens seront remplies par le tiers-expert.

SECTION X. — Des frais d'expertise.

75. Chaque expert s'adresse a celui qui l'a nommé, pour obtenir le paiement de ses salaires, sauf le recours d'une partie contre l'autre. — Le tiers-expert est payé sur les deniers déposés par le requérant cédule.

76. Lorsque l'expertise définitive se trouve au dessous de la valeur portée en la déclaration foncière, tous les frais auxquels elle a donné lieu sont a la charge du requérant : dans le cas contraire, un quart est supporté par le conservateur des hypothèques, et les trois autres quarts par le trésor public.

77. La taxe en est faite par le juge de paix ; et tous les mois le conservateur des hypothèques est tenu de dresser le bordereau de ceux qui se trouvent à la charge du trésor public, de le faire viser et approuver par l'administration de district, et de représenter a cet effet toutes les pieces a l'appui.

§ V. — *De la delivrance des cédules hypothécaires.*

'78. Soit qu'il y ait eu, ou non, expertise, les cédules hypothécaires ne pourront être delivrées par le conservateur des hypothèques, qu'après un mois du jour de la réquisition, a peine d'en répondre.

79. Ces cédules confèrent, sur les biens du requérant, hypothèque à la date de la réquisition.

80. Mais si, depuis qu'elle a été faite jusques et compris le trentième jour suivant, il est survenu des inscriptions de créances donnant une hypothèque anterieure a ladite réquisition, le conservateur est tenu d'y avoir égard, en sorte qu'en aucun cas la somme desdites cédules, ajoutée à celle des inscriptions donnant une hypothèque antérieure, ne puisse excéder les trois quarts de la valeur capitale des biens qui en sont l'objet, à peine d'en répondre.

81. Lesdites cédules seront expédiées pour les échéances et dans fes coupures déterminées par le requérant.—Elles sont signées par lui ou son fondé de procuration spéciale, et par le conservateur des hypothèques, aux cinq endroits désignés sur le modèle.

82. Il est tenu, par le conservateur, registre des cédules par lui expédiées, et avant toute délivrance desdites cédules.

83. Aussitôt qu'elles sont remises au requérant, il en a la libre disposition, et leur circulation, par la voie de l'endossement nominatif à ordre, ne peut être arrêtée entre les mains du 'possesseur, par aucune opposition principale ou en sous-ordre.

CHAPITRE III. — De la vente et cession des créances hypothécaires, et des oppositions en sous-ordre.

84. La vente ou cession de créances hypothécaires, autres néanmoins que celles résultant de cédules, ne pourra avoir lieu que par acte authentique.

85. Néanmoins le cessionnaire ou adjudicataire n'en devient propriétaire et ne peut profiter de l'hypothèque qui y est attachée, qu'après avoir notifié et fait enregistrer son titre au bureau du conservateur qui a reçu l'inscription ; faute de quoi, toute libération antérieure du débiteur ou de l'acquéreur de la chose hypothéquée est valable, sauf le recours du cessionnaire contre son cédant, s'il y a lieu.

§ 1er. — *Des oppositions en sous-ordre, au premier degré.*

86. Tout créancier légitime a droit de former en personne ou par son fondé de procuration spéciale, et sans le ministère d'aucun huissier, entre les mains du conservateur des hypothèques, opposition sur son débiteur, propriétaire de créances hypothécaires inscrites, mais non de cédules hypothécaires.

87. L'opposant en sous-ordre est tenu d'élire domicile dans le lieu de la résidence du conservateur des hypothèques, sous peine de nullité.

88. Il est tenu registre de ces oppositions.

89. L'effet desdites oppositions en sous-ordre est d'empêcher le débiteur sur qui elles sont formées, de recevoir le prix desdites créances hypothécaires inscrites, au préjudice de l'opposant, son créancier légitime ; en conséquence, tout paiement du prix de la vente, soit de la créance hypothé-

caire, soit de la chose hypothéquée, et qui aurait été fait postérieurement à l'opposition, est nul et de nul effet, jusqu'à concurrence du montant de la créance hypothécaire qui serait venue en ordre utile.

90. Dans le concours de plusieurs opposans en sous-ordre sur un même débiteur, au cas d'insuffisance pour les solder, il n'y a lieu à aucune distinction, aucune préférence ni ordre d'hypothèque sur les deniers qui lui appartiennent, lesquels doivent être distribués entre eux au marc la livre.

§ II. — *Des oppositions en sous-ordre, aux degrés ultérieurs.*

91. Il ne peut être reçu ni admis au bureau de la conservation des hypothèques, à peine de nullité, aucune opposition en sous-ordre ultérieur, ou sur l'opposant en sous-ordre.

CHAPITRE IV. — De la revendication des biens territoriaux.

92. Aucune revendication de la propriété des biens territoriaux ne pourra être portée devant les juges et arbitres, si la demande en éviction n'a été préalablement notifiée au conservateur des hypothèques, dans l'arrondissement duquel les biens sont situés : défenses sont faites à tous tribunaux, juges de paix et arbitres, d'y statuer, sans que la preuve de cette notification leur ait été apportée, à peine de nullité de leurs jugemens, et des dommages des parties intéressées, ainsi que des créanciers hypothécaires et porteurs de cédules.

93. Cette notification n'est valable qu'autant qu'elle a été consignée par le conservateur des hypothèques sur le registre à ce destiné, et qu'elle a été précédée de la déclaration foncière, faite et déposée soit par le possesseur actuel, soit, s'il n'y en a point de lui, par le demandeur en éviction, faute de quoi il est défendu audit conservateur de l'enregistrer.

94. Il n'est pas nécessaire, pour cette notification, du ministère d'aucun officier de justice.

95. Les hypothèques inscrites et les cédules requises avant ladite notification, ont leur pleine et entière exécution sur la chose hypothéquée, sauf le recours du propriétaire contre celui qui les avait consenties.

96. Celles postérieures sont nulles et de nul effet à l'égard de la chose revendiquée, si elle est adjugée au demandeur en éviction.

97. Lorsque la vente de la chose revendiquée sera poursuivie sur le détenteur, faute de paiement de ses dettes hypothécaires, et comprises dans les publications et affiches indicatives de ladite vente, le demandeur en éviction sera tenu de faire toutes diligences et d'appeler le poursuivant au domicile élu, pour faire vider la contestation dans les vingt-cinq jours de l'apposition des affiches ; faute de quoi faire dans ledit délai, l'adjudication en sera valablement faite : et s'il y a lieu à indemnité, elle ne pourra, à l'égard des créanciers, s'élever au-delà du prix de la chose, ni avoir une hypothèque antérieure au jour de la notification d'éviction, sauf son recours contre le saisi.

98. Toute demande en revendication de biens territoriaux qui se trouvera mal fondée, donne ouverture aux dommages et intérêts du propriétaire ou de ses créanciers, et les dommages ne peuvent être fixés par les juges ou arbitres au dessous du cinquantième de la valeur capitale de l'objet contesté, à peine de nullité et de cassation de leurs jugemens.

CHAPITRE V. — De l'expropriation des biens territoriaux.

99. Nulle expropriation de biens territoriaux, volontaire ou forcée, entre-vifs, et à quelque titre que ce soit, ne peut avoir lieu, à peine de nullité, si elle n'a été précédée de la déclaration foncière des biens qui en sont l'objet,

faite et déposée dans les formes prescrites , soit par le propriétaire , soit , à son défaut, par le créancier poursuivant.

100. La loi ne reconnaît pareillement aucune expropriation de biens territoriaux faite verbalement ou par écrit privé; elles doivent être reçués devant des officiers publics, a peine de nullité.

101. Lesdits officiers sont tenus de se faire représenter ladite déclaration foncière, de l'indiquer suffisamment, d'énoncer sa date et le jour de son dépôt, dans les actes d'expropriation qu'ils sont chargés de rédiger par écrit, et d'y faire mention de la valeur, tant en revenu net annuel qu'en capital ou prix vénal, exprimée par ladite déclaration foncière a l'égard des biens qui sont l'objet desdites expropriations ; le tout a peine de nullité et des dommages des parties intéressées.

102. Défenses sont faites aux percepteurs des droits d'enregistrement, de donner a ces actes la formalité de l'enregistrement , si les conditions prescrites dans l'article précédent n'ont point été remplies; à peine de répondre pareillement des dommages des parties intéressées , et de destitution en cas de récidive.

103. Toutes créances hypothécaires deviennent exigibles, nonobstant les termes accordés ou l'aliénation des capitaux, s'il y a expropriation volontaire ou forcée des biens qui leur servent d'hypothèque.

§ Ier. — De l'expropriation volontaire.

104. Il n'y a que le consentement formel des créanciers hypothécaires qui puisse faire passer leur hypothèque d'une propriété sur l'autre; en conséquence, les échanges, permutations, partages et autres expropriations semblables, ne pourront de leur nature produire cet effet.

105. En toute expropriation volontaire, onéreuse ou à titre gratuit , celui au profit duquel elle est consentie, ne peut devenir propriétaire incommutable des biens territoriaux qui en sont l'objet, que sous les deux conditions suivantes : — 1° De notifier et déposer expédition de son contrat dans le mois de sa date , a chaque bureau de la conservation des hypothèques dans l'arrondissement duquel les biens sont situés;—2° De payer et acquitter, dans le cours du mois suivant , toutes les créances hypothécaires et cédules du fait de son auteur, ayant une date antérieure, ou de déposer leur montant a la caisse du receveur de district , en présence du conservateur, où lui dûment appelé, et en outre de faire l'avance de la radiation des inscriptions et cédules, sauf son recours (1).

106. Faute de la première condition , les hypothèques du fait de son auteur , postérieures audit contrat, sont bien et valablement acquises sur les biens étant l'objet de ladite expropriation , jusqu'au jour de la notification.

107. Faute de la seconde, il n'est pas, a l'égard des créanciers hypothécaires , présumé propriétaire de la chose hypothéquée , et ils ont le droit , nonobstant son contrat et la notification d'icelui, d'en poursuivre la vente au plus offrant et dernier enchérisseur , dans les formes prescrites par le paragraphe II ci-après.

108. Il est tenu registre des notifications prescrites par l'article 105 , pour lesquelles il n'est nécessaire d'employer le ministère d'aucun huissier , et qui peuvent être faites par le porteur dudit contrat.

109. Les bailleurs de fonds , créanciers , soit de l'usufruit , soit de la tota-

---

(1) Sous l'empire de cette disposition la transcription du contrat de vente n'était pas nécessaire pour saisir l'acquéreur même a l'égard des tiers. Cass., 28 juin 1816, Sir., XVII, 1, 294.

lité ou partie du prix des biens territoriaux, dont ils seront expropriés à quelque titre que ce soit, ne pourront conserver leurs droits et hypothèques, tant sur lesdits biens que sur ceux de leurs acquéreurs, cessionnaires ou donataires, que par la voie de l'inscription, dans les formes et délais prescrits à l'égard de tous autres créanciers.

§ II. — *De l'expropriation forcée.*

110. Tout créancier hypothécaire et tout porteur de cédules hypothécaires dont la créance est exigible, ne peut recourir à la chose hypothéquée et en poursuivre la vente qu'après vingt jours du commandement par lequel le debiteur aura été, a la requête du créancier, constitué en demeure de payer.

111. Ce commandement sera fait par le ministère d'un huissier, assisté de deux témoins, et signifié à sa personne ou au dernier domicile connu du débiteur; copie entière du titre de créance sera donnée avec celle du commandement, lequel fera mention de la somme et des causes de la créance, et qu'a défaut de paiement il sera procédé en justice a la vente et adjudication, au plus offrant et dernier enchérisseur, de la chose hypothéquée.— De suite et sans désemparer, l'huissier et ses témoins seront tenus d'en déposer une autre copie au greffe de la commune, de signer sur le registre où mention de ce dépôt sera faite, et d'en prendre reconnaissance du secrétaire greffier, ou d'un membre de la municipalité a son défaut.— Le tout a peine de nullité, et, contre l'huissier et ses témoins solidairement, des dommages des parties intéressées.

112. La demeure de l'huissier sera le domicile élu du créancier poursuivant, sans avoir besoin d'être exprimé au commandement, a moins qu'il n'y en ait un expressément désigné.

113. Au moins dix jours avant l'apposition des affiches, notification dudit commandement sera faite et déposée dans la même forme, tant aux fermiers, locataires ou autres possesseurs de la chose grevée d'hypothèque, qu'au greffe de la commune de leur domicile.

114. Le debiteur ne pourra arrêter la vente de ses biens, même par des offres réelles faites au créancier poursuivant, si elles n'ont été acceptées par lui, et, en cas de refus, notifiées au conservateur des hypothèques, visées par lui sur l'original, et le montant de la créance déposé entre les mains et a la caisse du receveur du district.

SECTION 1re. — Des publications et affiches de la vente.

115. Avant toute affiche des biens à vendre, le créancier poursuivant sera tenu, si fait n'a été par son débiteur depuis dix années, de faire et déposer dans les formes prescrites par la loi de ce jour, la déclaration foncière de biens territoriaux grevés de son hypothèque. — Dans le cas où ladite déclaration foncière aurait eu lieu depuis moins de dix années, il suffira au créancier poursuivant de s'en faire délivrer une expédition, ainsi que des procès-verbaux d'expertise, s'il en existe.

116. L'adjudication de ces biens au plus offrant et dernier enchérisseur sera publiée et annoncée par affiches en placard imprimé, contenant :— 1° Les jour, lieu et heure où elle sera faite, ainsi que les officiers publics qui devront y procéder; — 2° La nature et quantité superficielle, le nombre de pièces, et les noms des département, district, arrondissement du bureau de conservation des hypothèques, canton et commune de la situation de biens à vendre; — 3° Leur valeur, tant en revenu net annuel qu'en capital

ou prix vénal, résultant de la dernière déclaration, et aussi de l'expertise, si elle a lieu, avec leur date ; ladite valeur capitale servant de première enchère ; — 4° La contribution foncière de la dernière année et celle courante dont lesdits biens sont chargés en chaque commune ; — 5° Les nom, prénom, âge, profession et domicile du propriétaire, et ceux des usufruitiers et fermiers, s'il en existe pour lesdits biens ; — 6° Le montant de la créance hypothécaire et la date du titre ; — 7° Les conditions de l'adjudication ; — 8° Et l'indication, dans la commune où le tribunal civil est établi, du domicile où les enchérisseurs auront la faculté de prendre de plus amples renseignemens.

117. L'apposition de cette affiche vaudra saisie des biens qui en sont l'objet.

118. Elle sera apposée a l'extérieur, tant du domicile du débiteur et des édifices qu'il possede notoirement dans le lieu, ou qui sont désignés dans la déclaration foncière, que de la maison commune de la situation des biens, ainsi que des séances et prétoires des corps administratifs, tribunaux et juges de paix du même lieu, et dans tous les endroits destinés ordinairement a recevoir ces affiches. — Il en sera usé de même pour la commune du tribunal de district et le bureau tant du percepteur des droits d'enregistrement que du conservateur des hypothèques, auquel il en sera remis en même temps dix exemplaires sur sa reconnaissance.

119. A mesure de l'apposition de ladite affiche, procès-verbal en sera rédigé par un huissier, lequel, a la requête du créancier poursuivant, en fera la notification au domicile du débiteur et à celui de ses fermiers, locataires ou possesseurs de biens, en remettant à chacun d'eux cinq exemplaires de ladite affiche, et pareil nombre au secrétaire-greffier de la commune, sur sa reconnaissance ; le tout en présence et assisté de l'afficheur, qui sera tenu de signer tant l'original que les copies notifiées en exécution du présent article.

120. S'il existe un journal périodique du district ou du département, l'annonce de l'affiche y sera faite par extrait, au moins dix jours avant l'adjudication, et ce a la diligence de l'huissier chargé de la poursuite au lieu de la situation des biens, et dont il joindra un exemplaire aux pieces ; faute de quoi il sera réduit a la moitié de ses salaires, ou condamné a restituer ladite moitié dans le cas où il l'aurait déjà touchée, sauf son recours contre l'auteur ou l'imprimeur du journal, s'il y a lieu. — Il est ordonné aux auteurs et imprimeurs des journaux en possession de faire ces annonces, de déférer sur-le-champ, pour l'ordinaire suivant, aux réquisitions qui leur seront faites en exécution de la présente disposition, à peine d'en répondre.

121. Il ne pourra y avoir moins d'un mois entre la clôture du procès-verbal d'affiche et le jour de l'adjudication.

122. Lorsque la vente des biens d'un même débiteur, situés en plusieurs districts contigus, est poursuivie par un même créancier, il y sera procédé séparément en chaque district ; néanmoins leur adjudication ne pourra avoir lieu le même jour, et le poursuivant sera tenu de commencer par celui dans lequel les biens de la plus forte valeur capitale sont situés, à peine de répondre des dommages qu'en auraient soufferts le débiteur et ses autres créanciers, par le défaut de concurrence.

SECTION II. — De la communication de la poursuite au conservateur des hypothèques.

123. Dans les dix jours de la clôture du procès-verbal d'affiche, le poursuivant sera tenu de notifier la poursuite au conservateur des hypothèques, et, a cet effet, de lui en communiquer toutes les pièces, sous son récépissé.

124. Elles resteront en ses mains pendant cinq jours au plus, après lesquels ledit conservateur est tenu de les restituer.

125. Il fera toutes diligences pour préparer l'extrait du livre de raison
hypothèques, et le remettre ensuite a l'officier public qui sera chargé
l'ordre et distribution des deniers.

126. Il sera procédé a ladite adjudication par un des juges du tribunal
vil du district de la situation des biens, sans autres frais que les salaires
greffier.

127. Le tribunal désignera l'ordre dans lequel chacun de ses memb
devra faire ce service pendant trois mois.

128. Toutes les pièces de la poursuite, ensemble l'extrait du livre de r
son des hypothèques, et le bordereau des frais de poursuite, signé de l'hu
sier qui en aura été chargé, seront déposés par le poursuivant au greffe
tribunal, au moins cinq jours avant celui indiqué pour l'adjudication.

129. Le greffier sera tenu d'en préparer et rédiger le procès-verbal en d
ble minute, et, après sa clôture, de faire le dépôt de l'une d'elles dans
vingt-quatre heures, entre les mains du conservateur dans l'arrondissem
duquel la plus forte partie des biens est située.

130. Il sera envoyé, par le conservateur général des hypothèques, à l
ris, un modèle imprimé dudit procès-verbal, pour en favoriser l'uniform
dans toute l'étendue de la république.

131. Les quintidis et décadis seront les seuls jours où se feront les adju
cations des biens territoriaux.

132. Elles seront ouvertes a midi précis.

133. Il y sera procédé dans l'une des salles ou au prétoire du tribunal
district, ainsi qu'il aura été réglé par les juges dudit tribunal.

134. Tous les citoyens en auront la libre entrée, et les adjudications ser
faites publiquement.

135. Les parties intéressées, ensemble les créanciers et le conservateur d
hypothèques, auront le droit d y assister et d'en signer le procès-verbal.

136. Tout citoyen pourra enchérir par lui-même ou par un fondé de po
voir spécial. Si sa solvabilité est contestée par la partie saisie, le poursuiva
et le conservateur des hypothèques, ou par l'un d'eux, il sera tenu de fou
nir sur-le-champ caution suffisante, dans la forme ordinaire.

137. Les conservateurs auront le droit d'enchérir pour autrui; mais
ne pourront se rendre adjudicataires en leur nom personnel, excepté le c
déterminé en l'article 145 ci-après, a peine de nullité, et d'être procédé
une nouvelle adjudication à leurs frais et dépens, et à la folle-enchère.

138. Les citoyens qui enchériront pour autrui, ne pourront être contrain
à justifier de leurs pouvoirs; mais celui auquel les biens auront été adjugé
sera tenu de faire, entre les mains du greffier qui en rédigera l'acte, au b
de chacune des minutes du procès-verbal, sa déclaration en command, a
plus tard avant la fin du même jour; faute de quoi faire dans ledit délai,
sera présumé adjudicataire direct, et tenu en cette qualité de répondre pe
sonnellement a tous les droits et actions, soit des créanciers et autres int
ressés, soit du trésor public.

139. Les fondés de pouvoir, ensemble le conservateur et ses agens, qui s
seraient rendus adjudicataires pour le compte du saisi ou de toute aut
personne notoirement insolvable, qui en définitif ne se trouverait point é
état de payer le prix de l'adjudication, en demeureront garans et respons

bles en leur propre et privé nom, et il sera procédé directement contre eux
a la revente sur folle-enchère, indépendamment de quoi lesdits conservateurs
et agens pourront être destitués.

SECTION VI. — Du mode des enchères.

140. D'abord les enchères seront reçues simplement ; ensuite, et lorsque
personne ne se présentera plus pour enchérir, il sera allumé successivement
des bougies préparées de manière que chacune ait une durée d'environ cinq
minutes.

141. Si la première s'éteint sans qu'il ait été fait d'enchère pendant sa durée, la chose sera adjugée a celui qui en était le dernier enchérisseur. —
Dans le cas contraire, il en sera allumé une seconde ; et si, pendant sa durée, il n'y a aucune enchère, la chose sera adjugée à celui qui avait la dernière enchère avant l'extinction de la première bougie.

142. S'il y a enchère pendant la durée de la seconde, il en sera allumé
une troisième, et ainsi de suite, jusqu'a ce que la dernière bougie se soit
éteinte sans que, pendant sa durée, il soit survenu aucune enchère.

143. Ces enchères ne pourront être moindres de dix livres, lorsque la valeur capitale des biens à vendre se trouvera, suivant la déclaration foncière,
au dessus de mille livres.

144. Dans le cas où personne ne voudrait couvrir la première enchère annoncée par l'affiche, le juge procédant a la vente, après avoir entendu les
parties intéressées présentes et le conservateur des hypothèques, ou lui dûment appelé a cet effet, pourra ordonner ladite vente sur une enchère plus
faible.

SECTION VII. — De la remise de l'adjudication.

145. Si, après l'extinction de la dernière bougie sur laquelle aucune enchère n'est survenue, il paraît au conservateur des hypothèques que les
biens ne sont point à leur vrai prix, et qu'il y a insuffisance pour remplir
les créanciers, il aura la faculté de requérir la remise de l'adjudication à
vingt jours, a la charge par lui de n'en pouvoir user que sous la double condition, 1° d'en faire la demande sur-le-champ et sans désemparer ; 2° de
porter la chose à un dixième en sus du prix résultant de la dernière enchère ;
auquel cas l'officier procédant a ladite vente sera tenu d'en prononcer la remise, et la dernière enchère ne pourra attribuer a celui qui l'aura faite la
qualité d'adjudicataire définitif.

146. Il sera, en conséquence et sans délai, à la requête et diligence du
poursuivant, procédé à l'apposition de nouvelles affiches, en placard, imprimées et rendues publiques par la voie des journaux, au moins cinq jours
avant l'adjudication définitive, le tout dans les formes prescrites par la section Iʳᵉ du présent paragraphe ; mais il ne sera pas nécessaire de les notifier
a la partie saisie, ni à ses fermiers, locataires, usufruitiers et possesseurs
de la chose.

SECTION VIII. — De l'adjudication définitive.

147. L'adjudication demeurera définitive, si le conservateur des hypothèques n'a point usé de la faculté qui lui est réservée par l'article 145. — Dans
le cas contraire, il n'y aura lieu a aucune autre remise que celle a vingt
jours requise par le conservateur ; et alors l'adjudication sera faite définitivement au plus offrant et dernier enchérisseur, à l'extinction des bougies.

148. S'il ne survient aucune enchère, l'adjudication sera faite définitivement au conservateur des hypothèques, pour le prix auquel il a porté les
biens qui en sont l'objet ; mais il aura trois jours pour faire sa déclaration en
command.

149. L'adjudication définitive rend l'adjudicataire propriétaire incommutable des biens qui en sont l'objet , nonobstant toutes revendications ou op
positions à fin de distraire , qui n'auraient pas été vidées avant ladite adjudication, lesquelles sont converties de plein droit en indemnité sur le prix.

150. Néanmoins, à défaut par l'adjudicataire de déposer le prix de son
adjudication dans les délais et ainsi qu'il est statué article 158 ci-après, il sera
procédé contre lui a la revente a sa folle-enchère et à ses frais et dépens.

SECTION IX.— *De la revente à la folle-enchère.*

151. En cas de non-paiement du prix de l'adjudication, et après trois jour
de la contrainte du receveur de district à l'effet de déposer, il sera, a la re
quête du poursuivant, procédé, tant contre l'adjudicataire que contre k
dernier enchérisseur, son fondé de pouvoir, et au domicile de celui ci , dan
les mêmes formes et delais que pour la partie saisie, a la revente et adjud
cation au plus offrant et dernier enchérisseur.

152. Si le prix de cette revente est inférieur à la somme, 1° du capital d
la première; 2° des intérêts jusqu'au jour de la revente; 3° et des frais d'ai
judication, de contraintes et de poursuites contre le fol adjudicataire, (
qui s'en défaudra demeurera à sa charge personnelle; et néanmoins le c
toyen par lequel son enchère aura été reçue sera condamné au paiement (
ce *déficit,* sauf son recours contre lui; a l'effet de quoi, il lui sera notif
copie du procès-verbal de l'apposition des affiches indicatives de la reven
sur folle-enchère.

153. Dans le cas où le prix de la revente serait supérieur à ladite somm
il aura droit de toucher le surplus.

SECTION X. — *Des conditions et des effets de l'adjudication.*

154. Les conditions imposées à l'adjudicataire par les affiches et publc
tions, ou par le procès-verbal d'adjudication, seront exécutées par lui (
tout ce qui n'est pas contraire aux dispositions contenues dans les quatre a
ticles qui suivent.

155. L'adjudicataire ne sera chargé d'aucun des frais de la poursuite, ju
qu'à l'adjudication définitive exclusivement.

156. Au par-dessus du prix de son adjudication , il sera tenu de pay
1° les salaires du greffier, tant pour la double minute de l'adjudication, q
pour les expéditions et extraits qui devront en être délivrés; 2° les dro
d'enregistrement de son adjudication; 3° et les frais de notification de s
contrat au bureau de la conservation des hypothèques.

157. Dans les vingt jours au plus tard de la vente, ledit adjudicataire se
tenu de notifier et de déposer au bureau de la conservation des hypothéqu
le nombre d'extraits de son adjudication correspondant à celui des arr
dissemens dans lesquels les biens par lui acquis sont situés; faute de q
faire dans ledit délai, le conservateur des hypothèques est autorisé à s
faire délivrer autant d'expéditions entières à ses frais et dépens.

158. Dans les quarante jours de ladite adjudication , il sera tenu d'en
poser le prix, avec les intérêts a cinq pour cent net par an, jusqu'au j(
dudit dépôt, entre les mains et à la caisse du receveur de district; sinon
y sera contraint a la requête dudit receveur, auquel, à cet effet, le gref
sera tenu de remettre, dans les cinq jours de la vente, un extrait du p
cès-verbal d'adjudication, dont il se fera payer par l'adjudicataire.

159. Ce dépôt étant effectué, l'adjudicataire est entièrement libéré
prix de ladite adjudication, et il ne peut être recherché a cet égard, ni t
de répondre à aucune créance hypothécaire du chef du saisi, ou de se

teurs, sur les biens compris en son adjudication, lesquels en seront libres et affranchis.

CHAPITRE VI. — Des ordres et distributions de deniers.

160. Il sera procédé à l'ordre et distribution du prix de la vente par le juge de paix du canton ou de la section dans laquelle le bureau de la conservation des hypothèques sera établi.

161. Dans les trois jours de l'adjudication, le greffier dépositaire de la minute du procès-verbal d'adjudication sera tenu de lui en délivrer un extrait aux frais de l'adjudicataire.

162. Le créancier poursuivant, ou son huissier, sera tenu de faire, en papier timbré, le mémoire détaillé de tous les frais de la poursuite, et de le soumettre à la taxe du juge qui aura procédé à l'adjudication, après y avoir appelé le conservateur des hypothèques, pour les allouer ou les contredire, et il remettra ce mémoire entre les mains du juge de paix chargé de faire l'ordre de distribution.

163. De son côté, le conservateur des hypothèques dressera, 1° l'extrait certifié véritable, sous sa responsabilité, du livre de raison des hypothèques, comprenant toutes celles existant jusqu'au jour de l'adjudication définitive; 2° le bordereau des frais à lui dus suivant le tarif, tant dudit extrait que de la radiation des inscriptions, cédules et oppositions qui doivent venir en ordre utile, et il remettra le tout audit juge de paix.

164. L'ordre et distribution du prix sera consigné à fur et mesure sur un cahier de papier timbré, disposé à cet effet par ledit juge de paix.

165. Aucune collocation de créanciers ne pourra entamer le fonds de réserve ou de prélèvement destiné à pourvoir, — 1° Aux frais de poursuites, suivant la taxe; — 2° A ceux de l'extrait du livre de raison des hypothèques, suivant le tarif; — 3° Aux frais de consignation, suivant les lois qui en ont réglé la quotité; — 4° Aux salaires attribués au juge de paix pour l'ordre et distribution, lesquels demeurent fixés par le présent décret; savoir, à cinq décimes ou dix sous par cent livres du montant de toutes les créances hypothécaires venant en ordre utile, lorsque leur somme se trouvera au dessous de cinq mille livres; à quatre décimes ou huit sous par cent livres depuis cinq mille livres jusqu'à vingt mille livres; à trois décimes ou six sous depuis vingt mille livres jusqu'à cinquante mille livres; et à deux décimes ou quatre sous par cent livres pour toutes les sommes au dessus de cinquante mille livres; le tout indépendamment du papier timbré; — 5° Et aux frais de radiation relatifs à chaque collocation, attribués au conservateur, suivant le tarif.

166. Il ne pourra être délivré par le juge de paix, sur le receveur de district et dépositaire des deniers de la vente, aucun mandat de payer aux parties prenantes, avant l'expiration du mois, à partir du jour de l'adjudication.

§ 1er. — Des formes de la distribution entre les créanciers.

167. Pendant le délai d'un mois, prescrit en l'article précédent, les créanciers hypothécaires et autres intéressés auront la faculté de prendre, au domicile du juge de paix, communication, sans déplacer, du tableau de l'ordre et distribution, et ils seront tenus de lui remettre leurs titres de créances. — Ceux qui, ayant profité de ce délai, voudraient le contester, seront tenus d'en consigner les motifs sur son procès-verbal, faute de quoi il pourra n'y avoir aucun égard. — Quant aux créanciers qui, pendant ce délai, n'auront pas voulu s'y présenter, ou auraient négligé de le faire, ils sont non recevables à élever aucune discussion sur l'ordre, le rang des hypothèques et la légitimité des créances.

168. La remise que le conservateur fera au juge de paix de l'extrait du livre de raison des hypothèques, vaudra de sa part demande formelle en collocation du montant des cédules hypothécaires, suivant l'ordre des hypothèques établi par le livre de raison, et il n'aura aucun autre titre ou pièce à lui déposer.

169. Les créanciers qui, d'après le tableau du prix et de la distribution projetée, se trouveraient ne point venir en ordre utile pour le tout ou partie de leurs créances, et qui auraient remis leurs titres au juge de paix dans le délai prescrit en l'article 167, ne pourront conserver leur droit, s'ils en avaient à la distribution, que sous les deux conditions suivantes, — 1° De désigner formellement au procès-verbal du juge de paix les créances dont ils entendent contester l'hypothèque, ou qu'ils prétendent être acquittées; — 2° De citer dans le cours de la décade suivante, devant le juge de paix, les créanciers désignés ou le conservateur des hypothèques, s'il s'agit de cédules encore en circulation ou non rapportées; — Faute de quoi il sera procédé et passé outre a la distribution du prix entre ceux désignés pour venir en ordre utile.

170. Les contestations qui pourraient survenir entre les créanciers, le conservateur des hypothèques et le saisi, relativement aux ordres et distributions, seront vidées sommairement par le juge de paix qui en sera chargé, sauf l'appel devant le tribunal de district, lequel prononcera en dernier ressort.

171. En aucun cas ni sous aucun prétexte, les frais et dépens desdites contestations, adjugés à l'une des parties contre l'autre, ne pourront être pris sur les deniers provenant de l'adjudication des biens du saisi, même de son consentement, tant qu'il restera des créanciers hypothécaires à colloquer, ou qui auraient l'espérance de venir en ordre utile. — Défenses sont faites a tous tribunaux et juge de paix de l'ordonner, a tous dépositaires de déférer a leurs sentences et jugemens, sous peine par lesdits fonctionnaires publics d'en répondre en leur propre et privé nom ; sauf aux créanciers desdits frais et dépens, a se pourvoir par exécution directe contre celui qui aura été condamné.

172. Défenses sont pareillement faites à tous receveurs de district et autres dépositaires de deniers provenant du prix des adjudications forcées de biens territoriaux, de recevoir ni enregistrer aucune opposition a la délivrance desdits deniers, ni de s'en autoriser pour les retenir, et a tous huissiers de les former, a peine de nullité, et, contre l'huissier, de suspension de ses fonctions pour la première fois, et de destitution en cas de récidive. — En conséquence, lesdits dépositaires seront tenus de payer a vue, et sans difficulté, les mandats qui seront délivrés sur eux par le juge de paix procédant à l'ordre et distribution : faute de quoi ils seront poursuivis comme dépositaires infidèles, tenus des dommages et intérêts des parties prenantes, et destitués s'il y a lieu.

173. En cas de contestation devant le juge de paix, il ne pourra délivrer à celle des parties a laquelle il aura accordé la collocation contre l'autre, aucun mandat pour toucher, si ce n'est après dix jours de sa décision dûment consignée sur le procès-verbal.

174. La partie qui aura succombé pourra appeler de la décision du juge de paix pendant ce délai, passé lequel elle n'y sera plus reçue; néanmoins, ledit appel ne sera valable qu'autant qu'il aura été, dans le même délai, et avant l'expiration du dixième jour, notifié au juge de paix, et consigné par lui sur le cahier de l'ordre, ce qu'il ne pourra refuser, et d'en donner reconnaissance, à peine d'en répondre.

175. S'il y a appel dans les formes prescrites en l'article précédent, toute délivrance de mandat est et demeure suspendue jusqu'à ce qu'il y ait été statué par le tribunal de district.

176. Celui au profit duquel la contestation aura été vidée sur l'appel, se pourvoira ensuite devant le juge de paix, pour en obtenir le mandat de paiement nécessaire sur le receveur de district.

177. En tout état de cause, et relativement aux actions en indemnité, aux sous-ordres et au résidu du prix de l'adjudication, le juge de paix pourra, sur la demande des autres intéressés ou d'office, ordonner que les parties prenantes seront tenues de fournir caution de restituer, s'il y a lieu; auquel cas la caution devra être hypothécaire jusqu'a concurrence de la collocation.

§ II. — *Des actions en indemnité sur revendication.*

178. Les parties qui n'auront pu faire juger, avant l'adjudication définitive, les demandes en revendication notifiées en exécution de l'article 92, et qui, à raison de ce, n'auraient plus droit qu'à une indemnité sur le prix, seront tenues d'en dresser le bordereau et de le faire consigner sur le procès-verbal du juge de paix, pendant le cours du mois qui suivra ladite adjudication; passé lequel délai elles sont et demeurent non recevables à entrer dans l'ordre et distribution, et il y sera procédé nonobstant et sans avoir égard auxdites réclamations, sauf aux demandeurs en éviction à se pourvoir contre le saisi pour leurs dommages et intérêts.

179. Dans le cas où ils se seraient pourvus devant le juge de paix dans le délai et les formes determinés en l'article précédent, le droit en indemnité qui leur compéterait à la place de la chose revendiquée, ne pourra jamais excéder, a l'égard des créanciers hypothécaires venant ou pouvant venir à l'ordre, le prix proportionnel pour lequel elle est entrée dans l'adjudication; à l'effet de quoi, il en sera fait ventilation au marc la livre par le juge de paix, sur le vu tant de ladite adjudication que de la déclaration foncière ou de l'expertise qui l'aurait suivie.

180. Dans les dix jours de leur réclamation consignée sur le procès-verbal du juge de paix, et a peine de déchéance, ils seront tenus de citer devant lui tant le poursuivant que le conservateur des hypothèques, et celui des créanciers sur lequel les fonds devraient manquer, pour être réglés sur la difficulté, sauf l'appel.

181. S'il parait au juge de paix que la demande en indemnité est fondée, il en comprendra le montant au nombre des sommes réservées à titre de prélèvement d'après l'article 165; et néanmoins il ne pourra en ordonner le paiement au réclamant qu'après que la contestation aura été jugée définitivement et en dernier ressort.

182. Dans le cas où il déciderait contre la prétention du réclamant, celui-ci pourra se pourvoir par appel, dans la forme déterminée en l'article 174, et dans le délai qui y est prescrit; a défaut de quoi, la décision du juge de paix demeurera définitive.

§ III. — *Des mandats de paiement.*

183. Tous les mandats de paiement que délivrera le juge de paix aux parties prenantes, sur le dépositaire des deniers de l'adjudication, seront en double expédition et en papier timbré.

184. La collocation y sera détaillée; elle comprendra, — 1° La créance hypothécaire et ses accessoires susceptibles d'hypothèque; — 2° Les salaires du juge de paix, avec les frais de papier timbré, le tout relatif à chaque

4.

collocation ;—3° Les frais de radiation suivant le tarif ; — 4° Et les droits de consignation sur le tout.

185. Ces mandats seront remis aux parties prenantes, avec leurs titres et papiers, après avoir par elles payé au juge de paix ses salaires et déboursés qui y sont exprimés.

186. Lesdites parties prenantes remettront ensuite au conservateur le double du mandat signé d'elles ; ensemble leurs titres et papiers, pour par lui faire la radiation des inscriptions et les autres mentions nécessaires. — Elles lui paieront en même temps ses frais énoncés au mandat.

187. Le conservateur retiendra par devers lui, pour être remis à la partie saisie, à sa première réquisition, les titres des créances qui se trouveront entièrement soldées par l'effet desdites collocations ; et a l'égard de celles qui ne se trouveraient payées qu'en partie, il en sera fait mention sur les titres, lesquels seront rendus sur-le-champ aux parties intéressées.

188. Quant aux cédules ainsi acquittées, elles seront biffées et annulées par ledit conservateur, après avoir été vérifiées et comparées à leur souche originale.

189. Mention du tout, par extrait, sera faite sur l'autre double du mandat de paiement, par le conservateur des hypothèques ; formalité sans laquelle la partie prenante ne pourra toucher, à peine de nullité du paiement qui serait fait au préjudice de cette disposition.

190. Les parties prenantes s'adresseront au dépositaire de deniers, lequel, a la présentation du mandat et sur leur acquit etant au bas, sera tenu de les payer, sans délai, du montant de leur collocation; quoi faisant, il demeurera bien et valablement déchargé.

191. En cas de refus, il y sera contraint par corps, en vertu dudit mandat, et sans avoir besoin par les parties prenantes d'observer aucun délai.

192. Le juge de paix délivrera aussi les mandats de paiement pour les frais de poursuite, et ceux de l'extrait du livre de raison, sans qu'il soit nécessaire d'attendre l'expiration du mois prescrit a l'égard des autres créanciers, par l'article 166.

§ IV. — *Du sous-ordre.*

193. Il sera procédé au sous-ordre par le juge de paix, sommairement et sans frais.

194. Toutes les contestations auxquelles le sous-ordre donnera lieu seront vidées par lui en dernier ressort.

195. Il rédigera procès-verbal séparé pour chaque sous-ordre.

196. Il y portera d'abord la créance pour laquelle le créancier hypothécaire aura été colloqué, avec tous les accessoires de ladite collocation, conformément a l'article 184 ; et il fera réserve, à titre de prélèvement, de tous les frais de radiation des oppositions en sous-ordre.

197. Les opposans en sous-ordre, en cas de négligence de leur debiteur, créancier hypothécaire du saisi, pourront produire entre les mains du juge de paix, dans le délai d'un mois, a compter du jour de l'adjudication, l'extrait de ses titres de ceux déposés au bureau de la conservation des hypothèques, et répondre pour et en son nom aux contestations qui seraient élevées contre lui par les autres créanciers.

198. Lesdits opposans en sous-ordre auront deux mois de délai, à compter du jour de l'adjudication, pour produire leurs titres entre les mains du juge de paix, ce qu'ils ne pourront faire sans les accompagner du bordereau de leurs créances, signé et certifié véritable.

199. Après le délai mentionné en l'article précédent, les opposans en sous-ordre qui n'auront pas produit, en seront déchus.

200. Il ne sera expédié pour tous qu'un seul mandat de paiement, en double expédition, lequel, avec les pièces produites, sera remis au créancier qui aura le plus d'intérêt dans cette distribution.

201. Il en touchera le montant sur sa seule quittance, à la charge de faire raison aux autres de la portion pour laquelle ils auront été colloqués.

202. Il ne pourra néanmoins être payé du dépositaire, qu'après avoir acquitté les salaires et frais, et rempli auprès du conservateur les mêmes formalités que celles prescrites a l'égard de l'ordre principal, par les articles 186, 187 et 189, sous peine de nullité.

§ V. — Du paiement des cédules hypothécaires.

203. Les porteurs de cédules hypothécaires indiquées par l'extrait du livre de raison des hypothèques pour venir en ordre utile, ne seront point assujetis au délai de l'article 166; en conséquence, et aussitôt leur présentation a l'ordre, le juge de paix délivrera pour les acquitter tous mandats nécessaires.

204. Avant d'en toucher le montant, les porteurs seront tenus de les rapporter au conservateur, et de remplir les autres formalités prescrites par les articles 186, 187, 188 et 189, à peine de nullité du paiement fait par le dépositaire des deniers, lequel en demeurera responsable.

§ VI. — Du résidu du prix de l'adjudication.

205. Le résidu du prix de l'adjudication appartient au saisi, et il a droit de le toucher du dépositaire, sur mandat du juge de paix chargé de l'ordre et distribution.

206. Si ce résidu est certain dès l'origine de l'ordre, il pourra se le faire délivrer sans délai; dans le cas contraire, il est tenu d'attendre que l'entier paiement des créanciers hypothécaires soit fait et ordonné.

207. A l'égard des collocations faites en faveur des créanciers hypothécaires qui auraient négligé de les toucher, elles resteront en dépôt jusqu'a ce que le saisi ait rapporté la preuve de sa libération et de la radiation; auquel cas il a droit de les recevoir comme étant sa propriété.

208. Le dépositaire des deniers provenant d'adjudication forcée, ne peut prescrire contre le saisi ni ses héritiers, si ce n'est après trente années du dépôt.

CHAPITRE VII. — De l'extinction des hypothèques.

209. L'hypothèque s'éteint avec la dette qui en est le principe; la dette s'éteint, — Par la renonciation du créancier; par le paiement volontaire ou forcé; par la novation; par la prescription.

§ Ier. — Par la renonciation du créancier.

210. Toute renonciation tacite ou conjecturale a la créance ou à son droit d'hypothèque de la part du créancier, est inadmissible; la loi ne reconnaît d'autres renonciations que celles qui sont expresses, et faites ou par actes publics, ou par déclaration sur le registre du conservateur.

§ II — Par le paiement volontaire ou forcé.

211. Le paiement total de la créance hypothécaire anéantit l'hypothèque; mais l'hypothèque subsiste jusqu'a concurrence de ce qui reste dû, si le paiement n'est pas final.

212. La même règle a lieu en cas de compensation entière ou partielle, reconnue par acte public, ou déclarée par jugement entre le créancier et le débiteur.

§ III. — *Par la novation.*

213. La novation substitue une dette à la place d'une autre; elle doit être expresse et par acte public: dans tous les cas, l'hypothèque de la dette substituée ne peut remonter au-delà du mois de son inscription.

214. Le propriétaire de biens territoriaux qui veut, par la voie d'un emprunt, substituer un créancier hypothécaire a un autre, ou à plusieurs, ou a la totalité de ceux dont les titres sont inscrits sur lui, est admis à le faire par le moyen de cédules qu'il peut requérir en remplacement de créances hypothécaires.

215. Les cédules ainsi requises ne seront délivrées qu'après la radiation de l'inscription des créances hypothécaires qu'elles auront pour objet d'éteindre, à peine par le conservateur d'en demeurer responsable.

216. Il en sera usé de même qu'a l'article 80, dans le cas où il serait survenu des inscriptions de créances donnant hypothèque a une date antérieure à la réquisition des cédules de remplacement, et dont l'inscription n'aurait pas été radiée.

§ IV. — *Par la prescription.*

217. Les créances résultant de cédules hypothécaires sont prescrites par le laps de dix années, à compter du jour de leur réquisition, même à l'égard des mineurs, des interdits, des absens et de tous autres, sauf leur recours, s'il y a lieu, contre leurs tuteurs, curateurs et autres administrateurs. — L'inscription desdites cédules cesse pareillement d'avoir lieu après le même délai, sans qu'elle puisse être renouvelée.

218. Quant aux autres créances, soit présentes, soit futures, elles ne seront présumées acquittées par la voie de la prescription que dans le temps et sous les conditions prescrites par les lois, coutumes et statuts observés en chaque localité, lesquels seront exécutés jusqu'à ce que, par le Code civil, il y ait été statué uniformément pour toute la république.

219. Néanmoins l'inscription des créances mentionnées en l'article précédent n'aura pas plus de durée que celle des cédules hypothécaires, si elle n'est renouvelée avant l'expiration de dix années; faute de quoi les inscriptions seront considérées comme non avenues.

§ V. — *De la radiation des inscriptions.*

220. Lorsque l'hypothèque est éteinte par l'une des causes mentionnées aux trois premiers paragraphes du présent chapitre, celui dont les biens en étaient grevés a le droit d'en faire cesser l'inscription sur les registres du conservateur des hypothèques, en lui rapportant les actes authentiques, volontaires ou forcés, intervenus avec le créancier, et justifiant de l'extinction de la dette.

221. S'il n'y a clause contraire dans lesdits actes, les frais de radiation sont à la charge du débiteur.

222. Aucune radiation de cédules ne peut être faite avant dix années de leur date, si elles ne sont rapportées en original au conservateur, biffées et annulées en sa présence.

CHAPITRE VIII. — Du nombre et de la publicité des registres.

223. Il y aura pour chaque arrondissement d'hypothèque, — Un registre du dépôt des déclarations foncières et procès-verbaux d'expertise; — Un autre registre pour celui des actes translatifs de propriété volontaires et forcés, et dans lequel seront portées les notifications de revendication de propriété; — Un autre registre pour les inscriptions journalières des créances

hypothécaires, réquisitions de cédules et délivrance desdites cédules ; — Un autre registre pour la notification des cessions de créances hypothécaires et oppositions en sous-ordre ; —Un autre registre pour l'enregistrement des radiations d'inscriptions de créances et de cédules hypothécaires ; — Le livre de raison des hypothèques à double partie contenant, sur la première, le relevé par extrait des deux premiers registres, et sur la seconde, le relevé aussi par extrait des trois registres suivans ;—La table alphabétique du livre de raison, — Et un registre de la délivrance de tous les extraits et expéditions, et de la recette journalière des salaires.

224. Tous ces registres et le livre de raison seront préalablement cotés et paraphés en toutes leurs pages, sans frais, par l'un des juges du tribunal de district, suivant l'ordre du tableau. Ils seront reliés et en papier libre.

225. Lesdits registres seront écrits, jour par jour, de suite et sans aucun blanc ; nulle rature n'y sera faite sans avoir été approuvée ; les renvois seront signés ; aucune relation d'enregistrement, de dépôt ou d'inscription, ne pourra être faite sur les expéditions et actes délivrés aux parties, qu'après avoir été consignée sur lesdits registres ; le tout à peine par les conservateurs d'en répondre, de destitution si le cas l'exige, et même d'être renvoyés devant les tribunaux criminels en cas de faux ou de prévarication.

226. Les six registres, le livre de raison et la table mentionnés en l'article 223, seront publics et ouverts à tous les citoyens, avec les précautions de sûreté convenables pour en garantir l'intégralité et la conservation, et à la charge par tous ceux qui voudront les consulter, de payer les salaires du surveillant, suivant le tarif.

227. A l'égard des déclarations foncières, procès-verbaux d'expertise et actes translatifs de propriété, les conservateurs ne pourront être contraints d'en donner communication ouverte ; ils seront tenus seulement d'en délivrer, sans difficulté, et à quelque personne que ce soit, toutes les expéditions qui leur seront demandées, moyennant le salaire fixé par le tarif.

228. En aucun cas ni sous aucun prétexte, les registres, livre de raison, table et autres titres et papiers déposés au bureau de la conservation des hypothèques, ne pourront en être déplacés, ni recevoir aucune apposition de scellés, même en matière d'accusation en faux matériel et vérification d'écritures. — Défenses sont faites à tous tribunaux, juges, corps administratifs et municipaux, et autres fonctionnaires publics, d'ordonner lesdits déplacemens ou scellés, à tous huissiers et autres, de mettre à exécution leurs jugemens et arrêtés ; aux conservateurs et leurs agens, d'y déférer, à peine de nullité, de dix mille livres d'amende contre chacun des contrevenans, des dommages des parties intéressées, et de destitution s'il y a lieu ; sauf aux juges et parties intéressées à se transporter audit bureau, pour y constater, sans déplacement et sans nuire au service, l'état des registres et pièces arguées de faux, et y faire toutes autres vérifications requises et nécessaires.

CHAPITRE IX — Des bureaux de la conservation des hypothèques.

229. Il y aura en chaque district, dans la commune où le tribunal civil est établi, un bureau de la conservation des hypothèques, et à Paris, un bureau de la conservation générale des hypothèques.

§ Ier. — Des bureaux en chaque district.

230. Le bureau de la conservation des hypothèques en chaque district sera divisé en autant d'arrondissemens qu'il existe de bureaux de la perception des droits d'enregistrement. — Les registres seront tenus séparément

pour chacun de ces arrondissemens, sans aucun mélange de l'un à l'autre.

231. Le bureau de la conservation des hypothèques sera composé, 1° d'un conservateur qui aura seul la signature des cédules hypothécaires pour tous les arrondissemens ; 2° du nombre nécessaire d'agens a sa nomination et destitution, et a chacun desquels il affectera un ou plusieurs arrondissemens contigus, suivant les localités et les besoins du service.

232. Le conservateur sera responsable de tout le travail du bureau, sauf son recours contre ses agens.

233. Il correspondra avec le conservateur général, à Paris, et sera sous sa direction et surveillance.

234. Le traitement annuel du conservateur de district et de ses agens sera déterminé par le conservateur général, sous l'approbation du gouvernement.

235. La nomination du conservateur de district sera faite par le conservateur général, qui aura droit de le destituer.

236. Il ne pourra être choisi, pour remplir les fonctions de conservateur de district et celles attribuées a ses agens, que des citoyens âgés de plus de vingt-cinq ans, intelligens et capables, et qui puissent, soit par eux-mêmes, soit par autres, fournir aussitôt, et dans les formes qu'elle sera demandée, une caution en immeubles francs et quittes de toute hypothèque ; elle sera fixée par le gouvernement.

237. Leurs fonctions sont incompatibles avec celles de percepteurs du droit d'enregistrement, de juges, de greffiers, de membres des directoires, agens nationaux et secrétaires des administrations de département et de district.

238. Dans les dix jours de la publication du présent décret, les citoyens qui se destineront a remplir les fonctions de conservateur des hypotheques, seront tenus de se présenter au directoire de district, et de s'inscrire sur un double cahier destiné a cet usage, dans lequel ils indiqueront leurs noms, prenoms, âge, lieu de naissance, domicile actuel, les professions qu'ils ont exercées depuis dix années, et le montant du cautionnement qu'ils sont en état de fournir.

239. Ceux des citoyens actuellement revêtus de fonctions publiques, qui voudraient aussi concourir, auront la faculté de le faire, nonobstant tous décrets contraires ; a la charge néanmoins, en cas de nomination, et de l'incompatibilité prononcée par l'article 237, de cesser a l'instant tout exercice de leurs précédentes fonctions.

240. A l'expiration du délai mentionné en l'article 238, le cahier de présentation sera fermé, et l'agent national du district en adressera sur-le-champ un double au conservateur général a Paris.

241. Le conservateur ne pourra entrer en exercice de ses fonctions qu'après avoir fait enregistrer sa commission, tant au greffe du tribunal civil qu'au secrétariat de l'administration de district, et signé le procès-verbal qui en sera rédigé. — Il en sera usé de même par les agens du conservateur pour les commissions qu'ils recevront de lui.

242. Lorsque le conservateur des hypothèques voudra obtenir des cédules sur ses biens situés dans l'étendue du district où il exerce ses fonctions, lesdites cédules seront signées par l'un de ses agens ; mais elles ne pourront être requises, expédiées ni délivrées, que sur approbation formelle du conservateur général a Paris, dont sera fait mention aux registres, sous peine de destitution tant du conservateur que de son agent, et de la responsabilité de celui-ci envers les parties intéressées.

243. Les directoires de district sont chargés de procurer au conservateur

un local sûr et commode pour l'établissement de ses bureaux, et le dépôt des titres et papiers de la conservation des hypothèques. — Les loyers en seront payés sur les produits du tarif.

§ II. — *Du bureau de la conservation générale.*

244. Le bureau de la conservation générale des hypothèques, à Paris, sera administré par un conservateur général, lequel aura la nomination et destitution de tous les agens et employés qui en feront le service.

245. Les produits du tarif pourvoiront au traitement du conservateur général et de ses agens et employés, a tous les frais d'administration de ses bureaux, ainsi qu'au traitement et frais de bureau des conservateurs de district et de leurs agens.—En cas d'insuffisance, il y sera statué par le corps législatif, et par augmentation du tarif, s'il y a lieu, d'après le compte que lui en rendra le gouvernement.

246. Le conservateur général sera sous la surveillance du gouvernement.

247. Sa nomination sera faite par le corps législatif, sur la présentation du gouvernement. — Il y sera procédé, pour la première fois, sur celle des comités de salut public, de législation et des finances, réunis.

248. Les fonctions du conservateur général et de tous les agens employés dans ses bureaux sont incompatibles avec toutes celles salariées aux frais du trésor public, même avec celles des notaires publics et autres officiers ministériels de la juridiction volontaire ou contentieuse.

249 Il sera destiné a cet établissement un édifice national à Paris.

250. Le conservateur général des hypothèques n'aura point a payer le loyer de cet édifice; mais toutes les réparations d'entretien seront a sa charge.

251. Pour l'exécution des dispositions contenues au présent chapitre, ainsi que pour tous les cas qui n'y auraient pas été prévus, le gouvernement est autorisé, sur la demande du conservateur général, a prendre tous arrêtés nécessaires.

CHAPITRE X. — Du recours des parties intéressées contre les conservateurs des hypothèques.

252. La responsabilité encourue par les conservateurs de district envers les parties intéressées, dans les cas déterminés au présent décret, sera exercée contre eux sur tous leurs biens présens et a venir, et concurremment contre leurs cautions, jusqu'a concurrence du montant de leur cautionnement.

253. Les parties intéressées qui auraient à exercer ces recours de garantie, se pourvoiront contre lesdits conservateurs et leurs cautions, d'abord devant le tribunal de paix, et, s'il y a lieu, devant le juge de paix dans l'arrondissement duquel le bureau de la conservation sera établi, sauf l'appel devant le tribunal de district, qui y statuera en dernier ressort. — Néanmoins, l'action en recours ne pourra être exercée qu'après quinzaine de l'avertissement que les parties intéressées en auront donné au conservateur général a Paris, par lettre chargée a la poste, et dont elles pourront se faire délivrer récépissé (1).

---

(1) Les conservateurs qui se refusent à la radiation des hypothèques, peuvent proceder comme agens de l'administration, et ne sont tenus simplement que de remettre au tribunal un mémoire exposítif des motifs de leur refus, pour être statué sur les conclusions du ministere public. Décis minist., 2 décembre 1807, SIR., VIII, 2, 3.

Jugé, au contraire, qu'un conservateur des hypothèques qui est assigné par suite de son refus de raser une inscription, doit se défendre comme tout autre particulier, et ne peut requerir que l'instance soit instruite par memoire et jugée en bureau ouvert. Bruxelles, 11 juin 1822, SIR., XIII, 2, 218.

254. En cas d'insuffisance des biens desdits conservateurs et du montant de leurs cautionnemens, il y sera pourvu par le conservateur général, d'abord sur les produits du tarif, jusqu'a épuisement, ensuite sur ses propres biens; a l'effet de quoi, il sera tenu de fournir, soit par lui-même, soit par autrui, une caution en immeubles francs et quittes de toute hypothèque, dont le montant et les autres conditions seront déterminés par le gouvernement.

TITRE II. — DES HYPOTHÈQUES POUR LE PASSÉ.

255. A compter du jour de la publication du présent décret, les créanciers hypothécaires, avec ou sans privilége, auront jusqu'au 1er nivose prochain exclusivement, pour faire inscrire leurs titres de créances au bureau de la conservation des hypothèques établi en chaque district par le chapitre IX du titre Ier.

256. Au moyen de cette inscription dans ledit délai, ils conserveront leur hypothèque à la date a laquelle elle était obtenue, en exécution des lois antérieures au présent décret.

257. Ceux desdits titres de créances hypothécaires qui n'auraient point été inscrits avant ledit jour 1er nivose prochain, n'obtiendront hypothèque que du jour de ladite inscription, et il n'y aura plus aucun privilége pour les créances qui jouissaient de cet avantage.

258. L'inscription de ces titres aura lieu suivant les formes établies par les articles 20 et 21; et néanmoins l'extrait des actes constitutifs ou récognitifs de l'hypothèque simple ou privilégiée, pourra être fait d'après les grosses ou expéditions, par tous notaires publics sur ce requis, quoique non dépositaires des minutes ou originaux des contrats, a la charge de l'enregistrement dudit extrait au bureau, et dans les délais prescrits par le décret du 5 décembre 1790.

259. Le bordereau mentionné aux mêmes articles contiendra tous les arrérages et intérêts dus et exigibles, ainsi que leurs termes de paiement, ensemble les frais et dépens, mises d'exécution et autres accessoires qui se trouveront légitimement dus aux créanciers.

260. A l'égard des créances hypothécaires indéfinies, ceux qui y ont droit seront tenus d'en déterminer le montant précis, et de le consigner dans le bordereau desdites créances; à défaut de quoi, elles ne pourront être inscrites, et défenses sont faites aux conservateurs de les recevoir ni admettre dans leurs registres, a peine de nullité, et des dommages et intérêts du grevé d'hypothèque.

261. Les hypothèques acquises au profit de l'un des époux contre l'autre, en vertu soit des actes et contrats publics ou privés, soit des lois générales de l'état, soit du droit écrit dans les pays qui l'admettent, soit des coutumes et statuts, seront inscrites a la diligence de celui qui y aura droit, sans qu'il soit nécessaire a la femme mariée, même celle mineure, de recourir a l'autorisation de son mari, nonobstant toutes lois et coutumes contraires.

262. Quant aux hypothèques acquises au profit des pupilles et interdits, contre leurs tuteurs et curateurs, elles pourront être valablement inscrites, à la diligence de leurs parens ou amis; et dans les pays où les parens sont garans de la solvabilite des tuteurs et curateurs élus, cette garantie continuera d'avoir lieu, comme par le passé, pour toutes les hypothèques antérieures audit jour 1er nivose prochain.

263. Lorsque l'hypothèque acquise ne résultera d'aucun acte public écrit, ou qu'il ne se trouvera point en la possession de celui qui y a droit, le

créancier pourra y suppléer par une déclaration du montant et de la date de son hypothèque, qu'il sera tenu de faire devant un notaire public.

Le droit d'enregistrement de chacune de ces déclarations est fixé à deux livres, suivant la cinquième section de la troisième classe du tarif du 5 décembre 1790.

264. Tous usufruitiers de biens immeubles, et tous appelés à recueillir un usufruit sous une condition échue, seront pareillement tenus de faire inscrire le titre constitutif ou récognitif dudit usufruit, avant le 1er nivose prochain, passé lequel délai l'usufruit répondra subsidiairement des hypothèques de celui auquel appartient la nue-propriété, et qui seraient acquises au profit de ses créanciers dans l'intervalle du 1er nivose prochain au jour de l'inscription dudit usufruit.

265. Les tuteurs, curateurs et autres administrateurs, soit publics soit privés, qui auraient négligé de faire inscrire dans ledit délai les titres de créances hypothécaires appartenant à leurs pupilles interdits, et aux biens et droits dont ils ont la gestion et l'administration, seront garans et responsables du défaut de conservation desdites hypothèques.

266. En cas d'inscriptions exagérées ou mal fondées, les grevés d'hypothèques auront le droit de les faire réduire ou supprimer, conformément aux articles 29, 30 et 31, à la charge par eux de faire et déposer préalablement la déclaration foncière de leurs biens, dans les formes prescrites par la loi de ce jour.

267. Dans tous les autres cas, les créanciers hypothécaires antérieurs au 1er nivose prochain, ne pourront exiger de leurs débiteurs la preuve du dépôt de ladite déclaration foncière, et user de la faculté accordée par le paragraphe VII, chapitre 1er du titre 1er, si ce n'est après le 30 ventose suivant.

CHAPITRE 1er. — Des privilèges.

268. Les créances hypothécaires inscrites avant le 1er nivose prochain conserveront le privilége qui y est attaché, à la charge néanmoins, 1° d'en indiquer l'objet dans l'extrait et le bordereau dont le dépôt est prescrit par l'article 20; 2° de distinguer ledit bordereau par le mot *privilége* placé en marge, et de le faire signer par le conservateur des hypothèques, sur le double qui doit être remis au créancier d'après l'article 21; faute de quoi, la créance sera rangée dans la classe de celles hypothécaires pures et simples.

CHAPITRE II. — De l'extinction des priviléges.

269. Le débiteur d'une créance hypothécaire privilégiée pourra, même avant le 1er nivose prochain, s'en libérer par la voie de l'emprunt sur cédules, avec subrogation de l'hypothèque privilégiée à la date où elle était acquise.

270. Tout débiteur qui voudra user de cette faculté sera tenu de faire et déposer préalablement la déclaration de tous les biens territoriaux qu'il possède dans l'étendue de la commune où la chose grevée du privilége est située.

271. Si le créancier privilégié n'a point encore requis l'inscription de son titre, il sera tenu de le faire dans les dix jours de la sommation du débiteur, contenant la notification de l'acte de dépôt de sa déclaration foncière; après lequel délai, et faute de ce faire, le titre du créancier pourra être inscrit à la réquisition du débiteur.

272. En faisant la réquisition de cédules pour cet objet, le débiteur sera tenu de justifier, 1° des lettres de ratification expédiées sur son contrat, et de la main-levée des oppositions qui y sont survenues; 2° qu'il a payé de ses

propres deniers, et sans aucune subrogation de privilége, la moitié de la valeur capitale de l'objet ; le tout sous peine par le conservateur d'en répondre

273. Les justifications prescrites en l'article precédent ne pourront être exigées a l'égard des domaines nationaux.

274. Ces cédules donneront hypothèque privilégiée en faveur du porteur à la date a laquelle elle avait été acquise, et il en sera fait mention expresse tant dans le corps de la cédule que dans la relation d'enregistrement.

275. Elles ne pourront être délivrées qu'après la radiation de l'inscription de la créance privilégiée, conformément a l'article 215.

CHAPITRE III. — Cessation de l'ancien régime des hypothèques.

276. Toutes les lois, coutumes et usages observés antérieurement au présent décret, sur les hypothèques, lettres de ratification, appropriances, nantissement, œuvres de loi, criées et ventes d'immeubles par décret forcé, ne seront plus applicables qu'aux hypothèques acquises et aux expropriations de biens volontaires ou forcées qui auront lieu avant le 1er nivose prochain, sans que néanmoins les créanciers hypothécaires privilégiés puissent se dispenser de l'inscription de leurs titres, sous les peines portées en l'article 257

277. Les conservateurs des hypothèques, gardes des sceaux et greffiers expéditionnaires des lettres de ratification, établis par l'édit de juin 1771 et la déclaration du 24 novembre suivant, continueront, pour les expropriations antérieures audit jour 1er nivose prochain seulement, d'exercer leurs fonctions jusqu'au 1er germinal suivant, passé lequel délai elles sont et demeurent supprimées.

278. *Tarif des salaires des conservateurs des hypothèques, calculé dans le rapport de la livre ou monnaie de compte avec le marc d'argent fin en 1790.*

1° Déclarations foncières.

Pour l'enregistrement de chacune desdites déclarations, une livre; plus une pour deux mille cinq cents livres de la valeur capitale qui y est énoncée

2° Expertises.

Pour l'enregistrement du dépôt de chacune desdites expertises, deux livres ; plus, une pour mille livres du montant desdites expertises.

3° Expropriation.

Pour l'enregistrement du dépôt de chacune des expropriations volontaires ou forcées, au dessous de mille livres, une livre ; de mille livres et au dessus, deux livres ; plus, une pour deux mille livres de la valeur capitale.

4° Expéditions des déclarations foncières, expertises et actes translatifs de propriété, lorsqu'elles seront demandées.

La page à quarante lignes, la ligne vingt syllabes, une livre, outre le timbre.

5° Notification de revendication de propriété.

Pour l'enregistrement de chaque notification, cinq livres.

6° Inscription de créances hypothécaires.

Pour l'enregistrement du dépôt et l'inscription de chaque titre de créance hypothécaire, quatre livres ; plus, une pour quinze cents livres de leur montant.

7° Notification de ventes et cessions de créances hypothécaires.

Pour l'enregistrement de chaque notification de cession de créances hypothécaires, cinq livres.

8° Oppositions en sous-ordre.

Pour l'enregistrement de chaque opposition en sous-ordre, quatre livres.

9° Cédules hypohécaires.

Pour l'enregistrement de chaque réquisition de cédule, quatre livres; pour la délivrance de l'inscription de chaque coupon de cédules, trois livres; plus, une pour deux mille livres de leur montant.

10° Radiations.

Pour l'enregistrement de chaque radiation d'inscriptions de créances hypothécaires, trois livres; de cédules, par coupon, quatre livres.

11° Livre de raison.

Pour chaque report des registres sur le livre de raison, par article, cinq décimes ou dix sous.

12° Extraits.

Pour chaque extrait séparé des registres, quinze décimes ou une livre dix sous; pour l'extrait du livre de raison, relatif a chaque citoyen ayant compte ouvert, 1° par chaque article de son actif, deux livres; 2° de son passif, une livre; 3° des revendications sur lui, cessions de créances et oppositions en sous-ordre, cinq décimes ou dix sous, outre le papier timbré.

13° Surveillance a la communication publique des registres.

Communication du livre de raison, pour chaque compte ouvert, cinq livres; pour chaque article dans les autres registres, deux décimes et demi ou cinq sous; pour chaque heure, dans un ou plusieurs registres, deux livres; le tout sans extraits ni expéditions.

279. Le tarif ci-dessus sera revu tous les ans par le corps législatif; et néanmoins il continuera d'avoir lieu tant qu'il n en aura pas été autrement ordonné : en conséquence, le gouvernement est autorisé a prendre tous arrêtés nécessaires pour le maintenir aux valeurs correspondantes a l'année 1790.

N° 53. = 9 messidor an 3 (27 juin 1795). = DÉCRET *sur les déclarations foncières* (1). (I, Bull. CLXIV, n° 963 *bis* ; B., LVI, 114.)

Art. 1er. Les déclarations foncières de biens territoriaux, prescrites dans les cas déterminés au Code hypothécaire, et celles qui pourront être ordonnees par la suite, seront faites par le propriétaire ou son fondé de procuration spéciale.

2. En cas de minorité ou d'interdiction, elles le seront par le tuteur ou par le curateur.

3. L'un des époux ne pourra faire la déclaration foncière des biens de l'autre, sans sa procuration spéciale.

4. Il en sera de même des biens de la communauté entre époux ; chacun d'eux ne pourra faire la déclaration que de la part a laquelle il a droit.

5. Les biens vacans et en direction seront declarés par le curateur à la vacance, et, a son défaut, par les syndics et directeurs des créanciers de l'union.

6. Les domaines nationaux seront déclarés par les préposés au droit d'enregistrement.

7. Les rues, carrefours, chemins, rivières, ruisseaux, canaux naviga-

---

(1) Voyez les art. 32 et suiv. du décret qui précède.

bles, et autres propriétés publiques, le seront par l'agent national en chaq commune, sur sa responsabilité.

8. Les biens communaux seront déclarés par l'un des officiers municipa ou membres du conseil général, délégué à cet effet.

9. En cas de négligence des propriétaires de biens territoriaux, leu créanciers hypothécaires, ensemble les fermiers, locataires, usufruitiers autres possesseurs desdits biens, pourront en faire la déclaration, s'ils y o intérêt, à la charge d'en indiquer le propriétaire.

10. Nul ne peut déclarer comme à lui appartenant les biens d'autrui, so peine des dommages du propriétaire, qui ne pourront être fixés au desso du cinquantième de leur valeur capitale.

11. Les tuteurs, curateurs, syndics et directeurs, et autres administr teurs de biens territoriaux, à raison desquels l'absence desdites déclaratio foncières aurait apporté préjudice, en sont et demeurent responsables.

12. Les déclarations foncières seront par écrit.

13. Elles seront faites séparément pour chaque commune, et à Paris po chaque section : en aucun cas une même déclaration ne pourra comprend des biens situés en plusieurs communes.

14. Nul propriétaire ne pourra se réunir à un autre pour faire une décl ration commune de leurs biens, même au cas d'indivision absolue, so peine de nullité.

CHAPITRE Ier. — Des formes intrinsèques de la déclaration foncière.

15. Chaque déclaration foncière contiendra, — 1° Les nom, prénom, â et lieu de naissance, profession et domicile du propriétaire; —2° La descri tion de chacun de ses biens territoriaux, — En situation, — Nature ou gen d'exploitation et destination, — Quantité superficielle, d'après les mesur locales comparées soit au mètre, soit à la toise ou au pied de France, Confins ou limites par aspects solaires. — Le tout par autant d'articles sép rés, sans que plusieurs pièces qui ne seraient pas parfaitement contigue puissent entrer dans un même article, ni dans une description commun —3° La valeur de chacun de ces biens, tant en revenu net annuel, qu'en c pital ou prix vénal, séparément pour chaque article; ladite valeur exprime en livres ou monnaie de compte, dans le rapport qu'elle avait avec le ma d'argent fin en l'année 1790; — 4° L'origine de la propriété de chacun d biens déclarés, dans la main du propriétaire actuel, avec l'indice et la da du titre matériel d'où elle résulte, en remontant jusqu'à la déclaration fo cière précédente; — 5° Et le prix moyennant lequel il en est devenu pro priétaire.

16. Pour la première fois, le propriétaire n'aura pas besoin de géminer déclaration au-delà de son titre.

17. A l'égard des domaines nationaux, les préposés à l'enregistrement détermineront point leur origine antérieure à la présente loi.

18. Il sera joint à la présente loi un modèle de la déclaration foncièr pour en favoriser l'uniformité dans toute l'étendue de la république.

CHAPITRE II. — Des formes extrinsèques de la déclaration foncière.

19. Il ne sera nécessaire aux intéressés de recourir à aucun fonctionnai public pour rédiger leurs déclarations.

20. Il ne pourra être employé à leur confection que du papier timbré, format appelé papier moyen, suivant le tarif annexé au décret sur le timbr du 7 février 1791. L'administration de l'enregistrement est chargée d'en fai préparer pour cet usage la quantité nécessaire.

21. Lesdites déclarations seront faites et préparées en triple expédition

22. Le propriétaire ou son fondé de procuration spéciale, qui aura fait la déclaration, sera tenu de se présenter en personne devant un notaire public, et d'y attester qu'elle est son propre fait : au bas de chaque expédition, il en sera rédigé acte sommaire dans les formes prescrites aux notaires publics pour assurer la validité et l'authenticité de leurs actes : cette attestation sera enregistrée sur l'une desdites expéditions avec mention *pro duplicata* sur les deux autres.—Il sera perçu cinq sous pour le droit d'enregistrement desdites attestations.

23. Aucunes ratures ne seront faites dans ces déclarations sans être approuvées ; toutes interlignes y sont défendues : les renvois y seront signés, ainsi que le bas des pages ; les quantités superficielles et les valeurs y seront en toutes lettres, avant d'être portées dans la colonne.

24. Les formalités prescrites par les quatre précédens articles seront observées, a peine de nullité.

25. Défenses sont faites aux notaires publics de retenir aucune minute, soit de la déclaration foncière, soit de l'attestation, à peine d'interdiction.

CHAPITRE III. — Du dépôt des déclarations foncières.

26. Deux expéditions de la déclaration seront déposées, l'une au bureau de la conservation des hypothèques dans l'arrondissement duquel les biens qu'elle aura pour objet sont situés, et l'autre au greffe de la commune de la situation, et ce dans la forme suivante.

27. Les trois expéditions seront présentées au conservateur des hypothèques. Il en retiendra une pour être placée dans son dépôt, après l'avoir inscrite au registre pour ce destiné ; et sur chacune des deux autres qu'il rendra au porteur, ledit conservateur donnera sa reconnaissance de dépôt.

28. Il sera fait ensuite au greffe de la commune de la situation des biens le dépôt de la seconde expédition, dont mention aura lieu a l'instant sur un registre a ce destiné, et pour lequel il sera payé au secrétaire cinq décimes ou dix sous, par chaque déclaration ; il en donnera reconnaissance sur la troisième expédition, laquelle demeurera à la disposition du propriétaire.

29. Le conservateur des hypothèques est autorisé à refuser le dépôt des déclarations dans lesquelles les formes extrinsèques, déterminées au chapitre précédent, n'auront point été observées, sauf aux parties intéressées à se pourvoir contre lui devant le juge de paix.

30. Lorsque le dépôt aura été reçu par le conservateur, il ne pourra être refusé par le secrétaire de la commune, à peine d'en répondre.

CHAPITRE IV. — De la publicité des dépôts.

31. La publicité du dépôt des déclarations foncières, au bureau du conservateur, n'aura lieu que de la manière prescrite au Code hypothécaire.

32. A l'égard du dépôt à la commune, il sera ouvert a tous les citoyens sans distinction, sans réserve, et avec les seules précautions convenables de sûreté, pour le garantir contre tout danger d'altération ou de suppression des déclarations foncières.

33. Néanmoins ceux qui voudront en prendre communication, seront tenus de payer les salaires de surveillance a raison de deux livres par heure, ou dix sous par chaque déclaration foncière.

34. Les secrétaires-greffiers pourront en délivrer toutes expéditions au même prix fixé par le tarif des salaires attribués au conservateur.

MODÈLE DE LA DÉCLARATION FONCIÈRE (1). — (ART. 18.)

COMMUNE d..........   CANTON d... ....
ARRONDISSEMENT d...   DÉPARTEMENT d.....

DÉCLARATION FONCIÈRE.	VALEUR	
	en revenu net	en capital.
J... *(les nom et prénoms)*, âgé de... ans, né le..., à..., canton de..., département de..., laboureur, demeurant a..., canton de..., département de...		
Déclare être propriétaire incommutable des biens ci-après désignés, situés dans l'étendue du territoire de la commune de...		
Art. 1er. Une maison composée de divers bâtimens, avec cour et jardin, le tout contenant..., situé à...		
Tenant d'orient, a...		
D'occident, à. .		
Du nord, a la rue de...		
Du midi, a celle de...		
De valeur, en revenu net annuel de.	l.	
Et en capital, de.............		l.
Appartenant au déclarant, comme héritier en partie du défunt P..., son pere, et a lui échue par le partage de sa succession, passé devant..., notaire a..., le... l'an..., enregistré à..., le... ou en vertu de tel autre titre qui sera énoncé (2)).		
2. Un jardin contenant... perches, situé a...		
Tenant, etc...		
De valeur, en revenu net de.............	l.	
Et en capital, de.............		l.
Appartenant au déclarant, comme l'ayant acquis de... par contrat passé devant.. , notaire a..., le.., enregistré à..., le..		
3.... arpens et... perches de pré avec étang, clos de ...(haies, murs ou fossés) ayant cinq côtés...		
Tenant, le premier, etc...		
De valeur, en revenu net, de		
Et en capital, de		
Appartenant, etc...		
4.... arpens de terre labourable, situés à...		
Tenant, etc...		
De valeur, etc............		
Appartenant, etc...		
5.... arpens de vigne au même lieu...		
Tenant, etc...		
De valeur, etc............		
Appartenant, etc...		
6.... arpens de bois (de haute ou de basse futaie), situés a... traversés par la route de...		

(1) On a employé dans cette déclaration les termes usités jusqu'a ce jour, pour désigner le mesu es territoriales; mais a l'instant ou les lois des 1er août 1793 et 18 germinal an 3, sur l'*uniformité des poids et mesures*, recevront leur exécution, il faudra substituer les dénominations nouvelles à celles abrogées, en faisant la réduction des mesures anciennes en mesures républicaines.

(2) Dans les pays où, à défaut de titres primitifs, les propriétés sont constatées par des déclarations, ces actes seront rappelés.

VALEUR	
en capital.	en revenu net.

Tenant, etc...
De valeur, etc...
Appartenant, etc...
7. Un moulin a blé appelé..., avec bâtimens en dépendant, si-
tué a...
Tenant, etc...
De valeur, etc...
Appartenant, etc...

Désignation de la mesure.

Les...arpens de bois faisant l'article.., et les...arpens...per-
ches de terre énoncés en l'article... sont mesurés à... pieds pour
côté de la perche, et... perches carrées pour arpent.
Tous les autres biens compris en la présente déclaration, sont
a la mesure de... pieds... pouces pour côté de la perche, et...
perches carrées pour arpent.

RÉCAPITULATION.

1° A la mesure de... pieds... pouces pour perche, et ... perches pour arpent.

	arpens.	perches.	nombre d'articles.
Maison et bâtimens.......	.	.	.
Jardin......................	.	.	.
Terres labourables........	.	.	.
Pré et étang..............	.	.	.
Vignes.....................	.	.	.
Moulin....................	.	.	.

	arpens.	perches.	articles.
Total.....	.	.	.

2° A la mesure de...pieds pour perche, et...perches pour arpent.

	arpens.	perches.	nombre d'articles.
Terres labourables.........	.	.	.
Bois.....................			

	arpens.	perches.	articles.
Total.....	.	.	.

Totaux semblables, en revenu net et annuel................ 1.
Et en capital... 1.

Fait a..., canton de..., département de..., le..., l'an... de la république française, etc.

(Signature du déclarant.)

ATTESTATION.

Par-devant ..., notaire public à ..., soussigné, — Est comparu le citoyen J...., laboureur, demeurant à ....—Lequel a attesté que la déclaration
foncière ci-dessus et des autres parts, est son propre fait, dont acte. — Fait
et passé a .., en l'étude, avant midi, le ...an...de la république française,
une et indivisible, en présence de ... et de..., demeurant a ..., témoins
soussignés.

(Signature du déclarant, des témoins et du notaire.)

Enregistré à ..., le ..., l'an ..., n° ..., page ..., f° ... du... registre. Reçu...
(Signature du receveur des droits d'enregistrement.)

DÉPÔT.

Déposé au bureau de la conservation des hypothèques, à ..., le ..., an ...,
et inscrit n°...., page...., du registre. Reçu.... pour droit fixe ; plus....,
pour droit proportionnel sur la valeur capitale.
(Signature du conservateur des hypothèques.)

Déposé au greffe de la commune de ..., le ..., an ..., et inscrit n°...,
page...du...registre. Reçu...
(Signature du secrétaire-greffier de la commune.)

OBSERVATIONS.

PREMIÈRE.

Lorsque la déclaration est faite par un tuteur, un curateur, ou autre fonde
de pouvoir, elle doit toujours commencer par les nom, prénoms, âge,
lieu de naissance, profession et domicile du propriétaire, après quoi le
mandat est exprimé en ces termes : *représenté par....* (de telle profession)
demeurant à..., son tuteur élu par avis de parens, homologué par sen-
tence de (tel juge) *en date du..., étant au registre de* (tel greffier), *ou son*
fondé de procuration spéciale, passé devant (tel notaire), *le..., dont il a*
gardé minute ; ou dont le brevet original est demeuré annexé à celle des
trois expéditions de la présente déclaration, qui doit être déposée au bu-
reau de la conservation des hypothèques. — Au moyen de cette formule, la
déclaration foncière se trouve appropriée au cas du mandat volontaire ou
forcé, sans avoir besoin d'apporter aucun autre changement au modèle.—
Quant à l'attestation, c'est le nom du mandataire qui doit être substitué à
celui du représenté, et il n'est nécessaire de rappeler ni le nom de celui-ci,
ni la date et l'espèce du mandat.

SECONDE.

Lorsqu'au lieu d'être propriétaire incommutable, le déclarant n'est qu'u-
sufruitier ou possesseur à titre précaire, il doit être fait autant de déclarations foncières séparées, qu'il y a de propriétaires dont le déclarant possède
les biens ; sans qu'en aucun cas il puisse les comprendre dans la déclaration de
ceux dont il est propriétaire incommutable.

N° 54. = 11 messidor an 3 (29 juin 1795). = DÉCRET *qui détermine les formalités à observer par les comptables pour la vente de leurs immeubles
soumis à l'hypothèque nationale, etc.* (1). (I, Bull. CLIX, n° 933 ; B.,
LVI, 126.)

Art. 1er. Les comptables qui auraient obtenu ou qui obtiendraient la faculté de disposer de leurs immeubles soumis à l'hypothèque nationale, a la
charge d'en faire le remplacement, seront tenus de se conformer aux dispositions suivantes.

2. Les ventes que les comptables se proposeront d'effectuer, seront faites
en présence et sous la surveillance de l'agent de la comptabilité nationale,
pour celles passées à Paris ; et pour celles faites ailleurs, en présence et sous

---

(1) Voyez le décret du 8 brumaire an 2 (29 octobre 1793), qui interdit aux comptables la
faculté de vendre ou d'hypothéquer leurs immeubles jusqu'au rapport du décret de *quitus* de
leurs comptes : voyez aussi l'art. 21 de la loi du 11 brumaire an 7 (1er novembre 1798), qui
donne à l'état un droit d'hypothèque sur les biens des comptables, et les notes.

la surveillance du receveur du droit d'enregistrement du district dans lequel sont situés les biens.

3. Le vendeur sera tenu de rapporter à l'agent de la comptabilité ou au receveur du droit d'enregistrement, le projet du contrat d'aliénation, avec un extrait en forme du rôle de la contribution foncière, constatant l'évaluation et le revenu de l'objet proposé en vente.

4. Le prix provenant de la vente restera entre les mains de l'acquéreur, jusqu'au remploi qui en sera fait, soit en acquisitions nouvelles, soit en paiement des dettes hypothécaires antérieures à l'entrée des comptables en place ; ce qu'ils seront tenus de justifier par la remise qui sera faite des contrats authentiques qui établissent les rentes ou autres charges.

5. Les nouvelles acquisitions à faire par les comptables pour opérer le remploi prescrit par les articles précédens, seront également faites en présence et sous la surveillance de l'agent de la comptabilité nationale, pour les acquisitions faites à Paris ; et pour celles faites ailleurs, du receveur du droit d'enregistrement du district de la situation des biens.

6. Sera ledit remplacement jugé valable et admis, lorsque le denier du prix principal de l'acquisition sera calculé sur l'extrait en forme du rôle de la contribution foncière, et sur le taux commun du prix auquel se vendent les immeubles dans le district dans lequel ils sont situés.

7. Les nouvelles acquisitions demeureront spécialement affectées à la sûreté des sommes dont le comptable pourrait être jugé débiteur par l'apurement définitif de ses comptes.

8. Lorsque les formalités ci-dessus prescrites auront été remplies, que l'agent de la comptabilité ou le receveur du droit d'enregistrement auront admis le remplacement, ce qui sera constaté par leur acceptation aux contrats de nouvelles acquisitions, l'immeuble vendu par le comptable ne sera déclaré libre qu'après que l'agent de la comptabilité, soit que les ventes soient faites à Paris ou ailleurs, aura donné, sur la grosse exécutoire du contrat quittancé des vendeurs, un certificat pour servir aux mêmes vendeurs de titre de décharge et d'affranchissement de l'hypothèque nationale.

9. Ceux des comptables qui se trouveront obligés de recevoir des remboursemens de rentes, ainsi que ceux qui voudraient faire la vente d'inscriptions sur le grand-livre, pour fonds d'avances ou autres créances, seront tenus de requérir l'agent de la comptabilité d'être présent à l'acte de remboursement lorsqu'il se passera à Paris, et le receveur du droit d'enregistrement, lorsqu'il se fera ailleurs, pour en surveiller les dispositions.

10. Si le comptable n'offre pas de remplacement actuel, la somme provenant de l'amortissement sera versée à la caisse de la trésorerie nationale ou dans la caisse du district, si mieux il n'aime donner caution jusqu'au remplacement.

11. Il est dérogé à toutes les dispositions contraires à la présente loi.

———

Nᵒ 55.=11 messidor an 3 (29 juin 1795).= DÉCRET *qui autorise le comité des finances à statuer sur les réclamations des comptables en main-levée de séquestres et d'oppositions* (1). (Ɉ, Bull. CLIX, nᵒ 931 ; B., LVI, 127.)

La convention nationale décrète que son comité des finances est autorisé à statuer sur les réclamations des comptables en main-levée de séquestres et d'oppositions, et à restreindre lesdites oppositions établies sur la totalité de leurs biens, aux objets nécessaires pour assurer les droits de la nation et les

———

(1) Le Bulletin des lois rapporte ce décret à la date du 10 messidor.

répétitions et recouvremens qu'elle est en droit d'exercer sur eux à raison de leur comptabilité, lorsque les comptables seront reconnus en avance par des certificats de quitus provisoires, ou qu'ils justifieront par pièces authentiques que les propriétés qui resteront grevées d'oppositions, sont plus que suffisantes pour couvrir les débets dont ils pourraient se trouver reliquataires.

N° 56. = 11 messidor an 3 (29 juin 1795). = DÉCRET *relatif à la reddition des comptes des receveurs généraux des domaines de* Louis-Stanislas-Xavier *et* Charles-Philippe, *frères de* Louis XVI, *et de* Louis-Philippe-Joseph d'Orléans. (I, Bull. CLIX, n° 932 ; B., LVI, 128.)

Art. 1er. Les receveurs généraux des domaines et bois, maisons, apanages et revenus patrimoniaux de *Louis-Stanislas-Xavier* et de *Charles-Philippe*, frères de *Louis XVI*, et de *Louis-Philippe-Joseph d'Orléans*, sont compris dans les dispositions de la loi du 28 pluviose dernier, pour la présentation, la vérification et l'arrêté de leurs comptes au bureau de comptabilité.

2. Ceux desdits comptables, leurs héritiers, ayans-cause ou commis aux exercices, qui n'ont pas encore rendu les comptes de leur gestion, seront tenus de les adresser, sous deux mois, au bureau de comptabilité, et d'y joindre les pièces à l'appui.

3. Toutes vérifications, tous arrêtés de comptes, faits par des commissions particulières ou autorités constituées autres que la ci-devant chambre des comptes de Paris, sont provisoires : en conséquence, les comptables et ayans-cause sont tenus d'en remettre les comptes et pièces à l'appui au bureau de comptabilité, dans le même délai de deux mois, pour être vérifiés et définitivement arrêtés, nonobstant toutes lois contraires, qui sont révoquées à cet égard.

4. Les officiers des ci-devant chambres des comptes, gardes des archives, et tous dépositaires desdits comptes et pièces à l'appui, seront tenus de les remettre sans délai, sur la demande des comptables, ou à la réquisition du bureau de comptabilité, sous les peines portées par l'article 6 du titre Ier de la loi du 17—29 septembre 1791.

N° 57. = 11 messidor an 3 (29 juin 1795). = DÉCRET *qui suspend l'exécution de celui du 9 floréal dernier concernant les pères et mères d'émigrés* (1). (I, Bull. CLXV, n° 965 ; B., LVI, 129.)

La convention nationale, sur la motion d'un membre, qui soutient que la loi du 9 floréal concernant les pères et mères d'émigrés doit être rapportée comme injuste dans son principe et dans toutes ses dispositions, décrète que son comité de législation lui fera, dans dix jours, un rapport, tant sur la justice que sur les inconvéniens de la loi du 9 floréal, et sur les dispositions par lesquelles il lui paraîtrait convenable de les remplacer, et suspend provisoirement l'exécution de cette loi.

N° 58. = 12 messidor an 3 (30 juin 1795). = DÉCRET *portant que la fille de* Louis XVI *sera remise à l'Autriche à l'instant où les représentans du peuple et autres detenus par ordre de ce gouvernement seront rendus à la liberté.* (I, Bull. CLIX, n° 934 ; B., LVI, 130.)

La convention nationale, après avoir entendu le rapport de ses comités

(1) Voyez ce décret du 9 floréal an 3 (28 avril 1795), et les notes.

réunis de salut public et de sûreté générale, déclare qu'au même instant où les cinq représentans du peuple, le ministre, les ambassadeurs français et les personnes de leur suite, livrés à l'Autriche ou arrêtés et détenus par ses ordres, seront rendus à la liberté et parvenus aux limites du territoire de la république, la fille du dernier roi des Français sera remise à la personne que le gouvernement autrichien déléguera pour la recevoir; et que les autres membres de la famille de *Bourbon* actuellement détenus en France, pourront aussi sortir du territoire de la république. La convention nationale charge le comité de salut public de prendre toutes les mesures pour la notification et l'exécution du présent décret.

Nᵒ 59.＝13 messidor an 3 (1ᵉʳ juillet 1795).＝DÉCRET *portant que l'acte sous seing privé acquiert une date assurée lorsqu'un acte authentique le réfère* (1). (I, Bull. CLIX, nᵒ 935; B., LVI, 133.)

La convention nationale décrète que lorsqu'un ou plusieurs actes authentiques réfèrent un acte sous seing privé, ou prouvent son exécution, cet acte sous seing privé a acquis une date assurée, comme il aurait pu l'acquérir par le décès de l'un des contractans ou signataires.

Nᵒ 60.＝ 13 messidor an 3 (1ᵉʳ juillet 1795). ＝ DÉCRET *qui suspend la vente des biens des ecclésiastiques reclus, déportés ou sujets a la déportation* (2). (I, Bull. CLXII, nᵒ 942; B., LVI, 134.)

La convention nationale, après avoir entendu trois projets de décret présentés par son comité de législation; le premier relatif a la restitution des biens des ecclésiastiques reclus, déportés ou sujets à déportation; le second relatif aux personnes de ces mêmes ecclésiastiques; le troisième contenant des dispositions sur la police des cultes, — Décrète l'impression du discours du rapporteur et du premier projet de décret, l'ajournement à trois jours pour la discussion, avec la suspension de la vente desdits biens, et ajournement des deux autres projets jusqu'après l'acceptation de la constitution qui sera proposée.

Nᵒ 61. ＝ 13 messidor an 3 (1ᵉʳ juillet 1795).＝DÉCRET *qui rapporte celui du* 14—16 *frimaire an* 2, *relatif au desséchement des étangs.* (I, Bull. CLX, nᵒ 938; B., LVI, 134.)

La convention nationale, après avoir entendu son comité d'agriculture et des arts, décrète ce qui suit :

Art. 1ᵉʳ. La convention nationale rapporte la loi du 14 frimaire de l'an 2, relative au desséchement des étangs.

2. Le comité d'agriculture chargera les administrations de département, de faire reconnaître par des agens les moyens de faire prospérer l'agriculture, et de rendre l'air plus salubre, dans les contrées connues ci-devant sous le nom de *Sologne, Bresse* et *Brenne*; d'y faire cesser, ainsi que dans toutes les autres parties de la républque, les abus résultans de l'élévation des eaux pour le service des moulins; de donner aux rivières obstruées et

(1) Voyez l'art. 1328 du Cod. civ., qui reproduit cette disposition.
(2) Voyez les notes qui accompagnent le décret du 27 mai 1792, concernant la déportation des ecclésiastiques insermentes; elles resument toutes les mesures dont ils ont été l'objet.—Voyez surtout le décret du 22 fructidor an 3 (8 septembre 1795), concernant la remise des biens des prêtres déportés, et les notes.

encombrées un libre cours ; d'indiquer les mesures les plus efficaces pour ordonner et faire maintenir les lois de police, tant sur le cours des eaux d'étangs que des marais qui se forment annuellement ; d'ouvrir, notamment dans les trois contrées ci-dessus désignées, des canaux de navigation, pour le tout être présenté au plus tard dans le délai de trois mois à la convention, et être statué par elle sur les mesures les plus efficaces pour chaque contrée.

N° 62. = 14 messidor an 3 (2 juillet 1795). = DÉCRET *qui autorise le cumul de plusieurs pensions jusqu'à la concurrence de trois mille livres* (1). (I, Bull. CLIX, n° 937; B., LVI, 138.)

La convention nationale décrète que provisoirement le même individu peut posséder plusieurs pensions, lorsque étant réunies elles n'excèderont pas trois mille livres ; et que si elles excèdent, la dernière créée sera réduite à due concurrence.

N° 63. = 15 messidor an 3 (3 juillet 1795). = DÉCRET *qui fixe le prix des papiers timbrés et les droits de timbre extraordinaire et du* visa *pour timbre* (2). (I, Bull. CLX, n° 940; B., LVI, 138.)

N° 64. = 15 messidor an 3 (3 juillet 1795). = DÉCRET *additionnel à celui du 28 prairial dernier sur la réorganisation de la garde nationale des départemens* (3). (I, Bull. CLX, n° 939; B., LVI, 143.)

N° 65. = 16 messidor an 3 (4 juillet 1795). = DÉCRET *relatif au fermier général et aux sous-fermiers des anciennes messageries.* (B., LVI, 144.)

N° 66. = 16 messidor an 3 (4 juillet 1795). = DÉCRET *qui établit un comité de liquidation.* (B., LVI, 144.)

N° 67. = 17 messidor an 3 (5 juillet 1795). = DÉCRET *relatif au mode de paiement des voitures de marchandises en exécution de marchés faits et non exécutés avant l'abrogation de la loi du* maximum (4). (I, Bull. CLXII, n° 943; B., LVI, 147.)

N° 68. = 20 messidor an 3 (8 juillet 1795). = DÉCRET *portant que la place de la Révolution ne servira plus de lieu d'exécution.* (B., LVI, 168.)

N° 69. = 20 messidor an 3 (8 juillet 1795). = DÉCRET *qui autorise les comités de salut public et des finances à traiter de gré à gré avec les fournisseurs et créanciers de la république.* (B., LVI, 169.)

---

(1) Voyez la loi de finances du 15—16 mai 1818, art. 12 et 13, portant désignation des pensions exceptées de la loi du cumul.
Voyez aussi, sur le cumul des pensions avec les traitemens, le décret du 18 thermidor an 2 (5 août 1795), et les notes ; et, sur le cumul des pensions de retraite, le décret du 8 mars 1811, art. 10, et les notes.
(2) Ce n'est qu'un tarif remplacé par l'art. 8 de la loi du 13 brumaire an 7 (3 novembre 1798), et qui a souvent varié depuis : voyez cet art. 8 et les notes.
(3) Voyez, sur l'organisation de la garde nationale, le décret général du 29 septembre—14 octobre 1791, et les notes qui résument la législation.
(4) Voyez les notes qui accompagnent le décret du 11 —15 septembre 1793, sur le *maximum* ; elles résument la législation de la matière.

N° 70. = 20 messidor an 3 (8 juillet 1795). = DÉCRET *qui ordonne l'établisse-*
ment de gardes champêtres dans toutes les communes rurales (1). (I, Bull.
CLXI, n° 941 ; B., LVI, 169.)

Art. 1ᵉʳ. Il sera établi immédiatement après la promulgation du présent
décret, des gardes champêtres dans toutes les communes rurales de la république ; les gardes déjà nommés, dans celles où il y en a, pourront être réélus
d'après le mode suivant.

2. Les gardes champêtres ne pourront être choisis que parmi les citoyens
dont la probité, le zèle et le patriotisme seront généralement reconnus ; ils
seront nommés par l'administration du district, sur la présentation des conseils généraux des communes; leur traitement sera aussi fixé par le district,
d'après l'avis du conseil général, et réparti au marc la livre de l'imposition
foncière.

3. Il y aura au moins un garde par commune, et la municipalité jugera de
la nécessité d'y en établir davantage.

4. Tout propriétaire aura le droit d'avoir pour ses domaines un garde
champêtre ; il sera tenu de le faire agréer par le conseil général de la commune, et confirmer par le district (2) : ce droit ne pourra l'exempter néanmoins de contribuer au traitement du garde de la commune.

5. La police rurale sera exercée provisoirement par le juge de paix.

6. Les gardes champêtres seront tenus de citer devant lui les citoyens pris
en flagrant délit : si le délinquant n'est pas domicilié et refuse de se rendre
à la citation, le garde pourra requérir de la municipalité main-forte, et les
citoyens requis ne pourront se refuser d'obéir aux ordres qui leur seront
donnés.

7. Sur les indications administrées par les gardes champêtres, le juge de
paix pourra autoriser des recherches chez les personnes soupçonnées de vols,
en présence de deux officiers municipaux.

⸗ 8. Le juge de paix prononcera sans délai contre les prévenus, et jugera
d'après les dispositions de la loi du 28 septembre—6 octobre 1791. La peine
sera pécuniaire, et ne pourra être moindre de la valeur de cinq journées
de travail, outre la restitution de la valeur du dégât ou du vol qui aura été
fait, sans préjudice des peines portées par le Code pénal lorsque la nature
du fait y donnera lieu, et en ce cas le juge de paix renverra au directeur du
jury (3).

9. Les jugemens prononcés seront exécutés dans la huitaine, à peine d'un
mois de détention jusqu'au paiement, sans que la détention puisse excéder
un mois, nonobstant l'appel.

10. A l'égard des délits commis dans les forêts nationales et particulières,
le prix de la restitution et de l'amende sera provisoirement déterminé par
les tribunaux, d'après la valeur actuelle des bois (4).

_____

(1) Voyez la sect. VII du tit. 1ᵉʳ de la loi du 28 septembre—6 octobre 1791, sur la police
rurale, et les notes.

(2) Confirmé par l'art. 40 du Code pénal du 3 brumaire an 4 (25 octobre 1795).
Le garde champêtre d'un particulier n'a le caractère d'officier de police judiciaire et attribution pour constater les délits ruraux, qu'autant qu'il a été agréé par le conseil municipal de la
commune et confirmé par le sous-préfet. Cass., 21 août 1821, Sir., XXIV, 1, 75; et Bourges,
16 juin 1825, Sir., XXV, 2, 365. — Jugé en sens contraire, c'est-à-dire que l'agrément du
conseil n'est pas nécessaire Cass., 8 avril 1826, Sir., XXVII, 1, 28; Bull. crim., XXXI, 186.

(3) Voyez le décret du 18 thermidor an 3 (5 août 1795), qui, pour l'application de cet article,
détermine le mode d'évaluation des journées de travail.

(4) Cet article n'a point autorisé les tribunaux à modérer les amendes fixées par l'ordonnance

11. La conservation des récoltes est mise sous la surveillance et la garde
de tous les bons citoyens.

12. Il sera placé à la sortie principale de chaque commune, l'inscription
suivante : *Citoyen , respecte les propriétés et les productions d'autrui ; elles
sont le fruit de son travail et de son industrie.*

13. La convention nationale décrète que le titre II de la loi du 28 septembre—6 octobre 1791, sur la police rurale, sera imprimé de nouveau, et
placardé dans toutes les communes à la suite du présent décret.

14. Les juges de paix, les municipalités, les corps administratifs, les procureurs des communes, sont responsables de l'exécution de la présente loi.

N° 71.=21 messidor an 3 (9 juillet 1795).= DÉCRET *relatif aux déclarations
des propriétaires de capitaux liquidés provenant des rentes viagères* (1).
(I , Bull. CLXII, n° 944 ; B., LVI , 174.)

La convention nationale décrète que le délai accordé par la loi du 8 floréal dernier aux propriétaires de capitaux liquidés provenant des rentes viagères, pour faire les déclarations mentionnées en ladite loi, est prorogé jusqu'au 1er vendémiaire prochain.

N° 72.=23 messidor an 3 (11 juillet 1795). = DÉCRET *qui ordonne aux étrangers nes dans les pays avec lesquels la république est en guerre de sortir
de France, s'ils n'y sont pas domiciliés , avant le 1er janvier* 1792. (I,
Bull. CLXII , n° 947 ; B. , LVI , 176.)

N° 73. = 23 messidor an 3 (11 juillet 1795).= DÉCRET *qui excepte de la prohibition des ventes de grains en vert et pendans par racines , celles qui
ont eu lieu par suite de tutelle , curatelle, etc.* (2). (I , Bull. CLXII, n° 948 ;
B. , LVI, 178.)

La convention nationale décrète que, dans la prohibition portée par
la loi du 6 messidor sur les ventes de grains en vert et pendans par racines , ne sont pas comprises celles qui ont lieu par suite de tutelle , curatelle,
changement de fermier, saisie de fruits , baux judiciaires et autres de cette
nature. Sont également exceptées les ventes qui comprendraient tous autres
fruits ou productions que les grains.

N° 74. = 23 messidor an 3 (11 juillet 1795). = DÉCRET *qui fixe définitivement un délai pour l'emploi en paiement , ou le dépôt dans les caisses
nationales , des assignats portant des empreintes extérieures de royauté* (3). (I, Bull. CLXII, n° 949 ; B., LVI , 178.)

Art. 1er. Les assignats portant des empreintes extérieures de royauté

de 1669, mais au contraire à les augmenter, et a rétablir entre les peines et la valeur actuelle des
bois une juste proportion que la progression du prix des bois avait fait disparaitre. Cass., 13
brumaire an 11, SIR., III, 2, 451 ; Bull. crim., VIII, 39.

On a jugé aussi que l'art. 463 du Cod. pén., qui permet aux juges de modérer la peine d'a-
mende, ne s'applique point aux amendes en matière de délits forestiers. Cass., 26 février 1807,
SIR., VII, 2, 330; Bull. crim, XII, 82; et plusieurs autres arrêts.

Voyez, au surplus, les art 192 et suiv. du Code forestier.

(1) Voyez, sur le mode de liquidation et de paiement de la dette viagère, les lois citées dans
le § 5 des notes qui accompagnent le titre du decret du 24 août (15, 16, 17 et)—13 septembre
1793, concernant la dette publique.

(2) Voyez le décret du 6 messidor an 3 (24 juin 1795), et la note.

(3) Voyez le decret du 9—11 juin 1793, portant annulation des assignats empreints de l'écusson
de Louis XVI ; celui des 30 et 31 juillet suivant, qui ordonne que les assignats a faire royale seront

pourront, pendant un mois, à dater de la publication de la présente loi, être employés dans toute espèce de paiement à faire à la nation.

2. Ceux qui, dans le mois, n'auraient pas eu occasion d'en faire l'emploi, pourront, dans le mois suivant, les porter au receveur du district de l'arrondissement, qui leur en donnera un récépissé. Chaque receveur, à la fin dudit mois, enverra a la trésorerie nationale le montant des assignats reçus, et la trésorerie lui fera passer les fonds nécessaires au remboursement qui sera fait, pour le plus tard, dans le courant du mois suivant.

3. Après le délai de faveur ci-dessus, lesdits assignats seront annulés, et ne seront reçus dans aucune espèce de paiement, soit public, soit particulier.

N° 75.=24 messidor an 3 (12 juillet 1795).=DÉCRET *relatif aux formalités à remplir par les religieuses pour être payées de leur traitement* (1). (I, Bull. CLXIII, n° 950; B., LVI, 179.)

La convention nationale décrète que les personnes du sexe qui ont obtenu des secours, pensions ou retraites, comme étant attachées aux ci-devant communautés, congrégations ou hôpitaux, et qui n'ont pas prêté le serment prescrit par la loi du 9 nivose an 2, seront payées desdits secours, pensions ou traitemens, pour les termes à venir seulement, à dater du trimestre qui écherra ou sera échu depuis la soumission qu'elles feront ou auront faite par-devant leur municipalité, de se conformer aux lois de la république.—Un membre demande que celles qui sont pauvres soient exemptées de leur contribution. La convention passe à l'ordre du jour, fondé sur ce que les corps administratifs sont autorisés à prononcer sur les dégrèvemens, lorsqu'il y a lieu.

N° 76.= 24 messidor an 3 (12 juillet 1795). = DÉCRET *qui lève tous séquestres, saisies et oppositions établis sur les effets de la compagnie nouvelle des Indes* (2). (I, Bull. CLXIII, n° 954; B., LVI, 179.)

Art. 1er Tous séquestres, saisies et oppositions, établis sur les effets de la compagnie nouvelle des Indes, demeurent levés; en conséquence, tous dépositaires et détenteurs desdits effets en feront la remise aux administrateurs de ladite société, sur le vu du présent décret.

2. Les commissaires-vérificateurs nommés pour la liquidation de l'actif et du passif de ladite compagnie, remettront, dans le mois, leur travail au comité des finances.

3. Conformément aux dispositions du décret du 16 germinal, les administrateurs de ladite compagnie reprendront, dans les formes ordinaires, l'exercice de leurs droits et exceptions, nonobstant les jugemens rendus contre eux depuis le 31 juillet 1793.

4. A mesure de la liquidation des articles de l'actif de ladite compagnie sur la nation, le montant en sera délivré aux administrateurs, sous la déduction ou retenue du montant de l'actif liquidé pour la nation ou par elle réclamé, ainsi que des créances liquidées ou des demandes des créanciers de ladite société.

retirés de la circulation; celui du 30 août—5 septembre même année, qui détermine le mode d'après lequel ces assignats seront admis dans les caisses nationales, et annules; celui du 27 floréal an 3 (16 mai 1795), qui démonétise les assignats de cinq livres et au dessus, portant des empreintes de royauté; et celui 28 du même mois (17 mai 1795), qui contient des exceptions au precedent.

(1) Voyez, sur le même objet, l'arrêté du 3 prairial an 10 (23 mai 1802), et le decret du 27 juillet 1808.

(2) Voyez, sur la liquidation de la nouvelle compagnie des Indes, le décret du 17 fructidor an 2 (3 septembre 1793), et les notes.

5. Lors de la répartition des fonds appartenant à la société, tant de ceux provenant de la main-levée du séquestre que de ceux résultant de la liquidation de l'actif ou de tous autres, les administrateurs compteront à la commission des revenus nationaux les portions revenant à la république dans lesdites répartitions, à cause des actions ou portions d'intérêts à elle acquises, et pour lesquelles elle a à exercer les mêmes droits que les autres actionnaires ou associés.

N° 77. = 24 messidor an 3 (12 juillet 1795). = DÉCRET *qui autorise à cumuler pensions et traitemens jusqu'à concurrence de trois mille livres par an* (1). (I, Bull. CLXIII, n° 951 ; B., LVI, 180.)

La convention nationale décrète que les fonctionnaires publics et employés de la république pourront provisoirement cumuler pensions et traitemens jusqu'à concurrence de trois mille livres par an ; et que si les pensions et traitemens d'un individu excèdent cette somme, la pension demeurera suspendue à concurrence de ce qu'elle excède.

N° 78. = 24 messidor an 3 (12 juillet 1795). = DÉCRET *qui rapporte ceux du 22 août 1793 relatifs aux biens des religionnaires fugitifs* (2). (I, Bull. CLXIII, n° 952 ; B., LVI, 181.)

La convention nationale, après avoir entendu le rapport de son comité de législation sur la pétition de *Nicolas Costard;* considérant que les deux décrets du 22 août 1793, l'un relatif aux biens des religionnaires fugitifs, l'autre rendu en faveur de *Prat-Bernon* et de sa femme, sont contraires aux principes de la justice, l'un en ce qu'il détruit l'autorité de la chose jugée, l'autre en ce qu'il autorise contre les lois le tribunal de cassation à prononcer sur le fond d'une instance, rapporte ces deux décrets ; déclare nuls et comme non avenus les jugemens rendus en conséquence, et tout ce qui a pu en résulter ; renvoie *Costard* et *Prat-Bernon* devant le tribunal de cassation, pour être, par ce tribunal, statué sur la demande en cassation de l'arrêt du conseil du 12 mai 1789, formé par *Prat-Bernon* et sa femme, et répondue d'un soit communiqué, en date du 4 décembre 1790.

N° 79. = 24 messidor an 3 (12 juillet 1795). = DÉCRET *qui rapporte celui portant suspension de l'article* 66 *du décret du* 18 *floréal dernier sur l'organisation de l'artillerie, etc.* (3). (I, Bull. CLXIII, n° 953 ; B., LVI, 182.)

Art. 1er. Le décret qui suspend l'article 66 de la loi du 18 floréal sur l'organisation de l'artillerie, est rapporté.

2. En exécution de ladite loi, le citoyen *Benesech*, l'un des deux commissaires de la commission des armes, passera à la commission du mouvement des armées de terre.

3. Ce commissaire sera chargé de tout ce qui a rapport au service de l'artillerie et du génie, tant pour le personnel que pour le matériel.

4. L'époque de l'exécution du présent décret est fixée au 1er thermidor.

N° 80. = 24 messidor an 3 (12 juillet 1795). = DÉCRET *qui déclare que les commissaires nationaux près les tribunaux n'ont le droit de remplacer ni les juges ni les suppléans.* (B., LVI, 182.)

---

(1) Voyez, sur le cumul des pensions et traitemens, le décret du 18 thermidor an 2 (5 août 1794), et les notes qui résument la législation.
(2) Voyez le décret du 9 décembre 1790, concernant la restitution des biens des religionnaires fugitifs, et les notes.
(3) Voyez le décret du 18 floréal an 3 (7 mai 1795), et les notes.

N° 81. = 25 messidor an 3 (13 juillet 1795). = DÉCRET *qui suspend provisoi-rement les remboursemens de toutes les rentes créées avant le 1ᵉʳ janvier 1792* (1). (I, Bull. CLXV, n° 966 ; B., LVI, 185.)

Art. 1ᵉʳ. Aucun créancier ne peut être contraint de recevoir le rembour-sement de ce qui lui est dû, avant le terme porté au titre de la créance (2).

2. Les remboursemens de toutes les rentes créées avant le 1ᵉʳ janvier 1792, quelles que soient leur nature et la cause dont elles procèdent, sont provi-soirement suspendus (3).

3. Sont compris dans cette suspension provisoire les remboursemens des capitaux qui, en cas de dissolution du mariage, doivent être restitués par le mari ou ses héritiers, à la femme ou aux héritiers de la femme.

4. La suspension prononcée par l'article précédent n'aura lieu que dans le cas de dissolution du mariage par la mort d'un des époux, ou par l'effet du divorce prononcé sur la demande du mari sans cause déterminée.

5. La présente loi ne pourra être opposée à la femme ou à ses héritiers, qui déclareront ne pas vouloir en profiter ; et elle ne préjudiciera point aux remboursemens qui seront volontairement acceptés, pourvu qu'il soit sti-pulé, dans l'acte qui constatera le remboursement, que celui qui l'a accepté avait connaissance de la présente loi (4).

6. La présente suspension n'aura lieu qu'à compter de ce jour (5).

[*] (1) Voyez le décret du 1ᵉʳ fructidor an 3 (18 août 1795), portant fixation du jour auquel a com-mencé la suspension des remboursemens décrétée par le présent ; la loi du 12 frimaire an 4 (3 dé-cembre 1795), qui autorise le refus de remboursement de capitaux dus pour obligations antérieures au 1ᵉʳ vendémiaire précédent ; la loi interprétative du 3 nivose suivant (24 décembre 1795), et celle du 15 germinal même année (4 avril 1796), qui lève la suspension des remboursemens, et détermine le mode de paiement des obligations, loyers et fermages, et les notes sur cette loi.

(2) Voyez le décret du 18 thermidor an 3 (5 août 1795), qui contient des exceptions à cette disposition générale.

Cette disposition est applicable aux débiteurs qui, par le titre constitutif de leur dette, avaient la faculté de se libérer dans un temps donné et avant le terme convenu. Cass., 3 ventose an 10, SIR., VII, 2, 1170. — Mais elle n'est pas applicable aux rentes dues à des créanciers opposans au sceau des lettres de ratification. Cass., 21 vendémiaire an 7, SIR., I, 1, 350. — Ni au cas où le remboursement anticipé aurait été provoqué par le créancier. Cass., 20 novembre 1816, SIR., XVII, 1, 61 ; Bull civ., XVIII, 215.

(3) La suspension des remboursemens, prononcée par la loi du 25 messidor an 3, ne s'appli-que pas aux remboursemens faits le jour même de la loi, et avant l'instant de son émission. Cass., 22 avril 1806, SIR., VI, 1, 277. — Mais elle s'applique aux remboursemens faits dès l'instant de l'émission de la loi, et à quelque distance de Paris que les remboursemens aient eu lieu. Cass., 3 novembre 1813, SIR., XIV, 1, 26 ; Bull. civ, XV, 355. — Elle s'applique aux rentes créées après le 1ᵉʳ janvier 1792, comme à celles créées antérieurement. Cass., 1ᵉʳ mars 1814, SIR., XIV, 1, 286 ; Bull. civ., XVI, 95. — Mais elle ne s'applique pas aux créances exigibles, encore que le créancier eût accordé un terme indéfini, en se réservant de poursuivre quand bon lui semblerait. Cass., 3 mars 1819, SIR., XIX, 1, 378.

(4) Encore qu'une loi soit réputée connue à partir du jour de sa promulgation, il a été nécessaire, même depuis la publication de la loi du 25 messidor an 3, pour la validité du paiement, d'ex-primer dans la quittance que le créancier qui avait reçu son paiement connaissait la loi suspen-sive. Cass., 3 messidor an 10, SIR., III, 1, 5 ; et 2 messidor an 11, SIR., III, 1, 383. — Ainsi, le créancier qui, sous l'empire de cette loi, a reçu en assignats le paiement d'une créance avant l'échéance du terme, est fondé à demander la nullité de ce paiement, s'il n'a expressément dé-claré dans la quittance qu'il avait connaissance de la loi. Cass., 3 décembre 1817, SIR., XVIII, 1, 175 ; Bull. civ., XIX, 317. — *Idem*, bien que le créancier soit convaincu d'avoir fait un emploi utile et de s'être lui-même libéré avec le papier monnaie qu'il a reçu. Cass., arrêt précité du 1ᵉʳ mars 1814, SIR., XIV, 1, 286 ; Bull. civ., XVI, 95. Vainement le débiteur opposerait que son créancier a profité du remboursement pour la valeur nominale. Cass., 23 août 1819, SIR., XXI, 1, 45 ; Bull. civ., XXI, 218. — Les remboursemens faits après la loi du 25 messidor an 3, sans mention dans les quittances, de la part du créancier, que cette loi lui était connue,

(5) Voyez la note 3 ci-dessus.

N° 82. = 25 messidor an 3 (13 juillet 1795). = DÉCRET *qui ordonne une rectification dans celui du 25 brumaire dernier concernant les émigrés* (1). (I, Bull. CLXIII, n° 957; B., LVI, 186.)

La convention nationale, après avoir entendu le rapport de son comité de législation, décrète:—Seront substitués dans le paragraphe Ier de l'article 1er, titre Ier de la loi du 25 brumaire dernier, concernant les émigrés, aux mots, *n'y était pas rentré au 9 mai* 1792, ceux-ci, *n'y était pas rentré dans le mots de la promulgation de la loi du 30 mars—8 avril* 1792.

N° 83. = 25 messidor an 3 (13 juillet 1795). = DÉCRET *relatif à la liquidation des créances et droits à répéter sur les biens nationaux provenant des confiscations maintenues par le décret du* 21 *prairial dernier* (2). (I, Bull. CLXIII, n° 958; B., LVI, 186.)

Art. 1er. Les créances et droits à répéter sur les biens nationaux provenant des confiscations maintenues par la loi du 21 prairial dernier, seront reconnus, réglés, liquidés et payés conformément aux dispositions de la loi du 1er floréal an 3, sauf les modifications ci-après.

2. Tous titres à charge des individus dont les biens ont été confisqués, ne seront valables et n'auront d'effet a l'égard de la république, qu'autant qu'ils seront revêtus d'une date certaine, anterieure, savoir : a la publication du décret de confiscation, d'arrestation, d'accusation ou de mise hors de la loi, pour ceux a l'égard desquels il a été prononcé en ces formes, soit nominativement, soit sous une dénomination générique; et a la notification du mandat d'arrêt ou de prise de corps, pour ceux qui auront été jugés contradictoirement ou par contumace.

3. Le dépôt des titres a charge des condamnés n'aura lieu que pour les biens dont ils étaient saisis ou auxquels ils avaient un droit ouvert au jour de leur jugement.

N° 84. = 25 messidor an 3 (13 juillet 1795). = DÉCRET *qui conserve provisoirement le collège de France* (3). (B., LVI, 187.)

N° 85. = 25 messidor an 3 (13 juillet 1795). = DÉCRET *qui ordonne la célébration de l'anniversaire du 14 juillet.* (I, Bull. CLXIII, n° 955; B., LVI, 189.)

___

sont valables si c'est le créancier qui a sollicité son remboursement. Cass, 12 messidor an 10, Sir., II, 1, 327. — Jugé encore que cette loi est inapplicable au cas ou le remboursement a été provoqué par le créancier. Cass., arrêt précité du 20 novembre 1816, Sir., XVII, 1, 161; Bull. civ., XVIII, 215. — L'acquereur d'un immeuble, qui a payé le prix total de son acquisition, sous l'empire de cette loi, est réputé avoir cru de bonne foi à sa libération : si donc, par suite des dispositions de l'art. 5, il est reconnu debiteur d'une portion du prix de son acquisition, il ne doit les intérêts de cette portion qu'à compter du jour de la demande en reduction de la quittance finale, et non du jour de la vente. Cass., 12 mars 1817, Sir., XVII, 1, 357. — Lorsqu'on créancier réclame, dans le cas prévu par la loi du 25 messidor an 3, que le paiement anticipé a lui fait en assignats soit réduit a la valeur reelle que le papier-monnaie avait au jour du paiement, son action n'est point prescriptible par dix ans. Cass., 7 avril 1818, Sir, XVIII, 1, 262; Bull. civ., XX, 85.—*Idem*, cette action ne se prescrit que par trente ans Cass., 7 décembre 1809, Sir., X, 1, 131; et 23 août 1819, Sir., XXI, 1, 45; Bull. civ., XXI, 218.

(1) Voyez le décret du 25 brumaire an 3 (15 novembre 1794), et les notes.

(2) Voyez, sur les droits et obligations des créanciers des émigrés ou condamnés révolutionnairement, les lois citées dans le § 4 des notes qui accompagnent le titre du décret du 9—12 février 1792.

(3) Voyez l'ordonnance du 29 novembre 1814, portant création de deux nouvelles chaires dans ce collège, et l'ordonnance confirmative du 6—9 avril 1815.

N° 86. = 26 messidor an 3 (14 juillet 1795). = DÉCRET *relatif à l'établisse-ment d'une tontine nationale* (1). (I , Bull. CLXIII, n° 960; B., LVI, 195.)

Art. 1er. Il sera ouvert une tontine nationale, dont les actions seront de mille livres; il pourra néanmoins être délivré des coupons de cinq cents li-vres et de deux cents livres.

2. Cette tontine sera divisée en seize classes de cinq ans chacune; la pre-mière classe ne comprendra que les enfans depuis la naissance jusqu'à l'âge de cinq ans; la seconde sera composée des enfans âgés de cinq à dix ans, et ainsi de suite, de cinq en cinq ans, jusqu'aux personnes âgées de soixante-quinze ans et au dessus.

3. Chaque classe sera composée d'un nombre indéterminé de divisions, dont chacune sera de quatre mille actions, numérotées depuis un jusqu'à quatre mille.

4. L'intérêt primitif, dans les quatre premières classes, depuis la naissance jusqu'à vingt ans, sera de vingt livres par action; celui des quatre suivan-tes, depuis vingt jusqu'à quarante ans, sera de vingt-cinq livres; celui des quatre classes depuis quarante ans jusqu'à soixante, sera de trente livres; celui des deux suivantes, depuis soixante jusqu'à soixante-dix ans, sera de trente-cinq livres; celui des dernières classes, de soixante-dix ans et au dessus, sera de quarante livres par action.

5. Il y aura pour chaque division, composée de quatre mille actions seu-lement, un tirage particulier de huit cents primes, montant a la somme de huit cent mille livres.

6. Tous les receveurs du droit d'enregistrement sont autorisés à recevoir le prix des actions de la tontine, lesquelles ne pourront être payées qu'en assignats.

7. Chaque actionnaire recevra *gratis* son contrat chez le receveur auquel il aura remis le prix de son action; ces contrats seront accompagnés d'un duplicata qui servira de titre pour recevoir la prime qui lui sera échue.

8. Les étrangers pourront placer des fonds dans cette tontine, et dans au-cun cas leur rente ne sera sujette a confiscation ni suspension de paiement.

9. Il sera établi, partout ou besoin sera, des agens pour recevoir les fonds que les étrangers voudront placer dans la tontine, et pour leur en payer an-nuellement les arrérages.

10. Des qu'il y aura vingt divisions complètes, on fera un premier tirage qui leur sera commun; on en fera successivement lorsqu'il y aura un certain nombre de divisions remplies.

11. Ces différens tirages seront annoncés par le bulletin; ils se feront en présence de deux commissaires de la convention nationale.

12. Les primes seront payées en reconnaissances au porteur, que l'on pourra convertir en actions additionnelles à cette tontine, ou donner en paiement de domaines nationaux.

13. A la mort de chaque actionnaire, la moitié de la rente primitive de ses actions se trouvera éteinte au profit de la nation; et l'autre moitié, avec tous ses accroissemens, tournera au profit des autres actionnaires de sa division. La rente de chaque action ne pourra excéder douze mille livres.

14. Les arrérages de cette tontine seront exempts de toute retenue; et pour les recevoir, on sera tenu seulement de fournir un certificat de vie.

15. La liste des accroissemens de chaque division sera affichée tous les ans chez les payeurs.

(1) Voyez la loi du 17 pluviose an 4 (6 février 1796), portant suspension de cette tontine.

16. Le comité des finances est chargé de prendre toutes les mesures né-cessaires pour l'exécution du présent décret.

Distribution des primes dans chaque division.

1 de...... 150,000 liv.	*Report*..... 441,000 liv.	
1 de...... 100,000	1 de............... 5,000	
1 de...... 50,000	4 de 3,000 liv....... 12,000	
1 de...... 40,000	12 de 1,500.......... 18,000	
1 de...... 30,000	40 de 1,000.......... 40,000	
1 de...... 20,000	80 de 600.......... 48,000	
1 de...... 15,000	100 de 500.......... 50,000	
1 de...... 12,000	160 de 400..... 64,000	
1 de...... 10,000	391 de 300.......... 117,300	
1 de...... 8,000	1 au dernier numé-	
1 de...... 6,000	ro, de........... 4,700	
A reporter..... 441,000	Total..... 800,000	

N°, 87. ⇒ 26 messidor an 3 (14 juillet 1795). = DÉCRET *portant qu'il sera ouvert un emprunt d'un milliard , à trois pour cent d'intérêt annuel et perpétuel* (1). (I , Bull. CLXIII, n° 961 ; B., LVI, 197.)

Art. 1ᵉʳ. Il sera ouvert un emprunt d'un milliard, à trois pour cent d'inté-rêt annuel et perpétuel.

2. Chaque prêteur sera crédité sur le grand-livre de la dette consolidée, en un seul et même article, et sous le même numéro.

3. Les commissaires de la trésorerie nationale sont chargés de l'exécution du présent décret, dont ils rendront compte au comité des finances.

N° 88. = 26 messidor an 3 (14 juillet 1795). = DÉCRET *portant que les airs et chants civiques qui ont contribué au succès de la révolution , seront exe-cutés par les corps de musique des gardes nationales et des troupes de ligne.* (I , Bull. CLXIII, n° 962 ; B. , LVI, 198.)

N° 89. = 27 messidor an 3 (15 juillet 1795). = DÉCRET *sur le mode de liqui-dation des offices de la ci-devant Savoie.* (B., LVI, 202.)

N° 90. = 27 messidor an 3 (15 juillet 1795). ⇒ DÉCRET *qui indemnise de la déduction du cinquième les créanciers de rentes et intérêts résultant d'o-bligations contractées par des corporations supprimées depuis le 14 juillet 1789* (2). (I, Bull. CLXV, n° 967 ; B., LVI, 209.)

Art. 1ᵉʳ. Les créanciers de rentes et intérêts résultant d'obligations con-tractées par des corporations supprimées depuis le 14 juillet 1789, et, comme tels, soumis avant leur inscription au grand-livre de la dette publique, a la vérification du directeur général de la liquidation, qui, par suite des dispo-sitions de l'article 34 de la loi du 24 vendémiaire an 2, avaient éprouvé, lors de leur inscription, une déduction d'un cinquième, seront indemnisés de cette déduction jusqu'à due concurrence.

2. Il en sera de même à l'égard de celles desdites rentes qui, reconst-

---

(1) Voyez la loi du 1ᵉʳ frimaire an 4 (22 novembre 1795), qui ferme provisoirement cet emprunt.

(2) Voyez, dans le § 4 , n°ˢ 6, 11 et suiv., des notes qui accompagnent le titre du décret du 24 août (15, 16, 17 et)—13 septembre 1793, sur la dette publique, l'indication des lois con-cernant les créanciers des corporations.

tuées par le directeur général de la liquidation avant la formation du grand-livre, y avaient été inscrites par les sept payeurs des rentes qui en faisaient le service.

3. Le directeur général de la liquidation et lesdits payeurs feront inscrire par des états supplémentaires, qu'ils fourniront à la trésorerie nationale, les propriétaires desdites rentes et intérêts pour le montant du cinquième qui leur aura été déduit lors de leur inscription primitive, avec jouissance du 1er vendémiaire de l'an 2, pourvu que ce cinquième ne soit pas au dessous de cinquante livres d'inscription, et ils en délivreront des certificats de propriété aux créanciers desdites rentes.

4. Lorsque ce cinquième sera au dessous de cinquante livres d'inscription, il sera délivré aux créanciers desdites rentes, savoir, par le directeur géné-ral de la liquidation, des reconnaissances de liquidation, et par les payeurs, des certificats de propriété du capital de la restitution multipliée par vingt, ensemble des intérêts échus depuis le 1er vendémiaire an 2 jusqu'au 1er ger-minal de l'an 3, à la déduction des retenues.

5. Les reconnaissances de liquidation ou certificats de propriété mention-nés en l'article ci-dessus, seront remboursés à bureau ouvert à la trésorerie nationale.

———

N° 91. = 2 thermidor an 3 (20 juillet 1795). = DÉCRET *relatif au paiement de la contribution foncière du prix des baux stipulés en argent* (1), *et aux demandes en dégrèvement* (2). (I, Bull. CLXVII, n° 977 ; B., LVII, 12.)

Art. 1er. Toutes réquisitions en grains sur les propriétaires, fermiers, cultivateurs et autres, seront abolies, et cesseront d'avoir lieu a dater du 1er vendémiaire prochain.

2. La contribution foncière continuera d'être imposée sur les propriétaires, et sera acquittée par eux ou par leurs fermiers : lesdits fermiers paieront la contribution pour leur propre compte, s'ils en sont chargés ; et, dans le cas contraire, ils seront tenus de la payer a l'acquit des propriétaires.

3. La contribution foncière sera fixée et levée, pour l'an 3, d'après les bases adoptées pour 1793.

4. Le paiement en sera fait, moitié en assignats, valeur nominale, moitié en grains effectifs, dans les espèces ci-après, savoir, blé-froment, seigle, orge et avoine, de manière que le contribuable qui, en 1793, était imposé a cent vingt livres, paiera en grains de l'espèce ci-dessus la quotité que re-présentaient soixante livres valeur métallique en 1790 ; — La moitié due en grains sera évaluée sur le rôle, dans la proportion ci-dessus ; les fractions au dessous de cinq sous ne produiront aucune évaluation.

5. La moitié payable en nature sera acquittée en grains de bonne qualité, au plus tard dans les mois de brumaire et frimaire ; elle sera conduite et li-vrée par celui qui doit en faire le paiement, au magasin le plus voisin dé-signé par le département, et qui ne pourra être éloigné de plus de trois

———

(1) Voyez le decret du 24 fructidor an 3 (10 septembre 1795), sur la perception de cette con-tribution en nature; la loi du 13 frimaire suivant (4 decembre 1795), qui determine le mode de paiement en assignats, à défaut de grains, de l'equivalent de la contribution foncière. Voyez aussi, sur la contribution foncière en général, la loi du 3 frimaire an 7 (23 novembre 1798), et les notes.

(2) Voyez, sur les demandes en dégrèvement des contributions, le décret du 21—28 août 1791, relatif aux décharges et réductions de la contribution foncière; celui du 26—31 août 1792, sur le degrèvement de la contribution mobiliere; et surtout la loi du 2 messidor an 7 (20 juin 1799), et les notes.

lieues. — Le garde-magasin en donnera son récépissé au contribuable ; et celui ci sera tenu de rapporter ce récepissé au percepteur des contributions, qui l'inscrira a la marge du rôle.

6. Tous les propriétaires, fermiers, cultivateurs, qui ne récoltent pas des grains des espèces ci-dessus, ou qui n'en récoltent que pour la nourriture de leur famille, à raison de quatre quintaux de froment ou de cinq quintaux de toute autre espèce de grains par personne de tout âge, auront la faculté de payer en assignats la portion de l'imposition due en nature, suivant le prix du blé réglé d'après les mercuriales des deux mois antérieurs a l'échéance du paiement.

7. L'imposition des maisons et usines de toute espèce seulement (les moulins à grains exceptés) continuera a être payée, pour le tout, en assignats, valeur nominale.

8. Les locataires ou fermiers desdites maisons et usines seulement paieront de même aux propriétaires le prix de leurs baux stipulés en argent, en valeur nominale, sans rien déroger à ce qui aurait été stipulé payable en espèces ou en délivrances quelconques (1).

9. Les fermiers des biens ruraux et moulins à grains, dont le prix des baux est stipulé en argent, seront tenus d'avancer et conduire ladite moitié payable en nature, qu'ils soient ou non chargés des contributions. — Lorsqu'ils n'en seront pas chargés, ils en feront déduction aux propriétaires, sur et en tant moins de la moitié qu'ils seront tenus de leur payer en grains de la manière ci-après : dans aucun cas, ils ne pourront répéter les frais de voiture

10. Lesdits fermiers des biens ruraux et moulins a grains a prix d'argent, seront tenus de payer aux propriétaires ou bailleurs moitié du prix de leur ferme en grains de l'espèce ci-dessus ; lequel paiement sera fait par une quantité de grains que la moitié du prix du bail représentait en 1790, déduction faite, sur cette moitié, de ce que lesdits fermiers auraient payé pour impositions a la décharge des propriétaires, conformément à l'article précédent.—La disposition du présent article sera applicable aux redevances foncières qui auraient été stipulées payables en argent, ainsi qu'aux colons ou metayers pour les sommes par eux dues en numéraire ou valeur représentative (2).

11. Si lesdits fermiers ne récoltent pas des grains de l'une des espèces ci-dessus, ou s'ils n'en récoltent que pour la nourriture de leur famille, à raison de quatre quintaux de froment ou de cinq quintaux de toute autre espèce de grains par personne de tout âge, le paiement de la moitié de leur bail sera fait aux propriétaires, en assignats, suivant le prix commun des grains, réglé sur les mercuriales du principal marché du district, dans les deux mois antérieurs a l'époque ou le paiement du prix du bail devait être fait. — L'autre moitié du prix du bail sera payée en assignats, valeur nominale.

12. Les fermiers seront tenus de conduire à leurs frais la moitié qu'ils doivent en nature, au dépôt ou magasin qui leur sera indiqué par le propriétaire, pourvu que la distance n'excède pas trois lieues communes du pays

---

(1) Les loyers de maisons, échus pendant le cours du papier-monnaie, sont payables en assignats, lors même que le prix du bail a été stipule payable en numéraire, dans un contrat fait avant l'emission des assignats. Cass, 11 nivose an 12, Sir., IV, 2, 658; Bull. civ., VI, 112.
Voyez, au surplus, le decret du 3 brumaire an 4 (25 octobre 1795), interpretatif de la présente disposition.
(2) Les fermiers des biens nationaux n'ont pu obtenir la compensation du prix de leur fermage avec les indemnites qu'ils réclamaient et qu'ils n'avaient pas fait liquider. Cass., 3 floréal an 9, Sir., XX, 1, 466; Bull. civ., III, 163.

13. Les biens régis au compte de la nation continueront d'être administrés comme par le passé.

14. Les dispositions de la présente loi auront lieu à l'égard des fermiers, colons, métayers ou autres, qui ont payé par anticipation, en tout ou en partie, le prix de leur ferme pour l'an courant, soit en vertu des clauses du bail, soit volontairement, soit ensuite des conventions particulières : lors du paiement de la somme payable en nature ou en équivalent, il leur sera fait état des sommes payées par anticipation (1).

15. Pour faire cesser toutes plaintes sur les dégrèvemens, et rendre justice a ceux qui prétendent avoir été surtaxés, la moitié de la portion d'imposition payable en assignats, formant un quart du tout, sera laissée en souffrance jusqu'après la vérification de ladite surtaxe; et si ce quart se trouvait insuffisant pour le remboursement du grevé, il y sera pourvu aux frais du trésor public.

16. Cette vérification devra être faite dans six mois pour tout délai; passé lequel temps, les réclamans demeureront déchus de toute prétention.

17. Nulles demandes en dégrèvement ne pourront être intentées a l'avenir, ni celles qui l'ont été jusqu'a cette époque être suivies, qu'en s'assujétissant aux formes prescrites par le Code hypothécaire pour l'estimation des domaines et propriétés foncières.

18. Les estimations faites et consommées dans la forme ci-dessus, les demandes en décharge et réduction des particuliers, seront jugées dans quinzaine au plus tard par le département.

19. Il n'y aura lieu a aucune décharge ou réduction, s'il est vérifié, par les estimations ci-dessus ordonnées, que la cotisation n'excède pas le cinquième du revenu net des propriétés foncières.

20. Si, au contraire, il est vérifié par lesdites estimations qu'il y a eu surcharge dans la cotisation du contribuable, il sera indemnisé sur le quart laissé en souffrance, et, en cas d'insuffisance, par le trésor public.

21. Dans le cas de la réduction obtenue par le particulier, le mandement de répartition de la commune sera diminué du montant de ladite réduction.

22. Au moyen des dispositions ci-dessus, il n'y aura lieu à statuer, quant à présent, sur les demandes en dégrèvement formées par les communes, districts ou departemens.

23. Les arrêtés du département, en matière d'impositions, seront provisoirement exécutés, sans que l'effet puisse en être retardé sous quelque prétexte. que ce puisse être.

N° 92. = 3 thermidor an 3 (21 juillet 1795). = DÉCRET *qui fixe le prix du. port des lettres et de la poste aux chevaux* (2). (I, Bull. CLXV, n° 970; B., LVII, 15.)

Poste aux chevaux.

Art. 1er. A compter du jour de la publication du présent décret, il sera provisoirement, et pour un mois, payé trente livres par chaque cheval par poste, et sept livres dix sous de guides au postillon : a ce moyen, il sera cessé de distribuer, pour l'avenir, des indemnités aux maîtres de postes, a raison de la différence entre leurs dépenses et leurs recettes.

---

(1) Voyez la loi du 18 fructidor an 4 (4 septembre 1796), portant que cet article continuera d'être exécuté.
(2) Voyez le décret du 17—22 août 1791, et les notes qui expliquent les variations que le tarif de la poste aux lettres a subies; et, sur la poste aux chevaux, la loi du 19 frimaire an 7 (9 décembre 1798), et les notes.

Poste aux lettres.

2. Il n'y aura désormais, dans l'étendue de la France, que quatre sortes de prix de taxe des lettres, réglés sur les distances; savoir : — La première distance jusqu'a cinquante lieues du point du départ; — La seconde à cent lieues; — La troisième à cent cinquante; — La quatrième à toute distance au-delà de cent cinquante lieues.

3. Dans la première distance, la lettre simple paiera dix sous; — La lettre double, ou au dessus du poids d'un quart d'once, quinze sous; — Le paquet de trois quarts d'once, trente sous; — Celui d'une once, quarante sous; — Et dix sous de plus par chaque quart d'once au dessus du poids d'une once.

A la seconde distance, la lettre simple, quinze sous; — Lettre double, trente sous; — Trois quarts d'once, quarante-cinq sous; — Une once, trois livres; — Par chaque quart d'once au dessus du poids d'une once, quinze sous.

A la troisième distance, la lettre simple, vingt sous; — Lettre double, quarante sous; — Trois quarts d'once, trois livres; — Une once, quatre livres; — Par chaque quart d'once au dessus du poids d'une once, vingt sous.

A la quatrième distance, la lettre simple, vingt-cinq sous; — Lettre double, cinquante sous; — Trois quarts d'once, trois livres quinze sous; — Une once, cinq livres; — Par chaque quart d'once au dessus du poids d'une once, vingt-cinq sous.

4. Le sou perçu pour l'enveloppe, en sus du prix de la lettre simple, est supprimé.

5. Il n'est rien changé au tarif réglé par les précédens décrets, pour la petite poste, soit à Paris, soit dans les autres communes où elle est établie.

6. Les livres brochés, envoyés par la poste, paieront cinq sous par chaque feuille d'impression; les journaux et feuilles périodiques, quinze deniers seulement. — La convention renvoie à son comité des transports, pour lui présenter un réglement de police relativement aux abus qui se commettent dans le service.

N° 93. = 4 thermidor an 3 (22 juillet 1795).=Décret *portant établissement de patentes pour l'exercice de toute espèce de commerce* (1). (I, Bull. CLXVII, n° 978; B., LVII, 21.)

Art. 1er. Nul ne pourra exercer un commerce, négoce quelconque, et de quelque genre que ce puisse être, en gros ou en détail, sans être pourvu d'une patente qui indiquera la nature de son commerce.

2. Les patentes sont générales ou particulières : les premières sont accordées à ceux qui veulent faire toute espèce de négoce ou de commerce; les secondes, a ceux qui veulent faire des négoces ou commerces spécialement désignés. Ceux qui voudront en faire plusieurs, seront tenus de prendre des patentes relatives à chacun de leurs différens commerces. — Le droit en sera payé, tant en raison de la nature des négoces ou commerces, que des lieux où ils seront exercés, le tout conformément au tarif annexé à la présente loi.

3. La patente sera délivrée par les receveurs des droits d'enregistrement, et les droits en seront payés entre leurs mains. Celui à qui elle aura été accordée, sera tenu de la faire viser par le corps administratif de son arrondissement, qui tiendra registre alphabétique du nom du négociant, de la nature de son commerce, et de la somme payée.

(1) Voyez le décret du 2—17 mars 1791, sur le même objet, et les notes qui résument toute la législation des patentes. Voyez aussi la loi du 1er brumaire an 7 (22 octobre 1798), qui forme la base de la législation actuellement en vigueur, et les notes.

4. Les colporteurs et marchands roulans sont tenus de se pourvoir de patentes dans le lieu de leur principal domicile : à défaut de domicile, ils paieront les droits sur le taux fixé dans les villes au dessous de deux mille ames, et ce paiement sera fait au chef-lieu d'un département.—Ils seront tenus de les représenter, à toutes réquisitions, aux procureurs des communes et commissaires de police des lieux où ils passeront.

5. Les vendeurs et vendeuses d'arbustes, fleurs, fruits, légumes, volailles, poissons, beurre et œufs, vendant dans les rues, halles et marchés publics, ne seront point tenus de se pourvoir de patentes, pourvu qu'ils n'aient ni boutique ni échoppe, et qu'ils ne fassent aucun autre commerce que ceux ci-dessus, à la charge par eux de se conformer aux réglemens de police.

6. Les arts, métiers et professions ne sont point compris dans les dispositions de la présente loi.

7. Tous ceux qui sont assujétis aux patentes ne pourront former aucune demande, fournir aucune exception ou défense en justice, passer aucun acte ou transaction authentique, dans tout ce qui peut être relatif au commerce, sans produire leur patente en original ou en expédition : le tout à peine d'une amende du quadruple du prix de la patente. — Ladite patente sera rappelée en tête des actes ou exploits, a peine de cinq cents livres d'amende contre les huissiers ou notaires.

8. Les patentes ne pourront à l'avenir être accordées que pour une année entière, ou pour le prorata du temps qui restera à courir de l'année, à dater de l'époque où elles seront demandées, jusqu'au 1er vendémiaire de l'an suivant.—Celles de la présente année comprendront le prorata qui restera à courir jusqu'au 1er vendémiaire de l'an 4, et ladite année pour le plein (1).

9. Ceux qui voudront faire ou continuer le négoce, seront tenus de se munir de patentes dans le mois à dater de la publication de la présente loi, ou de vendre dans ledit délai leurs grains, denrées et marchandises destinées au commerce ; et ce, à peine de confiscation.—Les patentes contiendront le signalement de ceux auxquels elles seront délivrées, à peine de nullité.

10. Seront réputés grains destinés au commerce, tous ceux qui excéderont la consommation de la famille pour une année, ou pour le temps qui restera à expirer jusqu'à la récolte.—Et quant aux autres denrées et marchandises, tout ce qui excèdera les besoins ordinaires de la famille, à l'exception des vins, dont la provision peut être de deux années.

11. Tous marchands ou négocians pourvus de patentes, ayant boutique sur rue, ou magasin dans l'intérieur, seront tenus, dans les dix jours qui suivront l'obtention de leurs patentes, d'afficher et inscrire au devant de leurs maisons, et à la hauteur du rez-de-chaussée, la nature de leur commerce, sous la même peine de confiscation.

12. Les agens de change et courtiers ne pourront faire le commerce pour leur propre compte, à peine d'interdiction et d'une amende double de la valeur des objets dont ils auraient traité pour eux-mêmes. Il ne pourra leur être délivré d'autre patente que celle de leur état.

13. Le produit de la confiscation sera appliqué, un tiers à la commune,

---

(1) Sous l'empire de cette disposition, le droit de patente n'était pas restituable, encore que le négociant patenté cessât son commerce ou mourût dans l'année. Arr. du cons., 16 juillet 1817, Sir, Jur. du cons., IV, 86.

Voyez la loi du 13 floréal an 10 (3 mai 1802), art. 26, qui, dans le cas de décès du patenté, a ordonné la restitution.

6.

un tiers au trésor public, l'autre tiers aux officiers de police ou négocians pourvus de patentes, qui auront dénoncé la contravention. — Les officiers de police ou négocians pourront requérir sur-le-champ la saisie des grains ou marchandises, en donnant bonne et suffisante caution.— A vue du cautionnement prêté et admis, le procureur de la commune et le juge de paix seront tenus de procéder, sans délai, a la saisie requise, à peine d'en répondre en leur propre et privé nom.

14. Ceux qui font un commerce en grains sont tenus de se munir de patentes, quoiqu'ils n'aient ni boutiques, ni magasins; et ce, à peine d'une amende de mille livres, et de trois ans de détention.

15. Les propriétaires, fermiers, cultivateurs ou autres qui récoltent des grains, ne pourront en conserver, vendre ou emmagasiner au-delà de ce que leur récolte d'une année peut comporter, à moins qu'ils n'aient obtenu une patente de négociant en grains, et fait inscrire leur qualité de négociant et le genre de leur commerce sur le frontispice de leur maison ; le tout a peine de confiscation de tous les grains dont ils seraient détenteurs ou dépositaires.

16. Les particuliers non négocians et non pourvus de patentes, et qui sont dans le cas d'acheter des blés pour leur usage, ne pourront porter leurs achats et approvisionnemens au-delà de ce qui sera nécessaire pour leur famille jusqu'à la récolte, a raison de quatre quintaux de blé-froment, ou de cinq quintaux de blé mêlé par chaque tête.

17. Les grains ne pourront être vendus ailleurs que dans les lieux publics et jours de foire ou marchés; et ce, à peine de confiscation des marchandises vendues : ladite confiscation sera supportée, moitié par le vendeur, moitié par l'acheteur

18. Les contraventions qui ne seront pas dans le cas d'être constatées par la saisie, pourront l'être par le proces-verbal des officiers chargés de la police, ou par la voie ordinaire de la preuve testimoniale. — Ledit procès-verbal sera remis dans les vingt-quatre heures au juge de paix; et dans les trois jours de la remise, le procureur de la commune sera tenu d'intenter les poursuites. — Ceux qui sont intéressés dans la confiscation, pourront se réunir au procureur de la commune, ou faire admettre leur intervention dans l'instance.

19. Les officiers municipaux et de police, les habitans où se tiennent les foires et marchés, sont spécialement chargés d'y maintenir l'ordre et la liberté du commerce, à peine, en cas de troubles, de suppression des marchés, et de demeurer personnellement responsables des événemens, dans le cas où il serait constaté qu'ils n'ont pas fait tout ce qui était en leur pouvoir pour prévenir et arrêter le désordre.

20. Les habitans de la campagne qui ne récoltent pas suffisamment de grains pour leur nourriture, et qui habitent des lieux où il n'y a pas de marchés, pourront s'approvisionner pour trois mois chez les cultivateurs ou propriétaires de leur commune, moyennant un bon de leur municipalité, qui fixera la quantité nécessaire à leur consommation pendant ledit temps, et dont elle tiendra registre. Ce certificat restera entre les mains du vendeur pour le représenter au besoin.

21. L'exécution des dispositions portées en la présente loi est particulièrement confiée au zèle et a la surveillance des administrateurs, juges, officiers publics, et de tous ceux qui, par état, sont chargés de maintenir l'exécution des lois.

(*Suit le tarif des patentes. Il est absolument sans intérêt a cause des changemens que les lois postérieures y ont apportés.*)

N° 94. = 5 thermidor an 3 (23 juillet 1795). = DÉCRET *portant qu'à l'avenir il ne sera plus fait aucune élection à haute voix dans le sein de la convention.* (B., LVII, 30.)

N° 95. = 6 thermidor an 3 (24 juillet 1795). = DÉCRET *par lequel, en attendant le rapport qui sera fait sur le décret du 9 floréal dernier* (1), *il est accordé aux pères et mères des émigrés, à titre de secours provisoire, jusqu'à concurrence de cinq mille livres par tête et deux mille cinq cents livres par chaque enfant à leur charge.* (I, Bull. CLXVI, n° 973; B., LVII, 38.)

La convention nationale, après avoir entendu le rapport de ses comités de législation et des finances, décrète :

Art. 1er. En attendant le rapport qui sera très incessamment fait sur la loi du 9 floréal dernier, il est accordé aux pères et mères des émigrés, à titre de secours provisoires, sur les produits nets de leurs biens séquestrés, dont le versement a été fait dans les caisses nationales, jusqu'à concurrence de cinq mille livres par tête, et deux mille cinq cents livres par chaque enfant a leur charge.

2. Le montant des sommes allouées par l'article précédent, sera payé auxdits pères et mères par les receveurs du district de la situation des biens, sur les mandats des directoires de district.

N° 96. = 6 thermidor an 3 (24 juillet 1795). = DÉCRET *qui autorise le dépôt du montant des billets à ordre ou autres effets négociables dont le porteur ne se sera pas présenté dans les trois jours qui suivront celui de l'échéance.* (I, Bull. CLXVI, n° 974 ; B., LVII, 41.)

Art. 1er. Tout débiteur de billet à ordre (2), lettre de change, billet au porteur ou autre effet négociable, dont le porteur ne se sera pas présenté dans les trois jours qui suivront celui de l'échéance, est autorisé à déposer la somme portée au billet aux mains du receveur de l'enregistrement dans l'arrondissement duquel l'effet est payable (3).

2. L'acte de dépôt contiendra la date du billet, celle de l'échéance et le nom de celui au bénéfice duquel il aura été originairement fait (4).

(1) Voyez ce décret du 9 floréal an 3 (28 avril 1795), et les notes.
(2) Voyez le decret du 28 thermidor an 3 (15 août 1795), qui a ordonné que ces mots : *tout débiteur de billet à ordre*, remplaceraient ceux-ci : *tout porteur de billet à ordre*, primitivement employés.
(3) Cette disposition s'applique : 1° aux effets négociables de leur nature, quelle que soit leur cause et l'intention de négocier; 2° aux effets échus avant la loi, comme aux effets à échoir; 3° a des porteurs etrangers comme a des porteurs nationaux. Cass., 5 octobre 1814, Sir., XV, 1, 37. — Elle s'applique même aux débiteurs non négocians. Cass., 13 brumaire an 10, Sir., II, 1, 111; Bull. civ., IV, 53. — Jugé encore qu'elle s'applique aux billets à ordre souscrits entre particuliers non négocians. Cass., 12 messidor an 9, Sir., II, 2, 547; Bull. civ., III, 250.— Le depôt a pu être valablement fait après les trois jours de l'echeance du billet. Cass., 3 brumaire an 8, Sir., I, 1, 252; Bull. civ., II, 36. — Il a pu être fait au nom du débiteur, par un tiers, encore même que ce tiers ne fût pas son fondé de pouvoir. Cass., 13 germinal an 10, Sir., VII, 2, 1083; Bull. civ., IV, 275 — Le débiteur d'un billet à ordre, qui a fait les fonds au lieu indiqué pour le paiement, est libere comme s'il eût fait la consignation prescrite par la présente disposition. Cass., 4 frimaire an 8, Sir., I, 1, 266; Bull. civ., II, 61.
(4) Cette disposition s'applique aux lettres de change. Cass., 12 vendémiaire an 7, Sir., I, 1, 165; Bull. civ., I, 26 — Il n'est pas nécessaire que la consignation soit accompagnée d'un bordereau des espèces déposées. Cass, 15 ventose an 12, Sir., IV, 1, 238; Bull. civ., VI, 193. — Si le billet a ete fait a ordre de soi-même, puis passé à un tiers, c'est l'ordre au profit de ce tiers qu'il a fallu mentionner dans le bordereau prescrit pour la regularité de la consignation. Cass., arrêt précité du 12 messidor an 9, Sir., II, 2, 547, Bull. civ., III, 250. — Dans le cas

3. Le dépôt consommé, le débiteur ne sera tenu qu'à remettre l'acte de dépôt en échange du billet.

4. La somme déposée sera remise à celui qui représentera l'acte de dépôt, sans autre formalité que celle de la remise d'icelui, et de la signature du porteur sur le registre du receveur.

5. Si le porteur ne sait pas écrire, il en sera fait mention sur le registre.

6. Les droits attribués aux receveurs de l'enregistrement pour les présens dépôts, sont fixés a un pour cent. Ils sont dus par le porteur du billet.

N° 97.= 7 thermidor an 3 (25 juillet 1795).=DÉCRET *sur les moyens de remplacer les procès-verbaux d'adjudication des domaines nationaux, etc., perdus, distraits ou détruits.* (I, Bull. CLXVI, n° 976; B., LVII, 42.)

Art. 1er. Les procès-verbaux d'adjudication des domaines nationaux, des ventes dés meubles et autres effets des émigrés et condamnés à mort, qui auront été perdus ou distraits, brûlés ou enlevés par une suite des invasions des ennemis extérieurs, par les entreprises des ennemis intérieurs, par des abus dans l'exécution des lois ou autrement, seront remplacés par les doubles ou copies qui pourront avoir été déposés devers le bureau d'administration des domaines nationaux.

2. Les dépositaires de ces doubles seront tenus d'en fournir des extraits collationnés, sans frais.

3. Ces expéditions feront foi pour tout ce qui y sera contenu, en justifiant, par actes de notoriété ou certificats des administrateurs, du fait de l'invasion ou des entreprises des ennemis extérieurs et intérieurs.

4. A défaut des procès-verbaux d'adjudication, les réclamans produiront, 1° les extraits, dûment certifiés, des états des ventes faites par les corps administratifs, dans lesquels la nature des biens vendus, la date des adjudications et le prix de la vente seront indiqués; — 2° Les quittances des paiemens par eux faits, et copies d'icelles visées par le district; — 3° Les affiches contenant la désignation des biens vendus.

5. Dans le cas d'impossibilité absolue, par les adjudicataires ou leurs ayans-cause, de produire les actes portés par l'article précédent, le district de la situation des biens fera, sur l'objet de la réclamation des adjudicataires, une enquête, soit sur le fait de la vente, soit sur celui du paiement. Le procès-verbal sera soumis, par la commission des revenus nationaux, au comité des finances, section des domaines, qui statuera définitivement.

6. Le comité des finances est en conséquence autorisé a suppléer, par des arrêtés motivés, auxdits procès-verbaux et quittances. Ses arrêtés tiendront lieu de titres.

N° 98.= 7 thermidor an 3 (25 juillet 1795). =DÉCRET *portant établissement d'une contribution personnelle et de taxes somptuaires* (1). (I, Bull. CLXVII, n° 979; B., LVII, 45.)

Art. 1er. Il sera payé par tous les Français jouissant de leurs droits ou revenus, et par tous étrangers, comme il sera dit ci-après, une contribution personnelle de cinq livres par chaque année.

2. Les manœuvres qui ne subsistent que de leur travail, et dont la jour-

---

de dépôt du montant de plusieurs effets négociables, il n'est pas nécessaire qu'il y ait autant d'actes de dépôt qu'il y a de billets. Cass, 12 février 1806, SIR., VI, 2, 924.

(1) Voyez la loi du 3 nivose an 7 (23 décembre 1798), sur la répartition de la contribution personnelle, mobilière et somptuaire, et les notes qui résument la matière.

née n'excède pas trente sous , sont exempts de 'cette contribution : ils seront néanmoins admis à la payer volontairement.

3. Dans les contribuables sont compris ceux qui jouissent d'un revenu excédant trois cent soixante-cinq journées de travail, évaluées comme en l'article précédent.

4. Les hommes et femmes âgés de plus de trente ans, et non mariés, seront tenus de payer un quart en sus de toutes leurs contributions personnelles et taxes somptuaires. Les veufs et veuves qui ont des enfans, ou qui n'atteignent le veuvage qu'après quarante-cinq ans, sont affranchis de ce paiement.

5. Indépendamment de cette contribution personnelle, il sera payé des taxes somptuaires ainsi qu'il suit : les cheminées, autres que celles de la cuisine et celles du four, seront taxées, 1° dans les villes de cinquante mille ames et au dessus, a cinq livres pour la première, dix livres pour la seconde, quinze livres pour chacune des autres; 2° dans les villes au dessous de cinquante mille ames jusqu'à quinze mille, la taxe sera de moitié de celles ci-dessus; 3° dans les communes au dessous de quinze mille, du quart. Le calcul des cheminées pour la taxation sera fait par chaque ménage.

6. Nulle cheminée ne jouira de l'exemption, quoiqu'on n'y fasse pas habituellement du feu, à moins qu'elle ne soit fermée dans l'intérieur, et scellée en maçonnerie.

7. Les poêles paieront la moitié des taxes ci-dessus, dans les mêmes proportions, eu égard à la population.

8. Elles seront payées par les locataires et par les propriétaires occupant par eux-mêmes. Les propriétaires ou principaux locataires seront responsables de ladite contribution.

9 Il sera payé aussi une taxe à raison des domestiques mâles uniquement attachés à la personne et aux soins du ménage, autres que ceux habituellement et principalement occupés aux travaux de la culture, à la garde et au soin des bestiaux ; savoir : dix livres pour le premier, trente livres pour le second, quatre-vingt-dix livres pour le troisième, ainsi de suite dans une proportion triple. — Les domestiques âgés de plus de soixante ans, ou incapables de travailler à raison de leurs infirmités, ne donneront pas lieu à la taxation ci-dessus.

10. Il sera payé, pour les chevaux et mulets de luxe qui ne servent pas habituellement aux commerce, manufactures, usines, labours, charrois, postes, messageries, transports, roulages, sans distinction de chevaux de selle et de trait, savoir : vingt livres pour le premier, quarante livres pour le second, quatre-vingts livres pour le troisième; ainsi de suite, en suivant la proportion double. — Sont exceptés de la taxe ci-dessus, les étalons, jumens poulinières et poulains au dessous de l'âge de trois ans, et les chevaux de marchands de chevaux patentés.

11. Il sera payé pour les voitures suspendues, carrosses, cabriolets, et par paire de roues, vingt livres pour la première voiture, quarante livres par paire de roues pour la seconde, cent vingt livres aussi par paire de roues pour la troisième, en augmentant dans la même proportion, à raison du nombre des voitures, soit que le propriétaire ait ou non des chevaux ou qu'il n'en ait que pour un seul attelage. Les litières portées par des chevaux ou mulets paieront comme une voiture à deux roues; les voitures à deux roues seront comptées les premières pour la taxation.

12. Les loueurs de chevaux, de carrosses, de fiacres, entrepreneurs de messageries ou voitures particulières, autres que ceux qui ont traité avec le gouvernement, paieront seulement cinq livres pour chaque cheval, et dix

livres par roue de voiture, sans progression pour le nombre. —'Les selliers-carrossiers ne sont pas compris dans l'imposition relative aux voitures ou équipages.

13. Les taxations ci-dessus seront réglées d'après la déclaration du contribuable, qui sera tenu de la fournir dans huitaine; à défaut de quoi, il ne sera admis a se plaindre des erreurs qui auraient pu survenir, qu'après avoir payé, par provision, le montant de sa cotisation.

14. Dans le cas de fausse déclaration constatée, le contribuable sera condamné a une amende du quadruple de son imposition.

15. Les contributions ci-dessus seront payées en deux termes; le premier écherra dix jours après la publication du rôle, le second un mois après.

16. Les propriétaires ou locataires de maisons seront admis a payer d'avance la taxe sur les cheminées, pour tel nombre d'années qu'ils jugeront a propos. Il leur en sera donné quittance par la trésorerie nationale ou par le receveur du district : il ne pourra être rien exigé d'eux pendant le temps pour lequel ils auront acquitté ladite taxe, à raison des cheminées qu'ils auront libérées. La même faculté sera accordée aux citoyens qui voudront acquitter a l'avance la taxe des domestiques, chevaux et voitures.

17. Les étrangers ne seront sujets aux differentes contributions comprises dans la présente loi, qu'après une année de residence. — Les ambassadeurs, envoyés, chargés d'affaires des nations amies ou alliées, sont exceptés de toutes les contributions ci-dessus, quel que soit le temps de leur séjour.

Nº 99. = 7 thermidor an 3 (25 juillet 1795). = DÉCRET *qui passe a l'ordre du jour sur une question relative au mode de paiement de la dîme accordée aux propriétaires par le décret du 11 mars—10 avril 1791.* (I, Bull. CLXXI, nº 1016; B., LVII, 45.)

La convention nationale, sur la proposition de décréter que la dime accordée aux propriétaires par la loi du 11 mars 1791, sera payée, moitié en grains, moitié en assignats, — Passe a l'ordre du jour, motivé sur ce que cette dime faisant partie du prix de fermage, le paiement en est compris dans l'article 10 de la loi du 2 thermidor présent mois, et doit être fait d'après le mode qu'il indique.

Nº 100. = 7 thermidor an 3 (25 juillet 1795). = DÉCRET *qui fixe les prix du transport, par les messageries, des personnes, effets et marchandises.* (I, Bull. CLXVI, nº 975; B., LVII, 48.)

Nº 101. — 8 thermidor an 3 (26 juillet 1795). = DÉCRET *qui rapporte les dispositions de ceux des 26—27 frimaire et 7—27 ventose an 2, concernant l'affiche des états de navigation et de ceux de comptabilité.* (I, Bull. CLXXI, nº 1017; B., LVII, 50.)

Nº 102. = 10 thermidor an 3 (28 juillet 1795). = DÉCRET *relatif à l'organisation d'un établissement institué pour les aveugles travailleurs* (1). (I, Bull. CLXIX, nº 985; B., LVII, 55.)

Art. 1er. Il y aura dans l'institut national des aveugles travailleurs, créé par décret du 21 juillet 1791, quatre-vingt-six places gratuites (une pour un élève par chaque département) pour autant d'élèves aveugles; elles se-

(1) Voyez le décret du 21—29 juillet 1791, concernant l'établissement des Sourds-Muets, auquel celui des Aveugles-nes a été réuni par le decret du 28 septembre—12 octobre de la même année.

ront accordées à ceux qui, ayant plus de sept ans et moins de seize, pourront prouver, dans les formes légales, leur indigence, et l'impossibilité de
payer leur pension.

2. Les plus âgés, depuis l'âge de sept ans accomplis jusqu'a celui de seize,
seront préférés.

3. La durée de leur instruction sera de cinq ans, pendant lequel temps
chaque éleve apprendra un genre de travail qu'il pourra aller exercer dans
la société ; et dans le cas où il préférera l'exercer a l'institut, il n'aura plus
de pension, et l'institut s'engagera a lui en payer le prix.

4. Pendant le temps de leur séjour dans l'établissement, les élèves seront
nourris et entretenus aux frais de la république : il sera payé par an, pour
chacun d'eux, la somme de cinq cents livres pendant les trois premières années, celle de deux cent cinquante livres pendant la quatrième, et rien pour
la cinquième.

5. La commission des secours publics, sous l'autorisation du comité des
secours publics, fournira a l'institut des aveugles travailleurs les meubles et
linges qui peuvent lui manquer pour son usage, ainsi que les ustensiles relatifs aux différens métiers dont les élèves seront susceptibles.

6. Le traitement du chef de cette institution sera de cinq mille livres, celui du second instituteur de trois mille livres, et celui de chacun des deux
adjoints de deux mille cinq cents livres.

7. Le nombre des répétiteurs, porté a huit par le décret de fondation, est
réduit à celui de quatre ; et leur traitement annuel est fixé pour chacun d'eux
a mille livres.

8. En confirmant l'article 5 du décret de fondation, qui dit que les aveugles seront admis de préférence aux places que leurs talens et leur infirmité
leur permettent de remplir, les quatre places de maîtres de musique vocale
et de divers instrumens, qui jusqu'a présent ont été occupées par des voyans,
le seront dorénavant par les répétiteurs supprimés ; on préférera ceux qui,
au talent de la musique, joindront l'avantage de pouvoir exercer et transmettre a leurs frères d'infortune un travail manuel ; ils recevront chaque
année un traitement de mille livres.

9. Attendu l'augmentation du nombre d'élèves, qui nécessite celle de la
quantité et la masse des travaux manuels, le nombre des chefs d'ateliers
sera porté de deux a trois ; ils surveilleront les garçons aveugles, comme les
maîtresses de travaux surveilleront les filles ; chacun de ces chefs d'ateliers
et maîtresses de travaux aura par an la somme de six cents livres.

10. La convention nationale, pour récompenser les élèves des deux sexes
qui se seront distingués pendant les cinq années de leur instruction, décrète
qu'il sera donné à chacun d'eux, en sortant de l'institut, une somme de trois
cents livres, pour faciliter leur établissement.

11. Nul ne sera nourri dans l'établissement, à l'exception des surveillans
et des surveillantes, qui ne pourront se dispenser de manger avec les élèves,
et seront nourris de la même manière.

12. Un des adjoints remplira la place d'économe, sans prétendre un traitement au dessus de celui que lui donne sa place d'adjoint.

13. Tous citoyens aveugles et non indigens seront admis a l'institut, en
payant une pension proportionnée a leurs facultés, et réglée de gré à gré
avec les régisseurs de l'institut.

14. Le local occupé par les ci-devant Catherinettes, section des Lombards,
où se trouvent actuellement les aveugles travailleurs, est définitivement affecté à cet institut, a la réserve des grands corps de logis qui regnent le long
des rues Lombards et Denis, et de ce qui, dans l'intérieur, serait inutile a
leurs logement et ateliers.

N° 103. ⇒ 11 thermidor an 3 (29 juillet 1795). = DÉCRET *qui confirme la faculté accordée aux notaires publics de reprendre les fonctions dans lesquelles ils avaient été remplacés pendant qu'ils en exerçaient d'administratives.* (I, Bull. CLXX, n° 996 ; B., LVII, 63.)

N° 104. = 13 thermidor an 3 (31 juillet 1795). = DÉCRET *qui ordonne le versement à la monnaie de tous les effets en or, vermeil, argent, etc, qui restent encore déposés à la trésorerie nationale ou dans les magasins nationaux.* (I, Bull. CLXIX, n° 987 ; B., LVII, 70.)

N° 105. = 13 thermidor an 3 (31 juillet 1795). = DÉCRET *faisant suite à celui du 3 messidor dernier, sur l'échelle de proportion.* (B., LVII, 71.)

N° 106. = 14 thermidor an 3 (1er août 1795).=DÉCRET *qui passe à l'ordre du jour sur la proposition de maintenir les ventes de biens nationaux consommées en vertu des décrets de prairial dernier, etc.* (I, Bull. CLXIX, n° 989; B., LVII, 73.)

La convention nationale, sur la proposition faite par un membre de maintenir les ventes des biens nationaux faites et consommées en vertu de lois de prairial dernier, ou, en cas de nullité desdites ventes, que les sommes payées par les acquéreurs leur soient remboursées, — Passe à l'ordre du jour, motivé sur ce que le remboursement est de droit. —Le même membre demande qu'on paie aux acquéreurs l'intérêt des sommes par eux payées — La convention passe à l'ordre du jour ; elle charge son comité des finances d'écrire aux administrateurs de district une lettre circulaire à cet égard, et ordonne l'insertion au bulletin du présent décret.

N° 107. = 14 thermidor an 3 (1er août 1795). = DÉCRET *qui autorise l'émission des assignats de deux mille livres pour l'échange à bureau ouvert de ceux de dix mille livres.* (I, Bull. CLXVIII, n° 982; B., LVII, 75.)

N° 108. = 14 thermidor an 3 (1er août 1795).=DÉCRET *qui confirme et ratifie le traité de paix passé le 4 thermidor an 3, entre la république française et le roi d'Espagne* (1).·(I, Bull. CLXIX, n° 991 ; B., LVII, 78.)

La convention nationale, après avoir entendu le rapport de son comité de salut public, confirme et ratifie le traité passé le 4 thermidor présent mois, entre le citoyen *François Barthélemy*, ambassadeur de la république française près les cantons helvétiques, fondé de pouvoir du comité de salut public, et *don Domingo d'Yriarte*, chevalier de l'ordre royal de Charles III, ministre plénipotentiaire du roi d'Espagne.

Traité de paix entre la république française et le roi d'Espagne.

Art. 1er. Il y aura paix, amitié et bonne intelligence entre la république française et le roi d'Espagne.

2. En conséquence, toutes les hostilités entre les deux puissances contractantes cesseront, à compter de l'échange des ratifications du présent traité;

(1) Voyez le décret du 10 fructidor an 3 (27 août 1795), qui ordonne le rétablissement du préambule de ce traité, omis dans le présent decret; et la loi du 26 fructidor an 4 (12 septembre 1796), portant ratification de ce même traité. Voyez aussi la loi du 30 floréal an 10 (20 mai 1802), portant promulgation d'un autre traité de paix conclu avec l'Espagne, le 6 germinal précédent (27 mars 1802).

et aucune d'elles ne pourra, à compter de la même époque, fournir contre l'autre, en quelque qualité et à quelque titre que ce soit, aucun secours ni contingent, soit en hommes, en chevaux, vivres, argent, munitions de guerre, vaisseaux ou autrement.

: 3. L'une des puissances contractantes ne pourra accorder passage sur son territoire à des troupes ennemies de l'autre.

4. La république française restitue au roi d'Espagne toutes les conquêtes qu'elle a faites sur lui dans le cours de la guerre actuelle : les places et pays conquis seront évacués par les troupes françaises dans les quinze jours qui suivront l'échange des ratifications du présent traité.

5. Les places fortes dont il est fait mention dans l'article précédent, seront restituées à l'Espagne avec les canons, munitions de guerre et effets à l'usage de ces places, qui y auront existé au moment de la signature de ce traité.

6. Les contributions, livraisons, fournitures et prestations de guerre cesseront entierement à compter de quinze jours après la signature du présent acte de pacification. Tous les arrérages dus à cette époque, de même que les billets et promesses donnés ou faits à cet égard, seront de nul effet. Ce qui aura été pris ou perçu après l'époque susdite, sera d'abord rendu gratuitement, ou payé en argent comptant.

7. Il sera incessamment nommé de part et d'autre des commissaires pour procéder a la confection d'un traité de limites entre les deux puissances. — Ils prendront, autant que possible, pour base de ce traité, a l'égard des terrains qui étaient en litige avant la guerre actuelle, la crête des montagnes qui forment les versans des eaux de France et d'Espagne.

8. Chacune des puissances contractantes ne pourra, à dater d'un mois après l'échange des ratifications du présent traité, entretenir sur ses frontières respectives que le nombre de troupes qu'on avait coutume d'y tenir avant la guerre actuelle.

9. En échange de la restitution portée par l'article 4, le roi d'Espagne, pour lui et ses successeurs, cède et abandonne en toute propriété, à la république française, toute la partie espagnole de l'île de Saint-Domingue aux Antilles. — Un mois après que la ratification du présent traité sera connu dans cette île, les troupes espagnoles devront se tenir prêtes à évacuer les places, ports et établissemens qu'elles y occupent, pour les remettre aux troupes de la république française, au moment où celles-ci se présenteront pour en prendre possession. — Les places, ports et établissemens dont il est fait mention ci-dessus, seront remis à la république française avec les canons, munitions de guerre et effets nécessaires à leur défense, qui y existeront au moment où le présent traité sera connu à Saint-Domingue. — Les habitans de la partie espagnole de Saint-Domingue qui, par des motifs d'intérêt ou autres, préféreraient de se transporter avec leurs biens, dans les possessions de sa majesté catholique, pourront le faire dans l'espace d'une année, à compter de la date de ce traité. — Les généraux et commandans respectifs des deux nations se concerteront sur les mesures à prendre pour l'exécution du présent article.

10. Il sera accordé respectivement aux individus des deux nations la mainlevée des effets, revenus, biens de quelque genre qu'ils soient, détenus, saisis ou confisqués à cause de la guerre qui a eu lieu entre la république française et sa majesté catholique, de même qu'une prompte justice à l'égard des créances particulieres quelconques que ces individus pourraient avoir dans les états des deux puissances contractantes. '

11. En attendant qu'il soit fait un nouveau traité de commerce entre les parties contractantes, toutes les communications et relations commerciales

seront rétablies entre la France et l'Espagne sur le pied où elles étaient avant la présente guerre.—Il sera libre à tous négocians français de repasser et de reprendre en Espagne leurs établissemens de commerce, et d'en former de nouveaux, selon leur convenance, en se soumettant, comme tous autres individus, aux lois et usages du pays.—Les négocians espagnols jouiront de la même faculté en France, et aux mêmes conditions.

12. Tous les prisonniers faits respectivement depuis le commencement de la guerre, sans égard a la différence du nombre et des grades, y compris les marins et matelots pris sur des vaisseaux français ou espagnols, soit d'autres nations, ainsi qu'en général tous ceux détenus de part et d'autre pour cause de la guerre, seront rendus dans l'espace de deux mois au plus tard après l'échange des ratifications du présent traité, sans répétition quelconque de part ni d'autre, en payant toutefois les dettes particulières qu'ils pourraient avoir contractées pendant leur captivité. On en usera de même a l'égard de malades et blessés aussitôt après leur guérison. — Il sera nommé incessamment des commissaires de part et d'autre, pour procéder à l'exécution du présent article.

13. Les prisonniers portugais faisant partie des troupes portugaises qui ont servi avec les armées et sur les vaisseaux de sa majesté catholique, seront également compris dans l'échange susmentionné. La réciprocité aura lieu l'égard des Français pris par les troupes portugaises dont il est question.

14. La même paix, amitié et bonne intelligence, stipulées par le présent traité entre la France et le roi d'Espagne, auront lieu entre le roi d'Espagne et la république des Provinces-Unies, alliée de la république française.

15. La république française, voulant donner un témoignage d'amitié à sa majesté catholique, accepte sa médiation en faveur du roi de Portugal, du roi de Naples, du roi de Sardaigne, de l'infant duc de Parme et autres états de l'Italie, pour le rétablissement de la paix entre la république française et chacun de ces princes et états.

16. La république française, connaissant l'intérêt que sa majesté catholique prend a la pacification générale de l'Europe, consent également à accueillir ses bons offices en faveur des autres puissances belligérantes qui s'adresseraient a elle pour entrer en négociation avec le gouvernement français.

17. Le présent traité n'aura son effet qu'après avoir été ratifié par les parties contractantes, et les ratifications seront échangées dans le terme d'un mois, ou plus tôt, s'il est possible, à compter de ce jour.—En foi de quoi nous soussignés plénipotentiaires de la république française et de sa majesté le roi d'Espagne, en vertu de nos pleins pouvoirs, avons signé le présent traité de paix et d'amitié, et y avons fait apposer nos sceaux respectifs.

Fait a Bàle, le 4 du mois de thermidor de l'an troisième de la république française (22 juillet 1795).

Signé **FRANÇOIS BARTHÉLEMY, DOMINGO D'YRIARTE.**

N° 109. = 14 thermidor an 3 (1er août 1795). = DÉCRET *portant qu'à l'avenir la déclaration faite par les condamnés, en conformité du décret du* 16—29 *septembre 1791, suffira pour saisir le tribunal de cassation, et empêcher la déchéance* (I, Bull. CLXIX, n° 990; B., LVII, 81.)

Art. 1er. L'article 2 de la loi du 10—15 avril 1792 est rapporté, en ce qu'il n'accorde aux condamnés, après les trois jours dans lesquels ils doivent déclarer qu'ils entendent se pourvoir en cassation, qu'un délai de huitaine pour présenter leur requête.

2. Aux termes de la loi du 16—29 septembre 1791 et de l'instruction qui y est

jointe, les condamnés seront tenus, comme par le passé, de faire leur déclaration de pourvoi dans les trois jours qui suivront leur jugement. Cette déclaration suffira pour saisir le tribunal de cassation, et pour que le condamné qui l'aura faite ne soit point sujet à la déchéance.

3. Dans la décade qui suivra la déclaration de pourvoi, l'accusateur public sera tenu de faire passer à la commission des administrations civiles, de police et des tribunaux, l'expédition du jugement, les pièces du procès, la requête du condamné, s'il en a présenté une; et, dans tous les cas, la cassation sera jugée dans le délai ordinaire (1).

4. Les condamnés qui ont été déclarés déchus en vertu de l'article ci-dessus rapporté, mais dont les jugemens ne seront pas encore exécutés lors de la promulgation du présent décret, sont remis au même état qu'avant le jugement de déchéance, et il sera de nouveau procédé, en ce qui les concerne, ainsi qu'il est dit par l'article précédent.

5. Toutes lois contraires au présent décret sont rapportées.

N° 110. = 15 thermidor an 3 (2 août 1795). = DÉCRET *qui suspend l'exécution de ceux des 8—14 nivose et 4—9 floréal an 2, relatifs au divorce* (2). (I, Bull. CLXVIII, n° 984 ; B., LVII, 85.)

Art. 1er. L'exécution des lois des 8 nivose et 4 floréal an 2, relatives au divorce, demeure suspendue à compter de ce jour.

2. Le comité de législation est chargé de réviser toutes les lois concernant le divorce, et de présenter, dans le délai d'une décade, le résultat de son travail.

N° 111. = 15 thermidor an 3 (2 août 1795). = DÉCRET *portant des peines contre tout étranger qui ne se serait point conformé à celui du 23 messidor dernier* (3), *et contre ceux qui en auraient recélé.* (I, Bull. CLXIX, n° 992; B., LVII, 88.)

N° 112. = 16 thermidor an 3 (3 août 1795).= DÉCRET *portant établissement d'un conservatoire de musique à Paris, pour l'enseignement de cet art* (4). (I, Bull. CLXX, n° 997 ; B., LVII, 90.)

Art. 1er. Le conservatoire de musique, créé sous le nom d'*Institut national*, par le décret du 18 brumaire an 2 de la république, est établi dans la commune de Paris pour exécuter et enseigner la musique. — Il est composé de cent quinze artistes.

2. Sous le rapport d'exécution, il est employé à célébrer les fêtes nationales : sous le rapport d'enseignement, il est chargé de former les élèves dans toutes les parties de l'art musical.

3. Six cents élèves des deux sexes reçoivent gratuitement l'instruction dans le conservatoire. Ils sont choisis proportionnellement dans tous les départemens.

---

(1) Voyez les art. 440, 441, 447 et suiv. du Code du 3 brumaire an 4 (25 octobre 1795), qui déterminent les formalités du pourvoi en cassation; et les art. 416 et suiv. du Code d'instruction criminelle de 1808, qui reproduisent une grande partie des dispositions du Code de l'an 4.—On retrouve dans ces deux Codes les art. 2 et 3 du présent décret.

(2) Voyez, sur le divorce, le décret du 20—25 septembre 1792, et les notes qui résument la législation.

(3) Portant l'ordre de sortir de France.

(4) Voyez le décret du 18—24 brumaire an 2 (8—14 novembre 1793), portant création du Conservatoire; celui du 20 du même mois, qui nomme les inspecteurs de l'enseignement; et l'arrêté du 15 messidor an 4 (3 juillet 1796), qui ordonne l'exécution d'un réglement pour cet établissement.

4. La surveillance de toutes les parties de l'enseignement dans ce conse[r]vatoire, et de l'exécution dans les fêtes publiques, est confiée à cinq inspe[c]teurs de l'enseignement, choisis parmi les compositeurs.

5. Les cinq inspecteurs de l'enseignement sont nommés par l'institut na[a]tional des sciences et arts.

6. Quatre professeurs, pris indistinctement parmi les artistes du conse[r]vatoire, en forment l'administration, conjointement avec les cinq inspe[c]teurs de l'enseignement. — Ces quatre professeurs sont nommés et renouvel[és] tous les ans par les artistes du conservatoire.

7. L'administration est chargée de la police intérieure du conservatoi[re] et de veiller à l'exécution des décrets du corps législatif ou des arrêtés d[es] autorités constituées, relatifs à cet établissement.

8. Les artistes nécessaires pour compléter le conservatoire, ne peuve[nt] l'être que par la voie du concours.

9. Le concours est jugé par l'institut national des sciences et arts.

10. Une bibliothèque nationale de musique est formée dans le conserv[a]toire; elle est composée d'une collection complète des partitions et ouvra[ges] traitant de cet art, des instrumens antiques ou étrangers, et de ceux a[ux] usages qui peuvent par leur perfection servir de modèle.

11. Cette bibliotheque est publique et ouverte à des époques fixées par l'[in]stitut national des sciences et arts, qui nomme le bibliothécaire.

12. Les appointemens fixes de chaque inspecteur de l'enseignement so[nt] établis à cinq mille livres par an; ceux du secrétaire, a quatre mille livre[s,] ceux du bibliothécaire, à trois mille livres. — Trois classes d'appointeme[ns] sont établies pour les autres artistes. Vingt-huit places a deux mille cinq ce[nts] livres forment la première classe; cinquante-quatre places à deux mille li[li]vres forment la seconde classe, et vingt-huit places à seize cents livres f[or]ment la troisième classe.

13. Les dépenses d'administration et d'entretien du conservatoire s[ont] réglées et ordonnancées par le pouvoir exécutif, d'après les états fournis p[ar] l'administration du conservatoire; ces dépenses sont acquittées par le tr[é]sor public.

14. Après vingt années de service, les membres du conservatoire cent[ral] de musique ont pour retraite la moitié de leurs appointemens; après c[ette] époque, chaque année de service augmente cette retraite d'un vingtie[me] desdits appointemens.

15. Le conservatoire fournit tous les jours un corps de musiciens pour [le] service de la garde nationale près le corps législatif.

FORMATION.

ENSEIGNEMENT.		EXÉCUTION.
Professeurs.		
Solfége	14	Compositeurs dirigeant l'exé[cu]tion
Clarinette	19	Chef d'orchestre exécutant
Flûte	6	Clarinettes
Hautbois	4	Flûtes
Basson	12	Cors (premiers)
Cor (premier)	6	Cors (seconds)
Cor (second)	6	Bassons
Trompette	2	Serpens
Trombonne	1	Trombonnes
Serpent	4	

ENSEIGNEMENT. Professeurs.		EXÉCUTION.	
Buccini..... } Tubæ corvæ }	1	Trompettes...................	4
Timbalier	1	Tubæ corvæ	2
Violon......................	8	Buccini......................	2
Basse.......................	4	Timbaliers...................	2
Contre-basse	1	Cymbaliers	2
Clavecin.....................	6	Tambours turcs..............	2
Orgue.......................	1	Triangles	2
Vocalisation	3	Grosses caisses..............	2
Chant simple.................	4	Non exécutans employés à di-	
Chant déclamé...............	2	riger les élèves chantant ou	
Accompagnement	3	exécutant dans les fêtes pu-	
Composition	7	bliques.....................	10
TOTAL..... 115		TOTAL..... 115	

N° 113.=16 thermidor an 3 (3 août 1795). = DÉCRET *portant établissement d'une administration générale en remplacement des agences de la poste aux lettres, de la poste aux chevaux et des messageries* (1). (I , Bull. CLXIX , n° 993 ; B., LVII , 94.)

Art. 1er. Pour remplacer les trois agences supprimées de la poste aux lettres, de la poste aux chevaux et des messageries, une administration générale, chargée de la direction du service des différentes parties, est établie; elle est composée de douze membres, qui sont, *Caboche , Rouvierre , Gauthier , Déadé , Boudin , Boulanger , Joliveau , Sompron , Tirlemont , Vernisy , Bosc* et *Catherine Saint-George.*

2. Les administrateurs se diviseront le travail entre eux de la manière la plus avantageuse au bien du service, de concert avec le comité des transports.

N° 114.=17 thermidor an 3 (4 août 1795). = DÉCRET *qui détermine le mode de liquidation des titulaires d'offices mentionnés en l'article 7 de celui du 23 prairial dernier.* (I, Bull. CLXIX , n° 995 ; B., LVII , 101.)

Art. 1er. Les titulaires d'offices mentionnés audit article, seront liquidés, soit sur les copies ou extraits collationnés, pris sur les minutes ou registres constatant leurs provisions et autres titres, soit sur les copies authentiques précédemment expédiées ou délivrées par les secrétaires du ci-devant roi , ou par des notaires, en faisant l'affirmation ordonnée par ledit article.

2. La commission des administrations civiles délivrera, sur la demande du directeur général provisoire de la liquidation , les copies ou extraits collationnés des provisions et autres titres, sur lesdites minutes et actes de la ci-devant chancellerie ; à l'effet de quoi l'administration est autorisée à se faire remettre lesdites minutes par les personnes qui en seraient dépositaires, et a commettre, pour les expéditions nécessaires a la liquidation , telle personne qu'elle jugera a propos de nommer.

(1) Voyez, sur l'organisation de la poste aux lettres, la loi du 25 frimaire an 8 (16 décembre 1790), et les notes ; sur celle de la poste aux chevaux, la loi du 19 frimaire an 7 (9 décembre 1798), et les notes ; et, sur les messageries, les notes qui accompagnent le décret du 26-29 août 1790.

N° 115. = 18 thermidor an 3 (5 août 1795). =DÉCRET *qui détermine mode d'évaluation des journées de travail mentionnées dans l'article de celui du 20 messidor dernier* (1), *relatif à la conservation des propriét rurales.* (I, Bull. CLXX, n° 1000 ; B., LVII, 106.)

La valeur des journées de travail mentionnées dans l'article 8 de la l du 20 messidor, relative à la conservation des récoltes et des propriétés r rales, sera évaluée sur le prix actuel de la journée dans le lieu où le dé aura été commis.

N° 116.=18 thermidor an 3 (5 août 1795). = DÉCRET *qui excepte les créa ciers des successions bénéficiaires, etc., de la défense d'anticiper l paiemens* (2). (I, Bull. CLXX, n° 1001 ; B., LVII, 107.)

La convention nationale décrète que l'article 1er de la loi du 25 messid dernier, qui défend d'anticiper les termes de paiement portés dans les titr de créances, n'est point applicable aux créanciers des successions béné ciaires ni des faillites, ni aux créanciers opposans sur la vente des biens leurs débiteurs.

N° 117. = 18 thermidor an 3 (5 août 1795). = DÉCRET *qui réunit la liqu dation particulière des dettes de la liste civile à la direction généra de la liquidation de la dette publique* (3). (I, Bull. CLXX, n° 1002 ; B LVII, 108.)

Art. 1er. A compter de ce jour, la liquidation particulière des dettes (la liste civile que la nation a prises à sa charge, est, pour ce qui reste à te miner, réunie a la direction générale de la liquidation de la dette publiqu

2. Le comité de sûreté générale fera remettre, dans le plus bref dela au liquidateur général de la dette publique, tous les titres, papiers, regi tres et renseignemens nécessaires a la continuation du travail dont le com missaire particulier de cette liquidation était précédemment chargé, et qu pourraient se trouver sous les scellés apposés, en vertu des arrêtés du co mité de sûreté générale, chez le citoyen *Hocquet*, tant à Paris qu'a Ver sailles.—Il fera également remettre a la commission des revenus nationau ceux de ces titres, pieces et renseignemens qui seraient relatifs et nécessa res au recouvrement de l'actif dépendant de la ci-devant liste civile — Cet commission demeure chargée d'en suivre a l'avenir les recouvremens.

3. Les créances de la liste civile, pensions, gratifications, secours et in demnités restant à liquider, le seront d'après les formes particulières au créances de la liste civile, et d'après les formes générales pour la liquidatio de la dette publique.

4. Le comité de sûreté générale fera verser immédiatement à la trésorer nationale les sommes et deniers qui se trouveront sous les scellés apposés che *Hocquet.*

5. L'examen des opérations confiées et exécutées par les précédens com missaires de la liquidation particulière de la liste civile, est renvoyé au commissaires de la comptabilité nationale. — Le comité des finances, sectio de l'examen des comptes, est chargé de proposer incessamment a la co

(1) C'est le décret d'institution des gardes-champêtres : voyez ce décret et les notes.
(2) Voyez le décret du 25 messidor an 3 (13 juillet 1795), et les notes.
(3) Le Bulletin des lois rapporte ce decret sous la date du 19 thermidor.
Voyez, sur l'administration des biens dépendans de la liste civile de Louis XVI, le decret 27 novembre 1792, et les notes qui l'accompagnent : elles résument la législation.

vention le mode de comptabilité des opérations de cette administration supprimée. — En conséquence, les titres et pièces à l'appui des liquidations consommées par les deux précédens commissaires, seront remis aux commissaires de la comptabilité nationale, en présence du citoyen *Henry* et des veuve et héritiers *Hocquet*, ou de leurs fondés de pouvoir.

6. La maison occupée par les bureaux actuels de la liste civile, sera entièrement évacuée d'ici au 1er vendémiaire prochain. — La commission des revenus nationaux est chargée de veiller à la location de cette maison, dont partie appartient à la nation pour cause d'émigration de l'un des propriétaires.

7. Le comité de liquidation est autorisé a statuer sur le nombre et le traitement des employés nécessaires au commissaire-liquidateur pour la suite des opérations qui lui sont confiées par le présent décret, et sur la fixation des dépenses nécessaires à l'incorporation des bureaux a conserver pour la liquidation de la ci-devant liste civile, dans ceux de la direction générale de la liquidation.

N° 118.=20 thermidor an 3 (7 août 1795).=DÉCRET *qui nomme les citoyens* Gossec, Grétry, Méhul, Le Sueur, Chérubini, *inspecteurs de l'enseignement du conservatoire de musique à Paris.* (B., LVII, 117.)

N° 119.=20 thermidor an 3 (7 août 1795). =DÉCRET *qui proroge les dispositions de celui du* 12 *pluviose dernier, concernant les importations et les exportations* (1). (I, Bull. CLXXI, n° 1018 ; B., LVII, 119.)

Art. 1er. Les dispositions de la loi du 12 pluviose dernier, concernant les importations et les exportations, sont prorogées ; et cependant les droits d'entrée et de sortie seront payés d'après les bases du décret du 3 thermidor.

2. Les poils et peaux de loutre, ainsi que les pelleteries sauvagines non apprêtées, ne pourront être exportés, sinon en payant dix pour cent de la valeur, et en se soumettant a rapporter cette valeur en matières d'or ou d'argent, ou en objets de première nécessité. '

N° 120. = 22 thermidor an 3 (9 août 1795). = DÉCRET *qui proroge le délai accordé par celui du* 1er *floréal dernier aux créanciers des émigrés, pour le dépôt de leurs titres* (2). (I, Bull. CLXX, n° 1013 ; B., LVII, 122.)

Art. 1er. Le délai accordé par les articles 14 et 15 de la loi du 1er floréal an 3, aux créanciers des émigrés, pour déposer leurs titres en conformité de l'article 11 de la même loi, est prorogé définitivement jusqu'au 1er vendémiaire prochain exclusivement, a compter duquel jour la déchéance de tout droit de répétition aura lieu contre ceux qui n'auront pas alors effectué le dépôt de leurs titres.

2. La prorogation profitera également aux créanciers des émigrés portés sur le second supplément a la liste générale des émigrés, publié a Paris les 25, 26, 27 et 28 floréal dernier, et a l'égard desquels le délai de quatre mois, prononcé par l'article 11, doit expirer le 28 fructidor prochain.

N° 121. = 23 thermidor an 3 (10 août 1795). = DÉCRET *qui permèt à tous*

---

(1) Voyez, sur les douanes, le décret du 6—22 août 1791, et les notes qui resument la législation

(2) Voyez les différentes lois de prorogation de ce delai citées dans le § 4 des notes qui accompagnent le titre du décret du 9—12 fevrier 1792, concernant le sequestre des biens des émigrés.

citoyens français d'armer en course pour courir sur les bâtimens enne-
mis, et accorde une amnistie aux marins déserteurs (1). (I, Bull. CLXX,
n° 1014; B., LVII, 131.)

Art. 1er. Il est permis à tous les citoyens français d'armer en course pour
courir sur les bâtimens ennemis.

2. La commission de la marine et des colonies est autorisée à délivrer
aux armateurs des lettres de marque, signées par cinq des membres composant le comité de salut public, et contresignées par le commissaire de la
marine.

3. Tout armateur qui voudra armer en course, s'adressera à la commission de la marine et des colonies, et lui fera connaître la nature et les avantages de l'armement projeté. La commission en rendra compte au comité
et expédiera les lettres de marque, s'il y a lieu.

4. Les armateurs jouiront du bénéfice de la loi du 31 janvier 1793, qui
permet de composer les équipages des corsaires d'un sixième de marins
classés. Ne pourront cependant être employés ceux des marins mis en réquisition et reconnus indispensables au service des bâtimens de la république.

5. Ils seront tenus, a la poudre près que leur vendra le gouvernement,
de se munir de tout ce qui sera nécessaire pour compléter leurs armemens.
Il pourra cependant leur être fourni, des magasins des ports, les objets qui
seront constatés pouvoir leur être accordés sans nuire aux besoins du service.

6. Les armateurs seront tenus de fournir un cautionnement par écrit de
la somme de cinquante mille livres.

7. Les ordonnances et lois de police et de discipline, relatives à la course
et à la répartition des prises faites par les corsaires, et aux indemnités,
continueront a être exécutées en ce qui n'y est pas dérogé par le présent
décret.

8. Il est accordé une amnistie pour tous marins qui ont déserté soit leurs
quartiers, soit les ports d'armement ou de relâche, sous quelque prétexte
que ce soit, pourvu qu'ils ne soient pas en jugement pour des faits étrangers à leur désertion. Ils ne pourront jouir du bénéfice de cette amnistie,
qu'en justifiant de leur embarquement sur les vaisseaux de la république,
ou sur ceux des corsaires, dans un mois à compter de la publication du présent décret.

N° 122.＝25 thermidor an 3 (11 août 1795).＝DÉCRET *qui réorganise la com-*
mission administrative de Paris, et en règle les attributions. (B., LVII,
135.)

N° 123. ＝ 25 thermidor an 3 (12 août 1795.) ＝ DÉCRET *portant que le ser-*
vice de passage en bateaux ou en bacs sur la rivière de Seine, dans l'é-
tendue de la commune de Paris, sera mis en location dans les formes
prescrites relativement aux domaines nationaux. (B., LVII, 138.)

N° 124. ＝ 25 thermidor an 3 (12 août 1795). ＝ DÉCRET *relatif à l'enre-*
gistrement des donations entre-vifs (2). (I, Bull. CLXXII, n° 1029; B.,
LVII, 139.)

La convention nationale, après avoir entendu le rapport de son comité

---

(1) Voyez le decret du 31 janvier—1er février 1793, qui autorise les citoyens français à armer
en course; et surtout l'arrête du 2 prairial an 11 (22 mai 1803), contenant réglement sur les armemens en course, et les notes qui résument toute la législation.
(2) Voyez l'art. 7 du décret du 27 janvier—4 février 1791.

des finances, section des domaines, sur la demande de la commission des revenus nationaux, tendant à faire ordonner que l'enregistrement des donations entre-vifs sera fait par les préposés de l'enregistrement établis près les tribunaux de district, et non par les greffiers de ces tribunaux, — Déclare qu'il n'y a lieu à délibérer, motivé sur les dispositions de la loi du 27 janvier —4 février 1791, qui porte, article 7, que les actes assujétis à l'insinuation continueront d'être insinués suivant les règles établies, et sur ce que, depuis 1713, les contrôleurs des actes et les préposés à l'enregistrement ont toujours été successivement les greffiers des insinuations de ces donations, et que le mot *greffe*, employé dans la loi du 27 janvier—4 février 1791, ne peut s'entendre que des bureaux de l'enregistrement, dont les préposés remplissent, a l'égard de l'insinuation de ces donations, les fonctions de greffiers. — Les enregistremens des donations entre-vifs qui auraient pu néanmoins avoir été faits jusqu'à ce jour par les greffiers des tribunaux de district, seront valables.—Les greffiers de ces tribunaux qui auront perçu à leur profit les droits d'enregistrement de ces donations, prescrits par la loi du 5—19 décembre 1790, et fixés par le tarif y annexé, seront tenus de les restituer entre les mains des préposés à l'enregistrement.

_____

N° 125. = 25 thermidor an 3 (12 août 1795). = DÉCRET *qui permet de souscrire et mettre en circulation de gré à gré des effets au porteur.* (I, Bull. CLXXII, n° 1027; B., LVII, 140.)

N° 126. = 25 thermidor an 3 (12 août 1795). = DÉCRET *qui abroge celui du 5—8 juin 1793, en ce qui concerne la vente des créances nationales, et leur admission en paiement de domaines nationaux.* (I, Bull. CLXXII, n° 1028; B., LVII, 140.)

Art. 1er. La loi du 5 juin 1793, en ce qui concerne la vente des créances nationales et leur admission en paiement de domaines nationaux, cessera d'avoir son exécution à dater du présent jour.

2. Dans le délai de deux mois, à compter de ce jour, tout acquéreur de créance nationale, qui ne l'aura point donnée en paiement, sera tenu de présenter à la commission des revenus nationaux l'expédition de l'acte de cession qui lui en aura été faite par le directoire de district, le récépissé du receveur, ainsi qu'une déclaration passée devant le directoire, et visée par le département, portant que l'acquéreur n'a rien reçu de l'adjudicataire du domaine national, ou qu'il en a reçu telle somme.

3. Sur le vu de ces pièces, la commission des revenus nationaux fera liquider ce qui revient audit acquéreur de créance, tant en capital qu'en intérêts, pour le montant en être acquitté par la trésorerie nationale, sur des états de distribution délivrés en conformité des lois des 25 mars 1793 et 3 prairial an 2 : ces intérêts cesseront vingt jours après la date du visa du département, mentionné en l'article précédent.

_____

N° 127. = 28 thermidor an 3 (15 août 1795). = DÉCRET *relatif aux jugemens rendus révolutionnairement, depuis le 10 mars 1793 jusqu'au 8 nivose an 3, portant peine afflictive ou infamante, etc., contre des personnes actuellement vivantes* (1). (I, Bull. CLXXII, n° 1031; B., LVII, 147.)

Art. 1er. Tous les jugemens rendus révolutionnairement depuis le 10 mars

_____

(1) Voyez le décret du 2 brumaire an 4 (24 octobre 1795), portant que les dispositions du présent sont applicables aux jugemens intervenus jusqu'au 13 vendémiaire an 4. —Voyez aussi,

1793 jusqu'au 8 nivose de l'an 3 de la république, contre des personnes actuellement vivantes, portant peine afflictive ou infamante, détention ou emprisonnement, sont declarés non avenus, sauf les révisions et modifications suivantes.

2. Sont réputés jugemens révolutionnaires, dans l'intervalle énoncé en l'article précédent, ceux qui ont été rendus, — 1° par le tribunal révolutionnaire établi à Paris ; — 2° par les tribunaux ou commissions populaires et autres institués pour juger a l'instar du tribunal révolutionnaire de Paris ; — 3° par les tribunaux criminels de département, lorsqu'ils ont instruit et jugé autrement que sur une déclaration e jury ordinaire, conformément a la loi du 16—29 septembre 1791, ou sur celle d'un jury spécial tiré au sort, dans le cas où la même loi et autres de l'assemblée constituante l'ordonnaient; —4° par des tribunaux ou commissions militaires jugeant des individus non militaires et pour des faits a eux extraordinairement attribués.

3. Ces jugemens et les pièces du procès tiendront lieu de dénonciation et de mandat d'arrêt devant le directeur du jury du district dans le ressort duquel on présume que le délit a été commis, ou devant celui du dernier domicile de l'individu, lorsque le lieu du délit ne sera pas déterminé, ou lorsqu'il sera dénoncé comme commis dans plusieurs districts.

4. Les prévenus seront en conséquence extraits des maisons ou lieux de force ou de détention, ou des prisons dans lesquelles ils se trouvent, et conduits, sous bonne et sûre garde, dans la maison d'arrêt auprès du tribunal de district compétent, et ce a la diligence des commissaires nationaux près les tribunaux des districts dans lesquels ils se trouvent.

5. En se conformant à la loi du 16—29 septembre 1791, le directeur du jury dressera, s'il y a lieu, un acte d'accusation dans la décade au plus tard après la remise du prévenu et des pièces.

6. Si le jury déclare qu'il y a lieu à accusation, l'accusé sera mis en jugement à la forme de la même loi et autres additionnelles ou explicatives.

7. S'il est déclaré convaincu, il sera condamné à la peine portée par la loi applicable au fait. Néanmoins, si cette peine se trouve plus grave que celle a laquelle il a été condamné par le premier jugement, le tribunal criminel ne prononcera que la confirmation de cette peine, et, dans tous les cas, imputera le temps de la détention.

N° 128. = 28 thermidor an 3 (15 août 1795).=DÉCRET *portant que les mots :* tout débiteur de billet a ordre, *seront rétablis à la place de ceux :* tout porteur de billet à ordre, *qui se trouvent par erreur dans le décret du 6 thermidor dernier.* (I, Bull. CLXXI, n° 1025; B., LVII, 149.)

N° 129. = 28 thermidor an 3 (15 août 1795). = DÉCRET *qui ratifie l'article additionnel au traité conclu entre la république française et la régence de Tunis.* (I, Bull. CLXXII, n° 1032 ; B., LVII, 150.)

La convention nationale, après avoir entendu le rapport de son comité de salut public, ratifie l'article additionnel au traité avec la régence de Tunis, signé le 6 prairial de cette année, par le bey de Tunis, et par le *citoyen Devoize*, consul général de la république auprès de cette régence, et autorisé a cet effet par le comité de salut public.

sur la restitution des biens confisqués au préjudice des condamnés révolutionnairement, les notes qui accompagnent le decret du 20 frimaire an 3 (10 decembre 1794), portant suspension de toute action de la part de l'etat sur ces biens.

Supplément aux traités entre la France et la régence de Tunis.

Quoique, dans les anciens traités faits entre la France et Tunis, il soit dit que les corsaires de la Régence doivent faire leurs courses à l'éloignement de trente milles des côtes de France, cependant, comme cette stipulation est un sujet de discussions fréquentes entre les deux puissances, elles sont convenues de l'abolir; et à l'avenir, les limites de l'immunité, tant pour les armemens de la république française, les armemens tunisiens, que pour leurs ennemis respectifs, sont fixées à la portée du canon des côtes de France et de Barbarie, soit que sur le rivage il y ait des canons, soit qu'il n'y en ait point, excepté dans les golfes de la Goulette et de Port-Farine, où les Français ni leurs ennemis ne pourront faire des prises, ni inquiéter en aucune manière la navigation.— L'exécution du présent supplément n'aura son effet qu'après quatre mois, à compter d'aujourd'hui, afin d'avoir le temps d'en prévenir les puissances intéressées.

Fait au palais de Bardo, le 6 prairial, l'an 3e de la république une et indivisible (le 25 mai 1795).

> Le consul général de la république française auprès du bey de Tunis. Signé DEVOIZE.

A côté du texte français se trouve le texte arabe, avec la signature du bey.

N° 130. = 28 thermidor an 3 (15 août 1795). = DÉCRET relatif à la manière dont l'avis des tiers-arbitres doit être prononcé. (I, Bull. CLXXII, n° 1030; B., LVII, 150.)

La convention nationale, après avoir entendu le rapport de son comité de législation, relativement aux difficultés qui se sont élevées sur le point de savoir si le tiers-arbitre peut prononcer seul sur les avis contraires,—Passe à l'ordre du jour, motivé sur ce qu'aucune loi n'a autorisé les tiers-arbitres à prononcer seuls et sans le concours des arbitres divisés d'opinions (1).

N° 131. = 28 thermidor an 3 (15 août 1795). = DÉCRET relatif à la fabrication des pièces d'or. (I, Bull. CLXXI, n° 1022; B., LVII, 151.)

Art. 1er. Il sera fabriqué des pièces d'or.

2. Le titre sera de neuf parties de ce métal pur et d'une partie d'alliage.

3. La tolérance du titre sera de trois millièmes en dedans et de trois millièmes en dehors du titre fixé par l'article précédent.

4. Chaque pièce sera a la taille de dix grammes.

5. La tolérance du poids sera d'un quatre-centième en dedans et d'un quatre-centième en dehors du poids fixé par l'article précédent.

6. Ces pièces auront pour type la figure de la Paix unie a l'Abondance, avec la légende : Paix et Abondance.

7. Sur le revers seront gravées deux branches enlacées, l'une de chêne, l'autre d'olivier, avec la légende : République française.—Au centre, on lira le poids de la pièce. — L'exergue exprimera, en chiffres arabes, l'an de l'ère républicaine. —Au dessous sera gravé le signe indicatif de l'atelier où elle aura été fabriquée.

N° 132. = 28 thermidor an 3 (15 août 1795). = DÉCRET relatif à la fabri-

---

(1) Voyez l'art. 1018 du Cod. proc. civ., qui consacre le même principe.

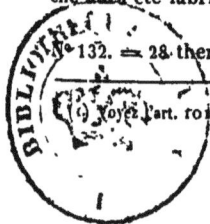

cation de la monnaie d'argent et de la petite monnaie. (I, Bull. CLXXI, n° 1023 ; B., LVII, 152.)

TITRE Ier. — Dispositions générales sur les monnaies.

Art. 1er. L'unité monétaire portera désormais le nom de *franc*.

2. Le franc sera divisé en dix *décimes ;* le décime sera divisé en dix *centimes.*

3. Le titre et le poids des monnaies seront indiqués par les divisions décimales.

TITRE II. — De la monnaie d'argent.

Art. 1er. Le titre de la monnaie d'argent sera de neuf parties de ce métal pur et d'une partie d'alliage.

2. La tolérance du titre sera de sept millièmes en dedans et de sept millièmes en dehors du titre fixé par l'article précédent.

3. Il sera fabriqué des pièces d'*un*, de *deux*, et de *cinq francs.*

4. La pièce d'un franc sera à la taille de cinq grammes ; — Celle de deux francs, a la taille de dix grammes ; — Celle de cinq francs, à la taille de vingt-cinq grammes.

5. La tolérance de poids sera d'un deux-centième en dedans et d'un deux-centième en dehors du poids fixé par l'article précédent.

6. Les pièces d'argent auront pour type la figure d'Hercule unissant l'Égalité et la Liberté, avec la légende : *Union et force.* — Sur le revers seront gravées deux branches enlacées, l'une de chêne, l'autre d'olivier, avec la légende : *République française.* — Au centre, on lira la valeur de la pièce. — L'exergue exprimera en chiffres arabes l'an de l'ère républicaine. — Au dessous sera gravé le signe indicatif de l'atelier monétaire. — La tranche portera ces mots : *Garantie nationale* (1).

TITRE III. — De la petite monnaie.

Art. 1er. Il sera fabriqué, en métal de bronze épuré, des pièces d'*un*, de *deux* et de *cinq centimes*, d'*un* et de *deux décimes.*

2. La pièce d'*un centime* sera à la taille d'un gramme. — Celle de *deux centimes*, a la taille de deux grammes ; — Celle de *cinq centimes*, à la taille de cinq grammes ; — Celle d'*un décime*, a la taille de dix grammes ; — Celle de *deux décimes*, a la taille de vingt grammes.

3. La tolérance de poids sera de quarante pièces par kilogramme pour les pièces d'*un centime ;* — Vingt pièces par kilogramme pour celles de *deux centimes ;* — Huit pièces par kilogramme pour celle de *cinq centimes ;* — Quatre pièces par kilogramme pour celle d'*un décime ;* — Deux pièces par kilogramme pour celle de *deux décimes.*

4. La tolérance de poids sera évaluée moitié en dedans, moitié en dehors, du poids fixé par l'article précédent.

5. Ces pièces auront pour type la figure de la Liberté, avec la légende : *République française.* — Le revers exprimera, au centre, la valeur de la pièce ; — Au dessous, en forme d'exergue, l'an de l'ère républicaine ; — Enfin, au bas, le signe indicatif de l'atelier monétaire.

6. Le comité des finances déterminera, tant pour les pièces d'argent que pour la petite monnaie, celles des coupures qui seront les premières fabriquées pour les besoins du service public et des relations commerciales.

_____

(1) Voyez le décret du 28 vendémiaire an 4 (20 octobre 1795), art. 1er, qui modifie cette disposition.

Voyez aussi, sur les changemens successifs que l'empreinte des monnaies a subis, le décret du 5—6 février 1793, et les notes qui résument la législation.

7. Le même comité présentera incessamment une instruction sur la comparaison de la valeur de la livre tournois avec la nouvelle unité monétaire et les nouvelles pièces de monnaie.

Nº 133.=28 thermidor an 3 (15 août 1795). = DÉCRET *relatif à l'échange de l'or et de l'argent à la monnaie.* (I, Bull. CLXXI, nº 1024; B., LVII, 154.)

La convention nationale décrète ce qui suit : — Les personnes qui porteront de l'or ou de l'argent à échanger a la monnaie, en recevront la valeur en pièces d'argent ou d'or, conformément aux lois du seizième jour du premier mois de l'an 2, et du 26 pluviose de la même année.

Nº 134. ⚊ 30 thermidor an 3 (17 août 1795). ⚊ DÉCRET *qui casse et annule les sentences arbitrales des 5 floréal et 19 messidor derniers, qui adjugent aux communes de Putot, Goustrauville, Basneville, etc., la propriété du marais d'Auge.* (B., LVII, 158.)

La convention nationale, après avoir entendu le rapport de son comité de législation sur les pétitions des administrateurs du département de Paris, et de l'adjudicataire du marais d'Auge, tendantes a obtenir la cassation des sentences arbitrales des 5 floréal et 19 messidor derniers, qui adjugent aux communes de Putot, Goustrauville, Basneville, Saint-Samson, Le Ham et Brocotte, la propriété du marais d'Auge, au préjudice de l'adjudicataire dudit marais et de la république ; — Considérant que ces sentences contreviennent aux articles 3, 8 et 13 de la loi du 28 août 1792 (1), aux articles 1ᵉʳ et 9, section IV de la loi du 10 juin 1793 (2), aux décrets de la convention du 18 germinal dernier, et à l'article 3 du titre XXXV de l'ordonnance de 1667 ; qu'elles ont été rendues sans que la république, qu'elles intéressent essentiellement, et qui devait y être partie, ait été ni représentée ni entendue par aucun agent ou défenseur ; — Casse et annule lesdites sentences des 5 floréal et 19 messidor derniers ; ensemble tout ce qui s'en est suivi et pourrait s'en suivre ; maintient et garde l'adjudicataire du marais d'Auge dans la propriété et jouissance dudit marais ; fait défenses aux habitans des communes de Putot, Goustrauville, Basneville, Saint-Samson, Le Ham et Brocotte de l'y troubler ; à l'effet de quoi, ledit marais sera clos et fermé comme par le passé, sauf aux habitans desdites communes à se pourvoir sur le prix, s'il y a lieu.

Nº 135. = 1ᵉʳ fructidor an 3 (18 août 1795). = DÉCRET *relatif à la libération opérée par des offres réelles suivies de consignation.* (I, Bull. CLXXII, nº 1035; B., LVIII, 2.)

La convention nationale, après avoir entendu le rapport de son comité de législation sur diverses pétitions tendant à provoquer une décision sur la question de savoir si les offres réelles non suivies de consignation, antérieures au 25 messidor dernier, ont opéré la libération des débiteurs,—Passe à l'ordre du jour, motivé sur ce qu'un remboursement n'est consommé que lorsque le débiteur s'est dessaisi par la consignation (3).

(1) Qui maintient les communes dans les biens et droits dont elles avaient été dépouillées par la puissance féodale
(2) Relative au partage des biens communaux.
(3) Sous l'empire de cette loi, il y avait libération du moment où le débiteur s'était dessaisi par la consignation; il n'était pas besoin de faire au créancier notification du procès-verbal de dépôt. Cass., 7 août 1809, SIR., X, 1, 249; Bull. civ, XI, 183. — On ne pouvait consigner pour raison

N° 136. = 1er fructidor an 3 (18 août 1795). = DÉCRET *qui renvoie au co-mité des finances toutes questions relatives à la validité ou nullité des adjudications de domaines nationaux.* (I, Bull. CLXXVIII, n° 1083; B., LVIII, 3.)

La convention nationale, sur la proposition d'un membre, décrète que toutes les pétitions et questions relatives à la validité ou nullité des adjudications de domaines nationaux ou réputés tels, sont exclusivement renvoyées au comité des finances, section des domaines (1).

N° 137. =1er fructidor an 3 (18 août 1795). = DÉCRET *relatif aux individus qui, portés sur la liste des émigrés, n'ont point encore obtenu leur ra-diation définitive* (2). (I, Bull. CLXXI, n° 1026; B., LVIII, 4.)

Art. 1er. Tout individu porté sur une liste d'émigrés, qui, après s'être pourvu dans le temps utile, n'a pas encore obtenu sa radiation définitive, est tenu de se retirer et d'habiter la commune où il était domicilié immédia-tement avant l'insertion de son nom sur la liste des émigrés, et d'y demeu-rer sous la surveillance de la municipalité.

2. A l'égard de tout individu porté sur une liste d'émigrés, et qui se trouve actuellement à Paris, il lui est enjoint de sortir de cette commune, le troi-sième jour, au plus tard, après la publication du présent décret, de s'en éloigner de dix lieues au moins dans les deux jours suivans, de se rendre dans son domicile, et de justifier de son retour devant sa municipalité, dans le délai de deux décades, s'il est éloigné de cent lieues et au dessous; de quatre décades, s'il est a une plus grande distance.

3. Aucun individu porté sur une liste d'émigrés ne pourra, même quand il se serait pourvu en radiation dans le temps utile, venir à Paris, soit pour solliciter sa radiation définitive, soit pour toute autre cause, ni sortir de la commune où il était domicilié immédiatement avant son insertion sur la liste des émigrés.

4. Celui qui se trouvera en contravention à une disposition quelconque des trois articles précédens, sera dénoncé, tant au directeur du jury de l'arrondissement où il est tenu de se retirer, et où il doit demeurer en sur-veillance, qu'au directeur du jury de l'arrondissement dans lequel il se trouvera.

5. L'obligation de le dénoncer est spécialement imposée, — 1° Aux pro-cureurs-syndics des districts, comités de surveillance et procureurs des communes où l'individu tenu, par les articles 1er et 3, de se rendre et de demeurer, ne sera pas arrivé, ou ne demeurera pas après s'y être rendu et y avoir été domicilié; —2° Aux procureurs-syndics des districts, comités de

d'un rapport d'héritier avant le partage des droits successifs. Cass., 18 prairial an 7, Sir., I, I, 217; Bull. civ., I, 381.

Voyez les art. 1257 et suiv. du Cod. civ.

(1) Voyez le décret du 29 vendémiaire an 4 (21 octobre 1795), qui maintient provisoirement dans la jouissance de leurs acquisitions les possesseurs de domaines nationaux qui ont été troublés par la voie judiciaire ou autrement ; l'arrêté du 2 nivose an 6 (22 décembre 1797), qui ordonne l'impression d'un rapport concernant la faculté de statuer sur la validité ou l'invalidité de la v nte d'un domaine national; et la loi du 28 pluviose an 8 (17 février 1800), art. 4, § 8, qui attribue aux conseils de préfecture le contentieux des domaines nationaux, et les notes.

(2) Voyez, sur les peines portées contre les émigrés et sur le mode de jugement des émigrés arrêtés, le § 2 des notes qui accompagnent le titre du décret du 9—12 février 1792, qui or-donne le séquestre de leurs biens ; elles résument toute la législation.

surveillance et procureurs des communes où il se sera arrêté sur la route, et habitera en contravention aux trois premiers articles.

6. Sur la dénonciation, le directeur du jury décernera un mandat d'amener contre le dénoncé.

7. A défaut de comparution, ou si, après avoir été entendu, le dénoncé paraît en contravention, le directeur du jury décernera un mandat d'arrêt, et traduira le dénoncé devant le tribunal de district ou d'arrondissement, qui prononcera par voie de police correctionnelle.

8. La peine pour le contrevenant sera l'emprisonnement, qui durera jusqu'à ce qu'il ait été prononcé définitivement sur sa demande en radiation par la convention ou le comité de législation.—L'emprisonnement ne pourra durer moins de six mois, dans le cas même où le contrevenant aurait obtenu sa radiation avant ce délai.

9. Le jugement de condamnation ne pourra être attaqué par voie d'appel ni d'opposition.

10. Dans le cas où le dénoncé n'aurait pas obtenu les certificats de résidence, ou fait sa réclamation en temps utile, il sera jugé suivant la loi par les tribunaux compétens.

11. Aucun individu porté sur la liste des émigrés du département de son domicile, ne pourra jouir des droits de citoyen, jusqu'a ce que sa radiation définitive ait été prononcée.

12. Le présent décret sera, dans les vingt-quatre heures, proclamé et affiché dans toutes les sections de Paris, envoyé dans tous les départemens, et inséré au bulletin de correspondance, qui tiendra lieu de publication. — La convention nationale se repose avec confiance du soin d'en seconder l'exécution, sur le zele et l'énergie des citoyens qui, par leurs vertus républicaines, se montrent chaque jour dignes de plus en plus de la liberté qu'ils ont conquise.

———

Nº 138.=1ᵉʳ fructidor an 3 (18 août 1795).=DÉCRET *d'ordre du jour relatif à la fixation du jour où a commencé la suspension des remboursemens décrétée le* 25 *messidor dernier.* (I, Bull. CLXXII, nº 1038 ; B., LVIII, 6.)

———

Nº 139. = 1ᵉʳ fructidor an 3 (18 août 1795). = DÉCRET *relatif aux traitemens et rations des commandans amovibles, adjudans des places de guerre, etc.* (I, Bull. CLXXII, nº 1037 ; B., LVIII, 7.)

Art. 1ᵉʳ. A compter de ce jour 1ᵉʳ fructidor, il sera provisoirement fourni des magasins nationaux, dans toute l'étendue du territoire français et de celui occupé par les armées de la république, aux commandans amovibles, et aux adjudans des places de guerre et postes militaires, ainsi qu'aux gardes et autres employés de l'artillerie, outre les traitemens qui leur sont accordés par les précédentes lois, les rations de pain et de viande attribuées à leurs grades respectifs.

2. Les secrétaires de place jouiront aussi, sans retenue, d'une ration de vivres.

3. Les commandans amovibles des différentes places de guerre et postes militaires, qui ne font point partie du tableau annexé à la loi du 15 nivose an 2, auront les rations de fourrage, chacun selon son dernier grade à l'armée.

4. Les commandans amovibles des places de Dunkerque, Lille, Douai, Valenciennes, Cambrai, Arras, Sedan, Metz, Strasbourg, Landau, Besançon, Marseille, Perpignan, Bayonne, La Rochelle, Brest et Le Havre, auront droit a la ration de fourrage pour un cheval seulement présent et effectif.

5. Il est défendu à tout commandant de place, sous la peine portée par le titre V de la loi du 2 thermidor sur la solde des troupes, de recevoir le remboursement des rations de fourrage, de les vendre, ou d'en exiger plus qu'il n'aura de chevaux présens et effectifs pour son service.

6. Il est expressément dérogé a toutes dispositions contraires au présent décret.

Nº 140. = 1ᵉʳ fructidor an 3 (18 août 1795). = DÉCRET *qui applique aux créanciers viagers et pensionnaires d'émigrés et autres dont les biens sont frappés de confiscation, diverses dispositions de celui du 8 floréal dernier* (1). (I, Bull. CLXXIV, nº 1041 ; B., LVIII, 8.)

Art. 1ᵉʳ. Les dispositions des articles 1, 2 et 3 de la loi du 8 floréal dernier, sont applicables aux créanciers viagers et pensionnaires d'émigrés et autres dont les biens sont frappés de la confiscation nationale.

2. Les déclarations d'option dont il est parlé dans les articles 2 et 3 de la même loi seront reçues par les administrations de district et le bureau de la liquidation des émigrés, chargés, par la loi du 1ᵉʳ floréal dernier, de recevoir le dépôt des titres : elles devront être faites dans les mêmes délais que ceux fixés par l'article 1ᵉʳ de la loi du 22 thermidor dernier pour le dépôt des titres des créanciers des émigrés.

3. Les créanciers qui auraient déjà effectué le dépôt de leurs titres, seront tenus, dans le délai fixé par l'article 1ᵉʳ de la loi du 22 thermidor dernier de rapporter leur déclaration d'option aux agens auxquels la loi du 1ᵉʳ floréal dernier attribue la liquidation de la dette des émigrés.

4. Ces agens liquideront définitivement les créances viagères sur les émigrés et autres dont les biens sont frappés de la confiscation nationale, dans le cas seulement où, aux termes des articles 3 et 4 du décret du 8 floréal les créanciers auront fait ou feront, soit formellement, soit tacitement l'option de prendre leurs contrats ou autres titres pour bases de leur liquidation.

5. Les créanciers obtiendront leur inscription sur le grand-livre de la dette viagere, en rapportant à la trésorerie nationale la reconnaissance de leur liquidation définitive, et en justifiant de l'existence des différentes têtes sur lesquelles résideront les rentes ou pensions à inscrire.

6. Les dispositions de l'article 29 de la loi du 1ᵉʳ floréal dernier sont maintenues à l'égard des créanciers qui auront fait ou feront, en temps utile l'option prescrite par l'article 2 de la loi du 8 du même mois.

Nº 141. = 1ᵉʳ fructidor an 3 (18 août 1795).=DÉCRET *interprétatif de celui du 15 germinal dernier, concernant les baux à cheptel.* (I, Bull. CLXXII, nº 1036 ; B., LVIII, 9.)

La convention nationale, après avoir entendu le rapport de son comité de législation sur l'interprétation de l'article 10 de la loi du 15 germinal dernier, concernant les baux à cheptel ; —Considérant que les fourrages et les fumiers ne sont pas moins nécessaires à la culture des terres que les ustensiles aratoires et les semences ; qu'il importe d'empêcher, par une disposition précise, qu'ils ne puissent être détournés des lieux pour lesquels ils sont destinés,—Décrète que les fourrages et fumiers sont compris dans les objets que les fermiers sont tenus de rendre en nature a la fin de leur bail, lorsqu'ils ont été fournis (1).

___

N° 142. = 3 fructidor an 3 (20 août 1795). = DÉCRET *contenant un nouveau tarif pour les postes et messageries* (2). (I, Bull. CLXXII, n° 1039; B., LVIII, 14.)

___

N° 143. = 3 fructidor an 3 (20 août 1795).=DÉCRET *qui prononce des peines contre tout dépositaire qui, ayant disposé d'un dépôt, ne le rétablirait pas en effets de la même nature* (3). (I, Bull. CLXXIV, n° 1043; B., LVIII, 16.)

La convention nationale, considérant qu'un dépositaire n'a aucun droit de propriété ni d'usage sur la chose déposée; que toujours elle doit être remise en nature et au moment où elle est demandée, décrète :

Art. 1er. Tout dépositaire qui aura disposé d'un dépôt, sera tenu de le rétablir en effets de même espèce et de même valeur.

2. Si le dépôt consiste en matières d'or ou d'argent, il sera rétabli en matières de même nature et de même valeur.

3. A défaut, par le dépositaire, de satisfaire à son obligation, il sera condamné, 1° au paiement de la somme nécessaire pour se procurer les effets de remplacement, eu égard à la valeur desdits objets a l'époque du jugement; —2° A une amende égale a cette valeur, dont la moitié au profit de la nation, et l'autre moitié au profit du propriétaire du dépôt (4).

4. Sont exceptés des dispositions de la présente loi ceux des dépositaires publics qui justifieront, par certificats authentiques et non équivoques, qu'en exécution de la loi du 11 avril 1793, ils ont versé a la trésorerie nationale les dépôts qui leur avaient été confiés.—Dans ce cas, les propriétaires desdits dépôts adresseront leurs réclamations en la forme et de la manière prescrites par l'article 6 de la loi du 13 thermidor de l'an 3 de la république.

___

N° 144. = 4 fructidor an 3 (21 août 1795). = DÉCRET *portant en principe que les assemblées électorales choisiront, dans le sein de la convention, les deux tiers des membres qui doivent composer le corps législatif.* (B., LVIII, 20.)

___

N° 145. = 5 fructidor an 3 (22 août 1795).=DÉCRET *qui fixe le délai dans lequel les agens nationaux des districts seront tenus d'envoyer au bureau de comptabilité les comptes des receveurs des décimes* (5). (I, Bull. CLXXIV, n° 1046; B., LVIII, 21.)

Art. 1er. Dans un mois, à compter de la réception du présent décret, les agens nationaux des districts seront tenus, sous leur responsabilité, d'envoyer au bureau de comptabilité les comptes des receveurs des décimes des

___

(1) Voyez l'art. 1778 du Cod. civ., qui consacre cette règle pour les baux à ferme en général.

(2) Ce tarif est aujourd'hui sans aucune utilité; il ne peut plus s'appliquer aux messageries qui étaient alors une propriété nationale, et qui sont aujourd'hui livrées à l'industrie particulière; et, en ce qui concerne la poste aux chevaux, plusieurs autres tarifs lui ont succédé.

(3) Voyez, sur les obligations du dépositaire, en ce qui concerne la restitution du dépôt, les art. 1932 et suiv. du Cod civ.; l'art. 408 du Cod. pén, qui punit la violation du dépôt; et l'art. 91 de la loi du 28 avril—1er mai 1832, lequel modifie l'art. 408.

(4) Cette amende n'a point de privilège sur les biens du condamné; dans ce cas, le trésor public vient par contribution avec les créanciers simples chirographaires. Il en est de même pour le décime par franc qui n'est qu'un accessoire de l'amende. Rouen, 13 octobre 1806, SIR., VII, 2, 1136.

(5) Voyez le décret du 16 fructidor an 3 (2 septembre 1795), interprétatif du présent.

ci-devant diocèses, arrêtés provisoirement par les directoires de distri
en exécution du décret du 14—21 septembre 1790, pour être arrêtés déf
tivement.

2. Ceux des receveurs des décimes qui n'auraient pas encore rendu l
comptes, et qui ne se seraient pas conformés à la loi du 15—19 janvier 1
seront tenus d'adresser au bureau de comptabilité, dans le même délai
mois, a compter de la notification qui leur sera faite du présent décret, l
comptes, avec les registres et pièces justificatives à l'appui, et d'en solde
reliquat, à peine du séquestre de leurs biens a l'expiration du délai, sans p
judice des peines prononcées contre les receveurs en retard par le décret
15—19 janvier 1791.

'3. Les agens nationaux des districts feront, sans délai, une notifica
particulière du présent décret aux receveurs particuliers rappelés en l'a
cle ci-dessus.

4. L'application des peines prononcées par l'article 2 sera poursuivie
l'agent de la comptabilité. A cet effet, les agens nationaux seront tenu
donner sur-le-champ connaissance, au bureau de comptabilité, des recev
des décimes en retard de se conformer aux décrets des 14—21 septem
1790 et 15—19 janvier 1791, et des diligences qu'ils auront faites en ex
tion de l'article 2.

5. Les commissaires de la comptabilité sont autorisés à retirer de dessou
scellés apposés sur les meubles, effets et papiers de *Quinson*, receveur gen
du ci-devant clergé de France, les registres, journaux et livres servant
comptabilité des receveurs des décimes des ci-devant diocèses. A cet e
lesdits scellés seront levés par le juge de paix de la section qui les a app
en présence d'un commissaire de la comptabilité et d'un administrateur
département de Paris, attendu l'absence de *Quinson*. Ils seront ensuite r
posés sur les papiers restans.

6. Le débet de *Quinson*, relatif aux décimes non recouvrées depuis l
née 1776, sera déchargé dans la proportion des sommes non versées dan
caisse, et qui seront justifiées avoir été recouvrées depuis la reddition
son compte, soit par les anciens receveurs des décimes, soit par les r
veurs des districts chargés depuis du recouvrement des restes desdite
cimes.

N° 146. = 5 fructidor an 3 (22 août 1795).=DÉCRET *sur les moyens de
miner la révolution.* (I, Bull. CLXXXI, n° 1102; B., LVIII, 27.)

TITRE 1er. — De la formation du nouveau corps législatif (1).

Art. 1er. Le corps législatif sera composé de membres élus par les pro
nes assemblées électorales, dans les proportions qui sont réglées par l
constitutionnel pour le renouvellement annuel.

2. Tous les membres actuellement en activité dans la convention son
éligibles. Les assemblées électorales ne pourront en prendre moins de
tiers pour former le corps législatif (2).

3. Ne sont point compris parmi les députés en activité ceux qui son
crétés d'accusation ou d'arrestation.

4. Chaque député remettra par écrit, d'ici au 20 fructidor, au comit

---

(1) Voyez le décret du 30 vendémiaire an 4 (22 octobre 1795), contenant réglement su
ganisation du nouveau corps législatif.
(2) Voyez le decret du 13 fructidor an 3 (30 août 1795), concernant le mode de réél
des deux tiers de la convention nationale; et celui du 1er vendémiaire an 4 (22 septembre
relatif a l'acceptation de ce decret et du présent.

décrets, procès-verbaux et archives, sa déclaration sur son âge, et sur les autres conditions prescrites par la constitution pour être membre de l'un ou de l'autre conseil législatif.

5. Les députés en mission, tant auprès des armées que dans les départemens, ainsi que les absens par congé ou maladie, feront parvenir leur déclaration d'ici au 30 fructidor au même comité, qui pourra néanmoins demander dès a présent les éclaircissemens qui les concernent, a ceux dont ils sont plus particulièrement connus.

TITRE II. — De la présentation de l'acte constitutionnel aux assemblées primaires.

Art. 1er. Aussitôt après l'envoi de l'acte constitutionnel à toutes les communes de la république, les assemblées primaires seront convoquées à la diligence du procureur-général-syndic et de l'administration de chaque département, pour être ouvertes, au plus tard, le 20 fructidor, dans le même lieu où se sont tenues les dernières assemblées, sauf les changemens survenus depuis dans quelques chefs-lieux de canton.

2. Tous les Français qui ont voté dans les dernières assemblées primaires, y seront admis.

3. Le bureau sera formé par un seul tour de scrutin de liste simple, de cinq membres, à la pluralité relative. Parmi les cinq citoyens qui réuniront le plus de suffrages, les fonctions de président, de secrétaire et de scrutateurs, seront distribuées suivant l'ordre de pluralité ; et en cas d'égalité de suffrages entre deux ou plusieurs élus, l'âge décidera du rang.

4. Des que le bureau sera formé, il sera donné lecture de la déclaration des droits et des devoirs, et de l'acte constitutionnel.

5. Les assemblées primaires exprimeront leur vœu sur l'ensemble de l'acte constitutionnel, pour l'admettre ou le rejeter.

6. Chaque votant donnera son suffrage de la maniere qui lui sera convenable.

7. Le bureau constatera par un procès-verbal le nombre des votans et le résultat des suffrages.

8. Le procès-verbal de chaque assemblée primaire, relatif à l'acte constitutionnel, sera mis, aussitôt après sa rédaction, par les membres du bureau, sous enveloppe, avec cette adresse : *Au comité des décrets, procès-verbaux et archives de la convention nationale, à Paris*, et contresigné, *Assemblée primaire du canton de. . . . département de. . . .* Les directeurs des postes de chaque bureau de départ en chargeront leurs feuilles d'avis.

9. Le procureur-général-syndic de chaque département, concurremment avec l'administration, se fera rendre compte, tant par la municipalité de chaque chef-lieu de canton, que par les directeurs des postes qui auront reçu les paquets, de l'exécution du précédent article, au plus tard le 25 fructidor, et en informera aussitôt le comité des décrets, procès-verbaux et archives.

10. Immédiatement après la rédaction et l'envoi du procès-verbal dont il vient d'être parlé, les assemblées primaires nommeront le nombre d'électeurs que chacune doit fournir d'après l'acte constitutionnel ; il sera fait de cette élection un procès-verbal séparé. La tenue des assemblées électorales sera indiquée ulterieurement par un nouveau décret.

11. Les deputés en mission auprès de chaque armée se concerteront, dans le plus court délai, avec le général en chef et les généraux, tant de division que de brigade, pour assembler tous les défenseurs de la patrie et les employés a la suite de l'armée, et leur donner lecture de l'acte constitutionnel.

12. Les députés en mission auprès des armées navales dans les ports ou en rade, et, à leur défaut, les commandans en chef de la marine, en donneront aussi lecture à l'armée de mer et aux marins.

13. Le jour où chaque armée exprimera son vœu sera ensuite fixé par les députés en mission, qui régleront sommairement la forme de la délibération convenable aux localités et aux circonstances.

14. Les députés en mission auprès de chaque armée de terre ou de mer, ou le général en chef, feront passer au comité des décrets, procès-verbaux et archives, le vœu de chaque armée aussitôt qu'ils l'auront recueilli.

TITRE III. — De la mise en activité de la constitution.

Art. 1er. Le comité des finances, section des domaines, est chargé de faire un rapport à la convention nationale sur le placement tant des deux conseils législatifs que du directoire exécutif.

2. Le comité des inspecteurs fera pareillement un rapport sur les distributions et travaux nécessaires dans l'intérieur du palais national, en se concertant avec le comité des finances, section des domaines.

3. Le comité d'instruction publique fera un rapport sur le costume particulier a donner à chacun des deux conseils législatifs, et à tous les fonctionnaires publics.

4. Le comité des finances est chargé de faire un rapport sur l'attribution à donner aux administrations instituées par la constitution, des opérations relatives à la vente des biens nationaux, et qui se faisaient par les districts supprimés.

5. Ces divers rapports seront faits d'ici au 15 fructidor au plus tard.

6. Aussitôt que le comité des décrets, procès-verbaux et archives, aura fait le dépouillement des procès-verbaux des assemblées primaires, il en fera son rapport à la convention nationale.

7. La convention déterminera ensuite le jour de la clôture de ses travaux comme pouvoir constituant.

8. Le lendemain au plus tard de la dernière séance de la convention nationale, les deux conseils législatifs ouvriront leurs séances. Le mode de répartition de tous les membres actuellement en activité dans la convention entre les deux conseils, sera déterminé par un nouveau décret.

9. Dans trois jours, pour tout délai, le conseil des cinq-cents présentera une liste de cinquante candidats pour former le directoire exécutif. Les cinq membres qui le composeront seront nommés par le conseil des anciens, dans les trois jours qui suivront la présentation de la liste.

10. Les membres qui, à l'époque de la formation des deux conseils, composeront les comités de salut public et de sûreté générale, continueront provisoirement leurs fonctions jusqu'au jour de l'installation du directoire.

11. A dater du jour de cette installation, les comités ne pourront prendre ni signer aucun arrêté : ils fourniront au directoire les éclaircissemens dont il aura besoin.

12. Toutes les commissions exécutives continueront leurs fonctions jusqu'a ce que le directoire ait organisé le ministère : et tous les fonctionnaires publics, jusqu'à ce qu'ils aient été renouvelés dans la forme prescrite par la constitution.

13. Les assemblées électorales seront convoquées par la convention immédiatement après le rapport qui lui sera fait du résultat des suffrages des assemblées primaires, et avant qu'elle cesse l'exercice du pouvoir constituant.

14. Les assemblées tant primaires qu'électorales qui vont être successivement convoquées, le sont par anticipation sur celles de l'an 4, pendant lequel il n'en sera plus tenu.

15. Quinze jours avant la tenue des assemblées primaires du mois de germinal de l'an 5, les membres de la convention nationale qui auront pris place dans l'un et l'autre conseil, tireront au sort la sortie de la moitié d'entre eux, laquelle formera le tiers du corps législatif pour le renouvellement annuel prescrit par la constitution.

16. Ceux qui sortiront alors par la voie du sort, seront immédiatement rééligibles.

17. Le présent décret sera joint à l'acte constitutionnel, pour être envoyé par des courriers extraordinaires aux armées et aux administrations de département. Celles-ci seront tenues de les faire passer, sans aucun délai, aux administrations de district, et ces administrations a toutes les communes de la république.

N° 147.=5 fructidor an 3 (22 août 1795).=CONSTITUTION *de la république française, proclamée loi fondamentale de la république, en vertu de l'acceptation du peuple, le 23 septembre 1795 (1er vendémiaire an 4)* (1). (B., LVIII, 31.)

Déclaration des droits et des devoirs de l'homme et du citoyen (2).

Le peuple français proclame, en présence de l'Etre suprême, la déclaration suivante des droits et des devoirs de l'homme et du citoyen.

DROITS.

Art. 1er. Les droits de l'homme en société sont la liberté, l'égalité, la sûreté, la propriété.

2. La liberté consiste à pouvoir faire ce qui ne nuit pas aux droits d'autrui.

3. L'égalité consiste en ce que la loi est la même pour tous, soit qu'elle protège, soit qu'elle punisse.—L'égalité n'admet aucune distinction de naissance, aucune hérédité de pouvoirs.

4. La sûreté résulte du concours de tous pour assurer les droits de chacun.

5. La propriété est le droit de jouir et de disposer de ses biens, de ses revenus, du fruit de son travail et de son industrie.

---

(1) Cette constitution, qui succéda à celle du 24 juin 1793, a établi le gouvernement du directoire, et a été remplacée, après quatre années d'existence, par la constitution du 22 frimaire an 8 (13 décembre 1799), qui a créé le gouvernement consulaire.

Voyez le décret du même jour 5 fructidor an 3, sur les moyens de terminer la révolution, qui a réglé le mode de formation du nouveau corps législatif, la présentation de l'acte constitutionnel aux assemblées primaires, et la mise en activité de la constitution; celui du 19 vendémiaire an 4 (11 octobre 1795), qui règle la division du territoire de la France par rapport à l'exercice des droits politiques, a l'administration, à la police et à la justice, le placement des autorités, l'organisation administrative et l'organisation judiciaire; celui du 30 du même mois (22 octobre 1795), contenant règlement sur l'organisation du corps législatif, et fixant (art. 29 et suiv.), la forme du gouvernement jusqu'à l'installation du directoire; la loi du 4 ventôse an 4 (23 février 1796), qui supprime toutes les agences et commissions administratives; celle du 25 floréal an 5 (14 mai 1797), qui règle la forme du tirage au sort entre les membres du directoire exécutif; et celle du 19 brumaire an 8 (10 novembre 1799), qui remplace le directoire par une commission consulaire exécutive, et les conseils des cinq-cents et des anciens par deux autres commissions.

Voyez encore la constitution du 3—14 septembre 1791; celle du 24 juin 1793; celle du 22 frimaire an 8; le sén.-cons. organique du 28 floréal an 12 (18 mai 1804); la déclaration du 2—5 mai 1814; la Charte constitutionnelle du 4—10 juin 1814; l'acte additionnel du 22—23 avril 1815; et enfin la Charte de 1830, et les notes qui accompagnent tous ces actes.

(2) Voyez les déclarations des droits de l'homme placées en tête des constitutions de 1791 et de 1793.

6. La loi est la volonté générale, exprimée par la majorité des citoyens ou de leurs représentans.

7. Ce qui n'est pas défendu par la loi ne peut être empêché.—Nul ne peut être contraint a faire ce qu'elle n'ordonne pas.

8. Nul ne peut être appelé en justice, accusé, arrêté ni détenu, que dans les cas déterminés par la loi, et selon les formes qu'elle a prescrites (1).

9. Ceux qui sollicitent, expédient, signent, exécutent ou font exécuter des actes arbitraires, sont coupables et doivent être punis.

10. Toute rigueur qui ne serait pas nécessaire pour s'assurer de la personne d'un prévenu, doit être sévèrement réprimée par la loi.

11. Nul ne peut être jugé qu'après avoir été entendu ou légalement appelé.

12. La loi ne doit décerner que des peines strictement nécessaires et proportionnées au délit.

13. Tout traitement qui aggrave la peine déterminée par la loi, est un crime.

14. Aucune loi, ni criminelle, ni civile, ne peut avoir d'effet rétroactif (2).

15. Tout homme peut engager son temps et ses services, mais il ne peut se vendre ni être vendu; sa personne n'est pas une propriété aliénable.

16. Toute contribution est établie pour l'utilité générale; elle doit être répartie entre les contribuables, en raison de leurs facultés.

17. La souveraineté réside essentiellement dans l'universalité des citoyens.

18. Nul individu, nulle réunion partielle de citoyens ne peut s'attribuer la souveraineté.

19. Nul ne peut, sans une délégation légale, exercer aucune autorité, ni remplir aucune fonction publique.

20. Chaque citoyen a un droit égal de concourir, immédiatement ou médiatement, a la formation de la loi, a la nomination des représentans du peuple et des fonctionnaires publics.

21. Les fonctions publiques ne peuvent devenir la propriété de ceux qui les exercent.

22. La garantie sociale ne peut exister si la division des pouvoirs n'est pas établie, si leurs limites ne sont pas fixées, et si la responsabilité des fonctionnaires publics n'est pas assurée.

DEVOIRS.

Art. 1er. La déclaration des droits contient les obligations des législateurs : le maintien de la société demande que ceux qui la composent connaissent et remplissent également leurs devoirs.

2. Tous les devoirs de l'homme et du citoyen dérivent de ces deux principes, gravés par la nature dans tous les cœurs :—Ne faites pas a autrui ce que vous ne voudriez pas qu'on vous fît.—Faites constamment aux autres le bien que vous voudriez en recevoir.

3. Les obligations de chacun envers la société consistent à la défendre, à la servir, a vivre soumis aux lois, et à respecter ceux qui en sont les organes.

_____

(1) Voyez, ci-après, les art. 222 et suiv, et les notes.
(2) Voyez l'art. 14 de la déclaration du 24 juin 1793, et l'art. 2 du Cod. civ.

4. Nul n'est bon citoyen, s'il n'est bon fils, bon père, bon frère, bon ami, bon époux.

5. Nul n'est homme de bien, s'il n'est franchement et religieusement observateur des lois.

6. Celui qui viole ouvertement les lois se déclare en état de guerre avec la société.

7. Celui qui, sans enfreindre ouvertement les lois, les élude par ruse ou par adresse, blesse les intérêts de tous; il se rend indigne de leur bienveillance et de leur estime.

8. C'est sur le maintien des propriétés que reposent la culture des terres, toutes les productions, tout moyen de travail, et tout l'ordre social.

9. Tout citoyen doit ses services a la patrie et au maintien de la liberté, de l'égalité et de la propriété, toutes les fois que la loi l'appelle à les défendre.

CONSTITUTION.

Art. 1er. La république française est une et indivisible (1).

2. L'universalité des citoyens français est le souverain.

TITRE Ier. — *Division du territoire* (2).

3. La France est divisée en.... départemens.—Ces départemens sont l'Ain, l'Aisne, l'Allier, les Basses-Alpes, les Hautes-Alpes, les Alpes-Maritimes, l'Ardèche, les Ardennes, l'Ariège, l'Aube, l'Aude, l'Aveyron, les Bouches-du-Rhône, le Calvados, le Cantal, la Charente, la Charente-Inférieure, le Cler, la Correze, la Côte-d'Or, les Côtes-du-Nord, la Creuse, la Dordogne, le Doubs, la Drôme, l'Eure, Eure-et-Loir, le Finistère, le Gard, la Haute-Garonne, le Gers, la Gironde, le Golo, l'Hérault, Ille-et-Vilaine, l'Indre, Indre-et-Loire, l'Isere, le Jura, les Landes, le Liamone, Loir-et-Cher, la Loire, la Haute-Loire, la Loire-Inférieure, le Loiret, le Lot, Lot-et-Garonne, la Lozere, Maine-et-Loire, la Manche, la Marne, la Haute-Marne, la Mayenne, la Meurthe, la Meuse, le Mont-Blanc, le Mont-Terrible, le Morbihan, la Moselle, la Nièvre, le Nord, l'Oise l'Orne, le Pas-de-Calais, le Puy-de-Dôme, les Basses-Pyrénées, les Hautes-Pyrénées, les Pyrénées-Orientales, le Bas-Rhin, le Haut-Rhin, le Rhône, la Haute-Saône, Saône-et-Loire, la Sarthe, la Seine, la Seine-Inférieure, Seine-et-Marne, Seine-et-Oise, les Deux-Sèvres, la Somme, le Tarn, le Var, Vaucluse, la Vendée, la Vienne, la Haute-Vienne, les Vosges, l'Yonne...

4. Les limites des départemens peuvent être changées ou rectifiées par le corps législatif; mais, en ce cas, la surface d'un département ne peut excéder cent myriamètres carrés (quatre cents lieues carrées moyennes) 3).

5. Chaque département est distribué en cantons, chaque canton en communes.—Les cantons conservent leurs circonscriptions actuelles.—Leurs li-

(1) Voyez, sur les différentes modifications que le gouvernement de la France a subies, depuis 1789 jusqu'au temps présent, le résumé historique qui accompagne le tit. III de la constitution de 1791. Cette note nous dispense d'indiquer les changemens partiels apportés aux dispositions qui vont suivre, relativement au mode d'établissement et aux attributions des pouvoirs publics.

(2) La division de la France en departemens a été établie par le decret du 22 décembre 178 —janvier 1790; par celui du 26 février (13 janvier, 16 ct)—4 mars 1790, tit. II, par la constitution de 1791, tit II; et par celle du 22 frima re an 8, art. 1er. — Voyez aussi la loi du 28 pluviose an 8 (17 février 1800), qui determine l'organisation administrative de chaque departement et qui contient le tableau des départemens et arrondissemens communaux de la France: le système administratif établi par cette dernière loi est resté en pleine vigueur.

(3) La lieue moyenne linéaire est de deux mille cinq cent soixante-six toises.

mites pourront néanmoins être changées ou rectifiées par le corps législatif; mais, en ce cas, il ne pourra y avoir plus d'un myriamètre (deux lieues moyennes de deux mille cinq cent soixante-six toises chacune) de la commune la plus éloignée au chef-lieu du canton.

6. Les colonies françaises sont parties intégrantes de la république, et sont soumises a la même loi constitutionnelle (1).

7. Elles sont divisées en départemens, ainsi qu'il suit : — L'île de Saint-Domingue, dont le corps législatif déterminera la division en quatre départemens au moins, et en six au plus (2) ; —La Guadeloupe, Marie-Galande, la Désirade, les Saintes, et la partie française de Saint-Martin ; — La Martinique ;—La Guyane française et Caienne ;—Sainte-Lucie et Tabago ;—L'Ile de France, les Seychelles, Rodrigue, et les établissemens de Madagascar ;— L'île de la Réunion ;—Les Indes-Orientales, Pondichéri, Chandernagor, Mahé, Karical et autres établissemens.

TITRE II. — Etat politique des citoyens (3).

8. Tout homme né et résidant en France, qui, âgé de vingt-un ans accomplis, s'est fait inscrire sur le registre civique de son canton, qui a demeuré depuis pendant une année sur le territoire de la république, et qui paie une contribution directe, foncière ou personnelle, est citoyen français.

9. Sont citoyens, sans aucune condition de contribution, les Français qui auront fait une ou plusieurs campagnes pour l'établissement de la république.

10. L'étranger devient citoyen français, lorsque, après avoir atteint l'âge de vingt-un ans accomplis et avoir déclaré l'intention de se fixer en France, il y a résidé pendant sept années consécutives, pourvu qu'il y paie une contribution directe, et qu'en outre il y possède une propriété foncière, ou un établissement d'agriculture ou de commerce, ou qu'il y ait épousé une française.

11. Les citoyens français peuvent seuls voter dans les assemblées primaires, et être appelés aux fonctions établies par la constitution.

12. L'exercice des droits de citoyen se perd, —1° Par la naturalisation en pays étranger ;—2° Par l'affiliation à toute corporation étrangère qui supposerait des distinctions de naissance, ou qui exigerait des vœux de religion ; —3° Par l'acceptation de fonctions ou de pensions offertes par un gouvernement étranger ; — 4° Par la condamnation à des peines afflictives ou infamantes, jusqu'a réhabilitation.

13. L'exercice des droits de citoyen est suspendu, 1° Par l'interdiction judiciaire pour cause de fureur, de démence ou d'imbécillité ; —2° Par l'état de débiteur failli, ou d'héritier immédiat, détenteur, a titre gratuit, de tout ou partie de la succession d'un failli ; — 3° Par l'état de domestique à gages, attaché au service de la personne ou du ménage ;—4° Par l'état d'accusation ; — 5° Par un jugement de contumace, tant que le jugement n'est pas anéanti.

---

(1) Voyez, sur l'organisation constitutionnelle des colonies, la loi du 12 nivose an 6 (1er janvier 1798), et les notes étendues qui l'accompagnent : elles resument la législation.

(2) L'île Saint-Domingue a cessé d'appartenir a la France.

(3) Voyez, sur les conditions nécessaires pour être citoyen français, sur la suspension ou la perte de cette qualité, l'art. 2 du tit. II de la constitution de 1791 ; les art. 4 et suiv. de celle du 24 juin 1793 ; les art. 2 et suiv. de celle du 22 frimaire an 8 (13 décembre 1799) ; le sén.-cons. du 26 vendemiaire an 11 (18 octobre 1802) ; les art. 9 et suiv. du Cod. civ. ; la loi du 14—17 octobre 1814 ; et l'ordonnance du 31 juillet—3 août 1815.

14. L'exercice des droits de citoyen n'est perdu ni suspendu que dans les cas exprimés dans les deux articles précédens.

~ 15. Tout citoyen qui aura résidé sept années consécutives hors du territoire de la république, sans mission ou autorisation donnée au nom de la nation, est réputé étranger ; il ne redevient citoyen français qu'après avoir satisfait aux conditions prescrites par l'article 10.

16. Les jeunes gens ne peuvent être inscrits sur le registre civique, s'ils ne prouvent qu'ils savent lire et écrire, et exercer une profession mécanique.—Les opérations manuelles de l'agriculture appartiennent aux professions mécaniques.—Cet article n'aura d'exécution qu'à compter de l'an 12 de la république.

TITRE III. — *Assemblées primaires* (1).

17. Les assemblées primaires se composent des citoyens domiciliés dans le même canton.—Le domicile requis pour voter dans ces assemblées s'acquiert par la seule résidence pendant une année, et il ne se perd que par un an d'absence (2).

18. Nul ne peut se faire remplacer dans les assemblées primaires, ni voter pour le même objet dans plus d'une de ces assemblées.

19. Il y a au moins üne assemblée primaire par canton. — Lorsqu'il y en a plusieurs, chacune est composée de quatre cent cinquante citoyens au moins, de neuf cents au plus.—Ces nombres s'entendent des citoyens présens ou absens, ayant droit d'y voter.

20. Les assemblées primaires se constituent provisoirement sous la présidence du plus ancien d'âge ; le plus jeune remplit provisoirement les fonctions de secrétaire.

21. Elles sont définitivement constituées par la nomination au scrutin d'un président, d'un secrétaire et de trois scrutateurs.

22. S'il s'élève des difficultés sur les qualités requises pour voter, l'assemblée statue provisoirement, sauf le recours au tribunal civil du département.

23. En tout autre cas, le corps législatif prononce seul sur la validité des opérations des assemblées primaires.

24. Nul ne peut paraitre en armes dans les assemblées primaires.

25. Leur police leur appartient.

26. Les assemblées primaires se réunissent,—1° Pour accepter ou rejeter les changemens à l'acte constitutionnel, proposés par les assemblées de ré-

---

(1) Voyez, sur le mode de formation des assemblées électorales (primaires et autres), et les changemens successifs que ce mode a subis, le décret précité du 22 decembre 1789—janvier 1790 ; celui des 29 et 30 décembre 1789—janvier 1790 ; ceux des 2—3 février, 26 février—4 mars, 19—20 avril et 12—20 août 1790, et celui du 15—27 mars 1791 ; la constitution du 3—14 septembre 1791, tit. II, sect. II et suiv. ; celle du 24 juin 1793, art. 11 et suiv, 37 et 38 ; le décret sur les élections du 25 fructidor an 3 (11 septembre 1795); la loi du 15 pluviose an 5 (3 février 1797), et celle du 5 ventose suivant (23 février 1797), sur les assemblees primaires, communales et électorales; celle du 18 ventose an 6 (8 mars 1798), sur le même objet, celle du 6 germinal même année (26 mars 1798), contenant instruction sur la tenue des assemblées électorales, la constitution du 22 frimaire an 8, tit. 1er; la loi précitée du 28 pluviose suivant (17 février 1800), sur la division du territoire français; celle du 13 ventose an 9 (4 mars 1801), concernant la formation et le renouvellement des listes d'éligibilité; le sén.-cons. organique du 16 thermidor an 10 (4 août 1802), tit. 1er; le réglement du 19 fructidor an 10 (6 septembre 1802), pour l'exécution de ce sénatus-consulte; celui du 28 floréal an 12 (18 mai 1804); le décret du 17 janvier 1806; le réglement du 13 mai suivant; la charte de 1814; l'acte additionnel du 22—23 avril 1815, la charte de 1830, et les lois des 5—7 février 1817, 29—30 juin 1820 et 19—23 avril 1831, sur les élections, et celle du 22—25 juin 1833.

(2) Voyez le décret d'ordre du jour du 13 vendémiaire an 4 (5 octobre 1795), relatif à la condition de domicile, depuis un an, pour être nommé électeur.

8.

vision ; — 2° Pour faire les élections qui leur appartiennent suivant l'acte constitutionnel.

27. Elles s'assemblent de plein droit le 1er germinal de chaque année, et procèdent, selon qu'il y a lieu, à la nomination, — 1° Des membres de l'assemblée électorale ; — 2° Du juge de paix et de ses assesseurs ; — 3° Du président de l'administration municipale du canton, ou des officiers municipaux dans les communes au dessus de cinq mille habitans.

28. Immédiatement après ces élections, il se tient, dans les communes au dessous de cinq mille habitans, des assemblées communales qui élisent les agens de chaque commune et leurs adjoints.

29. Ce qui se fait dans une assemblée primaire ou communale au dela de l'objet de sa convocation, et contre les formes déterminées par la constitution, est nul.

30. Les assemblées, soit primaires, soit communales, ne font aucune autre élection que celles qui leur sont attribuées par l'acte constitutionnel.

31. Toutes les élections se font au scrutin secret.

32. Tout citoyen qui est légalement convaincu d'avoir vendu ou acheté un suffrage, est exclu des assemblées primaires et communales, et de toute fonction publique, pendant vingt ans ; en cas de récidive, il l'est pour toujours (1).

TITRE IV. — *Assemblées électorales.*

33. Chaque assemblée primaire nomme un électeur à raison de deux cents citoyens, présens ou absens, ayant droit de voter dans ladite assemblée. Jusqu'au nombre de trois cents citoyens inclusivement, il n'est nommé qu'un électeur. — Il en est nommé deux depuis trois cent un jusqu'a cinq cents ;—Trois depuis cinq cent un jusqu'a sept cents ; — Quatre depuis sept cent un jusqu'a neuf cents.

34. Les membres des assemblées électorales sont nommés chaque année, et ne peuvent être réélus qu'après un intervalle de deux ans.

35. Nul ne pourra être nommé électeur, s'il n'a vingt-cinq ans accomplis, et s'il ne réunit aux qualités nécessaires pour exercer les droits de citoyen français, l'une des conditions suivantes, savoir : — Dans les communes au dessus de six mille habitans, celle d'être propriétaire ou usufruitier d'un bien évalué a un revenu egal a la valeur locale de deux cents journées de travail, ou d'être locataire, soit d'une habitation évaluée à un revenu égal a la valeur de cent cinquante journées de travail, soit d'un bien rural évalué à deux cents journées de travail ; — Dans les communes au dessous de six mille habitans, celle d'être propriétaire ou usufruitier d'un bien évalué a un revenu égal a la valeur locale de cent cinquante journées de travail, ou d'être locataire, soit d'une habitation évaluée a un revenu égal a la valeur de cent journées de travail, soit d'un bien rural évalué cent journées de travail ; — Et dans les campagnes, celle d'être propriétaire ou usufruitier d'un bien évalué a un revenu égal a la valeur locale de cent cinquante journées de travail, ou d'être fermier ou métayer de biens évalués a la valeur de deux cents journées de travail.—A l'égard de ceux qui seront en même temps propriétaires ou usufruitiers, d'une part, et locataires, fermiers ou métayers, de l'autre, leurs facultés a ces divers titres seront cumulées jusqu'au taux nécessaire pour établir leur éligibilité.

36. L'assemblée électorale de chaque département se réunit le 20 germi-

---

(1) Voyez la loi du 4 thermidor an 5 (22 juillet 1797), qui règle le mode de jugement du délit de vente ou d'achat des suffrages dans les assemblées primaires ; et l'art. 113 du Code pénal de 1810, qui porte des peines contre ce délit.

nal de chaque année, et termine, en une seule session de dix jours au plus, et sans pouvoir s'ajourner , toutes les élections qui se trouvent à faire ; après quoi elle est dissoute de plein droit.

37. Les assemblées électorales ne peuvent s'occuper d'aucun objet étranger aux élections dont elles sont chargées : elles ne peuvent envoyer ni recevoir aucune adresse, aucune pétition, aucune députation (1)

38. Les assemblées électorales ne peuvent correspondre entre elles.

39. Aucun citoyen , ayant été membre d'une assemblée électorale , ne peut prendre le titre d'électeur, ni se réunir, en cette qualité, à ceux qui ont été avec lui membres de cette même assemblée.—La contravention au présent article est un attentat à la sûreté générale.

40. Les articles 18, 20 , 21, 23 , 24 , 25, 29 , 30 , 31 et 32 du titre précédent, sur les assemblées primaires, sont communs aux assemblées électorales.

41. Les assemblées électorales elisent, selon qu'il y a lieu , —1° Les membres du corps législatif ; savoir, les membres du conseil des anciens , ensuite les membres du conseil des cinq-cents;—2° Les membres du tribunal de cassation ; — 3° Les hauts-jurés ; — 4° Les administrateurs de département ;— 5° Les président , accusateur public et greffier du tribunal criminel ;—6° Les juges des tribunaux civils.

42. Lorsqu'un citoyen est élu par les assemblées électorales pour remplacer un fonctionnaire mort , démissionnaire ou destitué, ce citoyen n'est élu que pour le temps qui restait au fonctionnaire remplacé.

43. Le commissaire du directoire exécutif près l'administration de chaque département est tenu, sous peine de destitution , d'in ormer le directoire de l'ouverture et de la clôture des assemblées électorales : ce commissaire n'en peut arrêter ni suspendre les opérations, ni entrer dans le lieu des séances ; mais il a droit de demander communication du procès-verbal de chaque séance dans les vingt-quatre heures qui la suivent ; et il est tenu de dénoncer au directoire les infractions qui seraient faites a l'acte constitutionnel.—Dans tous les cas , le corps législatif prononce seul sur la validité des opérations des assemblées électorales.

TITRE V. — *Pouvoir législatif* (2).
Dispositions générales.

44. Le corps législatif est composé d'un conseil des anciens et d'un conseil des cinq-cents.

45. En aucun cas, le corps législatif ne peut déléguer à un ou plusieurs de ses membres, ni a qui que ce soit , aucune des fonctions qui lui sont attribuées par la présente constitution.

---

(1) Voyez le decret du 5 vendémiaire an 4 (27 septembre 1795), qui porte des peines contre les presidens, secretaires et scrutateurs des assemblees primaires ou electorales, qui mettraient aux voix ou signeraient des arrêtés étrangers aux elections.

(2) Voyez le decret précité du 30 vendemiaire an 4 (22 octobre 1795), contenant réglement sur l'organisation du corps legislatif.

Voyez aussi, sur les fonctions du corps législatif, le chap. III du tit. III de la constitution de 1791, les art. 53 et suiv de celle du 24 juin 1793; le tit. III de celle du 22 frimaire an 8 (13 decembre 1799); le sen.-cons. du 16 thermidor an 10(4 août 1802), art. 54 et suiv.; celui du 28 floréal an 12 (18 mai 1804), art. 57 et suiv., 69 et suiv.; la charte de 1814, art. 24 et suiv., 35 et suiv.; l'acte additionnel du 22—23 avril 1815, art. 2 et suiv. ; et la charte de 1830, art. 20 et suiv , 30 et suiv.

Voyez encore, sur la tenue des séances du corps législatif, le réglement du 29 juillet 1789, à l'usage de l'assemblée constituante; celui du 18 octobre 1791, à l'usage de l'assemblée legislative; celui du 28 septembre 1792, adopté par la convention nationale; celui du 27 nivose an 8 (17 janvier 1800), a l'usage du tribunat; le réglement intérieur de la chambre des deputés, du 23 juin 1814; et celui du 2 juillet suivant, à l'usage de la chambre des pairs.

46. Il ne peut exercer par lui-même, ni par des délégués, le pouvoir exécutif, ni le pouvoir judiciaire.

47. Il y a incompatibilité entre la qualité de membre du corps législatif et l'exercice d'une autre fonction publique, excepté celle d'archiviste de la république.

48. La loi détermine le mode du remplacement définitif ou temporaire des fonctionnaires publics qui viennent a être élus membres du corps législatif.

49. Chaque département concourt, a raison de sa population seulement, à la nomination des membres du conseil des anciens et des membres du conseil des cinq-cents.

50. Tous les dix ans, le corps législatif, d'après les états de population qui lui sont envoyés, détermine le nombre de membres de l'un et de l'autre conseil que chaque département doit fournir.

51. Aucun changement ne peut être fait dans cette répartition, durant cet intervalle.

52. Les membres du corps législatif ne sont pas représentans du département qui les a nommés, mais de la nation entière, et il ne peut leur être donné aucun mandat.

53. L'un et l'autre conseil est renouvelé tous les ans par tiers.

54. Les membres sortant après trois années peuvent être immédiatement réélus pour les trois années suivantes, après quoi il faudra un intervalle de deux ans pour qu'ils puissent être élus de nouveau.

55. Nul, en aucun cas, ne peut être membre du corps législatif durant plus de six années consécutives.

56. Si, par des circonstances extraordinaires, l'un des deux conseils se trouve réduit a moins des deux tiers de ses membres, il en donne avis au directoire exécutif, lequel est tenu de convoquer, sans délai, les assemblées primaires des départemens qui ont des membres du corps législatif à remplacer par l'effet de ces circonstances : les assemblées primaires nomment sur-le-champ les électeurs, qui procèdent aux remplacemens nécessaires.

57. Les membres nouvellement élus pour l'un et pour l'autre conseil, se réunissent, le 1er prairial de chaque année, dans la commune qui a été indiquée par le corps législatif précédent, ou dans la commune même où il a tenu ses dernières séances, s'il n'en a pas désigné une autre.

58. Les deux conseils résident toujours dans la même commune.

59. Le corps législatif est permanent : il peut néanmoins s'ajourner à des termes qu'il désigne.

60. En aucun cas, les deux conseils ne peuvent se réunir dans une même salle.

61. Les fonctions de président et de secrétaire ne peuvent excéder la durée d'un mois, ni dans le conseil des anciens, ni dans celui des cinq-cents.

62. Les deux conseils ont respectivement le droit de police dans le lieu de leurs séances, et dans l'enceinte extérieure qu'ils ont déterminée.

63. Ils ont respectivement le droit de police sur leurs membres ; mais ils ne peuvent prononcer de peine plus forte que la censure, les arrêts pour huit jours, et la prison pour trois.

64. Les séances de l'un et de l'autre conseil sont publiques : les assistans ne peuvent excéder en nombre la moitié des membres respectifs de chaque conseil.—Les procès-verbaux des séances sont imprimés.

65. Toute délibération se prend par assis et levé : en cas de doute, il se fait un appel nominal; mais alors les votes sont secrets.

66. Sur la demande de cent de ses membres, chaque conseil peut se former en comité général et secret, mais seulement pour discuter, et non pour délibérer.

67. Ni l'un ni l'autre de ces conseils ne peut créer dans son sein aucun comité permanent.— Seulement chaque conseil a la faculté, lorsqu'une matière lui parait susceptible d'un examen préparatoire, de nommer parmi ses membres une commission spéciale, qui se renferme uniquement dans l'objet de sa formation.—Cette commission est dissoute aussitôt que le conseil a statué sur l'objet dont elle était chargée.

68. Les membres du corps législatif reçoivent une indemnité annuelle : elle est, dans l'un et l'autre conseil, fixée a la valeur de trois mille myriagrammes de froment (six cent treize quintaux trente-deux livres).

69. Le directoire exécutif ne peut faire passer ou séjourner aucun corps de troupes dans la distance de six myriamètres (douze lieues moyennes) de la commune où le corps législatif tient ses séances, si ce n'est sur sa réquisition ou avec son autorisation.

70. Il y a près du corps législatif une garde de citoyens pris dans la garde nationale sédentaire de tous les départemens, et choisis par leurs frères d'armes.— Cette garde ne peut être au dessous de quinze cents hommes en activité de service.

71. Le corps législatif détermine le mode de ce service et sa durée.

72. Le corps législatif n'assiste à aucune cérémonie publique, et n'y envoie point de députations.

CONSEIL DES CINQ-CENTS (1).

73. Le conseil des cinq-cents est invariablement fixé à ce nombre.

74. Pour être élu membre du conseil des cinq-cents, il faut être âgé de trente ans accomplis, et avoir été domicilié sur le territoire de la république pendant les dix années qui auront immédiatement précédé l'élection. —La condition de l'âge de trente ans ne sera point exigible avant l'an septième de la république : jusqu'a cette époque, l'âge de vingt-cinq ans accomplis sera suffisant.

75. Le conseil des cinq cents ne peut délibérer, si la séance n'est composée de deux cents membres au moins.

76. La proposition des lois appartient exclusivement au conseil des cinq-cents.

77. Aucune proposition ne peut être délibérée ni résolue dans le conseil des cinq-cents, qu'en observant les formes suivantes. — Il se fait trois lectures de la proposition ; l'intervalle entre deux de ces lectures ne peut être moindre de dix jours. — La discussion est ouverte après chaque lecture ; et néanmoins, après la première ou la seconde, le conseil des cinq-cents peut déclarer qu'il y a lieu a l'ajournement, ou qu'il n'y a pas lieu a délibérer. —Toute proposition doit être imprimée et distribuée deux jours avant la seconde lecture.—Après la troisième lecture, le conseil des cinq-cents décide s'il y a lieu ou non à l'ajournement.

78. Toute proposition qui, soumise à la discussion, a été définitivement rejetée après la troisième lecture, ne peut être reproduite qu'après une année révolue.

79. Les propositions adoptées par le conseil des cinq-cents s'appellent *résolutions*.

80. Le préambule de toute résolution énonce, — 1° Les dates des séances

---

(1) Voyez le décret du 25 fructidor an 3 (11 septembre 1795), tit. IV, qui règle le mode des élections attribuées au conseil des cinq-cents.

auxquelles les trois lectures de la proposition auront été faites; — 2° L'acte par lequel il a été déclaré, après la troisième lecture, qu'il n'y a pas lieu a l'ajournement.

81. Sont exemptes des formes prescrites par l'article 77, les propositions reconnues urgentes par une déclaration préalable du conseil des cinq-cents. — Cette déclaration énonce les motifs de l'urgence, et il en est fait mention dans le préambule de la resolution.

CONSEIL DES ANCIENS.

82. Le conseil des anciens est composé de deux cent cinquante membres.

83. Nul ne peut être élu membre du conseil des anciens, — S'il n'est âgé de quarante ans accomplis; — Si de plus il n'est marié ou veuf; — Et s'il n'a pas été domicilié sur le territoire de la république pendant les quinze années qui auront immédiatement précédé l'élection.

84. La condition de domicile exigée par le précédent article, et celle prescrite par l'article 74, ne concernent point les citoyens qui sont sortis du territoire de la république avec mission du gouvernement.

85. Le conseil des anciens ne peut délibérer si la séance n'est composée de cent vingt-six membres au moins.

86. Il appartient exclusivement au conseil des anciens d'approuver ou de rejeter les résolutions du conseil des cinq-cents.

87. Aussitôt qu'une resolution du conseil des cinq-cents est parvenue au conseil des anciens, le président donne lecture du préambule.

88. Le conseil des anciens refuse d'approuver les résolutions du conseil des cinq-cents qui n'ont point été prises dans les formes prescrites par la constitution.

89. Si la proposition a été déclarée urgente par le conseil des cinq-cents, le conseil des anciens delibère pour approuver ou rejeter l'acte d'urgence.

90. Si le conseil des anciens rejette l'acte d'urgence, il ne délibère point sur le fond de la résolution.

91. Si la résolution n'est pas précédée d'un acte d'urgence, il en est fait trois lectures: l'intervalle entre deux de ces lectures ne peut être moindre de cinq jours. — La discussion est ouverte après chaque lecture. — Toute résolution est imprimée et distribuée deux jours au moins avant la seconde lecture.

92. Les résolutions du conseil des cinq-cents, adoptées par le conseil des anciens, s'appellent *lois*.

93. Le préambule des lois énonce les dates des séances du conseil des anciens auxquelles les trois lectures ont été faites.

94. Le décret par lequel le conseil des anciens reconnaît l'urgence d'une loi, est motivé et mentionné dans le préambule de cette loi.

95. La proposition de la loi, faite par le conseil des cinq-cents, s'entend de tous les articles d'un même projet : le conseil des anciens doit les rejeter tous, ou les approuver dans leur ensemble.

96. L'approbation du conseil des anciens est exprimée sur chaque proposition de loi par cette formule, signée du président et des secrétaires : *Le conseil des anciens approuve*...

97. Le refus d'adopter pour cause d'omission des formes indiquées dans l'article 77, est exprimé par cette formule, signée du président et des secrétaires : *La constitution annule*...

98. Le refus d'approuver le fond de la loi proposée est exprimé par cette formule, signée du président et des secrétaires : *Le conseil des anciens ne peut adopter*...

99. Dans le cas du précédent article, le projet de loi rejeté ne peut plus être présenté par le conseil des cinq-cents qu'après une année révolue.

100. Le conseil des cinq-cents peut néanmoins présenter, à quelque époque que ce soit, un projet de loi qui contienne des articles faisant partie d'un projet qui a été rejeté.

101. Le conseil des anciens envoie dans le jour les lois qu'il a adoptées, tant au conseil des cinq-cents qu'au directoire exécutif.

102. Le conseil des anciens peut changer la résidence du corps législatif; il indique, en ce cas, un nouveau lieu et l'époque à laquelle les deux conseils sont tenus de s'y rendre. — Le décret du conseil des anciens sur cet objet est irrevocable.

103. Le jour même de ce décret, ni l'un ni l'autre des conseils ne peuvent plus délibérer dans la commune où ils ont résidé jusqu'alors. — Les membres qui y continueraient leurs fonctions se rendraient coupables d'attentat contre la sûreté de la république.

104. Les membres du directoire exécutif qui retarderaient ou refuseraient de sceller, promulguer et envoyer le décret de translation du corps législatif, seraient coupables du même délit.

105. Si, dans les vingt jours après celui fixé par le conseil des anciens, la majorité de chacun des deux conseils n'a pas fait connaître a la république son arrivée au nouveau lieu indiqué, ou sa réunion dans un autre lieu quelconque, les administrateurs de département, ou, a leur défaut, les tribunaux civils de département convoquent les assemblées primaires pour nommer des electeurs qui procedent aussitôt a la formation d'un nouveau corps législatif, par l'election de deux cent cinquante députés pour le conseil des anciens, et de cinq cents pour l'autre conseil.

106. Les administrateurs de département qui, dans le cas de l'article précédent, seraient en retard de convoquer les assemblées primaires, se rendraient coupables de haute trahison et d'attentat contre la sûreté de la république.

107. Sont déclarés coupables du même délit tous citoyens qui mettraient obstacle à la convocation des assemblées primaires et électorales, dans le cas de l'article 106.

108. Les membres du nouveau corps législatif se rassemblent dans le lieu où le conseil des anciens avait transféré ses séances. — S'ils ne peuvent se réunir dans ce lieu, dans quelque endroit qu'ils se trouvent en majorité, la est le corps législatif.

109. Excepté dans le cas de l'article 102, aucune proposition de loi ne peut prendre naissance dans le conseil des anciens.

De la garantie des membres du corps législatif.

110. Les citoyens qui sont ou ont été membres du corps législatif, ne peuvent être recherchés, accusés ni jugés en aucun temps, pour ce qu'ils ont dit ou écrit dans l'exercice de leurs fonctions (1).

111. Les membres du corps législatif, depuis le moment de leur nomination jusqu'au trentieme jour après l'expiration de leurs fonctions, ne peuvent être mis en jugement que dans les formes prescrites par les articles qui suivent.

112. Ils peuvent, pour faits criminels, être saisis en flagrant délit; mais il en est donné avis, sans délai, au corps législatif, et la poursuite ne pourra être continuée qu'après que le conseil des cinq-cents aura proposé la mise en jugement, et que le conseil des anciens l'aura décrétée.

(1) Voyez, sur cet article et les deux suivans, les dispositions analogues des art. 43 et 44 de la constitution du 24 juin 1793: 69 et suiv. de celle du 22 frimaire an 8 (13 decembre 1799); 34 et 52 de la charte de 1814; et des art. 29 et 44 de celle de 1830.

113. Hors le cas du flagrant délit, les membres du corps législatif ne peuvent être amenés devant les officiers de police, ni mis en état d'arrestation, avant que le conseil des cinq-cents ait proposé la mise en jugement, et que le conseil des anciens l'ait décrétée.

114. Dans les cas des deux articles précédens, un membre du corps législatif ne peut être traduit devant aucun autre tribunal que la haute-cour de justice.

115. Ils sont traduits devant la même cour pour les faits de trahison, de dilapidation, de manœuvres pour renverser la constitution, et d'attentat contre la sûreté intérieure de la république.

116. Aucune dénonciation contre un membre du corps législatif ne peut donner lieu à poursuite, si elle n'est rédigée par écrit, signée et adressée au conseil des cinq-cents.

117. Si, après y avoir délibéré en la forme prescrite par l'article 77, le conseil des cinq-cents admet la dénonciation, il le déclare en ces termes :— *La dénonciation contre... pour le fait de . datée... signée de...` est admise.*

118. L'inculpé est alors appelé : il a, pour comparaître, un délai de trois jours francs ; et lorsqu'il comparait, il est entendu dans l'intérieur du lieu des séances du conseil des cinq-cents.

119. Soit que l'inculpé se soit présenté ou non, le conseil des cinq-cents déclare, après ce délai, s'il y a lieu ou non a l'examen de sa conduite.

120. S'il est déclaré par le conseil des cinq-cents qu'il y a lieu a examen, le prévenu est appelé par le conseil des anciens : il a, pour comparaître, un délai de deux jours francs ; et s'il comparait, il est entendu dans l'intérieur du lieu des séances du conseil des anciens.

121. Soit que le prévenu se soit présenté ou non, le conseil des anciens, après ce délai, et après y avoir délibéré dans les formes prescrites par l'article 91, prononce l'accusation, s'il y a lieu, et renvoie l'accusé devant la haute-cour de justice, laquelle est tenue d'instruire le procès sans aucun délai.

122. Toute discussion, dans l'un et dans l'autre conseil, relative a la prévention ou a l'accusation d'un membre du corps législatif, se fait en comité général.—Toute délibération sur les mêmes objets est prise à l'appel nominal et au scrutin secret.

123. L'accusation prononcée contre un membre du corps législatif entraîne suspension. — S'il est acquitté par le jugement de la haute-cour de justice, il reprend ses fonctions.

Relations des deux conseils entre eux.

124. Lorsque les deux conseils sont définitivement constitués, ils s'en avertissent mutuellement par un messager d'état.

125. Chaque conseil nomme quatre messagers d'état pour son service.

126. Ils portent à chacun des conseils et au directoire exécutif les lois et les actes du corps législatif; ils ont entrée à cet effet dans le lieu des séances du directoire exécutif. — Ils marchent précédés de deux huissiers.

127. L'un des conseils ne peut s'ajourner au-dela de cinq jours sans le consentement de l'autre.

Promulgation des lois (1).

128. Le directoire exécutif fait sceller et publier les lois et les autres actes du corps législatif dans les deux jours après leur réception.

_____

_ (1) Voyez, sur le mode de promulgation des lois, sous les différens gouvernemens de la

129. Il fait sceller et promulguer, dans le jour, les lois et actes du corps législatif qui sont précédés d'un décret d'urgence.

130. La publication de la loi et des actes du corps législatif est ordonnée en la forme suivante : « *Au nom de la république française , (loi) ou (acte du corps législatif)... Le directoire ordonne que la loi ou l'acte législatif ci-dessus sera publié , exécuté , et qu'il sera muni du sceau de la république.* »

131. Les lois dont le préambule n'atteste pas l'observation des formes prescrites par les articles 77 et 91, ne peuvent être promulguées par le directoire exécutif, et sa responsabilité à cet égard dure six années. — Sont exceptées les lois pour lesquelles l'acte d'urgence a été approuvé par le conseil des anciens.

TITRE VI. — *Pouvoir exécutif.*

132. Le pouvoir exécutif est délégué à un directoire de cinq membres, nommé par le corps législatif, faisant alors les fonctions d'assemblée électorale, au nom de la nation.

133. Le conseil des cinq-cents forme, au scrutin secret, une liste décuple du nombre des membres du directoire qui sont à nommer, et la présente au conseil des anciens, qui choisit, aussi au scrutin secret, dans cette liste.

134. Les membres du directoire doivent être âgés de quarante ans au moins.

135. Ils ne peuvent être pris que parmi les citoyens qui ont été membres du corps législatif, ou ministres. — La disposition du présent article ne sera observée qu'a commencer de l'an neuvième de la république.

136. A compter du premier jour de l'an 5 de la république, les membres du corps législatif ne pourront être élus membres du directoire ni ministres, soit pendant la durée de leurs fonctions législatives, soit pendant la première année après l'expiration de ces mêmes fonctions.

137. Le directoire est partiellement renouvelé, par l'élection d'un nouveau membre, chaque année. — Le sort décidera, pendant les quatre premières années, de la sortie successive de ceux qui auront été nommés la première fois (1).

138. Aucun des membres sortans ne peut être réélu qu'après un intervalle de cinq ans.

139. L'ascendant et le descendant en ligne directe, les frères, l'oncle et le neveu, les cousins au premier degré, et les alliés a ces divers degrés, ne peuvent être en même temps membres du directoire, ni s'y succéder, qu'après un intervalle de cinq ans.

140. En cas de vacance par mort, démission ou autrement, d'un des membres du directoire, son successeur est élu par le corps législatif dans dix jours pour tout délai. — Le conseil des cinq-cents est tenu de proposer les candidats dans les cinq premiers jours, et le conseil des anciens doit consommer l'élection dans les cinq derniers. — Le nouveau membre n'est élu que pour le temps d'exercice qui restait à celui qu'il remplace. — Si néanmoins ce temps n'excède pas six mois, celui qui est élu demeure en fonctions jusqu'a la fin de la cinquieme année suivante.

141. Chaque membre du directoire le préside à son tour durant trois mois seulement. — Le président a la signature et la garde du sceau. — Les lois et

France, les notes qui accompagnent le décret du 2—5 novembre 1790, et celles qui accompagnent l'art. 1ᵉʳ du décret du 14—16 frimaire an 2 (4—6 décembre 1793), portant création du Bulletin des lois.

(1) Voyez la loi précitée du 25 floréal an 5 (14 mai 1797), sur la forme de ce tirage au sort ; et celle du 15 ventose an 6 (5 mars 1798), qui en fixe l'époque.

les actes du corps législatif sont adressés au directoire, en la personne de son président.

142. Le directoire exécutif ne peut délibérer, s'il n'y a trois membres présens au moins.

143. Il se choisit, hors de son sein, un secrétaire qui contresigne les expéditions, et rédige les délibérations sur un registre où chaque membre a le droit de faire inscrire son avis motivé. — Le directoire peut, quand il le juge à propos, délibérer sans l'assistance de son secrétaire; en ce cas, les délibérations sont rédigées sur un registre particulier, par un des membres du directoire.

144. Le directoire pourvoit, d'après les lois, à la sûreté extérieure ou intérieure de la république. — Il peut faire des proclamations conformes aux lois et pour leur exécution. — Il dispose de la force armée, sans qu'en aucun cas, le directoire collectivement, ni aucun de ses membres, puisse la commander, ni pendant le temps de ses fonctions, ni pendant les deux années qui suivent immédiatement l'expiration de ces mêmes fonctions.

145. Si le directoire est informé qu'il se trame quelque conspiration contre la sûreté extérieure ou intérieure de l'état, il peut décerner des mandats d'amener et des mandats d'arrêt contre ceux qui en sont présumés les auteurs ou les complices; il peut les interroger : mais il est obligé, sous les peines portées contre le crime de détention arbitraire, de les renvoyer pardevant l'officier de police, dans le délai de deux jours, pour procéder suivant les lois.

146. Le directoire nomme les généraux en chef; il ne peut les choisir parmi les parens ou alliés de ses membres, dans les degrés exprimés par l'article 139 (1).

147. Il surveille et assure l'exécution des lois dans les administrations et tribunaux, par des commissaires a sa nomination.

148. Il nomme hors de son sein les ministres, et les révoque lorsqu'il le juge convenable. — Il ne peut les choisir au dessous de l'âge de trente ans, ni parmi les parens ou alliés de ses membres, aux degrés énoncés dans l'article 139.

149. Les ministres correspondent immédiatement avec les autorités qui leur sont subordonnées.

150. Le corps législatif détermine les attributions et le nombre des ministres. — Ce nombre est de six au moins et de huit au plus.

151. Les ministres ne forment point un conseil.

152. Les ministres sont respectivement responsables, tant de l'inexécution des lois, que de l'inexécution des arrêtés du directoire.

153. Le directoire nomme le receveur des impositions directes de chaque département.

154. Il nomme les préposés en chef aux régies des contributions indirectes et à l'administration des domaines nationaux.

155. Tous les fonctionnaires publics dans les colonies françaises, excepté les départemens des îles de France et de la Réunion, seront nommés par le directoire jusqu'a la paix.

156 Le corps législatif peut autoriser le directoire à envoyer dans toutes les colonies françaises, suivant l'exigence des cas, un ou plusieurs agens particuliers nommés par lui pour un temps limité. — Les agens particuliers exerceront les mêmes fonctions que le directoire, et lui seront subordonnés.

---

(1) Voyez le décret du 3 brumaire an 4 (25 octobre 1795), qui autorise le directoire exécutif a nommer aux emplois militaires.

157. Aucun membre du directoire ne peut sortir du territoire de la république, que deux ans après la cessation de ses fonctions.

158. Il est tenu, pendant cet intervalle, de justifier au corps législatif de sa résidence.—L'article 112 et les suivans, jusqu'à l'article 123 inclusivement, relatifs à la garantie du corps législatif, sont communs aux membres du directoire.

159. Dans le cas où plus de deux membres du directoire seraient mis en jugement, le corps législatif pourvoira, dans les formes ordinaires, à leur remplacement provisoire durant le jugement.

160. Hors les cas des articles 119 et 120, le directoire, ni aucun de ses membres, ne peut être appelé, ni par le conseil des cinq-cents, ni par le conseil des anciens.

161. Les comptes et les éclaircissemens demandés par l'un ou l'autre conseil au directoire, sont fournis par écrit.

162. Le directoire est tenu, chaque année, de présenter, par écrit, à l'un et à l'autre conseil, l'aperçu des dépenses, la situation des finances, l'état des pensions existantes, ainsi que le projet de celles qu'il croit convenable d'établir. — Il doit indiquer les abus qui sont à sa connaissance.

163. Le directoire peut, en tout temps, inviter par écrit le conseil des cinq-cents à prendre un objet en considération ; il peut lui proposer des mesures, mais non des projets rédigés en forme de lois.

164. Aucun membre du directoire ne peut s'absenter plus de cinq jours, ni s'éloigner au-delà de quatre myriamètres (huit lieues moyennes) du lieu de la résidence du directoire, sans l'autorisation du corps législatif.

165. Les membres du directoire ne peuvent paraître, dans l'exercice de leurs fonctions, soit au dehors, soit dans l'intérieur de leurs maisons, que revêtus du costume qui leur est propre.

166. Le directoire a sa garde habituelle, et soldée aux frais de la république, composée de cent vingt hommes à pied, et de cent vingt hommes à cheval.

167. Le directoire est accompagné de sa garde dans les cérémonies et marches publiques, où il a toujours le premier rang.

168. Chaque membre du directoire se fait accompagner au dehors de deux gardes.

169. Tout poste de force armée doit au directoire et à chacun de ses membres les honneurs militaires supérieurs.

170. Le directoire a quatre messagers d'état, qu'il nomme et qu'il peut destituer.—Ils portent aux deux conseils législatifs les lettres et les mémoires du directoire ; ils ont entrée à cet effet dans le lieu des séances des conseils législatifs. — Ils marchent précédés de deux huissiers.

171. Le directoire réside dans la même commune que le corps législatif.

172. Les membres du directoire sont logés aux frais de la république, et dans un même édifice.

173. Le traitement de chacun d'eux est fixé, pour chaque année, à la valeur de cinquante mille myriagrammes de froment (dix mille deux cent vingt-deux quintaux).

TITRE VII. — *Corps administratifs et municipaux* (1).

174. Il y a dans chaque département une administration centrale, et dans chaque canton une administration municipale au moins.

---

(1) Voyez, sur l'organisation administrative de la France, la loi précitée du 28 pluviose an 8 (17 février 1800), et les notes étendues qui l'accompagnent. — Voyez notamment, sur l'organisa-

175. Tout membre d'une administration départementale ou municipale, doit être âgé de vingt-cinq ans au moins.

176. L'ascendant et le descendant en ligne directe, les frères, l'oncle et le neveu, et les alliés aux mêmes degrés, ne peuvent simultanément être membres de la même administration, ni s'y succéder qu'après un intervalle de deux ans.

177. Chaque administration de département est composée de cinq membres; elle est renouvelée par cinquième tous les ans.

178. Toute commune dont la population s'élève depuis cinq mille habitans jusqu'à cent mille, a pour elle seule une administration municipale.

179. Il y a dans chaque commune dont la population est inférieure à cinq mille habitans, un agent municipal et un adjoint.

180. La réunion des agens municipaux de chaque commune forme la municipalité de canton.

181. Il y a de plus un président de l'administration municipale, choisi dans tout le canton.

182. Dans les communes dont la population s'élève de cinq à dix mille habitans, il y a cinq officiers municipaux; — Sept, depuis dix mille jusqu'à cinquante mille; — Neuf, depuis cinquante mille jusqu'à cent mille.

183. Dans les communes dont la population excède cent mille habitans, il y a au moins trois administrations municipales. — Dans ces communes, la division des municipalités se fait de manière que la population de l'arrondissement de chacune n'excède pas cinquante mille individus, et ne soit pas moindre de trente mille. — La municipalité de chaque arrondissement est composée de sept membres.

184. Il y a, dans les communes divisées en plusieurs municipalités, un bureau central pour les objets jugés indivisibles par le corps législatif. — Ce bureau est composé de trois membres nommés par l'administration de département, et confirmés par le pouvoir exécutif.

185. Les membres de toute administration municipale sont nommés pour deux ans, et renouvelés chaque année par moitié ou par partie la plus approximative de la moitié, et alternativement par la fraction la plus forte et par la fraction la plus faible.

186. Les administrateurs de département et les membres des administrations municipales peuvent être réélus une fois sans intervalle.

187. Tout citoyen qui a été deux fois de suite élu administrateur de département ou membre d'une administration municipale, et qui en a rempli les fonctions en vertu de l'une et l'autre élection, ne peut être élu de nouveau qu'après un intervalle de deux années.

188. Dans le cas où une administration départementale ou municipale perdrait un ou plusieurs de ses membres par mort, démission ou autrement, les administrateurs restans peuvent s'adjoindre en remplacement des administrateurs temporaires, et qui exercent en cette qualité jusqu'aux élections suivantes.

189. Les administrations départementales et municipales ne peuvent modifier les actes du corps législatif, ni ceux du directoire exécutif, ni en suspendre l'exécution. — Elles ne peuvent s'immiscer dans les objets dépendant de l'ordre judiciaire (1).

_____

tion municipale, la loi du 21—23 mars 1831 ; et, plus spécialement, le décret du 21 fructidor an 3 (7 septembre 1795), qui, en exécution du présent titre, détermine les fonctions des corps administratifs et municipaux ; et le décret précité du 19 vendémiaire an 4 (11 octobre 1795), sur la division administrative de la France.

(1) La séparation des autorités administrative et judiciaire a été décrétée en principe par

190. Les administrateurs sont essentiellement chargés de la répartition des contributions directes et de la surveillance des deniers provenant des revenus publics dans leur territoire. — Le corps législatif détermine les règles et le mode de leurs fonctions, tant sur ces objets, que sur les autres parties de l'administration intérieure.

191. Le directoire exécutif nomme, auprès de chaque administration départementale et municipale, un commissaire qu'il révoque lorsqu'il le juge convenable. — Ce commissaire surveille et requiert l'exécution des lois.

192. Le commissaire près de chaque administration locale doit être pris parmi les citoyens domiciliés depuis un an dans le département où cette administration est établie. — Il doit être âgé de vingt-cinq ans au moins.

193. Les administrations municipales sont subordonnées aux administrations de département, et celles-ci aux ministres. — En conséquence, les ministres peuvent annuler, chacun dans sa partie, les actes des administrations de département ; et celles-ci les actes des administrations municipales, lorsque ces actes sont contraires aux lois ou aux ordres des autorités supérieures.

194. Les ministres peuvent aussi suspendre les administrations de département qui ont contrevenu aux lois ou aux ordres des autorités supérieures ; et les administrations de département ont le même droit à l'égard des membres des administrations municipales.

195. Aucune suspension ni annulation ne devient définitive sans la confirmation formelle du directoire exécutif.

196. Le directoire peut aussi annuler immédiatement les actes des administrations départementales ou municipales.—Il peut suspendre ou destituer immédiatement, lorsqu'il le croit nécessaire, les administrateurs, soit de département, soit de canton, et les envoyer devant les tribunaux de département, lorsqu'il y a lieu.

197. Tout arrêté portant cassation d'actes, suspension ou destitution d'administrateurs, doit être motivé.

198. Lorsque les cinq membres d'une administration départementale sont destitués, le directoire exécutif pourvoit à leur remplacement jusqu'a l'élection suivante ; mais il ne peut choisir leurs suppléans provisoires que parmi les anciens administrateurs du même département.

199. Les administrations, soit de département, soit de canton, ne peuvent correspondre entre elles que sur les affaires qui leur sont attribuées par la loi, et non sur les intérêts généraux de la république.

200. Toute administration doit annuellement le compte de sa gestion. — Les comptes rendus par les administrations départementales sont imprimés.

201. Tous les actes des corps administratifs sont rendus publics par le dépôt du registre où ils sont consignés, et qui est ouvert a tous les administrés.—Ce registre est clos tous les six mois, et n'est déposé que du jour qu'il a été clos. — Le corps législatif peut proroger, selon les circonstances, le délai fixé pour ce dépôt.

TITRE VIII. — *Pouvoir judiciaire* (1).

Dispositions générales.

202. Les fonctions judiciaires ne peuvent être exercées ni par le corps législatif, ni par le pouvoir exécutif.

---

l'art. 13 du tit. II du décret du 16—24 août 1790, sur l'organisation judiciaire : voyez cet article et les notes. Voyez aussi, sur le même objet, le décret du 16 fructidor an 3 (2 septembre 1795), et les notes étendues qui l'accompagnent.

(1) Voyez le décret précité du 16—24 août 1790, sur l'organisation judiciaire, et les notes.

128   CONVENTION NATIONALE.

203. Les juges ne peuvent s'immiscer dans l'exercice du pouvoir législatif, ni faire aucun réglement (1).—Ils ne peuvent arrêter ou suspendre l'exécution d'aucune loi, ni citer devant eux les administrateurs pour raison de leurs fonctions.

204. Nul ne peut être distrait des juges que la loi lui assigne, par aucune commission, ni par d'autres attributions que celles qui sont déterminées par une loi antérieure (2).

205. La justice est rendue gratuitement.

206. Les juges ne peuvent être destitués que pour forfaiture légalement jugée, ni suspendus que par une accusation admise.

207. L'ascendant et le descendant en ligne directe, les frères, l'oncle et le neveu, les cousins au premier degré, et les alliés a ces divers degrés, ne peuvent être simultanément membres du même tribunal.

208. Les séances des tribunaux sont publiques; les juges déliberent en secret (3); les jugemens sont prononcés a haute voix; ils sont motivés, et on y énonce les termes de la loi appliquée.

209. Nul citoyen, s'il n'a l'âge de trente ans accomplis, ne peut être élu juge d'un tribunal de département, ni juge de paix, ni assesseur de juge de paix, ni juge d'un tribunal de commerce, ni membre du tribunal de cassation, ni juré, ni commissaire du directoire exécutif près les tribunaux.

De la justice civile.

210. Il ne peut être porté atteinte au droit de faire prononcer sur les différens par des arbitres du choix des parties (4).

211. La décision de ces arbitres est sans appel, et sans recours en cassation, si les parties ne l'ont expressément réservé.

212. Il y a, dans chaque arrondissement déterminé par la loi, un juge de paix et ses assesseurs. — Ils sont tous élus pour deux ans, et peuvent être immédiatement et indéfiniment réélus (5).

213. La loi détermine les objets dont les juges de paix et leurs assesseurs connaissent en dernier ressort.—Elle leur en attribue d'autres qu'ils jugent a la charge de l'appel.

214. Il y a des tribunaux particuliers pour le commerce de terre et de mer; la loi determine les lieux où il est utile de les établir.—Leur pouvoir de juger en dernier ressort ne peut être étendu au-delà de la valeur de cinq cents myriagrammes de froment (cent deux quintaux vingt-deux livres).

215. Les affaires dont le jugement n'appartient ni aux juges de paix ni aux tribunaux de commerce, soit en dernier ressort, soit a la charge d'appel, sont portées immédiatement devant le juge de paix et ses assesseurs, pour être conciliées.—Si le juge de paix ne peut les concilier, il les renvoie devant le tribunal civil.

216. Il y a un tribunal civil par département. — Chaque tribunal civil

(1) Voyez l'art. 12 du tit. II du décret precité du 16—24 août 1790, qui porte une disposition semblable, et les notes; et l'art. 2 du Cod civ., qui reproduit la défense faite aux juges de statuer par voie reglementaire.
(2) Voyez les dispositions semblables de l'art. 4 du chap. V du tit. III de la constitution de 1791; de l'art 62 de la charte de 1814; et de l'art 53 de celle de 1830.
(3) Cette disposition a change le mode de délibération ordonne par le décret du 26—26 juin 1793, d'après lequel les juges devaient opiner a haute voix et en public.
(4) Voyez la disposition identique de l'art. 5 du chap. V du tit. III de la constitution de 1791; et, sur la legislation de l'arbitrage, voyez le tit. 1er du decret precité du 16—24 août 1790, et les notes etendues qui l'accompagnent.
(5) Voyez, sur l'institution, l'organisation et la competence des juges de paix, le tit. III du décret du 16—24 août 1790, et les notes.

est composé, de vingt juges au moins, d'un commissaire et d'un substitut nommés et destituables par le directoire exécutif, et d'un greffier. Tous les cinq ans on procède a l'élection de tous les membres du tribunal.—Les juges peuvent être réélus (1).

217. Lors de l'élection des juges, il est nommé cinq suppléans, dont trois sont pris parmi les citoyens résidant dans la commune où siége le tribunal.

218. Le tribunal civil prononce en dernier ressort, dans les cas déterminés par la loi, sur les appels des jugemens, soit des juges de paix, soit des arbitres, soit des tribunaux de commerce.

219. L'appel des jugemens prononcés par le tribunal civil se porte au tribunal civil de l'un des trois départemens les plus voisins, ainsi qu'il est déterminé par la loi.

220. Le tribunal civil se divise en sections.—Une section ne peut juger au dessous du nombre de cinq juges.

221. Les juges réunis dans chaque tribunal nomment entre eux, au scrutin secret, le président de chaque section.

De la justice correctionnelle et criminelle.

222. Nul ne peut être saisi que pour être conduit devant l'officier de police; et nul ne peut être mis en arrestation ou détenu qu'en vertu d'un mandat d'arrêt des officiers de police ou du directoire exécutif, dans le cas de l'article 145, ou d'une ordonnance de prise de corps, soit d'un tribunal, soit du directeur du jury d'accusation, ou d'un décret d'accusation du corps législatif, dans le cas où il lui appartient de le prononcer, ou d'un jugement de condamnation à la prison ou détention correctionnelle (2).

223. Pour que l'acte qui ordonne l'arrestation puisse être exécuté, il faut, — 1° Qu'il exprime formellement le motif de l'arrestation, et la loi en conformité de laquelle elle est ordonnée;— 2° Qu'il ait été notifié à celui qui en est l'objet, et qu'il lui en ait été laissé copie.

224. Toute personne saisie et conduite devant l'officier de police sera examinée sur-le-champ, ou dans le jour au plus tard.

225. S'il résulte de l'examen qu'il n'y a aucun sujet d'inculpation contre elle, elle sera remise aussitôt en liberté; ou, s'il y a lieu de l'envoyer a la maison d'arrêt, elle y sera conduite dans le plus bref délai, qui, en aucun cas, ne pourra excéder trois jours.

226. Nulle personne arrêtée ne peut être retenue, si elle donne caution suffisante, dans tous les cas où la loi permet de rester libre sous cautionnement.

227. Nulle personne, dans le cas où sa détention est autorisée par la loi, ne peut être conduite ou détenue que dans les lieux légalement et publiquement désignés pour servir de maison d'arrêt, de maison de justice ou de maison de détention.

---

(1) Voyez, sur l'organisation des tribunaux civils, le tit. IV du décret du 16—24 août 1790.—L'art. 41 de la constitution du 22 frimaire an 8 (13 décembre 1799), a rendu au gouvernement la nomination des juges de ces tribunaux.

(2) Voyez, sur cette disposition et les suivantes, qui ont pour objet de garantir la liberté individuelle, les dispositions semblables de la constitution du 3—14 septembre 1791, tit. III, chap. V, art. 10; du tit XIV du décret du 16—29 septembre 1791, sur la procédure criminelle; des art. 58 et suiv. du Code du 3 brumaire an 4 (25 octobre 1795); les art. 77 et suiv. de la constitution du 22 frimaire an 8, et le Code d'instruction criminelle de 1808, art. 91 et suiv., 615 et suiv.—Voyez encore les art. 10 et suiv. de la déclaration des droits de l'homme, du 24 juin 1793; l'art. 4 de la charte de 1814, et le même article de celle de 1830; et enfin les art. 114 et suiv. du Code pénal de 1810, répressifs des arrestations arbitraires.

228. Nul gardien, ou geolier ne peut recevoir ni retenir aucune personne qu'en vertu d'un mandat d'arrêt, selon les formes prescrites par les articles 222 et 223, d'une ordonnance de prise de corps, d'un décret et d'accusation ou d'un jugement de condamnation à prison ou détention correctionnelle, et sans que la transcription en ait été faite sur son registre.

229. Tout gardien ou geolier est tenu, sans qu'aucun ordre puisse l'en dispenser, de présenter la personne détenue a l'officier civil ayant la police de la maison de détention, toutes les fois qu'il en sera requis par cet officier.

230. La représentation de la personne détenue ne pourra être refusée à ses parens et amis porteurs de l'ordre de l'officier civil, lequel sera toujours tenu de l'accorder, à moins que le gardien ou geolier ne représente une ordonnance du juge, transcrite sur son registre, pour tenir la personne arrêtée au secret.

231. Tout homme, quelle que soit sa place ou son emploi, autre que ceux à qui la loi donne le droit d'arrestation, qui donnera, signera, exécutera ou fera exécuter l'ordre d'arrêter un individu, ou quiconque, même dans le cas d'arrestation autorisée par la loi, conduira, recevra ou retiendra un individu dans un lieu de détention non publiquement et légalement désigné, et tous les gardiens ou geoliers qui contreviendront aux dispositions des trois articles précédens, seront coupables du crime de détention arbitraire.

232. Toutes rigueurs employées dans les arrestations, détentions ou exécutions, autres que celles prescrites par la loi, sont des crimes.

233. Il y a dans chaque département, pour le jugement des délits dont la peine n'est ni afflictive ni infamante, trois tribunaux correctionnels au moins, et six au plus (1). — Ces tribunaux ne pourront prononcer de peines plus graves que l'emprisonnement pour deux années.— La connaissance des délits dont la peine n'excède pas, soit la valeur de trois journées de travail, soit un emprisonnement de trois jours, est déléguée au juge de paix, qui prononce en dernier ressort.

234. Chaque tribunal correctionnel est composé d'un président, de deux juges de paix ou assesseurs de juges de paix de la commune où il est établi, d'un commissaire du pouvoir exécutif, nommé et destituable par le directoire exécutif, et d'un greffier.

235. Le président de chaque tribunal correctionnel est pris tous les six mois, et par tour, parmi les membres des sections du tribunal civil du département, les présidens exceptés.

236. Il y a appel des jugemens du tribunal correctionnel par devant le tribunal criminel du département.

237. En matière de délits emportant peine afflictive ou infamante, nulle personne ne peut être jugée que sur une accusation admise par les jurés, ou décrétée par le corps législatif, dans le cas ou il lui appartient de décréter d'accusation (2).

238. Un premier jury déclare si l'accusation doit être admise ou rejetée : le fait est reconnu par un second jury, et la peine déterminée par la loi est appliquée par des tribunaux criminels.

239. Les jurés ne votent que par scrutin secret.

(1) Voyez, sur l'organisation de la police correctionnelle, le décret du 19—22 juillet 1791, et les notes étendues qui l'accompagnent.

(2) Voyez, sur la procédure criminelle et le jury, les notes qui accompagnent le décret du 16—29 septembre 1791 : elles résument toute la legislation.

240. Il y a dans chaque département autant de jurys d'accusation que de tribunaux correctionnels.—Les présidens des tribunaux correctionnels en sont les directeurs, chacun dans son arrondissement.—Dans les communes au dessus de cinquante mille ames, il pourra être établi par la loi, outre le président du tribunal correctionnel, autant de directeurs de jurys d'accusation que l'expédition des affaires l'exigera.

241. Les fonctions de commissaire du pouvoir exécutif et de greffier près le directeur du jury d'accusation, sont remplies par le commissaire et par le greffier du tribunal correctionnel.

242. Chaque directeur du jury d'accusation a la surveillance immédiate de tous les officiers de police de son arrondissement.

243. Le directeur du jury poursuit immédiatement, comme officier de police, sur les dénonciations que lui fait l'accusateur public, soit d'office, soit d'après les ordres du directoire exécutif,—1° Les attentats contre la liberté ou la sûreté individuelle des citoyens;—2° Ceux commis contre le droit des gens;—3° La rébellion à l'exécution, soit des jugemens, soit de tous les actes exécutoires émanés des autorités constituées;—4° Les troubles occasionés et les voies de fait commises pour entraver la perception des contributions, la libre circulation des subsistances et des autres objets de commerce.

244. Il y a un tribunal criminel pour chaque département (1).

245. Le tribunal criminel est composé d'un président, d'un accusateur public, de quatre juges pris dans le tribunal civil, du commissaire du pouvoir exécutif près le même tribunal, ou de son substitut et d'un greffier.—Il y a dans le tribunal criminel du département de la Seine un vice-président et un substitut de l'accusateur public: ce tribunal est divisé en deux sections; huit membres du tribunal civil y exercent les fonctions de juges.

246. Les présidens des sections du tribunal civil ne peuvent remplir les fonctions de juges au tribunal criminel.

247. Les autres juges y font le service, chacun à son tour, pendant six mois, dans l'ordre de leur nomination, et ils ne peuvent, pendant ce temps, exercer aucune fonction au tribunal civil.

248. L'accusateur public est chargé,—1° De poursuivre les délits, sur les actes d'accusation admis par les premiers jurés;—2° De transmettre aux officiers de police les dénonciations qui lui sont adressées directement;—3° De surveiller les officiers de police du département, et d'agir contre eux suivant la loi, en cas de négligence ou de faits plus graves.

249. Le commissaire du pouvoir exécutif est chargé,—1° De requérir, dans le cours de l'instruction, pour la régularité des formes, et avant le jugement, pour l'application de la loi;—2° De poursuivre l'exécution des jugemens rendus par le tribunal criminel.

250. Les juges ne peuvent proposer aux jurés aucune question complexe.

251. Le jury de jugement est de douze jurés au moins: l'accusé a la faculté d'en récuser, sans donner de motifs, un nombre que la loi détermine

252. L'instruction devant le jury de jugement est publique, et l'on ne peut refuser aux accusés le secours d'un conseil qu'ils ont la faculté de choisir, ou qui leur est nommé d'office.

253. Toute personne acquittée par un jury légal, ne peut être reprise ni accusée pour le même fait.

_____

(1) Voyez, sur l'organisation des tribunaux criminels, le décret du 20 janvier—25 février 1791, et les notes qui indiquent les changemens successifs que cette organisation a subis jusqu'à la présente époque.

9.

Tribunal de cassation (1).

254. Il y a, pour toute la république, un tribunal de cassation.—Il prononce, 1° Sur les demandes en cassation contre les jugemens en dernier ressort rendus par les tribunaux ;—2° Sur les demandes en renvoi d'un tribunal a un autre, pour cause de suspicion légitime ou de sûreté publique ;—3° Sur les réglemens de juges et les prises a partie contre un tribunal entier.

255. Le tribunal de cassation ne peut jamais connaître du fond des affaires ; mais il casse les jugemens rendus sur des procédures dans lesquelles les formes ont été violées, ou qui contiennent quelque contravention expresse a la loi, et il renvoie le fond du procès au tribunal qui doit en connaître.

256. Lorsqu'après une cassation, le second jugement sur le fond est attaqué par les mêmes moyens que le premier, la question ne peut plus être agitée au tribunal de cassation, sans avoir été soumise au corps législatif, qui porte une loi à laquelle le tribunal de cassation est tenu de se conformer.

257. Chaque année, le tribunal de cassation est tenu d'envoyer à chacune des sections du corps législatif, une députation qui lui présente l'état des jugemens rendus, avec la notice en marge et le texte de la loi qui a déterminé le jugement.

258. Le nombre des juges du tribunal de cassation ne peut excéder les trois quarts du nombre des départemens.

259. Ce tribunal est renouvelé par cinquième tous les ans.—Les assemblées électorales des départemens nomment successivement et alternativement les juges qui doivent remplacer ceux qui sortent du tribunal de cassation.—Les juges de ce tribunal peuvent toujours être réélus.

260. Chaque juge du tribunal de cassation a un suppléant élu par la même assemblée électorale.

261. Il y a près du tribunal de cassation un commissaire et des substituts, nommés et destituables par le directoire exécutif.

262. Le directoire exécutif dénonce au tribunal de cassation, par la voie de son commissaire, et sans préjudice du droit des parties intéressées, les actes par lesquels les juges ont excédé leurs pouvoirs.

263. Le tribunal annule ces actes ; et s'ils donnent lieu à la forfaiture, le fait est dénoncé au corps législatif, qui rend le décret d'accusation, après avoir entendu ou appelé les prévenus.

264. Le corps legislatif ne peut annuler les jugemens du tribunal de cassation, sauf a poursuivre personnellement les juges qui auraient encouru la forfaiture.

Haute-cour de justice (2).

265. Il y a une haute-cour de justice pour juger les accusations admises par le corps législatif, soit contre ses propres membres, soit contre ceux du directoire exécutif.

266. La haute-cour de justice est composée de cinq juges et de deux accusateurs nationaux tirés du tribunal de cassation, et de haut-jurés nommés par les assemblées électorales des départemens.

(1) Voyez, sur la composition, l'organisation et les attributions du tribunal de cassation, le décret du 27 novembre—1er decembre 1790, et les notes étendues qui l'accompagnent
(2) Voyez le décret du 10—15 mai 1791, sur la formation de la haute-cour nationale dont la haute-cour de justice est la reproduction, et les notes.

267. La haute-cour de justice ne se forme qu'en vertu d'une proclamation du corps législatif, rédigée et publiée par le conseil des cinq-cents.

268. Elle se forme et tient ses séances dans le lieu désigné par la proclamation du conseil des cinq-cents. — Ce lieu ne peut être plus près qu'à douze myriamètres de celui où réside le corps législatif.

269. Lorsque le corps législatif a proclamé la formation de la haute-cour de justice, le tribunal de cassation tire au sort quinze de ses membres dans une séance publique; il nomme de suite, dans la même séance, par la voie du scrutin secret, cinq de ces quinze: le cinq juges ainsi nommés sont les juges de la haute-cour de justice; ils choisissent entre eux un président.

270. Le tribunal de cassation nomme, dans la même séance, par scrutin, à la majorité absolue, deux de ses membres, pour remplir à la haute-cour de justice les fonctions d'accusateurs nationaux.

271. Les actes d'accusation sont dressés et rédigés par le conseil des cinq-cents.

272. Les assemblées électorales de chaque département nomment, tous les ans, un jury pour la haute-cour de justice.

273. Le directoire exécutif fait imprimer et publier, un mois après l'époque des élections, la liste des jurés nommés pour la haute-cour de justice.

TITRE IX. — *De la force armée* (1).

274. La force armée est instituée pour défendre l'état contre les ennemis du dehors, et pour assurer au dedans le maintien de l'ordre et l'exécution des lois.

275. La force publique est essentiellement obéissante: nul corps armé ne peut délibérer (2).

276. Elle se distingue en garde nationale sédentaire et garde nationale en activité.

De la garde nationale sédentaire (3).

277. La garde nationale sédentaire est composée de tous les citoyens et fils de citoyens en état de porter les armes.

(1) Voyez le décret du 6—12 décembre 1790, qui contient des principes constitutionnels sur la force publique; celui du 16 janvier (22, 23, 24 décembre 1790 et,—16 février 1791, relatif a la gendarmerie, et l'art. 170 de la loi du 28 germinal an 6 (17 avril 1798), sur le même objet; les art. 7 et suiv. du décret du 28 février—17 avril 1791 relatif au respect dû aux juges et a leurs jugemens, le tit. IV de la constitution de 1791, ou sont développés de nouveau les principes de l'institution de la force publique; les art. 3 et suiv. du tit. IV du décret du 16—29 septembre 1791, et les art. 137, 140 et suiv. de la loi précitée du 28 germinal an 6, qui déterminent les obligations des dépositaires de la force publique, en cas de flagrant délit; l'art. 8 du décret du 11 août—30 septembre 1792, qui autorise les dépositaires de la force publique a conduire devant la municipalité tout homme soupçonné d'un délit contre la sûreté générale; le décret du 2—3 septembre 1792, qui porte la peine de mort contre les agens de la force publique qui refusent d'exécuter les mesures prises pour le salut de l'état; celui du 30 mai—4 juin suivant, sur le mode de réquisition de la force publique; les art. 112 et 113 de la constitution du 24 juin 1793; les chap. III et IV de la loi du 13 floréal an 7 (2 mai 1799), qui désignent les fonctionnaires auxquels il est permis de requérir la force publique, et le mode de son action; les art. 25, 99, 106 et 376 du Code inst. crim de 1808; les art. 188 et suiv., et 234 du Code pénal de 1810; et enfin les art. 52 et suiv. de l'ordonnance du 29 octobre—29 novembre 1820, sur la gendarmerie.

(2) Voyez l'art. 12 du tit. IV de la constitution de 1791; l'art. 114 de la constitution de 1793; et l'art. 84 de celle du 22 frimaire an 8

(3) Voyez le décret du 29 septembre—14 octobre 1791, concernant l'organisation de la garde nationale, et les notes qui résument toutes les mesures dont cette institution a été l'objet jusqu'à la loi du 22—25 mars 1831, qui a abrogé toutes les lois et tous reglemens anterieurs et qui forme le dernier état de la législation.

278. Son organisation et sa discipline sont les mêmes pour toute la république; elles sont déterminées par la loi.

279. Aucun Français ne peut exercer les droits de citoyen, s'il n'est inscrit au rôle de la garde nationale sédentaire.

280. Les distinctions de grade et la subordination n'y subsistent que relativement au service et pendant sa durée.

281. Les officiers de la garde nationale sédentaire sont élus à temps par les citoyens qui la composent, et ne peuvent être réélus qu'après un intervalle.

282. Le commandement de la garde nationale d'un département entier ne peut être confié habituellement a un seul citoyen.

283. S'il est jugé nécessaire de rassembler toute la garde nationale d'un département, le directoire exécutif peut nommer un commandant temporaire.

284. Le commandement de la garde nationale sédentaire, dans une ville de cent mille habitans et au dessus, ne peut être habituellement confié à un seul homme.

De la garde nationale en activité (1).

285. La république entretient a sa solde, même en temps de paix, sous le nom de gardes nationales en activité, une armée de terre et de mer.

286. L'armee se forme par enrôlemens volontaires, et, en cas de besoin, par le mode que la loi détermine.

287. Aucun étranger qui n'a point acquis les droits de citoyen français, ne peut être admis dans les armées françaises, à moins qu'il n'ait fait une ou plusieurs campagnes pour l'établissement de la république.

288. Les commandans ou chefs de terre et de mer ne sont nommés qu'en cas de guerre; ils reçoivent du directoire exécutif des commissions révocables a volonté. La durée de ces commissions se borne a une campagne; mais elles peuvent être continuées.

289. Le commandement général des armées de la république ne peut être confié à un seul homme.

290. L'armée de terre et de mer est soumise à des lois particulières, pour la discipline, la forme des jugemens et la nature des peines.

291. Aucune partie de la garde nationale sédentaire, ni de la garde nationale en activité, ne peut agir, pour le service intérieur de la république, que sur la réquisition par écrit de l'autorité civile, dans les formes prescrites par la loi.

292. La force publique ne peut être requise par les autorités civiles que dans l'étendue de leur territoire; elle ne peut se transporter d'un canton dans un autre, sans y être autorisée par l'administration du département, ni d'un département dans un autre, sans les ordres du directoire exécutif.

293. Néanmoins, le corps législatif détermine les moyens d'assurer par la force publique l'exécution des jugemens et la poursuite des accusés sur tout le territoire français.

294. En cas de danger imminent, l'administration municipale d'un canton peut requérir la garde nationale des cantons voisins; en ce cas, l'admi-

(1) Voyez les art. 139 et 140 de la loi précitée du 22—25 mars 1831, et la loi du 19—26 avril même année, sur la mobilisation des gardes nationales.

Et, sur la composition et le recrutement de l'armée active, les notes qui accompagnent le décret du 9 (7 et)—25 mars 1791. elles résument la législation jusqu'a la loi du 21—23 mars 1832, qui forme le dernier état des choses.

nistration qui a requis et les chefs des gardes nationales qui ont été requises, sont également tenus d'en rendre compte au même instant a l'administration départementale.

295. Aucune troupe étrangère ne peut être introduite sur le territoire français, sans le consentement préalable du corps législatif.

TITRE X. — *Instruction publique* (1).

296. Il y a dans la république des écoles primaires où les élèves apprennent à lire, à écrire, les élémens du calcul et ceux de la morale. La république pourvoit aux frais de logement des instituteurs préposés à ces écoles.

297. Il y a, dans les diverses parties de la république, des écoles supérieures aux écoles primaires, et dont le nombre sera tel, qu'il y en ait au moins une pour deux départemens.

298. Il y a pour toute la république un institut national chargé de recueillir les découvertes, de perfectionner les arts et les sciences (2).

299. Les divers établissemens d'instruction publique n'ont entre eux aucun rapport de subordination ni de correspondance administrative.

300. Les citoyens ont le droit de former des établissemens particuliers d'éducation et d'instruction (3) ainsi que des sociétés libres pour concourir aux progrès des sciences, des lettres et des arts.

301. Il sera établi des fêtes nationales pour entretenir la fraternité entre les citoyens et les attacher a la constitution, a la patrie et aux lois.

TITRE XI. — *Finances.*

Contributions.

302. Les contributions publiques sont délibérées et fixées chaque année par le corps législatif. A lui seul appartient d'en établir Elles ne peuvent subsister au-dela d'un an si elles ne sont expressément renouvelées (4).

303. Le corps législatif peut créer tel genre de contribution qu'il croira nécessaire; mais il doit établir chaque année une imposition foncière et une imposition personnelle.

304. Tout individu qui, n'étant pas dans le cas des articles 12 et 13 de la constitution, n'a pas été compris au rôle des contributions directes, a le droit de se présenter a l'administration municipale de sa commune, et de s'y

---

(1) Voyez, sur l'organisation de l'instruction publique, la loi du 11 floréal an 10 (1er mai 1802), et les notes; et spécialement, sur les écoles primaires, le decret du 12 décembre 1792, ainsi que les notes qui résument la matière jusqu'a la loi genérale du 28 juin—1er juillet 1833, formant le dernier etat de la législation.

(2) Cette disposition a fondé l'Institut, qui a réuni tant de célébrités de tout genre. Voyez le decret sur l'instruction publique du 3 brumaire an 4 (25 octobre 1795), tit IV, qui établit l'Institut à Paris, détermine le but de son institution et le divise en plusieurs classes; la loi du 15 germinal suivant (4 avril 1796), contenant réglement sur son organisation, sur le mode des elections, de publication des travaux, sur la distribution des prix, les depenses, etc., etc; celle du 29 messidor même année (17 juillet 1796), qui accorde un traitement aux membres de l'Institut, l'arrêté du 23 floréal an 9 (13 mai 1801), qui detérmine leur costume; la loi du 11 floreal an 10 (1er mai 1802), sur l'instruction publique, art. 41, portant qu'aucun établissement autre que l'Institut ne prendra ce nom; l'arrêté du 3 pluviose an 11 (23 janvier 1803), portant une nouvelle organisation de l'Institut en quatre classes; le décret du 27 avril—4 mai 1815, portant fixation du nombre des membres de la classe des beaux-arts, et leur répartition; et l'ordonnance du 21 mars 1816, qui réorganise l'Institut.

(3) Abrogé par le décret du 17 mars 1808, sur l'instruction publique, art. 2, et par les art. 54 et suiv. du décret du 15 novembre 1811, qui défendent d'ouvrir des écoles ou de former des établissemens d'instruction publique, sans l'autorisation de l'université.

(4) Voyez, sur le même objet, le tit. V de la constitution de 1791; l'art. 101 de la constitution de 1793; les art. 47 et suiv. de la charte de 1814; les art. 40 et 41 de la charte de 1830.

inscrire pour une contribution personnelle égale à la valeur locale de trois journées de travail agricole.

305. L'inscription mentionnée dans l'article précédent ne peut se faire que durant le mois de messidor de chaque année.

306. Les contributions de toute nature sont réparties entre tous les contribuables à raison de leurs facultés.

307. Le directoire exécutif dirige et surveille la perception et le versement des contributions, et donne à cet effet tous les ordres nécessaires.

308. Les comptes détaillés de la dépense des ministres, signés et certifiés par eux, sont rendus publics au commencement de chaque année.—Il en sera de même des états de recette des diverses contributions et de tous les revenus publics.

309. Les états de ces dépenses et recettes sont distingués suivant leur nature ; ils expriment les sommes touchées et dépensées, année par année, dans chaque partie d'administration générale.

310. Sont également publiés les comptes des dépenses particulières aux départemens, et relatives aux tribunaux, aux administrations, au progrès des sciences, a tous les travaux et établissemens publics.

311. Les administrations de département et les municipalités ne peuvent faire aucune répartition au-dela des sommes fixées par le corps législatif, ni délibérer ou permettre, sans être autorisées par lui, aucun emprunt local a la charge des citoyens du département, de la commune ou du canton.

312. Au corps législatif seul appartient le droit de régler la fabrication et l'émission de toute espece de monnaies, d'en fixer la valeur et le poids et d'en déterminer le type.

313. Le directoire surveille la fabrication des monnaies, et nomme les officiers chargés d'exercer immédiatement cette inspection.

314. Le corps législatif détermine les contributions des colonies et leurs rapports commerciaux avec la métropole.

Trésorerie nationale et comptabilité (1).

315. Il y a cinq commissaires de la trésorerie nationale, élus par le conseil des anciens, sur une liste triple présentée par celui des cinq-cents.

316. La durée de leurs fonctions est de cinq années : l'un d'eux est renouvelé tous les ans, et peut être réélu sans intervalle et indéfiniment.

317. Les commissaires de la trésorerie sont chargés de surveiller la recette de tous les deniers nationaux ; — D'ordonner les mouvemens de fonds et le paiement de toutes les dépenses publiques consenties par le corps législatif; —De tenir un compte ouvert de dépense et de recette avec le receveur des contributions directes de chaque département, avec les différentes régies nationales, et avec les payeurs qui seraient établis dans les départemens;— D'entretenir avec lesdits receveurs et payeurs, avec les régies et administrations, la correspondance nécessaire pour assurer la rentrée exacte et régulière des fonds.

318. Ils ne peuvent rien faire payer, sous peine de forfaiture, qu'en vertu,—1° D'un décret du corps législatif, et jusqu'a concurrence des fonds décretés par lui sur chaque objet;—2° D'une décision du directoire;—3° De la signature du ministre qui ordonne la dépense.

319. Ils ne peuvent aussi, sous peine de forfaiture, approuver aucun paie-

(1) Voyez, sur l'organisation du trésor public, le decret du 27 (10 et)—30 mars 1791, et les notes; et, sur la comptabilite, les notes qui accompagnent la loi du 16—26 septembre 1807, portant institution de la cour des comptes.

ment, si le mandat, signé par le ministre que ce genre de dépense concerne, n'énonce pas la date, tant de la décision du directoire exécutif, que des décrets du corps législatif, qui autorisent le paiement.

320. Les receveurs des contributions directes dans chaque département, les différentes régies nationales, et les payeurs dans les départemens, remettent a la trésorerie nationale leurs comptes respectifs : la trésorerie les vérifie et les arrête.

321. Il y a cinq commissaires de la comptabilité nationale, élus par le corps législatif, aux mêmes époques et selon les mêmes formes et conditions que les commissaires de la trésorerie.

322. Le compte général des recettes et des dépenses de la république, appuyé des comptes particuliers et des pièces justificatives, est présenté par les commissaires de la trésorerie aux commissaires de la comptabilité, qui le vérifient et l'arrêtent.

323. Les commissaires de la comptabilité donnent connaissance au corps législatif des abus, malversations, et de tous les cas de responsabilité qu'ils découvrent dans le cours de leurs opérations ; ils proposent dans leur partie les mesures convenables aux intérêts de la république.

324. Le résultat des comptes arrêtés par les commissaires de la comptabilité est imprimé et rendu public.

325. Les commissaires, tant de la trésorerie nationale que de la comptabilité, ne peuvent être suspendus ni destitués que par le corps législatif. — Mais, durant l'ajournement du corps législatif, le directoire exécutif peut suspendre et remplacer provisoirement les commissaires de la trésorerie nationale au nombre de deux au plus, a charge d'en référer à l'un et l'autre conseil du corps législatif, aussitôt qu'ils ont repris leurs séances.

TITRE XII. — *Relations extérieures* (1).

326. La guerre ne peut être décidée que par un décret du corps législatif, sur la proposition formelle et nécessaire du directoire exécutif.

327. Les deux conseils législatifs concourent, dans les formes ordinaires, au décret par lequel la guerre est décidée.

328. En cas d'hostilités imminentes ou commencées, de menaces ou de préparatifs de guerre contre la république française, le directoire exécutif est tenu d'employer, pour la défense de l'état, les moyens mis a sa disposition, a la charge d'en prévenir sans délai le corps législatif. — Il peut même indiquer, en ce cas, les augmentations de force et les nouvelles dispositions législatives que les circonstances pourraient exiger.

329. Le directoire seul peut entretenir des relations politiques au dehors, conduire les négociations, distribuer les forces de terre et de mer, ainsi qu'il le juge convenable, et en régler la direction en cas de guerre.

330. Il est autorisé a faire les stipulations préliminaires, telles que des armistices, des neutralisations ; il peut arrêter aussi des conventions secrètes.

331. Le directoire exécutif arrête, signe ou fait signer avec les puissances étrangères, tous les traités de paix, d'alliance, de trève, de neutralité, de commerce, et autres conventions qu'il juge nécessaires au bien de l'état. — Ces traités et conventions sont négociés au nom de la république française,

_____

(1) Voyez les art. 1er et suiv. de la sect. III du tit. III, et le tit. VI de la constitution de 1791 ; les art. 118 et suiv. de la constitution de 1793 ; les art. 49 et suiv. de celle du 22 frimaire an 8 ; l'art. 58 du senatus-consulte du 16 thermidor an 10 (2 août 1802) ; l'art. 14 de la charte de 1814, et l'art. 13 de la charte de 1830, sur le même objet.

par des agens diplomatiques nommés par le directoire exécutif et' chargés de ses instructions.

332. Dans le cas où un traité renferme des articles secrets, les dispositions de ces articles ne peuvent être destructifs des articles patens, ni contenir aucune aliénation du territoire de la république.

333. Les traités ne sont valables qu'après avoir été examinés et ratifiés par le corps législatif ; néanmoins les conditions secrètes peuvent recevoir provisoirement leur exécution, dès l'instant même où elles sont arrêtées par le directoire.

334. L'un et l'autre conseils législatifs ne délibèrent sur la guerre ni sur la paix qu'en comité général.

335. Les étrangers, établis ou non en France, succèdent à leurs parens étrangers ou français ; ils peuvent contracter, acquérir et recevoir des biens situés en France , et en disposer de même que les citoyens français, par tous les moyens autorisés par les lois.

TITRE XIII. — *Révision de la constitution* (1).

336. Si l'expérience faisait sentir les inconvéniens de quelques articles de la constitution, le conseil des anciens en proposerait la révision.

337. La proposition du conseil des anciens est, en ce cas, soumise à la ratification du conseil des cinq cents.

338. Lorsque, dans un espace de neuf années, la proposition du conseil des anciens, ratifiée par le conseil des cinq-cents, a été faite a trois époques éloignées l'une de l'autre de trois années au moins, une assemblée de révision est convoquée.

339. Cette assemblée est formée de deux membres par département, tous élus de la même manière que les membres du corps législatif, et réunissant les mêmes conditions que celles exigées pour le conseil des anciens.

340. Le conseil des anciens désigne, pour la réunion de l'assemblée de révision, un lieu distant de vingt myriamètres au moins de celui ou siége le corps législatif.

341. L'assemblée de révision a le droit de changer le lieu de sa résidence, en observant la distance prescrite par l'article précédent.

342. L'assemblée de révision n'exerce aucune fonction législative ni de gouvernement ; elle se borne a la révision des seuls articles constitutionnels qui lui ont été désignés par le corps législatif.

343. Tous les articles de la constitution, sans exception, continuent d'être en vigueur tant que les changemens proposés par l'assemblée de révision n'ont pas été acceptés par le peuple.

344. Les membres de l'assemblée de révision délibèrent en commun.

345. Les citoyens qui sont membres du corps législatif au moment où une assemblée de révision est convoquée, ne peuvent être élus membres de cette assemblée.

346. L'assemblée de révision adresse immédiatement aux assemblées primaires le projet de réforme qu'elle a arrêté.—Elle est dissoute dès que ce projet leur a été adressé.

347. En aucun cas, la durée de l'assemblée de révision ne peut excéder trois mois.

348. Les membres de l'assemblée de révision ne peuvent être recherchés, accusés ni jugés, en aucun temps, pour ce qu'ils ont dit ou écrit dans l'exercice de leurs fonctions. — Pendant la durée de ces fonctions', ils ne peuvent

(1) Voyez le tit. VII de la constitution de 1791.

être mis en jugement, si ce n'est par une décision des membres mêmes de l'assemblée de révision.

349. L'assemblée de révision n'assiste à aucune cérémonie publique : ses membres reçoivent la même indemnité que celle des membres du corps législatif.

350. L'assemblée de révision a le droit d'exercer ou faire exercer la police dans la commune ou elle réside.

TITRE XIV. — *Dispositions générales.*

351. Il n'existe entre les citoyens d'autre supériorité que celle des fonctionnaires publics, et relativement a l'exercice de leurs fonctions (1).

352. La loi ne reconnait ni vœux religieux, ni aucun engagement contraire aux droits naturels de l'homme (2).

353. Nul ne peut être empêché de dire, écrire, imprimer et publier sa pensée. — Les écrits ne peuvent être soumis à aucune censure avant leur publication.—Nul ne peut être responsable de ce qu'il a écrit ou publié, que dans les cas prévus par la loi (3).

(1) Voyez le tit. 1er, § 1er, de la constitution de 1791; l'art 5 de la déclaration des droits de l'homme, du 24 juin 1793; l'art. 3 de la charte de 1814; l'art 59 de l'acte additionnel du 22—23 avr l 1815, et l'art. 3 de la charte de 1830, qui consacrent le même principe.

(2) Voyez le decret du 13—19 février 1790, qui abolit les vœux religieux; le § 1er du tit. 1er de la constitution de 1791, qui contient la même disposition; celui du 18—18 août 1792, qui supprime toutes les congregations séculières et confreries, le décret du 3 messidor an 12 (22 juin 1804), qui ordonne la dissolution de toutes associations religieuses non autorisées; celui du 18 février 1809, qui autorise le rétablissement des congrégations de femmes ayant pour but de desservir les hospices, d'y soigner les infirmes, les malades, les enfans abandonnés, ou de porter aux pauvres des secours a domicile, les avis du cons. d'etat des 6 février et 25 mars 1811, interpretatifs de ce dernier décret; la loi du 2—6 janvier 1817, qui permet aux établissemens ecclésiastiques reconnus par la loi d'accepter les donations faites en leur faveur; la loi du 24 mai—2 juin 1825, relative à l'autorisation et à l'existence légale des congrégations et communautés religieuses de femmes, et les notes qui accompagnent la plupart de ces lois et décrets.

(3) Voyez le tit. 1er, § 3, de la déclaration des droits de 1791; et l'art. 7 de la déclaration des droits de l'homme, du 24 juin 1793. qui consacrent la liberté de la presse Voyez aussi la loi du 28 germinal an 4 (17 avril 1796), répressive des abus de cette liberté; l'arrêté du 19 fructidor an 5 (5 septembre 1797), art 35, qui met les journaux sous l'inspection de la police; l'arrêté du 23 brumaire an 6 (13 novembre 1797), rendu pour l'exécution du precedent, et celui du 9 fructidor suivant (26 août 1798), qui en proroge l'effet; l'arrêté du 27 nivose an 8 (17 janvier 1800), qui desigue les journaux dont l'impression est permise; les art. 64 et suiv. du sén.-cons du 28 floréal an 12 (18 mai 1804), qui créent une commission sénatoriale de la liberté de la presse; et les tit III et suiv. du décret du 5 février 1810, sur l'imprimerie et la librairie, qui prescrivent des formalités pour la publication des ouvrages.

Voyez encore l'art. 8 de la charte de 1814, qui rétablit la liberté de la presse; l'ordonnance du 10—16 juin 1814, qui. néanmoins, maintient provisoirement les réglemens antérieurs sur la presse; la loi du 21—23 octobre suivant, qui établit la censure; l'ordonnance du 24—25 octobre même année, rendue pour l'execution de cette loi; l'art. 64 de l'acte additionnel du 22—23 avril 1815, qui affranchit les ouvrages de la censure préalable, la loi du 9—11 novembre 1815, concernant la repression des écrits séditieux; celle du 28 février—8 mars 1817, qui assujétit la publication des journaux à l'autorisation royale; celle du 30—30 décembre 1817, qui proroge la precedente; celle du 17—18 mai 1819, sur la repression des crimes et delits commis par la voie de la presse, ou par tout autre moyen de publication; celle du 26—26 du même mois, concernant la poursuite et le jugement de ces crimes et delits; celle du 9—10 juin même année, concernant la publication des journaux et écrits périodiques; ce du 31—31 mars 1820, sur le même objet; celle du 26—28 juillet 1821, qui rétablit la censure des journaux; celle du 17—18 mars 1822, qui abolit la censure, et prescrit de nouvelles formalités pour la publication des journaux et écrits périodiques; celle du 25—25 mars même année, relative à la répression et à la poursuite des delits commis par la voie de la presse; l'ordonnance du 15—16 août 1824, qui rétablit la censure des journaux et écrits périodiques; celle du 29 septembre—1er octobre même année, qui la supprime; la loi du 18—23 juillet 1828, relative à la publication des journaux et écrits périodiques; l'ordonnance du 29—30 du même mois, rendue pour l'execution de cette loi; celle

354. Nul ne peut être empêché d'exercer, en se conformant aux lois, le culte qu'il a choisi (1).—Nul ne peut être forcé de contribuer aux dépenses d'un culte. La république n'en salarie aucun (2).

355. Il n'y a ni privilége, ni maîtrise, ni jurande (3), ni limitation à la liberté de la presse, du.commerce, et a l'exercice de l'industrie et des arts de toute espèce.—Toute loi prohibitive en ce genre, quand les circonstances la rendent nécessaire, est essentiellement provisoire, et n'a d'effet que pendant un an au plus, à moins qu'elle ne soit formellement renouvelée (4).

356. La loi surveille particulièrement les professions qui intéressent les mœurs publiques, la sûreté et la santé des citoyens ; mais on ne peut faire dépendre l'admission à l'exercice de ces professions, d'aucune prestation pécuniaire (5).

357. La loi doit pourvoir à la récompense des inventeurs ou au maintien de la propriété exclusive de leurs découvertes ou de leurs productions (6).

358. La constitution garantit l'inviolabilité de toutes les propriétés, ou la juste indemnité de celles dont la nécessité publique, légalement constatée, exigerait le sacrifice (7).

---

du 25—25 juillet 1830, qui supprime la liberté de la presse; et celle du 29 juillet 1830—10 janvier 1831, qui révoque la precedente.

Voyez enfin la charte d'août 1830, qui rétablit la liberté de la presse, et prohibe la censure pour l'avenir ; la loi du 8—10 octobre même année, portant application du jury aux délits de la presse; celle du 29 novembre—1er décembre suivant, qui punit les attaques commises par la voie de la presse contre les droits et l'autorité du roi et des chambres; celle du 10—11 décembre même année, relative aux afficheurs et aux crieurs publics; celle du 14—15 du même mois, relative au cautionnement, au droit de timbre et au port des journaux et écrits périodiques; la loi du 8—9 avril 1831, sur la procédure en matiere de delits de la presse; celle du même jour, rectificative d'une erreur commise dans la loi du 14 décembre 1830. et la loi du 16—17 fevrier 1834, sur les crieurs publics. — Voyez encore les art. 102, 367 et suiv. du Code pénal de 1810.

(1) Voyez le § 3 du tit. 1er de la constitution de 1791, et l'art. 7 de la déclaration de 1793, conformes ; le décret du 18 frimaire—1er nivose an 2 (8—21 décembre 1793), qui prescrit des mesures pour assurer la liberté des cultes; celui du 3 ventose an 3 (21 fevrier 1795), art. 1er, qui proclame de nouveau la liberté des cultes, le décret du 7 vendemiaire an 4 (29 septembre 1795), sur l'exercice et la police extérieure des cultes; l'arrêté du 7 nivose an 8 (28 décembre 1799), art 2, qui maintient toutes les lois anterieures sur la liberté des cultes; la loi du 18 germinal an 10 (8 avril 1802), sur l'organisation des cultes; les art. 260 et suiv. du Code penal de 1810, qui punissent les entraves apportées a l'exercice de la liberté des cultes; et enfin les art. 5 de la charte de 1814 et de celle de 1830, qui garantissent de nouveau cette liberte.

(2) La loi du concordat du 18 germinal an 10 a abrogé cette disposition, en fixant le traitement des ministres du culte (tit. IV, sect. III). Depuis cette loi, le traitement du clergé est resté à la charge de l'etat.—Voyez, sur les variations que ce traitement a subies, le decret du 18—20 septembre 1793, et les notes.

(3) Voyez le décret du 2—17 mars 1791, qui abolit les maitrises et jurandes, et les notes.

(4) Cette liberté absolue du commerce et de l'industrie a été considerablement restreinte par les lois des douanes, et par celles qui ont investi le gouvernement du monopole de certaines cultures et fabrications, telles que celles du tabac, de la poudre, du sel, etc, etc.

(5) Ce principe a ete abrogé par les lois qui ont astreint les etudians en droit et en médecine à payer des droits d'inscription, d'examen et de these.

(6) Voyez le decret du 31 decembre 1790—7 janvier 1791, sur les inventions utiles, et les notes qui resument toute la législation de la matiere. Voyez aussi le decret du 19—24 juillet 1793, sur la propriete litteraire, et les notes.

(7) Voyez le tit. 1er, § 3, de la constitution de 1791; l'art. 19 de la déclaration des droits de l'homme, du 24 juin 1793; l'art. 10 de la charte de 1814 et l'art. 9 de celle de 1830, qui consacrent également cette garantie.—Voyez aussi l'art. 545 du Code civil, qui pose le même principe; l'avis du cons d'état du 18 août 1807, qui determine le mode d'execution de cet article; la loi du 16—26 septembre 1807, sur le dessechement des marais; celle du 8 mars 1810, relative aux expropriations pour cause d'utilité publique; le décret du 18 août suivant, concernant les decisions d'expropriation rendues avant cette loi, l'avis du cons. d'état du 12 janvier 1811, concernant les salpêtrières; l'ordonnance du 30 avril—13 mai 1816, qui ordonne le paiement de

359. La maison de chaque citoyen est un asile inviolable : pendant la nuit, nul n'a le droit d'y entrer que dans le cas d'incendie, d'inondation, ou de réclamation venant de l'intérieur de la maison.—Pendant le jour, on peut y exécuter les ordres des autorités constituées. - Aucune visite domiciliaire ne peut avoir lieu qu'en vertu d'une loi, et pour la personne ou l'objet expressément désigné dans l'acte qui ordonne la visite (1).

360. Il ne peut être formé de corporations ni d'associations contraires à l'ordre public.

361. Aucune assemblée de citoyens ne peut se qualifier de société populaire (2).

362. Aucune société particulière, s'occupant de questions politiques, ne peut correspondre avec une autre, ni s'affilier à elle, ni tenir des séances publiques, composées de sociétaires et d'assistans distingués les uns des autres, ni imposer des conditions d'admission et d'éligibilité, ni s'arroger des droits d'exclusion, ni faire porter a ses membres aucun signe extérieur de leur association.

363. Les citoyens ne peuvent exercer leurs droits politiques que dans les assemblées primaires ou communales.

364. Tous les citoyens sont libres d'adresser aux autorités publiques des pétitions; mais elle doivent être individuelles; nulle association ne peut en présenter de collectives, si ce n'est les autorités constituées et seulement pour des objets propres a leur attribution. — Les pétitionnaires ne doivent jamais oublier le respect dû aux autorités constituées (3).

365. Tout attroupement armé est un attentat a la constitution; il doit être dissipé sur-le-champ par la force.

366. Tout attroupement non armé doit être également dissipé, d'abord par voie de commandement verbal, et, s'il est nécessaire, par le développement de la force armée (4).

367. Plusieurs autorités constituées ne peuvent jamais se réunir pour délibérer ensemble; aucun acte émané d'une telle réunion ne peut être exécuté.

toutes les sommes restant dues par l'état à cause d'expropriation pour utilité publique; la loi du 17—25 juillet 1819, concernant les servitudes imposees à la propriété pour la défense de l'etat; celle du 27 juin—7 juillet 1833, relative aux expropriations pour cause d'utilité publique; et l'ordonnance du 18 fevrier—9 mars 1834, rendue pour l'execution de cette loi.

(1) Voyez, sur les cas où les visites domiciliaires sont permises, le decret du 19—22 juillet 1791, sur la police correctionnelle, tit. 1er, art. 8 et suiv.; le Code du 3 brumaire an 4 (22 octobre 1795), art. 41; et le Code d'instruction criminelle de 1808, art 16.

(2) Voyez la constitution de 1791, tit. 1er, § 3, et la declaration des droits de l'homme, du 24 juin 1793, art. 7, qui garantissent aux citoyens le droit de s'assembler; l'art 14 du decret du 19—22 juillet 1791, qui determine les formalites a remplir par ceux qui veulent former des societes ou clubs; le décret des 29 et 30 septembre—9 octobre même annee, qui regle la police des societes populaires; celui du 25—25 juillet 1793, portant des peines contre ceux qui les empecheraient de se réunir, ou tenteraient de les dissoudre; celui du 25 vendemiaire an 3 (16 octobre 1794), qui defend toutes affiliations, agregations, federations, ainsi que toute correspondance en nom collectif entre societes; celui du 6 fructidor an 3 (23 août 1795), qui dissout toutes les assemblees connues sous le nom de club ou societe populaire; les art 291 et suiv. du Code pénal de 1810, et la loi du 10—11 avril 1834, prohibitifs des associations

(3) Voyez, sur le droit de petition, le decret special du 18 (10 et)—22 mai 1791, et les notes; le tit. 1er, § III, de la constitution de 1791; l'art. 31 de celle de 1793; l'art. 83 de celle du 22 frimaire an 8, l'art. 53 de la charte de 1814; l'art 65 de l'acte additionnel de 1815; et l'art 45 de la charte de 1830.

(4) Voyez le decret du 21 octobre—3 novembre 1789, qui établit des mesures martiales contre les attroupemens; les décrets des 26 et 27 juillet—3 août 1791, 28 août de la même année, 23 juin 1793, et la loi du 10—11 avril 1831, répressifs des attroupemens.

368. Nul ne peut porter des marques distinctives qui rappellent des fonctions antérieurement exercées, ou des services rendus.

369. Les membres du corps législatif, et tous les fonctionnaires publics, portent, dans l'exercice de leurs fonctions, le costume ou le signe de l'autorité dont ils sont revêtus : la loi en détermine la forme.

370. Nul citoyen ne peut renoncer, ni en tout ni en partie, a l'indemnité ou au traitement qui lui est attribué par la loi, a raison de fonctions publiques.

371. Il y a dans la république uniformité de poids et de mesures (1).

372. L'ère française commence au 22 septembre 1792, jour de la fondation de la république (2).

373. La nation française déclare qu'en aucun cas elle ne souffrira le retour des Français qui, ayant abandonné leur patrie depuis le 15 juillet 1789, ne sont pas compris dans les exceptions portées aux lois rendues contre les émigrés; et elle interdit au corps législatif de créer de nouvelles exceptions sur ce point.—Les biens des émigrés sont irrévocablement acquis au profit de la république (3).

374. La nation française proclame pareillement, comme garantie de la foi publique, qu'apres une adjudication légalement consommée de biens nationaux, quelle qu'en soit l'origine, l'acquéreur légitime ne peut en être dépossedé, sauf aux tiers réclamans a être, s'il y a lieu, indemnisés par le trésor national (4).

375. Aucun des pouvoirs institués par la constitution n'a le droit de la changer dans son ensemble ni dans aucune de ses parties, sauf les réformes qui pourront y être faites par la voie de la révision, conformément aux dispositions du titre XIII.

376. Les citoyens se rappelleront sans cesse que c'est de la sagesse des choix dans les assemblees primaires et électorales, que dépendent principalement la durée, la conservation et la prospérité de la république.

377. Le peuple français remet le dépôt de la présente constitution à la fidélité du corps législatif, du directoire exécutif, des administrateurs et des juges; a la vigilance des pères de famille, aux épouses et aux mères, a l'affection des jeunes citoyens, au courage de tous les Français.—Collationné a l'original par nous président et secrétaires de la convention nationale. A Paris, ce 5 fructidor an 3 de la république française. Signé *M. J Chénier,* président; *Derasay, Soulignac, Bernier, Laurenceot, Dentzel, Quirot,* secrétaires.

N° 148.=6 fructidor an 3 (23 août 1795).=DÉCRET *qui dissout les assemblées connues sous le nom de* club *ou de* société populaire(5). (I, Bull. CLXXIV, n° 1047; B., LVIII, 80.)

N° 149. = 7 fructidor an 3 (24 août 1795). = DÉCRET *portant qu'en matière*

(1) Voyez le décret du 1er—2 août 1793, qui établit l'uniformité des poids et mesures, et les notes qui résument toute la législation de la matière.

(2) Voyez le décret du 2—3 janvier 1793, qui fixe l'ère de la république, et la note.

(3) Voyez, sur les mesures de toute espece portées contre les émigrés, les notes qui accompagnent le titre du décret du 9—12 février 1792, portant séquestre de leurs biens. ces notes résument la législation.

(4) Cette disposition est reproduite dans l'art. 94 de la constitution du 22 frimaire an 8. Voyez cet article et les notes.—Voyez aussi les notes sur le décret du 9 juillet (15, 16, 29 juin et)—25 juillet 1790.

(5) Voyez les art. 360 et suiv. de la constitution du 5 fructidor an 3 (22 août 1795), et les notes.

civile, les témoins seront entendus publiquement dans les tribunaux de district (1). (I, Bull. CLXXIV, n 1048 ; B., LVIII, 83.)

La convention nationale, après avoir entendu son comité de législation sur la pétition de *Philippe-Marin Thomas* et *Marie-Marguerite Leroy* sa femme, par laquelle ils consultent la convention sur la validité du jugement rendu contre eux et les nommés *Lucas* et *Cocagne*, au tribunal de district de Gournai, par lequel ce tribunal a ordonné que les témoins produits par les parties seraient entendus à l'audience publique en présence desdites parties ; — Considérant que ce jugement est conforme a l'esprit et à l'intention de la loi du 3 brumaire an 2, — Décrète qu'elle passe à l'ordre du jour sur la pétition desdits *Thomas* et sa femme ; et en outre, pour ne laisser aucun doute sur le véritable sens de ladite loi, et prévenir les objections qu'on pourrait faire a ce sujet, décrète ce qui suit :

Art. 1er. A l'avenir, en toutes matières civiles dont la connaissance appartient aux tribunaux de district, et sans aucune distinction, les témoins seront entendus à l'audience publique en présence des parties intéressées, ou elles dûment appelées.

2. Le greffier tiendra note de leurs noms, âge, qualité et demeure, ainsi que de leurs dépositions, et des reproches qui auront été fournis contre eux ; il fera pareillement mention du serment que le tribunal leur aura fait prêter avant d recevoir leurs dépositions.

3 L'affaire sera jugée immédiatement après qu'ils auront été entendus, si faire se peut, sinon a l'audience suivante, sans qu'il soit besoin d'un autre acte ni procédure.

4. Il est derogé par le présent décret à toutes lois contraires (2).

No 150 = 7 fructidor an 3 (24 août 1795). = DÉCRET *qui ouvre un nouveau concours pour les livres élémentaires.* (I, Bull. CLXXIV, n° 1049 ; B., LVIII, 112.)

No 151. = 7 fructidor an 3 (24 août 1795). = DÉCRET *portant que les cinq derniers jours du calendrier républicain seront nommés* jours complémentaires. (I, Bull. CLXXIV, n° 1050 ; B., LVIII, 112.)

No 152. = 9 fructidor an 3 (26 août 1795).= DÉCRET *qui détermine un mode pour l'apurement des comptes des receveurs généraux des finances et autres comptables* (3). (I, Bull. CLXXIV, n° 1054 ; B., LVIII, 119.)

Art. 1er Ceux des comptables de l'exercice de 1790 et années antérieures qui, aux termes de l'article 11 de la loi du 4 germinal an 2, ont fait au trésor public l'avance des arrêtés sur les impositions dont le recouvrement a été confié par le même article aux receveurs de district, en seront remboursés directement par la trésorerie nationale, a la déduction toutefois de ce qui en a déja été restitue en exécution de l'arrêté du comité des finances du 19 ger-

(1) Voyez les art. 252 et suiv. du Cod. proc. civ., qui règlent la forme des enquêtes.
(2) Ces dispositions ont abrogé celles de l'ordonnance de 1667, sur la forme des enquêtes. Cass., 19 brumaire an 11, Sir., III, 2, 243 ; Bull. civ., V, 45.—Sous l'empire de ce décret, le tribunal qui ordonnait une enquête, pouvait commettre un autre tribunal pour y procéder. Paris, 9 nivose an 10, Sir., III, 2, 453.
(3) Voyez les décrets des 4—17 germinal an 2 (24 mars—6 avril 1794), et 28 pluviose an 3 (16 février 1795), sur le même objet: voyez aussi les notes qui accompagnent la loi du 16 septembre 1807, portant institution de la cour des comptes ; elles resument toute la législation sur la comptabilite.

minal dernier ; à la charge par eux de rapporter le bordereau de ladite avance, visé par le bureau de comptabilité, ou un certificat du même bureau, justifiant qu'ils ont réellement fait ladite avance, et qu'ils n'en ont point été remboursés par l'effet de leurs comptes.

2. Les autres comptables qui n'ont pas encore fait cette avance, en sont dispensés, et ils auront la faculté d'employer en reprise, dans leurs comptes, les sommes qu'ils n'auront pu recevoir.

3. Au moyen des dispositions contenues aux deux articles précédens, le recouvrement de l'arriéré sur les impositions sera fait directement pour le compte du trésor public, par les receveurs de district qui en sont actuellement chargés, lesquels seront tenus de présenter tous les mois a l'administration le bordereau de leur situation a cet égard.

4. Les séquestres et oppositions actuellement subsistant sur les inscriptions au grand livre appartenant aux comptables, cesseront d'avoir lieu, et mainlevée leur en sera faite, a la charge par eux de verser préalablement à la trésorerie nationale le montant desdites inscriptions, sur le pied de vingt fois la rente ; quoi faisant, ils en auront la libre disposition.

5. Les prêteurs qui auront fait en leur nom le versement de deniers prescrit par l'article précédent, demeureront subrogés au privilége de la nation sur lesdites inscriptions ; a l'effet de quoi, il en sera fait mention dans le bordereau de la trésorerie nationale, sur la demande desdits prêteurs ou de leurs fondés de pouvoir.

6. Les dispositions des articles 17 et 22 du décret du 4 germinal an 2, portant que les receveurs généraux et particuliers des finances pourront se libérer avec des inscriptions au grand-livre, sur le pied de quinze fois la rente, sont rapportées. — Sont pareillement rapportées les dispositions de l'article 11, chapitre III, du décret du 28 pluviose, qui ont étendu aux autres comptables la faculté de se libérer a ce taux. — Et tous les comptables sont remis a cet égard au même état qu'ils étaient avant ces deux lois.

7. En conséquence, les inscriptions sur le grand-livre que les uns et les autres auront données ou donneront ci-après en paiement, seront reçues sur le pied de vingt fois la rente ; a la charge néanmoins par eux de justifier qu'elles leur ont été fournies directement par l'état, en paiement de leurs fonds d'avances, cautionnemens ou autres créances sur le trésor public.

8. Le comité des finances est chargé de faire restituer par la trésorerie nationale ce qui aurait été payé de trop en vertu desdites lois, et il statuera définitivement sur les difficultés qui pourraient s'élever pour l'exécution du présent décret.

N° 153. = 9 fructidor an 3 (26 août 1795).=**DÉCRET** *portant que l'obligation de produire des titres, imposée par le décret du 23 prairial dernier, ne s'applique qu'aux créances qui excèdent huit cents livres.* (I, Bull. CLXXIV, n° 1052 ; B., LVIII, 120.)

N° 154. = 9 fructidor an 3 (26 août 1795). = **DÉCRET** *qui sursoit à la vente des biens des hospices et autres établissemens de bienfaisance* (1). (I, Bull. CLXXIV, n° 1053 ; B., LVIII, 121.)

N° 155. = 9 fructidor an 3 (26 août 1795).=**DÉCRET** *portant que les dispositions de ceux des* 5—6 *brumaire et* 17—21 *nivose an* 2 *sur les successions,*

---

(1) Voyez le décret du 23 messidor an 2 (11 juillet 1794), concernant la réunion de l'actif et du passif des hôpitaux, la liquidation du passif, etc., etc., et les notes.

n'auront d'effet que du jour de leur promulgation (1). (I, Bull. CLXXIV, n° 1051; B., LVIII, 121.)

La convention nationale, sur le rapport de son comité de législation, décrète que les lois des 5 brumaire et 17 nivose an 2 de la république, concernant les divers modes de transmission des biens dans les familles, n'auront d'effet qu'a compter des époques de leur promulgation.

N° 156. = 10 fructidor an 3 (27 août 1795).=DÉCRET *portant que le préambule du traité de paix et d'amitié , conclu à Bâle, le 4 thermidor dernier, entre la république française et le roi d'Espagne , omis dans le décret du 14 du même mois, y sera rétabli, etc.* (I, Bull. CLXXVIII, n° 1081 ; B., LVIII, 133.)

La convention nationale, après avoir entendu son comité de salut public, décrète :

Art. 1er. Le préambule du traité de paix et d'amitié, conclu à Bâle le 4 thermidor dernier, entre la république française et le roi d'Espagne, omis, par une faute de copiste, dans le décret du 14 du même mois, portant ratification de ce traité, y sera rétabli.

2. Les mots *reine de Portugal* seront substitués, dans l'article 15 dudit traité, aux mots *roi de Portugal.*

N° 157. = 11 fructidor an 3 (28 août 1795). = DÉCRET *portant qu'à compter du 1er nivose , les pensions accordées par l'état seront payées par les payeurs établis dans les departemens* (2). (I, Bull. CLXXV, n° 1055 ; B., LVIII, 137.)

Art. 1er. A compter du 1er nivose prochain, toutes les pensions accordées par la république seront payées par les payeurs établis dans les départemens.

2. Les pensionnaires dont les traitemens de retraite ont été précédemment décrétés, et qui jusqu'a présent en ont fait recevoir le montant a Paris, seront tenus, s'ils veulent être payés dans les départemens où ils résident, de faire parvenir a la trésorerie nationale, d'ici au 15 brumaire prochain, une déclaration énonciative du montant de leur pension, de la date du décret qui la leur accorde, et du département dans lequel est située la commune de leur domicile.

3. La trésorerie, dès que cette déclaration lui sera parvenue, fera délivrer au pensionnaire un certificat du dernier paiement qui lui aura été fait ; il en sera de suite donné avis au payeur du département, et il sera versé dans la caisse les fonds nécessaires au paiement à effectuer le 1er nivose suivant.

4. Les pensionnaires, lors de la remise qui leur sera dorénavant faite du brevet ou du certificat de jouissance de pensions, seront tenus de déclarer la commune où ils entendent fixer leur résidence: copie de leur déclaration, ainsi que copie de leur brevet, seront envoyées à la trésorerie nationale, qui sera chargée de prendre les mesures convenables pour leur faire de suite payer les arrérages qui peuvent leur être dus, et faire continuer les paiemens subséquens à chaque trimestre.

5. Lorsqu'un pensionnaire changera de résidence, il lui sera délivré par le payeur un certificat du dernier paiement qui lui a été fait. Ce certificat

(1) Voyez le décret du 5 floréal an 3 (24 avril 1795), qui a suspendu toute action intentée d'après l'effet rétroactif de celui de nivose ; et celui du 3 vendémiaire an 4 (25 septembre 1795), qui développe les conséquences de ce décret de nivose et du présent.

(2) Voyez, dans les notes sur le décret du 12 brumaire an 3 (2 novembre 1794), l'énoncé des diverses lois concernant le mode de paiement des pensions.

contiendra les nom, prénoms du pensionnaire, le montant de sa pension et la date du décret qui la lui accorde : le payeur instruira la trésorerie nationale de ce changement de domicile, et de la nouvelle résidence du pensionnaire ; la copie collationnée du brevet sera remise au payeur du département du nouveau domicile.

6. Toutes les pensions seront payées chaque trimestre, conformément à l'article 1er du titre VI de la loi du 21 pluviose an 2, et les paiemens s'effectueront dans les dix premiers jours du mois qui suivra l'expiration de chaque trimestre.

7. Les dispositions des lois précédemment rendues sur les pensions seront exécutées en ce qui ne sera point contraire à la présente.

N° 158. = 12 fructidor an 3 (29 août 1795). = DÉCRET *qui détermine la manière de procéder à l'égard des personnes detenues en vertu d'ordres émanés de toute autorité autre que celle des officiers ordinaires de police.* (I, Bull. CLXXV, n° 1057 ; B., LVIII, 138.)

Art. 1er. Toutes personnes actuellement détenues en vertu d'ordres émanés de toute autre autorité que celle des officiers ordinaires de police, seront conduites, sans aucun délai, par-devant l'officier de police de sûreté de l'arrondissement dans lequel elles sont en arrestation.

2. L'officier de police de sûreté procédera a leur égard suivant les règles prescrites par la loi du 16—29 septembre 1791.

3. Il sera libre à ceux des détenus contre lesquels le jury d'accusation aura déclaré qu'il y a lieu à accusation, d'opter, pour être jugés définitivement, entre le tribunal criminel du département où le jury d'accusation aura tenu ses séances, et les deux tribunaux criminels les plus voisins.

N° 159. = 13 fructidor an 3 (30 août 1795). = DÉCRET *concernant le mode de réélection des deux tiers de la convention nationale* (1). (I, Bull. CLXXXI, n° 1103 ; B., LVIII, 143.)

Art. 1er. Les prochaines assemblées électorales, en exécution des articles 1er et 2 du titre 1er de la loi du 5 de ce mois, nommeront d'abord les deux tiers des membres que chacune d'elles doit fournir au corps législatif, et les choisiront, soit dans la deputation actuelle de leur département, soit parmi tous les autres membres de la convention, si ce n'est ceux qui sont exceptés par l'article 3 de la même loi.

2. Il sera en conséquence adressé à chaque assemblée électorale, lors de la convocation prescrite par l'article 10 du titre II, des exemplaires de la liste des membres qui sont en activité dans la convention. Les exemplaires seront certifiés par le comité des décrets, proces-verbaux et archives.

3. Chaque assemblée électorale, indépendamment des deux tiers qu'elle doit nommer d'abord, formera une liste supplémentaire triple de la première, et composée de membres également pris sur la totalité de la convention, en sorte, par exemple, qu'en supposant une députation de neuf membres dans sa totalité, il en sera, avant tout, choisi six pour former la *liste des deux tiers*, et dix-huit autres pour la *liste supplémentaire.*

4. Il sera procédé successivement et séparément a chacune de ces deux élections ; elles seront faites l'une et l'autre au scrutin de liste simple, a la

(1) Ce décret fut rendu pour l'exécution de celui du 5 frnctidor an 3 (22 août 1795), art. 2, portant que les deux tiers au moins des membres de la convention nationale seraient réélus au corps législatif.

pluralité absolue, aux deux premiers tours; et à la pluralité relative, au troisième tour, si l'on est obligé d'y recourir. Après chaque tour de scrutin, le bureau en publiera le résultat, en annonçant les élections consommées', s'il y en a, et en proclamant les noms de ceux qui, n'étant pas encore élus, auront obtenu des suffrages, ainsi que le nombre de voix donné à chacun d'eux.

5. L'élection du dernier tiers, qui sera pris soit dans la convention, soit au dehors, ne pourra se faire qu'après avoir achevé celles qui sont prescrites par les articles précédens.

6. En cas d'insuffisance du résultat des scrutins de toutes les assemblées électorales pour la réélection de cinq cents membres de la convention, ce nombre sera complété par ceux qui auront été réélus dans son sein pour composer les deux tiers du corps législatif.

7. Cette opération suivra immédiatement la vérification des pouvoirs, et se fera par scrutin de liste, en observant les conditions prescrites par l'article 4.

8. Il sera envoyé à chaque assemblée électorale un tableau du nombre de députés qu'elle doit fournir d'après les états de population. .

9. La distribution des députés entre le conseil des cinq-cents et le conseil des anciens, sera faite, pour cette fois, par la totalité de ceux qui seront élus pour former le corps législatif.

10. Aucun député en mission ou en congé ne sera éligible dans le département où il se trouvera pendant la tenue de l'assemblée électorale.

N° 160. = 13 fructidor an 3 (30 août 1795). = DÉCRET *qui détermine un mode pour la vente des maisons nationales situées dans l'enceinte des murs de Paris* (1). (I, Bull. CLXXV, n° 1058; B., LVIII, 147.)

Art. 1er. Toutes les maisons nationales situées dans l'enceinte des murs de Paris pourront être acquises par tous les citoyens, dans le courant d'une décade, en se conformant aux dispositions suivantes.

2. Tout citoyen qui voudra acquérir se présentera au bureau d'enregistrement de l'arrondissement où la maison sera située. Le receveur ouvrira un registre a l'effet d'y recevoir les soumissions, et tout citoyen pourra y faire inscrire sa soumission d'acquérir la maison qu'il désignera par la rue et le numéro de sa situation, en s'obligeant par écrit de payer la valeur au denier cent cinquante du revenu déterminé ainsi qu'il suit.

3. Le revenu de chaque maison sera fixé d'après le prix du bail de 1792, sans aucune diminution de charges, et a défaut de bail, d'après le taux de la contribution foncière, en évaluant le revenu a dix fois le montant de cette contribution au rôle de 1792.

4. S'il se présente plusieurs concurrens pour la même maison, il sera libre à chacun d'eux de couvrir les dernières soumissions, en faisant celle de payer un sixième en sus du montant des soumissions. Nul ne sera reçu à faire de nouvelles soumissions, ou à couvrir celles qui auraient été faites, passé midi précis du quatrième jour.

5 Les soumissions qui seraient faites pour des maisons déjà comprises dans les loteries, ou affectées à des établissemens publics, resteront sans effet.

---

(1) Voyez la loi du 10 frimaire an 4 (1er décembre 1795), qui suspend l'exécution du présent décret.

Voyez aussi, sur le mode de vente des domaines nationaux, les lois citées dans les notes du décret du 9 juillet (25, 26, 29 juin et)--25 juillet 1790 : elles résument la législation sur la matière.

10.

6. Les registres des soumissions seront arrêtés définitivement le quatrième jour à midi précis, et signés par le receveur de l'enregistrement et deux commissaires de la section; et les registres seront déposés de suite au bureau général de l'administration de l'enregistrement.

7. Le dernier soumissionnaire de chaque maison restera adjudicataire, à la condition de payer, dans la decade de la mise en vente, le tiers de on adjudication, et les deux autres tiers dans le cours de la decade suivante, a peine d'être déchu de sa soumission, et d'être contraint a payer, a titre d'indemnité, le sixième du montant de sa première soumission.

8. Toutes les difficultés qui pourront s'élever sur l'exécution du présent décret, seront soumises aux comités de salut public et des finances réunis, pour y statuer définitivement.

N° 161. ═ 13 fructidor an 3 (30 août 1795). ═ DÉCRET *portant défense de vendre, dans d'autres lieux qu'a la Bourse, de l'or et de l'argent, etc.* (1). (I, Bull. CLXXXI, n° 1104 ; B., LVIII, 150.)

Art. 1ᵉʳ. Il est défendu a tout individu, à Paris et dans toutes les places de commerce ou il y a bourse, de vendre de l'or et de l'argent, soit monnayés, soit en barre, en lingot ou œuvrés, ou de faire des marchés qui auraient ces matières pour objet, sur les places et dans les lieux publics autres que la bourse. Tout contrevenant sera condamné a deux années de détention, a l'exposition en public, avec écriteau sur la poitrine, portant ce mot, *Agioteur;* et tous ses biens seront, par le même jugement, confisqués au profit de la république.

2. Il est également défendu de vendre dans les lieux publics autres que la bourse, aucune espèce de marchandises, qui ne sera point exposée en vente sur le lieu même ou cette vente se fait; les contrevenans seront réputés *agioteurs* et punis des peines prononcées ci-dessus.

3. Tout homme qui sera convaincu d'avoir vendu des marchandises et effets dont, au moment de la vente, il ne serait pas propriétaire, est aussi déclaré *agioteur,* et doit être puni comme tel.

4. Tout individu arrêté comme prévenu de délits mentionnés dans les articles précédens, sera conduit sur-le-champ devant le directeur du jury, lequel sera tenu de dresser, dans le jour, l'acte d'accusation, et de le présenter au jury d'accusation dans le jour suivant.

5. Si le jury déclare qu'il y a lieu a accusation, l'accusé sera jugé dans les trois jours suivans par le tribunal criminel.

N° 162. ═ 14 fructidor an 3 (31 août 1795). ═ DÉCRET *qui modifie plusieurs dispositions de celui du 4 15 germinal an 2, relatif aux douanes* (2). (I, Bull. CLXXV, n° 1060 ; B., LVIII, 151.)

Art. 1ᵉʳ. Les rapports pour contraventions aux lois relatives aux importations et aux exportations tant sur mer que sur terre, seront signés au moins par deux préposés aux douanes ou autres citoyens français (3).

2. Ceux qui procederont aux saisies, feront conduire dans un bureau de

(1) Voyez le décret du 20 vendémiaire an 4 (12 octobre 1795), portant que le cours de l'or et de l'argent doivent être réglés chaque jour, a l'issue de la Bourse; et celui du 28 du même mois (20 octobre 1795), sur la police de la Bourse, art. 9 et suiv.
(2) Voyez, sur la législation des douanes, les notes qui accompagnent le titre du décret du 6—22 août 1791.
(3) Cet article et les trois suivans ont été abrogés par la loi du 9 floréal an 7 (28 avril 1799), it. IV, art. 18. — Voyez cette loi et les notes.

douane, et, autant que les circonstances pourront le permettre, au plus prochain du lieu de l'arrestation, les marchandises, les voitures et chevaux servant au transport; ils y rédigeront de suite leur rapport, dans lequel ils seront seulement tenus d'énoncer la date et la cause de la saisie, les noms, qualités et demeures des saisissans et du préposé des douanes, ainsi que la description des objets saisis (1).

3 Si la partie trouvée en contravention est au bureau lors de la clôture du rapport, il lui en sera donné copie à l'instant même, et mention en sera faite sur l'original; sinon cette copie sera affichée, dans le jour, a la porte du bureau. Dans l'un et l'autre cas, le rapport contiendra sommation a la partie nommée ou inconnue de comparaître, le lendemain matin, devant le juge de paix de l'arrondissement.

4. Lors de la comparution devant le juge de paix, ou, à son défaut, devant ses assesseurs, le rapport sera présenté: le juge recevra l'affirmation des saisissans, entendra la partie si elle est présente, et sera tenu de rendre sans délai son jugement. L'amende sera toujours de cinq cents livres lorsqu'il s'agira d'importations ou d'exportations prohibées.

5. Dans le cas où, la saisie n'étant pas déclarée valable, l'agence des douanes interjetterait appel du jugement, les bâtimens, voitures et chevaux saisis, même les marchandises sujettes a dépérissement, seront remis sous caution solvable, après estimation de leur valeur. Si la remise, aux conditions ci dessus, n'est pas demandée dans les huit jours de la date du jugement, l'agence des douanes pourra faire procéder a la vente dans les trois jours de l'annonce qui en aura été faite a la partie, soit à son domicile, ou par affiche à la porte de la maison commune et a celle du bureau : cette vente aura lieu, soit que la partie comparaisse ou non; toute opposition est non recevable.

6. L'appel devra être notifié dans la huitaine de la signification du jugement, sans citation préalable au bureau de paix et de conciliation : après ce délai, il ne sera point recevable, et le jugement sera exécuté purement et simplement. La déclaration d'appel contiendra assignation a trois jours devant le tribunal civil dans le ressort duquel se trouvera le juge de paix qui aura rendu le jugement, et le tribunal sera tenu de prononcer dans les délais fixés par la loi pour les appels des jugemens du juge de paix (2).

---

(1) La saisie est nulle, à défaut de déplacement des marchandises. Cass., 1er février 1806, Sir., VII, 2, 1143. — Voyez encore, sur les formalités des procès-verbaux de saisie, les dispositions de la loi précitée du 9 floréal an 7, et le tit. VI de la loi du 28 avril—4 mai 1816.

(2) La régie des douanes peut interjeter appel des jugemens rendus en matière de douanes sur les seules poursuites du ministère public, et auxquelles il paraît avoir acquiescé Cass., 5 octobre 1832, Sir., XXVII, 1, 737, Bull. crim, XXVII, 535. — Juge dans le même sens. Cass., 29 mars 1828, Sir., XXIX, 1, 127 —Juge encore que la régie des douanes peut seule, et sans l'adjonction du ministère public, interjeter appel d'un jugement correctionnel qui, en déclarant nuls des procès-verbaux de saisie, ne prononce pas la confiscation des marchandises. l'appel peut être interjeté par un receveur sans autorisation de l'administration. Cass., 25 juillet 1806, Sir., VI, 2, 577. — Il peut l'être aussi par un premier commis de la recette des douanes, encore qu'il n'ait reçu aucun pouvoir spécial a cet effet. Cass., 6 juin 1811, Sir., XII, 1, 69; Bull. crim., XVI, 166 —Juge encore qu'il n'est pas nécessaire, a peine de nullité, que les préposés de la douane, pour être reçus dans l'appel qu'ils interjettent au nom de la régie, joignent a leur requête d'appel un pouvoir spécial des régisseurs. Cass., 26 messidor an 8, Sir., 1, 2, 258; Bull. crim., V, 235. — Voyez encore l'art. 66 de la loi du 28 avril—4 mai 1816, et les notes

L'appel n'est pas nul parce qu'il n'énonce pas les moyens et conclusions de l'appelant. Cass., 19 frimaire an 8, Sir., 1, 2, 219.

Le délai de trois jours dont parle cet article doit être franc, c'est-à-dire ne comprendre ni celui de l'assignation ni celui de l'échéance. Cass., 3 mess dor an 10, Sir., 11, 2, 444.

Si le juge de paix ne rend pas son jugement dans les trois jours qui suivent celui indiqué pour la comparution, l'action de l'administration des douanes est prescrite ou périmée. Cass., 3 prai-

' 7. Si la saisie est jugée bonne, et qu'il n'y ait pas d'appel dans la huitaine de la signification, le neuvième jour le préposé du bureau indiquera la vente des objets confisqués, par une affiche signée de lui, et apposée tant à la porte du bureau qu'a celle de l'auditoire du juge de paix, et procédera à la vente cinq jours après.

8. Les objets saisis qui auront été confisqués, seront vendus publiquement et après l'apposition d'affiches dans la forme prescrite par l'article 7.

9. Si la saisie n'est pas fondée, et qu'il y ait lieu d'en donner main-levée, le propriétaire des marchandises aura droit à un intérêt d'indemnité, à raison d'un pour cent par mois de la valeur des objets saisis, depuis l'époque de la retenue jusqu'a celle de la remise ou de l'offre qui lui en aura été faite (1).

10. Les tribunaux de paix qui connaissent en première instance des saisies, jugeront également en première instance les contestations concernant le refus de payer les droits, le non-rapport des acquits-a-caution, et les autres affaires relatives aux douanes (2).

11. Tous jugemens rendus sur une saisie seront signifiés, soit à la partie saisie, soit au préposé indiqué par le rapport. Les significations à la partie seront faites à son domicile, si elle en a un réel ou élu dans le lieu de l'établissement du bureau, sinon à celui de l'agent national de la commune. Les significations a l'agence des douanes seront faites au préposé.

12. Au moyen des dispositions du présent décret, le titre VI de la loi du 4 germinal est rapporté en tout ce qui pourrait y être contraire.

Nº 163. = 14 fructidor an 3 (31 août 1795). = DÉCRET *qui abolit l'action en rescision des contrats de vente ou équipollant à vente entre majeurs pour cause de lésion d'outre-moitié* (3). (I, Bull. CLXXV, nº 1061; B., LVIII, 160.)

Art. 1ᵉʳ. L'action en rescision des contrats de vente ou équipollant a vente entre majeurs pour lésion d'outre-moitié, est abolie a l'égard des ventes qui seront faites a compter de la publication de la présente loi.

2. Toute action et toute instance en rescision de contrats de vente ou équipollant a vente pour cause de lésion d'outre moitié, demeurent provisoirement suspendues. — La convention renvoie a son comité de législation pour ce qui concerne l'exercice de ladite action a l'égard des ventes actuellement existantes.

---

rial an 11, SIR., III, 1, 299. — Jugé, au contraire, que le délai de trois jours pour rendre le jugement, n'est pas de rigueur Cass., 5 mars 1812; Bull. crim., XVII, 89.

La demande faite par l'administration des douanes en main-levée d'une opposition formée par un propriétaire de marchandises prohibées, qui ont été vendues pour être réexportées, et tendant a empêcher la délivrance de ces marchandises a l'acquereur, constitue une demande purement civile, qui doit être portée en première instance devant le tribunal civil et non devant le juge de paix. Bordeaux, 24 août 1831, SIR, XXXII, 2, 598.

(1) Abrogé par l'art. 18 du tit. IV de la loi du 9 floréal an 7. — Voyez, sur les indemnités auxquelles donnent lieu des saisies illégales, l'art 16 du même titre, et les notes.

(2) Le juge de paix ne peut statuer en dernier ressort sur les peines résultant d'un défaut de rapport d'acquit-à-caution. Cass., 20 fructidor an 10, SIR., II, 2, 367; Bull civ., IV, 517.

(3) Voyez la loi du 3 germinal an 5 (23 mars 1797), qui leve la suspension de l'action en rescision; celle du 19 floréal an 6 (8 mai 1798), qui détermine le mode d'examen et les conséquences des actions en rescision pour cause de lésion; celle du 2 prairial an 7 (21 mai 1799), qui applique les dispositions de celle du 19 floréal an 6 aux actes de partage, et celle du 24 du même mois (12 juin 1799), interprétative du § 3 de l'art. 1ᵉʳ de celle du 19 floréal an 6.

Le présent décret ne s'applique qu'aux actes de vente par lesquels le vendeur se prétend lésé d'outre-moitié; il ne s'applique point aux actes de partage. Paris, 6 avril 1807, SIR., VII, 2, 1041.

N° 164.=15 fructidor an 3 (1ᵉʳ septembre 1795).=DÉCRET *portant qu'aucun citoyen ne peut être privé du droit d'émettre son vœu dans une assemblée primaire, a moins qu'une loi expresse ne l'en exclue formellement.* (B., LVIII, 160.)

N° 165. = 15 fructidor an 3 (1ᵉʳ septembre 1795). = DÉCRET *qui détermine un mode pour l'examen et l'admission des candidats à l'école centrale des travaux publics, et change son nom en celui d'*école polytechnique (1). (I, Bull. CLXXV, n° 1062; B., LVIII, 171.)

Art. 1ᵉʳ. L'école centrale des travaux publics portera à l'avenir le nom d'école polytechnique.

2. Les examens des candidats pour cette école s'ouvriront chaque année le 1ᵉʳ brumaire, et se feront de manière que les admis puissent être rendus à Paris au commencement des études de l'école, qui aura lieu le 1ᵉʳ nivose.

3. Les connaissances exigées dans ces examens seront l'arithmétique, l'algèbre, comprenant la résolution des équations des quatre premiers degrés, et la théorie des suites; la géométrie, comprenant la trigonométrie, l'application de l'algèbre a la géométrie, et les sections coniques.

4. Les autres conditions et le mode de ces examens seront conformes à ce qui est prescrit par les articles 2, 3, 5, 6, 7, 8 et 9 de la loi du 7 vendémiaire dernier, relative au même objet.

5. Chaque examinateur adressera au ministre sous l'autorité duquel l'école sera placée, le compte rendu des examens qu'il aura faits, et dans la forme qui aura été prescrite.

6. Ces comptes rendus seront remis par le ministre à un jury formé à Paris, et composé de cinq membres choisis parmi les savans étrangers à l'école, et les plus distingués dans les sciences mathématiques. — Ce jury, par la comparaison des comptes rendus des examinateurs particuliers, désignera, par ordre de mérite, les jeunes gens qui paraissent avoir le plus d'instruction et de capacité, et qui seront en conséquence admis a l'école, en même nombre que les places vacantes.

7. Les dispositions des articles 13, 14, 15 et 16 de la loi du 7 vendémiaire dernier, concernant le traitement et la destination ultérieure des élèves, continueront d'être exécutées.

8. A la fin de chaque année d'études, les élèves de l'école seront examinés pour constater le degré de leurs connaissances acquises, et le travail qu'ils auront fait.—Ceux qui, a l'expiration de la première année, n'auront pas fait les deux tiers du travail affecté a cette année, seront censés n'avoir pas l'intention d'approfondir l'étude des sciences et des arts; et, en conséquence, ils se retireront de l'école. — Ils ne pourraient y être reçus de nouveau qu'après l'intervalle d'une année, et suivant le mode déterminé pour la première admission.

9. La commission des travaux publics et les comités de la convention qui ont surveillé l'école jusqu'a présent, continueront de le faire et d'assurer l'exécution des lois comme par le passé, en attendant l'activité des pouvoirs constitutionnels qui leur sont substitués.

N° 166 =16 fructidor an 3 (2 septembre 1795).=DÉCRET *qui autorise le cumul*

(1) Voyez le décret du 7 vendemiaire an 3 (28 septembre 1794), portant création de cette école, et les notes qui résument toutes les lois et tous les reglemens qui y ont rapport.

des traitemens en faveur des savans et des artistes (1). (I , Bull. CLXXV, n° 1063 ; B. , LVIII , 173.)

La convention nationale décrète : — Les savans, les gens de lettres et les artistes qui rempliront plusieurs fonctions relatives a l'instruction publique, pourront en cumuler les traitemens.

N° 167. = 16 fructidor an 3 (2 septembre 1795). = DÉCRET *qui défend aux tribunaux de connaître des actes d'administration, et annule toutes procédures et jugemens intervenus à cet égard.* (I, Bull. CLXXV, n° 1064 ; B., LVIII , 175.)

La convention nationale, après avoir entendu son comité des finances, décrete qu'elle annule toutes procédures et jugemens intervenus, dans les tribunaux judiciaires, contre les membres des corps administratifs et comités de surveillance, sur réclamation d'objets saisis, de taxes révolutionnaires, et d'autres actes d'administration émanés desdites autorités pour l'exécution des lois et arrêtés des représentans du peuple en mission, ou sur répétition des sommes et effets versés au trésor public.—Défenses itératives sont faites aux tribunaux de connaître des actes d'administration de quelque espèce qu'ils soient, aux peines de droit, sauf aux réclamans à se pourvoir devant le comité des finances pour leur être fait droit, s'il y a lieu, en exécution des lois, et notamment de celle du 13 frimaire dernier (2).

_____

(1) Voyez le décret du 3 brumaire an 4 (25 octobre 1795), sur l'instruction publique, tit 1er, art. 7, qui permet aux instituteurs et professeurs de cumuler traitemens et pensions.

Voyez aussi, sur le cumul des traitemens et des pensions, le decret du 18 thermidor an 2 (5 août 1794), et les notes qui resument la legislation.

(2) Cette disposition, qui consacre de nouveau le principe de la séparation des autorités administrative et judiciaire. posé par l'art 13 du tit II du décret du 16—24 août 1790, est encore en pleine vigueur et journellement appliquée par les tribunaux et le conseil d'etat Voyez cet art. 13 et les notes. Voyez aussi l'arrête du 2 germinal an 5 (22 mars 1797), qui rappelle les tribunaux a l'execution du present decret; et la loi du 28 pluviose an 8 (17 fevrier 1800), sur l'organisation administrative de la France, art. 3 et suiv., qui determinent la competence des préfets et des conseils de prefecture.

Les decisions nombreuses qui ont appliqué le présent décret peuvent être rangées sous trois divisions principales: dans la premiere, sont celles qui se sont bornees a maintenir, d'une manière générale, le principe de la separation des pouvoirs administratif et judiciaire; dans la seconde, nous comprendrons celles qui, precisant davantage, ont juge qu'a l'administration seule appartient l'interpretation, et aux tribunaux l'application des titres administratifs; et la troisieme se composera des spécialités auxquelles l'application de ces deux regles generales a ete faite.

§ 1er. *Application, dans son sens le plus general, du principe de la separation des pouvoirs.* — Lorsque les tribunaux sont legalement instruits qu'une affaire qui leur est soumise est portee devant l'autorité administrative, ils doivent surseoir. Cass., 10 nivose an 11, SIR , III, 2, 399, Bull crim., VIII, 111. — Est non avenu un jugement rendu en contravention a la chose jugée par un arrête consulaire. Arreté du 26 ventose an 9 (17 mars 1801). voyez a sa date dans ce recueil. — Les tribunaux sont essentiellement incompetens pour statuer sur la leg lite ou l'illégalité d'actes administratifs sanctionnes par une ordonnance rendue en conseil d'etat, sur le rapport du comite du contentieux, alorsmême que les actes seraient entaches d'inconstitutionnalité. Cass., 18 avril 1833, SIR., XXXIII, 1, 372. — Ils sont également incompetens pour examiner, même accessoirement a une demande en nullité de saisie-execution, le merite ou la legalité d'un acte administratif, en vertu duquel la saisie a ete formée. Poitiers, 16 août 1833, SIR., XXXIV, 2, 245. — La chose-jugée par l'autorité judiciaire ne peut être exécutée dans un sens contraire aux lois administratives. Arr. du cons., 30 janvier 1809, SIR., XIII, 2, 101. —Les tribunaux n'ont pas le droit de réformer les decisions, même incompétemment rendues par l'autorité administrative. Avis du cons., 18 et 25 ventose an 13 (9 et 16 mars 1805), voyez a sa date , dans ce recueil — Les tribunaux ne peuvent juger une contestation jugée, même incompétemment, par l'autorité administrative. Cass., 13 messidor an 12, SIR , IV, 2, 154 ; Bull. civ., VI, 348, et plusieurs autres arrêts. —Jugé aussi que, lors même qu'une decision de l'autorité administrative pa-

N° 168.=16 fructidor an 3 (2 septembre 1795).=DÉCRET *interprétatif de celui du 5 fructidor dernier, concernant la reddition des comptes des receveurs des décimes*. (I., Bull. CLXXVI, n° 1066; B., LVIII, 175.)

Art. 1er. Les décrets rendus par l'assemblée constituante, sur la recette générale du ci-devant clergé, et les receveurs particuliers des décimes des

raîtrait devoir être annulée, pour incompétence, tant que l'annulation n'est pas prononcée, les tribunaux ne peuvent statuer sur le même objet. Cass, 22 ventose an 4, Sir., XV, 1, 464 — Il y a plus, quoique l'autorité administrative se soit déclarée incompétente, les tribunaux ne peuvent connaître d'une affaire qui est administrative par sa nature. Cass., 1er frimaire an 12, Sir., IV, 1, 68; Bull. civ., VI, 55; et arrêt récité du 13 messidor an 12, Sir., IV, 2, 154; Bull civ., VI, 349. — Toutefois, les tribunaux peuvent être ressaisis d'un litige d'abord attribué à l'autorité administrative, lorsque les motifs de cette attribution n'existent plus; par exemple, lorsque le gouvernement ou l'administration ont cessé d'avoir intérêt dans la contestation. Cass., 1er juillet 1829, Sir., XXIX, 1, 326 — Et lorsque l'autorité administrative renvoie à l'autorité judiciaire le jugement d'une question préjudicielle, cette autorité ne peut se refuser à juger, sous prétexte qu'on ne lui demande qu'un simple avis, et que sa décision n'aurait pas le caractère d'un jugement. Cass., 1er mai 1827, Sir., XXVII, 1, 269; Bull. civ, XXIX, 149. — Si des jugemens et arrêts, avec des décisions sur une matière du ressort des tribunaux, contiennent des décisions sur une matière administrative, il y a lieu d'ordonner que ces jugemens et arrêts restent, quant à ce, sans effet. Arr. du cons., 25 mars 1807, Sir., XIV, 2, 456. — Les tribunaux sont incompétens pour connaître d'une contestation subordonnée à l'interprétation d'un acte administratif ainsi on ne peut pas appeler en justice l'auteur d'une déclaration faite devant l'autorité administrative, sur un fait placé dans les attributions de cette autorité. Cass., 3 mars 1807, Sir., VII, 2, 58; Bull. civ., IX, 66.—C'est à l'administration et non aux tribunaux qu'il appartient de connaître des actions qui tendent à faire mettre en question l'étendue et l'effet d'actes passés par l'autorité administrative. Cass., 29 frimaire an 11, Sir. III, 2, 255; Bull. civ., V, 88.— Jugé encore que les tribunaux ne peuvent pas connaître des difficultés élevées sur le sens des contrats de vente passés par l'administration, sous le prétexte qu'il ne s'agit que d'ordonner l'exécution littérale de quelque clause du contrat. Cass., 21 novembre 1808, Sir., X, 1, 114; Bull. civ, X, 327. Voyez le § 2, ci-après.

D'son côté, l'autorité administrative ne peut, dans les affaires de sa compétence, examiner et juger des questions du ressort de l'autorité judiciaire. Arr. du cons., 28 février 1809, Sir., XVII, 2, 112 — En général, l'autorité administrative doit s'abstenir de statuer sur une matière qui, de sa nature, lui serait dévolue, s'il y a déjà eu décision par l'autorité judiciaire. Arr. du cons., 21 décembre 1808, Sir., Jur. du cons., 1, 227. — Il ne suffit pas qu'un fait, objet d'une action judiciaire, ait le caractère de fait administratif, pour qu'il doive être nécessairement constaté par l'autorité administrative: elle le certifie seulement, autant qu'il lui appartient; et l'autorité judiciaire, appréciant cette attestation, statue ce que de droit entre les parties. Nîmes, 27 novembre 1829, Sir., XXX, 2, 117. — Lorsque, sur une matière avant en partie trait à l'administration, une demande principale est formée devant les tribunaux et que le défendeur exerce un recours en garantie contre un agent de l'administration, la contestation doit être divisée à cause de la compétence; l'action principale doit être laissée aux tribunaux, et l'action en garantie doit être portée devant l'autorité administrative. Arr. du cons., 5 août 1809, Sir., Jur. du cons., 1, 296.

On ne peut déroger, par des conventions particulières, aux règles de la compétence administrative. Arr. du cons., 19 février 1823, Sir., XXIV, 2, 144. — La nullité résultant de l'incompétence du pouvoir judiciaire dans les matières administratives, ne peut se couvrir. Arrêté du 5 fructidor an 9 (23 août 1801) voyez à sa date, dans ce recueil. — Cette incompétence est tellement absolue qu'elle peut être proposée, même par la partie qui a saisi les tribunaux Cass., 22 mai 1824, Sir., XXIV, 1, 215 — Jugé cependant que, dans certains cas, l'incompétence des tribunaux peut être couverte par un acquiescement. Arr. du cons., 23 octobre 1816, Sir., Jur du cons., III, 413.

§ 2. *Distinction entre l'interprétation et l'application des actes administratifs.* — La jurisprudence de la cour de cassation et celle du conseil d'état concourent à établir, comme règle fondamentale, que, toutes les fois qu'il y a lieu à *interpréter* un acte administratif dont le sens est contesté en justice, l'administration est essentiellement compétente; mais qu'aux tribunaux appartient l'*application* des actes administratifs dont le sens n'est pas douteux, ou a été éclairci par l'administration. Néanmoins, cette règle qui paraît si simple et qui fait si justement la part des deux pouvoirs, a donné lieu à des controverses sérieuses : on a long-temps disputé sur ce qu'il faut entendre par *interprétation* et *application*, jusqu'à ce qu'un arrêt de la cour de casci-devant diocèses, les 18—23 juillet, 14—21 septembre 1790, 26 décembre 1790—15 janvier 1791 et 15—19 janvier 1791, seront exécutés.

2. Les receveurs particuliers des décimes déclarés debiteurs personnels par le décret du 15—19 janvier 1791, seront poursuivis, a la diligence de l'agent

---

sation, du 13 mai 1824 (Sir., XXV, 1, 59), ait terminé le debat par une definition d'une lucidité parfaite.

« Attendu (porte cet arrêt), que s'il importe à l'ordre public de maintenir le principe fonda-
« mental du droit actuel sur la distinction entre les fonctions judiciaires et les fonctions admi-
« nistratives, il n'est pas moins essentiel dans l'intérêt de ce même ordre public, que les lois
« qui ont établi cette distinction soient saincwent entendues : qu'à cet égard, la legislation se
« compose de l'art. 13 du tit. II de la loi du 24 août 1790.............. et du décret du
« 16 fructidor an 3.............. ;

« Que la seule conséquence qui résulte de ces lois est que les cours et tribunaux sont dans la
« double impuissance d'exercer les fonctions administratives, et de soumettre les actes d'adminis-
« tration à leur censure, en les infirmant, les modifiant, arrêtant ou suspendant leur exé-
« cution....... ;

« Qu'on ne peut, sans abuser des termes des lois précitées, soutenir qu'il y ait nécessité pour
« les juges de renvoyer la cause devant l'administration, aussitôt que l'une des parties pré-
« tend trouver des doutes et matière à interprétation dans l'acte administratif invoqué par
« l'autre; que ce serait, en effet, laisser à la discrétion d'un plaideur temeraire le droit de sus-
« pendre le cours de la justice, en élevant des doutes contre l'évidence, et soutenant qu'il est né-
« cessaire d'interpreter ce qui ne presenterait ni équivoque ni obscurité; qu'au contraire, et par
« la nature des choses et par celle de leurs devoirs, les cours et tribunaux doivent examiner si,
« ou non, l'acte produit devant eux attribue les droits reclamés; qu'ils doivent, en cas de
« doute, renvoyer à l'autorité administrative; que si, au contraire, l'acte ne leur parait offrir
« ni équivoque, ni obscurité, ni doute sur le fait qu'il déclare, ou sur la propriété qu'il attri-
« bue, ils doivent, sauf le cas de conflit, legalement eleve, retenir la cause et la juger....... »

Ces principes posés, le sens des décisions dont l'énoncé va suivre est facile à saisir.

En regle generale, l'autorité administrative est seule compétente pour statuer sur les questions dont la decision dépend de l'interpretation d'actes administratifs. Arr. du cons, 7 décembre 1812, Sir, Jur. du cons, II, 146. — Par suite, lorsque la discussion d'une affaire présente quelques doutes, soit sur la regularite, soit sur la substance d'un acte administratif, le tribunal doit renvoyer les parties devant l'autorite dont l'acte émane, pour le faire expliquer, interpréter, modifier o réformer; après quoi, les juges statuent, s'il y a lieu, sur les conclusions des parties. Cass, 9 juillet 1806, Sir., VI, 2, 682; Bull. civ., VIII, 251. — Jugé encore que les tribunaux sont incompétens pour expliquer ou interpreter des actes émanés de l'autorité administrative, encore que la contestation n'a t pour objet que des intérêts privés. Agen, 27 décembre 1809, Sir., X, 2, 334. — Jugé de même que lorsqu'il y a contestation devant les tribunaux sur un point de droit qui a sa source dans un acte administratif dont l'interpretation soit nécessaire, les tribunaux doivent renvoyer cette interpretation à l'administration. Arr. du cons., 17 juin 1818, Sir., Jur. du cons, IV, 372.— Jugé aussi que, si les parties, plaidant sur l'effet d'une autorisation administrative, placent toute la difficulté dans le point de savoir quel est le sens de l'acte administratif, les tribunaux doivent renvoyer à l'administration, pour qu'elle s'interprète elle-même Cass., 31 janvier 1826, Sir., XXVI, 1, 300. — Les tribunaux appelés à faire l'application de deux actes administratifs qui paraissent contradictoires, doivent surseoir à leur jugement et renvoyer l'interprétation de ces actes à l'autorité administrative. Cass., 30 avril 1829, Sir., XXIX, 1, 365.

L'autorité administrative est seule compétente pour connaitre des difficultés relatives à l'exé-cution des actes émanes d'elle. Cass., 15 octobre 1807, Sir, VII, 2, 272; Bull. crim., XII, 408. — Jugé en sens contraire, c'est-à-dire qu'encore bien que l'autorité judiciaire ne puisse interpréter les actes de l'autorité administrative, elle peut en connaitre pour les faire exécuter. Cass., 7 septembre 1812, Sir., XIII, 1, 210. — Juge plus particulierement, que les tribunaux peuvent connaitre de l'application et de l'execution des actes administratifs, quand il ne s'agit ni de les interpreter, ni d'en régler l'effet, quand il n'y a qu'à les exécuter dans le sens qui leur a été reconnu par toutes les parties. Cass., 4 fevrier 1812, Sir, XII, 1, 196 — Jugé encore que, lorsque la regularité, le sens et la portée d'un acte administratif sont manifestes, les tribunaux peuvent faire l'application immediate de cet acte. Cass., 26 février 1834, Sir, XXXIV, 1, 314.
— Jugé aussi que, lorsqu'une clause insérée dans un acte administratif est claire et impérative, il appartient aux tribunaux d'en ordonner l'exécution. Cass., 25 mars 1825, Sir., XXVI, 1, 209.

§ 3. *Specialites.* — L'autorité des arrêtés du gouvernement est telle que les tribunaux ne peu-vent se refuser à les appliquer alors même que, par usurpation de pouvoir, ces arrêtés présen-teraient des dispositions législatives ou contraires aux lois. Cass, 23 floréal an 10, Sir., II, 1,

national de la comptabilité, tant pour la reddition de leurs comptes, que pour le versement des sommes dont ils pourraient être reliquataires, et dont le ci-devant receveur général demeure déchargé, conformément auxdites lois.

3. Les articles 5 et 6 du décret du 5 du courant, en ce qui concerne le citoyen

265. — Mais si un préfet ordonne, par un réglement de police, que des contraventions seront jugées par un autre tribunal que celui auquel en appartient de droit la connaissance, le tribunal indiqué par ce réglement, n'est pas pour cela tenu de statuer; il peut s'abstenir et renvoyer au tribunal compétent. Cass., 8 thermidor an 13, Sir., VII, 2, 793 — C'est à l'autorité administrative, et non à l'autorité judiciaire, à prononcer sur l'effet de tout arrêté administratif. Arr. du cons., 24 avril 1808, Sir., X, 2, 289. — Lorsqu'un préfet a pris un arrêté sur la pétition d'un particulier, si le sens de cet arrêté devient litigieux entre le pétitionnaire et d'autres intéressés, les tribunaux doivent renvoyer à l'autorité administrative l'interprétation de l'arrêté. Cass., 24 mars 1819, Sir., XIX, 1, 310; Bull. civ, XVI, 104. — Lorsqu'un arrêté administratif a statué compétemment sur la demande d'un particulier, et lui a reconnu ou concédé un droit administratif, tel qu'un droit de bac sur une rivière navigable, il n'appartient pas aux tribunaux de contrarier cet acte administratif, sous prétexte qu'il y a lésion du droit d'un tiers. Cass., 26 décembre 1826, Sir., XXVII, 1, 343; Bull. civ., XXVIII, 375.

Quoique ce soit aux tribunaux à juger toute question de propriété, ils ne peuvent, sous prétexte d'un excès de pouvoir, réformer un acte administratif qui aurait statué sur une question de ce genre, ni en suspendre l'effet. Arr. du cons, 28 février 1809, Sir., XVII, 2, 112. — Jugé toutefois que les questions de propriété entre le gouvernement et les particuliers sont, de droit commun, dévolues à l'autorité judiciaire. Il n'y a d'exception que pour les ventes nationales. Arr. du cons., 9 juin et 8 juillet 1807, Sir., XVI, 2, 277. — Juge encore qu'une question de propriété, mue avec le domaine, ne cesse pas d'être de la compétence des tribunaux, encore qu'il puisse s'ensuivre une condamnation à restitution, soit des biens aliénés ou affectés par la nation, soit d'argent à payer au trésor public : il suffit que l'autorité administrative ait la faculté de neutraliser ou de modifier le jugement, lors de son exécution, ainsi que l'exigeront les circonstances et les règles administratives. Cass., 9 août 1809, Sir., IX, 1, 411, Bull civ., XI, 190. — Les tribunaux sont seuls compétens pour connaître des questions de propriété, encore qu'il s'agisse de biens possédés par le domaine, pourvu que l'autorité administrative n'ait pas déclaré ces biens nationaux. Bruxelles, 19 février 1807, Sir., VII, 2, 256. — L'acte administratif qui, sur le vu d'un titre non contesté, fait abandon à un particulier d'un immeuble considéré comme national, n'est pas une décision, mais un simple fait d'administration qui n'empêche pas les tribunaux de juger ultérieurement la question de propriété de l'immeuble. Arr. du cons., 10 septembre 1817, Sir., Jur. du cons., IV, 138. — Idem, de l'acte par lequel l'administration se borne à donner main-levée, sur la réclamation d'un tiers, du séquestre apposé sur les biens d'un condamné; le litige ultérieurement engagé sur la propriété de ces biens, est de la compétence des tribunaux. Arr. du cons., 3 juillet 1822, Sir., XXII, 2, 226. — Idem, d'un arrêté de préfet qui règle provisoirement entre les communes ou sections de communes le mode de jouissance respective d'un pâturage : les tribunaux peuvent, nonobstant l'arrêté, statuer sur les droits des communes. Arr. du cons, 14 janvier 1824, Sir., XXIV, 2, 301 — Idem, de l'acte par lequel l'administration ne fait que reconnaître l'existence d'un droit d'usage reclamé par des tiers; cet acte ne préjuge ni la legitimité ni l'étendue du droit, et n'empêche pas les tribunaux de décider ces questions. Arr. du cons., 22 janvier 1824, Sir., XXIV, 2, 309. — Idem, d'une ordonnance royale contenant approbation de l'adjudication d'un bien communal, le tiers lésé par cette adjudication peut soumettre la question de propriété aux tribunaux. Arr. du cons., 5 juillet 1826, Sir., XXVIII, 2, 27. — Lorsqu'un propriétaire a formé opposition à une vente administrative, la question de propriété des biens vendus doit être décidée, entre l'acquéreur et lui, par l'autorité judiciaire. Cass., 4 thermidor an 8, Sir., I, 1, 320, et plusieurs autres arrêts. — Mais les tribunaux sont incompétens pour connaître d'une question de propriété, lorsqu'elle ne peut être décidée que par voie d'interprétation d'actes administratifs. Cass., 13 décembre 1830, Sir., XXXI, 1, 383; Bull. civ., XXXII, 233. — Lorsqu'une question de propriété dépend de l'interprétation d'un titre d'adjudication administrative, et alors qu'un premier arrêté interprétatif l'explique insuffisamment, le tribunal saisi doit renvoyer à l'administration, pour completer sa décision ou s'interpréter elle-même : il ne peut passer outre. Cass., 19 décembre 1826, Sir., XXVII, 1, 428; Bull. civ., XXVIII, 369. — Lorsqu'un acte administratif a attribué la propriété d'un objet, la question de savoir si celui qui a possédé, en vertu de ce titre, a possédé de bonne foi et a fait les fruits siens, est une question essentiellement judiciaire. Cass, 23 mars 1824, Sir., XXV, 1, 79. — L'action possessoire peut être intentée contre les détenteurs de biens vendus par l'état, et contre les fermiers des biens nationaux. Cass., 28 août 1810, Sir., XIV, 1, 60; Bull. civ., XII, 176; 3 novembre 1824, Sir., XXV, 1, 62; Bull. civ., XXVI, 312; Arr. du cous, 9 septembre 1806, Sir., Jur. du cons., I, 3; et 25 janvier 1807, même recueil, I, 29; et beaucoup d'au-

Quinson, ci-devant receveur général du ci-devant clergé de France, présent à Paris, et réputé absent par ces articles, sont et demeurent rapportés.

N°169.=17 fructidor an 3 (3 septembre 1795).=DÉCRET *portant qu'il sera établi un caissier général pour les recettes des différens bureaux de la poste aux lettres et des messageries.* (I, Bull. CLXXV, n° 1065 ; B., LVIII, 178.)

tres. — Mais le juge de paix n'est pas compétent pour connaître de l'action possessoire intentée à raison d'un nouvel œuvre, si la construction dénoncée comme nouvel œuvre est l'exécution d'un acte émané de l'autorité administrative. Arr. du cons., 22 novembre 1826, Sir., XXVII, 2, 270

Lorsqu'il s'agit de déterminer quels sont les droits privés conférés à deux particuliers par leurs titres respectifs, également émanés de l'administration, c'est aux tribunaux à prononcer. Arr. du cons., 16 février 1826, Sir., XXVI, 2, 342. — Les tribunaux sont également compétens pour examiner si un partage administratif contient des omissions ce n'est pas la interpreter. Cass., 23 novembre 1829, Sir., XXX, 1, 16. — Lorsque, pour déterminer l'effet ou l'étendue, ou même l'existence d'une servitude établie par un acte administratif, il est besoin de recourir à des usages ou à des titres qui n'ont rien d'administratif, c'est aux tribunaux à prononcer. Paris, 10 janvier 1823, Sir., XXV, 2, 187. — Il en est de même des difficultés sur l'application et l'exécution d'un acte administratif ordonnant une restitution de fruits, lorsqu'il y a lieu, non à interpréter l'arrêté, mais à procéder simplement à l'estimation et à la liquidation ordonnées. Arr. du cons., 20 novembre 1815, Sir., XVIII, 2, 76.

Lorsqu'il s'élève des contestations relativement aux baux des biens des communes, des hospices et des autres établissemens publics, qui ont été passés devant les préfets ou sous-préfets, la connaissance en appartient à l'autorité administrative, s'il s'agit de savoir quel est le sens des clauses des baux. Arr. du cons., 3 juillet 1806, Sir., VII, 2, 798 ; et Cass., 2 décembre 1806, Sir., VII, 2, 797 ; Bull. civ., VIII, 410. — Jugé cependant qu'un bail d'immeuble fait par un conseil municipal n'est pas un acte administratif dont l'interprétation soit réservée à la justice administrative, et que toute contestation en cette matière doit être déférée aux tribunaux. Arr. du cons., 20 novembre 1815, Sir., XVIII, 2, 77. — Jugé, dans le même sens, qu'un semblable bail n'est qu'un acte privé, émané du tuteur de la commune ; et que, s'il y a contestation sur le sens, l'effet ou l'étendue de ce bail, le litige est dévolu à l'autorité judiciaire. Cass., 2 janvier 1817, Sir., XVII, 1, 192 ; Bull. crim., XII, 3. — Jugé aussi que, lorsqu'dans une contestation sur l'effet d'un bail émané de l'autorité administrative, le point litigieux tient à des faits possessoires et à des usages locaux plus qu'au sens de l'acte administratif, c'est aux tribunaux et non à l'autorité administrative que la connaissance en est dévolue. Arr. du cons, 23 novembre 1808, Sir., XVII, 2, 38. — Toute contestation entre un fermier domanial et les agens du domaine, relativement à l'exécution du bail, est du ressort des tribunaux ordinaires. Arr. du cons., 18 décembre 1822, Sir., XXIII, 2, 50. — Les tribunaux ordinaires sont également compétens pour connaître d'une contestation élevée entre le fermier d'un bac et l'administration, au sujet de l'exécution des clauses du bail administratif. Cass., 6 août 1839, Sir., XXIX, 1, 388. — Jugé encore que c'est aux tribunaux à statuer sur une contestation entre le fermier d'un bac et l'administration relativement aux dégradations du matériel du bac. Arr. du cons., 25 avril 1834, Sir., XXXIV, 2, 565. — Les contestations entre la régie des domaines et le fermier d'un bien séquestre, pour raison des fermages, sont du ressort de l'autorité administrative. Arr. du cons., 12 décembre 1806, Sir., XIV, 2, 416. — Mais les tribunaux sont compétens pour connaître d'une difficulté relative au recours exercé au nom de l'état contre la caution d'un fermier par bail administratif, si l'exception opposée par la caution est prise dans le droit civil. Décis. minist., 29 juin 1810. Sir., XII, 2, 190. — Les tribunaux ne sont pas compétens pour décider, entre le fermier d'un immeuble domanial et l'adjudicataire, quelle est la durée réelle du bail, et si le fermier est véritablement propriétaire des bâtimens. Cass, arrêt précité du 3 mars 1807, Sir., VII, 2, 58, Bull. civ., IX, 66.

Les tribunaux sont incompétens pour décider ce que les maires doivent faire comme administrateurs des communes. Ainsi, un tribunal ne peut condamner le maire d'une commune dont les habitans sont usagers moyennant une redevance, à fournir au créancier le rôle de ces habitans, il n'appartient qu'à l'autorité administrative d'enjoindre au maire de fournir ce rôle. Cass., 23 octobre 1809, Sir., X, 1, 59 ; Bull. civ., XI, 246. — Les actions intentées contre un maire, à raison d'ouvrages par lui commandés et reçus en sa qualité d'administrateur, sont du ressort de l'autorité administrative. Arr. du cons., 12 mai 1807, Sir., XVI, 2, 271. — Un acte auquel concourt le maire d'une commune, ne peut être considéré comme un acte administratif, si le maire n'a procédé en sa qualité. Arr. du cons, 16 juin 1808, Sir., XVI, 2, 349. — Un acte d'accensement de biens d'apanage, n'est pas non plus un acte administratif, la question de validité de cet acte doit donc être portée devant les tribunaux. Arr. du cons, 6 janvier 1807, Sir., XIV, 2, 426.

Les tribunaux ne peuvent, sans commettre un excès de pouvoir, statuer sur des actions qui tendent à faire déclarer l'état débiteur. Cass., 11 messidor an 10, Sir., VII, 2, 843, Bull civ.,

N° 170.=18 fructidor an 3 (4 septembre 1795).=DÉCRET *qui ratifie le traité de paix conclu le* 11 *fructidor à Bâle*, *entre le citoyen* Barthélemy, *ambassadeur de la république française près les cantons helvétiques*, *fondé*

IV, 430. —Lorsque l'autorité administrative est condamnée à payer une somme, sans dire si, à raison des valeurs dont elle se compose, elle est sujette a réduction, la question de réduction étant soulevée devant les tribunaux, ils doivent renvoyer à l'autorité administrative, pour qu'elle interprète sa décision. Cass., 4 mars 1823, Sir., XXIII, 1, 204; Bull. civ., XXV, 74. — Les tribunaux sont incompétens pour prononcer sur les demandes en compensation opposées a l'état par ses débiteurs dont les créances sont sujettes a liquidation. Cass., 17 thermidor an 7, Sir., VII, 2, 793; Bull. civ., I, 466. — Lorsqu'un débiteur ou une caution du gouvernement, par acte administratif, n'a été obligé que par un mandataire, les difficultés élevées sur l'effet ou l'exécution du mandat sont du ressort des tribunaux. Arr. du cons., 7 mai 1808, Sir., XVI, 2, 326.

L'autorité administrative n'est pas compétente pour statuer en matière d'obligations purement privées, quoique contractées par des agens du gouvernement : dans ce cas, c'est aux tribunaux à prononcer. Cass., 17 fructidor an 12, Sir., VII, 2, 798. —*Idem*, à l'égard d'obligations se rattachant à l'administration, lorsqu'elles ont été contractées par les agens du gouvernement, en leur propre et privé nom. Arr du cons., 12 juillet 1807. Sir., XVI, 2, 278.

L'autorisation donnée par le gouvernement à l'effet d'intervenir dans une instance pendante devant les tribunaux, doit être considérée uniquement comme permission d'agir qui ne lie pas les tribunaux et ne les empêche pas de déclarer l'intervention non recevable. Cass., 22 mai 1822, Sir., XXII, 1, 301.

L'autorité administrative peut seule connaitre d'une contestation sur les effets d'un paiement fait a la nation, lors même que ce paiement est devenu étranger a celle-ci. Cass., 25 mai 1807, Sir., VII, 2, 159; Bull. civ. IX, 169. — Ou de la validité d'un remboursement autorisé par la nation, lors même que ce remboursement lui est devenu étranger. Cass., 16 floréal an 7, Sir., XX, 1, 464; Bull. civ., I, 340 — Les tribunaux ne sont pas compétens pour décider si un paiement, autorisé par un acte administratif, est ou n'est pas libératoire. Cass., 16 mai 1809, Sir., IX, 1, 256, Bull. civ., XI, 102. — Juge encore que si, préjudiciellement a une contestation pendante devant l'autorité judiciaire, il faut prononcer sur la validité d'un paiement fait au fisc, il faut renvoyer le jugement de cette question préjudicielle à l'autorité administrative. Cass., 28 octobre 1807, Sir., VIII, 1, 133; Bull civ., IX, 320.—Néanmoins, c'est à l'autorité judiciaire et non a l'autorité administrative qu'il appartient de décider si la quittance du paiement qu'un tiers fait au nom de son débiteur, dans la caisse du domaine, contient cession et transport de la créance de l'état, ou une simple subrogation aux privilèges et hypothèques de cette créance. Arr. du cons., 20 octobre 1809, Sir., VII, 2, 799.

Les tribunaux sont incompétens pour statuer en matière de rentes cédées par l'état a des particuliers Cass., 26 mai 1807, Sir., VII, 2, 748; Bull civ., IV, 174. — En matière de circonscription de communes. Cass., 16 brumaire an 12, Sir., IV, 1, 216. — Pour fixer la jauge publique. Cass., 28 juin 1808, Sir., IX, 1, 289; Bull. civ., X, 176. — Pour connaitre des contestations qui s'élèvent sur la jouissance et la distribution des bancs placés dans les églises. Arr du cons., 28 avril 1809, Sir., XVII, 2, 123. — Pour connaitre des contestations relatives aux collations ou révocations de bénéfices ecclésiastiques. Nîmes, 26 mai 1824, Sir., XXV, 2, 23. — Pour accorder aux adjudicataires des bois de l'état une prorogation de délai, à l'effet d'achever l'exploitation des coupes, et pour les excuser de leur retard. Cass., 4 août 1827, Sir., XXVIII, 1, 31, Bull. crim., XXXII, 680. — Ou pour statuer sur les délits par eux commis dans leurs ventes, quand il y a contestation sur le véritable sens du procès-verbal d'adjudication. Cass., 28 mars 1806, Sir., VI, 2, 100. Bull. crim., XI, 74 — Pour apprécier les cas d'excuse ou de bonne foi allégués par les contrevenans aux lois sur les boissons. Cass., 29 mai 1811, Sir., XII, 1, 67; Bull. crim., XVI, 161. — Pour déterminer les effets du cautionnement d'un fermier de barrières. Arr du cons., 24 juin 1808, Sir., XVI, 2, 358. — Pour statuer sur les oppositions formées par les comptables aux contraintes décernées contre eux et leurs cautions Arr. du cons., 24 janvier 1827, Sir., XXVIII, 2, 28. — Pour interpréter les contrats de vente de domaines nationaux: voyez l'art. 4 de la loi du 28 pluviose an 8 (17 février 1800), et les notes. —Pour statuer, en matière de décharge ou de réduction de contributions, sur les difficultés entre les entrepreneurs de travaux publics et l'administration, et sur les dommages causés par les entrepreneurs, sur les indemnités des terrains pris ou fouillés pour la construction des chemins; sur les contestations en matière de grande voirie; sur les autorisations de plaider à donner aux communes: voyez le même article et les notes. — Pour faire des réglemens sur les cours d'eau, ou pour statuer sur la hauteur et le libre cours des eaux, des rivières non navigables ni flottables, dans l'intérêt public: voyez l'art. 16 du tit. II de la loi du 28 sep-

de pouvoir du comité de salut public, et M. Frédéric-Sigismond Waitz-d'Eschen, *plénipotentiaire du landgrave de Hesse-Cassel* (1). (B., LVIII, 183.)

La convention nationale, après avoir entendu le rapport de son comité de salut public, décrète qu'elle ratifie le traité de paix conclu à Bâle, le 11 fructidor, entre le citoyen *Barthélemy*, ambassadeur de la république française près les cantons helvétiques, fondé des pouvoirs du comité de salut public, et *M. Frédéric-Sigismond Waitz-d'Eschen*, plénipotentiaire du landgrave de Hesse-Cassel ; décrète en outre que ledit traité sera imprimé, lu, publié et affiché, et envoyé aux départemens et aux armées.

---

tembre—6 octobre 1791, sur la police rurale et les notes. — Pour statuer sur les dimensions de la retenue et du biez des moulins, et sur la hauteur des déversoirs. Arr. du cons, 2 juillet 1812, Sir., XII, 2, 373 : Cass., 28 mai 1807, Sir., VII, 2, 716; Bull. crim., XII, 219, et plusieurs autres arrêts. — Et sur les contestations relatives à des constructions faites, ou à des contraventions commises sur les rivières navigables ou flottables : voyez la loi du 29 floréal an 10 (19 mai 1802), et les notes. — Pour statuer sur l'effet des actes administratifs faits en conséquence des lois sur l'émigration, par exemple, pour prononcer sur le fait d'émigration, resultant de ces actes, sur la validité des paiemens faits à l'etat, comme repré-entant les emigrés, sur les effets des partages de présuccession, etc. Arr. du cons., 11 mai 1807, Sir., VIII, 2, 14; Cass, 18 pluviose an 12, Sir., IV, 2, 99; 10 fructidor an 12, Sir., VII, 2, 1153; arrêt precite du 25 mai 1807, Sir., VII, 2, 159; Bull. civ., IX, 169; 18 avril 1808, Sir., VIII, 1, 267; Bull. civ., X, 85; 21 mars 1814, Sir., XIV, 1, 97; Bull. civ., XVI, 115; 4 août 1824, Sir., XXIV, 1, 371; Bull. civ., XXVI, 277, et plusieurs autres arrêts. — Dans tous les cas ci-dessus, c'est à l'autorite administrative à prononcer.

C'est encore à l'autorité administrative à statuer, exclusivement aux tribunaux, sur les contestations auxquelles donnent lieu les expropriations pour utilité publique consommées avant la loi du 20 mars 1810. Arr. du cons., 12 avril 1829, Sir., XXIX, 2, 359. — Sur l'adm ssibilité d'une inscription de faux, dirigée contre un acte administratif, incidemment a une contestation purement judiciaire. Cass., 21 mai 1827, Sir., XXVII, 1, 324; Bull. civ, XXIX, 169. — Sur les contestations existant entre les fournisseurs et l'état Arr. du cons., 4 mars 1819, Sir, XX, 2, 175, et plusieurs autres. — Sur toutes les difficultés en matière de remboursement des creances et rentes appartenant aux pauvres et aux hospices. Arrêté des consuls, 14 fructidor an 10 (1er septembre 1802) : voyez à sa date, dans ce recueil. Arr. du cons., 15 décembre 1807, Sir., XVI, 2, 308. — Sur l'effet de lettres de change tirées par des agens consulaires sur le gouvernement, à raison de dépenses d'administration. Arr. du cons, 11 avril 1810, Sir., VII, 2, 798 — Sur les dommages-intérêts reclamés contre un lieutenant de port, relativement aux ordres qu'il a donnes en sa qualite Cass., 25 pluviose an 8, Sir., VII, 2, 1044; Bull civ., II, 141.— Sur la necessité de la residence des notaires. Turin, 9 janvier 1810, Sir., XVII, 2, 161 ; et Metz, 21 juillet 1818, Sir, XIX, 2, 49. — Sur les difficultés nées d'un acte administratif concern nt la faculté de l'entrepôt en matiere d'octroi. Arr. du cons, 24 et 27 septembre 1807, Sir., XVI, 2, 296.— Sur les contestations en matière de con res dus aux ouvriers, ou mal à propos exiges par eux Cass., 23 juin 1812, Sir., XIII, 1, 136, Bull. civ , XIV, 204. — Sur la question de savoir si un particulier est ou non sujet à patente. Cass., 18 fructidor an 11, Sir., IV, 2, 38 ; Bull. civ , V, 413. — Sur les contestations en matiere de pâturage dans les forêts nationales. Arr. du cons., 2 et 22 janvier 1808, Sir., XVI, 2, 311. — Sur la responsabilite des constructeurs ou concessionnaires de ponts publics. Arr du cons, 12 février 1807, Sir., XIV 2, 430; et autres.— Sur la question de savoir si un objet litigieux est une concession domaniale Cass., arrêt precite du 3 novembre 1824, Sir., XXV, 1, 62; Bull civ., XXVI, 312. — Ou sur celle de nationalisation des biens de telle ou telle corporation supprimée. Cass., 29 thermidor an 11, Sir., VII, 2, 1170

Voyez enfin, sur les attributions respectives des autorités administrative et judiciaire, les lois citées en note de l'art. 13 du tit II de la loi du 16—24 août 1790, sur l'organisation judic aire

(1) Voyez la loi du 23 fructidor an 6 (9 septembre 1798), contenant ratification et promulgation d'un second traité d'alliance conclu avec la Suisse, le 4 du même mois ; le nouveau traité du 4 vendemiaire an 12 (27 septembre 1803); l'ordonnance du 23—29 septembre 1827, qui prescrit la publication de la convention du 30 mai même année, concernant l'eablissement reciproque des Francais en Suisse et des Suisses en France ; et celle du 31 décembre 1828—30 janvier 1829, pour la publication du traité du 18 juillet précédent, concernant les rapports de voisinage, de justice et de police, entre les deux pays.

Traité de paix entre la république française et le landgrave de Hesse-Cassel.

La république française ayant accueilli les bons offices du roi de Prusse, en faveur de son altesse sérénissime le landgrave régnant de Hesse-Cassel, et étant animée des mêmes sentimens que le landgrave pour faire succéder une paix solide et durable à l'état de guerre qui les divise, les deux parties contractantes ont, à cet effet, nommé pour leurs plénipotentiaires, savoir : — La république française, le citoyen *François Barthélemy*, son ambassadeur en Suisse ; — Et le landgrave de Hesse Cassel, son conseiller privé *Frédéric-Sigismond*, baron de *Waitz-d'Eschen* ; — Lesquels, après avoir échangé leurs pleins pouvoirs, ont arrêté les articles suivans :

Art. 1er. Il y aura paix, amitié et bonne intelligence entre la république française et le landgrave de Hesse-Cassel.

2. En conséquence, toutes hostilités entre les deux parties contractantes cesseront, a compter de l'échange des ratifications du présent traité, et aucune d'elles ne pourra, a compter de la même époque, fournir contre l'autre, en quelque qualité et à quelque titre que ce soit, aucun secours ni contingent, soit en hommes, en chevaux, vivres, argent, munitions de guerre ou autrement.

3. Le landgrave de Hesse-Cassel ne pourra, tant qu'il y aura guerre entre la république française et l'Angleterre, ni proroger, ni renouveler les deux traités de subsides existant entre lui et l'Angleterre.— Cette disposition aura son effet à compter du jour de la date du présent traité.

4. Le landgrave se conformera strictement, a l'égard du passage de troupes quelconques par ses états, aux dispositions stipulees dans la convention conclue a Bâle, le 28 floréal dernier (17 mai 1795), entre la république française et le roi de Prusse.

5. La république française continuera d'occuper la forteresse de Rheinfels, la ville de Saint-Goard, et la partie du comté de Catzenellenbogen, située sur la rive gauche du Rhin. Tout arrangement définitif à l'égard de ces pays sera renvoyé jusqu'à la pacification entre la république française et les parties de l'Allemagne encore en guerre avec elle.

6. Toutes les communications et relations commerciales seront rétablies entre la France et les états du landgrave de Hesse-Cassel sur le pied où elles étaient avant la guerre actuelle.

7. Il sera accordé respectivement aux gouvernemens et individus des deux nations, la main-levée des effets, revenus ou biens de quelque genre qu'ils soient, détenus, saisis ou confisqués, a cause de la guerre qui a eu lieu entre la France et la Hesse, de même qu'une prompte justice a l'égard des créances quelconques qu'ils pourraient avoir dans les états des parties contractantes.

8. Tous les prisonniers faits respectivement depuis le commencement de la guerre, sans égard a la différence du nombre et de grades, seront rendus dans l'espace de deux mois au plus tard après l'échange des ratifications du présent traité, sans répétition quelconque, en payant toutefois les dettes particulières qu'ils pourraient avoir contractées pendant leur captivité. On en usera de même a l'égard des malades et blessés, d'abord après leur guérison. — Il sera incessamment nommé, de part et d'autre, des commissaires pour procéder a l'exécution du présent article, dont les dispositions ne pourront être appliquées aux troupes hessoises au service de l'Angleterre, faites prisonnières de guerre.

9. Le présent traité n'aura son effet qu'après avoir été ratifié par les parties contractantes, et les ratifications seront échangées en cette ville de Bâle,

dans le terme d'un mois, ou plus tôt, s'il est possible, à compter de ce jour.
— En foi de quoi nous soussignés, plénipotentiaires de la république française et de son altesse sérénissime le landgrave de Hesse-Cassel, en vertu de nos pouvoirs, avons signé le présent traité de paix, et y avons fait apposer nos sceaux respectifs.

Fait a Bâle, le onzième jour de fructidor de l'an troisième de la république française (28 août 1795).

Signé FRANÇOIS BARTHÉLEMY.
FRÉDÉRIC-SIGISMOND, baron DE WAITZ-D'ESCHEN.

Nous *Guillaume*, par la grace de Dieu, landgrave de Hesse, prince de Hersfeld, comte de Catzenellenbogen, Dietz, Ziegenheyn, Nidda, Schaumbourg, Hanau, etc., — Savoir faisons, a quiconque appartient, que, désirant de procurer à nos fideles sujets le retour des bienfaits de la paix, et de contribuer en même temps, autant qu'il peut dependre de nous, a faire cesser le fleau de la guerre qui pese surtout sur l'empire germanique; ayant dans cette vue salutaire choisi pour modèle la paix récemment conclue entre sa majesté le roi de Prusse et la republique française, et, pour appui, les bons offices de ce monarque, de l'in erposition desquels le patriotisme et la bienveillance amicale de sa majesté nous assurent d'avance les effets les plus désirables, nous avons résolu d'envoyer a Bâle en Suisse, lieu de la résidence de M. *Barthélemy*, ambassadeur de France, et également celui du séjour actuel de M. le baron *de Hardenberg*, ministre d'état de sa majesté prussienne, une personne investie de notre confiance, et suffisamment instruite de nos intentions, a l'effet de s'adresser, sous les auspices dudit ministre de sa majesté prussienne, a celui du gouvernement de France, pour traiter de notre paix avec cette puissance, et la conclure. En conséquence de quoi nous avons choisi pour ladite mission, nommé et constitué, comme nous nommons et constituons, par les presentes, notre plénipotentiaire, a cet effet, notre conseiller privé, le sieur *Frédéric Sigismond Waitz-d'Eschen*, lui donnant plein pouvoir et mandement spécial d'entrer en négociation, et de traiter avec ledit *sieur Barthélemy*, ou avec tels ou tels autres qui y seraient autorisés de la part du gouvernement français, au sujet du retablissement de la paix entre la république française et nous, ainsi que de tous les objets qui y seront relatifs, ou qui en seront la suite; et de conclure et signer tels actes, traités ou conventions qui seront jugés nécessaires ou convenables a cet égard; promettant d'avoir pour agréable, d'observer et de faire observer religieusement tout ce que notredit plénipotentiaire aura ainsi promis et stipulé en notre nom. — En foi de quoi nous avons signé le présent plein pouvoir de notre main, et y avons fait apposer notre sceau.

Fait à Cassel, ce 12 mai 1795.

GUILLAUME, L.
Vu, FLEONEMBAL, dit BURGEL.

Plein pouvoir pour le conseiller privé F.-S. *Waitz-d'Eschen*, pour entrer en négociation et traiter sous les auspices du ministre d'etat et plénipotentiaire de sa majesté prussienne, le baron de *Hardenberg*, avec l'ambassadeur de la république française, le sieur *Barthélemy*, ou avec tels ou tels autres qui seront autorisés a cet effet de la part du gouvernement français, au sujet du retablissement de la paix entre le landgrave de Hesse-Cassel et la France, ainsi que de tous les objets qui y sont relatifs, ou qui en seront la suite, et pour conclure et signer tels actes, traités ou conventions qui y seront jugés nécessaires et convenables a cet égard.

Pour copie conforme.

Signé FRÉDÉRIC-SIGISMOND, baron WAITZ-D'ESCHEN.

N° 171.=18 fructidor an 3 (4 septembre 1795).=DÉCRET *qui supprime la commission des armes et poudres.* (I, Bull. CLXXVI, n° 1067; B., LVIII, 192.)

N° 172. = 18 fructidor an 3 (4 septembre 1795). = DÉCRET *portant que Talleyrand-Périgord peut rentrer en France, et que son nom sera rayé de toute liste d'émigrés.* (B., LVIII, 193.)

N° 173. = 19 fructidor an 3 (5 septembre 1795).=DÉCRET *qui proroge, jusqu'au 1er germinal an 4, le délai accordé pour retirer des dépôts judiciaires de Paris les procédures ou titres féodaux* (1). (I, Bull. CLXXVI, n° 1068; B., LVIII, 197.)

N° 174. = 20 fructidor an 3 (6 septembre 1795). = DÉCRET *qui ordonne le bannissement à perpétuité des prêtres déportés et rentrés sur le territoire français, et prononce des peines contre tous ministres des cultes qui ne se conformeraient pas aux lois* (2). (I, Bull. CLXXVI, n° 1072; B., LVIII, 199.)

Art. 1er. La convention nationale charge ses comités de gouvernement de faire observer, par tous les moyens qui sont en leur pouvoir, les lois rendues précédemment contre les prêtres déportés et rentrés sur e territoire de la république; ils seront bannis a perpétuité hors du territoire de la république, dans le délai de quinze jours, a dater de la promulgation du présent décret, et traités comme émigrés s'ils rentrent sur ce même territoire.

2. Les corps administratifs et judiciaires sont personnellement, et chacun en ce qui le concerne, responsables de l'exécution des lois rendues sur les ministres des cultes, à peine de destitution et de détention pendant trois mois.

3. ῀ro jours après la publication du présent décret, tous les ministres des cultes qui, ayant refusé l'acte de soumission exigé par la loi du 11 prairial, ou ayant ajouté des restrictions a cet acte, ou l'ayant rétracté, exerceront encore un culte quelconque dans les édifices publics, ou dans les maisons particulières, ou partout ailleurs, seront sur-le-champ arrêtés et traduits dans la maison de détention d'un des départemens les plus voisins de celui de leur domicile.

4. Les propriétaires ou locataires des maisons dans lesquelles le culte serait exercé en contravention a l'article précédent, seront condamnés a une amende de mille livres, et, en cas de récidive, a une détention de six mois, le tout par forme de police correctionnelle et sans appel.

5. Les juges de paix informeront contre ceux des ministres des cultes qui se permettraient des discours, des écrits ou des actions contraires aux lois de la république, ou provoquant au rétablissement de la royauté; ils seront punis conformément aux lois pénales.

6. La convention nationale décrète en principe que les biens des prêtres déportés, dont la confiscation avait été prononcée par les précédentes lois au profit de la république, seront restitués a leurs familles; charge ses comi-

(1) Voyez le décret du 22 pluviose an 3 (10 février 1795), qui contient une première prorogation de ce délai, d'abord fixe par l'art 38 du décret du 7 messidor an 2 (25 juin 1794), concernant les archives etablies auprès de la representation nationale.

2) Voyez, sur la déportation des prêtres insermentés, le decret du 27 mai 1792, et les not's qui resument toute la legislation de la matière.

tés de législation et des finances de lui présenter, sur ce point, une loi dans le délai de trois jours.

N° 175. = 21 fructidor an 3 (7 septembre 1795). = DÉCRET *relatif aux fonctions des corps administratifs et municipaux, en exécution du titre VII de l'acte constitutionnel* (1). (I, Bull. CLXXXV, n° 1128 ; B., LVIII, 209.)

Des fonctions des agens municipaux et de leurs adjoints, dans les communes au dessous de cinq mille habitans.

Art. 1er. Les agens municipaux des communes au dessous de cinq mille habitans, outre les actes auxquels ils concourent dans la municipalité du canton, exerceront les fonctions de police dans leurs communes respectives. — Ils y constateront, par des procès-verbaux, les contraventions aux lois de police, et y feront exécuter les arrêtés pris par l'administration municipale.

2. En cas de maladie, d'absence ou de tout autre empêchement momentané de l'agent municipal, son adjoint le remplacera provisoirement, soit a la municipalité du canton, soit dans le lieu de sa résidence.

3. L'adjoint pourra même, sur l'invitation de l'agent municipal, concourir avec lui dans tous les actes de police qui intéresseront particulièrement leur commune.

Du président de l'administration municipale de canton.

4. Le citoyen qui sera élu président d'une administration municipale de canton, en remplira les fonctions pendant deux ans.—Il se rendra, au moins deux fois par décade, au chef-lieu du canton, s'il n'y est pas résident, et convoquera les assemblées extraordinaires toutes les fois qu'il y aura lieu.

5. En cas d'extrême urgence, et en l'absence du président, l'agent municipal nommé par la commune chef-lieu de canton pourra faire cette convocation.—Cet agent ouvrira les paquets adressés a l'administration, en l'absence du président.—Il surveillera les bureaux.

Des administrations municipales de canton.

6. Les municipalités de canton tiendront des assemblées périodiques, qui seront fixées par l'administration de département.—Il ne pourra y en avoir moins de trois par mois.

7. La présence sera d'obligation aux jours indiqués : l'administration pourra s'assembler extraordinairement, lorsqu'elle le jugera convenable.

Des municipalités des communes au dessus de cinq mille habitans.

8. Les municipalités autres que celles provenant de la réunion des agens de plusieurs communes, tiendront des séances au moins de cinq jours l'un dans les communes dont la population excede vingt mille habitans, et de dix jours l'un dans les autres communes.—Ces jours seront déterminés par l'administration de département.

9. Ces municipalités choisiront annuellement leur président dans leur sein. —En cas d'absence, maladie ou autre empêchement momentané de sa part, il sera provisoirement remplacé dans la présidence par l'officier municipal que l'administration nommera.

---

(1) Voyez, sur la constitution et les attributions des municipalités, le décret du 14 décembre 1789, et les notes qui résument to te la législation de la matière.

Et, sur l'organisation des administrations de département et de district, la loi du 28 pluviose an 8 (17 février 1800), et les notes.

Du bureau central des approvisionnemens dans les communes divisées en plusieurs municipalités.

10. Les membres du bureau central établi par l'article 184 de l'acte constitutionnel arrêteront seuls les mesures de leur attribution.—Néanmoins, ils pourront appeler près d'eux un ou plusieurs membres de chaque municipalité, pour se concerter sur les besoins et sur les ressources.

11. Quand les commissaires du bureau central auront arrêté des mesures d'un intérêt jugé indivisible, quant a la partie ordonnative, et dont l'exécution pourra se diviser, ils pourront en faire la délégation totale ou partielle à chaque municipalité pour ce qui la concernera.

12. Ces commissaires seront sous la surveillance et l'autorité immédiate du département.

Des administrations de département.

13. Le président de l'administration de département sera par elle annuellement nommé parmi ses membres.—En cas de maladie, d'absence ou autre empêchement momentané, le président sera suppléé, en cette qualité, par un de ses collègues au choix de l'administration.

Des commissaires du directoire exécutif près les administrations municipales et départementales.

14. Les commissaires du directoire exécutif près les administrations, tant municipales que départementales, résideront dans le lieu où l'administration tiendra ses séances.

15. Le commissaire du directoire exécutif assistera à toutes les délibérations, et il n'en sera pris aucune qu'après qu'il aura été ouï.—En cas de maladie ou d'autre empêchement momentané, l'administration nommera un de ses membres pour le suppléer provisoirement.—Le commissaire du directoire exécutif, ou celui qui en remplira les fonctions, n'aura, en aucun cas, voix délibérative.

Règles communes à toutes les administrations.

16. Nulle délibération ne sera prise qu'à la pluralité des suffrages des membres présens, et ne sera valable que lorsque la moitié, plus un des membres de l'administration y aura concouru.

17. Le choix des employés des diverses administrations leur appartient respectivement.—Elles nomment un secrétaire en chef, qui a la garde des papiers et la signature des expéditions.—Ce secretaire est tenu a residence.

Des attributions respectives.

18. Les administrations de département conserveront les attributions qui leur sont faites par les lois aujourd'hui en vigueur, quels que soient les objets qu'elles embrassent.

19. Les administrations municipales, soit de canton ou autres, connaîtront, dans leur ressort, 1° des objets précédemment attribués aux municipalités; 2° de ceux qui appartiennent à l'administration générale et que la loi déléguait aux districts.

20. Ces objets seront classés et distingués dans chaque administration municipale.—Néanmoins, à l'égard des délibérations prises sur les uns ou les autres, nulle réclamation ne pourra être portée que devant l'administration supérieure du département.

21. Les administrations municipales connaîtront aussi, comme remplaçant les districts, des objets d'administration qui avaient été délégués aux ci-devant agens nationaux des districts, pour ce qui pourrait en rester à suivre, chacune dans leur ressort, et sans que le commissaire du directoire exécutif puisse s'y entremettre, sinon pour requérir et surveiller.

11.

Des traitemens.

22. Les administrateurs de département recevront un traitement qui sera de quinze cents myriagrammes de froment (environ trois cents quintaux), s'ils résident dans une commune au dessus de cinquante mille habitans;—Et de mille myriagrammes dans toutes les autres.

23. Le traitement du commissaire du directoire exécutif près les départemens sera d'un tiers en sus de celui des administrateurs.

24. Le traitement des commissaires au bureau central dont il est parlé aux articles 10 et suivans, sera de quinze cents myriagrammes de froment.

25. Le traitement du commissaire du directoire exécutif près les administrations municipales, sera, savoir —De mille myriagrammes de froment dans les communes au dessus de cinquante mille habitans;—De sept cent cinquante dans les communes de dix a cinquante mille habitans;—De cinq cents dans les communes de cinq a dix mille habitans; — Et de quatre cents dans toutes les autres.

26. Jusqu'a ce que la situation du trésor national permette de salarier les autres fonctions administratives, elles seront considérées comme une dette civique, et resteront gratuitement exercées.

Dispositions générales.

27. En cas de conflit d'attributions entre les autorités judiciaires et administratives, il sera sursis jusqu'a décision du ministre, confirmée par le directoire exécutif, qui en référera, s'il est besoin, au corps législatif. — Le directoire exécutif est tenu, en ce cas, de prononcer dans le mois.

28. Les corps administratifs pourront s'adresser directement au corps législatif pour l'obtention d'une loi. —En matière d'exécution, ils suivront l'ordre prescrit par la constitution.

Dispositions transitoires et circonstancielles.

29. Les administrations actuelles de département présenteront, dans la quinzaine, les moyens de distribuer, suivant la constitution, les communes qui, bien qu'inférieures a cinq mille habitans, forment néanmoins un canton isolé.—Leurs arrêtés a cet égard seront provisoirement exécutés.

30. Les mêmes administrations dans le ressort desquelles il se trouve des communes excédant cent mille habitans, présenteront, dans le même délai de quinzaine, le plan de division de ces communes en municipalités d'arrondissement.

31. Dans le délai de quinzaine, à dater de la publication de la présente loi, les districts feront la division des papiers de leur administration.—Ceux qui concerneront l'administration générale, seront adresses au département;—Et ceux qui se trouveront particulièrement relatifs à une commune ou a un canton, seront reservés pour être adressés ou remis à l'administration municipale qu'ils pourront concerner.—Les préposés au triage des titres, établis par la loi du 7 messidor an 2, sont chargés de concourir, pour ce qui les concerne, a l'exécution du présent article.

32. Dans le mois suivant, les administrations supprimées tiendront leurs comptes prêts a être présentés aux nouvelles administrations de département.

33. Le sort décidera de la sortie partielle des administrateurs municipaux et de département qui seront nommés lors des prochaines élections. — Dans les renouvellemens ulterieurs, la sortie s'opérera par tour d'ancienneté.

N° 176. = 21 fructidor an 3 (7 septembre 1795.)=DÉCRET *portant que les employés à des fonctions publiques seront admis à voter dans le lieu où ils exercent leurs fonctions* (1). (I, Bull. CLXXVI, n° 1076; B., LVIII, 214.)

N° 177.=22 fructidor an 3 (8 septembre 1795.) = DÉCRET *qui détermine un mode pour la remise des biens des prêtres déportés ou reclus* (2). (I, Bull. CLXXVIII, n° 1084; B., LVIII, 219.)

Art 1er. Les décrets qui, relativement à la confiscation des biens, ont assimilé aux émigrés les ecclésiastiques déportés ou reclus, pour n'avoir pas prêté les sermens ordonnés, ou comme ayant été dénoncés par six individus, sont rapportés en ce qui concerne ladite confiscation.

2. Les confiscations qui ont été prononcées ou qui ont eu lieu contre lesdits ecclésiastiques cesseront d'avoir leur effet, a moins qu'elles ne se trouvent du nombre de celles qui sont expressément maintenues par la loi du 21 prairial dernier, relative a la restitution des biens des condamnés.

3. Les biens ou leur valeur seront remis sans delai, et suivant le mode ci-après, soit a ceux desdits ecclésiastiques qui pourraient être relevés de l'état de déportation, réclusion ou mort civile, et restitues dans les droits de citoyen, soit aux héritiers présomptifs de tous ceux desdits ecclésiastiques qui resteront en état de mort civile par les jugemens ou arrêtes qui les ont condamnés a la déportation ou réclusion à vie (3).

(1) Voyez le décret du 11 (8 et)—15 juin 1791, portant que les fonctionnaires publics jouissent des droits de citoyen actif dans les lieux ou ils exercent leurs fonctions Voyez encore l'art. 25 de la loi du 2—10 juillet 1828, sur la revision des listes electorales, et l'art. 11 de la loi du 19—23 avril 1831 sur les elections, qui contiennent des dispositions identiques a celles du present decret.

(2) Voyez le décret du 27 mai 1792, qui ordonne la déportation des prêtres insermentés, et les notes qui résument toutes les mesures dont ils ont été l'objet. Voyez aussi le décret du 17 septembre 1793—23 vendemiaire an 2, qui assimile les déportés aux émigrés, et les notes; celui du 21 prairial an 3 (9 juin 1795), sur la restitution des biens des condamnés; la loi du 12 prairial an 4 (31 mai 1796), relative aux biens des ecclesiastiques sujets a la réclusion, qui ont préféré la déportation; et celle du 28 fructidor an 4 (14 septembre 1796), portant que les ecclésiastiques sujets a la réclusion ou a la déportation pourront revendiquer leurs biens en vertu du present décret, et que celui du 26 floreal an 3 (15 mai 1795), ne leur est pas applicable.

(3) Les héritiers presomptifs d'un prêtre septuagenaire qui a refuse le serment civique n'ont pu demander l'envoi en possession de ses biens, ce prêtre ayant encouru la réclusion, mais non la confiscation. Arr. du cons., 2 octobre 1813, SIR., Jur. du cons., II 438 — Les heritiers *testamentaires* des pretres deportés ou reclus ne sont pas assimiles aux heritiers *presomptifs;* en conséquence, ils n'ont pas dû profiter du benefice de la loi du 22 fructidor an 3 Cass., 24 messidor an 10, SIR, III, 1, 7.

Les prêtres relevés de la déportation n'ont pas été réintégrés dans les biens abandonnés *de fait* à leurs heritiers, en vertu de la loi du 22 fructidor an 3. Lettre minist., 7 fructidor an 10, SIR, VI, 1, 38; et arr. du cons., 19 brumaire an 13, SIR, V, 2, 40. — Surtout si ces biens ont été transmis par les heritiers a des tiers. Cass., 5 messidor an 13, SIR, VI, 1, 33. — Mais, cette décision n'a lieu qu'au cas où les heritiers auraient été mis de fait en possession, par suite de quelque arrêté administratif. Arrêt precite du 19 brumaire an 13. — Si les biens n'ont pas été restitues de la sorte aux heritiers de l'ecclésiastique déporté, celui-ci peut, après sa reintégration, les réclamer sur eux, mais a la charge d'entretenir les hypotheques créées de leur chef. Arrêt precité du 5 messidor an 13.

La remise des biens d'un prêtre deporté, faite à ses heritiers, en exécution de l'article 3 de la loi du 22 fructidor an 3, ne leur transmettait que des droits precaires · le prêtre pouvant ultérieurement, en rentrant en France et en se faisant relever de l'état de déportation et de mort civile, reprendre ses biens dans les mains de ses cohéritiers. Rouen, 17 fevrier 1823, SIR., XXIII, 2, 177. — Jugé encore qu'un prêtre deporté, frappé de confiscation au profit de ses héritiers, s'il était réintegre avant l'acceptation expresse de ces mêmes héritiers, se trouvait n'avoir pas été réellement depouillé de sa propriété. Cass., 6 mars 1813, SIR., XV, 1, 415.— Jugé enfin que,

4. Les héritiers présomptifs seront ceux qui, au moment de la déportation ou réclusion, auraient succédé auxdits ecclésiastiques s'ils étaient morts naturellement.

5 En ce qui concerne les ventes faites des biens meubles et immeubles desdits ecclésiastiques, le paiement du restant du prix, la restitution de ce qui reste en nature, le remboursement auxdits individus et à leurs héritiers de ce qui a été ou devra être exigé ou perçu au nom de la république, les perceptions de fruits, frais de séquestres, abus ou dilapidations, on se réglera sur les dispositions de la section II de la loi du 21 prairial dernier, relative au mode de restitution des biens des condamnés.

6. La disposition des articles précédens ne sera point applicable aux ci-devant évêques, curés, vicaires et autres ecclésiastiques, ni a leurs héritiers (bien que lesdits ecclésiastiques fussent au cas de la déportation ou réclusion, pour refus ou rétractation de prestation de serment), lorsqu'ils seront sortis du territoire de la république ou pays réunis, sans y avoir été autorisés, invités ou contraints par une loi promulguée en France, ou par arrêté ou délibération des représentans du peuple ou de quelque corps administratif, publié dans le ressort du district où ils avaient leur domicile : ceux-la étant émigrés, s'ils sont trouvés en France, pays réunis ou occupés par les armées de la république, seront punis comme émigrés rentrés ; dans aucun cas, leurs héritiers ne pourront rien prétendre a leurs biens.

N° 178. = 22 fructidor an 3 (8 septembre 1795).=DÉCRET *portant en principe que les electeurs recevront une indemnité* (1). (B.,LVIII, 222.)

N° 179.=23 fructidor an 3 (9 septembre 1795).=DÉCRET *qui admet en paiement des billets de loterie les bons au porteur gagnés a la loterie, et les assignats à face, de cent livres et au dessous.* (I, Bull. CLXXVII, n° 1078 ; B., LVIII, 224.)

La convention nationale, apres avoir entendu son comité des finances, décrète que les bons au porteur gagnés à la loterie, et les assignats a face

lorsque les héritiers présomptifs d'un prêtre déporté ont traité avec lui, après son amnistie, de la restitution de ses biens, ils ne peuvent faire annuler la transaction comme étant sans cause ou sur cause fausse, par cela seul que la loi du 22 fructidor an 3 leur garantissait la propriété incommutable des biens du déporté. Cass., 22 juillet 1811, SIR., XII, 1, 41 ; Bull civ., XIII, 179.

Les prêtres deportés ne peuvent pas revenir contre les arrêtés administratifs qui ont envoyé leurs successibles en possession de leurs biens, ils sont liés, comme les émigrés, par l'article 16 du sénatus-consulte du 6 floreal an 10. Arr. du cons., 3 février 1819, SIR., XIX, 2, 302.—Jugé encore que le prêtre qui était deporté ou consideré comme tel, et dont les biens ont été séquestrés, n'est pas fondé, apres sa reintégration, a demander l'annulation d'un remboursement fait pendant son absence, en vertu d'un arrêté administratif, dans la caisse du domaine ; encore qu'il établisse que c'est par fraude que le remboursement a été présenté comme étant le prix d'une vente d'immeubles a titre d'engagement, avec faculté de rachat, tandis qu'il résulte d'un acte subsequent, cele par le detenteur du bien, que l'engagement a eté converti en vente pure et simple. L'art. 16 du sén.-cons. du 6 floreal an 10 et l'article 1er de la loi du 5 decembre 1814 s'opposent a ce que les emigres ou deportés puissent attaquer, dans aucun cas et sous aucun pretexte, les actes et les arrangemens faits, pendant leur absence, entre l'etat et les particuliers. Arr. du cons., 21 octobre 1818, SIR., XX, 2, 208.

Un prêtre emigre, rentré en France, ayant prêté le serment de fidelité, et deja placé sous la surveillance du gouvernement, a pu valablement signer un cou promis, encore que, de fait, il ne lui eût pas eté accordé alors de brevet d'amnistie. Cass., 17 janvier 1809, SIR., IX, 1, 215.

Le debiteur d'un prêtre deporté, qui a versé le montant de son obligation a la caisse nationale, ignorant que son creance er eta t reintég é dans ses droits civils, n'est pas pour cela valablement liberé. Poitiers, 29 thermidor an 12, SIR., IV, 2, 498.

(1) Les lois nouvelles n'ont point reproduit ce principe.

de cent livres et au dessous, démonétisés par la loi du 27 floréal, seront admis en paiement des billets de loterie.

N° 180. = 24 fructidor an 3 (10 septembre 1795). = DÉCRET *qui détermine le mode de perception de la contribution en nature* (1). (I, Bull. CLXXVII, n° 1079; B., LVIII, 228.)

N° 181.=24 fructidor an 3 (10 septembre 1795). = DÉCRET *qui défend à tous juges et tribunaux de connaître d'aucune plainte ou instance relative aux rapports faits par les agens de la république aux comités de la convention nationale.* (I, Bull. CLXXVIII, n° 1085; B., LVIII, 231.)

N° 182. = 25 fructidor an 3 (11 septembre 1795). = DÉCRET *qui augmente provisoirement le secours accordé par celui du 27 vendémiaire dernier aux réfugiés et déportés Corses.* (I, Bull. CLXXVII, n° 1080; B., LVIII, 232.)

N° 183. = 25 fructidor an 3 (11 septembre 1795). = DÉCRET *relatif aux élections* (2). (I, Bull. CXCV, n° 1162; B., LVIII, 233.)

Art. 1er. Dans les assemblées primaires et électorales qui auront lieu jusqu'au jour où la convention nationale terminera sa session, on suivra les regles établies par les lois précédemment rendues.

2. A compter du jour où le corps legislatif sera constitué en deux conseils, on se conformera, dans toute assemblée publique et pour toute élection, aux dispositions qui vont être établies par la présente loi.

TITRE Ier. — Tenue et police des assemblées.

Art. 1er. Il sera dressé, chaque année, avant la fin du mois de pluviose, par chaque municipalité, un tableau des citoyens ayant droit de voter dans le canton, suivant la constitution.

2. Lorsque le nombre des citoyens ayant droit de voter dans un canton, ne s'élèvera pas a plus de neuf cents, il n'y aura qu'une assemblée primaire par canton; mais au dessus de ce nombre, il s'en formera au moins deux.

3. Chaque assemblée primaire doit tendre à se former de six cents membres; s'il y a plusieurs assemblées dans un canton, la moins nombreuse doit être de quatre cent cinquante citoyens.

4. Lorsqu'il y aura plusieurs assemblées primaires dans un canton, l'ad-

---

(1) Ce décret est sans intérêt aujourd'hui.
(2) Voyez, sur le mode de convocation des assemblées électorales et sur les changemens successifs que ce mode a subis, le decret du 22 décembre 1789—janvier 1790; celui des 29 et 30 décembre 1789—janvier 1790, ceux des 2—3 fevrier, 26 fevrier—4 mars, 19—20 avril et 12—20 août 1790, et celui du 15—27 mars 1791; la constitution du 3—14 septembre 1791, chap. 1er du tit. III, celle du 24 juin 1793, art. 11 et suiv.; et celle du 5 fructidor an 3 (22 août 1795), art. 17 et suiv., 174 et suiv.; la loi sur les elections du 15 pluviose an 5 (3 fevrier 1797), et celle du 5 ventose an 5 (23 février 1797), sur les assemblées primaires, communales et électora'es; celle, sur la même matiere, du 18 ventose an 6 (8 mars 1798), et celle du 6 germinal an 6 (26 mars 1798), contenant instruction sur la tenue des assemblées électorales, la constitution du 22 frimaire an 8 (13 décembre 1799), tit. 1er; la loi du 28 pluviose suivant (17 fevrier 1800), sur la division du territoire français; celle du 13 ventose an 9 (4 mars 1801), concernant la formation et le renouvellement des listes d'éligibilite; le sén.-cons. organique du 16 thermidor an 10 (4 août 1802), tit. III; le reglement du 19 fructidor an 10 (6 septembre 1802), pour l'exécution de ce senatus-consulte; le decret du 19 janvier 1806; le réglement du 13 mai suivant; la charte de 1814; l'acte additionnel du 22—23 avril 1815; et les lois des 5—7 février 1817, 29—30 juin 1820, et 19—23 avril 1831, sur les élections.

ministration départementale fixera l'arrondissement et le lieu de ces assemblées.

5. Les peines les plus graves qu'une assemblée primaire, communale ou électorale, puisse infliger à l'un de ses membres, sont, après le rappel à l'ordre et la censure préalablement prononcés, l'exclusion de la séance ou même de l'assemblée, durant tout le temps de sa session.

6. En cas de voies de fait, d'excès graves, ou de délits commis dans l'intérieur des séances d'une assemblée primaire, communale ou électorale, le président pourra, après y avoir été autorisé par l'assemblée, faire saisir le prévenu, et l'envoyer sur-le-champ devant l'officier de police du lieu.

7. Les présidens, secrétaires et scrutateurs sont personnellement responsables de tout ce qui se ferait dans les assemblées primaires, communales ou électorales, d'étranger à l'objet de leur convocation, ou de contraire à la constitution et à la loi.

8. Lorsque le corps législatif aura déclaré illégal un acte d'une assemblée primaire, communale ou électorale, il prononcera sur la question de savoir si les président, secrétaire et scrutateurs de cette assemblée, devront être poursuivis criminellement.

9. Le président doit déclarer que l'assemblée est dissoute, aussitôt qu'elle a terminé les opérations pour lesquelles elle était convoquée.

10. Dans toute élection, chaque votant est appelé nominativement par le secrétaire ou par l'un des scrutateurs, et il dépose ostensiblement un bulletin fermé et non signé.

11. Les suffrages qui ne sont point donnés conformément à la loi sont supprimés dans les recensemens.

12. Dans toute élection, lorsqu'il y a égalité de suffrages, le plus ancien d'âge est préféré; dans le cas d'égalité d'âge, le sort décidera.

TITRE II. — Elections des présidens, secrétaires et scrutateurs.

Art. 1er. Toute assemblée publique se forme sous la présidence provisoire du plus ancien d'âge : les plus âgés après lui remplissent provisoirement les fonctions de scrutateurs, et le plus jeune, celles de secrétaire.

2. Les fonctions de président, secrétaire et scrutateurs, soit provisoires, soit définitifs, ne peuvent être exercées que par des citoyens sachant lire et écrire.

3. Dès que les officiers provisoires ont pris leur place, on procède immédiatement à l'élection d'un président, d'un secrétaire, et de trois scrutateurs définitifs.

4. Cette élection se fait par un seul scrutin de liste et à la pluralité relative.—Chaque votant écrit son bulletin, ou y fait écrire par l'un des scrutateurs autant de noms qu'il y a d'officiers à nommer.—Celui des citoyens présens qui obtient le plus de suffrages est président; le suivant est secrétaire, et les trois autres scrutateurs.

5. Le bureau de l'assemblée, une fois formé, ne peut plus être renouvelé durant la même session d'une assemblée primaire, communale ou électorale.

6. En cas d'absence, démission ou destitution, le président est suppléé par le secrétaire, celui-ci par le premier scrutateur, et les scrutateurs par les membres de l'assemblée qui ont obtenu le plus de voix après eux.

7. Toute assemblée primaire, communale ou électorale, composée de plus de deux cents membres présens, doit, après la nomination du bureau général, se diviser en plusieurs bureaux particuliers.

8. La répartition des membres de l'assemblée en bureaux particuliers se

fait par le sort ; de telle sorte qu'il y ait pour chacun de ces bureaux cent votans au moins, deux cents au plus.

9. Le bureau général fait l'office de bureau particulier pour l'une des sections de l'assemblée.

10. Les votans attachés à chacun des autres bureaux particuliers, se nomment entre eux un président, un secrétaire et trois scrutateurs, dans les mêmes formes que celles prescrites ci-dessus pour la nomination des officiers du bureau général.

11. Les suffrages pour l'élection des fonctionnaires publics seront reçus par les officiers des bureaux particuliers.—Les recensemens partiels faits en chacun de ces bureaux, sont portés au bureau général, ou se fait le recensement universel.

12. Lorsqu'il y a dans un canton plusieurs assemblées primaires concourant à l'élection des mêmes fonctionnaires publics, le bureau général de chacune de ces assemblées envoie deux de ses membres pour porter le recensement qu'il a fait, à l'administration municipale, où se fait le recensement définitif, auquel ils assistent.

TITRE III. — Elections des fonctionnaires publics par les assemblées primaires, communales et electorales.

Art. 1er. Durant le mois de nivose, chaque citoyen a le droit de se faire inscrire lui-même, ou de faire inscrire ceux de ses concitoyens qu'il juge a propos, sur la liste des candidats, et de s'y désigner lui-même, ou de désigner les autres, pour une ou plusieurs des fonctions qui sont à remplir dans le mois de germinal suivant.

2. Ces inscriptions se font a l'administration municipale, qui n'en peut refuser aucune, et qui en donne des récépissés.

3. L'administration municipale est tenue de publier dans son ressort, dans les cinq premiers jours de pluviose, la liste des candidats inscrits pour toutes les fonctions dont la nomination appartient aux assemblées primaires et communales. — Elle doit placer sur cette liste, mais séparément, les candidats qu'elle croit manquer des caracteres d'éligibilité exigés par la constitution. L'avis de l'administration sur cette non-éligibilité doit être motivé dans des notes sommaires.

4. L'administration municipale fait parvenir a l'administration de département les listes des candidats inscrits pour les fonctions dont l'élection appartient aux assemblées électorales.

5. L'administration de département est tenue de publier, dans son ressort, du 20 ou 25 pluviose, les listes des candidats inscrits pour les fonctions auxquelles les assemblées électorales doivent nommer. — Les candidats que l'administration départementale croit manquer des caractères d'eligibilité exigés par la constitution, sont inscrits sur les listes, mais séparément et avec des notes sommaires et explicatives.

6. Les listes de candidats sont affichées et lues dans les assemblées primaires, communales ou electorales, aussitôt après la formation des bureaux. — Les suffrages peuvent être donnés à des citoyens non inscrits sur ces listes.

7. On procède à un premier scrutin : il est individuel, s'il s'agit de l'élection d'un seul fonctionnaire ; il est de liste, s'il s'agit de l'élection de plusieurs fonctionnaires du même genre et du même nom.

8 Si ce premier scrutin donne la majorité absolue a un ou à plusieurs candidats, ils sont élus selon l'ordre du nombre des suffrages qu'ils ont réunis.

9. Si un nombre suffisant de candidats n'a point obtenu la majorité ab-

solue, on forme une liste de ceux qui ont obtenu la plus forte pluralité relative : cette liste a pour limite un nombre de noms égal à dix fois le nombre des fonctionnaires a élire dans le même scrutin.

10. On procède ensuite a un second scrutin, dans lequel on ne peut donner de suffrages qu'aux candidats inscrits sur la liste mentionnée dans l'article précédent.

11. Pour le scrutin définitif, chaque votant dépose a la fois, en deux vases différens, deux billets, l'un de nomination, l'autre de réduction. — Sur le premier bulletin, il inscrit autant de noms qu'il y a de fonctionnaires à elire. — Sur le second bulletin, il inscrit les noms des citoyens qu'il entend retrancher de la liste des concurrens : ce bulletin peut ne contenir aucun nom; il peut en contenir un nombre indéterminé, mais toujours au dessous de la moitié du nombre de ceux portés sur la liste mentionnée en l'article 9 du présent titre.

12. On fait d'abord le recensement universel des billets de réduction ; et' les candidats qui ont été inscrits sur ces billets par la majorité absolue des votans, ne peuvent être élus, quel que soit le nombre des suffrages positifs déposés en leur faveur dans le vase de nomination.

13. On dépouille ensuite les bulletins de nomination, et les élus sont ceux qui, n'étant point dans le cas de l'article précédent, réunissent la pluralité relative des suffrages positifs.   \

TITRE IV. — Elections par le corps législatif, par le directoire exécutif, par les corps administratifs et judiciaires.

Art. 1er. Les présentations attribuées par la constitution au conseil des cinq-cents se font au scrutin de liste et à la pluralité relative.

2. Les nominations attribuées par la constitution au conseil des anciens se font dans les formes prescrites par les articles 11, 12 et 13 du titre précédent.

3. Les élections que la constitution attribue au directoire exécutif, aux corps administratifs et judiciaires, se font dans les formes prescrites par les articles 7, 8, 9, 10, 11, 12 et 13 du titre precédent ; mais si, après le dépouillement ordonné par l'article 13, un nombre suffisant de candidats n'a pas réuni la majorité absolue des suffrages positifs, on procède, par scrutin individuel, a l'option entre les deux candidats qui ont obtenu le plus de voix.

N° 184. = 26 fructidor an 3 (12 septembre 1795). = **DÉCRET** *portant qu'il sera formé dans chacun des ports de Brest, Lorient, Toulon, Rochefort, un jury pour examiner et juger les réclamations des bâtimens de la république, qui, ayant capturé des bâtimens ennemis, pretendront l'avoir fait, soit étant totalement séparés de l'armée navale, soit en étant détachés* (1). (B., LVIII, 242.)

La convention nationale, ouï le rapport de son comité de salut public, décrète :

Art. 1er. Il sera formé dans chacun des ports de Brest, Lorient, Toulon et Rochefort, un jury pour examiner et juger les réclamations des bâtimens de la république, qui, ayant capturé des bâtimens ennemis, prétendront l'avoir fait, soit étant totalement séparés de l'armée navale, soit en étant détachés, soit enfin seuls et sans copartageans.

_____

(1) Ce sont là des conseils des prises. Voyez l'arrêté du 6 germinal an 8 (27 mars 1800), qui crée un conseil general des prises, et les notes.

2. Le chef civil, chargé du détail des prises, après avoir reçu les réclamations des parties intéressées, et en avoir fait un rapport sommaire, s'entendra avec l'agent maritime et le commandant des armes pour la convocation du jury, auquel il soumettra son rapport avec les pièces à l'appui.

3. Le jury sera composé de l'agent maritime, du commandant des armes et du major de la marine, lesquels y appelleront un officier civil et un officier militaire qu'ils ne pourront choisir parmi les parties intéressées.

4. Les décisions données par ce jury seront inscrites en marge du rapport du chef civil chargé de la partie des prises, et devront être signées de tous les membres.

5. Ces décisions présenteront l'article de la loi du 1er octobre 1793, applicable au cas décidé.

6. La commission de la marine est chargée de l'exécution du présent décret.

N° 185 = 28 fructidor an 3 (14 septembre 1795). = DÉCRET *concernant l'ordre des délibérations et la police du corps législatif.* (B., LVIII, 248.)

N° 186. = 28 fructidor an 3 (14 septembre 1795). = DÉCRET *qui détermine le mode de liquidation des créances sur les biens indivis avec les émigrés* (1). (I, Bull. CLXXIX, n° 1031 ; B., LVIII, 259.)

Art. 1er. La discussion préalable des créances sur les biens indivis avec des émigrés, exigée par l'article 112 de la loi du 1er floréal an 3, s'établira et sera suivie et constatée ainsi qu'il suit.

2. Avant de procéder à la liquidation des créances sur des biens indivis avec des émigrés, l'administration de département, et à Paris le bureau de liquidation, convoquera les copropriétaires et codébiteurs à un jour et lieu uniques, à l'effet de prendre communication des titres, pièces et demandes du créancier, et proposer leurs moyens contre ces titres, pièces et demandes. L'administration ou le bureau nommera en même temps un commissaire qui se réunira avec les copropriétaires et codébiteurs, et stipulera les droits de la nation.

3. La convocation sera faite par lettres chargées, et le délai fixé de manière que celle des parties intéressées dont le domicile se trouvera le plus éloigné du lieu indiqué pour l'assemblée, ait un jour par cinq lieues pour s'y rendre, à compter du jour de la réception de la lettre.

4. Les copropriétaires et codébiteurs se présenteront en personne ou par fondés de pouvoir. Il sera procédé à la discussion avec ceux qui seront présens, sans qu'elle puisse être retardée par l'absence d'aucun.

5. Ceux des copropriétaires et codébiteurs qui seront absens, soit parce qu'ils ne sont pas domiciliés en France, soit parce que leur domicile n'aura pas été suffisamment connu, soit à raison de leur présence aux armées de la république ou pour toute autre cause, seront représentés par le commissaire national près le tribunal civil ou par son substitut, si l'assemblée se tient dans la commune où réside le tribunal; et si elle se tient dans une autre commune, par le juge de paix du canton. Aucune réclamation de leur part ne sera admise contre les opérations ainsi arrêtées en leur absence.

6. Il s ra dressé procès-verbal des comparutions, examen des pièces et

---

(1) Voyez les diverses lois du 17 frimaire an 6 (7 décembre 1797), concernant la liquidation des créances sur les émigrés. — Voyez aussi, sur le même objet, toutes les lois citées dans le § 4 des notes qui accompagnent le titre du décret du 9—12 février 1792, relatif au séquestre des biens des émigrés, et notamment le décret du 1er floréal an 3 (20 avril 1795).

dires des parties intéressées ; et dans le cas ou une créance serait contestée', il sera fait notification et donné copie par extrait au propriétaire de cette créance, de la partie du procès-verbal qui le concerne : il sera, par le même acte, averti de se trouver a une seconde assemblée qui sera de suite indiquée par le commissaire de la nation.

7. Si le créancier ou ses fondés de pouvoir ne fournissent pas réponses qui lèvent les difficultés, la contestation sera décidée sans appel par des arbitres. L'un des arbitres sera nommé par le créancier ; le commissaire de la nation, les copropriétaires et codébiteurs qui seront présens a la deuxième assemblée, et le commissaire qui représentera les absens, s'il y en a , se reuniront pour nommer le second arbitre.

8 Si le commissaire de la nation, les copropriétaires et codébiteurs présens, et le commissaire qui représentera les absens, ne s'accordent pas sur le choix de leur arbitre, il sera nommé par le juge de paix du canton où se tiendra l'assemblée, ou par le premier assesseur, si le juge de paix représente quelques parties absentes. Il sera procédé de la même manière a la nomination d'un arbitre pour le créancier, s'il ne se présente pas, ou s'il refuse d'en nommer.

9. Dans le cas où les deux arbitres ne seraient pas d'accord, si toutes les parties ne se réunissent pas sur le choix du surarbitre, il sera nommé dans la forme prescrite par l'article précédent.

10. Sur la notification qui sera faite par le créancier à l'administration du département ou au bureau de liquidation, du jugement rendu par les arbitres ou du procès-verbal constatant que le commissaire de la nation et les copropriétaires et codébiteurs ont reconnu et alloué la créance, l'administration ou le bureau fera procéder a la liquidation pour la portion qui concernera la nation, de la manière et ainsi qu'il est réglé par la loi du 1er floréal.

11. Les frais qui auront précédé la liquidation seront réglés par l'administration du département ou le bureau de liquidation, et acquittés sur la chose en proportion de l'émolument de chacune des parties. En cas de contestation, les frais seront supportés par la partie qui succombera.

12. Les dispositions du présent décret s'appliquent aux créances sur les biens indivis avec tous ceux dont les biens se trouvent frappés de la confiscation nationale.

N° 187. = 28 fructidor an 3 (14 septembre 1795). = DECRET *relatif aux réclamations à faire par les propriétaires de créances sur les émigrés d'un même département* (1). (I, Bull. CLXXVIII, n° 1087 ; B., LVIII, 259.)

Art. 1er. Les administrations de département, et a Paris le bureau de la liquidation des dettes des émigrés, sont autorisés, pour l'exécution de l'article 70 de la loi du 1er floréal an 3, a exiger des créanciers des émigrés dont les créances n'excederont pas deux mille livres, ou dont les créances constituées présenteront un capital au-dessous de mille livres, une déclaration qu'ils ont ou n'ont pas d'autres créances à exercer sur d'autres émigrés du même département, soit de leur chef, soit par cession ou transport, ou par toute autre cause, et une énonciation exacte du montant des créances qu'ils auraient à exercer.

2. En cas de fausses déclarations, les créanciers seront punis d'une amende égale au double de la somme qu'ils auront réclamée.

---

(1) Voyez le décret du 1er floréal an 3 (20 avril 1795), et les notes.

3. Il n'est point dérogé à la peine prononcée par l'article 74 de la loi du 1er floréal, en cas de fausse affirmation de creances.

N° 188. = 28 fructidor an 3 (14 septembre 1795). = DÉCRET *qui accorde un supplément de solde en numéraire aux officiers de tout grade des armées de terre et de mer en activité de service.* (I, Bull. CLXXVIII, n° 1086 ; B., LVIII, 261.)

N° 189. =29 fructidor an 3 (15 septembre 1795). = DÉCRET *qui détermine le mode des ventes prescrites par l'article 7 de celui du 13 frimaire dernier.* (I, Bull. CLXXVIII, n° 1088 ; B., LVIII, 265.)

Les ventes prescrites par l'article 7 de la loi du 13 frimaire dernier seront faites par les corps administratifs dans les mêmes formes que les ventes ordonnées par les décrets précédens. Toutes dispositions contraires résultant d'arrêtés ou autres actes, demeureront sans effet, a dater de ce jour.

N° 190. = 29 fructidor an 3 (15 septembre 1795). = DÉCRET *qui annule tous arrêtés de représentans du peuple en mission, par lesquels les tribunaux ont été autorisés à juger des affaires en dernier ressort contre la loi de leur institution.* (I, Bull. CLXXVIII, n° 1089; B., LVIII, 268.)

Art. 1er. Sont déclarés nuls et comme non avenus tous arrêtés des représentans du peuple en mission qui ont autorisé les tribunaux a juger en dernier ressort les affaires que la loi de leur institution ne leur donne pas le droit de juger de cette manière.

2. Dans le délai d'un mois, a compter de la publication de la présente loi, les parties intéressées pourront se pourvoir contre les jugemens dont il s'agit, par les voies que la loi détermine.

N° 191. =29 fructidor an 3 (15 septembre 1795). = DÉCRET *qui détermine le mode de liquidation des créances sur les parens des émigrés dont les successions sont ouvertes au profit de la nation* (1). (I, Bull. CLXXVIII, n° 1090 ; B., LVIII, 269.)

Art. 1er. La liquidation des créances sur les parens d'émigrés dont les successions sont ouvertes au profit de la nation, sera faite par les administrations de département du domicile de ces parens où la succession sera ouverte ; et dans le département de Paris, par le bureau de liquidation établi par la loi du 1er floréal an 3.

2. Le dépôt des titres de créance sera fait au district du domicile du parent de l'émigré. Les administrateurs de district les recevront, les feront passer sans délai aux administrations de département, et se conformeront, au surplus, a l'égard du dépôt de ces titres, aux dispositions des articles 13, 16 et 17 de la loi du 1er floréal. Dans l'étendue du département de Paris, le dépôt se fera immédiatement au bureau de liquidation.

3. Ce dépôt sera effectué avant le 1er nivose prochain.

4. Les dispositions de la loi du 1er floréal an 3, qui ne sont pas contraires au présent décret, seront appliquées a la liquidation des créances sur les parens des émigrés dont les successions sont ouvertes au profit de la nation.

N° 192. = 29 fructidor an 3 (15 septembre 1795). = DÉCRET *qui fixe, pour*

(1) Voyez, dans le § 5 des notes qui accompagnent le titre du decret du 9—12 février 1792, relatif au séquestre des biens des émigrés, l'enonciation des lois concernant les parens des émigres

le département de Paris, le lieu de dépôt des titres de propriété de biens indivis avec des émigrés. (I, Bull. CLXXIX, n° 1092; B., LVIII, 270.)

N° 193. = 29 fructidor an 3 (15 septembre 1795). = DÉCRET *qui ordonne aux huissiers de faire les significations de tous actes et jugemens relatifs aux délits forestiers* (1). (I, Bull. CLXXXI, n° 1105; B., LVIII, 270.)

Art. 1ᵉʳ. Les huissiers sont tenus de faire les significations de tous actes et jugemens relatifs aux délits forestiers, à peine de destitution.

2. En cas d'insuffisance de salaire, ils sont autorisés à se pourvoir en indemnité, conformément à l'article 11 de la loi du 15 août 1792, relatif aux demandes de ce genre qu'auraient à former les agens forestiers.

N° 194. = 29 fructidor an 3 (15 septembre 1795). = DÉCRET *qui détermine les cas dans lesquels devront être déclarés émigrés les habitans du ci-devant comtat d'Avignon* (2). (I, Bull. CLXXXI, n° 1106; B., LVIII, 270.)

Art. 1ᵉʳ. Sont émigrés tous citoyens domiciliés dans le ci-devant comtat d'Avignon qui, absens de ce pays depuis l'époque de sa réunion à la France, n'étaient pas rentrés sur le territoire français dans le mois de la publication de la loi du 30 mars - 8 avril 1792.

2. Les exceptions prononcées par la loi à l'égard des Français sont applicables aux citoyens des départemens qui se composent du territoire du ci-devant comtat d'Avignon.

N° 195. = 29 fructidor an 3 (15 septembre 1795). = DÉCRET *qui ordonne la liquidation des sommes dont l'adjudicataire des fermes n'avait pas fait le remboursement aux employés à l'époque du 5 juin 1793.* (I, Bull. CLXXIX, n° 1093; B, LVIII, 271.)

N° 196. = 1ʳᵉ jour complémentaire an 3 (17 septembre 1795). = DÉCRET *portant que l'exemplaire du Dictionnaire de l'académie française, chargé de notes marginales et interlinéaires, sera remis aux libraires Smith, Maradan et compagnie, pour être par eux rendu public après son achèvement.* (B., LVIII, 277.)

N° 197. = 1ᵉʳ jour complémentaire an 3 (17 septembre 1795). = DÉCRET *additionnel à celui du 9—15 décembre 1790, relatif à la restitution des biens des religionnaires fugitifs* (3). (I, Bull. CLXXIX, n° 1095; B., LVIII, 280.)

La convention nationale, sur le rapport de son comité de législation, décrète, pour addition à l'article 17 de la loi du 9—15 décembre 1790, relative à la restitution des biens des religionnaires fugitifs, que les tiers acquereurs et successeurs à titre particulier des concessionnaires parens, ne pourront être dépossédés en aucun cas; sauf les droits et actions des parens des religionnaires, plus proches ou en égal degré, pour obtenir la restitution du prix contre les vendeurs ou leurs héritiers.

---

(1) Voyez l'avis du conseil d'état du 16 mai 1807; et les art. 209 et suiv. du code forestier du 21 mai—31 juillet 1827.

(2) Voyez, dans le § 1ᵉʳ des notes qui accompagnent le titre du décret du 9—12 février 1792, relatif au séquestre des biens des emigres, l'énoncé des diverses lois qui définissent les caractères de l'émigration.

(3) Voyez le décret du 9—15 décembre 1790, et les notes.

N° 198. = 1ᵉʳ jour complémentaire an 3 (17 septembre 1795). = DÉCRET *relatif à la liquidation des prises faites par les vaisseaux de l'état* (1). (I, Bull. CLXXIX, n° 1096 ; B., LVIII, 281.)

Art. 1ᵉʳ. La liquidation des prises faites par les vaisseaux de la république sera effectuée d'après les bases suivantes.

2. Les objets vendus avant l'arrêté du 30 fructidor an 2 seront liquidés sur le produit de leurs ventes.

3. Ceux requis pour le service public avant cette époque seront liquidés sur l'estimation qui en aura été faite.

4. Les objets non estimés, ceux restés invendus au 30 fructidor, et les cargaisons des navires entrés depuis cette époque jusqu'au 12 frimaire, seront liquidés sur leur valeur en 1790, conformément audit arrêté et à ceux des 2 nivose et 15 ventose derniers, soit que ces objets soient ou non vendus.

5. Les cargaisons des navires entrés depuis la loi du 12 frimaire seront vendues et liquidées conformément à cette loi.

6. Les commissaires des diverses commissions exécutives, pour le service desquelles il a été livré des objets de prises, sont tenus, chacun en ce qui le concerne, d'en faire verser le prix, dans quinze jours pour tout délai, dans les caisses des invalides de la marine des ports où s'est effectuée la livraison.

7. Les contrôleurs de la marine feront passer, dans le même délai, aux comités, l'état des sommes dues pour objets de prises livrés pour le service public ; et les trésoriers des invalides de la marine, celui des sommes qui seront versées dans leurs caisses en exécution du présent décret.

8. Tous citoyens qui auraient en leur possession, par toutes autres voies que par ventes ou concessions legales, des objets provenant de prises, sont tenus d'en passer leur déclaration aux contrôleurs de la marine, dans les trois jours de la publication du présent décret, a peine d'être poursuivis et traités comme dépositaires infideles et dilapidateurs de la fortune publique.

9 Tous receveurs et autres citoyens, fonctionnaires publics ou non, qui seraient dépositaires ou débiteurs de sommes provenant de la vente d'objets de prises, les verseront dans le même délai dans les caisses des invalides de la marine, en indiquant les cargaisons desquelles ces sommes font partie.

10. Les agens particuliers de la commission des approvisionnemens, ou tous autres qui auraient actuellement a leur garde des objets provenant de prises, non jugés utiles au service public, en donneront avis par écrit aux contrôleurs de la marine, a l'effet qu'ils en annoncent la vente conformément a la loi. Cet avis indiquera les navires d'où ces objets sont sortis, et la date de leur entrée dans les ports de la république.

11. La commission accordée par l'arrêté du comité de salut public, du 28 thermidor dernier, aux citoyens qui, sous le titre de consignataires, auraient géré les prises, n'aura d'effet que sur le produit des objets vendus, et de ceux livrés à la république avant l'arrêté du même comité du 30 fructidor an 2, sans que les consignataires puissent, dans aucun cas, rien prétendre au-dela de cette époque, ni sur le produit de la vente des coques et agrès.

12. Le commissaire de la marine et des colonies présentera, sous deux décades pour tout délai, le tableau genéral des prises entrées dans les ports de la république, sur la validité desquelles il n'a point encore été prononcé, à l'effet qu'il y soit statué sans retard.

13. Il est dérogé à tous arrêtés contraires au présent décret.

---

(1) Voyez, sur le mode de liquidation des prises maritimes, l'arrêté du 2 prairial an 11 (22 mai 1803), et les notes qui résument la législation.

N° 199. = 2ᵉ jour complémentaire an 3 (18 septembre1795).=DÉCRET *sur le placement du conseil des anciens, de celui des cinq-cents, et du directoire exécutif* (B., LVIII, 282.)

N° 200. = 2ᵉ jour complémentaire an 3 (18 septembre 1795). = DÉCRET *qui établit un nouveau mode pour le jugement des délits militaires* (1). (I, Bull. CLXXIX, n° 1099; B., LVIII, 284.)

Art. 1ᵉʳ. Tout délit commis par un militaire, ou par tout autre individu attaché aux armées ou employé a leur suite, sera jugé a l'avenir par un conseil militaire.

2. Ce conseil militaire sera composé de trois officiers, dont un supérieur ou commandant, un capitaine, un lieutenant ou sous-lieutenant, de trois sous officiers pris dans les deux grades de sergent et de caporal pour l'infanterie, de maréchal-des logis et brigadier pour les troupes a cheval, et de trois soldats : il sera présidé par le plus élevé en grade.

3. Il sera nommé et convoqué, dès qu'il y aura des délits à juger, par le général le plus a portée, quel que soit son grade.

4. Le conseil de guerre prononcera sans discontinuer sur les délits qui lui seront soumis. Son jugement sera inscrit sur un registre tenu a cet effet,et qui sera toujours déposé aux archives, et sous la garde du conseil d'administration des corps, pour y avoir récours et le reprendre dès qu'un nouveau conseil militaire sera convoqué. Le jugement sera signé de tous les membres du conseil, qui, en conséquence, devront savoir écrire pour y être appelés. Les jugemens des individus employés ou attachés à la suite des armées, seront inscrits dans les registres du corps, le plus a portée, de quelque arme qu'il soit.

5. Le conseil de guerre nommera hors de son sein un secrétaire pris dans tel grade qu'il jugera convenable; il n'aura point voix délibérative.

6. Chaque conseil d'administration nommera a son choix, a raison d'un par bataillon pour l'infanterie, et dans la même proportion pour les autres armes, un capitaine pour remplir les fonctions de rapporteur près les conseils militaires, donner sur le compte des prévenus les renseignemens qu'il aura pu prendre, et produire contre eux ou à leur décharge toutes les pièces qui tendront a les convaincre ou a les justifier : il donnera ses conclusions, mais sa voix ne sera pas comptée.

7. Ces militaires seront en exercice pendant trois mois ; après lequel espace de temps, les conseils d'administration procéderont à une nouvelle nomination.

8. Dans le cas où l'un d'eux serait obligé de voyager pour se rendre près d'un conseil militaire, si c'est un officier d'infanterie qui n'ait pas de cheval, il lui en sera fourni un ; et l'étape, tant en vivres que fourrages, lui sera délivrée en route et tant qu'il sera près du conseil militaire.

9. Lorsqu'il s'agira d'un prévenu attaché aux armées ou employé a leur suite, un des militaires nommés pour remplir les fonctions de rapporteur, du corps le plus a portée, sera chargé d'instruire sur ce prévenu, et faire le rapport de son affaire près le conseil militaire.

10. Les militaires nommés pour remplir les fonctions de rapporteur s'occuperont, sans le moindre délai, d'instruire sur le compte des prévenus dès qu'ils seront arrêtés, chacun dans leurs corps respectifs, afin d'être en état

---

(1) Abrogé par la loi du 13 brumaire an 5 (3 novembre 1796), art. 42. Voyez cette loi et les notes. — Voyez aussi le decret du 22—29 septembre 1790, et les notes.

de faire leurs rapports au conseil militaire, dès qu'il sera convoqué. Ils se partageront les rapports des prévenus qui sont attachés ou employés a la suite des armées.

11. Le prévenu sera acquitté ou condamné a la majorité des voix, excepté, pour la peine de mort, a laquelle il ne pourra être condamné qu'a la majorité des deux tiers des membres, a défaut de laquelle la peine la plus douce prévaudra Le président recueillera les voix en commençant par le grade inférieur; il ne pourra voter que le dernier. Les jugemens seront exécutés sans appel, immédiatement après avoir été rendus.

12. Le prévenu aura le droit de se donner un défenseur officieux, pris dans les militaires, s'il est militaire, et dans les employés ou attachés a la suite des armées, s'il en fait partie (1).

13. Les séances de ce conseil seront publiques : il pourra seulement se retirer pour délibérer; mais il reprendra ensuite sa séance, et le président prononcera le jugement a haute voix.

14. Celui qui sera convaincu de crimes d'assassinat, de viol, d'incendie, et de vol fait avec effraction, attroupement ou violence, sera puni de mort.

15. Sera réputé vol fait avec attroupement, lorsqu'il sera commis par plus de deux individus réunis; et avec violence, lorsqu'il y aura des voies de fait contre des citoyens.

16. Lorsque le conseil militaire aura a prononcer sur les délits mentionnés à l'article 14, et dont la conviction emporte la peine de mort, le général, pour ces cas seulement, nommera le double des membres qui devront le composer, et le prévenu aura le droit d'en rejeter un nombre égal, et dans les mêmes grades, à celui qui devra former ce conseil militaire.

17. Le prévenu devra procéder à la réduction des membres, aussitôt que la liste double lui en sera présentée. A son refus, les membres les plus âgés dans chaque grade formeront le conseil, et procéderont au jugement du prévenu.

18. S'il y a plusieurs prévenus, ils pourront se concerter pour réduire a moitié, et conformément a l'article 16, la liste double des membres proposés pour former le conseil militaire.

19. S'ils ne se concertent pas, le sort réglera entre eux le rang dans lequel se feront les exclusions; et, a leur refus, le conseil militaire se formera conformément à l'article 17.

20 Le conseil prononcera, sur tous les délits non énoncés en l'article 14, les peines portées au Code pénal militaire; il pourra cependant les commuer et même les diminuer, suivant que les cas ou les circonstances en atténueront la gravité : il ne pourra jamais les augmenter.

21. Tout conseil militaire sera dissous dès qu'il aura prononcé sur les délits pour le jugement desquels il aura été convoqué; et aucun des membres qui l'auront composé ne pourra être appelé dans celui qui le suivra immédiatement.

22. Tout officier, de quelque grade qu'il soit, ou sous-officier, et surtout celui qui commandera le corps ou le détachement dans lequel se trouveraient un ou plusieurs militaires qui seraient prévenus d'avoir commis quelque délit, et qui, après en avoir eu connaissance, ne les ferait pas arrêter et incarcérer pour être livrés au conseil militaire, subira trois mois de prison, et sera destitué s'il est officier; et, s'il est sous-officier, il sera, en outre de la peine

─────────────

(1) Abrogé spécialement par la loi du 27 fructidor an 4 (13 septembre 1796), d'après cette loi, le prévenu a le droit de se choisir un défenseur dans toutes les classes de citoyens.

de trois mois de prison, dégradé et mis à la queue de la compagnie : ils seront jugés par un conseil militaire.

23. Extraits des jugemens continueront d'être adressés aux généraux, à la commission du mouvement des armées de terre, qui en rendra compte au comité militaire, et après l'établissement de la constitution, au ministre de la guerre.

24. En conséquence de l'institution des conseils militaires, les tribunaux militaires, ceux de police correctionnelle, les officiers de police, sont dès ce moment supprimés ; les membres qui les composent seront payés, à dater du jour de la promulgation de la présente loi, d'un mois de traitement, et les commissaires des guerres sont tenus de leur délivrer à chacun une route pour retourner au domicile qu'ils choisiront, sauf à ceux qui en seront susceptibles, de se faire donner une retraite ou remplacer par le comité de salut public dans les troupes de la république, ou dans d'autres places à sa nomination.

25. Les conseils de discipline continueront à prononcer sur les fautes qui sont de leur compétence.

26. Il est dérogé à toute disposition contraire à celles contenues dans cette loi.

27. Les généraux et tous commandans militaires sont chargés, sous leur responsabilité personnelle, de l'exécution de la présente loi : ils sont spécialement tenus de la faire lire à la tête des corps à la parade, et de la faire afficher dans tous les corps-de-garde, casernes et postes fixes.

Nº 201.=2ᵉ jour complémentaire an 3 (18 septembre 1795). = DÉCRET *qui détermine le cas dans lequel tout propriétaire faisant valoir par suite d'une expiration de bail, pourra exiger de son fermier sortant les grains nécessaires pour ses ensemencemens.* (I, Bull. CLXXIX, nº 1098 ; B., LVIII, 290.)

La convention nationale décrète ce qui suit : — Tout propriétaire faisant valoir par suite d'une expiration de bail, et qui se trouve dans le cas de réensemencer ses terres sans avoir eu part à la récolte qui vient de se faire, pourra exiger de son fermier sortant, à compte sur ses fermages en nature, la quantité de grains qui lui sera nécessaire pour faire ses ensemencemens.

Nº 202.=3ᵉ jour complémentaire an 3 (19 septembre 1795). = DÉCRET *qui passe à l'ordre du jour sur la proposition de faire réviser toutes les radiations des listes d'émigrés.* (I, Bull. CLXXXI, nº 1107 ; B., LVIII, 295.)

Nº 203.=4ᵉ jour complémentaire an 3 (20 septembre 1795).=DÉCRET *qui dispense divers fonctionnaires publics du service de la garde nationale.* (I, Bull. CLXXXI, nº 1108 ; B., LVIII, 302.)

La convention nationale décrète que les assesseurs des juges de paix, les instituteurs publics, les receveurs des domaines nationaux, les professeurs des écoles de santé de Montpellier, Paris et Strasbourg, et les officiers publics de l'état civil, sont dispensés du service de la garde nationale pendant la durée de leurs fonctions (1).

Nº 204.=4ᵉ jour complémentaire an 3 (20 septembre 1795).=DÉCRET *qui ac-*

_____

(1) Aujourd'hui les cas de dispense sont réglés par les art. 12, 13, 28 et 29 de la loi du 22—25 mars 1831.

corde aux créanciers des émigrés et autres dont les biens sont confisqués
au profit de la nation, un nouveau délai pour déposer leurs titres, etc. (1).
(I, Bull. CLXXXI, n° 1111 ; B., LVIII , 303.)

Art. 1ᵉʳ. Il est accordé aux créanciers des émigrés et autres dont les biens
sont frappés de la confiscation nationale, qui se trouveraient en déchéance
aux termes des lois antérieures , un nouveau délai pour déposer leurs titres
en conformité de l'article 11 de la loi du 1ᵉʳ floréal an 3, et pour faire les
déclarations et remplir toutes les formalités prescrites par cette loi et celle du
1ᵉʳ fructidor dernier.

2. Ce délai définitif et de rigueur sera d'un mois, à compter du 1ᵉʳ vendémiaire prochain , à l'égard des créanciers qui ne justifieront pas qu'aucun
obstacle les ait empêchés de se mettre en règle ; et de trois mois, à compter
du même jour, à l'égard de ceux qui justifieront au comité de liquidation
d'obstacles et de causes majeures.

N° 205.＝4ᵉ jour complémentaire an 3 (20 septembre 1795).＝DÉCRET *qui dé-*
signe les prévenus d'émigration auxquels ne sera point opposée la dé-
chéance prononcée par celui du 26 floréal dernier(2). (I, Bull. CLXXXI, n°
1109 ; B., LVIII , 303.)

Art. 1ᵉʳ. La déchéance prononcée par la loi du 26 floréal dernier contre les
prévenus d'émigration qui ne s'étaient pas pourvus à cette époque, ne sera
point opposée à ceux desdits prévenus qui, n'étant portés que sur des listes
étrangères au département de leur domicile , ont depuis déposé et déposeront , dans les deux décades de la présente loi, les pièces justificatives de leur
résidence , dans les bureaux du comité de législation, ou dans ceux des corps
administratifs.

2. Sont admis à jouir du bénéfice de la loi du 22 nivose an 3 , les laboureurs et ouvriers , leurs femmes et leurs enfans , ayant droit de se prévaloir
de ses exceptions, qui ne sont rentrés sur le territoire français qu'après le délai qu'elle a fixé , ou qui , étant rentrés avant l'expiration de ce délai, ne se
sont pas pourvus en temps utile. Il leur est accordé, pour se pourvoir dans
les formes prescrites par ladite loi , deux décades à compter de la publication
de la présente , passé lesquelles ils seront déchus de toute réclamation.

3. La disposition de l'article précédent n'aura d'effet à l'égard des individus qui s'y trouvent mentionnés , qu'à la charge par eux de représenter, indépendamment des preuves exigées par l'article 4 de la loi du 22 nivose , un
acte ou pièce ayant une date certaine antérieure au 15 juillet 1789 , dans lequel lesdits individus seront désignés comme travaillant habituellement de
leurs mains aux ateliers, fabriques, aux manufactures, ou à la terre, et vivant
de leur travail.

4. En attendant qu'il soit définitivement statué , conformément aux lois
existantes , sur les réclamations desdits laboureurs et ouvriers , les directoires de district sont autorisés à accorder à ceux d'entre eux qu'ils auront
reconnus susceptibles des dispositions favorables de la loi du 22 nivose,
main-levée du séquestre de leurs biens ; à la charge par eux de donner caution solvable du mobilier , et de ne pouvoir aliéner leurs immeubles.

N° 206.＝5ᵉ jour complémentaire an 3 (21 septembre 1795).＝DECRET *portant*

---

(1) Voyez, dans le § 4 des notes qui accompagnent le titre du décret du 9—12 février 1792,
relatif au séquestre des biens des émigrés , l'énonciation des lois concernant leurs créanciers.

(2) Voyez, sur les caractères de l'émigration et le mode de réclamation contre les listes, le §
1ᵉʳ des notes qui accompagnent le titre du décret du 9—12 février 1792 : il résume la législation.

12.

*que les pères, fils, frères, oncles, neveux et époux des émigrés, les
alliés au même degré, les ministres du culte insermentés, etc., ne pourront continuer d'exercer des fonctions publiques* (1). (I, Bull. **CLXXXI**,
n° 1114; B., LVIII, 305.)

Art. 1er. Les pères, fils, frères, oncles, neveux et époux des émigrés, les alliés
au même degré, les ministres du culte insermentés, ceux qui, ayant prêté
les sermens ordonnés, les ont rétractés ou modifiés, cesseront, dès la publication du présent décret, a peine de forfaiture et de taux, toutes fonctions administratives, municipales et judiciaires, ensemble toutes fonctions
comme commissaires, agens, ou sous-agens employés dans les commissions
exécutives, et dans les comités de la convention, sans que les uns ni les autres puissent les continuer sous prétexte du défaut de remplacement.

2. La disposition de l'article précédent est applicable aux commandans de
garde nationale sédentaire.

3. La disposition des articles précédens ne s'applique point aux parens de
ceux qui, sans être définitivement rayés de la liste des émigrés, se trouvent
compris dans les arrêtés des administrations de district et de département
qui ont donné leur avis pour la radiation.

4. Les juges et commissaires nationaux et accusateurs publics sortans, par
l'effet du présent décret, seront remplacés par les suppléans, et, a leur défaut, par ceux que les juges restans choisiront.—Les juges de paix seront
remplacés par les directoires de district.—Les administrateurs, procureurs-
généraux, procureurs-syndics, le seront par les représentans du peuple en
mission, sinon, et en leur absence du lieu, par les membres restans.— Il en
sera de même dans les municipalités.—Ces remplacemens seront faits au plus
tard dans trois jours, et chacune des autorités constituées en rendra compte
pour tout ce qui la concerne.

N° 207. ═5ᵉ jour complémentaire an 3 (21 septembre 1795). ═ **DÉCRET** *qui
rapporte des dispositions de celui du 4 messidor dernier, relatif au
mode de jugement des prévenus de crimes de meurtre et d'assassinat.*
(I, Bull. **CLXXXI**, n° 1113; B., LVIII, 307.)

Art. 1er. La loi du 4 messidor an 3, relative au mode de jugement des prévenus de crimes de meurtre et d'assassinat, est rapportée en tout ce qui serait contraire a celle du 16—29 septembre 1791, et au présent décret.

2. Il sera libre a tous prévenus contre lesquels le jury d'accusation aura
déclaré qu'il y a lieu a accusation, d'opter, pour être jugés, entre le tribunal criminel du département où le jury d'accusation aura tenu ses séances,
et les deux tribunaux criminels les plus voisins.

3. Ceux qui auraient été condamnés d'après les formes prescrites par la loi
du 4 messidor, pourront se pourvoir en cassation contre le jugement, dans
le délai d'un mois après la promulgation du présent décret.

4. Les décrets particuliers qui ont ordonné des attributions, seront exécutés, ainsi que les mesures et lois particulières concernant les departemens
de l'Ouest, et celles générales et particulieres relatives aux émigrés.

N° 208.═6ᵉ jour complémentaire an 3 (22 septembre 1795). ═ **DÉCRET** *qui*,

(1) Voyez, sur le même objet, le décret du 3 brumaire an 4 (25 octobre 1795), qui étend
cette interdiction à plusieurs autres classes d'individus; la loi du 14 frimaire an 5 (4 décembre
1796), qui modifie le décret du 3 brumaire; et celle du 9 messidor an 5 (27 juin 1797), qui rapporte toutes ces mesures.

en attendant l'organisation définitive des travaux des ports, détermine un mode provisoire de nomination aux places vacantes de maîtres entretenus et contre-maîtres. (I , Bull. CLXXXI, n° 1117 ; B., LVIII, 312.)

N° 209.=6ᵉ jour complémentaire an 3 (22 septembre 1795). = DÉCRET *relatif aux bons au porteur admissibles en paiement de biens d'émigrés* (1). (I, Bull. CLXXXI, n° 1116 ; B , LVIII, 313.)

Art. 1ᵉʳ. Les bons au porteur admissibles en paiement de biens d'émigrés, à délivrer en exécution de la loi du 21 prairial dernier, seront expédiés par la trésorerie nationale, dans la forme qui sera arrêtée par le comité des finances.

2. Il sera fait des coupures de cinq cents livres, de mille livres, de deux mille livres, de cinq mille livres et de dix mille livres.

3. La trésorerie nationale enverra par avance, aux receveurs de district, une quantité déterminée de chacune desdites coupures, suivant les ordonnances de distribution que la commission des revenus nationaux expédiera successivement, d'après l'aperçu des restitutions a faire dans chaque district.

4 Dans la décade, à compter de ce jour, l'agence de l'enregistrement et des domaines remettra a la commission des revenus nationaux l'état par district des sommes reçues par ses préposés, provenant des biens , meubles et immeubles des condamnés.

5. Les bons seront délivrés par les receveurs de district aux parties qui y auront droit, en remettant par elles le mandat de restitution du département , ainsi que les pièces à l'appui relatées dans ledit mandat, et en donnant quittance valable *pure et simple*.

6. Le département déterminera dans son mandat le nombre de chaque coupure de bons à donner en paiement, d'après le nombre des héritiers ou ayans-droit entre lesquels la restitution devra être partagée, et selon la quote-part a laquelle chacun d'eux aura droit.

7. Lorsque le montant total d'une restitution à faire, soit à un , soit à plusieurs ayans-droit, sera au-dessous de cinq cents livres, le mandat du département sera acquitté en assignats.

8. Si la restitution excède cette somme , et qu'il y ait des fractions au dessous de cinq cents livres, les héritiers ou ayans-droit seront tenus de rendre l'appoint en assignats.

9. Les receveurs de district verseront pour comptant à la trésorerie nationale, en échange des bons qu'elle leur aura envoyés. les mandats des départemens, avec les pièces a l'appui.

10. Les bons ou coupures de bons devront être endossés par ceux qui les passeront : les receveurs des revenus nationaux auront soin de n'en admettre aucun en paiement de biens d'émigrés, sans faire remplir cette formalité; ils indiqueront en outre , au dos desdits bons, les biens au paiement desquels ils auront été employés.

11. Les receveurs de district adresseront à la commission des revenus nationaux, dans la première décade de chaque mois, un état des coupures de bons qu'ils auront délivrées. L'agence de l'enregistrement et des domaines lui remettra de même un état de celles qui auront été employées en paiement de biens d'émigrés.

_____

(1) Voyez, sur le mode de vente des biens des émigrés, e' sur la liberation des acquéreurs, le § 3 des notes qui accompagnent le décret du 9—11 fevrier 1792 . toute la matiere y est résumée.

N° 210. = 1ᵉʳ vendémiaire an 4 (23 septembre 1795).=DÉCRET *portant que les rebelles, ceux connus sous le nom de* chouans, *etc, dont le jugement était attribué aux tribunaux militaires, seront jugés par les conseils militaires établis par le décret du* 2ᵉ *jour complémentaire an* 3. (I, Bull. CLXXXIII, n° 1119 ; B., LIX, 1.)

N° 211.=1ᵉʳ vendémiaire an 4 (23 septembre 1795).=DÉCRET *concernant l'acceptation des décrets des* 5 *et* 13 *fructidor dernier, sur la réélection des deux tiers de la convention nationale.* (I, Bull. CLXXX, n° 1101; B., LIX, 3.)

N° 212.=1ᵉʳ vendémiaire an 4 (23 septembre 1795). = DÉCRET *relatif aux poids et mesures* (1). (I, Bull. CLXXXIII, n° 1120; B., LIX, 3.)

Art. 1ᵉʳ. Au 1ᵉʳ nivose prochain, l'usage du mètre sera substitué à celui de l'aune dans la commune de Paris, et dix jours après dans tout le département de la Seine.

2. En conséquence, tous les marchands en gros et en détail, sédentaires et ambulans, qui se servent de l'aune, seront tenus de se procurer des mètres comme il est dit ci-après.

3. L'agence temporaire des poids et mesures adressera, sous le plus bref délai, d'abord aux administrations municipales de Paris, et ensuite à celles des autres communes du département de la Seine, le nombre de mètres ou demi-mètres, convenablement divisés, que l'administration du département aura indiqué être nécessaire respectivement pour les arrondissemens desdites municipalités.—Ces administrations en donneront leur reçu à l'agence temporaire des poids et mesures, et nommeront un préposé à la garde et à la délivrance desdites mesures.

4. Avant la fin de frimaire prochain, les marchands se servant de l'aune remettront à l'administration municipale tout ce qu'ils ont entre leurs mains de ces anciennes mesures; et, sur l'exhibition de leur patente, il leur sera donné en échange un mètre pour chaque aune, et un demi-mètre pour chaque demi-aune Néanmoins, il ne sera d'abord délivré à chacun desdits marchands qu'une seule mesure de chaque espèce, et il leur sera donné une reconnaissance pour l'excédant qui leur sera fourni ultérieurement.

5. Il sera en même temps remis à chacun desdits marchands une affiche explicative, contenant le rapport de l'ancienne aune au mètre et partie de mètre, rendu sensible par des échelles graduées, au moyen desquelles chacun pourra facilement faire les évaluations de quantités ou de prix qui l'intéressent.

6. Le renouvellement des anciens poids et mesures de toute espèce sera progressivement exécuté dans toute la France, en conformité de l'article 9 de la loi du 18 germinal dernier, et des dispositions du présent décret.—A cet effet, dès que la fabrication des nouvelles mesures et les autres moyens préparatoires permettront d'opérer le remplacement dans une partie déterminée de la république, il en sera rendu compte au directoire exécutif, qui fera une proclamation pour annoncer les moyens de ce remplacement, et rappeler ce qui est prescrit par les lois à ce sujet.

7. Deux mois après la publication et l'affiche de cette proclamation, l'u-

---

(1) Voyez l'arrêté du 13 brumaire an 9 (4 novembre 1800), rendu pour l'exécution du présent.

Voyez aussi le décret du 1ᵉʳ—2 août 1793, qui établit l'uniformité et le système général des poids et mesures, et les notes qui résument la législation.

sage des mesures républicaines qui en seront l'objet, deviendra obligatoire pour tous les marchands dans l'étendue du territoire désigné.

8. Les dispositions de l'article 4 de la présente loi seront appliquées aux diverses parties de la république, lorsqu'il s'agira d'y introduire les nouvelles mesures de longueur.

9 A compter de l'époque à laquelle chaque espèce de mesure républicaine sera devenue obligatoire, il est enjoint à tous notaires et officiers publics des lieux où cette obligation sera en activité, d'exprimer en mesures républicaines toutes les quantités de mesures qui seront à énoncer dans les actes que lesdits notaires ou officiers publics passeront ou recevront.—Les actes qui seraient en contravention avec le présent article, seront sujets à un excédant de droit d'enregistrement, de la valeur de cinquante francs : cette somme sera payée comme une amende par le notaire ou l'officier public, qui aura passé l'acte, sans que, sous aucun prétexte, elle puisse être imputée aux parties pour qui l'acte aura été passé.

10. Semblablement, aucun papier de commerce, livre et registre de négociant, marchand ou manufacturier, aucune facture, compte, quittance, même lettre missive, faits ou écrits dans les lieux où l'usage des mesures républicaines sera en activité, ne pourront être produits et faire foi en justice, qu'autant que les quantités de mesures exprimées dans lesdits livres, papiers, lettres, etc., le seraient en mesures républicaines ; ou du moins la traduction en sera faite préalablement, et constatée aux frais des parties par un officier public.

11. Les municipalités et les administrations chargées de la police feront, dans leurs arrondissemens respectifs, et plusieurs fois dans l'année, des visites dans les boutiques et magasins, dans les places publiques, foires et marchés, a l'effet de s'assurer de l'exactitude des poids et mesures.—Les contrevenans seront punis de la confiscation des mesures fausses ; et s'ils sont prévenus de mauvaise foi, ils seront traduits devant le tribunal de police correctionnelle, qui prononcera une amende dont la valeur pourra s'élever jusqu'a celle de la patente du délinquant.

12. L'agence temporaire des poids et mesures enverra a chaque administration de département des modèles de metres, ainsi que des modèles de mesures de capacité et de poids, autant qu'il sera nécessaire pour diriger la fabrication ou la vérification des diverses sortes de mesures républicaines.

13. Il y aura, dans les principales communes de la république, des vérificateurs chargés d'apposer sur les nouvelles mesures le poinçon de la république et leur marque particulière. Le pouvoir exécutif déterminera, d'après les localités et les besoins du service, le nombre des vérificateurs, leurs fonctions et leur salaire: ces vérificateurs seront nommés par les administrations de département, trois mois après que l'usage des nouvelles mesures aura été rendu obligatoire dans leur arrondissement. Jusqu'a cette époque, la vérification sera faite gratuitement par des artistes commis à cet effet par l'agence temporaire.

14. Au moyen des dispositions des deux derniers articles qui précèdent, et attendu la suppression des districts, les articles 3 et 17 de la loi du 18 germinal dernier demeurent sans effet.

15. Pendant les six premiers mois après l'obligation proclamée des mesures républicaines dans un lieu, les marchands qui se servent de ces mesures seront tenus d'exposer à la vue des acheteurs les échelles graduées, pour la comparaison des quantités et des prix, ainsi que l'explication, qui seront publiées a cet effet, afin que chacun puisse y recourir au besoin.

16. Aussitôt que l'usage du metre sera devenu obligatoire pour les mar-

chands dans une commune, les ouvriers, artistes ou agens, sous quelque dénomination que ce soit, qui s'y trouvent, et qui emploient le pied, la toise, les mesures de superficie et d'arpentage, ou autres anciennes mesures analogues, ne pourront produire en justice aucun titre dans lequel seraient rapportées des quantités de ces mesures, a moins qu'elles ne soient traduites concurremment en expressions de mesures républicaines.

17. Le gouvernement, les ministres, chacun en leur partie, les administrations de département, et généralement tous les fonctionnaires publics, donneront dés ordres et prendront tous les moyens qui dépendent d'eux, pour que, le plus tôt possible, les employés, ouvriers ou agens qui travaillent sous leur autorité, n'emploient d'autres mesures que les mesures républicaines, tant pour les ouvrages a faire que pour les comptes a rendre.

18. A compter du 1er brumaire prochain, les quantités de mesures, dans les décrets et procès-verbaux du corps législatif, seront exprimées concurremment en mesures anciennes et en mesures républicaines, jusqu'a ce que celles-ci puissent être exclusivement employées sans inconvénient.—Le comité des décrets est chargé de faire ajouter la traduction en nouvelles mesures sur les minutes et expéditions où elles auraient été oubliées.

19. Le pouvoir exécutif donnera des ordres pour que le même usage soit suivi dans les autres actes de l'autorité publique, aussitôt que le permettra la propagation des nouvelles mesures.

20. La disposition de l'article 3 de la loi du 17 frimaire an 2, concernant l'obligation d'exprimer par émargement, dans les comptes des dépenses publiques, les sommes en francs, décimes et centimes, est prorogée pendant les six premiers mois de l'an 4 ; passé ce terme, la loi du 17 frimaire sera suivie en son entier.—La trésorerie nationale et le bureau de comptabilité ne recevront plus a l'avenir de pieces qui seraient en contravention avec ladite loi et les subséquentes.

21. L'agence temporaire continuera ses fonctions, sous l'autorité du ministre qui aura la partie des travaux publics. Ce ministre tiendra la main a l'exécution des lois sur les nouveaux poids et mesures, et prendra tous les moyens les plus propres à accélérer leur établissement : il fera en sorte qu'il soit entierement terminé avant le 1er vendémiaire de l'an 6. Il prendra sur les fonds affectés annuellement aux travaux publics les sommes nécessaires pour acquitter les dépenses indispensables auxquelles cette opération donnera lieu.

22. En attendant l'organisation du ministère, il est affecté, par le présent décret, une somme de cinq cent mille francs, pour continuer les opérations relatives au renouvellement des poids et mesures. La trésorerie nationale tiendra, a cet effet, cette somme a la disposition de la commission d'instruction publique.

23. Le directoire exécutif présentera, chaque année, au corps législatif, le compte des progrès du renouvellement des poids et mesures, et de tout ce qui aura été fait pour parvenir a l'uniformité prescrite par la constitution.

N° 213.=3 vendémiaire an 4 (25 septembre 1795).=DÉCRET relatif à l'abolition de l'effet rétroactif des lois de 5 et 12 brumaire et du 17 nivose an 2, concernant les successions, donations, etc. (1). (I, Bull. CLXXXV, n° 1130 ; B, LIX, 19.)

Art. 1er. Les droits acquis de bonne foi, soit a des tiers possesseurs, soit

_____

(1) Voyez, sur le même sujet, les decrets des 5 floréal an 3 (24 avril 1795), et 9 fructidor suivant (26 août 1795), et la loi du 18 pluviose an 5 (6 février 1797).

à des créanciers hypothécaires ou autres, ayant une date certaine, postérieure à la promulgation desdites lois du 5 brumaire et du 17 nivose an 2,
mais antérieure a la promulgation de la loi du 5 floréal dernier, sur les biens
compris dans les dispositions rapportées par la loi du 9 fructidor dernier,
leur sont conservés, sauf le recours des héritiers rétablis vers les personnes
déchues.—Mais toutes aliénations, hypothèques et dispositions desdits biens
a titre onéreux ou gratuit, postérieures a la promulgation de ladite loi du
5 floréal dernier, sont nulles (1).

2. Dans les nouveaux partages, liquidations, rapports et restitutions qui
auront lieu en exécution de la présente loi, il ne sera point fait raison des
fruits ou intérêts perçus avant la publication de ladite loi du 5 floreal, sauf
les exceptions ci-après.

3. Les personnes rappelées et rétablies dans leurs droits par la présente
loi, seront tenues de recevoir les biens en l'état où ils se trouvent, sauf l'action pour abattis de bois-futaie.

4. Ceux qui sont obligés de restituer en vertu de la présente loi, et qui
auront cessé de posséder, avant le 5 floréal dernier, les biens ou effets sujets
a restitution, tiendront compte du prix qu'ils en auront tiré, s'ils les ont
aliénés a titre onéreux, ou de leur valeur au temps où ils les ont recueillis,
s'ils sont autrement sortis de leurs mains; sauf aux personnes rétablies a
exercer toutes actions nécessaires qui appartenaient a ceux qui ont aliéné
a titre onéreux ou gratuit (2).

5. Les partages faits entre la république et les personnes déchues qui
étaient ci-devant religieux ou religieuses, ou qui n'avaient que des portions
légitimaires ou des dots a réclamer, sont maintenus, sauf l'exécution de l'article 7 de la loi du 17 nivose. — Sont maintenus également les partages entre
des héritiers des ci-devant religieux ou religieuses qui n'ont recueilli, en
vertu des lois des 5 brumaire et 17 nivose, que des portions légitimaires.

6. Les copartageans déchus seront préalablement remboursés de toutes
dépenses qui auront augmenté ou conservé la valeur des fonds, et de toutes
charges par eux légitimement acquittées, autres que les charges affectées à
la simple jouissance; comme aussi de tous frais et déboursés relatifs aux partages et autres actes annulés par la présente loi.

7. Les copartageans déchus pourront donner en paiement des restitutions
auxquelles ils sont tenus par l'effet de la présente loi, soit le prix même des
objets qu'ils avaient légitimement aliénés, soit les contrats et créances qu'ils
justifieront résulter du placement des deniers provenant des partages annulés, sans garantie de la solvabilité des débiteurs.

8. Les personnes déchues par la présente loi auront la faculté de retenir
en biens héréditaires, et proportionnellement sur chaque espèce de biens,
le montant des portions légitimaires et supplémentaires, et des autres droits
qui leur appartiennent. Les paiemens qui pourront leur avoir été faits à-

(1) Doivent être considérés comme *tiers possesseurs de bonne foi*, dans le sens de cette
disposition. Le cessionnaire de droits successifs, ouverts par la d sposition rétro ctive de la
loi du 17 nivose an 2. Cass., 2 prairial an 8, SIR., I, 1, 297. — Des cosuccessibles qui ont acquis par la vo e de la licitation. Cass, 8 ventose an 6, SIR., I, 1, 131 — Le donataire contrac-
tuel de biens compris dans les dispositions rétroactives des lois des 5 brumaire et 17 nivose an 2.
Cass., 21 vendemiaire an 10, SIR, II, 2, 406.
(2) Celui qui, appelé a succéder par l'effet rétroactif de la loi du 17 nivose an 2, a reçu une
somme d'assignats pour sa part héréditaire, est tenu de rembourser cette somme a l'héritier
rappelé, d'après la valeur que l s assignats avaient, non pas à l'époque de la loi du 3 vendemiaire
an 4, qui abolit cet effet rétroactif, mais au moment où il les a reçus. Cass., 4 floréal an 12,
SIR., IV, 1, 243; Bull civ, VI, 241.

compte, en argent ou assignats, ou de telle autre manière que ce puisse être, soit avant ou après l'ouverture de la succession, ne pourront les priver de cette faculté, dont elles jouiront dans tous les cas, a la charge de rapporter dans la masse ce qu'elles ont reçu, dans les mêmes espèces, ou la valeur réelle et effective en assignats au cours. — La disposition du présent article s'applique pareillement aux légitimaires dont les droits ont eté ouverts, soit avant le 14 juillet 1789, soit depuis le 5 floréal dernier (1).

9. Toutes dispositions des lois rendues en interprétation des dispositions rétroactives abrogées par la loi du 9 fructidor dernier, sont rapportées quant a l'effet retroactif. — La loi du 5 floréal, qui suspend toute poursuite en vertu de la loi du 17 nivose, est abrogée, sans qu'on puisse l'opposer pour moyen de nullité contre les procédures contradictoires faites depuis la publication de la loi du 9 fructidor pour l'exécution de cette loi (2).

10. Toutes contestations qui pourront s'élever sur l'exécution de la présente loi, seront jugées selon les règles générales de l'ordre judiciaire. Les articles 54, 55 et 56 de la loi du 17 nivose sont abrogés.

11. Tous procès existans, même ceux pendans au tribunal de cassation, tous arrêts de deniers, toutes saisies ou oppositions, tous jugemens intervenus, partages ou autres actes et clauses qui ont leur fondement dans les dispositions rétroactives desdites lois du 5 brumaire et du 17 nivose an 2, ou dans les dispositions des lois subséquentes rendues en interprétation, sont abolis et annulés. — Les amendes consignées, même pour les procès jugés, seront restituées (3).

12. En conséquence de la loi du 9 fructidor dernier et des articles ci-dessus, — Ladite loi du 5 brumaire, celle du 17 nivose, en ce qu'il n'y est point dérogé, celle du 7 mars 1793 sur les dispositions en ligne directe, et toutes lois antérieures non abrogées, relatives aux divers modes de transmission des biens, auront leur exécution, chacune à compter du jour de sa publication (4).

13. La loi du 12 brumaire an 2, concernant le droit de succéder des enfans nés hors mariage, n'aura d'effet qu'a compter du jour de sa publication. — Les règles d'exécution du présent article seront les mêmes que celles établies ci-dessus relativement a l'abolition de l'effet rétroactif desdites lois du 5 brumaire et du 17 nivose.

---

(1) Le légitimaire qui, après un partage égal y voulu par la loi du 17 nivose an 2, se trouve réduit a sa légitime par cette loi, est autorise a garder des biens héreditaires pour sa légitime, quoiqu'il y eût en un premier partage avant la loi de nivose Cass., 19 vendemiaire an 6, Sir., I, 1, 112. — Les héritiers rappelés par l'effet rétroactif de la loi de nivose an 2 ne sont pas maintenus par la loi du 3 vendemiaire an 4, dans la possession des objets qu'ils ont acquis par voie de licitation, en procedant au partage. Cass., 19 messidor an 6, Sir., II, 2, 513.

(2) Cette disposition, en annulant l'art. 24 de la loi du 17 nivose an 2, a fait revivre l'effet de la clause d'un contrat de mariage antérieur au 17 nivose an 2, portant substitution d'héritier, au profit du premier enfant à naitre, si un autre n'était élu, lorsque l'instituant est décédé sans avoir fait de choix Cass., 22 décembre 1812, Sir., XIII, 1, 183, Bull civ, XIV, 572.

(3) Cet article n'a pas annulé une vente de biens successifs, faite pour le cas ou l'effet rétroactif de la loi du 17 nivose an 2 serait rapporté Cass, 21 fructi lor an 6, Sir., I, 1, 153. — Mais il a annulé un acte qualifié de transaction, et qui, au fond, n'est qu'un veritable partage. Cass., 1er brumaire an 12, Sir. IV, 1. 61; Bull. civ., VI, 32. — Toutefois, les faits convenus dans un acte de partage, annulé par le rapport de l'effet retroactif, doivent être réputés constans, lors du réglement ulterieur. Cass., 29 floréal an 7, Sir., I, 1, 208; Bull. civ., I, 356. Voyez Sir. et Devill., *Table tricennale*, v° Par age, nos 74 et suiv.

(4) Le don de survie, fait par contrat de mariage, est régi, quant à la quotité disponible, par les lois existant a l'époque de la donation, et non par celles existant a l'epoque du décès du donateur. Cass., 5 vendemiaire an 7, Sir., 1, 1, 161, Bull. civ., 1, 9.

N° 214. = 3 vendémiaire an 4 (25 septembre 1795). = DÉCRET *relatif à la comptabilité des receveurs particuliers des finances.* (I, Bull. CLXXXV, n° 1129 ; B., LIX, 21.)

N° 215. = 4 vendémiaire an 4 (26 septembre 1795). = DÉCRET *portant que les représentans du peuple fourniront la déclaration écrite de l'état de leur fortune.* (I, Bull. CLXXXV, n° 1132 ; B., LIX, 31.)

N° 216. = 4 vendémiaire an 4 (26 septembre 1795). = DÉCRET *qui défend à tout gardien de maison d'arrêt ou de justice d'y recevoir aucun individu mis illégalement en état d'arrestation* (1). (I, Bull. CLXXXIII, n° 1123 ; B., LIX, 34.)

Art. 1ᵉʳ. Il est défendu à tout gardien de maison d'arrêt ou de justice, sous peine d'être poursuivi et puni comme coupable de détention arbitraire, de recevoir aucun individu qui ne serait pas mis en état d'arrestation par décret de la convention nationale, ou par mandat d'arrêt émané, soit des officiers de police ordinaire, soit du comité de sûreté générale, soit du comité de salut public, dans le cas ou la loi du 7 fructidor de l'an 2 l'autorise a décerner des mandats d'arrêt.

2. Sera de même poursuivi et puni tout gardien de maison d'arrêt ou de justice qui, ayant reçu par erreur un ou plusieurs citoyens en contravention au précédent article, ne les mettrait pas en liberté a l'instant même de la publication du présent décret.

3. L'accusateur public près le tribunal criminel du département de la Seine est chargé, sous sa responsabilité, de faire arrêter et mettre en jugement tout individu qui recevrait ou detiendrait un ou plusieurs citoyens en charte privée.

N° 217. = 5 vendémiaire an 4 (27 septembre 1795). = DÉCRET *portant des peines contre les présidens et secrétaires des assemblées primaires ou électorales qui mettraient aux voix ou signeraient des arrêtés étrangers aux élections, et ceux qui les imprimeraient, publieraient, afficheraient, exécuteraient ou crieraient.* (I, Bull. CLXXXIII, n° 1124 ; B., LIX, 40.)

ARTICLES EXTRAITS DE L'ACTE CONSTITUTIONNEL.

Assemblées primaires.

« Art. 26. Les assemblées primaires se réunissent...

« 2° Pour faire les élections qui leur appartiennent suivant l'acte constitutionnel.

« 29. Ce qui se fait dans une assemblée primaire ou communale au-delà « de l'objet de sa convocation, et contre les formes déterminées par la con- « stitution, est nul.

« 30. Les assemblées, soit primaires, soit communales, ne font aucune « autre élection que celles qui leur sont attribuées par l'acte constitutionnel.

Assemblées électorales.

« 37. Les assemblées électorales ne peuvent s'occuper d'aucun objet étran-

---

(1) Voyez, sur les devoirs des geoliers, le décret du 16—29 septembre 1791, sur la procédure criminelle, tit. XIII; le Code du 3 brumaire an 4 (25 octobre 1795), tit. XVIII; les art. 107, 111, 421, 607 et suiv. du Code d'instruction criminelle de 1808 ; et le Code pénal de 1810, art. 120, 237 et suiv.

« ger aux élections dont elles sont chargées ; elles ne peuvent envoyer ni re-
« cevoir aucune adresse, aucune pétition, aucune deputation.

« 38. Les assemblées électorales ne peuvent correspondre entre elles.

« 39. Aucun citoyen, ayant été membre d'une assemblée électorale, ne
« peut prendre le titre d'electeur, ni se réunir en cette qualité a ceux qui
« ont été avec lui membres de cette même assemblée.—La contravention au
« présent article est un attentat a la sûreté générale. »

La convention nationale, considérant que, d'après la constitution acceptée
par le peuple français, tout individu qui se permettrait d'en violer les dispositions se rend coupable, et doit être puni suivant la gravité des circonstances, décrète :

Art. 1er. A dater du jour de la publication du présent décret, les présidens et secrétaires des assemblées primaires ou électorales qui mettraient
aux voix ou signeraient des arrêtés ou autres actes étrangers aux élections
ou a la police intérieure de leurs séances, en seront responsables.

2. Ceux qui les imprimeraient, publieraient, afficheraient, exécuteraient
ou crieraient, en seront également responsables.

3. Si lesdits arrêtés ou actes tendent a provoquer à la révolte, a la résistance aux lois, les présidens et secrétaires seront déclarés coupables d'attentat a la sûreté intérieure de la république, et punis comme tels. Ceux
qui les proclameraient, imprimeraient, distribueraient, colporteraient,
afficheraient ou crieraient, seront punis de la même peine, s'ils sont fonctionnaires publics, et de deux années de fers, s'ils ne le sont pas.

4. Si lesdits arrêtés ou actes provoquent a la désobéissance aux lois, les
présidens et secrétaires seront punis de deux années de fers.—Ceux qui les
proclameraient, imprimeraient, distribueraient, colporteraient, afficheraient ou crieraient, seront punis de la même peine, s'ils sont fonctionnaires publics; et s'ils ne le sont pas, de deux ans de détention.

5. Si les arrêtés ou actes ne portent pas les caractères déterminés par les
articles précédens, et se trouvaient étrangers aux fonctions des assemblées
primaires ou électorales, les présidens et secrétaires seront punis d'une
amende de cinq cents livres chacun.

N° 218. = 5 vendémiaire an 4 (27 septembre 1795). = DÉCRET *qui détermine le mode d'élection des juges au tribunal de cassation* (1). (I, Bull.
LXXXIV, n° 1126 ; B., LIX, 42.)

La convention nationale décrète :

Art. 1er. Le nombre des juges au tribunal de cassation sera porté a cinquante.

2. Lors des prochaines assemblées électorales, il sera nommé vingt juges
pour le tribunal de cassation, et autant de suppléans dans vingt des départemens qui n'ont point eu part aux élections faites pour ce tribunal en 1791

3. Ces vingt départemens sont ceux qui se trouvent les premiers dans
l'ordre alphabétique, ainsi qu'il suit : — 1° Les Alpes maritimes ; 2° l'Ardèche ; 3° l'Arriége ; 4° la Charente ; 5° la Charente-Inférieure ; 6° le Cher;
7° la Correze ; 8° les Côtes-du-Nord ; 9° la Haute-Garonne ; 10° le Gers;
11° le Golo ; 12° l'Hérault ; 13° Ille-et-Vilaine ; 14° l'Indre ; 15° Indre-et-
Loire ; 16° le Jura ; 17° les Landes ; 18° le Liamone ; 19° Loir-et-Cher;
20° la Loire.

---

(1) Depuis 1814, tous les membres de la cour de cassation sont nommes par le roi. Voyez
la charte constitutionnelle de 1814, art. 57 ; et celle de 1830, art. 48.

4. Des quarante juges qui se trouvent composer seuls actuellement le tribunal de cassation, dix sortiront pour le prochain renouvellement.

5. Ces dix seront ceux qui n'ont point été nommés par le choix du peuple, et subsidiairement des anciens membres qui seront désignés, pour cet effet, par la voie du sort, ou par démissions volontaires.

6. Les dix membres qui devront sortir pour le renouvellement de l'an 5 et des années suivantes, jusqu'a l'an 8, seront désignés par la voie du sort, ou par démissions volontaires, parmi les plus anciens, et remplacés par des juges nouveaux nommés dans dix des départemens qui n'ont point eu part aux élections de 1791.

7. L'an 8, le sort ou les démissions volontaires désigneront les dix membres qui devront sortir du nombre des vingt qui auront été élus l'an 4.

8. Dans les années suivantes, les dix juges plus anciens sortiront, pour être remplacés par dix juges nouveaux.

9. Les départemens qui n'ont point eu part aux élections de 1791 pour le tribunal de cassation, nommeront à leur toûr, suivant l'ordre alphabétique.

10. Lorsque par la suite des élections, tous les départemens auront eu part aux élections des juges au tribunal de cassation, l'ordre d'election recommencera par ceux des départemens qui ont élu en 1791, en suivant l'ordre alphabétique, et continuera par les départemens qui auront élu l'an 4, et successivement.

11. Chaque année, les départemens en tour de nommer des membres au tribunal de cassation, seront désignés conformément aux dispositions précédentes, par un décret du corps législatif.

12. Le présent décret sera imprimé pour être envoyé aux assemblées électorales.

N° 219. = 7 vendémiaire an 4 (29 septembre 1795). = DÉCRET *sur l'exercice et la police extérieure des cultes* (1). (I, Bull. CLXXXVI, n° 1134; B., LIX, 44.)

La convention nationale, après avoir entendu le rapport de son comité de législation; — Considérant qu'aux termes de la constitution, nul ne peut être empêché d'exercer, en se conformant aux lois, le culte qu'il a choisi; que nul ne peut être forcé de contribuer aux dépenses d'aucun culte, et que la république n'en salarie aucun; — Considérant que, ces bases fondamentales du libre exercice des cultes étant ainsi posées, il importe, d'une part, de réduire en lois les conséquences nécessaires qui en dérivent, et, a cet effet, de réunir en un seul corps, de modifier ou compléter celles qui ont été rendues; et, de l'autre, d'y ajouter des dispositions pénales qui en assurent l'exécution; — Considérant que les lois auxquelles il est nécessaire de se conformer dans l'exercice des cultes, ne statuent point sur ce qui n'est que du domaine de la pensée, sur les rapports de l'homme avec les objets de son culte, et qu'elles n'ont et ne peuvent avoir pour but qu'une surveillance renfermée dans des mesures de police et de sûreté publique; — Qu'ainsi elles doivent garantir le libre exercice des cultes par la punition de ceux qui en troublent les cérémonies, ou en outragent les ministres en fonctions; —

_____

(1) Voyez, sur le même objet, la loi du 22 germinal an 4 (11 avril 1796); celle du 19 fructidor an 5 (5 septembre 1797), art. 25, et la loi organique du concordat, du 18 germinal an 10 (8 avril 1802), et les notes.

Voyez encore, sur la liberté des cultes, le décret du 18 frimaire—1er nivose an 2 (8—21 décembre 1792), et les notes; et celui du 3 ventose an 3 (21 fevrier 1795), et les notes.

Exiger des ministres de tous les cultes une garantie purement civique contre l'abus qu'ils pourraient faire de leur ministère pour exciter à la désobéissance aux lois de l'état; — Prévoir, arrêter ou punir tout ce qui tendrait a rendre un culte exclusif ou dominant et persécuteur, tel que les actes des communes en nom collectif, les dotations, les taxes forcées, les voies de fait relativement aux frais des cultes, l'exposition des signes particuliers en certains lieux, l'exercice des cérémonies et l'usage des costumes hors des enceintes destinées auxdits exercices, et les entreprises des ministres relativement à l'état civil des citoyens; — Réprimer des délits qui peuvent se commettre à l'occasion ou par abus de l'exercice des cultes; — Et enfin régler la compétence et la forme de la procédure dans ces sortes de cas, — Décrète ce qui suit :

TITRE Ier. — *Surveillance de l'exercice des cultes.*

Disposition préliminaire et générale.

Art. 1er. Tout rassemblement de citoyens pour l'exercice d'un culte quelconque est soumis à la surveillance des autorités constituées. — Cette surveillance se renferme dans des mesures de police et de sûreté publique.

TITRE II. — *Garantie du libre exercice de tous les cultes.*

2. Ceux qui outrageront les objets d'un culte quelconque dans les lieux destinés à son exercice, ou ses ministres en fonctions, ou interrompront par un trouble public les cérémonies religieuses de quelque autre culte que ce soit, seront condamnés à une amende qui ne pourra excéder cinq cents livres, ni être moindre de cinquante livres par individu, et a un emprisonnement qui ne pourra excéder deux ans, ni être moindre d'un mois; sans préjudice des peines portées par le Code pénal, si la nature du fait peut y donner lieu.

3. Il est défendu, sous les peines portées en l'article précédent, à tous juges et administrateurs d'interposer leur autorité, et a tous individus d'employer les voies de fait, les injures ou les menaces, pour contraindre un ou plusieurs individus a célébrer certaines fêtes religieuses, à observer tel ou tel jour de repos, ou pour empêcher lesdits individus de les célébrer ou de les observer, soit en forçant a ouvrir ou fermer les ateliers, boutiques, magasins, soit en empêchant les travaux agricoles, ou de quelque autre manière que ce soit.

4. Par la disposition de l'article précédent, il n'est point dérogé aux lois qui fixent les jours de repos des fonctionnaires publics, ni à l'action de la police pour maintenir l'ordre et la décence dans les fêtes civiques.

TITRE III. — *De la garantie civique exigée des ministres de tous les cultes.*

5. Nul ne pourra remplir le ministère d'aucun culte, en quelque lieu que ce puisse être, s'il ne fait préalablement, devant l'administration municipale ou l'adjoint municipal du lieu où il voudra exercer, une déclaration dont le modèle est dans l'article suivant. Les déclarations déjà faites ne dispenseront pas de celle ordonnée par le présent article. Il en sera tenu registre. Deux copies conformes, en gros caractère très lisible, certifiées par la signature de l'adjoint municipal ou du greffier de la municipalité, et par celle du déclarant, en seront et resteront constamment affichées dans l'intérieur de l'édifice destiné aux cérémonies, et dans les parties les plus apparentes et les plus a portée d'en faciliter la lecture.

6. La formule de la déclaration exigée ci-dessus est celle-ci : « Le.....
« devant nous....., est comparu N. (*le nom et prénom seulement*), habi-

« tant à..... lequel a fait la déclaration dont la teneur suit : —*Je reconnais*
« *que l'universalité des citoyens français est le souverain, et je promets*
« *soumission et obéissance aux lois de la république.* — Nous lui avons
« donné acte de cette déclaration, et il a signé avec nous. » — La déclaration
qui contiendra quelque chose de plus ou de moins, sera nulle et comme
non avenue : ceux qui l'auront reçue seront punis chacun de cinq cents livres d'amende, et d'un emprisonnement qui ne pourra excéder un an, ni
être moindre de trois mois.

7. Tout individu qui, une décade après la publication du présent décret,
exercera le ministère d'un culte sans avoir satisfait aux deux articles précédens, subira la peine portée en l'article 6 ; et, en cas de récidive, il sera condamné à dix ans de gêne.

8. Tout ministre de culte qui, après avoir fait la déclaration dont le modèle est donné article 6, l'aura rétractée ou modifiée, ou aura fait des
protestations ou restrictions contraires, sera banni a perpétuité du territoire de la république. — S'il y rentre, il sera condamné à la gêne, aussi à
perpétuité.

TITRE IV. — *De la garantie contre tout culte qu'on tenterait de rendre exclusif ou*
dominant.

SECTION 1re — Concernant les frais des cultes.

9. Les communes ou sections de commune ne pourront, en nom collectif,
acquérir ni louer de local pour l'exercice des cultes.

10. Il ne peut être formé aucune dotation perpétuelle ou viagère, ni établi aucune taxe pour acquitter les dépenses d'aucun culte, ou le logement
des ministres.

11. Tous actes, contrats, délibérations, arrêtés, jugemens ou rôles, faits,
pris ou rendus en contravention aux deux articles précédens, seront nuls et
comme non avenus. Les fonctionnaires publics qui les signeront seront condamnés chacun à cinq cents livres d'amende, et a un emprisonnement qui
ne pourra être moindre d'un mois, ni en excéder six.

12. Ceux qui tenteront, par injures ou menaces, de contraindre un ou
plusieurs individus à contribuer aux frais d'un culte, ou qui seront instigateurs desdites injures ou menaces, seront punis d'une amende qui ne pourra
être moindre de cinquante livres, ni excéder cinq cents livres. — S'il y a
voies de fait ou violences, la peine sera celle portée au Code pénal. Si la voie
de fait commise n'y est pas prévue, le coupable sera puni d'un emprisonnement
qui ne pourra excéder deux ans, ni être moindre de six mois, et d'une amende
qui ne pourra excéder cinq cents livres, ni être moindre de cent livres.

SECTION II. — Des lieux où il est défendu de placer les signes particuliers à un culte.

13. Aucun signe particulier à un culte ne peut être élevé, fixé et attaché
en quelque lieu que ce soit, de manière a être exposé aux yeux des citoyens,
si ce n'est dans l'enceinte destinée aux exercices de ce même culte, ou dans
l'intérieur des maisons des particuliers, dans les ateliers ou magasins des
artistes et marchands, ou les édifices publics destinés a recueillir les monumens des arts.

14. Ces signes seront enlevés de tout autre lieu, de l'autorité municipale
ou de l'adjoint municipal, et, à leur défaut, du commissaire du directoire
exécutif près du département. Ils auront attention d'en prévenir les habitans, et d'y procéder de manière a prévenir les troubles.

15. Tout individu qui, postérieurement à la publication du présent décret,
aura fait placer ou rétablir de tels signes partout ailleurs que dans les lieux

permis, ou en aura provoqué le placement ou rétablissement, sera condamné a une amende qui ne pourra excéder cinq cents livres, ni être moindre de cent livres, et a un emprisonnement qui ne pourra excéder six mois, ni être moindre de dix jours.

SECTION III. — Des lieux où les cérémonies des cultes sont interdites.

16. Les cérémonies de tous cultes sont interdites hors l'enceinte de l'édifice choisi pour leur exercice. — Cette prohibition ne s'applique pas aux cérémonies qui ont lieu dans l'enceinte des maisons particulières, pourvu qu'outre les individus qui ont le même domicile, il n'y ait pas a l'occasion des mêmes cérémonies, un rassemblement excédant dix personnes.

17. L'enceinte choisie pour l'exercice d'un culte sera indiquee et déclarée à l'adjoint municipal, dans les communes au dessous de cinq mille ames ; et dans les autres, aux administrations municipales du canton ou arrondissement. Cette declaration sera transcrite sur le registre ordinaire de la municipalité ou de la commune, et il en sera envoyé expédition au greffe de la police correctionnelle du canton. Il est défendu a tous ministres de culte et a tous individus d'user de ladite enceinte avant d'avoir rempli cette formalité.

18. La contravention a l'un des articles 16 et 17 sera punie d'une amende qui ne pourra excéder cinq cents livres, ni être moindre de cent livres, et d'un emprisonnement qui ne pourra excéder deux ans, ni être moindre d'un mois. — En cas de récidive, le ministre du culte sera condamné a dix ans de gêne.

19. Nul ne peut, sous les peines portées en l'article précédent, paraitre en public avec les habits, ornemens ou costumes affectés a des cérémonies religieuses, ou à un ministre d'un culte.

SECTION IV — Concernant les actes de l'état civil.

20. Il est défendu a tous juges, administrateurs et fonctionnaires publics quelconques, d'avoir aucun égard aux attestations que des ministres du culte, ou des individus se disant tels, pourraient donner relativement a l'état civil des citoyens : la contravention sera punie comme en l'article 18. Ceux qui les produiront, soit devant les tribunaux ou devant les administrations, seront condamnés aux mêmes peines.

21. Tout fonctionnaire public chargé de rédiger les actes de l'état civil des citoyens, qui fera mention, dans lesdits actes, des cérémonies religieuses, ou qui exigera la preuve qu'elles ont été observées, sera également condamné aux peines portées en l'article 18.

TITRE V. — De quelques délits qui peuvent se commettre à l'occasion ou par abus de l'exercice du culte.

22. Tout ministre d'un culte qui, hors de l'enceinte de l'édifice destiné aux cérémonies ou exercices d'un culte, lira ou fera lire dans une assemblée d'individus, ou qui affichera ou fera afficher, distribuera ou fera distribuer un écrit émané ou annoncé comme émané d'un ministre de culte qui ne sera pas résidant dans la république française, ou même d'un ministre de culte résidant en France qui se dira delegué d'un autre qui n'y résidera pas, sera, indépendamment de la teneur dudit écrit, condamné a six mois de prison, et, en cas de récidive, a deux ans.

23. Sera condamné a la gêne a perpétuité tout ministre de culte qui commettra un des délits suivans, soit par ses discours, ses exhortations, prédications, invocations ou prieres, en quelque langue que ce puisse être, soit en lisant, publiant, affichant, distribuant, ou faisant lire, publier, afficher

et distribuer dans l'enceinte de l'édifice destiné aux cérémonies, ou à l'extérieur, un écrit dont il sera ou dont tout autre sera l'auteur; — Savoir : si, par ledit écrit ou discours, il a provoqué au rétablissement de la royauté en France, ou à l'anéantissement de la république, ou à la dissolution de la représentation nationale ; —Ou s'il a provoqué au meurtre, ou a excité les défenseurs de la patrie à déserter leurs drapeaux, ou leurs pères et mères à les rappeler ;—Ou s'il a blâmé ceux qui voudraient prendre les armes pour le maintien de la constitution républicaine et la défense de la liberté; — Ou s'il a invité des individus à abattre les arbres consacrés à la liberté, à en déposer ou avilir les signes et couleurs; — Ou enfin s'il a exhorté ou encouragé des personnes quelconques à la trahison ou a la rébellion contre le gouvernement.

,24. Si, par des écrits, placards ou discours, un ministre de culte cherche à égarer les citoyens, en leur présentant comme injustes ou criminelles les ventes ou acquisitions de biens nationaux possédés ci-devant par le clergé ou les émigrés, il sera condamné a mille livres d'amende et a deux ans de prison ; — Il lui sera de plus défendu de continuer ses fonctions de ministre de culte. — S'il contrevient à cette défense, il sera puni de dix ans de gêne.

25. Il est expressément défendu aux ministres d'un culte et à leurs sectateurs, de troubler les ministres d'un autre culte ou prétendu tel, ou leurs sectateurs, dans l'exercice et l'usage commun des édifices, réglé en exécution de l'article 4 de la loi du 11 prairial, a peine de cinq cents livres d'amende, et d'un emprisonnement qui ne pourra excéder six mois, ni être moindre de deux.

TITRE VI. — *De la compétence, de la procédure et des amendes.*

26. Lorsque, selon la nature de l'accusation, il ne s'agira que de prononcer des amendes ou un emprisonnement, le tribunal de police correctionnelle en connaîtra, a la charge de l'appel au tribunal criminel de département.

27. Les jugemens de la police correctionnelle seront exécutés par provision, nonobstant l'appel : il est défendu aux tribunaux criminels d'accorder aucune surséance, a peine de nullité et d'une amende de cinq cents livres.

28. Les officiers de police de sûreté, directeurs de jurés et tribunaux de police correctionnelle, pourront décerner des mandats d'amener ou d'arrêt.

29. Lorsque la nature du délit sera telle, qu'il pourra échoir peine afflictive ou infamante, on observera les formes et la procédure ordonnées pour la conviction de ces sortes de délits, sauf cette modification, — Que le jury de jugement sera tiré au sort sur la liste des jurés spéciaux, faite conformément a la loi.

30. La condamnation a l'amende emportera, de plein droit, contrainte par corps. — Néanmoins le condamné ne pourra être retenu, pour le seul défaut de paiement, plus de trois mois. — Lorsque l'amende concourra avec la condamnation à un emprisonnement, les trois mois ne courront qu'a compter de l'expiration du terme de la condamnation audit emprisonnement, de manière pourtant que le *maximum* n'excede pas deux ans.

31. Les précédentes lois sont abrogées en tout ce qui serait contraire à la présente.

32. Jusqu'à l'organisation des autorités constituées en vertu de la constitution, les fonctions attribuées par la présente loi aux adjoints municipaux dans les communes au dessous de cinq mille ames, seront remplies par les municipalités ; — Celles attribuées aux commissaires du directoire exécutif le seront par les procureurs des communes, procureurs-syndics de district

ou de département; et les affaires déférées par appel aux tribunaux criminels de département, en matière de police correctionnelle, le seront aux tribunaux de district.

N° 220. = 7 vendémiaire an 4 (29 septembre 1795). = Décret *qui détermine un mode pour assurer la subsistance des chevaux attachés au service des armées.* (I, Bull. cxci, n° 1152; B., LIX, 52.)

N° 221. = 7 vendémiaire an 4 (29 septembre 1795). = Décret *qui détermine les cas dans lesquels les fermiers de biens nationaux dont les baux ont été annulés, jouiront de la récolte de l'an 3.* (I, Bull. clxxxvi, n° 1135; B., LIX, 60.)

La convention nationale, après avoir entendu le rapport de ses comités de législation et des finances, section des domaines, sur une question tendant à savoir :—«Si les fermiers de biens nationaux, dont les baux ont été an- « nulés en vertu de l'article 58 de la loi des 6 et 11—24 août 1790, et de l'ar- « ticle 17 de la loi du 15 frimaire an 2, par suite de poursuites judiciaires « commencées avant que les semences fussent en terre, ont droit a la ré- « colte de l'an 3; »—Considérant que par l'article 9 de la loi du 15 frimaire an 2, il n'est accordé aux fermiers expulsés comme réfractaires à la loi des 6 et 11—24 août 1790 ni indemnités ni délais; et que, par l'article 17 de la même loi, le fermier est, de plein droit, déchu de son bail, s'il ne communique pas, dans les deux décades de la sommation, le bail qui fait le titre de sa jouissance;—Considérant que les lois postérieures n'ont accordé aux fermiers expulsés la récolte de l'an 2, que parce qu'ils avaient semé de bonne foi et avant que la loi du 15 frimaire fût rendue;—Que, d'après cela, il est évident que le fermier expulsé, aux termes des articles 37 de la loi des 6 et 11—24 août 1790, et 17 de celle du 15 frimaire an 2, n'a droit a la récolte qu'autant qu'il a semé avant qu'il lui ait été fait aucune sommation de communiquer son bail ou de cesser sa jouissance, par un officier public, ou avant qu'il ait été formé demande en justice contre lui, — Passe a l'ordre du jour; — Et cependant déclare nuls et comme non avenus tous jugemens qui auraient prononcé des dispositions contraires aux lois ci-dessus interprétées.

N° 222. = 7 vendémiaire an 4 (29 septembre 1795). = Décret *sur la police du commerce des grains et l'approvisionnement des marchés et des armées* (1). (I, Bull. clxxxvi, n° 1136; B., LIX, 61.)

N° 223. = 9 vendémiaire an 4 (1er octobre 1795). = Décret *sur la réunion de la Belgique et du pays de Liége à la France* (2). (I, Bull. clxxxvi, n° 1137; B, LIX, 71.)

Art. 1er. Les décrets de la convention nationale des 2 et 4 mars et 8 mai 1793, qui ont réuni les pays de Liége, de Stavelot, de Logne et de Malmédy au territoire français, seront exécutés selon leur forme et teneur.

2. Seront pareillement exécutés les décrets de la convention nationale des 1er, 2, 6, 8, 9, 11, 19 et 25 mars 1793, qui ont réuni au territoire français

(1) Ce decret est purement circonstanciel —Voyez, sur le commerce des grains, les lois des 4—15 juillet 1821 et 20—25 octobre 1830, qui en règlent l'exportation et l'importation

(2) La Belgique et le pays de Liége ont cessé de faire partie de la France, en exécution du traité du 30 mai—8 juin 1814, qui a retabli la frontière de la France, du côté de la Belgique, dans l'état où elle existait avant 1792.

le Hainaut, le Tournaisis, le pays de Namur, et la majorité des communes de la Flandre et du Brabant.

3. La convention nationale accepte le vœu émis en 1793 par les communes d'Ypres, Grammont et autres communes de la Flandre, du Brabant et deJa partie ci-devant autrichienne de la Gueldre, non comprise auxdits décrets, pour leur réunion au territoire français

4. Sont pareillement réunis au territoire français tous les autres pays en deça du Rhin qui étaient, avant la guerre actuelle, sous la domination de l'Autriche, et ceux qui ont été conservés à la république française par le traité conclu a La Haye, le 27 floréal dernier, entre ses plénipotentiaires et ceux de la république des Provinces-Unies, auquel il n'est dérogé en rien par aucune des dispositions du présent décret.

5. Les habitans des pays de Liége, de Stavelot, de Logne et de Malmédy, et ceux des communes de la Belgique comprises dans les articles 2 et 3 du présent décret, jouiront dès a présent de tous les droits de citoyen français, si d'ailleurs ils ont les qualités requises par la constitution.

6. A l'égard des communes comprises dans l'article 4 ci-dessus, les habitans jouiront, jusqu'a ce qu'il en ait été autrement disposé, de tous les droits garantis par la constitution aux étrangers qui résident en France ou y possedent des propriétés.

7. Les pays mentionnés dans les quatre premiers articles du présent décret seront divisés en neuf départemens, savoir : celui de la *Dyle* (Bruxelles, chef-lieu); celui de l'*Escaut* (Gand, chef-lieu); celui de la *Lys* (Bruges, chef lieu); celui de *Jemmapes* (Mons, chef-lieu); celui des *Forêts* (Luxembourg, chef-lieu); celui de *Sambre-et-Meuse* (Namur, chef-lieu); celui de l'*Ourthe* (Liége, chef-lieu); celui de la *Meuse-Inférieure* (Maestricht, chef-lieu); celui des *Deux-Nèthes* (Anvers, chef-lieu).

8. Les représentans du peuple envoyés dans la Belgique sont chargés de déterminer les arrondissemens respectifs de ces départemens, et de les diviser en cantons, à l'instar des autres parties du territoire français.

9. Ils nommeront provisoirement les fonctionnaires qui devront composer les administrations de département, celles de canton, et les tribunaux des pays de Limbourg, de Luxembourg, de Maestricht, de Venloo et leurs dépendances, et de la Flandre ci-devant Hollandaise.

10. Le corps législatif déterminera le nombre de représentans du peuple que chacun des départemens formés en exécution de l'article 7 ci dessus devra nommer a l'époque du renouvellement qui aura lieu l'an 5 de la république.

11. Les représentans du peuple envoyés dans la Belgique veilleront à la très prompte rentrée des contributions extraordinaires imposées a ces pays, et formant leur contingent des frais de la guerre de la liberté.

12. Les bureaux de douanes actuellement existans, soit entre la France et les pays mentionnés dans les quatre prem ers articles du présent décret, soit entre les différentes parties de ces mêmes pays, sont supprimés.—Ceux qui sont établis entre ces mêmes pays, les Provinces-Unies et les pays non réunis entre Meuse et Rhin, demeurent maintenus.

N° 224. = 10 vendémiaire an 4 (2 octobre 1795).= DÉCRET *sur la police intérieure des communes.* (I, Bull. CLXXXVIII, n° 1142; B., LIX, 73.)

TITRE 1er.

Tous citoyens habitant la même commune sont garans civilement des at-

13.

tentats commis sur le territoire de la commune, soit envers les personnes , soit contre les propriétés (1).

TITRE II. — Moyens d'assurer la police interieure de chaque commune.

Art. 1ᵉʳ. Il sera fait et dressé, dans chaque commune de la république, un tableau contenant les noms, âge, état ou profession de tous ses habitans au dessus de l'âge de douze ans, le lieu de leur habitation, et l'époque de leur entrée sur la commune.

2. Les officiers municipaux dans les communes dont la population s'élève au dessus de cinq mille habitans , l'agent municipal ou son adjoint, dans les communes dont la population est inférieure à cinq mille habitans, formeront le tableau prescrit par l'article précédent.

3. A cet effet , il sera adressé dans la décade, par l'administration de département, aux officiers municipaux ou agent municipal , des modèles imprimes de ce tableau ; lesquels seront tenus de les remplir dans la décade, et d'en envoyer, dans le même délai, un double à l'administration de département, et un autre à l'administration municipale du canton.

4. Les officiers ou les agens municipaux qui n'exécuteraient pas les articles précédens , demeureront personnellement responsables des dommages-intérêts résultant des delits commis a force ouverte ou par violence sur le territoire de la commune.

TITRE III. — Des passe-ports (2).

Art. 1ᵉʳ. Jusqu'a ce qu'autrement il en ait été ordonné, nul individu ne pourra quitter le territoire de son canton, ni voyager, sans être muni et porteur d'un passe-port signé par les officiers municipaux de la commune ou administration municipale du canton.

2. Chaque municipalité ou administration municipale du canton tiendra un registre des passe-ports qu'elle délivrera.

3. Tout passe-port contiendra le signalement de l'individu , sa signature ou sa déclaration qu'il ne sait signer, référera le numéro de son inscription au tableau de la commune, et sera renouvelé au moins une fois par an. - A cet effet , l'administration de département fera passer à chaque municipalite ou administration municipale un modèle de passe-port.

4 Tout individu qui , a l'époque de la formation du tableau, n'aura pas acquis domicile depuis une année dans une commune ou canton , sera tenu de se présenter devant les officiers municipaux ou l'administration municipale du canton, de faire déclaration de ses nom, âge, état ou profession, et du lieu de son dernier domicile.

5. La municipalité ou l'administration municipale du canton adressera à l'administration du département la déclaration de l'individu non domicilié

(1) Voyez le décret du 23—26 février 1790, art. 5, et celui du 2—3 juin suivant, art. 11, qui ont consacré le même principe.

La loi du 10 vendemiaire an 4 est encore obligatoire; elle n'a pas été abrogée par les dispositions générales du Code civil, sur la responsabilité civile, ni par aucune loi ulterieure. Cass., 24 avril 1821, Sir., XXII 1, 27, et plusieurs autres arrêts.

Cette loi, bien que corrélative a celles qui attribuaient aux habitans des communes l'election directe de leurs maires, n'a point été abrogee par les lois qui ont attribué la nominat on des ma res au gouvernement Arr du cons., 1ᵉʳ decembre 1819, Sir., Jur. du cons., V. 274.

Elle s'applique aux grandes et aux petites communes, considerées dans leur totalité, et non aux divers arrondissemens dans lesquels elles sont divisées. Arr. du cons., 13 prairial an 8, Sir., I, 2, 194.

(2) Voyez, sur les passe-ports, les notes qui accompagnent le § 2 du tit. 1ᵉʳ de la constitution du 3—14 septembre 1791.

depuis un an sur la commune ou canton, avec des notes sur ses moyens d'existence.

6. Tout individu voyageant, et trouvé hors de son canton sans passe-port, sera mis sur-le-champ en état d'arrestation et détenu jusqu'à ce qu'il ait justifié être inscrit sur le tableau de la commune de son domicile.

7. A défaut de justifier, dans deux décades, son inscription sur le tableau d'une commune, il sera réputé vagabond et sans aveu, et traduit comme tel devant les tribunaux compétens (1).

TITRE IV. — Des espèces de délits dont les communes sont civilement responsables.

Art. 1er. Chaque commune est responsable des délits commis a force ouverte ou par violence sur son territoire, par des attroupemens ou rassemblemens armés ou non armés, soit envers les personnes, soit contre les propriétés nationales ou privées, ainsi que des dommages-intérêts auxquels ils donneront lieu (2).

---

(1) Tout homme qui est trouvé hors de son canton sans passe-port, doit être arrêté et détenu provisoirement pendant vingt jours : ce temps écoulé, s'il ne justifie pas qu'il a un domicile, et qu'il est inscrit sur le tableau de la commune où il est domicilié, il est par cela seul prevenu de vagabondage, et il doit être traduit devant le tribunal competent pour connaitre de ce délit. Ce tribunal doit, si le prévenu ne justifie pas devant lui de son domicile, le condamner d'abord a une annee de détention ; cette annee expirée, si le condamné fournit enfin la preuve de son domicile, il doit être mis en liberté; s'il ne la fournit pas, il doit être transporte. ainsi se combinent et se concilient les lois des 24 vendemiaire an 2, 10 vendemiaire an 4 et 18 pluviose an 9. Cass., 19 juin 1809, Sir., VII, 2, 1095 — Voyez les articles 269 et suiv. du Code penal de 1810, qui definissent le vagabondage, et qui portent des peines contre ce délit.

(2) Voyer, sur cet article et l'art. 6 du même titre, l'arrête du 8 nivose an 6 (28 decembre 1797), relatif a la responsabilite des communes, a cause des desordres occasiones par la contrebande.

Les communes sont responsables des suites de tous rassemblemens contre les propriétés nationales et les bureaux de douanes, contre les personnes et les proprietes des preposes, si toutefois la commune n'a pas pris des mesures pour les prévenir, et ne fait pas connaitre les auteurs. Cette action en reparation est poursuivie a la diligence du préfet et devant le tribunal civil. Arrête du 4e jour complémentaire an 11 (21 septembre 1803): voyez a sa date, dans ce recueil.

Pour qu'une commune soit civilement responsable des dommages causés aux propriétés, sur son territoire, il faut que ces dommages aient ete causés par des attroupemens ou rassemblemens; il n'y a pas de responsabilite, lorsque des attroupemens n'ont pas existe, ce qui n'est dans les cas prevus par les art. 9 et 10 du tit. IV de la loi de vendemiaire an 4. Cass., 27 avril 1813, Sir., XV, 1, 470; Bull. civ, XV, 126.—Jugé encore que la loi de l'an 4 ne s'applique qu'a la réparation des dommages provenant de délits commis par force ouverte et par violence, et nullement au dommage cause a un particulier par la prise de possession d'un terrain considere comme communal. Arr du cons, 31 août 1828, Mac., X, 682. — Une commune, sur le territoire de laquelle des pillages ont été commis, peut être déclarée responsable envers le particulier lésé. bien que les pillages aient été commis en partie par des habitans d'autres communes, alors que la commune n'offre pas de prouver qu'elle a fait ce qui etait en son pouvoir pour empêcher le pillage. Cass., 4 decembre 1827, Sir., XXVIII, 1, 206 — Une commune peut encore être déclarée responsable d'un pillage commis par un rassemblement d'etrangers sur son territoire, par cela seul que quelques habitans de cette commune y auraient pris part, lors même qu'ils n'ont été ni les chefs, ni les instigateurs, ni les provocateurs du rassemblement, et qu'il est d'ailleurs constate que la commune a fait ce qui etait en son pouvoir, pour dissiper l'attroupement et empêcher le pillage. Cass, 30 decembre 1824, Sir., XXV, 1, 347 — Jugé au contraire que les communes ne sont pas responsables des degats commis sur leur territoire, par une reunion d'habitans de la commune, lorsque le maire a pris toutes les precautions propres à empêcher la devastation. Agen, 30 novembre 1830, Sir., XXXI, 2, 272. — La responsabilite des communes s'etend aux objets detruits et incendies sur son territoire. Cass., arrêt précité du 4 decembre 1827, Sir., XXVIII, 1, 206. — Les communes ne sont pas responsables des pillages commis sur leur territoire, lorsque ces pillages ont eu lieu dans un moment de guerre civile où les liens sociaux étaient rompus, les lois sans force, et les magistrats sans autorité, de telle sorte que les moyens indiques par la loi, comme propres a prevenir ou a reprimer les delits, et à en faire connaitre les auteurs, avaient momentanément perdu toute leur influence. Cass, 27 juin 1822, Sir., XXII, 1, 428; et Bordeaux, 19 mars 1834,

2. Dans le cas où les habitans de la commune auraient pris part aux délits commis sur son territoire par des attroupemens et rassemblemens, cette commune sera tenue de payer a la république une amende égale au montant de la réparation principale.

3. Si les attroupemens ou rassemblemens ont été formés d'habitans de plusieurs communes, toutes seront responsables des délits qu'ils auront commis, et contribuables tant à la réparation et dommages-intérêts qu'au paiement de l'amende.

4. Les habitans de la commune ou des communes contribuables qui prétendraient n'avoir pris aucune part aux délits, et contre lesquels il ne s'élèverait aucune preuve de complicité ou participation aux attroupemens, pourront exercer leur recours contre les auteurs et complices des délits.

5. Dans les cas où les rassemblemens auraient été formés d'individus étrangers à la commune sur le territoire de laquelle les délits ont été commis, et ou la commune aurait pris toutes les mesures qui étaient en son pouvoir à l'effet de les prévenir et d'en faire connaître les auteurs, elle demeurera déchargée de toute responsabilité.

6. Lorsque, par suite de rassemblemens ou attroupemens, un individu, domicilié ou non sur une commune, y aura été pillé, maltraité ou homicidé, tous les habitans seront tenus de lui payer, ou en cas de mort, a sa veuve et enfans, des dommages-intérêts (1).

7. Lorsque des ponts auront été rompus, des routes coupées ou interceptées par des abattis d'arbres ou autrement, dans une commune, la municipalité ou l'administration municipale du canton les fera réparer sans délai aux frais de la commune, sauf son recours contre les auteurs du délit.

8. Cette responsabilité de la commune n'aura pas lieu dans les cas ou elle justifierait avoir résisté à la destruction des ponts et des routes, ou bien avoir pris toutes les mesures qui étaient en son pouvoir pour prévenir l'événement, et encore dans le cas où elle désignerait les auteurs, provocateurs et complices du délit, tous étrangers a la commune.

9. Lorsque dans une commune, des cultivateurs tiendront leurs voitures démontées, ou n'exécuteront pas les réquisitions qui en seront faites légalement pour transports et charrois, les habitans de la commune sont responsables des dommages-intérêts en résultant.

10. Si, dans une commune, des cultivateurs à part de fruits refusent de livrer, aux termes du bail, la portion due aux propriétaires, tous les habitans de cette commune sont tenus des dommages intérêts.

11. Dans les cas énoncés aux articles 9 et 10, les habitans de la commune exerceront leur recours contre les cultivateurs qui auront donné lieu aux dommages-intérêts.

12. Lorsqu'un adjudicataire de domaines nationaux aura été contraint à force ouverte, par suite de rassemblemens ou attroupemens, de payer tout

Sir., XXXIV, 2, 390. — Une commune est responsable des dommages qui résultent d'une opération ordonnée par son maire, agissant par suite d'un arrête du conseil municipal. Toulouse, 1er juin 1827, Sir., XXVII. 2, 205. — En tout cas, l'étranger non admis a établir son domicile en France, ne peut invoquer la loi de l'an 4, à moins que la législation du pays de cet étranger ne contienne des dispositions semblables a celles de cette loi, et n'autorise les Français à s'en prévaloir. Metz, 1er août 1832, Sir., XXXII. 2, 495.

(1) Ces dommages-intérêts ne sont pas dus aux père et mère de l'homicidé. Cass., 3 vendémiaire an 10, Sir, II, 1, 37. — Si le meurtre a été commis sur un préposé des douanes, sa veuve et ses enfans ont droit aux dommages-intérêts. Arrête precité du 4e jour complementaire an 11, Sir., VII, 2, 1186.

ou partie du prix de son adjudication à autres que dans la caisse des domaines et revenus nationaux;—Lorsqu'un fermier ou locataire aura également été contraint de payer tout ou partie du prix de son bail a autres que le propriétaire,—Dans ces cas, les habitans de la commune où les délits auront été commis seront tenus des dommages-intérêts en résultant, sauf leur recours contre les auteurs et complices des délits.

TITRE V. — Des dommages-intérêts et réparations civiles.

Art. 1er. Lorsque, par suite de rassemblemens ou attroupemens, un citoyen aura été contraint de payer, lorsqu'il aura été volé ou pillé sur le territoire d'une commune, tous les habitans de la commune seront tenus de la restitution, en même nature, des objets pillés et choses enlevées par force, ou d'en payer le prix sur le pied du double de leur valeur, au cours du jour où le pillage aura été commis (1).

2. Lorsqu'un délit de la nature de ceux exprimés aux articles précédens aura été commis sur une commune, les officiers municipaux ou l'agent municipal seront tenus de le faire constater sommairement dans les vingt-quatre heures, et d'en adresser procès-verbal, sous trois jours au plus tard, au commissaire du pouvoir exécutif près le tribunal civil du département.--Les officiers de police de sûreté n'en seront pas moins tenus de remplir, à cet égard, les obligations que la loi leur prescrit (2).

3. Le commissaire du pouvoir exécutif près l'administration du département dans le territoire duquel il aurait été commis des délits, à force ouverte et par violence, sur des propriétés nationales, en poursuivra la réparation et les dommages-intérêts devant le tribunal civil du département.

4. Les dommages-intérêts dont les communes sont tenues aux termes des articles précédens, seront fixés par le tribunal civil du département, sur le vu des procès-verbaux et autres pièces, constatant les voies de fait, excès et délits (3).

5. Le tribunal civil du département réglera le montant de la réparation et

(1) Voyez les notes sur l'art. 6 du présent titre.
(2) Il n'y a lieu a procéder sommairement et extraordinairement, dans les formes prescrites par les art. 2 et 4, tit. V de la loi du 10 vendémiaire an 4, que dans le cas où l'administration municipale a constaté sur-le-champ les attroupemens dont il est résulté des excès; hors ce cas, les délits ne peuvent être constatés et jugés que dans la forme ordinaire. Cass., 2 fructidor an 8, Sir., II, 2, 516; Bull. civ., II, 301. — Des gendarmes, assailis par un rassemblement formé dans une commune, doivent faire constater ces violences par les officiers municipaux, dans les vingt-quatre heures du délit, pour pouvoir ensuite réclamer les dommages-intérêts que leur accorde la loi. Cass., 30 brumaire an 13, Sir., V, 2, 31, Bull. civ., VII, 53. — Décidé, au contraire, que le procès-verbal des officiers municipaux n'est pas absolument nécessaire pour l'application de la responsabilité des communes, et qu'il peut y être suppléé par d'autres pièces constatant les voies de fait et délits. Avis du cons., floréal an 13 (25 avril 1805), Sir., VII, 2, 836; et à sa date, dans ce recueil. — Jugé encore que les procès-verbaux peuvent être pris en considération, dans le cas où l'action en réparation a été engagée par le particulier lésé, quoiqu'ils n'aient pas été rédigés dans les vingt-quatre heures des dégâts, et que la commune ne pourrait se prévaloir du défaut de procès-verbaux dans les vingt-quatre heures, qu'autant que la condamnation serait poursuivie à la seule requête de l'administration ou du procureur du roi. Cass., arrêt précité du 4 décembre 1827, Sir., XXVIII, 1, 206. — Enfin, les juges, pour apprécier les dommages-intérêts, peuvent se baser sur les procès-verbaux dressés par l'adjoint même du maire de la commune responsable; vainement la commune dirait-elle que la loi prescrit aux agens municipaux, non de constater eux-mêmes, mais de faire constater les dégâts commis. Même arrêt
(3) Il n'y a pas lieu d'assigner les communes pour les faire condamner aux dommages-intérêts prononcés par la loi de l'an 4 Cass, 17 vendémiaire an 8, Sir., I, 1, 245, Bull. civ., II, 18. — Mais, si un particulier demande a un conseil de préfecture l'autorisation de traduire devant

des dommages-intérêts, dans la décade , au plus tard , qui suivra l'envoi des
procès-verbaux.

6. Les dommages-intérêts ne pourront jamais être moindres que la valeur
entière des objets pillés et choses enlevées (1).

7. Le jugement du tribunal civil, portant fixation des dommages-intérêts,
sera envoyé, dans les vingt-quatre heures, par le commissaire du pouvoir exécutif, a l'administration départementale, qui sera tenue de l'envoyer, sous trois jours , a la municipalité ou a l'administration municipale
du canton (2).

8. La municipalité ou l'administration municipale sera tenue de verser le
montant des dommages-intérêts à la caisse du département, dans le délai
d'une décade : à cet effet, elle fera contribuer les vingt plus fort contribuables résidant dans la commune (3).

9. La répartition et la perception pour le remboursement des sommes avancées seront faites sur tous les habitans de la commune, par la municipalité
ou l'administration municipale du canton , d'après le tableau des domiciliés,
et à raison des facultés de chaque habitant.

10. Dans le cas de réclamation de la part d'un ou plusieurs contribuables , l'administration départementale statuera sur la demande en réduction.

11. A défaut de paiement dans la décade, l'administration départementale
requerra une force armée suffisante , et l'établira dans les communes contribuables, avec un commissaire pour opérer le versement de la contribution.

12. Les frais de commissaire de département, et de séjour de la force armée , seront ajoutés au montant des contributions prononcées, et supportés
par les communes contribuables.

---

les tribunaux la commune responsable, ce conseil méconnaît ses attributions s'il refuse de prononcer, et s'il en refère à l'autorité souveraine: il doit examiner s'il y a lieu d'autoriser la commune a se défendre. Arr. du cons., 14 juillet 1819, Sir , Jur. du cons., V, 170.

(1) Les réparations civiles et dommages-intérêts dus par les communes doivent toujours être
réglés conformément aux articles 1 et 6 du tit. V de la loi du 10 vendémiaire an 4, savoir :
les réparations civiles au double, et les dommages-intérêts au moins a la valeur des objets pillés. Il n'est pas vrai de dire que cette évaluation ait été déterminée , en vendémiaire an 4,
par la dépréciation du papier-monnaie, et qu'elle ait cessé d'être applicable depuis le rétablissement du numéraire. Cass., 1er juillet 1822, Sir., XVII, 1, 352 et 354: Bull civ., XXIV,
185 et 187. — Mais ces dommages-intérêts doivent être seulement de la perte réellement
éprouvée par le demandeur, et non de la valeur totale des objets pillés, lorsque ces objets n'ont
pas entièrement péri pour le propriétaire. Metz, 7 mars 1831, Sir., XXVIII, 2, 581. —
Lorsque les juges se bornent a condamner la commune responsable a des dommages-intérêts
égaux a la valeur des objets détruits, c'est-a-dire au minimum de la peine que la loi les autorise a prononcer, ils peuvent condamner en outre la commune a payer les intérêts des dommages-intérêts, accordés du jour même des dégats. Cass , arrêt précité du 4 décembre 1827 ,
Sir., XXVIII, 1, 206.

(2) Dans le cas d'un délit, commis à force ouverte sur le territoire d'une commune, il faut ,
pour déterminer si le jugement qui intervient doit être en dernier ressort, cumuler les dommages-
intérêts et l'amende. Cass , 2 floréal an 9, Sir., I, 2, 499 Bull. civ., III, 155. — Ceux a qui
il a été adjugé des dommages intérêts , sur le seul réquisitoire du ministere public, ont qualité
pour faire signifier eux-mêmes le jugement de condamnation ; et la signification ainsi faite,
fait courir contre la commune les délais , soit de l'appel, soit de la requête civile, soit de la cassation Cass. 23 janvier 1810 , Sir., VII, 2 , 1185

(3) Ces vingt plus fort contribuables peuvent interjeter appel, en leur nom personnel, de la
décision qui condamne la commune a des dommages-intérêts. Cass., 4 pluviose an 10, Sir., II, 1,
220. — Ils peuvent aussi exercer l'action récursoire contre les auteurs et complices du délit; et
les habitans de la commune peuvent être entendus comme témoins dans l'enquête ordonnée pour
découvrir les coupables. Colmar, 15 germinal an 13, Sir., V, 2, 326.

 13. Dans la décade du versement fait dans la caisse du département, l'administration fera remettre aux parties intéressées le montant du jugement portant fixation de dommages-intérêts.

14. Au moyen des dispositions des titres IV et V, la loi du 16 prairial, relative au pillage des grains et farines, demeure rapportée dans les dispositions qui seraient contraires à la présente loi.

15. Jusqu'a ce que les municipalités, les administrations municipales et les tribunaux civils de département soient organisés, les municipalités des communes, les officiers de police de sûreté et les tribunaux de district actuellement existans sont chargés, sous leur responsabilité personnelle, de l'exécution de la présente loi, chacun d'eux dans les parties qui concernent les administrations municipales, les officiers de police et les tribunaux civils.

N° 225.=10 vendémiaire an 4 (2 octobre 1795).=DÉCRET *sur l'organisation du ministère* (1). (I, Bull. CXCII, n° 1153; B., LIX, 80.)

Art. 1er. Il y a six ministres, savoir : un ministre de la justice, un ministre de l'intérieur, un ministre des finances, un ministre de la guerre, un ministre de la marine, et un ministre des relations extérieures.

2. Les ministres ont, sous les ordres du directoire exécutif, les attributions déterminées ci-après.

Attributions du ministre de la justice.

3. L'impression et l'envoi des lois et des arrêtés, proclamations et instructions du directoire exécutif aux autorités administratives et judiciaires.—Il correspond habituellement avec les tribunaux et avec les commissaires du directoire près les tribunaux ;—Il donne aux juges tous les avertissemens nécessaires, et veille a ce que la justice soit bien administrée, sans pouvoir connaître du fond des affaires.—Il soumet les questions qui lui sont proposées relativement à l'ordre judiciaire, et qui exigent une interprétation de la loi, au directoire exécutif, qui les transmet au conseil des cinq-cents.

Attributions du ministre de l'intérieur.

4. La correspondance avec les autorités administratives et avec les commissaires du directoire exécutif auprès desdites autorités ;—Le maintien du régime constitutionnel et des lois touchant les assemblées communales, primaires et électorales ;—L'exécution des lois relatives à la police générale, à la sûreté et la tranquillité intérieure de la république ;—La garde nationale sédentaire ;—Le service de la gendarmerie ;—Les prisons, maisons d'arrêt, et de justice et de réclusion ;—Les hôpitaux civils, les établissemens et ateliers de charité, la répression de la mendicité et du vagabondage, les secours civils, les établissemens destinés aux sourds-muets et aux aveugles ;—La confection et l'entretien des routes, ponts, canaux et autres travaux publics ;—Les mines, minières et carrières ; — La navigation intérieure, le flottage, le halage ;— L'agriculture, les dessèchemens et défrichemens ;—Le commerce ;—L'industrie, les arts et inventions, les fabriques, les manufactures, les aciéries ;—Les primes et encouragemens sur ces divers objets ;—La surveillance, la conservation et la distribution du produit des contributions en nature ;—L'instruction publique, les musées et autres collections

---

(1) Voyez, sur le même objet, le décret du 27 avril—25 mai 1791, et les notes qui résument la législation.

nationales, les écoles, les fêtes nationales ;—Les poids et mesures ;—La formation des tableaux de population et d'économie politique, des produits territoriaux, des produits des pêches sur les côtes, des grandes pêches maritimes, et de la balance du commerce.

Attributions du ministre des finances.

5. L'exécution des lois sur l'assiette, la répartition et le recouvrement des contributions directes, sur la perception des contributions indirectes, et sur la nomination des receveurs ; — Sur la fabrication des monnaies, le départ du métal de cloche, sur les assignats ; — L'administration des domaines nationaux et des forêts nationales ; — Les postes aux lettres, les postes aux chevaux, les messageries, les douanes, les poudres et salpêtres, et tous les établissemens, baux, régies ou entreprises qui rendent une somme quelconque au trésor public.

Attributions du ministre de la guerre.

6. La levée, la surveillance, la discipline et le mouvement des armées de terre ;—L'artillerie, le génie, les fortifications, les places de guerre ;—La gendarmerie nationale, pour l'avancement, la comptabilité, la tenue et la police militaire ; – Le travail sur les grades, avancemens, récompenses et secours militaires ;—Les fournitures, vivres et autres approvisionnemens pour les armées de terre ;—Les hôpitaux militaires, les invalides.

Attributions du ministre de la marine et des colonies.

7. La levée, la surveillance, la discipline et le mouvement des armées navales ;—Les inscriptions maritimes, le travail sur les grades, les avancemens, les récompenses et les secours ;—L'administration des ports, les arsenaux, les approvisionnemens, les magasins destinés au service de la marine ; —Les travaux des ports de commerce ; —La construction, la réparation, l'entretien et l'armement des vaisseaux, navires et bâtimens de mer ;—Les hôpitaux de la marine ;—Les grandes pêches maritimes, la police a l'égard des navires et des équipages qui y seront employés ; — La correspondance avec les consuls, pour tout ce qui est relatif a l'administration de la marine ; —L'exécution des lois sur le régime et l'administration de toutes les colonies dans les îles et sur le continent d'Amérique, à la côte d'Afrique, et au-dela du cap de Bonne-Espérance ;—Les approvisionnemens, les contributions, la concession des terrains ;—La force publique intérieure des colonies et établissemens français ; — Les progrès de l'agriculture et du commerce ;— La surveillance et la direction des établissemens et comptoirs français en Asie et en Afrique.

Attributions du ministre des relations extérieures.

8. La correspondance avec les ambassadeurs, les ministres, résidens ou agens que le directoire envoie ou entretient auprès des puissances étrangères ; – Le maintien et l'exécution des traités ;—Les consulats.

9. Les commissaires du pouvoir exécutif près les tribunaux et près les administrations correspondent avec les ministres.

10. Les ministres sont responsables,— 1° De tous délits par eux commis contre la sûreté générale et la constitution ;—2° De tout attentat a la liberté et a la propriété individuelle ;—3° De tout emploi de fonds publics sans un décret du corps législatif et une décision du directoire exécutif, et de toutes dissipations de deniers publics qu'ils auraient faites ou favorisées.

11. Les délits des ministres, les réparations et les peines qui pourront

être prononcées contre les ministres coupables, sont déterminés dans le Code pénal.

12. Aucun ministre en fonctions ou hors de fonctions ne peut , pour fait de son administration, être traduit en justice, en matière criminelle, que sur la dénonciation du directoire exécutif.

13. Tout ministre contre lequel il est intervenu un acte d'accusation sur une dénonciation du directoire exécutif, peut être poursuivi en dommages et intérêts par les citoyens qui ont éprouvé une lésion résultant des faits qui ont donné lieu à l'acte d'accusation.

14. Les poursuites sont faites devant le tribunal criminel du département où siégeait le pouvoir exécutif lors du délit.

15. L'action en matière criminelle, ainsi que l'action accessoire en dommages-intérêts, pour fait d'administration d'un ministre hors de fonctions, est prescrite après trois ans a l'égard du ministre de la marine et des colonies, et après deux ans à l'égard des autres; le tout à compter du jour où l'on suppose que le délit a été commis.

16. Le traitement des ministres, par année, pour chacun d'eux, est fixé a la moitié de celui des membres du directoire exécutif;—Et celui du ministre des relations extérieures, aux trois quarts.

17. Les ministres sont logés et meublés aux frais de la république.

N° 226. = 10 vendémiaire an 4 (2 octobre 1795).=DÉCRET *sur la formation d'une garde départementale près le corps législatif.* (I, Bull. cxc, n° 1149; B. , LIX, 86.)

N° 227. = 11 vendémiaire an 4 (3 octobre 1795). = DÉCRET *pour honorer la mémoire des quarante-sept représentans du peuple qui ont péri victimes de la tyrannie décemvirale.* (B., LIX, 95.)

N° 228.=12 vendémiaire an 4 (4 octobre 1795). = DÉCRET *qui détermine un mode pour l'envoi et la publication des lois* (1). (I, Bull. cxcii, n° 1154 ; B., LIX, 98.)

Art. 1ᵉʳ. Aussitôt qu'une loi ou un acte du corps législatif sera revêtu des formes de publication prescrites par la constitution, le ministre de la justice, par ordre du directoire exécutif, le fera imprimer et publier sans retard, dans un bulletin officiel, a moins que l'envoi manuscrit n'en soit ordonné par le corps législatif; et, dans ce dernier cas, le bulletin contiendra l'intitulé de la loi.—Ce bulletin sera intitulé *Bulletin des lois*, et contiendra les lois et les actes du corps législatif, ainsi que les proclamations et les arrêtés du directoire exécutif pour assurer l'exécution des lois : aucun autre écrit n'y sera inséré.

2. Toute résolution du conseil des cinq-cents, et même tout projet de résolution dont ce conseil aura ordonné l'impression et l'ajournement, seront insérés dans un feuilleton qui accompagnera le bulletin des lois. — Le feuilleton sera intitulé *Feuilleton des résolutions et des projets de résolution.* On y lira en tête de chaque première page cet avertissement: *Les dispositions suivantes ne sont pas des lois ; elles n'obligent pas les citoyens.*—Les rapports et les opinions dont l'impression et l'envoi seraient ordonnés par une loi, seront insérés au feuilleton.

---

(1) Voyez, sur le même objet, le décret du 2—5 novembre 1790, et les notes qui résument la législation et la jurisprudence.

3. Chaque numéro, tant du bulletin que du feuilleton, sera empreint de signes extérieurs d'authenticité, fixés par délibération du directoire exécutif.

4. Immédiatement après l'impression, le bulletin et le feuilleton seront adressés, par le ministre de la justice, aux présidens des administrations départementales et municipales, au président du bureau central dans les municipalités au dessus de cent mille ames, au président du tribunal de cassation, aux présidens des tribunaux civils, correctionnels et de commerce, aux présidens et accusateurs publics des tribunaux criminels, aux juges de paix, aux ambassadeurs, aux envoyés et aux consuls de la république.

5. Le ministre de la justice les fera passer en même temps aux autres ministres, a ses commissaires près les tribunaux, a leurs substituts, a ses commissaires près les administrations départementales et municipales.

6 Il les fera parvenir également, sans délai, aux commissaires ordonnateurs et ordinaires des guerres, aux chefs d'état major et d'administration maritime : il les adressera aussi a chacun des membres du corps législatif.

7. De trois mois en trois mois, un cahier des lois rendues pendant le dernier trimestre, ainsi qu'un exemplaire de chacun des recueils de lois par ordre de matières, lorsqu'il en sera formé, sera envoyé a chaque tribunal, dans la personne du greffier ; à chaque corps administratif, dans celle du secrétaire ; a chaque secrétariat d'ambassadeur de la république, dans la personne du secrétaire d'ambassade ; a chaque consulat, dans la personne du chancelier ; à chaque bibliotheque nationale, dans la personne du principal bibliothécaire. Lesdits exemplaires y resteront déposés a perpétuité, pour l'utilité publique. — Ces cahiers et recueils seront empreints des mêmes caractères d'authenticité que le bulletin des lois.

8. Tout citoyen auquel le bulletin et le feuilleton ne devront pas être envoyés gratuitement, pourra s'en procurer des exemplaires par voie d'abonnement et de souscription.

9. L'abonnement sera fixé par le ministre de la justice, sous la surveillance du directoire exécutif, a un prix modéré, de manière qu'il couvre seulement les frais de papier, d'impression, de distribution et de transport.

10. Dans le principal bureau de la poste aux lettres de chaque commune de cinq mille habitans et au dessus, un des commis sera charge de recevoir les abonnemens, et de fournir a un prix également modéré, les numéros séparés du bulletin officiel, et les cahiers séparés de chaque trimestre. Le directoire fera donner les ordres nécessaires a cet effet aux administrateurs des postes.

11. En conséquence de la présente loi, il ne sera plus fait de publication de lois par lecture publique, par réimpression ni affiche, ni a son de trompe ou de tambour, en aucun departement, aux frais de la république, si ce n'est lorsque ces formalités seront expressément ordonnées par un article de la loi.— Pourront néanmoins le directoire exécutif et chaque administration départementale ou municipale, ou de bureau central dans les municipalités au dessus de cent mille habitans, par délibération spéciale, ordonner, soit pour les lois anciennes ou récentes, soit même pour des réglemens, telles de ces formalités particulieres qu'ils jugeront convenables.

12. Néanmoins les lois et actes du corps législatif obligeront, dans l'étendue de chaque departement, du jour auquel le bulletin officiel ou ils seront contenus sera distribué au chef-lieu du département.— Ce jour sera constaté par un registre où les administrateurs de chaque departement certifieront l'arrivée de chaque numéro.

_____

N° 229. = 13 vendémiaire an 4 (5 octobre 1795). = Décret *qui rappelle*

' *la condition de domicile depuis un an, nécessaire pour être nommé élec*
teur. (I, Bull. CLXXXVII, n° 1139; B., LIX, 106.)

N° 230.=15 vendémiaire an 4 (7 octobre 1795).=DÉCRET *relatif à l'avance-*
ment des officiers d'artillerie et du génie (1).(I, Bull. CXC, n° 1150; B.,
LIX, 127.)

N° 231. = 16 vendémiaire an 4 (8 octobre 1795). = DÉCRET *qui annule les*
jugemens ou arrétés ayant pour objet d'infirmer quelques opérations des
assemblées primaires. (I, Bull. CXC, n° 1151; B., LIX, 135.)

La convention nationale, après avoir ouï le rapport de sa commission des
onze, — Déclare nuls tous jugemens rendus par des tribunaux, et tous arrêtés pris par des corps administratifs, ayant pour objet d'infirmer quelques
opérations des assemblées primaires, et notamment la nomination des électeurs ;—Décrète, en conséquence, que nul citoyen ne pourra être, nonobstant lesdits arrétés, privé des droits qui lui étaient acquis par l'effet de sa
nomination, sauf l'exécution de la loi du 10 de ce mois.

N° 232.=17 vendémiaire an 4 (9 octobre 1795).= DÉCRET *portant que tout*
militaire qui remplit à l'armée la place d'un officier ou sous-officier pri-
sonnier de guerre, en recevra le traitement. (I, Bull. CXCII, n° 1156; B.,
LIX, 137.)

N° 233. = 18 vendémiaire an 4 (10 octobre 1795). = DÉCRET *qui rapporte*
celui du 5 fructidor an 3, relatif aux comptes des fermiers de l'affinage.
(I, Bull. CXCV, n° 1163; B., LIX, 146.)

N° 234. = 18 vendémiaire an 4 (10 octobre 1795). = DÉCRET *qui confirme la*
nomination du général Buonaparte *au commandement en second de*
l'armée de l'intérieur. (B., LIX, 147.)

N° 235.=19 vendémiaire an 4 (11 octobre 1795).=DÉCRET *sur la division du*
territoire de la France, le placement et l'organisation des autorités ad-
ministratives et judiciaires (2). (I, Bull. CXCIV, n° 1160; B., LIX, 150.)

TITRE Ier. — Division du territoire de la France, par rapport à l'exercice des droits politiques,
à l'administration, a la police et a la justice; et placement des autorités.

Art. 1er. Les administrations départementales distribueront en assemblées
primaires, conformément à l'article 19 de la constitution, et aux articles 2,
3 et 4, titre Ier de la loi du 25 fructidor dernier, les citoyens ayant droit de
voter.—Cette répartition se fera d'après les bases de la population habituelle
et moyenne depuis les trois dernières années, et sera renouvelée tous les
trois ans avant le 1er ventose. — Les administrations départementales achèveront la première répartition avant le 1er nivose prochain. — Elles donneront un nom à chaque assemblée primaire, qui ne pourra le changer, et lui

_____

(1) Voyez, sur le mod· d'avancement dans l'arme de l'artillerie, les notes qui accompagnent
le titre du décret du 16—27 avril 1791 ; elles résument la législation: et, sur l'avancement dans
le génie, voyez les lois qui sont citées dans les notes sur le décret du 14 ventose an 3 (4 mars
1795), concernant la composition et l'organisation de ce corps.
(2 Voyez, quant à l'organisation administrative de la France, la loi du 28 pluviose an 8
(17 février 1800); et, sur l'organisation judiciaire, celle du 27 ventose an 8 (18 mars 1800) ,
et les notes étendues qui accompagnent ces deux lois.

désigneront un local pour tenir ses séances. — Une expédition de chaque procès-verbal de division sera envoyée aux archives nationales.

2. Le territoire de la ci-devant commune de Paris, circonscrit dans les limites désignées par les lois des 21 mai—27 juin et 19—23 octobre 1790, formera un canton.

3. Conformément à l'article 183 de la constitution, il y aura dans le canton de Paris douze municipalités.— Les cantons de Bordeaux, de Lyon et de Marseille, auront chacun trois municipalités.—Chacun des cantons de Bordeaux, Lyon, Marseille et Paris, aura un bureau central.

4. Les douze municipalités du canton de Paris seront distinguées par ordre numérique, et formées ainsi qu'il suit ; elles comprendront les ci-devant sections ci-après désignées, savoir :—La première, celles des Tuileries, des Champs-Elysées, de la place Vendôme et du Roule ; —La seconde, celles de Lepelletier, du Mont Blanc, de la Butte-des-Moulins et du faubourg Montmartre ; — La troisième, celles du Contrat-Social, de Brutus, du Mail et Poissonnière ; — La quatrième, celles des Gardes-Françaises, des Marchés, du Muséum et de la Halle au Blé ; —¬ La cinquième, celles de Bonne-Nouvelle, de Bon-Conseil, du faubourg du Nord et de Bondi ; — La sixième, celles des Lombards, des Gravilliers, du Temple et des Amis de la Patrie ; — La septième, celles de la Réunion, de l'Homme-Armé, des Droits de l'Homme et des Arcis ; —La huitième, celles des Quinze-Vingts, de l'Indivisibilité, de Pop'ncourt et de Montreuil ; — La neuvième, celles de la Fraternité, de la Fidélité, de l'Arsenal et de la Cité ; — La dixième, celles de l'Unité, de la Fontaine Grenelle, de l'Ouest et des Invalides ; — La onzième, celles des Thermes, de Mutius-Scévola, du Théâtre-Français et du Pont-Neuf ; — La douzième, celles du Jardin des Plantes, de l'Observatoire, du Finistère et du Panthéon. — Les ci-devant sections de Bordeaux, de Lyon et de Marseille, seront distribuées par l'administration départementale, et sans aucun changement dans leur circonscription, en trois municipalités, appelées première, seconde et troisième.

5. Les administrations départementales seront placées dans les lieux indiqués par le tableau joint à la présente loi.

6. Les arrondissemens désignés jusqu'à présent par la loi, pour l'exercice de la justice de paix, sont maintenus dans toute l'étendue de la France.

7. Les tribunaux de commerce de terre et de mer, actuellement existans, sont conservés avec l'étendue territoriale de juridiction qui leur a été assignée par les lois précédentes. — Pour le département de la Drôme, il y aura un tribunal de commerce, qui est fixé à Romans. — Le tribunal civil fera les fonctions de tribunal de commerce pour tout le territoire de chaque département non assigné a un tribunal de commerce, conformément aux articles 13 et 14 du titre XII de la loi du 16—24 août 1790.

8. Il y aura en France le nombre de tribunaux correctionnels et de jurys d'accusation déterminé par le tableau joint a la présente loi. Leur placement et l'étendue territoriale de leur juridiction seront réglés ainsi qu'il est expliqué dans ce même tableau. — L'organisation des deuxième et troisième tribunaux correctionnels du département du Mont-Terrible est suspendue jusqu'à nouvelle circonscription de ce département.—Le tribunal civil et le tribunal criminel de chaque département seront placés dans les lieux indiqués par le tableau joint à la présente loi.

TITRE II. — Organisation administrative et de police.

9. La police et les subsistances sont déclarées objets indivisibles d'administration, dans les cantons de Bordeaux, Paris, Lyon et Marseille : en

conséquence, ils seront administrés par le bureau central de chacun de ces cantons, conformément a l'article 184 de la constitution, en la manière prescrite par les articles 10, 11 et 12 de la loi du 21 fructidor de l'an 3.

10. Il y aura des commissaires de police dans les communes au dessus de cinq mille habitans : les communes au dessous de dix mille habitans n'auront qu'un commissaire de police ; dans les communes au dessus de dix mille habitans, il en sera établi un par section.—Les commissaires de police pourront exercer leurs fonctions dans toute l'étendue de la commune ou de la municipalité d'arrondissement à laquelle ils seront attachés. — Les comités civils et les officiers de paix sont supprimés.—Il n'est rien innové en ce qui concerne les gardes forestiers et gardes champêtres.

11. Dans les cantons de Bordeaux, Lyon, Marseille et Paris, les commissaires de police seront nommés et révocables par le bureau central ; il es nommera sur une liste triple des places à remplir, présentée par la municipalité d'arrondissement où ils devront exercer leurs fonctions. — Dans les autres municipalités au dessus de cinq mille habitans, la nomination et à révocation des commissaires de police appartiendront a l'administration municipale.

12. Dans les communes au dessous de cinq mille habitans, l'agent municipal, ou son adjoint, remplira les fonctions d'officier de l'état civil. Dans les autres communes, chaque municipalité nommera l'un de ses membres pour exercer lesdites fonctions.

13. Les secrétaires en chef des administrations départementales, municipales et de bureau central, seront nommés et destituables par les membres desdites administrations. — Le nombre des employés sera fixé par lesdites administrations, de l'agrément des autorités supérieures. Le secrétaire en chef nommera et pourra révoquer les employés.

TITRE III. — Organisation judiciaire (1).

14. Il n'est rien innové aux lois précédentes sur le nombre des assesseurs des juges de paix, sur leur placement et le mode de leur nomination.

15. Les tribunaux de commerce de terre et de mer seront organisés conformément aux articles 7 et 8, titre XII de la loi du 24 août 1790. — Les juges qui doivent les composer seront nommés suivant le mode prescrit par ladite loi. — A Bordeaux, Lyon, Marseille et Paris, les juges du tribunal de commerce seront nommés selon le mode prescrit pour Paris par la loi du 4 février 1791, en tout ce qui n'est point contraire a la constitution. — Les fonctions que la loi attribue à la municipalité et au procureur de la commune, seront remplies par le département et le commissaire du directoire exécutif près du département.

16. A Paris, le tribunal correctionnel sera divisé en deux sections. A cet effet, il y aura un vice président, un commissaire du pouvoir exécutif, et un substitut de ce commissaire. — Le service du tribunal correctionnel sera fait par les juges de paix alternativement, pendant une décade. Le président et le vice-président les appelleront tour-à-tour, sans pouvoir intervertir l'ordre du tableau, à moins que les juges de paix en tour ne soient légitimement empêchés.

17. Le tribunal de jury d'accusation établi à Paris sera composé du pré-

(1) Voyez le Code du 3 brumaire an 4 (25 octobre 1795), art. 206 et suiv., sur les jurys d'accusation ; et les art. 217 et suiv. du Code d'instruction criminelle de 1808, qui leur ont substitué les chambres d'accusation.
La loi du 3 brumaire an 2 et celle du 19 vendémiaire an 4 n'ont pas abrogé l'ordonnance de 1563, relative à la péremption. Cass., 23 nivose an 8, Sir., I, 2, 221 ; Bull. civ., II, 113.

sident et du vice-président du tribunal correctionnel, de six directeurs du jury pris dans le tribunal civil, et d'un commissaire du directoire exécutif.

18. Les administrations départementales formeront, a l'avenir, les listes des jurés d'accusation et des jurés de jugement, en la manière que les formaient précédemment les ci-devant procureurs-généraux de département, suivant la loi du 29 septembre 1791.

19. Les tribunaux civils seront composés de vingt juges. Néanmoins, dans les départemens où il y aura plus de trois tribunaux correctionnels, il sera ajouté au nombre de vingt un juge pour chacun desdits tribunaux au dessus du nombre de trois. Le tribunal civil du département de la Seine sera composé de quarante-huit juges.

20. Chaque tribunal civil se partagera en autant de sections qu'il jugera convenable, en se conformant a l'article 220 de la constitution. — Tous les quatre mois, et à tour de rôle, deux juges d'une section en sortiront pour passer dans une autre, et réciproquement pour toutes les sections.

21. Les juges du tribunal civil feront le service aux tribunaux criminels, au jury d'accusation, et celui de président ou de vice-président du tribunal correctionnel, par tour, suivant l'ordre du tableau.

22. En cas d'empêchement légitime des juges du tribunal criminel, ou des présidens des tribunaux correctionnels, ils seront remplacés par celui des juges du tribunal civil qui les suit immédiatement dans l'ordre du tableau.

23. En cas d'empêchement des commissaires du directoire exécutif auprès des tribunaux, ils seront suppléés par l'un des juges, nommé par le président de la section où le commissaire devait faire le service.

24. Le greffier de chaque tribunal de paix, de commerce, et correctionnel, et de chaque tribunal civil, sera nommé et révocable par le tribunal pour lequel il aura été institué.— A Paris, les président et vice-président du tribunal correctionnel, les juges de paix et les directeurs de jury d'accusation, concourront à la nomination et à la révocation du greffier du tribunal correctionnel.

25. Les greffiers des tribunaux correctionnels tiendront respectivement les greffes des jurys d'accusation de leurs arrondissemens.

26. Tout greffier d'un autre tribunal que de celui de paix, présentera aux juges, pour le faire instituer, un commis-greffier : dans les tribunaux divisés en plusieurs sections, il en présentera un pour chacune desdites sections.

27. Il y aura, auprès de chaque tribunal non divisé en sections, et de chaque section de tribunal, deux huissiers nommés et révocables par le tribunal ; ils feront concurremment tous exploits de justice dans tout le département, hormis pour les justices de paix et bureaux de conciliation ; ceux des huissiers des tribunaux actuels qui ne seront pas du nombre des précédens, continueront provisoirement d'instrumenter en concurrence avec eux dans les départemens, et seront révocables comme eux. Il n'y aura qu'un seul huissier pour chaque justice de paix, lequel ne pourra instrumenter que dans le ressort de sa justice (1).

---

(1) L'huissier du juge de paix a le droit exclusif de notifier tous les actes qui ont rapport a la justice de paix, par exemple, les citations devant le tribunal de police. Cass., 2 frimaire an 13, Sen , V, 2, 48. — Jugé encore que les huissiers établis près le tribunal civil ne peuvent instrumenter pres la justice de paix, concurremment avec les huissiers de cette justice. Cass, 10 brumaire an 12. Sen., VII, 2, 1012; Bull. civ., VI, 89.—Jugé toutefois que, dans le cas où les huissiers ordinaires ne peuvent signifier des actes de la justice de paix, la signification faite par un de ces huissiers ne laisse pas d'être valable; que seulement l'huissier encourt une amende. Cass., 24 frimaire an 11, Sen., III, 2, 254, Bull. civ., V, 83. — Jugé encore que la citation en simple police, donnée par un huissier autre que celui de la justice de paix du domicile du prévenu, n'est

' 28. Les appels des jugemens qui seront rendus par les tribunaux civils, seront portés, conformément a l'article 219 de la constitution, aux tribunaux les plus voisins, ainsi qu'ils sont respectivement indiqués par le tableau joint à la présente loi. — Le choix du tribunal d'appel se fera comme ci-devant, et dans les formes jusqu'a présent observées.

29 Il sera établi, en chaque greffe de tribunal correctionnel, un bureau de renseignemens, où il sera tenu, soit par le greffier, soit au besoin par un ou plusieurs commis sous la surveillance et la direction du greffier, registre, par ordre alphabétique, de tous les individus qui seront appelés au tribunal correctionnel ou au jury d'accusation, avec une notice sommaire de leur affaire, et des suites qu'elle a eues. — A Bordeaux, a Lyon, a Marseille et à Paris, le greffier enverra, chaque décade, un extrait de ce registre au bureau central, où il sera tenu un registre pareil : il enverra, dans les communes de cinquante mille ames et au dessus, aux administrations municipales, où il sera tenu un pareil registre.

30. Le recensement des votes des assemblées primaires et communales de chaque canton, pour l'élection des officiers municipaux, agens et adjoints municipaux, juges de paix et assesseurs, se fera au chef-lieu du canton, en présence des commissaires de chaque assemblée, par les officiers municipaux, qui en dresseront procès-verbal. — A Marseille, ce recensement sera fait au bureau central; a Bordeaux, à Lyon et a Paris, au département.

TITRE IV. — Dispositions circonstancielles et transitoires.

31. Les affaires actuellement pendantes dans les tribunaux de district, seront portées en l'état ou elles se trouvent, par simple exploit de la partie la plus diligente, au tribunal civil du département.

32. Tout jugement de première instance, rendu ou à rendre par un tribunal actuel de district, sera, quant a l'appellation qui en serait interjetée, considéré comme s'il était rendu par le nouveau tribunal civil du département; et le choix des tribunaux d'appel sera réglé en conséquence.

33. Le greffier du tribunal civil de chaque département se fera remettre, dans le mois de sa nomination, les registres et pièces des tribunaux de district qui se trouvent supprimés par la constitution.

pas nulle. Cass., 23 mai 1817, Sir., XVIII, 1, 57; Bull. civ., XXII, 106; et 8 août 1834, Sir., XXXIV, 1, 783; Bull. crim., XXXIX, 322. — Et que le juge de paix, jugeant comme tribunal de police, peut, par application de l'art. 1030 du Code de procedure civile, prononcer une amende contre un huissier ordinaire qui a signifié une citation, en matiere le police, au prejudice de l'huissier spécial attaché a la justice de paix. Cass., 5 decembre 1822, Sir, XXIII, 1, 106; Bull. crim., XXVII, 502. — Juge, au contraire, que la condamnation a l'amende ne suffit pas, et que l'exploit fait sans qualite est radicalement nul. Cass., Bruxelles, 9 juillet 1831, Sir, XXXIII, 2, 431. — Un tribunal de police ne peut, d'office, annuler une assignation comme faite par un huissier non attache a la justice de paix, lorsque la partie assignée ne s'en plaint pas. Cass., 23 fevrier 1815, Sir., XV, 1, 242; Bull. crim., XV, 19.
‡ Un huissier de juge de paix peut signifier toutes sortes d'actes dans l'étendue de la justice; son ministere ne se borne point aux significations relatives aux justices de paix. Cass, 27 messidor an 7, Sir., 1, 1, 227; Bull, civ., I, 434. — Jugé encore que les huissiers des juges de paix, qui ne sont pas huissiers ordinaires, peuvent, malgre cette circonstance, donner assignation dans l'arrondissement de ces justices, soit devant les tribunaux de première instance, soit devant la cour d'appel Cass., 15 brumaire an 13, Sir., VII, 2, 1001: Bull. civ., VII, 32. — C'est aux huissiers de la justice de paix qu'appartient la notification des contraintes qui doivent être visees et rendues executoires par les juges de paix, ainsi que celle de tous autres actes dependans de ces contraintes, tant qu'une opposition de la part des redevables n'a pas saisi le tribunal de première instance. Inst. minist, 8 germinal an 11, Sir., III, 2, 154. — L'opposition au jugement par defaut d'un juge de paix, si elle contient *citation*, peut être faite, sans commission spécial, par l'huissier du domicile de la personne citée, au lieu de l'être par l'huissier du juge de paix qui a rendu le jugement. Cass., 6 juillet 1814, Sir., XV, 1, 41.

34. Les registres et pièces des tribunaux correctionnels et jurys d'accusation supprimés par la constitution, seront portés, à la diligence du greffier sortant de fonctions, aux greffes des tribunaux correctionnels et des jurys d'accusation qui vont les remplacer : cette remise sera faite dans la décade de l'installation des nouveaux tribunaux.

35. Jusqu'à ce que le directoire exécutif ait pu nommer ses commissaires auprès des nouvelles administrations départementales, municipales, et auprès des nouveaux tribunaux, les fonctions de commissaires du directoire exécutif seront exercées par les citoyens que commettront les nouvelles administrations départementales.

36. Les administrations actuelles de département dresseront le tableau des officiers municipaux, des agens municipaux et de leurs adjoints, a nommer par chaque canton de leur territoire, suivant les articles 179 et 180 de la constitution, et l'adresseront à la municipalité du chef lieu, avant le jour qui va être indiqué par les articles suivans pour la convocation des assemblées primaires. — Les mêmes administrations dresseront et enverront aux assemblées électorales le tableau des juges qu'elles devront élire d'après la constitution et la présente loi : ce tableau comprendra l'indication d'un haut juré et des cinq juges suppléans à élire, dont trois doivent être pris dans la commune où siége le tribunal civil, suivant l'article 217 de la constitution.

37. Les assemblées primaires seront convoquées par les administrations de département, pour le 10 brumaire prochain, à l'effet de nommer les juges de paix et leurs assesseurs; elles le seront au même jour pour nommer les présidens des administrations municipales, et les officiers municipaux des communes de cinq mille habitans et au dessus, ou qui seraient uniques dans le canton quoique au dessous de cinq mille ames. — Dans les cantons composés de communes dont une ou plusieurs au dessous de cinq mille habitans, les assemblées communales seront convoquées pour le 15 brumaire prochain, par la municipalité du chef-lieu de canton, pour élire les agens municipaux et leurs adjoints, conformément a l'article 28 de la constitution.

38. Dans trois mois, a compter du jour de la nomination du directoire exécutif, seront nommés les membres du bureau central, pour les cantons de Bordeaux, de Lyon, de Marseille et de Paris. — Immédiatement après cette nomination connue dans le canton, chaque bureau central entrera en fonctions.—Aussitôt après que le bureau central sera en fonctions, le département convoquera les assemblées primaires du canton, pour l'élection de ses municipalités d'arrondissement.

39. Les nouvelles administrations départementales et municipales, et les tribunaux, seront installés par la lecture du procès-verbal de leur nomination, faite publiquement par les administrateurs, ou officiers municipaux, ou juges, auxquels ils succéderont. Il en sera dressé procès-verbal.

40. Les membres des nouvelles administrations départementales ou municipales, ceux des nouveaux tribunaux, se rendront à leur poste immédiatement après les élections : ils seront aussitôt installés.

41. Il sera pourvu, par une loi spéciale, a l'organisation administrative et judiciaire des départemens dernièrement réunis, et des colonies de la république.

(*Suivent les tableaux de l'emplacement des chefs-lieux de département, des tribunaux civils, criminels et correctionnels.*

Ces tableaux sont inutiles parce qu'ils se retrouvent, savoir : ceux des chefs-lieux de département dans la loi du 28 pluviose an 8, et ceux de l'emplacement des tribunaux, dans la loi du 27 ventose même année.)

N° 236. = 20 vendémiaire an 4 (12 octobre 1795).=DÉCRET *qui enjoint aux individus prévenus d'émigration et non rayés définitivement, de cesser toutes fonctions publiques* (1). (I, Bull. CXCII, n° 1157; B., LIX, 183.)

Art. 1er. Tous les individus prévenus d'émigration, qui, n'ayant pas obtenu leur radiation définitive, occuperaient des fonctions publiques, seront tenus de les cesser a l'instant; et il sera sur-le-champ pourvu a leur remplacement, soit par les représentans en mission, soit par le comité de législation.

2. Le présent décret sera envoyé sur-le-champ à toutes les autorités constituées de la république, aux assemblées électorales, et aux représentans en mission.

———

N° 237. = 20 vendémiaire an 4 (12 octobre 1795). = DÉCRET *portant que le cours du change, et celui de l'or et de l'argent, soit monnayés, soit en barres, seront réglés chaque jour à l'issue de la bourse* (2). (I, Bull. CXCV, n° 1165; B., LIX, 184.)

Art. 1er. Le cours du change, et celui de l'or et de l'argent, soit monnayés, soit en barres, seront réglés chaque jour à l'issue de la bourse.

2. Les comités des finances et de salut public réunis nommeront deux agens de change, qui seront chargés de calculer ce cours, d'en déterminer la fixation, et de l'afficher a la bourse dans les lieux les plus apparens.

3. Tout autre agent qui se permettrait de publier un autre cours que celui légalement constaté, sera sur-le-champ destitué et puni de trois mois de détention.

4. La commission des administrations civiles, police et tribunaux, est chargée de l'exécution du présent décret

———

N° 238.=20 vendémiaire an 4 (12 octobre 1795).=DÉCRET *qui défend toutes négociations en blanc de lettres de change ou autres effets de commerce* (3). (I, Bull. CXCV, n° 1164; B., LIX, 185.)

Art. 1er. Toutes négociations en blanc de lettres de change, billets a ordre ou autres effets de commerce, sont défendues.

2. Les effets ainsi négociés seront confisqués; la moitié de leur valeur appartiendra au dénonciateur, l'autre sera versée dans le trésor public.

3. Tout agent de change qui se prêtera à ces négociations, sera destitué et condamné a une amende égale a la valeur de l'effet négocié.

4. La commission des administrations civiles, police et tribunaux, est chargée de l'exécution du présent décret.

———

N° 239. = 21 vendémiaire an 4 (13 octobre 1795). = DÉCRET *portant que tous les objets dont l'insertion au bulletin sera décrétée, y seront insérés dans le bulletin du même jour.* (B., LIX, 190.)

———

N° 240. = 21 vendémiaire an 4 (13 octobre 1795).=DÉCRET *relatif au mode*

———

(1) Voyez, sur les peines portées contre les émigrés, le § 2 des notes qui accompagnent le titre du décret du 9—12 février 1792, concernant le sequestre de leurs biens : elles résument toute la législation.

(2) Ce décret est encore en vigueur et journellement exécuté.

(3) Le Code de commerce n'a point renouvelé cette défense. Les art. 136 et 137 déterminent les formalités de l'endossement des effets de commerce, et l'art. 138 n'attribue que le caractère d'une simple procuration aux endossemens qui ne constatent pas l'observation de ces formalités.

· *d'apurement des comptes des receveurs des revenus patrimoniaux des*
ι *ci-devant princes apanagistes.* (I., Bull. cxcv, n° 1167 ; B., LIX, 193.)

_____

N° 241. = 22 vendémiaire an 4 (14 octobre 1795). = DÉCRET *relatif aux*
émigrés et aux prêtres réfractaires rentrés sur le territoire de la républi-
que. (B., LIX, 195.)

Un membre demande qu'il soit pris des mesures pour faire sortir du territoire de la république les émigrés et les prêtres réfractaires qui y sont rentrés. — Un autre membre reproduit la proposition qu'il avait déjà faite,
d'expulser les royalistes du territoire de la république. — Ces deux propositions sont décrétées, et néanmoins la convention renvoie à ses comités de
gouvernement, pour présenter décadi le mode d'exécution.

N° 242. = 22 vendémiaire an 4 (14 octobre 1795). = DÉCRET *portant de-*
fense à tous juges de paix et officiers de police de sûreté, de traduire
par-devant un directeur de jury aucun citoyen, si ce n'est dans les cas y
énoncés, etc. (1). (I, Bull. cxliii, n° 1159 ; B., LIX, 196.)

Art. 1er Il est expressément défendu à tous juges de paix et à tous officiers
de police de sûreté, a peine d'une amende qui ne pourra être moindre de
cinq cents livres, ni excéder deux mille livres, et de tous dommages-intérêts qui seront prononcés par les tribunaux civils des départemens, de traduire par-devant un directeur de jury aucun citoyen qui ne serait pas prevenu de meurtre, d'assassinat, de vol, d'attentat contre la liberté et la sûrete
publique, ou autre crime prévu et spécifié par les lois pénales.

2. Il est enjoint, sous la même peine, auxdits juges de paix et officiers de
police de sûreté, de mettre en liberté, dans les vingt quatre heures de la
publication du présent décret, tout individu contre lequel il aurait été
décerné des mandats d'arrêt non motivés comme il est dit dans l'article
précédent.

3. Tous actes d'accusation qui ne porteraient pas sur des délits qualifiés
et spécifiés par les lois pénales, comme l'exige l'article 1er, sont déclarés nuls.

4. Il est expressément défendu à tous directeurs de jury d'en dresser à
l'avenir de semblables, a tous accusateurs publics d'en porter aux tribunaux
criminels, et à tous tribunaux criminels d'en recevoir ou d'y donner suite,
sous la peine portée dans ledit article 1er.

5. Lesdits directeurs de jury, accusateurs publics et juges criminels, sont
tenus, chacun sous la même peine, de mettre en liberté, sur-le-champ,
tout individu contre lequel il aurait été dressé des actes d'accusation déclarés
nuls par l'article 3.

6. Le comité de législation est autorisé à statuer définitivement sur les
actes d'accusation et jugemens annulés par les articles précédens, qui lui sont
parvenus ou qui lui parviendraient, sans néanmoins que la présente disposition puisse autoriser les directeurs de jury, accusateurs publics et juges, a
suspendre l'exécution du présent décret, chacun en ce qui le concerne.

7. Il n'est point derogé par le présent décret aux lois précédentes relatives aux chouans et autres rebelles des départemens de l'Ouest et de l'intérieur, ainsi qu'aux prêtres réfractaires et conspirateurs du 13 vendémiaire.

_____

(1) Voyez le décret du 16—29 septembre 1791, sur la procédure criminelle, et le code du
3 brumaire an 4 (25 octobre 1795): les affaires qui doivent être soumises au jury y sont
désignées.

N° 243. = 22 vendémiaire an 4 (14 octobre 1795). = DÉCRET *sur l'organisa-tion des monnaies* (1). (I, Bull. CXCVII, n° 1175; B., LIX, 197.)

TITRE Ier.—Des hôtels des monnaies, ateliers monétaires, et des fonctionnaires des monnaies.

Art. 1er. Les hôtels des monnaies de la république, pour la fabrication des espèces d'or et d'argent, sont au nombre de huit : — Paris, Perpignan, Bayonne, Bordeaux, Nantes, Lille, Strasbourg et Lyon. — Il y sera aussi fabriqué de la petite monnaie.

2. Le directoire exécutif pourra en outre établir d'autres ateliers moné-taires pour la fabrication de la petite monnaie.

3. Les hôtels des monnaies et les ateliers monétaires seront surveillés par une administration des monnaies.

4. La trésorerie nationale fera parvenir aux hôtels et ateliers monétaires les métaux destinés a la fabrication.

5. Les fonctionnaires de l'hôtel des monnaies de Paris, sont : — Un com-missaire national, un directeur de la fabrication, un contrôleur du mon-nayage, un inspecteur des essais, un vérificateur des essais, deux essayeurs, un graveur, un artiste mécanicien chargé de la surveillance des machines, un artiste chargé de la fabrication des poids et balances d'essai, et un caissier.

6. Les fonctionnaires des autres hôtels des monnaies et ateliers monétai-res, sont : — Un commissaire national, un directeur de la fabrication, un contrôleur du monnayage, et un caissier.

7. Les fonctionnaires des monnaies pourront seuls occuper des logemens dans les hôtels des monnaies ou ateliers monétaires.

TITRE II. — De l'administration des monnaies.

8. L'administration des monnaies sera composée de trois administrateurs.

9. Les administrateurs seront nommés par le directoire exécutif.

10. L'administration sera présidée par un de ses membres, qui sera choisi tous les mois, au scrutin, par ses collegues.

11. Elle surveillera immédiatement, dans toute l'étendue de la républi-que, l'exécution des lois monétaires, la fabrication des monnaies, les fonction-naires des monnaies, et l'entretien des hôtels des monnaies et ateliers moné-taires. Elle cotera et paraphera les registres a l'usage des commissaires natio-naux. —Elle fera éprouver les carrés nécessaires au monnayage avant de les remettre ou de les envoyer au commissaire national.—Elle vérifiera le titre des monnaies, et en jugera le travail.—Elle rédigera les tableaux servant a dé-terminer le titre et le poids d'après lesquels les espèces et matières d'or et d'argent seront echangées.—Elle fera procéder en conséquence, toutes les fois qu'elle le jugera convenable, a la vérification du titre des espèces étrangères nouvellement fabriquées, afin d'observer les variations qu'il pourrait éprou-ver. — Elle rendra publics les résultats de ces vérifications, pour que le commerce en ait connaissance; mais elle ne pourra, dans aucun cas, changer les dispositions des tableaux actuels, ni en publier de nouveaux, sans l'au-torisation du directoire exécutif. — Elle fera parvenir les tableaux et les résultats des jugemens du travail des directeurs, à la trésorerie nationale. — Elle prendra connaissance des contraventions et négligences que pour-raient commettre les fonctionnaires des monnaies, relativement a leurs fonc-tions seulement.—Elle en informera le directoire exécutif, qui prononcera

---

(1) Voyez, sur l'organisation des monnaies, le code monétaire du 21 (19 et)—27 mai 1791, et les notes qui l'accompagnent : elles résument la législation de la matière.

la révocation, s'il y a lieu.— Lorsque la révocation sera suivie de restitution, l'administration fera remettre au tribunal de l'arrondissement dans lequel se trouve l'hôtel ou l'atelier monétaire, une expédition du procès-verbal qui constate les contraventions, à l'effet d'en poursuivre le jugement, dont elle surveillera l'exécution.

12. Elle surveillera la fabrication des poinçons, matrices et carrés nécessaires au monnayage des espèces ; elle commettra un de ses membres pour être présent à la remise qui en sera faite au commissaire national par le graveur · cet administrateur visera les récépissés qui en seront délivrés par le commissaire national.

13. Pour prévenir les inconvéniens qui pourraient résulter de la différence des réactifs et substances employés aux essais, il sera établi, près de l'administration, un dépôt de ces réactifs et substances, où tous les essayeurs seront tenus de se pourvoir. La qualité de ces réactifs et substances sera vérifiée par l'inspecteur des essais, en présence d'un administrateur nommé à cet effet ; il en sera dressé procès-verbal par cet administrateur et l'inspecteur des essais.

14. L'administration rendra compte, chaque année, et toutes les fois qu'elle en sera requise, au directoire exécutif, des résultats de ses opérations ; elle lui remettra, chaque trimestre, un état de la quantité des espèces qui auront été fabriquées.

15. Les fonctionnaires des monnaies ne pourront s'absenter sans un congé par écrit de l'administration ; le congé sera visé par le commissaire national de l'hôtel ou de l'atelier monétaire.

16. Il ne pourra être placé dans un hôtel ou atelier monétaire aucun fonctionnaire public qui soit parent ou allié, jusqu'au quatrième degré exclusivement, d'aucun fonctionnaire du même hôtel ou atelier.

17. L'administration pourra employer à la fabrication et au monnayage telles machines, ou faire à celles qui y sont employées tels changemens qu'elle jugera plus économiques ou plus avantageux, sur l'avis de l'artiste mécanicien, après qu'il en aura constaté l'avantage par des expériences. Les frais de ces expériences seront payés par le caissier, sur les mémoires visés par l'administration, de la même manière que les frais d'entretien et de réparation des machines et des hôtels et ateliers des monnaies.

18. L'administration fixera les distributions des logemens destinés aux fonctionnaires des monnaies.

TITRE III. — Du commissaire national.

19. Le commissaire national exercera la police dans l'hôtel ou l'atelier des monnaies.

20. Il veillera principalement à ce que les réglemens qui concernent la fabrication des espèces soient exactement observés par toutes les personnes chargées de quelques fonctions relatives à cette manipulation.

21. Il cotera et paraphera les registres qui seront tenus par les autres fonctionnaires attachés au service de l'hôtel ou atelier monétaire. Il enverra, chaque décade, à l'administration et à la trésorerie nationale, un bordereau de situation de la caisse, tant en matières qu'en espèces.—Tous les mois il arrêtera les registres tenus par le directeur et le caissier ; il s'en fera délivrer des extraits, qu'il enverra, certifiés par lui, tant à l'administration qu'à la trésorerie nationale.

22. Il sera dépositaire des clefs de la salle de délivrance et de celle du monnayage.

23. Il sera pareillement dépositaire de l'étalon qui doit servir à la vé-

rification des poids. A Paris, l'étalon sera déposé au secrétariat de l'administration.

24. Il procédera, tous les trois mois, et plus souvent s'il le juge convenable, a la vérification des poids et balances autres que ceux d'essai.

25. Il sera chargé de recevoir de l'administration tous les carrés nécessaires à la fabrication ; il en fera la remise au contrôleur du monnayage, a mesure des besoins du service : il tiendra registre de l'emploi de ces carrés.

26 Il veillera à ce que les réparations à la charge des fonctionnaires soient exactement faites chaque année : quant a celles qui seront a la charge du trésor public, il y pourvoira lorsqu'elles seront tellement urgentes, qu'on ne pourrait les différer sans danger. Dans toute autre circonstance, il en informera l'administration, qui prendra les mesures nécessaires pour y pourvoir.

27. Il rendra compte à l'administration des détails qui pourront intéresser le bien du service, et de l'exactitude des fonctionnaires dans l'exercice de leurs fonctions.

28. S'il se commet quelque délit dans l'hôtel ou atelier monétaire, il en dressera procès-verbal, dont il remettra ou enverra, dans les vingt-quatre heures, expédition a l'accusateur public du tribunal de l'arrondissement, lequel sera tenu de lui en envoyer un reçu pour sa décharge ; et si les circonstances y donnent lieu, il fera arrêter les coupables, comme en cas de flagrant délit.

29. Le commissaire national pourra se faire aider, au bureau de la délivrance, par des personnes qu'il choisira, à la charge de demeurer personnellement responsable du poids des pièces et de la beauté des empreintes : dans ce cas, il adressera a l'administration, tous les mois, un état du nombre des personnes employées et des pièces fabriquées ; il lui sera accordé, s'il y a lieu, une indemnité proportionnée.

30. Dans le mois de vendémiaire de chaque année, le commissaire national de l'hôtel des monnaies de Paris fera difformer, en présence de deux administrateurs et du graveur, les poinçons et matrices hors d'usage. — Le contrôleur du monnayage sera de plus appelé et assistera a la difformation des carrés hors de service. — Dans les autres hôtels ou ateliers, le commissaire national fera difformer les carrés hors d'usage, en présence du contrôleur du monnayage.

31. Tous les ans, le commissaire national procédera, au plus offrant et dernier enchérisseur, en présence de la municipalité du lieu, et à Paris, en présence de l'administration, a la vente des poinçons, matrices et carrés qui auront été biffés.—Le produit en sera remis au caissier, qui en fera recette dans ses comptes.

32. Le commissaire national sera nommé par le directoire exécutif.

TITRE IV. — Du directeur de la fabrication

33. Le directeur recevra du caissier les matières destinées a être converties en espèces nationales.—Il inscrira sur un registre le titre et le poids de ces matières ; il en comptera d'après le poids et le titre auxquels il les aura reçues.

34. Il sera maître de ses fontes et alliages. Il fabriquera les flaons aux poids et titre déterminés par la loi. Aussitôt que les flaons auront été blanchis et marqués sur tranche, il les fera porter au bureau de délivrance. Il pourra employer, pour toutes les opérations relatives a la conversion des matières en flaons, tels ouvriers qu'il voudra : il sera seul responsable de la

perfection de cette opération, sous tous ses rapports.—Il se pourvoira, à ses frais, d'ouvriers pour le monnayage.—Il conviendra avec eux du salaire qu'il leur paiera ; il leur fournira les balances, mannes et autres ustensiles dont ils auront besoin.—Il sera responsable du titre, du poids et de la beauté des empreintes des pièces: celles qui seront trouvées défectueuses au bureau des délivrances, seront mises au rebut pour être refondues à ses frais.—Il mettra, sur les espèces qu'il fabriquera, le signe particulier ou différent dont il sera convenu avec l'administration. Il le fera insculper sur une planche de cuivre qui sera déposée à l'administration.—Les frais de fonte et de fabrication à la charge du directeur, et les déchets dans les fontes, seront réglés par le directoire exécutif, sur l'avis de l'administration.

35. La construction et l'entretien des fourneaux, des lingotières et de tous les outils servant à la fonte, seront à la charge du directeur.—Il pourvoira, à ses frais, à la dépense de toutes les réparations locatives et d'entretien du logement qu'il occupera.

36. La construction et l'entretien de toutes les machines servant à la fabrication et au monnayage, telles que laminoirs, coupoirs, balanciers, etc., les grosses réparations et l'entretien des couvertures et des laboratoires, seront à la charge du trésor public.—Le directeur sera responsable des accidens du feu.

37. Lorsqu'un directeur sera remplacé par un autre, lui ou ses représentans remettront à son successeur les ustensiles et outils servant à la fabrication ; le prix lui en sera payé d'après l'estimation qui en sera faite par deux experts, l'un choisi par l'ancien directeur ou ses représentans, et l'autre par son successeur.—Si les deux experts ne sont pas d'accord, le prix sera réglé par un tiers expert, nommé par l'administration.

38. Le directeur sera nommé par le directoire exécutif.

TITRE V. — Du contrôleur du monnayage.

39. Le contrôleur du monnayage recevra du commissaire national les carrés nécessaires au travail, et lui en donnera un récépissé.—Il les remettra au commissaire national lorsqu'ils seront hors de service ou non employés. — Il les fera gratter et repolir lorsqu'ils en auront besoin. — Les mémoires des frais qui en résulteront seront certifiés par lui, visés par le commissaire national, réglés par l'artiste mécanicien, et ordonnancés par l'administration.

40. Il recevra chaque jour, du commissaire national, les clefs de la salle du monnayage ; il les remettra au commissaire à la fin du travail.

41. Les flaons à monnayer, après avoir été pesés en masse au bureau de délivrance, par le commissaire national, seront remis au contrôleur du monnayage, qui en donnera son récépissé sur un registre à ce destiné.

42. Lorsque les flaons seront monnayés, le contrôleur les remettra au bureau de délivrance ; ils y seront de nouveau pesés en masse Si le poids de ces espèces est conforme à celui des flaons, il en sera fait mention sur le registre, pour servir de décharge au contrôleur.—Dans le cas contraire, il sera responsable envers le directeur.

43. Le contrôleur sera nommé par l'administration.

TITRE VI. — De l'inspecteur des essais.

44. L'inspecteur des essais surveillera les travaux des essayeurs, pour la vérification du titre des matières et des espèces ; il jugera les contestations qui pourraient s'élever sur le titre des matières et des espèces.

45. Il surveillera les travaux des artistes admis à concourir pour les places

de vérificateur des essais ou d'essayeur qui viendront à vaquer ; il remettra a l'administration le rapport des juges du concours, et il y joindra les observations dont il le croira susceptible.

46. Il sera admis et aura voix délibérative dans les séances de l'administration, toutes les fois qu'il y sera question d'objets concernant les essais.

47. Il proposera ses vues à l'administration sur le perfectionnement des opérations relatives aux essais.

48. Le dépôt des agens et substances nécessaires aux essais sera confié à sa garde : il tiendra registre de leur entrée et de leur sortie ; ce registre sera coté et paraphé par l'administration.

49. Il procédera tous les trois mois, et plus souvent s'il le juge convenable, à la vérification des poids et balances d'essai.

50. Lors de la vacance de la place d'inspecteur des essais, il sera pourvu au remplacement, d'après un concours dont les juges seront cinq chimistes choisis par le directoire exécutif.—L'examen des candidats sera fait en présence d'un commissaire du directoire exécutif et de deux administrateurs. —Sur le rapport des cinq juges, le directoire exécutif nommera à la place d'inspecteur des essais.

TITRE VII. — Du vérificateur des essais.

51. Le vérificateur des essais vérifiera le titre des matières et espèces qui aura été indiqué par les essayeurs, et celui de l'or et de l'argent fin provenant des affinages. Cette vérification se fera en présence de l'inspecteur des essais.

52. Il ne pourra faire d'essai pour son propre compte.

53. Le vérificateur des essais choisira un poinçon qu'il fera insculper sur une planche de cuivre déposée au secrétariat de l'administration.

54. Il inscrira sur un registre particulier à ce destiné la quantité et le titre des espèces dont il aura fait la vérification, avec la date de leur fabrication et celle du jour de la vérification.

55. Il pourra vérifier le titre des espèces étrangères et des matières appartenant à des particuliers, et qui auront été précédemment essayées ; il inscrira sur son registre le poids des lingots et le nom des propriétaires ; il ne pourra les rendre qu'après avoir apposé sur chaque lingot le numéro sous lequel il sera porté sur son registre, et l'empreinte de son poinçon.

56. L'indemnité qu'il percevra pour ces objets sera la même que celle accordée aux essayeurs.

57. Lorsque la place de vérificateur des essais sera vacante, il sera pourvu au remplacement, d'après un concours dont les juges-examinateurs seront l'inspecteur des essais et deux chimistes choisis par l'administration, à laquelle ils feront leur rapport. Cet examen sera public, et fait en présence d'un commissaire du directoire exécutif et d'un administrateur.

TITRE VIII. — Des essayeurs.

58. Lorsqu'une place d'essayeur sera vacante, l'administration instruira le public, par une affiche, du jour où le concours sera ouvert aux aspirans. Les juges seront l'inspecteur et le vérificateur des essais, qui procéderont à l'examen en présence de deux administrateurs : cet examen sera public.

59. Les citoyens qui se présenteront pour exercer les fonctions d'essayeur pour le commerce, subiront le même examen sans concours.—Lorsqu'ils auront été jugés posséder les qualités requises pour leurs fonctions, l'administration leur délivrera un certificat de capacité.

60. Les essayeurs des monnaies et ceux du commerce choisiront un poinçon qu'ils feront insculper sur une planche de cuivre déposée au secrétariat de l'administration : ceux du commerce en déposeront une semblable au grefe du tribunal de commerce de leur arrondissement ; ils y feront enregistrer leur certificat de capacité.

61. Les essayeurs de la monnaie indiqueront le titre des espèces fabriquées; ils y procéderont conformément aux instructions arrêtées par l'administration Ils inscriront sur un registre particulier à ce destiné la quantité et le titre des espèces dont ils auront fait les essais, avec la date de leur fabrication et celle du jour de l'essai.

62. Ils pourront essayer les espèces étrangères et les matières qui leur seront remises par le public; ils inscriront sur leur registre le poids des métaux qu'ils essaieront, et le nom des propriétaires : ils ne pourront les rendre qu'après avoir apposé sur chaque lingot le numéro sous lequel il sera porté sur le registre, et l'empreinte de leurs poinçons.

63. Ils ne pourront, sous aucun prétexte, employer pour leurs opérations d'autres agens et substances que ceux dont ils seront tenus de se pourvoir au dépôt établi près l'administration. Les agens et charbons qui serviront à la détermination du titre des espèces, leur seront fournis par la nation.

64. Les essais qu'ils feront pour le compte des particuliers, leur seront payés conformément au prix qui sera déterminé par le directoire exécutif; en conséquence, ils seront tenus de rendre aux propriétaires des matières les cornets et boutons d'essai.

65. En cas de maladie ou d'absence d'un des essayeurs, l'administration commettra provisoirement à l'exercice de ses fonctions la personne qui lui sera proposée par ce fonctionnaire; et, dans ce cas, l'essayeur demeurera responsable de ses opérations, et chargé de son traitement. S'il ne proposait pas son suppléant, il y serait pourvu par l'administration.

TITRE IX. — Du graveur.

66. Lorsqu'il y aura lieu au remplacement du graveur, il sera ouvert un concours dont les juges examinateurs seront deux graveurs, un peintre et deux sculpteurs choisis par le directoire exécutif, auquel ils feront leur rapport. L'examen sera fait en présence d'un commissaire du directoire exécutif et de deux administrateurs.

67. Le graveur sera chargé de la fabrication des poinçons, matrices et carrés nécessaires au monnayage des espèces. Les prix en seront déterminés par le directoire exécutif, sur la proposition de l'administration · il en sera payé en représentant les récépissés qui lui en auront été délivrés par l'administration, après l'épreuve des carrés.

68. Les carrés seront éprouvés en présence d'un membre de l'administration, du commissaire national et du contrôleur du monnayage. Il en sera dressé procès-verbal. Les carrés seront ensuite déposés près l'administration.

69. Le graveur mettra sur les carrés qu'il fabriquera, le signe particulier ou différent dont il sera convenu avec l'administration. Il le fera insculper sur une planche de cuivre qui sera déposée au secrétariat de l'administration.

TITRE X. — De l'artiste mécanicien chargé de la surveillance des machines.

70. L'artiste mécanicien sera nommé par le directoire exécutif.

71. Il surveillera la fabrication et l'entretien des machines des hôtels et ateliers monétaires. Il proposera a l'administration ses vues sur le perfec-

tionnement des machines ; il en réglera les mémoires de construction et réparation.

TITRE XI. — De l'artiste chargé de la fabrication des poids et balances d'essai.

72. Cet artiste sera nommé par l'administration, sur la présentation de l'artiste mécanicien.

73. Il fournira les poids et balances d'essai qui servent au jugement de la fabrication des monnaies, et fera les réparations dont elles sont susceptibles : il en sera payé sur ses mémoires réglés par l'artiste mécanicien, et ordonnancés par l'administration.

74. Il sera tenu de vérifier et d'étalonner sans frais tous les poids et balances employés dans les hôtels et ateliers monétaires, en présence d'un administrateur qui en dressera procès-verbal.

TITRE XII. — Du caissier (1).

75. Le caissier sera chargé de la recette au change. — Il inscrira sur un registre le nom du propriétaire, le poids, le titre et la valeur des matières reçues au change.

76. Les espèces étrangères et les espèces nationales hors de cours seront payées au change, conformément au tarif décrété le 26 pluviose an 2. — Aucun autre objet n'y sera reçu et payé qu'il n'ait été préalablement revêtu du poinçon d'un essayeur, et accompagné d'un bulletin de sa part, ou du poinçon d'un orfèvre, comme il va être dit dans l'article suivant.

77. A défaut d'empreinte du poinçon d'un essayeur, le titre pourra être certifié par un orfèvre qui y aura apposé son poinçon ; mais, dans ce cas, le propriétaire ne recevra provisoirement, et par a-compte, que jusqu'a concurrence des trois quarts de la valeur présumée de l'objet, d'après le titre annoncé par l'orfèvre. — Dans ce dernier cas, il sera coupé, dans le laboratoire de la monnaie, en présence du directeur ou d'un préposé de sa part, du caissier et du propriétaire, une portion de matière qui sera pesée et mise sous enveloppe avec les cachets du directeur, du caissier et du propriétaire. Le paquet sera remis au commissaire national avec le numéro de l'objet, pour être adressé à l'administration a Paris, et en faire déterminer le titre.

78. Ces formalités n'auront cependant lieu que dans le cas où le directeur déclarerait ne vouloir pas s'en charger au titre annoncé par l'orfèvre.

79. Le directeur est autorisé a percevoir le même droit que les essayeurs, sur les matières apportées au change, et qu'il essaierait lui-même. Le directeur de la monnaie de Paris est seul excepté de cette disposition.

80. Indépendamment des matières apportées au change, le caissier recevra celles qui lui seront adressées par la trésorerie nationale, pour être converties en espèces.

81. Il livrera au directeur, sous récépissés, les matières nécessaires à la fabrication.

82. Il se chargera en recette des espèces fabriquées, à mesure qu'elles lui seront délivrées par le commissaire national.

83. Il fera parvenir ces espèces à la trésorerie nationale.

84. Il enverra, toutes les décades, a la trésorerie nationale, le bordereau de sa caisse, tant en matières qu'en espèces.

85. Il acquittera les dépenses courantes de l'hôtel ou atelier monétaire, certifiées par le commissaire national.

---

(1) Voyez, sur la nomination du caissier, le décret du 28 du même mois.

TITRE XIII. — De la délivrance des flaons des espèces d'or et d'argent.

86. Lors de la présentation des flaons au bureau de délivrance par le directeur, le commissaire national en fera vérifier le poids en sa présence et celle du contrôleur du monnayage. Les flaons qui se trouveront hors des limites de poids déterminées par la loi, seront mis au rebut, et seront refondus en présence du commissaire national. Il en sera de même pour les flaons qui auraient des défauts de fabrication.

87. Il sera dressé procès-verbal de cette opération, signé du commissaire national, du directeur et du contrôleur du monnayage.

TITRE XIV. — De la délivrance des espèces.

88. Lors de la remise des espèces au bureau de délivrance par le contrôleur du monnayage, les espèces seront pesées en masse, en présence du commissaire national, du directeur, u contrôleur de monnayage et du caissier ; il en sera dressé procès-verbal.—Le commissaire national vérifiera ensuite la beauté des empreintes : s'il s'en trouve de défectueuses, ces pièces seront mises au rebut, cisaillées et refondues en présence du commissaire national.

89. Le caissier prendra, au hasard, six pièces sur toutes les autres ; le poids de ces six pièces sera constaté. Elles seront mises dans un paquet portant les cachets du commissaire national, du directeur et du caissier. Ce paquet sera adressé, par le prochain courrier, a l'administration, par le commissaire national.

90. La masse restante des pièces sera remise au caissier, après que son poids et le nombre des pièces auront été constatés.

91. Il sera dressé procès-verbal de ces opérations, signé du commissaire national, du directeur et du caissier ; il en sera adressé une expédition a l'administration par l'inspecteur national.

TITRE XV. — Du jugement du titre des pièces d'or et d'argent.

92. L'administration indiquera le jour du jugement. L'inspecteur des essais se rendra au lieu des séances de l'administration.

93. Les cachets reconnus sains, le président de l'administration ouvrira le paquet, et vérifiera le poids des pièces indiquées dans le procès-verbal de délivrance.

94. Il en sera remis trois à l'inspecteur des essais, qui les fera laminer pour les difformer, et y apposera un poinçon de marque, après les avoir pesées séparément.—Il en remettra une à chacun des deux essayeurs, et gardera la troisième pour la remettre au vérificateur, s'il y a lieu.—Les essayeurs opéreront chacun séparément, dans le laboratoire de l'inspecteur des essais. Ils donneront leurs résultats dans le jour et par écrit.

95. Le poids d'essai, pour l'or, sera de huit dixièmes de gramme (1).

96. Le poids d'essai, pour l'argent, sera d'un gramme et trois dixièmes de gramme.

97. Si les rapports des deux essayeurs sont d'accord, le titre sera jugé d'après ce rapport.

98. Si les rapports des deux essayeurs ne sont pas d'accord, le vérificateur procédera, en présence de l'inspecteur des essais, a la vérification du titre.

99. Si le rapport du vérificateur est d'accord avec celui d'un des essayeurs le titre sera jugé d'après ce rapport.

_____

(1) Les dispositions de cet article et du suivant ont été remplacées par l'art. 3 du décret du 28 du même mois.

100. Si le titre annoncé par le vérificateur est compris entre ceux déterminés par les essayeurs, le jugement sera fait d'après le titre moyen des trois essais.

101. Si le titre annoncé par le vérificateur n'est point compris entre ceux déterminés par les essayeurs, il sera fait un nouvel essai par le vérificateur, sous les yeux de l'inspecteur des essais, de la manière suivante.

10². Il sera pris partie égale de chacune des trois pièces, pour faire un nouvel essai. Le résultat déterminera le jugement du titre, s'il n'en est pas autrement ordonné par l'inspecteur des essais. – Les essayeurs et le vérificateur remettront à l'inspecteur des essais le restant des feuilles, ainsi que les boutons et cornets d'essai, pour faire les expériences ultérieures qu'il jugera convenables.

103. Si l'inspecteur des essais reconnaissait qu'il y eût lieu à un nouvel examen, il ferait procéder, sous ses yeux, à une nouvelle vérification par le vérificateur des essais, conformément à ce qui est prescrit par l'article 105. —Ce dernier résultat déterminera le jugement du titre.

104. Il sera dressé procès-verbal de ces opérations, signé de l'inspecteur, du vérificateur des essais, et des essayeurs. Il en sera remis expédition à l'administration.

105. A la fin de chaque année, l'inspecteur des essais remettra au caissier le restant des feuilles; le caissier lui en donnera décharge. Les pièces restant à l'administration seront prises en recette par le caissier, qui en comptera à la trésorerie nationale.

106. L'administration enverra le jugement au commissaire national, qui l'inscrira sur son registre, et en donnera copie certifiée au directeur et au caissier.

107. Si le titre est jugé dans les limites prescrites par la loi, le caissier s'en chargera en recette, pour en compter à la trésorerie nationale.

108. Si le titre est jugé hors des limites prescrites par la loi, les pièces seront remises par le caissier au directeur, en présence du commissaire national, après avoir été cisaillées : elles seront refondues en présence du commissaire national.

TITRE XVI. — De la vérification et de la délivrance de la petite monnaie.

109. Lors de la présentation des flaons au bureau de la délivrance, soit par le directeur, soit par un entrepreneur particulier, le commissaire national mettra au rebut, pour être refondus en sa présence, ceux qu'il jugerait mal fabriqués ou de mauvaise qualité.

110. Les flaons restans seront pesés par vingt kilogrammes, en présence du commissaire national, du directeur, de l'entrepreneur, et du contrôleur du monnayage.

111. Sur chaque pesée de vingt kilogrammes, le commissaire national prendra au hasard trois cents pièces, qui seront séparées en trois parties égales. Chacune de ces trois parties sera pesée séparément, et l'on déterminera le rapport du poids des pièces de chaque partie avec le poids légal. De la réunion de ces trois résultats, il sera formé un résultat unique, d'après lequel on jugera si la fabrication des flaons se trouve dans les termes de tolérance fixés par la loi.

112. Lorsque le poids des flaons sera jugé hors de la loi, toute la fabrication sera remise, soit au directeur, soit à l'entrepreneur, qui sera tenu de la refondre à ses frais, en présence du commissaire national.

113. Lorsque le poids des flaons sera jugé dans les termes de la loi, ils seront remis par poids au contrôleur du monnayage, lequel les fera monnayer.

114. Après le monnayage, le contrôleur du monnayage apportera les espèces au bureau de la délivrance. Le poids en sera constaté en sa présence.

115. Le commissaire national examinera les espèces, et mettra au rebut celles qui seraient défectueuses, pour être refondues en sa présence, aux frais du directeur. Le poids des pièces restantes sera constaté. Le commissaire national prendra au hasard quatre pièces qu'il enverra, sous son cachet, a l'administration : le reste sera délivré au caissier.

116. De toutes ces opérations il sera dressé procès-verbal, qui sera signé par toutes les personnes qui y auront assisté. — Copie du procès-verbal sera adressée à l'administration, qui en enverra un extrait à la trésorerie nationale et au directeur ou à l'entrepreneur.

TITRE XVII. — Des salaires attribués aux fonctionnaires des monnaies.

117. Le traitement annuel des fonctionnaires des monnaies demeure fixé ainsi qu'il suit : — Pour chaque administrateur et inspecteur des essais, l'équivalent de trois mille myriagrammes de grains ; le commissaire national, le vérificateur des essais, le caissier et l'artiste mécanicien, a chacun deux mille cinq cents myriagrammes ; a chacun des essayeurs, quinze cents myriagrammes ; le contrôleur du monnayage, douze cents myriagrammes ; le directeur, deux mille myriagrammes.—Le graveur, et l'artiste chargé de la fabrication des poids et balances, seront payés sur leurs mémoires réglés par l'artiste mécanicien, visés par le commissaire national, et ordonnancés par l'administration.

118. Les salaires ci-dessus seront payés par le caissier, sur simples mémoires visés par l'administration.

119. Les mémoires de construction, entretien et réparation des hôtels ou ateliers monétaires, seront certifiés par le commissaire national, et ordonnancés par l'administration. — Les mémoires de construction, entretien et réparation de machines, seront certifiés par le commissaire national, réglés par l'artiste mécanicien, et ordonnancés par l'administration.

120. Chaque année, l'administration présentera au directoire exécutif, qui le proposera au corps législatif, — 1° L'état des frais de bureau, de construction, entretien et réparation des hôtels, ateliers monétaires, et des machines ; — 2° Celui des frais de fabrication des poinçons, matrices et carrés, des poids et balances ; — 3° Celui des frais de fabrication des flaons et de monnayage des espèces

121. Toutes dispositions contraires au présent décret sont et demeurent abrogées.

N° 244. = 23 vendémiaire an 4 (15 octobre 1795).=DÉCRET *relatif à l'envoi, aux agens de la liquidation, des papiers concernant l'actif et le passif des émigrés* (1). (I, Bull. CXCVII, n° 1177; B., LIX, 214.)

Art. 1er. Les scellés apposés sur les papiers des émigrés, et non encore levés, seront, a la diligence des procureurs-généraux-syndics des départemens, levés dans deux décades, à compter de la publication du présent décret, et il sera procédé de suite a l'inventaire de tout ce qui se trouvera sous lesdits scellés.

2. Les papiers, titres, actes et pièces servant de renseignement sur l'actif et le passif des émigrés, qui se sont trouvés sous les scellés déja levés, et ceux qui se trouveront sous les scellés dont l'article précédent ordonne la

_____

(1) Voyez, dans le § 3 des notes qui accompagnent le titre du décret du 9—12 février 1792, l'énonciation des lois concernant les biens des émigrés.

levée, seront immédiatement adressés, pour ce qui est relatif à chacun des
émigrés, a la diligence des procureurs-généraux-syndics, aux divers agens
de la liquidation des créances et dettes des émigrés, chacun en ce qui le
concerne.

3. Les membres des autorités constituées, les officiers publics, et tous autres individus, détenteurs d'actes publics, seront tenus, à la première réquisition qui leur en sera faite, d'en donner communication ou de fournir
des expéditions, aux agens de la liquidation, des papiers, titres, actes et
pièces relatifs à l'actif et passif des émigrés, qui seront en leur possession.

N° 245. = 23 vendémiaire an 4 (15 octobre 1795). = DÉCRET *sur les récusations de juges* (1). (I, Bull. CXCVII, n° 1176 ; B., LIX, 215.)

Art. 1er. Chaque partie civile, chaque accusé, peut par soi ou par son fondé
de pouvoir, dans les cas et dans les formes ci-après déterminés, récuser un
juge ou suppléant, sans en exprimer le motif. Cette récusation sera appelée
péremptoire. Elle ne préjudiciera point au droit de proposer, contre les autres juges, des récusations, sur des motifs légitimes.

2. Dans les affaires civiles susceptibles d'être jugées en dernier ressort, la
récusation péremptoire pourra être exercée, — 1° Contre les juges des tribunaux de commerce de terre et de mer, qui seront remplacés par des suppléans, et, à leur défaut, par des négocians ou armateurs appelés par les
juges ou suppléans non récusés ; — 2° Contre les juges des tribunaux civils
de département, qui seront remplacés d'abord par d'autres juges de la même
section ; a leur défaut, par ceux d'une autre section, et enfin par des suppléans.

3. Dans les affaires qui ne doivent être jugées qu'en première instance,
comme dans celles qui doivent l'être en dernier ressort, tout juge, suppléant
ou commissaire délégué par un tribunal de commerce de terre ou de mer,
ou par un tribunal civil de département, pour faire une enquête, diriger
des expertises, ou dresser des procès-verbaux instructifs et préparatoires,
peut être récusé *péremptoirement* par l'une des parties. Celui qu'on lui
substitue peut l'être par l'autre partie. Les nominations sont notifiées a cet
effet par l'une ou l'autre, trois jours à l'avance (2).

4. Les récusations péremptoires peuvent avoir lieu contre les juges du
tribunal criminel de département, lorsqu'ils jugent les appels des tribunaux
de police correctionnelle ; ils sont momentanément remplacés par des juges
du tribunal civil —Elles ont lieu aussi contre les mêmes juges du tribunal
criminel, le président excepté, lorsqu'il s'agit d'affaires instruites d'après un
jury d'accusation. Elles sont exercées a la même époque et dans les mêmes
formes que les récusations des jurés.—Les officiers remplissant le ministère
public ne sont récusables péremptoirement dans aucun cas (3).

5. Aucune des récusations dont il est parlé ci-dessus ne peut être faite en

---

(1) Voyez, sur la récusation en matière criminelle, le code du 3 brumaire an 4 (25 octobre
1795), art. 502 et suiv.; et les art. 399 et suiv., et 542 du Code d'instruction criminelle de 1808.
Et, sur la récusation en matière civile, les art. 44 et suiv., 83, 195, 237, 308, 311 et suiv.,
378 et suiv, et 1014 du Cod proc. civ.

(2) Sous l'empire de cette disposition, la récusation péremptoire ne pouvait avoir lieu à l'égard
des arbitres de commerce. Cass. 13 germinal an 12, Sir., IV, 1, 256, et VII, 2, 1163. — Et
lorsqu'en contravention à la loi, une partie récusait péremptoirement plus d'un juge, la récusation
était nulle et non avenue; et tous les juges récusés pouvaient prendre part au jugement Cass.,
16 prairial an 12, Sir., VII, 2, 1164.

(3) Le code du 3 brumaire an 4 a aboli la récusation péremptoire pour les matières criminelles,
correctionnelles, et de police. Cass, 8 thermidor an 8, Sir., I, 2, 426; Bull. crim., V, 276.

présence des juges assemblés ; elles seront notifiées en la personne du greffier ou de son substitut , qui en donnera récépissé au moins trois jours francs avant celui indiqué pour le jugement (1).

6. Dans les tribunaux civils, divers individus réunis par le même intérêt, prenant les mêmes conclusions, ne sont considérés collectivement que comme une seule partie, et sont tenus de se concerter pour une seule récusation péremptoire.

7. Dans les tribunaux criminels , les co-prévenus ou co-accusés pourront exercer chacun leur récusation péremptoire.

8. Dans les tribunaux civils et criminels , lorsque le nombre de récusations péremptoires est tel , que , dans le lieu où l'affaire est pendante , il devient impossible de former le tribunal par des remplacemens, l'affaire est renvoyée au tribunal de même genre le plus voisin ; mais, dans le tribunal saisi par renvoi, il ne pourra être exercé aucune récusation péremptoire.

N° 246.=23 vendémiaire an 4 (15 octobre 1795). = DÉCRET *relatif au paiement des arrérages des pensions dues aux créanciers des parens des émigrés dont la succession est ouverte au profit de la nation.* (I, Bull.'cxcv, n° 1170 ; B. , LIX , 217.)

La convention nationale décrète ce qui suit : — Les dispositions de l'article 75 de la loi du 1er floréal an 3 sont applicables aux créanciers des parens d'émigrés dont la succession est ouverte au profit de la nation : en conséquence, les arrérages des pensions, soit perpétuelles, soit viagères, dues a ces créanciers, continueront de leur être payés conformément audit article, jusqu'a la liquidation définitive ; et, dans ce cas seulement, la preuve de la solvabilité du débiteur sera faite dans la forme établie par l'article 45 de la même loi, sans préjudice néanmoins de l'exécution de l'article 112 , si la succession débitrice est indivise avec des co-héritiers non émigrés.

N° 247. = 23 vendémiaire an 4 (15 octobre 1795). = DÉCRET *relatif aux réparations du canal des Deux-Mers, et aux droits à percevoir sur ce canal.* (I, Bull. cxcv, n° 1169 ; B., LIX, 218.)

Art. 1er. La commission des revenus nationaux est autorisée à faire fournir successivement, sur les fonds mis à sa disposition, et jusqu'a concurrence seulement de quatre millions, les sommes nécessaires pour pourvoir aux réparations urgentes du canal des Deux-Mers, par supplément aux produits dudit canal ; a l'ef et de quoi, la section de la trésorerie du comité des finances fera prendre les mesures les plus faciles d'exécution.

2. A compter du jour de la publication du présent décret, les droits a percevoir sur les voyageurs et sur les marchandises transportés sur ledit canal, seront provisoirement exigés a dix fois la valeur de ceux fixés par le tarif de 1684.

3. Le comité fera très incessamment un rapport sur la révocation de la concession dudit canal, faite à *Riquet*, ainsi que sur les moyens de rendre l'administration de cette importante propriété utile et avantageuse a la république.

N°.248. = 23 vendémiaire an 4 (15 octobre 1795). = DÉCRET *qui détermine*

---

(1) Par le mot *jugement*, il faut entendre *plaidoiries*, c'est-a-dire que la récusation péremptoire devait être proposée trois jours avant les plaidoiries, et non après les plaidoiries commencées ou terminées, et trois jours avant celui indiqué pour la prononciation du jugement. Paris, 25 prairial an 10, SIR., II, 2, 296 ; et Cass., 4 nivose an 12, SIR., IV, 2, 78.

les cas dans lesquels on pourra liquider sur un héritier émigré les créan-
ces d'une succession acceptée par cet héritier avant son émigration.
(I, Bull. cxcv, n° 1171 ; B., LIX , 219.)

Art 1er. Lorsqu'un héritier aura, avant son émigration, accepté purement
et simplement une succession, soit par un acte exprès d'acceptation en
forme authentique, soit en s'emparant de tout ou partie des biens de la succession sans inventaire, les créanciers de la succession pourront être liquidés
directement sur l'héritier émigré, preuve préalablement faite de sa solvabilité
personnelle.

2. Dans le cas où la succession n'aurait été acceptée que par bénéfice
d'inventaire, les créances sur la succession seront liquidées sur la preuve
de la solvabilité de la succession, de la manière établie par la loi du 1er floréal
dernier.

3. Soit que la succession ait été acceptée purement et simplement, soit
qu'elle ait été acceptée par bénéfice d'inventaire, les créanciers de l'émigré
pourront demander leur liquidation pour la totalité ou partie de leurs créances sur la succession qui lui était échue, en justifiant par le certificat de
l'administration du département ou du liquidateur a Paris, que tous les
créanciers de la succession qui avaient déposé leurs titres ont été liquidés,
et que, d'après l'actif constaté conformément aux dispositions de l'article 115,
il reste de quoi les payer en totalité ou en partie.

4. Les créanciers qui prétendront droit en vertu de l'acceptation qui aurait été faite de la succession, soit purement et simplement, soit par bénéfice d'inventaire, seront tenus de prouver par pièces authentiques le droit
qu'avait a la succession celui de l'acceptation de qui ils voudront se prévaloir.

5. Il n'est pas dérogé, par les dispositions des trois articles qui précèdent,
aux dispositions de l'article 112 de la loi du 1er floréal an 3, qui seront aussi
préalablement observées dans le cas prévu auxdits articles.

N° 249.=25 vendémiaire an 4 (17 octobre 1795). ⸺ DÉCRET *sur l'organisa-*
tion de la bibliothèque nationale. (B., LIX, 222.)

N° 250. = 25 vendémiaire an 4 (17 octobre 1795). = DÉCRET *qui détermine*
un mode pour la perception du droit proportionnel d'enregistrement sur
les actes publics dans lesquels les prix auront été stipulés en numéraire
métallique, etc. (I, Bull. cxcvii, n° 1178 ; B., LIX, 224.)

La convention nationale, après avoir entendu son comité des finances,
décrète que, sur tous les actes publics dans lesquels les prix ou estimations auront été stipulés en numéraire métallique, ou en valeur de 1790,
ou autre valeur qui surpasse la valeur nominale de l'assignat, le droit
proportionnel d'enregistrement sera perçu ou en numéraire métallique, ou
en assignats au cours actuel du change. — La commission des revenus nationaux est chargée de faire rentrer les droits dus a la nation, suivant la
proportion mentionnée au présent décret, contre ceux qui n'auraient payé
les droits sur lesdits actes qu'en valeur nominale, attendu que lesdits paiemens n'ont pu être faits qu'en fraude du droit d'enregistrement. La convention annule tous jugemens ou décisions qui seraient intervenus au contraire.

N° 251.=25 vendémiaire an 4 (17 octobre 1795). = DÉCRET *qui suspend toute*
contestation ayant pour objet la résiliation d'une vente judicielle, etc.
(I, Bull. cxcvii, n° 1179 ; B., LIX, 226.)

Art. 1er. Tous procès sur appel de jugemens portant vente ou adjudication par décret, sur 'lesquels il n'a pas été prononcé; toutes contestations ayant pour objet la résiliation d'une vente judicielle, contre laquelle on ne se serait pas pourvu avant le décret du 4 nivose de l'an 3, qui rapporte la loi du *maximum*, demeurent provisoirement suspendus.

2. La convention renvoie a son comité de législation, pour lui proposer un moyen de terminer ces contestations.

N° 252. = 26 vendémiaire an 4 (18 octobre 1795). = DÉCRET *qui suspend l'exécution de l'article 13 de celui du 3 vendémiaire dernier, relatif aux enfans nés hors mariage.* (I, Bull. CXCVII, n° 1180; B., LIX, 228.)

La convention nationale décrète que l'exécution de l'article 13 de la loi du 3 de ce mois, relatif aux enfans nés hors mariage (1), demeure suspendue; et renvoie à son comité de législation, pour en faire un rapport sous trois jours, la proposition faite d'examiner s'il y a lieu a rapporter la loi du 12 brumaire an 2.

N° 253. = 27 vendémiaire an 4 (19 octobre 1795). = DÉCRET *relatif aux porteurs de billets gagnans à la première loterie nationale de maisons, meubles et effets* (2). (I, Bull. CXCVII, n° 1181; B., LIX, 233.)

Art. 1er. Tous porteurs de billets gagnans à la première loterie nationale de maisons, meubles et effets, établie par le décret du 29 germinal dernier, dont le tirage a été fait les 2 et 12 fructidor dernier, qui n'auront pas réclamé les lots à eux échus, dans le délai de six mois à compter du jour de la publication du présent décret, seront déchus de toute prétention, et l'objet de leur lot restera au profit de la république.

2. Les porteurs de billets gagnans de la seconde loterie, et des subséquentes qui pourraient être établies par la suite, auront un pareil délai de six mois, à compter du jour de la clôture du tirage de chaque loterie, pour réclamer les lots qui leur seront échus : ce délai expiré, ils seront pareillement déchus de toute prétention sur l'objet de leur lot, qui restera également au profit de la république.

N° 254. = 27 vendémiaire an 4 (19 octobre 1795). = DÉCRET *relatif aux certificats de civisme à produire par les citoyens qui réclament l'indemnité des pertes éprouvées par l'invasion de l'ennemi* (3). (I, Bull. CXCVII, n° 1182; B., LIX, 234.)

N° 255. = 28 vendémiaire an 4 (20 octobre 1795).=DÉCRET *contenant des changemens et additions à ceux des 28 thermidor et 22 vendémiaire derniers, sur les monnaies.* (I, Bull. CXCVIII, n° 1184; B., LIX, 239.

Art. 1er. La rédaction du dernier alinéa de l'article 6 de la loi du 28 thermidor dernier sur les monnaies, conçue en ces termes, *La tranche portera ces mots*, GARANTIE NATIONALE, est rapportée.—Elle est définitivement décrétée de la manière suivante : *La tranche des pieces de cinq francs portera ces mots*, GARANTIE NATIONALE.

_____

(1) Cet art. 13 porte que le décret du 12 brumaire an 2 n'aura d'effet qu'à partir du jour de sa publication. — Voyez le décret de brumaire et les notes; et surtout la loi du 15 thermidor an 4 (2 août 1796), et les notes.

(2) Voyez le décret du 8 prairial an 3 (27 mai 1795), sur le mode de distribution des lots de cette loterie, et les notes.

(3) Voyez la note qui accompagne le décret du 14—16 août 1793.

2. Article additionnel au titre XII de la loi du 22 vendémiaire sur les monnaies : —*Le caissier sera nommé par le directoire exécutif.*

3. Les articles 95 et 96 du titre XV de la loi du 22 vendémiaire sur les monnaies, sont rapportés.— L'article suivant leur est substitué : *Le poids d'essai, tant pour l'or que pour l'argent, sera d'un gramme.*

Nº 256. = 28 vendémiaire an 4 (20 octobre 1795). = DÉCRET *qui ordonne l'ouverture d'une avenue en face du pavillon du milieu du palais du Luxembourg jusqu'au boulevard.* (B., LIX, 241.)

Nº 257. = 28 vendémiaire an 4 (20 octobre 1795). = DÉCRET *sur la police de la bourse* (1). (I, Bull. CXCVIII, nº 1183 ; B., LIX, 243.)

La convention nationale, sur le rapport de ses comités de salut public et des finances ; — Considérant que l'ordre, et la liberté qui en est la suite, doivent régner dans l'enceinte de la bourse ; que la sûreté du commerce exige que les fonctions des agens de change et courtiers de marchandises soient classées et déterminées ; — Que cette liberté et cette sûreté, nécessaires au commerce, ne peuvent être confondues avec la licence et le trafic de l'agiotage ; que le négociant honnête a réclamé et obtenu, dans tout pays commerçant, des lois protectrices sur la légalité de ses opérations, et qui en assurent l'exécution, tandis que l'agioteur a cherché partout à les violer et a s'y soustraire ;—Que celui-là est agioteur criminel, qui, par choix, met son intérêt en compromis avec son devoir, en faisant des opérations d'une nature telle, qu'elles ne peuvent lui rapporter quelque bénéfice qu'au détriment de la chose publique ; que tel est le cas de celui qui achète à terme des matières ou espèces métalliques, dans la coupable espérance que le jour où le marché se réalisera, les espèces auront hausse de valeur, et la monnaie nationale aura perdu la sienne ; que tel est encore le cas de celui qui, sans besoin de commerce, achète, accapare des lettres de change sur l'étranger, dans l'espoir de les revendre avec bénéfice lorsque l'assignat sera déprécié ; que celui qui vend à terme sans avoir des intentions aussi blâmables, s'expose, par son imprudence, à produire les mêmes effets, savoir, l'avilissement de l'assignat, le renchérissement de toutes les marchandises et de tous les objets de première nécessité ; — Considérant que de pareilles spéculations sont immorales, destructives de tout système économique, de tout crédit national, et ne peuvent être conçues et opérées que par des égoïstes ou des ennemis de la chose publique ; — Considérant enfin que l'indulgence trop prolongée envers les agioteurs a pu seule les encourager dans leurs coupables attentats contre la chose publique, décrète ce qui suit (2).

---

(1) Voyez la loi du 28 ventôse an 9 (19 mars 1801), portant établissement de bourses de commerce, et les notes qui résument la législation.

(2) Le préambule qui précède proscrit formellement les marchés à terme, et son texte a été invoqué dans toutes les discussions relatives à la validité de ces marchés que la jurisprudence, d'abord incertaine, a fini par condamner. — Voyez, sur la vente ou négociation des fonds publics et sur l'agiotage, les arrêts du conseil du roi des 7 août 1785, 22 septembre 1786 et 14 juillet 1787, qui sont encore en vigueur dans une partie de leurs dispositions ; le decret du 21 avril (14, 19 et)—8 mai 1791 ; celui du 13 fructidor an 3 (30 août 1795) ; celui du 20 vendémiaire an 4 ; les art. 1965 et 1967 du Cod. civ., sur les dettes de jeu ; l'art. 90 du Cod. comm ; les art 421 et 422 du Cod. pén. ; et l'ordonnance du 12—18 novembre 1823, portant autorisation de coter à la bourse les emprunts des gouvernemens étrangers.

Voyez encore l'opinion de Merlin sur l'effet combiné des arrêts du conseil de 1785, 1786 et

CHAPITRE Ier. — *De la police de la bourse.*

Art. 1er. La bourse, c'est-à-dire le lieu ou se rassemblent les négocians et marchands munis de patentes, pour leurs opérations de banque ou de commerce, s'ouvrira a onze heures jusqu'a une heure pour les ventes et achats de matières et espèces métalliques, et depuis une heure jusqu'a trois heures pour les opérations de banque et les négociations de lettres de change.

2. Aucun pouvoir militaire n'exercera de fonctions dans l'intérieur de la bourse, et sa police ne sera soumise qu'a la surveillance de la police administrative.

3. L'administration de police disposera des moyens les plus actifs pour rendre facile et accessible l'entrée de la bourse, et dissiper tout attroupement.

4. Le local intérieur de la bourse sera disposé de manière que chaque négociant et marchand puisse s'y choisir une place fixe déterminée, tant dans les salles que dans les jardins du bâtiment.

1787, du décret du 28 vendémiaire an 4 et du Code pénal; et celle de M. Carnot, sur le même sujet. Sir., XXIV, 2, 3 43 et 344.

Les marchés a terme d'effets publics sont prohibés et nuls, s'il n'y a dépôt d'effets ou de titres, surtout si ces opérations ne sont que des spéculations sur la hausse et la baisse, ou de véritables jeux de bourse n'offrant à gagner on à perdre que sur les différences entre le prix de la revente et le prix de l'achat. L'agent de change qui sert d'intermédiaire a de tels marchés est sans action civile pour reclamer le paiement des sommes qu'il aurait avancées pour son client. Cass., 11 août 1824, Sir., XXIV, 1, 409 et 414; Bull. civ. XXVI, 289, 291 et 296. — Mais les marches à terme d'effets publics sont licites quand la livraison est stipulée exigible à volonté. Paris, 13 fructidor an 13, Sir, XXIV, 2. 347; et 29 mai 1810, Sir., XI, 2, 25. — Un marché à terme ou vente d'effets publics est considéré comme non avenu si, la livraison des rentes proposées ne s'effectuant pas a l'epoque stipulée, l'acheteur ne met le vendeur en demeure de les livrer, et s'il n'en fait ensuite faire le rachat sur ce dernier par le syndic des agens de change. Paris, 7 mars 1811, Sir., XI, 2, 457. — Des ventes d'effets publics dont le prix n'est pas paye, et dont la livraison ne s'effectue pas dans l'intervalle d'une bourse a l'autre, ne doivent pas, par cela seul, être considérées comme marchés a terme du genre de ceux qui sont prohibés par les reglemens anciens et par les art. 421 et suiv. du Cod pen. Paris, arrêt précité du 29 mai 1810, Sir., XI, 2, 25. — Ne doit pas non plus être consideré comme jeu de bourse le mandat donné a une maison de banque de faire acheter et vendre a la bourse des effets publics, même a terme; c'est la une opération licite de banque pour laquelle le banquier a action contre son commettant en paiement des différences qu'il aurait payées pour lui, comme il l'aurait pour le solde de tout autre compte courant. Cass., 6 mars 1834, Sir., XXXIV, 1, 180.

L'obligation imposée aux agens de change, au cas de marché à terme sur des effets publics, d'être nantis des effets a livrer ou des sommes a payer, doit s'entendre d'un dépôt existant au moment même de l'opération. L'art. 422 du Code penal, qui ne punit les paris sur les fonds publics qu'autant que le vendeur ne prouve pas des valeurs se trouvaient entre ses mains au temps de la livraison, n'est relatif qu'à la poursuite criminelle; si donc l'agent de change ne prouve pas qu'à l'époque de la vente il y avait depot effectif, le marché doit être annulé. Cass., 2 mai 1827, Sir., XXVII, 1, 450. — Le principe qui veut, à peine de nullité, que tout marché a terme sur les effets publics soit accompagné de la livraison ou du dépôt réel des sommes a payer, est applicable, non seulement entre les agens de change et leurs cliens, mais encore entre les agens de change eux-mêmes. Même arrêt — Encore qu'un marché a terme d'effets publics soit nul, celui qui, ayant acheté a terme, a approuvé et ratifié son achat après la livraison effectuée, est ensuite non recevable a proposer la nullité. Cass., 23 floreal an 9, S R, VII, 2, 933. — Lorsqu'un agent de change demande a son client de le couvrir de la perte d'un jeu de bourse ou marché a terme, et qu'il se prévaut d'un reglement fait avec le client, si le client excipe de la nullité du reglement, l'arrêt qui en ordonne l'exécution doit se prononcer sur cette nullité. Cass, arrêt précité du 11 aout 1824, Sir., XXIV, 1, 414. Bull. civ., XXVI, 189 et 292. — L'exception de nullité des marchés à terme ne peut être présentée pour la première fois en cassation. Cass., 29 novembre 1831, Sir., XXXII, 1, 3-.

Celui qui a charge un tiers de faire pour son compte des marchés à terme ne peut, sous prétexte que ces marches ne constituent qu'un jeu ou un pari, refuser de payer à ce tiers les sommes qu'il s'est engagé à lui fournir pour réaliser ces mêmes marchés. Même arrêt.

Des agens de change.

5. Les places des quatre vingts agens de change sont dès ce moment supprimées.

6. Les comités de salut public et des finances feront, dans vingt-quatre heures, le choix de vingt-cinq agens de change : vingt d'entre eux seront destinés aux opérations et négociations en banque ou papier sur l'étranger dans Paris; les cinq autres, à l'achat et vente des espèces monnayées et des matières d'or et d'argent; les uns et les autres sous le titre d'*agens de change*.

7. Ils seront pourvus d'une commission qui leur sera délivrée de suite par les comités de salut public et des finances, pour exercer exclusivement les fonctions qui leur sont attribuées.

8. Les comités feront choix, dans une décade, de soixante courtiers pour les marchandises : jusqu'au moment de la nomination de ces soixante courtiers, ceux actuellement en exercice continueront leurs fonctions.

De la vente des matières d'or et d'argent.

9. La vente et l'achat des espèces et matières d'or et d'argent auront lieu a la bourse, depuis onze heures a une heure : ces achats et ventes se feront a haute voix.

10. Les cinq agens de change préposes pour cette vente nommeront chacun un écrivain crieur : lorsqu'un d'entre eux aura conclu un marché de matières ou espèces métalliques, il fera annoncer a haute voix la somme vendue et le prix de la vente, par l'écrivain crieur, qui tiendra registre du nom du vendeur, de celui de l'acheteur, du prix de ladite vente, et de la quotité des objets vendus; un double de ce registre sera déposé chaque jour à l'administration de police.

11. L'agent de change sera tenu, en outre, de remettre un bulletin signé de lui au vendeur et à l'acheteur, au moment même où il aura conclu une vente; lequel bulletin contiendra les mêmes désignations ci-dessus spécifiées, et il sera admis en justice comme pièce au procès, dans les discussions qui pourraient intervenir.

12. A une heure, le prix des espèces et matières d'or ou d'argent sera déterminé par les cinq agens de change; il sera affiché sur-le-champ a la bourse, et imprimé, sans aucun changement, dans tous les journaux. Aucun agent de change ne pourra prêter son ministère pour quelque vente ou achat de matières et espèces métalliques, dans l'intervalle d'une bourse a l'autre, à des prix supérieurs a ceux qui auront été fixés à l'issue de la bourse précédente.

13. Aucune déclaration sur quelque vente ou achat d'espèces ou matières métalliques, ne sera reçue en justice, que celle des cinq agens de change choisis; et aucune négociation ne sera reconnue valable que celle qui aura eu lieu par leur ministère.

14. Les agens de change ne pourront faire aucun achat ni aucune vente pour leur compte Toute contravention de leur part à quelqu'un des articles ci-dessus sera punie de cinq années de fers : les marchés qui auraient eu lieu par ces contraventions seront annulés; leur produit confisqué : la moitié en appartiendra a celui ou ceux qui auraient fait connaître la violation de la loi; l'autre moitié sera versée dans le trésor public; la perte sera supportée, par moitié, par le vendeur et l'acheteur.

15. Il est défendu à toute personne de vendre ou d'acheter ni de prêter son ministère pour aucune vente ou achat de matières ou espèces métalliques à terme ou a prime : aucune vente de ces matières ne pourra avoir lieu qu'au

comptant , de telle sorte que les objets vendus devront être livrés et payés dans les vingt-quatre heures qui suivront la vente; n'entendant comprendre dans cette défense les ouvrages de bijouterie et les matieres œuvrées, dont la vente n'est sujette à aucune restriction.

16. Toute contravention a l'article précédent sera regardée comme agiotage : les contrevenans seront punis suivant les peines infligées aux agioteurs par la loi du 13 fructidor an 3 ; les marchés qui reposeraient sur ces contraventions , annulés ; leur produit confisqué au profit entier des citoyens zélés qui auront dénoncé et fait connaitre les contraventions a la loi.

17. Seront punis de toutes les peines décernées contre les agioteurs, ceux qui, sans être agens de change, auraient prêté leur ministere à une operation quelconque contraire a quelqu'un des articles du présent décret.

CHAPITRE II. — *De la négociation des lettres de change en France.*

Art. 1er. Il est défendu aux vingt-cinq agens de change nommés pour les négociations en banque et en papier sur l'étranger, de prendre aucune lettre de change pour leur propre compte, à peine d'être réputés agioteurs et punis comme tels suivant la loi du 13 fructidor an 3.

2. Toutes négociations en blanc de lettres de change sur l'étranger , seront réputées agiotage : celui qui aura reçu ces lettres sera considéré et puni comme agioteur ; le cédant et l'agent de change, comme complices de l'agiotage : quant aux négociations en blanc de lettres de change, billets à ordre ou autres effets de commerce payables dans la république, elles seront punies des peines portées par le décret du 20 vendémiaire an 4.

3. Toute négociation a terme ou à prime de lettres de change sur l'étranger est réputée agiotage, et tous les coopérateurs ou intermédiaires de pareilles transactions seront poursuivis comme agioteurs ou complices, et punis de la peine portée par la loi du 13 fructidor an 3.

4. Attendu que les marchés a terme ou a prime ont déjà été interdits par de précédentes lois , tous ceux contractés antérieurement au présent décret sont annulés , et il est défendu d'y donner aucune suite, sous les mêmes peines portées contre les infracteurs de l'article précédent.

5. Il ne pourra être négocié aucun papier sur la place, qu'entre négocians patentés , et ayant en France maison de commerce et domicile fixe : il est défendu a tout agent de change , sous peine de destitution, de faire aucune opération de banque avec toute personne qui ne réunirait pas ces conditions.

6. Tout agent de change sera tenu, au moment même où il aura arrêté la négociation de lettres de change, billets a ordre ou autres effets de commerce , de donner sur-le-champ au vendeur et au preneur une double note signée de lui, dans laquelle il spécifiera le nom de la personne de qui il a pris le papier , le nom de celle pour qui il l'a engagé, le prix auquel il a été vendu, et la quotité de la somme négociée ; cette note sera admise en justice comme pièce au procès.

7. Tout agent de change qui aura contrevenu à l'article ci-dessus sera destitue. La commission des administrations , de police et tribunaux , recevra pour Paris les dénonciations des contraventions mentionnées en l'article ci-dessus, et pourvoira de suite au remplacement : dans les autres villes de commerce, cette fonction est attribuée aux tribunaux de commerce.

8. Aucune déclaration sur quelque négociation de lettres de change, billets a ordre ou autres effets de commerce , ne sera reçue en justice, que celle des vingt agens de change choisis, et aucune négociation ne sera reconnue valable que celle qui aura eu lieu par leur ministère.

9. A la fin de chaque bourse, le change sur toutes les places sera déterminé, à Paris, par quatre agens de change nommés à cet effet par les comités de salut public et des finances ; et, dans les autres places de commerce , par trois agens de change nommés par les tribunaux de commerce : le cours fixé par eux sera affiché sur-le-champ à la porte de la bourse, et inséré, sans aucun changement, dans les journaux.

10. Il est défendu à tout agent de change de prêter son ministère pour aucune négociation de papier sur l'étranger , dans l'intervalle d'une bourse à l'autre, à des prix plus chers que ceux qui auront été fixés à l'issue de la bourse précédente , sous peine de destitution.

11. A dater du jour du présent décret , toute lettre de change sur l'étranger , soit qu'elle ait été créée dans la république, soit qu'elle ait été faite d'une place étrangère sur une autre place étrangère , ne pourra être négociée que deux fois sur la même place de commerce dans la république , sans payer les droits qui sont réglés par le présent décret, la négociation du premier tireur au cessionnaire étant comptée pour une seule.

12. Le second cessionnaire qui voudra la négocier sur la même place dans laquelle est son cédant, ne pourra le faire qu'après avoir payé un droit de cinq pour cent sur la valeur de la traite, d'après le cours le plus élevé de la dernière bourse : le troisième cessionnaire paiera un nouveau droit de dix pour cent ; le quatrième , un nouveau droit de quinze pour cent , et ainsi de suite dans la même progression.

13. Une lettre de change qui , après avoir été négociée deux fois sur la même place, aura été envoyée dans une ville étrangère à la république , et qui reviendra dans une place de France où elle aurait déjà subi deux endossemens, ne sera assujétie aux droits ci-dessus qu'à une seconde négociation sur cette même place.

14. Pour opérer le paiement de la liquidation des droits ci-dessus, les agens de change qui auront fait la négociation , ou les cédans de la lettre de change , devront faire la liquidation du droit , et faire apposer à la lettre de change un visa au bureau d'enregistrement, lequel visa , signé par l'un des chefs de ce bureau , contiendra ces mots : *Visa pour une troisième, une quatrième ou une cinquième négociation : reçu telle somme.*

15. Tous effets de commerce, lettres de change ou billets à ordre qui auraient quelque endossement en blanc, ou qui seraient sans le visa prescrit par le présent décret, seront saisis à la diligence du commissaire du pouvoir exécutif dans les tribunaux civils , et du premier juge dans les tribunaux de commerce, pour être remis, s'ils sont sur l'étranger, à l'accusateur public du tribunal criminel du département ; et, s'ils sont payables dans la république , à l'accusateur public du tribunal correctionnel de l'arrondissement.

16. Sont exceptés de l'article ci-dessus les endossemens en blanc suivis d'endossemens remplis d'une date antérieure au décret du 20 vendémiaire, à moins qu'il ne soit prouvé qu'ils sont antidatés.

17. Tous les propriétaires actuels de lettres de change sur l'étranger, pourront les négocier une seule fois, en exemption du droit réglé par le présent décret, si, dans les vingt-quatre heures de sa publication, ils les font viser par les receveurs de l'enregistrement, qui le feront sans aucun frais, et en ces termes : *Visa pour une seule négociation gratis. A . . . le. . . .*

18. Seront punis de toutes les peines infligées aux agioteurs par la loi du 13 fructidor an 3, les cédans et cessionnaires qui se seraient soustraits à l'obligation des articles 12 et 13 , ainsi que les agens de change qui y auraient prêté leur ministère.

19. Seront également punis des mêmes peines ceux qui , sans être agens de change, auraient prêté leur ministère à toute opération quelconque contraire a quelqu'un des articles du présent décret.

20. L'administration de police prendra tous les moyens qui sont à la disposition d'une police active et surveillante, pour rechercher et découvrir les transactions secrètes qui se feraient en contravention au présent décret. Il est également enjoint aux administrateurs de l'enregistrement de veiller, en ce qui les concerne, a son execution.

21. Les dispositions générales du présent décret s'étendront à toutes les places du commerce de France ; et les tribunaux de commerce de chaque place sont chargés d'en diriger et surveiller l'exécution.

22. Le présent décret sera publié à Paris dans le jour; son insertion au bulletin de correspondance tiendra lieu de publication pour les autres communes de la république.

N° 258.=29 vendémiaire an 4 (21 octobre 1795). = DÉCRET *qui maintient provisoirement dans la jouissance de leurs acquisitions les possesseurs de domaines nationaux qui ont été troublés par la voie judiciaire ou autrement.* (I, Bull. CXCVIII, n° 1185 ; B., LIX, 253.)

La convention nationale décrète que les possesseurs acquéreurs de domaines nationaux qui ont été troublés dans la jouissance de leurs acquisitions , soit par voie judiciaire ou administrative, ou autrement, en jouiront provisoirement jusqu'a ce qu'il ait été prononcé par les comités compétens sur la validité ou l'invalidité de la vente (1).

N° 259. = 30 vendémiaire an 4 (22 octobre 1795). = DÉCRET *contenant règlement sur l'organisation du corps législatif* (2). (I, Bull. CXCIX, n° 1192 ; B., LIX, 254.)

Dispositions préliminaires.

Art. 1er. Jusqu'au 2 brumaire a midi, tous les membres de la convention réélus au corps législatif, soit sur les listes principales, soit sur les listes supplémentaires indistinctement, se feront inscrire au comité des décrets.

2. Le comité des décrets fera imprimer et distribuer, le 3 brumaire, a chaque membre de la convention, la liste des membres inscrits conformément a l'article précédent. — Cette liste sera disposée dans l'ordre alphabétique des noms des membres réélus, et sera intitulée : *Liste des électeurs.*

3. Il sera également distribué, le 3 brumaire, à chaque membre de la convention, trois exemplaires d'une liste des éligibles, laquelle contiendra les noms de tous les membres de la convention non compris dans la liste des électeurs.

---

(1) Cette disposition a rendu sans effet un jugement anterieur par lequel une vente de domaines nationaux aurait ete annulee pour cause d'irregularite. Arr. du cons., 11 fevrier 1820, SIR , XXI, 2 , 23.

Voyez le decret du 1er fructidor an 3 (18 août 1795 , sur le mode de jugement des questions relatives a la validite ou nulite des adjudications de domaines nationaux, et les notes; la constitution du 22 frimaire an 8 (13 decembre 1799, art. 94 ; le sen-cons. du 6 floreal an 10 (26 avril 1802); la charte de 1814, art. 9, la loi du 5 decembre 1814, art. 1er; la loi du 27 — 28 avril 1825, sur l'indemnite des emigres, art. 24 ; et la charte de 1830, art. 8, qui garantissent l'inviolabilite des ventes nationales.

( ) Voyez, dans les notes qui accompagnent la constitution du 5 fructidor an 3 (22 août 1795 , les changemens que l'organisation de la representation nationale a subis jusqu'a la constitution du 22 frimaire an 8.

4. Chaque électeur désignera par le signe—, sur une liste des éligibles, ceux qu'il a intention de réélire.—Pour connaître le nombre des noms a indiquer par ce signe, on retranchera du nombre de cinq cents celui des membres portés sur la liste des électeurs, et de plus celui des députés actuels de la Corse et des colonies, qui, d'après la loi du 1er vendémiaire, demeurent membres du corps législatif.

Assemblée électorale.

5. Le 4 brumaire, la séance de la convention commencera a huit heures du matin, et finira a une heure apres midi.—A l'instant, les membres portés sur la liste des électeurs se formeront en assemblée électorale. sous la présidence du plus ancien d'âge, les deux plus jeunes faisant les fonctions de secrétaires.

6. On admettra ensuite ceux des autres membres de la convention dont la réélection aurait été notifiée depuis le 2 brumaire a midi; leurs noms seront ensuite intercalés dans la liste des électeurs.

7. La liste alphabétique des électeurs sera partagée en dix séries, et il sera placé sous les bureaux du président et des secrétaires dix boites ou vases a scrutins, correspondant a chacune des séries.

8. Il sera fait un appel nominal de chaque série successivement: les membres composant la première déposeront dans le premier vase leurs listes des éligibles, préparées comme il a été dit en l'article 4; les membres de la seconde série déposeront leurs listes, dans le deuxième vase, et ainsi des autres.

9. A mesure que l'on aura terminé l'appel d'une série, le président et les secrétaires scelleront le vase qui aura reçu les scrutins de cette série.

10. Les trois plus anciens d'âge de chaque série feront, pour chaque vase respectivement, les fonctions de scrutateurs.—En conséquence, ils se retireront dans les salles de la Liberté et des Drapeaux, ou l'on aura préparé dix bureaux pour les dépouillemens.—Les vases seront apportés sur ces bureaux par les scrutateurs respectifs.

11. Les scrutateurs de chaque bureau feront a haute voix, en présence des membres qui voudront y assister, le dépouillement des scrutins contenus dans chaque vase; les recensemens particuliers seront portés au bureau général, qui proclamera 'es résultats.

12. Si un nombre suffisant de membres n'a point obtenu la majorité absolue des suffrages, on procédera, dans les mêmes formes, a un second scrutin; et ensuite, s'il est nécessaire, a un troisième, dans lequel la pluralité relative sera suffisante.

13. Si, durant et après la séance de l'assemblée électorale, il arrivait, des départemens, des procès-verbaux portant nomination, soit sur les listes principales, soit sur les listes supplémentaires, de membres non encore réélus, on retranchera en nombre egal ceux qui auront obtenu le moins de suffrages dans l'élection faite par les membres de la convention.

14. On conservera les noms de ceux qui auront obtenu le plus de suffrages après ceux définitivement réélus par les membres de la convention, afin de remplir les places qui, jusqu'au 15 brumaire, viendraient a vaquer, de quelque manière que ce soit, dans le corps législatif.

15. L'assemblée électorale, formée par les membres réélus de la convention, ne tiendra qu'une seance, et terminera, sans désemparer, toutes les opérations mentionnées dans les articles précédens.

Seance générale du corps legislatif.

16. Le 5 brumaire, a midi, tous les membres du corps législatif se

réuniront en la salle actuelle de la convention. La séance sera présidée par le plus ancien d'âge, et les six plus jeunes feront les fonctions de secrétaires.

17. L'archiviste de la république donnera lecture du sommaire des procès-verbaux et extraits de procès-verbaux qu'il aura recueillis. Cette lecture tiendra lieu de vérification des pouvoirs des députés contre la nomination desquels il ne s'élèvera point de réclamation.

18. A mesure qu'un membre sera appelé, il déclarera s'il est marié ou veuf, et quel est son âge; il déposera au bureau un billet conforme a sa déclaration, et qu'il aura préparé d'avance.

19. Les billets déposés par les cinq cents membres pris dans la convention seront mis dans un vase placé, a cet effet, sur l'un des bureaux des secrétaires; et les billets déposés par les autres membres seront recueillis dans un vase placé sur l'autre de ces bureaux.

20. Les secrétaires de l'un et de l'autre bureau feront respectivement le triage des billets qui contiendront la déclaration de l'état de mariage et de veuvage, et ils rangeront ces billets dans l'ordre de l'âge qui y sera indiqué.

21. Parmi les cinq cents députés ex-membres de la convention nationale, mariés ou veufs, et âgés de quarante ans, le sort indiquera les cent soixante-sept qui devront être membres du conseil des anciens.—Il en sera de même des quatre-vingt-trois membres du troisième tiers qui devront être membres de ce même conseil.

22. Les absens ne pourront être placés sur la liste du conseil des anciens, qu'autant que leur âge et leur état de mariage ou veuvage seront verbalement attestés par quatre membres présens.

23. Toutes les opérations précédentes se feront sans désemparer, et il ne pourra être fait aucune proposition ni pris aucune délibération étrangère aux opérations susdites.

24. L'application des membres de l'un et de l'autre conseil aux divers départemens de la république, se fera, dans chaque conseil, au 1ᵉʳ nivose prochain.

Première séance des deux conseils.

25. Le 6 brumaire, à neuf heures du matin, chacun des conseils tiendra sa première séance, et procédera, dans les formes prescrites par la constitution, à la nomination de son président et des secrétaires.

26. Le conseil des cinq-cents fera sa liste de présentation des membres du directoire exécutif, a la pluralité relative, conformément a la loi du 25 fructidor dernier sur les élections.

27. Le conseil des anciens fera, pour cette fois, la nomination des membres du directoire en la manière suivante : — Si, au premier tour de scrutin, la pluralité absolue n'a point été obtenue par cinq citoyens, il sera procédé a un second tour de scrutin. – Si, au second tour de scrutin, l'élection n'est pas consommée a la majorité absolue, il sera procédé a un troisieme scrutin, dans lequel la pluralité relative sera suffisante.

28. A chaque tour de scrutin, on procédera à la fois par billets de nomination et par billets de réduction, conformément a la loi du 25 fructidor dernier sur les élections.

Du gouvernement.

29. L'installation du directoire se fera le troisième jour au plus tard après l'élection de ses membres.

30. Depuis le 4 brumaire, à midi, jusqu'au jour de l'installation du direc-

toire exécutif inclusivement, le comité de sûreté générale exercera les fonctions administratives actuellement attribuées au comité de législation; et le comité de salut public, celles attribuées actuellement aux autres comités.

31. Les trois membres du comité des finances qui composent, avec les membres du comité de salut public, la section dite *des dépenses*, continueront cette fonction jusqu'a l'installation du directoire.

N° 260. = 30 vendémiaire an 4 (22 octobre 1795).=DÉCRET *qui ordonne une rectification dans celui du* 9 *messidor dernier, relatif au Code hypothécaire.* (I, Bull. CXCVIII, n° 1189; B., LIX, 257.)

La convention nationale décrète qu'au mot *ventose*, qui s'est glissé par erreur dans l'article 1er de la loi du 9 messidor dernier, concernant le Code hypothécaire, il sera substitué le mot *nivose*, le seul que la loi ait eu en vue d'après l'article 255 et les suivans.

N° 261. = 30 vendémiaire an 4 (22 octobre 1795). = DÉCRET *concernant les écoles de services publics.* (I, Bull. CC, n° 1196; B., LIX, 262.)

TITRE Iᵉʳ. — Dispositions générales.

Art. 1er. Indépendamment de l'organisation générale de l'instruction, la république entretient des écoles relatives aux différentes professions uniquement consacrées au service public, et qui exigent des connaissances particulières dans les sciences et les arts.

2. Ces écoles sont comprises sous les dénominations suivantes : — *Ecole polytechnique*, *écoles d'artillerie*, *écoles des ingénieurs militaires*, *ecole des ponts et chaussées*, *école des mines*, *école des géographes*, *école des ingénieurs de vaisseaux*, *écoles de navigation*, *écoles de marine*.

3. On ne peut être admis a aucune de ces écoles, sans avoir justifié de l'instruction préliminaire exigée pour les examens de concours, suivant le mode prescrit pour chacune d'elles.

4. Les élèves des écoles de services publics sont salariés par l'état.

5. Les écoles actuellement existantes, relatives aux services publics dont il s'agit dans le présent décret, prendront à l'avenir les dénominations énoncées a l'article 2, et qui conviennent respectivement a leur genre. — Ce qui concerne leur nombre et leur régime propre sera déterminé dans les titres suivans, ou par de simples réglemens du pouvoir exécutif, suivant la nature des objets.

6. Celles des écoles indiquées à l'article 2, et qui n'existent pas encore, seront instituées le plus promptement possible.

7. Les écoles de services publics seront entretenues sur les fonds à la disposition des ministres respectifs qui en auront la surveillance. Les ministres proposeront, le plus tôt possible, au corps legislatif, la somme annuelle qu'il convient d'affecter a chacune d'elles.

8. Seront exclus des écoles de services publics les citoyens qui auraient manifesté des opinions ou qui auraient tenu une conduite anti-republicaine.

TITRE II. — Ecole polytechnique (1).

Art. 1er. L'école polytechnique sera sous l'autorité du ministre de l'intérieur. — Cette école est destinée a former des élèves pour le service de l'artillerie, du genie militaire, des ponts et chaussées et constructions civiles,

---

(1) Voyez, sur l'organisation de l'Ecole polytechnique, le décret du 7 vendémiaire an 3 (28 septembre 1794), et les notes.

des mines, des constructions de vaisseaux et bâtimens de mer, de la topographie, et en même temps pour l'exercice libre des professions qui nécessitent des connaissances mathématiques et physiques.

2. Le nombre des élèves qui la composeront est réduit a trois cent soixante.

3. Les conditions et le mode d'examen pour être admis à cette école, seront conformes a ce qui est prescrit par la loi du 15 fructidor an 3.

4. Le cours complet des études de l'école polytechnique sera de trois années, conformément à son organisation actuelle.

5. A la fin de chaque année, il sera fait un examen des élèves, pour connaître leur instruction, leur capacité, et le travail qu'ils auront fait, conformément a ce qui est prescrit par l'article 8 de la loi du 15 fructidor an 3.

6. Ceux qui auront satisfait aux conditions exigées, passeront au travail de la deuxième et de la troisième année, et commenceront par l'une ou l'autre, suivant la profession particuliere a laquelle ils se destineront, ou suivant qu'il sera réglé par l'autorité qui dirige l'école.

7. Les élèves qui se destineront a servir la patrie, soit dans l'artillerie, soit dans les ponts et chaussées, soit dans le génie militaire, soit dans les mines, pourront, après leur deuxième année d'études a l'école polytechnique, se présenter aux concours qui seront ouverts a Paris pour ces divers services.

8. Ils seront examinés sur les élémens de mathématiques, y compris la mécanique, et sur les autres travaux qu'ils auront faits a l'école : les plus instruits et les plus capables seront admis pour chaque partie, a proportion des places vacantes dans l'année, d'après ce qui sera statué par les ministres de la guerre et de l'intérieur, en ce qui les concerne respectivement.

9. Les élèves ainsi reçus iront aux écoles d'application, ou exerceront immédiatement les fonctions auxquelles ils sont destinés, suivant les réglemens de chaque espèce de service, et ils jouiront des appointemens qui y sont attachés. — Les élèves non reçus pourront passer a l'école polytechnique une troisième année, et, a son expiration, se présenter de nouveau a l'examen.

10. Ceux admis pour le génie militaire et les ponts et chaussées achèveront a l'école polytechnique la troisième année du cours d'études, avant d'entrer à l'école d'application de leur genre : leur traitement pendant cette troisième année sera augmenté de trois cents francs.

11. Après leur première année d'étude a l'école polytechnique, les élèves qui voudraient être, soit ingénieurs de vaisseaux, soit ingénieurs-géographes, se présenteront a l'examen qui sera ouvert a Paris pour l'admission aux écoles d'application de ces deux genres : les plus instruits y seront reçus en même nombre que celui des places a y remplir; les autres pourront continuer leurs etudes a l'école polytechnique, pour se faire examiner de nouveau à l'époque prescrite.

12. Les élèves des mines, ainsi que ceux de l'école des ingénieurs de vaisseaux, pourront, quoique attachés a leurs écoles particulières a Paris, suivre l'enseignement de la physique et de la chimie, donné à l'école polytechnique, et travailler dans les laboratoires de cette école.

13. Enfin, ceux qui se proposeraient de servir la république dans d'autres genres que ceux énoncés dans les articles précédens, auront la faculté d'achever le cours entier des études de l'école polytechnique, ou d'en sortir a leur gré après la première, la seconde ou la troisième année, en s'assujétissant d'ailleurs a tous les réglemens de l'école.

14. Dans aucun cas, aucun élève ne pourra rester en cette qualité plus de quatre ans a l'école polytechnique.

15. Le ministre de l'intérieur fera connaître à l'avance, chaque année, le

nombre des élèves à admettre à l'école polytechnique, d'après le nombre des places qui deviendront vacantes.—Il statuera d'ailleurs sur tout ce qui concerne le régime intérieur de l'école, et tiendra la main à ce que l'enseignement et le travail y soient les plus propres a remplir le but qu'on se propose dans cette institution, en se conformant toutefois à ce qui lui sera pre-crit par le directoire exécutif.

16. A l'avenir, il ne sera plus admis aux écoles particulières du génie militaire, des ponts et chaussées, des mines, des géographes, ainsi que de l'artillerie et des ingénieurs de vaisseaux, que des jeunes gens ayant passé a l'école polytechnique, et ayant rempli toutes les conditions prescrites. — Néanmoins, jusqu'a ce qu'il se trouve assez d'élèves qui aient satisfait a ces conditions, le directoire exécutif entretiendra ces différens services par des élèves, ou choisis suivant l'ancien mode, ou tirés de l'école polytechnique: a cet effet, il pourra prendre dans cette école ceux dont il jugerait les services utiles a la patrie, suivant les circonstances.

TITRE III. — Des écoles d'artillerie (1).

Art. 1er. L'école des élèves d'artillerie, établie à Châlons-sur-Marne, restera en activité jusqu'a la paix. Les réglemens donnés pour cette école par le comité de salut public, en date du 25 floréal, seront observés jusqu'a la cessation de cette école.

2. A la paix, et lors de la suppression de l'école de Châlons, les élèves qui se destineront a entrer dans l'artillerie, suivront, deux ans au moins, les études de l'école polytechnique; ils ne seront admis ensuite dans l'une des écoles des régimens, créées par la loi du 8 floréal an 3, qu'après un examen qui constatera leur instruction et leur capacité.

3. Les huit écoles d'artillerie, placées près des régimens de cette arme, seront disposées et entretenues par le ministre de la guerre, de manière que les élèves qui y seront envoyés comme officiers, et après avoir subi l'examen indiqué dans l'article précédent, puissent y appliquer leurs connaissances aux arts, à la construction des ouvrages et aux manœuvres de guerre qui dépendent de l'artillerie. Les études de mathématiques élémentaires qui en faisaient partie seront supprimées et renvoyées avant l'examen nécessaire pour entrer a ces écoles.

TITRE IV. — Ecole des ingénieurs militaires (2).

Art. 1er. L'école des ingénieurs militaires, réunie à celle des mineurs, sera établie à Metz, dans la ci-devant abbaye de Saint-Arnould, et mise en activité le plus promptement possible.

---

(1) Voyez le decret du 18 floreal an 3 (7 mai 1795), art. 36, qui fixe à huit le nombre des écoles d'artillerie; la loi du 23 fructidor an 7 (9 septembre 1799), art. 23, concernant l'organisation de ces écoles, et surtout l'ordonnance du 12 mai—8 juin 1814, sur le même objet; l'ordonnance du 8—17 juillet 1818, qui regle le service general des écoles du corps royal d'artillerie, et les fonctions de leurs commandans; celle du 31 mars—8 mai 1820, qui supprime l'emploi de maréchal-de-camp commandant ces écoles, et celle du 1er—13 mai 1822, qui le rétablit.

Il y a des réglemens particuliers concernant l'école d'artillerie de Châlons. Tels sont le decret du 18 floreal an 3 (7 mai 1795), ar. 37 et suiv., qui fixent le nombre des eleves et les depenses de l'ecole; la loi precitée du 23 fructidor an 7, art. 22, qui détermine son organisation et la solde des eleves; et celle du 25 frimaire an 8 (16 decembre 1799), sur l'ecole polytechnique, art. 51, qui détermine son caractere.

(2) Voyez la loi du 23 fructidor an 7 (9 septembre 1799), art. 26, concernant l'organisation de cette ecole, et la solde des commandans, professeurs et éleves; l'arrêt du 15 nivose an 8 (5 janvier 1800, art. 9, qui place cette ecole sous la surveillance de l'inspecteur-général du génie; celui du 12 vendemiaire an 11 (4 octobre 1802), qui réunit les deux écoles de Châlons et de Metz en une seule, l'etablit a Metz et l'organise, et les ordonnances des 12 mai—8 juin 1814, 8—17 juillet 1818, 31 mars—8 mai 1820, et 1er—13 mai 1822, citées dans la note precedente.

2. Le nombre des élèves ne pourra être au dessus de vingt. — Ils auront le grade de sous-lieutenant, et le traitement en conséquence.

3. Il ne sera reçu à l'école de Metz que des jeunes gens ayant fait trois années d'études à l'école polytechnique, et ayant prouvé leur instruction dans les examens qu'ils subiront à cet effet.

4. L'examen pour l'admission à l'école de Metz, aura lieu à Paris, tous les ans, dans le mois de frimaire. — Les élèves reçus auront la faculté, ou d'aller sur-le champ a Metz, ou de prendre un congé jusqu'au 1er germinal suivant.

5. Dans tous les cas, ils seront tenus de se rendre à l'école à cette époque, qui sera celle de l'ouverture des travaux.

6. Ces travaux seront l'application des connaissances théoriques que les élèves auront prises à l'école polytechnique : ils auront principalement pour objet la construction de toute sorte d'ouvrages de fortifications, de mines et contre-mines, les simulacres de siége, d'attaque et de défense, les levés de plans et les reconnaissances militaires, enfin tous les détails du service des ingénieurs dans les places et aux armées.

7. Ces études seront au moins d'une année : après ce temps, les élèves qui auront l'instruction suffisante, pourront être détachés dans des garnisons, ou employés à divers objets de service, en attendant qu'ils puissent être compris dans le corps du génie, en raison des places vacantes.

8. Le ministre de la guerre, avec l'approbation du directoire exécutif, déterminera le nombre des élèves à recevoir chaque année à l'école de Metz, ou à en faire sortir. — Il organisera cette école, pour remplir le but de son institution.

9. Les officiers admis depuis 1792 pour servir en qualité d'ingénieurs militaires, seront tenus, pour continuer leur service, de faire preuve de capacité, de moralité et d'instruction, dans les examens qu'ils subiront devant un examinateur, pour la partie théorique, et deux officiers supérieurs du génie. Ces examens commenceront à avoir lieu dans le courant de brumaire prochain.

10. Le pouvoir exécutif donnera, pendant un an, à ceux qui seront jugés n'avoir pas les connaissances nécessaires, les facilités convenables pour acquérir l'instruction qui leur manque; au bout duquel temps, ceux qui n'auraient pas satisfait a l'examen, ne seront plus admis à remplir les fonctions d'officier du génie.

TITRE V. — Ecole des ponts et chaussées (1).

Art. 1er. L'école actuelle des ponts et chaussées, créée en 1747, et instituée de nouveau conformément à la loi du 31 décembre 1790—19 janvier 1791, est conservée comme école d'application.

2. Le dépôt des plans et modeles relatifs aux travaux des routes, canaux et ports maritimes, continuera d'être joint à cette école.

3. Les élèves seront au nombre de trente-six, et serviront au remplacement tant des ingénieurs connus sous la dénomination d'ingénieurs des ponts et chaussées, que de ceux qui, dans les grands ports, étaient nommes ingénieurs des bâtimens civils de la marine.

4. Les élèves seront tirés de l'école polytechnique, conformément à ce qui est prescrit dans le titre relatif a cette école, et conserveront le traitement qu'ils y avaient.

_____

(1) Voyez le décret du 31 decembre 1790 (4 novembre, 14, 18, 28 et) — 19 janvier 1791, tit. III, qui établit et organise cette école, et les notes; et surtout le décret du 7 fructidor an 12 (25 août 1804), qui la réorganise, et les notes.

5. L'instruction qui sera donnée dans l'école des ponts et chaussées aura principalement pour objet, 1° l'application des principes de physique et de mathématiques a l'art de projeter et construire les ouvrages relatifs aux routes, aux canaux et aux ports maritimes, et aux édifices qui en dépendent; 2° les moyens d'exécution et de pratique; 3° les formes établies pour la rédaction des devis et détails estimatifs des ouvrages à exécuter, et l'ordre à tenir dans la comptabilité. — Le local actuel de l'école des ponts et chaussées n'étant pas national, le ministre de l'intérieur est chargé de lui trouver un emplacement plus convenable, et de pourvoir à l'organisation de cet établissement.

TITRE VI. — École des mines (1).

Art. 1er. L'agence des mines actuellement existante prendra dorénavant le nom de *conseil des mines*, et sera sous l'autorité du ministre de l'intérieur. — Ce conseil donnera au ministre des avis motivés sur tout ce qui a trait aux mines de la république. — Les dispositions des arrêtés du comité de salut public, des 13 et 18 messidor an 2, relatifs au conseil et aux inspecteurs, ingénieurs et élèves des mines, continueront d'être exécutées en tout ce qui ne sera pas contraire au présent décret.

2. Il sera établi une école pratique pour l'exploitation et le traitement des substances minérales. — Le ministre de l'intérieur est chargé de placer cette école près d'une mine appartenant à la république, et déja en activité, ou dont on puisse commencer et suivre l'exploitation avec avantage.

3. Le nombre des élèves des mines sera de vingt. — Les élèves actuels seront réduits a ce nombre, par un concours qui aura lieu avant le mois de nivose : ce concours consistera dans un examen des élèves, que le conseil des mines fera faire, par des inspecteurs, sur toutes les connaissances théoriques et pratiques nécessaires à l'exploitation des mines.

4. Dix au moins des élèves seront attachés à l'école pratique, pour y suivre pendant un an, et plus s'il le faut, l'instruction qui y sera donnée : les autres élèves seront attachés respectivement a chacun des inspecteurs, pour les accompagner dans leurs tournées, et revenir avec eux a Paris, lorsque ces inspecteurs se réunissent près du conseil des mines. — Le conseil pourra garder constamment près de lui deux des élèves, pour les employer aux opérations qu'il jugera les plus utiles.

5. Chaque année, deux élèves choisis au concours parmi ceux qui auront suivi au moins pendant un an l'école pratique, et auront voyagé avec un inspecteur au moins pendant une autre année, seront reçus ingénieurs surnuméraires : leur traitement en cette qualité sera augmenté de cinq cents francs par an.

6. Les surnuméraires seront employés comme les ingénieurs, les suppléeront au besoin, et passeront par ancienneté aux places qui deviendront vacantes.

7. Le nombre des élèves des mines sera complété, chaque année, par des candidats tirés de l'école polytechnique, conformément a ce qui est prescrit au titre relatif a cette école. — Pendant les deux prochaines années seulement, les élèves qui seront réformés par suite du présent décret, seront admis a concourir avec les élèves de l'école polytechnique, pour remplir les places vacantes parmi les élèves des mines.

---

(1) Voyez l'ordonnance du 2—20 août 1816, portant établissement d'une école des mines à Saint-Étienne (art. 1er et suiv.); celle du 5—13 décembre même année, portant rétablissement à Paris de l'école des mines créée par l'arrêt du conseil d'état du 19 mars 1783, et organisation de cette école.

8. Il sera attaché à l'école pratique des mines deux professeurs, l'un des connaissances relatives aux travaux d'exploitation, l'autre de docimasie et de métallurgie ; lesquels seront aidés dans leurs fonctions par deux ingénieurs des mines.

9. Indépendamment des élèves des mines, il sera admis à l'école pratique dix externes, âgés de quinze à vingt ans, et qui auront fait preuve de capacité et de bonne conduite : ces externes suivront l'instruction de l'école à leurs frais, et seront renouvelés chaque année.

10. Néanmoins, pour la première année seulement, ceux des élèves réformés par l'effet du concours prescrit par l'article 3 du présent titre, pourront continuer leur instruction près l'école pratique, et y conserveront leur traitement. Ces élèves, alors, tiendront lieu des externes dont il est parlé dans l'article précédent ; et dans le cas où le nombre en serait moindre que dix, il pourra être complété par des externes non salariés.

11. Il sera attaché à la garde des collections formées à Paris, près le conseil des mines, 1° un conservateur des objets de minéralogie ; 2° un conservateur des produits chimiques, chargé en même temps des essais ; 3° un bibliothécaire versé dans les langues étrangères.

TITRE VII. — Ecole des géographes.

Art. 1er. Il sera établi une école composée habituellement de vingt élèves, qui seront instruits et exercés aux opérations géographiques et topographiques, aux calculs qui y sont relatifs, et au dessin de la carte.

2. Ces élèves feront leurs premières études, au moins pendant un an, à l'école polytechnique, et ils subiront un examen lorsqu'ils en sortiront, pour entrer à l'école des géographes.

3. Cet examen aura, en général, pour objet, les mathématiques pures et appliquées ; mais il portera principalement sur l'astronomie géométriq e, les deux trigonométries et le dessin de la carte.

4. L'instruction des élèves de l'école des géographes sera divisée en deux parties, dont l'une aura pour objet les opérations sur le terrain, et l'autre le travail du cabinet.

5. Les opérations sur le terrain seront de trois sortes : — 1° Le figuré du terrain ; 2° les mesures géométriques, soit des angles, soit des bases ; 3° les observations astronomiques.

6. Les travaux du cabinet auront deux objets, savoir : — 1° Les opérations graphiques relatives à la réduction et au dessin des cartes ; 2° les calculs trigonométriques et les toisés.

7. Le traitement annuel des élèves de l'école des géographes sera le même que celui dont ils jouissaient à l'école polytechnique.

8. Il y aura deux professeurs à l'école des géographes, dont un pour la partie géométrique, et un pour le dessin. Le directeur du cadastre sera attaché à cette école, et en formera le conseil avec les professeurs.

9. Chaque année, le directeur du cadastre, et les diverses administrations qui auront besoin de géographes, feront leurs demandes au ministre de l'intérieur. Les places seront données aux plus instruits des élèves, qui prendront alors le titre d'*ingénieurs-géographes*.

10. Pour donner de l'activité aux travaux du cadastre, et pouvoir y appliquer le plus promptement possible des hommes à talent, le nombre des élèves sera d'abord provisoirement porté à cinquante, avec un professeur de plus pour le dessin : ce supplément y sera entretenu tant que l'exigeront les besoins du cadastre.

11. Le ministre de l'intérieur est chargé de pourvoir à l'emplacement et à l'organisation de cette école.

TITRE VIII. — Ecole des ingénieurs de vaisseaux.

Art. 1ᵉʳ. L'école des ingénieurs constructeurs actuellement existante a Paris est conservée sous le nom d'*école des ingénieurs de vaisseaux.*

2. Après la présente année, il ne sera admis a cette école que des jeunes gens ayant fait au moins un an d'études a l'école polytechnique.

3. Le choix entre ces élèves sera fait chaque année par un examen de concours sur la géométrie descriptive, la mécanique et les autres parties du travail affecté a la première année d'études de l'école polytechnique.

4. Le traitement des élèves admis a l'école des ingénieurs de vaisseaux sera de quinze cents francs par an.

5. Quant au surplus de l'instruction donnée à l'école des ingénieurs de vaisseaux, et a son régime, ils continueront d'avoir lieu comme par le passé. — Il n'est rien innové également par rapport au nombre des élèves. — Les cinq élèves pour la construction des bâtimens de commerce qui y étaient attachés, y seront reçus de même chaque année, et aux mêmes conditions : ils auront la faculté de suivre, tant l'enseignement de la première année, donné à l'école polytechnique, que celui de l'école particulière des ingénieurs de vaisseaux.

TITRE IX. — Ecole de navigation (1).

Art. 1ᵉʳ. Les écoles de mathématiques et d'hydrographie destinées pour la marine de l'état, et les écoles d'hydrographie destinées a la marine du commerce prendront, a l'avenir, le nom d'*écoles de navigation.*

2. Les dispositions de la loi du 30 juillet—10 août 1791, concernant ces écoles, sont maintenues.

3. Il sera formé deux nouvelles écoles de navigation pour le commerce; l'une sera placée à Morlaix, et l'autre a Arles.—Le ministre de la marine est chargé de les établir le plus promptement possible, semblablement aux autres écoles de même genre.

TITRE X. — Ecoles de marine.

' Art. 1ᵉʳ. Les aspirans de la marine seront reçus dans un concours ou ils seront interrogés sur l'arithmétique, l'algebre, la géométrie, la statique et la navigation.—On se conformera d'ailleurs, relativement a ce concours, au titre II de la loi du 30 juillet—10 août 1791.

2. Les aspirans reçus se rendront dans celui des ports qui leur sera indiqué par le ministre de la marine.

3. Les écoles pour les aspirans de la marine seront établies dans les ports de Brest, Toulon et Rochefort.

4. Il sera armé, chaque année, dans chacun de ces ports, une corvette dont l'unique destination sera de servir a l'instruction des aspirans de la marine, et sur laquelle ils seront embarqués aussitôt après leur arrivée dans le port.

5. Cette corvette mettra souvent à la voile, et fera des sorties le long des côtes; elle sera désarmée et réarmée; enfin, on y exécutera tout ce qui peut donner aux aspirans l'instruction la plus complète sur le grément, le pilotage et le canonnage. Les aspirans y subiront des examens sur ces divers objets.

6. Après six mois d'embarquement sur la corvette d'instruction, les aspirans rentreront dans le port, et seront occupés à suivre les différens ateliers

---

(1) Voyez le décret du 29 avril (28 et)—15 mai 1791, art. 14, qui ordonne l'établissement d'écoles d'hydrographie et de mathématiques dans les principaux ports du royaume ; l'ordonnance du 6—16 juin 1814, art. 5 et suiv., concernant les ingénieurs hydrographes ; et celle du 29 novembre—16 décembre 1815, art. 36, qui fixe l'emplacement des ecoles d'hydrographie.

de la marine, où des maîtres choisis leur expliqueront les détails des ouvrages qui s'y fabriquent.

7. Peu de mois après leur débarquement , une nouvelle corvette , ou une frégate, commandée par des officiers habiles, sera armée dans chaque port, et les aspirans y seront embarqués pour faire une campagne de long cours, qui durera environ un an.

8. Pendant ce temps, les aspirans seront exercés aux manœuvres et observations les plus utiles à leur instruction et au progrès de la navigation. — Ils rédigeront les journaux et mémoires de l'expédition ; et dans les belles mers, les officiers leur feront commander les mouvemens du vaisseau.

9. Les aspirans de la marine qui n'ont point été reçus au concours, comme il est prescrit par le titre II de la loi du 30 juillet—10 août 1791 , seront tenus de satisfaire aux conditions de ce concours , avant de monter sur les corvettes d'instruction.

10. Le ministre de la marine est chargé de l'établissement le plus prochain des corvettes d'instruction, et d'y faire passer successivement les aspirans actuels , en commençant par les plus anciens.

11. Pour être reçu, à l'avenir, enseigne entretenu, il faudra avoir fait son service sur les deux corvettes d'instruction, et satisfaire en outre à toutes les autres conditions actuellement exigées pour parvenir a ce grade.

_____

N° 262. = 2 brumaire an 4 (24 octobre 1795). = DÉCRET *qui suspend celui du 23 messidor an 2 , en ce qui concerne l'administration et la perception des revenus des établissemens de bienfaisance* (1). (I, Bull. CXCVIII , n° 1191 ; B., LX, 7.)

Art. 1er. En attendant qu'il ait été statué sur l'organisation définitive des secours , l'exécution de la loi du 23 messidor an 2 est suspendue en ce qui concerne l'administration et la perception des revenus des hôpitaux , maisons de secours, hospices , bureaux des pauvres et autres établissemens de bienfaisance, sous quelque dénomination qu'ils soient connus.

2. Chaque administration particulière jouira provisoirement , comme par le passé , des revenus qui lui étaient affectés.

3. Les agens de la commission des revenus nationaux seront tenus de remettre , dans la décade qui suivra la publication de la présente loi, entre les mains des administrateurs des hospices et autres établissemens de bienfaisance, tous les titres, inventaires, états de recette et de dépense, baux, et généralement tous les papiers relatifs à l'administration de ces établissemens, qui ont été déposés dans leurs bureaux. Sont exceptés les titres féodaux qui n'ont pas de rapport à la propriété.

4. La commission des secours publics prendra toutes les mesures nécessaires pour l'exécution du présent décret.

N° 263. = 2 brumaire an 4 (24 octobre 1795).= DÉCRET *concernant l'organisation du tribunal de cassation* (2). (I , Bull. CCI , n° 1198 ; B., LX , 7.)

TITRE Ier. — *Organisation du tribunal de cassation.*

Distribution des juges en sections.

Art. 1er. Les cinquante juges composant le tribunal de cassation seront distribués en trois sections.

_____

(1) Voyez le decret du 23 messidor an 2 (11 juillet 1794), et les notes.
(2) Voyez le decret du 27 novembre—1er décembre 1790, et les notes; la loi du 27 ventose

2. Tous les six mois, et a tour de rôle, cinq juges de chaque section en sortiront pour passer dans une autre. — Pourront néanmoins les juges sortant d'une section y faire les rapports dont ils étaient chargés avant leur sortie.

Organisation et compétence de la premiere section.

3. La première section, composée de seize juges, statuera sur l'admission ou le rejet des requêtes en cassation ou en prise a partie, et définitivement sur les demandes, soit en réglement de juges, soit de renvoi d'un tribunal a un autre.

Organisation et composition des deuxième et troisième sections.

4. Les deux autres sections, composées chacune de dix-sept juges, prononceront définitivement sur les demandes en cassation ou en prise a partie, lorsque les requêtes auront été admises.—La troisième section prononcera exclusivement sur les demandes en cassation en matière criminelle, correctionnelle et de police, sans qu'il soit besoin de jugement préalable d'admission.

Présidens de chaque section et du tribunal entier.

5. Chaque section nommera un président et un vice-président, qui resteront en fonctions jusqu'au renouvellement de la section.—Les sections assemblées seront présidées par le doyen d'âge des présidens.

Substituts du commissaire du directoire exécutif.

6. Il y aura près du tribunal de cassation, indépendamment du commissaire du directoire exécutif, trois substituts nommés et révocables par le directoire exécutif.

TITRE II. '— *Officiers du tribunal et employés attachés à son service*

Greffier.

7. Le tribunal de cassation aura un greffier en chef, qu'il nommera et pourra révoquer.

Commis-greffiers.

8. Le greffier en chef présentera, pour les faire instituer, quatre commis-greffiers, dont un sera spécialement attaché au dépôt civil; il pourra les révoquer.

Commis d'ordre et expéditionnaires.

9. Indépendamment des quatre commis-greffiers, le greffier en chef aura six employés qui feront les fonctions de commis d'ordre et d'expéditionnaires; il les nommera et pourra les révoquer.

Commis du parquet.

10. Il y aura un commis du parquet, nommé et révocable par le commissaire du directoire exécutif.

Huissiers.

11. Il y aura près du tribunal de cassation huit huissiers, qu'il nommera et qu'il pourra révoquer. Les présidens des sections se concerteront pour distribuer entre les huissiers le service du tribunal. Ces huissiers instrumenteront exclusivement dans les affaires de la compétence du tribunal de cas-

---

an 8 (18 mars 1800), tit. VI; et l'ordonnance du 15—19 janvier 1826, portant réglement pour le service de cette cour sation, dans l'étendue seulement de la commune où il siégera: ils pourront instrumenter concurremment avec les autres huissiers, dans tout le departement de la résidence du tribunal de cassation.

Concierge et garçons de bureau.

12. Le tribunal de cassation aura un concierge, et quatre garçons de bureau, dont un sera spécialement attaché au parquet. Le concierge sera nommé par le tribunal, qui pourra aussi le revoquer Les garçons de bureau seront sous la direction du concierge; il les nommera, et pourra les congédier.

Fournitures.

' 13. Les fournitures pour le service du tribunal et du greffe, en lumière, papier, bois et autres objets, seront faites entre les mains du concierge, et sous la surveillance de l'un des juges, sur l'état qui en sera arrêté par les trois présidens et par le commissaire du directoire exécutif, et ordonnancé par le ministre de la justice.

TITRE III. — *Formes à observer au tribunal de cassation.*

Jugemens préparatoires : quand susceptibles de cassation.

14. Le recours en cassation contre les jugemens préparatoires et d'instruction ne sera ouvert qu'après le jugement définitif; mais l'exécution, même volontaire, de tel jugement, ne pourra en aucun cas être opposée comme fin de non-recevoir (1).

---

(1) Sur ce qu'on entend par *jugement preparatoire*, voyez CARRÉ, *Lois de la procedure civile*, tom. II, p. 329, 2ᵉ edition. — Voyez aussi les art. 451 et 452 du Cod. proc. civ., et l'art. 416 du Cod inst. crim
Est réputé préparatoire le jugement qui ordonne une expertise, une preuve, une vérification, sans contradiction de l'une des parties. Bruxelles, 9 mars 1811, SIR., XIV, 2, 379. — Celui qui ordonne une seconde expertise pour nullité ou insuffisance de la première. Cass, 4 pluviose an 11, SIR., III, 2, 272; Bull. civ., V, 127. — Celui qui ordonne un interrogatoire sur faits et articles, ou une communication de pièces. Rouen, 27 mai 1817, SIR., XVII, 2, 235 — Celui qui renvoie à l'audience pour être statué sur une requête à fin d'interrogatoire sur faits et articles. Toulouse, 5 mai 1829, SIR., XXX, 2, 184. — Celui qui ordonne l'appost de la minute d'une piece, et l'aveu ou la dénégation de certains f i s articules. Paris, 19 décembre 1810, SIR., XIV, 2, 380. — Celui qui reçoit ou rejette une intervention contestee. Montpellier, 12 avril 1809, SIR., XIV, 2, 435 — Celui qui, en matiere d'interdiction, nomme un administrateur provisoire, avant le jugement du fond Paris, 2 nivose an 10, SIR., II, 2, 321; et Turin, 5 fructidor an 13, SIR., V, 2, 255. — Celui qui, lorsque l'accepteur refuse de payer une lettre de change, par le motif que les tireurs la desavouent, ordonne la mise en cause de ces tireurs. Bruxelles, 12 septembre 1812, SIR., XIV, 2, 386. — Celui qui, en matiere correctionnelle, joint deux plaintes pour cause de connexité Cass., 22 janvier 1825, SIR., XXV, 1, 318; Bull. crim., XXX, 45. — Celui qui statue sur une demande en disjonction de poursuites dirigées contre plusieurs prevenus. Cass., 3 juin 1826, SIR., XXVII, 1, 178. — Celui qui declare n'y avoir lieu a la disjonction de la demande en intervention d'avec la demande principale. Cass., 8 avril 1828, SIR., XXIX, 1, 41; Bull. civ., XXX, 108.
Pour la cassation, le jugement purement interlocutoire est compris dans la classe des jugemens preparatoires, et il ne peut être attaqué devant la cour de cassation qu'après le jugement définitif. Cass., 13 janvier 1818, SIR., XVIII, 1, 204. —Néanmoins, les jugemens interlocutoires ayant effet definitif, sont passibles du recours en cassation avant la decision definitive du litige principal. Cass., 28 decembre 1818, SIR., XIX, 1, 182; Bull. civ., XX, 318; et plusieurs autres arrêts. — Et dans ce cas, le pourvoi en cassation n'est plus recevable trois mois après la signification, même conjointement avec le pourvoi contre le jugement definitif. Cass., 25 novembre 1817, SIR., XVIII, 1, 82. — Le pourvoi contre un arrêt purement interlocutoire est recevable concurremment avec le pourvoi contre l'arrêt definitif, encore qu'il y ait eu exécution de l'arrêt interlocutoire, et qu'il se soit écoulé plus de trois mois depuis la signification Cass., 27 janvier 1818, SIR., XVIII, 1, 149. — Lorsqu'un jugement interlocutoire est devenu inattaquable par l'expiration des delais du pourvoi, le jugement definitif qui le suit doit être maintenu dans tout ce qui

Suppression de tout relief de laps de temps.

' 15. Il ne sera point admis de relief de laps de temps pour se pourvoir en cassation (1).

Instruction par simples mémoires.

16. L'instruction au tribunal de cassation se fera par simples requêtes ou mémoires déposés au greffe; ils ne pourront y être reçus, et les juges ne pourront y avoir égard, que lorsqu'on y aura joint, en les déposant, l'original de la signification à la partie ou à son domicile, excepté pour la requête ou mémoire introductif, qui ne sera signifié qu'en cas d'admission, et avec le jugement d'admission (2).

---

n'est que la conséquence et l'exécution du jugement interlocutoire, quelque irrégulier qu'ait été d'ailleurs ce jugement en la forme. Cass., 13 mars 1826 Sir., XXVI, 1, 350.

(1) Voyez l'art. 14 de la loi du 27 novembre—1er décembre 1790, et les notes.

(2) Le permis d'assigner, porté dans un arrêt d'admission, s'applique à toutes les parties qui étaient en cause dans l'arrêt dénoncé, même à celle qui n'est point en nom dans l'arrêt d'admission, encore qu'elle n'ait été désignée, dans la requête en pourvoi, que sous la dénomination collective de *consorts*. Cass., arrêt précité du 28 décembre 1818, Sir., XIX, 1, 182; Bull. civ., XX, 318. — Il s'applique aussi à toutes les qualités dans lesquelles la partie assignée agissait dans l'arrêt attaqué, encore que l'arrêt d'admission ne s'en explique pas formellement. Cass, 7 janvier 1818, Sir., XVIII, 1, 202; Bull. civ., XX, 8.

Le délai pour signifier un arrêt d'admission est de trois mois (art. 30, tit. IV du règlement du 28 juin 1738). Voyez ce règlement dans les notes de la loi du 27 novembre—1er décembre 1790. Ce délai est augmenté dans les cas particuliers fixés par l'art. 73 du Cod. proc. civ.

Le délai n'a pas couru pendant le temps que les communications ont été interceptées entre la capitale et le lieu où la signification devait être faite. Cass., 24 janvier 1815, Sir., XV, 1, 208; Bull. civ., XVII, 19, et 20 novembre 1816, Sir., XVII, 1, 61. Bull. civ., XVIII, 215 — Ni pendant l'invasion de la France par l'ennemi, au point d'intercepter les communications d'un endroit à un autre. Cass., 21 juin 1815, Sir., XV, 1, 304.— Néanmoins, pour que l'exception de force majeure soit admise, il faut que l'interruption des communications soit prouvée. Cass., 23 janvier 1817, Sir., XVI, 1, 371.—En tout cas, l'interruption momentanée dans les communications ne peut avoir pour effet de détruire la portion de délai qui avait couru auparavant. Cass., 14 février 1815, Sir., XVII, 1, 9. — Et la déchéance encourue par un demandeur en cassation à l'égard des parties auxquelles il n'a point fait signifier son arrêt d'admission, ne profite pas aux autres parties qui ont reçu cette signification en temps utile. Cass., 29 germinal an 11, Sir., VII, 2, 816. Bull. civ, V, 220.

L'arrêt d'admission ne peut être signifié à une partie qui n'était pas personnellement en qualité dans le jugement contre lequel le pourvoi est dirigé, encore bien que cette partie eût dû y être en qualité. Cass, 4 ventôse an 11, Sir., VII, 2, 817; Bull. civ., V, 173 — La signification n'est pas nulle par cela seul qu'à l'époque où elle a eu lieu, celui à qui elle a été faite n'existait plus, si d'ailleurs son décès était ignoré au lieu de son domicile. Cass. 3 septembre 1811, Sir., XI, 1, 349; Bull. civ XIII, 221.— L'arrêt d'admission doit être signifié à l'héritier du défendeur éventuel, si ce défendeur est décédé à l'époque de la signification: l'art. 344 du Code de procédure, qui autorise la continuation d'une instance contre une partie décédée, tant que le décès n'a pas été notifié à la partie adverse, ne s'applique point ici. Cass., 1er décembre 1829, Sir., XXX, 1, 24; et plusieurs autres arrêts. — Et lors même que les héritiers auxquels la signification devrait être faite, seraient mineurs, le délai ne serait pas prorogé. Cass, 2 février 1813, Sir., XIII, 1, 400.

Les arrêts d'admission doivent, à peine de nullité, être signifiés à personne ou à domicile réel. On ne peut les signifier au domicile élu en première instance ou en appel. Cass, 28 octobre 1811, Sir., XII, 1, 12, Bull. civ., XIII, 261. — Ni au domicile élu pour l'exécution du jugement dénoncé. Cass, 2 floréal an 9, Sir., I, 2, 314. — Néanmoins, lorsque dans le cours de l'instance sur laquelle est intervenu le jugement attaqué par voie de cassation, le défendeur à la cassation n'a pas fait connaître son véritable domicile, on peut lui signifier l'arrêt d'admission au domicile élu dans l'instance même. Cass., 16 messidor an 11, Sir., VII, 2, 911; Bull civ., V, 321.

Les arrêts d'admission obtenus contre des étrangers doivent, à peine de nullité, leur être signifiés au domicile du procureur-général près la cour de cassation, encore qu'ils aient en France un mandataire au domicile duquel serait faite la signification. Cass., 5 août 1807, Sir., VII, 2, 124.—Encore qu'un étranger ait conservé en cause d'appel le domicile qu'il avait d'ailleurs élu sans restriction en première instance, à l'occasion du procès, on n'a pu valablement lui

Consignation d'amende.

17. La requête ou mémoire en cassation, en matière civile, ne sera pas reçu au greffe, et les juges ne pourront y avoir égard, à moins que la quittance de consignation d'amende n'y soit jointe (1).—Seront néanmoins dispensés de la consignation d'amende,—1° Les agens de la république, lorsqu'ils se pourvoiront pour affaires qui la concernent directement;— 2° Les citoyens indigens, aux termes de a loi du 8 juillet 1793.

Nombre des mémoires.

18. Il ne pourra, en matière civile, y avoir plus de deux mémoires de la part de chaque partie, compris en ce nombre la requête introductive.

Rapports.

19. Dans toutes les sections du tribunal de cassation, les affaires seront jugées sur rapport fait publiquement par l'un des juges, lequel n'énoncera son opinion qu'en même temps que ses collègues et dans la même forme.

20. Aucun membre du tribunal ne pourra rapporter une affaire qu'il aurait déjà rapportée lors du jugement d'admission du mémoire en cassation ou en prise a partie.

---

signifier au domicile élu l'arrêt de la cour de cassation qui admet le pourvoi contre le jugement du tribunal d'appel. Cass., 19 vendemiaire an 11, Sir, III, 1, 42.

Est nul l'exploit de signification d'un arrêt d'admission, si la copie de cet exploit ne contient pas la date du mois, lorsqu e d'ailleurs cette date du mois ne resulte pas du contenu de la copie. La régularite de l'original n'empêche pas la nulite. Cass., 18 decembre 1816, Sir., XXI, 1, 339; et 8 novembre 1820. Sir, XXI, 1, 339.

Les formalites prescrites pour les exploits d'ajournement par l'art. 61 du Cod. proc. civ., ne sont pas applicables aux assignations données devant la cour de cassation, en consequence d'arrêts portant admission des requêtes en cassation. Ainsi, ces assignations sont valables encore qu'elles n'enoncent pas le domicile du demandeur. Cass., 8 mai 1811, Sir., XI, 1, 202.—Ou le domicile du defen teur. Cass., 2 novembre 1807, Sir., VII, 2, 815. — Idem, lors surtout que la copie de l'arret d'admission contient cette indication. Cass., 19 avril 1826, Sir., XXVI, 1, 396; Bull. civ., XXVIII, 163.

La signification d'un arrêt d'admission emporte, de plein droit, sommation au défendeur de comparaitre dans les délais de la loi devant la sect on civile de la cour de cassation. Il n'est pas besoin d'autre assignation. Cass., 1er juillet 1823, Sir., XXIII, 1, 323; Bull civ., XXV, 297.

Est nul un exploit de signification d'arrêt d'admission, laissé au domicile de l'assigne en parlant a un domestique ou a une femme, sans exprimer que ce oit le domestique ou la femme de la partie elle-même. Cass., 28 août 1810, S R., X, 1, 384. — Jugé en sens contraire. Cass., 22 janvier 1810, Sir., X, 1, 117. Bull. civ., XII, 83.

La signature de l'avocat du demandeur, apposée au bas de la requête en cassation signifiée avec un arrêt d'admission, equivaut a une constitution et remplit suffisamment le vœu de l'art. 61 du Cod proc. civ. Cass., 16 mai 1815, Sir., XV, 1, 328 — La copie de l'arrêt d'admission peut être valablement certifiee par l'avoue local du demandeur en cassation. Cass., 9 mars 1824, Sir., XXIV, 1 203; Bull. civ., XXVI, 87.

La signification de l'arrêt d'admission peut être faite, par une seule copie, à une femme qui procède en son personnel et comme tutrice. Cass., arrêt précité du 20 novembre 1816, Sir., XVII, 1, 61; Bull. civ, XVIII, 215. — Elle peut etre faite a deux frères par un même exploit. Cass., 31 janvier 1827, Sir., XXVII, 1, 349; Bull. civ., XXIX, 39

Les arrêts d'admission rendus par la cour de cassation ne peuvent être signifiés à Paris par d'autres huissiers que ceux de la cour elle-même. Cass., 1er fevrier 1808, Sir., VIII, 1, 211.

Lorsqu'une partie se trouve dechue du benefice d'un arrêt d'admission, par l'effet de la nullité de la signification qu'elle en a fait faire, et l'impossibilite de la réitérer en temps utile, elle ne peut pas être reçue a se pourvoir de nouveau en cassation, quoique, par defaut de signification du jugement dont elle se plaint, elle so t encore dans le delai du recours. Cass., 25 thermidor an 12, Sir., VII, 2, 814.—Encore que le demandeur en cassation qui a obtenu un arrêt d'admission et l'a signifie dans les delais a son adversaire, soit ulterieurement reste une annee entiere sans poursuivre, il n'est pas, par cela seul, déchu du benefice de son pourvoi. Cass., 8 fumaire an 11, Sir., III, 1, 153, Bull. civ., V. 76.

(1) Voyez la loi du 14 brumaire an 5 (4 novembre 1796), et les notes.

Plaidoiries.

21. En toute affaire, les parties peuvent par elles-mêmes, ou par leurs défenseurs, plaider et faire des observations pertinentes : les plaidoiries suivront le rapport ; ensuite le ministère public fera ses réquisitions ; après quoi les juges procéderont au jugement en la forme indiquée par la loi (1).

TITRE IV. — *Des jugemens et de leurs effets.*

Nombre des juges.

22. Chaque section pourra juger au nombre de neuf juges, et tous les jugemens seront rendus à la majorité absolue des suffrages.

Partage d'opinions.

23. En cas de partage d'opinions dans l'une des sections, le jugement de l'affaire sera porté devant les trois sections réunies.

Ce qui s'observe après la cassation, en matière civile.

24. En matière civile, lorsque la procédure seule aura été cassée, elle sera recommencée à partir du premier acte où les formes n'auront pas été observées. Si le jugement seul a été cassé, l'affaire sera portée devant l'un des tribunaux d'appel de celui qui avait rendu le jugement. Ce tribunal sera déterminé de la même manière que dans le cas de l'appel. Il procédera au jugement sans nouvelle instruction (2).

---

(1) Voyez le réglement du 4 prairial an 8 (24 mai 1800), art. 15 et 16.

(2) En these generale, le renvoi fait par la cour de cassation, apres cassation, ne lie pas le tribunal auquel est fait le renvo ; ce tribunal peut examiner sa competence et se declarer incompetent. Am ens, 30 octobre 1822, Sir, XXIII, 2, 63. — La cour de cassation elle-même n'est pas liée par la designation de tel tribunal ou de telle cour de renvoi ; elle peut en désigner un autre ulterieurement. Cass., 12 août 1813, Merlin, *Repertoire de jurisprudence*, v° *Renvoi après cassation*, n° 4. — Lorsqu'après cassation d'un arrêt de cour royale, il y a en renvoi à une autre cour royale, cette derniere cour ne peut elle-même renvoyer que devant des juges de son ressort. Cass, 28 novembre 1811, Sir, XII, 1, 240; Bull. crim, XVI, 326. — En matiere criminelle, la regle est la même, lorsqu'un arrêt de mise en accusation est cassé pour fausse qualification du fait incriminé, par exemple, lorsque ce fait constitue seulement un delit et non un crime ; si la nouvelle cour a laquelle le renvoi est fait reconnait qu'il ne s'agit en effet que d'un delit, elle ne peut renvoyer elle-même qu'à un tribunal correctionnel de son ressort. Cass., 14 mars 1828, Sir., XXVIII, 1, 386.

Les cours de renvoi, après cassation, n'ont sur le procès renvoyé qu'une juridiction déléguée, qui doit se renfermer dans l'objet spécial du renvoi. lors donc que l'arrêt cassé n'a été annulé que dans quelques unes de ses dispositions, les cours de renvoi ne peuvent soumettre a leur decision que les dispositions annulées; les autres conservent l'effet de la chose jugée. Cass., 8 mars 1826, Sir., XXVI, 1, 327; Bull. civ., XXVIII, 107. — La cour de renvoi n'est pas competente pour prononcer sur des points jugés par l'arrêt cassé, contre lesquels il n'y a pas eu de pourvoi. Agen, 12 juillet 1825, Sir., XXV, 2, 403 — En matiere criminelle, lorsque l'accusé a obtenu la cassation d'un arrêt qui le declarait convaincu sur un chef d'accusation et l'acquittait sur d'autres, la cour de renvoi ne peut plus remettre en jugement les chefs sur lesquels l'accusé a été absous. Cass, 7 fructidor an 12, Sir, IV, 2, 112; Bull crim, IX, 313.

La cour de renvoi est entierement subrogée à celle dont l'arrêt a été cassé, et peut, par conséquent, ordonner tout ce que cette cour aurait pu ordonner elle-même. Ainsi, la cour de renvoi peut, après infirmation d'un jugement de premiere instance, émane d'un tribunal situé dans le ressort de la premiere cour royale, renvoyer devant un tribunal du ressort de cette même cour, pour l'exécution. Cass., 24 janvier 1826, Sir., XXVI, 1, 373. — Elle peut, en infirmant la décision des premiers juges, évoquer et statuer au fond. Cass., 4 décembre 1827; Cass., Sir., XXVIII, 1, 206 — Lorsqu'un jugement de premiere instance est susceptible de plusieurs appels successifs, s'il arrive que l'arrêt intervenu sur le premier appel soit cassé, la cour de renvoi a juridiction, non seulement pour juger le litige, objet de l'arrêt cassé, mais encore tous les autres appels relatifs a l'action principale. Cass, 12 novembre 1816, Sir., XVII, 1, 274. — Mais le renvoi fait a un tribunal après la cassation, cesse d'avoir effet par suite de la suppression de ce tribunal : aucun autre tribunal ne se trouve revetu des mêmes attributions que ce tribunal supprimé. En ce cas, il faut se pourvoir devant la cour de cassation qui seule a droit de remplacer par une nouvelle attribution le renvoi precedemment fait. Cass, 25 juin 1812, Sir.,

Lois qui doivent être observées au tribunal de cassation.

25 Le réglement du 28 juin 1738, et les lois antérieures relatives au tribunal de cassation, continueront d'y être observés en toutes les dispositions auxquelles il n'est pas dérogé par la présente loi (1).

N° 264.=2 brumaire an 4 (24 octobre 1795.)=DÉCRET *portant que les juges qui formeront le cinquième sortant chaque année du tribunal de cassation, se retireront à mesure que ceux qui composent le cinquième entrant seront installés, etc.* (I, Bull. CCI, n° 1199; B., LX, 12.)

La convention nationale décrète que les juges qui formeront le cinquième sortant chaque année du tribunal de cassation, se retireront à mesure que ceux qui composent le cinquième entrant seront installés; ils détermineront par le sort, ou par toute autre voie qu'ils estimeront la plus convenable, l'ordre dans lequel ils cesseront leurs fonctions.

N° 265.=2 brumaire an 4 (24 octobre 1795).=DÉCRET *portant que les dispositions de celui du 28 thermidor an 3, relatif aux jugemens rendus révolutionnairement, sont applicables à ceux qui sont intervenus jusqu'au 13 vendémiaire dernier.* (I, Bull. CCI, n° 1197; B., LX, 12.)

Art. 1er. Toutes les dispositions de la loi du 28 thermidor de l'an 3, relative aux jugemens rendus révolutionnairement depuis le 10 mars 1793 jusqu'au 8 nivose de l'an 3 de la république, contre des personnes actuellement vivantes, portant peine afflictive ou infamante, détention ou emprisonnement, auront leur application aux mêmes jugemens rendus jusqu'au 13 vendémiaire de l'an 4.

2. Il n'est point dérogé par le présent décret aux lois relatives aux chouans et autres rebelles des départemens de l'Ouest et de l'intérieur, ainsi qu'aux émigrés ou prêtres réfractaires, ni porté aucune atteinte aux jugemens rendus en conséquence.

N° 266. = 2 brumaire an 4 (24 octobre 1795).=DÉCRET *additionnel à celui*

XXI, 1, 226 — Jugé de même que, lorsqu'une cour de justice criminelle, saisie de la connaissance d'un appel correctionnel, par attribution spéciale, après cassation, vient à être supprimée, le tribunal d'arrondissement du même lieu ne peut rester saisi de la connaissance de cet appel, encore qu'il soit juge d'appel, relativement au juge e quo : c'est le cas d'un reglement de juges. Cass., 20 août 1811, Sir., XII, 1, 215, Bull. crim, XVI, 250.

Lorsqu'une cour de justice criminelle a renvoyé un prévenu à la police correctionnelle, si le jugement de compétence est cassé, et si elle est chargée de juger, elle doit proceder au jugement, encore que, dans l'intervalle, le prevenu ait été jugé par un tribunal correctionnel. Cass., 15 mai 1807, Sir., VII, 2, 248.

Les juges qui ont concouru a un arrêt cassé, ne peuvent concourir au jugement de la même affaire sur renvoi après cassation. Cass., 6 mai 1824, Sir., XXIV, 1, 305, Bull. crim, XXIX, 193.

En général, c'est a la cour devant laquelle les parties sont renvoyées après cassation, qu'il appartient de connaitre des depens faits sur l'exécution de l'arrêt cassé. Mais, lorsqu'un arrêt contenant plusieurs chefs distincts et séparés a été attaqué et ca se dans un chef et non dans d'autres, toute discussion sur les depens relatifs aux dispositions non cassées est de la compétence de la cour qui a rendu l'arrêt : la cour de renvoi n'a pas a statuer a cet égard. Cass., 22 mai 1821, Sir., XXI, 1, 304, Bull. civ., XXIII, 157. — Lorsque la cour de cassation, en cassant un jugement ou un arrêt, a condamné le defendeur aux depens faits en la cour, cette condamnation ne peut être réformée par la cour de renvoi, lors même qu'elle jugerait comme le jugement ou l'arrêt cassé. Cass., 4 août 1818, Sir., XIX, 1, 124; Bull. civ., XX, 208.

(1) Voyez ce réglement dans les notes de la loi du 27 novembre—1er décembre 1790.

du 9 messidor dernier, sur le Code hypothécaire (1). (I , Bull. CCI , n° 1200 ; B., LX , 12.)

Art. 1er. La suppression des administrations et tribunaux de district, qui aura lieu en exécution de l'acte constitutionnel proclamé le 1er vendémiaire an 4, n'apportera, quant à présent, aucune réduction ni changement dans le nombre et le placement des conservateurs particuliers des hypothèques, établis par le Code hypothécaire du 9 messidor dernier.

2. Dans les districts sans tribunaux civils, ou dont le tribunal civil est établi hors de leur territoire actuel, le bureau de la conservation des hypothèques sera placé dans la commune où est le siége actuel de l'administration de district.

3. Le directoire exécutif, et jusqu'à son organisation, les comités de gouvernement, sont autorisés à statuer définitivement sur les réunions, divisions et placemens des bureaux de la conservation des hypothèques, après avoir entendu le conservateur général.

4. L'enregistrement et le paiement du droit cédulaire, prescrits par les articles 39 et 40 du Code hypothécaire, seront faits au bureau de la perception des droits d'enregistrement le plus près du conservateur chargé de la délivrance des cédules hypothécaires.

5. En cas de diminution de la valeur capitale des immeubles cédulés, survenue par vétusté, accident ou force majeure, postérieurement à la réquisition des cédules, la responsabilité encourue par les conservateurs d'hypothèques en exécution de l'article 36, cessera d'avoir lieu jusqu'à concurrence du montant des dégradations.

6. A compter du 1er thermidor dernier (jour de sa nomination), le conservateur général des hypothèques jouira, tant activement que passivement, de la franchise des ports de lettres et paquets de sa correspondance avec les conservateurs particuliers dans toute l'étendue de la république.

N° 267. = 2 brumaire an 4 (24 octobre 1795). = DÉCRET *concernant l'administration des ports et arsenaux de la marine* (2). (I, Bull. CCV, n° 1224 ; B., LX, 13.)

TITRE 1er. — *Dispositions générales.*

Art. 1er. L'administration des ports et arsenaux de marine sera dirigée sous l'autorité immédiate du ministre de la marine et des colonies.

2. Les ports militaires de la république sont divisés en grands ports et en ports secondaires.

3. Dans chacun des grands ports, un administrateur unique, sous le titre d'ordonnateur de marine, sera chargé de la direction générale des approvisionnemens, des travaux, des mouvemens, de l'artillerie, de la comptabilité, de la police des chiourmes, des hôpitaux de la marine, et de celle relative aux gens de mer de l'arrondissement. —Dans les ports secondaires, ce service sera confié à un commissaire principal de marine.

4. Les ordonnateurs, ainsi que les commissaires principaux chargés en chef du service des ports, auront seuls la correspondance officielle avec le ministre de la marine et des colonies, pour toutes les parties de l'administration qui leur est confiée. — Les agens des différentes branches de l'admi-

---

(1) Voyez le Code hypothécaire du 9 messidor an 3 (27 juin 1795), et les notes étendues qui l'accompagnent.

(2) Voyez, sur l'administration des ports et arsenaux de la marine, le décret général du 21 septembre—12 octobre 1791, et les notes qui résument toute la législation.

nistration des ports, ceux de l'administration des vivres de la marine, et les officiers de santé, leur seront subordonnés.

5. Il y a incompatibilité entre les fonctions des divers agens de l'administration des ports et toutes fonctions militaires.

TITRE II. — *Repartition des attributions des diverses branches de l'administration des ports.*

6. L'administration des ports est répartie en quatre branches principales; savoir : — L'administration et la comptabilité; —La direction des constructions navales et des travaux y relatifs; — La direction des mouvemens; —La direction de l'artillerie.

SECTION 1re. — Administration et comptabilite.

7. L'administration comprendra, —Les approvisionnemens, la recette, la garde et la dépense des matières et munitions quelconques;—La surveillance de l'emploi des matières et du temps des ouvriers affectés aux travaux des ports; — La revue et le paiement des officiers de marine et autres entretenus, des équipages des vaisseaux, et enfin de tous les individus employés au service de la marine; — La police et administration des hôpitaux et des bagnes; — Le service relatif aux gens de mer de l'arrondissement; — La levée des marins et des ouvriers, et leur répartition générale dans les chantiers et sur les bâtimens de la république; — Le congédiement des marins et des ouvriers; — L'inspection des vivres; — La comptabilité des matières et des fonds, dans les ports et a la mer.

8. Cette partie du service sera divisée en huit détails particuliers, dont chacun sera régi par un commissaire de marine, comme il suit : — 1° Les approvisionnemens; - 2° La comptabilité de l'arsenal en journées d'ouvriers et matières; — 3° Le bureau des armemens et la répartition des prises; — 4° Les revues des entretenus civils et militaires; — 5° L'administration et la police des hôpitaux; —6° L'administration et la police des bagnes; — 7° La comptabilité centrale des fonds; — 8° L'inspection du détail des vivres.

9. Dans les ports où le service le permettra, plusieurs détails pourront être régis par un seul et même commissaire ou sous-commissaire.

10. Dans les ports de Brest, Toulon et Rochefort, l'ordonnateur sera secondé et remplacé, en cas d'absence, par un commissaire principal de marine.

11. Il sera affecté a chaque détail des sous-commissaires et des commis de marine.

12. Le service relatif aux gens de mer sera, suivant l'étendue des quartiers, confié à des commissaires, sous-commissaires, commis de marine, ou syndics des gens de mer, qui seront subordonnés à l'ordonnateur ou commissaire principal de l'arrondissement.

13. Il y aura, dans chaque port militaire de la république, un contrôleur de marine.

14. Le contrôleur de marine aura inspection sur toutes les recettes et dépenses de fonds et de matières, sur la conservation des effets et munitions dans les magasins, sur les revues des entretenus et des équipages des bâtimens, sur l'emploi des matières et du temps des ouvriers, et sur les adjudications, marchés et traités pour fournitures et ouvrages. — Il vérifiera toutes les opérations de comptabilité, et visera toutes les pièces à la décharge du payeur. — Il maintiendra dans toutes les parties du service l'exécution ponctuelle des lois et réglemens, des arrêtés du directoire exécutif et des ordres du ministre, et requerra tout ce qu'il jugera convenable pour leur entière exécution.— Il inspectera et vérifiera, au moins une fois par année,

les rôles et registres relatifs à l'inscription et au service des gens de mer, ainsi que la situation des caisses des invalides et des marins de l'arrondissement, et il remettra à l'ordonnateur une copie du procès-verbal de son inspection. — Il aura le dépôt public des lois, réglemens, décisions, ordres, brevets, commissions, devis, mémoires, procès-verbaux, etc., et en délivrera au besoin des extraits ou copies collationnées.

15. Le contrôleur sera indépendant dans l'exercice des fonctions qui lui sont attribuées; mais il ne pourra, dans aucun cas, arrêter ni suspendre l'exécution des ordres de l'ordonnateur, qu'il informera des abus et des irrégularités qu'il remarquera. Il sera tenu de rendre compte tous les dix jours au ministre, du résultat de ses observations, et toutes les fois qu'il le jugera nécessaire.—Il lui sera donné communication de toutes les pièces nécessaires pour ses vérifications, et il lui sera fourni tous les renseignemens qu'il exigera. —Il sera secondé par des sous-contrôleurs et des commis de marine, qui le suppléeront au besoin.

16. Un garde-magasin sera chargé de la garde et conservation des matières, effets et munitions, sous la surveillance du commissaire préposé au détail des approvisionnemens. Le garde-magasin aura le grade de sous-commissaire; les sous-gardes-magasins et autres agens affectés à ce service lui seront subordonnés.

SECTION II. — Direction des constructions navales et des travaux y relatifs.

17. Les constructions navales et les travaux qui y sont relatifs, seront dirigés, dans chacun des quatre grands ports, par un ingénieur-constructeur en chef, directeur.

18. La direction des constructions navales, à laquelle il sera affecté des ingénieurs-constructeurs, des sous-ingénieurs et des élèves ingénieurs-constructeurs, embrassera, — La construction et la refonte, le radoub et l'entretien de tous bâtimens flottans, et de toutes machines a leur usage et à celui de l'intérieur du port ; — Le transport sur les chantiers de cette direction, des bois, fers et autres matières a ouvrer ; — Les travaux à exécuter dans les divers chantiers et ateliers, excepté ceux de l'artillerie, des bâtimens civils et de la garniture, et les ouvrages qui se fabriquent dans l'intérieur du magasin général; — Enfin la recherche et le martelage des bois de construction.

19. Le ministre de la marine et des colonies emploiera un nombre suffisant d'ingénieurs et de sous-ingénieurs-constructeurs, pour suivre les opérations relatives a la recherche et au martelage des bois de marine.—Ces ingénieurs seront pris parmi ceux affectés au service des ports.

SECTION III. — Direction des mouvemens des ports.

20. Dans chacun des grands ports, les mouvemens des bâtimens de la république seront confiés à un directeur.

21. Cette direction, a laquelle il sera affecté des chefs et des sous-chefs des mouvemens, comprendra : — Les mouvemens, amarrage, lestage et délestage des bâtimens flottans, leur garde et leur conservation dans le port ; — Le mâtement et le démâtement, l'entrée des bâtimens dans les bassins et ports, et leur sortie, le halage a terre, l'appareil de carénage sur l'eau, et toutes autres manœuvres à faire dans le port ; — Les secours de toute espèce a donner pour l'armement et le désarmement des bâtimens de la république ; —L'arrangement et l'entretien des grémens des bâtimens dans les magasins destinés à cet effet ; — Les travaux de l'atelier de la garniture ; — Le curage des ports et rades ;—La surveillance des pilotes lamaneurs et des agens pré-

posés a la police du port du commerce; — L'inspection des pompiers et la surveillance des dépôts des pompes a incendie.

22. Le directeur de cette partie desiinera, pour les mouvemens et les travaux dont il est chargé, les chefs, sous-chefs et autres individus sous ses ordres.

SECTION IV. — Direction de l'artillerie.

23. Les mouvemens et transports des munitions, matières et ustensiles relatifs a l'artillerie,—L'inspection des bouches a feu, poudres, bombes, boulets, armes et munitions servant a l'armement des vaisseaux , — L'entretien et l'arrangement de ces objets dans les magasins et dans le parc,—Les travaux des différens ateliers dépendant de ce détail,—Seront confiés a un directeur, qui aura sous ses ordres les chefs et sous-chefs d'artillerie, ainsi que les autres individus affectés à cette direction. — Le sous-garde-magasin de l'artillerie sera subordonné au garde-magasin du port.

SECTION V. — Détails accessoires.

Bâtimens civils.

24. Ce détail embrassera les constructions nouvelles, réparations et entretien des édifices des ports, des batteries et fortifications maritimes, quais, cales, bassins, et généralement de tous les ouvrages d'architecture des arsenaux de la marine et des ports du commerce.—Ces travaux seront dirigés par un ingénieur en chef, qui sera secondé par des ingénieurs ordinaires et par des éleves ingénieurs.

25. Les constructions nouvelles et les réparations considérables ne pourront être entreprises qu'après que les plans et les devis en auront été approuvés par le ministre de la marine et des colonies; mais les travaux d'entretien ordinaire, et les autres menus ouvrages, seront exécutés d'apres les décisions de l'ordonnateur.

Vivres.

26. Toutes fournitures, soit pour les bâtimens en armement, soit pour le service du port, seront faites d'après les ordres de l'ordonnateur.

27. Il autorisera le rebut ou la vente des objets reconnus avariés ou menacés d'un deperissement prochain.

28. Dans chaque port, le directeur des vivres de la marine rendra journellement compte a l'ordonnateur, de la situation des approvisionnemens de cette partie du service.

29. Le directeur, le sous-directeur et les autres agens des vivres dans le port, seront tenus de donner en outre, a l'administrateur préposé à l'inspection des vivres, toutes communications nécessaires pour éclairer son inspection.

TITRE III. — Service commun à tous les agens.

SECTION Ire — Adjudications, marchés et recette de munitions et ouvrages.

30. Les adjudications et marchés pour les fournitures de toute espèce et pour les travaux a l'entreprise, autres que ceux pour lesquels le ministre de la marine et des colonies aura traité directement, seront faits, conformément aux lois et réglemens rendus sur cet objet, par l'ordonnateur, en présence du contrôleur de marine, du directeur et du commissaire que ces objets concerneront : ce dernier sera chargé de la rédaction des marchés.

31. Tout acte de cette nature sera, dès le moment de sa passation, obligatoire pour la république et pour les particuliers.

32. La visite, l'épreuve et la réception des armes, munitions et marchan-

dises, ainsi que des ouvrages exécutés a l'entreprise, seront toujours faites en présence du contrôleur de marine par le garde- magasin, conjointement avec le directeur et le commissaire au détail duquel lesdits objets ressortiront.

33. Les procès-verbaux de visite, d'épreuve et de réception, seront signés sur le champ par tous les agens qui auront concouru à l'opération, et ils en seront collectivement responsables.—Les procès-verbaux seront rédigés par le commissaire dans le détail duquel les objets seront compris.

SECTION II. — Administration des vaisseaux armés.

34. Il y aura, sur tout bâtiment de la république, un agent de l'administration de la marine. Il aura, pendant la campagne, le titre d'aide commissaire, et il sera traité, a bord, avec les mêmes égards que les officiers de l'état-major dont il fait partie.

35. L'aide-commissaire sera chargé de constater les mouvemens de l'équipage, et de tenir toutes les parties de la comptabilité du bâtiment en fonds et en matières.

36. Il ne sera tenu de remplir aucun service étranger à celui dont il est chargé par la loi ; il ne rendra de comptes qu'au capitaine, et ne recevra d'ordres que de lui, ou de l'officier qui le remplace.

37. L'officier de santé en chef, le préposé a la distribution des vivres, ainsi que les maîtres chargés de munitions et effets, lui rendront directement compte de leurs consommations, conformément aux reglemens ou instructions qui régissent ce service, et toutes les fois qu'il l'exigera : s'il aperçoit des excès de dépenses ou des abus, il en préviendra le capitaine.

38. Toutes dépenses, tous achats, remplacemens, remises ou versemens, seront faits par l'aide-commissaire, d'après les ordres du capitaine.

39. Dans tous les ports de la république, les demandes en remplacement de munitions ou de vivres seront faites aux ordonnateurs ou aux agens chargés en chef de l'administration de la marine : en pays étranger, les demandes de cette nature seront adressées aux consuls ou agens de la nation française ; et si, dans le lieu de la relâche, il n'y a ni consul, ni agent de la nation, l'aide-commissaire pourvoira aux besoins du bâtiment.

40. Dans les mêmes cas, il sera pourvu de la même manière a toutes les réparations du bâtiment, ainsi qu'aux dépenses de toute espèce que sa relâche pourra occasioner.

41. L'aide-commissaire acquittera, en lettres de change sur la trésorerie nationale, le montant des achats et autres dépenses qu'il aura été necessité de faire ; ces traites seront visées par le capitaine : il en sera donné avis sur-le-champ a l'ordonnateur.

42. Lorsque des bâtimens de la république navigueront en armée ou en escadre, il sera embarqué sur le vaisseau commandant un commissaire de marine et un ingénieur constructeur. — Sur chaque division, il y aura un sous-commissaire de marine et un sous-ingénieur constructeur.

43. Le commissaire de l'armée ou de l'escadre dirigera toutes les opérations administratives et toutes les dépenses, ainsi que les mouvemens de tous les individus qui lui sont subordonnés. Il surveillera la comptabilité de chaque bâtiment ; et, a cet effet, les sous-commissaires et les aides-commissaires lui rendront tous comptes nécessaires.—Dans une division naviguant seule, le sous-commissaire remplira le même service.

44. L'ingénieur ou sous-ingénieur-constructeur sera chargé de tout ce qui concerne la partie d'entretien et de réparation des bâtimens.

45. En armée, escadre ou division, aucune dépense ne sera faite que

sur les ordres du général, et d'après les demandes de chaque bâtiment

46. Pendant le combat, l'aide-commissaire se tiendra sur le faux-pont, pour veiller a ce que les blessés soient promptement secourus, et a ce que l'ordre règne dans cette partie du service.—Le commissaire de l'armée, escadre ou division, se tiendra auprès du général en chef, et si ce dernier passe sur un autre bâtiment, il l'y suivra. — L'ingénieur constructeur se portera partout où sa présence sera nécessaire.

TITRE IV. — *Organisation de l'administration des ports secondaires.*

47. Il y aura, dans chacun des ports secondaires, des commissaires et sous-commissaires, dont le nombre sera fixé sur les besoins du service.— Les fonctions de gardes-magasins et celles de secrétaires des conseils d'administration y seront remplies par des sous-commissaires ou par des commis principaux.

48. Lorsqu'il sera ordonné des travaux de construction dans lesdits ports ou dans leur arrondissement, la direction en sera confiée a des ingénieurs-constructeurs. — Les mouvemens et armemens seront dirigés par des chefs ou sous-chefs des mouvemens, qui y seront établis suivant les besoins du service. — Dans le cas prévu par l'article 32 de la loi sur l'organisation des états-majors de la marine dans les ports, les fonctions attribuées aux officiers d'état-major pourront être confiées auxdits chefs et sous-chefs des mouvemens : dans ce cas, et relativement à ces fonctions, ces officiers ne sont pas subordonnés aux commissaires principaux.

49. Le directoire exécutif affectera, pour le service des ports non compris dans la présente loi, les agens nécessaires pour en diriger les opérations.

TITRE V. — *Conseil d'administration.*

50. Il sera établi, dans chacun des ports militaires de la république, un conseil d'administration. Dans les quatre grands ports, il sera composé de l'ordonnateur, du commissaire principal et de trois directeurs. — Dans les ports secondaires, il sera composé du commissaire principal, d'un commissaire et d'un sous-commissaire de marine, ainsi que de l'ingénieur constructeur et du chef ou sous-chef des mouvemens, s'il y en a. — Le contrôleur de marine est tenu d'assister au conseil, et il y aura voix représentative.

51. Le secrétaire du conseil sera chargé de la garde des registres, papiers et archives : il aura le grade de sous-commissaire de marine.

52. Le conseil s'assemblera tous les dix jours dans une des maisons nationales qui lui sera désignée ; il sera présidé par l'ordonnateur, et, en son absence, par le plus ancien d'âge du commissaire principal et des trois directeurs.

53. Le conseil s'assemblera extraordinairement, sur l'ordre de l'ordonnateur, ou sur la réquisition du contrôleur de marine.

54. Lorsqu'il s'agira d'objets relatifs aux bâtimens civils, le chef de cette partie sera appelé au conseil, et il y aura voix délibérative pour ce qui le concernera seulement : en cas de partage égal d'opinions, l'avis du président prévaudra.

55 Pourra le conseil, selon la nature des matières soumises à sa délibération, appeler, avec voix consultative, tels autres agens qu'il jugera convenable.

56 Les fonctions du conseil consistent, —1° A arrêter toutes dispositions provisoires relativement aux divers objets du service que l'ordonnateur

croira devoir mettre en délibération ; — 2° A régler l'avancement des ouvriers des ports ; — 3° A arrêter l'état des approvisionnemens nécessaires pour exécuter les ordres du gouvernement ;—4° A examiner et vérifier les comptes et consommations de munitions et de fonds, relativement aux campagnes des bâtimens de la république.

57. Le conseil ne s'occupera ni de la police, ni de la justice, ni de la nomination aux emplois vacans.

58. Le registre des délibérations du conseil sera individuellement signé par tous les membres. Deux expéditions de chaque délibération, sous la signature du président et du secrétaire, seront adressées sans délai au ministre de la marine et des colonies : l'une de ces expéditions, émargée des décisions du ministre, sera renvoyée au conseil.

59. Les ordres donnés en vertu des délibérations du conseil seront provisoirement exécutés.

60. L'exécution des mesures provisoires arrêtées par le conseil d'administration, sera suspendue par un ordre contraire a la délibération qui les aura ordonnées.

TITRE VI. — *Admission et avancement.*

61. Nul ne sera admis dans l'administration des ports en qualité de commis ordinaire de marine, s'il n'est âgé de seize ans accomplis, et s'il n'a satisfait a un examen sur l'écriture, l'arithmétique et les élémens de la langue française. Les places seront données dans un concours public, présidé par l'ordonnateur : le conseil d'administration sera juge du concours.

62. Les commis principaux seront choisis par le conseil d'administration, parmi tous les commis ordinaires de la première classe. Les commissaires ou sous-commissaires dirigent les huit détails de l'administration, ainsi que le garde-magasin, seront appelés à la séance du conseil, avec voix délibérative.

63. Les places de sous-contrôleurs et de sous-commissaires seront données aux commis principaux âgés de vingt-cinq ans révolus, moitié au choix du directoire exécutif, et moitié a l'ancienneté des services.

64. Les places de commissaires de marine seront données, moitié au choix du directoire exécutif, et moitié à l'ancienneté des services, aux sous-contrôleurs et sous-commissaires qui auront cinq ans de service dans leur grade et l'âge de trente ans accomplis.

65. Les contrôleurs de marine seront toujours pris, au choix du directoire exécutif, parmi les commissaires de marine et parmi les sous-contrôleurs et sous-commissaires qui rempliront les conditions exigées par l'article précédent.

66. Les commissaires principaux seront toujours choisis par le directoire exécutif, parmi les contrôleurs et commissaires de marine.

67. Les ordonnateurs seront choisis par le directoire exécutif, soit parmi les contrôleurs des grands ports et les commissaires principaux, soit parmi les directeurs des constructions navales, des mouvemens et de l'artillerie.

68. Lorsqu'il y aura des places de sous-ingénieurs vacantes, elles seront données, moitié au choix du directoire exécutif et moitié a l'ancienneté, aux élèves ingénieurs-constructeurs admis dans les ports, et qui auront au moins trois ans de service dans ce grade.

69 Les ingénieurs constructeurs seront pris parmi les sous-ingénieurs-constructeurs ayant cinq ans de service dans ce grade, moitié au choix du directoire exécutif, et moitié a l'ancienneté des services.

70. Les ingénieurs-constructeurs en chef directeurs seront pris, au choix du directoire exécutif, parmi les ingénieurs-constructeurs.

71. Les places de sous-chefs des mouvemens des ports seront données, au choix du directoire exécutif, a des enseignes de vaisseau ou a des maîtres de manœuvre et de timonnerie.

72. Les places de chefs des mouvemens seront données, moitié au choix du directoire exécutif et moitié a l'ancienneté des services, aux sous-chefs qui auront au moins trois ans de service dans ce grade.

73. Les directeurs des mouvemens seront toujours choisis par le directoire exécutif, soit parmi les chefs des mouvemens, soit parmi les capitaines de vaisseau.—Les sous-chefs des mouvemens des ports auront, a la date de leur brevet, rang d'enseigne de vaisseau ; — Les chefs, de lieutenant de vaisseau ; — Les directeurs, de capitaine de vaisseau, ou, suivant leur ancienneté, celui de chef de division.—Les uns et les autres pourront, au choix du directoire exécutif, et en abandonnant le service des ports, passer dans le corps des officiers de marine, dans les grades correspondant aux leurs, ou dans ceux auxquels ils auraient droit à raison de l'ancienneté de leurs services.

74. Les sous-chefs des travaux de l'artillerie seront choisis par le directoire exécutif, soit parmi les maîtres canonniers entretenus, soit parmi les lieutenans des troupes d'artillerie de la marine.

75. Les places de chefs seront données, moitié au choix du directoire exécutif et moitié a l'ancienneté, aux sous-chefs ayant au moins trois ans de service dans ce grade.

76. Les directeurs d'artillerie seront choisis par le directoire exécutif, soit parmi les chefs de cette direction, soit parmi les chefs de brigade des troupes d'artillerie de la marine. — Les sous-chefs d'artillerie dans les ports auront, a la date de leur brevet, rang de lieutenant des troupes d'artillerie ; —Les chefs, de capitaine ; — Les directeurs, de chef de brigade.— Ils pourront, les uns et les autres, et en abandonnant le service des ports, passer, au choix du directoire exécutif, dans les troupes d'artillerie de la marine, dans les grades correspondant aux leurs, ou dans ceux auxquels ils auraient droit a raison de l'ancienneté de leurs services.

77. Les élèves et ingénieurs des bâtimens civils seront pris parmi les élèves et ingénieurs des ponts et chaussées.—L'ingénieur en chef chargé des bâtimens civils sera choisi, par le directoire exécutif, parmi les ingénieurs ordinaires ayant au moins trois ans de service dans les ports.

78. Le passage d'une paie a une autre, dans chaque grade, s'opérera toujours par l'ancienneté des services dans ce grade.

79. Dans toutes les circonstances où il y aura concours entre les divers individus employés a l'administration des ports, et les officiers de la marine ou de l'armée de terre, — Les ordonnateurs de marine auront, a la date de leur brevet, place avec les contre amiraux ;—Les contrôleurs des grands ports, les commissaires principaux, avec les chefs de division ;—Les directeurs des constructions, des mouvemens des ports et de l'artillerie, avec les chefs de division ou les capitaines de vaisseau, suivant l'ancienneté de leurs brevets ;—Les contrôleurs des ports secondaires, les commissaires de marine et les ingénieurs-constructeurs, avec les capitaines de vaisseau ; — Les sous-contrôleurs, sous-commissaires et les sous-ingénieurs-constructeurs, avec les lieutenans de vaisseau ; — Les aides-commissaires, avec les enseignes de vaisseau.

Etat des ports militaires de la république.

Grands ports.

Brest, Toulon, Rochefort et Lorient.

Ports secondaires.

Dunkerque, Le Hâvre, Cherbourg, Saint-Malo, Nantes, Bordeaux, Bayonne, Marseille.

N° 268. = 3 brumaire an 4 (25 octobre 1795). = DÉCRET *concernant l'inscription maritime* (1). (I, Bull. ccv, n° 1222; B., LX, 26.)

SECTION Iʳᵉ. — De l'inscription maritime.

Art. 1ᵉʳ. Il y aura une inscription particulière des citoyens français qui se destineront a la navigation.

2. Sont compris dans l'inscription maritime,—1° Les marins de tous grades et de toute profession, naviguant dans l'armée navale ou sur les bâtimens de commerce;—2° Ceux qui font la navigation ou la pêche de mer sur les côtes, ou dans les rivières jusqu'où remonte la marée; et pour celles où il n'y a pas de marée, jusqu'a l'endroit où les bâtimens de mer peuvent remonter; — 3° Ceux qui naviguent sur les pataches, allèges, bateaux et chaloupes, dans les rades et dans les rivières, jusqu'aux limites ci-dessus indiquées.

3. Tout citoyen qui commence a naviguer ne pourra s'embarquer ni être employé sur les rôles d'équipages d'un bâtiment de la république ou du commerce, que sous la dénomination de *mousse*, depuis l'âge de dix ans jusqu'a quinze ans accomplis, et sous celle de *novice* au dessus de ce dernier âge. —Néanmoins, tout mousse ou novice qui, ayant navigué pendant six mois dans l'une de ces deux qualités, aura en outre satisfait à l'examen prescrit, sera employé sous la dénomination d'*aspirant de la dernière classe*.

4. Il sera donné connaissance des diverses dispositions de la présente loi a tout citoyen commençant a naviguer, et il sera inscrit sur un rôle particulier.

5. Sera compris dans l'inscription maritime tout citoyen âgé de dix-huit ans révolus, qui, ayant rempli une des conditions suivantes, voudra continuer la navigation ou la pêche:—1° D'avoir fait deux voyages de long cours; —2° D'avoir fait la navigation pendant dix-huit mois; — 3° D'avoir fait la petite pêche pendant deux ans;—4° D'avoir servi pendant deux ans en qualité d'apprenti marin.—A cet effet, il se présentera, accompagné de son père ou de deux de ses plus proches parens ou voisins, au bureau de l'inscription de son quartier, où il lui sera donné connaissance des lois et réglemens qui déterminent les obligations et les droits des marins inscrits.

6. Celui qui, ayant atteint l'âge et rempli l'une des conditions exigées par l'article précédent, continue la navigation ou la pêche sans se faire inscrire au bureau de son quartier, ainsi qu'il est prescrit, sera compris dans l'inscription maritime, étant censé y avoir consenti par le fait seul qu'il continue a naviguer.

7. Tout citoyen français compris dans l'inscription maritime est dispensé de tout service public autre que ceux de l'armée navale, des arsenaux de la marine, et de la garde nationale dans l'arrondissement de son quartier.

SECTION II. — Des arrondissemens, quartiers et syndicats maritimes, et de l'appel des marins au service public.

8. Chacun des principaux ports de la république aura un arrondissement maritime, qui sera divisé en quartiers, composés de syndicats, et ceux-ci de communes, conformément a ce qui est determiné par le réglement.

9. Dans les quartiers maritimes, l'inscription des gens de mer sera confiée a des administrateurs de la marine: ceux-ci auront sous leurs ordres des

(1) Voyez le décret du 31 décembre 1790—7 janvier 1791, sur les classes des gens de mer, et les notes qui résument la matière.

VI. 17

syndics choisis par le gouvernement, et de préférence parmi les anciens marins. Les uns et les autres seront subordonnés a l'ordonnateur ou commissaire principal de l'arrondissement.—Chaque syndic tiendra, pour son syndicat, un extrait de la matricule de l'administrateur du quartier, sur lequel il suivra les mouvemens des gens de mer.

10. Tout marin inscrit sera tenu de servir sur les bâtimens et dans les arsenaux de la république, toutes les fois qu'il en sera requis.

11. Les marins qui se présenteront pour servir de bonne volonté dans l'armée navale, seront notés sur un registre particulier, et commandés de préférence.

12. Tout matelot, et même tout novice ayant deja navigué, qui se présentera volontairement pour servir sur les bâtimens de la république, recevra, à titre de gratification, un mois de solde une fois payé : la même gratification sera accordée aux officiers-mariniers qui se soumettront à servir a la paie de matelot de la haute classe.

13. Si le nombre des marins enregistrés volontairement dans un quartier excède le contingent a fournir par ce quartier, ceux qui se seront présentés les premiers au bureau de l'inscription maritime seront employés de préférence.

14. Si, dans un quartier, le nombre de marins enregistrés de bonne volonté est moindre que le contingent fixé pour ce quartier, il y aura lieu a une levée.

15. Dans chaque quartier maritime, les marins sont distribués en quatre classes :—La première comprend les célibataires ;—La seconde, les veufs sans enfans ;—La troisième, les hommes maries et n'ayant point d'enfans;—Et la quatrième est composée des pères de famille.

16. La seconde classe ne sera mise en réquisition que lorsque la première, étant épuisée, n'aura pu suffire aux besoins du service : il en est usé de même a l'égard des troisième et quatrième classes.

17. Dans chaque quartier, le marin qui aura le moins de service sur les bâtimens de guerre, sera requis le premier; et s'il y a égalité de service, le plus anciennement débarqué , soit des bâtimens de la republique, soit de ceux du commerce, sera tenu de marcher, sans qu'il puisse prétendre a la gratification accordée a celui qui se sera volontairement présenté pour faire le service public.

18. Les officiers-mariniers qui se seront présentés les premiers à l'enregistrement volontaire, seront admis a servir dans la proportion d'un dixième du nombre des matelots de leur quartier appelés au service de l'armée navale.

19. Les administrateurs des quartiers maritimes, ayant reçu l'ordre de commander des marins pour le service public, feront la repartition entre les différens syndicats, du nombre des gens de mer a fournir par leurs quartiers respectifs.

20. Ils remettront aux syndics des extraits de l'état de répartition, et ceux-ci formeront des listes nominatives pour chaque commune de leur syndicat.

21. Si le marin désigné pour marcher a des réclamations à faire, il s'adressera a l'administration municipale de son canton, qui y fera droit après avoir entendu le syndic ; et, dans le cas où le réclamant aurait des motifs légitimes pour ne pas marcher, celui qui devra le remplacer sera désigné au même instant.

22. Il ne sera reçu aucune nouvelle réclamation quatre jours francs après la publication des listes.

23. En cas de refus ou de retardement à l'exécution des ordres de l'administrateur du quartier, de la part des marins commandés pour le service, l'administration municipale du canton sera tenue, sous sa responsabilité, de prêter main-forte, a la première réquisition du syndic.

24. Tout marin qui aurait atteint l'âge de cinquante ans révolus sera, de droit, exempt de la réquisition pour le service des vaisseaux et arsenaux de la république, sans néanmoins perdre la faculté de continuer la pêche ou la navigation, même sur les bâtimens de l'état.

25. Tout marin, quel que soit son âge, qui voudra renoncer à la navigation et a la pêche, sera rayé de l'inscription maritime par le fait seul de sa déclaration et de sa renonciation, un an après les avoir faites, et dès lors il ne jouira plus d'aucun des avantages résultant de cette inscription: ces déclarations et renonciations ne seront pas admises en temps de guerre, et demeureront même sans effet si la guerre a lieu avant l'expiration d'une année, à compter du jour où elles auront été faites.

26. Si, après s'être fait rayer de l'inscription, un marin se détermine à reprendre la navigation ou la pêche, il sera réinscrit au grade et à la paie qu'il avait lors de sa radiation.

27. Tout marin qui ne sera pas actuellement commandé pour le service sera libre de s'embarquer sur les navires marchands ou bateaux de pêche, ou d'aller dans les différens ports de la république travailler ou s'y embarquer, à la charge seulement de faire inscrire son mouvement sur le rôle des gens de mer de son quartier et de celui où il se rendra.

28. Il sera accordé aux marins inscrits des pensions suivant leurs grades, âges, blessures ou infirmités: ces pensions seront réglées sur la durée de leurs services a bord des bâtimens et dans les arsenaux de la république, et sur les navires du commerce.

29. Le service sur les bâtimens de la république comptera, en temps de paix, dix-huit mois pour un an, et dans les arsenaux année pour année.— Le service sur les bâtimens du commerce sera compté, en temps de paix, six mois pour un an, et en temps de guerre, année pour année: sur les corsaires, l'année sera comptée double comme pour les bâtimens de la république.

30. Les veuves et enfans des marins ont droit aux secours et pensions accordés aux veuves et enfans des défenseurs de la patrie.

31. Il sera accordé un secours par mois à chacun des enfans des deux sexes, au dessous de l'âge de dix ans, de tout marin en activité de service sur les bâtimens ou dans les ports de la république.

32. Les enfans des marins seront embarqués de préférence en qualité de mousses sur les bâtimens de la république et sur ceux du commerce.

33 Tout marin appelé a servir sur les bâtimens ou dans les arsenaux de la république, recevra une conduite pour se rendre au port de sa destination; et s'il est retenu chez lui par les ordres du bureau de l'inscription maritime, sa solde lui sera payée tout le temps que son départ est retardé.

34. Tout marin au service de la république pourra déléguer, pour être payé a sa famille, pendant la durée de sa campagne, jusqu'à la concurrence du tiers de ses salaires présumés gagnés, déduction faite de ses avances.

35. En cas de naufrage d'un bâtiment de la république, et de perte constatée des effets d'un marin, il lui sera tenu compte de son salaire jusqu'au moment du naufrage: la valeur des effets lui sera remboursée d'après le réglement, et il lui sera payé une conduite.

36. Le produit net des prises faites par les bâtimens de la république appartiendra aux équipages preneurs, et sera réparti suivant le réglement.

37. Les différens grades des gens de mer sont: mousses, novices, matelots, quartiers-maîtres, contre-maîtres, seconds maîtres et maîtres des manœuvres; aides, seconds maîtres et maîtres de canonnage, de timonnerie, de charpentage, de calfatage et de voilerie, et pilotes côtiers.

17.

38. Les avancemens des marins seront réglés suivant la durée de leurs services sur les bâtimens de l'état ; des actions d'éclat ou un mérite distingué accéléreront leur avancement.

39. Les officiers mariniers, parvenus à la première classe de leur profession, pourront être constamment entretenus : le nombre de ces entretenus sera déterminé d'après les besoins du service.

40. Le dixième des places d'enseignes de vaisseau pourra être donné aux maîtres entretenus de manœuvre, de canonnage et de timonnerie.

SECTION IV. — Des apprentis marins.

41. La république entretiendra annuellement à son service deux mille apprentis marins.

42. Les apprentis marins seront enrôlés volontairement, et serviront pendant deux ans sur les bâtimens ou dans les ports militaires.

43. Ils seront remplacés tous les ans par moitié. Leur solde et leur vêtement seront fixés par le réglement.

SECTION V. — De l'appel des ouvriers propres aux travaux des ports (1).

44. Les charpentiers de navires, perceurs, calfats, voiliers, pouliers, tonneliers, cordiers et scieurs de long, exerçant leur profession dans les ports et lieux maritimes, et non inscrits comme marins, seront appelés dans les ports militaires, dans les cas de guerre, de préparatifs de guerre ou de travaux extraordinaires et considérables. Il en sera tenu un enregistrement particulier dans les bureaux de l'inscription, et ils seront dispensés de toutes autres réquisitions que celles relatives au service de la marine.

45. Les ouvriers désignés dans l'article précédent seront appelés dans les ports, suivant les règles prescrites par les articles 14, 15 et 16 de la présente loi. Ceux de la troisième et de la quatrième classe auront un quart en sus du salaire journalier auquel ils auront été taxés d'après leur capacité : ce supplément de salaire sera payé à leurs femmes, dans le lieu de leur domicile

46. Indépendamment du quart en sus, il sera payé à chacun des enfans des deux sexes de ceux de la quatrième classe, au dessous de l'âge de dix ans, un secours par mois, dont la quotité sera déterminée par le reglement —Pendant la durée de leurs services dans les ports de la république, ils jouiront de tous les avantages attribués aux ouvriers qui y sont constamment employés.

47. Le directoire exécutif est chargé de présenter à l'approbation du corps législatif le réglement pour tous les objets mentionnés en la présente loi.

N° 269.=3 brumaire an 4 (25 octobre 1795).=DÉCRET *concernant l'admission et l'avancement des officiers de la marine militaire, et la réception des capitaines des bâtimens de commerce, maîtres au petit cabotage, pilotes côtiers et pilotes lamaneurs.* (I, Bull. ccv, n° 1223 ; B., LX, 32.)

Aspirans de la marine (2).

Art. 1er. Il y aura dans la marine militaire deux classes d'aspirans.

2. Seront admis dans la seconde classe d'aspirans, les jeunes gens âgés de douze ans au moins, et au plus de dix-huit, qui, ayant six mois de navigation, auront satisfait a un examen sur l'arithmétique démontrée.

_____

(1) Voyez l'arrêté du 7 ventose an 11 (26 février 1803), concernant l'inscription et l'appel de ces ouvriers.

(2) Voyez, sur le mode d'admission et d'avancement des aspirans de la marine, le décret du 17—17 septembre 1792, et les notes qui résument la legislation.

3. Seront admis dans la première classe d'aspirans, les jeunes gens âgés de quinze a vingt ans, qui, ayant vingt-quatre mois effectifs de navigation, dont six sur les bâtimens de la république, auront répondu d'une manière satisfaisante a un examen sur la géométrie, la théorie du pilotage, les élémens de tactique et la manœuvre des grémens.

4. Les aspirans de la première classe seront entretenus à tour de rôle, et pendant deux ans, aux frais de la république; le nombre des aspirans entretenus sera constamment de deux cents.

Officiers de la marine (1).

5. Les grades d'officiers de la marine militaire sont : enseigne de vaisseau, lieutenant de vaisseau, capitaine de frégate, capitaine de vaisseau; chef de division, contre-amiral et vice-amiral.

6. Le grade d'enseigne de vaisseau sera conféré aux navigateurs de l'âge de dix-huit a vingt ans, qui, ayant quarante-huit mois effectifs de navigation, répondront le mieux a l'examen prescrit par l'article 3, et aux questions qui leur seront faites sur toutes les manœuvres, mouvemens et évolutions des bâtimens naviguant seuls, et sur la pratique du canonnage : les examinateurs seront juges du concours.

7. Le grade de lieutenant de vaisseau sera conféré aux enseignes de vaisseau les plus anciens dans ce grade, et qui, étant âgés de vingt-six ans au moins, et ayant soixante mois effectifs de navigation, auront en outre satisfait a un examen sur l'abattage des vaisseaux en quille, sur l'arrimage et les moyens de conserver ou de rétablir, dans la navigation, l'assiette et les tirans d'eau reconnus les plus avantageux, sur l'exécution des signaux ou tactique navale, sur les dispositions avant, pendant et après le combat, sur les lois de police ou discipline militaire et celles pénales pour la marine.

8. Les places de capitaine de frégate, capitaine de vaisseau et chef de division, seront données a des officiers du grade immédiatement inférieur a celui a occuper, la moitié a l'ancienneté des services, et l'autre moitié au choix du directoire exécutif.

Capitaines des bâtimens du commerce pour le long cours et le grand cabotage (2).

9. Tout navigateur âgé de vingt-quatre ans accomplis, et ayant soixante mois de navigation, dont une campagne sur un bâtiment de la république, sera susceptible d'être reçu capitaine des bâtimens du commerce, pourvu qu'il ait répondu d'une manière satisfaisante à un examen sur la théorie et la pratique de la navigation, sur toutes les parties du grément et sur la manœuvre.

10. Le ministre de la marine, sur le vu des procès-verbaux d'examen et de réception, enverra aux navigateurs reçus capitaines une lettre de commandement.

11. Tout capitaine des bâtimens du commerce, appelé au service de la république, sera embarqué en qualité d'enseigne de vaisseau : s'il a commandé pendant trois campagnes de long cours, et s'il est âgé de trente ans accomplis, il sera employé en qualité de lieutenant de vaisseau.

12. Tout navigateur non reçu capitaine des bâtimens du commerce, ni aspirant, mais qui aura dix-huit mois de navigation en qualité de second sur des bâtimens du commerce de vingt hommes au moins d'équipage, appelé

---

(1) Voyez, sur le mode d'avancement des officiers de la marine, les lois citées dans les notes qui accompagnent le décret du 29 avril—15 mai 1791, relatif a l'organisation de la marine.
(2) Voyez l'arrêté du 29 thermidor an 8 (17 août 1800), art. 19.

a servir sur les bâtimens de la république, sera employé en qualité d'aspirant de la première classe.

Maîtres au petit cabotage et pilotes côtiers (1).

13. Nul ne pourra être fait maître au petit cabotage, s'il n'a soixante mois de navigation et vingt-quatre ans d'âge, et s'il n'a satisfait à un examen sur la manœuvre, sur les sondes, la connaissance des fonds, le gisement des terres et écueils, les courans et les marées, sur l'usage de la boussole et de la carte, et sur la connaissance des entrées des principaux ports de la république.

14. Nul ne sera embarqué comme pilote côtier sur les bâtimens de la république, s'il n'a commandé pendant trois ans au moins en qualité de maître au petit cabotage.

Pilotes lamaneurs ou locmans (2).

15. Nul ne pourra être reçu pilote lamaneur ou locman, s'il n'est âgé de vingt-quatre ans, et s'il n'a satisfait à un examen sur la connaissance des marées, des basses, courans, écueils et autres empêchemens qui peuvent rendre difficiles l'entrée et la sortie des rivières, ports et havres du lieu de son établissement.

16. Le ministre de la marine enverra une lettre d'admission à chacun des maîtres au petit cabotage, pilotes côtiers et pilotes lamaneurs reçus par l'examinateur.

17. Le mode, les lieux et les époques des examens et des concours prescrits par les articles précédens, seront déterminés par un réglement.—L'organisation des écoles sera également réglée par une loi particulière.

Nº 270.=3 brumaire an 4 (25 octobre 1795).=DÉCRET *relatif à la nomination, aux fonctions, à l'uniforme et au traitement des employés de l'administration des ports* (3). (I, Bull. CCV, nº 1225; B., LX, 35.)

Art. 1er. Tous emplois, grades et dénominations non énoncés dans la loi du 2 de ce mois, concernant l'administration des ports et arsenaux de marine, sont supprimés.

2. Le nombre des agens à affecter aux diverses branches de l'administration des ports, ainsi que leurs appointemens, sont fixés par l'état annexé a la présente loi.

3. La nomination aux divers emplois de l'administration des ports sera faite par le directoire exécutif, et terminée avant le 1er nivose prochain.

4. Les ordonnateurs de marine, ainsi que les commissaires principaux et contrôleurs des grands ports, seront choisis parmi les ci-devant ordonnateurs civils, les contrôleurs de la marine et les chefs d'administration nommés en vertu des lois des 21—28 septembre 1791 et 14 février 1793.—Les commissaires principaux, les contrôleurs et les commissaires de marine seront choisis parmi les ci-devant ordonnateurs civils, les contrôleurs et sous-contrôleurs de la marine, et les chefs et sous-chefs d'administration nommés en vertu des lois des 21—28 septembre 1791 et 14 février 1793.—Les sous-contrô-

---

(1 *et* 2) Voyez, sur le mode d'admission des maîtres au petit cabotage, pilotes côtiers, et pilotes lamaneurs ou locmans, le decret du 29 avril—15 mai 1791, art. 10 et 11; celui du 22 juin—6 juillet suivant, art. 1er à 4; celui du 30 juillet—10 août même année, tit. V; celui du 20 juin—15 août 1792; l'arrêté du 11 thermidor an 10 (30 juillet 1802); celui du 14 ventose an 11 (5 mars 1803); et le règlement du 12 décembre 1806, sur le service du pilotage.

(3) Voyez, sur l'organisation des employés de l'administration des ports militaires, le décret du 21 septembre—12 octobre 1791, et les notes.

leurs et sous-commissaires de marine seront choisis parmi les sous-contrôleurs de la marine, sous-chefs et commis d'administration nommés en vertu des lois des 21—28 septembre 1791 et 14 février 1793.—Les commis principaux et commis ordinaires de marine seront choisis,—1° Parmi les commis d'administration nommés en vertu des lois des 21—28 septembre 1791 et 14 février 1793;—2° Parmi les commis extraordinaires qui ont été entretenus depuis cette dernière époque;—3° Enfin, parmi les employés civils actuellement en activité de service — Sont réputés commis d'administration ceux qui, à l'époque du 28 septembre 1791, etaient affectés en qualité de secrétaires aux ci-devant directions des constructions, des ports et de l'artillerie, ainsi qu'aux bureaux des classes, et dans ceux des majors-généraux et des commandans de la marine dans les ports.—Les secrétaires des conseils d'administration seront choisis parmi les secrétaires des ci-devant conseils d'administration des ports, ou parmi les sous-chefs et commis d'administration nommés en vertu des lois des 21—28 septembre 1791 et 14 février 1793.

5. Les directeurs des constructions navales seront choisis parmi les ci-devant chefs des travaux, les ingénieurs constructeurs en chef actuellement en activité de service, les directeurs et sous-directeurs des ci-devant directions des constructions, et enfin parmi les ingénieurs ordinaires actuellement employés. — Les ingénieurs-constructeurs ordinaires, les sous-ingénieurs et les élèves ingénieurs, seront choisis parmi ceux des mêmes grades actuellement en activité.

6. Les directeurs, chefs et sous-chefs des mouvemens, seront choisis parmi les ci-devant directeurs, sous-directeurs et officiers des ports, parmi les officiers actuellement employés aux mouvemens, les officiers de vaisseau de tout grade, et enfin parmi les maîtres de manœuvre et de timonnerie qui seront jugés les plus propres à ce service.

7. Les directeurs, les chefs et sous-chefs d'artillerie, ainsi que le sousgarde-magasin employé à ce détail, seront choisis. soit parmi les agens qui y sont actuellement employés, soit parmi ceux qui étaient précédemment affectés à la ci-devant direction de l'artillerie.

8. Les élèves et ingénieurs des bâtimens seront choisis parmi les ingénieurs, sous-ingénieurs, architectes, aides, élèves et appareilleurs actuellement employés à ce service dans les ports.

9. Les nominations faites, il sera expédié sans délai, par le directoire exécutif, un brevet à chacun des agens employés au service des ports et des quartiers maritimes.

10. Tous les agens employés au service des ports et des quartiers maritimes, qui ne seront pas nommés en vertu de la présente loi, seront traités conformément à ce qui est réglé par la loi du 21—28 septembre 1791, relative à l'administration de la marine.

11. Jusqu'à ce qu'il ait été autrement statué, il sera conservé dans les ports le nombre de commis extraordinaires qui sera jugé nécessaire pour remplir le service.

12. Le ministre pourra, avec l'approbation du directoire exécutif, appeler auprès de lui, et employer dans les bureaux du ministère, des agens de l'administration des ports, en les remplaçant provisoirement; et si leur absence des ports dure au-delà de six mois, il sera pourvu à leur remplacement définitif Néanmoins, les individus ainsi appelés conserveront le grade et le rang qu'ils avaient à l'époque où ils ont cessé de remplir leurs fonctions, et le droit aux avancemens déterminés par la loi.

13. L'ordonnateur de marine remplira les fonctions qui étaient attribuées aux ci-devant ordonnateurs civils par la loi du 21 septembre—12 octobre 1791 sur l'organisation de la cour nationale maritime.

14. Le tribunal de police correctionnelle, créé par l'article 6 du titre II de la même loi, sera composé de l'ordonnateur, d'un commissaire ou sous-commissaire de marine, d'un ingénieur ou sous-ingénieur constructeur, et d'un chef ou sous-chef des mouvemens de l'artillerie.

15. Jusqu'a ce que le mode et les formes du service aient été déterminés par un reglement rédigé dans l'esprit de la loi du 2 de ce mois, concernant l'administration des ports et arsenaux de marine, les agens chargés des diverses parties de cette administration se conformeront aux dispositions des lois, ordonnances et réglemens non abrogés.

16. Les lois des 27 septembre 1793 et 14 pluviose de l'an 2 sont et demeurent rapportées, ainsi que les dispositions des autres lois antérieures, en ce qu'elles pourraient être contraires a la présente loi et a celle rendue concernant l'administration des ports et arsenaux de marine.

17. Les agens de tout grade de l'administration des ports seront vêtus de l'uniforme ci-après :—Habit bleu sans revers, doublure de la même couleur, poches en travers avec trois boutons, collet rabattu et paremens en botte, savoir : cramoisi pour l'ordonnateur et les agens de la comptabilité; noir, pour ceux des constructions et des bâtimens civils; bleu-ciel, pour ceux des mouvemens; écarlate, pour ceux de l'artillerie; — Veste rouge et culotte bleue;—Boutons jaunes, timbrés d'une ancre, avec la légende : *administration de la marine*. — L'ordonnateur portera sur le collet, les paremens et les poches une double broderie en or de douze lignes de large.—Les commissaires principaux et contrôleurs des grands ports, ainsi que les directeurs des constructions, des mouvemens et de l'artillerie, auront la même broderie simple.—Les commissaires de marine, les contrôleurs des ports secondaires, les ingénieurs-constructeurs et des bâtimens civils, et les chefs des mouvemens et de l'artillerie, porteront la même broderie sur le collet et les paremens.—Les sous-contrôleurs, sous-commissaires, sous-ingénieurs et sous chefs des mouvemens et de l'artillerie, ainsi que les aides-commissaires embarqués, auront une broderie simple sur le collet seulement. — Les autres agens porteront l'uniforme sans broderie.—La broderie sera conforme au modèle.

État des agens employés au service des ports militaires de la république et quartiers maritimes, et des appointemens qui seront alloués par an à chacun d'eux ; — savoir :

Quatre ordonnateurs de marine, dont trois a dix-huit mille livres, et un a douze mille livres.

Administration, comptabilité et inscription maritime.

Onze contrôleurs de marine, dont trois à sept mille deux cents livres, un a six mille livres, et sept a quatre mille huit cents livres —Dix commissaires principaux, dont deux a dix mille livres, cinq a huit mille livres, et trois à sept mille deux cents livres.—Cinquante commissaires ordinaires, dont seize a six mille livres, seize a cinq mille quatre cents livres, et dix-huit a quatre mille huit cents livres.—Quatre gardes-magasins, dont trois à quatre mille deux cents livres, et un a trois mille six cents livres.—Dix sous-contrôleurs, dont quatre a trois mille livres, trois a deux mille sept cents livres, et trois a deux mille quatre cents livres.—Cent vingt-huit sous-commissaires, dont quarante-trois a trois mille livres, quarante-trois a deux mille sept cents livres, et quarante-deux a deux mille quatre cents livres.—Cent vingt-deux commis principaux à deux mille cent livres.—Quatre cent quarante-cinq commis ordinaires, dont cent quatre-vingts à dix-huit cents livres, cent quatre-vingts a quinze cents livres, et quatre-vingt-cinq a douze cents livres.—Vingt-quatre préposés pour les quartiers maritimes, dont sept à cinq cents livres; douze à quatre cents livres, et quatre a trois cents livres.—Quatre secrétaires du conseil d'administration, dont trois à trois mille livres, et un à deux mille quatre cents livres.

Direction des constructions navales.

Quatre directeurs, dont trois à sept mille deux cents livres, et un à six mille livres.—Vingt-cinq ingénieurs-constructeurs ordinaires, dont huit à six mille livres, huit a cinq mille quatre cents livres, et neuf a quatre mille huit cents livres.—Trente-deux sous-ingénieurs-constructeurs, dont onze à trois mille livres, onze a deux mille sept cents livres, et dix à deux mille quatre cents livres.—Douze élèves ingénieurs-constructeurs, dont quatre à deux mille quatre cents livres, quatre à dix-huit cents livres, et quatre a quinze cents livres.

Direction des mouvemens.

Quatre directeurs, dont trois à sept mille deux cents livres, et un a six mille livres.—Cinq chefs des mouvemens, dont quatre a cinq mille quatre cents livres, et un a quatre mille huit cents livres.—Dix-neuf sous-chefs des mouvemens, dont dix a deux mille sept cents livres, et neuf a deux mille quatre cents livres.

Direction de l'artillerie.

Quatre directeurs, dont trois a sept mille deux cents livres, et un a six mille livres. — Quatre chefs d'artillerie, dont deux à cinq mille quatre cents livres, et deux à quatre mille huit cents livres.—Sept sous-chefs d'idem, dont quatre à deux mille sept cents livres, et trois à deux mille quatre cents livres.— Quatre sous-gardes-magasins a deux mille cent livres.

Bâtimens civils.

Quatre ingénieurs en chef a six mille livres.—Sept ingénieurs ordinaires a quatre mille huit cents livres.—Le nombre des élèves ingénieurs dont les appointemens sont fixés a dix-huit cents livres, sera fixé sur les besoins du service.—Jusqu'a ce qu'il en soit autrement ordonné, il sera accordé, en sus de ces traitemens, les supplémens, indemnités et augmentation, portés par les lois précédentes et par les arrêtés des comités.

N° 271. = 3 brumaire an 4 (25 octobre 1795). = DÉCRET *sur l'organisation des états-majors de la marine dans les ports* (1). (I, Bull. ccv, n° 1226 ; B., LX, 40.)

Art. 1er. Dans chacun des ports de Brest, Toulon, Rochefort et Lorient, il y aura un état-major de la marine.

2. L'état-major de chaque port sera composé d'un commandant des armes, d'un adjudant-général, d'adjudans et de sous-adjudans.

Commandant des armes.

3. Le commandant des armes aura sous ses ordres les officiers de marine de tous grades.

4. Il aura sur les troupes d'artillerie de la marine la même autorité qu'ont les commandans des places sur celles qui en composent les garnisons.

5. Il sera chargé de la garde militaire et sûreté du port, des forts, batteries et postes dependant de la marine.

6. Dans les cas urgens, le commandant des armes pourra ordonner la sor-

---

(1) Voyez, sur le même objet, l'arrêté du 7 floréal an 8 (27 avril 1800), tit. II; celui du 7 thermidor an 8 (26 juillet 1800), art. 4 à 6. — Voyez aussi, sur l'administration et le service des ports, le décret général du 21 septembre—12 octobre 1791, et les notes.

tie de bâtimens de guerre, soit pour escorter les navires du commerce d'un port de France a l'autre, soit pour protéger la côte et en éloigner l'ennemi A cet effet, il requerra, s'il y a lieu, l'ordonnateur, de mettre à sa disposition les bâtimens dont il aura besoin.

7. Jusqu'au départ des bâtimens de guerre, il lui sera rendu compte par le commandant de la rade, des opérations journalières, des événemens et de tout ce qui intéresse l'ordre et la discipline.

8. Avant le départ de tout bâtiment de guerre, il s'assurera, par une inspection, si toutes les dispositions militaires ont été faites à bord conformément a la loi.

9. Il transmettra aux officiers commandans les instructions qui lui seront adressées par le gouvernement.

10. Aussitôt que l'ordre d'armer un bâtiment aura été donné, il nommera des officiers pour en suivre la carène et en diriger l'armement, et proposera au ministre ceux qui devront en composer l'état-major.

11. L'officier chargé de suivre la carène et de diriger l'armement ou le désarmement d'un bâtiment, lui rendra chaque jour un compte exact du progrès des opérations faites à bord.—Le commandant des armes destinera le nombre qu'il jugera convenable de lieutenans et enseignes de vaisseau, pour, sous les ordres du directeur des mouvemens, suivre les opérations relatives a cette partie du service.

12. Il donnera les ordres pour l'embarquement des passagers, et se concertera avec l'ordonnateur et le commandant'de la flotte pour toutes les dispositions accessoires.

13. Il désignera les capitaines ainsi que les états-majors'des flûtes, gabares et autres bâtimens de la république qui auront été destinés par l'administration pour transport de munitions navales; il donnera les instructions militaires; et, dans le cas d'urgence, cette désigna ion tiendra lieu d'ordre du gouvernement.

14. Il déferera aux réquisitions'de l'ordonnateur relativement à la sûreté des magasins, chantiers et dépôts appartenant a la marine.

15. Lorsqu'il aura été prévenu par l'ordonnateur, de l'époque d'une revue, il donnera les ordres nécessaires à cet effet.

16. Il se concertera avec l'ordonnateur de marine, lorsque le service qui lui est confié l'exigera.

17. Il enverra au ministre de la marine et des colonies, dans le courant du premier mois de chaque année, la liste apostillée des officiers qui sont sous ses ordres.

18. Il présidera la commission extraordinaire chargée d'examiner la conduite des capitaines qui auront commandé des bâtimens de la république, et celle qui devra former la liste apostillee des officiers de vaisseau prescrite par l'article précédent.

Adjudant-général.

19. L'adjudant-général sera chargé de transmettre et de faire exécuter les ordres du commandant des armes, de suivre les mouvemens et les destinations des officiers de marine, de donner les ordres pour l'embarquement des détachemens de troupes d'artillerie de la marine a embarquer sur les vaisseaux, de maintenir l'ordre et la discipline dans les postes affectés a la marine, et de surveiller toutes les parties du service militaire.

20. Il tiendra l'état de tous les officiers de vaisseau affectés au port, ainsi que celui des aspirans de toute classe.

21. Il exigera, des officiers qui auront été embarqués, la remise de leurs journaux, signés d'eux et visés du capitaine.

22. Il recueillera les lois, réglemens et décisions concernant le service militaire de la marine, et sera spécialement chargé du dépôt des cartes, plans et autres ouvrages nautiques.

23. Il sera le rapporteur de toutes les commissions extraordinaires indiquées par l'article 18.

Adjudans et sous-adjudans.

24. Ils seront subordonnés à l'adjudant-général, le seconderont dans toutes les parties du service, et le remplaceront en cas d'absence momentanée.

Dispositions générales.

25. Les fonctions de commandant des armes, d'adjudant-général, d'adjudant et sous-adjudant, sont temporaires.

26. Au directoire exécutif appartient la nomination des officiers de l'état-major de la marine.

27. Les commandans des armes seront toujours choisis parmi les officiers-généraux de la marine; les adjudans-généraux, parmi les chefs de division ou capitaines de vaisseau; les adjudans et sous-adjudans, parmi les capitaines de frégate et lieutenans de vaisseau.

28. En cas de maladie ou d'absence momentanée du commandant des armes, le plus ancien officier-général, présent dans le port, le remplacera.

29. Le nombre des commandans des armes, adjudans-généraux, adjudans et sous-adjudans, ainsi que les supplémens par mois dont ils jouiront pendant l'exercice de leurs fonctions, sont réglés par l'état annexé au présent décret.

30. Le nombre de commis à affecter à l'état-major de la marine et au bureau du commandant des armes de chaque port, ainsi que leurs appointemens, sont fixés par le même état.

31. Les fournitures de bureau du commandant des armes et de l'état-major de la marine seront faites en nature par le port.

32. Le directoire exécutif pourra, suivant les besoins du service, établir temporairement des officiers d'état-major de la marine dans les ports de seconde classe; et dans ces cas, il les choisira dans le grade relatif à l'étendue des fonctions qu'ils auront à remplir.

33. Les supplémens alloués à ces officiers pendant qu'ils seront employés en cette qualité, seront les mêmes que ceux qui leur eussent été attribués dans les ports de Rochefort et de Lorient, s'ils eussent été appelés, relativement à leur grade, à des fonctions d'état-major dans l'un de ces deux ports.

Tableau des états-majors de la marine des quatre grands ports, et de la dépense y relative.

SAVOIR :	A BREST.		A TOULON		A ROCHEFORT		A LORIENT.	
	Nombre.	A chacun par mois.	Nombre.	A chacun par mois.	Nombre.	A chacun par mois.	Nombre.	A chacun par mois.
Commandant des armes.........	1	600l.	1	600l.	1	450l.	1	450l.
Adjudans-généraux............	1	400	1	400	1	300	1	300
Adjudans....................	2	200	2	200	2	200	1	200
Sous-adjudans...............	2	150	2	150	1	150	1	150
Chefs de bureau.............	2	200	1	200	2	175	2	175
Commis expéditionnaires......	2	125	1	125	1	125	1	125

Nº 272. =3 brumaire an 4 (25 octobre 1795). = DÉCRET *concernant les maî-*
tres entretenus de toute profession, et les ouvriers employés aux travaux
des ports et arsenaux de la marine (1). (I, Bull. ccv, nº 1227; B., LX, 43.)

Apprentis ouvriers.

Art. 1er. Le nombre des apprentis dans les chantiers et ateliers des ports
ne pourra jamais excéder le cinquième des ouvriers.

2 Seront admis de préférence, en qualité d'apprentis, les enfans des maîtres, ouvriers, marins et soldats des troupes d'artillerie de la marine.

3. Le directeur des constructions et le commissaire préposé au détail des
chantiers et ateliers, admettront les apprentis aux travaux des ports.

Avancement des ouvriers, contre-maîtres et maîtres entretenus.

4. Dans le courant du premier mois de chaque année, le directeur des
constructions et le commissaire préposé a la comptabilité de l'arsenal, présenteront au conseil d'administration du port l'état des augmentations de
paie a accorder aux apprentis, journaliers, ouvriers et contre-maîtres : ces
augmentations, qui seront définitivement arrêtées par le conseil, ne pourront jamais excéder le dixième de la paie de chaque individu.

5. Lorsqu'il viendra a vaquer une place d'aide, les maîtres et les contre-
maîtres de la profession où la place sera vacante, désigneront quatre candidats pris parmi les ouvriers de première classe de la même profession, et en
présenteront la liste au directeur des constructions et au commissaire de la
comptabilité de l'arsenal : ceux-ci réduiront a deux le nombre des candidats,
parmi lesquels le conseil d'administration choisira. — Les contre-maîtres seront choisis de la même manière parmi les aides; mais avec cette différence,
que les maîtres seuls désigneront les quatre candidats.

6. Les places de premiers maîtres et de maîtres entretenus seront données
alternativement, moitié à l'ancienneté et moitié au choix, aux contre-maîtres de la profession où la place sera vacante. — Lorsque le remplacement
aura lieu au choix, le directeur des constructions et le commissaire préposé
à la comptabilité de l'arsenal désigneront quatre candidats, et en présenteront la liste au conseil, qui la réduira à deux, parmi lesquels le directoire
exécutif choisira celui qui devra remplir la place vacante.

7. Dans les professions peu nombreuses, a défaut de contre-maîtres pour
compléter les quatre candidats, les aides, et même, dans le cas d'insuffisance de ceux-ci, les ouvriers de première classe pourront être désignés
comme candidats, et élus maîtres entretenus.

8. Les places de peintres et sculpteurs en chef, ainsi que celles de pompiers gardes-pompes à incendie, seront toutes au choix du directoire exécutif.

9. Le quart des places de sous-ingénieurs constructeurs pourra être donné,
par le pouvoir exécutif, aux maîtres charpentiers entretenus et aux maîtres
et seconds maîtres mâteurs.

10. Dans les professions de charpentiers, calfats et voiliers, il ne pourra
plus être établi de classes distinctes pour le service de terre et pour le service de mer.

11. Les jeunes gens de quinze à dix-huit ans, qui, s'étant destinés à la

_____

(1) Voyez, sur le même objet, le décret du 25—27 janvier 1793, tit. II, et les notes qui accompagnent ce décret; et celui du 7 ven 5 se an 11 (26 février 1803).

sculpture des vaisseaux, annonceront des dispositions particulieres pour cet art, pourront être entretenus pendant deux ans aux frais de l'état, dans des écoles publiques, pour se perfectionner.

Maîtres de manœuvre, de canonnage et de timonnerie, et pilotes côtiers et lamaneurs ou locmans.

12. Les places de maîtres entretenus de manœuvre et de timonnerie seront toutes données au choix : à cet effet, le directeur des mouvemens et le commissaire de la comptabilité de l'arsenal présenteront, pour chaque place vacante, quatre candidats pris parmi les marins de ces deux professions, et qui auront obtenu a la mer le grade de maître. Le conseil d'administration réduira a deux le nombre des candidats, parmi lesquels le directoire exécutif en choisira un.

13. Les canonniers qui auront obtenu à la mer le grade de maître, parviendront à l'entretien, sur la proposition du directeur d'artillerie et 'du commissaire du détail de l'arsenal, et d'après les 'ormes prescrites par l'article précédent.

14. Les pilotes côtiers et lamaneurs ou locmans, ainsi que les maîtres de timonnerie, parviendront a l'entretien, d'après les mêmes formes que les maîtres canonniers, et sur la proposition du directoire des mouvemens et du commissaire préposé au détail de la comptabilité de l'arsenal.

Gardiens.

15. Les gardiens de vaisseaux, portes, batteries, signaux, chantiers, magasins et bureaux, seront choisis par le conseil d'administration, et de préférence parmi les anciens contre-maîtres, aides, ouvriers, sous-officiers et soldats des troupes d'artillerie de la marine, et marins, hors d'état de servir dans leur profession.

Dispositions générales.

16. Le nombre des ouvriers, aides, contre-maîtres, maîtres entretenus, gardiens et autres employés aux travaux et aux opérations des ports, sera déterminé sur les besoins du service.

17. Sont supprimés tous grades et dénominations non compris au tableau annexé au présent décret. — Ce qui est relatif aux sous-officiers des chiourmes sera déterminé par un réglement particulier.

18. La loi du 25 janvier 1793 est et demeure rapportée.

État des artistes, maîtres entretenus et autres employés au service des ports et des vaisseaux; savoir.

Artistes. Sculpteurs en chef, peintres en chef.—*Maîtres entretenus.* Maîtres de manœuvre ou d'équipage, *idem* canonniers, *idem* de timonnerie, pilotes côtiers et lamaneurs. — *Maîtres d'ouvrages, entretenus.* Maîtres charpentiers, mâteurs, perceurs, calfats, cordiers, voiliers, forgerons, serruriers, armuriers, menuisiers, poulieurs, tonneliers, cloutiers, ferblantiers, chaudronniers, maçons. — *Divers entretenus.* Pompiers gardespompes a incendie, gardiens.

N° 273. = 3 brumaire an 4 (25 octobre 1795). = DÉCRET *sur le rétablissement des troupes d'artillerie de la marine, leur réorganisation, et les divers services auxquels elles sont affectées* (1). (I, Bull. ccv, n° 1228; B., LX, 47.)

Art. 1er. Il sera entretenu, pour le service de la marine, pour celui de

(1) Voyez, sur l'organisation de l'artillerie de la marine, le recrutement, l'avancement, le service,

l'artillerie, et la garnison des vaisseaux de la république, sous la dénomination de troupes d'artillerie de la marine, un corps de quinze mille neuf cent soixante-quinze hommes au complet de paix, qui sera porté a vingt-deux mille vingt-trois hommes pour le complet de guerre, et à vingt-cinq mille quarante-sept pour le grand complet.

2. Cette force sera divisée en sept demi-brigades et trois compagnies d'ouvriers.—Les sept demi-brigades seront réparties, savoir: trois à Brest, une a Lorient, une a Rochefort et deux à Toulon.—Les trois compagnies d'ouvriers' seront réparties suivant les besoins du service.

3. Chaque demi-brigade sera composée d'un état-major et de trois bataillons; chaque bataillon de neuf compagnies, et chaque compagnie de trois officiers de soixante-dix-neuf hommes au complet de paix, cent onze au complet de guerre, et cent vingt-sept au grand complet.

TITRE Ier. — *Division et composition de ces troupes.*

4. Chaque compagnie, au complet de paix, sera composée de : Un capitaine, un premier lieutenant, un second lieutenant.—Total trois officiers.—Un sergent-major, quatre sergens, un caporal-fourrier, huit caporaux; seize canonniers de première classe, seize canonniers de deuxième classe, trente-deux canonniers aspirans, dont quatre artificiers; un tambour.— Total soixante-dix-neuf.

5. Chaque compagnie est partagée en deux divisions, du commandement et des détails de chacune desquelles est spécialement chargé l'un des lieutenans, sous l'autorité du capitaine, qui est lui-même chargé du commandement et des détails d'instruction, de discipline et de comptabilité de sa compagnie.—Chaque division est composée d'un premier ou second lieutenant, deux sergens, quatre caporaux, huit canonniers de première classe, huit canonniers de deuxième classe, seize canonniers aspirans.—Total trente-neuf.

6. Chaque division est partagée en deux sections, composées chacune d'un sergent, deux caporaux, quatre canonniers de première classe, quatre canonniers de deuxième classe, huit canonniers aspirans. — Total dix-neuf.

7. Chaque section est partagée en deux escouades, composées chacune d'un caporal, deux canonniers de première classe, deux canonniers de deuxième classe, quatre canonniers aspirans. — Total neuf.

8. Pour parvenir au complet de guerre, il sera ajouté à chaque compagnie trente-deux hommes, qui seront répartis a raison de quatre par escouade. Ils seront complétés par recrutement volontaire ou par tout autre mode adopté pour l'armée de terre; ils auront le titre, la paie et le traitement des canonniers aspirans, après lesquels ils prendront rang : ils ne se ront engagés que pour la durée de la guerre; mais ceux qui, a la paix, voudraient continuer leur service, y seront admis, s'il y a des places, en contractant un nouvel engagement.

9. Le grand complet aura lieu en ajoutant, par les mêmes moyens, au précédent complément, seize hommes par compagnie, répartis a raison de deux par escouade ; ils seront traités comme ceux du premier complément, après lesquels ils prendront rang.

10. Chaque compagnie d'ouvriers sera composée comme il suit : un capitaine commandant, un second capitaine, un premier lieutenant, un second

la solde, etc., le décret du 31 mai (6 avril, 28, 29 et)—14 juin 1792, et les notes qui résument la législation. Voyez aussi l'arrête du 25 floreal an 5 (14 mai 1797), contenant réglement sur la composition, l'instruction et le service des escouades des apprentis canonniers marins; et le décret du même jour 3 brumaire an 4, sur l'instruction des apprentis marins.

lieutenant. — Total quatre officiers. — Un sergent-major, six sergens, un caporal-fourrier, six caporaux, vingt-quatre premiers ouvriers, vingt-quatre seconds ouvriers, trente-six apprentis ouvriers, un tambour. — Total quatre-vingt-dix-neuf hommes.

11. Chaque bataillon aura un drapeau aux couleurs nationales : il sera porté par le plus ancien sergent-major.

12. Chaque demi-brigade d'artillerie de marine aura un état-major, et sera composée ainsi qu'il suit :

État-major.

		Officiers.	Sous-officiers et soldats.
Chef de brigade...........................	1		
Chefs de bataillon..........................	3		
Adjudans-majors...........................	3	9	
Quartier-maître trésorier...................	1		
Officier de santé.	1		
Adjudans sous-officiers....................	3		
Tambour-major............................	1		
Caporal-tambour..........................	1		16
Maîtres { tailleur...........................	1		
Maîtres { cordonnier.........................	1		
Maîtres { armurier...........................	1		
Musiciens, dont un chef....................	8		
Total de l'état-major.......................		9	16

	BATAILLONS.			Total.		Officiers.	Sous-officiers et soldats.
	1er.	2e.	3e.				
Capitaines....................	9	9	9	27			
Premiers lieutenans............	9	9	9	27		81	
Seconds lieutenans............	9	9	9	27			
Sergens-majors.	9	9	9	27			
Sergens	36	36	36	108			
Caporaux fourriers............	9	9	9	27			
Caporaux.....................	72	72	72	216		....	2,133
Canonniers de 1re classe........	144	144	144	432			
Canonniers de 2e classe........	144	144	144	432			
Canonniers aspirans...........	288	288	288	864			
Tambours.....	9	9	9	27			
Force de chaque bataillon, non compris les officiers..........	711	711	711	2,133			
						90	2,149

COMPLET de paix d'une demi-brigade.............   2,238

Pour les sept demi-brigades.............................. 15,666 hommes.
Et pour les trois compagnies d'ouvriers.................   309
Total du complet de paix.. 15,975

De l'autre part.............. 15,975 hommes.

Le complet de guerre n'apporte aucun changement dans l'état-major ni dans le nombre des officiers et sous-officiers, et il s'opere par l'addition à chaque compagnie, de trente-deux canonniers aspirans; ce qui donne pour les cent quatre-vingt-neuf compagnies formant les sept demi-brigades............ 6,048

Total du complet de guerre.. 22,023

Le grand complet s'opère également sans aucun changement dans l'organisation, et en ajoutant au précédent complément seize canonniers aspirans par compagnie; ce qui donne pour les cent quatre-vingt-neuf compagnies, formant les sept demi-brigades......................... 3,024

Total du grand complet...... 25,047 hommes

13. Les demi-brigades seront désignées par première, seconde, troisième, quatrième, cinquième, sixième et septième. — Il en sera de même de chaque bataillon d'une demi-brigade et de chaque compagnie d'un bataillon. — Ces numéros seront déterminés par la voie du sort, aussitôt après l'organisation.

14. Il sera admis dans chaque compagnie deux enfans de sous-officiers et canonniers, qui jouiront de la moitié de la solde des aspirans canonniers.

15. Il y aura un inspecteur général des troupes d'artillerie de la marine; ses fonctions seront détaillées par un réglement particulier : il aura le grade de général de brigade, jouira des mêmes appointemens, droits et prérogatives que les autres généraux de brigade employés, et prendra rang avec eux dans la ligne pour son avancement.—Il pourra néanmoins conserver son inspection, quoiqu'il parvienne au grade de général de division.

TITRE II. — *Du recrutement et de la durée des engagemens.*

16. Les troupes d'artillerie de la marine se recruteront par des enrôlemens volontaires, en se conformant à cet égard aux lois et réglemens de police sur le recrutement des armées.

17. Il ne sera admis dans les troupes d'artillerie de la marine que des Français de l'âge de dix-huit à trente ans.

18. La durée des engagemens sera de huit ans, à l'expiration desquels il pourra être contracté de nouveaux engagemens pour quatre ou huit autres années, et ainsi de suite, a l'expiration de chaque nouvel engagement.

19. La gratification accordée pour un premier engagement de huit années sera de cent vingt livres, et de moitié pour un rengagement de quatre années : celle pour un deuxième rengagement de huit ans, sera de cent cinquante livres, et de moitié pour quatre ans. — Ces sommes seront doublées jusqu'à l'époque où cessera d'avoir son exécution la loi du 4 pluviose dernier, concernant les indemnités accordées aux fonctionnaires publics.

20. Les sous-officiers et soldats dans le cas d'obtenir leurs congés d'ancienneté, étant a la mer, ne pourront les réclamer qu'a la fin de la campagne; mais il sera tenu compte a ceux qui ne voudront pas contracter un nouvel engagement, du temps qu'ils auront servi au-delà de leur congé, sur le pied d'un huitième du prix de l'engagement pour chaque année.

21. Aucun sous-officier ou soldat des troupes d'artillerie de la marine ne pourra être embarqué contre son gré pour les grandes Indes, si le terme de son engagement n'est pas éloigné de plus d'un an ; pour l'Amérique et les côtes d'Afrique, s'il n'a encore six mois a servir ; et pour le Levant, si son congé lui est dû avant trois mois.

22. L'expédition des congés au terme de leur expiration ne pourra être suspendue, même en temps de guerre, qu'en vertu d'une loi rendue a cet effet.

23. Dans le cas ou le directoire exécutif jugerait nécessaire au bien du service d'employer au recrutement un ou plusieurs officiers, sous-officiers ou soldats, il leur sera payé, indépendamment de la solde attachée a leur grade, et en remplacement de leurs rations de vivres et de fourrages, une gratification journalière, dont le *minimum* sera de quatre livres, et le *maximum* de douze livres : elle sera déterminée d'après le grade et le lieu de la résidence.

24. Les commissaires de marine rempliront, dans chacun des ports où il se trouvera des troupes d'artillerie de la marine, les mêmes fonctions que les commissaires des guerres près les troupes de terre ; ils leur sont assimilés à cet égard et ont les mêmes pouvoirs.

TITRE III. — *Appointemens et solde des officiers et soldats.*

25. Les appointemens et solde des officiers et canonniers composant les sept demi-brigades d'artillerie de la marine, seront conformes au tableau annexé au présent décret.

26. Dans chaque demi-brigade, les appointemens des capitaines seront divisés en trois classes ; il y en aura, savoir :—Neuf de la première classe, neuf de la seconde classe, neuf de la troisième classe. — Ceux des premiers lieutenans seront également divisés en deux classes, dont douze de la première classe, quinze de la seconde classe.—Les uns et les autres seront placés dans les classes en raison de leur ancienneté.

TITRE IV. — *Administration, fonctions et discipline des officiers et sous-officiers.*

27. Le caporal commandera une escouade, sous l'autorité du sergent de section.

28. Le caporal-fourrier aura le rang de premier caporal ; il sera commandé par tous les sergens de la compagnie, et il commandera tous les caporaux. —Le caporal-fourrier ne fera d'autre service que celui de tenir les registres, former les états, et pourvoir au logement de la compagnie.

29. Chaque sergent commandera une section, sous l'autorité du premier ou du second lieutenant.

30. Le sergent-major de chaque compagnie ne sera attaché particulièrement à aucune section ; il ne fera aucun service ; il sera chargé, supérieurement aux sergens et au caporal-fourrier, de tous les détails du service, de la discipline et de la comptabilité, sous les ordres des officiers de la compagnie.

31. Le chef musicien aura autorité sur les autres musiciens ; pour cet effet, il aura le rang de sergent.

32. Le tambour-major aura le rang de sergent-major, et commandera les musiciens et tambours ; néanmoins ces derniers resteront soumis aux ordres des officiers et sous-officiers des compagnies dont ils feront partie.

33. Les adjudans auront le rang de premier sous-officier ; ils commanderont, à ce titre, tous les sous-officiers, et ils surveilleront tous les détails de service, instruction, discipline et police de la demi-brigade, sous l'autorité des adjudans-majors et des officiers supérieurs.

34. Les fonctions de l'officier de santé sont les mêmes que celles qu'il remplit dans les autres troupes de la république.

35. Le quartier-maître trésorier sera chargé de tous les paiemens, de la tenue des registres, et de tous les détails de la comptabilité, sous les ordres et sous l'inspection du conseil d'administration.

36. Les adjudans-majors seront chargés, sous les ordres immédiats des officiers supérieurs, de tous les détails d'instruction, manœuvre, police et discipline de la demi-brigade.

37. Les chefs de bataillon surveilleront, d'après les instructions et les ordres des chefs de brigade, tous les détails de service, police, discipline, instruction et comptabilité de leur bataillon.

38. Les chefs de brigade exerceront dans leur demi-brigade, et sous la surveillance de l'inspecteur général des troupes d'artillerie de la marine, les fonctions qui leur sont attribuées par les réglemens concernant la police, la discipline et l'administration des anciens régimens de ligne, jusqu'à ce que ces réglemens aient été modifiés ou changés ; et ils seront responsables envers l'inspecteur général, de l'instruction, police et discipline des canonniers composant leur demi-brigade.

39. Chaque bataillon sera commandé par un chef de bataillon ; le commandement du premier appartiendra au chef de bataillon le moins ancien.

40. Le conseil d'administration de chaque demi brigade d'artillerie sera composé d'un chef de brigade, du commissaire de marine préposé aux revues, de trois chefs de bataillon, du plus ancien capitaine, des plus anciens premiers et seconds lieutenans, du plus ancien sergent-major ou sergent, du plus ancien caporal, et du plus ancien canonnier de la demi-brigade, sachant lire et écrire.

41. Les compagnies d'ouvriers seront employées aux travaux et constructions d'artillerie.—Les officiers feront les plans et tracés des ouvrages ordonnés; ils en surveilleront et dirigeront l'exécution dans tous les détails, sous les ordres des directeurs d'artillerie des ports.

TITRE V. — *Avancement et remplacement.*

42. Les places de canonniers de seconde classe vacantes seront données, dans chaque compagnie, au plus ancien canonnier aspirant. — Le plus ancien canonnier de seconde classe, dans chaque compagnie, passera de droit à la place de canonnier de première classe qui viendra à vaquer.—Il sera fait choix par le chef de brigade, sur la proposition du capitaine, de quatre artificiers dans chaque compagnie, qui jouiront d'un sou de haute paie en sus de celle de leur grade. A cet effet, le capitaine proposera au chef de brigade huit candidats pris parmi tous les canonniers de sa compagnie, sachant lire et écrire.

43. Le choix des caporaux aura lieu sur tout le bataillon, parmi les canonniers de première et deuxième classes, sachant lire et écrire. — Lorsqu'il vaquera dans une compagnie, une place de caporal, les caporaux de chaque compagnie du bataillon s'assembleront, et designeront pour candidats deux canonniers de leurs compagnies respectives; les sergens-majors et les sergens présenteront, dans chacune de leurs compagnies, celui des deux candidats désignés par les caporaux qu'ils croiront le plus susceptible d'être élu, et il en sera formé une liste. Le choix se fera parmi les canonniers ainsi présentés, et par la voie du scrutin, à la pluralité absolue des suffrages des sergens-majors : ils voteront dans un conseil composé du chef de bataillon, de l'adjudant-major, du commandant de la compagnie où la place sera vacante, et présidé par le chef de brigade.

44. Lorsqu'il vaquera une place de caporal-fourrier dans une compagnie, le capitaine commandant ladite compagnie choisira parmi les caporaux et les canonniers de première et seconde classes, et aspirans du bataillon, le sujet qui devra la remplir.

45. Lorsqu'il vaquera une place de sergent dans un bataillon, le remplacement se fera parmi tous les caporaux dudit bataillon sachant lire et écrire. —Pour cet effet, les sergens-majors et sergens du bataillon désigneront pour candidats, dans chacune de leurs compagnies respectives, trois caporaux, parmi lesquels les commandans desdites compagnies feront choix de celui qu'ils jugeront mériter la préférence. Il sera formé une liste de ces candidats, et la nomination se fera parmi ceux présentés sur cette liste, à la pluralité absolue des suffrages, par un conseil composé des officiers supérieurs de la demi-brigade, des adjudans-majors, du plus ancien capitaine, des plus anciens premiers et seconds lieutenans de chaque bataillon de ladite demi brigade, et du capitaine de la compagnie où la place sera vacante. —Si le remplacement a lieu dans un bataillon séparé de la demi-brigade, le conseil sera composé du commandant du bataillon, de l'adjudant-major, du plus ancien officier de chacun des autres grades, et du capitaine de la compagnie où la place sera vacante.

46. Lorsqu'il vaquera une place de sergent-major dans une demi-brigade, les sergens-majors de ladite demi-brigade désigneront pour candidat un sergent pris dans chacune de leurs compagnies respectives; il sera formé une liste de ces candidats. Le capitaine de la compagnie dans laquelle la place de sergent-major sera vacante, choisira trois des sergens présentés par les sergens-majors; il les présentera au chef de brigade, et celui-ci choisira celui des trois qu'il jugera devoir mériter la préférence. — Lorsque les bataillons seront séparés, la nomination aux places de sergens-majors se fera dans la même forme que ci-dessus, mais par bataillon.—Les sergens-majors ne seront embarqués que dans les cas urgens; mais lorsqu'un sergent-major recevra l'ordre de s'embarquer, il déposera au bureau de l'état-major de la demi-brigade ou du bataillon, deux billets cachetés, numérotés intérieurement et extérieurement de sa main, et en toutes lettres : dans le billet numéro 1er, sera le nom du sergent de ladite demi-brigade ou bataillon qu'il croira le plus susceptible d'être élevé au grade de sergent-major; et dans le billet numéro 2, le nom de celui qu'il regarde comme le plus digne d'obtenir la seconde place qui serait vacante pendant son absence.—Dans le cas où l'on devra procéder au choix d'un sergent-major, le premier billet sera ouvert par l'adjudant-major de service, en présence des sergens-majors de la demi-brigade; il sera rendu cacheté à celui qui l'aura déposé, s'il n'y a point eu de remplacement pendant la durée de la campagne : il en sera de même du second billet.—Dans les compagnies d'ouvriers, la nomination des sous-officiers, premiers et seconds ouvriers, se fera suivant le mode adopté dans les compagnies d'ouvriers d'artillerie de terre.

47. Lorsqu'il vaquera une place d'adjudant sous-officier, le chef de brigade et les chefs de bataillon, réunis et présens à la demi-brigade, nommeront à la pluralité des suffrages, parmi tous les sergens-majors et sergens de ladite demi-brigade, celui qui devra remplir la place vacante.

48. Les sergens nommés aux places d'adjudans concourront, du moment de leur nomination, avec les seconds lieutenans, pour arriver au grade de premier lieutenant; mais ils resteront adjudans jusqu'à ce que leur ancienneté les porte au grade de premier lieutenant. — Lorsqu'un sergent moins ancien qu'un adjudant sera fait second lieutenant, l'adjudant jouira a titre de sup-

18.

plément, de la différence des appointemens d'adjudant a ceux de second lieutenant.

49. La nomination aux emplois de seconds lieutenans aura lieu comme il suit : — Sur trois places de seconds lieutenans vacantes dans une demi-brigade ou compagnie d'ouvriers, deux seront données aux sergens-majors et sergens, alternativement à l'ancienneté et au choix. L'ancienneté se comptera sur tous les sergens majors et sergens, de la date de leur nomination au grade de sergent. Le choix aura lieu parmi tous lesdits sergens-majors et sergens, et sera fait au scrutin, à la pluralité absolue des suffrages, par tous les officiers présens. La troisième place de second lieutenant sera donnée par le directoire exécutif à de jeunes citoyens de l'âge de dix-huit à vingt-cinq ans, qui auront satisfait à un examen sur les deux premiers volumes de *Bezout*, ou a des maitres canonniers entretenus.

50. Les seconds lieutenans parviendront, dans chaque demi-brigade ou compagnie d'ouvriers, a leur tour d'ancienneté, aux emplois de premiers lieutenans.

51. Les premiers lieutenans parviendront de même, à leur tour d'ancienneté, dans chaque demi-brigade ou compagnie d'ouvriers, aux emplois de capitaines. — En temps de guerre, la quatrième place de capitaine, vacante dans une demi-brigade, sera a la nomination du directoire exécutif, dont le choix ne pourra néanmoins porter que sur les premiers lieutenans de ladite demi-brigade.

52. Les quartiers-maitres trésoriers seront choisis dans chaque demi-brigade par le conseil d'administration, parmi les officiers et sous-officiers de la demi-brigade, a la pluralité absolue des suffrages. — Les quartiers-maitres trésoriers pris parmi les sous-officiers auront le rang de second lieutenant; ils conserveront leur rang, s'ils sont pris parmi les officiers. — Les quartiers-maitres trésoriers suivront leur avancement dans les différens grades, et jouiront, à titre de supplément, de la différence des appointemens de leur place a ceux des grades où les portera leur ancienneté.—Les officiers de santé seront nommés par le directoire exécutif.

53. Les adjudans-majors seront pris, dans chaque demi-brigade, parmi les premiers lieutenans, et la nomination sera au choix du chef de brigade.

54. Les capitaines parviendront au grade de chef de bataillon par ancienneté et par le choix. — Sur deux places de chefs de bataillon vacantes dans une demi-brigade, la première sera donnée au plus ancien capitaine de la demi-brigade; et la seconde, par le choix du directoire exécutif, à un capitaine de ladite demi-brigade, ou a un capitaine de compagnie d'ouvriers.

55. Les chefs de bataillon parviendront au grade de chef de brigade, alternativement par l'ancienneté des services et par le choix, comme il suit : —La première place vacante de chef de brigade appartiendra de droit au plus ancien chef de bataillon de la demi-brigade où la place sera vacante. — A la seconde vacance de la même place dans la même demi-brigade, l'emploi sera donné a un chef de bataillon, au choix du directoire exécutif.

56. Le directoire exécutif nomme l'inspecteur général des troupes d'artillerie de la marine.

57. Tous les remplacemens dans les grades de seconds lieutenans, quartiers-maitres-trésoriers et adjudans-majors, au choix des officiers, se feront immédiatement après la vacance des places; et ceux qui y auront été nommés seront aussitôt reçus en leurs nouveaux grades.

TITRE VI. — *Habillement, armement et équipement des troupes d'artillerie de la marine.*

58. L'habillement des troupes d'artillerie de la marine continuera d'être,

habit et veste de drap bleu ; revers, paremens et doublure de l'habit, de même couleur, bordé d'un liséré écarlate, avec un collet rouge montant, bordé d'un liséré blanc ; une pate rouge en long sur le parement de la manche, et le dépassant de dix-huit lignes ; le parement sera fendu et attaché par trois petits boutons ; la culotte continuera d'être de tricot bleu ; les boutons seront jaunes, ornés de deux canons en sautoir, avec une ancre transversale; et le tout entouré de la légende *République française.* — Les caporaux et canonniers recevront, outre l'habillement ci-dessus, un paletot de drap bleu et un pantalon de toile, dont ils se couvriront pour les travaux de force et corvées de ports, ainsi que pour toutes les manœuvres d'artillerie et d'infanterie.

59. Les officiers supérieurs, officiers de compagnie, sous-officiers et canonniers, porteront les mêmes épaulettes et distinctions que les officiers et canonniers de l'artillerie de terre à pied.

60. Ceux des sous-officiers et canonniers qui ont acquis ou acquerront à la mer le mérite de maître canonnier, porteront, pour marque distinctive, autour du collet de l'habit, un galon d'or, large de trois lignes. — Ceux qui n'ont ou n'obtiendront que le mérite de second maître canonnier, porteront également, autour du collet de l'habit, un galon large de trois lignes; mais il sera en laine aurore.

61. Les officiers seront sous les armes en hausse-col et en bottes; ils auront le baudrier en écharpe, et l'épée à la main.

62. L'armement des sous-officiers et canonniers sera composé d'un fusil, forme de mousqueton, avec sa baïonnette, giberne, banderole, sabre et baudrier. — Le sabre ne sera donné, quant à présent, qu'aux sous-officiers et aux canonniers de première classe.

63. Les parties d'habillement et équipement se renouvelleront aux époques déterminées ci-après :—Habit de drap, après avoir servi trois ans ; veste de drap, *idem* trois ans ; paletot, *idem* trois ans ; pantalon de toile, *idem* un an ; culotte de tricot, *idem* six mois ; chapeaux, *idem* dix-huit mois ; bonnet de police, *idem* vingt-quatre mois.—L'habit et la veste des sergens-majors, sergens et caporaux-fourriers, seront renouvelés tous les dix-huit mois. — Ceinturon ou baudrier en cuir noir, après avoir servi dix ans ; giberne, *idem* dix ans; banderole de giberne, *idem* dix ans ; bretelle de fusil, *idem* dix ans ; caisse et collier de tambour, *idem* six ans.—L'armement sera fourni à mesure des besoins, et sur des ordres particuliers.

TITRE VII. — *Service des troupes d'artillerie de la marine, tant à terre qu'à la mer.*

Service dans les ports et sur les côtes.

64. Les troupes d'artillerie de la marine seront employées à tous les mouvemens et travaux d'artillerie, tant dans les arsenaux que sur les batteries, dans les magasins à poudre et autres établissemens qui en dépendent ; à la confection des artifices, mitrailles, et grément du canon ; à l'embarquement, débarquement et emmagasinement des armes, munitions et attirails, et, en général, à tout ce qui concerne le service de l'artillerie de la marine.—Elles seront aussi employées à la police, garde et sûreté des magasins et bâtimens civils dépendant de la marine, ainsi qu'aux grémens, armemens, désarmemens et mouvemens des vaisseaux, et autres manœuvres et travaux des ports, lorsque les besoins du service l'exigeront.—Elles seront encore employees à la défense des ports, des côtes, et au service des batteries armées pour la marine.

Service à la mer.

65. Les troupes d'artillerie de la marine, sous-officiers et soldats, seront

employées à bord des bâtimens de la république au service de l'artillerie, concurremment et par moitié, autant qu'il sera possible, avec les canonniers marins.—Elles y seront embarquées comme garnison, et fourniront les capitaines d'armes. — Ceux des sergens-majors, sergens, caporaux ou canonniers des troupes d'artillerie de la marine, qui seront embarqués a bord des vaisseaux de la république, et qui y rempliront les fonctions de maitres canonniers, seconds maîtres ou aides-canonniers, recevront un supplément de solde, tel qu'il forme, avec leur solde a terre, celle des canonniers marins dont ils rempliront les fonctions. — Le mérite de maître canonnier, second maître, ou aide-canonnier, s'acquerra à la mer ; il sera conféré d'après les mêmes règles observées pour l'avancement des gens de mer ; il sera aussi la récompense des actions d'éclat. — Les officiers seront embarqués sur les vaisseaux de la république, soit pour l'artillerie, soit pour la garnison, en raison de la force des detachemens. — Les officiers embarqués feront partie de l'état major du vaisseau ; ils seront chargés, sous les ordres du commandant du bâtiment, du détail et du service de l'artillerie, ainsi que de la police et discipline des détachemens. — Les officiers supérieurs et capitaines des troupes d'artillerie de la marine pourront être employés sur les escadres, ou divisions comme commandans en chef de l'artillerie, et seront, dans ce cas, embarqués sur le vaisseau commandant. – En cas de descente, les troupes d'artillerie de la marine seront chargées, sous les ordres du commandant de l'escadre ou du bâtiment, de la construction, de l'établissement et de tout ce qui concerne la disposition des batteries. — Il sera accordé aux sous-officiers et canonniers embarqués sur les vaisseaux de la république, soit pour l'artillerie ou pour la garnison, deux chemises bleues, un paletot de coutil, une grande culotte de toile, un hamac et une couverture. Ces effets ne pourront se renouveler qu'après un an d'embarquement, et le conseil d'administration pourvoira a leur distribution et veillera a leur conservation.

TITRE VIII. — *Forges, fonderies et manufactures d'armes affectées à la marine.*

66. La direction et surveillance des forges, fonderies et manufactures d'armes affectées a la marine, sera confiée a des officiers des troupes d'artillerie de la marine, ainsi qu'il suit, savoir : — Un directeur-général, général de brigade ou de division ; deux adjoints chefs de brigade ; quatorze capitaines.

67. Le directeur-général aura l'inspection générale de toutes les forges, fonderies et manufactures d'armes : il fera une tournée au moins une fois l'an. — Les deux adjoints le seconderont, et la surveillance des forges et fonderies sera répartie entre eux. — Les quatorze capitaines y seront détachés a demeure pour suivre la fabrication des canons en detail, faire exécuter les lois et réglemens.

68. Le directeur-général aura son rang parmi les officiers-généraux : — Les adjoints l'auront parmi les chefs de brigade des troupes d'artillerie de la marine, pour leur avancement ultérieur ; — Les capitaines l'auront parmi les capitaines desdites troupes ; pour cet effet, ils seront répartis dans les sept demi-brigades, a raison de deux par chacune, et employés à l'etat-major.

Tous ces officiers jouiront des appointemens attachés a leur grade, en raison de leur ancienneté. — Le directeur-général et les adjoints seront remboursés de leurs frais de tournée ; les capitaines recevront un supplement d'appointemens qui sera fixé selon la nature de leur service.—Ils seront tous à la nomination et au choix du directoire executif.

TITRE IX. — *Instruction.*

69. Les troupes d'artillerie de la marine seront instruites et exercées à

toutes les manœuvres et à tous les exercices d'artillerie, tant de terre que de mer; a la construction des batteries et au tir des canons et mortiers. A cet effet, il sera établi, tant à terre que sur les rades des ports où ces troupes seront en garnison, des batteries d'école pour s rvir a leur instruction. — Ces troupes seront instruites à tous les exercices et manœuvres du fusil.

70. Les enfans des sous-officiers et canonniers seront admis dans les compagnies par l'inspecteur-général, sur la proposition du conseil d'administration; néanmoins ils ne pourront l'être qu'a l'âge de six ans révolus, et lorsqu'il y aura une place vacante. — A l'âge de seize ans, ils pourront être incorporés dans les compagnies, et dès lors ils y feront nombre et y prendront rang pour leur avancement.

TITRE X. — *Dispositions générales.*

71. Les troupes d'artillerie de la marine seront sous la direction du ministre de la marine et des colonies : il sera mis pour cet effet a sa disposition les fonds nécessaires pour le paiement desdites troupes; il prendra aussi les moyens les plus prompts pour les porter sans delai au complet.

72. Les troupes d'artillerie de la marine seront casernées dans les ports où elles seront en garnison; le ministre de la marine et des colonies fera a cet effet les dispositions nécessaires.

73. Les garnisons des troupes de la marine ne seront plus permanentes; ces troupes alterneront entre elles pour les ports de Brest, Toulon, Rochefort et Lorient, ou autres ports de la république, si le service l'exige.

74. Les lois et réglemens sur l'administration, engagement, rengagement, avancement, récompenses militaires, police et discipline des troupes d'infanterie de la république, seront applicables aux troupes d'artillerie de la marine, suivant la nature de leur service, pour tout ce qui n'est pas prévu par le présent décret.

75. Le décret du 9 pluviose an 2, portant suppression des régimens d'artillerie et infanterie de la marine, est et demeure rapporté.

TITRE XI. — *Mode d'exécution.*

76. Les officiers supérieurs et officiers des compagnies existant dans les six régimens ci-devant d'artillerie et infanterie de la marine, seront employés dans leurs grades actuels, pour former le cadre des sept demi-brigades, bataillons et compagnies d'artillerie de la marine. Les sous-lieutenans et les lieutenans en second des ci-devant régimens d'artillerie et d'infanterie rouleront entre eux a date de brevet. — Après la formation des cadres, le directoire exécutif nommera aux emplois qui resteront vacans; ensuite l'avancement aura lieu comme il est dit au titre V du présent décret. — Les sous-officiers et soldats desdits régimens ci-devant de la marine y seront egalement employés, chacun dans leur grade et ancienneté. L'officier-général qui sera chargé de la formation des demi-brigades d'artillerie de la marine, fera sur-le-champ procéder au complément des grades de sous-officiers et canonniers, en se conformant également aux dispositions du titre V.

77. Seront appelés a la nomination des places d'officiers vacantes, — 1° Les officiers des troupes de la république ayant servi comme officiers dans les anciennes troupes ou artillerie de la marine et des colonies; — 2° Les officiers retirés des troupes de la marine au dessous du grade de chef de bataillon, soit par ancienneté de service, soit par d'autres motifs quelconques, s'ils sont encore jugés susceptibles de servir utilement, et en justifiant des motifs de leur sortie. — Les uns et les autres prendront rang dans les troupes d'artillerie de la marine, en raison de celui qu'ils y avaient à leur sor-

tie. — Pourront être également appelés a cette formation les officiers des compagnies d'ouvriers , et les maîtres canonniers promus aux grades d'officiers de vaisseau ; ils y seront au moins employés dans le grade correspondant a celui qu'ils ont actuellement.

78. Ceux des officiers et sous-officiers qui ont passé, des régimens d'artillerie ou infanterie de la marine, dans les écoles de canonnage ou autres institutions créées dans les ports, pourront être appelés dans la formation des troupes d'artillerie de la marine; mais ils n'y seront employés qu'en raison du grade qu'ils avaient a leur sortie desdits régimens. Ils auront néanmoins l'option de conserver leur rang parmi les officiers de vaisseau , en raison de celui qui a été attribué aux fonctions qu'ils ont remplies.

79. Pourront enfin être appelés pour compléter les troupes d'artillerie de la marine, — 1° Les citoyens de la dernière réquisition qui n'ont pas encore été encadrés, et qui se présenteront de bonne volonté ; — 2° Les soldats des troupes de la république qui ont précédemment servi dans les anciennes troupes de la marine , et qui demanderont à y rentrer. — Les dispositions fixées par le titre ci-dessus, seront mises a exécution avant le 1er nivose prochain. (*Suit le tarif pour la solde des troupes d'artillerie de la marine , énoncé dans l'article 25 du présent décret.*)

N° 274. = 3 brumaire an 4 (25 octobre 1795). = DÉCRET *concernant l'instruction des apprentis canonniers marins* (1). (I, Bull. ccv, n° 1229 ; B., LX, 66.)

Art. 1er. Il sera entretenu quatre cent quatre-vingts apprentis canonniers marins , divisés en escouades ; ces escouades seront réparties comme il suit : — Deux a Brest, une a Toulon , une a Rochefort.

2. Chaque escouade sera composée de cent vingt apprentis canonniers.

3. Il sera attaché a chaque escouade, un chef d'artillerie , un sous-chef d'artillerie, quatre maîtres canonniers entretenus, quatre maîtres canonniers marins non entretenus , huit seconds maîtres canonniers marins, seize aides-canonniers marins.

4. Nul ne pourra être admis dans les escouades en qualité d'apprenti , s'il n'est compris dans l'inscription maritime, et s'il n'est âgé de dix-huit ans, et au plus de vingt-cinq. Ceux qui sauront lire et écrire seront admis de préférence.

5. L'appel des marins pour composer les escouades d'apprentis canonniers aura lieu d'après les règles prescrites par les articles 11, 12, 13, 14 et 15 de la loi sur l'inscription maritime, et de manière qu'aucune escouade ne soit renouvelée en totalité dans le même instant.

6. Les levées auront lieu chaque année aux époques fixées par le ministre de la marine.

7. Les maîtres canonniers marins non entretenus, les seconds maîtres et les aides-canonniers attachés aux escouades d'apprentis canonniers, seront choisis, par le directeur d'artillerie, parmi tous ceux de ce grade qui s'y présenteront de bonne volonté. Ils jouiront , pendant leur service dans le port, d'un quart en sus de leur solde de mer ; et il pourra leur être accordé des avancemens de paie et de grade par l'ordonnateur du port, sur la proposition du directeur d'artillerie: ces avancemens seront réglés conformément à la loi sur l'avancement des gens de mer, en comptant seulement pour moitié leur temps de service dans les escouades.

8. Chaque apprenti canonnier suivra, pendant un an , les écoles de ca-

---

(1) Voyez le décret précédent sur l'artillerie de la marine, et les notes; et notamment l'arrêté du 25 floréal an 5 (14 mai 1797).

nonnage du port. A la fin de l'année, il sera libre de retourner dans son quartier, et le temps d'instruction lui sera compté pour douze mois de navigation sur les bâtimens de la république.

9. Les apprentis canonniers seront instruits dans la théorie et la pratique du canonnage. Ils seront aussi employés aux travaux du parc d'artillerie, et a ceux de la direction des mouvemens.

10. L'instruction, la police et la discipline des escouades d'apprentis canonniers seront dirigées, sous l'inspection immédiate des directeurs d'artillerie des ports, par les chefs et sous-chefs affectés a ce service.

11. Aux époques fixées pour le licenciement et le remplacement d'une partie de chaque escouade, il sera fait par les chefs, sous-chefs et maîtres canonniers entretenus, un examen général des apprentis dont l'année d'instruction sera échue : cet examen aura lieu en présence du directeur d'artillerie, qui donnera des certificats de mérite a ceux qui en seront jugés susceptibles.

12. Ceux qui auront obtenu des certificats, seront dès lors portés parmi les matelots, dans la classe supérieure à celle qu'ils occupaient lorsqu'ils ont été levés pour les écoles ; et s'ils remplissent en outre les conditions exigées par l'article 11 de la loi sur l'avancement des gens de mer, ils passeront au grade d'aide-canonnier de la quatrième classe.

13. Le directeur d'artillerie remettra à l'ordonnateur de marine l'état nominatif des apprentis canonniers qui auront obtenu des certificats, afin qu'il en soit envoyé des extraits dans les quartiers maritimes auxquels ces apprentis appartiendront.

14. Le vêtement et la solde des apprentis canonniers seront déterminés par un règlement. Ils seront nourris aux frais de la république ; et il leur sera payé une conduite pour venir dans le port, et une semblable conduite pour retourner dans leurs quartiers.

15. Toutes institutions créées par les précédentes lois et par des arrêtés des représentans du peuple pour l'instruction des apprentis ou élèves canonniers marins, sont supprimées.

N° 275.=3 brumaire an 4 (25 octobre 1795). = DÉCRET *relatif à l'avancement des gens de mer* (1). (I, Bull. ccv, n° 1230; B., LX, 68.)

Mousses.

Art. 1er. Il y aura deux classes de mousses.—Seront admis dans la classe supérieure ceux âgés de treize ans au moins, et qui auront dix-huit mois de navigation.

Novices.

2. Il y aura deux classes de novices.—Passeront à la classe supérieure ceux, qui auront navigué pendant un an en qualité de novices , et ceux qui, ayant six mois de navigation en la même qualité, auront en outre servi l'espace d'un an comme mousses.

Matelots.

3. Il y aura quatre classes de matelots.—Tout matelot commencera a naviguer a la classe inférieure, et il ne pourra être avancé d'une classe a l'autre, s'il n'a six mois au moins de navigation dans la classe immédiatement inférieure sur les bâtimens de la république. Néanmoins, après trente-six mois de service sur les bâtimens de l'état sans avoir obtenu de l'avancement ,

---

(1) Voyez, sur l'avancement des gens de mer (mousses, novices, matelots, officiers-mariniers de manœuvre et autres), le decret du 29 avril (18 et)—15 mai 1791, art. 22 et suiv.; les notes qui accompagnent le titre de ce decret ; et surtout l'ordonnance du 1er juillet—6 août 1814.

tout matelot passera, de droit, à la classe immédiatement supérieure à celle où il est employé.

4. Les matelots qui, sans avoir servi sur les vaisseaux de la république, auront, depuis l'âge de dix-huit ans, trente-six mois au moins de navigation pour le commerce au long cours ou au grand cabotage comme matelots, seront portés à la troisième classe de matelots lorsqu'ils seront appelés au service public.

5. Seront également portés à la même classe, les matelots qui, ayant fait une campagne sur les bâtimens de la république dans la dernière classe, auront en outre navigué pour le commerce pendant vingt-quatre mois au moins, soit au long cours, soit au grand cabotage.

6. Les fonctions de gabiers seront remplies par des matelots choisis par le commandant du vaisseau dans toutes les classes indistinctement ; ils jouiront d'un supplément pendant le temps seulement qu'ils rempliront ce service.

Officiers-mariniers de manœuvre.

7. Il y aura quatre grades d'officiers-mariniers de manœuvre : quartier-maître, contre-maître, second maître et maître.—Il y aura trois classes de quartiers-maîtres, deux de contre-maîtres et de seconds maîtres, et trois de premiers maîtres.

8. Les quartiers-maîtres ne pourront être pris que parmi les matelots de première classe qui auront rempli le service de gabier au moins pendant six mois, sauf l'exception portée en l'article suivant.

9 Les marins qui, ayant fait une campagne en qualité de matelots sur les bâtimens de la république, auront fait en outre deux voyages de long cours en qualité de maîtres d'équipage sur des bâtimens du commerce, de vingt hommes au moins d'équipage, et qui, au désarmement, auront obtenu de leur capitaine un certificat de capacité, visé du commissaire de marine, seront employés sur les bâtimens de la république en qualité de quartiers-maîtres de la dernière classe, lorsqu'ils seront appelés au service public.

Officiers-mariniers de canonnage.

10. Il y aura trois grades d'officiers-mariniers de canonnage : aide-canonnier ou chef de pièces, second maître et maître.—Il y aura trois classes dans chacun de ces grades.

11. Pourront être faits aides-canonniers ou chefs de pèces ceux qui, avant reçu un an d'instruction dans les écoles théoriques du canonnage, auront en outre rempli les fonctions de servant pendant douze mois sur des bâtimens armés en guerre, ou navigué pendant vingt-quatre mois, en qualité de matelots.—Pourront également être faits aides-canonniers ou chefs de pièces ceux qui auront quatre années de navigation comme matelots, dont deux en qualité de servans.

Officiers-mariniers de timonnerie.

12. Il y aura trois grades d'officiers-mariniers de timonnerie : aide, second maître et maître. —Il y aura quatre classes dans le grade inférieur, et trois dans chacun des deux autres grades.

13. Pourront être faits aides de timonnerie les matelots qui auront au moins vingt-quatre mois de navigation en qualité de matelots, dont six mois a la timonnerie, sur les bâtimens de la république.

Officiers-mariniers de charpentage, de calfatage et de voilerie.

14. Il y aura trois grades dans chaque profession d'ouvriers navigans :

aide, second maître et maître.—Il y aura quatre classes dans le grade inférieur, et trois dans chacun des deux autres grades.

15. Pourront être faits aides les ouvriers navigans qui auront au moins douze mois de navigation en qualité de matelots sur les bâtimens de la république, et trois ans de service en qualité d'ouvriers dans les ports et arsenaux de l'état : le double de ce temps sera exigé pour le service rempli sur les navires et dans les ports du commerce.

Règles générales pour les avancemens des officiers-mariniers.

16. Les officiers-mariniers de tous états ou professions ne pourront parvenir, dans leur grade, d'une classe à l'autre, s'ils n'ont servi pendant six mois au moins dans la classe immédiatement inférieure.—Ils ne pourront également passer d'un grade a l'autre qu'apres avoir navigué six mois au moins dans la classe supérieure du grade immédiatement inférieur.

17. Les officiers-mariniers et matelots qui auront le temps de service prescrit pour les augmentations de classe, ou pour les avancemens en grade, ne les obtiendront néanmoins qu'aux époques déterminées pour les avancemens, et lorsqu'ils en auront été jugés susceptibles ; la liste définitive n'en sera arrêtée qu'au désarmement, sauf à les faire jouir desdits avancemens à compter de l'époque où on les aura accordés.

Pilotes côtiers (1).

18. Il y a trois classes de pilotes côtiers. Ils ne pourront passer de l'une à l'autre qu'après trente mois au moins de navigation dans la classe immédiatement inférieure.

Troupes d'artillerie de la marine (2).

19. Les individus de tout grade, provenant des troupes d'artillerie de la marine, et embarqués pour le service du canonnage, seront avancés concurremment avec les autres officiers-mariniers affectés au même service.

Epoque et mode des avancemens.

20. Les avancemens en classe ou en grade se feront au désarmement de chaque bâtiment de la république, et dans la forme prescrite par les articles suivans.

21. Dans les campagnes qui dureront plus d'un an, il sera accordé des avancemens tous les douze mois : néanmoins cette disposition ne pourra avoir son exécution a la mer, mais seulement pendant les relâches dans les ports et rades de la république.

22. Le nombre d'hommes à avancer sera toujours réglé sur la durée des campagnes, et dans les proportions suivantes :— 1° Les avancemens en grade pourront être portés, pour douze mois de campagne, jusqu'au vingt-quatrième du nombre des officiers mariniers et des matelots embarqués au départ du bâtiment ;—2° Les avancemens de classe, non compris ceux d'ancienneté pour les matelots, pourront être portés, pour le même temps, jusqu'au huitième des officiers-mariniers et matelots.

23. Les officiers-mariniers et matelots qui auront rempli les conditions prescrites pour être avancés en classe ou en grade, seront pris indistinctement, suivant leur mérite, dans tous les états et professions, et sans égard à aucune proportion entre eux.

---

(1) Voyez, sur les pilotes, les décrets et reglemens cités dans les notes du decret du même jour 3 brumaire an 4, sur la réception des pilotes côtiers et lamaneurs.

(2) Voyez, sur le mode d'avancement des troupes d'artillerie de la marine, le décret du 31 mai (6 avril, 28, 29 et)—14 juin 1792, tit. II ; et les lois citées dans les notes qui accompagnent le titre de ce decret.

24. Le commandant en second, ou le capitaine de pavillon, les officiers commandant les quarts, l'officier commandant le détachement d'artillerie, le premier maître de manœuvre, le maître canonnier, le maître de la timonnerie, les maîtres charpentier, calfat, voilier, seront appelés par le capitaine, pour procéder a l'avancement des officiers-mariniers et matelots de l'équipage; ils formeront ensemble un conseil d'avancement qui sera présidé par le capitaine.—L'aide-commissaire aura voix représentative sur ce qui doit être observé pour le mode et la quotité des avancemens, et il en rédigera le procès-verbal.

25. Le conseil d'avancement déterminera le nombre d'hommes qui devra être avancé, tant en classe qu'en grade, d'après les règles ci-dessus prescrites, et en fera la répartition sur chaque état ou profession.

26. Chaque membre du conseil fera ensuite deux listes, dont l'une pour l'avancement en grade, et l'autre pour l'avancement en classe; chaque liste ne comprendra qu'un nombre égal a celui auquel les avancemens devront être portés.

27. Aucun des maîtres ne pourra employer sur ses listes que le nombre d'hommes a avancer dans son état ou profession.

28. Les listes seront vérifiées et dépouillées par l'aide-commissaire, en presence du conseil d'avancement, et d'après les formes usitées.

29. Les avancemens, soit en grade, soit en classe, seront accordés a ceux qui auront obtenu le plus de voix; et lorsqu'il y aura égalité de suffrages, le capitaine choisira ceux qui lui paraîtront les plus méritans.

30. Les maîtres et seconds maîtres de tout état et profession seront avancés en grade par le capitaine et les officiers de l'état-major.

31. Les novices et mousses seront avancés à la revue, en conformité des articles 1 et 2 de la présente loi.

32. Il pourra être accordé des avancemens extraordinaires pour les actions d'éclat authentiquement constatées : ces avancemens seront donnés par le conseil indiqué a l'article 24 du présent décret.

33. Ces avancemens, pour lesquels on ne sera point assujéti aux règles prescrites par le présent décret relativement au service exigé pour avancer en grade ou en classe, ne feront point partie du nombre de ceux déterminés en raison de la durée de la campagne.

34. A l'exception des promotions faites pour remplir les places vacantes, ceux qui auront été avancés en grade par récompense, ne pourront, sous ce prétexte, cesser l'exercice de leurs premières fonctions.

35. Au désarmement de chaque bâtiment, l'aide-commissaire remettra au bureau des armemens les procès-verbaux d'avancement qui auront été faits. Le temps et les services des hommes avancés seront vérifiés; et les avancemens pour lesquels on ne se sera pas conformé aux règles prescrites, seront regardés comme non avenus.

36. L'avancement des préposés aux vivres sera déterminé par l'administration de cette partie, d'après les témoignages des commandans des bâtimens.

37. Sont supprimés tous grades et dénominations, supplémens, paies, indemnités et augmentations de solde, autres que ceux énoncés dans l'état annexé au présent décret, et nul ne pourra néanmoins, sous les peines portées au Code pénal, se refuser de remplir, soit a bord, dans les chaloupes et canots, le service auquel il sera destiné.—Les aides de timonnerie seront tenus de gouverner a la barre. (*Suit l'état énoncé dans le présent article.*)

Nº 276. = 3 brumaire an 4 (25 octobre 1795). = DÉCRET *concernant la com-*

*position des états-majors et équipages des vaisseaux et autres bâtimens
de l'état* (1). (I, Bull. ccv, n° 1231; B., LX, 76.)

Art. 1er. Les états-majors et équipages des bâtimens de la république seront a l'avenir composés conformément a ce qui est réglé par l'état annexé
au présent décret.

2. Le nombre des matelots qui rempliront les fonctions de gabiers à bord
de chaque bâtiment de la république est fixé comme il suit :

Sur les
- vaisseaux de 118, 110 et 80......................... 32
- vaisseaux de 74............................. 26
- frégates portant du 18....... 20
- frégates portant du 12........................... 16
- corvettes de 20 canons et au dessus................ 10
- corvettes au dessous de 20 canons, bricks et flûtes... 8
- gabares....,.............................. 6

3. La liste des gabiers sera arrêtée par le capitaine dans le courant du premier mois où le vaisseau aura mis sous voile; elle sera remise a l'aide-commissaire, à qui il sera en outre donné connaissance de toutes les mutations
qui auront lieu dans la liste des gabiers.

4. Les matelots fraters et infirmiers seront embarqués sur chaque bâtiment dans les proportions suivantes :

	Fraters.	Infirmiers
sur les vaisseaux de 110 a 118......................	2	4
vaisseaux de 74 et au dessus............... ...	1	3
frégates de tout rang	1	2
corvettes, avisos, flûtes, etc................	1	1

5. A défaut de matelots fraters et infirmiers, les marins qui en rempliront
les fonctions jouiront d'un supplément de cinq livres par mois.

6. Il ne pourra être embarqué sur les vaisseaux de la république que le
nombre suivant de matelots ouvriers :

	Charpen-tiers.	Calfats.	Voiliers	Armuriers.
Sur les vaisseaux de 110 à 118.......	8	8	6	2
vaisseaux de 74 à 80.........	6	6	4	1
frégates de tout rang.... ..	4	4	2	1
corvettes, flûtes et gabares..	3	3	1	»
bricks et avisos.............	1	1	»	»

Ces matelots ouvriers feront partie du nombre de matelots réglé pour
chaque bâtiment.

7. Nul ne pourra être employé sur les bâtimens de la république sous la dénomination de matelot boucher ou matelot boulanger.

8. Les commandans et officiers de l'état-major ne pourront faire remplir

_____

(1) Voyez, sur le même objet, les nombreuses lois citées dans les notes qui accompagnent
le titre du décret du 29 avril (28 et)—15 mai 1791, concernant l'organisation de la marine.
Voyez notamment les ordonnances des 1er juillet—6 août 1814, et 23 juin—30 juillet 1824.

le service de domestique, cuisinier et garçon d'office, par des marins de l'é-
quipage du bâtiment.(*Suit l'état énoncé dans l'article 1er du présent décret.*)

Nº 277. = 3 brumaire an 4 (25 octobre 1795).=DÉCRET *sur l'organisation
de la marine militaire* (1). (I, Bull. ccv, nº 1232; B., LX, 78.)

Art. 1er. Le corps actuel des officiers de vaisseau de tout grade est supprimé.

2. Il sera créé un corps d'officiers de marine, composé comme il suit, savoir
—Huit vice-amiraux, seize contre-amiraux, cinquante chefs de division,
cent capitaines de vaisseau, répartis en deux classes de cinquante chacune,
cent quatre-vingts capitaines de frégate, quatre cents lieutenans de vaisseau,
six cents enseignes de vaisseau.

3. Le titre d'amiral sera temporaire; il sera confié aux officiers-généraux
de la marine chargés du commandement des armées navales composées de
quinze vaisseaux de ligne et au dessus, et seulement pendant la durée de
la campagne.

4. Il sera nommé dès a présent, et avant le 1er nivose prochain,—Cinq
vice-amiraux, douze contre-amiraux, quarante chefs de division, quatre-
vingts capitaines de vaisseau, également répartis en deux classes, cent
quarante capitaines de frégate.—Le nombre des lieutenans et des enseignes
de vaisseau sera complété.

5. Les vice-amiraux et les contre-amiraux seront choisis parmi tous les
officiers-généraux actuels de la marine et capitaines de vaisseau de la première classe;—Les chefs de division, parmi tous les capitaines de vaisseau
actuels; — Les capitaines de vaisseau, parmi les capitaines et lieutenans de
vaisseau actuels, et parmi les capitaines du commerce qui, ayant commandé
pendant trente-six mois, soit au long cours, soit en course, ont en outre
servi en qualité d'officiers sur les vaisseaux de guerre de l'état, depuis la révolution.—Les capitaines de frégate seront choisis parmi tous les lieutenans
et les enseignes entretenus ou non entretenus, actuellement au service, et
parmi les capitaines du commerce qui ont commandé pendant vingt-quatre
mois au long cours ou en course, et qui ont en outre servi sur les vaisseaux
de guerre de l'état, depuis le commencement de la révolution.—Les lieutenans de vaisseau seront choisis parmi tous les lieutenans et les enseignes entretenus ou non entretenus, actuellement au service, et parmi les capitaines du
commerce qui ont servi sur les bâtimens de l'état depuis la révolution.—Les
enseignes de vaisseau seront choisis parmi les enseignes entretenus et non entretenus, actuellement en activité de service, et parmi les capitaines et
seconds capitaines du commerce ayant navigué au long cours, et servi sur
les bâtimens de guerre de l'état depuis le commencement de la révolution.

6. Les officiers de marine de tout grade, ainsi que les aspirans qui ne sont
pas actuellement en activité de service, et qui seront réintégrés ou rappelés,
pourront concourir, conformément a l'article précédent, à tout avancement, d'après le grade et le rang qu'ils avaient lorsqu'ils ont cessé de servir.

7. Le nombre des officiers de l'armée navale, tel qu'il est fixé par l'article 2, sera complété au plus tard le 1er du mois de messidor de l'an 4.

8. Les vice-amiraux, pour le complément de l'article 1er, seront choisis parmi
les contre-amiraux alors en activité de service, et parmi les officiers-géné-

(1) Voyez, sur l'organisation de la marine militaire, le décret précité du 29 avril (28 et)—
15 mai 1791, et les notes qui resument a legislation.— Voyez spécialement la loi du 23 frimaire
an 4 (14 décembre 1795), qui sursoit à l'exécution du présent décret; et celle du 9 pluviose
suivant (29 janvier 1796), qui lève cette suspension.

raux de la marine qui n'auront pas participé à la première formation. —Les
contre-amiraux seront choisis parmi les chefs de division, et parmi les contre-amiraux qui n'auront pas été l'objet du premier choix.—Les chefs de division seront choisis parmi les capitaines de vaisseau alors en activité de service, et parmi ceux qui n'auront pas été placés lors du premier choix.—
Les capitaines de vaisseau seront choisis parmi les capitaines de frégate, et
parmi les capitaines et lieutenans de vaisseau qui n'auront pas participé a la
première formation.—Les capitaines de frégate seront choisis parmi les lieutenans de vaisseau alors en activité de service, et parmi les lieutenans de
vaisseau et les enseignes entretenus ou non entretenus qui n'auront pas été
nommés lors du premier choix.—Le nombre des lieutenans sera complété,
s'il y a lieu, en nommant, de la manière ci-dessus indiquée, a la moitié
des places vacantes, ceux des lieutenans et enseignes de vaisseau actuellement au service, qui n'auront pas participé a la première formation, et ,
en donnant l'autre moitié aux enseignes de vaisseau, d'après leur ancienneté
de service.

9. Si l'armement des bâtimens de la république exige un plus grand
nombre d'officiers que celui fixé, il y sera pourvu d'apres les dispositions
de l'article 5.

10. Les officiers de la marine actuellement en activité de service, qui ne seront pas compris dans la réorganisation déterminée par l'article 4, jouiront,
jusqu'au 1er messidor de l'an 4, des appointemens attribués à leur grade; et
si, lors du complément réglé par les articles 7 et 8 du présent decret, ils ne
sont pas employés, les lois sur les pensions de retraite leur sont applicables.

11. Les appointemens des officiers de l'armée navale sont fixés ainsi qu'il
suit, savoir :—Le vice-amiral, par an, quinze mille livres; le contre-amiral,
dix mille livres; le chef de division, sept mille livres; le capitaine de vaisseau, première classe, six mille livres; celui de deuxieme classe, cinq mille
quatre cents livres; le capitaine de frégate, quatre mille deux cents livres;
le lieutenant de vaisseau, trois mille trois cents livres; l'enseigne de vaisseau, deux mille quatre cents livres.

12. Les grades des officiers de l'armée navale correspondent à ceux de
l'armée de terre, ainsi qu'il suit : — Amiral, *général d'armée;* vice-amiral,
général divisionnaire; contre amiral, *général de brigade;* chef de division,
inférieur au précédent et supérieur au suivant; capitaine de vaisseau, première
et denxième classes, *chef de brigade;* capitaine de frégate, *chef de bataillon
ou d'escadron;* lieutenant de vaisseau, *capitaine;* enseigne, *lieutenant.*

13. Après le complément, les remplacemens, s'il y a lieu, se feront de la
maniere suivante : — La moitié des places de vice-amiral, contre-amiral,
chef de division, capitaine de vaisseau, capitaine de frégate et lieutenant de
vaisseau, qui viendront a vaquer, sera donnée, a l'ancienneté de service,
aux officiers du grade immédiatement inférieur; l'autre moitié sera au choix
du directoire exécutif: ce choix ne pourra porter que sur des officiers du
grade immédiatement inférieur à celui à occuper, et qui en auront exercé
les fonctions pendant neuf mois au moins. — Les neuf dixièmes des places
d'enseignes de vaisseau seront donnés au concours, d'après les lois, et le directoire exécutif pourra disposer du dixième restant en faveur des maitres
entretenus et autres officiers-mariniers qui seront jugés susceptibles d'être
promus au grade d'enseigne de vaisseau.

14. Les récompenses pour les actions d'éclat sont réservées au directoire
exécutif.

15. Le passage d'une paie à l'autre dans le même grade s'opérera toujours
par l'ancienneté de service dans ce grade.

16. Le commandement d'une armée navale ou d'une escadre ne pourra être confié qu'a un officier-général de la marine. — Toute division de trois vaisseaux de ligne, ou ayant une destination particulière, sera commandée par un officier-général, ou au moins par un chef de division. — Il y aura en second, sur chaque vaisseau de ligne, un capitaine de frégate.

17. L'amiral et les officiers-généraux commandant les armées porteront le même uniforme que le général en chef des armées de terre ; — Le vice-amiral, le même uniforme que le général divisionnaire ; — Le contre-amiral, l'uniforme du général de brigade. — L'uniforme des officiers de marine de tout grade sera composé comme il suit : — Habit bleu national, doublure rouge, liséré blanc, collet montant et rabattu, en écarlate, revers et paremens bleus, manche ouverte, la pate des paremens écarlate, poche en travers avec trois boutons ; — Veste écarlate en hiver, et blanche en été : culotte bleue ; chapeau à trois cornes ; un sabre doré. — Le chef de division portera sur le collet, les revers et les paremens, et sur toute la longueur des devans de l'habit, une broderie de la largeur de douze lignes : épaulettes de chef de brigade, avec une étoile sur chaque épaulette et sur la dragonne ; deux glands d'or et deux ganses de chaque côté du chapeau. — Le capitaine de vaisseau aura les mêmes decorations que le chef de division, excepté la broderie sur les devans de l'habit, et l'étoile sur les épaulettes et la dragonne. — Le capitaine de frégate aura la même broderie sur le collet et les paremens seulement. Il portera l'épaulette de chef de bataillon. — Les lieutenans et enseignes de vaisseau porteront l'habit et le chapeau unis : ces deux grades seront distingués par les épaulettes ; les lieutenans auront celles de capitaine, et les enseignes celles de lieutenant d'infanterie. — Tous porteront des boutons jaunes timbrés d'une ancre, et ces mots : *Marine militaire.* — La broderie sera conforme au modèle.

18. Le directoire exécutif est chargé de mettre à exécution les dispositions prescrites par les articles 2, 3, 4 et 5 de la présente loi, aux époques fixées par les articles 4 et 7.

N° 278. = 3 brumaire an 4 (25 octobre 1795). = DÉCRET *sur l'administration des prises faites sur les ennemis de la France* (1). (I, Bull. ccv, n° 1233 ; B., LX, 82.)

La convention nationale, voulant remédier à l'incohérence et a la variation qui se rencontrent dans les lois relatives a l'administration des prises, après avoir entendu le rapport de ses comités de marine et colonies, et de commerce et approvisionnemens, décrète :

Captures.

Art. 1er. Lorsqu'une déclaration de guerre avec une nation donnera lieu à des armemens maritimes, le directoire exécutif rédigera des instructions claires et précises, dont les termes ne laissent aucun doute aux bâtimens visiteurs sur leurs devoirs et leurs droits.

2. Aussitôt après la prise d'un navire, les capitaines capteurs se saisiront des congés, passe-ports, lettres de mer, chartes-parties, connaissemens et autres papiers trouvés a bord. Le tout sera déposé dans un coffre ou sac, en présence du capitaine du navire pris, lequel sera interpellé de les sceller

----

(1) Voyez, sur les armemens en course, le droit de prise, l'administration et la liquidation des prises, l'arrêté général du 2 prairial an 11 (22 mai 1803), et les notes qui résument la matière ; et spécialement l'arrêté du 5 prairial an 5 (24 mai 1797), sur l'exécution du présent décret.

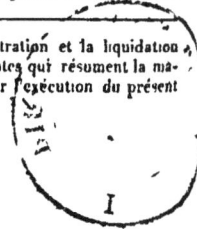

de son cachet. Ils feront fermer les écoutilles et autres lieux où il y aura des marchandises, et se saisiront des clefs des coffres et armoires.

3. Il est défendu à tous capitaines, officiers et équipages des vaisseaux preneurs, de soustraire aucun papier ou effet du navire pris, à peine de deux ans d'emprisonnement, et de peines plus graves dans les cas prévus par la loi.

4. Si le chef-conducteur d'un navire pris fait dans sa route quelques autres prises, elles appartiendront à l'équipage du bâtiment dont il fait partie, ou à la division à laquelle il est attaché.

5. Le chef-conducteur d'une prise qui, dans sa course, sera reprise par l'ennemi, sera jugé à son retour comme le sont en pareil cas les commandans des bâtimens de l'état.

6. A l'arrivée d'une prise dans les rades ou ports de la république, le chef-conducteur fera son rapport au juge de paix, et lui remettra les papiers et autres pièces trouvés à bord, ainsi que les prisonniers faisant partie du navire pris.

7. Le juge de paix, ou, en cas d'absence, un de ses assesseurs, se transportera aussitôt sur ledit navire, dressera procès-verbal de l'état dans lequel il le trouvera, et posera, en présence du capitaine pris, ou de deux officiers ou matelots de son équipage, les scellés sur tous les fermans. Ces scellés ne pourront être levés qu'en présence d'un préposé des douanes.

8. Il sera établi à bord un surveillant de la marine, nommé par le contrôleur, lequel sera chargé, sous sa responsabilité, de veiller à la conservation des scellés et des autres effets confiés à sa garde.

9. Dans le cas d'avarie ou de détérioration de tout ou partie de la cargaison, le juge de paix, en apposant les scellés, en ordonnera le déchargement et la vente dans un délai fixé. L'ordonnance du juge de paix sera envoyée au contrôleur de la marine, qui en surveillera l'exécution. La vente ne pourra cependant avoir lieu qu'après avoir été préalablement affichée dans le port de l'arrivée, et dans les communes et ports voisins.

Procédure des prises.

10. Le juge de paix procédera de suite, et au plus tard dans les vingt-quatre heures de la remise des pièces, à l'instruction de la procédure, pour parvenir au jugement des prises.

11. Cette instruction consiste dans le dépouillement des pièces trouvées à bord, dans la réception de la déclaration du chef conducteur, et dans l'interrogatoire de trois prisonniers au moins, dans le cas où il s'en trouverait un pareil nombre.

12. Si le bâtiment est amené sans prisonniers, chartes-parties ni connaissemens, l'équipage et la garnison du navire capteur seront interrogés séparément sur les circonstances de la prise, pour connaître, s'il se peut, sur qui elle aura été faite.

13. Le juge de paix fera dresser inventaire des pièces, états ou manifestes des chargemens, qui lui auront été remis ou qu'il aura trouvés à bord; il enverra le tout, dans les deux jours pour tout délai de la clôture du procès-verbal d'instruction, au greffe du tribunal de commerce du lieu de l'arrivée de la prise, et, dans le cas où il n'y en aurait point d'établi, à celui du port le plus voisin.—Les fonctions des juges de paix, en matière de prises, sont bornées à ces opérations et à la levée des scellés.

14. Dans les ports des pays conquis où il n'y a pas de juges de paix, leurs fonctions seront remplies par un officier municipal ou tout autre officier civil.

19

15. Les tribunaux de commerce seront tenus de prononcer sur la validité de la prise, dans la décade qui suivra la réception des pièces.

Déchargement, manutention et vente des prises.

16. Les déchargemens, emmagasinemens, inventaires, ventes et livraisons des objets de prises, se feront sous la surveillance immédiate des contrôleurs de marine; savoir, dans les ports de Brest, Toulon et Rochefort, par un commissaire de marine; et dans les autres ports, par l'officier civil préposé à la répartition des prises, en présence d'un préposé des douanes cité à bord, du surveillant de la marine et du chef-conducteur de la prise, ou d'un fondé de pouvoir, que ce chef est autorisé à nommer dans le cas où il recevrait l'ordre d'embarquer avant la vente de la cargaison.

17. Ce fondé de pouvoir pourra assister à toutes les opérations, et y faire les observations qu'il croira avantageuses aux intérêts de ceux qu'il représente ; mais il ne pourra s'immiscer dans la gestion des prises, s'en prétendre le consignataire, ni réclamer en cette qualité aucun droit de commission au-delà de l'équivalent du traitement du chef de prise qui l'aura nommé. —Ce traitement cessera au moment que la vente sera terminée, et ne pourra, dans aucun cas, être prolongé au-delà de trois mois.

18. Il sera procédé au déchargement et emmagasinement de la cargaison, dans les vingt-quatre heures du jugement définitif qui aura prononcé la confiscation de la prise. Dans le cas de main-levée accordée, il en sera donné avis aux intéressés dans le même délai : les indemnités qui pourraient être dues seront arbitrées de suite.—Les contrôleurs de marine seront personnellement responsables des événemens résultant d'un retard dans l'exécution du présent article.

19. Le surveillant de la marine et le préposé des douanes tiendront, à bord, des états sur lesquels seront portés et détaillés les balles, ballots, futailles et autres objets qui seront mis à terre ou chargés dans les chalans et chaloupes; ils en feront parvenir un double à terre, qui sera signé par le garde-magasin de la marine, pour valoir réception des objets y portés.

20. Ces doubles, ainsi signés du surveillant de la marine, du préposé des douanes et du garde-magasin, seront déposés au contrôle de la marine, pour y avoir recours au besoin : ils seront communiqués sans frais à tous les citoyens qu'ils pourront intéresser.

21. Les frais de débarquement et de transport, ainsi que tous ceux nécessaires à la conservation des objets formant la cargaison, soit à bord, sur le port, ou dans les magasins, sont à la charge de la cargaison : ils seront avancés par la marine, et retenus lors de la liquidation.

22. Au fur et à mesure du déchargement des objets, et au moment de leur entrée au magasin, il en sera dressé inventaire en présence d'un visiteur des douanes, qui en tiendra état, du chef-conducteur de la prise, ou de son fondé de pouvoir, et du garde-magasin de la marine; l'inventaire sera signé, à chaque séance, par ceux qui y auront assisté, jusqu'à son entière confection. Les magasins seront fermés à trois clefs, dont une sera remise au commissaire ou employé civil qui aura procédé à l'inventaire, la seconde au visiteur des douanes, et la troisième au garde-magasin.

23. Les agens maritimes désigneront sur cet inventaire les objets utiles au service de la marine, qui leur seront remis sur-le-champ : l'estimation en sera faite au cours du jour; et les fonds versés dans la caisse des invalides de la marine, dans la quinzaine après la livraison.

24. Les monnaies étrangères ou françaises, les matières d'or ou d'argent non ouvrées, et celles ouvrées dont le prix du poids surpasse celui de la main-

d'œuvre, seront envoyées à la trésorerie nationale, qui en fera passer la valeur dans la décade de leur réception.

25. L'inventaire de chaque cargaison comprendra, non seulement ce qui se trouvera en magasin, mais même tout ce dont il aurait été disposé pour le service public pendant le déchargement.

26. Les inventaires seront déposés au contrôle de la marine; les contrôleurs enverront aux agens du gouvernement un extrait de chacun d'eux, dans les trois jours de sa confection : ces agens seront tenus d'indiquer, dans les quinze jours suivans, les objets qui devront être réservés pour le service public; ces objets seront aussitôt estimés au cours du jour, et transportés dans les magasins nationaux; le prix en sera payé au plus tard dans la quinzaine qui suivra la livraison. — Les agens maritimes veilleront à ce que ces paiemens s'effectuent dans les délais ci-dessus.

27. Lorsque les agens du gouvernement auront désigné les objets propres au service de la république, et au plus tard vingt jours après la confection de l'inventaire de chaque cargaison, le contrôleur de marine en fera annoncer la vente détaillée, par affiches qui seront envoyées dans les principales villes de commerce de la république, et au ministre de la marine, chargé de leur donner la plus grande publicité. — Il y aura toujours un mois d'intervalle entre la publication et le jour de la vente.

28. Ces ventes seront faites en présence du contrôleur de marine, du receveur ou de tout autre préposé des douanes, du chef-conducteur de la prise ou de celui qui le représente, et de l'agent garde-magasin, qui signeront les procès-verbaux. Elles auront lieu au comptant, et se continueront tous les jours, sans interruption, de matin et de relevée. Les sommes en provenant seront versées dans la caisse des trésoriers des invalides de la marine.

29. Aucun citoyen ne pourra disposer d'effets provenant de prises, sous quelque prétexte que ce soit, même avec l'autorisation du chef conducteur ou de l'équipage, à peine d'être condamné à payer dix fois la valeur de l'objet dont il aurait disposé.

30. Si ces objets avaient été détournés par un des agens auxquels ils sont confiés, ou par des citoyens employés à leur déchargement, transport, manipulation ou garde, les délinquans seront réputés dilapidateurs, et, comme tels, traduits devant les tribunaux pour y être jugés conformément à la loi.

31. Les lois relatives aux fonctions des préposés des douanes, pour ce qui concerne les déchargemens des navires de prises et le paiement des droits d'entrée dus par les objets qui composent leurs cargaisons, notamment la loi du 19 février 1793, auront leur pleine et entière exécution. — Les directeurs, inspecteurs et receveurs des douanes prendront les mesures nécessaires pour prévenir toutes fraudes ou soustractions, à peine d'en demeurer responsables.

32. Les droits dus sur les objets de prises sont à la charge des acquéreurs, et seront toujours acquittés avant la livraison; ils seront à cet effet fixés, annoncés et perçus par un préposé des douanes, sur le lieu même de la vente.

33. Les livraisons des marchandises vendues se feront immédiatement après l'achèvement de la vente de ce qui appartient à chaque cargaison, et se continueront, sans interruption, en suivant l'ordre de la vente. Le commissaire de marine ou l'officier civil qui aura procédé, se concertera avec le receveur de la douane pour indiquer l'heure de la livraison.

34. Dans le cas où quelque acquéreur ne se présenterait pas à l'heure in-

19.

diquée, ou au plus tard dans les trois jours après la livraison faite des derniers articles vendus, il sera procédé à la revente, à la folle enchère, des objets qui lui avaient été adjugés.

35. Les gardes-magasins ne délivreront aucun des objets vendus, que sur la représentation de la quittance du paiement qui en aura été fait entre les mains des trésoriers des invalides de la marine.

36. Ces trésoriers ouvriront un compte pour chaque cargaison, lequel indiquera le nom du bâtiment pris, celui de sa nation et celui du vaisseau capteur.

37. Ils auront une remise d'un demi pour cent sur leurs recettes, qui sera répartie ainsi qu'il suit : — Un tiers de cette remise est attaché à la recette et appartiendra aux trésoriers des ports où les ventes seront effectuées ; les deux autres tiers portent sur les paiemens directs faits par chaque caissier, et ne sont alloués qu'à ceux qui font les paiemens aux marins dénommés aux rôles de répartition dans les différens quartiers de leur domicile, encore bien que ces quartiers ne fussent pas dépendans des ports où les ventes auraient eu lieu.

38. Aussitôt après le déchargement du navire, et au plus tard dans la décade suivante, il sera dressé par l'administration de la marine un inventaire estimatif tant de sa coque que des agrès, apparaux, rechanges, armes et ustensiles. Cet inventaire indiquera si ce navire est propre au service de la république ; ou, dans le cas contraire, il présentera, par articles séparés, les objets susceptibles d'y être utilement employés : ces objets seront emmagasinés sans délai, et le prix en sera versé conformément aux articles précédens.

39. Jusqu'à ce moment, le navire sera déposé dans un lieu sûr et commode, où il ne puisse gêner le service du port : les gardiens établis à bord seront responsables des effets qui y demeureront, sur l'état détaillé qui leur en sera remis.

40. La vente de ceux de ces navires qui n'auront point été jugés propres au service de la marine, sera faite immédiatement après celle de la cargaison.

Liquidation.

41. Aussitôt après la vente de chaque prise, et au plus tard dans la quinzaine qui la suivra, les administrateurs des ports établiront le montant net de son produit, sur le vu des procès-verbaux de vente et de livraison.

42. Les frais de procédure seront liquidés par le juge de paix ; les autres seront arrêtés par le contrôleur de marine, et visés par l'ordonnateur.

43. Il sera retenu un sou pour livre sur le produit net de chaque prise, pour former une masse destinée à acquitter les frets et surestaries des navires dont les coques et cargaisons auront été reconnues neutres, et pour fournir aux répartitions supplétives des bâtimens qui, par erreur, n'auraient pas été compris dans celles auxquelles ils avaient droit, ou des individus qui auraient été omis sur les rôles.

44. Aussitôt après la liquidation du produit de la vente de chaque cargaison, il sera procédé au rôle de répartition générale, conformément à la loi du 1er octobre 1793 : dès que ce rôle aura été arrêté, les parts des marins présens seront payées, et celles des absens envoyées sans délai dans leurs quartiers respectifs pour leur être distribuées, ou à leurs familles si leur décès est légalement constaté.

45. S'il s'élève quelques réclamations de la part des bâtimens capteurs, pour raison de la légitimité et de l'étendue de leurs droits sur les prises

faites , elles seront jugées par un jury, conformément à la loi du 26 fructidor dernier.

46. Il ne pourra s'écouler plus de trois mois entre l'arrivée d'une prise et sa répartition : dans le cas où des empêchemens légitimes éloigneraient cette répartition, il sera, autant que possible, délivré des a-comptes provisoires à tous les marins qui prouveront qu'ils faisaient partie de la division ou de l'équipage capteur.

47. Le paiement des sommes réparties sera fait aux intéressés, par les trésoriers des invalides, sur les mandats du commissaire de marine chargé de cette partie du service.

48. Il est dérogé à toutes lois ou arrêtés contraires au présent décret.

N° 279. = 3 brumaire an 4 (25 octobre 1795). = DÉCRET *relatif aux pensions des militaires suspendus de leurs fonctions, et autorisés par le comité de salut public à prendre leurs retraites, qui ont plus de trente ans de service et moins de cinquante ans d'âge.* (I, Bull. CLI, n° 1201 ; B., LX, 89.)

Art. 1er. Les pensions des militaires suspendus de leurs fonctions, et autorisés par le comité de salut public à prendre leurs retraites, qui ont plus de trente ans de service et qui n'ont pas cinquante ans d'âge, seront réglées conformément aux dispositions de la loi du 3 — 22 août 1790.

2. Ceux qui n'ont ni cinquante ans d'âge ni trente années de service, mais qui auront deux ans d'exercice dans le grade où ils ont été suspendus, auront la pension représentative attachée a leur grade.

3. Les officiers-généraux qui n'auraient pas deux années d'exercice dans leur grade, auront la pension représentative du grade qu'ils auront exercé pendant deux ans.

4. Sont exceptés des dispositions de l'article précédent, ceux desdits officiers-généraux qui auront obtenu le grade d'officier-général, soit par décret, soit par nomination des représentans du peuple, confirmée par le comité de salut public, pour actions d'éclat ou services importans rendus aux armées.

5. Les autres officiers, de quelque grade que ce soit, et quel que soit le temps de leurs services, auront la pension fixée par l'article 14 de la loi du 30 avril—16 mai 1792, soit qu'ils aient ou non les deux ans d'exercice dans le grade qu'ils occupaient à l'époque de leur suspension.

N° 280. = 3 brumaire an 4 (25 octobre 1795). = DÉCRET *portant que la liquidation de la dette publique et la liquidation particulière de la dette des émigrés continueront à être organisées en administration séparée* (1). (I, Bull. CCI, n° 1202 ; B., LX, 90.)

Art. 1er. La liquidation de la dette publique et la liquidation particulière de la dette des émigrés continueront de demeurer organisées en administration séparée et indépendante d'aucun département du ministère pour la confection de leurs travaux.

(1) Voyez dans le § 4 des notes qui accompagnent le titre du décret du 9—12 février 1792, concernant le sequestre des biens des émigrés, l'énonciation de toutes les lois relatives a la liquidation de leurs dettes.

2. Les liquidateurs seront néanmoins dépendans du ministère des finances pour les deux objets ci-après énoncés.

3. Les directeurs desdites liquidations mettront, tous les mois, sous les yeux du ministre des finances, deux états, l'un des liquidations de nature à opérer des inscriptions au grand-livre, l'autre de celles qui ne donneront lieu qu'a des reconnaissances de liquidation. Le ministre prendra du directoire exécutif, sur chacun de ces états, la décision qui doit en autoriser le paiement ou l'inscription, a prélever et deduire sur les fonds décrétés annuellement pour cet objet par le corps législatif.

4. Les reconnaissances de liquidation ou certificats de propriété qui seront délivrés par les deux liquidations, seront assujétis au visa du ministre des finances, et ce visa aura pour objet d'attester que les reconnaissances ou certificats de propriété sont a prendre dans les formes comprises dans le décret du corps législatif et la décision du pouvoir exécutif qui y seront relatés.

5. Le ministre des finances sera chargé du visa attribué par la loi du 1er floréal a la commission des revenus nationaux, et statuera aussi définitivement, et sans autre recours, sur les réclamations portées par les créanciers contre les décisions des deux administrations en matière de liquidation.

6. Lesdites administrations feront, sous leur seule responsabilité, et sous la surveillance immédiate du directoire exécutif, la liquidation de toutes les créances soumises à leur vérification, en se conformant aux lois existantes.

7. Les liquidateurs présenteront le résultat de leurs opérations au directoire exécutif: qui demeure chargé d'employer tous les moyens de les terminer promptement.

8. Le directoire exécutif rendra compte, tous les trois mois, au corps législatif, de l'état des travaux de la liquidation, et demandera les fonds nécessaires pour l'acquit du montant présumé des liquidations à faire dans le cours desdits trois mois.

9. Les frais des bureaux desdites liquidations seront réglés par le directoire exécutif: provisoirement les fonds affectés a ces dépenses ne pourront excéder ceux précédemment décrétés.

10 Jusqu'a ce que le directoire exécutif ait obtenu les fonds nécessaires pour continuer la liquidation, et pour éviter tout retard, la tresorerie nationale est autorisée a faire payer ou inscrire au grand livre de la dette publique le montant des liquidations jusqu'a concurrence de la somme de cent cinquante millions, d'après les reconnaissances de liquidation et certificats de propriété délivres tant par les directeurs généraux de la liquidation que par les administrations de département, et dans les formes ci-dessus prescrites.

11. Les dispositions du présent décret sont communes aux administrations départementales, en tant qu'elles sont chargées de la liquidation des dettes des émigrés de leur ressort.

———

Nº 281. = 3 brumaire an 4 (25 octobre 1795).=DÉCRET *qui divise en deux sections les écoles primaires des deux sexes* (1). (I, Bull. CCI, nº 1203; B., LX, 92.)

Art. 1er. Chaque école primaire sera divisée en deux sections, une pour

———

(1) Voyez, sur les écoles primaires, le décret du 12 décembre 1792, et les notes qui résument la législation.

les garçons, l'autre pour les filles : en conséquence, il y aura un instituteur et une institutrice.

2. Les filles apprendront à lire, écrire, compter, les élémens de la morale républicaine; elles seront formées aux travaux manuels de différentes espèces utiles et communes.

N° 282. = 3 brumaire an 4 (25 octobre 1795). = DÉCRET *qui détermine les lieux dans lesquels seront placées les écoles centrales instituées par celui du 7 ventose dernier* (1). (I, Bull. CCII, n° 1209 ; B., LX, 92.)

Art. 1er. Les écoles centrales instituées par la loi du 7 ventose dernier seront placées conformément à la loi du 18 germinal dernier, sauf les exceptions comprises dans l'article suivant.

2. Dans le département de Loir-et-Cher, l'école centrale sera placée à Vendôme; dans le département du Var, à Toulon; dans le département de l'Hérault, à Montpellier ; dans le département de l'Ariége, a St-Girons; dans le département de la Gironde, à Bordeaux; dans le département du Nord, à Maubeuge; dans le département de Seine-et-Marne, à Provins; dans le département de Saône-et-Loire, à Autun; dans le département de l'Aisne, a Laon; dans le département des Côtes-du-Nord, à Guingamp; dans le département du Pas-de-Calais, à Boulogne; dans le département de la Manche, à Avranches.

3. Dans la Belgique, et les pays réunis à la république par la loi du 9 vendémiaire dernier, les écoles centrales seront placées dans les chefs-lieux de département.

4. Il sera établi cinq écoles centrales dans la commune de Paris.

N° 283. = 3 brumaire an 4 (25 octobre 1795).=DÉCRET *sur l'organisation de l'instruction publique* (2). (I, Bull. CCIII, n° 1216; B., LX, 93.)

TITRE Ier. — *Ecoles primaires* (3).

Art. 1er. Il sera établi dans chaque canton de la république une ou plusieurs écoles primaires, dont les arrondissemens seront déterminés par les administrations de département.

2. Il sera établi dans chaque département plusieurs jurys d'instruction : le nombre de ces jurys sera de six au plus, et chacun sera composé de trois membres nommés par l'administration départementale.

3. Les instituteurs primaires seront examinés par l'un des jurys d'instruction; et sur la présentation des administrations municipales, ils seront nommés par les administrations de département.

4. Ils ne pourront être destitués que par le concours des autres administrations, de l'avis d'un jury d'instruction, et après avoir été entendus.

5. Dans chaque école primaire, on enseignera à lire, à écrire, à calculer, et les élémens de la morale républicaine.

6. Il sera fourni par la république, à chaque instituteur primaire, un local, tant pour lui servir de logement que pour recevoir les élèves pendant

(1) Voyez le décret du 7 ventose an 3 (25 février 1795), qui établit ces écoles, et les notes.
(2) Voyez, sur l'organisation de l'instruction publique, la loi du 11 floréal an 10 (1er mai 1802), et les notes.
(3) Voyez, sur les écoles primaires, le décret du 12 décembre 1792, et les notes.

la durée des leçons.—Il sera également fourni à chaque instituteur le jardin qui se trouverait attenant a ce local.—Lorsque les administrations de département le jugeront plus convenable, il sera alloué a l'instituteur une somme annuelle, pour lui tenir lieu du logement et du jardin susdits.

7. Ils pourront, ainsi que les professeurs des écoles centrales et spéciales, cumuler traitement et pensions.

8. Les instituteurs primaires recevront de chacun de leurs élèves une rétribution annuelle qui sera fixée par l'administration de département.

9. L'administration municipale pourra exempter de cette rétribution un quart des élèves de chaque école primaire, pour cause d'indigence.

10. Les réglemens relatifs au régime des écoles primaires seront arrêtés par les administrations de département, et soumis a l'approbation du directoire exécutif.

11. Les administrations municipales surveilleront immédiatement les écoles primaires, et y maintiendront l'exécution des lois et des arrêtés des administrations supérieures.

TITRE II. — Ecoles centrales (1).

Art. 1er. Il sera établi une école centrale dans chaque département de la république.

2. L'enseignement y sera divisé en trois sections.—Il y aura dans la première section,—1º Un professeur de dessin; 2º un professeur d'histoire naturelle; 3º un professeur de langues anciennes; 4º un professeur de langues vivantes, lorsque les administrations de département le jugeront convenable, et qu'elles auront obtenu a cet égard l'autorisation du corps législatif.—Il y aura dans la deuxieme section,—1º Un professeur d'élémens de mathématiques; 2º un professeur de physique et de chimie expérimentales.—Il y aura dans la troisième section, —1º un professeur de grammaire générale; 2º un professeur de belles-lettres; 3º un professeur d'histoire; 4º un professeur de législation.

3. Les élèves ne seront admis aux cours de la première section qu'après l'âge de douze ans; — Aux cours de la seconde, qu'à l'âge de quatorze ans accomplis; — Aux cours de la troisième, qn'à l'âge de seize ans au moins.

4. Il y aura auprès de chaque école centrale une bibliothèque publique, un jardin et un cabinet d'histoire naturelle, un cabinet de chimie et physique expérimentales.

5. Les professeurs des écoles centrales seront examinés et élus par un jury d'instruction.—Les élections faites par le jury seront soumises à l'approbation de ladite administration.

6. Les professeurs des écoles centrales ne pourront être destitués que par un arrêté de la même administration, de l'avis du jury d'instruction, et après avoir été entendus.—L'arrêté de destitution n'aura son effet qu'après avoir été confirmé par le directoire exécutif.

7. Le salaire annuel et fixe de chaque professeur est le même que celui d'un administrateur de département —Il sera de plus réparti entre les professeurs le produit d'une rétribution annuelle qui sera déterminée par l'administration de département, mais qui ne pourra excéder vingt-cinq livres, pour chaque élève.

---

(1) Voyez le décret du 7 ventose an 3 (25 fevrier 1795), qui établit les écoles centrales, et la note.

8. Pourra néanmoins l'administration de département excepter de cette rétribution un quart des élèves de chaque section, pour cause d'indigence.

9. Les autres réglemens relatifs aux écoles centrales seront arrêtés par les administrations de département, et confirmés par le directoire exécutif.

10. Les communes qui possédaient des établissemens d'instruction connus sous le nom de *collèges*, et dans lesquels il ne sera pas placé d'école centrale, pourront conserver les locaux qui étaient affectés auxdits collèges, pour y organiser, à leurs frais, des écoles centrales supplémentaires.

11. Sur la demande des citoyens desdites communes, et sur les plans proposes par leurs administrations municipales, et approuvés par les administrateurs de département, l'organisation des écoles centrales supplémentaires, et les modes de la contribution nécessaire a leur entretien, seront décrétés par le corps législatif.

12. L'organisation des ecoles centrales supplémentaires sera rapprochée, autant que les localités le permettront, du plan commun des écoles centrales instituées par la présente loi.

TITRE III. — Des écoles spéciales (1).

Art. 1er. Il y aura dans la république des écoles spécialement destinées à l'étude,—1o De l'astronomie; 2° de la géométrie et de la mécanique; 3° de l'histoire naturelle; 4o de la médecine; 5° de l'art vétérinaire; 6° de l'économie rurale; 7° des antiquités; 8° des sciences politiques; 9° de la peinture, de la sculpture et de l'architecture; 10° de la musique.

2. Il y aura de plus des écoles pour les sourds-muets et pour les aveugles-nés.

3. Le nombre et l'organisation de chacune de ces écoles seront déterminés par des lois particulieres, sur le rapport du comité d'instruction publique.

4. Ne sont point comprises parmi les écoles mentionnées dans l'article 1er du présent titre, les écoles relatives à l'artillerie, au génie militaire et civil, à la marine et aux autres services publics, lesquelles seront maintenues telles qu'elles existent, ou établies par des décrets particuliers.

TITRE IV. — Institut national des sciences et des arts (2).

Art. 1er. L'institut national des sciences et des arts appartient à toute la république; il est fixé a Paris: il est destiné, 1° a perfectionner les sciences et les arts par des recherches non interrompues, par la publication des découvertes, par la correspondance avec les sociétés savantes et étrangères; 2° a suivre, conformément aux lois et arrêtés du directoire exécutif, les travaux scientifiques et littéraires qui auront pour objet l'utilité générale et la gloire de la république.

2. Il est composé de membres résidant à Paris, et d'un égal nombre d'associés répandus dans les différentes parties de la république; il s'associe des savans étrangers, dont le nombre est de vingt-quatre, huit pour chacune des trois classes.

3. Il est divisé en trois classes, et chaque classe en plusieurs sections, conformément au tableau suivant.

---

(1) Voyez la loi du 11 floréal an 10 (1er mai 1802), sur l'instruction publique, art. 23 et suiv., concernant l'organisation de ces écoles.

(2) L'Institut a été créé par la constitution du 5 fructidor an 3 (22 août 1795), art. 298: voyez cet article et les notes.

CLASSES.	SECTIONS.	Membres a Paris.	Associés dans les départemens.
Ire. Sciences physiques et mathématiques.	1 Mathématiques..	6	6
	2 Arts mécaniques.................	6	6
	3 Astronomie......	6	6
	4 Physique expérimentale..........	6	6
	5 Chimie............	6	6
	6 Histoire naturelle et minéralogie...	6	6
	7 Botanique et physique végétale.....	6	6
	8 Anatomie et zoologie.............	6	6
	9 Médecine et chirurgie............	6	6
	10 Economie rurale et arts vétérinaires.	6	6
		60	60
IIe. Sciences morales et politiques.	1 Analyse des sensations et des idées..	6	6
	2 Morale........	6	6
	3 Science sociale et législation........	6	6
	4 Economie politique..............	6	6
	5 Histoire..................	6	6
	6 Géographie.............	6	6
		36	36
IIIe. Littérature et beaux-arts	1 Grammaire..............	6	6
	2 Langues anciennes...............	6	6
	3 Poésie.....	6	6
	4 Antiquités et monumens..........	6	6
	5 Peinture........................	6	6
	6 Sculpture.......................	6	6
	7 Architecture...................	6	6
	8 Musique et déclamation..........	6	6
		48	48

4. Chaque classe de l'institut a un local ou elle s'assemble en particulier.—Aucun membre ne peut appartenir à deux classes differentes; mais il peut assister aux séances et concourir aux travaux d'une autre classe.

5. Chaque classe de l'institut publiera tous les ans ses découvertes et ses travaux.

6. L'institut national aura quatre séances publiques par an. Les trois classes seront réunies dans ces séances. — Il rendra compte, tous les ans, au corps législatif, des progrès des sciences et des travaux de chacune de ces classes.

7. L'institut publiera tous les ans, à une époque fixe, les programmes des prix que chaque classe devra distribuer.

8. Le corps législatif fixera tous les ans, sur l'état fourni par le directoire exécutif, une somme pour l'entretien et les travaux de l'institut national des sciences et des arts.

9. Pour la formation de l'institut national, le directoire exécutif nommera quarante-huit membres, qui éliront les quatre-vingt-seize autres.—Les cent quarante membres réunis nommeront les associés.

10. L'institut une fois organisé, les nominations aux places vacantes seront faites par l'institut, sur une liste au moins triple, présentée par la classe où une place aura vaqué.—Il en sera de même pour la nomination des associés, soit français, soit étrangers.

11. Chaque classe de l'institut aura dans son local une collection des productions de la nature et des arts, ainsi qu'une bibliothèque relative aux sciences ou aux arts dont elles s'occupent.

12. Les réglemens relatifs à la tenue des séances et aux travaux de l'institut, seront rédigés par l'institut lui-même et présentés au corps législatif, qui les examinera dans la forme ordinaire de toutes les propositions qui doivent être transformées en lois.

TITRE V. — Encouragemens, récompenses et honneurs publics.

Art. 1er. L'institut national nommera tous les ans, au concours, vingt citoyens qui seront chargés de voyager et de faire des observations relatives à l'agriculture, tant dans les départemens de la république, que dans les pays étrangers.

2. Ne pourront être admis au concours mentionné dans l'article précédent, que ceux qui réuniront les conditions suivantes : — 1° Etre âgés de vingt-cinq ans au moins;—2° Être propriétaire ou fils de propriétaire d'un domaine rural formant un corps d'exploitation, ou fermier ou fils de fermier d'un corps de ferme d'une ou de plusieurs charrues, par bail de trente ans au moins;—3° Savoir la théorie et la pratique des principales opérations de l'agriculture; 4° Avoir des connaissances en arithmétique, en géométrie élémentaire, en économie politique, en histoire naturelle en général, mais particulierement en botanique et en minéralogie.

3. Les citoyens nommés par l'institut national voyageront pendant trois ans aux frais de la république, et moyennant un traitement que le corps législatif déterminera.—Ils tiendront un journal de leurs observations, correspondront avec l'institut, et lui enverront, tous les trois mois, les résultats de leurs travaux, qui seront rendus publics.—Les sujets nommés seront successivement pris dans chacun des départemens de la république.

4. L'institut national nommera tous les ans six de ses membres, pour voyager, soit ensemble, soit séparément, pour faire des recherches sur les diverses branches des connaissances humaines autres que l'agriculture.

5. Le palais national à Rome, destiné jusqu'ici à des élèves français de peinture, sculpture et architecture, conservera cette destination.

6. Cet établissement sera dirigé par un peintre français ayant séjourné en Italie, lequel sera nommé par le directoire exécutif pour six ans.

7. Les artistes français désignés a cet effet par l'institut, et nommés par le directoire exécutif, seront envoyés à Rome. Ils y résideront cinq ans dans le palais national, où ils seront logés et nourris aux frais de la république, comme par le passé : ils seront indemnisés de leurs frais de voyage.

8. La nation accorde a vingt élèves, dans chacune des écoles mentionnées dans les titres II et III de la présente loi, des pensions temporaires, dont le maximum sera déterminé chaque année par le corps législatif.—Les élèves auxquels ces pensions devront être appliquées, seront nommés par le directoire exécutif, sur la présentation des professeurs et des administrations de département.

9. Les instituteurs et professeurs publics établis par la présente loi, qui

auront rempli leurs fonctions durant vingt-cinq années, recevront une pension de retraite égale à leur traitement fixe.

10. L'institut national, dans ses séances publiques, distribuera chaque année plusieurs prix.

11. Il sera, dans les fêtes publiques, décerné des récompenses aux élèves qui se seront distingués dans les écoles nationales.

12. Des récompenses seront également décernées, dans les mêmes fêtes, aux inventions et découvertes utiles, aux succès distingués dans les arts, aux belles actions et à la pratique constante des vertus domestiques et sociales.

13. Le corps législatif décerne les honneurs du Panthéon aux grands hommes dix ans après leur mort.

TITRE VI. — Fêtes nationales.

Art. 1er. Dans chaque canton de la république, il sera célébré, chaque année, sept fêtes nationales, savoir :—Celle de la fondation de la république, le 1er vendémiaire; celle de la jeunesse, le 10 germinal; celle des époux, le 10 floréal; celle de la reconnaissance, le 10 prairial; celle de l'agriculture, le 10 messidor; celle de la liberté, les 9 et 10 thermidor; celle des vieillards, le 10 fructidor.

2. La célébration des fêtes nationales de canton consiste en chants patriotiques, en discours sur la morale du citoyen, en banquets fraternels, en divers jeux publics propres à chaque localité, et dans la distribution de récompenses.

3. L'ordonnance des fêtes nationales en chaque canton est arrêtée et annoncée à l'avance par les administrations municipales.

4. Le corps législatif décrète, chaque année, deux mois à l'avance, l'ordre et le mode suivant lesquels la fête du 1er vendémiaire doit être célébrée dans la commune où il réside.

N° 284. = 3 brumaire an 4 (25 octobre 1795).=DÉCRET *qui exclut de toutes fonctions publiques les provocateurs ou signataires de mesures séditieuses et contraires aux lois, etc.* (1). (I, Bull. CXCIX, n° 1193 ; B., LX, 104.)

N° 285. = 3 brumaire an 4 (25 octobre 1795). = DÉCRET *portant que les emplois militaires sont à la nomination du directoire exécutif* (2). (I, Bull. CCIII, n° 1218 ; B., LX, 104.)

N° 286. = 3 brumaire an 4 (25 octobre 1795). = DÉCRET *portant que les dispositions de l'article* 9 *du décret du* 9 *vendémiaire dernier sont applicables à tous les pays réunis par ce décret au territoire de la France.* (I, Bull. CCIII, n° 1217 ; B., LX, 111.)

Art. 1er. Les dispositions de l'article 9 de la loi du 9 vendémiaire dernier sont applicables à tous les pays réunis par cette loi au territoire de la république.

2. Les arrêtés du comité de salut public, et ceux des représentans du peuple en mission auxquels il n'a pas été dérogé jusqu'à ce jour par le comité de salut public, continueront d'être exécutés dans ces pays jusqu'à l'établissement qui s'y fera successivement des lois françaises.

3. Les représentans du peuple en mission dans les pays réunis par la loi

---

(1) Ce décret, purement circonstanciel, n'offre plus d'intérêt.
: (2) Ce principe a été constamment suivi depuis. — Voyez la charte de 1830, art. 13.

du 9 vendémiaire veilleront au recouvrement des impositions ordinaires, en même temps qu'a la rentrée des contributions extraordinaires dont ils sont chargés par la même loi.

N° 287. = 3 brumaire an 4 (25 octobre 1795). = CODE *des délits et des peines* (1). (I, Bull. CCIV, n° 1221; B., LX, 111.)

DISPOSITIONS PRÉLIMINAIRES.

Art. 1er. Faire ce que défendent, ne pas faire ce qu'ordonnent les lois qui ont pour objet le maintien de l'ordre social et la tranquillité publique, est un délit.

2 Aucun acte, aucune omission ne peut être réputé délit, s'il n'y a contravention a une loi promulguée antérieurement (2).

3. Nul délit ne peut être puni de peines qui n'étaient pas prononcées par la loi avant qu'il fût commis (3).

4. Tout délit donne essentiellement lieu à une action publique. — Il peut aussi en résulter une action privée ou civile (4).

---

(1) Voyez le decret du 16—29 septembre 1791, sur la justice criminelle, et le Code pénal du 25 septembre—6 octobre même annee, et les notes étendues qui les accompagnent. Ces notes renferment l'analyse de la legislation en matière criminelle, et une foule d'arrêts dont la réunion à ceux cités dans les notes sur le présent code forme sur la même matière une jurisprudence complète.

Le present code est resté en vigueur (sauf quelques modifications que nous aurons soin d'indiquer) jusqu'au Code d'instruction criminelle de 1808, qui a reproduit une grande partie de ses dispositions : il serait trop minutieux et d'ailleurs inutile de renvoyer a tous les articles identiques ou analogues de ce dernier code; il suffira de quelques renvois aux divisions principales.

Quant à la jurisprudence, notre marche est déjà tracée par les annotations qui accompagnent la loi sur la police correctionnelle du 19—21 juillet 1791, et le Cod. pen. du 25 septembre—6 octobre suivant, c'est-à-dire que nous n'omettrons aucun des arrêts rendus sous l'empire des dispositions du présent code, et que nous y joindrons ceux rendus sous l'empire du Code de 1808, quand les principes des deux législations seront les mêmes.

(2) Il n'y a pas de délit dans le fait d'une personne qui commet des dégradations sur un objet litigieux. Cass., 9 octobre 1806, SIR., VII, 2, 881; Bull. crim., XI, 271. — Ni dans le dol, a moins qu'il ne soit le résultat de faits caractérisés par la loi comme constitutifs d'un délit. Cass., 5 messidor an 11, SIR., III, 2, 425; Bull. crim, VIII, 292. — Deux qualifications différentes du même fait ne constituent pas deux délits differens. Cass, 23 frimaire an 13, SIR., V, 2, 24; Bull. crim., X, 68. — Il n'y a point de délit de la part de la femme qui n'a pas provoqué l'interdiction de son mari, qui est en état de demence, et par conséquent, elle n'est pas responsable des dommages qu'il a pu causer. Cass., 26 juin 1806, SIR., VI, 1, 356; Bull. crim., XI, 179.

(3) Ce principe est reproduit dans l'art. 8 de la déclaration des droits de l'homme du 3—14 septembre 1791; dans les art. 14 de celle du 24 juin 1793, et de celle du 5 fructidor an 3 (22 août 1795), et dans l'art. 4 du Cod. pén. de 1810.

L'art. 3 du Code de l'an 4 est violé, lorsqu'un jugement applique à un fait qualifié délit des peines prononcées par une loi abrogée et non reproduites dans la loi abrogative. Cass., 8 septembre 1809, SIR., X, 1, 1; Bull. crim., XIV, 321.

(4) Les dommages commis dans les bois communaux donnent lieu à une action publique, indépendante de l'action privée. Cass., 4 avril 1806, SIR., VI, 1, 279; Bull. crim., XI, 91. — Il en est de même des mauvais traitemens qu'un mari exerce envers sa femme et qui troublent la tranquillité publique. Cass., 28 ventose an 10, SIR., II, 2, 415. — Et de la soustraction commise par un fils de famille, au préjudice de ses parens. Cass., 10 pluviose an 10, SIR., VI, 1, 7. — Jugé en sens contraire, sous l'empire du Cod. pen de 1810. Cass., 29 octobre 1812, SIR., XIII, 1, 190; Bull. crim., XVII, 460. — Mais il en est autrement de la soustraction commise par l'enfant naturel dans la maison de son père. Cass., 10 juin 1813, SIR., XVII, 1, 43, Bull. crim., XXI, 309. — Ou dans la maison de son aieul. Liége, 24 décembre 1823, SIR., XXV, 2, 375 — Des époux ne sont passibles d'aucune action publique, pour vol de l'un à l'autre. Cass., 6 pluviose an 10, SIR., VI, 1, 10. — Jugé de même, sous l'empire du Cod. pén. de 1810, encore bien qu'il existe entre les epoux une séparation de fait, si la communauté n'est pas légalement dissoute. Cass., 6 juin 1816, SIR., XX, 1, 470; Bull. crim., XXI, 75. — La pré-

5. L'action publique a pour objet de punir les atteintes portées à l'ordre social.—Elle appartient essentiellement au peuple.—Elle est exercée en son nom par des fonctionnaires spécialement établis a cet effet (1).

6. L'action civile a pour objet la réparation du dommage que le délit a causé. — Elle appartient à ceux qui ont souffert ce dommage (2).

7. L'action publique s'éteint par la mort du coupable (3).—L'action civile peut être exercée contre ses héritiers (4).

8. L'action civile peut être poursuivie en même temps et devant les mêmes juges que l'action publique (5). — Elle peut aussi l'être séparément; mais,

---

tendue violation d'un dépôt volontaire, non constaté par écrit et dénié, ne peut donner lieu à une action publique, tant que le fait de l'existence du dépôt n'a pas été préjudiciellement reconnu. Cass, 5 décembre 1806, Sir., VI, 1, 489 ; et plusieurs autres arrêts rendus sous l'empire du Cod. pén. de 1810 — Toutefois, s'il s'agit d'un dépôt commercial, pouvant être prouvé par témoins, l'action publique est recevable, même en l'absence d'un écrit constatant le dépôt Metz, 5 août 1822, Sir., XXV, 2, 268. — La fausseté des noms sous lesquels un enfant prétend avoir été inscrit dans son acte de naissance, ne peut être poursuivie par la voie criminelle avant le jugement définitif de la question d'état de cet enfant. Cass., 20 prairial an 12, Sir., IV, 1, 318 ; et 9 février 1810, Sir., XI, 1, 57; Bull. crim., XV, 55. — Le rejet d'une inscription de faux incident en écriture, ne peut arrêter l'action publique en faux. Cass., 28 avril 1809, Sir., IX, 1, 427; Bull. crim., XIV, 165.

En thèse générale, les tribunaux criminels ne peuvent prononcer de condamnation pénale contre une personne, lorsqu'il n'y a ni plainte ni conclusions du ministère public qui la concernent. Cass., 4 brumaire an 14, Sir., VII, 2, 1099; Bull. crim., X, 419. — L'appel interjeté par la partie civile d'un jugement correctionnel, ne remet pas en question ce qui a été jugé avec la partie publique non appelante. Cass., 18 germinal an 9, Sir., I, 1, 428; Bull. crim., VI, 269; 27 nivose an 10, Sir., II, 2, 375; Bull. crim, VII, 160, et plusieurs autres arrêts. — En conséquence, aucune peine ne peut, sur l'appel, être prononcée contre le prévenu acquitté en première instance. Cass.,27 nivose an 10, Sir., II, 2, 375; Bull. crim., VII, 175; et 26 février 1825, Sir., XXV, 1, 334; Bull. crim., XXX, 99 — Par exemple, une amende. Cass., 16 frimaire an 12, Sir., IV, 2, 676; Bull. crim., IX, 59.

L'action publique ne peut être suspendue ou anéantie par le défaut d'exercice de l'action civile. Cass, 11 juin 1813, Sir., XVI, 1, 169; Bull. crim., XVIII, 315. — Ainsi, lorsque celui au nom duquel une plainte a été portée , vient à la désavouer, le ministère public peut continuer la poursuite, encore qu'il ait été étranger à la plainte. Cass., 9 janvier 1808, Sir., IX, 1, 68; Bull crim., XIII, 9. — Il en est de même, en cas de plainte d'un délit ou contravention contre la propriété, encore bien que ce délit ou cette contravention ne soit pas classé dans le Cod. pén. Cass. 23 janvier 1813, Sir., XIII, 1, 229; Bull. crim, XVIII, 18. — Par exemple, en cas de plainte d'un délit de chasse. Cass., 31 juillet 1830, Sir., XXX, 1, 371 ; Bull. crim., XXXV, 450.

(1) Voyez les notes sur l'art. 4 ; elles sont communes à la présente disposition.

(2) On peut se pourvoir devant les tribunaux civils pour réparation d'un tort causé par un délit de simple police. Cass., 27 décembre 1809, Sir., X, 1, 122. — Une amende ne peut être valablement prononcée contre une personne qui n'est que civilement responsable d'un délit. Cass., 16 vendémiaire an 9 , Bull. crim., VI, 16. — Celui qui a été acquitté d'un délit par un tribunal criminel, ne peut être condamné par le même tribunal a des dommages-intérêts pour torts civils. Cass., 29 thermidor an 7 , Sir., I, 1, 239; Bull. crim, III, 219. Voyez l'art 1er, § 2, du Cod inst. crim. de 1808.

(3) Voyez l'art. 2 du Code de 1808.

La mort du condamné n'éteint pas les condamnations pécuniaires prononcées accessoirement a la peine; par exemple, la condamnation aux frais du procès. Cass., 16 janvier 1811, Sir., XI, 1, 130; Bull. civ., XIII, 8.

(4) L'amende prononcée par la loi comme punition d'un délit, ne peut être requise contre les héritiers du délinquant. Cass., 28 messidor an 8 , Sir., I. 1, 309 —Mais la confiscation, prononcée par la loi comme peine d'une contravention commise, peut être poursuivie contre l'héritier, quoique le délinquant soit décédé avant le jugement définitif. Cass. , 11 floréal an 10, Sir., VII, 2, 854; Bull. crim., VII, 318.

(5) La partie civile qui n'a pas saisi directement la cour de justice criminelle par sa plainte, ne peut y intervenir même avant l'ouverture des débats. Cass., 1er pluviose an 7, Sir., VII, 2, 1091; Bull. crim., II, 10. — Jugé encore que la partie lésée qui s'est pourvue au civil a fin de dommages-intérêts, ne peut plus prendre la voie criminelle à raison du même fait. Cass , 9 vendémiaire an 10, Sir., II, 1, 148; Bull. crim, VII, 28. — Qu'elle ne le peut, en intervc-

dans ce cas, l'exercice en est suspendu tant qu'il n'a pas été prononcé définitivement sur l'action publique intentée avant ou pendant la poursuite de l'action civile (1).

---

nant dans l'instance introduite sur le même fait par la partie publique. Cass., 18 messidor an 12, Sir., VII, 2, 1092; Bull. crim, IX, 264. — Singulièrement, on ne peut se plaindre d'une escroquerie, devant les tribunaux correctionnels, quand on a déjà revendiqué les objets escroqués devant les tribunaux civils. Cass., 21 frimaire an 11, Sir, III, 2, 393. — Un tribunal civil ne peut statuer sur des dommages-intérêts résultant d'un délit a raison duquel il y a déjà action publique portée devant un tribunal criminel. Cass., 22 messidor an 7, Sir., I, 1, 226; Bull. civ., 1, 432 — Toutefois, l'admission irrégulière d'une partie civile, dans un procès criminel, n'annule point la procédure, même en ce qui touche l'action publique. Cass. 8 prairial an 11, Sir., VII, 2, 1094; Bull. crim, VIII, 254 — Les héritiers d'un étranger, victime d'une escroquerie commise par un Français, peuvent intervenir dans l'instance criminelle intentée à ce sujet devant les tribunaux français, et demander la nullité des actes extorqués, encore bien qu'ils aient été souscrits dans le pays de l'étranger. Cass, 18 avril 1816, Sir, VI, 2, 581. — Lorsqu'un testament est argué de faux, les légataires sont non recevables a intervenir dans la partie de l'instruction qui a pour objet de savoir si c'est par la voie criminelle ou par la voie civile que la plainte en faux aura lieu. Cass, 8 octobre 1807, Sir., VII, 2, 958. — L'exercice de l'action civile est toujours indépendant de celui de l'action publique, en sorte que si la partie publique n'a pas intenté d'action, la partie civile peut juger la sienne. Cass., 26 juillet 1813, Sir, XV, 1, 117; Bull. civ., XV, 237. — Un tribunal saisi tout a la fois de l'action publique et de l'action civile, doit juger par la même instruction et le même jugement Cass.; 16 janvier 1806, Sir., XVII, 2, 242.

(1) Voyez l'art. 3, § 2, du Cod. inst. crim. de 1808, conforme. — La règle posée par cette disposition ne peut recevoir son application que dans le cas ou l'action criminelle et l'action civile sont dirigées contre la même personne. Cass., 7 janvier 1813, Sir., VII, 1, 87 — Cette même disposition doit s'entendre du cas ou il y a action intentée par le ministère public, et non du c.s où, indépendamment de l'action civile, il y aurait eu seulement plainte ou action correctionnelle par l'une des parties, sans que le ministère public se fût joint à la partie civile; dans ce dernier cas, le sursis n'est pas nécessaire. Cass., 15 juin 1829, Sir., XXIX, 1, 311. — Jugé encore que la règle ne s'applique pas au cas ou le ministère public n'exerce aucune action. Cass., 26 juin 1813, Sir., XVII, 1, 56. — La plainte du ministère public suffit pour engager l'action publique. des lors, il doit être sursis a statuer sur l'action civile, encore que la plainte n'ait pas été suivie de mandat contre les prévenus. Cass, 18 novembre 1812, Sir, XIII, 1, 176, Bull. civ., XIV, 333. — Mais la plainte portée par la partie civile ne constitue pas l'action publique; l'exercice de l'action civile n'est donc pas suspendu par l'effet d'une pareille plainte restée sans poursuites de la part du ministère public. Cass., 10 avril 1810, Sir., X, 1, 233. — Il ne suffirait même pas, pour occasionner la suspension de l'action civile, de produire un certificat du ministère public portant qu'il va suivre sur une plainte déposée, par exemple, sur une plainte en banqueroute frauduleuse portée par un créancier contre un failli. Cass., 19 juin 1821, Sir., XXII, 1, 142.

La partie lésée par un crime ou par un délit n'est pas recevable a demander une réparation civile après que l'accusé ou le prévenu a été déclaré non coupable par la justice criminelle ou correctionnelle. Bruxelles, 26 octobre 1816, Sir., XXI, 2, 174. — Jugé encore que la partie civile qui, au lieu de se pourvoir devant le tribunal correctionnel, porte plainte devant le juge d'instruction, ne peut, s'il intervient une ordonnance qui déclare n'y avoir lieu a poursuivre, revenir devant le tribunal correctionnel par une nouvelle action. Cass., 18 avril 1812, Sir., XVII, 1, 25. — Et que la partie lésée ne peut intenter une action correctionnelle contre celui que le jury d'accusation a renvoyé de l'action criminelle. Cass., 21 thermidor an 7, Sir., I, 1, 236; Bull. crim., III, 202.

Jugé, contrairement aux décisions précédentes, que le même fait peut, après une action criminelle vainement tentée, devenir la matière d'une action civile. Cass., 17 nivose an 13, Sir., V, 1, 295. — Qu'ainsi, les mêmes faits qui étaient qualifiés crimes devant un jury, peuvent, après acquittement, être qualifiés dommageables et motiver une indemnité. Cass., 5 novembre 1818, Sir., XIX, 1, 269. — Juge encore que la déclaration du jury, qu'il n'y a lieu à accusation, n'anéantit pas l'action civile. Colmar, 5 février 1806, Sir., VI, 2, 976. — Jugé aussi que des faits sur lesquels il est intervenu un acquittement au criminel, peuvent être considérés, au civil, comme une fraude entraînant la nullité des conventions. Cass., 26 mai 1829, Sir., XXIX, 1, 226. — Mais, lorsqu'une partie a succombé devant les tribunaux criminels, dans une plainte en escroquerie dirigée contre un acte, elle ne peut plus, a fins civiles, reproduire, pour faire déclarer l'acte nul, les moyens de dol et de fraude déjà allégués dans l'instance criminelle. Cass., 1er brumaire an 13, Sir., XX, 1, 499. — Le rejet d'une demande en inscrip-

9. Il ne peut être intenté aucune action publique ni civile, pour raison d'un délit, après trois années révolues, a compter du jour où l'existence en a été connue et légalement constatée, lorsque dans cet intervalle il n'a été fait aucune poursuite (1)..

10. Si, dans les trois ans, il a été commencé des poursuites, soit criminelles, soit civiles, à raison d'un délit, l'une et l'autre action durent six ans, même contre ceux qui ne seraient pas impliqués dans ces poursuites. — Les six ans se comptent pareillement du jour où l'existence du délit a été connue et légalement constatée (2). — Après ce terme, nul ne peut être recherché, soit au criminel, soit au civil, si, dans l'intervalle, il n'a pas été condamné par défaut ou contumace (3).

---

tion de faux contre un acte n'empêche pas de demander, plus tard, la nullité de ce même acte pour vice de forme. Cass., 6 juin 1826, Sir., XXVII, 1, 211.

Voyez encore l'art. 255, ci-après.

(1) Voyez l'art. 638 du Cod. inst. crim. de 1808, qui établit la même prescription de trois ans, mais seulement a l'égard des délits de nature à être punis correctionnellement.

Il est indispensable, pour que la prescription puisse courir, que le délit ait été *constaté*; il ne suffirait pas qu'il ait été *connu*. Cass., 9 mai 1807, Sir., VII, 2, 710; Bull. crim., XII, 183; 20 avril 1809, S.R, IX, 1, 463; Bull crim., XIV, 155; et 13 juillet 1809, Sir., X, 1, 10, Bull. crim, XIV, 251. — La prescription court à dater du procès-verbal, constatant le corps du délit. Cass, 20 mars 1811, Sir., XVII, 1, 346. — Lorsqu'un même délit a été constaté par plusieurs procès-verbaux, le delai pour la prescription ne court que du jour du dernier procès-verbal. Cass., 9 juin 1808, Sir., IX, 1, 416; Bull. crim., XIII, 266. — Lorsqu'une pièce arguée de faux a été déposée au greffe du tribunal civil, qu'il a été dressé procès-verbal de ce dépôt et que le président du tribunal a paraphé la pièce, il y a constatation légale du crime de faux à l'effet de faire courir la prescription. Cass., 12 février 1810, Sir., X, 1, 212.

(2) Voyez les art. 637, § 2, et 638 du Cod. inst. crim. de 1808.

L'assignation donnée ou les poursuites faites, même devant un tribunal incompétent, interrompent la prescription. Cass, 18 janvier 1822, Sir., XXII, 1, 200; Bull. crim., XXVII, 38 — Mais les poursuites dirigées par un magistrat incompétent ne l'interrompent pas. Cass., 11 mars 1816, Sir., XIX, 1, 317. — Le jugement par lequel un tribunal correctionnel renvoie les parties à fins civiles, pour faire statuer sur une question préjudicielle, interrompt la prescription du délit. Cass., 30 janvier 1830, Sir., XXX, 1, 138. — Il en est de même d'un jugement nul. Cass., 6 février 1830, Sir., XXX, 1, 240; Bull. crim., XXXV, 79. — Par exemple, d un jugement rendu sans que les delais ordinaires de comparution aient été observés. Cass, 25 février 1819, Sir., XIX, 1, 251; Bull. crim, XXIV, 94. — La signification d'un jugement correctionnel faite à la requête d'un officier du ministère public étranger au tribunal qui a rendu le jugement, est nulle; elle ne peut, en conséquence, interrompre la prescription. Cass., 30 avril 1830, Sir., XXX, 1, 337.—Lorsque, sur un délit, il y a eu un jugement à l'égard d'un des auteurs, et de simples poursuites à l'égard d'un autre, l'action contre ce dernier se prescrit, sans égard au jugement, par le délai de six ans, selon l'art. 10 du Code du 3 brumaire an 4. Cass., 14 thermidor an 12, Sir., IV, 2, 702; Bull. crim, IX, 294. — Jugé de même, sous l'empire du Cod. inst. crim. de 1808, que la prescription court au profit d'un accusé, même après le jugement qui condamne ses complices. Cass., 22 avril 1813, Sir., XIII, 1, 377. — Lorsqu'il y a eu déclaration du directeur du jury, qu'il n'y a pas de poursuites à faire contre un délit, l'attestation ultérieure d'un magistrat de sûreté, portant qu'il a fait une procédure qui s'est égarée, ne suffit pas pour faire décider que la prescription a été suspendue. Cass, 25 novembre 1808, Sir, IX, 1, 400; Bull. crim, XIII, 494.

(3) Si le jugement par défaut n'a pas été valablement signifié, la prescription a continué de courir en faveur du condamné. Cass., 31 août 1827, Sir., XXVIII, 1, 110; Bull. crim., XXXII, 743. —La condamnation par contumace intervenue, même par suite de procédures irrégulières, suspend la prescription du délit. Cass., 8 juin 1809, Sir, IX, 1, 433; Bull crim., XIV, 203. — Jugé, sous l'empire du Cod. inst. crim. de 1808, que l'arrêt de contumace suspend la prescription du crime. Cass., 17 janvier 1829, Sir., XXX, 1, 103; Bull crim., XXXIV, 28. —L'art. 10 du Code du 3 brumaire an 4, qui excepte de la prescription de six ans l'action *civile* ou *criminelle*, lorsqu'il y a eu condamnation par défaut ou par contumace, s'applique également au cas où il y a eu condamnation contradictoire exécutée; en conséquence, celui qui a souffert du crime d'autrui peut, même six ans après l'exécution à mort du criminel, intenter contre ses héritiers une action à fins civiles. Paris, 18 janvier 1811, Sir, XI, 2, 81.

La prescription d'un crime se règle, ou par la loi de l'époque de la perpétration, ou par la

11. Tout Français qui s'est rendu coupable, hors du territoire de la république, d'un délit auquel les lois françaises infligent une peine afflictive ou infamante, est jugé et puni en France, lorsqu'il y est arrêté (1).

12. Sont, dans les mêmes cas, jugés et punis en France, les étrangers qui ont contrefait, altéré ou falsifié, hors du territoire de la république, soit la monnaie nationale, soit des papiers nationaux ayant cours de monnaie, ou qui ont exposé sciemment, hors du territoire de la république, soit des monnaies nationales contrefaites ou altérées, soit des papiers nationaux ayant cours de monnaie, contrefaits ou falsifiés.

13. A l'égard des délits de toute autre nature, les étrangers qui sont prévenus de les avoir commis hors du territoire de la république, ne peuvent être jugés ni punis en France. — Mais, sur la preuve des poursuites faites contre eux dans les pays où ils les ont commis, si ces délits sont du nombre de ceux qui attentent aux personnes ou aux propriétés, et qui, d'après les lois françaises, emportent peine afflictive ou infamante, ils sont condamnés par les tribunaux correctionnels à sortir du territoire français, avec défense d'y rentrer, jusqu'à ce qu'ils se soient justifiés devant les tribunaux compétens.

14. *Les délits qui se commettent dans l'armée de terre et de mer, sont soumis à des lois particulières pour la forme des procédures et des jugemens, et pour la nature des peines.* (Art. 290 de l'acte constitutionnel.)

15. La répression des délits exige l'action de deux autorités distinctes et incompatibles, celle de la *police* et celle de la *justice*. — L'action de la police précède essentiellement celle de la justice.

LIVRE Ier. — *De la police.*

16. La police est instituée pour maintenir l'ordre public, la liberté, la propriété, la sûreté individuelle.

17. Son caractère principal est la vigilance. — La société, considérée en masse, est l'objet de sa sollicitude.

18. Elle se divise en *police administrative* et en *police judiciaire.*

---

loi de l'époque du jugement, suivant ce qui est le plus favorable au prévenu : on ne peut faire concourir la législation de ces deux époques. Il en est ainsi particulièrement de la prescription des crimes antérieurs à la promulgation du Code d'instruction criminelle de 1808. Cass., 21 août 1817, Sir., XVIII, 1, 81; Bull. crim, XXII, 194 — Jugé encore que, dans le concours de deux dispositions différentes, la prescription des peines, en matière criminelle, doit se régler par la loi la plus favorable à l'accusé. Cass., 25 novembre 1830, Sir., XXXI, 1, 392; Bull. crim., XXXV, 569. — Jugé aussi que les prescriptions commencées sous l'empire de la loi ancienne sont réglées par le nouveau code, si le délai fixé par ce nouveau code est plus court que celui fixé par le droit ancien. Cass., 5 septembre 1812, Sir., XIII, 1, 154; Bull. crim, XVII, 397. — Lorsqu'il s'agit d'un délit commis sous l'empire du Code du 3 brumaire an 4, qui, comme le Code de 1808, admettait la prescription de l'action publique, mais par un délai différent, il faut calculer quelle quotité de délai avait couru sous la loi ancienne; et, si elle était d'un quart ou d'un tiers, il restera à courir trois quarts ou deux tiers du délai établi par la législation nouvelle. Cass., 29 avril 1808, Sir., IX, 1, 413; Bull. crim, XIII, 195; et 4 novembre 1813, Sir., XIV, 1, 183; Bull crim, XVIII, 585. — La prescription établie par les lois françaises, en matière criminelle, n'est pas applicable aux délits commis dans les départemens réunis, antérieurement à la publication de ces lois dans ces départemens; il faut suivre la loi en vigueur dans le lieu et au moment où ils ont été commis. Cass. 24 vendémiaire an 13, Sir., XX, 1, 501; Bull. crim., X, 196.

La prescription d'un crime ou d'un délit peut être opposée en tout état de cause. Cass., 20 mai 1823, Sir., XXIV, 1, 310; et Orléans, 3 avril 1830, Sir., XXX, 2, 137. — Et les juges doivent la suppléer si le prévenu ne l'oppose pas. Cass., 26 février 1807, Sir, VII, 2, 330, Bull. crim., XII, 82; 28 janvier 1808, Sir., IX, 1, 165; Bull crim, XIII, 34; et plusieurs autres arrêts. — Jugé de même sous l'empire du Code d'instruction criminelle de 1808. Cass, 5 juin 1830, Sir., XXXI, 1, 52.

(1) Voyez les art. 5, 6 et 7 du Code d'instruction criminelle de 1808.

19. La *police administrative* a, pour objet le maintien habituel de l'ordre public dans chaque lieu et dans chaque partie de l'administration générale. — Elle tend principalement à prévenir les délits.—Les lois qui la concernent font partie du Code des administrations civiles.

20. La *police judiciaire* recherche les délits que la police administrative n'a pas pu empêcher de commettre, en rassemble les preuves, et en livre les auteurs aux tribunaux chargés par la loi de les punir.

TITRE Ier. — De la police judiciaire (1).

21. La police judiciaire est exercée, suivant les distinctions qui vont être établies, — Par les commissaires de police, — Par les gardes champêtres et forestiers, — Par les juges de paix, — Par les directeurs des jurys d'accusation, — Par les capitaines et lieutenans de la gendarmerie nationale.

22. Tous les officiers de police judiciaire sont sous la surveillance générale de l'accusateur public.

23. Les commissaires de police, les gardes champêtres, les gardes forestiers, les juges de paix et les officiers de la gendarmerie nationale du grade désigné en l'article 21, sont en outre et immédiatement sous la surveillance du directeur du jury.—L'accusateur public, soit d'office, soit sur la dénonciation du directeur du jury, poursuit les négligences, abus d'autorité et infractions à la loi, dont les commissaires de police, les juges de paix et les capitaines ou lieutenans de la gendarmerie nationale peuvent se rendre coupables dans l'exercice des fonctions de la police judiciaire.

24. Quant aux gardes champêtres et aux gardes forestiers, les délits qu'ils commettent dans l'exercice de leurs fonctions, sont poursuivis immédiatement par le directeur du jury (2).

TITRE II. — Des commissaires de police (3).

25. Dans toutes les communes dont la population ne s'élève pas à cinq mille habitans, les fonctions de commissaire de police sont exercées par l'agent municipal ou son adjoint. — Dans les communes dont la population est de cinq mille a dix mille habitans, il y a un commissaire de police choisi par l'administration municipale.—Dans les communes plus peuplées, l'administration municipale en choisit un par section.

(1) Voyez, sur la police judiciaire, les tit. Ier et II du décret du 16—29 septembre 1791, concernant la procédure criminelle; les art. 4 et 5 de la loi du 7 pluviose an 9 (27 janvier 1801), concernant la poursuite des delits en matiere criminelle; et les art. 8 et suiv. du Code d'instruction criminelle de 1808.

(2) Voyez l'art. 17 du Code de 1808, qui place les gardes champêtres, en leur qualité d'officiers de police judiciaire, sous la surveillance du procureur du roi.
Il a ete juge, par application de cet article, que les procureurs du roi avaient seuls le droit de poursuivre les gardes champêtres, à raison des délits ou contraventions qu'ils commettaient dans l'exercice de leurs fonctions. Cass., 4 octobre 1811, Sir., XII, 1, 159; Bull crim, XV, 269; et 26 juin 1812, Sir., XIII, 1, 63; Bull crim., XVII, 303.—Qu'un garde champêtre, qui commet dans ses fonctions une faute grave, ne peut être censuré que par le procureur du roi et non par un juge de paix. Cass., 17 septembre 1819, Sir, XX, 1, 82; Bull. crim., XXIV, 316.—Et que l'inexactitude ou la nullité d un procès-verbal ne peuvent motiver contre le garde champêtre qui l'a dressé, soit une peine, soit une condamnation aux dépens. Cass., arret precité du 26 juin 1812, 30 août 1812, Sir., XXI, 1, 229; Bull. crim, XVII, 372; et plusieurs autres arrets. — Jugé encore que c'est aux tribunaux civils et non aux tribunaux correctionnels a prononcer contre les gardes champêtres l'amende fixée par la loi, a defaut d'enregistrement de leurs procès-verbaux. Cass., 4 ventose an 12, Sir., IV, 2, 115; Bull crim., IX, 113.

(3) Voyez, sur le mode d'institution et les fonctions des commissaires de police, le décret du 21—29 septembre 1791, et les notes qui résument la législation de la matiere.

26. Les commissaires de police sont destituables au gré de l'administration municipale.

27. Dans les cantons de Paris, Lyon, Bordeaux et Marseille, la nomination et la destitution des commissaires de police appartiennent au bureau central; — Il les nomme au nombre déterminé par l'article 25, sur une liste triple des places a remplir, présentée par la municipalité d'arrondissement ou ils doivent exercer leurs fonctions.

28. Les commissaires de police, outre les fonctions qui leur sont attribuées dans la police administrative, exercent la police judiciaire relativement à tous les délits commis dans leurs arrondissemens respectifs, dont la peine n'excède pas une amende égale a la valeur de trois journées de travail, ou trois jours d'emprisonnement.

29. En conséquence, ils sont spécialement chargés : — De rechercher tous les délits dont il vient d'être parlé, même ceux qui sont relatifs aux bois et aux productions de la terre, sauf, à l'égard de ces derniers, la concurrence des gardes forestiers et des gardes champêtres; — De recevoir les rapports, dénonciations et plaintes qui y sont relatifs; — De dresser des procès-verbaux indicatifs de leur nature et de leurs circonstances, du temps et du lieu où ils ont été commis, des personnes qui en sont présumées coupables (1); — De recueillir les preuves et les indices qui existent sur les prévenus; — De les dénoncer au commissaire du pouvoir exécutif près l'administration municipale, lequel fait citer les prévenus au tribunal de police désigné ci-après, livre II, titre I.er.

30. Ils exercent ces fonctions dans toute l'étendue de leurs communes respectives.

31. Néanmoins, dans les communes où il existe plusieurs commissaires de police, l'administration municipale assigne a chacun d'eux un arrondissement particulier.

32. Ces arrondissemens ne limitent ni ne circonscrivent leurs pouvoirs respectifs, mais indiquent seulement les termes dans lesquels chacun d'eux est plus spécialement astreint a un exercice constant et régulier de ses fonctions.

33. Lorsqu'un des commissaires de police d'une même commune se trouve légitimement empêché, celui de l'arrondissement le plus voisin est personnellement tenu de le suppléer. — Le commissaire du pouvoir exécutif près l'administration municipale lui fait, au besoin, toutes réquisitions nécessaires a cet effet, et il est tenu d'y déférer.

34. En cas de difficulté sur la nature de l'empêchement, ou sur la désignation du suppléant, l'administration municipale en décide; mais la

---

(1) Voyez les art. 11 et suiv. du Code d'instruction criminelle de 1808.
Il n'est pas nécessaire, à peine de nullité, que les commissaires de police soient décorés de leur costume ou assistés de voisins, lorsqu'ils dressent leurs procès-verbaux Cass., 6 juin 1807, Sir., VII, 2, 123; Bull. crim., XII, 231.—Ni, par conséquent, qu'ils énoncent qu'ils etaient revêtus de ce costume. Cass., 9 nivose an 11, Sir., III, 2, 397; Bull. crim, VIII, 106.—Jugé enfin que les procès-verbaux des commissaires de police font foi en justice jusqu'a preuve contraire, encore qu'il soit constant que les rédacteurs de ces procès-verbaux n'avaient pas leur costume, quand ils les ont dressés Cass., 10 mars 1815, Sir., XV, 1, 218, Bull. crim., XX, 50. — Les procès-verbaux des commissaires de police ne font foi en justice que des faits dont ces fonctionnaires déclarent avoir eu une connaissance personnelle, et non pas de ceux qui leur ont été seulement déclarés par des tiers. Cass., 2 janvier 1830, Sir., XXX, 1, 149 — Ces procès-verbaux ne peuvent être écartés par les dépositions de témoins entendus sans prestation de serment. Cass., 21 février 1822, Sir., XXII, 1, 237; Bull. crim., XXVII, 81. — Enfin, un procès-verbal de commissaire de police n'est pas nul, parce que le fonctionnaire qui l'a dressé serait parent du délinquant. Cass., 4 novembre 1808, Sir., XVII, 1, 322.

réquisition du commissaire du pouvoir exécutif s'exécute provisoirement.

35. Si le commissaire de police d'une commune ou il n'en existe qu'un, se trouve légitimement empêché, l'agent municipal ou son adjoint le remplace tant que dure l'empêchement.

36. Les commissaires de police sont tenus, lorsque le juge de paix n'est pas dans le lieu où se commettent des délits qui sont de son ressort, de les constater par des procès-verbaux, de les lui dénoncer, de faire saisir les prévenus pris en flagrant délit, ou poursuivis par la clameur publique, et de les faire conduire devant lui.

37. Dans le cas où le commissaire de police remettrait au commissaire du pouvoir exécutif près l'administration municipale de son arrondissement, des dénonciations, procès-verbaux ou autres pièces relatives à un délit dont la peine excede la valeur de trois journées de travail, ou trois jours d'emprisonnement, le commissaire du pouvoir exécutif est tenu de les renvoyer au juge de paix, lequel agit ainsi qu'il est réglé ci-après, titre V.

TITRE III. — *Des gardes champêtres et des gardes forestiers.*

38. Il y a dans chaque commune rurale au moins un garde champêtre. — L'objet de son institution est la conservation des récoltes, fruits de la terre et propriétés rurales de toute espèce. — Le mode de sa nomination, et ses fonctions considérées comme dépendance de la police administrative, sont réglés par les lois relatives aux administrations civiles (1).

39. Il y a, pour la conservation des bois et forêts, des gardes forestiers, dans les lieux déterminés par l'administration générale. — Le mode de leur nomination, et leurs fonctions, en tant qu'elles sont étrangères a la police judiciaire, sont réglés par la loi relative a l'administration forestière (2).

40. Tout propriétaire a le droit d'avoir pour la conservation de ses propriétés un garde champêtre ou forestier. — Il est tenu de le faire agréer par l'administration municipale (3).

41. Les gardes champêtres et les gardes forestiers, considérés comme officiers de police judiciaire, sont chargés, — De rechercher respectivement tous les délits qui portent atteinte aux propriétés rurales et forestières ; — De dresser des procès-verbaux indicatifs de leur nature et de leurs circonstances, du temps et du lieu où ils ont été commis, des preuves et indices qui existent sur les prévenus ; — De suivre les objets volés dans les lieux où ils ont été transportés, et de les mettre en séquestre, sans pouvoir néanmoins s'introduire dans les maisons, ateliers, bâtimens et cours adjacentes, si ce n'est en présence, soit d'un officier ou agent municipal ou de son adjoint, soit d'un commissaire de police ; — D'arrêter et de conduire devant le juge de paix, en se faisant pour cet effet donner main-forte par la commune du lieu, qui ne peut la refuser, tout individu qu'il surprendra en flagrant délit (4).

---

(1) Voyez, sur l'institution, les fonctions des gardes champêtres et les formalités de leurs procès-verbaux, la sect. VII du tit. Ier du décret du 28 septembre—6 octobre 1791, sur la police rurale, et les notes etendues qui l'accompagnent.

(2) C'est le décret du 15 septembre (20 août, 2, 3, 4 et)—29 septembre 1791. — Voyez le tit. IV, qui détermine les fonctions des gardes forestiers, et les notes.

(3) Le fermier a aussi le droit d'avoir un garde champêtre. Cass., 27 brumaire an 11, Bull. crim., VIII, 68.

(4) Cette disposition n'a pas abrogé les art. 4 et 15 du tit. X de l'ordonnance de 1669, qui donnent aux gardes forestiers le droit de faire tous actes et exploits relatifs a la poursuite des délits forestiers. Cass., 6 nivose an 14, SIR., VI, 2, 531; Bull. crim, X, 503 — Les gardes champêtres n'ont pas qualité pour faire citer à leur requête, devant un tribunal répressif et dans l'interêt de la vindicte publique, le prévenu d'une contravention ou d'un délit quelconque. Cass,

42. Les gardes forestiers remettent leurs procès-verbaux à l'agent de l'administration forestière désigné par la loi. — La loi règle la manière dont cet agent doit agir en conséquence, suivant la nature des délits.

43. Les gardes champêtres remettent leurs procès-verbaux au commissaire du pouvoir exécutif près l'administration municipale.

44. La remise de chaque procès-verbal se fait, au plus tard, le troisième jour après la reconnaissance du délit qui en est l'objet.

45. Si le délit est de nature a mériter une peine au dessus de la valeur de trois journées de travail ou de trois jours d'emprisonnement, le commissaire du pouvoir exécutif envoie le procès-verbal au juge de paix, qui agit en conséquence, comme officier de police judiciaire, ainsi qu'il est réglé par les titres suivans.

46. Si le procès-verbal a pour objet un délit dont la peine n'excède pas la valeur de trois journées de travail ou trois jours d'emprisonnement, le commissaire du pouvoir exécutif fait citer le prévenu devant le tribunal de police désigné ci-après, livre II, titre Ier.

47. Le commissaire du pouvoir exécutif est tenu de dénoncer au directeur du jury les négligences, abus et malversations des gardes champêtres et des gardes forestiers. — Le même devoir est imposé au commissaire de police, au juge de paix, et à tout fonctionnaire public et agent du gouvernement.

TITRE IV. — Des juges de paix (1).

48. Les juges de paix, considérés comme officiers de police judiciaire, sont chargés, — 1° De recevoir les dénonciations et plaintes relatives a tous les délits qui sont de nature a être punis, soit d'une amende au dessus de la valeur de trois journées de travail, soit d'un emprisonnement de plus de trois jours, soit d'une peine infamante ou afflictive, — 2° De constater par des procès-verbaux les traces des délits qui en laissent quelques unes après eux ; — 3° De distinguer les hommes justement prévenus, de ceux qui sont faussement inculpés ;— 4° De recueillir les indices et les preuves qui existent sur les prévenus ; — 5° De les faire traduire devant le directeur du jury.

49. Ils ont le droit de faire agir la force publique pour l'exécution de leurs mandats

50. Ils ne peuvent exercer leurs fonctions que dans leurs cantons respectifs, et pour raison des délits qui y sont commis, ou dont les auteurs y ont leur résidence habituelle ou momentanée.

51. Néanmoins, en cas d'empêchement du juge de paix d'un canton, celui du canton le plus voisin doit le suppléer, sur la réquisition du directeur du jury.

52. Dans les cantons où il existe plusieurs juges de paix, l'administration du département assigne a chacun d'eux un arrondissement particulier.

53. Ces arrondissemens, en ce qui concerne la police judiciaire, ne limitent ni ne circonscrivent leurs pouvoirs respectifs mais indiquent seulement les termes dans lesquels chacun d'eux est plus spécialement astreint à un exercice constant et régulier de ses fonctions.

---

15 décembre 1827, SIR., XXVIII, 1, 216; Bull. crim., XXVII, 940.— Ni pour intenter action a raison d'un delit rural. Cass., 23 juillet 1807, SIR., VIII, 1, 445; Bull. crim., XII 302.

Voyez encore les ar. 16 et suiv. du Code d'instruction criminelle de 1808.

(1) Voyez, sur les attributions des juges de paix comme officiers de police judiciaire, les art. 32 et suiv. du tit 1er du decret du 19—22 juillet 1791, sur la police municipale et correctionnelle; les tit. 1er et suiv. du décret du 16—29 septembre 1791, sur la procedure criminelle; la loi du 7 pluviose an 9 (27 janvier 1801), art. 4 et suiv.; et le Code d'instruction criminelle de 1808, art. 9 et suiv., 48 et suiv.

54. Lorsque entre plusieurs juges de paix d'un même canton il s'en trouve un légitimement empêché, celui de l'arrondissement le plus voisin est personnellement tenu de le suppléer. — Le directeur du jury lui adresse, au besoin, tous les ordres nécessaires à cet effet, et il est tenu d'y déférer.

55. En cas de difficulté sur la nature de l'empêchement ou sur la désignation du suppléant, le tribunal criminel du département en décide; mais l'ordre du directeur du jury s'exécute provisoirement.

TITRE V. — Mode de procéder par les juges de paix dans l'exercice des fonctions de la police judiciaire.

§ Ier. — *Des mandats d'amener, de comparution et d'arrêt.*

56. Le juge de paix fait comparaître devant lui tout individu contre lequel il existe des preuves ou des présomptions de délit.

57. L'ordre qu'il donne à cet effet s'appelle *mandat d'amener* (1).

58. Le mandat d'amener doit être signé du juge de paix, et scellé de son sceau; il doit nommer ou désigner le prévenu le plus clairement qu'il est possible.

59. Le mandat d'amener est porté par un huissier ou agent de la force publique, lequel en délivre copie à celui qui y est désigné.

60. Le prévenu qui refuse d'obéir au mandat d'amener, ou qui, après avoir déclaré qu'il est prêt à obéir, tente de s'évader, doit y être contraint. — Le porteur du mandat d'amener emploie au besoin, pour cet effet, la force publique du lieu le plus voisin.—Elle est fournie sur la réquisition du juge de paix contenue dans le mandat d'amener.

61. Un prévenu peut être traduit sans mandat d'amener devant le juge de paix, lorsqu'il a été surpris en flagrant délit.

62. En cas de flagrant délit, tout dépositaire de la force publique, et même tout citoyen, est tenu de saisir le prévenu, et de l'amener devant le juge de paix.

63. A cet égard, la loi assimile au cas de flagrant délit celui où le délinquant, surpris au milieu de son crime, est poursuivi par la clameur publique, et celui où un homme est trouvé saisi d'effets, armes, instrumens ou papiers servant à faire présumer qu'il est l'auteur d'un délit.

64. Le prévenu amené devant le juge de paix, soit en vertu d'un mandat d'amener, soit en vertu de l'ordre d'un commissaire de police, dans les cas prévus par l'article 36, soit de la manière indiquée par les trois articles précédens, doit être examiné sur-le-champ, ou dans le jour au plus tard.

65. Le juge de paix tient ou fait tenir par son greffier, et sur un cahier séparé, une note sommaire des réponses du prévenu.

66. Si le prévenu détruit entièrement les inculpations qui ont déterminé à le faire comparaître, le juge de paix le met en liberté, et il en donne avis au directeur du jury d'accusation, en lui transmettant toutes les pièces.

67. L'acte par lequel le juge de paix met en liberté un prévenu, n'étant qu'une décision provisoire de police, n'empêche pas que celui-ci ne soit recherché et poursuivi de nouveau pour le même fait.

68. Si le prévenu s'évade,—S'il ne peut être trouvé,—S'il use de la faculté énoncée dans l'article 74 ci-après,—Et que, dans l'un ou l'autre de ces trois cas, quatre jours se soient écoulés depuis la notification du mandat d'ame-

---

(1) Aujourd'hui, et d'après les art. 91 et suiv. du Code d'instruction criminelle, les mandats de comparution, de dépôt, d'amener et d'arrêt, ne peuvent plus être décernés que par le juge d'instruction.

ner à sa dernière résidence, — Ou si, en comparaissant, il ne détruit pas entièrement les inculpations élevées contre lui, — Le juge de paix procède ainsi qu'il suit.

69. Lorsque le délit est de nature à n'être puni que d'une amende au dessus de la valeur de trois journées de travail, il ordonne au prévenu de comparaître à jour fixe devant le directeur du jury d'accusation de l'arrondissement dans lequel le délit a été commis.—Cet ordre se nomme *mandat de comparution.*

70. Lorsque le délit est de nature a être puni, soit d'un emprisonnement de plus de trois jours, soit d'une peine infamante ou afflictive, le juge de paix délivre un ordre pour faire conduire le prévenu en la maison d'arrêt du lieu où siège le directeur du jury d'accusation dans l'arrondissement duquel le délit a été commis.—Cet ordre se nomme *mandat d'arrêt.*

71. Le mandat d'arrêt est signé et scellé par le juge de paix.— Il énonce le nom du prévenu, sa profession et son domicile, s'ils sont connus, le sujet de son arrestation, et la loi qui autorise le juge de paix a l'ordonner. — A défaut de quelqu'une de ces formalités, il est nul, et aucun gardien de maison d'arrêt ne peut recevoir le prévenu, sous peine d'être poursuivi comme fauteur et complice de détention arbitraire.

72. Le juge de paix devant lequel est amenée une personne pour délit de nature a n'être puni que d'une amende de trois journées de travail ou d'un emprisonnement de trois jours, est tenu de la mettre en liberté, et de la renvoyer devant le tribunal de police pour y être entendue et jugée à jour et heure fixes, en communiquant préalablement la dénonciation et les pieces au commissaire du pouvoir exécutif près l'administration municipale dans l'étendue de laquelle le délit a été commis.

73. Les mandats d'amener et d'arrêt décernés par un juge de paix sont exécutoires dans tout le territoire de la république.—Si l'inculpé est trouvé hors de l'arrondissement du juge de paix qui a décerné le mandat d'amener ou d'arrêt, il est conduit devant le juge de paix du lieu, lequel vise le mandat, mais sans pouvoir en empêcher l'exécution.

74. Néanmoins le mandat d'amener ne reçoit sa pleine exécution, lorsque le prévenu est trouvé hors de l'arrondissement du juge de paix qui l'a délivré, que dans l'un ou l'autre des trois cas suivans : 1° Lorsque le prévenu est trouvé dans les deux jours de la date du mandat, a quelque distance que ce soit; — 2° Lorsque, passé deux jours, il est trouvé dans la distance de dix lieues du domicile du juge de paix qui a signé le mandat; 3° Lorsqu'il est trouvé muni d'effets, de papiers ou d'instrumens qui font présumer qu'il est auteur du délit pour raison duquel il est recherché, quels que soient la distance et le délai dans lesquels il est saisi.—Ces trois cas exceptés, le prévenu trouvé hors de l'arrondissement du juge de paix qui a délivré le mandat d'amener, ne peut être contraint de se rendre devant lui; mais il peut se faire garder a vue a ses frais ou mettre en arrestation provisoire dans le lieu où il a été trouvé, jusqu'a ce que le jury d'accusation ait prononcé s'il y a lieu à accusation a son égard, ou, lorsqu'il est question d'un délit qui n'emporte pas peine afflictive ou infamante, jusqu'a ce que le tribunal correctionnel soit saisi de la procédure. — Le juge de paix du lieu où il a été trouvé rend a cet effet les ordonnances nécessaires, et il en donne avis sur-le-champ au juge de paix qui a signé le mandat d'amener,

75. Dans le cas où le mandat d'amener a été rendu contre un *quidam,* s'il est arrêté dans les deux jours et dans les dix lieues, il est conduit aussitôt devant le juge de paix qui a signé le mandat; et si, après les deux jours, il est arrêté, au-delà de dix lieues, il en est donné avis au même juge de

paix, ainsi que de son nom, de son domicile et de sa profession, s'il les a déclarés ou s'ils sont autrement connus. — Dans ce dernier cas, les quatre jours pour envoyer la procédure au greffe du directeur du jury ne commencent que de cette époque (1).

76. Le juge de paix du lieu du délit, et celui de la résidence habituelle ou momentanée du prévenu, sont également compétens pour délivrer contre celui-ci, soit le mandat d'amener, soit le mandat d'arrêt, soit le mandat de comparution.

77. En cas de concurrence, l'instruction demeure à celui qui a le premier délivré le mandat d'amener.

78. Si le juge de paix du lieu du délit, et celui de la résidence, ont délivré le mandat d'amener le même jour, le juge de paix du lieu du délit est préféré.

79. Si le juge de paix du lieu de la résidence habituelle, et celui de la résidence momentanée, l'ont délivré le même jour, l'instruction demeure au juge de paix du lieu de la résidence habituelle.

80. Pour délits commis hors du territoire français, les mandats d'amener et d'arrêt, dans les cas déterminés par les articles 11, 12 et 13, sont décernés par le juge de paix du lieu où réside habituellement le prévenu, ou par celui où il se trouve momentanément. — En cas de concurrence, les articles 77 et 79 règlent auquel des deux l'instruction doit demeurer.

§ II. — *Des procédures et actes qui doivent précéder ou suivre les mandats d'amener, de comparution et d'arrêt*

81. Les poursuites qui donnent lieu aux mandats d'amener, de comparution et d'arrêt, se font, — Ou sur une dénonciation officielle, — Ou sur une dénonciation civique, — Ou d'après une plainte, — Ou d'office.

82. Dans chacun de ces cas, le juge de paix dresse des procès verbaux, entend des témoins, recueille les preuves par écrit, et rassemble les pièces de conviction.

De la dénonciation officielle.

83. Toute autorité constituée, tout fonctionnaire ou officier public, qui, dans l'exercice de ses fonctions, acquiert la connaissance ou reçoit la dénonciation d'un délit de nature à être puni, soit d'une amende au dessus de la valeur de trois journées de travail, soit d'un emprisonnement de plus de trois jours, soit d'une peine afflictive ou infamante, est tenu d'en donner avis sur-le-champ au juge de paix de l'arrondissement dans lequel il a été commis, ou dans lequel réside le prévenu, et de lui transmettre tous les renseignemens, procès-verbaux et actes qui y sont relatifs (2).

84. Le juge de paix en accuse la réception dans le jour suivant.

85. S'il trouve dans ces pièces des preuves ou des présomptions contre les personnes indiquées comme auteurs ou complices du délit, il décerne aussitôt un mandat d'amener.

86. Si ces pièces ne lui fournissent pas des renseignemens suffisans pour

---

(1) Lorsque l'auteur d'un délit, d'abord inconnu et désigné dans la plainte sous la dénomination vague de *quidam*, ne peut être découvert a l'aide de l'instruction, on ne peut poursuivre contre le quidam une condamnation par contumace, et la poursuite doit être abandonnée. Cass., 9 pluviose an 10, Sir., II, 2, 378, Bull. crim., VII, 192.

(2) Voyez l'art. 29 du Code d'instruction criminelle de 1808, conforme.

Les membres du jury médical ne sont pas des fonctionnaires ayant la surveillance des officiers de santé Dès lors la dénonciation par eux faite ne peut être rangée dans la classe des dépositions officielles. Paris, 24 fevrier 1807, Sir., VII, 2, 639.

faire de suite comparaître devant lui les prévenus, il procède ainsi qu'il est réglé ci-après pour les *poursuites d'office.*

De la dénonciation civique.

87. Tout citoyen qui a été témoin d'un attentat, soit contre la liberté, la vie ou la propriété d'un autre, soit contre la sûreté publique ou individuelle, est tenu d'en donner aussitôt avis au juge de paix du lieu du délit, ou à celui de la résidence du prévenu (1).

88. La dénonciation est rédigée, par le dénonciateur, ou par le juge de paix, s'il en est requis.

89. Le juge de paix demande au dénonciateur s'il est prêt à signer et affirmer sa dénonciation.

90. Si le dénonciateur signe sa dénonciation, ou déclare qu'il ne sait ou ne peut écrire, mais qu'il la signerait s'il le pouvait, et s'il affirme qu'elle n'est dictée par aucun intérêt personnel, le juge de paix est tenu de décerner sur-le-champ un mandat d'amener contre le prévenu.

91. La dénonciation est signée à chaque feuillet par le juge de paix et par le dénonciateur : si celui-ci ne sait pas signer, il en est fait mention.

92. Le dénonciateur qui a signé sa dénonciation a vingt-quatre heures pour s'en désister.—Ce désistement se fait par acte notifié au greffier du juge de paix : l'acte est signé par le dénonciateur ou par son fondé de pouvoir ; dans ce dernier cas, la procuration est annexée à l'acte de désistement.

93. Lorsque le dénonciateur s'est désisté de sa dénonciation, ou qu'il a refusé de la signer, la dénonciation est comme non avenue. — Mais le juge de paix demeure obligé de prendre d'office connaissance des faits, et de faire, s'il y a lieu, contre le prévenu, toutes les poursuites ordonnées par la loi.

De la plainte (2).

94. Tout citoyen qui se prétend lésé par un délit emportant par sa nature

---

(1) Voyez les art. 30 et 31 du Code d'instruction criminelle de 1808

Aucune loi n'astreint les propriétaires ou locataires de maisons ouvertes au public à dénoncer les auteurs des troubles qui s'y commettent Le défaut de dénonciation de leur part ne peut être considéré comme un délit. Cass., 14 décembre 1809, Sir., X, 1, 260; Bull. crim., XIV, 390.

Le dénonciateur qui n'a pas été partie civile au procès ne peut obtenir aucuns dommages-intérêts. Cass., 29 vendémiaire an 5, Sir., VII, 2, 1090.

Le prévenu mis hors d'accusation par une simple ordonnance du directeur du jury a droit à des dommages-intérêts contre son dénonciateur, aussi bien que le prévenu qui a été acquitté par un jury de jugement. Paris, arrêt précité du 24 février 1807, Sir., VII, 2, 639. — Jugé néanmoins que les dommages ne peuvent être accordés par un tribunal criminel à l'accusé que dans le cas d'*acquittement.* Dans les autres cas, et lorsque le jury a déclaré le fait non constant ou l'intention non criminelle, les dommages-intérêts ne peuvent être poursuivis que par la voie civile. Cass., 13 ventose an 7, Sir., I, 1, 197; Bull. crim., II, 166. — Lorsque des poursuites criminelles ont été faites d'office, le dénonciateur, qui ne s'est pas constitué partie civile, n'est soumis à aucuns dommages-intérêts envers l'accusé, si la dénonciation n'a pas été calomnieuse. Paris, 16 novembre 1811, Sir., XII, 2, 185. — Jugé encore que le dénonciateur, quand il y a eu poursuite d'office, ne doit être condamné à des dommages-intérêts qu'autant que le ministère public a repoussé la plainte comme mal fondée, ou qu'elle a été jugée fausse par le tribunal compétent. Douai, 15 octobre 1832, Sir., XXXII, 2, 609 — Jugé aussi qu'une cour de justice criminelle est incompétente pour prononcer des dommages-intérêts, au profit d'un prévenu acquitté, contre un dénonciateur qui ne s'est pas porté partie civile : c'est devant le tribunal du lieu du domicile de ce dernier que la demande en dommages-intérêts doit être portée. Cass., 25 fructidor au 4, Sir., VII, 2, 1090. — Si le dénonciateur se désiste dans le délai fixé par l'art. 92 du Code de brumaire, il n'est tenu à aucuns dommages-intérêts. Cass., 6 vendémiaire an 10, Sir., II, 1, 91 Bull. crim., VII, 3. — Une commission militaire n'a pas le droit, après l'acquittement de l'accusé de condamner le dénonciateur à des dommages-intérêts. Cass., 8 frimaire an 13, Sir., V, 2, 17>

Voyez encore ci-après l'art 432.

(2) Voyez, concernant les formalités des plaintes et le mode de leur examen, le décret des 8 et 9

une peine afflictive ou infamante, peut en rendre plainte devant le juge de paix du lieu du délit, ou devant celui de la résidence du prévenu.

95. La même faculté a lieu relativement aux délits dont la peine n'est ni afflictive ni infamante, pourvu qu'elle excède la valeur de trois journées de travail, ou trois jours d'emprisonnement ; — Mais à l'égard de ces délits, la partie lésée peut s'adresser directement au tribunal correctionnel, ainsi qu'il est réglé ci-après, livre II, titre II (1).

96. Les dispositions des articles 88, 91, 92 et 93, relatives aux dénonciations civiques, sont communes aux plaintes.

97. La plainte, quoique signée e' affirmée par le plaignant, ne peut seule, et sans autre preuve ou indice, autoriser le juge de paix à décerner un mandat d'amener contre le prévenu ; — Mais il est tenu d'entendre les témoins indiqués par le plaignant, et de faire, tant pour constater le délit que pour en découvrir l'auteur, toutes les perquisitions, visites et procès-verbaux nécessaires.

98. Lorsqu'un juge de paix refuse de délivrer contre un prévenu, soit un mandat d'amener, soit un mandat d'arrêt, soit un mandat de comparution, le dénonciateur ou le plaignant peut exiger de lui un acte constatant son refus, et se pourvoir devant le directeur du jury de l'arrondissement dans lequel le délit a été commis. — Il peut même, si le délit est de nature a ne donner lieu qu'a un mandat de comparution, s'adresser directement au tribunal correctionnel, ainsi qu'il est dit ci-dessus, article 95.

99. Dans le cas ou le juge de paix qui a reçu la plainte ou dénonciation, n'est ni celui du lieu du délit ni celui de la résidence du prévenu, il renvoie l'affaire avec toutes les pièces devant le juge de paix du lieu du délit, pour qu'il soit déterminé par celui-ci s'il y a lieu ou non a délivrer le mandat d'amener.

Des poursuites d'office (2).

100. Toutes les fois qu'un juge de paix apprend, soit par une dénonciation ou plainte, même non signée ou abandonnée, soit autrement, qu'il a été commis dans son arrondissement un délit de nature a être puni, soit d'une amende au dessus de la valeur de trois journées de travail, soit d'un emprisonnement de plus de trois jours, soit d'une peine infamante ou afflictive, ou qu'il réside dans ce même arrondissement un prévenu de tel délit, il est tenu, sans attendre aucune réquisition, de faire ses diligences pour s'assurer du fait, découvrir le coupable et le faire comparaître devant lui.

101. En cas de flagrant délit, ou sur la clameur publique, le juge de paix fait saisir et amener devant lui les prévenus, sans attendre d'autres renseignemens, et sans qu'il soit besoin d'aucun mandat. — Si les prévenus ne peuvent être saisis, il délivre un mandat d'amener pour qu'il en soit fait perquisition.

Des procès-verbaux (3).

102. Lorsqu'il a été commis un délit dont l'existence peut être constatée

---

octobre—3 novembre 1789, sur la reforme de la procédure criminelle, art 3 ; le tit. V, 1re partie, de cette preule du 16 -29 septembre 1791 ; les art. 3 et suiv. de la loi du 7 pluviose an 9 (2 janvier 1801) ; et les art. 63 et suiv. du Code d'instruction criminelle de 1808.

(1, Ce n'est pas au tribunal correctionnel, c'est au tribunal civil que doit s'adresser celui qui se prétend victime d'intérêts usuraires, et qui reproche même à son adversaire l'habitude de l'usure. Cass., 3 février 1809, Sir., IX, 1, 216 ; Bull. crim., XIV, 40.

Voyez encore la loi du 3 septembre 1807, art 3

(2 Voyez les art. 32 et suiv du Code d'instruction criminelle de 1808.

(3) Voyez les art. 48 et suiv. du Code de 1808.

par un procès-verbal, le juge de paix est tenu, aussitôt qu'il en est informé, de se transporter sur les lieux, pour y décrire en détail le corps du délit avec toutes ses circonstances, et tout ce qui peut servir à conviction ou à décharge.

103. Il se fait, au besoin, accompagner d'une ou de deux personnes présumées, par leur art ou profession, capables d'apprécier la nature et les circonstances du délit.

104. S'il s'agit d'un meurtre ou d'une mort dont la cause est inconnue ou suspecte, le juge de paix doit se faire assister d'un ou de deux officiers de santé.—Dans ce cas, le cadavre ne peut être inhumé qu'après la clôture du procès-verbal.

105 Le juge de paix fait comparaître au procès-verbal toutes les personnes qui peuvent donner des renseignemens sur le délit.—Dans le cas de l'article précédent, il y appelle spécialement les parens et voisins du décédé, ceux qui étaient employés à son service, et ceux qui se sont trouvés en sa compagnie avant son décès.

106. Les déclarations des personnes qui comparaissent au procès-verbal sont rédigées sommairement en un cahier séparé ; elles les signent, ou, si elles déclarent ne pouvoir signer, il en est fait mention.

107. Le juge de paix peut défendre que qui que ce soit, jusqu'à la clôture du procès verbal, sorte de la maison, ou s'éloigne du lieu dans lequel il opère. — Tout contrevenant à cette défense est saisi sur-le-champ, et puni de la manière déterminée au livre *des Peines*

108 S'il paraît utile à la recherche de la vérité, de procéder à une ou plusieurs visites domiciliaires, le juge de paix rend à cet effet une ordonnance, dans laquelle il énonce expressément les personnes et les objets qui donnent lieu à ces visites. (*Art.* 359 *de l'acte constitutionnel.*)

109. Si des déclarations faites au procès verbal ou d'autres renseignemens pris sur les lieux, il résulte une preuve quelconque ou des présomptions contre des individus présens, le juge de paix les fait saisir à l'instant, sans qu'il soit besoin de mandat d'amener ; il les interroge, reçoit leurs déclarations, et agit au surplus ainsi qu'il est réglé par les articles 66 et suivans.

110. Dans le cas où le juge de paix qui instruit contre un prévenu résidant dans son arrondissement, n'est pas celui du lieu du délit, les procédures mentionnées aux sept articles précédens se font, sur sa réquisition, par le juge de paix du lieu où le délit a été commis, lequel est tenu de lui envoyer ses procès-verbaux dûment clos et cachetés.

De l'audition des témoins.

' 111. Le juge de paix fait citer devant lui toutes les personnes qui lui sont indiquées, soit par la dénonciation officielle ou civique, soit par la plainte, soit par toute autre voie, comme ayant connaissance du délit qui est l'objet de ses poursuites, ou des circonstances de ce délit.

112. La citation se fait par une cédule signée du juge de paix. — Elle est notifiée aux témoins par un huissier ou agent de la force publique.

113. Il n'est pas besoin de citation à l'égard des témoins amenés devant l'officier de police par le dénonciateur ou plaignant, au moment de sa dénonciation ou plainte, ni à l'égard de ceux que le juge de paix trouve sur les lieux où il s'est transporté pour dresser procès-verbal du corps du délit.

114. Le juge de paix rédige ou fait rédiger par son greffier, sommairement et sur un cahier séparé, les déclarations faites devant lui par les témoins, et il tient ou fait tenir note de leurs noms, surnoms, âge, demeure, état ou profession.

115. Si le prévenu est arrêté lors de la comparution des témoins, ils font leurs déclarations, chacun séparément, en sa présence.

116. S'il n'est arrêté qu'après leur audition, le juge de paix lui donne lecture de leurs déclarations, mais sans lui en délivrer copie.

117. Chaque témoin qui demande une indemnité pour son déplacement, à l'effet de déposer, est taxé par le juge de paix qui l'a fait assigner. — Les directeurs de jury et les présidens des tribunaux criminels taxent de même les indemnités dues aux témoins qui ont été assignés devant eux à la requête du commissaire du pouvoir exécutif.

118. Lorsqu'il est constaté par le certificat d'un officier de santé, que des témoins se trouvent dans l'impossibilité physique de comparaître sur la citation qui leur est donnée, le juge de paix se transporte en leur demeure pour recevoir leur déclaration.

119. Si ces témoins résident hors de l'arrondissement du juge de paix qui les a cités, celui-ci requiert le juge de paix du lieu de leur résidence de se rendre auprès d'eux pour recevoir leur déclaration. — Il lui adresse a cet effet les notes et renseignemens nécessaires pour les interroger sur le délit et ses circonstances.

120. Immédiatement après les avoir entendus, le juge de paix du lieu de leur résidence envoie leur déclaration au juge de paix qui l'a requis de la recevoir.

121. Si le juge de paix qui, dans les cas prévus par les trois articles précédens, s'est transporté auprès d'un témoin, trouve qu'il n'était point dans l'impossibilité de comparaître sur la citation, il décerne contre lui et contre l'officier de santé qui a délivré le certificat ci-dessus mentionné, un mandat d'arrêt en vertu duquel ils sont traduits devant le directeur du jury de l'arrondissement dans l'étendue duquel réside le juge de paix qui a donné la citation.

122. Les témoins qui, hors du cas mentionné en l'article 118, ne comparaissent pas sur la citation qui leur est donnée, et a l'heure qu'elle indique, y sont contraints par un mandat d'arrêt que le juge de paix decerne contre eux.

123. Ils sont, en outre, après avoir fait leurs déclarations, conduits, en vertu d'un nouveau mandat, dans la maison d'arrêt établie près du directeur du jury.

124. Sont exceptés ceux qui justifient devant le juge de paix avoir été légitimement empêchés de comparaître aux jour, heure et lieu fixés par la citation.—Dans ce cas, le juge de paix les met en liberté, après avoir reçu leurs déclarations, et il en rend compte au directeur du jury.

Des preuves par écrit et des pièces de conviction.

125. Si la nature du délit est telle que la preuve puisse vraisemblablement en être acquise par les papiers du prévenu, le juge de paix ordonne, ainsi qu'il est réglé par l'article 108, qu'il sera fait chez lui une visite domiciliaire; et, en exécution de cette ordonnance, il appose les scellés sur ses papiers.

126. Il lève les scellés, examine les papiers, et, s'il y a lieu, en fait la description, le tout en présence du prévenu.

127. Si parmi les papiers trouvés sous les scellés, il en est qui puissent servir a conviction ou a décharge, le juge de paix les joint a son procès-verbal, après les avoir paraphés et fait parapher par le prévenu a chaque feuillet.—Si le prévenu ne veut ou ne peut pas les parapher, le juge de paix en fait mention dans son procès-verbal.

128. Si les papiers sur lesquels il y a lieu d'apposer les scellés, sont hors

de l'arrondissement du juge de paix chargé de l'instruction, il requiert le juge de paix du lieu où ils se trouvent de procéder aux opérations indiquées par les deux articles précédens, et de lui en adresser le résultat dans le plus court délai.

129. Dans ce cas, le prévenu ne peut assister à la levée des scellés, à l'examen et a la description des papiers, que par le ministere d'un fondé de pouvoir. — Mais les papiers qui font charge contre lui ne peuvent être employés au procès, qu'après lui avoir été représentés personnellement pour les parapher, ainsi qu'il est dit ci-dessus.

130. Toutes les preuves par écrit qui sont produites, soit pour, soit contre le prévenu, sont recueillies par le juge de paix, et il en dresse inventaire.

131. S'il existe des pièces de conviction, il les paraphe, les représente au prévenu, l'interpelle de les reconnaître, les lui fait parapher, ou fait mention de son refus, et en dresse procès-verbal.

132. Si les pièces de conviction ne sont pas susceptibles de recevoir des caractères d'écriture, le juge de paix y attache une bande de papier qu'il scelle de son sceau, et qu'il paraphe et fait parapher ainsi qu'il vient d'être dit.

TITRE VI. — De l'exécution du mandat d'arrêt.

133. Le mandat d'arrêt est remis à un huissier ou agent de la force publique, qui l'exhibe au prévenu et lui en délivre copie, en s'assurant de sa personne (1).

134. L'officier chargé de l'exécution d'un mandat d'arrêt, se fait accompagner d'une force suffisante, pour que le prévenu ne puisse se soustraire à la loi.—Cette force est prise dans le lieu le plus a portée de celui où le mandat d'arrêt doit s'exécuter, et elle est fournie sur la réquisition contenue dans le mandat.

135. Si le prévenu ne peut être saisi, le mandat d'arrêt est notifié à sa dernière habitation, et l'officier chargé de l'exécution du mandat d'arrêt dresse procès-verbal de ses perquisitions et diligences.—Ce procès-verbal est dressé en présence de deux des plus proches voisins du prévenu que le porteur du mandat d'arrêt peut trouver. Ils le signent, ou, s'ils ne savent ou ne veulent pas signer, il en est fait mention, ainsi que de l'interpellation qui leur a été faite à ce sujet.—Le porteur du mandat d'arrêt fait en outre viser ce même procès-verbal par l'agent municipal du lieu, ou son adjoint; et dans les communes qui ont des municipalités particulières, par un des officiers municipaux.

136. Le procès-verbal mentionné dans l'article précédent est remis au juge de paix, qui l'envoie dans les vingt-quatre heures au directeur du jury, avec toutes les pièces y relatives.

137. Le prévenu saisi en vertu du mandat d'arrêt, est conduit immédiatement dans la maison d'arrêt établie près le directeur du jury.

138. L'officier chargé de l'execution du mandat d'arrêt remet le prévenu

___

(1) Sous l'empire de cette disposition, le mandat d'arrêt devait, à peine de nullité, être notifié au prévenu par bail de copie. Cass., 2 thermidor an 7, DALL., Collect. alphab, IX, 500, Bull. crim., III, 122. — La nullité resultant du defaut de notification du mandat d'arrêt, ne pouvait être couverte par une signification faite apres l'arrestation du prévenu. Cass., 19 et 26 fructidor an 7, DALL, Collect. alphab., IX, 500; Bull crim., III, 329 et 364 — Le mandat d'arrêt etait encore nul, lorsque le fait qui motivait l'arrestation n'y était pas enonce. Cass., 26 vendémiaire et 8 brumaire an 9, DALL., Collect. alphab., IX, 499; Bull crim., VI, 33 et 73.

Voyez, sur les formalites actuelles du mandat d'arrêt, les art. 96 et suiv. du Code d'instruction criminelle de 1808.

au gardien de la maison d'arrêt, qui lui en donne une reconnaissance.—Il porte ensuite au greffe du directeur du jury les pièces relatives au délit et à l'arrestation, et en prend également une reconnaissance. — Il fait voir les deux reconnaissances, dans le jour même, au directeur du jury, lequel n.et, sur l'une et sur l'autre, son vu qu'il date et signe.—Il remet, dans les trois jours suivans, ces mêmes reconnaissances au juge de paix qui a décerné le mandat d'arrêt.

139. L'officier chargé de l'exécution d'un mandat d'arrêt, et le gardien de la maison d'arrêt à qui il remet le prévenu, sont en outre tenus de se conformer aux dispositions des titres XVIII et XIX du livre II ci-après, chacun en ce qui le concerne.

TITRE VII. — Des directeurs du jury d'accusation, capitaines et lieutenans de la gendarmerie nationale, considérés comme officiers de police judiciaire.

140. Conformément à l'article 243 de l'acte constitutionnel, le directeur du jury d'accusation poursuit immédiatement, comme officier de police judiciaire, les denonciations que lui fait l'accusateur public, soit d'office, soit d'après les ordres du directoire exécutif, — 1° Des attentats contre la liberté ou sûreté individuelle des citoyens; — 2° De ceux commis contre le droit des gens; — 3° De la rébellion a l'exécution, soit des jugemens, soit de tous les actes exécutoires émanés des autorités constituées; — 4° Des troubles occasionés, et des voies de fait commises pour entraver la perception des contributions, la libre circulation des subsistances, et des autres objets de commerce.

141. Il poursuit également les délits mentionnés dans l'article précédent, sur les plaintes des parties intéressées, sur toute espèce de dénonciations civiques ou autres qui lui sont adressees, et d'office.—Il en est de même des négligences, abus et malversations des gardes champêtres et des gardes forestiers.

142. Dans les communes dont la population n'excède pas quarante mille habitans, le directeur du jury d'accusation a pareillement, comme officier de police judiciaire, la poursuite immédiate des delits de faux, de banqueroute frauduleuse, concussion, péculat, vol de commis ou d'associés en matière de finance, commerce ou banque. — Les plaintes et dénonciations relatives a ces délits sont portées devant le directeur du jury du lieu où ces délits ont été commis, ou devant celui de la résidence de l'accusé.

143. Dans les communes dont la population est au dessus de quarante mille habitans, les juges de paix exercent, sur les delits mentionnés en l'article précédent, les mêmes fonctions de police judiciaire que sur tous autres.

144. Les juges de paix qui reçoivent la dénonciation des délits mentionnés aux articles 140 et 141, et, dans les communes de quarante mille habitans ou au dessous, de ceux mentionnés en l'article 142, la transmettent avec les pièces a l'appui, s'il y en a, au directeur du jury; ils font saisir les prévenus pris en flagrant délit ou poursuivis par la clameur publique, et les font conduire devant lui.

145. Le directeur du jury peut, pour la recherche et la poursuite d'un délit quelconque, commis dans une commune où il n'y a pas plus d'un juge de paix établi, charger un capitaine ou lieutenant de la gendarmerie nationale de l'exercice des fonctions de la police judiciaire, jusqu'au mandat d'arrêt exclusivement.

146. Le mandat d'amener que l'officier de gendarmerie délivre dans le cas de l'article précédent, porte l'ordre de conduire le prévenu devant le

juge de paix ; ou s'il s'agit de délits mentionnés dans les articles 140, 141 et 142, devant le directeur du jury lui-même.

147. Toute personne qui a porté sa plainte ou dénonciation à un juge de paix , peut , sur son refus constaté de délivrer un mandat, soit d'amener, soit d'arrêt , soit de comparution , se présenter au directeur du jury.— Dans ce cas , et dans tous ceux où le directeur du jury trouve que le juge de paix a mal a propos refusé de délivrer l'un ou l'autre mandat, il est tenu de le délivrer lui même.

' 148. Les regles prescrites au juge de paix par le titre V ci-dessus sont communes aux directeurs du jury et aux capitaines ou lieutenans de gendarmerie, dans le cas où ils exercent, d'après les articles précédens, les fonctions de la police judiciaire.

149. Le directeur du jury avertit et au besoin réprimande les commissaires de police, les officiers de gendarmerie et les juges de paix , dans les opérations desquels il remarque de la négligence. — En cas de fautes plus graves, il les dénonce a l'accusateur public.

LIVRE II. — *De la justice.*

150. La justice, pour la répression des délits , est administrée , — 1° Par les tribunaux de police, relativement aux délits dont la peine n'est portée par la loi ni au dessus de la valeur de trois journées de travail, ni au-delà de trois jours d'emprisonnement ; — 2° Par les tribunaux correctionnels , relativement aux délits dont la peine excède ou trois journées de travail , ou trois jours d'emprisonnement, et n'est néanmoins ni afflictive ni infamante; —3° Par les directeurs du jury d'accusation et les tribunaux criminels, relativement aux délits qui emportent peine afflictive ou infamante.

TITRE Ier. — Des tribunaux de police (1).

151. Il y a un tribunal de police dans l'arrondissement de chaque administration municipale.—Ce tribunal est composé du juge de paix et de deux de ses assesseurs.

152 S'il y a plusieurs juges de paix dans l'arrondissement de l'administration municipale, chacun d'eux y fait le service par tour pendant un mois, a commencer par le plus âgé.

153. Toute personne prévenue d'un délit dont la peine n'excède ni la valeur de trois journées de travail, ni trois jours d'emprisonnement . est citée devant le tribunal de police de l'arrondissement dans lequel le délit a été commis, pour y être entendue et jugée en dernier ressort, conformément a la troisième partie de l'article 233 de l'acte constitutionnel, sauf le recours au tribunal de cassation (2).—La citation est donnée a la requête du commissaire

---

(1) Voyez, sur la composition et l'organisation des tribunaux de police, leur compétence et le mode de procéder devant eux, le décret du 19—22 juillet 1791 ; l'arrête du 27 nivose an 5 (16 janvier 1797) ; la loi du 28 floreal an 10 (18 mai 1802), art. 12 et suiv.; et le Code d'instruction criminelle, liv. II, chap. 1er.

(2) En general, la compétence du tribunal de police se determine par la nature de la demande qui y est portée, et non par le résultat des preuves auxquelles a pu donner lieu l'instruction faite sur cette demande. Ainsi, un tribunal de police n'est pas compétent pour connaitre d'une plainte fondée tout a la fois sur des injures verbales et sur des voies de fait Cass., 6 juin 1811, Sir., XXI, 1, 212; Bull. crim., XVI, 173. — La competence des tribunaux de police se determine, non par la peine appliquée, mais par l'étendue de la peine applicable. Cass., 16 janvier 1807, Sir., VII, 2, 217; Bull. crim., XII, 27; et 16 août 1810, Sir., XI, 1, 104, Bull. crim., XV, 212. — Jugé encore que la competence des tribunaux de police, pour connaitre d'un delit que la loi punit d'une amende égale au dommage, se determine par les conclusions du plaignant. Cass., 21 août 1821, Sir., XXIV, 1, 95.—Un tribunal de police ne peut connaitre d'un delit, qu'autant que le *minimum* et le *maximum* de la peine applicable sont dans les limites de sa com-

du pouvoir exécutif près l'administration municipale. — Elle peut aussi l'être à la requête des particuliers qui se prétendent lésés par le délit.

154. Dans ce dernier cas, et dans celui où les personnes lésées par le délit interviennent comme parties civiles, sur la citation donnée a la requête du commissaire du pouvoir exécutif, le tribunal de police prononce en dernier ressort, par le même jugement, sur les dommages-intérêts prétendus pour raison du délit, et sur la peine infligée par la loi (1).

---

pétence. Cass. arrêt précité du 16 janvier 1807, Sir., VII, 2, 217; Bull. crim., XII, 27; et 31 janvier 1824, Sir., XXIV, 1, 228; Bull. crim., XXIX, 48. — Ainsi le tribunal de police ne peut connaître d'un délit, lorsque l'indemnité due au plaignant est indéterminée; cette indemnité devant être égale au dommage causé, et pouvant dépasser le taux de la competence du tribunal de police. Cass., 15 décembre 1827, Sir., XXVIII, 1, 216; Bull. crim., XXVII, 940.

Les tribunaux de police sont incompetens pour connaître de délits punissables d'une amende qui excède le prix de trois journées de travail. Cass., 25 août 1808, Sir, IX, 1, 291; Bull. crim., XIII, 388 — Jugé encore que les tribunaux de police sont incompetens pour connaître des délits de police créés par d'anciens réglemens de police, lorsque la peine excède la valeur de trois journees de travail ou trois jours d'emprisonnement. Cass., 20 juin 1809, Sir., X, 1, 7. — Jugé aussi qu'un réglement municipal, qui prononce contre un délit des peines de simple police, ne fait pas que le délit puisse être jugé et puni de cette manière, lorsque la loi en attribue la connaissance au tribunal correctionnel, en infligeant à ce délit des peines qui excèdent la valeur de trois journées de travail. Cass., 22 juin 1809, Sir., IX, 1, 430; Bull crim., XIV, 228. — Jugé contrairement aux solutions précédentes, que les tribunaux de police ne peuvent se déclarer incompetens pour statuer sur des contraventions dont la connaissance leur est attribuée, sous prétexte que les réglemens administratifs qui prévoient ces contraventions, prononcent une peine excédant trois journées de travail. Dans ce cas, les tribunaux de police, au lieu d'appliquer cette peine, doivent prononcer celles de simple police. Cass., 1er décembre 1809, Sir., X, 1, 300; Bull. crim., XIV, 383. — Jugé dans le même sens sous l'empire du Code d'instruction criminelle de 1808, c'est-à-dire que les reglemens de police administrative sont non avenus pour les tribunaux de police, en tant qu'ils prononceraient, à raison de certaines contraventions, des peines plus fortes que celles fixées par la loi; dans ce cas, c'est la loi et non le reglement qui doit déterminer la competence du tribunal de police. Cass., 10 avril 1819, Sir., XIX, 1, 310; Bull crim., XXIV, 148, 10 avril 1823, Sir., XXIII, 1, 350; Bull. crim., XXVIII, 143; et plusieurs autres arrêts. — Ainsi c'est au tribunal de simple police qu'il appartient de connaître d'un arrêté du préfet qui défend de tirer des armes a feu dans l'intérieur des villes et villages, lors même que l'arrêté, conformément a d'anciens reglemens, prononcerait une peine excédant celles de simple police. Dans ce cas, le tribunal de police, au lieu d'appliquer cette peine, ou de se déclarer incompetent, doit se borner à prononcer la peine prononcée par l'art. 471, n° 2, du Code penal, combiné avec les art. 606 et 607 du Code du 3 brumaire an 4. Cass., 7 octobre 1826, Sir., XXVII, 1, 363; Bull. crim., XXXI, 564.

Les tribunaux de police ne peuvent ordonner la lecture et la publication de leurs jugemens hors de l'enceinte de leur auditoire. Cass., 7 juillet 1809, Sir., X, 1, 85; Bull crim, XIV, 246. — Ni condamner de faux temoins à la peine d'emprisonnement. Cass., 13 novembre 1806, Sir., XX, 1, 510, Bull. crim, XI, 329. — Un tribunal de police, saisi comme tel, ne peut se convertir en tribunal de paix, encore que la partie et le ministère public ne concluent a l'application d'aucune peine. Cass, 17 août 1809, Sir., X, 1, 294; Bull. crim., XIV, 294. — Le renvoi d'une affaire a un tribunal de police n'oblige pas ce tribunal à en connaître, si elle n'est pas réellement de sa competence. Cass, 11 février 1808, Sir, IX, 1, 232

Voyez encore, sur diverses questions auxquelles peut donner lieu la competence du tribunal de police, les notes qui accompagnent les art. 10 du tit. III, et 5 du tit. IV, du décret du 16—24 août 1790, sur l'organisation judiciaire; et dans la *Table tricennale* de Sirey, v° *Tribunal de police*, nos 18 et suiv., plusieurs décisions rendues pour l'application de l'art. 137 du Code d'instruction criminelle de 1808, lequel élève la competence des tribunaux de police à quinze francs d'amende et cinq jours d'emprisonnement.

(1) Les tribunaux de police ne peuvent condamner à des dommages-intérêts qu'accessoirement à une peine, si donc aucune peine n'est prononcée, les dommages-intérêts ne peuvent être accordés Cass, 31 août 1810, Sir., XI, 1, 135, Bull. crim, XV, 225. — Par suite, les tribunaux de police ne peuvent, en matière d'injures verbales, condamner a des dommages-intérêts celui auquel ils font remise de l'amende ou de l'emprisonnement. Cass., 20 nivose an 13, Sir, VII, 2, 910; Bull. crim, X, 98. — Les tribunaux de police ne peuvent condamner a des dommages-interêts applicables aux pauvres. Cass., 17 floreal an 9, Sir., I, 1, 434; Bull. crim., VI, 314. — Jugé, au contraire, que les dommages-interêts accordés à une partie peuvent, sur sa demande,

155. La citation est notifiée par un huissier qui en laisse une copie au prévenu (1).

156. Néanmoins les parties peuvent comparaître volontairement, ou sur un simple avertissement, sans qu'il soit besoin de citation (2).

157. La citation est donnée a jour et heure fixes. — Il ne peut y avoir entre la citation et la comparution un intervalle moindre de vingt-quatre heures.

158. Si la personne citée ne comparaît pas au jour et à l'heure fixés par la citation, elle est jugée par défaut.

159. La condamnation par défaut est comme non avenue, si, dans les dix jours de la signification qui en a été faite à la personne citée, celle-ci se présente et demande à être entendue (3).—Néanmoins les frais de la signification du jugement par défaut demeurent à sa charge.

160. Si la personne citée ne comparaît pas dans les dix jours de la signification du jugement par défaut, ce jugement demeure définitif (4).

161. La personne citée comparaît par elle-même ou par un fondé de procuration spéciale, sans pouvoir être assistée d'un défenseur officieux ou conseil (5).

être appliques au profit des pauvres Cass., 26 pluviose an 12, Sir., XX, 1, 487. — Jugé encore, et en these generale, que les tribunaux ne peuvent adjuger des dommages-intérêts qu'aux parties lesées et sur leur provocation. Cass., 21 novembre 1807, Sir., XVI, 1, 255; Bull. crim., XI, 346. —Les tribunaux de police ne peuvent connaître des difficultés qui s'elevent sur l'execution d'une condamnation à des dommages-intérêts par eux prononcée; ces contestations sont de la compétence du tribunal civil. Cass., 28 mars 1807, Sir., VII, 2, 703; Bull. crim, XII, 123.

(1) Les citations devant le tribunal de police doivent être notifiées par l'huissier de la justice de paix; lui seul a ce droit. Cass., 2 frimaire an 13, Sir., V, 2, 48 —Toutefois, la citation donnée par un huissier de l'arrondissement, autre que celui de la justice de paix du domicile du prevenu, n'est pas nulle. Cass., 23 mai 1817, Sir, XVIII, 1, 57; Bull crim., XII, 106. — Juge encore que, dans ce cas, le tribunal de police ne peut annuler d'office la citation, qui doit servir comme avertissement, lorsque la partie est présente. Cass., 23 février 1815, Sir, XV, 1, 222; Bull. crim, XX, 19.

Il n'est pas nécessaire, à peine de nullité, que la citation soit motivée. Cass., 11 février 1808, Sir., IX, 1, 233; Bull. crim, XIII, 55. — Idem, il suffit qu'elle porte assignation à comparaître tel jour et telle heure, pour se voir condamner a telle pe ne resultant de la contravention a telle loi ou reglement. Cass., 29 août 1806, Sir., VII, 2, 829; Bull. crim., XI, 250.—Jugé encore que, lorsqu'un tribunal de police a refusé d'instruire sur une plainte, par le motif qu'il ne la trouvait pas précisée, cette decision peut donner lieu à cassation. Cass., 24 novembre 1808, Sir., IX, 1, 399; Bull. crim., XIII, 489.—Jugé aussi, sous l'empire du Code d'instruction criminelle de 1808, qu'un tribunal de police ne peut se dispenser de statuer sur un fait de contravention à un arrêté municipal, sous prétexte que ce fait n'est pas expressément énoncé dans la citation donnée au prévenu, lorsque la citation se réfère elle-même à un proces-verbal qui énonce ce fait. Cass, 7 août 1829, Sir, XXIX, 1, 437; Bull. crim, XXXIV, 464. — Il n'est pas besoin, pour citer une partie devant la justice de paix, d'obtenir préalablement une cédule. Cass., 2 brumaire an 14, Dall., Collect. alphab., VII, 710; Bull. crim, X, 417.

(2) Un tribunal de police ne pouvant être saisi que par une citation faite à la requête du ministère public ou de la partie civile, il s'ensuit qu'il ne peut statuer sur une contravention de sa competence qui lui est deferée par un garde champêtre. Cass., 23 juillet 1807, Sir., XVI, 1, 255; Bull. crim., XII, 302.

(3 et 4) Sous l'empire de ces dispositions, l'opposition à un jugement par défaut du tribunal de police n'etait plus recevable dix jours après la signification, quoique ce jugement ne se trouvât pas signé des juges. Cass., 29 messidor an 8, Sir., I, 2, 254. — Pour former cette opposition, il n'etait pas nécessaire que le condamné se presentât à l'audience dans les dix jours de la signification du jugement; il pouvait former opposition par un acte pur et simple signifié avant les dix jours, mais non comparaitre après ce delai. Cass., 19 messidor an 8, Sir, I, 2, 257 et 482; Bull. crim, V, 231. — L'opposition etait recevable contre un jugement qui statuait sur la compétence, aussi bien que contre un jugement qui statuait sur le fond; et elle pouvait être formée avant la signification du jugement. Cass., 10 novembre 1808, Bull. crim., XIII, 472.

(5) Sous l'empire de cette disposition, la partie citée devant le tribunal de police devait y comparaître en personne ou par un fondé de pouvoir: elle ne pouvait se faire assister d'un de-

162. L'instruction de chaque affaire est publique, et se fait dans l'ordre suivant : — Les procès-verbaux, s'il y en a, sont lus par le greffier ; — Les témoins, s'il en a été appelé par le commissaire du pouvoir exécutif, sont entendus ; — La personne citée propose sa défense, et fait entendre ses témoins, si elle en a amené ou fait citer (1) ; — Le commissaire du pouvoir exécutif résume l'affaire et donne ses conclusions (2) ;—Le tribunal prononce ensuite dans la même audience, ou au plus tard dans la suivante ; — Il motive son jugement, et y insère les termes de la loi qu'il applique (3); — Le tout à peine de nullité.

---

fenseur officieux ou conseil. Cass., 8 août 1807, Sir., VIII, 1, 56; Bull. crim., XII, 433. — Il était permis au prévenu qui ne comparaissait pas en personne, de se faire représenter par un avocat, comme fondé de pouvoir spécial. Cass., 31 octobre 1806, Sir., VII, 2, 800; Bull. crim., XI, 310. — L'art 162 du Code d'instruction criminelle de 1808 a modifié l'art. 161 du Code de brumaire; en telle sorte qu'aujourd'hui l'inculpé qui comparaît en personne devant le tribunal de police, peut se faire assister d'un défenseur ou conseil. Cass., 20 novembre 1823, Sir., XXIV, 1, 88; Bull. crim., XXVIII, 434.

(1) Voyez les art. 153 et 163 du Cod. inst. crim. de 1808, qui reproduisent le présent article. Est nulle une condamnation prononcée par le tribunal de simple police à la vue d'une information écrite, et sans que les témoins aient déposé en public. Cass., 29 décembre 1815, Sir., XVI, 1, 201; Bull. crim, XX, 147. — Par exemple, sur la simple lecture d'un procès-verbal de depositions de temoins dressé par le magistrat de sûreté. Cass., 24 mai 1811, Sir., XII, 1, 63; Bull. crim., XVI, 160. — Les tribunaux de police ne peuvent refuser d'entendre les témoins amenés volontairement par les parties, sur le fondement que ces témoins n'auraient pas été cités. Cass., 15 fevrier 1811, Sir., XVI, 1, 296; Bull. crim., XVI, 34.—Ils ne peuvent non plus prononcer l'acquittement des prévenus, sans entendre les temoins produits par les parties civiles. Cass., 24 novembre 1808, Sir., IX, 1, 399; Bull. crim., XIII, 489. — Le greffier d'un tribunal de simple police peut être entendu comme témoin dans une affaire portée devant ce tribunal Cass., 2 février 1809, Sir, VII, 2, 1221.

(2) Est radicalement nul un jugement de simple police rendu sans conclusions préalables du ministère public. Cass., 21 avril 1808, Sir., XVI, 1, 288; Bull. crim., XIII, 175; et 8 juillet 1813, Sir., XVI, 1, 288; Bull. crim., XVIII, 373. — Jugé au contraire,' que le défaut de conclusions du ministère public n'emporte pas la nullité du jugement. Cass., 23 juillet 1813, Sir., XVII, 1, 324. — Mais cette jurisprudence n'a pas prévalu, et la nullité des jugemens prononcés par les tribunaux de simple police, sans audition préalable du ministère public, a été de nouveau proclamée par arrêts de cassation des 3 mars 1814 (Sir., XIV, 1, 141; Bull. crim., XIX, 37), et 15 octobre 1818 (Dall., Collect. alphab., XI, 29).—Il y a même nullité du jugement, si les tribunaux de simple police statuent sur une simple exception d'incompétence, sans audition préalable du ministère public. Cass., 16 mars 1809, Sir., X, 1, 354; Bull crim., XIV, 116. — Ou si les témoins ont été entendus en l'absence du ministère public. Cass., 23 thermidor an 11, Dall., Collect. alphab., XI, 28; Bull. crim, VIII, 341. — Jugé encore que, lorsque l'officier du ministère public est absent de l'audience, le tribunal de police doit le faire inviter à s'y rendre, s'il s'y refuse, il doit le faire remplacer: dans aucun cas le refus ne peut autoriser le tribunal à statuer sans réquisition préalable Cass., 8 octobre 1808, Sir., XVI, 1, 264; Bull crim., XIII, 430. — Toutefois, lorsqu'une demande en reparation de dommages a été formée au tribunal de police, et que l'officier du min stère public refuse de donner ses conclusions sur l'affaire, le tribunal peut statuer sur l'action privée, d'après le résultat de l'instruction publique. Cass., 17 août 1809, Sir., VII, 2, 850; Bull crim, XIV, 299. — Le tribunal de police n'est pas tenu de déférer à une réquisition du prevenu tendant à ce que les conclusions du ministère public soient insérées dans le jugement. Cass., 7 mai 1808, Sir., XVII, 1, 341.

Voyez encore, sur la necessité de l'audition du ministère public, les notes étendues qui accompagnent l'art. 3 du tit. VIII du decret du 16—24 août 1790, sur l'organisation judiciaire.

(3) Les jugemens de simple police doivent être rendus publiquement, à peine de nullité. Cass., 23 et 30 octobre 1823, Sir., XXIV, 1, 130 et 252; Bull. crim, XXVIII, 405 et 410. — Ils doivent aussi, à peine de nullité, constater qu'ils ont été rendus publiquement. Cass., 15 décembre 1827, Sir., XXVIII, 1, 216; Bull. crim., XXXII, 490. — Enoncer qu'un jugement a été rendu en audience de police, ce n'est pas constater qu'il a été rendu publiquement. Cass., 30 mars 1832, Sir., XXXII, 1, 677; Bull crim., XXXVII, 173. — Idem, lorsqu'il est dit que le jugement a été rendu au lieu ordinaire des audiences. Cass., arrêts précités des 23 et 30 octobre 1823. — Idem, lorsqu'il est dit Fait et prononce audience tenante dans la salle d'audience Cass., 1er décembre 1827, Sir., XXVIII, 1, 198; Bull. crim., XXXII, 906.

Les jugemens des tribunaux de police doivent être motivés. Cass., arrêt précité du 29 fevrier

163. Les dispositions des articles 440, 441, 442, 443, 447, 448, 449, 450, 451, 452, 455, 456 et 457, relatives au recours en cassation contre les jugemens des tribunaux criminels, sont communes au recours en cassation contre les jugemens des tribunaux de police.

164. Le juge de paix règle le nombre et les jours des audiences du tribunal de police d'après celui des affaires ; en observant que toute affaire de nature à être jugée d'après les dispositions du présent titre, doit l'être au plus tard dans les quinze jours qui suivent la remise que le commissaire de police a faite des pièces au commissaire du pouvoir exécutif, en exécution de l'article 29.

165. Le 1er et le 16 de chaque mois, le juge de paix envoie au directeur du jury l'extrait des jugemens que le tribunal de police a rendus dans les quinze jours précédens. — Le directeur du jury le dépose au greffe du tribunal correctionnel, pour servir de renseignement sur les délinquans, en cas de récidive. — Il en rend un compte sommaire à l'accusateur public.

166. Le greffier et les huissiers du juge de paix servent auprès du tribunal de police.

TITRE II. — Des tribunaux correctionnels (1).

167. *Il y a par département trois tribunaux correctionnels au moins, et six au plus.* (Art. 233 de l'acte constitutionnel)

168. Les tribunaux correctionnels, outre l'attribution contenue dans l'article 13, connaissent de tous les délits dont la peine n'est ni infamante ni afflictive, et néanmoins excède la valeur de trois journées de travail ou trois jours d'emprisonnement (2).

1828, SIR., XXVIII, 1, 315 ; Bull. crim., XXXIII, 140 ; et 10 novembre 1826, SIR., XXVII, 1, 373 ; Bull crim., XXXI, 624.

Les jugemens de simple police doivent contenir, à peine de nullité, les termes de la loi appliquée. Cass., 3 septembre 1807, SIR., XX, 1, 501, Bull. crim., XII, 370 ; 18 décembre 1812, SIR., XIII, 1, 195 ; Bull crim., XVII, 551 ; et 25 mars 1825, SIR., XXVI, 1, 58 ; Bull. crim., XXX, 157. — Ou d'un reglement administratif, si c'est a un reglement qu'il a été contrevenu. Cass., 11 octobre 1810, SIR., XI, 1, 13 ; Bull crim., XV, 246.—Toutefois, cette obligation ne doit être rigoureusement observee que dans les cas où, a un fait spécifiquement déterminé, est attachée une peine spéciale. Cass., 19 décembre 1822, SIR., XXIII, 1, 57, Bull. crim., XXVII, 532.—Et elle ne s'applique pas au cas ou les tribunaux de police se bornent a condamner aux frais la partie plaignante, et ne prononcent aucune peine contre les prévenus qu'ils renvoient absous faute de preuves. Cass., 18 mars 1808, SIR., VII 2, 1053.

(1) Voyez, sur l'organisation des tribunaux correctionnels et la forme de procéder devant eux, les art. 43 et suiv. du tit. II du décret du 19—22 juillet 1791, la loi du 27 ventose an 8 (18 mars 1800), art. 7, qui remplace les tribunaux correctionnels speciaux par les tribunaux d'arrondissement ; la loi du 7 pluviose an 9 27 janvier 1801), concernant la poursuite des délits en matière correctionnelle ; le Code d'instruction criminelle de 1808, art. 137 à 217 ; le décret du 2 février 1809, concernant le mode d'instruction des affaires criminelles jusqu'au 1er janvier 1810 ; celui du 18 juin 1811, contenant reglement pour l'administration de la justice, en matière de police correctionnelle ; et celui du 7 avril 1813, qui modifie quelques dispositions de ce dernier decret. — Voyez en outre les lois spéciales citées dans le cours des annotations qui vont suivre.

(2) Voyez, sur la compétence des tribunaux correctionnels, l'art. 179 du Code d'instruction criminelle de 1808 ; la loi du 25—25 juin 1824, portant renvoi à ces tribunaux de plusieurs cas auparavant jugés par les cours d'assises ; et la loi du 28 avril—1er mai 1832, où les dispositions de celle-ci se trouvent refondues.

Les tribunaux correctionnels sont compétens, à l'exclusion des tribunaux de police simple, pour connaître des délits forestiers, quelle que soit la peine à prononcer. Cass., 16 frimaire an 14, SIR., VII, 2, 807 ; Bull. crim, X, 478. — Des délits de chasse, toutes les fois que l'amende excède la valeur de trois journées de travail. Cass., 10 octobre 1806, SIR., VII, 2, 824 ; Bull. crim., XI, 274. — Des délits d'usurpation, dégradation et détérioration des chemins publics. Cass., 14 brumaire an 11, SIR., III, 2, 391 ; Bull. crim, VIII, 60 ; 4 pluviose an 13, SIR., XX, 1, 472 ; Bull. crim., X, 113 ; 28 décembre 1809, SIR., X, 1, 263 ; Bull. crim, XIV, 398 ; et plusieurs autres arrêts. — Des coups et blessures non caractérisés. Cass., 16 floréal an 13, SIR., V, 2, 69. — Du

21.

169. *Chaque tribunal correctionnel est composé d'un président, de deux juges de paix ou assesseurs de juge de paix de la commune où le tribunal est établi, d'un commissaire nommé et destituable par le directoire exécutif, et d'un greffier.* (Art. 234 de l'acte constitutionnel.)

170. Le greffier est nommé par le président et les deux juges de paix ou assesseurs de juge de paix en activité de service au tribunal, qui le destituent à volonté.

---

délit de dépaissance sur le terrain d'autrui. Cass., 14 octobre 1826, Sir., XXVII, 1, 144; Bull. crim, XXVI, 579. — Ou des délits de pâturage en lieu prohibé, lorsque l'amende excède le taux de la compétence des tribunaux de police. Cass., 29 fructidor an 11, Sir, VII, 2, 808; Bull crim., VIII, 358. — De l'effraction faite sans intention de voler. Cass., 22 octobre 1807, Sir., VII, 2, 279. — Des délits relatifs à la police des grains. Loi du 26 ventose an 5 (16 mars 1797), art. 6; et ordonnance du 18 décembre 1814—7 janvier 1815, art. 3 — Des injures prononcées contre les fonctionnaires publics, à l'occasion de l'exercice de leurs fonctions. Cass., 7 nivose an 13, Sir., VII, 2, 1015; et 28 décembre 1807, Sir., VII, 2, 1017. — Ou d'insultes commises envers ces fonctionnaires. Cass, arrêt précité du 3 septembre 1807, Sir., XX, 1, 501; Bull. crim., XII, 370; et 7 septembre 1809, Sir., XVII, 2, 247. — Des délits relatifs à la police des maisons de prêt. Loi du 16—26 pluviose an 12 (6—16 février 1804). — Des délits d'usurpation des marques des fabricans. Cass, 8 décembre 1827, Sir, XXVIII, 1, 255. — Des délits de pêche. Arr. du cons, 11 janvier 1826, Sir., XXVI, 2, 349; et Cass., 26 juillet 1827, Sir., XXVIII, 1, 29; Bull crim., XXII, 630; et loi du 15—27 avril 1829. — Du fait d'avoir coupé de l'herbe sur la propriété d'autrui et de se l'etre appropriée, fait punissable d'une amende egale au dedommagement, et pouvant donner lieu a une condamnation excedant les limites de la compétence des tribunaux de police. Cass., 17 juin 1825, Sir., XXVI, 1, 165 ; Bull. crim, XXX, 322.

Mais les tribunaux correctionnels sont incompetens pour connaître d'un délit qui, quoique rentrant dans la limite de leurs attributions, entraine contre un ou plusieurs des auteurs, coupables par récidive, des peines afflictives et infamantes. Cass., 3 pluviose an 8, Sir., I, 2, 650, Bull. crim., IV, 481. — Ou pour connaître d'un faux incident. Cass., 6 janvier 1809, Sir., IX, 1, 266; Bull. crim., XIV, 4. — Des contraventions aux reglemens sur les bureaux de pesage, mesurage et jaugeage, hors les cas de vente a faux poids ou a fausse mesure. Cass., 15 mars 1822, Sir., XXII, 1, 213; Bull crim, XXVII, 117. — Des contraventions au réglement du 21 nivose an 6, relatif aux prêteurs sur gages Cass., 3 nivose an 11, Sir., III, 2, 395; Bull. crim., VIII, 99. — Le tribunal correctionnel saisi de la connaissance d'un délit, ne peut statuer sur des questions civiles qu'autant qu'elles ont une connexité nécessaire avec le délit dénoncé. Cass, 24 messidor an 13, Sir., XX, 1, 502.

Sous l'empire du Code de brumaire an 4, on jugeait que les tribunaux correctionnels pouvaient se declarer incompetens pour statuer sur un delit, nonobstant le renvoi du prévenu devant eux par le directeur du jury. Cass., 17 ventose an 12, Sir , IV, 2, 314; Bull. crim., IX, 124; et 8 novembre 1809, Sir., X, 1, 42. — Sous l'empire du Code d'instruction criminelle de 1808, on a jugé dans le même sens, à l'egard du renvoi fait aux tribunaux correctionnels par ordonnance de la chambre du conseil, ou arrêt de la chambre d'accusation qui a remplacé le jury d'accusation Cass., 15 mai 1812, Sir., XVII, 2, 276; 12 mars 1813, Sir., XIII, 1, 348; Bull. crim, XVIII, 111; et 4 septembre 1813, Sir., XIV, 1, 8; Bull. crim., XVIII, 489.—En conséquence, le tribunal correctionnel reste incompetent pour connaitre d'un fait que la loi qualifie crime. Cass., 21 novembre 1811, Sir., XII, 1, 135, Bull crim, XVI, 305.—Et dans ce cas il doit se déclarer incompetent. Cass , 26 aout 1817, Sir., XVII, 1, 361, Bull. crim., XXII, 207. — Mais il doit se borner a cette declaration d'incompetence, sans renvoyer devant un autre juge. Cass., 11 septembre 1828, Sir., XXIX, 1, 76; Bull crim, XXXIII, 765; et plusieurs autres arrêts.

Sous l'empire du Code de brumaire an 4, on jugeait qu'un arrêt d'une cour de justice criminelle qui, en declarant le delit constant et les prevenus coupables, renvoyait ceux-ci devant le tribunal correctionnel, n'avait pas pour ce tribunal l'autorité de la chose jugée, et ne faisait pas obstacle à l'acquittement des prévenus. Cass, 16 pluviose an 13, Sir., VI, 1, 41 ; Bull. crim., X, 129.— Jugé dans le même sens sous l'empire du Code d'instruction criminelle de 1808. Cass., 27 juin 1811, Sir., XI, 1, 338; Bull. crim., XVI, 184. — Jugé encore que l'arrêt d'une chambre d'accusation, qui a rejeté la prescription opposée par le prevenu et l'a renvoyé à la police correctionnelle, ne fait pas obstacle à ce que le tribunal correctionnel statue de nouveau sur la question de prescription. Cass., 9 octobre 1812, Sir., XVII, 2, 277.

Une procedure faite incompetemment devant un tribunal correctionnel peut, en cause d'appel, être annulée sur le requisitoire du procureur general de la cour de justice criminelle, encore que ce magistrat n'ait pas attaqué, avant le jugement du fond en premiere instance, l'ordonnance du directeur du jury regulatrice de la competence. Cass., 15 janvier 1807, Sir., VII, 2, 233, Bull. crim., XII, 19.

171. *Le président du tribunal correctionnel est pris tous les six mois, et par tour, parmi les membres des sections du tribunal civil du département, les présidens exceptés.* (Art. 23ɔ de l'acte constitutionnel.)

172. En cas de mort ou d'empêchement légitime, il est suppléé par celui des juges du tribunal civil qui le suit immédiatement dans l'ordre du tableau.

173. Si la commune où siége le tribunal correctionnel n'a qu'un juge de paix, ses assesseurs sont appelés à tour de rôle pour tenir lieu du second.— Leur service est réglé de manière qu'il en sorte un chaque mois.

174. S'il y a plus de deux juges de paix dans cette commune, ils font à tour de rôle, et chacun pendant un mois, le service du tribunal correctionnel.

175. Dans aucun cas, un juge de paix ne peut siéger au tribunal correctionn l pour le jugement d'une affaire dans laquelle il a fait les fonctions d'officier de police judiciaire; et, s'il est en tour d'y siéger, il est remplacé momentanément par le juge de paix qui le suit dans l'ordre du tableau, ou, a défaut de juge de paix, par l'assesseur qui est pareillement indiqué par l'ordre du tableau (1).

176. A Paris, le tribunal correctionnel est divisé en deux sections.—Pour cet effet, un vice-président est pris tous les six mois dans le tribunal civil, suivant le mode déterminé par l'article 171, et le directoire exécutif nomme un substitut à son commissaire près le tribunal correctionnel. — Le service des deux sections se fait par quatre juges de paix appelés par le président et le vice-président, dans l'ordre réglé par l'article 174 (2).

177. Il y a dans chaque tribunal correctionnel, et à Paris, dans chaque section de ce tribunal, un commis-greffier et deux huissiers.

178. Le commis-greffier est nommé par les président, vice-président et juges de paix de service, sur la présentation du greffier.

179. Les président, vice président et juges de paix de service nomment directement les huissiers, et les destituent a volonté

180 Le tribunal correctionnel est saisi de la connaissance des délits qui sont de sa compétence, soit par le renvoi que lui en fait le directeur du jury, d'après les règles établies dans le titre suivant, soit par la citation donnée directement au prévenu par la partie plaignante.

181. Dans ce dernier cas, la citation doit contenir la plainte même, qui, dans cette circonstance, n'est sujette a aucune formalité (3).

182. La citation ne peut être signifiée et ne saisit le tribunal correctionnel qu'apres avoir été visée par le directeur du jury. — Le directeur du jury ne la vise qu'après s'être assuré que le délit qui en est l'objet, est de la compétence du tribunal correctionnel.

183. L'audience a lieu sur chaque affaire, dix jours au plus tard, soit après que le directeur du jury en a fait le renvoi au tribunal correctionnel, soit

---

(1) Le juge qui, dans une affaire, a rempli les fonctions de directeur de jury, peut en connaître comme juge de police correctionnelle. Cass., 3 prairial an 11, Sɪʀ , III, ɔ, 483.

(2) Voyez, sur l'organisation du tribunal de police correctionnelle de Paris, les décrets des 11 (6 et)—18 juillet 1791, et 19 vendemiaire an 3 (10 octobre 1794).

(3) Voyez les art. 182 et 183 du Code d'instruction criminelle de 1808. Sous l'empire du Code du 3 brumaire an 4, on jugeait qu'il n'etait pas nécessaire que la citation en police correctionnelle contînt l'observation de toutes les formalités voulues par l'art. 61 du Code de procédure civile; qu'il suffisait de faire connaître l'objet de la citation, le tribunal saisi et les jour et heure de l'audience Cass., 5 mai 1809, Daɪʟ., Collect alphab , VII, 712; Bull crim., XIV, 171 — Jugé dans le même sens, sous l'empire du Code d'instruction criminelle de 1808. Cass., 2 avril 1819, Sɪʀ., XIX, 1, 316; Bull. crim., XXIV, 135.—On jugeait aussi qu'une citation donnée en police correctionnelle pour comparaître trois jours francs après celui de la citation, et en tant que de besoin à toutes les audiences suivantes, n'était pas nulle par le mot f qu'elle était donnée a jour fixe. Cass., 15 fevrier 1808, Sɪʀ , XVI, 1, 263, Bull. crim., XIII, 52.

après la signification faite par un huissier de la citation donnée directement au prévenu par la partie plaignante, à moins que les séances du jury d'accusation n'y mettent obstacle.

184. L'instruction se fait à l'audience; le prévenu y est interrogé; les témoins pour et contre entendus en sa présence; les reproches et les défenses proposés (1); les pièces lues, s'il y en a, et le jugement prononcé de suite, ou au plus tard a l'audience suivante.

185. Les témoins promettent, a l'audience, de parler sans haine et sans crainte, de dire la vérité, toute la vérité, rien que la vérité.—Leurs noms, âge et profession, sont insérés dans le jugement. — Le greffier tient note sommaire de leurs principales déclarations, ainsi que des principaux moyens de défense des prévenus.

186. Les conclusions du commissaire du pouvoir exécutif, celles de la partie plaignante, s'il y en a une, et celles du prévenu, sont fixées par écrit.

187. Il ne se fait aucune autre procédure, sans préjudice du droit qui appartient à chacun d'employer le ministère d'un défenseur officieux.

188. Le dispositif du jugement est divisé en deux parties : — La première déclare les faits dont le prévenu est jugé coupable; — La seconde applique à ces faits la peine portée par la loi. — Le texte de la loi pénale est lu a l'audience par le président, et inséré dans la seconde partie du jugement (2).

189. Toute contravention aux cinq articles précédens emporte nullité.

190. Le jugement est exécuté a la diligence du commissaire du pouvoir exécutif. — Néanmoins, les poursuites pour le paiement des amendes et confiscations qu'il pourrait prononcer, sont faites, au nom du commissaire du pouvoir exécutif, par le directeur de la régie des droits d'enregistrement et domaines.

191. Le commissaire du pouvoir exécutif est tenu, dans les trois jours qui en suivent la prononciation, d'en envoyer un extrait a l'accusateur public près le tribunal criminel du département.

192. Les jugemens du tribunal correctionnel peuvent être attaqués par la voie d'appel (3).

---

(1) Voyez, sur le mode de procéder devant les tribunaux correctionnels, les art. 189 et 190 du Code d'instruction criminelle de 1808.

Sous l'empire du Code de l'an 4, on jugeait que les témoins devaient être entendus oralement à l'audience, et que tout jugement rendu sur la déposition écrite d'un témoin était nul. Cass, 1er messidor an 13, Sir., V, 2, 128 — Que tous les témoins présentes devaient être indistinctement entendus, même ceux contre lesquels des reproches étaient proposes, sauf aux juges a apprécier ces reproches. Cass, 18 juin 1807, Sir, VII, 2, 124; Bull crim., XII, 255.—Que par suite, lorsque le tribunal correctionnel avait refusé d'entendre un témoin sur le motif qu'il était reproché, ce refus entraînait la nullité du jugement, et le moyen pouvait être proposé en cassation, bien que l'irrégularité avant eu lieu en première instance, n'eût pas été relevée en appel. Cass., 14 août 1807, Sir., VII, 2, 1225; Bull. crim., XII, 341.—Que l'art 358 du Code de brumaire an 4, portant défense d'entendre comme témoins les parens et alliés de l'accusé, ne s'appliquait point en matière correctionnelle. Cass., 14 novembre 1806, Sir.. VI, 2, 594; Bull crim., XI, 334; et 10 septembre 1807, Sir., VIII, 1, 48; Bull. crim, XII, 380.—Et les officiers de police judiciaire pouvaient être entendus comme temoins, soit pour expliquer leurs procès-verbaux, soit pour déposer sur des faits qui n'y étaient pas énonces. Cass., 12 juillet 1810, Sir, XVI, 1, 285. Bull. crim., XV, 181. — On jugeait encore que, lorsqu'un procès-verbal était nul dans la forme, le délit qu'il énonçait pouvait être prouvé par temoins. Cass., 28 novembre 1806, Sir., VII, 2, 1147: Bull. crim, XI, 357.

Voyez encore ci-après l'art. 358.

(2) En matière correctionnelle, on ne peut mettre un accusé hors de cour. S'il n'est pas condamné, il doit nécessairement être absous, sans autre addition propre a ternir son honneur, et sans qu'on puisse le condamner en tout ou partie des dépens. Cass., 18 germinal an 10, Bull. crim., VII, 293.

(3) Voyez l'art. 199 du Code d'instruction criminelle de 1808.

Les jugemens des tribunaux correctionnels qui, avant de statuer sur le fond, rejettent un

193. La faculté d'appeler appartient — 1° Au condamné ; — 2° A la partie plaignante ; — 3° Au commissaire du pouvoir exécutif ; — 4° A l'accusateur public près le tribunal criminel du département (1).

194. Le condamné, la partie plaignante, ou le commissaire du pouvoir exécutif, qui veulent appeler, sont tenus d'en passer leur déclaration au greffe du tribunal correctionnel, le dixième jour au plus tard après celui qui suit la prononciation du jugement. — Pendant ces dix jours, il est sursis à l'exécution du jugement (2).

---

exception déclinatoire, sont susceptibles d'appel. Cass., 8 thermidor an 13, Sir., VII, 2, 1030; Bull. crim., X, 333.—Il en est de même de ceux qui sont mal à propos qualifiés en dernier ressort. Cass., 23 messidor an 12, Sir., IV, 2, 151; Bull. crim, IX, 269. — Mais l'appel d'un jugement du tribunal correctionnel qui a prononcé sur une simple contravention, a défaut de demande en renvoi devant le tribunal de police, n'est pas recevable. Paris, 24 avril 1834, Sir., XXXIV, 2, 446.

Voyez, sur les conditions nécessaires pour constituer le dernier ressort, le dernier paragraphe des notes qui accompagnent l'art 5 du tit. IV du décret du 16 — 24 août 1790, sur l'organisation judiciaire.

(1) Voyez l'art. 202, § 5, du Code d'instruction criminelle de 1808.

Sous l'empire du Code de brumaire an 4, on jugeait que les commissaires du gouvernement près les tribunaux criminels n'avaient pas qualité pour interjeter appel des jugemens rendus par les tribunaux de première instance, jugeant correctionnellement, et que ce droit appartenait exclusivement aux commissaires près ces derniers tribunaux Cass., 27 nivose an 10, Sir., II, 2, 376; Bull. crim., VII, 165. —Mais ensuite on a jugé que l'appel susceptible d'être porté à un tribunal chef-lieu de département, peut être interjeté tant par le procureur du roi criminel exerçant dans ce chef-lieu, que par le procureur général près la cour impériale. Cass., 1er juillet 1813, Sir., XVI, 1, 336, Bull. crim., XVIII, 350.

On jugeait également, sous l'empire du Code de brumaire, que les procureurs-généraux près les cours de justice criminelle pouvaient appeler des jugemens correctionnels, encore que ces jugemens eussent été rendus conformément aux conclusions du procureur du roi, le ministère public n'étant pas un et indivisible. Cass., 18 ventose an 12, Sir., IV, 2, 138; Bull. crim., IX, 135; et 18 avril 1806, Sir., VII, 2, 1059. — Jugé dans le même sens, sous l'empire du Code d'instruction criminelle de 1808, qu'il faut un mandat spécial. l'acquittement donné par le procureur du roi à un jugement correctionnel, n'empêche pas que le procureur-général près la cour royale ne puisse en appeler. Cass., 15 décembre 1814, Sir., XV, 1, 88, Bull. crim, XIX, 100; 2 février 1827, Sir., XXVIII, 1, 47; Bull crim., XXVII, 55; et plusieurs autres arrêts — La cour de Metz avait jugé en sens contraire le 30 avril 1819, Sir., XIX, 2, 335.—Mais cette jurisprudence n'a pas prévalu : on a jugé même que le ministère public pouvait interjeter appel d'un jugement rendu conformément à ses conclusions. Cass., 20 novembre 1811, Sir., XII, 1, 128, Bull civ., XIII, 292; et 19 février 1829, Sir., XXIX, 1, 414; Bull crim., XXXIV, 113.

L'appel au nom du condamné par un tiers est valable, encore que ce tiers n'ait pas pouvoir du condamné pour interjeter appel. Cass., 29 ventose an 10, Sir., II, 2, 381; Bull. crim., VII, 264. — Il n'est pas besoin non plus, dans le cas où une procuration existe, qu'elle soit spéciale. Il suffit qu'elle renferme en général le pouvoir d'appeler de tous jugemens. Cass., 5 septembre 1806, Sir., VII, 2, 32. — Jugé au contraire, sous l'empire du Code d'instruction criminelle de 1808, qu'il faut un mandat spécial Cass., 12 septembre 1812, Sir., XVI, 1, 456. — L'appel peut être interjeté, sans pouvoir spécial, par un avoué exerçant près le tribunal correctionnel. Cass., 23 avril 1813, Sir., XVI, 1, 456. — Mais il ne peut l'être valablement par l'avocat non mandataire. Cass., 8 octobre 1829, Sir., XXIX, 1, 433; Bull. crim, XXXIV, 543.—L'adhésion donnée par le commissaire du gouvernement à l'appel qu'interjette un tiers a l'effet d'un véritable appel, et cet appel subsiste, encore que celui du tiers soit déclaré nul. Cass., 23 nivose an 11, Sir., III, 2, 399; Bull crim., VIII, 116.

En matière correctionnelle, la partie civile a le droit d'appeler, encore b en que le ministère public n'appelle pas. Cass, 17 mars 1814, Sir., VII, 1, 120; Bu l. crim, XIX, 42.—Mais elle n'a pas le droit d'appeler d'un jugement rendu sur la poursuite du m inistère public, lors qu'elle n'est pas intervenue en première instance. Cass, 13 mars 1806, Sir., VII, 2, 1039, Bull crim, XI, 63.

Voyez, sur l'effet de l'appel interjeté par la partie civile, les notes qui accompagnent les art. 4 et 5 du présent code, in fine.

(2) Voyez l'art. 203 du Code d'instruction criminelle de 1808, conforme.

Sous l'empire de cette disposition, le jour du jugement n'était pas compris dans le délai de l'appel. Cass., 9 frimaire an 14, Sir., VI, 2, 519; Bull. crim., X, 462.— Ni le jour qui suivait la prononciation du jugement. Cass., 17 ventose an 12, Sir., IV, 2, 94 et 770; Bull. crim, IX, 132.— Il n'y avait pas déchéance par cela seul que la requête d'appel n'avait été enregistrée qu'après les dix jours, si elle avait été remise au greffe dans le délai. Cass., 8 thermidor an 8, Sir., I, 2, 265 ; Bull.

195. La requête contenant les moyens d'appel est remise au greffe du tribunal correctionnel, dans les dix jours accordés par la loi pour appeler. — Elle est signée de l'appelant ou de son fondé de pouvoir. — Dans ce dernier cas, le pouvoir est joint à la requête d'appel.—Le tout à peine de déchéance de l'appel (1).

196. La requête d'appel est envoyée par le commissaire du pouvoir exécutif au greffe du tribunal criminel du département, le lendemain de la remise qui en a été faite au greffe du tribunal correctionnel (2).

197. L'appel émis par l'accusateur public n'est pas sujet aux dispositions des trois articles précédens (3). — L'accusateur public a, pour le notifier au prévenu, soit que celui-ci ait été condamné, soit qu'il ait été acquitté, un délai d'un mois, à compter du jour de la prononciation du jugement (4).

crim., V, 286. — Lorsque le jugement était rendu par defaut, le délai de dix jours ne courait qu'a partir de la signification faite au condamné, à personne ou domicile. Cass., 13 fructidor an 7, Sir., VII, 2, 786; Bull. crim., III, 304; et 9 mai 1806, Sir., VI, 2, 896. — *Idem*, sous l'empire du Code d'instruction criminelle de 1808. Cass., 22 janvier 1825, Sir., XXV, 1, 318; et Paris, 27 mai 1829, Sir., XXIX, 2, 241. — Cet appel ne pouvait être interjeté qu'après l'expiration des delais de l'opposition. Avis du cons., 11 et 18 février 1806. voyez à sa date. — Jugé en sens contraire, sous l'empire du Code d'instruction criminelle de 1808. Cass., 19 avril et 31 mai 1833, Sir., XXXIII, 712 et 713; Bull. crim., XXXVIII, 185 et 266. — N'etait pas repute par defaut le jugement prononce au defenseur du prevenu, surtout lorsqu'il était constant que le prevenu en avait eu connaissance. Cass., 8 brumaire an 9, Sir, I, 2, 273; Bull. crim., VI, 71. — Le certificat du greffier d'un tribunal correctionnel attestant que le condamne a declaré son appel dans le delai de dix jours, ne fait foi à cet égard qu'autant que le certificat lui-même a été delivre dans le delai de l'appel. Cass., 22 janvier 1813, Sir., XVI, 1, 311. Bull. crim., XVIII, 14. — La decheance peut être proposée en tout etat de cause contre le prevenu qui n'a pas appelé dans le delai. Cass., 20 mars 1812, Sir., XII, 1, 383; Bull crim, XVII, 121 — L'appel des jugemens purement preparatoires ne doit être interjeté qu'après le jugement definitif, et conjointement avec l'appel de ce jugement. Cass, arrêt precite du 22 janvier 1825, Sir., XXV, 1, 318.

(1) Voyez l'art. 204 du Code d'instruction criminelle de 1808.
La requête d'appel remise au greffe dans le temps et avec les formalités voulues par la loi, tenait lieu de la declaration d'appel. Cass., 19 juin 1806, Sir., VII, 2, 786; Bull. crim., XI, 165. — Cette requête devait être déposée au greffe du tribunal correctionnel, à peine de décheance; on ne pouvait la deposer au greffe de la cour criminelle Cass, 24 germinal an 13, Sir., XX, 1. 462. — Elle devait, a peine de nullite, contenir les griefs de l'appelant. Cass., 3 janvier 1806, Sir., VI, 2, 920. — Même lorsque l'appel était interjeté par le ministère public. Cass., 22 germinal an 12, Sir., IV, 2, 166; Bull. crim., IX, 161. — Juge, au contraire, mais sous l'empire du Code d'instruction criminelle de 1808, que l'appelant a la faculte, mais n'est pas tenu de produire ses griefs d'appel. Cass., 29 juin 1815, Sir., XV, 1, 417; Bull crim, XX, 83. — Le depôt de la requête au greffe rend l'instance contradictoire avec l'appelant, et l'arrêt qui intervient n'est plus susceptible d'opposition. Cass, 15 frimaire an 13, Sir, VII, 2, 1053; et 15 fructidor an 13, Sir., VII, 2, 1053, Bull. crim., X, 361.

(2) Voyez l'art. 207 du Code d'instruction criminelle de 1808.

(3) Nonobstant cette disposition, l'appel interjeté par le ministère public d'un jugement qui acquittait le prevenu de plusieurs delits distincts, devait être annulé d o lice par la cour d'appel, s'il ne portait pas distinctement sur chacun des delits. Cass., 19 decembre 1807, Sir., VII, 1, 556; Bull. crim, XII, 508.

(4) Voyez l'art. 205 du Code d'instruction criminelle de 1808.
Ce delai s'appliquait aux jugemens par defaut comme aux jugemens contradictoires. Cass., 15 avril 1808, Sir., IX, 1, 381; Bull. crim, XIII, 162. — La notification était valablement faite le trente-unieme jour apres celui de la prononciation du jugement. Cass., 28 fructidor an 12, Sir, XX, 1, 461. — Lorsqu'il est constant que l'acte d'appel a ete connu de l'intime, cet acte ne peut être declare nul pour defaut de signification à personne ou domicile, les lois sur la procedure civile n'etant pas rigoureusement applicables aux matières criminelles correctionnelles et de police. Cass., 25 mars 1809, Sir, X, 1, 351; Bull. crim, XIV, 122; et 8 juin 1809 Sir., X, 1, 253.— On a même juge que, malgre la disposition du Code d'instruction criminelle de 1808 qui, de même que celle de l'art. 197 du Code de brumaire, veut que l'appel soit notifié au prévenu, cette notification n'est pas essentielle pour la regularite de l'appel. Cass., 21 janvier 1814, Sir., XIV, 1, 188; Bull. cr m., XIV, 15 — Que le ministere public peut même interjeter appel a l'audience du tribunal superieur, et en presence du prevenu. Cass., 20 fevrier 1812, Sir, XII,

198. L'appel est porté devant le tribunal criminel du département (1).

199. Il est jugé a l'audience, sur un rapport fait par l'un des juges, a peine de nullité. — Ce rapport se fait dans le mois de la notification de l'appel (2).

200. Le prévenu, soit qu'il ait été condamné ou acquitté, la partie plaignante, l'accusateur public et le commissaire du pouvoir exécutif près le tribunal criminel, sont entendus a la suite du rapport, et avant que le rapporteur et les autres juges émettent leur opinion; le tout a peine de nullité. — Les témoins peuvent être entendus de nouveau, si le prevenu ou l'accusateur public le requièrent (3).

201. Le tribunal criminel rejette la requête d'appel, ou annule le jugement. — Dans l'un et l'autre cas, il motive sa décision (4).

202. Si le jugement est annulé pour violation ou omission de formes prescrites par la loi a peine de nullité, ou pour incompétence à raison du lieu du délit ou de la résidence du prévenu, le tribunal criminel renvoie le proces à un autre tribunal correctionnel du même département, pour y être

1, 333; Bull. crim., XVII, 62; et plusieurs autres arrêts. — Toutefois on ne peut, en matière correctionnelle, interpter, comme en matière civile, appel incident en tout état de cause et sans égard aux delais. Cass., 18 mars 1809, Sir., IX, 1, 271.—Ainsi, le ministere public qui n'a point appelé dans le delai, ne peut appeler incidemment sur l'appel regulièrement émis par la partie condamnee. Cass., 27 décembre 1811, Sir., XVII, 1, 325. — Mais il le peut, s'il est encore dans le delai. Bordeaux, 21 juillet 1830, Sir., XXXI, 2, 236.

(1) Modifié par l'art. 200 du Code d'instruction criminelle de 1808.

On ne doit point considérer comme jugemens rendus en matière correctionnelle, ceux des tribunaux d'arrondissement qui infligent aux personnes par lesquelles ils ont ete injuriés dans leurs fonctions, les peines portées par l'art. 91 du Code de procedure civile; en consequence, l'appel de ces jugemens ne peut être porté aux cours de justice criminelle. Cass., 23 octobre 1806, Sir., VI, 2, 687.

(2) Voyez les art. 209 et 210 du Code d'instruction criminelle de 1808.

Il n'est pas necessaire, à peine de nullité, que le rapport soit fait dans le mois de la notification de l'appel. Cass., 8 thermidor an 8, Sir., I, 2, 266; Bull. crim., V, 286. — Si le rapport a précédé un jugement par défaut, il doit être renouvelé lors du jugement sur l'opposition, lorsque l'un des juges qui concourent à ce dernier jugement n'etait pas present au premier. Cass., 22 octobre 1807, Sir., VII, 2, 1158; Bull. crim., XII, 420.—Le jugement est nul, si tous les juges qui y concourent n'ont pas assisté au rapport. Cass., arrêt precité du 22 octobre 1807, Sir., VII, 2, 283; Bull. crim., XII, 420.

(3) Voyez l'art. 211 du Code d'instruction criminelle de 1808.

En matière correctionnelle, on peut produire sur l'appel des témoins qui n'auraient pas été entendus en première instance. Cass., 28 mars 1807, Sir., VII, 2, 99; Bull. crim., XII, 121. — Jugé encore qu'on peut entendre en appel des témoins qui n'ont pas deposé en première instance, mais dont les declarations devant un juge de paix commis pour les recevoir, ont été lues à l'audience. Cass., 26 pluviose an 13, Sir., VII, 2, 1221.—Jugé aussi que, bien que le prevenu n'ait pas fait entendre de temoins en première instance, il peut en faire entendre en appel. Cass., 6 nivose an 14, Sir., VI, 1, 222; Bull. crim, X, 505.—Le ministere public a la meme faculté en matière forestière. Cass., 9 mai 1807, Sir., VII, 2, 133, Bull crim., XII, 137. — Il n'y a pas nécessité pour les juges superieurs d'entendre de nouveau les temoins produits en première instance, toutes les fois que leur audition est requise par le ministere public ou par les parties. Cass., 18 avril 1806, Sir., VII, 2, 936. — Idem, les juges d'appel peuvent etablir leur conviction sur les notes des dépositions des témoins tenues par le greffier. Cass., 4 août 1820, Sir., XXI, 1, 39. — Jugé, au contraire, que les juges d'appel ne peuvent se dispenser d'entendre de nouveau les témoins produits en première instance, lorsque cette audition est requise par le ministere public et par les parties. Cass., 25 novembre 1824, Sir., XXV, 1, 145; Bull. crim., XXIX, 523.

En matière correctionnelle et sur l'appel, c'est au ministère public à parler le dernier. Cass., arrêt precité du 18 avril 1806, Sir., VII 2, 1059.

(4) Nonobstant cette disposition imperative, on jugeait sous son empire que les jugemens des tribunaux correctionnels n'etaient pas nuls à défaut de motifs. Cass, 28 avril 1807, Sir., VII, 2, 1029. — Jugé en sens contraire. Cass., 29 janvier 1807, Sir., VII, 1, 511; Bull. crim, XII, 45. — Jugé aussi, sous l'empire du Code d'instruction criminelle de 1808, que les jugemens des tribunaux correctionnels doivent être motivés, à peine de nullité. Cass., 22 mai 1812, Sir., XIII, 1, 68; Bull. crim., XVII, 229; et plusieurs autres arrêts.

recommencé à partir du plus ancien des actes dans lesquels il s'est trouvé une nullité (1).

203. Si le jugement est annulé parce que le délit qui s'en trouve l'objet est de nature à mériter peine afflictive ou infamante, le tribunal criminel renvoie le prévenu devant un des directeurs du jury d'accusation du département, autre que celui qui a rendu le jugement et fait l'instruction préalable (2)

204. Si le jugement est annulé pour mal jugé au fond, le tribunal criminel statue lui-même définitivement.

205. Les dispositions des articles 440, 441, 442, 443, 447, 448, 449, 450, 451, 452, 455, 456 et 457, relatives au recours en cassation contre les jugemens des tribunaux criminels rendus sur déclarations de jurés, sont communes au recours en cassation contre les jugemens des mêmes tribunaux rendus sur appel des tribunaux correctionnels.

TITRE III — Des jurys d'accusation et de leurs directeurs (3).

206. Les jurés sont des citoyens appelés à l'occasion d'un délit, pour examiner le fait allégué contre le prévenu ou l'accusé, et décider, d'après les preuves qui leur sont fournies et leur conviction personnelle, si le délit existe, et quel est le coupable.

207. Ils ne sont point fonctionnaires publics; aucun caractère distinctif, aucune marque extérieure ne les désignent à leurs concitoyens comme devant être leurs juges dans telles ou telles circonstances.

208. Les jurés sont appelés, soit pour décider si une accusation doit être admise, soit pour juger si l'accusation est fondée. — La loi les désigne, au premier cas, sous le nom de *jurés d'accusation*; au second, sous celui de *jurés de jugement*.

209. Le concours de huit jurés est nécessaire, à peine de nullité, pour former un *jury d'accusation*.

210. Le jury d'accusation se compose ainsi qu'il est réglé par les titres X, XI et XIII ci-après.

211. *Il y a, dans chaque département, autant de directeurs de jurys d'accusation que de tribunaux correctionnels. — Les présidens des tribunaux correctionnels en sont les directeurs, chacun dans son arrondissement.* (Art. 240 de l'acte constitutionnel.)

(1) Voyez l'art. 1er de la loi du 29 avril 1806, qui déroge à cette disposition; et l'art. 215 du Code d'instruction criminelle de 1808.

La cour criminelle qui déclare non recevable l'appel d'un jugement de police correctionnelle, ne peut annuler ce jugement pour vices de forme. Cass., 12 pluviose an 13, Sir., V, 2, 174; Bull crim, X, 120. — Elle ne peut pas non plus renvoyer la cause à un autre tribunal, sous prétexte que l'instruction faite n'est pas complète; elle doit d'abord prononcer sur le mérite de l'appel, sauf à dénoncer d'office, s'il y a lieu, le nouveau délit qui lui apparaît dans la cause. Cass., 8 frimaire an 14, Sir, XX, 1, 452, Bull. crim, X, 457. — Lorsqu'un tribunal correctionnel s'est déclaré incompétent par le motif que la qualité du prévenu le rend justiciable de l'autorité administrative, ou du moins nécessite une autorisation préalable, la cour doit, au cas d'annulation du jugement, retenir et juger le fond; il n'y a lieu à ordonner le renvoi que lorsqu'un jugement correctionnel est annulé pour cause d'incompétence, à raison du domicile du prévenu, ou à raison du lieu et de la nature du délit. Cass., 21 septembre 1821, Sir., XXII, 1, 3; Bull. crim., XXVI, 424.

(2) Voyez l'art. 214 Code d'instruction criminelle de 1808.

(3) Ces jurys d'accusation n'existent plus: ils ont été remplacés par les chambres d'accusation des cours royales.—Voyez les art. 217 et suiv du Code d'instruction criminelle de 1808, et les lois relatives aux jurés d'accusation, citées dans les notes qui accompagnent le décret du 16—29 septembre 1791, sur la procédure criminelle; et spécialement la loi du 7 pluviose an 9 (27 janvier 1801), art. 8 et suiv., qui déterminent les fonctions des directeurs du jury.

212. A Paris, le jury d'accusation a huit directeurs, qui sont pris dans le tribunal civil, suivant le mode réglé par l'article 171, y compris le président et le vice-président du tribunal correctionnel.

213. *Les fonctions de commissaire du pouvoir exécutif et de greffier près le directeur du jury d'accusation, sont remplies par le commissaire du pouvoir exécutif et par le greffier du tribunal correctionnel.* (Art. 241 de l'acte constitutionnel.)

214. A Paris, le commissaire du pouvoir exécutif près le tribunal correctionnel a un substitut spécialement attaché aux directeurs du jury.—Dans la même commune, les directeurs du jury qui ne sont pas attachés au tribunal correctionnel, concourent avec les membres de ce tribunal à la nomination et à la destitution du greffier.

215. Tout directeur du jury tient un registre dans lequel il annote par ordre de dates les *visa* qu'il délivre en exécution de l'article 138.

216. Dans les vingt-quatre heures de la remise qui est faite d'un prévenu dans la maison d'arrêt, le directeur du jury l'interroge, et fait tenir note de ses réponses. — Cette note est tenue par le greffier, qui la signe, ainsi que le directeur du jury.

217. Après avoir entendu le prévenu, s'il est présent, et pris lecture des pièces, le directeur du jury examine d'abord si les formes prescrites par la loi pour la validité du mandat d'arrêt, ont été remplies.—En cas qu'elles ne l'aient pas été, ou s'il trouve que l'officier de police n'était pas compétent d'après les règles prescrites par les articles 76, 77, 78, 79 et 80, il annule le mandat d'arrêt, et en décerne sur-le-champ un nouveau, s'il y a lieu; sinon, il met le prévenu en liberté.

218. Le directeur du jury s'assure ensuite de sa compétence; et s'il trouve que ce n'est pas à lui, mais à un autre directeur de jury que l'affaire devait être adressée d'après les règles prescrites par les articles 70 et 142, il rend une ordonnance pour la renvoyer au directeur du jury compétent, et faire conduire devant lui le prévenu, s'il est présent.

219. Ces préliminaires remplis, si l'affaire a pour objet un délit qui n'emporte pas peine afflictive ni infamante, le directeur du jury rend une ordonnance par laquelle il la renvoie devant le tribunal correctionnel, à moins que le fait ne soit de la compétence du tribunal de police; auquel cas il le renvoie à celui-ci, en cassant le mandat d'arrêt (1).

220. S'il s'agit, au contraire, d'un délit emportant peine afflictive ou infamante, il rend une ordonnance par laquelle il traduit le prévenu devant le jury d'accusation.

221. Les ordonnances mentionnées dans les articles 217, 218, 219 et 220, sont, à peine de nullité, précédées des conclusions du commissaire du pouvoir exécutif. — Le directeur du jury les motive, et il en envoie, dans les trois jours suivans, un extrait à l'accusateur public.

222. Lorsque le délit qui a donné lieu au mandat d'arrêt n'emporte pas une peine afflictive, mais seulement une peine infamante ou moindre, le directeur du jury met provisoirement le prévenu en liberté, si celui-ci le demande, et si, en outre, il donne caution solvable de se représenter à la justice toutes les fois qu'il en sera requis.—Pour cet effet, la caution offerte par le prévenu fait sa soumission, soit au greffe du directeur du jury, soit par-devant notaire, de payer à la république, entre les mains du receveur du

---

(1) L'instruction crim'nelle doit être divisée lorsque plusieurs prévenus du même délit doivent, à raison de leur position particulière, être jugés par divers tribunaux et peuvent être punis de peines différentes. Cass., 1er brumaire an 13, Sir., V, 1, 128.

droit d'enregistrement, une somme de trois mille livres, en cas que le prévenu soit constitué en défaut de se représenter à la justice.—Ce paiement est effectué, le cas arrivant, sur une ordonnance du directeur du jury, rendue d'après la réquisition du commissaire du pouvoir exécutif, au nom duquel le directeur des droits d'enregistrement et domaines en poursuit l'exécution (1).

223. Immédiatement après avoir rendu son ordonnance pour traduire le prévenu devant le jury d'accusation, s'il n'y a point de partie plaignante ou dénonciatrice, le directeur du jury dresse l'acte d'accusation.

224. Dans le cas où il y a une partie plaignante ou dénonciatrice, le directeur du jury ne peut dresser l'acte d'accusation qu'après deux jours révolus depuis l'arrivée du prévenu en la maison d'arrêt, ou depuis la remise des pieces entre les mains de son greffier; mais ce délai passé sans que la partie ait comparu, il est tenu d'agir ainsi qu'il est prescrit par l'article précédent.

225. Si cependant il y a de nouveaux témoins qui n'aient pas été entendus devant l'officier de police judiciaire, le directeur du jury les fait citer devant lui, reçoit leurs déclarations secrètement, et les fait écrire par son greffier (2).

226. Lorsqu'il y a une partie plaignante ou dénonciatrice, et qu'elle se présente au directeur du jury par elle-même ou par un fondé de procuration spéciale, dans le délai fixé par l'article 224, l'acte d'accusation est dressé de concert avec elle.

227. Si le directeur du jury et la partie plaignante ou dénonciatrice ne peuvent s'accorder, soit sur les faits, soit sur la nature de l'acte d'accusation, chacun d'eux rédige séparément son acte d'accusation.

228. Il ne peut être dressé d'acte d'accusation que pour délit emportant peine afflictive ou infamante (3).

---

(1) Voyez la loi du 29 thermidor an 4 (16 août 1795), qui détermine le mode suivant lequel le cautionnement prescrit par cet article doit avoir lieu, le Cod. inst. crim. de 1808, art. 113 et suiv., qui fixent les cas et les formalités de ce cautionnement ; et la circulaire du ministre de la justice du 20 avril 1813, rédigée pour l'exécution des dispositions de ce code (Sir.. XVII, 2 245).
Le prévenu d'un délit emportant peine correctionnelle ne peut obtenir sa liberté provisoire, s'il ne fournit une caution solvable jusqu'à la concurrence déterminée par les lois. Cass., 24 avril 1807, Sir., VII, 2, 707; Bull. crim., XII, 155. — La fixation du cautionnement a trois mille livres faite par l'art. 222 du Code du 3 brumaire an 4, n'a pas rapporté les dispositions antérieures qui, en cas d'appel d'un jugement correctionnel exigent, pour la mise en liberté provisoire, une caution triple de l'amende et des dommages-intérêts prononcés. Cass., 20 pluviose an 12, Sir., IV, 2, 123. — L'ordonnance par laquelle le directeur du jury détermine la somme du cautionnement préalable à une mise en liberté provisoire, est un véritable jugement susceptible de cassation. Cass., 9 juin 1809, Sir., IX, 1, 437; Bull. crim., XIV, 210. — Si le condamné en matière correctionnelle, mis en liberté sous caution, se soustrait par la fuite à l'exécution du jugement, et qu'en conséquence sa caution soit condamnée par une ordonnance du directeur du jury, la cour de justice criminelle n'est pas compétente pour statuer par voie d'appel sur le mérite de cette condamnation. Cass., 1ᵉʳ germinal an 10, Sir, II, 2, 383; Bull crim, VII, 295 — La caution n'est déchargée qu'autant que le prévenu ne se soustrait pas par la fuite à l'exécution du jugement. Même arrêt. — Le cautionnement ne peut être retenu pour garantie de l'amende prononcée contre le cautionné. Douai, 18 août 1830, Sir, XXVI, 2, 223.
(2) Tant que le prévenu reste devant le directeur du jury, il est non recevable à faire preuve des faits justificatifs de délit. Lettre minist., 13 messidor an 4, Sir., VII, 2, 975.
(3) Si un acte d'accusation a été dressé et admis pour un délit emportant peine afflictive et infamante, et pour un autre délit qui n'importe qu'une peine d'emprisonnement, il est nul pour le tout; la cour de justice criminelle qui est saisie ne peut diviser Cass., 5 septembre 1806, Sir., VII, 2, 761; Bull crim., XI, 254.— Jugé encore que, lorsqu'un acte d'accusation porte sur des faits qui n'ont pas un caractère suffisant de criminalité, la cour de cassation peut annuler cet acte, encore que le prévenu et le procureur général ne l'aient pas attaqué lors du débat. Cass., 14 février 1812, Sir., XII, 1, 386.

229. L'acte d'accusation expose le fait et toutes ses circonstances. — Celui ou ceux qui en sont l'objet y sont clairement désignés et dénommés. — La nature du délit y est déterminée avec le plus de précision qu'il est possible (1).

230. L'acte d'accusation n'est présenté au jury qu'après avoir été communiqué au commissaire du pouvoir exécutif, qui y met son vu.

231. S'il a été dressé un procès-verbal qui constate le corps du délit, il est annexé a l'acte d'accusation, qui en fait mention expresse, pour être présenté conjointement au jury (2).

232. Tout acte d'accusation dans lequel n'ont pas été observées les dispositions des articles 224, 226, 227, 228, 229, 230 et 231 ci-dessus, est nul, ainsi que tout ce qui peut s'ensuivre.

233. Lorsque plusieurs prévenus sont impliqués dans la même procédure, ou lorsque plusieurs délits sont imputés au même prévenu, le directeur du jury peut dresser un ou plusieurs actes d'accusation, suivant ce qui résulte des pièces relatives aux différens prévenus ou aux différentes espèces de délits.

234. Néanmoins le directeur du jury ne peut, à peine de nullité, diviser en plusieurs actes d'accusation, à l'égard d'un seul et même individu, soit les différentes branches et circonstances d'un même délit, soit les délits connexes, dont les pièces se trouvent en même temps produites devant lui.

235. Quand l'acte d'accusation est dressé et visé par le commissaire du pouvoir exécutif, des jurés sont appelés pour l'admettre ou le rejeter.—Le mode de leur convocation est déterminé par le titre XI ci-après.

236. Les jurés étant assemblés au jour indiqué, le directeur du jury leur adresse, en présence du commissaire du pouvoir exécutif, les paroles suivantes : —« Citoyens, vous promettez d'examiner avec attention les témoins « et les pièces qui vous seront présentés; d'en garder le secret, de vous ex-« pliquer avec loyauté sur l'acte d'accusation qui va vous être remis, et de « ne suivre ni les mouvemens de la haine ou de la méchanceté, ni ceux de « la crainte ou de l'affection. »—Chacun des jurés répond individuellement : « Je le promets. »

237. Le directeur du jury expose ensuite aux jurés l'objet de l'accusation ; il leur explique avec clarté et simplicité les fonctions qu'ils ont à remplir ; et afin qu'ils ne perdent jamais de vue l'objet de leur mission, il leur fait lecture de l'instruction suivante, qui demeure inscrite en gros caractères dans la salle destinée a leurs délibérations : — « Les jurés d'accusation n'ont

---

(1) L'acte d'accusation est nul pour vice de rédaction quand, au lieu d'une simple exposition des faits et de la précision voulue par la loi, il contient un plaidoyer contre les accusés et tend à aggraver leur position Cass., 4 brumaire an 8, Sir., XXV. 1, 151; Bull. crim., IV, 145. — L'acte d'accusation ne doit pas contenir d'inculpations contre d'autres individus que les prévenus. Cass., 30 frimaire an 12, Sir, IV, 2, 61; Bull. crim., IX, 70. — Toutefois, l'acte d'accusation qui contient des inculpations contre des tiers n'autorise pas une plainte contre le magistrat rédacteur, s'il n'y a de sa part mauvaise foi et envie de nuire. Cass., 24 décembre 1822, Sir., XXV, 1, 151.

Voyez encore, sur la rédaction des actes d'accusation, l'art. 241 du Cod. inst. crim. de 1808.

(2) Les procès-verbaux constatant le corps du délit doivent être annexés a l'acte d'accusation, encore qu'ils contiennent des dépositions de témoins. Cass., 5 thermidor an 10, Sir, II, 2, 399; Bull. crim., VII, 418. — Idem, encore que le fonctionnaire rédacteur ait été entendu comme témoin. Cass., 1er thermidor an 13, Sir., V, 2, 79, Bull. crim., X, 329 — Juge encore que le procès-verbal constatant le délit est moins une déposition qu'une dénonciation, et qu'il doit être annexé a l'acte d'accusation. Cass , 29 vendemiaire an 10, Sir., II, 1, 92. — Il en est de même du procès-verbal fait par un médecin ou par un chirurgien, relativement à un homicide. Il ne suffit pas d'annexer a l'accusation le rapport de l'officier de gendarmerie. Cass., 24 juillet 1807, Sir , VIII, 1, 447; Bull. crim., XII, 306.

« pas à juger si le prévenu est coupable ou non, mais seulement s'il y a déjà
« des preuves suffisantes à l'appui de l'accusation.—Ils apercevront aisément
« le but de leurs fonctions, en se rappelant les motifs qui ont déterminé la
« loi à établir un jury d'accusation. — Ces motifs ont leur base dans le res-
« pect pour la liberté individuelle. La loi, en donnant au ministère actif de
« la police le droit d'arrêter un homme prévenu d'un délit, a borné ce pou-
« voir au seul fait de l'arrestation. — Mais une simple prévention, qui sou-
« vent a pu suffire pour qu'on s'assurât d'un homme, ne suffit pas pour le
« priver de sa liberté pour l'instruction d'un procès, et l'exposer a subir
« l'appareil d'une procédure criminelle.—La loi a prévenu ce dangereux in-
« convénient; et a l'instant même où un homme est arrêté par la police, il
« trouve des moyens faciles et prompts de recouvrer sa liberté, s'il ne l'a
« perdue que par l'effet d'une erreur ou de soupçons mal fondés, ou si son
« arrestation n'est que le fruit de l'intrigue, de la violence, ou d'un abus
« d'autorité. Il faut alors qu'on articule contre lui un fait grave : ce ne
« sont plus de simples soupçons, une simple prévention, mais de fortes
« présomptions, un commencement de preuves déterminantes, qui doi-
« vent provoquer la décision des jurés pour l'admission de l'acte d'accusa-
« tion. »

238. Après la lecture de cette instruction, le directeur du jury, le commissaire du pouvoir exécutif toujours présent, fait celle de l'acte d'accusation et des pièces y relatives, autres que les déclarations des témoins et les
interrogatoires des prévenus.—Les témoins sont ensuite entendus de vive
voix, ainsi que la partie plaignante ou dénonciatrice, si elle est présente.
—Cela fait, le directeur du jury et le commissaire du pouvoir exécutif se
retirent, après avoir remis aux jurés toutes les pièces, à l'exception des
déclarations écrites des témoins et des interrogatoires des prévenus.—Les
jurés restent et délibèrent entre eux sans désemparer.

239. Toute contravention aux articles précédens emporte nullité.

240. Les jurés d'accusation ont pour chef le plus âgé d'entre eux; il les
préside et recueille les voix.

241. Ils n'ont pas le droit d'examiner si le délit porté dans l'acte d'accusation mérite peine afflictive ou infamante.

242. Réciproquement, le directeur du jury n'a pas le droit d'examiner si,
dans une procédure faite par un officier de police judiciaire, relativement
à un délit emportant par sa nature peine afflictive ou infamante, les
circonstances et les preuves sont ou non assez graves pour déterminer une
accusation, et il ne peut, sous ce prétexte, refuser de dresser un acte
d'accusation.

243. Si la majorité des jurés trouve que l'accusation doit être admise,
leur chef met au bas de l'acte cette formule affirmative : *La déclaration du
jury est :* oui, il y a lieu.—Si la majorité des jurés ou seulement quatre
d'entre eux trouvent que l'accusation ne doit pas être admise, leur chef met
au bas de l'acte cette formule négative : *La déclaration du jury est:* non,
il n'y a pas lieu.

244. Dans le cas mentionné en l'article 227, où le directeur du jury et la
partie plaignante ou dénonciatrice ont présenté chacun un acte d'accusation séparé, les jurés déterminent celle des deux accusations qui doit
avoir lieu, en mettant au bas de l'un des actes, par le ministère de leur
chef, la formule affirmative : *oui, il y a lieu ;* et au bas de l'autre acte,
la formule négative : *non, il n'y a pas lieu.* — Si aucune des deux accusations ne leur paraît devoir être admise, leur chef met la formule négative au
bas des deux actes.

245. Si les jurés estiment qu'il y a lieu à une accusation, mais différente de celle qui est portée dans l'acte ou dans les actes d'accusation sur lesquels ils délibèrent, leur chef met au bas : *La déclaration du jury est :* IL N'Y A PAS LIEU A LA PRÉSENTE ACCUSATION.

246. Dans ce cas, le directeur du jury peut, sur les déclarations écrites des témoins et sur les autres renseignemens, dresser un nouvel acte d'accusation.—La partie plaignante ou dénonciatrice qui a présenté un acte d'accusation sur lequel le jury a prononcé de la manière énoncée dans l'article précédent, a la même faculté.

247. Dans tous les cas, la déclaration des jurés est datée et signée par leur chef, à peine de nullité.—Il la remet, en leur présence, au directeur du jury, qui en dresse procès-verbal.

248. Les jurés sont tenus de mettre au bas de l'acte ou des actes d'accusation, l'une des trois formules indiquées par les articles 243, 244 et 245 ci-dessus.

249. En cas de contravention, le directeur du jury ne peut recevoir leur déclaration.—Il entend le commissaire du pouvoir exécutif, et, sur sa réquisition, il prononce la nullité des déclarations, procès-verbaux et autres actes que les jurés ont pu dresser.

250. Il ordonne en outre que les jurés se rassembleront de nouveau et procéderont sans désemparer, conformément à la loi.

251. En cas de refus ou de résistance de la part des jurés, le directeur du jury, après avoir de nouveau entendu le commissaire du pouvoir exécutif, les condamne, en dernier ressort, à une amende qui ne peut être moindre de cent livres, ni plus forte de cinq cents livres pour chacun d'eux, sans préjudice des poursuites criminelles dans les cas prévus par la loi.

252. Lorsque plusieurs prévenus sont compris dans le même acte d'accusation, les jurés peuvent diviser leur déclaration, admettre l'accusation contre les uns, et la rejeter à l'égard des autres.—Dans ce cas, leur chef écrit au bas de l'acte cette formule : *Il y a lieu contre tel et tel ; il n'y a pas lieu à l'égard de tel et tel.*

253. Si les jurés prononcent qu'il n'y a pas lieu à accusation, le directeur du jury met sur-le-champ le prévenu en liberté, et il en donne avis à l'accusateur public.

254. Il en donne pareillement avis, dans le cas de l'article 74, à l'officier de police judiciaire, qui a délivré le mandat d'amener, et il lui enjoint de faire cesser toute poursuite ou détention du prévenu.

255. Le prévenu à l'égard duquel le jury d'accusation a déclaré qu'il n'y a pas lieu à accusation, ne peut plus être poursuivi à raison du même fait, à moins que, sur de nouvelles charges, il ne soit présenté un nouvel acte d'accusation (1).

256 Si le jury d'accusation déclare qu'il y a lieu à accusation, le directeur du jury procède ainsi qu'il suit.

257. Si le prévenu a été précédemment reçu à caution, conformément à ce qui est réglé par l'article 222, le directeur du jury rend sur-le-champ une ordonnance qui enjoint à l'accusé de se représenter devant le tribunal criminel à tous les actes de la procédure, et d'élire domicile dans le lieu où ce tribunal tient ses séances, le tout à peine d'y être contraint par corps.

---

(1) Un tribunal criminel est compétent pour décider s'il y a de nouvelles charges dans un acte d'accusation. Cass., 17 ventose an 13, Sir, IV, 2, 770.

258. Si le prévenu n'a pas été reçu à caution, le directeur du jury rend sur-le-champ une ordonnance de prise de corps contre l'accusé.

259. Les ordonnances mentionnées dans les deux articles précédens sont signifiées a l'accusé, et il lui en est laissé copie. — Elles sont nulles, si elles ne contiennent le nom de l'accusé, son signalement, sa profession et son domicile, s'ils sont connus, ainsi que la copie de l'acte d'accusation, et si elles ne rappellent la loi en conformité de laquelle elles sont portées.

260. L'ordonnance de prise de corps doit contenir en outre l'ordre de conduire l'accusé à la maison de justice établie près le tribunal criminel.

261. Le directeur du jury est tenu, sous peine de suspension de ses fonctions, d'en donner avis, tant a la municipalité du lieu où le jury d'accusation s'est assemblé, qu'à celle du domicile de l'accusé, s'il est connu.

262. En vertu de l'ordonnance de prise de corps, et dans les vingt-quatre heures qui en suivent la signification, l'accusé est transféré de la maison d'arrêt a la maison de justice.—S'il n'est pas arrêté, il doit être saisi en quelque lieu qu'il se trouve.

263. Si, sur l'ordonnance de prise de corps, l'accusé ne peut être saisi, on procède contre lui par contumace, ainsi qu'il est réglé ci-après, titre IX.

264. Les perquisitions, poursuites, significations et actes quelconques qui ont lieu en vertu des ordonnances du directeur du jury, mentionnées dans les articles 257 et 258 ci-dessus, se font à la requête et diligence du commissaire du pouvoir exécutif, etabli près de lui.

TITRE IV. — Des tribunaux criminels (1).

265. *Il y a un tribunal criminel pour chaque département.* (Art. 244 de l'acte constitutionnel.)

266. Le tribunal criminel est composé d'un président, d'un accusateur public, de quatre juges pris dans le tribunal civil, du commissaire du pouvoir exécutif près le même tribunal, d'un substitut qui lui est donné spécialement par le directoire exécutif pour le service du tribunal criminel, et d'un greffier.

267. *Les présidens du tribunal civil ne peuvent remplir les fonctions de juges au tribunal criminel.* (Art. 246 de l'acte constitutionnel.)

268. *Les autres juges y font le service, chacun à son tour, pendant six mois, dans l'ordre de leur nomination, et ils ne peuvent pendant ce temps exercer aucune fonction au tribunal civil.* (Art. 247 de l'acte constitutionnel.)

269. En cas de mort ou d'empêchement légitime du président, les quatre juges réunis à un cinquième qui est pris pour cet effet dans le tribunal civil, suivant l'ordre du tableau, nomment entre eux, au scrutin, celui qui doit le remplacer provisoirement.

270. En cas de mort ou d'empêchement légitime de l'accusateur public, les cinq juges du tribunal criminel, réunis a un sixième pris pour cet effet dans le tribunal civil, suivant l'ordre du tableau, choisissent entre eux, au scrutin, celui qui doit le remplacer provisoirement.—Ce choix ne peut, en aucun cas, tomber sur le président.

---

(1) Voyez, sur l'organisation des tribunaux criminels (aujo rd'hui cours d'assises), les notes qui accompagnent le decret du 20 janvier—25 fevrier 1791, portant etablissement de ces tribunaux . elles resument toute la législation. — Voyez notamment le Code d instruction criminelle de 1808, art. 250 et suiv., qui ont remplacé les tribunaux criminels par les cours d'assises, et qui reproduisent une grande partie des dispositions qui vont suivre: la loi du 20 avril 1810; le décret du 6 juillet suivant, concernant l'organisation de ces cours; et enfin la loi du 4—5 mars 1831, qui forme le dernier état de la législation.

271. En cas de mort ou d'empêchement légitime du commissaire du pouvoir exécutif, ou de son substitut près le tribunal criminel, l'un ou l'autre est remplacé provisoirement par le substitut près le tribunal civil, lequel pourvoit, pour ce qui le concerne, au remplacement provisoire de celui-ci.

272. Le tribunal criminel ne peut rendre aucun jugement, même de simple instruction, qu'au nombre de cinq juges.—Il juge toujours en dernier ressort.

Fonctions du président.

273. Le président, outre les fonctions de juge, est chargé, — 1° D'entendre l'accusé au moment de son arrivée dans la maison de justice, ou vingt-quatre heures après au plus tard ; —2° De faire tirer au sort les jurés, et de les convoquer.—Il peut néanmoins déléguer ces fonctions a l'un des juges.

274. Il est en outre chargé personnellement, — 1° De diriger les jurés de jugement dans l'exercice des fonctions qui leur sont assignées par la loi, de leur exposer l'affaire sur laquelle ils ont a délibérer, même de leur rappeler leur devoir ;—2° De présider à toute l'instruction, et de déterminer l'ordre entre ceux qui demandent à parler.

275. Il a la police de l'auditoire.

276. En vertu du *pouvoir discrétionnaire* dont il est investi, il peut prendre sur lui tout ce qu'il croit utile pour découvrir la vérité ; et la loi charge son honneur et sa conscience d'employer tous ses efforts pour en favoriser la manifestation.

277. Ainsi, il doit mettre en usage tous les moyens d'éclaircissement proposés par les parties, ou demandés par les jurés, qui peuvent jeter un jour utile sur le fait contesté ; — Mais il doit rejeter ceux qui tendraient a prolonger inutilement le débat, sans donner lieu d'espérer plus de certitude dans les résultats.

Fonctions de l'accusateur public (1).

278. L'accusateur public poursuit les délits devant le tribunal criminel, sur les actes d'accusation admis par les premiers jurés.

279. Il ne peut porter au tribunal criminel aucune autre accusation, à peine de forfaiture.

280. Mais il peut et il doit, comme tous les fonctionnaires publics, dénoncer aux officiers de police judiciaire les délits dont il a connaissance, et qu'il sait n'être pas poursuivis.

281. Il reçoit les dénonciations et plaintes qui lui sont adressées directement, soit par le directoire exécutif ou son commissaire, soit par les ministres, soit par le tribunal criminel, soit par un fonctionnaire public quelconque, ou par un simple citoyen.—Il les transmet aux officiers de police judiciaire, et veille à ce qu'elles soient poursuivies, ainsi que celles mentionnées en l'article précédent, par les voies et suivant les formes établies par la loi.

282. Le directoire exécutif et les ministres ne peuvent adresser aucune dénonciation a l'accusateur public, que par l'intermédiaire du commissaire du pouvoir exécutif près le tribunal criminel.

283. L'accusateur public a la surveillance de tous les officiers de police judiciaire et directeurs du jury du département.

---

(1) Les accusateurs publics ont été supprimés et leurs fonctions ont été attribuées aux commissaires du gouvernement près les tribunaux criminels, par la constitution du 22 frimaire an 8 (13 décembre 1799), tit. V, art. 63.

284. En cas de négligence des officiers de police judiciaire dans l'exercice de leurs fonctions, il les avertit, ou les réprimande fraternellement, suivant les circonstances.—En cas de récidive, il les fait citer devant le tribunal criminel, qui, après les avoir entendus, leur enjoint publiquement d'être plus exacts à l'avenir, et les condamne aux frais de la citation, ainsi que de la signification du jugement.

285. Si un officier de police judiciaire s'est rendu coupable, dans l'exercice de ses fonctions, d'un délit dont la peine n'est ni afflictive ni infamante, l'accusateur public le cite, par un mandat de comparution, devant le tribunal criminel qui, dans ce cas, prononce comme tribunal correctionnel, sans néanmoins qu'il puisse y avoir appel de ses jugemens.

286. Si un officier de police judiciaire s'est rendu coupable, dans l'exercice de ses fonctions, d'un délit emportant peine afflictive ou infamante, l'accusateur public remplit à son égard les fonctions d'officier de police judiciaire; et, après avoir décerné contre lui les mandats d'amener et d'arrêt, il l'envoie devant le directeur du jury de l'arrondissement dans lequel le délit a été commis.

287. A l'égard des directeurs du jury, si l'accusateur public remarque de la négligence dans l'exercice de leurs fonctions, il est tenu de les en avertir.—S'il y a lieu à une réprimande fraternelle, il s'adresse au tribunal assemblé en chambre de conseil, qui en délibère, et écrit en conséquence au directeur du jury.

288. En cas de récidive de la part du directeur du jury, l'accusateur public en réfère au tribunal criminel, lequel, s'il y a lieu, fait citer à son audience le directeur du jury, et, après l'avoir entendu, lui enjoint d'être plus exact à l'avenir, en le condamnant aux frais de la citation, ainsi que de la signification du jugement.

289. Si un directeur du jury s'est rendu coupable, même hors de l'exercice de ses fonctions, d'un délit dont la peine n'est ni afflictive ni infamante, l'accusateur public le fait citer au tribunal criminel qui prononce comme dans le cas de l'article 285.

290. Si un directeur du jury s'est rendu coupable, même hors de l'exercice de ses fonctions, d'un délit emportant peine afflictive ou infamante, l'accusateur public remplit a son égard les fonctions d'officier de police judiciaire, et de directeur du jury d'accusation.—Si l'accusation est admise, il rend contre lui une ordonnance de prise de corps, et le fait transférer dans la maison de justice du tribunal criminel.

291. Dans le cas de l'article précédent, et dans celui de l'article 286, l'accusateur public peut déléguer a un officier de police ou directeur du jury les fonctions de police judiciaire autres que les mandats d'amener, de comparution et d'arrêt.

Fonctions du commissaire du pouvoir exécutif.

292. Dans tous les procès portés au tribunal criminel, soit pour délit de nature a être jugé correctionnellement, soit en vertu d'une ordonnance de prise de corps, décernée a la suite d'une déclaration du jury d'accusation, le commissaire du pouvoir exécutif près le tribunal civil est tenu de prendre par lui-même ou par son substitut près le tribunal criminel, communication de toutes les pieces et actes, et d'assister a l'instruction publique, ainsi qu'a la prononciation du jugement.

293. Il fait, au nom de la loi, toutes les réquisitions qu'il juge convenables, et le tribunal est tenu de lui en délivrer acte et d'en délibérer.

294. Lorsque le tribunal ne juge pas à propos de déférer à la réquisition

du commissaire du pouvoir exécutif, l'instruction ni le jugement n'en peuvent être arrêtés ni suspendus ; mais le commissaire du pouvoir exécutif peut, après le jugement, et dans les cas déterminés par la loi, se pourvoir en cassation, ainsi qu'il est dit ci-après.

295. Si néanmoins quelque affaire de la nature de celles qui sont réservées à la haute-cour de justice, est présentée au tribunal criminel, le commissaire du pouvoir exécutif est tenu d'en requérir la suspension et le renvoi au corps législatif ; et le président, de l'ordonner, même d'office, à peine de forfaiture.

296. Les dispositions des quatre articles précédens, relatives au commissaire du pouvoir exécutif, sont communes à son substitut près le tribunal criminel.—Le commissaire du pouvoir exécutif près le tribunal civil fait, entre lui et son substitut près le tribunal criminel, la distribution des affaires dans lesquelles il y a lieu, près ce dernier tribunal, à l'exercice de leur ministère.

Dispositions communes aux présidens et accusateurs publics.

297. Si le président du tribunal criminel ou l'accusateur public se rendent, même hors de l'exercice de leurs fonctions, coupables d'un délit emportant une peine au dessus de la valeur de trois journées de travail ou de trois jours d'emprisonnement, le plus âgé des présidens du tribunal civil est tenu de remplir à leur égard les fonctions d'officier de police judiciaire, et, s'il y a lieu, de directeur du jury.

298. S'il y a lieu de les mettre en jugement, il les renvoie devant le tribunal criminel de l'un des trois departemens les plus voisins, qu'ils choisissent, ou qui, sur leur refus de choisir, est désigné par le sort (1).—Ce tribunal, si l'affaire est de nature à être jugée correctionnellement, remplit les fonctions de tribunal correctionnel, et prononce comme dans le cas des articles 285 et 289.

299. Dans les cas où les fonctionnaires dénommés aux deux articles précédens ont encouru la forfaiture ou la prise à partie, on procède ainsi qu'il est réglé par le titre XVII ci-après.

Dispositions particulières au tribunal criminel du departement de la Seine.

300. *Il y a dans le tribunal criminel du département de la Seine un vice-président et un substitut de l'accusateur public.—Ce tribunal est divisé en deux sections.—Huit membres du tribunal civil y exercent les fonctions de juges.* (Art. 245 de l'acte constitutionnel.)

TITRE V. — Procédure devant le tribunal criminel.

301. Nul ne peut, pour délit emportant peine afflictive ou infamante, être poursuivi devant le tribunal criminel, et jugé, que sur une accusation reçue légalement par un jury composé de huit citoyens (2).

302. Quand le jury a déclaré qu'il y a lieu à accusation, le procès et l'accusé, s'il est détenu, sont, par les ordres du commissaire du pouvoir exécutif près le directeur du jury, envoyés, dans les vingt-quatre heures, au

(1) Voyez l'arrêté du 18 floréal an 5 (7 mai 1797), rendu pour l'exécution de cette disposition, et de celles des art. 303, 563 et 569 ci-après.

(2) Cet article est applicable au mendiant qui, repris en récidive, est passible de la peine de la transportation, aux termes du décret du 24 vendémiaire an 2 ; il y a nécessité d'un acte d'accusation et d'un jugement par jurés. Cass, 29 prairial an 8, Sir., VII, 2, 1235 ; Bull. crim., V, 172.

tribunal criminel du département. — Les vingt-quatre heures courent du moment de la signification de l'ordonnance de prise de corps ou de se représenter.

303. Si le tribunal criminel du département est établi dans une commune au dessous de quarante mille habitans, l'accusé peut, dans l'un ou l'autre des deux cas ci-après, le récuser, et demander a être jugé par l'un des tribunaux criminels des deux départemens les plus voisins.—Ces deux cas sont :—1° Celui où la déclaration du jury d'accusation a été rendue dans la commune où est établi le tribunal criminel; — 2° Celui où la commune dans laquelle est établi le tribunal criminel se trouve être celle de la résidence habituelle de l'accusé (1).

304. L'accusé, dans les deux cas exprimés par l'article précédent, notifie son option au greffe du directeur du jury, dans les vingt-quatre heures de la signification qui lui a été faite (a personne, s'il est détenu, ou au lieu de sa résidence, s'il a été reçu à caution), de l'ordonnance de prise de corps ou de se représenter.

305. Dans ces deux mêmes cas, l'ordonnance de prise de corps ou de se représenter fait mention expresse du droit d'opter accordé par la loi a l'accusé, et des tribunaux criminels entre lesquels il peut l'exercer.—A défaut de cette mention, le délai de vingt-quatre heures fixé par l'article précédent ne court pas, et l'accusé peut exercer son droit d'option, tant qu'il n'a pas comparu devant le jury de jugement.

306. Lorsque la même accusation comprend plusieurs personnes actuellement détenues, si l'une d'elles seulement fait son choix, le tribunal qu'elle choisit est préféré.—Si elles ne peuvent s'accorder sur le tribunal, le directeur du jury les fait tirer au sort avant de rédiger son ordonnance de prise de corps ou de se représenter, et désigne dans cette ordonnance le tribunal que le sort a désigné.

307. Après les vingt-quatre heures accordées à l'accusé pour faire son option, il est envoyé, ainsi qu'il est réglé par l'article 302, à la maison de justice du tribunal qu'il a choisi, ou, a défaut de choix, à celle du tribunal direct.

308. Si l'accusé contre lequel il a été rendu une ordonnance de prise de corps, et qui se trouve dans le cas de l'option, n'est pas actuellement détenu, les pièces du procès, après les vingt-quatre heures dont il vient d'être parlé, sont envoyées au greffe du tribunal direct.

309. Lorsque, dans le cas où il y a lieu a l'option, l'accusé qui n'a pu être saisi sur le mandat d'amener ou d'arrêt de l'officier de police judiciaire, vient à l'être en vertu de l'ordonnance de prise de corps, celui qui est porteur de cette ordonnance le conduit devant le juge de paix du lieu où il l'a trouvé, pour y passer la déclaration de l'option dont il vient d'être parlé, ou de son refus de la faire.

310. Lorsque plusieurs accusés ont été arrêtés en même temps de la manière prévue par le précédent article, si l'un d'eux seulement déclare son choix, le tribunal qu'il choisit est préféré; — S'ils ne peuvent s'accorder sur le choix du tribunal, le juge de paix devant lequel ils sont conduits les fait tirer au sort.

311. Le juge de paix garde minute du procès-verbal qu'il tient dans le cas des deux articles précédens, et en délivre expédition au porteur de l'or-

---

(1) Cette option n'est pas accordée au contumax. Cass., 5 fructidor an 12, Sin., IV, 2, 183. Voyez l'arrêté précité du 18 floréal an 5 (7 mai 1797).

donnance de prise de corps, en lui enjoignant de conduire l'accusé ou les accusés devant le tribunal choisi, ou, a défaut de choix, devant le tribunal direct.

312. Le porteur de l'ordonnance, immédiatement après avoir conduit l'accusé dans la maison de justice du tribunal qu'il a choisi, ou, a défaut de choix, dans celle du tribunal direct, remet au greffe de l'un ou de l'autre l'expédition du procès-verbal mentionné en l'article précédent, et l'ordonnance de prise de corps.

313. Le greffier donne connaissance de ces deux actes à l'accusateur public ; et si le tribunal que l'accusé a préféré n'est pas le tribunal direct, l'accusateur public fait notifier ces actes par un huissier au greffe du tribunal direct. — Sur cette notification, et sur la réquisition que l'accusateur public en fait par l'acte même de notification, le tribunal direct lui envoie aussitôt les pièces du procès.

314. En aucun cas, la faculté d'opter ne peut être exercée par ceux d'entre plusieurs accusés compris dans le même acte d'accusation, qui sont arrêtés postérieurement a l'option faite par un de leurs co-accusés, ou, à défaut de choix de sa part, postérieurement a sa translation dans la maison de justice du tribunal direct.

315. Dans tous les cas, vingt-quatre heures au plus tard après son arrivée dans la maison de justice, et la remise des pièces au greffe, l'accusé est entendu par le président, ou par l'un des juges que celui-ci commet a cet effet. — Le greffier tient note de ses réponses, et le président la joint aux pièces.

316. Les notes des interrogatoires subis par le prévenu devant le juge de paix et devant le directeur du jury, et par l'accusé devant le président du tribunal criminel, sont, ainsi que les autres pièces, communiquées a l'accusateur public avant l'assemblée du jury de jugement.

317. Si l'accusateur public et la partie plaignante, ou l'accusé, ont à produire des témoins qui n'aient pas encore été entendus devant l'officier de police ou le directeur du jury, leurs déclarations sont reçues, avant l'assemblée du jury de jugement, par le président, ou par un juge du tribunal criminel qu'il commet a cet effet.

318. Si les témoins à entendre résident hors du canton dans l'arrondissement duquel siége le tribunal criminel, le président peut, pour recevoir ces déclarations, commettre un directeur du jury ou un officier de police judiciaire, qui, après les avoir reçues, les envoie dûment scellées et cachetées, au greffe du tribunal criminel.

319. Dans l'un et l'autre cas, elles sont communiquées à l'accusateur public et a l'accusé, à peine de nullité de toutes procédures ultérieures.

320. L'accusé reçoit pareillement, et sous la même peine, après son interrogatoire devant le président, copie des autres pièces de la procédure.— Cette copie lui est délivrée gratis par le greffier (1).

321. L'accusé peut choisir un ou plusieurs conseils pour l'aider dans sa défense.--A défaut de choix de sa part, lors de son interrogatoire, le président ou le juge qui l'interroge, lui désigne un conseil sur-le-champ, a peine de nullité.—Cette désignation devient nulle, si, avant l'ouverture des débats, l'accusé choisit lui-même un autre conseil.

322 Les conseils de l'accusé ne peuvent communiquer avec lui qu'après son interrogatoire.

_____

(1) Voyez la loi du 29 frimaire an 8 (20 decembre 1799), qui détermine la manière dont les copies des pièces de procedures seront delivrees aux accusés.

323. Le président peut, lorsqu'il le juge utile pour découvrir la vérité, différer ou suspendre cette communication, et tenir l'accusé au secret pendant un temps déterminé, pourvu qu'il lui en laisse un espace suffisant pour préparer ses moyens de defense avant l'assemblée du jury de jugement.—En cas de difficulte, le tribunal criminel en décide.

324. Aussitôt après l'interrogatoire de l'accusé, les pièces sont communiquées au commissaire du pouvoir exécutif, qui examine si les formes prescrites par la loi ont été observées, tant dans la délivrance du mandat d'arrêt par l'officier de police judiciaire, que dans l'instruction.

325. S'il trouve que les formes ont été observées, il écrit au bas de l'ordonnance de prise de corps ou de se représenter, ces mots, *la loi autorise*, et il remet les pieces a l'accusateur public, pour agir ainsi qu'il est dit ci-après.

326. S'il trouve que les formes n'ont pas été observées, il écrit au bas de l'ordonnance de prise de corps ou de se représenter, ces mots, *la loi défend*; et il remet les pièces au président, qui est tenu de convoquer le tribunal dans les vingt-quatre heures suivantes, pour prononcer a l'audience sur la légalité ou l'illégalité, soit du mandat d'arrêt, soit de l'instruction, après avoir entendu le commissaire du pouvoir exécutif (1).

327. Si le tribunal juge que le mandat d'arrêt est nul, il le casse, ainsi que toute la procédure faite en conséquence, même la déclaration du jury d'accusation, et l'ordonnance de prise de corps ou de se représenter; et il renvoie, s'il y a lieu, le prévenu en état d'arrestation provisoire devant un autre officier de police judiciaire, qui, après l'avoir entendu, le met en liberté, ou décerne contre lui un nouveau mandat d'arrêt, suivant les circonstances.

328. Si, le mandat d'arrêt étant jugé valable, le tribunal décide que les formes légales n'ont pas été observées dans l'instruction faite devant le directeur du jury, il annule l'acte qu'il juge défectueux, ainsi que tout ce qui a été fait depuis; et il renvoie le prévenu en état d'arrestation devant un autre directeur du jury, qui recommence l'instruction, à partir du plus ancien des actes annulés.

329. Si, le mandat d'arrêt et l'instruction faite devant le directeur du jury jusqu'a la déclaration des jurés inclusivement étant jugés valables, le tribunal décide que les formes légales n'ont pas été observées dans l'ordonnance de prise de corps, il la déclare nulle, et en décerne une nouvelle contre l'accusé.

330. Dans le cas de l'article précédent, et dans celui où le tribunal a déclaré valable tant le mandat d'arrêt que l'instruction faite depuis jusqu'à l'ordonnance de prise de corps inclusivement, les pièces de la procédure sont, dans les vingt-quatre heures du jugement, remises à l'accusateur public.

_____

(1) Les cours de justice criminelle ne peuvent, hors les cas prévus par cet article et les suivans, annuler les ordonnances que rendent les directeurs du jury lorsqu'ils procedent, non comme officiers de police judiciaire, mais comme juges d'instruction. Cass., 4 fructidor an 7, Sir, VII, 2, 1077, Bull. crim, III, 237. — Jugé de plus que les ordonnances rendues et les actes faits par les officiers de police judiciaire ne peuvent être annulés par les cours de justice criminelle que lorsque, avant de passer au jugement des procès criminels dans lesquels ces ordonnances ont été rendues ou ces actes faits, les cours criminelles examinent, ainsi que le leur enjoignent les art. 325 et suiv. du Code du 3 brumaire an 4, si les formes prescrites par la loi ont été observées. Hors ce cas, il n'appartient qu'a la cour de cassation d'annuler ces ordonnances et actes, et on ne peut les attaquer que devant elle. Cass., 18 ventose an 7, Sir., VII, 2, 1076; Bull. crim, II, 181.

331. L'accusateur public, dès que les pièces lui ont été remises, soit en exécution de l'article précédent, soit en exécution de l'article 325, est tenu de faire ses diligences pour que l'accusé puisse être jugé a la première assemblée du jury de jugement qui sera convoquée après son arrivée.

332. Le jury de jugement s'assemble le 15 de chaque mois, sur la convocation qui en est faite le 5 par le président, ainsi qu'il est réglé ci-après.

333. Si l'accusateur public ou l'accusé ont des motifs pour demander que l'affaire ne soit pas portée a la première assemblée du jury, ils présentent au tribunal criminel une requête en prorogation de délai.

334. Le tribunal décide si cette prorogation doit ou non être accordée.—S'il l'accorde, il ne peut proroger le délai au-delà de l'assemblée du jury, qui aura lieu le 15 du mois suivant.

335. La requête en prorogation de délai ne peut être admise, si elle n'est présentée avant le 5 du mois au-dela duquel la prorogation est demandée.

336. Les accusés qui n'arrivent à la maison de justice qu'après la convocation du jury de jugement, peuvent être jugés par ce jury, si l'accusateur public le requiert, et s'ils y consentent.

337. Le nombre de douze jurés et de trois adjoints est nécessaire, à peine de nullité, pour former un jury de jugement.

338 Au jour fixé pour l'assemblée du jury, le tribunal criminel ayant pris séance, les douze jurés et les trois adjoints se rendent dans l'intérieur de l'auditoire.

339. Les douze jurés prennent place tous ensemble, suivant l'ordre de leur nomination, sur des siéges séparés du public et des parties, en face de ceux qui sont destinés a l'accusé et aux témoins.

340. Les trois jurés adjoints se placent aussi dans l'intérieur de l'auditoire, mais séparément des autres.

TITRE VI. — De l'examen.

341. Le tribunal et les jurés étant assemblés, le président fait entrer dans l'intérieur de l'auditoire l'accusé, ses conseils, les témoins, et la partie plaignante, s'il y en a une.—L'accusé comparaît a la barre, libre, sans fers, et seulement accompagné de gardes pour l'empêcher de s'évader.—Le président lui dit qu'il peut s'asseoir, lui demande son nom, son âge, sa profession, sa demeure, et en fait tenir note par le greffier.

342. Les conseils de l'accusé promettent ensuite de n'employer que la vérité dans sa défense.

343. Apres avoir reçu cette promesse, le président du tribunal adresse aux jurés et a leurs adjoints le discours suivant : « Citoyens, vous promettez « d'examiner, avec l'attention la plus scrupuleuse, les charges portées contre « un tel...; de n'en communiquer avec personne jusqu'après votre déclara- « tion ; de n'écouter ni la haine ou la méchanceté, ni la crainte ou l'affec- « tion ; de vous décider d'après les charges et moyens de défense, suivant « votre conscience et votre intime et profonde conviction, avec l'impartia- « lité et la fermeté qui conviennent à un homme libre. »—Chacun des jurés et de leurs adjoints, appelé nominativement par le président, répond : *Je le promets* (1).

_____

(1) Les jurés ne sont astreints qu'au serment prescrit par cet article : celui exigé des fonctionnaires publics par l'art. 56 du senatus-consulte organique du 28 floréal an 12 ne les concerra pas. Cass., 5 brumaire an 13, Sir., VII, 2, 1036.

344. Immédiatement après, le président avertit l'accusé d'être attentif à ce qu'il va entendre.—Il ordonne au greffier de. lire l'acte d'accusation.—Le greffier fait cette lecture à haute et intelligible voix.

345. Après cette lecture, le président rappelle à l'accusé, le plus clairement possible, ce qui est contenu en l'acte d'accusation, et lui dit : « Voila « de quoi vous êtes accusé, vous allez entendre les charges qui seront pro- « duites contre vous. »

346. L'accusateur public expose le sujet de l'accusation, et présente la liste des témoins qui doivent être entendus, soit à sa requête, soit à celle de la partie plaignante.—Cette liste ne peut contenir que des témoins dont les noms, âge, profession et domicile aient été notifiés à l'accusé vingt-quatre heures au moins avant l'examen ; et ni l'accusateur public, ni la partie plaignante, ne peuvent, a peine de nullité, en faire entendre d'autres (1).

347. La liste mentionnée en l'article précédent est lue à haute voix par le greffier (2).

348. Le président ordonne ensuite aux témoins de se retirer dans une chambre destinée a cet effet, et d'où ils ne peuvent sortir que pour déposer.

349. Les témoins déposent séparément, et l'un après l'autre, suivant l'ordre de la liste.

350. Le président, avant de recevoir la déposition de chaque témoin, lui fait promettre « de parler sans haine et sans crainte, de dire la vérité, toute « la vérité, rien que la vérité.»

351. Il lui demande ensuite s'il connaissait l'accusé avant le fait mentionné dans l'acte d'accusation, s'il est parent ou allié, soit de l'accusé, soit de la partie plaignante, et à quel degré.—Il lui demande en même temps s'il n'est pas attaché au service de l'un ou de l'autre.

352. Cela fait, le témoin dépose oralement, et sans que sa déposition puisse être écrite.

353. Après chaque déposition, le président demande au témoin si c'est de l'accusé présent qu'il a entendu parler.—Il demande ensuite à l'accusé s'il veut répondre à ce qui vient d'être dit contre lui.—L'accusé peut, par lui-même ou par ses conseils, questionner le témoin, et dire tant contre lui

---

(1) Voyez l'art. 315 du Code d'instruction criminelle de 1808, conforme.

Il y a nullité, d'après l'art 346 du Code de brumaire an 4, si l'on entend aux débats un témoin dont le nom n'est porté ni dans l'original de la liste des témoins qui doivent être entendus a la requête du ministère public, ni dans la copie de cette liste qui a été donnée à l'accusé. Cass., 11 floreal an 12, Sir., IV, 2, 118, Bull crim, IX, 190. — Juge néanmoins qu'il n'y a pas nullité par cela seul que la liste contiendrait d'autres noms que ceux notifiés a l'accusé, si l'accusé ou le ministère public ne se sont pas opposés à leur audition ; le rejet de cette opposition peut seul constituer une nullité substantielle. Cass., 11 février 1813, Sir., VII, 1, 327; et 14 mars 1833, Sir., XXXIII, 1, 587; Bull. crim, XXXVIII, 127. — Il y a déchéance du droit de s'opposer à l'audition, si l'opposition n'a lieu qu'après la prestation de serment du témoin. Cass., 2 avril 1831, Sir., XXXI, 1, 191; Bull. crim, XXXVI, 144.—La notification est nulle, s'il n'y a pas vingt-quatre heures entre cet acte et l'heure indiquée pour la comparution, et cette nullité vicie la condamnation. Cass., 13 janvier 1809, Sir., X, 1, 337, Bull. crim, XIV, 20 — Par le mot *examen*, employé dans la loi, on doit entendre l'ouverture de la séance pour les débats ainsi, la liste des témoins doit être notifiée vingt-quatre heures avant ladite ouverture ; il ne suffirait pas qu'elle l'eût été vingt-quatre heures avant la déposition des témoins. Cass., 5 novembre 1812, Sir., XVII, 2, 313. — L'âge et la profession de chacun des témoins doivent être indiqués dans la liste notifiée, à peine de nullité. Cass., 9 janvier 1806, Sir., VI, 2, 525; Bull. crim., XI, 13.

(2) Voyez les art. 316 et suiv. du Code d'instruction criminelle de 1808, qui reproduisent plusieurs des dispositions qui vont suivre.

personnellement que contre son témoignage, tout ce qu'il juge utile à sa défense (1).

354. Le président peut également demander au témoin et à l'accusé tous les éclaircissemens qu'il croit nécessaires a la manifestation de la vérité.—Les juges, l'accusateur public et les jurés ont la même faculté, en demandant la parole au président.

355. Chaque témoin, après sa déposition, reste dans l'auditoire jusqu'à ce que les jurés s'en soient retirés pour donner leurs déclarations.

356. Après l'audition des témoins produits par l'accusateur public et par la partie plaignante, l'accusé fait entendre les siens, s'il y en a.

357. L'accusé peut faire entendre des témoins pour attester qu'il est homme d'honneur, de probité et d'une conduite irréprochable,—Les jurés ont tel égard que de raison à ce témoignage.

358. Ne peuvent être entendus en témoignage, soit à la requête de l'accusé, soit a celle de l'accusateur public, soit a celle de la partie plaignante, — 1° Le pere, la mère, l'aieul, l'aieule ou autre ascendant de l'accusé ;—2° Son fils, sa fille, son petit fils, sa petite-fille, ou autre descendant ;—3 Son frere ou sa sœur,—4° Ses alliés aux degrés ci-dessus ;—5° Sa femme ou son mari, même après le divorce légalement prononcé.—L'accusateur public et la partie plaignante ne peuvent pareillement produire pour témoins les dénonciateurs, quand il s'agit de délits dont la dénonciation est récompensée pécuniairement par la loi, ou lorsque le dénonciateur peut, de toute autre maniere, profiter de l'effet de sa dénonciation (2).

(1) Un defenseur ne peut être poursuivi pour injures verbales résultant des reproches qu'il aurait dirigés contre un témoin à charge. Cass., 18 floréal an 7, Sir., 1, 1, 200, Bull. crim, II, 386. — Jugé encore que pendant les debats relatifs à un accusé, il n'est pas permis d'entendre des témoins contre son defenseur, et de le réprimander à raison de ces temoignages. Cass, 25 janvier 1806, Sir., VI, 2, 86.—Lorsque, pour ecarts dans sa plaidoirie devant une cour d'assises, un avocat a été l'objet de conclusions prises par le ministere public, et qu'il en a été puni par une mention de la cour, il n'est plus permis au ministere public de le poursuivre par action correctionnelle. Cass., 5 octobre 1815, Sir., XVI, 1, 63; Bull. crim., XX, 113.

(2) Voyez la loi interprétative du 15 ventose an 4 (5 mars 1796); et l'art. 322 du Code d'instruction criminelle de 1808, conforme.

L'art. 358 du Code de brumaire an 4 ne s'applique point aux matieres correctionnelles. Cass., 14 novembre 1806, Sir., VI, 2, 574; Bull. crim., XI, 334; et 10 septembre 1807, Sir., VII, 2, 725; Bull. crim., XII, 380. — Ni en matière de simple police. Cass., 25 floreal an 10, Sir., II, 2, 385, Bull. crim., VII, 341. — En matiere criminelle, il n'est applicable qu'au cas ou la parenté et l'alliance sont pleinement constatées lors des debats, et non au cas où elles ne reposent que sur des allegations. Cass, 26 brumaire an 10, Sir., II, 1, 154. — Sous l'empire du Code d'instruction criminelle de 1808, la prohibition de l'art 322 ne peut être étendue au-dela des degrés de parente et d'alliance qui y sont déterminés. Cass., 13 janvier 1820, Sir., XX, 1, 173, Bull. crim, XXV, 14. — Ainsi l'oncle de l'accusé peut être entendu comme témoin. Même arrêt. — Idem, de ses neveux et niéces. Cass., 11 juin 1807, Sir., XVII, 2, 314. — L'aieul naturel de l'accusé peut être entendu comme témoin. Liége, 24 décembre 1813, Sir., XXV, 2, 375.—Mais le mari est allié de l'enfant naturel, incestueux ou adultérin né de sa femme avant le mariage, et réciproquement. cet enfant ne peut donc servir de témoin contre le mari. Cass, 6 avril 1809, Sir., IX, 1, 136; Bull. crim., XIV, 134. — La femme du beau-frère peut être entendue comme témoin. Cass., 5 prairial an 13, Sir., V, 2, 171; Bull. crim., X, 253 — Idem, d'une belle-sœur, si sa qualité n'est pas établie lors des debats. Cass.. arrêt precité du 26 brumaire an 10, Sir., II, 1, 154. — Un frère peut, dans une affaire criminelle où son frère est impliqué, déposer comme témoin contre les autres co-accuses, si son frère est contumace. Cass., 9 brumaire an 10, Sir., II, 1, 150. — La défense d'entendre pour ou contre un accusé ses parens ou alliés, s'etend aux parens ou allies du co-accusé, alors même que ces temoins seraient appelés à décharge. Cass, 28 avril 1808, Sir., VIII, 1, 501. —Jugé encore que, lorsque plusieurs individus sont accusés d'un même fait, et sont compris dans le même acte d'accusation, les parens ou alliés d'un des accusés ne peuvent être entendus comme témoins, même contre les accuses non parens. Cass, 24 frimaire an 13, Sir., V, 2, 180; Bull. crim., X, 75. — La défense d'admettre

359. Les témoins qui n'ont pas déposé préalablement par écrit, peuvent être entendus dans le débat, savoir,—A la requête de l'accusateur public ou de la partie plaignante, pourvu qu'ils aient été assignés, et qu'ils soient portés sur la liste mentionnée dans l'article 346; — Et à la requête de l'accusé, quand même ils n'auraient reçu de sa part aucune assignation (1).

360. Les témoins, par quelque partie qu'ils soient produits, ne peuvent jamais s'interpeller entre eux.

361. L'accusé peut, par lui-même ou par ses conseils, demander que les témoins, au lieu de déposer séparément, ainsi qu'il est dit article 349, soient entendus en présence les uns des autres. — Il peut demander encore, après qu'ils ont déposé, que ceux qu'il désigne se retirent de l'auditoire, et qu'un ou plusieurs d'entre eux soient introduits et entendus de nouveau, soit séparément, soit en présence les uns des autres.

---

la déposition d'un témoin parent de l'accusé ou d'un co-accusé, ne s'étend pas au cas où le co-accusé aurait été acquitté antérieurement. Cass., 10 janvier 1817, Sir., XVII, 1, 192; Bull. crim., XXII, 11. — Jugé enfin, aussi sous l'empire du Code d'instruction criminelle de 1808, que l'exclusion portée par la loi contre les témoins pour cause de parenté, n'ôte pas au président la faculté d'entendre ces témoins à titre de simples renseignemens. Cass., 7 décembre 1815, Sir., XVII, 2, 314; et plusieurs autres arrêts. — Par exemple, la déposition écrite du fils de l'accusé. Cass, 26 mai 1851, Sir., XXXI, 1, 360 — Ou sa femme. Cass., 4 novembre 1830, Sir., XXXI, 1, 366, Bull. crim, XXXV, 550. — Le reproche d'un témoin fondé sur la parenté qui existe entre ce témoin et l'une des parties, peut être proposé même par la partie qui est parente. Riom, 2 février 1830, Sir., XXXIII, 2, 252.

Les créanciers d'un failli ne peuvent être entendus comme témoins sur une plainte qu'ils ont eux-mêmes dirigée contre lui pour banqueroute frauduleuse. Cass., 29 messidor an 8, Sir., I, 1, 310; Bull. crim., V, 259 — Mais on peut entendre des individus précédemment accusés, et acquittés de l'accusation même sur laquelle ils sont appelés en témoignage. Cass., 29 mars 1832, Sir., XXXII, 1, 857; Bull. crim., XXXVII, 167. — Il en est de même d'un individu précédemment condamné à une peine afflictive ou infamante, lorsque son audition a lieu sans opposition de la part des accusés. Cass., 13 octobre 1832, Sir., XXXII, 1, 729; Bull. crim., XXXVII, 577.

La qualité de dénonciateur n'est incompatible avec celle de témoin que tout autant que le dénonciateur serait du nombre de ceux auxquels la loi accorde une récompense pécuniaire, ou qui auraient un intérêt personnel dans l'affaire. Cass., 9 pluviose an 9, Sir., I, 2, 419; et 17 fructidor an 9, Sir., II, 1, 61. — Dans le doute, la nullité pourrait être couverte par le défaut de réclamation à l'audience. Cass., 6 février 1812, Sir., XII, 1, 108; Bull. crim, XVII, 32. — La défense de produire témoins les dénonciateurs intéressés n'est pas applicable au prévenu. Cass., arrêt précité du 25 floréal an 10, Sir., II, 2, 385. — Ne doit pas être considéré comme dénonciateur, celui qui n'a fait des déclarations qu'après la plainte portée et dans laquelle il était désigné comme témoin. Cass., 30 juillet 1831, Sir., XXXI, 1, 410. — La décision de la cour d'assises, sur le point de savoir si un témoin doit être considéré comme dénonciateur, ne peut donner ouverture à cassation. Cass., 11 novembre 1830, Sir., XXXI, 1, 366; Bull. crim., XXXV, 558.

En matière criminelle, la partie plaignante ne peut être entendue comme témoin, encore même que l'accusé y consente. Cass., 21 thermidor an 13, Sir., VII, 2, 1225; Bull. crim., X, 348.— Jugé encore que la partie qui ne s'est pas désistée de sa plainte dans les vingt-quatre heures, ne peut être entendue comme témoin dans le cours de l'instruction. Cass., 4 pluviose an 12, Sir., IV, 2, 693.—Jugé cependant, qu'encore bien que la partie civile qui ne s'est désistée de sa plainte qu'après les vingt-quatre heures, et dans les formes prescrites par les art. 92 et 96 du Code du 3 brumaire an 4, conserve, à certains égards, sa qualité, nonobstant le désistement, néanmoins elle ne peut, en cas de condamnation de l'accusé, obtenir contre lui des dommages-intérêts; ainsi rien n'empêche qu'elle soit entendue comme témoin dans les débats. Cass., 16 avril 1807, Sir., VII, 2, 901. — Jugé enfin, sous l'empire du Code d'instruction criminelle de 1808, que la partie lésée, qui ne s'est pas portée partie civile, peut être entendue comme témoin. Cass., 15 novembre 1833, Sir, XXXIV, 1, 144, Bull. crim, XXXVIII, 571. — Et que la partie plaignante peut elle-même être entendue comme témoin aux débats. Cass., 1er septembre 1832, Sir, XXXIII, 1, 192; Bull. crim., XXXVII, 473.

(1) Un tribunal criminel peut se dispenser d'appeler des témoins à décharge qui ne sont indiqués que pendant les débats. Cass., arrêt précité du 17 fructidor an 9, Sir., II, 1, 61.

362. L'accusateur public a la même faculté à l'égard des témoins produits par l'accusé.

363. Pendant l'examen, les jurés, l'accusateur public et les juges peuvent prendre note de ce qui leur parait important, soit dans les dépositions des témoins, soit dans la défense de l'accusé, pourvu que la discussion n'en soit pas arrêtée ni interrompue.

364. Dans le cours ou a la suite des dépositions, le président fait représenter à l'accusé tous les effets trouvés lors du délit ou depuis, pouvant servir à conviction, et il l'interpelle de répondre personnellement s'il les reconnaît.

365. Il ne peut être lu aux jures aucune déclaration écrite de témoins non présens a l'auditoire (1).

366. Quant aux déclarations écrites que les témoins présens ont faites, et aux notes écrites des interrogatoires que l'accusé a subis devant l'officier de police, le directeur du jury et le président du tribunal criminel, il n'en peut être lu, dans le cours des débats, que ce qui est nécessaire pour faire observer, soit aux témoins, soit à l'accusé, les variations, les contrariétés et les différences qui peuvent se trouver entre ce qu'ils disent devant les jurés et ce qu'ils ont dit précédemment.

367. Si, d'après les débats, la déposition d'un témoin parait évidemment

---

(1) Les dépositions écrites de témoins absens ne peuvent être admises pour établir la conviction des jurés, sur le fait de culpabilité de l'accusé Cass, 11 messidor an 12, Sir., IV, 2, 696; Bull. crim, IX, 255.— Cette disposition s'applique aux dépositions a décharge, comme à celles a charge. Cass, 11 vendemiaire an 14, Sir, VI, 2, 503; Bull. crim., X, 389.— Les dépositions faites devant le magistrat de sûreté, dans l'instruction preparatoire, ne peuvent être lues aux jurés. Cass., arrêt précité du 11 messidor an 12.— La déclaration (renfermée dans l'acte d'accusation) d'une personne qui n'a point été entendue aux débats doit être voilée, lorsque l'acte d'accusation est remis au jury de jugement, à peine de nullité de l'arrêt de condamnation. Cass., 8 vendemiaire an 10, Sir., II, 1, 64. — L'annexe a l'acte d'accusation, remis au jury lors de son entrée dans la chambre des délibérations, de divers procès-verbaux contenant des déclarations de témoins et des interrogatoires de prévenus, n'entraine pas la nullité de la déclaration du jury, lorsqu'il est constaté que ces actes n'ont été mis sous ses yeux qu'après que les parties qui contenaient les déclarations et interrogatoires ont été voilées Cass., arrêt précité du 9 pluviose an 9, Sir., I, 2, 419 — L'art. 366 du Code de brumaire an 4 ne s'applique pas aux rapports des gens de l'art qui assistent le juge de paix; ces rapports peuvent être lus au jury, encore que leurs auteurs soient entendus comme témoins dans les débats; et les cours de justice criminelle ne peuvent empêcher cette déposition. Cass., 12 frimaire an 11, Sir., III, 2, 394; Bull. crim, VIII, 80.— On peut mettre sous les yeux du jury de jugement des attestations sur la moralité des prévenus; ces attestations ne peuvent être considérées comme dépositions écrites. Cass., 27 fructidor an 9, Sir., II, 1, 63.

Sous l'empire de cette disposition, on a jugé que les dépositions faites contre des co-prévenus décédés pendant l'instruction peuvent être remises au jury. Cass, 15 avril 1824, Sir, XXIV, 1, 325; Bull. crim., XXIX, 150. — Et que le président peut, en vertu de son pouvoir discrétionnaire, faire lire aux jurés la deposition écrite d'un témoin Cass., 25 août 1826, Sir., XXVII, 1, 256; Bull. crim, XXXI, 462; et autres arrêts.—Mais, contrairement a sa précédente jurisprudence, la cour de cassation a décidé que la lecture aux débats de la déposition d'un témoin absent, même du consentement de l'accusé, frappe l'arrêt de nullité. Cass, 22 septembre 1831, Sir., XXVII, 1, 113; Bull crim., XXXVI, 402. — A moins que le président de la cour d'assises ne prévienne les jurés qu'ils ne doivent considérer cette deposition que comme simple renseignement. Cass., 30 décembre 1830, Sir., XXXII, 1, 396. — Jugé enfin que le président d'une cour d'assises peut, dans l'exercice de son pouvoir discrétionnaire, autoriser le ministère public à donner lecture, à titre de simples renseignemens, des depositions de témoins entendus dans l'instruction, mais qui n'ont pu être cités, soit parce qu'ils sont decédés, soit parce qu'ils ont changé de domicile, et que leur nouveau domicile est inconnu. Cass., 16 juin 1831, Sir., XXXI, 1, 389, Bull crim., XXXVI, 245.

Voyez encore l'art. 341 du Code d'instruction criminelle de 1808, qui prescrit au président des assises de remettre aux jurés les pièces du procès, à l'exception des declarations écrites des témoins.

fausse, le président en dresse procès-verbal; et d'office, ou sur la réquisition, soit de l'accusateur public, soit de la partie plaignante, soit de l'accusé et de ses conseils, il fait sur-le-champ mettre ce témoin en état d'arrestation, et délivre, a cet effet, contre lui, un mandat d'arrêt, en vertu duquel il le fait conduire devant le directeur du jury d'accusation de l'arrondissement dans lequel siége le tribunal criminel.—L'acte d'accusation, dans ce cas, est rédigé par le président (1).

368. Dans le cas où l'accusé, les témoins ou l'un d'eux ne parleraient pas la même langue ou le même idiome, le président du tribunal criminel nomme d'office un interprète âgé de vingt-cinq ans au moins, et lui fait promettre de traduire fidèlement, et suivant sa conscience, les discours à transmettre entre ceux qui parlent des langages différens.—L'accusé et l'accusateur public peuvent récuser l'interprète én motivant leur récusation.—Le tribunal juge les motifs.

369. L'interprete peut, du consentement de l'accusé et de l'accusateur public, être pris parmi les témoins ou les jurés.

370. A la suite des dépositions orales des témoins, et des dires respectifs auxquels elles donnent lieu, l'accusateur public et la partie plaignante, s'il y en a une, sont entendus, et developpent les moyens qui appuient l'accusation.—L'accusé et ses conseils peuvent leur répondre.—La réplique est permise a l'accusateur public et a la partie plaignante; mais l'accusé a toujours la parole le dernier.

371. L'accusé n'ayant plus rien à dire pour sa défense, le président déclare que les débats sont terminés.

372. Le président résume l'affaire, et la réduit à ses points les plus simples. — Il fait remarquer aux jurés les principales preuves pour et contre l'accusé. — Il leur rappelle les fonctions qu'ils ont a remplir; et pour cet effet, il leur donne lecture de l'instruction suivante, qui est, en outre, affichée en gros caractères dans la chambre destinée a leurs délibérations : —
« Les jurés doivent examiner l'acte d'accusation, les procès-verbaux, et
« toútes les autres pièces du procès, à l'exception des déclarations écrites
« des témoins, des notes écrites des interrogatoires subis par l'accusé de
« vant l'officier de police, le directeur du jury et le président du tribunal
« criminel.—C'est sur ces bases, et particulièrement sur les dépositions et
« les débats qui ont eu lieu en leur présence, qu'ils doivent asseoir leur con
« viction personnelle : car c'est de leur conviction personnelle qu'il s'agit
« ici; c'est cette conviction que la loi les charge d'énoncer; c'est a cette
« conviction que la société, que l'accusé s'en rapportent. — La loi ne leur
« demande pas compte des moyens par lesquels ils se sont convaincus; elle
« ne leur prescrit point de règles desquelles ils doivent faire particulière
« ment dépendre la plénitude et la suffisance d'une preuve : elle leur prescrit
« de s'interroger eux-mêmes dans le silence et le recueillement, et de cher
« cher, dans la sincérité de leur conscience, quelle impression ont faite sur
« leur raison les preuves rapportées contre l'accusé, et les moyens de sa
« défense. La loi ne leur dit point : *Vous tiendrez pour vrai tout fait attesté*
« *par tel ou tel nombre de témoins.* Elle ne leur dit pas non plus : *Vous*
« *ne regarderez pas comme suffisamment établie toute preuve qui ne sera*

---

(1) Voyez l'art. 330 du Code d'instruction criminelle de 1808.
L'omission du procès-verbal que l'art. 367 du Code de brumaire an 4 charge le président de la cour criminelle de dresser contre le faux témoin, n'entraine pas la nullité des poursuites ultérieures et du jugement qui intervient; dans ce cas, le directeur du jury peut suppléer, par une instruction, au procès-verbal omis. Cass., 10 décembre 1807, Sir., VII, 2, 310.

« *pas formée de tel procès-verbal, de telles pièces, de tant de témoins ou* « *de tant d'indices.* Elle ne leur fait que cette seule question, qui renferme « toute la mesure de leurs devoirs : *Avez-vous une intime conviction ?* — « Ce qu'il est bien essentiel de ne pas perdre de vue, c'est que toute la dé- « libération du jury de jugement porte sur l'acte d'accusation : c'est à cet « acte qu'ils doivent uniquement s'attacher; et ils manquent a leur premier « devoir, lorsque, pensant aux dispositions des lois pénales, ils considèrent « les suites que pourra avoir, par rapport à l'accusé, la déclaration qu'ils « ont à faire. Leur mission n'a pas pour objet la poursuite ni la punition des « délits; ils ne sont appelés que pour décider si le fait est constant, et si « l'accusé est, ou non, coupable du crime qu'on lui impute. »

373. Ensuite le président, au nom et de l'avis du tribunal, pose toutes les questions qui résultent tant de l'acte d'accusation que des débats, et que les jurés doivent décider.

374. La première question tend essentiellement a savoir si le fait qui forme l'objet de l'accusation, est constant ou non;—La seconde, si l'accusé est, ou non, convaincu de l'avoir commis, ou d'y avoir coopéré.—Viennent ensuite les questions qui, sur la moralité du fait et le plus ou le moins de gravité du délit, résultent de l'acte d'accusation, de la défense de l'accusé, ou du débat. —Le président les pose dans l'ordre dans lequel les jurés doivent en délibé- rer, en commençant par les plus favorables a l'accusé (1).

375. Dans les délits qui renferment des circonstances indépendantes les unes des autres, comme dans une accusation de vol, pour savoir s'il a été

(1) Voyez, sur la position des questions au jury, les art. 337 et suiv. du Code d'instruction criminelle de 1808.

Il y a nécessité de soumettre au jury de jugement une question sur un fait qui constitue la défense de l'accusé. Cass., 22 janvier 1808, SIR., IX, 1, 164; Bull. crim., XIII 24.—Ainsi, les questions de provocation doivent être posées, par exemple, dans le cas d'homicide volontaire, parce que ce crime est excusable, s'il est la suite de provocations violentes. Cass., 18 brumaire an 10, SIR., II, 1, 126 — Mais l'homicide n'est pas excusable parce que son auteur se serait cru ensorcelé par l'homicide, dans ce cas, la question d'excuse ne doit donc pas être posée. Cass., 16 frimaire an 9, SIR., I, 1, 376; Bull. crim., VI, 130.—Sous l'empire du Code de brumaire, lorsque le conseil d'un accusé alléguait, pour la justification de son client, qu'il était en démence lorsqu'il avait commis le fait qu'on lui imputait à délit, le juge devait, a peine de nullité, poser une question au jury sur cette excuse. Cass., 12 frimaire an 11, SIR., VII, 2, 1153. — On a jugé en sens contraire, sous l'em- pire du Code d'instruction criminelle de 1808, c'est-à-dire que la démence n'étant pas un fait d'excuse, mais une circonstance morale qui détruit absolument la culpabilité de l'accusé, ne peut pas être la matière d'une question particulière devant un jury, et qu'il suffit, dans ce cas, de poser la question de culpabilité qui embrasse le fait matériel et son caractère moral. Cass., 26 oc- tobre 1815, SIR., XVII, 1, 17; et plusieurs autres arrêts. — Les tribunaux criminels doivent poser nommément la question de légitime défense, si l'accusé s'est prévalu de cette exception, ou si elle résulte des débats. Cass., 24 ventose an 12, SIR., IV, 2, 96 ; Bull. crim, IX, 145. — Lorsque plusieurs accusés sont mis en jugement pour crime d'assassinat, la question de préme- ditation doit être posée de manière à se référer personnellement et distinctement à chacun d'eux : il ne suffit pas de la poser d'une manière vague, et sur le seul fait matériel du délit. Cass., 20 novembre 1806, SIR, VII, 2, 1108; Bull. crim., XI, 339. — Lorsqu'une personne accusée d'empoisonnement au moyen de certaines drogues soutient que ces drogues n'étaient pas un poison, cette excuse doit donner lieu à une question au jury. Cass., 17 juin 1810, SIR., XI, 1, 123. — La question de savoir si les faits allégués par un prévenu de bigamie, comme propres a justifier sa bonne foi, ont réellement ce caractère, est plus une question de droit que de fait; elle ne doit donc pas être soumise au jury; c'est à la cour criminelle a la décider. Cass, 22 août 1806, SIR., VI, 2, 925.

Dans les procédures par jurés, ce n'est point aux juges, mais aux jurés exclusivement, qu'il ap- partient de déclarer l'excusabilité. Cass., 27 floréal an 8, SIR., VII, 2, 946; Bull. crim, V, 93. — Mais c'est à la cour de justice criminelle à décider si les questions d'excuse résultent des débats et si elles doivent être posées au jury. Cass, 2 février 1815, SIR., XV, 1, 341 ; et un grand nombre d'arrêts.

commis de nuit, avec effraction, par une personne domestique, avec récidive, etc., les questions relatives à ces circonstances sont présentées chacune séparément, sans qu'il soit nécessaire de commencer par les moins aggravantes.

376. L'accusé, ses conseils, l'accusateur public et les jurés, peuvent faire des observations sur la manière dont les questions sont posées, et le tribunal en décide sur-le-champ (1).

377. *Il ne peut être posé aucune question complexe* (2). (Art. 250 de l'acte constitutionnel.)

378. Il n'en peut être posé aucune sur des faits qui ne seraient pas portés dans l'acte d'accusation, quelles que soient les dépositions des témoins.

379. Mais les jurés peuvent être interrogés sur une ou plusieurs circonstances non mentionnées dans l'acte d'accusation, quand même elles changeraient le caractère du délit résultant du fait qui y est porté. — Ainsi, sur l'accusation d'un acte de violence exercé envers une personne, le président peut, d'après les débats, poser la question de savoir si cet acte de violence a été commis à dessein de tuer.

380. Toute contravention aux règles prescrites par les articles 352, 358, 365, 368, 373, 374, 377 et 378, emporte nullité.

381. Le président, après avoir énoncé les questions, les remet par écrit aux jurés, dans la personne de leur chef.

382. Il leur remet aussi toutes les pièces du procès, à l'exception des déclarations écrites des témoins et des interrogatoires écrits de l'accusé.

383. Il leur annonce que la loi les oblige de se retirer dans leur chambre pour en délibérer, et il leur rappelle qu'elle leur défend de communiquer avec personne jusqu'après leur déclaration.

384. Il fait en même temps reconduire l'accusé dans la maison de justice.

385. Les jurés retirés dans leur chambre, y discutent les questions qui ont été posées par le président. — Celui d'entre eux qui se trouve le premier inscrit sur le tableau, est leur chef.

386. Lorsqu'ils sont en état de donner leur déclaration, ils font avertir le président. — Le président commet l'un des juges pour recevoir dans la chambre du conseil, avec le commissaire du pouvoir exécutif, les déclarations individuelles que les jurés doivent faire successivement, et en l'absence les uns des autres.

387. Le chef des jurés fait sa déclaration le premier. — Quand il l'a achevée, il reste dans la chambre du conseil avec le juge et le commissaire du pouvoir exécutif. — Les autres jurés se retirent à mesure qu'ils ont fini leurs déclarations.

388. Ces déclarations se font de la manière qui va être expliquée.

389. Chaque juré déclare d'abord si le fait porté dans l'acte d'accusation est constant ou non.

390. Si cette première déclaration est affirmative, il en fait une seconde sur l'accusé, pour décider s'il est, ou non, convaincu.

391. Le juré qui a déclaré que le fait n'est pas constant, n'a pas d'autre

---

(1) L'accusateur public ne peut faire d'observations sur la position des questions après l'ordonnance d'acquittement. Cass., 16 brumaire an 10, Sir., II, 1, 93.

(2) Il peut être posé au jury une question complexe sur la criminalité de deux individus. Cass., 6 février 1812, Sir., XII, 1, 97; Bull. crim., XVII, 32. — La complexité d'une question ne résulte pas de ce que son énoncé embrasse plusieurs circonstances particulières, mais bien de ce qu'elle renferme plusieurs autres questions dont chacune présente une circonstance qui modifie le crime ou qui l'excuse. Cass., 29 thermidor an 9, Sir., II, 1, 31.

déclaration à faire, et sa voix est comptée en faveur de l'accusé dans les questions suivantes.

392 Le juré qui, ayant trouvé le fait constant, a déclaré que l'accusé n'en est pas convaincu, ne fait aucune autre déclaration, et sa voix est également comptée en faveur de l'accusé dans les questions qui pourront suivre.

393. Le juré qui a déclaré le fait constant et l'accusé convaincu, donne ensuite sa déclaration sur la moralité du fait, d'après les questions intentionnelles posées par le président.

394. Lorsque, sur plusieurs questions intentionnelles, présentées dans leur ordre graduel, un juré en a décidé une en faveur de l'accusé, il n'a plus de déclaration a faire sur celles qui suivent.—Mais tant qu'il en juge une contre l'accusé, il faut qu'il prononce sur les questions ultérieures, jusqu'a ce qu'il ait donné son opinion sur toutes celles que le tribunal a posées.

395. Dans les questions relatives aux circonstances indépendantes l'une de l'autre, qui se trouvent dans le même délit, le juré qui a voté sur une en faveur de l'accusé, ne continue pas moins de donner son opinion sur les autres.

396. Les jurés ne peuvent prononcer sur d'autres délits que ceux qui sont portés dans l'acte d'accusation, ni se dispenser de prononcer sur aucun de ceux qui y sont portés.

397. Chaque juré prononce les diverses déclarations ci-dessus dans la forme suivante : — Il met la main sur son cœur, et dit : *Sur mon honneur et ma conscience, le fait est constant,* ou *le fait ne me paraît pas constant ; l'accusé est convaincu,* ou *l'accusé ne me paraît pas convaincu ; il a commis tel fait méchamment et à dessein,* ou *il ne me paraît pas avoir commis,* etc.

398. Pour constater ces diverses déclarations, des boîtes blanches et des boîtes noires sont posées sur le bureau de la chambre du conseil.—Les boîtes blanches servent à constater les opinions favorables à l'accusé; les boîtes noires constatent les opinions qui lui sont contraires. — Il y a, pour le jugement de chaque affaire, autant de paires de boîtes que de questions a décider par les jurés, et sur chacune on inscrit l'affirmative ou la négative, suivant sa destination.

399. Après chacune de ses déclarations prononcées a haute voix, chaque juré choisit dans les mains du juge qui lui présente deux boules, l'une noire, l'autre blanche, celle propre a exprimer son opinion, et il la dépose ostensiblement dans la boîte de couleur correspondante.

400. Pour éviter toutes méprises, les boîtes sont construites de manière que la boule noire ne puisse pas entrer dans l'ouverture de la boule blanche.

401. Les douze jurés ayant achevé de donner leurs déclarations individuelles, ils rentrent tous dans la chambre du conseil.

402. Les boîtes sont ouvertes devant eux par le juge, le commissaire du pouvoir exécutif présent, et les déclarations partielles sont rassemblées pour former la déclaration générale du jury.

403. La décision du jury se forme sur chaque question, en faveur de l'accusé, par le concours de trois boules, et contre lui par le concours de dix.

404. Pour cet effet, les boîtes étant ouvertes, les boules qu'elles renferment respectivement sont comptées dans le même ordre qu'ont été posées les questions auxquelles elles correspondent.

405. En conséquence, on ouvre d'abord les boîtes qui ont servi a décider si le fait est constant ou non. — S'il s'y trouve trois boules blanches, il est décidé que le fait n'est pas constant, et la délibération est terminée. — Dans le cas contraire, on passe a l'ouverture des boîtes sur la question de savoir si l'accusé est auteur du fait déclaré constant.

406. Les boules blanches qui, sur cette seconde question, se trouvent dans l'une des boîtes, s'additionnent avec les boules blanches qui peuvent avoir été données au dessous du nombre de trois, sur la première question.

407. Si cette addition donne trois boules blanches, ou si trois boules blanches se trouvent réunies dans la boîte destinée a la seconde question, la délibération se termine là, et il est décidé que l'accusé n'est pas convaincu du fait porté dans l'acte d'accusation.

408. Si, au contraire, il ne se rencontre pas, soit de l'une, soit de l'autre manière, trois boules blanches sur la seconde question, le juge passe a l'ouverture des boites relatives à la moralité du fait.

409. Dans ce troisième recensement, les boules blanches fournies sur les deux premières questions s'additionnent encore avec celles qui se trouvent dans la boîte blanche.

410. Lorsqu'il a été posé plusieurs questions intentionnelles, si les trois premiers recensemens réunis n'ont pas encore fourni trois boules blanches, on ouvre les boites sur la seconde question intentionnelle, et ainsi de suite, jusqu'à ce que le recensement des suffrages soit terminé, soit par l'ouverture de toutes les boites, soit par une somme de trois boules blanches, qui arrête et fixe la décision des jurés sur l'une des questions qui leur sont présentées successivement.

411. Les boules blanches fournies sur chacune des circonstances indépendantes d'un même délit, ne s'additionnent pas entre elles, mais seulement avec les boules blanches fournies sur les questions relatives à l'existence du corps du délit, et a la conviction de l'auteur de ce délit.

412. La délibération étant terminée, le résultat en est rédigé par écrit, en autant d'articles séparés qu'il y a eu de questions décidées.

413. Tous les jurés alors rentrent dans l'auditoire et y reprennent leurs places. — Le président leur demande quel est le résultat de leur délibération sur chacune des questions qu'il leur a présentées.—Le chef des jurés se lève, et dit : *Sur mon honneur et ma conscience, la déclaration du jury est que...* — Il donne lecture de cette déclaration, telle qu'elle a été arrêtée dans la chambre des jurés. — Il la signe, et la remet au président, qui la signe également et la fait signer par le greffier (1).

414. En cas de contravention de la part des jurés à l'une des règles qui leur sont prescrites par les articles 385 et suivans, leur déclaration est nulle, et le tribunal criminel est tenu, a peine de nullité du jugement qui pourrait intervenir sur le fond, de la rejeter du procès, en leur ordonnant de se retirer sur-le-champ dans leur chambre pour en former une nouvelle (2).

415. La décision du jury ne peut jamais être soumise a l'appel. — Si

---

(1) Voyez la loi du 8 frimaire an 6 (28 novembre 1797), art. 1er, portant qu'au cas de partage de voix entre les jurés, leur déclaration doit être en faveur de l'accuse. L'art. 347 du Code d'instruction criminelle de 1808 avait reproduit cette disposition, mais aujourd'hui, d'après la modification apportée a cet article par la loi du 28 avril—4 mai 1832, l'accusé ne peut plus être déclaré coupable qu'à une majorité de plus de sept voix.

(2)Aucune peine ne peut être prononcée par une cour d'assises sur une déclaration de jury qui se contredit et ne présente pas un fait positif. Cass., 6 août 1807, Sir., XX, 1, 480, Bull. crim., VII, 326. —Jugé encore que, lorsque les réponses aux questions soumises aux jurés s'entredétruisent par la contradiction qui existe entre elles, elles sont réputées non avenues et ne peuvent servir de base ni a un acquittement ni à une condamnation. Cass , 18 messidor an 12, Sir., IV, 2, 699, Bull. crim., IX, 268; et 12 septembre 1807, Sir., VIII, 1, 260. — Jugé dans le même sens, sous l'empire du Code de 1808; et, de plus, que cette contradiction donne lieu a la cassation de l'arrêt qui serait intervenu sur la déclaration. Cass., 2 juillet 1813, Sir., XX, 1, 480; Bull. crim., XVIII, 353; et plusieurs autres arrêts. — On a spécialement jugé, sous l'empire du

néanmoins le tribunal est unanimement d'avis que les jurés, tout en observant les formes, se sont trompés au fond, il ordonne que les trois jurés adjoints se réuniront aux douze premiers pour donner une nouvelle déclaration aux quatre cinquièmes de voix (1).

416. Nul n'a le droit de provoquer cette nouvelle délibération ; le tribunal ne peut l'ordonner que d'office, et immédiatement après que la déclaration du jury a été prononcée à l'auditoire (2).

417. Il ne peut, à peine de nullité, y avoir lieu à une nouvelle délibération, dans le cas de l'article 415, que lorsque l'accusé a été convaincu, jamais lorsqu'il a été acquitté.

418. L'examen d'un procès, une fois entamé, ne peut être interrompu ni suspendu, et il doit être continué jusqu'à la déclaration du jury inclusivement, sauf les intervalles nécessaires pour le repos des juges, des jurés et des témoins.

419. Néanmoins, lorsqu'un témoin qui a été cité ne comparaît pas, le tribunal peut, sur la réquisition de l'accusateur public, et avant que les débats soient ouverts par la déposition du premier témoin inscrit sur la liste mentionnée en l'article 346, renvoyer l'affaire a la prochaine assemblée du jury de jugement.

420. Dans ce cas, tous les frais des citations, actes, voyages de témoins et autres, ayant pour objet de faire juger l'affaire dans cette session, sont à la charge du témoin qui n'a pas comparu ; et il y est condamné sur la réquisition du commissaire du pouvoir exécutif, par le jugement qui renvoie les débats à la session suivante. — Le même jugement ordonne, en outre, qu'il sera amené par la force publique à la prochaine session, pour y déposer.

421. Dans tout autre cas, le témoin qui n'a pas comparu est condamné à une amende triple de sa contribution personnelle. — Cette condamnation se prononce a la suite des débats, et sans désemparer, sur la réquisition du commissaire du pouvoir exécutif.

422. La voie de l'opposition est ouverte contre cette condamnation, ainsi que contre celle mentionnée en l'article précédent, dans les dix jours de la signification qui en a été faite à personne ou domicile, et l'opposition est reçue, si le témoin condamné prouve qu'il a été retenu par une maladie grave ou force majeure.

423. Tous les accusés présens qui sont compris dans le même acte d'accusation, sont examinés par le même jury, et jugés sur la même déclaration. — Pour cet effet, le tribunal détermine celui qui doit être présenté le premier au débat, en commençant par le principal accusé, s'il y en a un. — Les autres co-accusés y sont présens, et peuvent faire leurs observations. — Il se fait ensuite un débat particulier pour chacun d'eux, sur les circonstances qui lui sont particulières.

TITRE VII. — Du jugement et de l'exécution.

424. Lorsque l'accusé a été déclaré non convaincu, le président, sans

---

Code de brumaire an 4, qu'il y a contradiction dans la déclaration du jury, portant qu'un individu a trahi ses devoirs envers l'état en devenant l'agent d'une conspiration contre l'état..., et qu'il n'a pas agi dans une intention criminelle. Cass., 19 prairial an 10, Sir., II, 2, 387; Bull. crim, VII, 354. — Ou dans la déclaration portant, d'une part, qu'il y a eu crime commis dans le dessein d'empoisonner, et, d'autre part, qu'il n'y a pas eu de préméditation ou d'intention criminelle. Cass., 26 vendémiaire an 12, Sir., VI, 2, 513. — Ou dans la déclaration portant qu'un individu a fabriqué de faux passeports dont il a sciemment fait usage, mais qu'il n'a pas agi avec l'intention du crime. Cass., arrêt précité du 19 prairial an 10.

(1 et 2) Voyez les art. 352 et suiv. du Code d'instruction criminelle de 1808, qui reproduisent presque textuellement les dispositions qui vont suivre.

VI.   23

consulter les juges ni entendre le commissaire du pouvoir exécutif, prononce qu'il est acquitté de l'accusation, et ordonne qu'il soit mis sur-le-champ en liberté (1).

425. Il en est de même, si les jurés ont déclaré que le fait a été commis *involontairement, sans aucune intention de nuire*, ou *pour la légitime défense de soi* ou *d'autrui* (2).

426. Tout individu ainsi acquitté peut poursuivre ses dénonciateurs pour ses dommages-intérêts (3). — Il ne peut plus être repris ni accusé à raison du même fait (4).

(1) Voyez l'art. 358 du Code d'instruction criminelle de 1808.
Pour qu'un accusé puisse être acquitté par le président sur la déclaration du jury de jugement, il n'est pas nécessaire de prendre l'avis de la cour, et d'entendre le ministère public en ses conclusions. Cass., 12 vendémiaire an 13, Sir., VII, 2, 761. — L'acquittement ne doit pas avoir lieu lorsque l'accusé d'un crime est déclaré coupable d'un fait puni de peines correctionnelles, ces peines doivent alors être prononcées. Cass., 25 avril 1806, Sir., VI, 2, 564; Bull., crim., XI, 102.
(2) Voyez l'art. 328 du Code pénal, qui excuse l'homicide commis dans le cas de légitime défense.
(3) Voyez les art. 87 et suiv. du présent code, et les notes.
(4) Voyez l'art. 360 du Code d'instruction criminelle de 1808, conforme.
Le même fait matériel, différemment qualifié, ne peut être la base de deux accusations. Cass., 14 pluviose an 12, Sir., IV, 2. 92; Bull. crim., IX, 97. — Lorsque l'accusé a obtenu la cassation d'un arrêt qui le déclarait convaincu sur un chef et l'acquittait sur d'autres, la cour devant laquelle l'affaire a été renvoyée ne peut plus remettre en jugement les chefs sur lesquels l'accusé a été acquitté. Cass., 7 fructidor an 12, Sir., IV, 2, 712; Bull. crim., IX, 313. — La règle posée par l'art. 426 du Code de brumaire an 4 ne s'applique pas aux complices, ultérieurement découverts, d'un crime dont l'auteur prétendu a été acquitté; ils peuvent être mis en jugement, nonobstant l'acquittement de ce dernier. Cass., 14 prairial an 12, Sir., IV, 1, 308; Bull. crim., IX, 213. — La règle s'applique au cas où le premier jugement d'acquittement ou de condamnation aurait été rendu par un tribunal incompétent. Cass., 1er avril 1813, Sir., XIII, 1, 311; Bull. crim., XVIII, 163. — Lorsque l'accusé d'un crime de faux, et d'un crime de concussion commis a l'aide de ce faux, est acquitté par la cour spéciale devant laquelle il a été traduit, à raison du premier fait, il ne peut plus être poursuivi, à raison du deuxième, devant une cour de justice criminelle ordinaire. Cass., 23 frimaire an 13, Sir., VII, 2, 1065; Bull. crim., X, 68.— Lorsque le prévenu d'un délit mêlé d'escroquerie et de faux a été mal à propos traduit pour raison de ce délit à la police correctionnelle comme escroc, et acquitté par un jugement passé en force de chose jugée, on ne peut plus le poursuivre comme faussaire au grand criminel. Cass, 10 juillet 1806, Sir., VI, 2, 757. — Mais celui qui est condamné pour crime de faux peut être mis à nouveau en jugement, s'il y a lieu, comme banqueroutier frauduleux, sauf à combiner ensuite l'exécution des deux jugemens. Cass., 9 brumaire an 14, Sir., VI, 2, 704. — Celui qui a été acquitté par un conseil de guerre sur un chef d'accusation, mais condamné sur un autre, et qui s'est pourvu en cassation seulement contre la partie du jugement qui le condamne, ne peut, alors même que ce jugement serait annulé pour cause d'incompétence des tribunaux militaires, être renvoyé devant la cour d'assises sur le fait à l'égard duquel il a déjà été acquitté; ce serait violer la maxime *non bis in idem.* — Cass., 20 juillet 1832, Sir., XXXIII, 1, 60; Bull. crim., XXXVII, 385.
Le fait qui a été la matière d'une accusation criminelle, ne peut devenir la matière d'une poursuite correctionnelle. 5 février 1808, Sir., VIII, 1, 348; Bull. crim., XIII, 45. — Jugé au sens contraire, sous l'empire du Code d'instruction criminelle de 1808. Cass., 29 octobre 1811, Sir., XVII, 1, 326; 22 novembre 1816, Sir., XVII, 1, 83; et un grand nombre d'autres arrêts. — Jugé cependant que celui qui a été traduit devant la cour d'assises sous l'accusation de faux en écritures, ne peut, après son acquittement, être poursuivi correctionnellement à raison de manœuvres frauduleuses qui auraient eu pour objet d'arriver à la consommation du faux. Grenoble, 31 juillet 1833, Sir., XXXIV, 2, 33. — Jugé, dans le même sens, que l'accusée d'infanticide, acquittée par la cour d'assises, ne peut plus être poursuivie correctionnellement sous la prévention d'homicide involontaire. Colmar, 3 janvier 1831, Sir., XXXI, 2, 256. — Au cas de prévention de deux délits, l'un du ressort de la police correctionnelle et l'autre du ressort de la justice criminelle, si le juge d'instruction a ordonné que, sur le second délit, le prévenu sera traduit devant les juges criminels, et, en cas d'acquittement, traduit devant les juges correctionnels sur le second délit, le jugement d'acquittement au criminel n'empêche pas la poursuite correctionnelle sur le second délit. Cass, 26 ventose an 11, Sir., VII, 2, 828; Bull. crim., VIII, 184.

427. Si l'accusé acquitté, ainsi qu'il vient d'être dit, du fait porté dans l'acte d'accusation, a été inculpé sur un au're fait, soit par des pièces, soit par les dépositions des témoins, le président, d'office, ou sur la demande de l'accusateur public, ordonne qu'il soit arrêté de nouveau. — Il reçoit les éclaircissemens que le prévenu donne sur le nouveau fait; il délivre, s'il y a lieu, un mandat d'arrêt contre lui, et le renvoie devant le directeur du jury du lieu où siége le tribunal criminel, pour être procédé à une nouvelle instruction. (1).

428. Lorsque l'accusé a été déclaré convaincu, le président, en présence du public, le fait comparaître, et lui donne lecture de la déclaration du jury (2).

429. Sur cela, le commissaire du pouvoir exécutif fait sa réquisition au tribunal pour l'application de la loi.

430. La partie plaignante fait également la sienne pour ses dommages-intérêts.

431. Le président demande à l'accusé s'il n'a rien à dire pour sa défense. — L'accusé ni ses conseils ne peuvent plus plaider que le fait est faux, mais seulement qu'il n'est pas défendu ou qualifié crime par la loi, ou qu'il ne mérite pas la peine dont le commissaire du pouvoir exécutif a requis l'application, ou qu'il n'emporte pas de dommages-intérêts au profit de la partie plaignante, ou enfin que celle-ci élève trop haut les dommages-intérêts qui lui sont dus.

432. Les juges prononcent ensuite, et sans désemparer, la peine établie par la loi, ou acquittent l'accusé, si le fait dont il est convaincu n'est pas défendu par elle. — Dans l'un et l'autre cas, ils statuent sur les dommages-intérêts prétendus par la partie plaignante ou par l'accusé (3). — Ils ne peuvent, à peine de nullité, y statuer que par le même jugement (4).

433. Lorsque les jurés ont déclaré que le fait de l'excuse proposée par le président dans la série des questions qui leur ont été remises, est prouvé, les juges prononcent, ainsi qu'il est dit dans le livre des Peines.

434. Si le fait dont l'accusé est déclaré convaincu se trouve être du ressort, soit des tribunaux de police, soit des tribunaux correctionnels, le tribunal criminel n'en prononce pas moins définitivement, et en dernier

---

(1) Voyez l'art. 361 du Code d'instruct on criminelle de 1808, conforme. L'art. 427 du Code de brumaire ne s'applique pas au cas où l'accusé, d'abord prévenu de deux délits différens, n'a pu être jugé que sur l'un d'eux : en ce cas, le prévenu doit être renvoyé aux juges naturels qui eussent connu de l'affaire si la prévention avait, dans l'origine, porté sur un seul délit qui fût de leur compétence. Cass., 21 mars 1808, SIR., VIII, 1, 250. — Il n'est pas applicable non plus au cas où le nouveau fait ne constitue qu'une contravention de police. Cass., 30 juillet 1807, SIR., VIII, 1, 447; Bull. crim., XII, 308. — Les cours de justice criminelle ne peuvent, en acquittant des accusés de crimes, prononcer contre eux des peines de police, que dans le concours de deux circonstances : 1° Que par le jury, il y ait eu déclaration sur le fait et l'intention; 2° que le fait à punir de peines de police ait été présenté au jury comme un délit à part, passible, en raison des circonstances, de dispositions pénales, et que, par la déclaration du jury, ce fait rentre dans les contraventions de police. Cass., 10 février 1809, SIR., X, 1, 258; Bull. crim., XIV, 59.

Voyez encore l'art. 434 du présent code.

(2) Il n'est pas permis aux cours de justice criminelle d'établir comme constans, sous prétexte qu'ils résultent des débats, des faits sur lesquels il n'y a pas de déclaration du jury. Cass., 26 juin 1806, SIR., VI, 2, 579; Bull. crim., XI, 180.

(3) Voyez, sur les dommages-intérêts auxquels le dénonciateur peut être condamné envers l'accusé, l'art. 87 ci-dessus, et les notes.

(4) Un tribunal de police ne peut statuer sur les dommages-intérêts prétendus à raison d'un délit dont la connaissance lui appartient, que par le jugement qui punit ce délit. Cass., 27 mars 1807, SIR., VII, 2, 93; Bull. crim., XII, 123.

23.

ressort, les peines qui auraient dû être prononcées par ces tribunaux.

435. Les juges délibèrent et opinent à voix basse; ils peuvent, pour cet effet, se retirer dans la chambre du conseil: mais le jugement est prononcé à haute voix en présence du public et de l'accusé, le tout à peine de nullité.

436. Avant de le prononcer, le président est tenu de lire le texte de la loi sur laquelle il est fondé.

437. Le greffier écrit le jugement; il y insère le texte de la loi lue par le président (1).

438. La minute du jugement est signée par les cinq juges qui l'ont rendu, à peine de nullité.

439. Après avoir prononcé le jugement, le président retrace à l'accusé la manière généreuse et impartiale avec laquelle il a été jugé; il l'exhorte à la fermeté et a la résignation; il lui rappelle la faculté qu'il a de se pourvoir en cassation, et le terme dans lequel l'exercice de cette faculté est circonscrit.

440. Le condamné a trois jours francs après celui où son jugement lui a été prononcé, pour déclarer au greffe qu'il se pourvoit en cassation (2).

---

(1) Voyez l'art. 369 du Code d'instruction criminelle de 1808.
La prononciation du jugement de condamnation doit être précédée de la lecture publique du texte de la loi appliquée, et ce texte doit être inséré dans la redaction du jugement, le tout à peine de nullité. Cass., 21 fructidor an 12, Sir., IV, 2, 512; Bull. crim., IX, 323. — Jugé au contraire, sous l'empire du Code d'instruction criminelle de 1808, que ces formalités ne sont pas prescrites à peine de nullité. Cass., 29 avril 1830, Sir., XXX, 1, 346.

2 (2) Voyez l'art. 373 du Code d'instruction criminelle de 1808, conforme.
Celui qui prouve que le greffier criminel du lieu ne tenait pas de registre pour les déclarations de pourvoi peut être dispensé de justifier qu'il a déclaré son pourvoi dans les trois jours. Cass., 17 messidor an 7, Sir., I, 1, 224; Bull. crim., III, 64.—Les jours termes comptent dans le delai, ainsi, une déclaration de pourvoi faite le 15, contre un jugement rendu le 10, est nulle. Cass., 12 février 1808, Sir., XVII, 2, 317.—Jugé au contraire, sous l'empire du Code d'instruction criminelle de 1808, que ni le jour de la prononciation du jugement ou de l'arrêt, ni le dernier des trois jours, ne sont compris dans le delai. Cass., 7 decembre 1832, Sir., XXXIII, 1, 560: Bull. crim., XXXVII, 677.— Il n'y a pas nécessité de se pourvoir dans les trois jours, a peine de déchéance, contre le jugement d'une commission militaire, vicie d'excès de pouvoir. Cass., 8 frimaire an 13, Sir., V, 2, 18.
On doit considérer comme partie condamnée, ayant faculté de se pourvoir, le plaignant dont les pretentions ont été rejetées avec dépens. Cass., 7 prairial an 11, Sir., VII, 2, 875; Bull. crim, VIII, 250. —La partie civile qui pouvait, avant 1789, se pourvoir en cassation pour ses intérêts civils, dans le silence du ministère public, a pu user de ce droit, sous l'empire du Code du 3 brumaire an 4, dans un procès dont l'instruction a dû être continuée suivant les formes établies avant l'institution des jurés. Cass., 29 vendémiaire an 8, Sir., I, 1, 248; Bull. crim, IV, 134. — Jugé toutefois que la partie civile ne pouvait, sous l'empire de ce code, se pourvoir en cassation contre les ordonnances d'acquittement rendues par le directeur du jury, sur les conclusions du ministère public. Cass, 16 fructidor an 9, Sir., VII, 2, 764. — Ou contre une ordonnance de mise en liberté, rendue par le directeur du jury. Cass., 9 frimaire an 13, Sir., V, 1, 80.—Ou contre une ordonnance du directeur du jury qui renvoyait le plaignant a se pourvoir à fins civiles. Cass., 3 frimaire an 12, Sir., IV, 2, 74.—Ou enfin contre un arrêt qui avait statué, dans la forme déterminée par la loi du 7 pluviose an 9, sur l'appel d'un jugement rendu relativement à un point d'instruction ou de compétence, au sujet duquel une dissidence d'opinions s'était élevée entre le directeur du jury et le ministère public. Cass., 13 juin 1806, Sir., VI, 1, 484 — On jugeait encore, sous l'empire du même code, que la partie civile ne pouvait se pourvoir, sans l'intervention du ministère public, contre les arrets des cours de justice criminelle spéciales. Cass., 12 pluviose an 13, Sir., V, 1, 79; Bull. crim., X, 118.—Surtout lorsque ces arrêts étaient favorables à l'accusé. Cass, 7 février 1806, Sir., XX, 1, 469. —On refusait même à la partie civile le droit d'intervenir devant la cour de cassation, sur le pourvoi formé cont e un arrêt de compétence rendu par une cour spéciale. Cass., 8 octobre 1807, Sir., VIII, 1, 169 — Mais on lui accordait ce droit, contre les arrêts des cours de justice criminelle ordinaires Cass, 4 brumaire an 13, Sir., V, 2, 14. — Enfin on permettait a la partie civile de se pourvoir en cassation, sans l'assistance du ministère public, contre les arrets rendus en matière correctionnelle. Cass, 17 floréal an 11, Sir., III, 2, 421; Bull. crim. VIII, 239
Sous l'empire du Cod. inst. crim. de 1808, la question de savoir si la partie civile peut se pourvoir en cassation ne peut plus s'elever, puisque l'art. 373 lui accorde formellement ce droit.

—Pendant ces trois jours, il est sursis à l'exécution du jugement (1).

441. Le commissaire du pouvoir exécutif peut également, dans les trois jours, déclarer au greffe qu'il demande, au nom de la loi, la cassation du jugement (2).

442. Néanmoins, dans le cas d'absolution par un jugement, le commissaire du pouvoir exécutif n'a que vingt-quatre heures pour se pourvoir; et pendant ce temps seulement, il est sursis a l'élargissement du prisonnier.

443. La condamnation est exécutée, ou dans les vingt-quatre heures qui suivent les trois jours dont il vient d'être parlé, s'il n'y a point eu de recours en cassation, ou dans les vingt-quatre heures de la réception du jugement du tribunal de cassation qui a rejeté la demande.

444. Cette exécution se fait par les ordres du commissaire du pouvoir exécutif, qui a le droit de requérir pour cet effet l'assistance de la force publique.

445. Elle se fait sur une des places publiques de la commune où le tribunal criminel tient ses séances.

446. Lorsque, pendant les débats qui ont précédé le jugement de condamnation, l'accusé a été inculpé, soit par des pièces, soit par des dépositions de témoins, sur d'autres faits que ceux portés dans l'acte d'accusation, le tribunal criminel ordonne qu'il sera poursuivi, à raison de ces nouveaux faits devant le directeur du jury du lieu où il tient ses séances, mais seulement dans le cas où ces nouveaux faits méritent une peine plus forte que les premiers.—Dans ce cas, le tribunal sursoit à l'exécution de la première peine, jusqu'après le jugement sur les nouveaux faits (3).

TITRE VIII. — De la cassation des jugemens (4).

447. La déclaration du recours en cassation, faite au greffe en conformité des articles 440 et 441, soit par le condamné, soit par le commissaire du pouvoir exécutif, est inscrite par le greffier sur un registre particulier à ce destiné (5).

448. Elle est signée du déclarant, ou, s'il ne sait pas signer, le greffier en fait mention.

449. Le condamné, soit en faisant la déclaration dont il vient d'être parlé, soit dans les dix jours suivans, remet au greffe une requête contenant

(1) Voyez, sur l'effet suspensif du pourvoi en matière criminelle, les notes qui accompagnent l'art. 16 du decret du 27 novembre—1er décembre 1790, sur la cour de cassation.

Il convient d'y ajouter que les tribunaux de simple police ne peuvent ordonner l'exécution provisoire de leurs jugemens, nonobstant tout recours. Cass, 21 thermidor an 12, SIR., IV, 2, 175; Bull. crim., IX, 300; et 2 juillet 1806, SIR, VII, 2, 158.

(2) Voyez l'art. 373 du Code d'instruction criminelle de 1808.

Le procureur-général pres d'une cour criminelle ne peut se pourvoir contre une ordonnance d'acquittement, rendue sur la déclaration du jury. Cass, 25 pluviose an 13, SIR., XX, 1, 469; et 8 août 1807, SIR., VIII, 1, 56.

(3) Voyez l'art. 427 du présent code et les notes.

(4) Voyez, sur les formalités du pourvoi en cassation en matière criminelle, et la procédure, les décrets des 16—29 septembre 1791 tit. VIII, art. 15 à 25, et 10 (7 et)—15 avril 1792; et le Code d'instruction criminelle de 1808, qui reproduit, art. 416 et suiv., une grande partie des dispositions qui vont suivre.

(5) La déclaration du pourvoi faite chez un notaire en temps utile, n'est valable qu'autant qu'il a été préalablement et légalement constaté qu'il n'y avait personne au greffe, ou que le greffier a refusé de recevoir la déclaration. Cass, 4 decembre 1807, et 21 fevrier 1812, SIR., XVII, 1, 342. — Juge encore que le pourvoi ne serait pas régulièrement fait par une simple déclaration de se pourvoir, insérée dans un acte d'huissier signifié au ministere public. Cass., 23 juillet 1812, SIR., XVII, 1, 342. — Ni par une simple déclaration verbale faite à l'audience. Cass., 20 juin 1812, SIR., id., ibid.

ses moyens de cassation. — Le greffier lui en donne une reconnaissance, et transmet sur-le-champ cette requête au commissaire du pouvoir exécutif.

450. Dans les dix jours qui suivent la déclaration du recours en cassation, le commissaire du pouvoir exécutif fait passer au ministre de la justice l'expédition du jugement, les pièces du procès, et la requête du condamné, s'il en a remis une.

451. Dans les vingt-quatre heures de la réception de ces pièces, le ministre de la justice les adresse au tribunal de cassation, et il en donne avis, dans les deux jours suivans, au commissaire du pouvoir exécutif près le tribunal criminel, lequel en avertit par écrit le président, le condamné et son conseil (1).

452. Le tribunal de cassation est tenu de prononcer sur le recours en cassation, dans le mois de l'envoi qui lui a été fait des pièces par le ministre de la justice.

453. Il rejette la requête ou annule le jugement. — Dans l'un et l'autre cas, il motive sa décision. — S'il annule le jugement, il renvoie le fond du procès, savoir : — Devant un autre officier de police judiciaire que celui qui a fait la première instruction, si le jugement est annulé pour fait de ce dernier, non réformé par le directeur du jury ni par le tribunal criminel; — Devant un autre directeur du jury que celui qui a dressé l'acte d'accusation, si le jugement est annulé pour fait de ce dernier ou du jury d'accusation, non réformé par le tribunal criminel; — Devant un des deux tribunaux criminels les plus voisins, si le jugement est annulé pour fait du tribunal criminel ou du jury de jugement.

454. L'officier de police judiciaire et le directeur du jury auxquels se fait le renvoi du procès dans les cas prévus par l'article précédent, ne peuvent être pris que parmi ceux du ressort de l'un des deux tribunaux criminels les plus voisins de celui dont le jugement est annulé.

455. Le jugement du tribunal de cassation qui rejette la requête, est délivré, dans les trois jours, au commissaire du pouvoir exécutif près ce tribunal, par simple extrait signé du greffier. — Cet extrait est adressé au ministre de la justice, qui l'envoie aussitôt au commissaire du pouvoir exécutif près le tribunal criminel, lequel en donne connaissance, par écrit, au président, à l'accusé, a son conseil, et agit ensuite ainsi qu'il est réglé par l'article 443.

456. Le tribunal de cassation ne peut annuler les jugemens des tribunaux criminels que dans les cas suivans : — 1° Lorsqu'il y a eu fausse application des lois pénales; — 2° Lorsque des formes ou procédures prescrites par la loi, sous peine de nullité, ont été violées ou omises; — 3° Lorsque l'accusé ou le commissaire du pouvoir exécutif ayant requis l'exécution d'une formalité quelconque, à laquelle la loi n'attache pas la peine de nullité, cette formalité n'a pas été remplie; — 4° Lorsque le tribunal criminel a omis de prononcer sur une réquisition quelconque de l'accusé ou du commissaire du pouvoir exécutif; — 5° Lorsque, dans les cas où il en avait le droit, le tribunal criminel n'a pas prononcé les nullités établies par la loi; — 6° Lorsqu'il y a eu contravention aux règles de compétence établies par la loi pour la connaissance

---

(1) Pour que la cour de cassation puisse statuer sur le pourvoi, il faut que la déclaration de pourvoi et toutes les pièces de la procédure lui soient transmises par le ministère de la justice, aux termes de cet article; elles ne peuvent être transmises directement par le condamné lui-même. Cass., 17 juin 1806, Sir, VI, 2, 595.

Voyez l'article 424 du Code d'instruction criminelle de 1808, qui décide en sens contraire.

du délit ou pour l'exercice des différentes fonctions relatives à la procédure criminelle, ou qu'il y a eu, de quelque manière que ce soit, usurpation de pouvoir (1).

457. Le jugement du tribunal de cassation qui annule un jugement émané d'un tribunal criminel, est, par le ministre de la justice, adressé en expédition authentique au commissaire du pouvoir exécutif près ce tribunal, qui la communique au président, à l'accusé et à son conseil, et la dépose ensuite au greffe.

458. L'accusé dont la condamnation a été annulée par le tribunal de cassation, est traduit en personne devant l'officier de police judiciaire, directeur du jury au tribunal criminel, a qui son procès est renvoyé, d'après les distinctions portées par l'article 453.

459. Si le jugement a été annulé pour fausse application de la loi, le tribunal criminel à qui le procès est renvoyé, rend son jugement sur la déclaration déjà faite par le jury, après avoir entendu l'accusé ou son conseil, et le commissaire du pouvoir exécutif.

460. Si le jugement a été annulé pour une des autres causes mentionnées en l'article 456, l'officier de police judiciaire, directeur du jury ou tribunal criminel, recommence l'instruction, à partir du plus ancien des actes qui se trouvent frappés de nullité.

461. *Aucun de ceux qui ont rempli les fonctions de jurés, soit d'accusation, soit de jugement, dans la procédure annulée, ne peut les remplir dans la nouvelle.*

TITRE IX. — Des contumaces (2).

462. Lorsque, sur une ordonnance de prise de corps ou de se représenter en justice, l'accusé n'a pu être saisi et ne se présente pas dans les dix jours de la notification qui en a été faite à son domicile;—Lorsqu'après s'être présenté ou avoir été saisi, il vient à s'évader;—Ou enfin, lorsqu'après avoir été admis a caution, il ne se présente pas au jour fixé pour l'examen du procès,—Le président du tribunal criminel rend une ordonnance portant qu'il sera fait perquisition de sa personne, et tout citoyen est tenu d'indiquer le lieu où il se trouve (3).

463. Cette ordonnance et celle de prise de corps ou de se représenter en justice sont publiées, le décadi suivant, à son de trompe ou de caisse, et affichées à la porte du domicile de l'accusé, ainsi qu'a celle de son domicile élu; ou, s'il n'est pas domicilié, à celle de l'auditoire du tribunal criminel;—Elles sont également notifiées a ses cautions, s'il en a fourni;—Le tout à la diligence du commissaire du pouvoir exécutif.

464. Le dixième jour après cette publication, le président du tribunal

(1) Voyez, sur les ouvertures à cassation en matière criminelle, les lois citées dans les notes sur l'art. 3 du décret du 27 novembre—1er décembre 1790, et les nombreux arrêts qui y sont résumés. — Voyez surtout les art. 408 et suiv. du Code d'instruction criminelle de 1808, qui forment le dernier état de la législation.
(2) Voyez, sur le mode de procéder contre les contumaces, le décret du 16—29 septembre 1791, concernant la procédure criminelle, tit. IX, et l'instruction du 29 septembre—21 octobre même année; le Code pénal du 25 septembre—6 octobre 1791, Ire partie, tit. III; le décret du 4 thermidor an 2 (22 juillet 1794), et les notes; et le Code d'instruction criminelle de 1808, art. 465 et suiv.
(3) Voyez l'art. 465 du Code d'instruction criminelle de 1808.
Les tribunaux de justice repressive ne peuvent, sans commettre un excès de pouvoir, accorder à l'accusé contumax un délai pour se représenter. Cass., 13 mars 1809, Sir., X, 1, 349; Bull. crim., XIV, 102.

rend une seconde ordonnance portant qu'un tel est rebelle à la loi ; qu'en conséquence, il est déchu du titre et des droits de citoyen français ; que ses biens vont être et demeurent séquestrés au profit de la république, pendant tout le temps de sa contumace ; que toute action en justice lui est interdite pendant le même temps, et qu'il va être procédé contre lui malgré son absence (1).

465. Dans le jour suivant, cette ordonnance est adressée, par le commissaire du pouvoir exécutif, au directeur des domaines et droits d'enregistrement du domicile du contumax ; — Elle est en outre publiée, affichée et notifiée, sans aucun délai, aux lieux indiqués par l'article 463.

466. Après un nouveau délai de dix jours, le procès est continué dans la forme prescrite pour les accusés présens, sauf les exceptions ci-après.

467. Aucun conseil ou fondé de pouvoir ne peut se présenter pour défendre l'accusé contumax, soit sur les faits, soit sur l'application de la loi, soit sur la forme de la procédure. — Seulement, s'il est dans l'impossibilité absolue de se rendre, il peut envoyer son excuse et en faire plaider la légitimité par un fondé de pouvoir. — Ses parens et ses amis ont la même faculté, en justifiant de son absence hors du territoire continental de la république, en vertu de passeport régulier, avant les premières poursuites faites contre lui.

468. Si le tribunal trouve l'excuse légitime, il ordonne qu'il sera sursis au jugement de l'accusé et au séquestre de ses biens, pendant un temps qu'il fixe, eu égard à la nature de l'excuse et à la distance des lieux.

469. Après la lecture de l'acte d'accusation, des ordonnances mentionnées dans les articles 462 et 464, et des procès-verbaux dressés pour en constater

---

(1) Sur les effets de la contumace, voyez, *quant aux personnes*, l'art. 6, tit. II, de la constitution du 3—14 septembre 1791 ; l'art. 6 de celle du 24 juin 1793 ; l'art. 13 de celle du 5 fructidor an 3 (22 août 1795) ; l'art. 5 de celle du 22 frimaire an 8 (13 décembre 1799) ; et l'art. 28 du Code civil, portant que l'exercice des droits de citoyen français est suspendu par l'état de contumace ; et, *quant aux biens*, les art. 3, 13 et 16 du tit. IX du décret du 16—29 septembre 1791, qui ordonnent le séquestre, et dans certains cas, la restitution des biens des contumaces ; le décret du 4 thermidor an 2 (22 juillet 1794), art. 3, 14, 17 et 21, sur le même objet ; la décision ministérielle du 8 fructidor an 7 (25 août 1799), concernant la destination du mobilier des contumaces (Sir., I, 2, 125) ; la circulaire de la régie de l'enregistrement, du 21 prairial an 9 (10 juin 1801), portant que les biens des accusés contumaces doivent être séquestrés en vertu de l'ordonnance du président de la cour de justice criminelle, sans qu'il soit nécessaire de provoquer un arrêté du préfet (Sir., I, 2, 556) ; les art. 27 et 28 du Code civil, concernant le séquestre et l'administration des biens des contumaces ; les décisions ministérielles des 17 prairial an 11 (6 juin 1803) et 14 août 1807, portant que les biens des accusés ou condamnés par contumace continuent d'être régis par les préposés de l'administration des domaines, en vertu des art. 464 et 475 du Code du 3 brumaire an 4, jusqu'à ce qu'il ait été statué sur le véritable sens des art. 27 et 28 du Code civil (Sir., VII, 2, 333) ; l'avis du conseil d'état du 20 septembre 1809, qui détermine les effets de l'art. 28 du Code civil, relativement aux condamnations par contumace, en ce qui concerne l'administration des biens des condamnés ; la décision ministérielle du 3 janvier 1809, portant que la main-levée du séquestre apposé sur les biens d'un contumace décédé depuis, doit être prononcée par l'autorité administrative, etc.... (Sir, IX, 2, 44) ; et celle du 20 avril 1810, sur la restitution, par l'administration, des fruits des biens d'un contumace, aux héritiers de ce dernier (Sir., XII, 2, 160).

Le condamné par contumace à une peine afflictive temporaire a pu, sous le Code pénal de 1791 et le Code de brumaire an 4, aliéner ses biens au détriment des reprises du fisc, s'il n'y avait pas eu de séquestre apposé, et si d'ailleurs l'acte d'aliénation n'a pas été fait exprès pour frauder les droits du fisc. Cass, 25 mai 1820, Sir., XX, 1, 331 — La vente faite par un contumace, sous l'empire du Code de l'an 4, peut être déclarée nulle à l'égard du domaine et valable à l'égard des héritiers du contumace. Cass., 27 mai 1828, Sir., XXVIII, 1, 214. — L'art. 464 du Code de brumaire an 4 n'empêche pas qu'on ne puisse actionner en justice l'accusé contumace ; il n'y a que le condamné contradictoirement à une peine emportant mort civile, qui doive être assigné en la personne d'un curateur. Cass., 10 nivose an 14, Sir., VI, 2, 695.

la proclamation et l'affiche, le président, après avoir entendu le commissaire du pouvoir exécutif, prend l'avis des juges sur la régularité ou sur l'irrégularité de l'instruction faite contre l'accusé.

470. Si l'instruction n'est pas conforme a la loi, le tribunal la déclare nulle, et ordonne qu'elle sera recommencée, a partir du plus ancien acte qui est jugé illégal.

471. Si l'instruction est régulière, le tribunal ordonne que les pièces et les déclarations écrites des témoins entendus devant l'officier de police judiciaire, devant le directeur du jury et devant le président du tribunal criminel, seront lues publiquement aux jurés. — Les témoins, dans ce cas, ne déposent point oralement.

472. La condamnation qui intervient contre un contumax, est, dans les vingt-quatre heures de sa prononciation, et a la diligence du commissaire du pouvoir exécutif, affichée par l'exécuteur des jugemens criminels, à un poteau qui est planté au milieu de la place publique du lieu où le tribunal criminel tient ses séances.

473. Le recours en cassation n'est ouvert contre les jugemens par contumace qu'au commissaire du pouvoir exécutif (1).

474. En aucun cas, la contumace d'un accusé ne peut suspendre ni retarder l'instruction a l'égard de ses coaccusés présens. — Elle ne peut pas non plus, après le jugement de ceux-ci, empêcher la remise des effets déposés au greffe comme pièces de conviction, lorsqu'ils sont réclamés par les propriétaires intéressés à cette remise. — Cette remise est précédée d'un procès-verbal de description, dressé par le président ou par un juge qu'il a commis à cette fin.

§ 475. Tous les fruits, revenus et produits qui sont, en exécution de l'ordonnance mentionnée dans l'article 464, perçus par les receveurs des droits d'enregistrement, et par eux versés dans les caisses nationales, appartiennent irrévocablement a la république, sauf les secours à accorder à la femme, aux enfans, au père ou a la mère de l'accusé, s'ils sont dans le besoin. — Ces secours sont réglés par le corps législatif.

476. Si l'accusé se constitue prisonnier, ou s'il est pris et arrêté, le jugement rendu et les procédures faites contre lui depuis l'ordonnance de prise de corps, sont anéantis de plein droit, et il est procédé a son égard dans la forme ordinaire (2).

---

(1) Voyez l'art. 473 du Code d'instruction criminelle de 1808, conforme.
L'accusé absent, qui a été incompétemment condamné par une cour martiale, peut se pourvoir en cassation contre son jugement. Cass., 20 fructidor an 13, SIR., VI, 1, 95; Bull. crim., X, 378. — Jugé, au contraire, sous l'empire du Code d'instruction criminelle de 1808, que le contumace n'est pas recevable a se pourvoir en cassation, même pour incompétence du tribunal qui a prononcé. Cass., 28 décembre 1833, SIR., XXXIV, 1, 224; Bull. crim., XXXVIII, 659.
(2) Voyez l'art. 476 du Code d'instruction criminelle de 1808
Sous l'empire du Code de brumaire an 4, la comparution de l'accusé anéantit le jugement de condamnation rendu contre lui par contumace, de telle sorte qu'il ne dépend pas de l'accusé de se soustraire à un second jugement en acquiesçant au premier. Cass., 29 ventose an 10, SIR., II, 2, 381; Bull. crim., VII, 268; et 13 ventose an 11, SIR., III, 2, 414; Bull. crim., VIII, 172. — C'est la représentation volontaire ou forcée du contumace devant le juge, et non sa simple arrestation, qui anéantit de plein droit les jugemens rendus pendant la contumace: en conséquence, lorsqu'un contumace arrête vient a s'évader, le jugement de condamnation continue de subsister. Cass., 18 vendemiaire an 14, SIR., VI, 2, 706. — L'arrestation du contumace n'a l'effet d'anéantir le jugement que quand il y a des condamnations prononcées contre lui: l'absolution prononcée en sa faveur reste definitive. Cass., 18 ventose an 12, SIR., IV, 2, 688; Bull. crim., IX, 136. — Lorsqu'un jugement de condamnation a été rendu par contumace contre plusieurs accusés, la comparution volontaire ou l'arrestation de quelques uns d'entre eux n'anéantit pas le jugement à l'égard des accusés persévérant dans la contumace. Cass, 9 vendemiaire an 10, SIR.,

477. Néanmoins les dépositions écrites des témoins décédés pendant son absence sont lues aux jurés, qui y ont tel égard que de raison, en observant toujours que les preuves écrites ne sont point la règle unique de leur décision, et qu'elles ne leur servent que de renseignemens.

478. L'accusé contumax, à compter, soit du jour où il a été arrêté, soit de celui où il s'est lui-même constitué prisonnier, rentre dans l'exercice de tous ses droits; et ses biens, a l'exception des fruits perçus ou échus antérieurement, lui sont rendus.

479. Dans le cas même d'absolution, l'accusé qui a été contumax est condamné, par forme de correction, à garder prison pendant une décade: le juge lui fait en public une réprimande pour avoir douté de la justice et de la loyauté de ses concitoyens, et il ne lui est accordé aucun recours contre son dénonciateur.

480. La peine portée dans le jugement de condamnation par contumace, est prescrite par vingt ans, à compter de la date du jugement.

481. Mais, ce temps passé, l'accusé n'est plus reçu à se présenter pour purger sa contumace.

482. Après la mort du contumax, prouvée légalement, ou après cinquante ans de la date de sa condamnation, ses biens, à l'exception des fruits perçus ou échus antérieurement, sont restitués à ses héritiers légitimes. — Néanmoins, après vingt ans, les héritiers peuvent, en donnant caution, être envoyés provisoirement en possession des biens.

TITRE X. — Des listes des jurés d'accusation et de jugement (1).

483. La loi appelle aux fonctions de jurés tous les citoyens âgés de trente ans accomplis, qui réunissent les conditions requises pour être électeurs (2).

484. Néanmoins, ces fonctions sont incompatibles avec celles de représentans du peuple, de membres du directoire exécutif, de ministres, de juges, d'accusateurs publics, d'officiers de police judiciaire, et de commissaires du pouvoir exécutif, soit près les administrations départementales et municipales, soit près les tribunaux. — Les septuagénaires peuvent s'en dispenser (3).

II, 2, 371; Bull crim, VII, 26. — Lorsqu'une cour spéciale a jugé sa competence par arrêt rendu contre un contumace, et qu'ensuite de cet arrêt, elle en a rendu un autre de condamnation, la comparution volontaire ou forcée de l'accusé anéantit l'arrêt de compétence comme l'arrêt definitif. Avis du cons., 24 et 26 ventose an 11, SIR., VII, 2, 8-8; et Cass, 4 pluviose an 13, SIR., V, 2, 184; Bull. crim., X, 109; 9 frimaire an 14, SIR., VI, 2, 80; Bull crim, X, 464; et 9 septembre 1808, SIR., VIII, 1, 474; Bull crim, XIII, 409. — Le condamné par contumace qui se représente et obtient un jugement d'absolution, supporte les frais de la procédure sur laquelle est intervenue la première condamnation; mais il n'est pas tenu des frais faits depuis sa représentation en justice. En cas de décès du condamné dans les cinq ans du jugement contradictoire ou par contumace la condamnation aux frais est exécutoire contre ses héritiers et ayans-cause. Instruction de la régie, 22 octobre 1807, SIR., VII, 2, 300.

(1) Nous avons déjà dit que le jury d'accusation avait été remplacé par les chambres d'accusation des cours royales. Voyez, sur la forme des mises en accusation, les art. 217 et suv. du Code d'instruction criminelle de 1808. — Le mode de formation des listes des jurés, les conditions de capacité, et la formation du jury de jugement, ont également été l'objet d'une foule de lois rappelées dans les notes qui accompagnent le titre du decret du 16—29 septembre 1791, sur la procedure criminelle, et qu'il est inut le de citer de nouveau. Voyez spécialement, sur la formation des listes du jury, la loi du 19—23 avril 1831, qui forme le dernier état des choses.

(2) Voyez l'art. 381 du Co le d'instruction criminelle de 1808.
Pour qu'un juré ait trente ans accomplis, dans le sens de la loi qui les exige pour sa capacité, il faut qu'il ait eu trente ans au jour de sa nomination: il ne suffirait pas qu'il les eût au jour de son entrée en fonctions. Cass., 19 prairial an 12 SIR, IV, 2, 140; Bull. crim, IX, 225

(3) Sous l'empire de cette disposition, un maire, étant officier de police judiciaire, ne pouvait, à peine de nullité, être juré. Cass., 21 juin 1810, SIR., XI, 1, 213; Bull. crim., XV, 161; et

485. Tous les trois mois, chaque administration départementale forme d'a-près ses connaissances personnelles, et les renseignemens qu'elle se fait don-ner par les administrations municipales, une liste de citoyens domiciliés dans l'étendue du département, qu'elle juge propres a remplir les fonctions de jurés, tant d'accusation que de jugement.

486. Elle divise cette liste en autant de parties qu'il y a de directeurs du jury dans le département.

487. Elle y porte autant de citoyens de chaque arrondissement de jury d'accusation qu'il y existe de milliers d'habitans; en sorte que, jusqu'à quinze cents habitans, elle nomme un juré; qu'elle en nomme deux depuis quinze cent un jusqu'a deux mille cinq cents, et ainsi de suite.

488. Cette liste ne peut être arrêtée qu'après avoir été communiquée au commissaire du pouvoir exécutif près l'administration départementale, pour y faire ses observations.

489. Le commissaire du pouvoir exécutif la fait imprimer, et l'envoie, tant à ceux dont les noms y sont inscrits, qu'aux directeurs du jury d'ac-cusation, et au président du tribunal criminel du département, le tout au moins une décade avant le commencement du trimestre pour lequel elle doit servir.

490. Le même citoyen peut être successivement placé sur les quatre listes qui se font pendant une année; mais, une fois qu'il a assisté à un jury de jugement, il peut s'excuser d'y assister une seconde fois dans le cours de la même année, à moins qu'il n'habite la commune où siége le tribunal criminel.

TITRE XI. — De la manière de former et de convoquer le jury d'accusation.

491. Le jury d'accusation s'assemble, chaque décadi, sur la convocation du directeur du jury (1).

492. Chaque décadi, le directeur du jury d'accusation, sur la partie de la liste mentionnée en l'article 486, qui comprend les citoyens domiciliés dans son arrondissement, fait tirer publiquement au sort, en présence du com-missaire du pouvoir exécutif, établi près de lui, les huit citoyens qui devront, le décadi suivant, former le jury d'accusation (2).

493. Dans les cas prévus par les articles 290 et 297, l'accusateur public et le président du tribunal civil forment respectivement le tableau du jury d'ac-cusation, sur la liste partielle de l'arrondissement du jury d'accusation dans lequel ils exercent leurs fonctions.

494. Lorsqu'il y a lieu d'assembler le jury d'accusation, ceux qui doivent le composer sont avertis, quatre jours d'avance, de se rendre au jour fixé,

---

13 juin 1811, SIR., XII, 1, 71; Bull. crim., XVI, 182. — Jugé en sens contraire, sous l'empire du Code d'instruction criminelle de 1808. Cass., 28 mai 1812, SIR., XVII, 2, 319, et autres arrêts. — L'accusé ne peut être privé des jurés qu'il a acceptés, sous prétexte qu'ils sont parens entre eux au degré prohibé; à cet égard, les lois ne contiennent ni exclusion ni défense. Cass., 10 février 1809, SIR., VII, 2, 1036; Bull crim., XIV, 55.

Sous l'empire du Code de l'an 4, l'inscription des citoyens sur les listes du jury, dressées par l'autorité administrative, ne conférait pas irrévocablement la qualité de juré, tellement que l'ac-cuse ne pût contester cette qualité, soit devant la cour d'assises, soit devant la cour de cassation. Cass., 18 floréal an 7, DALL., Collect. alphab, IV, 284; Bull. crim., II, 381; 16 fructidor an 8, DALL., id., ibid.; Bull crim. V, 367; et 14 nivose an 13, DALL, id., ibid.; Bull. crim., X, 93. —On a jugé en sens contraire, sous l'empire du Code d'instruction criminelle de 1808, c'est-à-dire que c'etait à l'autorité administrative seule à apprecier les qualités politiques et civiles des jurés. Cass., 22 octobre 1812, SIR., XVII, 2, 319; et plusieurs autres arrêts.

(1) Voyez la loi du 16 frimaire an 14 (7 decembre 1805), art. 2, qui change les jours des assemblees des jurys d'accusation.

(2) Voyez la loi modificative du 22 nivose an 4 (12 janvier 1796).

sous peine de trente livres d'amende, et d'être privés du droit d'éligibilité et de suffrage pendant deux ans, avec impression et affiche du jugement dans toutes les communes de l'arrondissement du directeur du jury, a leurs frais (1).

495. Lorsque les citoyens inscrits sur la liste prévoient, pour l'un des jours d'assemblée du jury d'accusation, quelque obstacle qui pourrait les empêcher de s'y rendre, s'il arrivait qu'ils y fussent appelés par le sort, ils en donnent connaissance au directeur du jury, deux jours au moins avant celui de la formation du tableau des huit, pour lequel ils désirent être excusés.

496. La valeur de cette excuse est jugée, dans les vingt-quatre heures, par le directeur du jury, le commissaire du pouvoir exécutif préalablement entendu.

497. Si l'excuse est jugée suffisante, le nom de celui qui l'a présentée est retiré pour cette fois de la liste.—Si elle est jugée non valable, son nom est soumis au sort comme les autres.

498. Si celui qui a présenté l'excuse est désigné par le sort pour être un des huit qui forment le tableau du jury d'accusation, il lui est signifié que son excuse a été jugée non valable, qu'il est sur le tableau des jurés, et qu'il ait a se rendre au jour fixé pour l'assemblée.—Copie de cette signification est laissée à sa personne ; à défaut de signification à sa personne, elle est laissée à un officier ou agent municipal du lieu, ou son adjoint, qui est tenu de lui en donner connaissance.

499. Tout juré qui ne s'est pas rendu sur la sommation qui lui en a été faite, est condamné aux peines mentionnées dans l'article 494.—Sont exceptés de la présente disposition ceux qui prouveraient qu'ils sont retenus pour cause de maladie grave ou force majeure.

500. Dans tous les cas, s'il manque un ou plusieurs jurés au jour indiqué, le directeur du jury le fait remplacer par un citoyen de la commune du lieu où le jury se trouve assemblé. — Ce citoyen est tiré au sort, en présence du commissaire du pouvoir exécutif et du public, sur la liste partielle formée en exécution de l'article 486 ci-dessus, et subsidiairement parmi les citoyens du lieu âgés de trente ans accomplis.

501. Le directeur du jury est tenu de joindre à chaque déclaration du jury d'accusation qu'il envoie au tribunal criminel, une copie du tableau des citoyens qui l'ont rendue, à peine de suspension de ses fonctions et de privation de son traitement pendant six mois.—Cette peine est prononcée par le tribunal criminel, sur les conclusions du commissaire du pouvoir exécutif.

TITRE XII. — De la manière de former le jury de jugement (2).

502. Nul ne peut être juré de jugement dans la même affaire où il a été juré d'accusation.

503. Le 1er de chaque mois, le président du tribunal criminel, en présence de deux officiers municipaux, qui promettent de garder le secret, présente à l'accusateur public la liste qui lui a été adressée par le commissaire du pouvoir exécutif près l'administration du département. — L'accusateur public a la faculté d'en exclure un sur dix sans donner de motifs (3).

---

(1) Rapporté par la loi du 24 ventose an 5 (14 mars 1797).
(2) Voyez les art. 393 et suiv. du Code d'instruction criminelle de 1808.
(3) Lorsque le ministère public a usé de cette faculté de récusation peremptoire, il ne peut faire de nouvelles récusations sans les motiver. Cass., 6 floréal an 13, Sir., V, 2, 65; Bull. crim., X, 222. Voyez les art. 399 et suiv. du Code d'instruction criminelle.

—Le reste des noms est mis dans un vase pour être tirés au sort, et former le tableau tant des douze jurés que des trois adjoints.

504. Le tableau des jurés de jugement, ainsi formé, est présenté à l'accusé qui peut, dans les vingt-quatre heures, et sans donner de motif, récuser ceux qui le composent : les jurés récusés sont remplacés par le sort.

505. Quand l'accusé a exercé vingt récusations, celles qu'il présente ensuite doivent être fondées sur des causes dont le tribunal juge la validité.

506. S'il y a plusieurs co-accusés, ils peuvent se concerter pour exercer les vingt récusations que la loi leur accorde, sans en déclarer les motifs. — Ils peuvent aussi les exercer séparément.

507. Mais, dans l'un et dans l'autre cas, la faculté de récuser sans en déclarer les motifs ne peut s'étendre au-dela du nombre de vingt jurés, quel que soit celui des accusés.

508. Si les accusés ne se concertent pas pour récuser, le sort règle entre eux le rang dans lequel se feront les récusations; et, dans ce cas, chacun d'eux récuse successivement un des jurés, jusqu'a ce que la faculté de récusation soit épuisée.

509. Les accusés peuvent se concerter pour récuser une partie des vingt jurés, sauf a excercer ensuite séparément le reste des récusations, suivant le rang fixé entre eux par le sort.

510. Lorsque les citoyens inscrits sur une des listes servant à former le tableau des jurés de jugement prévoient, pour le 15 du mois suivant, quelque obstacle qui pourrait les empêcher de se rendre à l'assemblée du jury, s'il arrivait qu'ils y fussent appelés par le sort, ils en donnent connaissance au président du tribunal criminel, deux jours au moins avant le 1er du mois pendant lequel ils desirent être excusés.

511. La valeur de cette excuse est jugée dans les vingt-quatre heures par le tribunal criminel.

512. Si l'excuse est jugée suffisante, le nom de celui qui l'a présentée est retiré pour cette fois de la liste.—Si elle est jugée non valable, son nom est soumis au sort comme les autres.

513. Si celui qui a présenté l'excuse est désigné par le sort pour être, soit l'un des douze qui forment le tableau du jury de jugement, soit l'un des trois jurés adjoints, il lui est signifié que son excuse a été jugée non valable, qu'il est sur le tableau du jury, et qu'il ait à se rendre au jour fixé pour l'assemblée des jurés.—Copie de cette signification est laissée à sa personne; et, à défaut de signification à sa personne, elle est laissée à un officier ou agent municipal du lieu, ou son adjoint, qui est tenu de lui en donner connaissance.

514. Tout juré qui ne s'est pas rendu, sur la sommation qui lui en a été faite, est condamné à cinquante livres d'amende, à la privation de son droit d'éligibilité et de suffrage pendant deux ans, et aux frais de l'impression et affiche du jugement dans toute l'étendue du département.—Sont exceptés de la présente disposition ceux qui prouveraient qu'ils ont été retenus par une maladie grave ou force majeure.

515. Dans tous les cas, s'il manque un ou plusieurs jurés au jour indiqué, le président les fait remplacer par des citoyens de la commune où siège le tribunal, lesquels sont tirés au sort sur la liste partielle de l'arrondissement du jury d'accusation dont cette commune fait partie, et subsidiairement parmi les citoyens du lieu ayant trente ans accomplis.

516. Toute affaire dans laquelle, d'après la constitution et les articles 140, 141 et 142 ci-dessus, le directeur du jury exerce immédiatement les fonctions d'officier de police judiciaire, doit être soumise à des jurés spéciaux d'accusation et de jugement.

517. Il en est de même de toute affaire qui a pour objet un faux en écriture ou fabrication, une banqueroute frauduleuse, une concussion, un péculat, un vol de commis ou d'associés en matière de finance, commerce ou banque, une forfaiture, ou un écrit imprimé.

518. Pour former le jury spécial d'accusation, le commissaire du pouvoir exécutif près le directeur du jury choisit seize citoyens ayant les qualités et connaissances nécessaires pour prononcer sainement et avec impartialité sur le genre du délit. — Sur ces seize citoyens, il en est tiré au sort huit, de la manière réglée par l'article 492, lesquels composent le tableau du jury d'accusation.

519. La liste destinée à former le jury spécial de jugement est dressée par le président de l'administration départementale; il choisit, à cet effet, trente citoyens ayant les qualités et connaissances ci-dessus désignées (2).

520. Sur ces trente citoyens, le président du tribunal criminel en fait tirer au sort quinze pour former un tableau de jurés et d'adjoints, lequel est présenté à l'accusé ou aux accusés, qui ont droit de récuser ceux qui le composent, au nombre et selon le mode réglés par les articles 504 et suivans.

521. Une première récusation peut être faite sur la liste entière, comme ayant été formée en haine de l'accusé; et, si le tribunal le juge ainsi, le vice-président de l'administration départementale forme une nouvelle liste, dans laquelle ne peuvent être portés ceux qui l'ont été sur la première.

522. Tous les membres du jury spécial qui ont été récusés sont remplacés par des citoyens tirés au sort, d'abord parmi les quinze autres choisis par le président du département, et subsidiairement parmi des citoyens tirés au sort dans la liste ordinaire des jurés.

523. L'accusateur public n'a aucune récusation à exercer sur les jurés spéciaux.

524. Les tableaux des jurys d'accusation et de jugement peuvent être formés, et ces jurys peuvent s'assembler, les jours que le directeur du jury et le président du tribunal criminel trouvent respectivement convenable de fixer pour chaque affaire.

525. Toute contravention aux dispositions du présent titre et des trois précédens, emporte nullité.

TITRE XIV. — Procédure particulière sur le faux (3).

526. Dans toutes les plaintes ou dénonciations en faux, les pièces arguées

(1) Voyez la loi du 18 pluviose an 9 (7 février 1801), qui institue des cours de justice criminelle spéciales, et les notes qui résument toute la législation. Ces cours ont été abolies par l'art. 63 de la charte de 1814 et par l'art. 54 de la charte de 1830.
Aucune loi ne définisait les attentats contre la sûreté individuelle qui, d'après les art. 140 et 516 du Code du 3 brumaire an 4, doivent être soumis à des jurés spéciaux, il n'y a pas ouverture à cassation contre un arrêt qui aurait refusé d'y comprendre l'assassinat et le viol. Cass., 18 pluviose an 13, SIR., VII, 2, 789.
(2) La formation des listes des jurés spéciaux appartient à l'autorité administrative; le ministère public n'a pas le droit d'y concourir. Cass., 23 ventose an 13, SIR., VII, 2, 1035; Bull. crim., X, 187.
(3) Voyez les art. 448 et suiv. du Code d'instruction criminelle de 1808.

de faux sont déposées au greffe, et signées par le greffier, qui en dresse un procès-verbal détaillé ;—Elles sont ensuite signées et paraphées par le directeur du jury, ou, dans le cas de l'article 143, par le juge de paix, ainsi que par la partie plaignante ou dénonciatrice ;—Elles le sont également par le prévenu au moment de sa comparution ; — Le tout à peine de nullité (1).

527. Les plaintes et dénonciations en faux peuvent toujours être reçues, quoique les pièces qui en sont l'objet aient pu servir de fondement a des actes judiciaires ou civils.

528. Tout dépositaire public ou particulier de pièces arguées de faux est tenu, sous peine d'y être contraint par corps, de les remettre, sur l'ordre qui en est donné par écrit par le directeur du jury, ou, dans le cas de l'article 143, par le juge de paix.—Cet ordre lui sert de décharge envers tous ceux qui ont intérêt à la pièce.

529. Les pièces qui peuvent être fournies pour servir de comparaison, sont signées et paraphées a toutes les pages par le greffier, par le directeur du jury, ou, dans le cas de l'article 143, par le juge de paix et par le plaignant ou dénonciateur, ou son fondé de procuration spéciale, ainsi que par le prévenu au moment de sa comparution ; le tout a peine de nullité (2).

530. Les dépositaires publics seuls peuvent être contraints à fournir les pièces de comparaison qui sont en leur possession, sur l'ordre par écrit du directeur du jury, ou, dans le cas de l'article 143, du juge de paix ; lequel leur sert de décharge envers ceux qui pourraient avoir intérêt a la pièce.

531. S'il est nécessaire de déplacer une pièce authentique, il en est laissé dans le dépôt une copie collationnée, laquelle est signée par le juge de paix du lieu.

532. Lorsque les témoins s'expliquent sur une pièce du procès, ils sont tenus de la parapher.

533. Si, dans le cours d'une instruction ou d'une procédure, une pièce

(1) La poursuite du faux n'est nullement subordonnée à l'existence ou à la production de la pièce falsifiée. Cass., 6 mars 1807, SIR., VII, 2, 237 ; et 28 octobre 1813, SIR., XIV, 1, 10; Bull. crim., XVIII, 559.—Jugé encore que la poursuite peut avoir lieu, quoiqu'il soit constant que la pièce arguée de faux n'existe plus. Cass., 7 thermidor an 8, SIR., I, 2, 266.—Idem, lors même qu'il y aurait au tribunal civil jugement qui, sur le même fait, rejetterait l'inscription de faux incident. Cass, 28 avril 1809, SIR., IX, 1, 427 ; Bull crim, XIV, 169. — La preuve testimoniale du faux est admissible, quoiqu'il n'y ait aucun commencement de preuve écrite. Cass., 1er avril 1808, SIR., VII, 2, 987; Bull. crim., XIII, 132. — Le crime de faux est legalement constaté par un procès-verbal de deux experts écrivains dressé sur la réquisition du magistrat de sûrete, par voie d'information. il n'est pas nécessaire qu'il y ait eu procès-verbal de description des pieces arguees de faux. Cass., 13 juillet 1809, SIR, X, 1, 10; Bull crim., XIV, 251.—Les juges peuvent, independamment du procès-verbal ordonné par l'art. 526 du Code du 3 brumaire an 4, nommer des experts ecrivains pour reconnaitre et apprécier le faux; et, après avoir fait leur rapport, les experts peuvent être entendus dans les debats, comme témoins. Cass, 22 prairial an 10, SIR., VII, 2, 979; Bull. crim., VII, 372.—Jugé encore que, lorsqu'il y a inscription de faux, pour etablir que les témoins n'ont pas assisté a toute la confection d'un testament, ces temoins eux-mêmes peuvent être entendus dans le débat. Cass., 13 mai 1808, SIR., VII, 2, 1226. — Le fonctionnaire public qui a denoncé à la justice un faux qu'il a découvert dans l'exercice de ses fonctions, n'est pas tenu de remplir les formalités que la loi impose, en matiere de faux, à la partie plaignante ou dénonciatrice. Cass., 8 messidor an 13, SIR., VII, 2, 892 ; Bull. crim., X, 294.

(2) Sous l'empire de cette disposition, le defaut de paraphe ou signature des pièces de comparaison par le prévenu, emportait nullité Cass, 7 vendemiaire an 7, et 27 messidor an 10, DALL., Collect. alphab., VIII, 405, Bull. crim., I, 29, et VII, 411.—Mais le fonctionnaire public, qui avait denoncé le faux par lui découvert, n'était obligé ni à la signature, ni au paraphe. Cass., arrêt précité du 8 messidor an 13, SIR., VII, 2, 892; Bull. crim, X, 294.

produite est arguée de faux par une des parties, elle somme l'autre partie de déclarer si elle entend se servir de la pièce (1).

534. Si la partie déclare qu'elle ne veut pas se servir de la pièce, elle est rejetée du procès, et il est passé outre à l'instruction et au jugement.

535. Si la partie déclare qu'elle entend se servir de la pièce, l'instruction sur le faux est suivie civilement devant le tribunal saisi de l'affaire principale (2).

536. Mais si la partie qui a argué de faux la pièce, soutient que celui qui l'a produite est l'auteur du faux, l'accusation est suivie criminellement dans les formes ci-dessus prescrites; et, conformément a l'article 8, il est sursis au jugement du procès civil jusqu'après le jugement de l'accusation en faux.

537. Les juges, les commissaires du pouvoir exécutif près les tribunaux, et les officiers de police, sont tenus de poursuivre et de dénoncer, dans la forme ci-dessus réglée, tous les auteurs et complices de faux qui peuvent venir a leur connaissance.

538. L'officier public poursuivant, ainsi que le plaignant ou dénonciateur, peuvent présenter au jury d'accusation et à celui de jugement toutes les pièces et preuves de faux; mais l'accusé ne peut être contraint à en produire ou en former aucune.

539. Si un tribunal trouve dans la visite d'un procès, même civil, des indices qui conduisent a connaître l'auteur d'un faux, le président délivre le mandat d'amener, et remplit d'office, à cet égard, les fonctions d'officier de police judiciaire.

540. Lorsque des actes authentiques ont été déclarés faux en tout ou en partie, leur rétablissement, radiation ou réformation, est ordonné par le tribunal qui a connu de l'affaire; les pièces de comparaison sont renvoyées sur-le-champ dans les dépôts dont elles ont été tirées.

541. Dans tout le reste de l'instruction, l'on procède sur le faux comme sur les autres délits, sauf les exceptions suivantes, qui sont particulières au crime de fausse monnaie.

542. Les directeurs de jury, les juges de paix, les commissaires de police, les agens municipaux et leurs adjoints sont autorisés à faire, en présence de deux citoyens domiciliés dans le canton, ou après les avoir requis de les assister, les ouvertures de portes et perquisitions nécessaires chez les personnes suspectes de fabrication ou distribution de fausse monnaie métallique ou autre, sur les dénonciations revêtues des caractères exigés par la

(1) Voyez les art. 458 et suiv. du Code d'instruction criminelle de 1808, et les art. 214 et suiv. du Code de procédure civile, sur le faux incident.
(2) Le faux incident est toujours de la compétence du tribunal saisi de l'affaire principale. Cass., 4 pluviose an 12, Sir, IV, 2, 93.—Les tribunaux correctionnels ne peuvent connaître d'un faux incident. Cass., 6 janvier 1809, Sir., IX, 1, 266; Bull. crim., XIV, 4. — En matière de faux incident, la voie criminelle ne peut être prise que lorsque le demandeur soutient que son adversaire est l'auteur du faux; à cet égard, le Code des délits et des peines n'a point abrogé l'ordonnance de 1737. Cass., 6 pluviose an 11, Sir., III, 1, 225. — Les moyens de faux doivent être communiqués au défendeur. Cass, 8 brumaire an 7, Sir., I, 1, 174; Bull. civ., I, 73.—Lorsque la partie a été admise a faire la preuve de ses moyens, c'est par enquête et non par information qu'il doit être procédé; à cet égard, le Code de brumaire a dérogé à l'art. 30 du tit. II de l'ordonnance de 1737. Cass., 16 brumaire an 13, Sir., VII, 2, 980; Bull. civ., VII, 35.—Jugé aussi que l'ordonnance de 1737 est abrogée par le Code de brumaire an 4, en ce que, contrairement aux dispositions de cette ordonnance, le rapport et le jugement des moyens de faux doivent avoir lieu publiquement, à l'audience. Cass., 27 frimaire an 13, Sir., VII, 2, 960; Bull. civ., VII, 105. — Juge encore que le jugement qui admet ou rejette les moyens de faux doit être rendu à l'audience, et non à la chambre du conseil. Paris, 1er germinal an 11, Sir., III, 2, 27.

loi, ou d'après les renseignemens que ces officiers ont pris d'office. — Ils sont également autorisés a saisir toutes pièces de conviction, et à faire mettre les prévenus en état d'arrestation. — L'agent du trésor public a Paris, et dans les départemens, les commissaires du pouvoir exécutif, tant près les administrations départementales et municipales que près les tribunaux, sont spécialement chargés de requérir ces recherches et perquisitions.

543. Les visites domiciliaires qu'il y a lieu de faire, d'après l'article 542, sont précédées d'une ordonnance qui, conformément a l'article 359 de la constitution, désigne la présente loi comme autorisant ces visites, les personnes chez lesquelles elles doivent se faire, et leur objet.

544. Les directeurs du jury et les autres officiers désignés en l'article 542, qui ont commencé la recherche d'un délit de fabrication ou distribution de fausse monnaie metallique ou autre, la continuent et font, en se conformant a la loi, les visites nécessaires hors de leur ressort.

545. Si un particulier, complice d'une fabrication de fausse monnaie métallique ou autre, vient le premier la dénoncer, il est exempt de la peine qu'il a encourue. — Il reçoit en outre une récompense pécuniaire, s'il procure l'arrestation des faussaires, ainsi que la saisie des matières et instrumens de faux.

546. La loi excepte pareillement de toute peine celui qui, étant complice d'une fabrication de fausse monnaie métallique ou autre, procure de son propre mouvement, après qu'elle est dénoncée, l'arrestation des faussaires et la saisie des matières et instrumens de faux.

547. Les dispositions des deux articles précédens s'appliquent aux complices de fabrication de fausse monnaie métallique ou autre, entreprise hors de France, qui la dénonceraient . soit aux autorités constituées en France même, soit aux agens de la république près les gouvernemens étrangers, ou qui procureraient l'arrestation des faussaires et la saisie des matières et instrumens de faux.

TITRE XV. —Maniere de procéder en cas de destruction ou enlèvement des pièces ou du jugement d'une affaire criminelle (1).

548. Lorsque, par l'effet d'un incendie, de l'invasion des ennemis de la république, ou de toute autre cause, des minutes de jugemens rendus pour ou contre des accusés, et non encore exécutés, ou des procédures criminelles encore indécises, ont été détruites, enlevées ou autrement egarées, et qu'il n'est pas possible de les rétablir dans leurs dépôts, il est procédé ainsi qu'il suit.

549. S'il existe une expédition ou copie authentique du jugement, elle est considérée comme minute, et, en conséquence, remise dans le dépôt destiné a la conservation des jugemens.

550. A cet effet, tout officier public et tout individu dépositaire d'une expédition ou copie authentique d'un jugement, est tenu, sous peine d'y être contraint par corps, de la remettre au greffe du tribunal de qui le jugement est émané, sur l'ordre qui en est donné par le président. — Cet ordre lui sert de décharge envers ceux qui ont intérêt a la pièce.

551. Lorsqu'il n'existe plus d'expédition ni de copie authentique du jugement, si la déclaration du jury qui l'a précédé existe encore en minute ou en copie authentique, on procède, d'après cette déclaration, a un nouveau jugement.

552. Si, dans le même cas, la déclaration du jury ne peut plus être repré-

(1) Voyez les art. 521 et suiv. du Code d'instruction criminelle de 1808.

sentée, l'instruction du procès est recommencée, à partir du plus ancien acte qui s'est trouvé égaré et qu'on ne peut représenter ni en minute, ni en expédition ou copie authentique.

553. Dans le nouveau débat qui a eu lieu en conséquence du précédent article, il peut être produit des témoins, tant par l'accusateur public que par l'accusé, pour rendre compte des circonstances et du résultat de la déclaration du jury et du jugement égarés, sauf aux jurés à y avoir tel égard que de raison.

554. Dans tous les cas, et pour tous effets, le jugement de condamnation non exécuté, qui n'est représenté ni en minute ni en expédition ou copie authentique, est considéré comme n'ayant jamais existé; et il ne peut servir de base pour prononcer la peine de récidive, déterminée par le livre *des Peines* (1).

TITRE XVI. — Dispositions particulières sur les délits contraires au respect dû aux autorités constituées (2).

555. Les citoyens qui assistent aux audiences des juges de paix, ou à celles des tribunaux de police, des tribunaux correctionnels, des tribunaux civils, des tribunaux criminels, de la haute-cour de justice, ou du tribunal de cassation, se tiennent découverts, dans le respect et le silence.— Tout ce que le président ordonne pour le maintien de l'ordre est exécuté à l'instant même.

556. Si un ou plusieurs assistans interrompent le silence, donnent des signes publics d'approbation ou d'improbation, soit à la défense des parties, soit au jugement, causent ou excitent du tumulte de quelque manière que ce soit, et si, après l'avertissement des huissiers, ils ne rentrent pas dans l'ordre sur-le-champ, le président leur enjoint de se retirer — En cas de refus d'obéir à cette injonction, les réfractaires sont saisis aussitôt, et déposés, sur le seul ordre du président, conçu de la manière prescrite par l'article 71, dans la maison d'arrêt, où ils demeurent vingt-quatre heures.

557. Si quelques mauvais citoyens osaient outrager les juges, accusateurs publics, accusateurs nationaux, commissaires du pouvoir exécutif, greffiers ou huissiers, dans l'exercice de leurs fonctions, le président fait à l'instant saisir les coupables, et les fait déposer dans la maison d'arrêt L'ordre qu'il donne à cet effet est conçu comme dans le cas de l'article précédent. — Dans les vingt-quatre heures suivantes, le tribunal les condamne, par forme de punition correctionnelle, à un emprisonnement qui ne peut excéder huit jours (3).

558. Si les outrages, par leur nature ou les circonstances, méritent une peine plus forte, les prévenus sont renvoyés à subir, devant les officiers compétens, les épreuves de l'instruction correctionnelle ou criminelle, telles qu'elles sont reglées par les titres précédens.

559. Les administrations départementales et municipales, lorsqu'il se trouve dans le lieu de leurs séances des assistans qui n'en sont pas membres,

---

(1) On peut prouver la mort civile d'un individu, sans representer la sentence de condamnation, ni le procès-verbal d'exécution, mais à l'aide d'actes, jugemens et arrêts contenant des énonciations relatives à cette mort civile Cass., 26 thermidor an 12, Sir., V, 1, 70.

(2) Voyez les art. 504 et suiv. du Code d'instruction criminelle de 1808; les art. 88 et suiv. du Code de procédure civile, et les art. 222 et suiv. du Code pénal de 1810.

(3) Cet article n'a point abrogé l'art. 19 du tit. II de la loi du 19—22 juillet 1791, sur les peines à infliger aux individus qui outragent les fonctionnaires publics dans l'exercice de leurs fonctions. Cass., 23 frimaire an 14, Sir., VI, 2, 720.

Voyez cet article 19 et les notes étendues qui l'accompagnent.

y exercent les mêmes fonctions de police que celles attribuées aux juges. — Après avoir fait saisir les perturbateurs, aux termes des articles 556 et 557 ci dessus, les membres de ces administrations dressent procès-verbal du délit, et l'envoient à l'officier de police judiciaire.

TITRE XVII. — Dispositions particulières sur la forfaiture et la prise à partie des juges (1).

560. Il n'y a lieu à la forfaiture que dans les cas déterminés par la loi. — Ces cas sont détaillés dans le livre *des Peines*.

561. Les actes qui donnent lieu à la forfaiture de la part des juges des tribunaux tant civils que criminels, correctionnels et de police, sont dénoncés au tribunal de cassation, soit par le directoire exécutif, soit par les parties intéressées.

562. Le tribunal de cassation annule ces actes, s'il y a lieu; et, dans ce cas, il les dénonce au corps législatif, qui rend le décret d'accusation après avoir entendu ou appelé les prévenus. (*Art.* 262 *et* 263 *de la constitution.)*

563. Le décret d'accusation qui, pour cause de forfaiture, intervient contre un juge, le renvoie pour être jugé devant le tribunal criminel de des deux départemens les plus voisins de celui où ce juge est en fonct et il lui en laisse le choix.

564. Les juges des tribunaux tant civils que criminels, correctionnels de police, ne peuvent être poursuivis pour cas emportant forfaiture, que dans les formes prescrites par les trois articles précédens, a peine de nullit

565 Il y a lieu a la prise a partie contre un juge dans les cas suivans seulement ; — 1° Lorsqu'elle est ouverte a son égard par la disposition expresse et textuelle d'une loi ; — 2° Lorsqu'il est exprimé dans une loi que les juges sont responsables, à peine de dommages-intérêts ; — 3° Lorsqu'il y a eu, de la part d'un juge, dol, fraude ou prévarication commise par inimitié personnelle ; — 4° Lorsqu'il est dans le cas de la forfaiture (2).

566. Dans l'un et l'autre cas, la prise a partie ne peut être exercée qu'avec l'autorisation, — Du corps législatif, s'il s'agit d'un membre du tribunal de cassation ou de la haute-cour de justice ; — Du tribunal de cassation, s'il s'agit, soit d'un membre du tribunal civil ou criminel de département, soit de tous les membres collectivement d'un tribunal correctionnel ou de police ; — D'un tribunal criminel de département, s'il s'agit d'un juge de paix ou assesseur de juge de paix (3).

567. Cette autorisation ne peut être donnée que sur une requête présentée par la partie plaignante, et notifiée, un mois avant la présentation, au juge qui en est l'objet —La requête est rejetée sans examen, si la preuve de cette notification n'y est pas annexée et mentionnée expressément.

568. Toute prise à partie exercée et toute autorisation de prise à partie donnée en contravention aux trois articles précédens, sont nulles.

569. Le décret ou jugement qui permet la prise à partie, renvoie pour la juger devant un tribunal civil, si par la nature de l'affaire il ne peut y avoir lieu qu'à une condamnation de dommages-intérêts ; et devant un tribunal criminel, si par la nature de l'affaire il peut y avoir lieu a des peines, soit

---

(1) Voyez les art. 479 et suiv. du Code d'instruction criminelle de 1808, sur le mode de procéder, en cas de forfaiture; les art. 641 et suiv. lu présent code, qui définissent la forfaiture, et les notes; et les art. 505 et suiv. du Code proc. civ., sur la prise à partie.

(2) Il y a lieu à prise à partie contre le magistrat qui a décerné un mandat d'arrêt, alors qu'il ne pouvait croire à l'existence du délit sans commettre une faute grave. Cass., 23 juillet 1806, SIR., VI, 1, 486, et 2, 145.

(3) La requête à présenter au tribunal de cassation doit être préalablement notifiée aux magistrats inculpés. Cass., 8 thermidor an 11, SIR., III, 1, 364.

24.

correctionnelles, soit infamantes, soit afflictives. — Dans ce dernier cas, on procede, a l'égard du prévenu, ainsi qu'il est réglé par les articles 285, 286, 289, 290, 294, 297 et 298 (1).

TITRE XVIII. — Des prisons et maisons d'arrêt (2).

570. Indépendamment des prisons qui sont établies comme peines, il y a, près de chaque directeur du jury d'accusation, une maison d'arrêt pour y retenir ceux qui sont envoyés par mandat d'officier de police; et près de chaque tribunal criminel, une maison de justice pour detenir ceux contre lesquels il est intervenu une ordonnance de prise de corps.

571. Les commissaires du pouvoir exécutif près les administrations de département veillent, sous l'autorité de ces administrations, a ce que ces différentes maisons soient non seulement sûres, mais propres et saines, de manière que la santé des personnes détenues ne puisse être aucunement altérée.

572. La garde de ces maisons est confiée par l'administration du département, sur la présentation de l'administration municipale du canton, a des citoyens d'un caractere et de mœurs irréprochables, lesquels promettent de veiller à la garde de ceux qui leur seront remis, et de les traiter avec douceur et humanité.

573. Chaque gardien de maison d'arrêt, maisons de justice ou geolier des prisons, est tenu d'avoir un registre. — Ce registre est signé et paraphé a toutes les pages par le directeur du jury, pour les maisons d'arrêt et les prisons, et par le président du tribunal criminel, pour les maisons de justice.

574. Tout exécuteur de mandat d'arrêt, d'ordonnance de prise de corps, ou de jugement de condamnation à la prison, est tenu, avant de remettre la personne qu'il conduit, de faire inscrire sur le registre l'acte dont il est porteur; l'acte de remise est écrit devant lui. — Le tout est signé tant par lui que par le gardien ou geolier. — Le gardien ou geolier lui en donne copie signée de lui, pour sa décharge.

575. Nul gardien ou geolier ne peut, à peine d'être poursuivi et puni comme coupable de détention arbitraire, recevoir ni retenir aucune personne qu'en vertu, soit d'un mandat d'arrêt décerné selon les formes prescrites par les articles 222 et 223 de la constitution, soit d'une ordonnance de prise de corps, d'un décret d'accusation, ou d'un jugement de condamnation a prison, ou à detention correctionnelle, et sans que la transcription en ait été faite sur son registre.

576. Le registre ci-dessus mentionné contient également en marge de l'acte de remise, la date de la sortie du détenu, ainsi que l'ordonnance ou le jugement en vertu desquels elle a eu lieu.

577. Dans toutes les communes où il y a, soit une maison d'arrêt, soit une maison de justice, soit une prison, un des officiers municipaux du lieu est tenu de faire, au moins deux fois par décade, la visite de ces maisons.

578. L'officier municipal veille à ce que la nourriture des détenus soit suffisante et saine; et s'il s'aperçoit de quelque tort à cet égard contre la justice

_____

(1) Voyez l'arrêté du 18 floréal an 5 (7 mai 1797).

(2) Voyez, sur le régime des prisons et maisons d'arrêt, et sur les devoirs des geoliers, le décret du 16—29 septembre 1791, sur la procédure criminelle, tit. XIII; celui du 4 vendemiaire an 4 (26 septembre 1795); les art. 107, 111, 421, 607 et suiv. du Code d'instruction criminelle de 1808; le Code pénal de 1810, art. 120, 237 et suiv.; et l'ordonnance du 2—11 avril 1817.

et l'humanité, il est tenu d'y pourvoir par lui même ou d'y faire pourvoir par l'administration municipale, laquelle a le droit de condamner le geolier a l'amende, même de demander sa destitution au département, sans préjudice de la poursuite criminelle contre lui, s'il y a lieu.

579. La police des maisons d'arrêt et de justice, et des prisons, appartient à l'administration municipale du lieu.— Le président du tribunal peut néanmoins donner tous les ordres qu'il juge nécessaires pour l'instruction et le jugement. — Si quelque détenu use de menaces, injures ou violences, soit à l'égard du gardien ou geolier, soit à l'égard des autres détenus, l'officier municipal ordonne qu'il sera resserré plus étroitement, enfermé seul, même mis aux fers en cas de fureur ou de violence grave, sans préjudice de la poursuite criminelle, s'il y a lieu.

580. Les maisons d'arrêt ou de justice sont entièrement distinctes des prisons qui sont établies pour peine. — Jamais un homme condamné ne peut être mis dans la maison d'arrêt, et réciproquement.

TITRE XIX. — Des moyens d'assurer la liberté des citoyens contre les détentions illégales ou autres actes arbitraires (1).

581. Tout homme, quelle que soit sa place ou son emploi, autre que ceux à qui la loi donne le droit d'arrestation, qui donne, signe, exécute ou fait exécuter l'ordre d'arrêter un individu, ou qui l'arrête effectivement, si ce n'est pour le remettre sur-le-champ a la police dans les cas déterminés par la loi, est poursuivi criminellement, et puni comme coupable de détention arbitraire.

582. La même peine a lieu contre quiconque, même dans les cas d'arrestation autorisés par la loi, conduit, reçoit ou retient un individu dans un lieu de détention non légalement et publiquement désigné par l'administration du département, pour servir de maison d'arrêt, de maison de justice, ou de prison.

583. Quiconque a connaissance qu'un individu est illégalement détenu dans un lieu, est obligé d'en donner avis à l'un des agens municipaux, ou au juge de paix du canton; il peut aussi en faire sa déclaration, signée de lui, au greffe de l'administration municipale ou du juge de paix.

584. Ces officiers, d'après la connaissance qu'ils en ont, sont tenus de se transporter aussitôt, et de faire remettre en liberté la personne détenue, à peine de répondre de leur négligence, et même d'être poursuivis comme complices du crime d'attentat a la liberté individuelle.

585. Personne ne peut, de jour, et sur un ordre légal, refuser l'ouverture de sa maison, lorsqu'une visite y est ordonnée spécialement pour cette recherche.—En cas de résistance contre cet ordre légal représenté et produit, l'officier municipal ou le juge de paix peut se faire assister de la force nécessaire, et tous les citoyens sont tenus de prêter main-forte.

586. Dans le cas de détention légale, l'officier municipal, lors de sa visite dans les maisons d'arrêt, de justice, ou prisons, examine ceux qui y sont détenus et les causes de leur détention; et tout gardien ou geolier est tenu,

(1) La liberté individuelle a été garantie, les formalités des arrestations ont été déterminées, et les arrestations arbitraires defendues par un grand nombre de lois. — Voyez, a cet egard, l'art. 7 de la declaration des droits de l'homme du 3—14 septembre 1791; le decret precite du 16—29 septembre 1791, sur la procedure criminelle, tit. XIV; les art. 10 et suiv. de la declaration des droits de l'homme, du 24 juin 1793; les art. 222 et suiv. de la constitution du 5 fructidor an 3; les art. 77 et suiv. de celle du 22 frimaire an 8; le Code d'instruction criminelle de 1808, art. 8 à 137, 615 et suiv.; le Code pénal de 1810, art. 114 et suiv.; l'art. 4 de la charte de 1814; l'art. 61 de l'acte additionnel du 22—23 avril 1815, et enfin l'art. 4 de la charte de 1830

a sa réquisition, de lui présenter la personne de l'arrêté, sans qu'aucun ordre puisse l'en dispenser, et ce sous peine d'être poursuivi criminellement comme coupable d'attentat a la liberté individuelle.

587. Si l'officier municipal, lors de sa visite, découvre qu'un homme est' détenu sans que sa détention soit justifiée par aucun des actes exigés par la loi, il en dresse sur-le-champ procès-verbal, et fait conduire le détenu à la municipalité, laquelle, après avoir de nouveau constaté le fait, le met définitivement en liberté, et, dans ce cas, poursuit la punition du gardien et du geolier.

588. Les parens ou amis du détenu, porteurs de l'ordre de l'officier municipal, qui ne peut le refuser, ont aussi le droit de se faire représenter sa personne ; et le gardien ne peut s'en dispenser qu'en justifiant de l'ordre exprès du président ou directeur du jury, inscrit sur son registre, portant injonction de le tenir au secret.

589. Tout gardien qui refuse de montrer au porteur de l'ordre de l'officier municipal la personne du prévenu, sur la réquisition qui lui en est faite, ou de montrer l'ordre du président ou directeur du jury qui le lui defend, est poursuivi ainsi qu'il est dit article 575 et autres.

590. Pour mettre les officiers publics ci-dessus désignés a portée de prendre les soins qui viennent d'être imposés à leur vigilance et à leur humanité, lorsque le prévenu a été envoye a la maison d'arrêt établie pres le directeur du jury, copie du mandat est remise a la municipalité du lieu, et une autre envoyée a celle du domicile du prévenu, s'il est connu ; celle-ci en donne avis aux parens ou amis du prévenu.

591. Le directeur du jury donne également avis à ces municipalités de l'ordonnance de prise de corps rendue contre le prévenu, sous peine d'être suspendu de ses fonctions.

592. Le président du tribunal criminel est tenu, sous la même peine, d'envoyer aux mêmes municipalités copie du jugement d'absolution'ou de condamnation du prévenu.

593. Il y a, a cet effet, dans chaque municipalité, un registre particulier pour y tenir note des avis qui lui ont été donnés.

APPENDICE.

594. Les dispositions des deux premiers livres du présent Code devant seules, à l'avenir, régler l'instruction et la forme tant de procéder que de juger, relativement aux délits de toute nature, les lois des 16 et 29 septembre 1791, concernant la police de sûreté, la justice criminelle et l'établissement des jurés, sont rapportées, ainsi que toutes celles qui ont été rendues depuis pour les interpréter ou modifier. — Demeureront néanmoins annexées au présent Code les formules qui l'étaient à la loi du 29 septembre 1791, sauf les changemens qui y ont été faits.

595. Sont pareillement rapportées les dispositions de la loi du 19 juillet 1791, relatives à la forme de procéder, et aux règles d'instruction à observer par les tribunaux de police municipale et correctionnelle

596. En conséquence, tout exercice du pouvoir judiciaire, ci-devant attribué aux municipalités, pour la punition des délits de police municipale et de police rurale, leur est interdit pour l'avenir.

597. Les lois sur la manière de juger les militaires prévenus de délits sont maintenues conformément à l'article 290 de l'acte constitutionnel (1).

---

(1) Voyez, sur le mode de jugement des militaires, le décret du 22—29 septembre 1790, et les notes qui résument toute la législation.

598. Sont également maintenues les lois sur la manière de juger les émigrés et les rebelles armés contre la république, sous les noms de *barbets*, *chouans*, ou autres.

LIVRE III. — *Des peines* (1).

Dispositions générales.

599. Les peines sont, — Ou de simple police, — Ou correctionnelles,—Ou infamantes, — Ou afflictives.

600. Les peines de simple police sont celles qui consistent dans une amende de la valeur de trois journées de travail ou au dessous, ou dans un emprisonnement qui n'excède pas trois jours. — Elles se prononcent par les *tribunaux de police* (2).

601. Les peines correctionnelles sont celles qui consistent, ou dans une amende au dessus de la valeur de trois journées de travail, ou dans un emprisonnement de plus de trois jours.—Elles se prononcent par les tribunaux correctionnels.

602 Les peines infamantes sont la dégradation civique et le carcan.

603. Les peines afflictives sont la mort, la déportation, les fers, la réclusion dans les maisons de force, la gêne (3), la détention. — Elles ne peuvent être prononcées que par les tribunaux criminels.

604. Toute peine afflictive est en même temps infamante.

TITRE 1er. — Des peines de simple police (4).

605. Sont punis des peines de simple police, — 1° Ceux qui négligent d'éclairer ou nettoyer les rues devant leurs maisons, dans les lieux où ce soin est à la charge des habitans ;—2° Ceux qui embarrassent ou dégradent les voies publiques (5);—3° Ceux qui contreviennent à la défense de rien exposer sur les fenêtres ou au devant de leurs maisons sur la voie publique, de rien jeter qui puisse nuire ou endommager par sa chute, ou causer des exhalaisons nuisibles (6);—4° Ceux qui laissent divaguer des insensés ou furieux,

---

(1) Voyez, sur la nomenclature et le caractère des peines, les art. 1er et suiv. du Code pénal du 25 septembre—6 octobre 1791, et les notes; le livre 1er du Code pénal de 1810; et l'art. 14 de la loi du 28 avril—1er mai 1832.

(2) Voyez, sur la compétence des tribunaux de police, les art. 153 et 154 du présent code et les notes.

(3) La peine de la gêne n'existe plus aujourd'hui.

(4) Voyez, sur la définition des délits de simple police et les peines applicables, le décret du 19—22 juillet 1791, tit. 1er, et le Code pénal de 1810, art. 464 et suiv.

On peut se pourvoir par voie civile, pour réparation d'un tort causé par un délit de simple police : ass., 12 décembre 1809, Sir., X, 1, 122

(5) Voyez l'art 15 du tit. 1er du décret du 19—22 juillet 1791; et l'art. 40 du tit. II du décret du 28 septembre—6 octobre 1791, sur la police rurale, et les notes étendues qui l'accompagnent.

On ne peut, sous l'empire du Code de brumaire, considérer comme dégradation de la voie publique, la dégradation d'un terrain communal. Cass, 9 thermidor an 9, Sir., VII, 2, 882; Bull. crim. VI, 501. — Ni une entreprise sur un cours d'eau. Cass.. 5 janvier 1809, Sir., VII, 2 925; Bull' crim, XIV, 1. —Les tribunaux de police ne sont compétens que pour connaître des dégradations commises sur les voies publiques, telles que rues, places publiques, et non de celles commises sur des chemins allant de ville à ville, et de village à village. Cass. 2 mai 1811, Sir., XI, 1, 379; Bull. crim., XVI, 136. — Les maréchaux ferrans ne peuvent, sans autorisation, ferrer, saigner et médicamenter des chevaux dans les rues, quelle que soit, à cet égard, leur longue possession. Cass, 30 frimaire an 13, Sir , VII, 2, 1048; Bull crim., X, 83.

(6) Voyez l'art 15 du tit 1er du décret précité du 19—22 juillet 1791; et l'art 471, n° 6, du Code pénal de 1810.

La présente disposition ne s'applique pas à celui qui dépose dans sa cour et sous la fenêtre que son voisin y a ouverte, le fumier qui provient de son étable. Cass., 18 germinal an 10, Sir., VII, 2, 984; Bull. crim., VI, 292.

ou des animaux malfai ans ou féroces(1);—5° Ceux qui exposent en vente des comestibles gâtés, corrompus ou nuisibles(2); — 6° Les boulangers et bouchers qui vendent le pain ou la viande au-delà du prix fixé par la taxe légalement faite et publiée (3);—7° Les auteurs d'injures verbales, dont il n'y a pas de poursuite par la voie criminelle (4); — 8° Les auteurs de rixes,

(1) Voyez l'art. 15 du tit 1ᵉʳ du decret precité du 19—22 juillet 1791, et l'art. 475, n° 7, du Code pénal de 1810.

Le propriétaire d'un chien malfaisant, qui le laisse échapper ou divaguer, est justiciable des tribunaux de police, et soumis aux peines portées par la presente disposition. Cass., 23 nivose an 11, Sɪʀ, III, 2, 401; Bull. crim., VIII, 113 ; et 6 novembre 1807, Sɪʀ., VII, 2, 729; Bull. crim., XII, 454.—Jugé dans le même sens, sous l'empire du Code penal de 1810 Cass., 29 février 1823, Sɪʀ, XXIII, 1, 181; Bull. crim., XXVIII, 69; et autres arrêts.—Jugé même que le maître du chien est responsable des morsures faites par le chien, quoique l'animal ne fût pas alors en état de divagation. C ss , 28 avril 1827, Sɪʀ., XXVII, 1, 504; Bull. crim., XXVII, 290.

L'art 605 du Code de brumaire an 4 n'est pas applicable a la femme qui a laissé divaguer son mari en demence, et qui n'a pas provoqué son interdiction. Cass., 26 juin 1806, Sɪʀ., VI, 1, 356; Bull crim., XI, 179

(2) Voyez l'art. 20 du tit. 1ᵉʳ du décret du 19—22 juillet 1791, qui punit l'exposition en vente de comestibles gâtés, et les notes sur cet article : voyez aussi l'art. 475, § 6, du Code pénal de 1810.

La vente de comestibles gâtés est encore punissable des peines de police portées par les art. 605 et 606 du Code de brumaire an 4, non abrogés en ce point par le nouveau Code pénal. Cass., 20 février 1829, Sɪʀ., XXX, 1, 159; Bull. crim , XXXIV, 134. — La confiscation et la destruction des comestibles gâtés n'etant pas une peine personnelle, il y a lieu de la prononcer (encore que l'art. 605 du Code de brumaire ne prononce que des peines de simple police) contre ceux qui exposent en vente des comestibles gâtés, corrompus ou nuisibles; l'art. 605 ne deroge pas à l'art 20 du tit. 1ᵉʳ de la loi du 19—22 juillet 1791. Cass, 15 fevrier 1811, Sɪʀ., XI, 1, 216; Bull. crim , XVI, 33. — Le delit d'exposer en vente des denrées gâtées ou corrompues ne peut être excusé par la bonne foi des contrevenans. Cass., 2 juin 1810, Sɪʀ., XI, 1, 216; Bull. crim., XV, 150.

(3) Voyez l'art. 479, n° 6, du Code pénal de 1810.

Sont dans le cas de la présente disposition, les boulangers qui vendent du pain d'une qualité différente de celle prescrite par les arrêtés. Cass., 11 ventose an 12, Sɪʀ., IV, 2, 687; Bull. crim., IX, 120.

(4) Voyez, sur la compétence du tribunal de police en matière d'injures verbales, l'art. 10 du tit. III du decret du 16—24 août 1790 relatif a l'organisation judiciaire, et les notes qui résument la legislation sur la definition des injures verbales. —Voyez encore l'art 471, n° 11, du Code pénal de 1810.

Les injures qui ont été proférées dans une plaidoirie, à l'audience d'un tribunal civil, criminel, correctionnel ou de commerce, soit contre l'une des parties, soit contre son défenseur, et qui n'ont été ni relevees par la personne injuriée et présente, ni réprimées par le tribunal, a cette audience même, ne peuvent plus être poursuivies devant le tribunal de police. Cass., 5 messidor an 10, Sɪʀ., VII, 2, 1016, Bull. crim., VII, 391. — Juge encore que le tribunal devant lequel les injures ont été proférées est seul competent pour en connaitre Cass., 14 messidor an 12, Sɪʀ., IV, 2, 337; Bull. crim , IX, 266. — Jugé, au contraire, que la punition des injures verbales appartient aux tribunaux de police, encore qu'il s'agisse d'injures proferees a l'audience de juges civils. Cass , 24 brumaire an 14, Sɪʀ., VII, 2, 1014; Bull. crim , X, 445.—Lorsque, pour écarts dans sa plaidoirie devant une cour d'assises, un avocat a eté l'objet de conclusions prises par le ministere public, et qu'il en a été puni par une motion de la cour, il n'est plus permis de le poursuivre pour raison de ces injures. Cass., 5 octobre 1815, Sɪʀ., XVI, 1, 63; Bull. crim., XX, 113. — L'action en injures verbales ne peut être admise par un tribunal de police, de la part des témoins contre le defenseur de l'accusé, pour raison des faits qu'il aurait allegues dans sa defense, a l'effet d'atteuner la deposition des temoins; s'il y avait abus de la part du defenseur, cet abus rentrerait dans le domaine du president, chargé de la police de l'audience. Cass., 18 floréal an 7, Sɪʀ., I, 1, 200; Bull crim., II, 385. — Les tribunaux de police correctiounelle sont incompetens pour statuer en matiere d'injures verbales, de particulier a particulier, quelque graves que soient ces injures. Cass , 21 pluviose an 11, Sɪʀ., III, 2, 408. — En matière d'injures verbales, ce n'est pas le domicile du prevenu, mais le lieu ou les injures ont ete proférees qui détermine la competence du tribunal de police. Cass., 4 frimaire an 11, Sɪʀ., VII, 2, 1014; Bull. crim., VIII, 72.

Sous l'empire de la loi du 3 brumaire an 4, la partie injuriée pouvait se pourvoir par action civile devant le juge de paix. Cass., 13 thermidor an 13, Sɪʀ., VII, 2, 1013. — Jugé encore que

attroupemens injurieux ou nocturnes, voies de fait et violences légères, pourvu qu'ils n'aient blessé ni frappé personne, et qu'ils ne soient pas notés, d'après les dispositions de la loi du 19 juillet 1791, comme *gens sans aveu, suspects ou mal intentionnés*, auxquels cas ils ne peuvent être jugés que par le tribunal correctionnel (1) ; — 9° Les personnes coupables des délits mentionnés dans le titre II de la loi du 28 septembre 1791, sur la police rurale, lesquelles, d'après ses dispositions, étaient dans le cas d'être jugées par voie de police municipale.

606. Le tribunal de police gradue, selon les circonstances, et le plus ou moins de gravité du délit, les peines qu'il est chargé de prononcer, sans néanmoins qu'elles puissent, en aucun cas, ni être au dessous d'une amende de la valeur d'une journée de travail ou d'un jour d'emprisonnement, ni s'élever au dessus de la valeur de trois journées de travail ou de trois jours d'emprisonnement (2).

607. En cas de récidive, les peines suivent la proportion réglée par les lois des 19 juillet et 28 septembre 1791, et ne peuvent, en conséquence, être prononcées que par le tribunal correctionnel.

608. Pour qu'il y ait lieu a une augmentation de peines pour cause de récidive, il faut qu'il y ait eu un premier jugement rendu contre le prévenu pour pareil délit, dans les douze mois précédens, et dans le ressort du même tribunal de police.

TITRE II. — Des peines correctionnelles.

609. En attendant que les dispositions de l'ordonnance des eaux et forêts, de 1669, les lois des 19 juillet et 28 septembre 1791, celle du 20 messidor de l'an 3, et les autres relatives à la police municipale, correctionnelle, ru-

---

l'action civile, pour injures verbales, est de la compétence des juges de paix comme juges civils, aussi bien que comme juges de police. Cass., 6 décembre 1808, Sir., XX, 1, 496. — Le délit d'injures verbales est de la compétence exclusive des juges de paix ; les maires ne peuvent en connaître. Cass., 18 décembre 1812, Sir., XIII, 1, 195 ; Bull. crim., XVII, 551. — Un tribunal de police est compétent pour prononcer sur une demande en retractation d'injures verbales. Cass., 10 juillet 1807, Sir., VIII, 1, 451 ; Bull. crim., XII, 299 — Celui qui a mal à propos formé devant le tribunal de police une demande en réparation d'injures verbales, ne peut être condamné à une amende Cass., arrêt précité du 14 messidor an 12, Sir., IV, 2, 337 ; Bull. crim., IX, 266.

Les tribunaux de police sont incompétens pour connaître des injures écrites. Cass., 11 brumaire an 8, Sir., I, 1, 254 ; Bull crim., IV, 171 ; 11 nivose an 10, Sir., II, 1, 193 ; et 19 mai 1809, Sir., X, 1, 360 ; Bull. crim., XIV, 188. — Jugé cependant, sous l'empire du Code pénal de 1810, que l'injure écrite, lorsqu'elle n'a pas les caractères de gravité et de publicité qui la constitueraient un délit, peut, aussi bien que l'injure verbale, être considérée comme contravention, et punie de peines de simple police. Cass., 10 novembre 1826, Sir., XXVII, 1, 213. — Un jugement de police qui prononce à la fois sur des injures écrites et sur des injures verbales est nul pour le tout. Cass., 18 novembre 1808, Sir., IX, 1, 397 ; Bull. crim., XIII, 484.

(1) La contravention a un règlement de police peut être considérée comme une voie de fait passible d'une peine, quoique ce règlement n'en prononce pas. Cass, 20 vendémiaire an 12, Sir., IV, 2, 35 ; Bull. crim., IX, 5. — Il y a voie de fait, et non vol proprement dit, de la part de celui qui, se prétendant propriétaire d'une chose, l'enlève à un tiers qui lui conteste son droit, avant que la justice ait prononcé. Cass., 17 octobre 1806, Sir., VII, 2, 1187 ; Bull. crim., XI, 283. — Les anticipations commises par un propriétaire sur l'héritage de son voisin, ne sont pas des voies de fait punissables de peines de police ; il n'y a lieu qu'a action civile. Cass., 4 octobre 1810, Sir., XI, 1, 124 ; Bull. crim., XV, 236. — Le propriétaire de volailles qui ont été trouvées à l'abandon sur le terrain d'autrui est personnellement passible de peines de police, aux termes de l'art. 605, n° 8, du Code de l'an 4. Cass., 11 août 1808, Sir., VII, 2, 1186, Bull crim., XIII, 358 ; 22 août 1816, Sir., XXV, 1, 130 ; Bull. crim., XXI, 122 ; et 18 novembre 1824, Sir., XXV, 1, 131 ; Bull. crim, XXIX, 511.

(2) Le mari n'est pas personnellement responsable de l'amende de police encourue par sa femme. Cass., 28 brumaire an 9, Sir., I, 1, 364 ; Bull. crim., VI, 99.

rale et forestière, aient pu être révisées, les tribunaux correctionnels appliqueront aux délits qui sont de leur compétence, les peines qu'elles prononcent.

TITRE III.— Des peines infamantes et afflictives.

610. Les tribunaux criminels se conformeront, jusqu'a ce qu'il en ait été autrement ordonné, à toutes les dispositions, tant du Code pénal décrété par l'assemblée constituante le 25 septembre 1791, que des autres lois pénales émanées, soit de l'assemblée législative, soit de la convention nationale, auxquelles il n'a pas été dérogé jusqu'a ce jour.

611. Sont exceptées de l'article précédent, les dispositions contenues dans les IIe et IIIe sections du titre Ier de la seconde partie du Code pénal, lesquelles sont rapportées, et seront remplacées par les suivantes.

Des crimes contre la sûreté intérieure de la république (1).

612. Toutes conspirations et complots tendant à troubler la république par une guerre civile, en armant les citoyens les uns contre les autres, ou contre l'exercice de l'autorité légitime, seront punis de mort, tant que cette peine subsistera; et de vingt-quatre années de fers quand elle sera abolie.

613. Seront punis de même, tout enrôlement de soldats, levée de troupes, amas d'armes et de munitions pour exécuter les complots et machinations mentionnées en l'article précédent;—Toute attaque ou résistance envers la force publique agissant contre l'exécution desdits complots;—Tout envahissement de ville, forteresse, magasin, arsenal, port ou vaisseau. La loi du 30 prairial de l'an 3 de la république détermine les peines a infliger aux autres coupables des mêmes révoltes.

614. Toutes pratiques et intelligences avec les révoltés, de la nature de celles mentionnées dans les deux articles précédens, sont punies conformément à l'article 612.

615. Tout commandant d'un corps de troupes, d'une flotte ou d'une escadre, d'une place forte ou d'un poste, qui en retiendrait le commandement contre l'ordre du directoire exécutif;—Tout commandant qui tiendrait son armée rassemblée après que la séparation en aurait été ordonnée; — Tout chef militaire qui retiendrait sa troupe sous les drapeaux, lorsque le licenciement en aurait été ordonné, — Est coupable du crime de révolte, et puni conformément à l'article 612.

Des crimes et attentats contre la constitution (2).

616. Tous complots ou attentats pour empêcher la réunion ou pour opérer la dissolution d'une assemblée primaire ou d'une assemblée électorale, seront punis de la peine de la gêne pendant quinze ans.

617. Quiconque sera convaincu d'avoir, par force ou violence, écarté ou chassé d'une assemblée primaire un citoyen ayant droit d'y voter, sera puni de la peine de la dégradation civique.

618. Si des troupes investissent le lieu des séances d'une assemblée primaire ou électorale, ou pénètrent dans son enceinte sans l'autorisation ou la réquisition de son président, les membres du directoire exécutif, ou le ministre, ou le commandant qui en auront donné l'ordre, et les officiers qui l'auront fait exécuter, seront punis de la peine de la gêne pendant quinze années.

(1) Voyez les art. 86 et suiv. du Code pénal de 1810.
(2) Voyez les art. 109 et suiv. du Code pénal de 1810.

619. Sont exceptés les cas où le corps législatif aurait décrété des mesures répressives contre une assemblée primaire ou électorale qui se serait mise en révolte contre l'autorité légitime.

620. Toutes conspirations ou attentats pour empêcher la réunion ou pour opérer la dissolution du corps législatif, ou pour empêcher, par force et violence, la liberté de ses délibérations;—Tous attentats contre la liberté individuelle d'un de ses membres,—Seront punis conformément à l'article 612.
—Tous ceux qui auront participé a ces conspirations ou attentats par les ordres qu'ils auront donnés ou exécutés, subiront la même peine.

621. Si des troupes de ligne approchent ou séjournent plus près de six myriamètres (douze lieues moyennes) de l'endroit où le corps législatif tiendra ses séances, sans que le corps législatif en ait autorisé ou requis l'approche ou le séjour, les membres du directoire exécutif ou le *ministre qui en auront donné l'ordre, ou le commandant en chef qui, sans ordre donné par le ministre de la guerre, aura fait approcher ou séjourner lesdites troupes, seront punis de la peine de dix années de gêne.*

622. Quiconque aura commis l'attentat d'investir d'hommes armés le lieu des séances du corps législatif, ou de les y introduire sans son autorisation ou sa réquisition, sera puni conformément à l'article 612.—Tous ceux qui auront participé à cet attentat par les ordres qu'ils auront donnés ou exécutés, subiront la même peine.

623. Si quelque acte était publié comme loi, sans avoir été décrété par le corps législatif, et que cet acte fût extérieurement revêtu d'une forme législative différente de celle prescrite par la constitution, tout membre du directoire exécutif qui l'aura signé, sera puni conformément a l'article 612.
—Tout ministre ou agent du pouvoir exécutif qui l'aura fait publier ou exécuter, sera puni de la peine de la dégradation civique.

624. Si quelque acte extérieurement revêtu de la forme législative prescrite par la constitution était publié comme loi, sans toutefois que l'acte eût été décrété par le corps législatif, les membres du directoire exécutif qui l'auront signé, seront punis conformément a l'article 612.

625. En cas de publication d'une loi extérieurement revêtue de la forme législative prescrite par la constitution, mais dont le texte aurait été altéré ou falsifié, les membres du directoire exécutif qui l'auront signée seront punis conformément à l'article 612.

626. Si quelque acte portant établissement d'un impôt ou emprunt national était publié sans que cet emprunt ou impôt eût été décrété par le corps législatif, et que ledit acte fût extérieurement revêtu d'une forme législative différente de celle prescrite par la constitution, les membres du directoire exécutif qui auront signé ledit acte, donné ou signé des ordres pour percevoir ledit impôt ou recevoir les fonds dudit emprunt, seront punis conformément à l'article 612.—Tout ministre qui aura fait publier ou exécuter lesdits ordres, tout agent du pouvoir exécutif qui les aura exécutés, soit en percevant ledit impôt, soit en recevant les fonds dudit emprunt, sera puni de la peine de la dégradation civique.

627. Si ledit acte, extérieurement revêtu de la forme législative prescrite par la constitution, était publié sans toutefois que ledit emprunt ou impôt eût été décrété par le corps législatif, les membres du directoire exécutif qui auront signé ledit acte, donné ou signé des ordres pour percevoir ledit impôt ou recevoir les fonds dudit emprunt, seront punis conformément a l'article 612.

628. Si quelque acte ou ordre émané du pouvoir exécutif rétablissait des ordres, corps politiques, administratifs ou judiciaires que la constitution

a détruits, détruisait les corps établis par la constitution ou créait des corps autres que ceux que la constitution a établis, tout membre du directoire exécutif qui aura signé ledit acte ou ledit ordre, sera puni de la peine de vingt années de gêne.—Tous ceux qui auront participé a ce crime, soit en acceptant les pouvoirs, soit en exerçant les fonctions, conférés par ledit ordre ou ledit acte, seront punis de la peine de la dégradation civique.

629 S'il émanait du pouvoir exécutif un acte portant nomination, en son nom, d'un emploi qui, suivant la constitution, ne peut être conféré que par l'élection libre des citoyens, ceux qui auront signé ledit acte seront punis de la peine de la dégradation civique.—Ceux qui auront participé a ce crime, en acceptant ledit emploi ou en exerçant lesdites fonctions, seront punis de la même peine.

630. Toutes machinations ou violences ayant pour objet d'empêcher la réunion ou d'opérer la dissolution de toute assemblée administrative, d'un tribunal ou de toute assemblée constitutionnelle et légale, soit de commune, soit municipale, seront punies de la peine de six années de gêne, si lesdites violences ont été exercées avec armes, et de trois années de détention si elles l'ont été sans armes.

631. Tout membre du directoire exécutif, tout ministre qui sera coupable du crime mentionné en l'article précédent, par les ordres qu'il aura donnés, sera puni de la peine de douze années de gêne.— Les chefs, commandans et officiers qui auront contribué a exécuter lesdits ordres, seront punis de la même peine.—Si, par l'effet desdites violences, quelque citoyen perd la vie, la peine portée par l'article 612 sera prononcée contre les auteurs desdites violences, et contre ceux qui, par le présent article, en sont rendus responsables. — Le présent article et le précédent ne portent point atteinte au droit délégué par la constitution aux autorités légitimes, de suspendre ou destituer de leurs fonctions les administrations départementales et municipales.

632. Tout membre du directoire exécutif, tout ministre qui, en temps de paix, aura donné des ordres pour lever et entretenir un nombre de troupes de terre supérieur a celui qui aura été déterminé par les decrets du corps législatif, ou pour introduire des troupes étrangeres dans le territoire de la république, sans le consentement du corps législatif, sera puni de la peine de vingt années de gêne.

633. Toute violence exercée par l'action de la force armée contre les citoyens, sans réquisition légitime, et hors des cas expressément prévus par la loi, sera punie de la peine de vingt années de gêne. — Les membres du directoire exécutif ou ministres qui en auront donné ou signé l'ordre, les commandans et officiers qui auront exécuté ledit ordre, ou qui, sans ordre, auront fait commettre lesdites violences, seront punis de la même peine. - Si, par l'effet desdites violences, quelque citoyen perd la vie, la peine portée par l'article 612 sera prononcée contre les auteurs desdites violences, et contre ceux qui, par le présent article, s'en sont rendus coupables.

634. Tout attentat contre la liberté individuelle, base essentielle de la constitution française, sera puni ainsi qu'il suit (1):—Tout homme, quel que soit sa place ou son emploi, autre que ceux qui ont reçu de la loi le droit d'arrestation, qui donnera, signera, exécutera d'ordre d'arrêter une per-

---

(1) Voyez les art. 114 et suiv. du Code pénal de 1810. — Voyez aussi les art. 19 et suiv. du Code pénal du 25 septembre—6 octobre 1791, art. 19 de la sect. III du tit. 1er de la seconde partie, et les notes qui résument la jurisprudence sur les arrestations arbitraires.

sonne vivant sous l'empire et la protection des lois françaises, ou l'arrêtera effectivement, si ce n'est pour la remettre sur-le-champ a la police, dans les cas determinés par la loi, sera puni de la peine de six années de gêne.

635. Si ce crime était commis en vertu d'un ordre émané du pouvoir exécutif, les membres du directoire exécutif ou les ministres qui l'auront signé seront punis de la peine de douze années de gêne.

636. Tout geolier et gardien de maison d'arrêt, de justice, de correction, ou de prison pénale, qui recevra ou retiendra ladite personne, sinon en vertu de mandat, ordonnance, jugement ou autre acte légal, sera puni de la peine de six années de gêne.

637. Quoique ladite personne ait été arrêtée en vertu d'un acte légal, si elle est détenue dans une maison autre que les lieux légalement et publiquement désignés pour recevoir ceux dont la détention est autorisée par la loi, tous ceux qui auront donné l'ordre de la détenir, ou qui l'auront détenue, ou qui auront prêté leur maison pour la détenir, seront punis de la peine de six années de gêne. — Si ce crime était commis en vertu d'un ordre émané du pouvoir exécutif, les membres du directoire exécutif ou les ministres qui l'auront signé, seront punis de la peine de douze années de gêne.

638. Quiconque sera convaincu d'avoir volontairement et sciemment supprimé une lettre confiée à la poste, ou d'en avoir brisé le cachet et violé le secret, sera puni de la peine de la dégradation civique. — Si le crime est commis, soit en vertu d'un ordre émané du pouvoir exécutif, soit par un agent du service des postes, les membres du directoire exécutif ou les ministres qui en auront donné l'ordre, quiconque l'aura exécuté, ou l'agent du service des postes qui, sans ordre, aura commis ledit crime, seront punis de la peine de deux ans de gêne (1). — Il n'est porté par le présent article aucune atteinte à la surveillance que le gouvernement peut exercer sur les lettres venant des pays étrangers, ou destinées pour ces mêmes pays.

639. S'il émanait du pouvoir exécutif quelque acte ou quelque ordre pour soustraire un de ses agens, soit à la poursuite légalement commencée de l'action en responsabilité, soit à la peine prononcée légalement en vertu de ladite responsabilité, les membres du directoire exécutif ou les ministres qui auront signé ledit ordre ou acte, et quiconque l'aura exécuté, seront punis de la peine de dix ans de gêne.

640. Dans tous les cas mentionnés au présent titre, ainsi que dans la Ire section du titre Ier de la seconde partie du Code pénal, où les membres du directoire exécutif et les ministres sont rendus responsables des ordres qu'ils auront donnés ou signés, ils pourront être admis à prouver que leur signature a été surprise; et en conséquence, les auteurs de la surprise seront poursuivis; et s'ils sont convaincus, ils seront condamnés aux peines que les membres du directoire exécutif ou le ministre auraient encourues.

APPENDICE A LA SECTION V DU TITRE Ier DE LA SECONDE PARTIE DU CODE PÉNAL, INTITULÉE *Crimes des fonctionnaires publics dans l'exercice des pouvoirs qui leur sont confiés* (2).

641. Il y a forfaiture de la part des juges, lorsque, dans les cas déterminés et précisés par la loi seulement, ils commettent quelque délit ou crime dans l'exercice de leurs fonctions.

642. La peine de la forfaiture consiste dans la déclaration du tribunal, que celui qui en est convaincu est incapable de remplir aucune fonction ou

_____

(1) Voyez l'art. 23 de la section III du titre Ier de la seconde partie du Code pénal du 25 septembre—6 octobre 1791, et les notes.

(2) Voyez les art. 127 et suiv. du Code pénal de 1810.

emploi public, et d'exercer aucun droit de citoyen pendant vingt ans.

643. Cette peine est indépendante de celles qui sont établies par les lois pénales : elle se prononce cumulativement avec celles portées contre les différens délits ou crimes ; elle se prononce seule lorsqu'il n'y en a pas d'autre décernée par la loi.

644. Sont coupables de forfaiture, — 1° Les juges des tribunaux civils de département, qui ne convoqueraient pas les assemblées primaires dans le cas prévu par l'article 105 de la constitution ; — 2° Les juges qui prononceraient ou signeraient un jugement sur la recherche et l'accusation d'un citoyen qui est ou qui aurait été membre du corps législatif, a raison de ce qu'il a dit ou écrit dans l'exercice de ses fonctions ; — 3° Les juges de paix ou autres qui, hors les cas prévus par les articles 112 et 113 de la constitution, auraient donné l'ordre de saisir ou d'arrêter un membre du corps législatif ; — 4° Tout juge qui s'immiscerait dans l'exercice du pouvoir législatif, en faisant des réglemens, ou qui se permettrait d'arrêter ou de suspendre l'exécution de la loi dans l'étendue de sa juridiction ; — 5° Tout officier de police qui n'a point exprimé formellement les motifs de l'arrestation dans un mandat d'arrêt, et cité la loi qui l'autorise à le décerner ; — 6° Tout officier de police sur l'ordre duquel un citoyen aurait été retenu en charte privée, sans avoir été conduit dans la maison d'arrêt, de justice ou de détention ; — 7° Tout juge civil ou criminel, tout juge de paix, tout assesseur de juge de paix, qui, moyennant argent, présent ou promesse, a trafiqué de son opinion ou de l'exercice du pouvoir qui lui est confié ; —8° Les accusateurs publics, dans le cas prévu par l'article 279 ; — 9° Les présidens des tribunaux criminels, dans le cas de l'article 295.

645. Les autres délits dont les juges peuvent se rendre coupables dans l'exercice de leurs fonctions, ne donnent lieu a leur destitution qu'autant qu'elle est une suite nécessaire de la peine prononcée par la loi.

De la manière dont les tribunaux criminels doivent prononcer, lorsque les accusés sont déclarés excusables par les jurés.

646. Lorsque le jury a déclaré que le fait de l'excuse proposée par l'accusé est prouvé, s'il s'agit d'un meurtre, le tribunal criminel prononce ainsi qu'il est réglé par l'article 9 de la section Ire de la seconde partie du Code pénal. — S'il s'agit de tout autre délit, le tribunal réduit la peine établie par la loi, à une punition correctionnelle qui, en aucun cas, ne peut excéder deux années d'emprisonnement.

(*Suivent les formules des différens actes relatifs à la procédure par jurés.*)

———

N° 288 = 3 brumaire an 4 (25 octobre 1795). = DÉCRET *interprétatif de celui du 2 thermidor an 3, qui astreint les fermiers ou locataires des biens ruraux à prix d'argent, de payer aux propriétaires et bailleurs moitié de leurs fermes en grains* (1). (I, Bull. CXCIX, n° 1194 ; B., LX, 228.)

Art. 1er. Les dispositions de l'article 10 de la loi du 2 thermidor, d'après lesquelles les fermiers ou locataires des biens ruraux a prix d'argent sont tenus de payer aux propriétaires ou bailleurs moitié de leurs fermes en grains, ne sont point applicables aux fermiers dont les baux sont postérieurs a la promulgation de la loi du 3 nivose, portant abrogation du *maximum :* ceux-ci ne seront tenus de payer cette moitié de leurs baux que par une quantité de grains que ladite moitié représentait à l'époque où lesdits baux ont été

_____

(1) Voyez le décret du 2 thermidor an 3 (20 juillet 1795), et les notes.

stipulés, en se réglant sur le prix du marché, soit du canton, du district ou du département, et sur les mercuriales adoptées dans les tribunaux les plus voisins.

2. Pour régler la contribution à payer à raison des bois, ainsi que la moitié du prix des baux qui doit être acquittée en nature, conformément a la loi du 2 thermidor, il sera fait une année commune du revenu desdits bois, de quelque manière et à quelque époque que se fasse l'exploitation; et la contribution, ainsi que le prix du bail, pour ce qui est payable en nature, seront réglés d'après cette fixation d'une année commune.

3. Pour faire cesser toute fausse interprétation, et suppléer, au besoin, au silence de la loi, la convention nationale déclare, — 1° Que la récolte et perception des fruits de l'an 3 est l'objet direct des dispositions de la loi, et assujétit celui qui a perçu lesdits fruits à son exécution; — 2° Que le privilége accordé par la loi aux fermiers ou locataires de biens ruraux, de retenir la portion de grains nécessaire a la nourriture de leur famille, n'appartient qu'aux fermiers exploitant et à ceux qui cultivent réellement; — 3° Que la contribution jetee sur l'exploitation des canaux est assimilée à celle des usines, et doit être payée, pour le tout, en assignats, valeur nominale; — 4° Que les intérêts dus pour douaires, légitimes, ventes de fonds, seront, ainsi que ceux des rentes et redevances foncières, payables moitié en nature, lorsqu'elles seront constituées en viager pour vente de fonds de terre, et que le capital ne sera pas remboursable; — 5° Tous les baux, soit à ferme, soit à portion de fruits, dont une portion est payable en numéraire, seront soumis a la disposition de la loi, quant a la portion payable en numéraire, sans préjudice de ce qui est payable en grains.

N° 289.=3 brumaire an 4 (25 octobre 1795). = DÉCRET *portant que les enfans des Corses dont les parens ont été ruinés par la contre-révolution opérée dans cette île, participeront au bienfait du décret du 20 prairial an 3.* (B., LX, 230.)

N° 290. = 4 brumaire an 4 (26 octobre 1795). = DÉCRET *qui comprend dans les dispositions de celui du 7 vendémiaire dernier les achats de foin, de paille et avoine pour la subsistance des chevaux des armées.* (I, Bull. CCII, n° 1211; B., LX, 232.)

N° 291. = 4 brumaire an 4 (26 octobre 1795). = DÉCRET *qui autorise les cultivateurs à se pourvoir de grains pour le renouvellement des semences.* (I, Bull. CCII, n° 1214; B., LX, 233.)

N° 292. = 4 brumaire an 4 (26 octobre 1795). = DÉCRET *qui détermine un mode pour se pourvoir contre des jugemens d'arbitres, rendus en dernier ressort par suite d'arrétés de représentans du peuple* (1). (I, Bull. CCIII, n° 1220; B., LX, 235.)

La convention nationale décrète que toutes parties qui ont réclamé, soit à la convention nationale, soit au tribunal de cassation, contre des jugemens d'arbitres rendus en dernier ressort, par suite d'arrêtés de représentés du

---

(1) C'est ici un cas tout spécial. — Voyez, sur l'arbitrage et le mode de se pourvoir contre les jugemens arbitraux, le tit. 1er du décret du 16—24 août 1790; les art. 1003 et suiv. du Code proc. civ.; et les art. 51 et suiv. du Code de commerce.

peuple portant établissement d'arbitrages forcés, seront admises à se pourvoir contre lesdits jugemens par la voie de l'appel devant le tribunal civil de département du domicile du défendeur originaire, dans le délai d'un mois a compter du jour de la publication de la présente loi.

N° 293. = 4 brumaire an 4 (26 octobre 1795). = DÉCRET *contenant abolition de la peine de mort, à dater du jour de la publication de la paix générale, et des procédures pour faits purement relatifs à la révolution* (1). (B., LX, 236)

Art. 1er. A dater du jour de la publication de la paix générale, la peine de mort sera abolie dans la république française.

2. La place de la Révolution portera désormais le nom de *place de la Concorde ;* la rue qui conduit a cette place, portera le nom de *rue de la Révolution.*

3. La convention abolit, à compter de ce jour, tout décret d'accusation ou d'arrestation, tous mandats d'arrêt mis ou non à exécution, toutes procédures, poursuites et jugemens portant sur des faits purement relatifs à la révolution. Tous détenus à l'occasion de ces mêmes événemens seront immédiatement élargis, s'il n'existe point contre eux des charges relatives à la conspiration du 13 vendémiaire dernier.

4. Les délits commis pendant la révolution, et prévus par le Code pénal, seront punis de la peine qui s'y trouve prononcée contre chacun d'eux.

5. Dans toute accusation mixte, où il s'agirait a la fois de faits relatifs a la révolution et de délits prévus par le Code pénal, l'instruction et le jugement ne porteront que sur ces délits seuls.

6. Tous ceux qui sont ou seront accusés de dilapidations de la fortune publique, concussions, taxes et levées de deniers avec retenue de tout ou partie au profit de ceux qui les auront imposées, ou de tout autre fait semblable survenu pendant le cours et à l'occasion de la révolution, pourront être poursuivis, soit au nom de la nation, soit par les citoyens qui prouveront qu'ils ont été lésés; mais les poursuites se feront seulement par action civile, et a fin de restitution, sans aucune autre peine.

7. Le directoire exécutif pourra différer la publication de la présente loi dans les départemens insurgés ou présentement agités par des troubles, a la charge de rendre compte au corps législatif, tant du nombre des départemens où la publication sera suspendue, que du moment où elle y sera faite, aussitôt que les circonstances le permettront.

8. Sont formellement exceptés de l'amnistie, — 1° Ceux qui ont été condamnés par contumace pour les faits de la conspiration de vendémiaire ; — 2° Ceux a l'égard desquels il y a une instruction commencée ou des preuves acquises relativement a la même conspiration, ou contre lesquels il en sera acquis par la suite ; — 3° Les prêtres déportés ou sujets a la déportation ;— 4° Les fabricateurs de faux assignats ou de fausse monnaie ; —5° Les émigrés rentrés ou non sur le territoire de la république.

9. Il n'est dérogé par la présente loi à aucune des dispositions de celle du 3 de ce mois.

N° 294. = 4 brumaire an 4 (26 octobre 1795). = DÉCRET *relatif au traitement des hauts-jurés, des membres du tribunal de cassation, des juges*

---

(1) Cette peine n'a jamais été abolie. On la retrouve fréquemment prononcée dans le Code pénal de 1810.

des tribunaux civils, des commissaires du directoire exécutif, etc. (I,
Bull. ccii, n° 1210; B., LX, 238.)

___

N° 295. = 4 brumaire an 4 (26 octobre 1795). = DÉCRET *qui réunit à la
France le ci-devant duché de Bouillon et ses dépendances* (1). (I, Bull. ccii,
n° 1212; B., LX, 239.)

N° 296.=4 brumaire an 4 (26 octobre 1795).=DÉCRET *portant établissement
d'une taxe extraordinaire de guerre.* (I, Bull. cxcix, n° 1195; B., LX,
241.)

___

N° 297. = 4 brumaire an 4 (26 octobre 1795). = DÉCRET *additionnel à celui
du 2ᵉ jour complémentaire de l'an 3, qui établit un nouveau mode pour le
jugement des délits militaires.* (I, Bull. ccii, n° 1215; B., LX, 243.)

Art. 1ᵉʳ. Les généraux, les chefs de brigade et les chefs de bataillon ou
d'escadron, ne seront plus soumis à l'avenir au jugement des conseils de
discipline, et toute faute de leur part contre la discipline sera punie par l'officier de tout grade supérieur.

2. Celui qui aura infligé la peine pour fait de discipline, sera tenu d'en
rendre compte a l'officier supérieur sous les ordres duquel il est employé,
qui, en cas de réclamation de la part de celui qui aura été puni, pourra
juger si la peine a été infligée avec justice; en conséquence, il aura le droit
de l'atténuer ou de l'augmenter, si le cas l'exige, et de punir l'officier qui
aurait abusé de son pouvoir.

3. Le ministre de la guerre sera toujours de droit juge de toutes les réclamations des militaires pour cause de punition; il aura le droit, soit
d'atténuer ou d'augmenter la peine, et de punir l'officier qui l'aurait infligée
injustement.

4. Le ministre de la guerre aura le droit de punir le général en chef pour
fait de discipline, en en rendant compte sur-le-champ au directoire exécutif, qui prononcera définitivement sur l'objet de la punition.

5. Tout délit commis par un des officiers supérieurs désignés en l'article 1ᵉʳ, sera jugé par des conseils militaires formés conformément aux dispositions contenues aux articles ci après, et le général en chef et le ministre
auront le droit de faire mettre provisoirement en état d'arrestation ceux
qui en seront prévenus, en en rendant compte sur-le-champ au directoire
exécutif : ils auront le même droit pour tous les autres militaires de tout
grade prévenus de quelque délit.

6. Pour juger un chef de bataillon ou d'escadron, le conseil militaire sera
composé d'un officier-général, d'un chef de brigade, de deux chefs de bataillon ou d'escadron, de deux capitaines, de deux lieutenans et d'un sous-
lieutenant.

7. Pour juger un chef de brigade, le conseil militaire sera formé d'un officier-général, de deux chefs de brigade, de deux chefs de bataillon ou d'escadron, de deux capitaines et de deux lieutenans.

8. Pour juger un général de brigade, le conseil militaire sera composé
d'un général de division ou commandant en chef, de deux généraux de
brigade, de deux chefs de brigade, de deux chefs de bataillon, d'un capitaine du génie et d'un capitaine d'artillerie.

___

(1) Ce duché a cessé de faire partie de la France en exécution de l'art. 1ᵉʳ du traité du
20 novembre 1815.

9. Pour juger un général de division, le conseil militaire sera formé d'un général commandant ou ayant commandé en chef, de deux généraux de division, de deux généraux de brigade, de deux chefs de brigade, d'un chef de bataillon du génie et d'un chef de bataillon d'artillerie.

10. Pour juger un général en chef, le conseil militaire sera composé d'un général commandant ou ayant commandé en chef, de trois généraux de division, de trois généraux de brigade, d'un chef de brigade du génie et d'un chef de brigade d'artillerie : à défaut de général commandant ou ayant commandé en chef, le plus ancien de grade des trois généraux de division présidera, et il sera nommé de plus un chef de brigade d'infanterie ou de cavalerie.

11. Ces conseils nommeront leur secrétaire, et le prendront dans le grade qu'ils jugeront convenable.

12. Le général en chef, et à son défaut le général de division, nommera les officiers qui devront composer les conseils militaires pour juger les chefs de brigade ou les chefs de bataillon ou d'escadron ; et le comité de salut public, ou le ministre de la guerre, lorsqu'il sera en activité, nommera les officiers qui devront composer les conseils militaires pour juger les généraux de tous grades, en en rendant compte au directoire exécutif.

13. Les officiers qui devront remplir les fonctions de rapporteur dans les affaires concernant les officiers supérieurs, seront nommés, pour les chefs de brigade et les chefs de bataillon ou d'escadron, par le général en chef, et, à son défaut, par le général de division ; et, pour les généraux, ils seront nommés par le comité de salut public, ou par le ministre de la guerre, quand il sera en activité. Ils seront toujours pris dans les grades désignés en l'article 1er.

14. Les prévenus dans les grades désignés en l'article 1er auront le droit de se choisir un défenseur officieux, et de le prendre dans tel grade militaire qu'ils jugeront convenable (1).

15. Tous citoyens complices des militaires seront jugés par les conseils militaires comme ils l'étaient par les tribunaux militaires (2).

16. Toutes les dispositions prescrites par la loi du deuxième jour complémentaire, qui ne sont pas contraires à celles contenues dans la présente loi, sont également applicables aux conseils militaires qui devront juger les officiers supérieurs (3).

17. En conséquence, il est dérogé à tout ce qui serait contraire aux dispositions contenues dans les présens articles additionnels, dont l'insertion au bulletin tiendra lieu de promulgation.

N° 298.=4 brumaire an 4 (26 octobre 1795). = DÉCRET relatif au mode d'élection des présidens des tribunaux civils des départemens, et à la durée de leurs fonctions. (I, Bull. CCI, n° 1206; B., LX, 246.)

La convention nationale, sur le rapport de sa commission des onze, décrète que les présidens des tribunaux civils de département seront élus par

(1) Voyez la loi du 27 fructidor an 4 (13 septembre 1796), qui porte la même disposition à l'égard de tous les prévenus de délits militaires.
(2) Abrogé par la loi du 22 messidor an 4 (10 juillet 1796), art. 2 ; et par celle du 13 brumaire an 5 (3 novembre 1796), art. 9. —Voyez ces lois et les notes.
(3) Le décret du 2e jour complémentaire an 3 (18 septembre 1795) a été abrogé par l'art. 42 de la loi du 13 brumaire an 5 ; et le présent décret a été remplacé par la loi du 4 fructidor an 5 (21 août 1797).

chaque section, et que leurs fonctions continueront jusqu'au renouvellement des sections.

N° 299. = 4 brumaire an 4 (26 octobre 1795). = DÉCRET *qui ordonne une rectification dans celui du 19 vendémiaire dernier, concernant l'organisation des autorités administratives et judiciaires.*(I, Bull. CCI, n° 1205; B., LX, 246.)

La convention nationale décrète que l'article 38 de la loi du 19 vendémiaire dernier, concernant l'organisation des autorités administratives et judiciaires, sera retabli et exécuté ainsi qu'il est ci-après rapporté : « Dans « un mois, à compter du jour de l'installation du directoire exécutif, seront « nommés les membres du bureau central pour les cantons de Bordeaux, « de Lyon, de Marseille et de Paris. »

FIN DE LA CONVENTION NATIONALE.

DIRECTOIRE.

N° 300. = 8 brumaire an 4 (30 octobre 1795). = DÉCLARATIONS *du conseil des cinq-cents et du conseil des anciens , portant qu'ils sont définitivement constitués.* (B., LXI , 13.)

N° 301. = 10 brumaire an 4 (1er novembre 1795). = DÉCRET *du conseil des anciens qui nomme les citoyens Revellière-Lepaux, Reubell, Barras , Sièyes et Letourneur de la Manche, membres du directoire exécutif.* (B., LXI, 22.)

N° 302. = 12 brumaire an 4 (3 novembre 1795). = ARRÊTÉ *du directoire exécutif, qui règle provisoirement le mode de publication des lois* (1). (II, Bull. I, n° 1 ; B., LXI, 27.)

Le directoire exécutif arrête que, jusqu'a ce qu'il ait déterminé, en exécution de l'article 3 de la loi du 12 vendémiaire dernier, les signes extérieurs d'authenticité dont le bulletin des lois et le feuilleton des résolutions et des projets de résolutions doivent être empreints, ce bulletin et le feuilleton continueront d'être empreints des mêmes signes extérieurs d'authenticité que l'est actuellement la feuille connue sous le nom de *Bulletin des lois.*

N° 303. = 15 brumaire an 4 (6 novembre 1795). = LOI *relative au mode de liquidation des pensions, gratifications, etc., dues ou méritées avant le* 1er *janvier* 1790. (II, Bull. II, n° 11 ; B., LXI, 40.)

Le conseil des anciens, après avoir entendu la lecture de la résolution présentée par le conseil des cinq-cents , sur le mode de liquidation des pensions, gratifications, secours ou indemnités, dus ou mérités avant le 1er janvier 1790 ; — Considérant que les citoyens qui sont l'objet de cette loi, se trouvent pour la plupart dans le besoin ; que, depuis quatre ans, ils attendent leur liquidation ; que la résolution proposée n'est que le mode d'exécution des lois préexistantes sur la liquidation, reconnait l'urgence. — Le conseil des anciens, après avoir reconnu l'urgence, approuve la résolution suivante, qui lui a été présentée par le conseil des cinq-cents, dans la séance du 15 brumaire de l'an 4 de la république.

Le conseil des cinq-cents, vu le projet de résolution relative au mode de liquidation des pensions, gratifications, secours et indemnités, dus ou mérités avant le 1er janvier 1790, sur lequel il n'a été rien statué par la loi du 3 brumaire courant; considérant que le travail relatif a cette liquidation se trouve actuellement suspendu; qu'il est instant de le mettre en activité, et

(1) Voyez, sur le mode de promulgation des lois, le décret du 2—5 novembre 1790, et les notes étendues qui l'accompagnent, et l'arrête du 15 brumaire an 4 (6 novembre 1795).

de venir au secours des personnes qui ont droit à ces pensions, déclare qu'il y a urgence, et adopte la résolution suivante :

Art. 1er. Le directeur général de la liquidation continuera à liquider, sous sa responsabilité et sous la surveillance du directoire exécutif, les pensions, gratifications, secours ou indemnités pour cause de pensions dues ou méritées avant le 1er janvier 1790, ainsi que les pensions, secours ou indemnités dus aux employés supprimés et aux pensionnaires ou gagistes de la ci-devant liste civile, conformément aux différens décrets qui les concernent.

2. Indépendamment des deux états de liquidation a remettre tous les mois au ministre des finances par le directeur de la liquidation de la dette publique, conformément à l'article 3 de la loi du 3 brumaire, il en sera remis un particulier pour raison des liquidations d'anciennes pensions qui donneraient lieu a une inscription sur le grand-livre de la dette viagère.

3. Les articles 4, 5, 7, 8 et 10 du décret du 3 brumaire an 4, seront applicables aux liquidations de cette nature.

4. Jusqu'a ce qu'il ait été statué sur la forme définitive du titre à expédier aux personnes qui auront obtenu des pensions, le directeur général de la liquidation délivrera, pour celles déjà décrétées ou qu'il liquidera, des reconnaissances qui serviront de titre provisoire aux pensionnaires, pour toucher a la trésorerie nationale le montant de leurs pensions.— Toutes formalités pour toucher a la trésorerie nationale le montant des pensions, autres que celles relatives au certificat de vie, a la résidence et a la propriété des pensionnaires, sont abrogées.

5. Il sera seulement délivré des reconnaissances de liquidations définitives a ceux qui ont obtenu ou obtiendront des secours annuels en remplacement de leurs anciennes pensions, ainsi qu'aux gagistes de la liste civile.

6. Toutes ces reconnaissances seront au surplus assujéties au *visa* prescrit par l'article 4 de la loi du 3 brumaire.

7. La présente résolution sera adressée et présentée au conseil des anciens, en la forme prescrite par la constitution, par un messager d'état.

N° 304. = 15 brumaire an 4 (6 novembre 1795).=ARRÊTÉ *du directoire exécutif, relatif aux caractères d'authenticité provisoirement donnés aux copies manuscrites des lois et à la signature des bulletins* (1). (II, Bull. II, n° 12; B., LXI, 42.)

Le directoire exécutif, sur le rapport du ministre de la justice, arrête :

Art. 1er. Provisoirement, et jusqu'à ce que les caractères d'authenticité à donner par le ministre de la justice aux copies qu'il est dans le cas de délivrer des expéditions manuscrites des lois, soient déterminés, le ministre de la justice fera appliquer l'empreinte du sceau ordinaire de la république sur ces copies, et il les signera, en les certifiant conformes aux expéditions à lui adressées par le directoire exécutif.

2. Il fera imprimer sa signature, a l'aide d'une griffe, sur les bulletins des lois, dont les autres signes extérieurs d'authenticité ont été provisoirement réglés par l'arrêté du directoire du 12 de ce mois.

N° 305. = 16 brumaire an 4 (7 novembre 1795). = ARRÊTÉ *du directoire exécutif, qui annule les permis et autorisations des agens des approvisionnemens de Paris.* (II, Bull. III, n° 15; B., LXI, 46.)

---

(1) Voyez le décret du 12 brumaire an 4 (3 novembre 1795), et la note.

N° 306. = 19 brumaire an 4 (10 novembre 1795). = Loi *qui comprend le notariat dans les attributions du ministère de la justice* (1). (II, Bull. IV, n° 19; B., LXI, 54.)

Le notariat et les objets qui lui sont relatifs sont compris dans les attributions du ministère de la justice.

N° 307. = 22 brumaire an 4 (13 novembre 1795). = Loi *qui ordonne le prélèvement de deux cent cinquante mille quintaux de grains en nature, à compte de la contribution foncière.* (II, Bull. IV, n° 20; B., LXI, 63.)

N° 308. = 23 brumaire an 4 (14 novembre 1795). = Arrêté *du directoire exécutif, relatif aux dépenses de l'ordre judiciaire, des prisons, etc., qui doivent être ordonnancées par les ministres de la justice et de l'intérieur.* (II, Bull. V, n° 23; B., LXI, 67.)

Le directoire exécutif, en conséquence de son arrêté du 16 brumaire présent mois, par lequel, d'après la loi du 10 vendémiaire dernier, il a placé les dépenses de l'ordre judiciaire parmi les attributions du ministre de la justice, — Arrête que ce ministre ordonnancera les dépenses ci après; savoir : — 1° Les traitemens des membres des tribunaux civils, des tribunaux criminels, des tribunaux correctionnels; — 2° Les menues dépenses de ces tribunaux, et les gages des concierges et portiers; — 3° Les traitemens des juges et greffiers de paix; — 4° Les menues dépenses des tribunaux de police; — 5° Les traitemens des greffiers des tribunaux de commerce; — 6° Les menues dépenses de ces tribunaux, et les gages des concierges et portiers; — 7° Les frais de perquisition, capture et traduction des prévenus ou accusés dans les maisons d'arrêt et de justice; — 8° Les salaires des huissiers chargés de citations, assignations et significations à la requête des commissaires du pouvoir exécutif; — 9° Les dépenses particulières qu'il pourrait y avoir lieu d'allouer aux juges, en cas de transport légitime, hors de leur arrondissement, pour constater les délits et faire les premières instructions nécessaires; — 10° Les indemnités accordées aux témoins appelés en déposition dans les procédures criminelles; — 11° Les indemnités accordées aux jurés d'accusation et de jugement, et aux jurés adjoints; — 12° Les salaires des greffiers pour les copies des procédures qu'ils délivrent aux accusés, et le remboursement du papier qu'ils y emploient; — 13" Les honoraires des experts, médecins, chirurgiens et sages-femmes appelés pour prêter leur ministère dans l'instruction des procédures criminelles; — 14° Les traitemens et frais de déplacement des exécuteurs des jugemens criminels et de leurs aides, ainsi que les secours annuels et provisoires des exécuteurs qui se trouvent sans emploi par l'effet de la loi du 13 juin 1793; — 15° Les frais d'exécution des condamnés, et ceux de construction, réparation et transport des échafauds et machines à décapiter. — Quant aux dépenses généralement quelconques, relatives aux détenus dans les prisons, maisons d'arrêt, de justice et de réclusion, soit en santé, soit en maladie, et aux traitemens des concierges, geôliers et employés de ces mêmes maisons, elles seront ordonnancées par le ministre de l'intérieur, chargé, par la loi du 10 vendémiaire dernier, des prisons, maisons d'arrêt, maisons de justice et maisons de réclusion.

(1) Voyez, sur le notariat, le décret du 29 septembre—6 octobre 1791, et les notes qui résument la législation.

N° 309. = 25 brumaire an 4 (16 novembre 1795). = **Loi** *qui charge le directoire exécutif de procéder aux nominations d'administrateurs et de juges qui n'ont pas été faites par les assemblées électorales.* (II, Bull. v, n° 24; B., LXI, 72.)

N° 310. = 27 brumaire an 4 (18 novembre 1795). = **Loi** *qui autorise le passage, sur le territoire de la république, des troupes suisses qui étaient au service des Provinces-Unies.* (II, Bull. vii, n° 34; B., LXI, 77.)

N° 311. =27 brumaire an 4 (18 novembre 1795).=**Décret** *du conseil des anciens portant que les reçus remis par les messagers d'état ne seront plus transcrits au procès-verbal.* (B., LXI, 79.)

N° 312. =30 brumaire an 4 (21 novembre 1795). =**Loi** *qui abroge le décret du 26 germinal an 2 concernant les compagnies et associations commerciales* (1). (II, Bull. v, n° 27; B., LXI, 83.)

La loi du 26 germinal de l'an 2, concernant les compagnies et associations commerciales, est abrogée.

N° 313. = 30 brumaire an 4 (21 novembre 1795). =**Loi** *qui suspend la vente des domaines nationaux.* (II, Bull. v, n° 28; B., LXI, 84.)

La vente des domaines nationaux est suspendue jusqu'au 1er prairial prochain.

N° 314 = 1er frimaire an 4 (22 novembre 1795).=**Loi** *portant que l'emprunt à trois pour cent ouvert à la trésorerie, est provisoirement fermé.* (II, Bull. v, n° 29; B., LXI, 90.)

N° 315. = 3 frimaire an 4 (24 novembre 1795).=**Loi** *qui détermine le mode des paiemens à faire par la trésorerie pour l'acquit des dépenses publiques* (2). (II, Bull. vi, n° 31; B., LXI, 96)

Art. 1er. Aucun paiement de numéraire métallique, demandé par les ministres sur les fonds de ce genre mis a leur disposition, ne pourra être fait qu'après qu'il aura été déterminé par le directoire exécutif, sur l'avis du ministre des finances, a qui la trésorerie nationale enverra a cet effet, chaque jour, son état de situation. — La trésorerie pourra se faire représenter les arrêtés du directoire, portant ordonnance de fonds en numéraire ou assignats.

2. Les négociations en numéraire ou en papier que pourraient exiger les besoins du trésor public, seront faites par la trésorerie, conformément a la loi du 16 août—13 novembre 1791, qui est maintenue à cet égard Le directoire exécutif sera seul juge de la nécessité desdites opérations, d'après les rapports du ministre des finances, qui pourra en tout temps se faire rendre compte des négociations, sous l'autorité du directoire exécutif.

3. La trésorerie nationale est autorisée a acquitter sur ses fonds, jusqu'au présent jour 27 brumaire, les dépenses arriérées, ordonnancées par les commissions exécutives en vertu des arrêtés et *visa* des comités de gouvernement.—Toutes ordonnances de cette nature, présentées a la trésorerie posté-

---

(1) Le décret du 26 germinal an 2 portait suppression des compagnies financières.
(2) Voyez le décret du 27 (10 et)—30 mars 1791, concernant l'organisation du trésor public, et les not s.

rieurement audit jour, seront visées par les ministres qu'elles concernent, et imputées sur les fonds mis a leur disposition par la loi du 18 de ce mois.

4. La dette publique, tant en capital qu'interêts, les pensions et secours qui en tiennent lieu, et les restitutions des dépôts judiciaires, étant fixés et déterminés par des décrets particuliers, leurs paiemens continueront provisoirement a être effectués en conformité des lois qui les concernent, en vertu d'une ordonnance générale du ministre des finances, approuvée par le directoire exécutif, sans imputation sur les fonds décrétés par la loi du 26 brumaire.

5. Provisoirement, le ministre des finances, sous l'autorité du directoire exécutif, ordonnancera, sur les fonds mis a sa disposition, les dépenses qui ne sont pas comprises dans les attributions d'aucun autre ministre.

6. L'agent du trésor public, les payeurs, agens comptables et autres 'employés de la trésorerie, sont a la nomination des commissaires.

7. Lorsque la trésorerie, en vertu de la constitution, refusera le paiement des sommes qui auraient été antérieurement ordonnancées contre la teneur des lois, elle notifiera son refus motivé au directoire exécutif, qui provoquera, s'il le juge nécessaire, une decision du corps législatif,

8. Si la trésorerie croit avoir besoin de quelques nouvelles lois pour lever les difficu'tés qu'elle rencontrera dans sa marche, elle en référera au corps législatif par une adresse.

Nᵒ 316. = 4 frimaire an 4 (25 novembre 1795). = LOI *contenant des mesures pour empêcher la désertion.* (II , Bull. VI, nᵒ 32 ; B., LXI, 101.)

Nᵒ 317. = 4 frimaire an 4 (25 novembre 1795). = LOI *qui proroge jusqu'au jour de sa promulgation, le delai de l'amnistie accordée par les lois des 10 et 23 thermidor an 3, et abolit toutes réquisitions particulières.* ' II , Bull. VI, nᵒ 33 ; B., LXI, 102.)

Nᵒ 318. = 7 frimaire an 4 (28 novembre 1795). = LOI *interprétative de celle du 4 brumaire dernier qui accorde une amnistie.* (II, Bull. VII, nᵒ 38 ; B., LXI, 110.)

Art. 1ᵉʳ. Les dispositions de la loi du 4 brumaire, relatives à l'amnistie, sont dès à présent applicables a ceux des citoyens détenus dans les départemens insurgés, qui se trouvent dans les cas prévus par elle.

2. Sont exceptés de cette disposition, les détenus connus sous le nom de *chouans* ou de *rebelles.*

3. Il n'est point dérogé par la présente résolution à l'article 7 du décret du 4 brumaire concernant la publication de cette loi dans les départemens insurgés.

Nᵒ 319. = 7 frimaire an 4 (28 novembre 1795). = ARRÊTÉ *du directoire exécutif, contenant une nouvelle fixation du traitement des employés.* (II, Bull. VIII, nᵒ 39; B., LXI, 112.)

Nᵒ 320. = 8 frimaire an 4 (29 novembre 1795.) = LOI *qui prescrit des mesures pour activer la fabrication des monnaies.* (II, Bull. VIII, nᵒ 41; B., LXI, 118.)

Nᵒ 321. = 10 frimaire an 4 (1ᵉʳ décembre 1795). = LOI *qui suspend toutes démolitions, ventes et dispositions des maisons et objets aliénés en consé-*

quence du décret du 13 *fructidor dernier* (1). (II, Bull. VIII, n° 43; B., LXI, 125.)

N° 322.=10 frimaire an 4 (1er décembre 1795). =ARRÊTÉ *du directoire exécutif, qui prescrit la destination des collections de lois existant dans les secrétariats et greffes des administrations et tribunaux supprimés.* (II, Bull. VIII, n° 44; B., LXI, 126.)

Art. 1er. Les autorités constituées et tous les fonctionnaires publics auxquels s'adresse le Bulletin des lois, n'en étant que les dépositaires, sont tenus, lors de la cessation de l'exercice de leurs fonctions, d'en transmettre la collection entière et complète à leurs successeurs.

2. Les collections de lois actuellement existant dans les secrétariats ou greffes des administrations et tribunaux supprimés par la constitution, seront remises, pour l'usage des autorités et fonctionnaires publics à présent en activité, savoir : — Celles des administrations de district, aux archives des administrations départementales ;—Celles des tribunaux de district, des bureaux de conciliation, et celles qui sont restées entre les mains des ci-devant commissaires nationaux près ces tribunaux, dans les greffes des tribunaux civils des départemens ;—Celles des tribunaux de police correctionnelle des cantons, dans les greffes des tribunaux correctionnels auxquels les divers cantons ressortissent. — Les collections des comités civils des sections de Paris seront remises aux administrations municipales dans leurs arrondissemens respectifs.

N° 323.=11 frimaire an 4 (2 décembre 1795).= LOI *qui accorde une indemnité aux employés supprimés des comités, commissions exécutives et administrations de district.* (II, Bull. VIII, n° 45; B., LXI, 128.)

N° 324. = 11 frimaire an 4 (2 décembre 1795). = LOI *qui met dans les attributions du ministre de la justice le classement et le triage des titres.* (II, Bull. VIII, n° 47; B, LXI, 129.)

Les opérations relatives au classement et au triage des titres dans toute l'étendue de la république, sont placées dans les attributions du ministre de la justice (2).

N° 325. = 12 frimaire an 4 (3 décembre 1795). = LOI *qui autorise le refus de remboursement de capitaux dus par obligations antérieures au 1er vendémiaire* (3). (II, Bull. IX, n° 48; B., LXI, 130.)

Art. 1er. Tout créancier qui se croira lésé par le paiement ou remboursement qui lui serait offert de capitaux a lui dus par obligations publiques ou privées antérieures au 1er vendémiaire, autres que les effets de commerce de négociant a négociant, sera libre de le refuser, jusqu'a ce qu'il en ait été autrement statué (4).

---

(1) Voyez le décret du 13 fructidor an 3 (30 août 1795), et la note.

(2) Voyez la loi du 21 prairial an 4 (9 juin 1796), qui rapporte la présente, et attribue au ministre des finances la surveillance du triage des titres.

(3) Voyez la loi du 3 nivose an 4 (24 décembre 1795), interprétative de la présente ; et celle du 15 germinal suivant (4 avril 1796), qui leve la suspension des remboursemens, et détermine le mode de paiement des obligations, loyers et fermages; voyez aussi le decret du 25 mess'dor an 3 (13 juillet 1795), qui suspend les remboursemeus des rentes, et les notes étendues qui accompagnent ce decret.

(4) Sous l'empire de cette disposition, un héritier bénéficiaire n'a pu consigner valablement le montant de sa dette contre le gre de son creancier, encore que celui-ci en eût provoque le paie-

2. Toute procédure commencée à raison du refus de recevoir les paiemens ou remboursemens désignés dans l'article précédent, demeure suspendue.

N° 326.= 13 frimaire an 4 (4 décembre 1795). = Loi *qui détermine le mode de paiement en assignats, à défaut de grains, de l'équivalent de la contribution foncière et de la portion des fermages due en nature* (1). (II, Bull. IX, n° 49 ; B., LXI, 135.)

Art. 1er. La fixation en assignats, a défaut de grains, de l'équivalent de la contribution foncière, en nature, due en exécution de la loi du 2 thermidor, sera faite sur le prix le plus bas des achats faits dans l'intérieur par les agens et pour le compte du gouvernement, pendant les mois de fructidor et de vendémiaire derniers, combiné dans chaque département avec le prix moyen donné par les mercuriales des marchés pendant le même temps.

2. La fixation de la portion des fermages due en nature, en exécution de la même loi, sur les fruits récoltés en l'année 1795, sera faite sur la même base.

3. Les articles 6 et 11 de la loi du 2 thermidor sont abrogés en ce qu'ils contiennent de contraire a la présente résolution.

4. Pour l'exécution des articles précédens, le directoire exécutif prendra les moyens les plus prompts et les plus sûrs de connaître le prix le plus bas des achats faits a l'intérieur par le gouvernement, pendant les mois de fructidor et de vendémiaire —Ce prix sera dégagé de tous frais de transport, prime, droit de commission ou autre.

5. Le résultat de son opération sera publié, affiché, et adressé officiellement, avant le 1er nivose prochain, aux administrations de département et aux tribunaux ; ils seront tenus de s'y conformer.

6. Les contribuables et les fermiers débiteurs ne pourront se prévaloir du mode d'évaluation fixé par les articles précédens, ni d'aucun autre prétexte, pour refuser ou retarder le paiement de leur contribution ou de leur fermage ; ils seront tenus d'en payer le prix déja établi, dans les délais prescrits par les lois precedentes, sauf a leur faire compte en définitif de ce qu'ils auront acquitté.

7. Les erreurs au préjudice des contribuables seront redressées ; mais les réclamations des citoyens ou des communes auprès de l'administration, et celles des départemens auprès du directoire exécutif, ne pourront être admises a l'examen qu'en y joignant un certificat de paiement de la moitié du montant de la contribution.

8. L'equivalent en assignats de la portion de contribution foncière due en nature sera acquitté dans les deux décades qui suivront la promulgation de la loi.

9. A défaut de paiement dans ce délai, les dix plus forts contribuables en retard de payer leur propre imposition, seront seuls responsables et solidaires, conformément a l'article 4 de la loi du 24 fructidor, dans lequel les mots *en retard* avaient été omis ; et ils seront poursuivis dans les formes usitées pour le recouvrement forcé des contributions.

10. Les contribuables ou les fermiers en retard qui se mettront dans le

---

ment. Cass., 23 messidor an 11, Sir., III, 1, 376. — Jugé encore que toute consignation faite sous l'empire de cette disposition était nulle, quoique faite en vertu d'un jugement, si de ce jugement il y avait appel non vide. Cass., 15 brumaire an 13, Sir., VII, 2, 867 — Le creancier qui, en vertu de l'art 1er de la loi du 12 frimaire an 4, refusait d'accepter les offres réelles de son debiteur en papier-monnaie, n'était pas oblige de motiver son refus. Cass., 21 nivose an 9, Sir., I, 2, 654. Bull. civ., III, 70.

(1) Voyez le decret du 2 thermidor an 3 (20 juillet 1795), et les notes.

cas d'être poursuivis pour l'acquittement de l'équivalent, soit de la contribution, soit du fermage, seront condamnés au paiement, suivant le prix le plus haut des ventes faites entre le jour de l'échéance et celui de la contrainte, s'il s'agit de contribution, et de la demande judiciaire, s'il est question de fermage.

11. Ceux qui, pouvant payer en grains, soit la contribution, soit le fermage, seront convaincus de les avoir détournés pour payer en équivalent, seront condamnés envers la république ou envers le propriétaire, suivant qu'il y aura lieu, au paiement des grains, dans la proportion prescrite par l'article précédent.

12. Le directoire exécutif tiendra sévèrement la main à l'exécution des mesures précédentes : il prendra les moyens les plus prompts et les plus certains de découvrir et de faire poursuivre les contraventions.

N° 327. = 17 frimaire an 4 (8 décembre 1795). = ARRÊTÉ *du directoire exécutif, en interprétation de celui du 7 frimaire même mois concernant le traitement des employés.* (II, Bull. **x**, n° 51 ; B., LXI, 174.)

N° 328. = 18 frimaire an 4 (9 décembre 1795). = LOI *qui charge les cinq commissaires nommés en vertu de la constitution, des opérations relatives à la comptabilité ancienne* (1). (II, Bull. **xi**, n° 52 ; B., LXI, 178.)

Art. 1er. Toutes les fonctions et attributions du ci-devant bureau de comptabilité, relativement à la comptabilité ancienne, seront exercées et suivies par les cinq commissaires nommés en vertu de la constitution.

2. Pour l'exécution de l'article précédent, les commissaires de la comptabilité sont autorisés a établir, dans le sein de leur administration, trois directeurs dont les fonctions seront de surveiller et activer le travail de la vérification de l'ancienne comptabilité, de préparer les rapports et de mettre les comptes en état d'être arrêtés définitivement.

3. Tous comptes, pieces et dépôts de papiers relatifs à la comptabilité, leur seront remis.

4. Les arrêtés de comptes, les décisions des commissaires, et leurs certificats, signés de trois commissaires, au moins, seront exécutoires — Ils opéreront, sous la responsabilité des commissaires, la décharge définitive des comptables, la main levée de séquestre ou d'opposition, et leur serviront de titres pour obtenir, dans les formes prescrites par la constitution, le remboursement de leurs avances, et le paiement des intérêts ou pensions qui peuvent leur être dus par la république. — Toutes autres formalités sont abolies.

5. Tous les trois mois, l'état des comptes arrêtés par les commissaires sera adressé au corps législatif, et imprimé a la suite du Bulletin des lois.

6. Les poursuites et diligences relativement a la comptabilité ancienne, seront faites a la réquisition et sur les arrêtés, états ou actes déclaratifs des commissaires de la comptabilité, savoir, celles pour la présentation des comptes, par les commissaires du pouvoir exécutif établis pres les administrations départementales, et celles pour la rentrée des débets et recouvremens, par la trésorerie nationale.

7. Tous extraits, copies collationnées, certificats de radiation et autres exigés ou autorisés par les lois, et dont les registres, comptes et pièces

(1) Voyez, sur la comptabilité, les notes qui accompagnent la loi du 16—26 septembre 1807, portant création de la cour des comptes : elles resument la matiere.

sont déposés aux archives de la comptabilité, seront signés et délivrés par l'archiviste qui en a la garde.

8. Toutes dispositions des lois antérieures relatives à la comptabilité, auxquelles il n'est pas dérogé par la présente, continueront d'être exécutées.

N° 329.=19 frimaire an 4 (10 décembre 1795).= LOI *portant qu'il sera fait un appel de fonds , par forme d'emprunt, sur les citoyens aisés.* (II, Bull. XI, n° 53 ; B., LXI, 183.)

N° 330.=22 frimaire an 4 (13 décembre 1795). = LOI *qui détermine le mode de nomination provisoire aux places vacantes de juges et de suppléans* (1). (II, Bull. XII, n° 55; B., LXI, 199.)

Le directoire exécutif est chargé de nommer provisoirement, jusqu'aux élections de l'an 5 et pour exercer jusqu'a cette époque, les juges des tribunaux civils de département et leurs suppléans, qui remplaceront ceux dont les nominations restent sans effet pour cause de démission ou pour toute autre cause. — Le directoire exécutif fera ses choix parmi les citoyens qui , sur les nominations du peuple, ont déjà rempli quelque fonction publique. — Les citoyens élus seront rééligibles par les prochaines assemblées électorales.

N° 331.=22 frimaire an 4 (13 décembre 1795).= ARRÊTÉ *du directoire exécutif qui ordonne la réunion au greffe du tribunal civil du département de la Seine , des greffes des six tribunaux d'arrondissement, et de celui des criées.* (B., LXI, 200.)

N° 332.= 23 frimaire an 4 (14 décembre 1795). = LOI *qui sursoit à la nouvelle organisation de la marine* (2). (II , Bull XII, n° 57 ; B., LXI, 203.)

Il est sursis à l'exécution de la loi du 3 brumaire sur la nouvelle organisation de la marine.

N° 333. = 24 frimaire an 4 (15 décembre 1795). = LOI *qui charge le directoire exécutif de la nomination provisoire aux places vacantes de juges de paix* (3).(II , Bull. XII, n° 58, B., LXI, 209.)

Le directoire exécutif est chargé de nommer provisoirement, et pour exercer jusqu'aux élections de l'an 5, les juges de paix dans les cantons où ils n'ont pas été nommés par les assemblées primaires, ou dont les nominations sont restées sans effet pour cause de démission ou pour toute autre cause.—Le directoire exécutif fera ces nominations parmi les citoyens domiciliés dans le canton, et qui, sur la nomination du peuple, y ont déjà rempli quelque fonction publique.

N° 334. = 25 frimaire an 4 (16 décembre 1795). == LOI *qui autorise le directoire exécutif à nommer provisoirement les membres des administrations municipales non formées.* (II , Bull. XII , n° 61 ; B., LXI, 212.)

Le directoire exécutif est chargé de nommer provisoirement, et pour

_____

(1) Voyez la constitution du 22 frimaire an 8 (13 décembre 1799), qui, par son art 41, a définitivement donné au gouvernement le droit de nommer les juges : ce droit a été confirmé par les chartes de 1814 et de 1830.

(2) Voyez la loi du 9 pluviose an 4 (29 janvier 1796), qui lève cette suspension.

(3) Aujourd'hui, et d'après la charte de 1830, art. 48 et 52, les juges de paix sont nommés par le roi.

exercer jusqu'aux élections de l'an 5, les membres de celles des administrations municipales qui, ayant dû être organisées par les assemblées primaires convoquées a cet effet pour le mois de brumaire dernier, en exécution de la loi du 19 vendémiaire précédent, n'ont cependant pas été formées. — Le directoire exécutif fera ces nominations parmi les citoyens domiciliés dans le canton, et qui, sur la nomination du peuple, y ont déja rempli quelque fonction publique. — Le directoire est pareillement chargé de convoquer, dans le plus court délai, des assemblées communales pour proceder, dans les communes au dessous de cinq mille ames ou cette nomination n'a pas été faite, au choix des agens et adjoints qui doivent former les municipalités de canton, conformément à l'article 180 de la constitution.

N° 335. = 25 frimaire an 4 (16 décembre 1795). = Loi *qui donne aux comptables les moyens de se procurer les fonds nécessaires pour l'emprunt forcé.* (II, Bull. xii, n° 62 ; B., LXI, 213.)

N° 336.=26 frimaire an 4 (17 décembre 1795). =Loi *qui proroge le terme indiqué par celle du 9 messidor an 3, pour l'introduction d'un nouveau régime hypothécaire* (1). (II, Bull. xiii, n° 66 ; B., LXI, 215.)

Art. 1er. Le terme du 1er nivose an 4, indiqué dans les articles 1er, 255, 264, 268 et 276 du décret du 9 messidor an 3, est prorogé au 1er germinal prochain.

2. Le terme du 30 ventose, indiqué dans l'article 267, ne sera fixé qu'après un nouveau rapport de la commission sur l'ensemble du Code hypothécaire.

N° 337. = 26 frimaire an 4 (17 décembre 1795). = Loi *qui détermine le lieu où seront déposées les minutes des actes des juges de paix.* (II, Bull. xiii, n° 63 ; B., LXI, 216.)

Art. 1er. Toutes les minutes des actes, procès-verbaux et jugemens faits et rendus par les juges de paix, qui ont été déposés dans les greffes des tribunaux de district, en seront retirées et remises aux greffiers des juges de paix, sur inventaires sommaires qu'ils signeront pour valoir décharge, et desquels il leur sera livré une expédition.

2. Néanmoins les minutes des actes des juges de paix, procès-verbaux et jugemens, dans les départemens infestés de rebelles et de chouans, seront transférées et déposées dans les greffes des tribunaux civils de département, et ce provisoirement et jusqu'à ce que l'ordre et la tranquillité publique aient été rétablis dans ces départemens.

3. Les greffiers des juges de paix tiendront des répertoires qui seront cotés et paraphés par les juges de paix, sur lesquels ils inscriront, jour par jour, les dates des actes, leur nature, celle des procès-verbaux et des jugemens par eux faits et rendus, avec les noms des citoyens qui y sont parties.

4. Les minutes des actes des juges de paix, en matière civile, seront déposées, tous les ans, dans un local de la maison de l'administration municipale, et les expéditions en seront délivrées par les greffiers de ces juges.

(1) D'autres prorogations ont été successivement prononcées par les lois des 19 ventose an 4 (9 mars 1796), 19 prairial suivant (7 juin 1796), 24 therm dor même année (11 août 1796), et 28 vendemiaire an 5 (19 octobre 1796). — Voyez le Code hypothécaire du 9 messidor an 3 (27 juin 1795), et les notes qui résument la législation.

N° 338. = 26 frimaire an 4 (17 décembre 1795). = Loi *qui autorise les notaires actuellement privés des places judiciaires pour lesquelles ils avaient opté, à reprendre l'exercice du notariat.* (II, Bull. XIII, n° 65; B., LXI, 218.)

! La loi du 21 ventose an 3, relative à la faculté accordée aux notaires qui avaient opté pour des fonctions administratives, est étendue aux fonctions judiciaires. — En conséquence, les notaires publics qui avaient opté pour remplir des places judiciaires, et qui se trouvent aujourd'hui hors de ces places, sont autorisés à reprendre l'exercice du notariat.

N° 339. = 27 frimaire an 4 (18 décembre 1795). = Loi *qui autorise les pères, mères et autres parens d'émigrés, dont les biens sont séquestrés, à en vendre une portion pour le paiement de l'emprunt de six cents millions* (1). (II, Bull. XIII, n° 67; B., LXI, 221.)

N° 340. = 29 frimaire an 4 (20 décembre 1795). = ARRÊTÉ *du directoire exécutif, qui détermine les attributions des municipalités relativement aux contributions directes* (2). (II, Bull. LVII, n° 507.)

Art. 1er. Aussitôt que les municipalités de canton auront été informées par le département, du montant des contributions directes assignées a leur arrondissement, elles en feront la répartition entre les communes de leur ressort respectif, dans la même forme que le faisaient précédemment les districts.

2. Cette répartition faite, la municipalité du canton fera connaître à l'agent de chaque commune, la quote-part de cette commune, et lui enjoindra de procéder a la répartition entre les contribuables.

3. La municipalité nommera cinq habitans où propriétaires pour procéder, en qualité de commissaires répartiteurs, avec l'agent municipal et son adjoint, a la répartition entre les contribuables et à la confection de la matrice du rôle.

4. Aussitôt que les municipalités des communes dont la population est de cinq mille habitans jusqu'a cent mille, seront informées par le département de la somme assignée a leur commune, elles nommeront également cinq commissaires pris dans les diverses classes des contribuables, pour, conjointement avec un officier municipal par elle délégué, procéder à la répartition entre lesdits contribuables et a la confection de la matrice du rôle.

5. Les commissaires répartiteurs pourront, s'ils le jugent convenable, prendre un citoyen pour les aider dans ce travail, sans lui donner voix délibérative.—Cet aide sera aux frais de la commune.

6. Lorsque la matrice du rôle sera formée et arrêtée dans les communes au dessous de cinq mille habitans, par l'agent municipal, son adjoint et les commissaires répartiteurs, elle sera adressée a la municipalité du canton, qui fera expédier le rôle exécutoire, ainsi que le faisaient précédemment les districts, et, après l'avoir arrêté, l'enverra a l'agent municipal pour être remis au percepteur.

7. Les municipalités des communes de cinq mille à cent mille habitans, feront de même expédier et arrêteront le rôle dont la matrice aura été faite par l'officier municipal et les commissaires répartiteurs.

8. Aussitôt que les municipalités de canton ou autres connaîtront la somme

_____

(1) Voyez la loi du 19 du même mois, qui a décrété cet emprunt.
(2) Voyez, sur cet objet, les dispositions bien plus complètes des tit. II et III de la loi du 3 frimaire an 7 (23 novembre 1798), qui régit encore aujourd'hui la matière, et les notes.

à imposer sur chaque commune, et sans attendre les opérations subséquentes, elles procéderont a l'adjudication de la perception des contributions directes de chaque commune, dans les formes prescrites par la loi du 26 septembre —2 octobre 1791.—La perception sera adjugée au citoyen qui offrira de s'en charger au denier le moins fort : le taux ne pourra, dans aucun cas, excéder les douze deniers du montant total de la contribution foncière, et le percepteur sera tenu de faire le recouvrement de la contribution personnelle et somptuaire, pour trois deniers seulement.

9. Les municipalités surveilleront la gestion des percepteurs des communes ; elles vérifieront au moins une fois tous les mois, la situation de leurs recouvremens, dans la forme prescrite par l'article 14 de la loi du 26 septembre—2 octobre 1791.

10. Les municipalités de canton ou autres seront juges en première instance des demandes en décharge ou réduction, et de celles en remise ou modération formées sur les contributions directes, après avoir pris toutefois l'avis des commissaires répartiteurs de la commune où le réclamant est imposé, et conformément aux formes particulières a chaque contribution. Les ordonnances des municipalités ne seront exécutoires qu'après avoir été visées par le département.

11. Les administrations de département continueront néanmoins, en cas d'appel de la part des contribuables, a statuer en dernier ressort sur toutes les réclamations.

12. Les ordonnances de décharge ou réduction, remise ou modération, prononcées par les municipalités, et visées par les départemens, seront reçues comptant par les percepteurs de communes, qui les donneront de même pour comptant au receveur du département.

N° 341. =2 nivose an 4 (23 décembre 1795.)=Loi *qui ordonne le brûlement du quart des assignats provenant des ventes du mobilier national, maisons de la liste civile, bois au dessous de trois cents arpens, etc.* (II, Bull. xiv, n° 73 ; B., LXII, 3.)

N° 342.=2 nivose an 4 (23 décembre 1795).=Loi *qui détermine l'époque du brisement de la planche aux assignats.* (II, Bull. xiii, n° 71 ; B., LXII, 6.)

N° 343.=2 nivose an 4 (23 décembre 1795). = Loi *qui restreint les distributions d'effets et marchandises appartenant à la république, aux militaires et marins en activité de service.* (II, Bull. xv, n° 81 ; B., LXII, 7.)

N° 344.=2 nivose an 4 (23 décembre 1795). = Loi *qui ordonne la vente des bois dépendant des domaines nationaux* (1). (II, Bull. xiv, n° 72; B., LXII, 8.)

Le directoire exécutif fera procéder, dans la forme ordinaire, devant les administrateurs de département, a la vente des bois dépendant des domaines nationaux, d'une contenance moindre de quinze mille ares (trois cents ar-

(1) Voyez, sur le mode de vente des domaines nationaux, les lois citées dans les notes qui accompagnent le decret du 9 juillet (25, 26, 29 juin et)—25 juillet 1790 : elles resument la matière.—Voyez notamment l'arrêté du 24 thermidor an 9 (12 août 1801) portant qu'à compter de cette époque il n'est plus, sous aucun prétexte, donné main-levée du séquestre sur les bois et forêts d'émigrés sous la main de la république, et non alienables aux termes de la présente loi; et que ceux qui auraient des reclamations a former, ou des droits à faire valoir pour raison de ces bois et forêts, seront indemnisés.

pens forestiers environ), séparés et éloignés des autres bois et forêts d'un kilomètre au moins (cinq cents toises environ) — Ces ventes seront faites en numéraire ou en assignats, suivant que le directoire le jugera le plus utile; et le prix en sera payé un tiers comptant, et les deux autres tiers en deux paiemens égaux dans les deux mois suivans il sera versé a la trésorerie nationale, pour être employé aux dépenses publiques (1).

Nº 345. = 3 nivose an 4 (24 décembre 1795). = Loi *qui ordonne la vente de plusieurs maisons et parcs dépendant de la ci-devant liste civile, ou provenant des ci-devant princes émigrés.* (II, Bull. xiv, nº 75; B., LXII, 11.)

Le directoire exécutif fera procéder, dans la forme ordinaire, d'après les divisions et subdivisions qui seront jugées les plus utiles, et devant les administrations de département, a la vente des maisons et parcs de Saint-Cloud, Meudon, Vincennes, Madrid, Bagatelle, Choisy, Marly, Saint-Germain, Maisons-Carrières, le Vezinet, Rambouillet, Chambord, Chantilly, Chanteloup, le Pin, et de toutes les autres maisons et parcs dépendant de la ci-devant liste civile, ou provenant des ci-devant princes émigrés, a l'exception seulement des maisons principales de Versailles, Fontainebleau et Compiègne, destinées à des établissemens publics. — Ces ventes seront faites en numéraire ou en assignats, suivant que le directoire le jugera le plus utile; les prix seront payés un tiers comptant, et les deux autres tiers en deux paiemens egaux dans les deux mois suivans: ils seront versés a la trésorerie nationale, pour être employés aux dépenses publiques.

Nº 346. = 3 nivose an 4 (24 décembre 1795). = Loi *qui autorise le directoire exécutif à traiter pour trente ans de la jouissance de plusieurs forêts nationales.* (II, Bull. xiv, nº 74 ; B., LXII, 12.)

Art. 1er. Le directoire exécutif est autorisé à traiter de la jouissance des forêts ci-devant royales de Fontainebleau, Compiègne, Laigne et Hallate, pour un espace de trente ans, a la charge par les acquéreurs de se conformer aux aménagemens et aux dispositions des lois. Les fonds provenant de ces traités seront versés à la trésorerie nationale, pour être employés au service public.

2. Le directoire exécutif provoquera et recevra les offres des associations et compagnies de commerce. Il pourra traiter avec celles de ces compagnies qui voudront aider de leurs fonds ou de leur crédit le trésor public, et leur délivrer des assignations sur les revenus provenant des autres forêts nationales, dont les adjudications annuelles continueront d'être faites dans les formes prescrites par les lois.

Nº 347. = 3 nivose an 4 (24 décembre 1795). = Loi *contenant des dispositions additionnelles à celle sur l'emprunt forcé* (2). (II, Bull. xiv, nº 78 ; B, LXII, 13.)

Nº 348. = 3 nivose an 4 (24 décembre 1795). = Loi *interprétative de celle*

___

(1) Il a été jugé que les acquéreurs des bois vendus en vertu de la présente disposition, pouvaient se libérer en rescriptions, valeur nominale, et que la loi du 13 thermidor an 4, qui indique un autre mode de paiement, ne leur était pas applicable. Arr. du cons., 13 février 1815, Sir., Jur. du cons., III, 73.

(2) C'est la loi du 19 frimaire précédent.

du 12 *frimaire dernier* (1), *qui autorise le refus de remboursement de capitaux dus par obligations antérieures au* 1er *vendémiaire.* (II, Bull. XIV, n° 77; B., LXII, 14.)

La loi du 12 frimaire dernier, qui autorise le refus du remboursement des capitaux dus par obligations antérieures au 1er vendémiaire, n'est point applicable aux sommes dues au trésor public. — Le paiement de celles-ci continuera a être effectué comme il l'était antérieurement, et conformément aux lois préexistantes.

N° 349.=3 nivose an 4 (24 décembre 1795).=Loi *qui détermine le mode de retenue à faire sur les propriétaires par les fermiers qui ont acquitté la contribution foncière.* (II, Bull. XIV, n° 76 ; B., LXII, 15.)

Les fermiers qui auront acquitté la contribution foncière pour les propriétaires, en exécution de la loi du 2 thermidor an 3, ne pourront en faire la retenue au propriétaire qu'aux différentes époques de l'échéance du fermage, et en proportion du montant de chaque paiement.

N° 350. = 4 nivose an 4 (25 décembre 1795). =. Loi *relative au jugement des déserteurs, et à l'indemnité due pour les effets par eux emportés* (2). (II, Bull. XIV, n° 79; B., LXII, 21.)

Art. 1er. Tout déserteur, pendant la durée de la guerre, sera jugé dans les trois jours qui suivront le rapport, et, s'il est absent, condamné par contumace.

2. Lorsque le déserteur aura emporté des objets d'armement, d'habillement ou équipement, le jugement rendu contre lui, par contumace ou autrement, en fixera le prix : il portera en outre le montant des frais de recherche, de capture et de conduite de la personne du déserteur.

3. Une expédition du jugement sera adressée au commissaire du directoire exécutif près l'administration du département où le déserteur avait son domicile.

4. Le commissaire près l'administration du département est tenu, dans les trois jours qui suivront la réception du jugement, de faire toutes les poursuites et diligences nécessaires pour obtenir, sur les biens meubles ou immeubles du condamné, la somme à laquelle aura été fixée la valeur des objets emportés, et les dépenses occasionées par la recherche, la capture et la conduite de sa personne.

5. Les sommes dont il est parlé aux articles précédens seront versées dans la caisse du receveur des contributions directes du département.

N° 351. = 4 nivose an 4 (25 décembre 1795). = Loi *qui détermine les peines à infliger aux embaucheurs et aux provocateurs à la désertion* (3). (II, Bull. XV, n° 84 ; B., LXII, 22.)

Art. 1er. Tout embaucheur pour l'ennemi, pour l'étranger ou pour les rebelles, sera puni de mort. — Ses biens seront confisqués.

(1) Voyez la loi du 12 frimaire an 4 (5 décembre 1795), et les notes.
(2) Voyez, sur les peines de la désertion et le jugement des déserteurs, le Code des délits et des peines pour les troupes de la république, du 21 brumaire an 5 (11 novembre 1796); et l'arrêté du 19 vendemiaire an 12 (12 octobre 1803), tit. III et suiv., et les notes.
(3) Voyez, sur la peine à infliger aux embaucheurs, le decret du 9 novembre 1791, art. 13; le Code pénal militaire du 12—16 mai 1793, tit. 1er, sect. 1re, art. 11; le décret du 30 sep-

2. Sera réputé embaucheur celui qui, par argent, par des liqueurs enivrantes, ou tout autre moyen, chercherá à éloigner de leurs drapeaux les défenseurs de la patrie pour les faire passer à l'ennemi, à l'étranger ou aux rebelles.

3. Au moyen des dispositions ci-dessus, l'article 11 du Code pénal militaire, relatif aux embaucheurs, est rapporté.

4. Celui qui, sans être embaucheur pour l'ennemi, l'étranger ou les rebelles, engagerait cependant les défenseurs de la patrie a quitter leurs drapeaux, sera puni de neuf années de détention.

5. Celui qui, en donnant asile a un déserteur, chercherait à le dérober aux poursuites et aux recherches ordonnées par la loi, sera puni de six mois d'emprisonnement au moins, et de deux ans au plus.

6. Les prévenus des délits ci-dessus énoncés, seront jugés par un conseil militaire, conformément à la loi.

Nº 352. = 4 nivose an 4 (25 décembre 1795). = Loi *qui détermine le mode de perception des droits de douanes.* (II, Bull. xiv, nº 80 ; B., LXII, 24.)

Nº 353. = 6 nivose an 4 (27 décembre 1795). = Loi *contenant un nouveau tarif pour la poste aux lettres* (1). (II, Bull. xv, nº 86 ; B., LXII, 30.)

Nº 354. = 6 nivose an 4 (27 décembre 1795). = Loi *contenant un nouveau tarif pour la poste aux chevaux* (2). (II, Bull. xv, nº 85 ; B., LXII, 32.)

Nº 355. = 6 nivose an 4 (27 décembre 1795). = Loi *contenant un nouveau tarif pour les messageries* (3). (II, Bull. xv, nº 87 ; B., LXII, 34.)

Nº 356. = 11 nivose an 4 (1er janvier 1796). = Loi *contenant un nouveau tarif du droit de timbre* (4). (II, Bull. xvi, nº 92 ; B., LXII, 57.)

Nº 357. = 12 nivose an 4 (2 janvier 1796). = Loi *portant création d'un septième ministère, sous le nom de* Police générale de la république (5). (II, Bull. xvi, nº 94 ; B., LXII, 65.)

Le conseil..., considérant que l'article 150 de la constitution laisse au corps

tembre—1er octobre suivant ; celui du 30 prairial an 3 (18 juin 1795), art. 8 ; la loi du 13 brumaire an 5 (3 novembre 1796), art. 9 ; et l'ordonnance du 11—13 mars 1815, qui maintient la présente loi.

Quant au mode de jugement des embaucheurs, voyez le décret du 29—29 août 1792 ; celui du 30—30 frimaire an 2 (20—20 décembre 1793) ; la loi précitée du 13 brumaire an 5 ; le Code pénal du 21 du même mois (11 novembre 1796), l'arrêté du 4 ventose suivant (22 février 1797) ; la loi du 18 pluviose an 9 (7 février 1801), sur les tribunaux spéciaux, art. 11 ; et le décret du 17 messidor an 12 (6 juillet 1804), qui institue des commissions spéciales pour juger les embaucheurs.

(1) Voyez, dans les notes du décret du 17—22 août 1791, le résumé des variations que ce tarif a subies : ces variations rendent le présent tarif sans intérêt.

(2) Voyez, sur la poste aux chevaux, la loi du 19 frimaire an 7 (9 décembre 1798), et les notes qui résument la législation.

(3) Ce tarif est sans intérêt depuis que, les messageries étant livrées à l'industrie particulière, le prix des transports n'est plus taxé.

(4) Ce tarif a changé plusieurs fois depuis cette époque. — Voyez la loi du 13 brumaire an 7 (3 novembre 1798), sur le timbre, et les notes.

(5) Ce ministère fut supprimé, et ses attributions furent réunies à celles du ministère de la justice, par arrêté du 28 fructidor an 10 (15 septembre 1802). Rétabli par décret du 21 messidor

législatif la faculté d'augmenter le nombre des six ministères organisés par la loi du 10 vendémiaire an 4, et même de le porter jusqu'à huit; — Que les attributions déterminées par cette loi pour le ministère de l'intérieur ne lui permettent pas, a raison de leur immensité, de surveiller la police générale qui lui est confiée, avec l'attention que l'intérêt de la chose publique commande impérieusement; — Considérant qu'il est instant de centraliser l'action de la police, et d'établir une surveillance rigoureuse qui déconcerte les factions et déjoue les complots liberticides, — Prend la résolution suivante :

Art. 1er. Il y a un septième ministère sous le nom de *Police générale de la république.*

2. Le ministre de la police générale de la république aura, sous les ordres du directoire exécutif, les attributions déterminées ci-après, et distraites de celles données au ministre de l'intérieur par l'article 4 de la loi du 10 vendémiaire sur l'organisation du ministère.

Attributions.

L'exécution des lois relatives a la police générale, à la sûreté et à la tranquillité intérieure de la république. — La garde nationale sédentaire, la légion de police et le service de la gendarmerie, pour tout ce qui est relatif au maintien de l'ordre public; — La police les prisons, maisons d'arrêt, de justice et de réclusion; — La répression de la mendicité, et du vagabondage.

3. Le ministre de la police a la correspondance avec les autorités constituées, et avec les commissaires du directoire exécutif près lesdites autorités, en ce qui le concerne.

N° 358. = 14 nivose an 4 (4 janvier 1796).=ARRÊTÉ *du directoire exécutif, concernant l'emploi de la monnaie de cuivre dans les paiemens à faire aux différentes caisses publiques.* (II, Bull. LIII, n° 458; B., LXII, 78.)

Il ne pourra être admis en paiement de tous les droits et contributions, de quelque nature qu'ils soient, payables en numéraire, que le quarantième en monnaie de cuivre de la somme a payer, indépendamment de l'appoint; le surplus devra être acquitté en espèces d'or ou d'argent. Les percepteurs desdits droits et contributions seront personnellement comptables, en espèces d'or et d'argent, des sommes qu'ils auront reçues en monnaie de cuivre au-dela du quarantième de la somme due.

N° 359. = 15 nivose an 4 (5 janvier 1796). = LOI *portant que celles d'un intérêt général seront seules imprimées.* (II, Bull. XVII, n° 100; B., LXII, 79.)

Le conseil..., considérant qu'il est instant de réduire, autant que possible, les frais d'impression des lois, et de les borner aux seuls cas où les lois comprennent des intérêts généraux..., résout ce qui suit : — Toutes les résolutions seront terminées par ces mots : *La présente résolution sera*, ou *ne sera pas imprimée.*

---

an 12 (10 juillet 1804), il fut supprimé de nouveau par ordonnance du 16—21 mai 1814, qui réunit la préfecture de police et ce ministère, sous le titre de *direction générale de là police du royaume;* enfin, Louis XVIII, qui avait maintenu ce ministère après les cent jours, le supprima définitivement par ordonnance du 29—31 décembre 1818.

N° 360.= 18 nivose an 4 (8 janvier 1796).= ARRÊTÉ *du directoire exécutif, qui ordonne de faire jouer chaque jour des airs patriotiques dans les spectacles.* (II, Bull. XVIII, n° 103 ; B., LXII, 95.)

N° 361 = 19 nivose an 4 (9 janvier 1796). = LOI *qui détermine la manière dont les actions, au nom de la république, devront être intentées ou reprises* (1). (II, Bull. XVIII, n° 104 ; B., LXII, 97.)

Art. 1ᵉʳ. Toutes les actions en justice, principales, incidentes, ou en reprise, qui seront intentées par les corps administratifs, le seront au nom de la république française, par le commissaire du directoire exécutif près l'administration départementale, a la poursuite et diligence du commissaire du directoire exécutif près l'administration municipale dans le ressort de laquelle se trouveront les objets contentieux.

2. Si ces actions donnent lieu a des poursuites devant le tribunal de département, elles y seront suivies et dirigées par le commissaire du directoire exécutif près l'administration départementale au nom de laquelle elles auront été intentées.

N° 362. = 21 nivose an 4 (11 janvier 1796). = LOI *additionnelle au Code hypothécaire* (2). (II, Bull. XVIII, n° 106, B., LXII, 107.)

Art. 1ᵉʳ. Les lettres de ratification sur acquisitions faites ou a faire avant le 1ᵉʳ germinal prochain, seront scellées au tribunal civil du département de la situation des biens, dans la forme qui était suivie aux tribunaux des ci-devant districts.

2. Les registres, minutes et autres actes existant aux chancelleries des tribunaux de district, et dans les bureaux des conservateurs des hypothèques, seront inventoriés par les dépositaires actuels, à la diligence et sous la surveillance des commissaires du directoire exécutif auprès des administrations de canton, qui les feront transférer respectivement, sans délai, aux chancelleries des tribunaux civils de département, et chez les conservateurs anciens existant dans les communes du siége desdits tribunaux de département.

3. Les lettres de ratification seront minutées par le conservateur en exercice, et délivrées par le greffier expéditionnaire auprès du tribunal civil du département : ce conservateur en percevra les droits, et y joindra les certificats d'opposition ou de non-opposition, conformément aux registres et actes dont il aura reçu le dépôt.

4. Sera aussi joint a l'appui des lettres de ratification, le certificat délivré par le greffier du siége, de l'exposition du contrat au tableau de l'auditoire pendant les deux mois prescrits.

5. Dans les cas où l'exposition n'aurait eu lieu au tableau de l'auditoire du tribunal du ci-devant district, que pendant une partie des deux mois prescrits, l'exposition sera faite au tribunal civil du département pour le temps qui manquerait au complément desdits deux mois, et il en sera fait mention a la nouvelle exposition, sans qu'on puisse exiger de nouveaux droits.

---

(1) Voyez le decret du 28 octobre (23 et)—5 novembre 1790, tit. II', art. 13 et suiv., sur le même objet, et les notes.

(2) Voyez le Code hypothécaire du 9 messidor an 3 (27 juin 1795), et les notes qui résument la legislation. Voyez surtout la loi du 11 brumaire an 7 (1ᵉʳ novembre 1798), sur le régime hypothecaire, et les notes.

6. Les oppositions aux hypothèques, qui n'auront pas été faites jusqu'à ce jour, seront reçues au bureau du conservateur, dans le lieu du siége du tribunal civil du département, jusqu'à l'établissement du nouveau régime hypothécaire, à peine de nullité.

7. Dans les lieux où les lettres de ratification ne sont pas établies, les hypothèques seront purgées, jusqu'a la même époque de l'établissement d'un nouveau régime, dans la forme qui y aura été suivie jusqu'a présent, sauf que les fonctions attribuées à cet égard aux tribunaux de district, seront remplies par les tribunaux civils de département.

N° 363.=21 nivose an 4 (11 janvier 1796).= ARRÈTÉ *du directoire exécutif, qui détermine un mode pour régler le cours des assignats dans les départemens autres que celui de la Seine.* (II, Bull. XVIII, n° 105; B., LXII, 112.)

N° 364. = 22 nivose an 4 (12 janvier 1796). = LOI *qui détermine un mode pour accélérer l'expédition des procès criminels dans les communes où il y a plusieurs directeurs de jury* (1). (II, Bull XVIII, n° 107; B., LXII, 114.)

Le conseil…, considérant que l'article 492 du Code des délits et des peines apporte des lenteurs nuisibles à l'expédition des procès criminels dans les plus grandes communes; qu'il est nécessaire et instant d'y remédier par une disposition générale et permanente…, prend la résolution suivante : — Dans les communes où il y a plusieurs directeurs de jury d'accusation, les tableaux de jury pourront être formés tous les jours; et chaque jury pourra être assemblé quatre jours après la formation du tableau.

N° 365.=22 nivose an 4 (12 janvier 1796). = LOI *portant que les cotisables en retard de payer les deux premiers tiers de l'emprunt forcé, y seront contraints.* (II, Bull. XVIII, n° 108; B., LXII, 115.)

N° 366. = 22 nivose an 4 (12 janvier 1796). = LOI *qui autorise le directoire exécutif à faire des changemens dans les uniformes et équipemens des troupes.* (II, Bull. XIX, n° 114; B., LXII, 116.)

N° 367. = 26 nivose an 4 (16 janvier 1796). = LOI *contenant fixation du secours provisoire accordé aux réfugiés des départemens compris dans l'arrondissement des armées de l'Ouest, des côtes de Brest et de Cherbourg.* (II, Bull. XIX, n° 117; B., LXII, 143.)

N° 368. = 27 nivose an 4 (17 janvier 1796). = ARRÈTÉ *du directoire exécutif, qui déclare celui du 18 nivose dernier commun à tous les théâtres de la république.* (II, Bull. XIX, n° 120; B., LXII, 147.)

N° 369. = 27 nivose an 4 (17 janvier 1796). = ARRÈTÉ *du directoire exécutif, qui détermine la manière dont se feront, après le 30 nivose, les paiemens pour l'emprunt forcé.* (II, Bull. XIX, n° 121; B., LXII, 148.)

N° 370. = 29 nivose an 4 (19 janvier 1796). = LOI *concernant la nomination provisoire des assesseurs des juges de paix.* (II, Bull. XX, n° 125; B., LXII, 156.)

Le directoire exécutif est chargé de nommer provisoirement, et jusqu'aux

_____

(1) Les art. 217 et suiv. du Code d'instruction criminelle de 1808 ont substitué des chambres d'accusation aux jurys d'accusation.

élections de l'an 5, les assesseurs des juges de paix qui n'ont pas été nommés par les assemblées primaires, ou dont les nominations sont restées sans effet pour cause de demission ou pour toute autre cause, suivant le mode et d'après les conditions prescrites par la .oi du 24 frimaire concernant la nomination des juges de paix.

N° 371.= 29 nivose an 4 (19 janvier 1796). = Loi *relative aux retraites des lettres de change tirées de France sur l'etranger* (1). (II, Bull. xx, n° 126; B., LXII, 157.)

Le conseil. . ., considérant que les transactions commerciales chez un peuple libre, doivent être inviolables et sacrées comme la justice, et qu'il importe au crédit public, au crédit particulier, et à la loyauté de la nation, d'arrêter le plus tôt possible les fraudes qui se commettent à l'abri d'une fausse interprétation de l'ordonnance de 1673, dans les retraites de lettres de change tirées de France sur l'étranger. . ., prend la résolution suivante :

Art 1er. Toute lettre de change tirée de la république sur l'étranger, en valeurs ou monnaies étrangères, ou en valeurs métalliques de France, protestée faute de paiement, et pour laquelle il n'aura point été fait de *retaite effective*, ne pourra être remboursée que dans *les mêmes valeurs*, ou en valeurs ayant cours en France, *au change du jour* où le paiement sera effectué.

2. Les commissions de banque des lieux où les lettres de change auront été remises, les intérêts de retard, les frais de protêt, de timbre, de courtage et de port de lettres, seront joints au principal des lettres protestées, et remboursés de la même manière.

3. Dans un mois, a compter de la publication de la présente loi, pour la Hollande, Hambourg, les pays en deçà du Rhin et de la Suisse; dans deux mois pour le reste de l'Allemagne, le Danemarck, la Suède, l'Angleterre, l'Espagne, le Portugal et l'Italie; dans trois mois pour la Russie, la Pologne, la Hongrie et l'empire ottoman; dans six mois pour les Etats-Unis de l'Amérique, et dans quinze mois pour toutes les autres parties du monde, les retraites sur France ne pourront être stipulées qu'en valeurs métalliques, en y ajoutant les commissions, les frais et les intérêts jusqu'a l'échéance de la retraite, ensemble un bénéfice de change, qui, dans aucun cas, ne pourra excéder deux pour cent du principal de la traite protestée.

4. Les retraites et comptes de retour fournis de l'étranger ne pourront être admis qu'autant qu'il sera constaté, par certificat de courtier ou d'agent de change, attesté par deux maisons connues du lieu où la retraite aura été faite, que la retraite est effective et a été réellement négociée.

5. Les retraites stipulées en valeurs métalliques, conformément a l'article 3, pourront être payées en valeurs ayant cours, au change du jour où le remboursement sera effectué.

6. Dans l'intervalle de la publication de cette loi, à l'expiration des délais prescrits par l'article 3, l'ordonnance de 1673 continuera a être observée pour les retraites dont la réalité sera valablement constatée conformément à cette ordonnance. — Mais quant aux traites non payées. pour lesquelles il n'aura pas été fait de retraites effectives, elles seront remboursées conformément aux articles 1er et 2 de la présente loi.

(1) Voyez la loi du 15 germinal an 4 (4 avril 1796), art. 13, portant que l'exécution de la présente continuera d'avoir lieu: voyez aussi les art. 160, 166, 177 et suiv. du Code de commerce.

7. Il n'est rien innové aux autres dispositions de l'ordonnance de 1673, relatives aux lettres de change.

8. Le directoire fera connaître la présente loi dans les principales places de commerce de l'Europe, par les agens de la république.

N° 372. = 30 nivose an 4 (20 janvier 1796). = LOI *qui accorde des remises aux percepteurs et aux receveurs de l'emprunt forcé.* (II, Bull. **xx**, n° 127 ; B., LXII, 163.)

N° 373.= 30 nivose an 4 (20 janvier 1796).=ARRÊTÉ *du directoire exécutif, qui détermine le mode d'acquittement des dépenses pour lesquelles les administrations de département et de district délivraient des mandats sur les caisses nationales.* (II, Bull. **xxiv**, n° 151 ; B., LXII, 166.)

Art. 1er. Les seules administrations de département peuvent donner des mandats sur les caisses nationales.

2. Les ministres dans les attributions desquels se trouvent des dépenses qui étaient acquittées sur les mandats des directoires de département ou de district, ouvriront à chaque administration de département, et pour chaque nature de dépense, un crédit d'une somme déterminée, sur la caisse du département.

3. Au moyen de ce crédit et de l'autorisation des commissaires de la trésorerie, les mandats des administrations de département seront acquittés par les payeurs, jusqu'a concurrence de la somme dont elles auront été créditées.

4. Les administrations de département ne pourront disposer d'aucune somme, ni délivrer aucun mandat sur les caisses publiques, pour d'autres dépenses que celles pour lesquelles elles auront été autorisées par les ministres, dans les formes prescrites par les articles ci-dessus.

N° 374.=1er pluviose an 4 (21 janvier 1796).=LOI *qui détermine les cas dans lesquels les gardes nationales sédentaires devront jouir d'un supplément de solde en numéraire.* (II, Bull. **xx**, n° 128; B., LXII, 185.)

N° 375. = 4 pluviose an 4 (24 janvier 1796). = LOI *qui autorise la vente de domaines nationaux situés dans les départemens réunis par la loi du 9 vendémiaire dernier.* (II, Bull. **xxi**, n° 134; B., LXII, 197.)

N° 376. = 4 pluviose an 4 (24 janvier 1796). = ARRÊTÉ *du directoire exécutif, qui prescrit des mesures pour constater l'existence et l'état de situation des magasins appartenant à la république.* (II, Bull. **xxi**, n° 132; B., LXII, 204.)

N° 377. = 5 pluviose an 4 (25 janvier 1796). = ARRÊTÉ *du directoire exécutif, portant fixation provisoire en assignats, de la taxe des témoins et de l'indemnité allouée aux jurés.* (II, Bull. **xxi**, n° 136; B., LXII, 207.)

N° 378.= 8 pluviose an 4 (28 janvier 1796). = ARRÊTÉ *du directoire exécutif, relatif aux fuyards de la première réquisition.* (II, Bull. **xxii**, n° 138 ; B., LXII, 237.)

N° 379.=8 pluviose an 4 (28 janvier 1796).=ARRÊTÉ *du directoire exécutif, portant que les commissaires du gouvernement ne peuvent disposer d'au-*

cune somme, ni délivrer aucun mandat sur les caisses publiques. (II, Bull. XXIV, n° 152; B., LXII, 239.)

N° 380. = 9 pluviose an 4 (29 janvier 1796). = LOI *qui ordonne l'exécution de celle du 3 brumaire relative à l'organisation de la marine.* (II, Bull. XXII, n° 139; B., LXII, 241.)

La suspension prononcée le 23 frimaire dernier est levée, et le directoire exécutif est chargé de donner les ordres les plus précis pour la prompte exécution de la loi du 3 brumaire dernier, relative a l'organisation de la marine.

N° 381. = 9 pluviose an 4 (29 janvier 1796). = LOI *relative à la perception des droits d'enregistrement* (1). (II, Bull. XXII, n° 140; B., LXII, 241.)

Le conseil..., considérant que les droits d'enregistrement doivent être mis au rang des principales ressources, et envisagés comme l'une des parties les plus importantes des revenus de la république; que cette contribution, assise sur des fortunes réelles, est d'autant plus juste en soi, que la formalité dont elle est le prix intéresse les propriétés privées, et qu'elle fortifie et tend a en conserver les titres; que, portée au taux où elle doit s'élever, elle deviendra un des plus sûrs moyens de rétablir l'équilibre entre les recettes et les dépenses de l'état; mais que ces droits étant au dessous d'une juste proportion, eu égard aux actes, mutations, et valeurs sur lesquels ils se perçoivent d'après les quotités fixées par le tarif annexé a la loi du 5—19 décembre 1790, et le paiement en étant fait en assignats valeur nominale, excepté pour les actes dont les prix sont stipulés en numéraire métallique, il est instant de faire cesser cette disproportion, et de rendre au trésor public le produit réel dont il est privé aujourd'hui..., — Prend la résolution suivante :

Art. 1er. A compter du 15 pluviose prochain, les droits d'enregistrement établis par la loi du 5—19 décembre 1790, et fixés par le tarif y annexé, seront perçus a des quotités supérieures, et dans les proportions ci-après.

2. La perception des droits proportionnels d'enregistrement de tous les actes et mutations de biens meubles et immeubles, *excepté les mutations par décès,* réglée d'après les différentes sections de la première classe du tarif, sera faite au double des fixations portées auxdites sections.

3. Les déclarations d'ami ou de command, qui ne seront pas faites dans les vingt-quatre heures, seront assujéties à la perception du droit proportionnel, suivant l'article précédent.

4. Le droit proportionnel des mutations par décès sera, savoir : — D'un demi pour cent en ligne directe; — De quatre pour cent pour les frères et sœurs, oncles et tantes, neveux et nièces; — De six pour cent pour les autres parens, jusques et compris les cousins issus de germains; — Et de dix pour cent pour les collatéraux à des degrés plus éloignés et pour les étrangers. — Il ne sera payé, comme ci devant, que la moitié desdits droits pour les déclarations d'usufruit des mêmes biens. — Les droits ci-dessus seront réglés d'après la déclaration estimative et affirmative des parties.

5. La loi du 25 vendémiaire dernier, qui porte que, *sur tous les actes publics dans lesquels les prix ou estimations auront été stipulés ou en numéraire métallique, ou en valeur de 1790, ou autre valeur qui surpasse la*

_____

(1) Ce tarif a été modifié par la loi du 22 frimaire an 7 (12 décembre 1798), qui constitue aujourd'hui la base de la législation sur l'enregistrement. Voyez cette loi et les notes étendues qui l'accompagnent.

valeur nominale de l'assignat, le droit proportionnel d'enregistrement sera perçu ou en numéraire métallique, ou en assignats au cours actuel du change, est rendue applicable aux actes sous seing privé et conventions antérieures au 1er janvier 1792, de l'espèce de ceux mentionnés dans la première classe du tarif : en conséquence, les droits fixés par l'article 2 de la présente résolution, seront payés, pour lesdits actes et conventions, ou en numéraire métallique, ou en assignats au cours.

6. A l'égard des droits qui doivent être réglés d'après la déclaration estimative des parties, l'estimation sera portée a la valeur capitale des objets en 1790, et la perception sera faite en numéraire métallique, ou en assignats au cours, ainsi qu'il est dit dans l'article précédent. — Toute déclaration estimative qui aura pour objet des immeubles réels, sera en outre appuyée de l'extrait du rôle de la contribution foncière de 1791.

7. Lorsque le prix des baux a ferme ou à loyer aura été stipulé payable en grains et denrées, l'évaluation en sera faite sur le pied de 1790, d'après les mercuriales (de ladite année) du marché le plus voisin de la situation des biens, et le droit en sera payé ou en numéraire métallique, ou en assignats au cours.

8. Les droits des actes et dispositions dont la quotité est fixée d'après le revenu par la deuxième classe du tarif, continueront d'être réglés sur la même base, mais dans des proportions doubles de celles qui y sont exprimées ; et comme la cote d'habitation n'existe plus, les parties seront tenues de fournir une déclaration du revenu actuel. — Dans aucun cas, le droit ne pourra être au dessous de quinze francs.

9. Les droits fixes dus sur les actes mentionnés aux sections de la troisième classe du tarif, seront perçus au décuple des fixations portées auxdites sections.— Sont exceptés néanmoins ceux des certificats de vie, des certificats de résidence et des procurations, lesquels continueront a être perçus comme ci-devant.

10. Les receveurs seront tenus d'énoncer dans leurs enregistremens, ainsi que dans les quittances qu'ils délivreront, pour en compter en mêmes espèces, la nature des paiemens qui leur auront été faits pour tous les actes et mutations qui sont dans le cas d'être acquittés en numéraire métallique ou en assignats au cours.

N° 382. = 10 pluviose an 4 (30 janvier 1796).=Loi *qui fixe le jour où seront brisés les formes, planches, matrices, poinçons, etc., qui ont servi à la fabrication des assignats.* (II, B ll. xxiii, n° 144 ; B., LXII, 257.)

N° 383. = 11 pluviose an 4 (31 janvier 1796).= Loi *qui attribue aux tribunaux criminels la connaissance des appels des jugemens des anciens tribunaux de la police correctionnelle.* (II, Bull. xxiii, n° 149; B.,LXII,261.)

Art. 1er. Les appels des jugemens des anciens tribunaux de la police correctionnelle, portés aux tribunaux de district avant leur suppression, seront jugés par les tribunaux criminels des départemens.

2. Les appels des jugemens de la police correctionnelle qui n'ont pas eu lieu dans les delais prescrits par les lois, demeurent inadmissibles (1).

N° 384. = 11 pluviose an 4 (31 janvier 1796). = Loi *concernant la résidence des commissaires du pouvoir exécutif près les administrations munici-*

(1) Il s'agit ici du delai de dix jours fixé par l'art. 194 du Code des delits et des peines du 3 brumaire an 4 (25 octobre 1795). Voyez cet article et les notes.

' *pales dont les chefs-lieux n'ont pas une population de plus de deux mille âmes.* (II, Bull. xxiii, n° 150 ; B., LXII, 263.)

N° 385.=13 pluviose an 4 (2 février 1796).=Loi *qui fixe les époques et détermine le mode du paiement des sommes dues sur la contribution foncière des années 1791, 1792, 1793, etc.* (II, Bull. xxiv, n° 155; B., LXII, 277.)

N° 386. = 15 pluviose an 4 (4 février 1796). = Loi *qui ordonne une levée de chevaux, jumens, mules et mulets pour le service des armées.* (II, Bull. xxiv, n° 156 ; B., LXII, 293.)

N° 387.=16 pluviose an 4 (5 février 1796).=ARRÊTÉ *du directoire exécutif, qui applique provisoirement aux substituts des commissaires près les tribunaux civils, aux greffiers et autres, les dispositions des arrêtes des 7 et 17 frimaire dernier, relatifs aux traitemens des employes.* (II, Bull. xxv, n° 161; B., LXII, 299.)

N° 388. = 17 pluviose an 4 (6 février 1796). = Loi *qui suspend l'emprunt par voie de tontine nationale, ouvert par décret du 26 messidor dernier.* (II, Bull. xxv, n° 163; B., LXII, 303.)

N° 389.=18 pluviose an 4 (7 février 1796).=ARRÊTÉ *du directoire exécutif, qui affecte au remboursement des rescriptions les rentrées de l'emprunt forcé dans tous les départemens de la Belgique.* (II, Bull. xxv, n° 166 ; B., LXII, 312.)

N° 390.=18 pluviose an 4.(7 février 1796). = ARRÊTÉ *du directoire exécutif, relatif au mode de promulgation des lois dans les neuf départemens qui composaient la ci-devant Belgique* (1). (II, Bull. xxv, n° 165; B., LXII, 313.)

Le directoire exécutif, après avoir entendu le ministre de la justice sur les difficultes qui s'élèvent relativement a l'envoi et a la publication des lois dans les neuf départemens qui composaient les pays réunis à la république, ou dont la réunion a été confirmée par le décret de la convention du 9 vendémiaire dernier; — Considérant que le comite de salut public, par un arrêté du 20 frimaire an 3, défendit aux autorités constituées, dans la Belgique, de publier d'autres lois de la republique française que celles qui leur seraient envoyées par les représentans du peuple en mission dans les pays réunis, et leur ordonna de reconnaître et faire promulguer les arrêtés de ces mêmes commissaires ; — Considérant que cette disposition, a laquelle le comité de salut public ne dérogea point, était exécutée lorsque la convention nationale rendit le décret de réunion du 9 vendémiaire, et celui du 12 sur la manière de publier les lois dans *toutes les parties de la république;* —Considérant que, par l'article 1ᵉʳ de la dernière, aussitôt qu'une loi ou un acte du corps législatif sera revêtu des formes de publication prescrites par la constitution, le ministre de la justice, par ordre du directoire exécutif, le fera imprimer et publier sans retard dans un bulletin officiel, a moins que l'envoi manuscrit n'en soit ordonné par le corps législatif; que ce bulletin contiendra aussi les proclamations et les arrêtés du directoire exécutif pour assurer l'exécution des lois ; — Que, suivant les articles 4, 5 et 6, im-

___

(1) Voyez, sur le mode de promulgation des lois, le décret du 2—5 novembre 1790, et les notes qui résument la législation.—Voyez spécialement l'arrêté du 20 germinal an 4 (9 avril 1796), additionnel au present.

médiatement après l'impression, le bulletin doit être adressé par le ministre de la justice aux autorités constituées, aux fonctionnaires publics, et autres personnes y dénommées; — Qu'en conséquence, aux termes de l'article 2, il ne doit plus être fait d'autre publication ni réimpression en aucun département, aux frais de la république, si ce n'est lorsque ces formalités seront expressément ordonnées par un article de la loi; que cet article laisse néanmoins au directoire exécutif, a chaque administration départementale ou municipale, la faculté d'ordonner, par délibération spéciale, telles formalités particulières de publication qu'ils jugeront convenables, soit par réimpression, affiches, soit a son de trompe ou de tambour; — Que néanmoins, d'après la disposition de l'article 12, les lois et actes du corps législatif obligeront, dans l'étendue de chaque département, du jour auquel le bulletin officiel où ils seront contenus sera distribué au chef-lieu du département, et que ce jour sera constaté par un registre;—Considérant qu'aux dispositions générales de cette loi il a été fait une exception relativement aux pays réunis; que la loi du 3 brumaire, après avoir étendu a tous ces pays la disposition de la loi du 9 vendémiaire, qui autorisait les représentans du peuple a nommer les administrateurs et les juges dans une partie de ces mêmes pays, a ordonné par l'article 2, « que les arrêtés du comité de salut public, et ceux « des représentans du peuple en mission auxquels il n'avait pas été dérogé « par le comité de salut public jusqu'audit jour 3 brumaire, continueront « d'être exécutés dans ces pays jusqu'a l'établissement *qui s'y fera successi-* « *vement des lois françaises ;* » ce qui a rétabli, relativement à leur publication et exécution, l'état des choses au même point ou il était par l'arrêté non révoqué du comité de salut public, du 20 frimaire an 3; — Considérant que, d'une part, le ministre de la justice recevant postérieurement du directoire exécutif l'ordre de faire imprimer et d'envoyer le Bulletin officiel, sans distinction, dans tous les départemens, aux fonctionnaires que la loi du 12 vendémiaire indique, n'a rien vu qui le dispensât de l'envoyer a ceux de la Belgique, sauf a ceux-ci a se conformer a la disposition de la loi du 3 brumaire, et aux arrêtés qu'elle confirme;—Considérant que, d'une autre part, les représentans du peuple qui étaient en dernier lieu dans la Belgique, y ont récemment fait publier la loi du 12 vendémiaire, relative à la promulgation des lois, et que, depuis ce moment surtout, les autorités constituées consultent le ministre de la justice sur la question de savoir si cette loi étant devenue obligatoire pour elles, on doit faire exécuter dans les pays réunis toutes les autres lois de la république, aussitôt que le bulletin officiel est parvenu à l'administration du département, et si elles doivent aussi mettre en activité les précédentes lois non abrogées, comprises dans les collections qui leur ont été envoyées; — Considérant enfin que, s'il importe de faciliter aux habitans et aux fonctionnaires publics des pays réunis, la lecture et l'étude des lois qui doivent les régir, et par conséquent de les leur envoyer officiellement, a moins que quelque motif supérieur d'intérêt public ne s'y oppose, il n'est pas moins important de les dispenser de les exécuter ou faire exécuter jusqu'au moment où elles leur ont été ou seront envoyées à cet effet, soit par le comité de salut public, les représentans du peuple en mission, le directoire exécutif, ou les commissaires généraux envoyés dans la Belgique, soit d'après une disposition spéciale du corps législatif, — Qu'en effet, avant d'exiger l'exécution entière de toutes les lois françaises dans la Belgique, il faut d'abord y compléter l'organisation de toutes les autorités constituées; Que, quand même elle serait achevée, on ne pourrait exiger des fonctionnaires publics l'exécution simultanée d'un nombre considérable de lois dont ils n'auraient pas eu le temps de saisir l'ensemble et les détails, et qu'il serait encore plus injuste d'exiger cette exécution simultanée des habitans qui, ayant eu jusque-la des lois et des usages très diflérens, ont besoin de s'instruire successivement des lois qui doivent désormais les régir ; — Considérant enfin qu'il n'est pas même possible d'y faire exécuter sur-le-champ, quoique successivement, celles qui interviennent chaque jour, puisque la plupart sont relatives a d'autres lois qui n'ont pas encore ete publiées dans les pays réunis, et qu'il est urgent de lever toutes les incertitudes sur ces objets importans, — Arrête ce qui suit :

Art. 1er. L'arrêté du comité de salut public, du 20 frimaire an 3, et l'article 2 de la loi du 3 brumaire an 4, seront exécutés suivant leur forme et teneur; en conséquence, jusqu'a ce qu'autrement soit statué par le corps législatif, il n'y a et il n'y aura de lois françaises obligatoires dans les pays réunis a la république française, ou dont la réunion a eté confirmée par le décret du 9 vendémiaire dernier, que celles non abrogees qui y ont été ou y seront envoyées pour y être observées, soit en exécution d'un arrêté special du comité de salut public, des representans du peuple en mission, du directoire exécutif, ou des commissaires generaux du gouvernement revêtus de ses pouvoirs, soit en exécution d'une disposition spéciale d'un décret, d'une loi, d'un acte émané de la représentation nationale.

2. Tout arrêté portant ordre spécial d'envoi d'une loi aux autorités constituées et aux fonctionnaires désignés dans la loi du 12 vendémiaire dernier, ordonnera en même temps l'envoi des lois ou des articles de lois non abrogés auxquels elle se référera, à moins que ces lois ou articles n'eussent été précédemment envoyés de la même manière.

3. Lorsque l'ordre spécial d'envoi aura été donné et exécuté, les administrations départementales ou municipales, ou le bureau central dans les municipalités au dessus de cent mille habitans, pourront user de la faculté que leur donne l'article 2 de la loi du 12 vendémiaire, pour donner plus de publicité a la loi; mais elle sera obligatoire du jour auquel elle leur aura été envoyée par arrêté spécial : ce jour, conformément a l'article 12, sera constaté par un registre où les administrateurs de chaque département certifieront l'arrivée de la loi et de l'arrêté.

4. Néanmoins, le ministre de la justice continuera de faire, dans les neuf départemens réunis, l'envoi officiel du bulletin des lois et des feuilletons, conformément à la loi du 12 vendémiaire, afin d'en faciliter l'étude et la connaissance, et de préparer les fonctionnaires publics et les citoyens a leur exécution, au moment où il en sera fait envoi par ordre spécial, conformément aux articles ci-dessus.

5. Lorsqu'il y aura quelque inconvénient a faire l'envoi d'un bulletin dans les neuf départemens réunis, le directoire donnera au ministre de la justice un ordre particulier pour le suspendre, dans tous les cas où le corps législatif n'en aura pas autrement ordonné.

No 391. = 19 pluviose an 4 (8 février 1796). = Loi *relative aux bâtimens destinés à des établissemens publics.* (II , Bull. xxvi, no 172; B., LXII, 320.)

No 392.= 19 pluviose an 4 (8 février 1796).=Arrêté *du directoire exécutif, portant que les commissaires près les administrations et les tribunaux ne peuvent s'absenter de leur poste sans autorisation.* (II, Bull. xxv, no 171; B., LXII, 323.)

No 393. = 20 pluviose an 4 (9 février 1796). = Loi *relative à la nomination et au traitement des bibliothécaires des écoles centrales.* (II, Bull. **xxvi**, n° 173; B., LXII , 325.)

N° 394. = 20 pluviose an 4 (9 février 1796). = Loi *relative au traitement des commissaires du pouvoir exécutif, de leurs substituts, et des commis près les tribunaux.* (II , Bull. **xxvi**, n° 174 ; B., LXII, 326.)

Art. 1er. Le traitement du vice-président du tribunal criminel du département de la Seine, celui du substitut de l'accusateur public près le même tribunal, des substituts des commissaires du directoire exécutif près les tribunaux civils et criminels de la république, sera le même que celui des juges.

2. Les substituts du commissaire du directoire exécutif près le tribunal de police correctionnelle de Paris, auront le même traitement que les juges de paix de service près ce tribunal.

3. Le traitement des commissaires du directoire exécutif près les tribunaux de police correctionnelle, non établis dans la commune où siége les tribunaux civil et criminel, sera de la quantité de myriagrammes a laquelle serait fixé le traitement des juges du tribunal civil, s'il avait été établi dans la commune où est le tribunal de police correctionnelle, en prenant pour base la population de la commune, comme il est expliqué aux lois des 21 fructidor et 4 brumaire derniers.

4. Le commissaire et ses substituts conserveront le droit de partage dans le produit des feuilles d'assistance, ainsi qu'il est réglé par les lois des 31 août et 3 novembre 1790, et par celle du 11 février 1791. Il en sera usé de même pour l'accusateur public et son substitut, le président et le vice-président.

5. Le traitement des greffiers près les tribunaux criminels sera le même que celui des juges.

6. Il y aura, pour chaque greffe criminel, un principal commis et un commis expéditionnaire ; et pour le tribunal de la Seine, divisé en deux sections, un semblable nombre de commis pour chaque section.

7. Le traitement du principal commis de chaque greffe criminel sera des trois quarts de celui du greffier.

8. Le commis expéditionnaire aura le tiers du traitement du greffier.

9. Il ne sera a l'avenir rien alloué aux greffiers criminels pour les copies de procédures qui , suivant la loi, doivent être données aux accusés, ainsi que pour les expéditions des jugemens et autres actes de l'instruction criminelle compris, jusqu'a ce jour, dans les dépenses à ordonnancer sur la caisse nationale.

N° 395.= 20 pluviose an 4 (9 février 1796). = ARRÊTÉ *du directoire exécutif, qui prescrit des mesures pour assurer l'exécution des lois.* (II, Bull. **xxv**, n° 175; B., LXII, 331.)

N° 396. = 25 pluviose an 4 (14 février 1796). = ARRÊTÉ *du directoire exécutif, concernant la police des spectacles* (1). (II , Bull. **xxvi**, n° 178; B., LXII, 354.)

Le directoire exécutif, considérant que le but essentiel de ces établissemens publics, où la curiosité, le goût des arts, et d'autres motifs, attirent chaque jour un rassemblement considérable de citoyens de tout sexe et de

---

(1) Voyez, sur la police des spectacles, le décret du 16—24 août 1790, tit. IX, art. 3 et 4;

tout âge, étant de concourir, par l'attrait même du plaisir, à l'épuration des
mœurs et à la propagation des principes républicains, ces institutions doivent être l'objet d'une sollicitude spéciale de la part du gouvernement ;—Que
l'article 356 de l'acte constitutionnel place sous la surveillance particulière
de la loi toutes les professions qui intéressent les mœurs publiques ; —Qu'a
cet égard la constitution n'a fait que sanctionner les principes déjà consacrés par la loi du 2 août 1793, qui, en ordonnant la représentation périodique, sur les théâtres de Paris, de pièces républicaines, ordonne aussi que
tout théâtre sur lequel seraient représentées des pièces tendant a dépraver
l'esprit public et a réveiller la honteuse superstition de la royauté, sera
fermé, et les directeurs arrêtés, pour être punis suivant la rigueur des lois;
— Que celle du 14 du même mois charge textuellement les conseils généraux
des communes de diriger les spectacles, et d'y faire représenter les pièces
les plus propres à former l'esprit public et a développer l'énergie républicaine ; — Que par ces dispositions la convention nationale a clairement dérogé à celle de la loi du 13—19 janvier 1791, rappelée dans les décrets des 14
et 16 janvier 1793, qui interdisait aux municipalités la faculté d'arrêter ou
défendre la représentation des pièces, sauf la responsabilité des auteurs ou
comédiens ; — Que néanmoins quelques auteurs d'ouvrages dramatiques,
ainsi que quelques directeurs ou artistes des théâtres, particulièrement
dans les grandes communes de la république, cherchent à se soustraire à
l'action salutaire de cette direction et de cette surveillance, en affectant,
par un dangereux abus des principes, de confondre la liberté de la presse,
si religieusement et si justement consacrée par la constitution, avec le
droit essentiellement subordonné à l'autorité civile, de disposer d'un établissement public pour y influencer, par le prestige de la déclamation et des
arts, une grande masse de citoyens, et y répandre, avec sécurité, le poison
des maximes les plus anti-républicaines ; et qu'il est essentiel de rappeler aux
citoyens les lois qui placent tous les établissemens de ce genre sous la surveillance expresse et directe des pouvoirs constitués,— Arrête ce qui suit :

Art. 1er. En exécution des lois qui attribuent aux officiers municipaux
des communes la police et la direction des spectacles, le bureau central de
police, dans les cantons où il en est établi, et les administrations municipales dans les autres cantons de la république, tiendront sévèrement la main
a l'exécution des lois et réglemens de police sur le fait des spectacles, notamment des lois rendues les 16—24 août 1790, 2 et 14 août 1793; en conséquence, ils veilleront à ce qu'il ne soit représenté sur les théâtres établis dans
les communes de leur arrondissement, aucune pièce dont le contenu puisse
servir de prétexte a la malveillance et occasioner du désordre, et ils arrêteront la représentation de toutes celles par lesquelles l'ordre public aurait
été troublé d'une manière quelconque.

2. Conformément a l'article 2 de la loi du 2 août précitée, le bureau central de police et les administrations municipales feront fermer les théâtres
sur lesquels seraient représentées des pièces tendant a dépraver l'esprit public et a réveiller la honteuse superstition de la royauté, et ils feront arrêter
et traduire devant les officiers de police judiciaire compétens, les directeurs
desdits théâtres, pour être punis suivant la rigueur des lois.

---

celui du 13—19 janvier 1791, art. 7; l'arrêté du 1er germinal an 7 (21 mars 1799); l'art. 12
de celui du 12 messidor an 8 (1er juillet 1800); l'art. 11 de celui du 5 brumaire an 9 (27 octobre 1800); le décret du 17 frimaire an 14 (8 décembre 1805); l'art. 14 de l'ordonnance du
31 décembre 1815—12 mars 1816; l'art. 48 de celle du 10 janvier—16 février 1816; et l'ordonnance du 7 janvier 1818.

N° 397. = 25 pluviose an 4 (14 février 1796). = Arrêté *du directoire exé-, cutif, qui prescrit des changemens dans la forme du bulletin des lois* (1). (II, Bull. XXVIII, n° 182; B., LXII. 356.)

Art. 1ᵉʳ. A compter du 1ᵉʳ ventose prochain, les dimensions de la justification du bulletin des lois seront de quatre-vingt-quinze millimètres de largeur, sur cent cinquante-cinq de hauteur.

2. Il ne pourra être employé, pour l'impression de ce bulletin, un caractère supérieur au cicéro, non interligné. Les pièces accessoires aux lois, telles que discours, lettres, messages du directoire, qui se trouveront intercalées dans les lois, seront imprimées en petit romain.

3. La nouvelle vignette qui sera incessamment déterminée pour le frontispice, réunira dans son ensemble, le numéro indicateur du bulletin, et ces mots, en caractères très apparens, *Bulletin des lois de la république*. Le surplus du titre actuel sera supprimé.

4. La formule, *Au nom de la république française*, ne sera mise qu'en tête de la première loi de chaque bulletin.

5. La formule contenant l'ordre du directoire exécutif, concernant la publication, ne sera plus imprimée, dans un même bulletin, au bas de chaque loi ou acte du corps législatif; mais chaque numéro sera terminé ainsi qu'il suit : « Au bas de chaque expédition est écrit : Le directoire exé-
« cutif ordonne que la loi ci-dessus sera publiée, exécutée, et qu'elle sera
« munie du sceau de la république. Fait au palais national du directoire
« exécutif, le.... an.... de la république française.—Pour expédition con-
« forme : *Signé* ...., président. — Par le directoire exécutif : *Signé* ....,
« secrétaire général; et scellé du sceau de la république.—Certifié conforme,
« le ministre de la justice.... »

N° 398. = 26 pluviose an 4 (15 février 1796). = Loi *additionnelle à celle sur l'emprunt forcé* (2). (II, Bull. XXVII, n° 181; B., LXII, 359.)

N° 399. = 27 pluviose an 4 (16 février 1796). = Arrêté *du directoire exécutif, contenant des mesures pour assurer l'extinction des rescriptions rentrées au trésor public*. (II, Bull. XXVIII, n° 186; B., LXII, 371.)

N° 400. = 28 pluviose an 4 (17 février 1796). = Loi *qui charge le directoire exécutif de statuer définitivement sur les demandes en radiation de la liste des émigrés* (3). (II, Bull. XXVIII, n° 188; B., LXII, 372.)

Le directoire exécutif est chargé de statuer définitivement sur les demandes en radiation de la liste des émigrés, formées par les individus qui justifieront avoir réclamé dans les délais et dans les formes prescrites par les lois. — Les demandes en radiation qui seront portées au directoire exé-

---

1) Voyez le décret du 14—16 frimaire an 2 (4—6 décembre 1793), art. 1ᵉʳ, qui établit le Bulletin des lois, et les notes qui résument toute la législation y relative.
(2) C'est la loi du 19 frimaire an 4 (10 décembre 1795).
(3) Voyez, sur le mode de réclamation contre les listes d'émigrés et de radiation, le § 1ᵉʳ des notes qui accompagnent le décret du 9—12 février 1792 : il résume la matière. Voyez notamment l'art. 5 de la loi du 28 fructidor suivant (14 septembre 1796), qui maintient celle du 28 pluviose précédent; l'arrêté additionnel du 20 vendémiaire an 6 (11 octobre 1797); etc., etc.

cutif en exécution de la présente loi, sont mises dans l'attribution du ministre de la police.

N° 401. = 28 pluviose an 4 (17 février 1796). = Loi *qui fixe le taux du paiement des pensions et rentes sur l'état, pour le premier semestre de l'an 4.* (II, Bull. **xxviii**, n° 187; B., LXII, 373.)

N° 402. = 30 pluviose an 4 (19 février 1796). = Arrêté *du directoire exécutif, concernant les formalités qui devront précéder les radiations de la liste des émigrés.* (II, Bull. **xxviii**, n° 190; B., LXII, 393.)

Il ne sera prononcé aucune radiation de la liste des émigrés que sur un rapport particulier et motivé, présenté par le ministre de la police générale (1).

N° 403. = 2 ventose an 4 (21 février 1796). = Arrêté *du directoire exécutif, portant réglement concernant la bourse* (2). (B., LXIII, 4.)

Le directoire exécutif voulant assurer l'exécution des lois des 13 fructidor et 28 vendémiaire derniers, et par là faire cesser les manœuvres criminelles et sans cesse renaissantes des agioteurs, qui parviennent a s'introduire a la bourse de Paris, et qui y jouent de la maniere la plus scandaleuse, a la hausse et à la baisse; — Considérant qu'en assignant un temps suffisant pour que chaque jour le cours du change soit établi, et la base des négociations fixée, il est nécessaire de retrancher tout le temps qui n'est employé qu'aux combinaisons infâmes de l'agiotage, et aux manœuvres perfides de la malveillance; — Considérant que la loi du 28 vendémiaire destine expressément la bourse au rassemblement des *négocians et marchands munis de patentes pour leurs opérations de banque ou de commerce;* qu'ainsi son intention est évidemment d'éloigner de la bourse ceux qui ne sont ni banquiers ni commerçans, ayant maison de commerce et domicile fixe; que même elle s'explique clairement a cet égard, en ne permettant, chapitre II, article 5, la négociation du papier qu'entre les personnes qui viennent d'être désignées; qu'enfin il est d'une extrême urgence de purger la bourse de cette nuée d'agioteurs sans état qui s'y introduisent chaque jour sous le vain titre de marchands forains, — Arrête ce qui suit:

Art 1er. A dater du 4 du présent mois, la bourse de Paris ne sera ouverte que depuis une heure jusqu'a deux, pour les négociations de toute nature.

2. Nul ne pourra y vendre ou échanger des matières ou espèces métalliques, ni des assignats, et faire aucun traité y relatif, si, conformément au vœu de la loi du 13 fructidor, il ne justifie qu'il est actuellement possesseur des objets a vendre ou échanger, et ce, par la production d'un certificat de dépôt desdits objets, soit chez un des vingt agens de change, soit chez un des notaires publics du canton de Paris.

3. L'annonce qui se fait a haute voix de chaque marché conclu par un des agens de change, comprendra le nom et le domicile du dépositaire de la chose vendue, et il en sera fait mention sur le registre tenu par l'écrivain-crieur, et dont un double remis chaque jour au bureau central, mettra

____

(1) Voyez, sur les formalités des demandes en radiation et la forme de leur examen, les lois citées dans le § 1er des notes qui accompagnent le décret du 9 — 12 février 1792, relatif au séquestre des biens des émigrés: ces notes resument la legislation de la matiere.

(2) Voyez, sur la police de la bourse, le decret du 28 vendémiaire an 4 (20 octobre 1795), et les notes étendues qui l'accompagnent.

cette administration à portée de vérifier la réalité du dépôt, et surtout s'il y a eu tradition de l'objet vendu dans les vingt-quatre heures.

4. Toutes ventes de marchandises non exposées, devant, aux termes de la loi du 13 fructidor de l'an 3, se faire exclusivement à la bourse, le mode de négociation prescrit par la loi du 28 vendémiaire, pour les matières et espèces métalliques, sera exactement suivi pour les négociations de marchandises non exposées.

5. Chaque marché de marchandises fait à la bourse par l'un des soixante courtiers, sera proclamé à haute voix, enregistré par l'écrivain-crieur, et comprendra le nom et le domicile du vendeur, afin que le bureau central puisse s'assurer, et de l'existence réelle des marchandises, et de leur tradition dans les vingt-quatre heures.

6. Toute contravention aux dispositions des articles 2, 3, 4 et 5 ci-dessus, étant considérée comme agiotage, le bureau central du canton de Paris, et le commissaire chargé de la police de la bourse, en dénonceront et feront poursuivre respectivement les auteurs, conformément a la loi du 13 fructidor.

7. Seront seuls admis a la bourse les agens de change et courtiers de marchandises légalement nommés, et les banquiers et négocians qui, indépendamment de leurs patentes et de la quittance de leur cote dans l'emprunt forcé, justifieront qu'ils ont maison de banque ou de commerce en France, et domicile fixe, par un certificat de leurs municipalités, visé par le bureau central dans les communes où il en existe, et, dans les autres, par l'administration de département.

N° 404. = 3 ventose an 4 (22 février 1796). = Loi *qui établit un ordre de comptabilité pour les fonds mis à la disposition des ministres.* (II , Bull. XXVIII, n° 191 ; B., LXIII, 7.)

Art. 1er. Les états des fonds a mettre à la disposition des ministres seront divisés en arriéré et en service courant.

2. Il sera fait un état particulier pour toutes les dépenses antérieures au 15 brumaire dernier.

3. Les états d'emploi des fonds précédemment accordés, et ceux demandés en vertu d'états ou projets de dépenses, seront toujours divisés en deux parties distinctes : dépenses fixes et dépenses extraordinaires. Les états de dépenses fixes seront vérifiés sur les états généraux qui ont été ou doivent être donnés par les ministres.

4. L'état des dépenses extraordinaires, soit pour justifier des fonds précédemment ordonnancés, soit en demande des fonds pour le service courant, sera détaillé de manière à ce que chaque individu au profit duquel il aura été ordonnancé une somme quelconque, puisse en vérifier l'exactitude.

5. Les états présentés par les ministres seront rendus publics, toutes les fois que le corps législatif jugera qu'il n'y a aucun inconvénient à la publication.

N° 405.=3 ventose an 4 (22 février 1796). = Arrêté *du directoire exécutif, qui ordonne la confection d'un état des sommes dues par la trésorerie ou les divers départemens du ministère avant l'organisation du régime constitutionnel, etc.* (II, Bull. XXVIII, n° 192; B., LXIII, 13.)

N° 406. = 4 ventose an 4 (23 février 1796). = Loi *portant suppression, à compter du 1er germinal prochain, de toutes les agences et commissions administratives.* (II, Bull. XXVIII, n° 195; B., LXIII, 16.)

Art. 1er. Toutes les agences et commissions administratives, sous quelque dénomination que ce soit, sont supprimées, à compter du 1er germinal prochain.

2. Les employés aux agences, sous quelque titre que ce soit, jouiront de leur traitement et continueront leurs travaux jusqu'au 1er germinal prochain.

3. Le directoire exécutif formera sans délai les établissemens nécessaires pour la continuation des travaux utiles dont lesdites agences et commissions étaient chargées ; il les distribuera sous les différens ministres auxquels il les jugera appartenir ; il en enverra l'état au conseil des cinq-cents, ainsi que celui des dépenses auxquelles ils donneront lieu.

4. Les agences et commissions administratives dresseront, dans le cours de ce mois, le compte de toutes les sommes qu'elles ont touchées, ou qui ont été mises a leur disposition.

N° 407.= 4 ventose an 4 (23 février 1796). =ARRÊTÉ *du directoire exécutif, qui annule les exemptions de réquisition autres que celles délivrées en conformité de la loi du 4 frimaire dernier.* (II, Bull. **XXIX**, n° 197 ; B., LXIII, 22.)

N° 408.= 5 ventose an 4 (24 février 1796).= LOI *qui détermine la manière dont il sera statué sur les demandes en radiation de la liste des émigrés, formées par ceux qui ont été exclus du corps législatif* (1). (II, Bull. **XXVIII**, n° 196 ; B., LXIII, 29.)

Art. 1er. Ceux qui, aux termes de la loi du 3 brumaire, sont exclus du corps législatif comme portés sur une liste d'émigrés, font prononcer sur leurs demandes en radiation dans les formes qui suivent.

2. Ils remettent au conseil des cinq-cents leur mémoire et pièces à l'appui.

3. Dans les vingt-quatre heures de la présentation, il sera nommé, au scrutin, une commission de cinq membres qui fera, dans le plus bref délai, son rapport sur ces mémoires et pièces.

4. Les résolutions qui ordonneront la radiation de la liste des émigrés, porteront la levée de l'exclusion prononcée en vertu de la loi du 3 brumaire pour cause d'insertion sur cette liste.

5. Les résolutions qui rejetteront la demande en radiation, prononceront en même temps la nullité de la nomination à la législature.

N° 409. = 9 ventose an 4 (28 février 1796). = LOI *qui attribue aux juges ordinaires la connaissance des affaires qui étaient portées devant les tribunaux de famille* (2). (II, Bull. **XXIX**, n° 198 ; B., LXIII, 50.)

Le conseil..., considérant que la constitution, en ne classant point les tribunaux de famille au nombre des nouvelles institutions judiciaires, les a ainsi implicitement abolis ; — Considérant néanmoins qu'il importe de faire promptement cesser les doutes qui se sont élevés sur ce point..., — A pris la résolution suivante :

Art. 1er. Les affaires dont le jugement était, par les lois antérieures a la constitution, attribué à des tribunaux de famille, seront portées devant les juges ordinaires.

_____

(1) Voyez, sur le mode de réclamation contre les listes d'émigrés et le jugement de ces demandes, les lois citées dans le § 1er des notes qui accompagnent le décret du 9—12 février 1792.

(2) Ces tribunaux de famille avaient été institués par le décret du 16—24 août 1790, tit. X, art. 12 et suiv.

2. Néanmoins les jugemens de cette espèce intervenus ou qui pourraient intervenir jusqu'au jour de la publication de la présente loi, sont maintenus, sauf l'appel au tribunal civil du département, dans les formes et délais établis par les lois.

No 410.=9 ventose an 4 (28 février 1796) =Loi *qui ordonne que les affaires dont la connaissance était attribuée à des arbitres forcés, seront portées devant les juges ordinaires* (1). (II, Bull. XXIX, n° 199 ; B., LXIII, 51.)

Le conseil..., considérant que l'arbitrage forcé est contraire à la constitution et implicitement supprimé par elle ; — Considérant néanmoins qu'il importe de faire cesser les incertitudes à cet égard, et de rétablir promptement les principes dans toutes les parties de l'ordre judiciaire..., — Prend la résolution suivante :

Art. 1er. Les affaires qui, par les lois antérieures à la constitution, étaient attribuées a des arbitres forcés, seront portées devant les juges ordinaires (2).

2. Néanmoins les jugemens rendus par des arbitres forcés depuis le 1er vendémiaire dernier, seront considérés comme simples jugemens rendus en première instance, et l'appel pourra en être reçu par le tribunal civil du département, dans le délai de trois mois, à dater de la publication de la présente loi.

No 411. = 14 ventose an 4 (4 mars 1796). = Loi *portant établissement d'une bibliothèque à l'usage du corps législatif.* (II, Bull. XXXI, n° 216 ; B., LXIII, 62 *bis.*)

No 412.=14 ventose an 4 (4 mars 1796).=Loi *qui détermine le mode de délivrance des passeports à l'étranger* (3). (II, Bull. XXIX, n° 200; B., LXIII, 66.)

Art. 1er. Les passeports a l'étranger seront délivrés par les administrations de département, sur l'avis motivé des municipalités, suivant les formes et aux conditions prescrites par la loi du 7 décembre 1792, qui est maintenue en tout ce qui n'est point contraire à la présente résolution.

2. Les commissaires du pouvoir exécutif près les administrations de département adresseront, chaque décade, au ministre des relations extérieures, l'etat circonstancié et certifié des passeports à l'étranger qu'aura délivrés l'administration dans les dix jours précédens.

No 413.=14 ventose an 4 (4 mars 1796).=Loi *qui restreint les délivrances de rations de vivres et de fourrages.* (II, Bull. XXIX, n° 201; B., LXIII, 67.)

No 414. = 15 ventose an 4 (5 mars 1796). = Loi *portant que les parens et*

---

(1) Voyez le décret du 10—11 juin 1793, art. 3 de la sect. V, portant que les procès entre communes, à raison de leurs biens communaux ou patrimoniaux, seront vides par des arbitres forcés; le décret du 2 octobre 1793, qui soumet a la même juridiction les procès entre les communes et les propriétaires à raison des mêmes biens; et celui du 17—21 nivose an 2 (6—10 janvier 1794), portant, art. 54, que les contestations sur son exécution seront jugées par des arbitres.

(2) Cette disposition n'embrasse pas les contestations en matière de société commerciale, lesquelles continuent d'être dévolues a des arbitres forcés, aux termes des art. 9, 12 et 13 de l'ordonnance de 1673. Cass., 13 fructidor an 8, Sir., I, 1, 339, Bull civ., II, 309.
Voyez les art. 51 et suiv. du Code de commerce, qui maintiennent cette compétence.

(3) Voyez, sur le mode de délivrance des passeports, le décret du 1er février—28 mars 1792, et les notes qui résument la législation. — L'ordonnance du 20 avril—4 juin 1814 a maintenu tous les réglemens sur la matière.

alliés de l'un des coaccusés du même fait, ne peuvent être entendus comme témoins contre les autres accusés (1). (II, Bull. XXXI, n° 219; B., LXIII, 75.)

Le conseil..., sur la difficulté survenue dans le procès de *Chaudron*, *Casmann* et *Humbert*, coaccusés, porté devant le tribunal criminel du département des Vosges; — Considérant que, d'après les articles 306, 310 et 423 du Code des délits et des peines, l'instruction est indivisible sur le fond de l'accusation à l'égard de tous coaccusés du même fait, lorsqu'ils sont compris dans le même acte d'accusation, et qu'il n'y a, a l'égard de tous, qu'une seule et même déclaration sur le fait; — Considérant que, d'après l'article 358 du même Code, les parens et alliés d'un accusé aux degrés spécifiés, ne peuvent être entendus contre lui; — Considérant qu'il est instant de faire cesser la difficulté qui arrête la suite de l'instruction suivie contre *Chaudron* et ses coaccusés, et suspend leur jugement...,—A pris la résolution suivante: — Les parens et alliés de l'un des coaccusés du même fait, et compris dans le même acte d'accusation, ne seront pas entendus comme témoins contre les autres accusés.

N° 415.= 17 ventose an 4 (7 mars 1796). = LOI *contenant des mesures pour empêcher les délivrances des passeports sous des noms supposés.* (II, Bull. XXX, n° 204; B, LXIII, 86.)

Art. 1er. Les membres des administrations et autorités chargées par les lois de la délivrance des passeports, n'en donneront qu'aux citoyens qu'ils connaîtront personnellement : s'ils ne les connaissent pas, ils ne les délivreront que sur l'attestation de deux citoyens connus, dont les noms seront désignés dans le passeport qu'ils seront tenus de signer; et s'ils ne savent pas signer, il en sera fait mention.

2. Les fonctionnaires publics qui contreviendraient a l'article précédent, seront destitués de leurs fonctions, et punis, par voie de police correctionnelle, d'un emprisonnement qui ne pourra être moindre de trois mois ni excéder une année.

3. Les témoins qui attesteraient un nom supposé, dans un passeport, les logeurs, aubergistes ou maîtres de maisons garnies qui inscriraient sur leurs registres des noms qu'ils savent n'être pas ceux des individus logés chez eux, les citoyens qui certifieraient ces déclarations par-devant les autorités constituées, seront punis des mêmes peines.

N° 416.= 17 ventose an 4 (7 mars 1796). LOI *par laquelle les parens d'émigrés, qui ont constamment porté les armes pour la défense de la patrie, sont exceptés des dispositions du décret du 3 brumaire an 4* (2). (II, Bull. XXX, n° 205; B., LXIII, 87.)

N° 417. = 18 ventose an 4 (8 mars 1796). = LOI *qui déclare admissibles en cassation tous les actes en recours adressés en temps utile à la convention nationale, et mentionnés sur les registres des comités.* (II, Bull. XXXI, n° 221; B., LXIII, 90.)

Art. 1er. Les réclamations adressées à la convention nationale par des pétitions ou par des lettres, dans les délais déterminés par les lois des 16—29 septembre 1791, 27 septembre 1792 et 14 thermidor an 3, de la part des

---

(1) Voyez l'art. 322 du Code d'instruction criminelle de 1808.
(2) Portant des mesures contre les provocateurs ou signataires de mesures séditieuses et contraires aux lois.

condamnés par jugement des tribunaux criminels, et mentionnées sur les registres des comités, sont déclarées utiles pour conserver le délai du recours au tribunal de cassation, et suspendent l'exécution des jugemens, de la même manière que si les réclamans s'étaient pourvus directement à ce tribunal.

2. En conséquence, toutes les pétitions de ce genre sur lesquelles il n'a point été définitivement statué par des décrets de la convention nationale, sont renvoyées au tribunal de cassation, pour y être procédé conformément à la loi.

3. Les condamnés qui, sans avoir égard aux réclamations portées à la convention nationale dans les délais, ont été déclarés déchus par le tribunal de cassation pour ne s'être pas pourvus à temps, sont remis au même état qu'avant les jugemens de déchéance, et il sera de nouveau procédé, en ce qui les concerne, ainsi qu'il est dit à l'article précédent.

4. Les regis'res dans lesquels sont enregistrées les pétitions des condamnés, seront clos et arrêtés dans les vingt-quatre heures de la promulgation de la présente résolution. — Le directoire exécutif est chargé d'y faire procéder par les ministres dans les bureaux desquels les registres sont déposés.

5. De pareilles réclamations ne pourront plus être adressées au corps législatif; et s'il lui en était adressé, elles seront considérées comme non avenues.

N° 418.=19 ventose an 4 (9 mars 1796). = Loi *relative au paiement de l'emprunt forcé de la part des employés civils à la suite des armées.* (II, Bull. xxx, n° 207 ; B., LXIII, 93.)

N° 419.= 19 ventose an 4 (9 mars 1796). = Loi *qui détermine l'époque jusqu'à laquelle l'emprunt forcé pourra être payé en assignats à raison de cent capitaux pour un, et le mode de remboursement des paiemens faits à un taux supérieur.* (II, Bull. xxx, n° 206 ; B., LXIII, 94.)

N° 420. ⇒ 19 ventose an 4 (9 mars 1796). = Loi *qui proroge jusqu'au 1er messidor le terme indiqué pour l'introduction du nouveau régime hypothécaire* (1). (II, Bull. xxx, n° 209 ; B., LXIII, 97.)

Le conseil..., considérant que le terme du 1er germinal, indiqué par la loi du 26 frimaire de l'an 4 pour l'introduction du nouveau régime hypothécaire, est beaucoup trop rapproché; que les créanciers et débiteurs à qui il importe également de connaître cette législation nouvelle, n'ont pas eu le temps nécessaire de l'approfondir et de s'y conformer; — Considérant d'ailleurs que la loi du 26 frimaire, article 2, ajourne plusieurs articles du Code hypothécaire jusqu'après un nouveau rapport de la commission; que ce rapport n'ayant point encore été fait, il est urgent d'en indiquer le terme, et de proroger celui du 1er germinal...,—Prend la résolution suivante :

Art. 1er. Le terme du 1er germinal, indiqué par la loi du 26 frimaire de l'an 4, est prorogé au 1er messidor prochain.

2. Le rapport de la commission qui doit être fait sur l'ensemble du Code hypothécaire, conformément à l'article 2 de la susdite loi, aura lieu le 1er germinal.

N° 421.=20 ventose an 4 (10 mars 1796). = Loi *portant des peines contre*

(1) Voyez la loi de prorogation du 26 frimaire an 4 (17 décembre 1795), et les notes.

ceux qui décrieraient ou refuseraient les monnaies métalliques frappées
' *au coin de la république.* (II, Bull. xxxi, n° 225; B., LXIII, 105.)

Art. 1er. Ceux qui, par leurs discours et leurs écrits, décrieraient les monnaies métalliques frappées au coin de la république, seront poursuivis par
voie de police correctionnelle, et condamnés aux peines les plus fortes que
peuvent prononcer les tribunaux de police correctionnelle, c'est-a-dire
deux années d'emprisonnement; en cas de récidive, ils seront poursuivis
criminellement et punis de quatre années de fers.

2. Ceux qui refuseront de recevoir en paiement les monnaies métalliques
frappées au coin de la république, pour les valeurs dont elles portent l'empreinte, seront punis, pour la première fois, d'une amende décuple de la
somme refusée; pour la seconde fois, d'une amende centuple de la somme
refusée; et pour la troisième fois, de deux années de détention.

3. Chaque jugement sera affiché aux frais du délinquant, dans tous les
chefs-lieux de canton du département dans l'arrondissement duquel il aura
été rendu.

4. Le rapport qui précède cette résolution sera imprimé en forme d'instruction.

N° 422. = 21 ventose an 4 (11 mars 1796). = Loi *qui règle l'ordre du service
des juges des tribunaux civils auprès des tribunaux criminels.* (II, Bull.
xxxi, n° 227; B., LXIII, 110.)

Le semestre pendant lequel les juges des tribunaux civils sont de
service auprès des tribunaux criminels, est fixé, dans toute l'étendue de
la république, savoir, depuis et compris le 1er floréal jusqu'au dernier vendémiaire inclusivement, et depuis et compris le 1er brumaire jusqu'au 30 germinal inclusivement.

N° 423. = 21 ventose an 4 (11 mars 1796). = Loi *qui ordonne la remise dans
les caisses publiques, des fonds avancés a des comptables, et non encore
employés* (1). (II, Bull. xxxi, n° 226; B., LXIII, 111.)

Art. 1er. Tous particuliers ou compagnies qui ont reçu, sur quelque partie des fonds publics que ce soit, a titre d'avance ou a-compte, pour gestion,
entreprise, approvisionnemens, achats ou autres causes qui les laissent sujets a rendre compte des sommes par eux touchées, remettront aux caisses
publiques ce qui leur reste entre les mains des sommes par eux reçues.

2. Cette restitution sera effectuée par ceux qui y sont tenus aux termes
du précédent article, dans la décade qui suivra la publication de la loi.

3. Le versement sera fait dans la même nature d'espèces et valeurs qui
auront été touchées.

4. Dans le cas où, lors de l'apurement des comptes à fournir par les personnes ou compagnies mentionnées au premier article, elles se trouveront
débitrices de sommes supérieures aux sommes versées en exécution de la
présente résolution, lesdites personnes et compagnies seront condamnées,
pour raison de leur retard, à une amende du quart des sommes qu'elles auront manqué de remettre aux caisses publiques, indépendamment de l'intérêt desdites sommes à compter du jour ou elles auraient dû être versées,
aux termes de la présente résolution.

5. L'amende et les intérêts énoncés au précédent article seront payés dans

---

(1) Voyez la loi du 23 ventose an 4 (13 mars 1796), rendue pour l'exécution de la présente.

les mêmes nature et valeurs que sera due la somme principale dont la restitution aura été ordonnée par l'apurement du compte.

N° 424.=21 ventose an 4 (11 mars 1796).=ARRÈTÉ *du directoire exécutif, contenant réglement pour l'exécution du décret du* 3 *brumaire an* 4, *concernant l'inscription maritime* (1). (II, Bull. xxvii, n° 235; B., LXIII, 118.)

Art. 1er. Le ministre de la marine et des colonies prendra sans delai toutes les mesures convenables pour que la conscription des arrondissemens, quartiers et syndicats maritimes, soit déterminée le plus tôt possible, conformément a ce qui est prescrit par les articles 2 et 8 de la loi du 3 brumaire dernier, concernant l'inscription maritime.

2. Jusqu'a la nouvelle conscription, les arrondissemens, quartiers et syndicats existans sont maintenus, conformément a l'état de répartition annexé au présent réglement.

3. Le nombre d'agens affectés au service de chaque quartier et de chaque syndicat, est aussi provisoirement réglé par le même état de répartition.

4. Les syndics des marins rempliront les fonctions attribuées aux syndics des gens de mer par les lois des 31 décembre 1790—7 janvier 1791, 21 juillet 1793, et 24 brumaire an 3, et jouiront des mêmes appointemens alloués auxdits syndics des gens de mer, par la loi du 21 septembre 1793 : ils pourront, suivant la loi du 21 messidor an 3, cumuler pensions et traitemens, et ils jouiront de l'exemption de la garde nationale, dans l'arrondissement de leur syndicat, pendant le temps qu'ils exerceront les fonctions de syndics des marins.

5. Les syndics des marins qui seront conservés à la paix, devront être âgés au moins de quarante ans, savoir lire et écrire, et seront choisis par le gouvernement parmi d'anciens marins hors de service ou pensionnés ; ils seront subordonnés aux agens affectés au service des quartiers maritimes ; ils seront brevetés comme les autres entretenus de la marine, et jouiront de deux a huit cents livres d'appointemens, à raison de la population maritime de chaque syndicat, conformément a la loi du 21 septembre 1793.

6. Les agens chargés du service des quartiers maritimes, feront toutes les dispositions nécessaires pour préparer et faciliter le renouvellement des rôles, matricules, et registres relatifs a l'inscription et au service des gens de mer.

7. Les livrets continueront d'être délivrés aux marins comme par le passé.

8. Les agens affectés au service de chaque quartier maritime feront sans délai des relevés de leurs matricules et registres, et en remettront des extraits aux syndics qui leur seront subordonnés, afin que ceux-ci se conforment, lors des levées des gens de mer et des ouvriers propres aux travaux des ports, à ce qui est prescrit par les articles 15, 16, 17, 18, 44 et 45 de la loi du 3 brumaire.

9. Ils raieront des matricules, et porteront sur le registre des hors du service, les marins qui, conformément a l'article 24 de ladite loi, justifieront avoir atteint l'âge de cinquante ans révolus.

10. Les maitres au petit cabotage, les pilotes lamaneurs ou locmans, les maitres de bateaux pêcheurs et autres maîtres de bateaux, propriétaires, habitués dans l'étendue des quartiers maritimes ou riverains, et employés à la conduite de leurs bateaux, ne pourront être levés pour le service des ports et des vaisseaux de la république, qu'en vertu d'ordres formels du ministre de la marine et des colonies.

_____

(1) Voyez ce décret et la note.

11. Jusqu'à ce qu'il ait été autrement statué, les gens de mer et les ouvriers propres aux travaux des ports, commandés pour le service des vaisseaux de la république, ou pour celui des ports et arsenaux, ou qui en seront congédiés, continueront à être assimilés, pour la conduite et les secours en route, aux militaires de l'armée de terre, conformément aux lois et arrêtés précédemment rendus ; le port des hardes continuera également de leur être alloué sur le pied fixé par l'arrêté du comité de salut public, du 2° fructidor an 3.

12. Les familles des marins embarqués sur les vaisseaux et autres bâtimens armés ou frétés pour le compte de la république, continueront a jouir, conformément a l'article 30 de la loi du 3 brumaire dernier, des secours accordés aux familles des défenseurs de la patrie par les lois des 22 pluviose et 13 prairial an 2, ainsi que par l'arrêté du comité de salut public du sixième jour complémentaire de l'an troisième.

13. En cas de prise ou de naufrage de bâtimens de la république, la loi du 17 floréal an 3, et les arrêtés du comité de salut public des 23 et 27 thermidor de la même année, continueront d'être appliqués aux gens de mer.

14 Les différens grades et dénominations déterminés par l'article 37 de la loi du 3 brumaire dernier, concernant l'inscription maritime, seront conférés aux marins d'après les règles et en remplissant les conditions exigées par la loi du même jour, relative à l'avancement des gens de mer sur les vaisseaux de la république, à l'exception néanmoins des grades de maîtres et seconds maîtres de timonnerie, qui seront, pour cette fois seulement, conférés, a la revue d'armement, aux chefs de timonnerie et aux ci-devant maîtres et seconds maîtres pilotes qui seront jugés les plus méritans.— Les administrateurs de la marine, dans les ports et dans les quartiers, sont autorisés a faire, dès a présent, tant sur les rôles d'équipages que sur les matricules, registres et états de situation, tous les changemens relatifs a cette partie du service, qui sera surveillée par le commissaire ordonnateur de chaque arrondissement, et dont ce dernier rendra compte au ministre de la marine.

15. En attendant les établissemens qui seront faits dans les principaux ports militaires pour l'instruction de deux mille apprentis marins que la république entretiendra annuellement a son service, il continuera d'être admis sur les vaisseaux et autres bâtimens de l'état,—1° Des jeunes gens de l'âge de seize a dix-huit ans, tirés principalement des communes de l'intérieur ; — 2° Ceux des jeunes gens qui ont servi dans les écoles de navigation établies par les lois des 11 et 25 nivose an 3 ;—3° Les citoyens de la première réquisition qui n'ont pas encore été encadrés, ou qui, n'ayant pas été jugés propres au service de l'armée de terre, justifieront d'un congé en forme, délivré par le ministre de la guerre, ou de certificats des conseils de santé, visés par ce ministre, ou par les chefs des corps auxquels ils étaient affectés. — Les uns et les autres seront embarqués en qualité de novices, et jouiront des mêmes soldes, parts de prises, conduites et avantages accordés aux novices inscrits dans les quartiers maritimes.

16. Aux termes de la loi du 3 brumaire dernier, concernant la composition des états-majors et équipages des vaisseaux et autres bâtimens de la république, les instituteurs n'en faisant plus partie, ils pourront être embarqués sur lesdits vaisseaux en qualité d'aspirans ou de novices timonniers, en se conformant toutefois aux règles établies a cet égard.

17. Toutes les ordonnances, lois et réglemens relatifs au classement et aux levées des gens de mer et ouvriers, continueront a être suivis et observés dans toutes les dispositions auxquelles il n'est point dérogé par les lois du

3 brumaire dernier.—Le ministre de la marine et des colonies est chargé de
l'exécution du contenu au présent réglement, qui sera imprimé et inséré au
bulletin des lois.

N° 425. = 23 ventose an 4 (13 mars 1796). = Loi *contenant des mesures
d'exécution de celle du* 21 *du même mois, qui ordonne la remise dans les
caisses publiques, des fonds avancés à des comptables et non encore employés.* (II , Bull. xxxi, n° 230; B., LXIII, 129.)

Art. 1er. Il sera fait à la trésorerie nationale un état nominatif de toutes
les personnes qui, soit en leur nom particulier, soit comme membres ou
agens de compagnies, et pour les causes mentionnées dans la loi du 21 ventose, ont touché des sommes dans les caisses publiques; il sera joint a leur
nom la désignation de leur qualité, des objets auxquels les fonds qu'elles ont
reçus étaient destinés, du ministre ou de l'ordonnateur sur les ordres desquels les fonds ont été payés.

2. Cet état sera reporté à l'année 1790, et sera continué jusqu'à ce jour.

3. Deux copies de l'état seront envoyées au conseil des cinq-cents.

4. Il en sera pareillement envoyé des copies aux commissaires du pouvoir
exécutif près les administrations départementales, lesquels seront tenus de
faire, en conformité de la loi du 18 frimaire dernier, a l'égard des individus
et compagnies mentionnés audit état et demeurant dans l'étendue du département, toutes les poursuites et diligences nécessaires pour s'assurer que
lesdits individus et compagnies ont rendu leur compte et en ont soldé le reliquat, ou, a défaut de l'avoir fait, les y contraindre.

5. Pareils états seront envoyés aux commissaires des guerres près les armées, pour qu'ils aient a indiquer aux administrations départementales du
lieu où se trouvera l'armée, ou a l'administration départementale la plus
voisine, si l'armée est hors des terres de la république, les personnes comprises auxdits états, qui se trouveraient à la suite de l'armée, afin que les
commissaires du pouvoir exécutif puissent diriger contre lesdites personnes
les poursuites mentionnées au précédent article.

N° 426. = 24 ventose an 4 (14 mars 1796).=Arrêté *du directoire exécutif,
qui détermine le mode d'admission des élèves à la manufacture nationale
d'horlogerie de Besançon , et règle l'organisation de cet établissement.*
(II, Bull. xxxviii, n° 292; B., LXIII, 141.)

Art. 1er. Les pères ou tuteurs qui désireront que leurs enfans ou pupilles
soient reçus au nombre des élèves d'horlogerie entretenus par l'état, s'adresseront a la direction d'horlogerie, a laquelle ils justifieront, par pièces authentiques, que ces enfans ou pupilles appartiennent a une famille de défenseurs de la patrie. — Sont censés avoir cette qualité ceux seulement dont le
père ou le beau-père, ou l'oncle, ou le frère, aura servi dans les armées de
la république pendant la guerre actuelle, ou sera parvenu a la vétérance
militaire par son service précédent dans l'armée française.

2. La durée des apprentissages aux frais de l'état ne pourra excéder cinq
années : pendant toute cette durée, les élèves seront tenus de demeurer à
l'atelier de leur maître, et ne pourront l'abandonner, a moins que ledit
maître ne leur en ait donné une permission écrite, qui ne pourra être refusée, moyennant une indemnité qui sera réglée par arbitres nommés dans les
formes ordinaires; cette permission devra de plus visée et consentie par
la direction, qui ne l'accordera qu'aux élèves suffisamment instruits de ce
que le maître est chargé de leur apprendre. En cas d'évasion de l'élève, la

direction est autorisée à employer, au besoin , les moyens coërcitifs nécessaires pour le ramener a l'atelier.

3. Il y aura néanmoins un mois d'essai au commencement de l'apprentissage : les obligations stipulées dans l'article précédent n'auront lieu qu'après
ce mois.

4. La direction confiera l'instruction des élèves entretenus aux frais de
l'état, a ceux des artistes de la manufacture qu'elle en jugera les plus dignes
par leurs talens, leur probité et leurs bonnes mœurs.

5. Attendu qu'il est des branches de la manufacture dans lesquelles les ouvriers pourraient se trouver trop nombreux relativement aux autres branches , la direction déterminera les parties dans lesquelles il convient de faire
des apprentis, et en réglera le nombre pour chaque partie : ceux qui refuseront de suivre ses directions à cet égard, n'auront aucune part aux bienfaits de la loi du 7 messidor.

6. Les maîtres d'apprentissage recevront l'équivalent de vingt marcs d'argent , au titre de la république, pour chaque élève dont ils seront chargés ;
quatre marcs leur seront délivrés après le premier mois de l'apprentissage
de la première année , quatre au commencement de la seconde , et ainsi de
suite jusqu'au commencement de la cinquième année inclusivement.

7. Moyennant cette rétribution , les élèves seront nourris, logés , éclairés,
chauffés et blanchis aux frais du maître d'apprentissage.

8. Un des vingt marcs d'argent stipulés en l'article précédent sera employé a fournir l'eleve de ses premiers outils, tels que l'étau, le tour et les
pinces : ces outils appartiendront a l'élève a la fin de l'apprentissage

9. Les élèves seront vêtus aux frais de l'état ; il sera mis , pour cet objet ,
à la disposition de la direction, l'équivalent de deux marcs d'argent, par
an , pour chaque élève.

10. L'artiste qui désirera être chargé de l'instruction d'un élève entretenu
aux frais de l'état, et le jeune citoyen dont l'instruction devra lui être confiée, feront, par-devant la direction de l'horlogerie, leur soumission de se
conformer, chacun en ce qui le concerne, aux conditions du présent arrêté.
— L'élève sera assisté, dans cet acte, de son père ou de son tuteur ; la soumission sera rédigée conformément au modèle annexé au présent arrêté.

11 La direction tiendra la main à l'accomplissement des obligations réciproques, contractées par le maître et par l'eleve ; elle adoptera , autant que
possible, les voies conciliatoires : elle est autorisée à faire toutes les citations
judiciaires nécessaires.

12. La direction aura soin de n'admettre au nombre des élèves entretenus
par l'état aucun sujet dont la conformation physique ou l'organisation an-
noncerait l'inaptitude pour l'art de l'horlogerie ; elle n'en pourra recevoir
aucun qui ait moins de onze ans et plus de vingt.

13. La direction prendra les mesures nécessaires pour faire apprendre à
lire, a écrire , et les quatre règles de l'arithmétique, aux élèves entretenus
par l'etat ; elle pourra faire donner des leçons de calcul, de géométrie et de
mécanique , à ceux des élèves qui s'en montreront dignes par leur capacité
et leur application.

14. Chaque année, il sera distribué des prix à ceux des élèves qui auront
fait le plus de progrès dans leur art : ces prix seront des outils, ou des traités
sur l'horlogerie et les parties des mécaniques qui y sont relatives ; ils seront
décernés sous la surveillance de la direction de l'horlogerie, qui en déterminera le nombre et l'espèce. Les tableaux des prix, avec les noms de ceux
qui les auront obtenus , seront imprimés.

. 15. Si, parmi les élèves dont quelques artistes ou chefs d'atelier se sont provisoirement chargés, il s'en trouve qui réunissent les conditions de l'article 1er, ou qui aient été placés chez eux par la direction d'horlogerie, moyennant les formalités prescrites par l'article 10, ils seront mis de droit au nombre des élèves entretenus par l'état. — En conséquence, le temps qui s'est écoulé depuis leur entrée en apprentissage, leur sera imputé pour composer les cinq années fixées par l'article 2. Leur maître recevra, a raison du temps écoulé depuis le commencement de l'apprentissage, une rétribution calculée d'apres les bases de l'article 6. Si le maître avait reçu de la famille de l'élève quelque rétribution pour raison de l'apprentissage, il en ferait la restitution.

(*Suit le modèle de soumission d'apprentissage.*)

N° 427. = 25 ventose an 4 (15 mars 1796). = Loi *qui détermine la manière dont il sera procédé sur les réclamations relatives aux arrêtés des représentans du peuple en mission.* (II, Bull. XXXIII, n° 238; B., LXIII, 148.)

Art. 1er. Les réclamations relatives aux arrêtés des représentans du peuple en mission seront adressées immédiatement au corps législatif.

2. Le corps legislatif prononcera lui-même sur les difficultés, si les arrêtés sont des actes de législation.

3. Dans tout autre cas, le corps législatif, après avoir réformé, s'il y a lieu, les arrêtés, renverra la décision sur le fond des réclamations à l'autorité compétente.

4. Le délai pour se pourvoir contre lesdits arrêtés est fixé a six mois, à compter du jour de la publication de la présente résolution: après ce délai, aucune réclamation ne sera plus admise (1).

5. Les arrêtes des représentans du peuple en mission, qui ont introduit dans certaines affaires non jugées depuis une marche et des formes autres que celles déterminées par les lois, sont dès ce moment annulés (2).

(1) Voyez la loi du 8 germinal an 4 (28 mars 1796), et celle du 9 thermidor an 5 (27 juillet 1797), portant prorogation du delai accordé par le present article.
Les arrêtés pris par les représentans du peuple en mission ne pouvaient être réformés que par l'autorité dont ils tenaient leur mission; et si, contre ces arrêtés, il n'y a pas eu reclamation dans les six mois auprès de l'autorite competente, la decheance est acquise. Arr. du cons., 11 février 1818, Sir., Jur. du cons., IV, 243. — Si, en l'an 2, on s'est pourvu devant la convention nationale contre un arrêté d'un représentant du peuple, et que la convention n'ait pas statué sur le pourvoi, il n'a pas été nécessaire plus tard de se pourvoir devant le corps legislatif: à cet égard, aucune fin de non recevoir tirée de la loi du 25 ventose an 4, ne peut être opposée a celui qui, devant le conseil d'etat, demande qu'il soit statué sur le recours par lui formé devant la convention. Arr. du cons., 7 avril 1825, Sir, XXVI, 1, 184. — Une vente faite en l'an 3 de l'immeuble d'un émigré, par arrêté d'un représentant est maintenue par la charte, si l'arrêté du représentant n'a pas été réformé dans les délais et suivant les formes indiquées par la loi du 25 ventose an 4. Arr. du cons, 28 juillet 1819, Sir., XX, 2, 152. — Dans l'état actuel de la législation, c'est devant le conseil d'etat, comité du contentieux, que doit être porté le pourvoi contre un arrêté d'un représentant du peuple en mission, qui a statué sur des intérets purement privés. Arr. precité du cons, du 7 avril 1825.
(2) L'arrêté d'un représentant du peuple en mission, ordonnant la révision d'un jugement qui etait passé en force de chose jugée, doit être annulé pour excès de pouvoir. Arr. precite du cons., du 7 avril 1825. — Lorsqu'un jugement, passé en force de chose jugée, a ete annulé par arrête d'un representant du peuple qui a ordonne la révision du procès, et qu'un jugement tout contraire est intervenu, si, par un second arrêté d'un autre représentant, il a eté sursis à l'execution de ce jugement jusqu'à la décision à intervenir sur le pourvoi formé devant l'autorite compétente contre l'arrêté du representant qui a méconnu la chose jugee, les tribunaux peuvent, sans contrevenir à aucune loi, ordonner que ce sursis sera maintenu. Cass., 9 février 1825, Sir., XXVI, 1, 183. — Un sursis indéfini, admis par un representant en mission, dans une affaire judiciaire, n'est pas une forme, une marche illegale, annulée par la loi du 25 ventose an 4. Bourges, 24 janvier 1821, Sir., XXII, 2, 21.

N⁵ 428. = 26 ventose an 4 (16 mars 1796). = Loi *relative à l'échange des marins et militaires français prisonniers en Angleterre.* (II, Bull. XXXIII, n° 241; B., LXIII, 150.)

N° 429. = 26 ventose an 4 (16 mars 1796). = Loi *contenant réglement sur la manière de procéder en conciliation* (1). (II, Bull. XXXIII, n° 243; B., LXIII, 151.)

Le conseil..., considérant que les affaires dont le jugement n'appartient ni aux juges de paix ni aux tribunaux de commerce, soit en dernier ressort, soit a la charge d'appel, doivent être portées, aux termes de l'article 215 de la constitution, immédiatement devant le juge de paix et ses assesseurs, pour être conciliées; — Qu'il est instant de déterminer un mode uniforme pour procéder a cet égard, et de régler d'une manière précise la marche a suivre en conciliation...., — Prend la résolution suivante :

Art. 1ᵉʳ. En matière purement personnelle ou mobilière, le bureau de conciliation sera formé du juge de paix et de deux assesseurs, dans le canton ou est situé le domicile du défendeur.

2. Il sera formé, lorsqu'il y aura plusieurs défendeurs coobligés solidaires, dans le canton où est situé le domicile de celui d'entre eux que le demandeur aura préféré citer.

3. Dans les affaires, soit réelles, soit mixtes, le demandeur aura le choix de citer en conciliation, ou devant le juge de paix du domicile du défendeur, ou devant celui du canton où les biens sont situés. — Néanmoins, en matière de succession, toutes contestations entre les cohéritiers ou autres parties intéressées, jusqu'au partage, seront portées pour la conciliation par-devant le juge de paix du lieu où la succession est ouverte.

4. Toute citation devant le bureau de conciliation sera faite en vertu d'une cédule qui sera délivrée par le juge de paix au demandeur ou a son fondé de pouvoir; elle énoncera sommairement l'objet de la demande, et désignera le jour, le lieu et l'heure de la comparution.

5. Les cedules de citation et les certificats des bureaux de conciliation seront délivrés sur du papier timbré. Les exploits de leur notification seront faits par des huissiers, en conformité de l'article 27 du titre III de la loi du 19 vendémiaire an 4, et ils seront assujétis aux droits de l'enregistrement.

6. Il y aura trois jours francs au moins entre celui de la notification de la cédule de citation et le jour de la comparution, si la partie citée est domiciliée dans le canton, ou dans la distance de cinq myriamètres (dix lieues moyennes de deux mille cinq cent soixante-six toises chacune); au-dela de cette distance, il sera ajouté un jour pour cinq myriamètres.

7. L'huissier remettra au greffier du juge de paix les originaux des citations qu'il aura faites, et les affaires seront expédiées, suivant les dates, par ordre de priorité.

8. Le demandeur principal qui se sera pourvu au tribunal civil, et dont l'action n'aura pas été reçue pour n'avoir point cité son adversaire en conciliation, sera recevable a l'exercer de nouveau, en rapportant la quittance de l'amende de trente livres par lui encourue, et le certificat du bureau de conciliation qui constatera que sa partie a été inutilement appelée a ce bureau, ou qu'il a employé sans fruit sa mediation.

9. Le défendeur qui, suivant la loi du 21 germinal de l'an 2, n'aura pas

(1) Voyez le tit. X du decret du 16—24 août 1790, sur l'organisation judiciaire; le decret du 6—27 mars 1791, art. 17 et suiv.; et les art. 48 et suiv. du Cod. proc. civ., sur le même objet.

été entendu dans ses défenses pour n'avoir pas justifié de la quittance de l'amende de trente livres encourue par sa non-comparution au bureau de conciliation, et qui aura été condamné, sera reçu opposant au jugement rendu contre lui, dans les dix jours de sa signification, s'il rapporte la quittance de ladite amende.

10. Les contestations sur l'appel des jugemens rendus seront portées devant le tribunal civil qui en doit connaître, pour y être jugées sans qu'il soit besoin de citer préalablement en conciliation.

11. Les dispositions du titre X de la loi du 16—24 août 1790, et de celle du 6—27 mars 1791, relatives aux bureaux de paix et de conciliation, continueront d'avoir leur effet en tout ce qui n'est point contraire a la présente résolution.

N° 430. = 26 ventose an 4 (16 mars 1796). = Loi *qui ordonne l'échenillage des arbres* (1). (II, Bull. xxxiii, n° 242; B., LXIII, 153.)

Art. 1er. Dans la décade de la publication de la présente loi, tous propriétaires, fermiers, locataires ou autres faisant valoir leurs propres héritages ou ceux d'autrui seront tenus, chacun en droit soi, d'écheniller ou faire écheniller les arbres étant sur lesdits héritages, a peine d'amende qui ne pourra être moindre de trois journées de travail, et plus forte de dix.

2. Ils sont tenus, sous les mêmes peines, de brûler sur-le-champ les bourses et toiles qui sont tirées des arbres, haies ou buissons, et ce dans un lieu où il n'y aura aucun danger de communication de feu, soit pour les bois, arbres et bruyères, soit pour les maisons et bâtimens.

3. Les administrateurs de département feront écheniller, dans le même délai, les arbres étant sur les domaines nationaux non affermés.

4. Les agens et adjoints des communes sont tenus de surveiller l'exécution de la présente loi dans leurs arrondissemens respectifs; ils sont responsables des négligences qui y sont découvertes.

5. Les commissaires du directoire exécutif près les municipalités, sont tenus, dans la deuxième décade de la publication, de visiter tous les terrains garnis d'arbres, d'arbustes, haies ou buissons, pour s'assurer que l'échenillage aura été fait exactement, et d'en rendre compte au ministre chargé de cette partie.

6. Dans les années suivantes, l'échenillage sera fait, sous les peines portées par les articles ci-dessus, avant le 1er ventose.

7. Dans le cas où quelques propriétaires ou fermiers auraient négligé de le faire pour cette époque, les agens et adjoints le feront faire, aux dépens de ceux qui l'auront négligé, par des ouvriers qu'ils choisiront; l'exécutoire des dépenses leur sera délivré par le juge de paix, sur les quittances des ouvriers, contre lesdits propriétaires et locataires, et sans que ce paiement puisse les dispenser de l'amende.

8. La présente loi sera publiée le 1er pluviose (20 janvier) de chaque année, a la diligence des agens des communes, sur le réquisitoire du commissaire du directoire exécutif.

---

(1) Voyez le Code pénal de 1810, art. 471, n° 8, qui punit d'une amende d'un à cinq francs les contraventions aux lois ou réglemens sur l'échenillage des arbres.

Les maires ont le droit de faire des réglemens locaux pour l'exécution de la loi du 26 ventose an 4; et lorsqu'un arrêté municipal détermine un délai pour l'échenillage des arbres d'une commune, les tribunaux ne peuvent se dispenser de condamner aux peines portées par l'art. 471, n° 8, du Code pénal, les habitans qui ne s'y seraient pas conformés à l'époque prescrite, même sur le motif que la saison avait rendu impraticable ou dangereuse la fréquentation des héritages ruraux. Cass., 21 mai 1829, Sir., XXIX, 1, 278; Bull. crim., XXXIV, 281.

N° 431. = 27 ventose an 4 (17 mars 1796). = LOI *relative à la nomination des présidens des tribunaux civils de département* (1). (II, Bull. XXXIII, n° 244; B., LXIII, 157.)

Art. 1er. La loi du 4 brumaire dernier, portant que les présidens des tribunaux civils de département seront élus par chaque section, est rapportée.

2. Les nominations faites en conformité de cette loi sont regardées comme non avenues. Chaque tribunal procédera à la nomination des présidens des sections qui le composent, selon la forme déterminée par l'article 221 de l'acte constitutionnel.

N° 432. = 27 ventose an 4 (17 mars 1796). = LOI *qui détermine le mode de remplacement provisoire des commissaires près les tribunaux correctionnels.* (II, Bull. XXXIII, n° 245; B., LXIII, 159.)

N° 433. = 27 ventose an 4 (17 mars 1796). = LOI *concernant les personnes arrivées à Paris depuis le 1er fructidor an 3, et celles qui y arriveront par la suite.* (II, Bull. XXXIII, n° 246; B., LXIII, 159.)

N° 434. = 28 ventose an 4 (18 mars 1796). = LOI *portant création de deux milliards quatre cent millions de mandats territoriaux* (2). (II, Bull. XXXIV, n° 252; B., LXIII, 163.)

Le conseil...., considérant que, dans toutes les parties de la république, l'industrie et le commerce sont entravés par le défaut de confiance dans le principal signe d'échange; que le discrédit des assignats a rompu tout rapport entre les obligations particulières et les moyens de se libérer; qu'il en est résulté, dans l'acquit des contributions, dans le paiement des loyers et

---

(1) La nomination de tous les juges appartient au roi (art. 48 de la charte de 1830).

(2) La création des mandats territoriaux est une des grandes mesures financières de la révolution de 1789; elle eut pour but de substituer aux assignats, entièrement décrédités, une valeur nouvelle, spécialement représentée par celle des biens nationaux qui lui servait de gage. mais les mandats ne purent échapper a une baisse rapide; et le gouvernement lui-même accepta cette dépréciation comme un fait obligatoire, en publiant plusieurs lois pour régler le cours des mandats par rapport au numéraire.

Voyez la loi du 29 ventose an 4 (19 mars 1796), qui autorise la trésorerie à délivrer des promesses de mandats, en attendant la fabrication de ce papier-monnaie; la loi du 15 germinal an 4 (4 avril 1796, qui détermine le mode de paiement des obligations, loyers, fermages, rentes et pensions en mandats; l'arrêté du 16 germinal même mois (5 avril 1796), contenant des mesures pour assurer le crédit et empêcher la falsification des mandats; la loi du 6 floreal même année (25 avril 1796), contenant une instruction pour l'émission, l'emploi et la circulation desdits mandats; celle du même jour, qui détermine leur type; celle du 7 floréal même mois (26 avril 1796), qui détermine leurs coupures et les mesures à prendre pour leur fabrication; celle du 4 prairial an 4 (23 mai 1796), concernant l'échange des assignats au dessus de cent livres contre les mandats ou promesses de mandats; et celle du 9 messidor suivant (27 juin 1795), qui proroge le délai pour cet échange: voyez encore la loi du 22 prairial même année (10 juin 1796), contenant des dispositions réglementaires sur la mise en circulation des mandats; celle du 25 thermidor an 4 (12 août 1796), qui détermine les formalités pour la proclamation du cours des mandats; et celles des 10 fructidor an 4 (27 août 1796) et 14 frimaire an 5 (4 décembre 1796), qui déterminent le mode de fixation de ce cours; celle du 1er frimaire an 5 (21 novembre 1796), qui autorise les acquéreurs de biens nationaux a se libérer en mandats au cours; et enfin celle du 16 pluviose an 5 (4 fevrier 1797), portant, art. 1er, que les mandats n'ont plus cours forcé de monnaie entre particuliers, et contenant un tableau général du cours des mandats.

Voyez encore la loi du 23 floreal an 6 (12 mai 1798), portant réémission de mandats territoriaux, jusqu'a concurrence de vingt-cinq millions, pour le remboursement de la dette publique; l'arrêté du 23 du même mois (14 mai 1798), qui règle le mode de cette réémission; et la loi du 21 fructidor an 6 (7 septembre 1798), qui autorise une nouvelle émission de mandats territoriaux pour le remboursement de la dette.

fermages, et dans toutes les transactions, un embarras nuisible à tous les intérêts; — Considérant que la dépréciation des assignats prend sa source dans leur trop grande abondance, dans la disproportion entre la quantité en émission et la valeur du gage, dans les exagérations de la malveillance et les manœuvres de l'agiotage; qu'il faut y porter un prompt remède, et prendre toutes les précautions propres à garantir pour l'avenir de pareils inconvéniens...., —Prend la résolution suivante :

Art. 1er. Il sera créé pour deux milliards quatre cents millions de mandats territoriaux.

2. Ces mandats auront cours de monnaie entre toutes personnes dans toute l'étendue de la république, et seront reçus comme espèces dans toutes les caisses publiques et particulières.

3. La forme de ces mandats, et les précautions pour constater que la fabrication n'excèdera pas les deux milliards quatre cents millions, seront réglées de la manière la plus convenable et la plus sûre : il sera fait dans deux jours un rapport à ce sujet.

4. Les mandats emporteront avec eux hypothèque, privilége et délégation spéciale sur tous les domaines nationaux situés dans toute l'étendue de la république; de manière que tout porteur de ces mandats pourra se présenter à l'administration de département de la situation du domaine national qu'il voudra acquérir, et le contrat de vente lui en sera passé sur le prix de l'estimation qui en sera faite, à la condition d'en payer le prix en mandats, moitié dans la première décade, et l'autre moitié dans les trois mois. —Le contrat sera passé dans la décade, au plus tard, du jour de la clôture de l'estimation (1).

---

(1) Les soumissions des domaines nationaux, faites en vertu de la loi du 28 ventose an 4, ne conféraient pas immédiatement la propriété des biens soumissionnés; elles ne conféraient au soumissionnaire que le droit de requérir la transmission de cette propriété, après l'accomplissement des formalités et des conditions établies par la loi; tellement que, au cas de survenance d'une loi ou d'un événement qui rendît cet accomplissement impossible, le soumissionnaire se trouvait sans droit à la propriété. Arr. du cons, 1er avril 1824, Sir., XXIV, 2, 125 — Jugé encore que celui qui, par suite de la loi du 28 ventose an 4, soumissionna des biens crus nationaux et fit des paiemens, reçus sous condition de domaite, n'acquit point véritablement un droit sur les biens soumissionnés. Cass, 24 janvier 1815, Sir., XV, 1, 271. — Jugé aussi qu'une soumission d'acquérir, faite en vertu de la loi du 28 ventose, est sans effet, quoique le soumissionnaire ait fait des paiemens et provoqué la passation du contrat de vente, encore même que la passation du contrat ait été ordonnée par le conseil de préfecture, si ultérieurement l'arrête qui reçoit la soumission n'a pas été approuvé par le ministre des finances, si l'objet soumissionné a été affecté à un service public, et si, au total, le soumissionnaire n'en a pas été mis en jouissance. Arr. du cons., 3 février 1819, Sir., Jur. du cons., V, 62. — Le soumissionnaire de domaines nationaux, en vertu de la loi du 28 ventose an 4, dont la soumission a été acceptée et exécutée par estimation contradictoire, qui a payé le prix de son acquisition et qui a obtenu un décompte qui le libère, doit être réputé acquéreur incommutable, bien qu'il ne lui ait pas été passé de contrat de vente. Arr. du cons, 23 avril 1818, Sir., XVIII, 2, 206.

Le conseil d'état ne connait pas en premier ressort de la validité des soumissions faites en vertu de la loi du 28 ventose an 4. Arr du cons, 17 mars 1812, Sir., Jur. du cons., II, 29. — Jugé encore que, lorsqu'après soumission d'acquérir un bien national, aux termes de cette loi, il s'agit d'ordonner la passation du contrat au profit du soumissionnaire, la mesure est dans les attributions du préfet, mais que, s'il y a opposition et contestation de la part de l'ancien propriétaire, ou d'autres tiers, alors il s'élève une question préjudicielle qui appartient au contentieux administratif, réservé au conseil de préfecture. Arr. du cons., 12 mai 1820, Sir., XXI, 2, 24.

Tous les paiemens faits par des acquéreurs de domaines nationaux dont les acquisitions sont antérieures à la loi du 28 ventose an 4, en assignats ou mandats, valeur nominale, tant que ces papiers-monnaie ont été en circulation, sont déclarés valables. Arrête du 22 prairial an 10: voyez à sa date dans ce recueil.—Les acquereurs de domaines nationaux qui ont soldé le prix de leurs acquisitions en mandats, d'après l'échelle de réduction déterminée par la loi du 15 germinal an 4, sont valablement libérés. Arr. du cons, 21 février 1821, Sir., XXI, 2, 99.

5. La valeur des biens a vendre sera fixée sur le pied de 1790, et calculée a raison de vingt-deux fois leur revenu net, pour les terres labourables, prés, bois, vignes et dépendances, d'apres les baux existant en 1790. — A défaut de baux, la valeur de ces biens sera fixée d'apres le montant de la contribution foncière de 1793, en prenant, pour revenu net, quatre fois le montant de cette contribution, et multipliant cette somme par vingt-deux.

6. Les maisons, usines, les cours et jardins en dépendant, seront également évalués sur le pied de leur valeur en 1790, calculée a raison de dix huit fois leur revenu net, d'après les baux existant en 1790.—A défaut de baux, l'estimation sera faite par experts, l'un nommé par l'administration de département, l'autre par le soumissionnaire; et en cas de partage, le tiers sera nommé par l'administration.—En aucun cas, l'estimation faite par les experts ne pourra être inférieure a celles qui auraient été faites antérieurement.

7. Ne sont pas compris dans les domaines nationaux hypothéqués aux mandats, les bois et forêts au dessus de trois cents arpens, et les maisons et édifices destinés par la loi à un service public.

8. Sur les deux milliards quatre cents millions de mandats, il sera employé la quantité nécessaire pour retirer, a raison de trente capitaux pour un, tous les assignats qui restent en circulation. Sur le surplus, il sera remis six cents millions a la trésorerie nationale, et le reste sera déposé dans la caisse a trois clefs.

9. Tous les porteurs d'assignats les échangeront contre des mandats dans les trois mois de la présente.

10. Les coupures d'assignats de cinquante sous et au dessous seront échangées successivement contre la monnaie de cuivre, à fur et mesure de la fabrication, au dixième de leur valeur nominale.

11. Les assignats qui rentreront par l'échange contre des mandats, ou contre la monnaie de cuivre, seront biffés en présence de celui qui les remettra, pour ensuite être brûlés dans la forme ordinaire.

12. Les mandats qui rentreront par la vente des domaines nationaux, seront aussi biffés en présence du payeur, pour ensuite être brûlés.

13. Il sera annexé à la présente un tableau des domaines nationaux destinés au gage des mandats.

14. Il ne pourra, sous aucun prétexte, être créé de nouveaux mandats sur le même gage.

15. La vente des monnaies d'or et d'argent entre particuliers est prohibée; la commission est chargée de présenter un projet de loi d'exécution a ce sujet.

16. Il n'est pas dérogé, par la présente, à la loi du 19 de ce mois sur l'emprunt forcé; il ne pourra être acquitté qu'en assignats a cent capitaux pour un, avec la progression déterminée par la même loi en cas de retard.

17. La commission présentera, sans délai, le mode d'exécution de la loi qui réserve un milliard aux défenseurs de la patrie.

18. Les résolutions prises par le conseil, les 20 et 21 de ce mois, sur les mandats et la vente des domaines nationaux, sont rapportées.

19. Il sera rédigé une instruction pour l'exécution de la présente.

(*Suit l'état mentionné à l'article 13 de la présente loi.*)

N° 435.=28 ventose an 4 (18 mars 1796). = ARRÊTÉ *du directoire exécutif, qui prescrit la formule par laquelle les arrêtés seront terminés.* (II, Bull. XXXIII, n° 250; B., LXIII, 183.)

Le directoire exécutif arrête que tous ses arrêtés seront terminés par cette formule, *Le présent arrêté sera imprimé au bulletin des lois;* ou par celle-ci, *Le présent arrêté ne sera point imprimé.*

Nº 436. = 29 ventose an 4 (19 mars 1796). = Loi *qui autorise la trésorerie nationale à délivrer des promesses de mandats.* (II, Bull. **xxxiv**, n* 253; B., LXIII, 184.)

Nº 437. = 29 ventose an 4 (19 mars 1796). = **Arrêté** *du directoire exécutif, qui règle le mode suivant lequel les ministres ordonnanceront sur la trésorerie nationale.* (II, Bull. **lxv**, nº 383; B., LXIII, 189.)

Art. 1er. A compter de ce jour, les ministres n'ordonnanceront sur la trésorerie nationale qu'en espèces, et non en assignats valeur nominale. — Ils y réduiront les ordonnances non encore acquittées qui ont été expédiées en assignats valeur nominale.

2. Les sommes énoncées aux ordonnances qui seront délivrées sur la trésorerie, seront acquittées, soit en promesses de mandats territoriaux, soit en assignats à raison de trente capitaux pour un.

3. Les rescriptions qui sont dans la circulation, et celles qui avaient été préparées pour le service, feront provisoirement office de promesses de mandats territoriaux; elles auront, en conséquence, cours forcé de monnaie, conformément a la loi du 28 ventose an 4, et seront échangées contre les mandats territoriaux, au fur et à mesure de leur fabrication.

4. Les arrérages des rentes perpétuelles et viagères, et des pensions, qui n'auraient pas encore été acquittées par la trésorerie nationale, soit pour le dernier semestre de l'an 3, soit pour les années antérieures, continueront de l'être en assignats valeur nominale; il sera, à cet effet, mis en réserve, sur les assignats restant au trésor public, une somme suffisante pour subvenir au paiement desdits arrérages, au moment où ils seront réclamés.

Nº 438. = 30 ventose an 4 (20 mars 1796). = **Arrêté** *du directoire exécutif, qui fixe le traitement provisoire des directeurs de la régie de l'enregistrement et du domaine national, etc.* (II, Bull. **xxxiv**, nº 257; B., LXIII, 198.)

Nº 439. = 30 ventose an 4 (20 mars 1796). = **Arrêté** *du directoire exécutif, qui détermine le mode de liquidation des pensions de retraite des régisseurs et préposés de la régie de l'enregistrement* (1). (II, Bull. **xxxiv**, nº 256; B., LXIII, 199.)

Les pensions de retraite des régisseurs et préposés de la régie de l'enregistrement, autres que les receveurs, seront liquidées sur le traitement fixe qui leur est attribué : celles des receveurs seront réglées sur les deux tiers seulement des remises qui leur sont allouées, l'autre tiers ne devant être considéré que comme l'indemnité du loyer et des autres frais de leurs bureaux.

Nº 440. = 1er germinal an 4 (21 mars 1796). = **Loi** *relative aux règles a suivre par les jurys d'instruction pour la nomination aux places de professeurs des écoles centrales* (2). (II, Bull. **xxxv**, nº 258; B., LXIII, 202

Nº 441. = 2 germinal an 4 (22 mars 1796). = **Arrêté** *du directoire exécutif, relatif à l'organisation des gardes nationales sédentaires* (3). (II, Bull **xxxv**, nº 262; B., LXIII, 212.)

___

(1) Voyez, sur le même objet, la loi du 26 germinal an 5 (15 avril 1797).
(2) Voyez le décret du 7 ventose an 3 (25 février 1795), portant institution des écoles centrales, et les notes.
(3) Voyez, sur l'organisation des gardes nationales sédentaires, le décret du 29 septembre—6 octobre 1791, et les notes qui résument la législation.

Nº 442.=2 germinal an 4 (22 mars 1796). =ARRÊTÉ *du directoire exécutif,* *contenant des mesures relatives à l'exécution des lois.* (II, Bull. XXXV, nº 261; B., LXIII, 213.)

Art. 1ᵉʳ. Dans chaque administration centrale de département, il sera ouvert un registre intitulé *Registre d'exécution des lois et des arrêtés du directoire exécutif.*

2. Ce registre portera le nom de chacune des administrations municipales du département et sera divisé en autant de chapitres qu'il renfermera de lois ou d'arrêtés.

3. Chaque chapitre présentera la date de la réception de la loi ou de l'arrêté, le terme fixé pour son exécution, et le compte des diligences faites à cet effet par l'administration centrale ainsi que par chaque administration municipale du département.

4. Après l'expiration du délai prescrit pour l'exécution de la loi ou de l'arrêté, il sera fait un relevé du registre, avec indication des municipalités qui seront en retard, pour être envoyé au directoire exécutif par l'intermédiaire des ministres, chacun en ce qui le concernera.

5. Les administrations municipales sont tenues, sous leur responsabilité, de surveiller et faire arrêter, par tous les moyens mis à leur disposition, les émigrés, les prêtres sujets a la déportation ou a la réclusion, les déserteurs, les vagabonds et gens sans aveu.—Pour cet effet, ils se conformeront exactement aux dispositions suivantes des lois ci-après relatées.

6. Les tableaux de population prescrits par le titre II de la loi du 10 vendémiaire an 4, *sur la police intérieure des communes*, seront formés sans délai par chaque administration municipale, et adressés, dans la décade qui suivra la publication du présent arrêté, à l'administration du département, si déja ils n'ont été remplis et envoyés.

7. Le registre des passeports a tenir par chaque municipalité, en conformité du titre III de la loi précitée, sera, s'il ne l'est déja, ouvert aussitôt après la réception du présent arrêté.

8. Les commissaires de police, dans les communes où ils sont établis, et l'agent municipal, dans les autres communes, veilleront à ce que nul citoyen non domicilié dans le canton, ne puisse s'y introduire sans passeport.—Ils feront arrêter sur-le-champ tout individu voyageant et trouvé hors de son canton sans passeport, jusqu'a ce qu'il ait justifié être inscrit sur le tableau de la commune de son domicile; et si l'individu arrêté ne justifie pas de cette inscription dans le délai de deux décades, il sera, aux termes de l'article 7 du titre III de la loi du 10 vendémiaire an 4, réputé vagabond et sans aveu, et traduit comme tel devant les tribunaux compétens.

9. Les commissaires de police et les agens municipaux, chacun dans leur arrondissement, tiendront la main a la sévère exécution de l'article 5 du titre Iᵉʳ de la loi du 19 – 22 juillet 1791, relatif au registre à tenir, dans les villes et dans les campagnes, par les aubergistes, maîtres de maisons garnies et logeurs, pour l'inscription des noms, prénoms, professions et domiciles habituels, dates d'entrée et de sortie de tous ceux qui coucheraient chez eux, même une seule nuit. — Ils se feront représenter ce registre tous les quinze jours, et plus souvent s'ils le jugent nécessaire. — Ils dénonceront au commissaire du pouvoir exécutif près l'administration municipale, toutes les infractions faites a cet article, conformément a l'article 29 du Code des délits et des peines, et ce commissaire fera citer les prévenus au tribunal de police désigné au titre Iᵉʳ de la même loi, pour être appliquée aux contre-

venans la peine portée par l'article 5 du titre Ier de la loi du 19—22 juillet 1791. — Chaque commissaire du directoire exécutif surveillera, dans son arrondissement, l'exacte observation des dispositions ci-dessus, et informera chaque mois, ou plus tôt s'il le juge convenable, le commissaire du département, de sa surveillance et de ses résultats.

10 Conformément a l'article 83 du Code des délits et des peines, « toute « autorité constituée, tout fonctionnaire et officier public qui, dans l'exer- « cice de ses fonctions, acquiert la connaissance ou reçoit la dénonciation « d'un délit de nature a être puni, soit d'une amende au dessus de la valeur « de trois journées de travail, soit d'un emprisonnement de plus de trois « jours, soit d'une peine afflictive ou infamante, est tenu d'en donner avis « sur-le-champ au juge de paix dans l'arrondissement duquel il a été « commis, ou dans lequel réside le prévenu, et de lui transmettre tous « les renseignemens, procès-verbaux et actes qui lui sont relatifs. »

11. Les administrations municipales et les commissaires du pouvoir exécutif poursuivront sans relâche l'arrestation des militaires ou réquisitionnaires qui, au mépris des lois et des arrêtés du directoire exécutif, seraient restés dans leurs foyers sans autorisation légale.

12 Le directoire exécutif rappelle a tous les citoyens que la cocarde nationale est le signe auguste de la réunion de tous les Français, et que la loi fait un devoir de la porter.

13. Il leur rappelle également le devoir qui leur est imposé par l'article 87 du Code des délits et des peines, ainsi conçu : « Tout citoyen qui a été té- « moin d'un attentat, soit contre la liberté, la vie ou la propriété d'un autre, « soit contre la sûreté publique ou individuelle, est tenu d'en donner avis « au juge de paix du lieu du délit, ou a celui de la résidence du prévenu. »

14. Le présent arrêté sera inséré au bulletin des lois, affiché dans chaque commune de la république, et lu en séance publique de l'administration municipale de chaque canton.

N° 443.=3 germinal an 4 (23 mars 1796).=LOI *qui ordonne une vérification de toutes les caisses publiques.* (II, Bull. **XXXV**, n° 264 ; B., LXIII, 226.)

N° 444. =7 germinal an 4 (27 mars 1796). = LOI *qui supprime la formalité de l'endossement pour les promesses de mandats.* (II, Bull. **XXXVI**, n° 270; B., LXIII, 249.)

N° 445.=7 germinal an 4 (27 mars 1796). = LOI *contenant des peines contre les fabricateurs et distributeurs de faux mandats.* (II, Bull. **XXXVI**, n° 269 ; B., LXIII, 251.)

Art. 1er. Les peines prononcées par les lois contre les fabricateurs et distributeurs de faux assignats sont applicables a ceux qui fabriqueront ou distribueront de faux mandats territoriaux, ou des promesses de mandats, en quelques termes qu'elles soient conçues. Les coupables seront jugés suivant les formes prescrites par lesdites lois.

2 Ceux qui, par leurs écrits ou leurs discours, décrieraient les mandats, seront condamnés pour la première fois, par voie de police correctionnelle, à une amende qui ne pourra être moindre de mille francs, ni excéder dix mille francs : en cas de récidive, ils seront poursuivis criminellement, et punis de quatre années de fers.

3. Ceux qui refuseraient de recevoir en paiement les mandats territoriaux ou promesses de mandats, seront condamnés, pour la première fois, à une amende égale a la somme refusée, pour la seconde fois a une amende dé-

cuple ; et pour la troisième fois, ils seront condamnés à deux ans d'emprisonnement, dans les formes prescrites par la loi du 20 ventose dernier, concernant les monnaies métalliques frappées au coin de la république.

4. Aucuns achats, ventes, traités, conventions ou transactions portant promesse de sommes, ne pourront être stipulés ni exigés qu'en mandats territoriaux ou promesses de mandats. Toutes stipulations contraires seront rejetées par les tribunaux comme non-avenues.

5. Les fonctionnaires publics qui auraient inséré dans les actes des stipulations contraires a la présente loi, et ceux qui les auraient enregistrés, seront punis des peines portées par l'article 2 ci-dessus.

6. Ceux qui achèteraient ou vendraient du numéraire métallique dans toute l'étendue du territoire français ou occupé par les armées, et leurs complices, seront condamnés, pour la première fois, a une amende qui ne pourra être moindre de trois mille francs, ni excéder dix mille francs : en cas de récidive, ils seront poursuivis criminellement, et punis de quatre années de fers.

7. Ceux qui auront été condamnés aux amendes prononcées par la présente loi, seront retenus en prison jusqu'a l'entier paiement.

8. Il n'est pas dérogé aux lois concernant les négociations à faire par le gouvernement pour ses besoins en numéraire.

N° 446. = 8 germinal an 4 (28 mars 1796). = Loi *qui détermine la manière dont il sera procédé sur les réclamations relatives aux arrêtés des comités de la convention.* (II, Bull. xxxvi, n° 275 ; B., LXIII, 255.)

Art. 1er. Les réclamations relatives aux arrêtés des comités de la convention nationale seront adressées immédiatement au corps législatif.

2. Le corps législatif prononcera lui-même sur les difficultés, si les arrêtés sont des actes de législation.

3. Dans le cas ou les arrêtés ne seraient pas des actes de législation, ils seront renvoyés par le corps législatif aux autorités compétentes.

4. Le délai pour se pourvoir contre lesdits arrêtés est fixé a six mois, à compter du jour de la publication de la présente.

N° 447. = 11 germinal an 4 (31 mars 1796). = Loi *qui accorde des pensions à des militaires blessés ou infirmes, et aux veuves et mères des citoyens morts en défendant la patrie.* (II, Bull. xxxvi, n° 279 ; B., LXIII, 281.)

N° 448. = 11 germinal an 4 (31 mars 1796). = Loi *qui prescrit l'emploi des effets mobiliers déposés dans les greffes et conciergeries des tribunaux, à l'occasion de procès civils ou criminels terminés par jugement, ou à l'égard desquels l'action est prescrite.* (II, Bull. xxxvi, n° 281 ; B., LXIII, 282.)

Art. 1er. Les greffiers, geoliers, et tous autres dépositaires d'effets mobiliers déposés a l'occasion de procès civils ou criminels, terminés par jugement dernier, ou a l'égard desquels l'action est prescrite, dans les divers tribunaux de la ville de Paris, en dresseront l'état, et l'enverront sans délai au directoire exécutif, lequel est chargé de faire retirer les valeurs, soit en assignats, soit en espèces métalliques et autres objets susceptibles d'être employés en nature au service de la république, de faire porter a l'hôtel de la monnaie les matières d'or et d'argent, et de faire procéder a la vente des autres objets, en la forme prescrite par les lois.

2. Hors la ville de Paris, les greffiers, geoliers et autres dépositaires dres-

seront de semblables états, et les enverront aux administrations départementales, lesquelles feront procéder a la vente desdits effets mobiliers, en la forme prescrite par les lois, feront porter aux hôtels des monnaies les matières d'or et d'argent, et feront remettre aux receveurs du département les valeurs trouvées en assignats ou espèces métalliques. Les commissaires du directoire exécutif près les administrations départementales suivront l'exécution de la présente résolution, et se feront représenter les registres qui ont dû être tenus par les dépositaires.

3. Les caisses, malles ou paquets qui seraient encore scellés, et qui seraient présumés contenir des effets mobiliers, seront ouverts par le commissaire du directoire exécutif près les départemens, en présence du dépositaire des caisses, malles et paquets. Il sera dressé procès-verbal sommaire des effets qui s'y trouveront contenus, et il sera disposé, conformément aux premier et second articles, des effets de la nature mentionnée auxdits articles : à l'égard des papiers, ils demeureront, quant à présent et provisoirement, au greffe, après avoir été mis en liasse et scellés.

4. Il sera tenu état estimatif de tous les objets dont il aura été disposé, du prix auquel les objets susceptibles de vente auront été vendus, et de la nature des valeurs données en paiement. Ceux qui se prétendent propriétaires desdits effets se présenteront dans le délai d'une année, a compter du jour de la vente ; et en justifiant de leur propriété, ils en recevront la valeur ou le prix suivant l'état et la vente ; passé le terme d'une année, aucune réclamation ne sera reçue.

N° 449. = 11 germinal an 4 (31 mars 1796). = LOI *qui ordonne l'impression, aux frais de la république, des ouvrages qui, au jugement du jury d'examen, doivent servir de livres élémentaires* (1). (II, Bull. **XXXVI**, n° 280 ; B., LXIII, 284.)

Art. 1er. Les ouvrages présentés au concours ouvert par décret du 9 pluviose an 2, et qui, au jugement du jury d'examen, doivent servir de livres élémentaires dans les écoles primaires de la république, seront imprimés à ses frais, distribués aux membres des deux conseils, et envoyés aux administrations départementales.

2. Les auteurs des ouvrages couronnés, ou de ceux qui ont le plus approché du but du concours, recevront l'indemnité pécuniaire déterminée dans le jugement du jury, lequel jugement sera annexé à la présente résolution.

3. Il sera payé par le trésor public une indemnité de dix mille livres à chaque membre du jury d'examen des livres élémentaires.

N° 450. = 13 germinal an 4 (2 avril 1796). = ARRÊTÉ *du directoire exécutif, qui supprime, à compter du 1er floréal prochain, les agens militaires chargés de fonctions relatives aux jeunes gens de la première réquisition et aux déserteurs de l'intérieur.* (II, Bull. **XXXVII**, n° 282 ; B., LXIII, 290.)

N° 451. = 13 germinal an 4 (2 avril 1796). = ARRÊTÉ *du directoire exécutif, qui détermine le mode de paiement des pensionnaires dits* ecclésiastiques. (II, Bull. **XXXVIII**, n° 298 ; B., LXIII, 291.)

N° 452. = 15 germinal an 4 (4 avril 1796). = LOI *relative au cautionnement à*

_____

(1) Voyez le décret du 13—14 juin 1793, qui institue un concours pour la composition des livres élémentaires destinés à l'enseignement, et les notes.

fournir par les receveurs des impositions directes de département (1).
(II, Bull. **XXXVII**, n° 289 ; B., LXIII, 304.)

Art. 1er. Les receveurs des impositions directes de département seront
tenus de fournir un cautionnement en immeubles.

2. Ce cautionnement sera de la valeur du douzième du montant des impositions directes d'une année.

3. Il sera reçu par les administrateurs de département, et fixé par eux
d'après les rôles desdites impositions.

4. Cette fixation sera renouvelée chaque année.

N° 453. = 15 germinal an 4 (4 avril 1796). = Loi *qui lève la suspension des
rembouremens, et détermine le mode de paiement des obligations, des
loyers et des fermages* (2). (II, Bull. **XXXVII**, n° 290 ; B., LXIII, 305.)

Le conseil...., considérant qu'après avoir assuré aux mandats une valeur
réelle en fixant le montant de leur émission et leur affectant spécialement
un gage qui lui est bien supérieur, il ne reste aucun motif de prolonger la
suspension des paiemens ordonnée par les lois des 25 messidor et 12 frimaire
derniers ; — Considérant qu'il faut promptement chercher à concilier avec
le nouvel ordre dans les finances, les intérêts des débiteurs et des créanciers, de manière à ne pas rendre onéreux le sort des premiers, et à conserver aux autres ce que la justice les mettait en droit d'exiger..., —Prend
la résolution suivante :

Art. 1er. Les lois des 25 messidor et 12 frimaire derniers, qui suspendent
provisoirement les rembouremens, sont abrogées.

2. En exécution de la loi du 28 ventose dernier, toutes les obligations antérieures au 1er janvier 1792, ou contractées depuis en numéraire ou lingots
d'or et d'argent, seront, tant en principal qu'intérêts, acquittées en mandats. Les arrérages des rentes viagères entre particuliers seront payés en
mandats.

3. Quant aux autres obligations contractées et non spécifiées en valeur
numéraire postérieurement à l'époque du 1er janvier 1792, leur valeur
réelle, pour ce qui en reste dû, sera fixée de la manière suivante : — Les
obligations contractées depuis le 1er janvier 1792 au 1er janvier 1793 seront
réduites à quatre-vingt-quinze francs pour cent ; — Celles contractées pendant les cinq premiers mois de 1793, seront réduites à quatre-vingt-cinq
francs pour cent ; — Celles contractées pendant les mois de juin, juillet,
août et septembre, jusqu'au 1er vendémiaire an 2, et pendant les six premiers mois de l'an 2, seront réduites à soixante-quinze francs pour cent ;
— Celles contractées pendant les six derniers mois de l'an 2, et jours complémentaires, seront réduites à soixante-cinq francs pour cent ; — Celles
contractées pendant les trois mois de vendémiaire, brumaire et frimaire de
l'an 3, seront réduites à soixante francs pour cent ; — Celles contractées
dans les mois de nivose et pluviose, même année, seront réduites à cin-

---

(1) Voyez, dans les notes qui accompagnent le titre du décret du 14 (12 et)—24 novembre
1790, l'énonciation des lois relatives à ce cautionnement.
(2) Voyez le décret du 25 messidor an 3 (13 juillet 1795), portant suspension provisoire du
remboursement des rentes, et les notes. — Voyez encore la loi du 29 messidor an 4 (17 juillet
1796), qui rapporte les art. 2 et 3 de la présente ; celle du 5 thermidor suivant (23 juillet 1796),
qui rend libres toutes transactions entre citoyens ; celle du 18 fructidor même année (4 septembre 1796), qui détermine le mode de paiement des fermages arriérés ; et celle du 9 fructidor
an 5 (26 août 1797), relative à la liquidation et au paiement des fermages dus pour l'an 3,
l'an 4 et années antérieures.

quante francs pour cent ; — Celles contractées en ventose et germinal, a quarante francs pour cent ; — Celles contractées en floréal seront réduites à trente francs pour cent ; — Celles contractées en prairial seront réduites à vingt francs pour cent ; — Celles contractées en messidor et thermidor, a quinze francs pour cent ; — Celles contractées en fructidor et jours complémentaires, a dix francs pour cent ; — Celles contractées en vendémiaire an 4, a huit francs pour cent ; — Celles en brumaire, a six francs pour cent ;—Celles en frimaire, à quatre francs pour cent ;—Celles contractées en nivose, a trois francs pour cent ; — Celles contractées depuis, a deux francs pour cent. — Le montant de la valeur réelle des obligations ainsi réduites, soit en capital, soit en intérêts, sera acquitté en mandats (1).

4. Les fermages non payés des biens ruraux, ceux des moulins à blé, et les arrérages des rentes foncières pour l'an 3 et années antérieures, seront payés en grains pour la partie déterminée par les lois ou par les conventions ; et pour le surplus, en mandats.

5. Les fermages des usines non stipulés en nature, seront payés en mandats.

6. Les loyers des maisons dont les baux sont stipulés en numéraire seront payés en mandats (2).

7. Tous les loyers des maisons non stipulés en numéraire seront payés, pour le temps qui s'est écoulé jusqu'au 1er germinal courant, comme ils l'ont été pour le terme précédent.

8. Les locataires qui n'ont pas de baux par écrit, continueront de payer de la même manière les trois mois suivans.

9. Les locataires qui jouissent en vertu d'un bail antérieur au 1er nivose de l'an 3, seront tenus de payer en mandats pour le temps qui s'écoulera depuis le 1er germinal.

10. A l'égard des baux passés depuis le 1er nivose de l'an 3, les propriétaires et les locataires auront respectivement la faculté de les résilier, en s'avertissant trois mois d'avance, si mieux n'aiment les locataires payer en mandats le prix stipulé dans leur bail. La faculté de déclarer la résiliation devra être exercée dans les deux mois a compter de la présente loi. — Les loyers du temps qui écherra jusqu'a la résiliation effectuée, seront payés comme ils l'ont été pour le terme précédent, jusqu'au 1er messidor ; et pour le temps postérieur, en mandats au trentieme du prix stipulé.

11. Tout dépôt sera rendu en nature (3).

12. Tout débiteur pour compte courant dont le solde se trouve payable en assignats, et tout négociant-commissionnaire qui, pour compte de ses commettans, aura vendu des marchandises ou reçu des lettres de change payables en assignats, dont on aura laissé le produit entre ses mains, sans empêchement de sa part à ce qu'il en ait été autrement, sera censé dépositaire des assignats qui lui restent en main par suite de ces opérations, et il

(1) Les acquéreurs de domaines de l'état qui ont soldé le prix de leurs acquisitions en mandats, d'après l'echelle de reduction determinée par cette loi, ont eté valablement liberes Arr. du cons, 2 fevrier 1821, Sir., XXI, 2, 99 — Jugé dans le même sens, par le motif que ce mode de paiement a été presci it aux acquereurs par une circulaire de la régie des domaines du 14 floréal an 4. Arr. du cons., 10 janvier 1821, Sir., Jur. du cons, V, 529.

(2) Les loyers des maisons, échus pendant le cours du papier-monnaie, sont payables en assignats, encore que s'agissant d'un bail fait avant l'emission des assignats, le prix soit stipulé en numeraire. Cass., 11 nivose an 12, Sir., IV, 2, 657; Bull. civ, VI, 112.

(3) Voyez la loi du 7 nivose an 5 (27 décembre 1796), interprétative du présent article; et celle du 24 ventose an 7 (13 janvier 1799), additionnelle au même article.

ne pourra être tenu qu'a les fournir ou à les déposer. Il sera de même tenu de fournir les autres valeurs telles qu'il les aura reçues (1).

13. La loi du 29 nivose an 4, relative aux retraites de lettres de change sur l'étranger, continuera d'être exécutée.

N° 454. = 15 germinal an 4 (4 avril 1796). = LOI *contenant réglement pour l'institut national des sciences et arts* (2). (II, Bull. XXXVII, n° 291 ; B., LXIII, 307.)

Séances.

Art. 1er. Chaque classe de l'institut s'assemblera deux fois par décade : la première classe, les primidi et sextidi ; la seconde classe, les duodi et septidi ; et la troisième classe, les tridi et octidi. La première séance de chaque décade s ra publique.

2. Le bureau de chaque classe sera formé d'un président et de deux secrétaires.

3. Le président sera élu par chaque classe, pour six mois, au scrutin et à la pluralité absolue, dans les premieres séances de vendémiaire et de germinal ; il ne pourra être réélu qu'après six mois d'intervalle.

4. Le président sera remplacé, dans son absence, par le membre présent sorti le plus nouvellement de la présidence.

5. Dans sa première séance de chaque semestre, chacune des classes procèdera a l'élection d'un secrétaire, de la même manière que pour l'élection d'un président. Chaque secrétaire restera en fonctions pendant un an, et ne pourra être réélu qu'une fois. La première fois, on nommera deux secrétaires, et l'un d'eux sortira six mois après par la voie du sort.

6. L'institut s'assemblera le quintidi de la première décade de chaque mois, pour s'occuper de ses affaires générales, prendre connaissance des travaux des classes, et procéder aux élections.

7. Il sera présidé alternativement par l'un des trois présidens des classes, et suivant leur ordre numérique. Le sort déterminera celui qui présidera dans la première séance.

8. Le bureau de la classe du président sera celui de l'institut, pendant la séance, et durant le mois qui la suit ; il sera chargé, dans cet intervalle, de la correspondance et des affaires de l'institut.

9. Les quatre séances publiques de l'institut auront lieu les 15 vendémiaire, nivose, germinal et messidor.

Elections.

10. Quand une place sera vacante dans une classe, un mois après la notification de cette vacance, la classe délibérera, par la voie du scrutin, s'il y a lieu ou non de procéder a la remplir. Si la classe est d'avis qu'il n'y a point lieu d'y procéder, elle délibérera de nouveau sur cet objet trois mois après, et ainsi de suite.

11. Lorsqu'il sera arrêté qu'il y a lieu de procéder à l'élection, la section dans laquelle la place sera vacante présentera a la classe une liste de cinq candidats au moins.

12. S'il s'agit d'un associé étranger, la liste sera présentée par une com-

---

(1) Le commissionnaire ou mandataire qui n'a pas remis à son mandant les fonds qu'il a reçus pour lui, ne peut être consideré comme dépositaire aux termes de cette disposition. Cass., 11 vendemiaire an 7, Sir., J, 1, 163; Bull. civ., 1, 20. — L'opposition faite entre les mains d'un dépositaire ne lui impose pas la nécessité de verser le dépôt, à peine d'être reputé en demeure. Cass., 4 thermidor an 13, Sir., VI, 1, 48.

(2) Voyez la constitution du 5 fructidor an 3 (22 août 1795), art. 298, portant création de l'institut, et les notes qui résument les mesures dont il a eté l'objet.

mission formée d'un membre de chaque section de la classe, élu par cette section.

13. Si deux membres de la classe demandent qu'un ou plusieurs autres candidats soient portés sur la liste, la classe délibérera par la voie du scrutin, et séparément, sur chacun de ces candidats.

14. La liste étant ainsi formée et présentée à la classe, si les deux tiers des membres sont présens, chacun d'eux écrira sur un billet les noms des candidats portés sur la liste, suivant l'ordre du mérite qu'il leur attribue, en écrivant un vis-à-vis du dernier nom, deux vis-à-vis de l'avant-dernier nom, trois vis-à-vis du nom immédiatement supérieur, et ainsi du reste jusqu'au premier nom.

15. Le président fera à haute voix le dépouillement du scrutin, et les deux secrétaires écriront, au dessous des noms de chaque candidat, les nombres qui leur correspondent dans chaque billet : ils feront ensuite les sommes de tous ces nombres ; et les trois noms auxquels répondront les trois plus grandes sommes, formeront, dans le même ordre, la liste de présentation a l'institut.

16. S'il arrive qu'une ou plusieurs autres sommes soient égales à la plus petite de ces trois sommes, les noms correspondans seront portés sur la liste de présentation, dans laquelle on tiendra note de l'égalité des sommes.

17. Si les deux tiers des membres ne sont pas présens a la séance, la formation de la liste de présentation a l'institut sera renvoyée à la plus prochaine séance qui réunira les deux tiers des membres.

18. La liste formée par la classe sera présentée à l'institut dans la séance suivante. Un mois après cette présentation, si les deux tiers des membres de l'institut sont présens à la séance, on procédera a l'élection ; autrement, l'élection sera renvoyée a la plus prochaine séance qui réunira la majorité des membres.

19. L'élection aura lieu entre les candidats portés sur la liste de présentation de la classe, suivant le mode prescrit pour la formation de cette liste. Le candidat au nom duquel répondra la plus grande somme, sera proclamé par le président, qui lui donnera avis de sa nomination.

20. Dans le cas de l'égalité des sommes les plus grandes, on procédera, un mois après, et suivant le mode précédent, a un nouveau scrutin entre les seuls candidats aux noms desquels les sommes répondent.

21. Si plusieurs candidats sont élus dans la même séance, l'âge déterminera leur rang d'ancienneté dans la liste des membres de l'institut.

22. Les citoyens qui, par la loi du 3 brumaire, sur l'organisation de l'instruction publique, doivent être choisis par l'institut pour voyager et faire des recherches sur l'agriculture, seront élus au scrutin, d'après une liste au moins triple du nombre des places a remplir. Cette liste sera présentée à l'institut par une commission formée d'un membre de chaque section des deux premières classes, élus par cette section.

23. Les candidats aux noms desquels répondront, dans le dépouillement du scrutin, les plus grandes sommes prises en nombre égal a celui des places a remplir, seront élus ; et dans le cas d'égalité de suffrages, les plus âgés auront la préférence. ·

Publication des travaux de l'Institut.

24. Chaque classe publiera séparément les mémoires de ses membres et de ses associés : la première, sous le titre de *Mémoires de l'institut national, sciences mathématiques et physiques* ; la seconde, sous celui de *Mémoires de l'institut national, sciences morales et politiques* ; et la troisième, sous

le titre de *Mémoires de l'institut national, littérature et beaux-arts*. Les classes publieront de plus les pièces qui auront remporté les prix, les mémoires des savans étrangers qui leur seront présentés, et la description des inventions nouvelles les plus utiles.

25. L'institut national continuera la description des arts commencée par l'académie des sciences, et l'extrait des manuscrits des bibliothèques nationales commencé par l'académie des inscriptions et belles-lettres. Il sera chargé de toutes les opérations relatives a la fixation de l'unité des poids et mesures; et lorsqu'elles seront terminées, il sera dépositaire d'une mesure originale de cette unité, en platine.

26. Les associés correspondront avec la classe à laquelle ils appartiennent. Ils lui enverront leurs observations et leurs richesses, et lui feront part de tout ce qu'ils connaîtront de nouveau dans les sciences et les arts. Lorsqu'ils viendront à Paris, ils auront droit d'assister aux séances de l'institut et de ses classes, et de participer a leurs travaux, mais sans y avoir ni voix élective, ni fonctions relatives au régime intérieur. Ils ne cesseront d'être associés qu'après un an de domicile a Paris; et dans ce cas, on procédera à leur remplacement.

27. Les six membres de l'institut qui, par la loi du 3 brumaire sur l'organisation de l'instruction publique, doivent faire chaque année des voyages utiles au progrès des arts et des sciences, seront choisis par tiers dans chacune des classes.

Prix.

28. L'institut national proposera six prix tous les ans; chaque classe indiquera les sujets de deux de ces prix, qu'elle adjugera seule. Les prix seront distribués par l'institut, dans les séances publiques.

29. Lorsqu'il aura paru un ouvrage important dans les sciences, les lettres et les arts, l'institut pourra proposer au corps législatif de décerner à l'auteur une récompense nationale.

30. Les trois sections réunies de peinture, de sculpture et d'architecture, choisiront au concours les artistes qui, conformément à la loi du 3 brumaire sur l'instruction publique, seront désignés par l'institut pour être envoyés à Rome.

Fonds de dépenses de l'Institut.

31. Chaque classe nommera deux membres qui seront dépositaires de ses fonds, et chargés, de concert avec le bureau, d'en faire la distribution, de surveiller l'impression des mémoires et toutes les dépenses de la classe.

32. Ces membres seront renouvelés tous les ans; savoir, le plus ancien, dans la première séance de chaque semestre. Ils seront élus au scrutin et à la pluralité absolue. La première fois, la classe en nommera deux, dont un sortira six mois après par la voie du sort.

33. La commission formée des six membres dépositaires des fonds de chaque classe, sera dépositaire des fonds de l'institut, et chargée d'en faire et d'en surveiller l'emploi; elle en rendra compte tous les ans a l'institut.

Emplacemens et bibliothèques.

34. Les emplacemens nécessaires a l'institut pour ses séances et celles de ses classes, pour ses collections et ses bibliothèques, sont fixés conformément au plan annexé à ce réglement.

35. Ils sont exclusivement destinés à l'institut, et aucun changement ne pourra y être fait que sur sa demande et avec l'approbation du directoire exécutif.

36. Il sera attaché aux bibliothèques de l'institut un bibliothécaire et deux sous-bibliothécaires.

37. Le bibliothécaire sera élu par l'institut, au scrutin et à la pluralité absolue.

38. Les sous-bibliothécaires seront nommés par l'institut, et choisis hors de son sein, sur la présentation du bibliothécaire.

39 Les bibliothèques seront sous la surveillance de la commission des six membres chargés des fonds et des dépenses de l'institut.

Compte à rendre au corps législatif.

40. Les secrétaires de chaque classe se réuniront pour rédiger le compte de ses travaux ; ils le présenteront, dans la première séance de fructidor, à la classe, qui, après l'avoir discuté, le présentera à l'institut dans sa séance du même mois.

41. Le président de l'institut écrira ensuite aux présidens des deux conseils, pour demander l'admission de la commission chargée de rendre compte au corps législatif des travaux de l'institut. Cette commission sera composée des bureaux des trois classes.

42. L'institut national est autorisé a faire tous les réglemens de détail relatifs a la tenue de ses séances générales et particulieres et a ses travaux, en se conformant aux dispositions du présent réglement.

N° 455. = 16 germinal an 4 (5 avril 1796). = LOI *portant que la solde des armées de terre et de mer, et des employés à leur suite, sera payée en valeur fixe.* (II , Bull. XXXVIII, n° 301 ; B., LXIII, 314.)

N° 456.=16 germinal an 4 (5 avril 1796). = ARRÊTÉ *du directoire exécutif, contenant des mesures pour assurer le crédit et empêcher la falsification des mandats territoriaux* (1). (II , Bull. XXXVIII, n° 302 ; B., LXIII, 316.)

N° 457. = 17 germinal an 4 (6 avril 1796). = LOI *relative au mode de paiement des rentes et pensions perpétuelles ou viagères dues par le trésor public.* (II , Bull. XXXIX, n° 307 ; B., LXIII, 321.)

N° 458. = 17 germinal an 4 (6 avril 1796). = LOI *qui détermine les valeurs admissibles en paiement de l'emprunt forcé.* (II, Bull. XXXVIII, n° 304 ; B., LXIII, 322.)

N° 459. = 17 germinal an 4 (6 avril 1796). = LOI *qui détermine les formalités à observer avant l'exécution des jugemens militaires.* (II, Bull. XXXIX, n° 308 ; B., LXIII, 323.)

Art. 1er. Dans tout procès soumis a un conseil de guerre, conformément à la loi du deuxieme jour complémentaire (2), le jugement qui interviendra, avant de recevoir son exécution, sera transmis, avec toutes les pieces du procès, au général qui aura fait assembler le conseil de guerre, ou au général son successeur dans le commandement.

---

(1) Voyez la loi du 28 ventose an 4 (18 mars 1796), portant création de ces mandats, et les notes qui resument la législation.
(2) Voyez la loi du 13 brumaire an 5 (3 novembre 1796), art. 42, qui abroge les conseils et commissions militaires etablis en vertu du decret du 2e jour complémentaire an 3 (18 septembre 1795), et les notes.

2. Ce général sera tenu de former sur-le-champ un conseil composé des trois plus anciens officiers supérieurs sous ses ordres, et qui n'auront pas fait partie du conseil militaire : il fera passer a ces officiers les pièces ; ils examineront, dans les vingt-quatre heures, si le jugement est conforme aux lois, tant pour la forme que pour l'application de la peine.

3. Si ces officiers décident, à la majorité des voix, que le jugement a été rendu dans les formes déterminées par la loi, et que la peine n'est pas plus forte que celle qu'elle a appliquée au délit, les trois officiers approuveront le jugement, le signeront, et il sera exécuté dans les vingt-quatre heures (1).

4. Si les trois officiers chargés de l'examen du jugement trouvent, à la majorité des voix, qu'il ait été illégalement rendu, ils en ordonneront la révision, fondée sur l'article de la loi, dont ils rapporteront le texte dans leur procès-verbal.

5. Dans ce cas, l'officier général sera tenu de convoquer sur-le-champ un nouveau conseil de guerre, dont le jugement sera soumis aux mêmes conditions.

6. Les dispositions des précédens articles sont applicables à tout jugement militaire rendu en exécution de la loi du deuxième jour complémentaire, contre des personnes actuellement vivantes.

N° 460.= 18 germinal an 4 (7 avril 1796).= LOI *qui prescrit les formalités à suivre dans le jugement d'un délit pour lequel il aurait été formé plusieurs actes d'accusation contre différens accusés* (2). (II, Bull. XXXIX, n° 309; B., LXIII, 328.)

Art. 1er. Lorsqu'il aura été formé, à raison du même délit, plusieurs actes d'accusation contre différens accusés, les accusateurs publics seront tenus d'en demander la jonction.

2. La demande sera communiquée au commissaire du directoire exécutif, qui donnera son avis motivé.

3. Le tribunal criminel prononcera dans les vingt-quatre heures, et ordonnera que tous les accusés du même délit seront présentés a un seul et même débat.

4. Le tableau du jury sera formé, et les récusations seront exercées de la manière prescrite pour les cas où il se trouve plusieurs co-accusés par le même acte.

N° 461.= 18 germinal an 4 (7 avril 1796) = ARRÊTÉ *du directoire exécutif, qui fixe l'époque à laquelle il ne pourra plus être fait usage du papier timbré en noir, dans les départemens réunis par la loi du 9 vendémiaire dernier.* (II, Bull. XXXIX, n° 312; B., LXIII, 331.)

N° 462. = 20 germinal an 4 (9 avril 1796). =ARRÊTÉ *du directoire exécutif, additionnel à celui du 18 pluviose an 4, sur le mode de promulgation des lois dans les neuf départemens qui composaient la ci-devant Belgique* (3). (II, Bull. XXXIX, n° 316; B., LXIII, 345.)

Le directoire exécutif, considérant que tous les numéros de la seconde

---

(1) Voyez la loi du 18 fructidor an 4 (4 septembre 1796), interprétative de cette disposition.
(2) Voyez le décret du 16—29 septembre 1791, sur la procédure criminelle, et les notes qui résument toute la législation de la matiere.
(3) Voyez, sur le mode de promulgation des lois, le décret du 2—5 novembre 1790, et les notes qui résument la législation.

série du bulletin des lois s'envoient dans les neuf départemens réunis par la loi du 9 vendémiaire dernier, au même nombre, de la même manière, aux mêmes époques et pour les mêmes autorités qu'aux autres départemens de la république, et que ce serait par conséquent faire un double emploi et occasioner des dépenses frustratoires que de réimprimer les lois comprises dans cette série du bulletin, lorsque la promulgation en serait spécialement ordonnée suivant les formes prescrites par l'arrêté du 18 pluviose dernier ; —Considérant, en outre, que dans les cas prévus par l'article 11 de la loi du 12 vendémiaire dernier, les administrations départementales et municipales ont la faculté d'ordonner la réimpression et l'affiche de celles pour lesquelles elles jugent ces formalités convenables; — Arrête qu'à l'égard des lois rendues par le corps législatif et insérées au bulletin, l'ordre spécial de publication, qui sera imprimé et distribué, contiendra seulement l'indication du bulletin dans lequel ces lois seront renfermées, et leur numéro particulier. — L'arrêté du 18 pluviose dernier continuera, au surplus, d'être exécuté dans toutes ses autres dispositions.

N° 463. = 22 germinal an 4 (11 avril 1796). = Loi *qui interdit l'usage des cloches et toute autre espèce de convocation publique pour l'exercice d'un culte* (1). (II , Bull. xxxix, n° 318 ; B., LXIII, 351.)

Art. 1er. Tout individu qui, au mépris de l'article 7 de la loi du 3 ventose an 3, ferait aucune proclamation ou convocation publique, soit au son des cloches, soit de toute autre manière, pour inviter les citoyens à l'exercice d'un culte quelconque, sera puni, par voie de police correctionnelle, d'un emprisonnement qui ne pourra être moindre de trois décades, ni excéder six mois pour la première fois, et une année en cas de récidive.

2. Les ministres d'un culte qui feraient ou provoqueraient de pareilles convocations, ou qui, instruits de la publicité de la convocation d'une assemblée, y exerceraient quelque acte relatif à leur culte, seront punis, pour la première fois, d'une année de prison; en cas de récidive, ils seront condamnés à la déportation.

N° 464. = 22 germinal an 4 (11 avril 1796). = Loi *qui autorise la réquisition des ouvriers pour les travaux nécessaires à l'exécution des jugemens.* (II, Bull. xxxix, n° 319; B., LXIII, 352.)

Art. 1er. Les commissaires du directoire exécutif près les tribunaux, requerront les ouvriers, chacun a leur tour, de faire les travaux nécessaires pour l'exécution des jugemens, a la charge de leur en faire compter le prix ordinaire.

2. Tout ouvrier qui refuserait de déférer à la réquisition desdits commissaires, sera condamné, la première fois, par voie de police simple, à un emprisonnement de trois jours; et en cas de récidive, il sera condamné, par voie de police correctionnelle, a un emprisonnement qui ne pourra être moindre d'une décade, ni excéder trente jours.

N° 465. = 22 germinal an 4 (11 avril 1796). = Arrêté *du directoire exécutif, concernant la peine à infliger pour les délits commis sur les arbres de la liberté.* (II , Bull. xxxix, n° 321 ; B., LXIII, 352.)

---

(1) Cette prohibition a été implicitement abrogée par l'art. 48 de la loi du concordat du 18 germinal an 10 (8 avril 1802), qui défend de sonner les cloches pour *autre cause* que pour le service divin.

Nº 466. = 22 germinal an 4 (11 avril 1796). = ARRÊTÉ *du directoire exécutif, qui crée un inspecteur des transports militaires pour chaque armée, et règle ses fonctions.* (II, Bull. XXXIX, nº 320; B., LXIII, 353.).

Nº 467. = 23 germinal an 4 (12 avril 1796). = ARRÊTÉ *du directoire exécutif, concernant le jugement des instances relatives aux douanes dans les départemens réunis par le décret du 9 vendémiaire an 4.* (II, Bull. XXXIX, nº 323; B., LXIII, 356.)

Les lois des 4 germinal de l'an 2 et 14 fructidor de l'an 3, concernant l'instruction et le jugement des instances en matière de douanes, seront exécutées dans les pays réunis par la loi du 9 vendémiaire dernier, comme dans les autres départemens de la république : en conséquence, les administrations départementales de ces pays réunis, auxquels le jugement de ces instances avait été provisoirement attribué, cesseront d'en connaître ; elles seront portées devant les juges de paix, et par appel aux tribunaux civils des départemens.

Nº 468. = 25 germinal an 4 (14 avril 1796). = LOI *portant que les pièces républicaines de cinq francs seront reçues pour cinq livres un sou trois deniers tournois.* (II, Bull. XXXIX, nº 324; B., LXIII, 378.)

Nº 469. = 27 germinal an 4 (16 avril 1796). = LOI *portant des peines contre toute espèce de provocation à la dissolution du gouvernement républicain, et tout crime attentatoire à la sûreté publique et individuelle.* (II, Bull. XL, nº 325; B., LXIII, 388.)

Art. 1ᵉʳ. Sont coupables de crime contre la sûreté intérieure de la république et contre la sûreté individuelle des citoyens, et seront punis de la peine de mort, conformément a l'article 612 du Code des délits et des peines, tous ceux qui, par leurs discours ou par leurs écrits imprimés, soit distribués, soit affichés, provoquent la dissolution de la représentation nationale, ou celle du directoire exécutif, ou le meurtre de tous ou aucun des membres qui les composent, ou le rétablissement de la royauté, ou celui de la constitution de 1793, ou celui de la constitution de 1791, ou de tout gouvernement autre que celui établi par la constitution de l'an 3, acceptée par le peuple français, ou l'invasion des propriétés publiques, ou le pillage ou le partage des propriétés particulières, sous le nom de *loi agraire* ou de toute autre manière. La peine de mort mentionnée au présent article, sera commuée en celle de la déportation, si le jury déclare qu'il y a dans le délit des circonstances atténuantes.

2. Les délits énoncés dans l'article précédent seront poursuivis immédiatement par le directeur du jury faisant fonctions d'officier de police, de la manière prescrite par l'article 243 de l'acte constitutionnel, et soumis à des jurés spéciaux d'accusation et de jugement, conformément aux dispositions du titre XIII du Code des délits et des peines.

3. Les directeurs du jury d'accusation procéderont, sous peine de forfaiture, a l'instruction de ces affaires, sans délai, sans discontinuation, et toute affaire cessante.

4. Immédiatement après la traduction des accusés aux tribunaux criminels, le président du tribunal les entendra, ou commettra un juge pour les entendre. Il procédera de suite à la formation du tableau des jurés, et con-

voquera le jury de jugement pour un jour tres prochain, et sans attendre l'époque ordinaire de l'ouverture des sessions. La contravention a cet article est une forfaiture, et punie comme telle.

5. Tout rassemblement ou se feraient des provocations de la nature de celle mentionnée en l'article 1er, prend le caractère d'un *attroupement séditieux*. Les bons citoyens qui en sont les témoins, arrêteront les coupables, ou, s'ils sont trop faibles, ils avertiront la force armée la plus voisine.

6. Tous ceux qui se trouveront dans ces rassemblemens, seront tenus de se retirer aussitôt après la première sommation qui leur en sera faite par le magistrat ou par le commandant de la force armée. — Ceux qui resteraient après cette sommation, seront saisis et punis, savoir, les étrangers, ou déportés rentrés en France, de la peine mentionnée en l'article 1er de la présente résolution ; ceux qui, ayant rempli des fonctions publiques, soit au choix du peuple, soit a tout autre titre, et ayant été mis en accusation ou hors de la loi, n'ont pas été acquittés par un jugement, de la peine de déportation ; et tous autres, de la peine de cinq années de fers.

7. Si les attroupés opposent de la résistance a la garde qui se met en devoir de les arrêter, la résistance sera vaincue.

8. Ceux qui, n'ayant pas obéi a la sommation prescrite par l'article précédent, auront été saisis, seront poursuivis et jugés en la forme et de la manière prescrite par les articles 2, 3, 4 et 5 ci-dessus.

9. Toute personne qui paraitra en public, portant un signe de ralliement autre que la cocarde nationale, sera arrêtée et punie d'une année de détention, par voie de police correctionnelle. Celles qui, portant ces signes, seront arrêtées dans les attroupemens, seront poursuivies de la manière prescrite en l'article 8 ; et si elles sont dans le cas de la peine des fers, elles seront punies d'une peine double.

N° 470. = 28 germinal an 4 (17 avril 1796). = Loi *portant suspension provisoire de la vente des biens des hôpitaux* (1). (II, Bull. XLI, n° 338 ; B., LXIII, 392.)

Les biens des hôpitaux et autres établissemens de charité et de bienfaisance, sont provisoirement exceptés de ceux compris dans la loi du 28 ventose sur la vente des biens nationaux affectés aux mandats territoriaux.

N° 471. = 28 germinal an 4 (17 avril 1796). = Loi *contenant des mesures répressives des délits qui peuvent être commis par la voie de la presse* (2). (II, Bull. XL, n° 328 ; B., LXIII, 393.)

Art. 1er. Il ne doit être imprimé aucuns journaux, gazettes, ou autres feuilles périodiques que ce soit, distribué aucun avis dans le public, imprimé ou placardé aucune affiche, qu'ils ne portent le nom de l'auteur ou des auteurs, lé nom et l'indication de la demeure de l'imprimeur.

2. La contravention a cette disposition, soit par le défaut de mention du nom de l'auteur ou du nom et de la demeure de l'imprimeur, soit par l'expression d'un faux nom ou d'une fausse demeure, sera poursuivie par les officiers de police, et punie, indépendamment de ce qui pourrait donner

---

(1) Voyez, dans les notes qui accompagnent le décret du 23 messidor an 2 (11 juillet 1794), concernant la liquidation de l'actif et du passif des hôpitaux, le résumé des lois relatives a leurs biens.

(2) Voyez, dans les notes qui accompaguent l'art. 353 de la constitution du 5 fructidor an 3 (22 août 1795), le resumé de la législation sur la presse.

lieu aux poursuites dont il sera parlé ci-après, d'un emprisonnement, par forme de police correctionnelle, du temps de six mois pour la première fois, et, en cas de récidive, du temps de deux années.

3. S'il est inséré dans les écrits mentionnés ci-dessus quelque article non signé, ou extrait ou supposé extrait de papiers étrangers, celui qui fait publier le journal ou autre écrit sous son nom, en sera responsable.

4. Les mêmes peines seront appliquées aux distributeurs, vendeurs, colporteurs et afficheurs d'écrits imprimés en contravention à l'article précédent.

5. Les auteurs qui se permettraient de composer, et généralement toutes personnes qui imprimeraient, distribueraient, vendraient, colporteraient, afficheraient des écrits contenant les provocations déclarées criminelles par la loi du 27 germinal présent mois, seront poursuivis de la manière qu'il est porté dans ladite loi contre les auteurs de ces provocations.

6. Ceux qui seront trouvés vendant, distribuant, colportant ou affichant aucun desdit écrits, seront arrêtés et conduits devant le directeur du jury d'accusation ; ils seront tenus de nommer les personnes qui leur ont remis lesdits écrits. Les personnes déclarées seront successivement appelées, jusqu'à ce que le directeur du jury parvienne à l'imprimeur ou à l'auteur.

7. Dans le cas où l'auteur serait arrêté, il sera poursuivi et jugé conformément à la loi du 27 germinal an 4, et puni des peines portées dans ladite loi.

8. Dans le cas où l'auteur ne serait point indiqué par les imprimeurs, vendeurs, distributeurs, colporteurs et afficheurs, ainsi que dans le cas où les indications qu'ils auraient données se trouveraient fausses, ou porteraient, soit sur un étranger, soit sur une personne non domiciliée, ils seront punis de deux années de fers ; en cas de récidive, ils seront punis de la déportation.

9. Si le jury déclare qu'il y a dans le délit des circonstances atténuantes, la peine prononcée par l'article précédent contre les personnes y dénommées pourra être commuée en une détention par forme de police correctionnelle, qui ne pourra être moindre de six mois.

10. Lesdits imprimeurs, distributeurs, vendeurs, colporteurs et afficheurs arrêtés en exécution de la présente loi, ne seront jugés et ils ne pourront, en aucun cas, être mis en liberté, qu'après le jugement de l'auteur, s'il a été dénoncé et saisi, ou après que l'inutilité des recherches pour le découvrir et le saisir aura été constatée, soit par un procès-verbal de perquisition, soit par la déclaration des imprimeurs, distributeurs, vendeurs, colporteurs et afficheurs, que l'auteur leur est inconnu.

Nº 472.=29 germinal an 4 (18 avril 1796).=ARRÊTÉ *du directoire exécutif, qui fixe provisoirement les bases du traitement des employés salariés par le trésor public.* (II, Bull. XLI, nº 339 ; B., LXIII, 410.)

Nº 473.=3 floréal an 4 (22 avril 1796). = LOI *qui détermine le mode de surveillance à exercer par le corps législatif sur la trésorerie nationale, et l'organisation de cette administration.* (II, Bull. XLIV, nº 356 ; B., LXIV, 33.)

Nº 474. = 4 floréal an 4 (23 avril 1796). = LOI *qui détermine le mode et les conditions des retenues que les préposés des douanes pourront exercer*

sur les marchandises impoi tées et exportées. (II , Bull. **XLIII** , n° 344 ;
B., LXIV, 40.)

N° 475. = 4 floréal an 4 (23 avril 1796). =**ARRÊTÉ** *du directoire exécutif,
concernant le mode d'application des lois sur les émigrés de la France
à ceux trouvés dans les départemens réunis , le 9 vendémiaire an* 4 , *au
territoire de la république.* (II, Bull. **XLIII** , n° 345 ; B., LXIV, 41.)

N° 476. = 6 floréal an 4 (25 avril 1796). = **LOI** *qui détermine le type des
mandats territoriaux.* (II, Bull. **XLII** , n° 344 ; B., LXIV, 52.)

N° 477. = 6 floréal an 4 (25 avril 1796). = **LOI** *contenant instruction pour
l'exécution de celle* du 28 *ventose dernier, qui crée les mandats territoriaux* (1). (II, Bull. **XLII** , n° 340 ; B., LXIV, 53.)

Le conseil. . . ., considérant la nécessité d'assurer promptement, par une
instruction, l'exécution de la loi du 28 ventose. . ., prend la résolution suivante :—L'instruction dont la teneur suit est adoptée , et sera exécutée dans
toutes ses dispositions.

Instruction.

Le corps législatif a , par la loi du 28 ventose, créé les mandats territoriaux : les plus puissans motifs ont dicté cette loi ; l'intérêt de tous commande
son exécution ; et pour la faciliter, pour prévenir toutes les difficultés, il faut
donner aux mesures d'exécution les développemens nécessaires.—L'article 4
de la loi du 28 ventose porte « que les mandats emporteront avec eux hy-
« pothèque, privilége et délégation spéciale sur tous les domaines natio-
« naux situés dans toute l'étendue de la république, de manière que tout
« porteur de ces mandats pourra se présenter à l'administration du dépar-
« tement de la situation du domaine national qu'il voudra acquérir, et le
« contrat de vente lui en sera passé sur le prix de l'estimation qui en sera
« faite. » — Il faut rappeler d'abord quelles sont les propriétés nationales
affectées aux mandats ; 2° établir les formalités a suivre par les porteurs de
mandats qui désirent les convertir en domaines nationaux ; 3° ce que devront faire les administrateurs de département pour les évaluations, les estimations et les fixations de prix ; 4° comment se formera le titre translatif
de propriété , et quelles seront les obligations imposées aux acquéreurs, et
la manière dont ils seront tenus de les acquitter.

§ Ier.

La loi du 28 ventose affecte aux mandats *tous les domaines nationaux
situés dans toute l'étendue de la république.* Elle ne fait d'exception que des
bois et forêts au dessus de trois cents arpens , et des maisons et édifices destinés par la loi à un service public. — Les administrations de département
prononceront dans la décade , lorsqu'il s'élèvera des difficultés sur la question de savoir si l'objet soumissionné doit ou non être compris dans ces exceptions.—Les domaines nationaux se divisent en deux classes : la première
comprend les biens ruraux ; la seconde , les maisons , moulins et usines ; et
on distingue dans ces biens ceux qui sont indivis , ceux qui sont tenus à
bail emphytéotique, ceux qui sont grevés d'un usufruit.—Les biens indivis
ne sont pas moins susceptibles d'être vendus que les autres ; ils peuvent être

----

(1) Voyez cette loi du 28 ventose an 4 (18 mars 1796), et les notes qui résument toute la
législation concernant les mandats.

soumissionnés et aliénés en totalité, si le prétendant droit n'a pas formé sa réclamation dans les délais que la loi lui prescrivait ; ils peuvent être aliénés pour la portion appartenant a la république, si les droits du co-propriétaire ont été réclamés et reconnus; l'acquéreur entrera alors dans tous les droits de la nation, et partagera en son lieu et place avec le co-propriétaire. — Quant aux biens tenus à bail emphytéotique, on ne peut prendre les baux pour règle d'évaluation ; mais ces biens doivent être évalués d'après la contribution, ou estimés par experts, dans le cas ou les rôles et matrices des rôles de contribution foncière ne fourniraient pas moyen de faire l'évaluation.—Enfin la valeur des biens grevés d'usufruit sur une ou plusieurs têtes, sera réglée à la moitié du prix auquel le bien aurait été évalué s'il n'eût pas été grevé d'usufruit, toutes les fois que le plus jeune n'aura pas atteint l'âge de cinquante ans ; et lorsque l'usufruitier sera plus avancé en âge, la valeur des biens grevés d'usufruit sera réglée aux trois quarts.—Tous les domaines nationaux sont vendus quittes de toutes charges et hypothèques, et il ne peut être reçu d'oppositions qu'autant que les opposans prétendraient qu'un domaine présumé national est leur propriété patrimoniale, et, en ce cas, l'administration du département prononcera dans la décade.—Les domaines nationaux sont vendus tels qu'ils sont ; mais les fruits et fermages seront partagés comme les loyers de maisons, de manière que le fermier ou le cultivateur comptera au receveur des domaines, du quart, du tiers ou de telle autre portion de ses prestations annuelles, suivant qu'à l'époque de la vente il se sera écoulé un tiers, un quart ou telle autre partie de l'année, a compter de l'époque fixée pour l'entrée en jouissance du fermier. Ainsi les porteurs de mandats pourront facilement reconnaitre les domaines nationaux sur lesquels leurs soumissions peuvent être faites ; on ne pourra leur opposer aucune exception que celle portée dans la loi du 28 ventose dernier, et dans la présente instruction (1).

§ II.

' La loi du 28 ventose autorise tout porteur de mandats à se présenter à l'administration du département de la situation du domaine qu'il voudra acquérir, et porte que le contrat de vente lui en sera passé sur le prix de l'estimation qui en sera faite.—Le porteur de mandats doit trouver, tant auprès des corps administratifs et municipalités, que dans les bureaux des préposés de la régie des domaines, tous les renseignemens qui pourront lui être utiles; ils ne pourront lui être refusés. Le corps législatif ne croit pas avoir besoin de provoquer à cet égard le zèle et le patriotisme des fonctionnaires publics : tous doivent sentir ce que commande l'intérêt général.—Les administrations de département ne doivent pas même attendre les soumissions pour faire faire un état circonstancié des biens nationaux de leur territoire, et en fixer le prix d'après les baux de 1790, ou d'après la contribution a laquelle ils ont été imposés en 1793, afin qu'à chaque instant les porteurs de man-

---

(1) Lorsqu'un bien national est vendu *avec ses servitudes actives et passives*, cette déclaration s'étend au droit de parcours sur ce fonds. Cass , 13 fructidor an 9, Sir., XX, 1, 467. — Une commune qui, à l'époque de la vente d'un domaine sur lequel elle aurait eu un droit de pacage, n'a pas fait ses réclamations conservatoires, aux termes de la loi du 6 floréal an 4, n'est pas recevable a contester la validité de cette vente, parce qu'elle aurait été faite en franchise de son droit de pacage. Avis du cons , 6 septembre 1814, Sir., Jur. du cons., III, 5.

En cas de vente d'un domaine national , l'état doit profiter des fruits qui ont été recueillis dans l'année de la vente , a proportion du temps qui s'est écoulé entre le premier jour de l'année et celui de l'adjudication, encore même que, l'immeuble n'étant pas livré, les fruits consistent en récoltes pendantes par racines. Cass., 19 germinal an 12, Sir., VII, 2 , 983 ; Bull. civ., VI, 231.

dats puissent prendre connaissance des biens qui leur sont affectés, et de leur
évaluation. — Mais la facilité donnée aux porteurs de mandats ne doit pas
être une source d'abus; il faut prévoir ceux qu'on vit naître dans les premiers temps de l'adjudication des domaines nationaux. Alors des hommes
d'une insolvabilité notoire se présentaient aux enchères, et contractaient des
obligations qu'ils étaient hors d'état de remplir : ils cherchaient a mettre à
contribution ceux qui voulaient sérieusement acquérir ; ils entravaient les
opérations des corps administratifs. On verrait ces mêmes hommes multi-
plier leurs soumissions, pour ensuite les céder avec avantage ou les laisser
sans exécution. — Tous ceux qui de bonne foi voudront acquérir, et qui,
d'après la loi du 28 ventose dernier, doivent être porteurs de mandats, et
fournir le paiement de la moitié du prix dans la décade de l'acte de vente,
ne se plaindront pas qu'on exige d'eux, avant la soumission, la consignation du quart au moins du prix présumé des objets qu'ils voudront soumettre ; et cette précaution suffira pour écarter les spéculateurs avides, et
pour donner a la république une garantie de l'exécution des soumissions ;
elle préviendra aussi les contestations entre ceux qui prétendraient à un
même objet. — Cette consignation se fera entre les mains du receveur des
domaines nationaux du chef-lieu du département, en mandats ou en promesses de mandats ; elle ne pourra être refusée comme insuffisante. Mais
dans le cas où elle serait au dessous du cinquième, et qu'il se serait présenté
postérieurement un autre soumissionnaire pour le même objet, qui aurait
fait la consignation prescrite du quart au moins, celui-ci obtiendra la préférence de l'adjudication. — Les soumissions seront faites d'après le modèle
annexé a la présente ; elles pourront comprendre un ou plusieurs objets
d'acquisition : mais on formera autant de lots particuliers d'évaluation ou
d'estimation qu'il y aura de corps de ferme ou de métairies ; et toutes les
fois qu'il y aura des sous-baux, on formera un lot particulier des objets
compris dans chaque sous-bail, et celui-ci servira de base à l'évaluation de
ce qu'il comprendra. — Dans les cas où il n'y a point de baux, les lois précédentes recommandaient aux corps administratifs de diviser, autant que la
nature des objets pouvait le permettre. On pourra donc faire des soumissions
pour de médiocres portions des domaines qui ne sont pas affermés, et ces
soumissions ne pourront être rejetées qu'autant que les corps administratifs trouveraient que le corps de la propriété en serait dénaturé, et que
l'intérêt de la nation serait évidemment compromis, si elles étaient admises.

§ III.

Les principales obligations de l'administration de département commencent au moment où le porteur de mandats se présente pour faire sa soumission. Il sera tenu par chaque administration un registre pour l'enregistrement des soumissions, et ce registre sera coté, paraphé et formé suivant
le modèle annexé au présent. — Les soumissions seront reçues et enregistrées dans l'ordre que se présenteront les porteurs de mandats avec leur
quittance de consignation. — Il n'en sera reçu que trois jours après la publication de la présente instruction au chef-lieu du département : les soumissions faites auparavant sont regardées comme non avenues.—Lorsque le
même jour plusieurs soumissionnaires se seront présentés, et auront fait
des consignations pour le même objet, le sort décidera de la préférence
entre eux.—Lorsqu'un soumissionnaire se présentera pour plusieurs objets,
il sera tenu de diviser et de spécialiser sa consignation sur chaque corps de
ferme ou sous-ferme ou métairie. — Aussitôt que la soumission sera enregistrée, l'administration s'occupera des moyens de fixer le prix de l'objet sou-

missionné. — Le prix du bail se compose de tout ce que le fermier s'est obligé de fournir, de faire ou d'acquitter, de quelque nature que soit l'obligation, dès qu'elle était onéreuse au fermier. S'il doit des grains, on doit les évaluer d'après le prix qu'ils valaient en 1790 ; s'il est obligé à d'autres redevances, on doit de même en fixer le prix de 1790, ou d'après les mercuriales, pour ce qui s'y trouve apprécié, ou d'après une estimation d'experts, pour les autres objets, et composer du tout le prix du bail sur lequel le capital sera fixé. — On ne doit pas omettre aussi d'ajouter au prix du bail les pots de vin payés par les fermiers, et de vérifier avec soin s'il existe des contre-lettres que le fermier n'aurait pas déclarées, parce qu'alors elles doivent, comme les pots de vin, être ajoutées au prix du bail. — Enfin, il faut aussi ajouter au prix du bail les impositions, charrois, corvées, et toutes autres redevances, ainsi que les dîmes, cens et droits féodaux supprimés, etc., dus en 1790, et qui étaient à la charge du fermier. — Les baux existant en 1790 font la base des évaluations pour tous les biens qui s'y trouvent compris, de quelque classe qu'ils soient : s'il n'y a point de baux, les biens ruraux sont évalués d'après la contribution foncière, et les moulins, maisons et usines sont estimés. — Dans le cas où il n'est pas besoin du ministère d'experts, l'administration doit s'occuper, dans le plus court délai, de fixer le prix de l'objet soumissionné ; et dans tout autre cas, elle doit accélérer le travail des experts. — Si un même bail comprend des biens des deux classes, il faudra faire procéder par experts à une ventilation ou estimation des objets affermés confusément, pour, d'après la fixation du prix de chaque classe, former le capital de chaque portion suivant la classe à laquelle elle appartient. — A défaut de bail authentique en 1790, la contribution doit servir de base d'évaluation pour les biens ruraux ; mais il faut que le rôle ou la matrice du rôle ne confonde pas des biens non compris dans une même soumission, sans quoi on serait réduit à l'estimation par experts. — L'évaluation prescrite d'après la contribution de 1793 doit avoir pour base la totalité de cette contribution, tant en principal que sous additionnels. — Si le préposé de l'enregistrement reconnaît que la contribution foncière est inférieure à la proportion légale, il pourra réclamer l'estimation du domaine soumissionné, et l'administration pourra l'ordonner. — Dans tous les cas d'évaluation sur la contribution foncière, ou d'estimation par experts, faute de baux authentiques, s'il se trouve des baux sous seing privé ou emphytéotiques, quoiqu'ils ne doivent pas servir de base aux évaluations, les évaluations sur la contribution foncière, ou les estimations d'experts, ne pourront être inférieures à celles qui auraient eu pour base les baux sous seing privé ou les baux emphytéotiques ; elles ne pourront aussi, dans aucun cas, être inférieures aux estimations qui ont été faites précédemment. — La contribution foncière ne peut servir de base pour l'évaluation des maisons, moulins et usines ; ainsi, lors même que la contribution foncière sert de base à l'évaluation d'une ferme, les bâtimens doivent en être estimés et le prix ajouté au montant de l'évaluation. — Tous les bois tant de futaie que baliveaux sur taillis, ne pouvant être considérés comme faisant partie des biens affermés, ni être évalués sur la contribution foncière, parce qu'ils ne produisent pas un revenu annuel, seront estimés en fonds et superficie. — Les taillis le seront de même, toutes les fois qu'ils ne seront pas compris dans un bail qui en donne la coupe au fermier ; en ce dernier cas, il sera seulement procédé à l'estimation des baliveaux et arbres de réserve, dont le prix sera ajouté au prix du bail. — Dans tous les cas d'estimation par experts, elle ne pourra être inférieure au capital que fournirait l'évaluation d'après la contribution foncière. — Les cheptels, semences, et autres avances faites aux colons par les propriétaires, seront toujours estimés et leur valeur payée en sus des autres objets compris dans la soumission. — Les bois au dessous de trois cents arpens doivent être à la distance de plus de mille toises des forêts, pour ne pas être censés en faire partie.—Les biens qui dépendront de quelques maisons ou bâtimens y attenant ou servant à leur exploitation, ne pourront être vendus qu'avec lesdites maisons ou bâtimens, toutes les fois que la vente séparée pourrait nuire a l'intérêt de la république. — L'administration du département appellera le directeur des domaines pour assister et donner ses renseignemens lors du réglement d'évaluation du prix des biens soumissionnés ; et il sera tenu d'y assister, ou d'y faire assister un autre préposé qui signera le procès-verbal que rédigera l'administration du département. Le procès-verbal sera fait d'après le modele annexé au présent. — S'il faut procéder a une estimation d'experts, l'un est nommé par le soumissionnaire, l'autre par l'administration : et en cas de partage entre eux, l'administration nomme un tiers. On ne prescrit dans le choix aucune condition ; il suffit qu'ils méritent la confiance. Ils ne sont assujétis a aucun serment ; mais, avant de commencer leurs opérations, ils se rendront chez le commissaire du directoire près la municipalité de la situation des biens, et lui exhiberont leur commission.—Ledit commissaire et les experts se transporteront ensuite sur le bien, constateront sa situation, sa consistance, fixeront le revenu de ce bien en 1790, et le capital sera formé en multipliant ce revenu par vingt-deux ou par dix-huit, suivant la nature des biens. Leur procès-verbal sera rédigé d'après le modèle annexé au présent. — Les vacations des experts seront réglées par l'administration du département, et payées sur les deniers consignés par le soumissionnaire. Il sera alloué au commissaire la moitié de la vacation d'un expert, laquelle lui sera payée de même. — Les experts recevront leurs commissions du département, et seront tenus de commencer leurs opérations dans la décade, de les continuer sans interruption, et de les terminer au plus tard dans le mois ; sauf, en cas de maladie, a demander leur remplacement : faute a eux de se conformer a cette disposition, il sera nommé d'autres experts ; et les premiers ne pourront plus être nommés pour remplir ces fonctions, et ne pourront demander aucun salaire pour les opérations qu'ils auront commencées. — Toutes les fois que l'administration décidera que l'objet soumissionné n'est pas susceptible d'être aliéné, la somme consignée par le soumissionnaire lui sera restituée de suite sans frais. Cette restitution sera faite de même dans tous les cas où l'administration du département rejettera une soumission.—Les administrations de département seront tenues de prononcer sur le rejet ou l'admission des soumissions dans la décade au plus tard de leur date. Elles ne pourront admettre une nouvelle soumission sur les objets sur lesquels elles en auront rejeté une première ; mais si leur décision est réformée par l'autorité supérieure, la première soumission aura son effet ; et a défaut par le soumissionnaire de la remplir, il en pourra être reçu une seconde.— S'il était possible que les administrations négligeassent de remplir avec activité et avec zèle les fonctions qui leur sont déléguées, elles seront responsables du retard, et des indemnités qui pourraient être dues aux soumissionnaires.

§ IV.

L'évaluation réglée par l'administration du département, ou l'estimation terminée par les experts, le procès-verbal de réglement servira de base à l'acte de vente qui sera passé dans la forme ordinaire entre l'administration du département et le soumissionnaire, d'après le modele annexé au présent. — L'acquéreur paiera, en sus du prix fixé par le proces-verbal d'évaluation ou d'estimation, tous les frais faits, lesquels seront composés, 1° des vacations d'experts et commissaire, papiers et enregistrement des procès-verbaux, et enregistrement des actes de vente; 2° d'un demi pour cent du montant du prix principal, dont deux tiers seront employés en indemnité au profit, tant des administrateurs que du commissaire du directoire exécutif, et du directeur ou préposé de la régie présent, et l'autre tiers en salaires et gratifications aux secrétaires et commis de l'administration. — Les préposés a la recette des domaines nationaux sont chargés de suivre le recouvrement du prix des ventes, qui ne pourra être fait qu'en mandats ou promesses de mandats. — Les adjudicataires qui ne paieront pas le prix de leurs acquisitions à chacune des époques fixées par leur contrat, en seront déchus de plein droit, sans aucune formalité; le contrat est déclaré non avenu, et la restitution des sommes par eux payées ne leur sera faite qu'après avoir vérifié s'ils n'ont point détérioré les biens, et à la déduction de tous les frais et d'une amende d'un vingtième du prix principal de l'adjudication, outre les dommages et intérèts qui pourraient résulter des dégradations. — Les receveurs des domaines nationaux ne pourront annuler les mandats ou promesses de mandats avant le contrat de vente; ils seront tenus d'annuler a cette époque tout ce qui formait le prix de l'adjudication, et les feront passer a la trésorerie nationale, qui les fera brûler dans la forme ordinaire. — Le primidi de chaque décade, le commissaire du pouvoir exécutif auprès de chaque administration de département enverra au ministre des finances l'état des soumissions et des ventes, et des sommes payées à compte ou pour solde.

(Suivent les modèles des soumissions et autres actes ordonnés par la présente loi.)

N° 478. = 6 floréal an 4 (25 avril 1796). = ARRÊTÉ *du directoire exécutif, qui ordonne la publication de plusieurs lois sur l'ordre judiciaire, dans les neuf départemens réunis par la loi du 9 vendémiaire an 4.* (II, Bull. XLII, n° 342; B., LXIV, 72.)

N° 479. = 7 floréal an 4 (26 avril 1796). = LOI *qui détermine les coupures des mandats territoriaux, et les opérations relatives à leur fabrication.* (II, Bull. XLIII, n° 347; B., LXIV, 75.)

N° 480. = 8 floréal an 4 (27 avril 1796). = LOI *qui prescrit la forme de procéder sur les appels en matière de prises* (1). (II, Bull. XLIV, n° 368; B., LXIV, 84.)

Art 1er. Les appels de tribunaux de commerce, en matière de prises, seront portés aux tribunaux de département.

2. Les affaires de cette nature où des neutres auront un intérêt quelconque, seront communiquées au commissaire du directoire exécutif, dans les vingt-quatre heures du dépôt des pièces au greffe du tribunal.

3. Si le commissaire le juge nécessaire, il en référera sur-le-champ au ministre de la justice, qui, après avoir consulté le directoire, répondra dans la décade a la dépêche du commissaire: ce dernier, avant le jugement, sera tenu de donner ses conclusions et de les laisser par écrit.

4. Les consuls ou vice-consuls de la république, dans les ports étrangers

---

(1) Voyez, sur la procédure en matière de prises, l'arrêté du 2 prairial an 11 (22 mai 1803), et les notes qui résument toute la législation.

où seront conduites les prises faites par des Français, feront remplir par leurs chanceliers les formalités prescrites par la loi du 3 brumaire an 4 aux juges de paix.

5. Les consuls ou vice-consuls prononceront, comme les tribunaux de commerce, sur la validité des prises.

6. Les appels de leurs jugemens seront portés, comme ceux des tribunaux de commerce, aux tribunaux de département, savoir, pour ceux établis sur la Méditerranée, au tribunal du département des Bouches-du-Rhône; pour ceux établis sur les mers du Nord, au tribunal du département du Nord; pour ceux établis dans les autres ports de l'Océan ou en Amérique, au tribunal du département de la Loire-Inférieure; et pour ceux établis au-delà du cap de Bonne-Espérance, au tribunal du département du Morbihan.

N° 481. = 9 floréal an 4 (28 avril 1796). = Loi *portant que les séances ordinaires et journalières de l'institut national ne seront point publiques.* (II , Bull. xLIV, n° 371 ; B., LXIV , 86.)

N° 482. = 10 floréal an 4 (29 avril 1796).=Loi *qui rapporte celle du 23 brumaire an 2, relative aux enfouissemens de métaux ou effets précieux.* (II, Bull. xLIII, n° 348; B., LXIV, 91.)

N° 483. = 11 floréal an 4 (30 avril 1796). = ARRÊTÉ *du directoire exécutif, qui ordonne la recherche des procédés et instrumens propres à faciliter aux citoyens privés de quelques membres, les moyens d'exercer leur industrie.* (II , Bull. xLIV, n° 378; B., LXIV, 92.)

N° 484. = 16 floréal an 4 (5 mai 1796). =Loi *qui détermine le lieu où doit être déposé, chaque année, le double du répertoire des actes reçus par les notaires publics.* (II , Bull. xLV, n° 384; B., LXIV , 99.)

Art. 1er. Les notaires publics seront tenus d'effectuer, chaque année, au greffe du tribunal civil du département de leur résidence, le dépôt du double par eux certifié du répertoire des actes par eux reçus dans le cours de l'année précédente, et ce dans le délai et sous les peines portés par l'article 16 du titre III de la loi du 29 septembre—6 octobre 1791.

2. Le commissaire du directoire exécutif près le tribunal civil de chaque département demeure chargé, sous sa responsabilité, de poursuivre les notaires en retard ; il les fera condamner a l'amende déterminée par la loi précitée, et cette amende sera recouvrée par le receveur des domaines de l'arrondissement de la résidence du notaire qui l'aura encourue (1).

---

(1) Les notaires n'ont point été dispensés par l'art 30 de la loi du 25 ventose an 11 (qui est muet sur le dépôt des répertoires), de déposer annuellement au greffe un double de ces mêmes répertoires. Décis. minist., 9 septembre 1806, Sir , VI, 2, 239. —Lorsque les notaires ne déposent pas leurs répertoires dans les deux premiers mois de l'année, ils encourent l'amende, encore que le mois de retard ne soit pas expiré ; il suffit qu'il soit commencé. Cass., 12 juin 1811, Sir., XI, 1, 267 ; Bull. civ., XIII, 123. — Le notaire qui, pour le dépôt du double de son répertoire au greffe, est en retard seulement de quelques jours, est passible de l'amende. Cass., 6 juin 1809, Sir., X, 1, 257; Bull. civ., XI, 121 ; circulaire de la régie, 25 octobre 1809, Sir., X, 2, 355 ; et Cass, 30 juillet 1816, Sir., XVII, 1, 31 et 32; Bull civ., XVIII, 171 et 173. — Le successeur d'un notaire n'est pas tenu de déposer au greffe le répertoire des actes reçus par son prédécesseur, comme il y est tenu pour les actes reçus par lui-même. Cass., 7 décembre 1820, Sir , XXI, 1, 34J.

C'est au greffe même que le dépôt des répertoires doit avoir lieu dans le délai fixé. Le notaire n'est donc pas dispensé de l'amende, par cela seul qu'il a remis, dans le délai utile, à la poste de

N° 485. = 17 floréal an 4 (6 mai 1796). = ARRÊTÉ *du directoire exécutif, portant établissement de colonnes mobiles dans la garde nationale sédentaire* (1). (II, Bull. XLIX, n° 410 ; B., LXIV, 101.)

N° 486. = 18 floréal an 4 (7 mai 1796). = ARRÊTÉ *du directoire exécutif, qui ordonne la vérification des rôles des percepteurs de la contribution foncière, et détermine le mode à suivre pour le recouvrement des sommes non acquittées.* (II, Bull. XLV, n° 385 ; B., LXIV, 105.)

N° 487. = 19 floréal an 4 (8 mai 1796). = ARRÊTÉ *du directoire exécutif, qui détermine le rang à occuper dans les tribunaux par les citoyens qui en ont été élus membres.* (II, Bull. XLVI, n° 390 ; B., LXIV, 106.)

Art. 1er. Les suppléans en tour, lorsqu'il y a quelques places de juges vacantes dans un tribunal civil, sont tenus d'y passer, de les exercer définitivement, d'en prendre le nom et d'en recevoir le traitement : faute par eux d'accepter, ils sont regardés comme démissionnaires.

2. Les citoyens qui ont été nommés aux places de juges par le directoire exécutif, d'après la loi du 22 frimaire dernier, lorsqu'il restait des suppléans en tour, ne devant être regardés que comme juges suppléans, ne pourront prendre place au tribunal en qualité de juges, que lorsque le nombre des suppléans en tour, lors de leur nomination, sera épuisé.

3. Toute nomination de juges contraire à l'ordre prescrit par l'article précédent, ne vaudra que comme nomination de suppléans.

N° 488. = 20 floréal an 4 (9 mai 1796). = LOI *qui admet au partage ceux dont les biens ont été séquestrés en vertu de la loi du* 17—20 *frimaire an* 2 (2). (II, Bull. XLVI et XLVIII, n°⁵ 391 et 404 ; B., LXIV, 106.)

Ceux sur les biens desquels le séquestre a dû être apposé en vertu de la loi du 17 frimaire an 2, seront admis à demander le partage ordonné par la loi du 9 floréal an 3. Le séquestre tiendra à l'égard de ceux qui n'auraient pas demandé ou ne demanderaient pas le partage : il sera apposé, si fait n'a été, et il sera rétabli, s'il a été levé, sur les biens de ceux qui sont désignés dans l'article 1er de la loi du 9 floréal.

N° 489. = 21 floréal an 4 (10 mai 1796). = LOI *contenant des mesures pour assurer la liberté et la tranquillité publiques.* (II, Bull. XLVI, n° 395 ; B., LXIV, 110.)

N° 490. = 22 floréal an 4 (11 mai 1796). = ARRÊTÉ *du directoire exécutif,*

---

son domicile, le paquet contenant le double de son répertoire. Cass., arrêt précité du 6 juin 1809, SIR., X, 1, 257 ; Bull. civ., XI, 121. — Les greffiers doivent tenir acte de la remise des répertoires des notaires. Circulaire du grand-juge, 27 juin 1808, SIR., VIII, 2, 288. — Mais le dépôt peut être justifié autrement que par l'inscription au registre à ce destiné. Cass., 11 janvier 1816, SIR., XVI, 1, 366.

Lorsqu'un tribunal a rendu un jugement contraire aux dispositions de la loi du 16 floréal an 4, concernant le dépôt annuel du double du répertoire des notaires, ce n'est pas à l'administration de l'enregistrement, mais au ministère public à se pourvoir en cassation. Décis. minist, 25 avril 1808, SIR., VIII, 2, 188.

(1) Voyez la loi du 19—26 avril 1832, concernant la garde nationale mobile ; elle constitue le dernier état des choses.

(2) Vovez, sur le même objet, l'arrêté du 19 germinal an 6 (8 avril 1798). — Voyez aussi, dans le § 3 des notes qui accompagnent le décret du 9—12 février 1792, l'énonciation des lois relatives aux biens des émigrés.

qui détermine la forme de la vignette destinée à servir de frontispice au Bulletin des lois (1). (II, Bull. XLVII, n° 396; B., LXIV, 115.)

Art. 1er. Il sera gravé, pour le frontispice du Bulletin des lois, une vignette dans la forme d'un parallélogramme, dont la partie supérieure contiendra ces mots, en caractères très apparens, *Bulletin des lois de la république*, et au milieu duquel sera, en octogone, le numéro indicateur.

2. De chaque côté du numéro, sera placée une figure allégorique, savoir : a droite, celle de la loi, et à gauche, celle de la justice.

3. La loi sera représentée tenant, d'une main, les tables appuyées sur une colonne tronquée, à côté de laquelle sera figuré un faisceau, symbole de la force publique; et, de l'autre main, une baguette surmontée d'un œil, symbole de la surveillance : au dessus de son bras gauche sera figuré le bonnet de la liberté.

4. La justice sera représentée tenant, d'une main, la balance; de l'autre, l'épée : a côté de son bras gauche sera le niveau, symbole de l'égalité ; a ses pieds sera un livre, dont une partie sera accompagnée de couronnes de chêne et de laurier, pour désigner qu'elle sait récompenser comme elle sait punir.

5. Il sera figuré, au centre, deux cornes d'abondance, signe des avantages que les bonnes lois procurent au peuple.

N° 491. = 23 floréal an 4 (12 mai 1796). = Loi *relative aux actes de clôture et dépôt des inventaires dans lesquels des mineurs sont intéressés* (2). (II, Bull. XLVII, n° 402; B., LXIV, 115.)

Dans les pays régis par des coutumes qui prescrivent, pour affirmer la fidélité des inventaires et pour arrêter les communautés dans lesquelles des mineurs sont intéressés, des actes connus sous le nom de *clôture d'inventaire*, *dépôt d'inventaire au greffe*, ou sous quelque autre dénomination que ce soit, qui étaient rapportés par les juges des tribunaux civils, ces actes le seront à l'avenir par les juges de paix dans le ressort desquels auront été faits les inventaires.

N° 492. = 23 floréal an 4 (12 mai 1796). = Loi *portant que, dans les pays infestés par les rebelles, les juges de paix pourront continuer provisoirement leurs fonctions dans le lieu où ils se seront refugiés.* (II, Bull. XLVII, n° 400 ; B., LXIV, 116.)

N° 493. = 23 floréal an 4 (12 mai 1796). = Loi *qui rétablit les vingt-quatre officiers de police de la commune de Paris.* (II, Bull. XLVII, n° 399 ; B., LXIV, 117.)

Art. 1er. L'article 10 de la loi du 19 vendémiaire dernier, en ce qui concerne la suppression des officiers de paix, est rapporté.

2. Les vingt-quatre officiers de police créés à Paris sous le nom d'*officiers de paix*, sont rétablis avec les fonctions ci-après.

3. Ils seront chargés de veiller à la tranquillité publique, de se porter dans

---

(1) Voyez le décret du 14—16 frimaire an 2 (4—6 décembre 1793), art. 1er et suiv., portant création du Bulletin des lois, et les notes qui résument toutes les mesures prises au sujet de ce recueil.

(2) Voyez, sur les formalités des inventaires après décès, les art. 941 et suiv. du Cod. proc. civ.

les endroits où elle sera troublée, d'arrêter les délinquans, et de les traduire devant le juge de paix (1).

4. Ils seront nommés par le département de la Seine, sur la présentation qui en sera faite sur une liste triple par le bureau central.

5. Ils porteront pour marque distinctive un bâton blanc, sur lequel seront gravés ces mots, *force à la loi ;* et sur la pomme sera peinte la Surveillance, sous la forme d'un œil. Ils diront a celui qu'ils arrêteront : *Je vous ordonne au nom de la loi de me suivre devant le juge de paix.*

6. Les citoyens seront tenus de leur prêter assistance à leur réquisition : les refusans seront condamnés a trois mois d'emprisonnement.

7. Ils pourront être destitués par délibération du bureau central, approuvée par le département.

8. Le traitement annuel des officiers de paix sera le même que celui des commissaires de police.

9 Les dispositions de la loi du 21—29 septembre 1791 contraires à celles ci-dessus, sont rapportées.

N° 494.=23 floréal an 4 (12 mai 1796). = LOI *interprétative du décret du 8 floréal an 3, qui confirme cinq arrêtés des commissaires de la convention nationale, concernant les chouans.* (II, Bull. XLVII, n° 401 ; B., LXIV, 118.)

La loi du 8 floréal an 3, confirmative de cinq arrêtés des commissaires de la convention nationale, concernant les chouans, n'est applicable qu'aux chouans et à leurs complices qui, depuis l'amnistie accordée par cette loi, ont constamment été soumis aux lois de la république, et n'a pour objet que les brigandages et autres délits de chouannerie antérieurs a sa date.

N° 495. = 26 floréal an 4 (14 mai 1796). = LOI *relative à la liquidation des créances sur les émigrés comptables* (2). (II, Bull. XLVIII, n° 405 ; B., LXIV, 122.)

Le liquidateur des créances sur les comptables est autorisé à liquider toutes les créances légitimes sur les émigrés comptables, lorsque le créancier a remis les pièces dans les bureaux de liquidation de la dette des émigrés, dans le temps prescrit par la loi ; la loi du 23 prairial n'étant point applicable a ce cas.

N° 496. = 28 floréal an 4 (17 mai 1796). = ARRÊTÉ *du directoire exécutif, portant qu'il n'y a pas lieu à délibérer sur un référé du tribunal correctionnel de Soissons, concernant la propriété des arbres plantés sur les grandes routes* (3). (II, Bull. L, n° 418 ; B., LXIV, 127.)

Le directoire exécutif, sur le compte qui lui a été rendu par le ministre de la justice, d'un jugement du tribunal correctionnel de l'arrondissement de

---

(1) Les officiers de paix ont, de leur chef et sans mandat de justice, dans les cas déterminés par la présente loi, à laquelle le Code d'instruction criminelle n'a pas dérogé, le droit de saisir, sur la voie publique, les délinquans ; mais à la charge de les conduire immédiatement devant l'officier de police judiciaire. Paris, 27 mars 1827, SIR., XXVII, 2, 132.

(2) Voyez, dans le § 4 des notes qui accompagnent le décret du 9—12 février 1792, l'énonciation des lois diverses relatives à la liquidation des dettes des émigrés.

(3) Voyez la loi du 9—19 venôse an 13 (28 février—10 mars 1805), art. 1er et suiv., qui obligent les riverains à planter les bords des grandes routes, et leur attribuent la propriété des arbres par eux plantés ; le décret du 16 décembre 1811, qui attribue a l'état la propriété des arbres bordant les grandes routes, excepté de ceux plantés par les riverains en vertu de la loi du 9 ventose an 13 (art. 87), et la loi du 12—18 mai 1825, art. 1er, qui confirme les riverains dans la propriété des arbres par eux plantés.

Soissons, département de l'Aisne, du 25 germinal dernier, portant qu'il sera référé au corps législatif, par l'intermédiaire de ce ministre, de la question de savoir si le citoyen *Leduc la Tournelle*, en faisant abattre des arbres plantés sur le grand chemin de Soissons à Paris, dont il était concessionnaire en vertu d'un arrêt du ci-devant conseil, en date du 20 février 1774, et moyennant finance, a contrevenu à l'article 18 de la loi du 28 août 1792, portant *que jusqu'à ce qu'il ait été statué sur les arbres des routes nationales, nul ne pourra s'approprier lesdits arbres et les abattre; que leurs fruits seulement, les bois morts, appartiendront aux riverains, ainsi que les élagages, quand il sera utile d'en faire, et ce, de l'agrément des corps administratifs, et à la charge par lesdits riverains d'entretenir lesdits arbres, et remplacer les morts;* — Vu le jugement ci-dessus daté, ensemble ledit arrêt du ci-devant conseil, et la quittance du trésorier général des ponts et chaussées; — Considérant que les arbres plantés sur les chemins ci-devant dits royaux, ont toujours fait partie du domaine public, reconnu inaliénable dans la main des ci-devant rois, et dont les aliénations faites, même à titre onéreux, postérieurement à l'ordonnance de 1566, qui a consacré cette inaliénabilité, n'ont pu être regardées et ne l'ont été en effet par l'assemblée nationale constituante, que comme de simples engagemens, révocables à perpétuité; et que tel est le texte formel de l'article 24 de la loi du 22 novembre 1790, sur les principes de la nouvelle législation domaniale;— Considérant que, depuis, le décret du 22 septembre 1791 a prononcé la révocation de toutes les aliénations des domaines nationaux déclarés révocables par la loi précitée; que, dès-lors, la concession des arbres plantés sur la route nationale de Soissons à Paris, était incontestablement comprise dans ce nombre; qu'ainsi le concessionnaire n'avait plus aucun droit de propriété sur ces arbres, et que tout ce qu'il pouvait prétendre en vertu de sa concession, c'est le remboursement de la finance par lui payée à l'époque d'icelle, en exécution de l'article 25 de la loi du 22 novembre 1790; — Considérant, au surplus, que le titre même de sa concession, l'arrêt du ci-devant conseil de 1774, ne lui conférait qu'un simple droit de jouissance, et non la faculté d'abattre les arbres qui en étaient l'objet; que c'est ce qui résulte en effet des termes mêmes de cet arrêt du conseil, par lesquels le concessionnaire est expressément obligé *d'entretenir lesdits arbres, et de remplacer ceux qui viendraient à manquer,* condition qui exclut nécessairement la faculté d'en disposer et de les abattre; que dans cet état, il rentrait dans les dispositions de l'article 18 de la loi du 28 août 1792; qu'il ne pouvait, en conséquence, s'approprier lesdits arbres, mais seulement en percevoir les fruits, prendre les bois morts, et les élagages, s'il y avait lieu d'en faire; qu'en les faisant couper, et en les vendant à son profit, il est évidemment en contravention, tant à son propre titre qu'au vœu général de la loi, et que cette entreprise doit être réprimée par les autorités publiques chargées de veiller à la conservation des propriétés nationales; — Considérant enfin qu'aux termes de l'article 3 de la loi du 10 vendémiaire dernier, sur l'organisation du ministère, le ministre de la justice ne doit pas transmettre directement au corps législatif les questions qui lui sont proposées par les tribunaux, et *qui exigent une interprétation de la loi*, mais qu'il doit *les soumettre au directoire exécutif, qui les transmet au conseil des cinq-cents;* qu'il suit évidemment de cette disposition, que les référés des tribunaux ne doivent être transmis au conseil des cinq-cents par le directoire exécutif, que lorsqu'ils présentent de véritables doutes à éclaircir, des questions proprement dites à résoudre, et qu'il est du devoir du directoire exécutif de ne pas se rendre, auprès du corps législatif, l'intermédiaire de référés qui ne présenteraient aux législa-

teurs rien qui fût digne de leur attention, et qui ne tendraient qu'à con-
sumer en pure perte leurs plus précieux instans,—Arrête qu'il n'y a pas lieu
à délibérer sur le référé dont il s'agit.

N° 497. = 28 floréal an 4 (17 mai 1796). = Arrêté *du directoire exécutif,
qui interprète celui du* 23 *germinal dernier, relatif aux instances en matière de douanes* (1). (II, Bull. xlviii, n° 407; B., LXIV, 128.)

Le directoire exécutif, vu son arrêté du 23 germinal dernier, inséré au
bulletin des lois sous le n° 323, et portant que « les lois des 4 germinal de l'an
« 2 et 14 fructidor de l'an 3, concernant l'instruction et le jugement des
« instances en matière de douanes, seront exécutées dans les pays réunis par
« la loi du 9 vendémiaire dernier, comme dans les autres départemens de la
« république; qu'en conséquence, les administrations départementales de
« ces pays réunis, auxquelles le jugement de ces instances avait été provi-
« soirement attribué, cesseront d'en connaître; qu'elles seront portées
« devant les juges de paix, et par appel aux tribunaux civils des départe-
« mens; »—Considérant que cette dernière disposition, conçue aussi indéfiniment qu'elle l'est, pourrait donner lieu de croire que, dans tous les cas,
les juges de paix, en première instance, et les tribunaux civils, par appel,
doivent connaître des affaires relatives aux douanes, ainsi qu'ils y étaient en
effet autorisés par la loi du 14 fructidor de l'an 3; tandis que cette loi ne peut
plus avoir son exécution, d'après les articles 233 de l'acte constitutionnel,
69, 72, 600 et 601 du Code des délits et des peines, que dans celles des instances relatives aux douanes où il n'est question de prononcer ni peines de
simple police, ni peines correctionnelles;—Considérant qu'il importe d'écarter, sur cette matière, toute espèce de raison de douter que les départemens
réunis doivent se conformer à la législation générale de la république, —
Arrête ce qui suit :

Art. 1ᵉʳ. La disposition de l'arrêté du 23 germinal dernier, ci-dessus mentionnée, est restreinte aux instances en matière de douanes où il ne peut
échoir ni amende ni aucune autre peine.

2. Dans les affaires relatives aux douanes, où il y aura prévention ou dénonciation de délit emportant amende ou autre peine, il sera procédé, tant
par les officiers de police judiciaire que par les tribunaux correctionnels
et criminels, conformément aux dispositions du Code des délits et des
peines.

N° 498. = 29 floréal an 4 (18 mai 1796). = Loi *qui affecte une somme au
remboursement du prix des objets mobiliers provenant des émigrés, enlevés d'une manière illégale, et non existant en nature* (2). (II, Bull.
xlviii, n° 408; B., LXIV, 129.)

Il sera mis a la disposition du ministre des finances une somme de douze
millions, valeur fixe, pour effectuer le remboursement du prix des objets
mobiliers qui n'ont pu ou qui ne pourront être rendus en nature aux héritiers des condamnés, aux personnes rayées de la liste des émigrés, et autres
qui, d'après les lois, sont fondés à faire des réclamations.

N° 499.=30 floréal an 4 (19 mai 1796).=Loi *contenant ratification du traité*

(1) Voyez le décret du 4—15 germinal an 2 (24 mars—4 avril 1794), et les notes; et spécialement l'arrêté du 27 thermidor an 4 (14 août 1796), qui rapporte le présent.
(2) Voyez, sur les biens des émigrés, les lois citées dans le § 3 des notes qui accompagnent le
décret du 9—12 février 1792 : elles résument la matière.

de paix conclu le 26 floréal an 4 entre la république française et le roi de Sardaigne (1). (II , Bull. LIV, n° 477 ; B. , LXIV , 131.)

Art. 1er. Il y aura paix , amitié et bon voisinage entre la république française et le roi de Sardaigne. Toutes hostilités cesseront entre les deux puissances, à compter du moment de la signature du présent traité.

2. Le roi de Sardaigne révoque toute adhésion, consentement ou accession patente ou secrete, par lui donnée à la coalition armée contre la république française , a tout traité d'alliance offensive ou défensive qu'il pourrait avoir conclu contre elle , avec quelque puissance ou état que ce soit. Il ne fournira aucun contingent en hommes ou en argent a aucune des puissances armées contre la France, à quelque titre et sous quelque dénomination que ce soit.

3. Le roi de Sardaigne renonce purement et simplement, à perpétuité, pour lui, ses successeurs et ayans cause, en faveur de la république française, a tous les droits qu'il pourrait prétendre sur la Savoie, les comtés de Nice , de Tende et de Beuil.

4. Les limites entre les états du roi de Sardaigne et les départemens de la république française seront établies sur une ligne déterminée par les points les plus avancés du côté du Piémont, des sommets, plateaux des montagnes et autres lieux ci-après désignés , ainsi que des sommets ou plateaux intermédiaires ; savoir , en commençant au point où se réunissent les frontières du ci-devant Faucigny, duché d'Aoust et du Valais, a l'extrémité des Glacières ou Monts-Maudits, 1° les sommets ou plateaux des Alpes, au levant du Col-Mayor ; 2° le petit Saint-Bernard , et l'hôpital qui y est situé ; 3° les sommets ou plateaux du Mont-Alban , du col de Crisance et du Mont-Isereau ; 4° en se détournant un peu vers le sud, les sommets ou plateaux de Celst et de Gros-Caval ; 5° le grand Mont-Cenis , et l'hôpital placé au sud-est du lac qui s'y trouve ; 6° le petit Mont-Cenis ; 7° les sommets ou plateaux qui séparent la vallée de Bardonache du val des Prés ; 8° le Mont-Genèvre ; 9° les sommets ou plateaux qui séparent la vallée de Quières de celle des Vaudois ; 10° le mont de Viso ; 11° le Col-Morin ; 12° le Mont-de-l'Argentiere ; 13° la source de l'Ubayette et de la Sture ; 14° les montagnes qui sont entre les vallées de Sture et de Gesso , d'une part , et celles de Saint-Etienne ou Tinéa , de Saint-Martin ou Vésubia, de Tende ou de Roya , de l'autre part ; 15° la Roche-Barbon , sur les limites de l'état de Genes. — Si quelques communes, habitations ou portions de territoire desdites communes actuellement unies a la république française, se trouvaient placées hors de la ligne de frontière ci-dessus désignée , elles continueront a faire partie de la république , sans que l'on puisse tirer contre elles aucune induction du présent article.

5. Le roi de Sardaigne s'engage à ne pas permettre aux émigrés ou deportés de la république française, de s'arrêter ou de séjourner dans ses états : il pourra neanmoins retenir à son service les émigrés seulement des départemens du Mont-Blanc et des Alpes-Maritimes , tant qu'ils ne donneront aucun sujet de plainte par des entreprises ou manœuvres tendant a compromettre la sûreté intérieure de la republique.

6. Le roi de Sardaigne renonce a toute répétition ou action mobilière qu'il pourrait prétendre exercer contre la république française , pour des causes antérieures au présent traité.

_____

(1) Voyez le traité d'alliance conclu entre la France et la Sardaigne, le 16 germinal an 5 (5 avril 1797), et la loi portant ratification, du 4 brumaire an 6 (25 octobre 1797). —La Savoie et le comté de Nice n'appartiennent plus à la France depuis 1815.

7. Il sera conclu incessamment, entre les deux puissances, un traité de commerce, d'après des bases équitables, et telles qu'elles assurent à la nation française des avantages au moins égaux à ceux dont jouissent dans les états du roi de Sardaigne les nations les plus favorisées. En attendant, toutes les communications et relations commerciales seront rétablies.

8. Le roi de Sardaigne s'oblige a accorder une amnistie pleine et entière à tous ceux de ses sujets qui ont été poursuivis pour leurs opinions politiques : tous procès qui pourraient leur avoir été suscités a ce sujet, ainsi que les jugemens qui y sont intervenus, sont abolis. Tous leurs biens meubles et immeubles, ou le prix d'iceux, s'ils ont été vendus, leur seront restitués sans délai. Il leur sera loisible d'en disposer, de rentrer et demeurer dans les états du roi de Sardaigne, ou de s'en retirer.

9. La république française et sa majesté le roi de Sardaigne s'engagent a donner main-levée du sequestre de tous effets, revenus ou biens, saisis, confisqués, détenus ou vendus, sur les citoyens ou sujets de l'autre puissance, relativement a la guerre actuelle, et à les admettre respectivement a l'exercice légal des actions ou droits qui pourraient leur appartenir.

10. Tous les prisonniers respectivement faits seront rendus dans un mois à compter de l'échange des ratifications du présent traité, en payant les dettes qu'ils pourraient avoir contractées pendant leur captivité. — Les malades et blessés continueront d'être soignés dans les hôpitaux respectifs; ils seront rendus aussitôt après leur guérison.

11. L'une des puissances contractantes ne pourra accorder passage sur son territoire a des troupes ennemies de l'autre puissance.

12. Indépendamment des forteresses de Coni, Céva et Tortone, ainsi que du territoire qu'occupent et doivent occuper les troupes de la république, elles occuperont les forteresses d'Exiles, de l'Assiette, de Suse, de la Brunette, du Château-Dauphin et d'Alexandrie, a laquelle dernière place Valence sera substituée, si le général en chef de l'armée de la république française le préfere.

13. Les places et territoire ci-dessus désignés seront restitués au roi de Sardaigne aussitôt la conclusion du traité de commerce entre la république et sa majesté, de la paix générale, et de l'etablissement de la ligne de frontière.

14. Les pays occupés par les troupes de la république et qui doivent être rendus en définitive, rentreront sous le gouvernement civil de sa majesté sarde, mais resteront soumis a la levée des contributions militaires, prestations en vivres et fourrages qui ont été ou pourront être exigées pour les besoins de l'armée française.

15. Les fortifications d'Exiles, de la Brunette, de Suse, ainsi que les retranchemens formés au dessus de cette ville, seront démolis et détruits aux frais de sa majesté sarde, a la diligence des commissaires nommés à cet effet par le directoire exécutif. — Le roi de Sardaigne ne pourra établir ou réparer aucune fortification sur cette partie de la frontière.

16. L'artillerie des places occupées et dont la démolition n'est pas stipulée par le présent traité, pourra être employée au service de la république ; mais elle sera restituée avec les places, et a la même époque, à sa majesté sarde. Les munitions de guerre et de bouche qui s'y trouvent pourront être consommées, sans répétition, pour le service de l'armée républicaine.

17. Les troupes françaises jouiront du libre passage dans les états du roi de Sardaigne, pour se porter dans l'intérieur de l'Italie et en revenir.

18. Le roi de Sardaigne accepte dès à présent la médiation de la répu-

blique française pour terminer définitivement les différens qui subsistent depuis long-temps entre sa majesté et la république de Genes, et statuer sur leurs prétentions respectives.

19. Conformément à l'article 6 du traité conclu à la Haye le 27 floréal de l'an 3, la république batave est comprise dans le présent traité. Il y aura paix et amitié entre elle et le roi de Sardaigne. Toutes choses seront rétablies entre eux sur le même pied où elles étaient avant la présente guerre.

20. Le roi de Sardaigne fera désavouer par son ministre près la république française, les procédés employés envers le dernier ambassadeur de France.

21. Le présent traité sera ratifié et les ratifications échangées au plus tard dans un mois, à compter de la signature du présent traité.

Fait et conclu a Paris, le 26 floréal de l'an 4 de la république française, une et indivisible, répondant au 15 mai 1796.—*Signé* Ch. Delacroix ; le chevalier De Revel, le chevalier Tonso.

Le directoire exécutif arrête et signe le présent traité de paix avec le roi de Sardaigne, négocié, au nom de la république française, par le ministre des relations extérieures nommé par le directoire exécutif, par arrêté du 22 floréal présent mois, et chargé de ses instructions à cet effet. A Paris, le 28 floréal, an 4 de la république française, une et indivisible. — *Signé* Le Tourneur, Reubell, Carnot, P. Barras, L.-M. Reveillère-Lepaux.

Nota. La ratification par le roi de Sardaigne est du 1er juin 1796 (13 prairial an 4).

———

N° 500. = 4 prairial an 4 (23 mai 1796). = Loi *relative à l'échange des assignats au dessus de cent livres contre des mandats ou des promesses de mandats* (1). (II, Bull. XLIX, n° 417 ; B., LXIV, 145.)

Art. 1er. En conformité de la loi du 28 ventose dernier, il sera procédé à Paris, et dans les différentes communes de la république, à l'échange des assignats à trente capitaux pour un, contre des mandats ou promesses de mandats.

2. Cet échange sera terminé le 25 prairial présent mois, pour le département de la Seine ; et le 10 messidor prochain, pour les autres départemens. —Passé lesquelles époques, les assignats au dessus de cent livres cesseront d'avoir cours de monnaie, et ne pourront plus être échangés contre des mandats ou promesses de mandats qu'a raison de cent capitaux pour un.

3. Le directoire exécutif est chargé de faire effectuer l'échange des mandats contre les assignats, chez les notaires de la commune de Paris, et chez les receveurs des deniers publics dans toutes les autres communes, et par tous les moyens qui pourront faciliter et accélérer cet échange.

4. L'échange des assignats de cent livres et au dessous sera indiqué par une nouvelle loi, et dans un délai suffisant, a trente capitaux pour un, sans préjudice néanmoins de l'échange des assignats de cinquante sous et au dessous, qui aura lieu contre des valeurs métalliques, conformément à la loi du 28 ventose dernier.

5. La loi du 28 ventose sera exécutée, quant à l'annulation des mandats, en présence du porteur, et en tout ce qui n'est pas contraire a la présente.

N° 501. = 5 prairial an 4 (24 mai 1796). = Loi *additionnelle à celle du*

———

(1) Voyez la loi du 28 ventose an 4 (18 mars 1796), portant création de ces mandats, et les notes qui résument la legislation.

21 *floréal dernier*, contenant des mesures pour assurer la liberté et la tranquillité publiques. (II, Bull. L, n° 421; B., LXIV, 147.)

N° 502.=5 prairial an 4 (24 mai 1796).=Arrêté *du directoire exécutif, qui ordonne le remboursement du port des lettres et paquets adressés aux fonctionnaires publics de l'ordre judiciaire* (1). (II, Bull. L, n° 423; B., LXIV, 148.)

Les ports de lettres ou paquets que les accusateurs publics, les directeurs du jury, les commissaires du pouvoir exécutif près des tribunaux, les juges de paix et tous les autres membres de l'ordre judiciaire recevront pour raison de leurs fonctions, leur seront remboursés. — Ce remboursement sera fait, chaque mois, sur des états certifiés véritables par le fonctionnaire qui aura fait les avances, visés par le corps judiciaire auquel il sera attaché, et, pour les juges de paix, par le directeur du jury de leur arrondissement. — Ces états énonceront le nom de la personne qui aura écrit la lettre ou fait l'envoi, la nature de l'objet, et l'importance du port payé.—Le paiement sera fait par les receveurs du droit d'enregistrement, sur le mandat que l'administration départementale délivrera au bas de ces états.

N° 503.=9 prairial an 4 (28 mai 1796).=Arrêté *du directoire exécutif, qui autorise la continuation du transit par Venloo des marchandises expédiées de Hollande pour le pays de Juliers.* (II, Bull. L, n° 426; B., LXIV, 153.)

N° 504.=9 prairial an 4 (28 mai 1796).=Arrêté *du directoire exécutif, portant que la sortie de la houille, de la chaux, de la terre à pipe et des clous, continuera provisoirement d'avoir lieu des neuf départemens réunis par la loi du 9 vendémiaire an 4.* (II, Bull. L, n° 427; B., LXIV, 153.)

N° 505. = 11 prairial an 4 (30 mai 1796). = Loi *portant des peines contre les témoins qui ne comparaissent pas sur les citations à eux données* (2). (II, Bull. LI, n° 428; B, LXIV, 156.)

Art. 1er. Les témoins qui ne comparaissent pas, soit devant le directeur du jury, soit devant le jury d'accusation, aux jour et heure indiqués par la citation qui leur est donnée, sans avoir justifié, par l'envoi de bons certificats, des causes légitimes qui s'opposent a leur comparution, y sont contraints par un mandat d'amener, que le directeur du jury délivre contre eux; — Et si, après avoir été amenés, ils ne justifient pas des causes valables qui les ont empêchés de comparaître, ils sont en outre, apres avoir fait leur déclaration, conduits, en vertu d'un mandat d'arrêt, dans la maison d'arrêt établie pres le directeur du jury.

2. Dans le cas de l'article précédent et des articles 122 et 123 du Code des délits et des peines, les témoins non comparans sont condamnés par le tribunal correctionnel a une détention qui ne pourra être moindre de huit jours, ni excéder le terme d'un mois.

3. Le témoin et l'officier de santé frappés du mandat d'arrêt par l'article 121 du même Code, sont condamnés par le tribunal correctionnel a une détention qui ne pourra être moindre de deux mois, ni excéder le terme de trois mois.

---

(1) Voyez l'arrêté du 25 messidor an 4 (13 juillet 1796), rendu pour l'exécution du présent.
(2) Voyez, sur le même objet, les art. 80, 354 et 355 du Code d'instruction criminelle de 1808.

N° 506.═ 12 prairial an 4 (31 mai 1796). ═ Loi *relative aux biens des ecclé-*
siastiques sujets à la réclusion, qui ont préféré la déportation (1). (II ,
Bull. LI, n° 434 ; B., LXIV, 160.)

Le conseil...., après avoir entendu le rapport de sa commission sur une
pétition tendant a faire interpréter la loi du 22 fructidor an 3, relative aux
biens des prêtres déportés ,— Considérant que l'exception contenue en l'article 6 de ladite loi ne doit s'entendre que des ecclésiastiques qui étaient
sortis avant d'y être contraints par aucune loi, arrêté ou délibération des
représentans ou de quelque corps administratif ; — Que la réclusion ordonnée par la loi du 26 août 1792, pour les infirmes et sexagénaires, était
moins une obligation qu'une faculté dont ils pouvaient user ou ne pas
user ; — Que l'usage qu'ils ont fait de cette faculté ne peut avoir aggravé
leur sort ni celui de leurs héritiers ; — Que néanmoins, comme cette loi
a fait naître quelques doutes par rapport a ces derniers, il est instant de les
faire cesser, pour ne pas en retarder l'exécution...,—Prend la résolution suivante : — L'exception contenue dans l'article 6 de la loi du 22 fructidor an 3
n'est point applicable aux ecclésiastiques qui, à raison de leur âge ou de
leurs infirmités, étant sujets à la réclusion, ont préféré la déportation, et
en ont fait la déclaration conformément à l'article 2 de la loi du 26 août
1792 ; en conséquence, leurs biens ou leur valeur seront remis aux héritiers
présomptifs desdits ecclésiastiques, comme il est expliqué aux articles 3 , 4
et 5 de ladite loi du 22 fructidor an 3.

N° 507. ═ 12 prairial an 4 (31 mai 1796).═Loi *qui déclare admissibles les*
demandes en cassation formées contre les jugemens d'arbitrage forcé
rendus avant le 1ᵉʳ vendémiaire de l'an 4. (II, Bull. LI, n° 435 ; B.,
LXIV, 160.)

Le conseil..., considérant que le tribunal de cassation a douté, d'après la
disposition de l'article 1ᵉʳ de la loi du 2 octobre 1793, s'il était autorisé a prononcer sur les demandes en cassation des jugemens d'arbitrage forcé rendus
en matière de biens communaux avant le 1ᵉʳ vendémiaire dernier ;—Considérant que cette loi n'a point interdit le recours a la cassation, puisque les
arbitres étaient assujétis a des règles et à des formalités dont une est prescrite
à peine de nullité par l'article 8 de la même loi, dont, en général, ils ne pouvaient s'écarter sans donner ouverture à la cassation, conformément à la
loi du 4 germinal de l'an 2 ; — Considérant qu'il est pressant de lever toutes
les incertitudes sur ce point, et de mettre a même le tribunal de cassation
de prononcer sur un grand nombre d'affaires au jugement desquelles il a
sursis....,—Prend la résolution suivante :
Art. 1ᵉʳ. Les demandes en cassation formées contre les jugemens d'arbitrage forcé rendus avant le 1ᵉʳ vendémiaire de l'an 4, ont toujours pu et
peuvent être admises par le tribunal de cassation (2).
2. Les citoyens qui se croiraient fondés à se pourvoir en cassation contre
ces jugemens, et qui auraient laissé écouler les délais pour le faire, pour-

---

(1) Voyez le décret du 27 mai 1792, qui ordonne la déportation des prêtres inscrmentés, et
les notes qui résument toute la législation. — Voyez spécialement le décret du 22 fructidor an 3
(8 septembre 1795), qui détermine un mode pour la remise des biens des ecclésiastiques déportés
ou réclus, et les notes.
(2) Voyez, sur l'application de cette disposition, les notes qui accompagnent l'art. 21 de la
sect. V du décret du 10—11 juin 1793, relatif au partage des biens communaux : elles résument
la jurisprudence.

ront se pourvoir dans les formes ordinaires, pendant trois mois, a compter du jour de la publication de la présente loi.

N° 508.═12 prairial àn 4 (31 mai 1796).═ARRÊTÉ *du directoire exécutif, qui détermine le mode à suivre pour faire connaître aux autorités constituées l'époque à compter de laquelle les lois et actes du gouvernement deviennent obligatoires dans chaque département* (1). (II, Bull. LI, n° 436 ; B., LXIV, 162.)

Le directoire exécutif, considérant qu'il importe que les autorités constituées de chaque département connaissent d'une manière précise l'époque de l'arrivée du bulletin des lois à l'administration centrale de ce département, époque à compter de laquelle seulement les lois et arrêtés du directoire exécutif qui y sont insérés deviennent obligatoires, conformément a l'article 12 de la loi du 12 vendémiaire dernier, — Arrête que le commissaire du pouvoir exécutif près l'administration centrale de chaque département, fera parvenir, le premier jour de chaque décade, à toutes les autorités constituées établies dans l'arrondissement du département, un tableau, signé de lui, des numéros du bulletin des lois reçus dans la décade précédente, avec la désignation précise du jour de l'arrivée de chacun.

N° 509. = 13 prairial an 4 (1ᵉʳ juin 1796). = ARRÊTÉ *du directoire exécutif, portant qu'il n'y a pas lieu à délibérer sur un référé ayant pour objet de faire décider, par interprétation du décret du 1ᵉʳ fructidor an 3, s'il y a lieu de l'appliquer aux prévenus d'émigration rentrés dans les délais fixés par le décret du 22 nivose précédent.* (II, Bull. LI, n° 437 ; B., LXIV, 162.)

N° 510. = 16 prairial an 4 (4 juin 1796). = LOI *qui désigne les fonds dont seront composés les droits d'assistance dans les tribunaux.* (II, Bull. LII, n° 441 ; B., LXIV, 168.)

La masse résultant de la portion des traitemens attribués aux juges et aux commissaires du pouvoir exécutif, qui, aux termes de l'article 5 de la loi du 7—11 septembre 1790, est distraite pour être employée en droit d'assistance en faveur des présens, sera formée de la totalité des parties retranchées sur les divers traitemens, soit que les places auxquelles ces traitemens sont affectés soient remplies, ou vacantes pour quelque cause que ce soit. La totalité de cette masse sera répartie entre les juges et commissaires présens, d'après les feuilles d'assistance qui doivent être tenues, aux termes de ladite loi.

N° 511. ═16 prairial an 4 (4 juin 1796). = ARRÊTÉ *du directoire exécutif, concernant les formalités à remplir par les Français voyageant dans les pays étrangers.* (II, Bull. LXV, n° 593 ; B., LXIV, 169.)

N° 512. = 17 prairial an 4 (5 juin 1796). = LOI *relative à la publication et au dépôt des listes des émigrés, etc.* (2). (II , Bull. LII, n° 442 ; B., LXIV, 170.)

Art. 1ᵉʳ. Les administrations centrales des départemens sont chargées de

____

(1) Voyez, sur cet objet, l'art. 1ᵉʳ du Code civil. — Voyez aussi, sur le mode de promulgation des lois, le décret du 2—5 novembre 1790, et les notes.
(2) Voyez, sur le mode de rédaction et de publication de ces listes, les lois citées dans le § 1ᵉʳ des notes qui accompagnent le décret du 9—12 février 1792, ordonnant le séquestre des biens des émigrés.

la publication des listes des émigrés; de rédiger, à cet effet, la proclamation prescrite par la loi du 25 brumaire , et de l'envoyer aux administrations municipales, pour être publiée et affichée dans les communes de leur ressort respectif.

2. La liste générale des émigrés et les supplémentaires seront déposées seulement aux secrétariats des administrations municipales des communes ci-devant chefs-lieux de district. — Il en sera de même de celles qui pourraient être publiées à l'avenir.

3. Les créanciers sont tenus de déposer leurs titres au secrétariat du département dans le ressort duquel le domicile de leurs débiteurs sera fixé par les listes générales.

4. Le délai pour effectuer le dépôt des titres ne courra, à partir du 5 brumaire an 4, que du jour de la première publication de la liste au chef-lieu du canton.

N° 513. = 19 prairial an 4 (7 juin 1796). = LOI *qui proroge jusqu'au 1ᵉʳ fructidor le terme fixé pour l'introduction du nouveau régime hypothécaire* (1). (II, Bull. LII, n° 450; B., LXIV, 179.)

Le conseil..., considérant que le terme du 1ᵉʳ messidor, fixé par la loi du 19 ventose de l'an 4, pour l'introduction du nouveau régime hypothécaire, est trop rapproché pour que le corps législatif pût, avant ce terme, statuer définitivement sur les modifications dont il est susceptible; — Qu'il est néanmoins instant de donner aux possesseurs d'immeubles la faculté d'en purger les hypothèques, en levant les obstacles que l'exécution des anciennes lois sur cette matière rencontre dans quelques départemens..., — Prend la résolution suivante :

Art. 1ᵉʳ. Le terme du 1ᵉʳ messidor, indiqué par la loi du 19 ventose de l'an 4, relative au Code hypothécaire, est prorogé au 1ᵉʳ fructidor prochain.

2. La loi du 21 nivose dernier continuera d'être exécutée jusqu'à la même époque.

3. Dans les lieux où l'édit de 1771 reçoit son exécution, aucunes lettres de ratification ne pourront être scellées qu'à la charge des oppositions ou inscriptions qui auraient été formées, tant auprès de l'ancien conservateur des hypothèques, que du nouveau créé par la loi du 9 messidor (2).

4. Dans les lieux où les lettres de ratification ne sont pas établies, les acquéreurs d'immeubles auront la faculté d'en purger les hypothèques, soit en se conformant aux lois et usages suivis jusqu'à ce jour : soit en remplissant les obligations prescrites par l'article 105 de la loi du 9 messidor, concernant le dépôt du contrat d'acquisition et le paiement du prix.

N° 514. = 20 prairial an 4 (8 juin 1796). = LOI *qui établit un mode pour statuer sur le predécès de plusieurs individus se succedant de droit, et morts dans la même exécution* (3). (II, Bull. LII, n° 453; B., LXIV, 182.)

Le conseil..., considérant qu'il est instant de tracer aux tribunaux une

(1) Les prorogations successives de ce terme sont indiquées dans les notes qui accompagnent le Code hypothécaire du 9 messidor an 3 (27 juin 1795).

(2) Des lettres de ratification, scellées depuis la loi du 19 prairial an 4, n'ont pas purgé l'hypothèque d'un créancier qui n'avait pas formé d'opposition, en vertu de l'édit de 1771, mais qui avait fait une inscription en exécution de la loi du 9 messidor an 3. Paris , 22 messidor an 9, SIR., I, 2, 614.

(3) Voyez les art. 720 et suiv. du Code civil.

marche certaine et régulière, lorsqu'il sera impossible de constater le pré-
décès de deux personnes se succédant de droit, et mises a mort dans la même
exécution..., —Prend la résolution suivante : —Lorsque des ascendans, des
descendans et autres personnes qui se succèdent de droit, auront été condamnés au dernier supplice, et que, mis a mort dans la même exécution, il
devient impossible de constater leur prédéces, le plus jeune des condamnés
sera présumé avoir survécu.

N° 515.＝21 prairial an 4 (9 juin 1796). ＝ Loi *portant qu'il sera provisoirement sursis aux poursuites résultant de l'exécution du décret du* 10—11
juin 1793 (1), *sur le partage des biens communaux.* (II, Bull. LII, n°
436; B., LXIV, 188.)

Le conseil..., après avoir entendu le rapport de sa commission chargée
d'examiner les diverses réclamations a lui adressées contre la loi du 10 juin
1793, sur le partage des biens communaux, — Considérant que l'exécution
de la loi du 10 juin 1793, relative au partage des biens communaux, a donné
lieu à de nombreuses réclamations, soit auprès de la convention nationale,
soit auprès du corps législatif; — Que l'examen de toutes les difficultés qu'a
fait naître cette loi, et des mesures qui doivent être prises pour concilier
le respect dû aux propriétés privées avec l'intérêt public, celui résultant
d'un plus grand nombre de défrichemens et de l'amélioration de l'agriculture, exigera une discussion longue, et tous les delais des formes constitutionnelles ; qu'il est cependant instant d'arrêter les funestes effets de
l'exécution littérale de la loi du 10 juin 1793, dont plusieurs inconvéniens majeurs se sont déja fait sentir..., —Approuve l'urgence et prend la
résolution suivante :

Art. 1er. Il est sursis provisoirement à toutes actions et poursuites résultant de l'exécution de la loi du 10 juin 1793, sur le partage des biens
communaux (2).

2. Sont provisoirement maintenus dans leur jouissance tous possesseurs
actuels desdits terrains (3).

N° 516. ＝ 21 prairial an 4 (9 juin 1796). ＝ Loi *qui attribue au ministre
des finances la surveillance des préposés au triage des titres.* (II, Bull.
LIII, n° 464 ; B., LXIV, 190.)

N° 517. ＝ 22 prairial an 4 (10 juin 1796) ＝ Loi *additionnelle à celles des*

---

(1) Voyez ce décret, et les notes qui l'accompagnent : elles resument toute la législation de
la matière.

(2) Ce sursis a été levé par l'art. 7 de la loi du 9—19 ventose an 12 (29 février—10
mars 1804).

(3) Les partages de communaux faits en vertu de la loi du 10 juin 1793, mais postérieurement à celle du 21 prairial an 4, ne sont pas maintenus par cette dernière loi. Arr. du cons,
31 mai 1808 et 24 juin 1808, SIR., XVI, 2, 349. — Juge en sens contraire, c'est-a-dire qu'un
partage de biens communaux, fait après la loi du 21 prairial an 4, peut être déclaré valable, s'il
en a ete dressé acte: surtout lorsque les copartageans ont joui sans trouble et de bonne foi depuis
plus de vingt ans. Arr. du cons., 14 juillet 1819, SIR, Jur. du cons., V, 170. — Ceux qui avaient
la possession de communaux, par defrichement ou culture, avant la loi du 21 prairial an 4, sont
maintenus indéfiniment en jouissance par cette loi Cass., 20 messidor an 10, SIR, II, 1, 352.—
Lorsqu'avant la loi du 21 prairial an 4, des biens pretendus communaux ont ete partages, aux
termes de la loi du 10 juin 1793, et en vertu de jugemens d'arbitres forces, le delai pour se
pourvoir en cassation contre ces jugemens n'a pas couru pendant tout le temps qui s'est écoulé
depuis la publication de la loi de prairial jusqu'a celle de la loi du 9 ventose an 12. Cass., 24
mars 1807, SIR, VII, 2, 788, Bull civ., IX, 93.

28 ventose et 6 floréal derniers, concernant les mandats territoriaux.(1).
(II, Bull. LII, n° 457 ; B., LXIV, 197.)

Art. 1ᵉʳ. Ceux qui, conformément aux lois des 28 ventose et 6 floréal derniers, ont soumissionné des biens nationaux, et au profit desquels il n'a pas été passé contrat, sont tenus d'acquitter, dans les dix jours de la publication de la présente loi, le second quart du prix de l'objet dont ils se sont portés acquéreurs.

2. Ceux qui soumissionneront à l'avenir en exécution des lois précitées, seront tenus de faire le paiement du second quart dans les dix jours de l'admission de leur soumission.

3. La quittance de paiement du second quart sera enregistrée, à présentation, à l'administration centrale de département. — La date de cet enregistrement déterminera l'entrée en jouissance de l'acquéreur, lorsque le contrat de vente à son profit ne sera passé que postérieurement : en conséquence, la portion de fermages et loyers a percevoir de cette époque, lui appartiendra.

4. Les dispositions de l'article précédent ne pourront être opposées à l'acquéreur pour retarder la délivrance de son contrat dans les délais et les formes prescrits par les lois des 28 ventose et 6 floréal.

5. Tout soumissionnaire qui n'aura point satisfait au paiement du second quart, dans les délais prescrits par les articles 1ᵉʳ et 2 de la présente résolution, sera déchu de sa soumission. — L'annonce de cette déchéance sera affichée dans le bureau du receveur, dès le lendemain qu'elle aura eu lieu

6. Dans le cas où l'estimation de l'objet soumissionné ne serait faite que postérieurement au paiement du second quart du prix présumé, et se trouverait surpasser ce prix, l'acquéreur sera tenu de compléter, dans le délai de trois jours, la moitié du prix total de son acquisition, à peine de la déchéance prononcée par l'article 5.

7. Tous les mandats ou promesses de mandats donnés en paiement d'un domaine national, seront bâtonnés par le receveur, en présence de l'acquéreur, au moment de l'acquittement du second quart.

8. Les administrations centrales de département demeurent responsables des retards qu'elles pourraient apporter dans l'exécution des lois des 28 ventose et 6 floréal ; elles vérifieront, plusieurs fois par décade, les caisses des receveurs, sans indiquer aucun jour fixe : elles rendront compte au directoire exécutif de l'état de ces caisses.

9. Le directoire exécutif activera, par les moyens qui sont en son pouvoir, l'exécution de la présente loi. — Il instruira, le 1ᵉʳ et le 16 de chaque mois, le corps législatif, de la situation des ventes.

N° 518. = 22 prairial an 4 (10 juin 1796). = Loi *portant des peines contre la tentative du crime.* (II, Bull. LIII, n° 466 ; B., LXIV, 201.)

Le conseil. . ., considérant que le Code pénal ne prononce aucune peine contre les tentatives du vol, de l'incendie et des autres crimes, à l'exception de l'assassinat et de l'empoisonnement ; — Considérant que l'impunité enhardit et multiplie les coupables..., — Prend la résolution suivante : — Toute tentative de crime, manifestée par des actes extérieurs et suivie d'un commencement d'exécution, sera punie comme le crime même, si elle n'a été sus-

_____

(1) Voyez la loi du 28 ventose an 4 (18 mars 1796), portant création des mandats territoriaux, et les notes.

pendue que par des circonstances fortuites, indépendantes de la volonté du prévenu (1).

(1) Voyez l'art 2 du Code pénal de 1810, qui reproduit presque textuellement cette disposition.
Pour que la tentative soit punissable comme le delit, il faut que le jugement constate que le commencement d'exécution du délit n'a été suspendu que par des circonstances fortuites. Cass, 25 novembre 1808, Sır., IX, 1, 399; Bull. crim., XIII, 493. — Ainsi, il n'y a pas lieu à condamnation, pour tentative de crime, si le jury ne déclare pas qu'il y a eu acte extérieur et commencement d'exécution, suspendu par des circonstances indépendantes de la volonté de l'accusé. Cass., 23 mars 1815, Sır., XV, 1, 220; Bull. crim., XX, 35 — L'acte d'accusation dressé contre un individu, pour tentative de crime, doit non seulement exprimer que cette tentative a été suspendue par des circonstances indépendantes de la volonté du prévenu, mais encore que, par des actes exterieurs, il y a eu un commencement d'exécution. Cass, 26 juillet 1811, Sır., XI, 1, 281; Bull crim, XVI, 213.
La tentative criminelle que la loi pénale assimile au crime même, ne peut résulter que de la réponse affirmative du jury sur toutes les circonstances énumérées par cette loi : il ne suffirait pas que le jury eût repondu affirmativement sur d'autres faits ou circonstances que la cour d'assises aurait considerees comme constituant, dans le cas particulier, la tentative du crime. Cass., 23 septembre 1825, Sır., XXVI, 1, 197; Bull. crim., XXX, 519 — Lorsque, dans une accusation de tentative de crime, les questions posées aux jurés énumèrent toutes les circonstances constitutives de la criminalité, dans les termes mêmes de la loi pénale, et que le jury répond affirmativement sur toutes ces circonstances, cette declaration constate suffisamment qu'il y a eu tentative criminelle. Cass, 18 novembre 1819, Sır, XXV, 1, 314; Bull. crim, XXIV, 368. — Le fait de blessures faites avec les circonstances de préméditation et de guet-à-pens ne peut être considéré comme crime de tentative d'assassinat, qu'autant que le jury déclare qu'il y a eu dessein de tuer. Cass., 19 janvier 1816, Sır., XVI, 1, 247; Bull. crim, XVI, 1. — Lorsque le jury, consulté separement sur l'existence d'une tentative et sur les circonstances qui lui imprimeraient le caractere de crime, répond affirmativement sur le fait, et donne une reponse negative sur les circonstances, la négation doit être considérée comme s'appliquant à l'ensemble de la question : cette déclaration suffisante et desormais acquise à l'accusé, ne peut donner lieu à provoquer une nouvelle deliberation du jury. Cass, 9 juillet 1829, Sır., XXIX, 1, 363, Bull. crim, XXXIV, 384.
Les trois circonstances constitutives de la tentative de crime ou delit sont tellement indépendantes l'une de l'autre, que dans le cas où un fait est considéré comme acte extérieur, il ne peut en même temps être considéré comme commencement d'exécution. Toulouse, 1er juillet 1825, Sır., XXVI, 2, 205. — Lorsqu'il est declaré constant qu'une tentative de crime a eu lieu avec un commencement d'exécution, il s'ensuit qu'elle a été manifestée par des actes extérieurs. Cass., 22 janvier 1813, Sır., XVII, 1, 89; et 1er juillet 1813, id., ibid.
Aucune loi n'ayant déterminé les faits qui doivent caractériser le commencement d'exécution dans une tentative de crime, il s'ensuit qu'à cet égard on doit s'en rapporter à la conscience des juges qui doivent statuer sur la mise en accusation d'un prévenu, et que, quelque grave que soit l'erreur des juges, elle ne peut donner ouverture à cassation. Cass, 27 août 1812, Sır., XVII, 1, 89; et 18 mars 1813, id., ibid. - - Jugé, dans le même sens, que la loi a laissé aux jurés l'appreciation des circonstances constitutives du commencement d'exécution. Cass., 6 fevrier 1812, Sır., XII, 1, 97; Bull. crim, XVII, 32; 28 juillet 1826, Sır., XXVII, 1, 60; Bull. crim., XXXI, 411; et plusieurs autres arrêts. — Jugé, au contraire, que l'erreur des juges sur ce qui constitue un commencement d'exécution, est une erreur de droit et donne lieu a cassation. Cass., 29 octobre 1813, Sır., XIV, 1, 23; Bull. crim, XVIII, 568.
Il y a commencement d'exécution de la tentative du crime de vol, dans l'introduction du voleur dans la maison. Même arrêt. — Il y a commencement d'exécution de la tentative du crime d'extorsion de billets, si les billets ont été écrits d'avance, si tous les apprêts de la violence ont été faits, et si la victime a été dirigée vers le lieu de l'exécution. Cass, arrêt précité du 6 fevrier 1812, Sır., XII, 1, 97; Bull crim., XVII, 32. — Il y a commencement d'exécution de la tentative du crime de faux dans le fait de celui qui fait graver des modeles sur les traites originales des banquiers dont il veut emprunter les noms. Cass, 4 septembre 1807, Sır., IX, 1, 90. — Dans le fait de celui qui, faussant sur l'etat civil, prend faussement la qualité de pere d'un individu pour consentir à son mariage. , si l'acte n'a pas reçu sa perfection. Cass., 12 juin 1807, Sır., VII, 2, 253; Bull. crim., XII, 237. — Dans le fait de celui qui se présente chez un notaire et y fait souscrire un acte à son profit, par un individu qui s'oblige faussement sous le nom d'un tiers. Cass., 9 juillet 1807, Sır., IX, 1, 86. — La simple tentative de banqueroute frauduleuse est un delit. Cass., 26 messidor an 8, Sır., I, 1, 306. — Il n'en est pas de même de la tentative d'escroquerie. Cass., 3 decembre 1807, Sır., VIII, 1, 27; Bull. crim., XII, 485.
Les complices des auteurs de la tentative d'un crime sont passibles de la même peine que les auteurs du crime, encore qu'ils n'aient pris part qu'a la préparation du crime et non au commencement d'execution. Cass., arrêt précité du 6 février 1812.

N° 519. = 25 prairial an 4 (13 juin 1796). = Arrêté *du directoire exécutif, qui exempte des droits de douane les toiles de coton blanches tirées de l'étranger pour être peintes dans les manufactures des départemens de la Lys, de l'Escaut, des Deux-Nèthes, de la Dyle, et être réexportées.* (II, Bull. LIII, n° 472; B., LXIV, 208.)

N° 520. = 5 messidor an 4 (23 juin 1796). = Arrêté *du directoire exécutif, qui détermine un mode provisoire pour le paiement du salaire des nourrices des enfans abandonnés, élevés aux frais de la république, etc.* (II, Bull. LIV, n° 484; B., LXV, 13.)

N° 521. = 6 messidor an 4 (24 juin 1796). = Loi *qui destine quatre millions, valeur fixe, aux encouragemens des fabriques et manufactures nationales.* (II, Bull. LIV, n° 485; B., LXV, 13.)

N° 522. = 6 messidor an 4 (24 juin 1796). = Loi *contenant un nouveau tarif pour la poste aux lettres et les messageries* (1). (II, Bull. LV, n° 487; B., LXV, 15.)

N° 523. = 8 messidor an 4 (26 juin 1796). = Loi *qui fixe le montant de la contribution foncière pour l'an 4, et détermine le mode de sa perception* (2). (II, Bull. LV, n° 488; B., LXV, 20.)

N° 524. = 9 messidor an 4 (27 juin 1796). = Loi *portant prorogation jusqu'au* 30 *du même mois, du délai fixé par celle du 4 prairial dernier pour l'échange des assignats au dessus de cent livres contre des mandats.* (II, Bull. LV, n° 492; B., LXV, 25.)

N° 525. = 9 messidor an 4 (27 juin 1796). = Loi *relative au mode de paiement des baux à ferme* (3). (II, Bull. LV, n° 491; B., LXV, 28.)

Art. 1er. Les fermages stipulés en denrées ou fruits continueront d'être payés en nature.

2. Les sommes dues pour prix des baux de biens ruraux, de moulins, d'usines et de toutes autres propriétés foncières (sous la seule exception portée à l'article 7), seront exigibles pour l'an 4, un quart en fruits ou autres productions, le surplus en valeur représentative de grains.

3. Le fermier délivrera au propriétaire le quart du prix de son bail avec les productions principales de l'objet qu'il exploite, lesquelles seront reçues en paiement dudit quart, d'après les valeurs qu'elles avaient en 1790 dans le canton.

4. A l'égard des baux dont le prix consiste en denrées que le fermier a la faculté de retenir au prix des mercuriales, il sera tenu, nonobstant cette

_____

(1) Ce tarif n'a plus d'intérêt, en ce qui concerne les messageries, parce qu'elles sont livrées aujourd'hui à l'industrie particulière; ni en ce qui concerne la poste aux lettres, parce que la taxe des lettres a fréquemment varié depuis l'an 4. Ces variations sont indiquées dans les notes du décret du 17—22 août 1791.

(2) La loi du 3 frimaire an 7 (23 novembre 1798) a créé de nouvelles bases pour la contribution foncière, et elle forme le point de départ de la législation nouvelle : voyez cette loi et les notes.

(3) Voyez la loi du 15 germinal an 4 (4 avril 1796), et les notes.

stipulation, de délivrer le quart desdites denrées en nature, comme pour les baux stipulés en sommes fixes.

5. Chaque *franc* de fermage, payé en valeur représentative, sera acquitté par la valeur, en mandats, de dix livres pesant de blé-froment, comme chaque *franc* de contribution foncière.

6. Le fermier paiera la valeur représentative desdits grains, d'après la fixation qui se trouvera déterminée par la loi pour la contribution foncière, au moment de l'échéance du terme, ou au moment du paiement, au choix du propriétaire.

7. Les baux des maisons d'habitation seulement sont exceptés des dispositions précédentes, et les sommes stipulées pour prix continueront d'être payées jusqu'au 1er vendémiaire prochain, conformément a la loi du 15 germinal dernier

8. Le fermier, lors même qu'il ne serait pas tenu par son bail au paiement de la contribution foncière, l'acquittera en grains, fourrages ou mandats, et elle le libérera envers le propriétaire de la même somme dont celui-ci sera acquitté envers le trésor public.

9. Les fermiers qui auront acquitté, a la décharge du propriétaire, la moitié de la contribution en fruits, n'en seront pas moins tenus d'exécuter l'article 3 ci-dessus; et l'imputation de ce qu'ils auront payé sera faite sur les trois autres quarts du prix de leur bail.

10. Les prix des baux non stipulés en denrées, et qui ont été passés postérieurement a la publication de la loi du 4 nivose an 3, qui a levé le *maximum*, seront réduits au prix du bail précédent, en y ajoutant la valeur des dîmes et autres charges supprimées, conformément a la loi du 11 mars—10 avril 1791, et autres. — S'il n'existait pas de bail antérieur, le prix du nouveau bail sera réglé par experts, valeur de 1790 : dans les deux cas, le prix de ce nouveau bail sera payé de la même manière que le serait celui d'un bail passé en 1790.

11. Les fermages de l'an 4 s'entendent de ceux qui sont le prix des récoltes et jouissances faites ou qui se feront a compter du 12 nivose dernier (1er janvier 1796) jusqu'au 12 nivose an 5, quelle que soit l'échéance des termes convenus par le bail pour le paiement.

12. Les dispositions de la présente résolution sont communes aux baux des biens nationaux.

N° 526. = 9 messidor an 4 (27 juin 1796).=ARRÊTÉ *du directoire exécutif, relatif au transit par la commune de Meyel, des marchandises expédiées de la Hollande par la Prusse.* (II, Bull. LVI, n° 496.)

N° 527. = 9 messidor an 4 (27 juin 1796).=ARRÊTÉ *du directoire exécutif, concernant les appels des jugemens par défaut.* (II, Bull. LVI, n° 497.)

Le directoire exécutif, sur le compte qui lui a été rendu, par le ministre de la justice, du jugement du tribunal civil du département du Cher, du 27 prairial dernier, portant qu'il sera référé au ministre de la justice, pour inviter le directoire exécutif à proposer au corps législatif une loi qui déclare si l'article 14 du titre V de la loi du 16—24 août 1790, est applicable aux jugemens par défaut auxquels il n'a pas été formé opposition dans la huitaine de leur signification; — Considérant qu'aux termes de l'article 3 de la loi du 10 vendémiaire dernier, sur l'organisation du ministere, le corps législatif ne doit être consulté que sur *les questions qui exigent une interprétation*

474 DIRECTOIRE.

de la loi ; que l'article 14 du titre V de la loi du 16—24 août 1790 , ne parlant que des jugemens contradictoires, ses dispositions ne peuvent être applicables aux jugemens par défaut ; — Considérant que les lois nouvelles n'ayant pas prononcé sur l'appel des jugemens par défaut, il résulte nécessairement de leur silence qu'on doit a cet égard recourir aux lois anciennes (1), — Déclare qu'il n'y. a pas lieu à délibérer sur le référé dont il s'agit.

N° 528. = 11 messidor an 4 (29 juin 1796). = Loi *relative aux reventes faites, sans folle enchère, de domaines nationaux dont les adjudicataires primitifs sont émigrés , et se sont trouvés en retard dans le paiement du prix de leur adjudication.* (II, Bull. LVI, n° 499 ; B., LXV, 32.)

Le conseil..., après avoir entendu le rapport de sa commission sur le message du directoire exécutif, portant invitation au conseil de statuer sur le sort des reventes faites, sans observer la formalité de la folle enchère, de domaines nationaux dont les adjudicataires primitifs ont émigré, et se sont trouvés en retard dans le paiement du prix de leur adjudication ; — Considérant que le vice dont pourraient être affectées ces secondes ventes, provient d'un défaut de loi sur cette matière, qui déterminerait la forme suivant laquelle il aurait dû être procédé ; — Considérant que la formalité de la folle enchère ne pouvait être strictement applicable à ces cas, attendu l'impossibilité de la sommation et des autres formalités résultant des dispositions des lois des 14—17 mai et 3—17 novembre 1790 ; — Considérant que les acquéreurs de bonne foi méritent la plus haute protection, et qu'il est instant de les rassurer dans leurs possessions; — Considérant que le crédit public peut être altéré par l'instabilité de ces acquisitions; qu'il est même urgent d'éloigner le doute le plus léger sur leur validité, et qu'il convient d'ailleurs à la dignité de la nation de ne pas rejeter sur l'acquéreur l'effet du silence de la loi, qui ne peut lui être imputé..., — Prend la résolution suivante : — Les reventes faites jusqu'à ce jour de biens nationaux dont les adjudicataires primitifs ont émigré et se sont trouvés en retard dans le paiement du prix de leur adjudication, ne pourront être infirmées pour défaut de formalité de la folle enchère.

N° 529. = 11 messidor an 4 (29 juin 1796). = Loi *qui déclare valables les publications de lois faites avant la publication de celle du 2—5 novembre 1790, par simple transcription sur les registres des corps administratifs ou des tribunaux* (2). (II, Bull. LVI, n° 501 ; B., LXV, 33.)

Le conseil..., après avoir entendu le rapport de la commission chargée d'examiner la pétition de la citoyenne veuve *Lemeilleur* et fils; — Considé-

---

(1) Sous l'empire de l'ordonnance de 1667, on pouvait interjeter appel des jugemens par défaut, encore que l'usage ou la jurisprudence donnassent contre ces jugemens la faculté de l'opposition. Cass., 11 nivose an 10, SIR., II, 1, 216 — Decidé encore que les tribunaux qui ont succédé au ci-devant parlement de Rouen n'ont pu, sous peine de cassation de leurs jugemens, juger, en conformité de l'ancienne jurisprudence du parlement, et en contravention aux art. 12 et 17, tit. XXVII de l'ordonnance de 1667, que les jugemens par défaut n'etaient pas susceptibles d'appel. Cass, 24 vendemiaire an 9, SIR., VII, 2, 785. — L'appel des jugemens par défaut a été recevable, dans la ci-devant Belgique, après la publication de la loi du 16—24 août 1790. Cass., 1er thermidor an 11, SIR., IV, 1, 42 ; Bull. civ., V, 345; et 26 germinal an 12, SIR., IV, 2, 694 ; Bull crim., VI, 238.

Aujourd'hui l'appel des jugemens par défaut est permis; et le délai de cet appel est fixé par l'art. 443 du Cod. proc. civ.

(2) Voyez le décret du 2—5 novembre 1790, qui détermine le mode de promulgation des lois, et les notes qui résument la législation.

rant que ces citoyens se trouvent dans le cas de l'article 256 de l'acte constitutionnel, en ce qu'après avoir passé deux fois au tribunal de cassation, ils
s'y présentent une troisième fois avec les mêmes moyens; qu'ainsi, dans
cette occasion, le corps législatif doit porter une loi qui serve de règle au
tribunal de cassation;—Considérant que la loi du 2—5 novembre 1790, qui
a prescrit un nouveau mode de publication des lois, n'a pu avoir d'effet rétroactif, et qu'il importe de ne laisser aucun doute sur la validité des lois
qui ont été publiées antérieurement a cette époque, suivant les formes alors
usitées; — Considérant qu'il résulterait les plus graves inconvéniens d'un
système contraire, et qu'il est urgent de fixer l'opinion des tribunaux sur
ce point....,—Prend la résolution suivante :—Les publications de lois, faites
antérieurement a la publication de celle du 2—5 novembre 1790, par simple
transcription sur les registres des corps administratifs ou des tribunaux,
suivant les formes usitées avant ladite loi, sont déclarées valables.

N° 530. = 12 messidor an 4 (30 juin 1796). = ARRÊTÉ *du directoire exécutif,*
concernant le mode de jugement des actions relatives à la perception des
impôts indirects, dans les neuf départemens réunis par la loi du 9 ven-
démiaire dernier. (II, Bull. LVI, n° 503.)

N° 531. = 15 messidor an 4 (3 juillet 1796). = ARRÊTÉ *du directoire exécu-*
tif, qui approuve le réglement proposé par le commissaire chargé de l'or-
ganisation du conservatoire de musique (1). (II, Bull. LVII, n° 510; B.,
LXV, 45.)

N° 532. =18 messidor an 4 (6 juillet 1796).=LOI *portant que les disposi-*
tions du décret du 4 juin 1793, qui accorde des pensions et des secours aux
veuves des militaires, sont applicables aux veuves des agens civils de la
marine. (II, Bull. LVII, n° 517; B., LXV, 56.)

Les dispositions de la loi du 4 juin 1793, qui accorde des pensions et des
secours aux veuves des militaires, sont applicables aux veuves des agens
civils de la marine, en remplissant les conditions exigées par ladite loi.—
Ces pensions et secours ne pourront, conformément aux lois des 4 juin et
29 juillet 1793, excéder la somme de mille francs, ni être moindres de cent
cinquante francs.

N° 533. = 19 messidor an 4 (7 juillet 1796). = LOI *qui fixe l'époque du*
paiement du troisième quart du prix des biens nationaux soumission-
nés (2). (II, Bull. LVII, n° 518; B., LXV, 59.)

Art. 1er. Le troisième quart du prix des biens nationaux soumissionnés,
conformément aux lois des 28 ventose et 6 floréal derniers, sera payé, savoir, dans les dix jours pour le département de la Seine, Seine-et-Oise et
Seine-et-Marne, et dans les quinze jours pour les autres départemens, à
compter de la publication de la présente, par tous les soumissionnaires qui,
en exécution de la loi du 22 prairial, auront acquitté le second quart; et
ce, sous les peines portées par l'article 5 de cette dernière loi, touchant le
paiement du second quart.

2. Si l'estimation de l'objet soumissionné n'a pas encore été terminée, le

_____

(1) Voyez le décret du 16 thermidor an 3 (3 août 1795), portant création du Conservatoire
de musique.
(2) Voyez la loi du 13 thermidor an 4 (31 juillet 1796), concernant le mode de paiement du
dernier quart de ces biens, et les notes.

paiement du troisième quart sera fait sur le pied du second , sauf à le par-
faire comme celui de la première moitié , aux termes de l'article 6 de la même
loi.

3. Ceux qui soumissionneront à l'avenir, seront tenus de payer le troisième quart dans les délais fixés par l'article 1er, après l'échéance de celui
dans lequel le paiement du deuxième quart aura dû être effectué, en conformité de l'article 2 de la susdite loi du 22 prairial.

4. A défaut de paiement du troisième quart, comme il est dit ci-dessus ,
la déchéance sera encourue, ainsi qu'elle a été prononcée relativement au
deuxième quart.

5. Les autres dispositions de la loi du 22 prairial continueront d'être exécutées.

———

N° 534. = 21 messidor an 4 (9 juillet 1796). =LOI *qui fixe à seize sous la va-*
leur de la livre de blé-froment, due en mandats, pour l'acquittement de la
contribution foncière et des fermages de l'an 4. (II , Bull. LVII, n° 522;
B., LXV, 65.)

———

N° 535. = 22 messidor an 4 (10 juillet 1796).= LOI *qui fixe la compétence*
des conseils militaires (1). (II, Bull. LVII, n° 524; B., LXV, 68.)

Art. 1er. Nul délit n'est militaire, s'il n'a été commis par un individu
qui fait partie de l'armée : tout autre individu ne peut jamais être traduit
comme prévenu devant les juges délégués par la loi militaire (2).

2. Si, parmi deux ou plusieurs prévenus du même délit, il y a un ou plusieurs militaires, et un ou plusieurs individus non militaires, la connaissance en appartient aux juges ordinaires (3).

———

(1) Voyez le décret du 22—29 septembre 1790, et les notes.
(2) Voyez le Code militaire du 30 septembre—19 octobre 1791, art. 4, et les notes ; la loi du
13 brumaire an 5 (3 novembre 1796), art. 9 et 12 ; l'avis du conseil d'etat du 28 floréal an 11
(18 mai 1803) ; et celui du 7 fructidor an 12 (25 août 1804), et les notes.
(3) Un conseil de guerre n'est pas compétent si, parmi les prevenus d'un même crime, il y a
un individu militaire et un autre qui n'est pas militaire. Cass., 12 vendemiaire an 14, SIR., VII,
2, 860; Bull. crim, X, 304. — Même decision, encore que les prévenus non militaires aient été
précédemment militaires Même arrêt. — Même decision, au cas où il s'agit d'un crime commis
simultanément par des militaires et par des gardes nationaux, lorsque ceux-ci n'ont pas été légalement constitués en état d'activité de service militaire. Cass., 2 avril 1819, SIR., XIX, 1,
231. — Lorsqu'en exécution de l'art. 2 de la loi du 22 messidor an 4 , la connaissance d'un
délit dont sont prévenus à la fois des citoyens militaires et des citoyens non militaires, a été
attribuée à un tribunal criminel, ce tribunal ne devient pas incompetent par cela seul que l'accusation n'ayant pas été admise contre l'accusé non militaire, il ne reste a juger qu'un individu
militaire. Cass , 16 frimaire an 12, SIR , IV, 2, 87 ; Bull. crim., IX, 57. — Juge en sens contraire.
Cass, 19 fevrier 1829, SIR, XXIX, 1, 236; Bull. crim., XXXIV, 120. — Juge encore que
lorsqu'un militaire, prévenu d'un délit militaire, a été, par un conseil de guerre, renvoyé devant un tribunal ordinaire, a raison de sa complicité avec des prévenus non militaires, en vertu
de la loi du 22 messidor an 4, s'il arrive ulterieurement que les juges ordinaires relaxent les prévenus de complicité avant le jugement du fond de l'affaire, et par suite, decident que le fond
de l'affaire doit être renvoyé à des juges militaires, ceux-ci peuvent et doivent se ressaisir de
la connaissance du delit militaire. Cass., 29 mai 1813, SIR., XIII, 1, 327; Bull. crim.,
XVIII, 289.
Si les conseils de guerre permanens sont seuls competens pour juger même les délits communs commis par les militaires en garnison et sous les drapeaux, lorsqu'ils n'ont pas de complices
non militaires, cette competence ne peut s'eten lre aux matieres speciales, dont la connaissance
est attribuée sans aucune exception aux tribunaux ordinaires. Ainsi, il n'appartient qu'aux tribunaux ordinaires de juger les delits de contrebande commis par des militaires, bien qu'il n'y ait
pas de non militaires prévenus de complicite du même delit. Cass, 18 septembre 1819, SIR.,
XXIX, 1, 425; Bull. crim., XXXIV, 559 — Idem, d'un delit de fraude en matiere d'octroi,
commis par un militaire, même présent à son corps. Cass., 23 août 1833, SIR., XXXIII, 1, 869;

3. Dans les cas prévus par la présente résolution, les procédures déjà commencées par-devant les tribunaux militaires seront, ainsi que les prévenus, renvoyés devant les juges ordinaires.

N° 536. = 24 messidor an 4 (12 juillet 1796). = LOI *relative à la composition du tribunal de cassation* (1). (II, Bull. LVIII, n° 533; B., LXV, 77.)

Art. 1er. Les cinquante juges dont le tribunal de cassation doit être aujourd'hui composé, sont :—1° Les vingt juges ou suppléans nommés en vertu de la loi du 5 vendémiaire, au nom des départemens dont la liste suit : — Alpes-Maritimes, Ardèche, Ariége, Charente, Charente-Inférieure, Cher, Corrèze, Côtes-du-Nord, Haute-Garonne, Gers, Golo, Hérault, Ille-et-Vilaine, Indre, Indre-et-Loire, Jura, Landes, Liamone, Loir-et-Cher, Loire, — 2° Les vingt-six juges ou suppléans nommés en vertu de la loi du 28 janvier 1791, au nom des départemens dont la liste suit : Aisne, Allier, Basses-Alpes, Hautes-Alpes, Ardennes, Aude, Aveyron, Bouches-du-Rhône, Calvados, Cantal, Côte-d'Or, Creuse, Finistere, Gard, Lot, Manche, Marne, Morbihan, Moselle, Oise, Pas-de-Calais, Bas-Rhin, Haute-Saône, Saône-et-Loire, Seine-et-Marne, Seine-et-Oise ;—3° Les citoyens *Dutocq*, *Andrieux*, *Chas* et *Sibuet*, qui, parmi les juges nommés extraordinairement par la convention nationale, sont ceux qui, conformément a la loi du 2 brumaire de l'an 4, ont été designés par le sort comme devant se retirer les derniers.

2. Néanmoins ceux des juges nommés en vertu de la loi du 5 vendémiaire an 4, qui n'auraient pas été encore installés, continueront d'être remplacés provisoirement jusqu'a leur installation, ou jusqu'a celle de leurs suppléans, par les citoyens *Lenain*, *Levasseur* et *Robert*, qui ont été nommés par la convention nationale, et qui se retireront successivement dans l'ordre que le sort leur a indiqué, a mesure que les juges qu'ils remplacent extraordinairement, ou les suppléans de ces juges, seront installés.

3. Néanmoins nul citoyen ne pourra désormais exercer au tribunal de cassation les fonctions de juge, même provisoirement, s'il ne réunit les conditions d'éligibilité prescrites par l'acte constitutionnel, et notamment s'il n'est âgé de trente ans accomplis.

4. Au mois de germinal de l'an 5, les dix membres du tribunal de cassation qui formeront le cinquième sortant, sont : — 1° Les citoyens *Robert*, *Levasseur* et *Lenain*, si a cette époque ils étaient encore en fonctions;—2° Les citoyens *Sibuet*, *Chas*, *Andrieux* et *Dutocq*; — 3° Ceux des vingt-six juges ou suppléans nommés en 1791, qui seront désignés par le sort, ou dont les nominations se trouveraient alors éteintes par mort, démission ou destitution.

5. L'an 6 et l'an 7, le cinquième sortant sera pris parmi les membres nommés en 1791 ; et l'an 8, parmi ceux qui ont été élus au mois de vendémiaire de l'an 4.

Bull. crim., XXXVIII, 434. — Il en est de même des délits de chasse commis par les militaires. Avis du cons. des 30 frimaire an 14 et 4 janvier 1806. Cass., 8 fructidor an 11, SIR, XVII, 1, 88. — Mais le délit de contrefaçon, commis par un militaire, est de la competence exclusive des tribunaux militaires. Cass., 9 février 1827, SIR., XXVII, 1, 335; Bull. crim., XXVII, 91.

Lorsque, devant un conseil de guerre, l'accusé, acquitté du fait de l'accusation, se trouve, par suite des débats, inculpé sur un autre fait qui se trouve implicitement compris dans le fait principal, le conseil de guerre ne peut s'abstenir de statuer sur ce fait, sous prétexte qu'il n'était pas compris dans la plainte. Cass., 7 avril 1832, SIR, XXVII, 1, 715; Bull. crim, XXXVII, 201.

Sur la competence en matiere de desertion, voyez l'arrêté du 19 vendémiaire an 12 (12 octobre 1803), et les notes

(1) Voyez, sur la composition de ce tribunal, les lois citées dans les notes qui accompagnent le titre du decret d'institution, du 27 novembre—1er décembre 1790.

6. A compter de l'an 9, le cinquième sortant de chaque année 'sera toujours composé des dix juges qui auront été élus cinq ans auparavant.

7. Conformément a la loi du 2 brumaire, les juges qui formeront le cinquième sortant chaque année du tribunal de cassation, ne se retireront qu'à mesure que ceux composant le cinquième entrant seront installés. L'ordre de leur sortie sera déterminé par l'ordre alphabétique de leur département.

8. Le juge et le suppléant nommés par une même assemblée électorale, sont considérés comme une seule personne : le suppléant qui succède à un juge ne le remplace que pour le temps que ce juge avait à rester au tribunal.

9. Dans le cours du mois de pluviose de l'an 5 et de chaque année suivante, le corps législatif désignera, conformément à l'article 4 de la loi du 5 vendémiaire, les dix départemens dont les assemblées électorales devront nommer des juges et des suppléans au tribunal de cassation. — Les départemens qui n'ont pas encore envoyé de juges à ce tribunal, seront désignés les premiers.

10. Il ne peut être nommé, au nom d'un département, qu'un seul juge et qu'un seul suppléant pour le tribunal de cassation : toute nomination ultérieure est nulle de plein droit, quand même les deux premières se trouveraient sans effet par une cause quelconque.

11. L'acceptation d'une autre fonction publique, législative, administrative ou judiciaire, de la part d'un citoyen nommé juge au tribunal de cassation, est une démission de la fonction de juge a ce tribunal.

12. Le droit de suppléance au tribunal de cassation ne se perd point par l'acceptation ni par l'exercice d'une autre fonction publique; mais tout suppléant qui se trouve appelé à venir exercer la fonction de juge à ce tribunal, et qui exerce une autre fonction publique, est tenu d'opter dans le délai d'un mois.

13. A l'avenir, tout citoyen appelé à exercer les fonctions de juge au tribunal de cassation, et qui ne s'y rendra point dans le délai de deux mois après la date de l'ordre qu'il en aura reçu du ministre de la justice, et qui lui aura été transmis par le commissaire du pouvoir exécutif près le tribunal de son département, sera censé avoir donné sa démission, a moins qu'il n'obtienne un congé.

14. A l'avenir, tout juge du tribunal de cassation, absent par congé, qui ne viendra point reprendre ses fonctions dans le délai d'un mois après l'expiration du terme de ce congé ou de la prolongation qu'il en aurait obtenue, sera censé avoir donné sa démission.

Nº 537.=24 messidor an 4 (12 juillet 1796). = Loi *qui détermine la manière de procéder au jugement des prévenus de complicité avec un accusé traduit devant la haute-cour de justice* (1). (II, Bull. LVIII, nº 532 ; B., LXV, 81.)

Le conseil..., considérant que l'intérêt public et 'l'intérêt particulier de chaque accusé ont également consacré cette maxime inviolable, que tous les accusés d'un même délit doivent être jugés par le même tribunal;—Considérant que plusieurs prévenus de complicité dans la conspiration dénoncée au corps législatif par le message du directoire exécutif, en date du 21 floréal, ont été traduits devant le directeur du jury d'accusation du départe-

_____

(1) Voyez le décret du 10—15 mai 1791, qui institue la haute-cour, et les notes où sont resumées les lois de la procédure.

ment de la Seine; que, dans le cas où l'accusation serait admise contre ces prévenus, le tribunal criminel du département procéderait sans délai a leur jugement, si leur renvoi n'était promptement ordonné a la haute-cour de justice, qui doit prononcer sur l'accusation déja admise à raison du même délit contre le représentant du peuple *Drouet*,.....—A pris la résolution suivante :—Tous prévenus mis en état d'accusation pour complicité dans un crime à raison duquel un représentant du peuple ou un membre du directoire exécutif sont mis en accusation par le corps législatif, seront traduits à la haute-cour de justice, pour y être jugés conjointement avec le représentant du peuple ou membre du directoire accusé du même délit.

N° 538. = 25 messidor an 4 (13 juillet 1796). = Loi *qui affecte à l'établissement des écoles centrales et à l'enseignement public, les maisons connues ci-devant sous le nom de colléges* (1). (II, Bull. LIX, n° 536; B., LXV, 88.)

Art. 1er. Les écoles centrales établies dans les divers départemens de la république, seront placées dans les maisons connues ci-devant sous le nom de colléges, lesquelles demeureront affectées à l'enseignement public et au logement des professeurs.

2. Les jardins qui font partie de ces mêmes maisons, serviront a former le jardin de botanique qui doit être établi près de ces écoles, en exécution de la loi du 3 brumaire an 4.

3. Aucun édifice national ou terrain autres que ceux désignés ci-dessus, ne pourront être consacrés à cet usage sans une loi particulière.

4. Dans le cas où les bâtimens des ci-devant colléges seraient en trop mauvais état ou insuffisans pour y placer les écoles centrales, et où il n'y aurait pas de jardin, l'administration centrale du département désignera le local le plus convenable, et enverra au directoire sa pétition avec les plans, afin que le corps législatif puisse statuer sur sa demande.

5. Toute disposition d'édifices et terrains nationaux faite en faveur des établissemens d'instruction, par des arrêtés des représentans du peuple ou émanés d'autres autorités, n'aura son effet qu'autant qu'elle sera comprise dans les articles 1er et 2, ou qu'elle sera confirmée conformément aux articles 3 et 4.

N° 539. = 25 messidor an 4 (13 juillet 1796). = Loi *qui fixe à trois mois le délai pendant lequel sera délivré le montant des billets gagnans dans les loteries énoncées dans le décret du* 27 *vendémiaire an* 4. (II, Bull. LIX, n° 538; B., LXV, 90.)

N° 540.—25 messidor an 4 (13 juillet 1796).=Arrêté *du directoire exécutif, qui prescrit un ordre de comptabilité pour une branche de la recette des ports de lettres et paquets.* (II, Bull. LIX, n° 537; B., LXV, 91.)

Le directoire exécutif, sur le rapport du ministre des finances, arrête: — Les fonctionnaires publics désignés dans ses deux arrêtés des 23 pluviose et 5 prairial derniers, auront un compte ouvert avec les directeurs des bureaux de poste aux lettres, pour le port des lettres et paquets qu'ils sont dans le cas de recevoir relativement a l'exercice de leurs fonctions.—Le montant de ces comptes, pendant le mois, sera soldé par les fonctionnaires auxquels ils appartiendront, dans la première décade du mois suivant, dans la forme prescrite par lesdits arrêtés.

(1) Voyez le décret du 7 ventose an 3 (25 février 1795), portant institution des écoles centrales,

N° 541.=27 messidor an 4 (15 juillet 1796).=ARRÊTÉ *du directoire exécutif, qui détermine le mode de perception de la moitié de la contribution foncière payable en nature.* (II, Bull. LIX, n° 544 ; B., LXV, 98.)

N° 542. = 28 messidor an 4 (16 juillet 1796).= LOI *qui divise les dépenses publiques, et détermine la manière dont elles seront acquittées.* (II, Bull. LIX, n° 545 ; B., LXV, 99.)

Art. 1er. Les dépenses du corps législatif, des archives nationales, domaniales et judiciaires, du directoire exécutif, de ses commissaires près les administrations et tribunaux, des sept ministres, de la haute-cour de justice, du tribunal de cassation, de la trésorerie, des bureaux de la comptabilité et de la liquidation, de l'institut national, des écoles spéciales et de service public, de la gendarmerie nationale, des hôtels des élèves de la patrie et des invalides, de l'impression et de l'envoi des lois, de la guerre, de la marine, des relations extérieures, de la confection, entretien et réparation des grandes routes, de la navigation intérieure, des canaux et travaux d'art contre les torrens et rivières, des primes et encouragemens a accorder à l'agriculture, au commerce et aux arts, de la bibliothèque nationale, du muséum, du jardin des plantes, des hôtels des monnaies, de la régie des poudres et salpêtres, des manufactures nationales, et le paiement de la dette publique, seront acquittés par le trésor public, sous le titre de dépenses du gouvernement.

2. Les dépenses des administrations centrales, des corps judiciaires, de la police intérieure et locale, de l'instruction publique, et des prisons, seront à la charge des départemens, sous le nom de *dépenses d'administration.* — Il y sera pourvu par un prélèvement en sous additionnels, qui, dans aucun département, ne pourra excéder le cinquième des contributions.

3. Les frais de bureau des municipalités et des cantons, ainsi que le traitement des secrétaires-greffiers et des commis, continueront a être a la charge des communes.

4. A compter du 1er vendémiaire prochain, toutes les dépenses d'administration mentionnées en l'article 2 seront acquittées sur les produits qui seront affectés aux dépenses locales.

N° 543. = 29 messidor an 4 (17 juillet 1796). = LOI *qui accorde une indemnité aux membres de l'institut national* (1). (II, Bull. LX, n° 552 ; B., LXV, 105.)

Le conseil..., considérant que le progrès des sciences et la justice exigent qu'il soit accordé un traitement aux membres qui composent l'institut national, et qu'il est pressant de pourvoir aux dépenses de cet établissement..., —Prend la réso ution suivante :

Art. 1er. Chaque membre de l'institut national recevra une indemnité qui ne pourra être sujette à aucune réduction ni retenue, et qui sera repartie suivant les réglemens intérieurs de l'institut. — Le total sera calculé sur le pied de quinze cents francs par chaque membre.

(1) Voyez la constitution du 5 fructidor an 3 (22 août 1795), art. 298, portant création de l'Institut, et les notes qui résument la législation.—Les indemnités des membres de l'Institut ont été conservées par l'art. 23 de l'ordonnance du 21—28 mars 1816, portant organisation nouvelle de ce corps savant.

2. Il sera pris en conséquence pour cet objet une somme de deux cent seize mille francs sur les fonds destinés à l'encouragement des sciences et des arts, et mis à la disposition du ministre de l'intérieur.

3. Il sera pris sur les mêmes fonds la somme de soixante-quatorze mille francs pour les dépenses ordinaires et extraordinaires de l'institut, présentées par le directoire exécutif dans son message du 14 de ce mois.

N° 544. = 29 messidor an 4 (17 juillet 1796). = LOI *qui rapporte les articles 2 et 3 de la loi du 15 germinal dernier sur les transactions entre citoyens.* (II, Bull. LVIII, n° 535; B., LXV, 106.)

Le conseil..., considérant qu'au moment où il s'occupe des moyens de rétablir un juste équilibre dans les transactions entre particuliers, il est pressant de prévenir l'abus qu'on pourrait faire des dispositions des articles 2 et 3 de la loi du 15 germinal, et de rapporter ces deux articles..., prend la résolution suivante : — Les articles 2 et 3 de la loi du 15 germinal dernier, sur le paiement des transactions entre citoyens, sont rapportés.

N° 545. = 30 messidor an 4 (18 juillet 1796). = LOI *qui fixe un terme pour la production des titres de créances sur les communes et les corporations supprimées* (1). (II, Bull. LIX, n° 547; B., LXV, 109.)

Art. 1er. D'ici au 1er nivose prochain inclusivement, les corps administratifs et autres autorités sont tenus, sous leur responsabilité, d'apposer les *visa* et certificats exigés par les lois précédentes, aux titres de créances sur les communes, les districts, les départemens et les ci-devant corporations supprimées, qui leur ont été produits dans les délais fixés par les articles 2 et 10 de la loi du 23 prairial an 3.

2. D'ici au 1er pluviose prochain inclusivement, les créanciers produiront, a peine de déchéance, au directeur général de la liquidation, les titres de créances mentionnés dans l'article précédent, munis des certificats et *visa*, et accompagnés d'une attestation des corps administratifs, constatant que la production de ces titres leur a été faite dans les délais fixés par les articles 2 et 10 de la loi du 23 prairial an 3.

3. Tout créancier qui n'a pas satisfait, dans les délais fixés, aux demandes de pièces qui lui ont été faites par le directeur général de la liquidation, est admis à les produire d'ici au 1er pluviose prochain inclusivement, a charge de présenter un certificat des administrations qui devaient délivrer ces pièces, constatant que le retard dans leur production vient de l'empêchement qu'ont éprouvé les corps administratifs dans leur délivrance.

N° 546. = 4 thermidor an 4 (22 juillet 1796). = LOI *qui fixe le prix du port des ouvrages périodiques et des livres brochés* (2). (II, Bull. LX, n° 554; B., LXV, 116.)

Art. 1er. Les articles 6 et 9 de la loi du 6 messidor dernier, sur le tarif des postes, sont rapportés.

_____

(1) Voyez les art. 82 et suiv. du décret du 24 août (15, 16, 17 et) — 13 septembre 1793, qui déclarent *nationales* les dettes des communes et fixent le mode de leur liquidation, et les notes : voyez aussi le décret du 18—18 août 1792, qui supprime les congrégations séculières et régulières, et les notes.

(2) Voyez la loi du 27 frimaire an 8 (18 décembre 1799), sur le même objet; l'art. 8 de la loi du 15—17 mars 1827, qui reproduit une partie de ce tarif; et la loi du 14—15 décembre 1830, qui forme l'état actuel de la législation.

2. Il sera payé, a compter de ce jour, d'avance et en numéraire métallique, pour chaque feuille d'ouvrage périodique ou journal, quatre centimes ; pour chaque demi-feuille, deux centimes ; et pour les livres brochés,
catalogues ou prospectus, remis sous bandes, cinq centimes par chaque
feuille ; la moitié de cette somme pour chaque demi-feuille, et le quart pour
chaque quart de feuille.

N° 547.=5 thermidor an 4 (23 juillet 1796). = Loi *relative aux transactions
entre citoyens* (1). (II, Bull. LX, n° 560 ; B., LXV, 119.)

Art. 1er. A dater de la publication de la présente loi, chaque citoyen sera
libre de contracter comme bon lui semblera : les obligations qu'il aura sous-
crites seront exécutées dans les termes et valeurs stipulés (2).

2. Nul ne pourra refuser son paiement en mandats au cours du jour et du
lieu où le paiement sera effectué.

3. Les dispositions des lois contraires à la présente sont abrogées.

N° 548. = 7 thermidor an 4 (25 juillet 1796). = Loi *qui détermine le mode
de remplacement provisoire de fonctionnaires publics dont les places
deviennent vacantes.* (II, Bull. LX, n° 561 ; B., LXV, 126.)

N° 549. = 8 thermidor an 4 (26 juillet 1796). = ARRÊTÉ *du directoire
exécutif, qui prescrit des formalités pour les coupes extraordinaires de
bois* (3). (II, Bull. LXII, n° 571 ; B., LXV, 131.)

Art. 1er. Les articles 1er du titre XV et 4 du titre XXIV de l'ordonnance
des eaux et forêts de 1669, et les articles 7, 8 et 9 du titre VII de la loi
du 15—29 septembre 1791, concernant l'administration forestière, seront
exécutés selon leur forme et teneur.

2. En conséquence, nulles coupes de quart de réserve ou autre bois,
autres que les coupes ordinaires, en conformité des procès-verbaux de leurs
aménagemens, ne pourront être faites qu'elles n'aient été autorisées par le
pouvoir exécutif.

3. Les corps administratifs ne pourront en ordonner ni adjuger aucune,
qu'en vertu de cette autorisation, à peine de nullité desdites adjudications,
et de tous dommages et intérêts envers ceux qui les ordonneraient et adju-
geraient, et même envers les adjudicataires.

4. Lorsqu'une coupe extraordinaire aura été autorisée par le pouvoir
exécutif, il sera fait mention expresse de l'autorisation dans les affiches et
dans le procès-verbal d'adjudication.

5. Les agens forestiers et les préposés de la régie de l'enregistrement et
du domaine national, sont chargés, sous leur responsabilité, de s'opposer à
toute coupe extraordinaire qui ne serait pas revêtue de ces formalités, et
d'en donner sur-le-champ connaissance au ministre des finances, qui demeure chargé de l'exécution du présent arrêté.

N° 550.=10 thermidor an 4 (28 juillet 1796).=ARRÊTÉ *du directoire exécutif,*

(1) Voyez la loi du 15 germinal an 4 (4 avril 1796), et les notes.
(2) Sous l'empire de cette disposition, et jusqu'à la loi du 3 septembre 1807, on a pu stipuler,
dans les obligations, l'intérêt de l'intérêt Cass, 29 février 1810, SIR., X, 1, 205; Bull. civ., XII,
21; et 5 octobre 1813, SIR., XV, 1, 76
(3) Voyez, sur le même objet, l'arrêté du 5 thermidor an 5 (23 juillet 1799) ; celui du 1er
fructidor an 7 (18 août 1799) ; et le Code forestier de 1827.

concernant la poursuite et la direction des actions judiciaires qui intéressent la république (1). (II, Bull. LXII, n° 572; B., LXV, 137.)

Le directoire exécutif, informé que les dispositions de la loi du 19 nivose dernier, qui chargent ses commissaires près les administrations de la poursuite et de la direction des actions judiciaires qui intéressent la république, ne sont pas exécutées dans tous les départemens avec l'uniformité qu'exigent le bien du service et la conservation des droits nationaux ; que, dans plusieurs départemens, les commissaires du directoire exécutif près les administrations font paraître à l'audience des défenseurs officieux qui plaident au nom de la république, et que les administrations salarient ; que, dans d'autres, les commissaires du directoire exécutif près les tribunaux portent la parole pour les commissaires du directoire exécutif près les administrations, et font valoir les moyens que leur fournissent ceux-ci par les mémoires qu'ils leur adressent à cet effet ; —Considérant, 1° qu'il importe de saisir toutes les occasions qui se présentent d'économiser les deniers de la république, et de retrancher toutes les dépenses superflues ; 2° qu'il est contraire a la dignité de la république qu'elle ne soit représentée devant les tribunaux que par de simples particuliers, tandis qu'il existe auprès de ces tribunaux mêmes des fonctionnaires publics chargés de stipuler ses intérêts et de défendre ses droits, arrête ce qui suit :

Art. 1er. Dans toutes les affaires portées devant les tribunaux, dans lesquelles la république sera partie, les commissaires du directoire exécutif près les administrations en vertu des arrêtés desquelles elles seront poursuivies, seront tenus d'adresser aux commissaires du directoire exécutif près ces tribunaux, des mémoires contenant les moyens de défense de la nation.

2. Les commissaires du directoire exécutif près les tribunaux pourront lire à l'audience les mémoires qui leur ont été adressés par les commissaires du directoire exécutif près les administrations, et, soit qu'ils les lisent ou non, ils proposeront tels moyens et prendront telles conclusions que la nature de l'affaire leur paraîtra devoir exiger (2). Le présent arrêté sera inséré au bulletin des lois.—Il sera exécuté dans les departemens réunis par la loi du 9 vendémiaire dernier, comme dans les autres parties de la république.

N° 551. = 13 thermidor an 4 (31 juillet 1796). = LOI *qui détermine le mode*

___

(1) Voyez le décret du 28 octobre (23 et)—5 novembre 1790, tit. III, art. 13 et suiv., et les notes ; et la loi du 19 nivose en 4 (9 janvier 1796), et les notes.

(2) Par suite de ces dispositions, la question s'est élevée de savoir si les préfets plaidant au nom de l'état sont, comme toutes autres personnes, soumis à l'obligation de constituer avoué.

La négative a été jugée, par le motif que le ministère public représente l'état devant les tribunaux, comme les avoués représentent les particuliers qui ont recours à leur ministere. Cass., 16 messidor an 10, SIR., XX, 1, 502; Bull. civ., IV, 433, 29 thermidor an 10, SIR., II, 1, 383; Bull. civ., IV, 478; et 27 août 1828, SIR., XXIX, 1, 25; Bull. civ., XXX, 240. — Jugé en sens contraire. Montpellier, 11 décembre 1826, SIR , XXVIII, 2, 91.

Jugé encore que, si les préfets, plaidant dans l'interêt de l'etat, ne sont pas soumis à l'obligation de constituer avoué, et peuvent laisser au procureur du roi le soin de défendre les intérêts de l'état, de telle sorte que les jugemens qui interviennent soient réputés contradictoires, il n'en est pas moins vrai qu'ils ont la faculté de constituer avoué, et que, dans ce cas, les jugemens rendus contre eux, faute par leur avoué de plaider, sont de véritables jugemens par defaut, bien que le ministere public ait été entendu. Poitiers, 5 février 1829, SIR., XXIX, 2, 256 — Jugé encore que les préfets, plaidant dans l'intérêt de l'état, ont la faculté de constituer avoué et de confier la plaidoirie à un avocat. Paris, 2 juin 1834, SIR., XXXIV, 2, 353. — Jugé en sens contraire, c'est-a-dire que les prefets, agissant dans l'intérêt de l'état, n'ont pas la faculté de se faire representer devant les tribunaux par un avoué, et de confier la plaidoirie a un avocat, le ministère public etant exclusivement investi par la loi de la défense des intérêts du domaine, Nancy, 21 juin 1830, SIR , XXX, 2, 209.

de paiement du dernier quart des domaines nationaux soumissionnés (1).
(II, Bull. LXII, n° 573; B., LXV, 145.)

Le conseil...., considérant que la dépréciation des mandats depuis les premières soumissions pour l'acquisition des domaines nationaux, présente une lésion dans le prix qui alarme les soumissionnaires eux-mêmes, et écarte de nouvelles soumissions; qu'il est instant de fixer le paiement définitif d'une manière qui fasse cesser toutes les inquietudes, en conciliant l'intérêt public avec l'intérêt particulier...., — Prend la résolution suivante:

Art. 1er. Le dernier quart du prix des domaines nationaux soumissionnés sera acquitté en mandats, valeur au cours, en la forme et dans les délais ci-après fixés (2).

2. Le cours sera déclaré tous les jours par la trésorerie nationale; le directoire proclamera le terme moyen des cinq jours précédens, et l'adressera à chaque département, qui le transmettra sur-le-champ aux receveurs.

3. Chaque paiement sera réglé par le receveur, sur le dernier cours qui aura été proclamé. — Le receveur sera tenu d'arrêter tous les jours son registre de recette, immédiatement après le dernier enregistrement.

4. Sur le quatrième quart, il sera fait une remise de dix pour cent sur le prix des maisons d'habitation qui, en exécution de la loi du 6 floréal dernier, ont été estimées séparément (3).

5. Le quatrième quart sera acquitté en six paiemens égaux, avec l'intérêt de chaque terme sur le pied de quatre pour cent par an. — Le premier des six paiemens sera effectué dans le mois de la publication de la présente, et sera excepté de l'intérêt; le second dans les trois mois suivans, et ainsi des autres, de manière que le tout soit acquitté dans seize mois.

6. Ceux qui auront soumissionné avant la publication de la présente, pourront, dans les trente jours de sa publication, faire devant l'administration, au profit d'un ou de plusieurs particuliers, déclaration de command pour tout ou partie de leurs acquisitions, sans être assujétis à aucun droit de mutation; ils paieront seulement un franc pour droit d'enregistrement de chaque déclaration.

7. Ceux desdits soumissionnaires qui ne paieront pas aux termes portés en l'article 5, encourront la déchéance. Les mandats par eux consignés leur seront rendus sans frais ni retenue (4).

---

(1) Voyez, dans les notes qui accompagnent le décret du 9 juillet (25, 26, 29 juin et)—25 juillet 1790, l'énonciation des lois qui ont déterminé le mode de paiement des biens nationaux; et notamment la loi du 20 fructidor an 4 (6 septembre 1796), qui a prorogé le délai accordé pour ce paiement; et celle du 1er frimaire an 5 (21 novembre 1796), qui a autorisé les acquéreurs de domaines nationaux à se libérer en numéraire, ou en mandats au cours.

(2) Voyez l'arrêté du 22 thermidor an 4 (9 août 1796), qui reproduit la présente disposition. Ce mode de paiement ne concerne pas ceux des acquereurs de domaines nationaux qui ont contracté en vertu de la loi du 2 nivôse an 4. Ils ont pu se libérer en rescriptions, valeur nominale. Arr. du cons., 13 février 1815, Sir., Jur. du cons., III, 73.

(3) La prime de dix pour cent n'est pas due pour les biens estimés cumulativement et sans distinction des maisons d'habitation. Arr. du cons., 27 août 1823, Mac, V, 643.— Ni sur le prix d'une usine, lorsque l'habitation qui en fait partie n'a pas été estimée séparément des autres biens vendus. Arr. du cons., 18 juillet 1821, Mac., II, 158. — Ni lorsqu'il s'agit de biens ecclésiastiques, comme de couvens, abbayes et monastères; ces biens ne peuvent être considérés comme maisons d'habitation. Arrêt précité du 27 août 1823.— Ni lorsqu'il s'agit de maisons conventuelles, estimées et vendues cumulativement avec église, cours et jardins. Arr. du cons., 20 juin 1821, Mac., II, 112.

(4) Les soumissionnaires étaient déchus, lorsqu'ils avaient laissé écouler le délai fixé par l'art. 5 sans acquitter la totalité du prix de leur soumission. Cette décheance était de plein droit, et le soumissionnaire était dépossédé sans qu'il fût besoin d'aucune formalité. le soumissionnaire qui se trouve dans ce cas ne peut réclamer l'application de l'art. 1er de la loi du 5 décembre 1814,

8. Les acquéreurs qui paieront en mandats la totalité du dernier quart dans le mois après la publication, obtiendront une remise de dix-huit pour cent ; ceux qui paieront plus tard le tout ou partie de chaque terme a échoir, auront une remise d'un pour cent par mois d'anticipation ; ceux qui paieront dans la decade le vingt-quatrième payable dans le premier mois, obtiendront une remise de deux pour cent (1).

9. Les sommes payées en mandats a compte ou pour complément du quatrième quart des biens soumissionnés, libéreront les acquéreurs dans les proportions suivantes; savoir : — De vingt pour cent pour les paiemens faits en germinal; — De quinze pour cent pour ceux faits en floréal; — De dix pour cent pour ceux faits en prairial; — De huit pour cent pour ceux faits en messidor ; — Et d'après le cours qui sera déclaré par le directoire, pour ceux faits postérieurement et jusqu'a la publication de la pré ente.

10. Nul acquéreur ne pourra anticiper les coupes de bois taillis, ni les époques de pêche des étangs, ni abattre aucune futaie, ni faire aucune démolition, avant d'avoir effectué le paiement définitif de son acquisition.

11. Ceux qui auraient fait ou se permettraient de faire des degradations de l'espece de celles prohibées en l'article précédent, seront tenus de parachever dans les trois mois le paiement du quatrième quart, et seront, en cas de déchéance, poursuivis a la requête du commissaire du pouvoir exécutif près l'administration du département dans l'arrondissement duquel se trouvera le domaine dégradé, pour se voir condamner a la réparation du dommage qu'ils auraient causé.

12. Les soumissions qui seront faites à l'avenir seront reçues sur la consignation du premier quart, conformément à la loi du 6 floréal ; les deux quarts suivans seront consignés de même de quinzaine en quinzaine, a dater du jour de la soumission ; et pour le dernier quart, payable en mandats, valeur au cours, il sera divisé en six paiemens égaux ; — Le premier sera effectué dans le second mois de la soumission, le second dans les trois mois après, et ainsi des autres, de manière que le tout soit acquitté dans seize mois, sous les peines de déchéance portées en l'article 11 de la présente et dans l'instruction du 6 floréal dernier. — Les soumissionnaires jouiront également des avantages accordés par les articles 4 et 8 de la présente, en se conformant aux dispositions y contenues.

13. Toutes les dispositions des lois antérieures contraires à la présente loi, sont abrogées.

N° 552. = 14 thermidor an 4 (1er août 1796). = Loi *qui établit un nouveau*

qui maintient les acquéreurs de domaines nationaux en possession des biens a eux vendus. Arr. du cons., 7 avril 1824, Mac., VI, 211.

(1) Cette prime ne doit être allouée aux acquéreurs dont les versemens, effectués dans le délai prescrit, ne complétaient pas le prix d'acquisition. Arrêt précité du 20 juin 1821. — Jugé encore que la prime n'est pas due a l'acquéreur qui, après le mois de la publication de la loi du 13 thermidor an 4 (délai prescrit pour gagner la prime), est resté redevable sur le dernier quart de son prix. Arrêt précité du 27 août 1823. — Ni aux acquéreurs qui n'ont annoncé l'intention de payer la totalité du dernier quart, qu'après le delai fixé par l'art. 8 de la loi de thermidor. Arr. du cons , 18 juillet 1821, Mac., II, 153. — Lorsque la deuxième quittance délivrée à un acquéreur n'est pas libellée pour solde, mais seulement pour à-compte sur le premier sixième du quatrième quart, il en résulte que l'intention de cet acquéreur n'était pas de payer le prix de son acquisition, et que, par conséquent, il n'a pas droit a la prime de dix-huit pour cent : on ne peut, dans ce cas, lui faire application des dispositions portées dans la decision ministerielle du 28 floreal an 12, en faveur des acquéreurs qui justifient de cette intention par une quittance définitive. Arrêt précité du 20 juin 1821. — L'acquéreur qui n'a payé qu'un sixième du dernier quart du prix de son acquisition, ne peut demander que la prime lui soit imputable sur le montant intégral de ce dernier quart. Arrêt précité du 27 août 1823.

tarif pour le paiement des droits de timbre (1). (II , Bull. LXII , n°·575 ; B., LXV, 149.)

N° 553. = 14 thermidor an 4 (1ᵉʳ août 1796). = LOI *contenant une nouvelle fixation des droits d'enregistrement* (2). (.II , Bull. LXII , n° 576 ; B. , LXV , 153.)

Art. 1ᵉʳ. La loi du 9 pluviose dernier, relative à la perception des droits d'enregistrement , est et demeure rapportée.

2. Ces droits sont rétablis sur le pied du tarif annexé a la loi du 5—19 décembre 1790, sauf les exceptions et changemens ci-après.

(*Suit le tarif desdits droits inutile à rapporter.*)

N° 554. = 15 thermidor an 4 (2 août 1796). = LOI *concernant les droits successifs des enfans nés hors le mariage* (3). (II , Bull. LXIII , n° 580; ᐧᐧ B., LXV , 161.)

Art. 1ᵉʳ. Le droit de succéder à leurs père et mère, accordé aux enfans nés hors le mariage par la loi du 4 juin 1793, n'aura d'effet que sur les successions échues postérieurement a la publication de ladite loi. — L'effet rétroactif attribué a ce droit par la première disposition de l'article 1ᵉʳ de la loi du 12 brumaire an 2, est aboli. — L'article 13 de la loi du 3 vendémiaire dernier, et la loi du 26 du même mois, en ce qui concerne l'exercice de ce même droit, sont abrogés, sans qu'ils puissent être opposés comme moyens de nullité contre les procédures exercées pour l'exécution de la loi du 4 juin 1793.

2. Les regles d'exécution de l'article ci-dessus seront les mêmes que celles établies par les articles 1ᵉʳ, 2, 3, 4, 6, 7, 9, 10, 11 et 12 de la loi du 3 vendémiaire dernier, relativement à l'abolition de l'effet rétroactif de la loi du 17 nivose, en substituant seulement la date du 3 vendémiaire à celle du 5 floréal, qui se rencontre dans ces articles.

3. Les enfans déchus par l'effet de la présente résolution, jouiront, à titre d'alimens, sur les successions de leurs père et mère, d'une pension égale au revenu du tiers de la portion qu'ils y auraient prise s'ils étaient nés dans le mariage. — Les donations ou autres avantages qui leur auraient été faits par leurs père et mère, entreront en compensation de cette pension, les fruits et revenus exceptés.

4. Le droit de successibilité réciproque entre les enfans nés hors le mariage et leurs parens collatéraux , et celui donné a ces enfans et a leurs descendans de représenter leurs père et mère, n'auront d'effet que par le décès de ces derniers postérieur à la publication de la loi du 4 juin 1793, et seulement sur les successions ouvertes depuis la publication de celle du 12 brumaire (4).

---

(1) Voyez, sur le timbre, la loi générale du 13 brumaire an 7 (3 novembre 1798), et les notes qui resument la legislation et la jurisprudence.

(2) Cette loi est sans intérêt, parce que les droits d'enregistrement ont reçu une fixation nouvelle par la loi generale du 22 frimaire an 7 (12 decembre 1798), qui abroge expressement la présente par son art. 73.

(3) Voyez le decret du 4—6 juin 1793, qui a créé le principe de successibilité des enfans naturels, et les notes qui résument toute la legislation de la matiere; celui du 12—14 brumaire an 2 (2—4 novembre 1793) ; et la loi du 2 ventose an 6 (20 février 1798), interprétative de la présente, et les notes.

(4) Ce n'est point d'après les dispositions de cette loi, ou de celle du 2 ventose an 6, mais d'après les dispositions des coutumes locales en vigueur au moment de leur naissance, que les enfans naturels peuvent demander le reglement de leurs droits, si ces coutumes leur étaient plus favorables que ces lois. Bruxelles, 10 messidor an 13, SIR., V, 2, 307.

N° 555. = 16 thermidor an 4 (3 août 1796). = LOI *relative à la prestation de serment des employés de la régie de l'enregistrement, des gardes forestiers, des experts, etc.* (1). (II, Bull. LXIII, n° 581 ; B., LXV, 163.)

Art. 1er Les employés a la régie de l'enregistrement, les gardes forestiers, les experts, et tous autres qui, à raison de leurs emplois ou fonctions, sont assujétis par les lois a une prestation préalable de serment, sont autorisés, lorsqu'ils ne résident pas dans la commune où le tribunal civil du département est établi, a prêter leur serment devant le juge de paix de l'arrondissement dans lequel ils sont pour leurs fonctions ou pour leur commission.

2. Il sera dressé acte de cette prestation : les employés de la régie, les gardes forestiers, et tous autres employés et fonctionnaires, en enverront tout de suite l'extrait au greffe du tribunal civil du département, pour y être enregistré. Pourront néanmoins les experts se dispenser de cet envoi, a la charge de joindre extrait de leur prestation de serment a leur rapport, lorsqu'ils le remettent au greffe.

N° 556. = 17 thermidor an 4 (4 août 1796). = ARRÊTÉ *du directoire exécutif, concernant les bureaux et postes du service des douanes qui sont à plus de deux lieues de l'extrême frontière.* (II, Bull. LXIII, n° 582; B., LXV, 168.)

Le directoire exécutif, considérant que, dans plusieurs départemens, les localités se sont opposees à ce que la première et la deuxième ligne de bureaux et postes du service des douanes fussent formées de manière que la deuxième ligne ne se trouvât qu'à deux lieues de l'étranger ; qu'il n'est pas moins indispensable que ces deux lignes et le territoire qu'elles enveloppent, servent de barrière, relativement aux importations et exportations, par le maintien de la police qui est etablie ; qu'il est instant de faire cesser les abus résultant du libre passage sur ce territoire, et de prendre des mesures pour comprimer les manœuvres des contrebandiers, qui s'affranchissent des formalites prescrites, sous le prétexte que les transports se font a plus de deux lieues de l'étranger, arrête :—Les dispositions des articles 15 et 16 du titre III du réglement général sur les douanes, du 6—22 août 1791, et celles des articles 6, 7 et 8 de la loi du 12 pluviose an 3, seront exécutées a l'égard de toutes denrées et marchandises transportées sur le territoire situé entre les deux lignes de bureaux et postes du service des douanes qui, par des difficultés de localité, sont à plus de deux lieues de l'extrême frontière.

N° 557. = 18 thermidor an 4 (5 août 1796). = LOI *qui détermine les bases d'après lesquelles seront provisoirement payés les traitemens des fonctionnaires publics et des employés.* (II, Bull. LXIII, n° 584; B., LXV, 169.)

N° 558. = 19 thermidor an 4 (6 août 1796). = LOI *portant que les décisions et jugemens de la haute-cour de justice ne sont pas soumis au recours devant le tribunal de cassation.* (II, Bull. LXIV, n° 588 ; B., LXV, 171.)

Les décisions et jugemens rendus par la haute-cour de justice ne sont pas soumis au recours devant le tribunal de cassation.

N° 559. = 19 thermidor an 4 (6 août 1796). = ARRÊTÉ *du directoire exécutif,*

___

(1) Voyez le Code de procédure civile, art. 305 et 307, concernant la prestation de serment des experts.

additionnel à celui du 16 prairial dernier, concernant les Français voya-geant dans les pays neutres. (II, Bull. I xv, n° 594.)

N° 560. = 19 thermidor an 4 (6 août 1796). = LOI *concernant l'exportation des marchandises.* (II, Bull. LXVI, n° 598; B., LXV, 173.)

Art. 1ᵉʳ. Les marchandises comprises dans le tableau n° 1ᵉʳ pourront être exportées en payant les droits qui y sont énoncés.

2. Les prohibitions à la sortie de la république sont restreintes aux objets compris dans l'état annexé sous le n° 2.

3. Les marchandises non dénommées dans lesdits deux états, ou qui n'étaient pas précédemment assujéties a des droits à la sortie par le tarif du 2—15 mars 1791, les lois du 28 juillet—1ᵉʳ août 1792, et du 12 pluviose an 3, continueront d'être exportées en exemption de droits.

4. Les droits de sortie seront payés en numéraire métallique ou valeur représentative.

(*Suit l'état des objets et marchandises compris dans les dispositions de la présente loi.*)

N° 561. = 20 thermidor an 4 (7 août 1796). = LOI *sur l'organisation de la haute-cour de justice* (1). (II, Bull. LXV, n° 595; B., LXV, 182.)

§ 1ᵉʳ. — Composition du haut-jury.

Art. 1ᵉʳ. Le haut-jury sera composé de seize membres.

2. Il y aura, de plus, quatre hauts-jurés, tirés au sort sur la liste, pour servir d'adjoints, dans les cas et selon les formes déterminés par les lois sur les jurés.

3. Il sera, en outre, pris sur la liste et au sort quatre hauts-jurés pour se rendre auprès de la haute-cour de justice, et être appelés à compléter, s'il y a lieu, le haut-jury, dans l'ordre que le sort a désigné.

4. Lorsque le corps législatif aura fait sa proclamation pour annoncer la formation de la haute-cour de justice, ceux des hauts-jurés inscrits sur la liste qui croiront avoir des excuses légitimes pour se dispenser de composer le haut-jury, enverront sur-le-champ a la haute-cour de justice leurs excuses, avec les pièces qui en prouveront la légitimité. — Ces excuses seront jugées par les juges composant la haute-cour de justice.

5. Si l'empêchement est jugé légitime, les noms des hauts-jurés ainsi excusés seront, pour cette fois, rayés de la liste.

6. Après que le haut-jury aura été déterminé, il n'y aura plus, pour ceux qui devront le composer, aucun lieu a proposer d'excuse, si ce n'est pour impossibilité physique, telle qu'une maladie grave, constatée par un rapport de médecins, et certifiée par l'administration centrale du département de leur domicile.

7. Les hauts-jurés qui seront convoqués, soit que leurs excuses n'aient pas été jugées légitimes, soit qu'ils n'en aient pas proposé, ne pourront se dispenser de se rendre au lieu désigné, sous peine d'un emprisonnement de trois mois, qui sera prononcé par les juges composant la haute-cour de justice.

8. S'il manque un ou plusieurs hauts-jurés au jour indiqué, ils seront remplacés, savoir, ceux des seize membres qui composent le haut-jury, par des adjoints suivant l'ordre dans lequel ceux-ci auront été nommés par la voie du sort, et les adjoints par les quatre hauts-jurés suppléans.

(1) Voyez le décret du 10—15 mai 1791, portant institution de cette haute-cour, et les notes qui résument toute la législation.

§ II. — Des récusations.

9. Immédiatement après le premier interrogatoire de l'accusé, le président de la haute-cour de justice, en présence des autres juges, présente aux accusateurs nationaux la liste générale des hauts-jurés. — Leurs noms sont mis dans un vase, pour être tirés au sort, et former le tableau tant des seize hauts-jurés, que des quatre adjoints et des quatre hauts-jurés suppléans.

10. Ce tableau ainsi formé est présenté a l'accusé, qui peut, dans les cinq jours et sans donner de motifs, récuser ceux qui le composent. — Les hauts-jurés ainsi récusés sont remplacés par le sort.

11. Quant l'accusé a exercé trente récusations, celles qu'il présente ensuite doivent être fondées sur des causes dont la haute cour juge la validité.

12. S'il y a plusieurs coaccusés, ils peuvent se concerter pour proposer les trente récusations que la loi leur permet d'exercer sans en donner de motifs. — Ils peuvent aussi les exercer séparément; mais, dans l'un et dans l'autre cas, la faculté de récuser sans en déclarer les motifs, ne peut s'étendre au-delà de trente hauts-jurés, adjoints, ou hauts-jurés suppléans, quel que soit le nombre des accusés.

13. Les noms des hauts-jurés ainsi récusés seront exclus du tirage au sort: il sera procédé a la formation du tableau dans les vingt-quatre heures suivantes, et l'accusé ou les accusés ne seront admis a proposer que des récusations motivées contre les jurés qui seront inscrits sur le tableau.

14. Ils auront un délai de cinq jours pour proposer ces récusations; ce délai courra du moment où le tableau leur aura été présenté, et le tribunal sera tenu de prononcer sur l'admissibilité des moyens de récusation, dans les vingt-quatre heures suivantes.

15. Les accusateurs nationaux ne pourront proposer de récusations qu'en donnant des motifs: ces motifs seront jugés par les juges de la haute-cour de justice.

16. Les récusations proposées, et le haut-jury déterminé, les juges de la haute-cour de justice feront convoquer les seize membres dont le haut-jury doit être composé, les quatre adjoints et les quatre hauts-jurés suppléans; ils seront tenus de se rendre, quinze jours au plus tard après la notification du mandement des juges, dans la commune qui sera désignée.

17. Les juges de la haute-cour de justice adresseront leurs mandemens aux accusateurs publics du tribunal criminel du département où auront été nommés les hauts-jurés; ceux-ci les leur feront notifier sans délai, et enverront, aussi sans retard, les originaux des notifications aux accusateurs nationaux.

§ III. — Des témoins.

18. Les accusés devant la haute-cour de justice seront tenus, dans le délai de cinq jours après leur interrogatoire, d'indiquer les témoins qu'ils désiréront faire entendré.

19. Ils pourront, pour cet objet, présenter leur requête ensemble ou séparément, mais sans prolongation de ce délai.

20. Faute par eux d'avoir présenté leur requête dans ce délai, ils ne pourront faire entendre leurs témoins qu'a l'époque désignée pour le debat, et il ne leur en sera pas accordé de nouveaux.

21. Les accusateurs nationaux enverront les assignations à donner aux témoins, aux accusateurs publics des tribunaux criminels des départemens, qui les feront signifier, et en enverront de suite les originaux aux accusateurs nationaux

' 22. Les accusateurs publics feront délivrer à chaque témoin, sur le receveur du département, une ordonnance pour ses frais de voyage.

23. Les témoins pourront être entendus par l'un des juges seulement, qui sera, a cet effet, commis par le président de la haute-cour de justice.

24. Les membres de la haute-cour de justice pourront adresser aux tribunaux criminels et aux directeurs de jury, des commissions pour recevoir les déclarations des témoins qui ne seront pas domiciliés dans l'étendue du département où elle tiendra ses séances.

§ IV. — Dispositions et réglemens.

25. Il n'y a pas de commissaire du directoire exécutif près la haute-cour de justice. Les fonctions qui leur sont attribuées par les lois, y sont remplies par les accusateurs nationaux.

26. Sur chaque question, l'opinion de quatre hauts-jurés suffira en faveur de l'accusé.—Dans le cas de l'article 415 de la loi du 3 brumaire an 4, sur les délits et les peines, la nouvelle déclaration sera donnée aux quatre cinquièmes des voix.

27. Les lois sur la composition du jury de jugement, la forme de procéder par-devant lui, d'examiner, instruire et juger, seront observées par la haute-cour de justice, en tout ce qui n'est pas contraire a la présente résolution.

28. Les président et secrétaires du conseil des cinq-cents adresseront, en son nom, à la haute-cour de justice, les actes d'accusation et les pièces, dont ils dresseront un inventaire après les avoir cotées et paraphées.

29. Ils transmettront au tribunal de cassation la proclamation du corps législatif pour la convocation de la haute cour de justice.

30. Ils l'enverront également aux administrations centrales de chaque département, qui la feront publier et afficher sans délai.

31. Immédiatement après la réception de la proclamation du corps législatif, le tribunal de cassation exécute les articles 269 et 270 de l'acte constitutionnel.

32. Dans le cas où des citoyens autres que des représentans du peuple ou des membres du directoire exécutif, seraient, a raison de complicité, traduits devant la haute-cour de justice, les accusateurs publics des tribunaux criminels feront réunir toutes les pièces, actes, procédures, jugemens et documens quelconques relatifs aux accusations. — Ils seront par eux adressés à la haute-cour de justice, ainsi que tous ceux qui pourront leur parvenir pendant l'instruction.

33. L'objet de la convocation de la haute-cour de justice terminé, les juges et les jurés sont tenus de se séparer, et de quitter, dans une décade, le lieu où la haute-cour de justice aura tenu ses séances.

34. Après la cessation des fonctions de la haute-cour de justice, les accusateurs nationaux feront, en leur présence et sans délai, procéder par le greffier a un inventaire de toutes les pièces, actes, procédures et papiers qui seront au greffe, et les feront déposer aux archives de la république avec les jugemens.

35. La haute-cour de justice dissoute, les accusés contumaces, autres que des représentans du peuple ou des membres du directoire exécutif, qui seraient saisis ou qui se présenteraient, seront jugés par les tribunaux criminels des départemens, auxquels il sera donné des expéditions des pièces qui se trouveront déposées aux archives de la république, et nécessaires à l'instruction.

§ V. — Indemnités, traitemens, greffier, employés et huissiers.

36. Les juges de la haute-cour de justice, les hauts-jurés, les adjoints, les

quatre hauts-jurés suppléans et les accusateurs nationaux, recevront pour leur voyage et retour, une somme égale a celle qui est accordée aux représentans du peuple pour se rendre au corps législatif.

37. Les hauts-jurés, les adjoints et les quatre hauts-jurés suppléans, recevront en outre, par jour, pour le temps que durera la session, une indemnité de huit myriagrammes de blé-froment.

38 Les juges de la haute-cour de justice nommeront un greffier et quatre huissiers.

39. Le greffier aura un traitement égal à celui du greffier du tribunal de cassation, et les huissiers seront payés comme ceux employés près du même tribunal.

40. Le greffier choisira le nombre de commis, employés et expéditionnaires que les juges de la haute-cour de justice auront trouvé nécessaire.

41. Il sera provisoirement mis, pour cet objet, a la disposition du greffier de la haute-cour de justice, une somme de cent mille francs.

42. Les paiemens seront faits par le greffier, sur l'ordonnance des juges.— Le greffier en enverra chaque mois l'état, visé par les juges, avec les pièces à l'appui, à la trésorerie nationale.

Nº 562. = 20 thermidor an 4 (7 août 1796). = **Loi** *qui détermine la manière dont seront reçues les dépositions des membres du corps législatif, du directoire exécutif, etc., cités en témoignage devant les tribunaux autres que ceux qui siégent dans la commune où ils exercent leurs fonctions* (1). (II, Bull. LXIV, nº 591; B., LXV, 188.)

Art. 1er. Lorsqu'il y aura lieu de citer en témoignage, soit en matière civile, soit en matière criminelle, des membres du corps législatif ou du directoire exécutif, ou des ministres de la république, ou ses agens auprès des nations étrangères, devant des tribunaux autres que ceux séant dans la commune où ils résident pour l'exercice de leurs fonctions, ou dans la commune où ils se trouveraient casuellement, le juge civil ou officier de police, ou directeur du jury, ou président du tribunal criminel, devant lesquels on voudra les produire en témoins, adresseront au juge civil ou directeur du jury du lieu de la résidence desdits représentans, directeurs, ministres et agens, un état des faits, demandes et questions sur lesquels les parties civiles, l'accusé ou l'accusateur public désirent leur témoignage. Les officiers de police et juges civils ou criminels auxquels cet état sera adressé, feront assigner devant eux lesdits représentans, directeurs, ministres et agens, et ils recevront leurs déclarations par écrit.

§ 2. Ces déclarations seront envoyées, dûment scellées et cachetées, au greffe du tribunal requérant. En matière civile, elles seront communiquées aux parties. En matière criminelle, elles le seront à l'accusateur public, et a l'accusé, conformément aux articles 318 et 319 du Code des délits et des peines.

3. Dans l'examen du jury de jugement, ces déclarations seront lues publiquement; elles seront débattues par l'accusé et par ses conseils, et les jurés y auront tel égard que de raison.

Nº 563. = 21 thermidor an 4 (8 août 1796). = **Arrêté** *du directoire exécutif,*

---

(1) Voyez, sur le même sujet, l'arrêté du 7 thermidor an 9 (26 juillet 1801). — Voyez aussi les art. 510 et suiv. du Cod. inst. crim. de 1808, relatifs a la manière dont la déposition de certains fonctionnaires doit être reçue.

qui autorise le transit par Bulgembach, Bourg-Felden et Bourg-Libre, des rubans de fil et laine, et des étoffes de fil et coton du duché de Berg, expédiés pour la Suisse. (II, Bull. LXVI, n° 599 ; B., LXV, 191.)

N° 564. = 22 thermidor an 4 (9 août 1796). = LOI _portant que les contributions seront payées en numéraire, ou en mandats valeur au cours._ (II, Bull. LXVI, n° 600; B., LXV, 191.)

N° 565.=22 thermidor an 4 (9 août 1796).= LOI _qui fixe le mode d'assiette et de perception des contributions personnelle et somptuaire pour l'an_ 4 (1). (II, Bull. LXV, n° 597; B., LXV, 192.)

N° 566. = 22 thermidor an 4 (9 août 1796). = ARRÊTÉ _du directoire exécutif, portant que le dernier quart du prix des domaines nationaux soumissionnés, ne sera acquitté qu'en mandats au cours_ (2).(II, Bull. LXIV, n° 592 ; B., LXV, 195.)

Art. 1er. Le dernier quart du prix des domaines nationaux soumissionnés sera acquitté en mandats valeur au cours, conformément a la loi du 13 thermidor courant, en la forme, dans les délais et sous les peines y portées.

2. La trésorerie nationale et tous autres receveurs et percepteurs ne pourront faire aucune négociation sur ce paiement, ni recevoir du numéraire en place de mandats au cours.

N° 567.= 23 thermidor an 4 (10 août 1796). = LOI _relative à la répression des délits ruraux et forestiers._ (II, Bull. LXVI, n° 601; B., LXV, 195.)

Art. 1er. Les procès-verbaux des gardes champêtres et forestiers ne seront pas soumis à la formalité de l'enregistrement : les gardes champêtres seront seulement tenus d'en affirmer la sincérité, dans les vingt-quatre heures, devant le juge de paix ou l'un de ses assesseurs (3).

2. La peine d'une amende de la valeur d'une journée de travail, ou d'un jour d'emprisonnement, fixée comme la moindre par l'article 606 du Code des délits et des peines, ne pourra, pour tout délit rural et forestier, être au dessous de trois journées de travail, ou de trois jours d'emprisonnement (4).

3. Les lois rendues sur la police rurale seront, au surplus, exécutées.

N° 568.=24 thermidor an 4 (11 août 1796).=ARRÊTÉ _du directoire exécutif, qui rectifie celui du_ 12 _messidor dernier, concernant le mode de jugement des actions relatives à la perception des impôts indirects dans les départemens réunis par la loi du 9 vendémiaire an_ 4. (II, Bull. LXVI, n° 602.)

N° 569. = 24 thermidor an 4 (11 août 1796). = LOI _qui proroge le terme in-_

---

(1) Voyez, sur la contribution personnelle et mobilière, la loi du 3 nivose an 7 (23 décembre 1798), et les notes qui résument toute la législation dont elle forme la base.

(2) Voyez l'art. 1er de la loi du 13 thermidor au 4 (31 juillet 1796), qui porte la même disposition, et la note

(3) Cette disposition est abrogée par l'art. 170 du Code forestier du 21 mai—31 juillet 1827, qui soumet les procès verbaux des gardes-forestiers à l'enregistrement. — Voyez, sur les formalités des procès-verbaux des gardes-champêtres, l'art. 6 de la sect. VII du tit. 1er de la loi du 28 septembre—6 octobre 1791, sur la police rurale, et les notes.

* (4) De cette disposition il résulte une augmentation de la peine du délit qui doit être puni au double du délit rural simple. Cass., 8 octobre 1808, Sir., IX, 1, 296; Bull. crim., XIII, 426.

diqué par la loi du 19 prairial dernier, relative au Code hypothécaire (1).
(II, Bull. LXVIII, n° 612; B., LXV, 200.)

Art. 1er. Le terme du 1er fructidor, indiqué par la loi du 19 prairial dernier, relative au Code hypothécaire, est prorogé jusqu'au 1er brumaire prochain.

2. Ladite loi du 19 prairial continuera d'être exécutée jusqu'à la même époque.

N° 570. = 25 thermidor an 4 (12 août 1796). = LOI *qui proroge le délai pour l'insinuation des actes concernant les citoyens rétablis dans leurs droits par l'anéantissement de l'effet rétroactif des lois des 5, 12 brumaire et 17 nivose an 2* (2). (II, Bull. LXVII, n° 605; B., LXV, 206.)

Art. 1er. Les citoyens rétablis dans leurs droits par l'anéantissement de l'effet rétroactif des lois des 5 et 12 brumaire et 17 nivose an 2, ou leurs ayans-cause, qui se trouvent dans les cas prévus par le décret du 24 germinal an 3, seront, pendant les trois mois qui suivront la publication de la présente, admis, en payant le droit ordinaire, à faire insinuer tous actes de donation ou autres de pareille nature sujets à cette formalité.

2. Le délai porté en l'article précédent ne commencera à courir, pour ceux dont les biens sont ou seront mis sous le séquestre national avant son expiration, que du jour où ils auront obtenu la main-levée définitive du séquestre. —Tout le temps qu'il durera, les donations faites en leur faveur ne pourront être arguées de nullité, pour défaut d'insinuation.

N° 571. = 25 thermidor an 4 (12 août 1796). = LOI *qui prescrit un mode pour le jugement des demandes en révision contre les arrêts du ci-devant sénat de Chambéri.* (II, Bull. LXVII, n° 606; B., LXV, 208.)

N° 572.=25 thermidor an 4 (12 août 1796).=ARRÊTÉ *du directoire exécutif, qui prescrit la manière dont il sera procédé à la proclamation du cours des mandats* (3). (II, Bull. LXVII, n° 607.)

N° 573. = 26 thermidor an 4 (13 août 1796). = LOI *contenant un nouveau tarif pour les messageries nationales* (4). (II, Bull. LXVII, n° 609; B., LXV, 211.)

N° 574.=27 thermidor an 4 (14 août 1796).=ARRÊTÉ *du directoire exécutif, qui rapporte celui du 28 floréal an 4, concernant les instances en matière de douanes dans les neuf départemens réunis, et qui ordonne l'exécution des décrets du 4—15 germinal an 2 et 14 fructidor an 3.* (II, Bull. LXVIII, n° 616; B., LXV, 223.)

N° 575. = 28 thermidor an 4 (15 août 1796). = LOI *contenant ratification du traité de paix conclu le 20 thermidor an 4, entre la république française,*

---

(1) Voyez, dans les notes qui accompagnent le titre du Code hypothécaire du 9 messidor an 3 (27 juin 1795), l'énoncé des diverses lois de prorogation.
(2) Voyez le décret du 9 fructidor an 3 (26 août 1795), qui abolit cet effet rétroactif, et la note.
(3) Voyez la loi du 28 ventose an 4 (18 mars 1796), portant création des mandats, et les notes qui résument la législation.
(4) Ce tarif n'a plus d'intérêt depuis que les messageries ont cessé d'être une administration publique.

et le duc de *Wurtemberg* et *Teck* (1). (II, Bull. LXXX, n° 738; B., LXV, 225.)

Le conseil..., formé en comité général pour délibérer, conformément à l'article 334 de la constitution , après avoir examiné le traité de paix conclu à Paris , le 20 thermidor de l'an 4 , entre le citoyen *Charles Delacroix*, fondé de pouvoir du directoire exécutif, et MM. le baron *Charles de Woellvarth* et *Abel*, fondés de pouvoir du duc de Wurtemberg et Teck ; arrêté et signé, le lendemain 21 thermidor, par le directoire exécutif; soumis le même jour, par un message et conformément aux règles constitutionnelles, à l'examen et a la ratification du corps législatif, et dont la teneur suit :

La république française et S. A. S. le duc de Wurtemberg et Teck, également animés du désir de mettre fin à la guerre qui les divise, et de rétablir les liaisons de commerce et de bon voisinage qui leur étaient réciproquement avantageuses, ont nommé pour leurs plénipotentiaires ; savoir : le directoire exécutif, au nom de la république française , le citoyen *Charles Delacroix*, ministre des relations extérieures ; et S. A. S. le duc de Wurtemberg et Teck', MM. le baron *Charles de Woellvarth*, son ministre d'état, et président de sa chambre des finances, et *Abel*, son conseiller de légation ; — Lesquels, après avoir échangé leurs pleins-pouvoirs respectifs, ont arrêté les articles suivans :

Art. 1er. Il y aura paix, amitié et bonne intelligence entre la république française et S. A. S. le duc régnant de Wurtemberg et Teck : en conséquence, toutes hostilités cesseront entre les puissances contractantes, a compter de la ratification du présent traité.

2. Le duc de Wurtemberg révoque toute adhésion, consentement et accession, patente ou secrète, par lui donnée a la coalition armée contre la république française , à tout traité d'alliance offensive et défensive qu'il pourrait avoir contractée contre elle. Il ne fournira à l'avenir , à aucune puissance ennemie de la république, aucun contingent ou secours en hommes, chevaux , vivres, argent, munitions de guerre ou autrement, à quelque titre que ce soit, quand même il en serait requis comme membre de l'empire germanique.

3. Les troupes de la république française pourront passer librement dans les états de S. A. S., y séjourner et occuper tous les postes militaires nécessaires a leurs opérations.

4. S. A. S. le duc de Wurtemberg et Teck renonce, en faveur de la république française, pour lui, ses successeurs et ayans-cause, à tous ses droits sur la principauté de Montbéliard, les seigneuries d'Héricourt, de Passavant et autres en dépendant, le comté de Horbourg, ainsi que les seigneuries de Riquewick et Ostheim, et lui cède généralement toutes les propriétés, droits et revenus fonciers qu'il possède sur la rive gauche du Rhin, et les arrérages qu'il pourrait réclamer. Il renonce a toute répétition qu'il pourrait faire contre la république pour non jouissance desdits droits et revenus, et pour toute autre cause, de quelque espèce qu'elle soit, antérieure au présent traité.

5. S. A. S s'engage à ne point permettre aux émigrés et prêtres déportés de la république française , de séjourner dans ses états.

6. Il sera conclu incessamment, entre les deux puissances , un traité de

---

(1) Plusieurs guerres succédèrent à ce traité. — Voyez le traité de paix du 19 janvier 1806 conclu entre la France et l'Autriche, et déclaré commun avec le Wurtemberg par l'art. 6. Voyez aussi le traité de paix du 30 mai 1814.

commerce sur des bases réciproquement avantageuses. En attendant, toutes les relations commerciales seront rétablies telles qu'elles étaient avant la présente guerre. — Toutes les denrées et marchandises provenant du sol, des manufactures, colonies ou pêches françaises, jouiront dans les états de S. A. S. de la liberté de *transit* et d'entrepôt, en exemption de tous droits, autres que ceux de péage sur les voitures et chevaux.—Les voituriers français seront traités, pour le paiement desdits droits de péage, comme la nation la plus favorisée.

7. La république française et S. A. S. le duc de Wurtemberg s'engagent respectivement a donner main-levée du séquestre de tous effets, revenus ou biens saisis, confisqués, détenus ou vendus sur les citoyens français, d'une part, et sur tous les habitans des duchés de Wurtemberg et Teck, de l'autre part, et à les admettre a l'exercice légal des actions et droits qui peuvent leur appartenir.

8. Tous les prisonniers respectivement faits seront rendus dans un mois, à compter de l'échange des ratifications du présent traité, en payant les dettes qu'ils pourraient avoir contractées pendant leur captivité. — Les malades et blessés continueront d'être soignés dans les hôpitaux respectifs, et seront rendus aussitôt après leur guérison.

9. Conformément a l'article 6 du traité conclu à la Haye le 27 floréal de l'an 3, le présent traité de paix et d'amitié est déclaré commun avec la république batave.

10. Il sera ratifié et les ratifications echangées dans un mois, a compter de sa signature, et plus tôt si faire se peut. — A Paris, le 20 thermidor an 4 de la république française, une et indivisible.—*Signé* CHARLES DELACROIX : CHARLES, baron de WOELLVARTH ; ABEL.

Considérant qu'il est digne d'une nation loyale et généreuse, après avoir assuré son indépendance et sa liberté, d'accélérer la conclusion définitive de la paix et le rétablissement des relations d'amitié et bon voisinage entre elle et les autres puissances belligérantes..., — Prend la résolution suivante : —Le traité de paix du 20 thermidor an 4, conclu entre la république française et le duc de Wurtemberg et Teck, est ratifié.

Ratification faite par le duc de *Wurtemberg*, le 22 août 1796 (5 fructidor an 4), du traité de paix conclu entre lui et la république française.

Nous, *Frédéric-Eugène*, par la grace de Dieu, duc de Wurtemberg et Teck, etc., faisons savoir a qui il appartiendra, qu'ayant lu et examiné les articles du traité de paix particuliere conclu avec la république française, à Paris, le 7 août 1796, par nos plénipotentiaires, le baron *de Woellvarth*, notre ministre d'état, et président de notre chambre des finances, et *Conrad Abel*, notre conseiller de légation ; et les ayant trouvés conformes à nos intentions, nous les avons en conséquence acceptés, approuvés, ratifiés et confirmés pour nous et pour nos successeurs, comme nous les acceptons, approuvons, ratifions et confirmons par les présentes, promettant de les accomplir et observer sincèrement, et de bonne foi, et de ne point permettre qu'il y soit contrevenu en quelque manière que ce puisse être. En foi de quoi, nous avons signé de notre main et fait contre signer les présentes, et y avons fait apposer le sceau de nos armes. Fait a Ansbac, le 22 août 1796.—*Signé* FRÉDÉRIC-EUGÈNE, duc de Wurtemberg. ZANG. — Par ordre exprès de S. A. S. *Signé* VELNAGELL.

N° 576.== 29 thermidor an 4 (16 août 1796). == Loi *qui détermine le mode suivant lequel aura lieu le cautionnement prescrit par l'article 222 du Code du 3 brumaire an 4 , sur les délits et les peines* (1). (II , Bull. LXVIII , n° 618 ; B., LXV , 231.)

Le conseil.. , considérant que le cautionnement, tel qu'il est prescrit par l'article 222 du Code des délits et des peines, prive souvent la république des amendes auxquelles elle a droit, ainsi qu'un grand nombre de citoyens, des restitutions et des indemnités qui leur sont dues, et qu'il est instant de faire cesser ces abus..., — Prend la résolution suivante :

Art. 1er. Le cautionnement prescrit par l'article 222 de la loi du 3 brumaire, sur les délits et les peines, aura lieu ainsi qu'il est prescrit par les articles suivans.

2. Lorsque le délit aura pour objet des larcins, filouteries ou simples vols, le directeur du jury admettra le prévenu sous caution de se représenter. Cette caution devra être d'une somme triple de la valeur des effets volés ; elle sera fixée sur cette base par le directeur du jury, et jamais elle ne pourra être au dessous de la somme de trois mille francs , valeur fixe.

3. En toute autre matière qui n'emporterait pas une peine afflictive , mais seulement une peine infamante, le directeur du jury admettra également le prévenu sous caution de se représenter. La caution, dans ce cas, ne pourra être moindre de deux mille ni excéder six mille francs, valeur fixe.

4. Lorsque le délit n'emportera point peine infamante, mais seulement des peines correctionnelles, le directeur du jury admettra également le prévenu sous caution de se représenter. La caution , en ce cas, ne pourra être moindre de mille francs ni excéder le triple de l'amende a laquelle le délit pourra donner lieu.

5. En aucun cas, le directeur du jury ne pourra mettre provisoirement en liberté , sous caution, les gens sans aveu et les vagabonds.

6. Les autres dispositions prescrites par l'article 222 du Code des délits et des peines, seront exécutées en tout ce qui n'y a pas été dérogé par la présente résolution.

N° 577. = 30 thermidor an 4 (17 août 1796). = LOI *contenant des mesures pour terminer la liquidation et le recouvrement de l'emprunt forcé.* (II , Bull. LXVIII , n° 619 ; B., LXV , 234.)

N° 578. = 30 thermidor an 4 (17 août 1796). = LOI *relative au partage en nature des biens indivis avec des émigrés* (2). (II , Bull. LXVIII , n° 620 ; B., LXV , 236.)

Le conseil...., après avoir entendu le rapport de sa commission chargée de l'examen de la pétition du citoyen *Lasterye-Duvaillant* et *Elisabeth-Charlotte Riquetti-Mirabeau* son épouse ; —Considérant que , si la loi du 1er floréal an 3 prive les copropriétaires de biens indivis avec les émigrés, du droit de partager en nature, lorsqu'ils n'auront pas, conformément à l'article 96 de la loi, justifié de leur qualité et produit les titres de propriété , dans chacun des districts de la situation desdits biens, cette disposition ne doit pas atteindre ceux qui , avant l'existence de cette loi et en conformité des lois précédentes , avaient, comme les pétitionnaires , fait la justification de leur qualité, et produit leur titre de copropriété aux administrations

---

(1) Voyez cet art. 222 et les notes.
(2) Voyez, sur le même objet, la loi du 13 ventose an 5 (3 mars 1797); celle du 9 frimaire an 7 (29 novembre 1798); et celles qui sont citées dans le § 3 des notes qui accompagnent le décret du 9—12 février 1792, concernant le séquestre des biens des émigrés.

dans le ressort desquelles les successions dont ils réclament partie se trouvaient ouvertes; — Que néanmoins les administrations de département n'ayant pas a cet égard une opinion fixée, il est intéressant pour la république de lever des doutes qui arrêtent ou retardent la vente des biens nationaux...., — Prend la résolution suivante :

Art. 1er. La disposition de l'article 96 de la loi du 1er floréal an 3, qui prive du droit de partager en nature les copropriétaires de biens indivis avec des émigrés, qui n'auraient pas, dans la forme et dans les délais prescrits par ladite loi, justifié de leur qualité et de leurs titres de propriété, dans chacun des districts de la situation des biens, et ne leur réserve qu'une portion dans le prix desdits biens qui, dans ce cas, doivent être vendus en totalité, n'est point applicable a ceux desdits copropriétaires qui, avant l'existence de la loi précitée, avaient fait les justifications dont il s'agit, à l'administration du département ou du district dans l'étendue duquel les successions auxquelles ils ont droit ont été ouvertes, ou à celle du dernier domicile de l'émigré.

2. Ceux des copropriétaires indivis avec des émigrés, qui auront fait lesdites justifications, auront droit au partage en nature des biens non encore vendus : ils n'auront que la portion a eux afférente dans le prix de ceux dont la vente est consommée.

3. Pour parvenir audit partage, lesdits copropriétaires seront tenus, si fait n'a été, de se pourvoir dans le délai d'un mois, à compter du jour de' la publication de la loi a intervenir sur la présente résolution, devant les differentes administrations centrales de département où il existe des biens dépendant des successions dans lesquelles ils ont droit, autres que celles dont ils ont déjà obtenu des arrêtés, et d'y produire, avec les arrêtés ou délibérations de ces dernieres administrations, les titres constatant leur qualité et la propriété et situation des biens dont ils reclament le partage, ou copie desdites pièces en forme authentique : passé ce délai, ils ne seront plus admis au partage en nature (1).

N° 579.= 1er fructidor an 4 (18 août 1796). =ARRÊTÉ *du directoire exécutif, qui proclame le terme moyen du cours des mandats pour les cinq derniers jours de thermidor* (2). (II, Bull. LXVIII, n° 621; B., LXV, 239.)

N° 580. = 2 fructidor an 4 (19 août 1796). = LOI *qui autorise les notaires provisoirement rayés de la liste des émigrés, à continuer leurs fonctions.* (II, Bull. LXIX, n° 634; B., LXV, 240.)

N° 581.=2 fructidor an 4 (19 août 1796).=LOI *interprétative des décrets des 5 brumaire et 17 nivose an 2, qui ont rendu les religieux habiles à succéder* (3). (II, Bull. LXIX, n° 635; B., LXV, 240.)

Toutes les successions échues et à échoir, et dans lesquelles des ci-devant religieux auraient des droits a exercer aux termes des lois des 5 brumaire

_____

(1) Les biens composant la communauté d'un émigré avec sa femme ont été légalement vendus par l'etat, même pour la part de la femme. Du moins cette vente est maintenue par la loi du 1er floréa an 3 et par toutes celles subséquentes, notamment par celle du 3o thermidor an 4. Arr. du cons., 10 fevrier 1816, Sin, Jur. du cons., III, 223. — Juge encore que les ventes des biens indivis avec les émigrés, anterieures à la loi du 1er floréal an 3, sont maintenues par celle du 3o thermidor an 4. Arr. du cons., 18 avril 1816, Sin., Jur. du cons., III, 267.

(2) Voyez le tableau placé à la suite de la loi du 16 pluviose an 5 (4 fevrier 1797).

(3) Voyez le décret du 18—20 vendemaire an 2 (9—11 octobre 1793), et la note.

et 17 nivose, appartiendront exclusivement aux héritiers présomptifs qui étaient appelés a les recueillir, si ces mêmes religieux étaient émigrés ou déportés a l'époque de leur promulgation.

N° 582.=2 fructidor an 4 (19 août 1796). = ARRÊTÉ *du directoire exécutif, qui désigne les bureaux où seront remplies les formalités prescrites au titre III du décret du 6--22 août* 1791, *pour jouir du transit par Genève et le pays de Vaud.* (II, Bull. LXXI, n° 643; B., LXV, 242.)

N° 583.=2 fructidor an 4 (19 août 1796).=ARRÊTÉ *du directoire exécutif, sur la circulation des pièces de billon de la valeur de vingt-quatre deniers.* (II, Bull. LXIX, n° 638; B., LXV, 243.)

N° 584.= 4 fructidor an 4 (21 août 1796). = LOI *concernant les défenseurs de la patrie inscrits sur la liste des émigrés.* (II, Bull. LXIX, n° 640; B., LXV, 245.)

Art. 1er. Sont relevés de la déchéance prononcée par la loi (1), les défenseurs de la patrie, tant de terre que de mer, qui, inscrits sur une liste d'émigrés, prouveront qu'ils étaient présens aux drapeaux, ou en activité de service, au moment de leur inscription, pourvu d'ailleurs qu'ils produisent les certificats exigés pour le temps qui aura précédé leur arrivée au corps ou suivi le moment auquel ils l'auront quitté. — Dans ce dernier cas, ils seront tenus de justifier du congé en forme qui leur aura été délivré, ou de tout autre motif légal qui aura autorisé leur retraite; faute de quoi, leur réclamation ne sera pas reçue.

2. Sont également relevés de la déchéance, les défenseurs de la patrie dont les familles prouveront que, présens a leurs corps lors de leur inscription sur la liste des émigrés, ils sont depuis morts sur le champ de bataille ou tombés au pouvoir de l'ennemi.

3. La preuve exigée par les articles précédens sera faite dans les deux mois de la publication de la présente loi, par la représentation des extraits des états ou registres des corps auxquels les défenseurs de la patrie étaient attachés.—S'il n'existait ni états ni registres aux époques indiquées, ou que depuis ils eussent été perdus ou enlevés par force majeure, il en sera fourni des certificats par les conseils d'administration, visés par le ministre de la guerre.—Dans ce dernier cas, et dans celui où les états et registres ne feraient aucune mention des causes de l'absence du citoyen pour lequel on réclamerait, la preuve exigée sera suppléée par un certificat de six citoyens faisant le service militaire; lequel certificat constatera que ce citoyen était, avant ou lors de son inscription sur la liste des émigres, attaché a tel corps; qu'il était en activité de service a telle époque, et qu'absent depuis ce temps, il a été regardé, au corps, comme mort a son poste ou fait prisonnier.—Ce certificat sera reçu par le conseil d'administration, si les certifians se trouvent a leur bataillon, ou par l'officier commandant le détachement, s'ils en sont éloignés; mais dans tous les cas, il sera visé par le conseil d'administration, qui le mettra a l'ordre deux jours avant de le délivrer, et certifiera dans le *visa* qu'il ne lui est parvenu aucune réclamation contre les faits certifiés.

4. Les brevets de retraite ou de pension suffiront pour établir la preuve

---

(1) C'est le décret du 25 brumaire an 3 (15 novembre 1794), art. 31 et suiv. de la sect. III du tit. III.

Voyez, sur le mode de réclamation contre les listes des émigrés et sur celui de juger ces demandes, les lois citées dans le § 1er des notes qui accompagnent le décret du 9—12 février 1792.

ci-dessus exigée ; les défenseurs de la patrie qui les ont obtenus, ou leurs familles, ne seront assujétis aux formalités des certificats de résidence que depuis leur obtention.

5. Il est provisoirement sursis à la vente des biens appartenant à des défenseurs de la patrie inscrits sur une liste d'émigrés, dont les familles se soumettront, dans les vingt jours de la publication de la présente loi, a faire la preuve exigée par les articles ci-dessus. — Cette soumission devra être signée de cinq parens au moins ; elle sera reçue dans la forme des délibérations de famille, par le juge de paix dans l'arrondissement duquel se trouvera un plus grand nombre de parens, ou par celui du domicile de l'absent : le juge de paix en tiendra minute. — Cette soumission ne sera reçue qu'autant qu'elle sera accompagnée d'un certificat des autorités constituées, portant que le citoyen pour lequel on réclamera, s'est enrôlé dans tel corps ou dans telle compagnie, ou, a défaut de ce certificat, de la déclaration de six citoyens résidant dans la commune du domicile de l'absent, portant qu'il est à leur connaissance que ce citoyen en est parti à telle époque pour la défense de la patrie.

6. A défaut de parens, les agens ou officiers municipaux et les juges de paix qui auraient connaissance qu'un défenseur de la patrie était aux drapeaux lors de son inscription sur une liste d'émigrés, pourront réclamer d'office, auprès de l'administration centrale, la surséance à la vente de ses biens, en se soumettant a faire la preuve exigée dans les délais prescrits.

7. Dans le cas où les parens réclamans et les voisins certifians seraient convaincus d'avoir fait une fausse déclaration, ils seront solidairement condamnés, sur la poursuite du commissaire du directoire exécutif, à une amende égale à la valeur du quart des biens dont ils auraient indûment suspendu la vente.

8. La preuve exigée par les articles précédens relèvera également les défenseurs de la patrie qui se trouveront dans les cas prévus ci-dessus, de la déchéance qu'ils auraient encourue faute d'avoir fait leurs déclarations ou déposé leurs titres de créances sur la nation dans les délais déterminés par la loi.

9. Le directoire exécutif prendra les mesures qu'il croira les plus propres à donner une prompte connaissance de la présente loi aux défenseurs de la patrie composant les armées de la république, tant sur terre que sur mer.

N° 585.=4 fructidor an 4 (21 août 1796). = ARRÈTÉ *du directoire exécutif, concernant l'application à faire des lois sur les émigrés aux habitans des départemens réunis qui ont passé en pays étrangers pendant le cours de l'an 2, et ne sont pas rentrés dans les trois mois de la publication de la loi du 9 vendémiaire an 4.* (II, Bull. LXXI, n° 648; B., LXV, 249.)

N° 586.=4 fructidor an 4 (21 août 1796).= ARRÈTÉ *du directoire exécutif, qui exempte de la taxe les lettres et paquets qui seront adressés à la haute-cour nationale et aux accusateurs nationaux.* (II, Bull. LXXI, n° 645; B., LXV, 249.)

N° 587.= 6 fructidor an 4 (23 août 1796). = LOI *portant établissement d'un droit de patente pour l'an* 5 (1). (II, Bull. LXX, n° 642; B., LXV, 252.)

---

(1) Cette loi est expressément abrogée par l'art. 1er de la loi générale du 1er brumair an 7 (22 octobre 1798), qui constitue la base de la législation actuelle sur les patentes.—Voyez cette loi et les notes.

N° 588. = 6 fructidor an 4 (23 août 1796). = LOI *qui fixe les droits à percevoir sur diverses marchandises importées des manufactures du duché de Berg.* (II, Bull. LXXII, n° 658 ; B., LXV, 267.)

N° 589. = 6 fructidor an 4 (23 août 1796). = ARRÊTÉ *du directoire exécutif, qui proclame le terme moyen du cours des mandats du 1ᵉʳ au 5 fructidor* (1). (II, Bull. LXIX, n° 641 ; B., LXV, 269.)

N° 590. = 8 fructidor an 4 (25 août 1796). — ARRÊTÉ *du directoire exécutif, qui autorise la vente en numéraire des sels provenant des salines nationales.* (II, Bull. LXXI, n° 649 ; B., LXV, 271.)

N° 591. = 8 fructidor an 4 (25 août 1796). = ARRÊTÉ *du directoire exécutif, qui détermine le mode et les termes de paiement du prix des coupes de bois de l'an 5.* (II, Bull. LXXI, n° 651 ; B., LXV, 271.)

N° 592. = 8 fructidor an 4 (25 août 1796). = ARRÊTÉ *du directoire exécutif, qui ordonne la vente des arbres dépérissans et nuisibles dans les coupes ordinaires de bois appartenant aux établissemens ecclésiastiques, dans les départemens réunis le 9 vendémiaire an 4.* (II, Bull. LXXI, n° 652 ; B., LXV, 271.)

N° 593. = 10 fructidor an 4 (27 août 1796). = LOI *concernant l'impression des ouvrages adoptés comme livres élémentaires.* (II, Bull. LXXII, n° 660 ; B., LXV, 276.)

Art 1ᵉʳ. Les auteurs des ouvrages adoptés comme livres élémentaires, et leurs héritiers ou cessionnaires, sont maintenus dans le droit exclusif que tout auteur d'ecrits a de les faire imprimer, vendre, distribuer, conformément aux dispositions de la loi du 19 juillet 1793.

2. Le directoire exécutif est autorisé a traiter pour le nombre de mille exemplaires, avec lesdits auteurs, leurs héritiers ou cessionnaires, qui auront fait imprimer leurs ouvrages.

3. Les ouvrages élémentaires dont les auteurs ou leurs cessionnaires auront déclaré qu'ils ne veulent ou ne peuvent en faire l'édition, seront imprimes aux frais et a l'imprimerie de la république.

N° 594. = 10 fructidor an 4 (27 août 1796). = LOI *portant que le terme moyen du cours des mandats sera réglé à l'avenir sans fractions* (2). (II, Bull. LXXI, n° 655 ; B., LXV, 280.)

Le cours des mandats, proclamé tous les cinq jours par le directoire exécutif, d'après le terme moyen des cinq jours précédens, déclaré par la trésorerie nationale, sera réglé sans avoir égard aux fractions ; de manière que tout ce qui excédera chaque franc, jusqu'a vingt-cinq centimes, sera porté à vingt-cinq centimes, et que ce qui excédera vingt-cinq centimes, sera porté a cinquante centimes ; et ainsi de suite, de vingt-cinq centimes en vingt-cinq centimes.

N° 595. = 10 fructidor an 4 (27 août 1796). = LOI *portant que, pendant*

---

(1) Voyez le tableau placé à la suite de la loi du 16 pluviose an 5 (4 février 1797).
(2) Voyez la loi du 28 ventose an 4 (18 mars 1796), portant création des mandats, et les notes qui résument la legislation.

un mois, les contributions directes de l'an 3 et antérieures seront payées suivant le mode établi par les lois précédentes. (II, Bull. LXXII, n° 661 ; B., LXV, 280.)

N° 596.= 11 fructidor an 4 (28 août 1796).=ARRÊTÉ *du directoire exécutif, qui proclame le terme moyen du cours des mandats du 6 au 10 fructidor* (1). (II , Bull. LXXI , n° 656 ; B., LXV, 282.)

N° 597.=11 fructidor an 4 (28 août 1796).=LOI *qui suspend provisoirement les soumissions de terrains ou bâtimens actuellement employés au service militaire dans les places de guerre.* (II, Bull. LXXII, n° 662 ; B., LXV, 284.)

N° 598.=12 fructidor an 4 (29 août 1796). = ARRÊTÉ *du directoire exécutif, portant défense à tous autres que les notaires, greffiers et huissiers, de s'immiscer dans les prisées, estimations et ventes publiques de meubles et effets mobiliers* (2). (II, Bull. LXXII, n° 666 ; B., LXV, 288.)

Le directoire exécutif, après avoir entendu le rapport du ministre de la justice sur les abus résultant du droit que des particuliers s'arrogent, dans quelques cantons, de faire des ventes publiques de meubles et effets mobiliers ; — Considérant que l'article 1ᵉʳ de la loi du 17 septembre 1793, en autorisant les notaires, greffiers et huissiers a faire des ventes publiques, a suffisamment fait connaître que ce droit ne pouvait être exercé par des citoyens ou même par des fonctionnaires publics qui ne seraient ni huissiers, ni greffiers, ni notaires ; que l'intention de cette loi est encore plus clairement manifestée par l'exception qu'elle établit, article 2, en faveur de ceux d'entre les huissiers-priseurs qui avaient le droit d'exercer les autres fonctions d'huissiers, et a qui elle accorde, par cette raison, la faculté de les remplir concurremment avec les huissiers, greffiers et notaires, faculté qu'il serait illusoire et sans objet d'accorder par une disposition expresse, si elle appartenait de droit a tous les individus ; — Considérant que cette vérité acquiert encore un nouveau degré d'évidence, lorsqu'on réfléchit que, par la loi qui vient d'être citée, ainsi que par celle du 21—26 juillet 1790, les notaires, les greffiers et les huissiers ont été subrogés aux droits des ci-devant huissiers-priseurs, a qui une foule de règlemens, et notamment l'édit de février 1771, avait attribué celui de faire *seuls , et à l'exclusion de tous autres, la prisée, exposition et vente de tous biens meubles, soit qu'elles fussent faites volontairement, après inventaire, ou par autorité de justice, en quelque sorte et manière que ce pût être , et sans aucune exception ;* — Considérant qu'il est instant d'assurer au trésor public le recouvrement de tous les droits d'enregistrement et de timbre auxquels sont assujétis les prisées, inventaires et ventes publiques de meubles et effets mobiliers, et qu'éludent presque toujours les citoyens qui, sans caractère légal, se permettent de procéder a ces actes, —Arrête ce qui suit :

Art. 1ᵉʳ. Conformément aux lois des 21—26 juillet 1790 et 17 septembre

_____

(1) Voyez le tableau qui fait suite à la loi du 16 pluviose an 5 (4 février 1797).
(2) Voyez les decrets des 21—26 juillet 1790 et 17 septembre 1793, qui autorisent les notaires, greffiers et huissiers a faire les ventes de meubles ; et l'arrêté du 27 nivose an 5 (16 janvier 1797), qui ordonne l'exécution des anciens réglemens par lesquels le droit exclusif de faire les prisées et les ventes publiques de meubles, est attribué aux notaires, huissiers et greffiers.
Voyez aussi la loi du 27 ventose an 9 (18 mars 1801), portant établissement de commissaires priseurs à Paris ; l'art 89 de la loi de finances du 28 avril—5 mai 1816, et l'ordonnance du 26 juin—22 juillet même année, pour l'établissement de ces officiers publics dans toute la France.

1793, et aux réglemens antérieurs, maintenus provisoirement par le décret de la convention nationale du 21 septembre 1792, il est défendu a tous autres que les notaires, greffiers et huissiers, de s'immiscer dans les prisées, estimations et ventes publiques de meubles et effets mobiliers, soit qu'elles soient faites volontairement, après inventaire, ou par autorité de justice, en quelque sorte et manière que ce puisse être, et sans aucune exception.

2. Les contrevenans seront poursuivis devant les tribunaux, a la requête et diligence des commissaires du directoire exécutif près les administrations, pour être condamnés aux amendes portées par les réglemens non abrogés, sans préjudice des dommages-intérêts des notaires, greffiers et huissiers, pour raison desquels ceux-ci se pourvoiront contre eux ainsi qu'ils aviseront.

N° 599.=14 fructidor an 4 (31 août 1796).= LOI *portant ratification du traité de paix conclu entre la république française et le margrave de Bade* (1). (II, Bull. CLXXII, n° 1632; B., LXV, 291.)

Art. 1er. Il y aura paix, amitié et bonne intelligence entre la république française et S A. S. le margrave de Bade; en conséquence, toutes hostilités cesseront entre les puissances contractantes, à compter de la ratification du présent traité.

2. Le margrave de Bade révoque toute adhésion, consentement et accession patente ou secrète, par lui donnés à la coalition armée contre la république française, a tout traité d'alliance offensive et défensive qu'il pourrait avoir contracté contre elle. Il ne fournira a l'avenir a aucune puissance ennemie de ladite république, aucun contingent ou secours en hommes, chevaux, vivres, argent, munitions de guerre, ou autrement, à quelque titre que ce soit, quand même il en serait requis comme membre de l'empire germanique.

3. Les troupes de la république pourront passer librement dans les états de S. A. S., y séjourner, et occuper tous les postes militaires nécessaires à leurs opérations.

4. S. A. S. le margrave de Bade, pour lui, ses successeurs et ayans-cause, cède a la république française tous les droits qui peuvent lui appartenir sur les seigneuries de Rode-Machern et Hesperingen dans le ci-devant duché de Luxembourg, la portion à lui appartenant dans le comté de Sponheim, et ses droits sur l'autre portion ; la seigneurie de Grevenstein, les bailliages de Benheim et de Rhod, et généralement tous les territoires, droits et revenus qu'il possédait ou prétendait avoir droit de posséder sur la rive gauche du Rhin. Il renonce à toutes répétitions contre la république pour les arrérages desdits droits et revenus, et pour toute autre cause antérieure au présent traité.

5. S. A. S. le margrave régnant de Bade, tant en son nom qu'au nom de ses deux fils les princes *Frédéric* et *Louis de Bade*, pour lesquels il se porte fort, cède et abandonne avec toute garantie à la république française, les deux tiers de la terre de Kutzenhausen, située dans la ci-devant Alsace, avec tous les droits et revenus en dépendant, ensemble les arrérages desdits droits et revenus qui pourraient rester dus, renonçant à toutes répétitions contre la république pour raison d'iceux et pour toute cause anterieure au présent traité.

---

(1) Voyez le traité de paix du 19 janvier 1806 entre la France et l'Autriche: il est déclaré commun avec le margrave de Bade, par l'art. 6, et renferme plusieurs stipulations qui le concernent particulièrement.

6. S. A. S. le margrave de Bade cède également, pour lui, ses successeurs et ayans cause, a la république française, toutes les iles du Rhin qui peuvent lui appartenir, tous les droits qu'il peut prétendre sur lesdites iles, ainsi que sur le cours et les différens bras de ce fleuve, et notamment ceux de péage, haut domaine, seigneurie directe, justice civile, criminelle ou de police. —Ne seront pas compris sous la dénomination des différens bras du Rhin, les petits découlemens et les eaux mortes ou stagnantes, laissées par suite de débordemens de l'ancien cours du fleuve, et connus aux riverains sous les noms de *Alt-Wasser, Alt-Rhin*, ou *Vieux-Rhin*.

7. Il sera libre à chacune des parties contractantes de faire exécuter les travaux de digues qu'elle jugera nécessaires a la conservation de son territoire, de manière cependant à ne pas nuire au territoire de la rive opposée. Toutes les contestations qui pourraient s'élever sur cet objet, ainsi que sur l'établissement et la conservation du chemin de halage, seront décidées, non par voie judiciaire, mais de gouvernement a gouvernement.

8. S. A. S. s'engage à laisser et faire laisser sur la rive droite du Rhin un espace de trente-six pieds de largeur, pour servir de chemin de halage dans les parties navigables ou qui pourraient le devenir : ce chemin sera débarrassé de tout ce qui pourrait nuire a son usage. Il est néanmoins convenu que les maisons existant sur l'emplacement qu'il doit occuper, et qui seraient nécessaires à sa continuité, ne pourront être démolies sans qu'il soit payé au propriétaire une juste et préalable indemnité.

9. La poursuite des délits relatifs à la navigation, qui pourraient être commis sur ledit chemin de halage, appartiendra à la république française.

10. Les portions de ce chemin, ainsi que les iles du fleuve, qui étaient possédées a titre singulier par S. A. S., ou qui appartenaient à des corps ou communautés ecclésiastiques, sont cédées, sans aucune réserve, à la république. Les communautés laïques et les particuliers continueront à jouir, sous la souveraineté de la république, des portions qu'ils possédaient : il est néanmoins convenu que ladite souveraineté ne s'exercera pas sur les maisons dépendant du margraviat qui seront jugées nécessaires pour la continuité du chemin de halage, mais seulement sur leur emplacement, après qu'elles auront été démolies en exécution de l'article 8.

11. La navigation du fleuve sera libre aux citoyens et sujets des deux puissances contractantes.

12. Les péages perçus sur la partie du fleuve du Rhin qui coule entre les états des parties contractantes, sont abolis à perpétuité : il n'en sera point établi a l'avenir sur le lit naturel du fleuve.

13. Les stipulations portées dans les précédens traités entre la France, d'une part, et S. A. S. le margrave de Bade, ou l'Empereur et l'Empire, de l'autre part, relatives au cours du Rhin, à la navigation de ce fleuve, aux travaux à faire pour la conservation de son lit et de ses bords, continueront d'être exécutées en ce qui n'est pas contraire au présent traité.

14. S. A. S. s'engage a ne point permettre aux émigrés et prêtres déportés de la république française, de séjourner dans ses états.

15. Il sera conclu incessamment, entre les deux puissances, un traité de commerce sur des bases réciproquement avantageuses : en attendant, toutes relations commerciales seront rétablies telles qu'elles étaient avant la présente guerre. — Toutes les denrées et marchandises provenant du sol, des manufactures, colonies ou pêches françaises, jouiront, dans les etats de S. A. S., de la liberté du *transit* et d'entrepôt, en exemption de tous droits autres que ceux de péage sur les voitures et chevaux. — Les voituriers français seront

traités, pour le paiement desdits droits de péage, comme la nation la plus favorisée.

16. La république française et S. A. S. le margrave de Bade s'engagent respectivement a donner main levée du séquestre de tous effets, revenus ou biens saisis, confisqués, détenus ou vendus sur les citoyens français d'une part, et de l'autre sur les habitans du margraviat de Bade, et a les admettre a l'exercice légal des actions et droits qui peuvent leur appartenir.

17. Tous les prisonniers respectivement faits seront rendus dans un mois, à compter de l'échange des ratifications du présent traite, en payant les dettes qu'ils pourraient avoir contractées pendant leur captivité. Les malades et blessés continueront d'être soignés dans les hôpitaux respectifs: ils seront rendus aussitôt après leur guérison.

18. Conformément à l'article 6 du traité conclu a la Haye le 27 floréal de l'an 3, le présent traité de paix et d'amitié est déclaré commun avec la république batave.

19. Il sera ratifié, et les ratifications échangées à Paris, dans un mois, à compter de la signature, et plus tôt si faire se peut.—Paris, le 5 fructidor de l'an 4 de la république française, une et indivisible.—*Signé* CH. DELACROIX; SIGISMOND CHARLES-JEAN, baron DE REITZENSTEIN.

Nota. Le traité a été ratifié le 26 octobre 1797 (5 brumaire an 6) par le margrave de Bade.

———

N° 600. = 14 fructidor an 4 (31 août 1796).= LOI *qui déclare le décret du* 24 *messidor an* 3 *et la loi du* 11 *messidor an* 4, *concernant le paiement des pensions des religieuses, applicables aux ci-devant religieuses soumises à la prestation du serment civique.* (II, Bull. LXXII, n° 668; B., LXV, 295.)

———

N° 601. = 14 fructidor an 4 (31 août 1796). = LOI *qui détermine la manière dont il sera procédé dans le cas où les administrations de département refuseraient de confirmer des nominations de professeurs aux écoles centrales.* (II, Bull. LXXII, n° 669; B., LXV, 296.)

———

N° 602. = 15 fructidor an 4 (1er septembre 1796). = LOI *interprétative du décret du* 8 *septembre* 1793, *relatif aux baux des biens des émigrés comprenant des parties de bois* (1). (II, Bull. LXXIII, n° 672; B., LXV, 298.)

Les dispositions du décret du 8 septembre 1793 ne sont applicables qu'aux baux par adjudication faits par les corps administratifs postérieurement à la loi du 9—12 février 1792, et non aux baux conventionnels qui ont une date authentique et antérieure a ladite loi, lesquels sont maintenus.

———

N° 603. = 15 fructidor an 4 (1er septembre 1796). = LOI *qui supprime les établissemens religieux dans les neuf départemens réunis par la loi du* 9 *vendémiaire an* 4 (2). (II, Bull. LXXIII, n° 673; B., LXV, 299.)

Art. 1er. Les ordres et congrégations réguliers, monastères, abbayes,

———

(1) Voyez, dans le § 3 des notes qui accompagnent le décret du 9—12 février 1792, l'énonciation des lois relatives aux biens des émigrés.

(2) Voyez le décret du 18—18 août 1792, portant suppression des communautés religieuses, et les notes qui résument la législation de la matière. — Voyez spécialement, en ce qui concerne la suppression des établissemens religieux dans les pays réunis, les lois, arrêtés et décrets des 17 fructidor an 4 (3 septembre 1796), 5 frimaire an 6 (25 novembre 1798), 20 prairial an 10 (9 juin 1802), 14 novembre 1811, 3 janvier 1812 et 23 janvier 1813.

prieurés, chanoines réguliers, chanoinesses, et généralement toutes les maisons ou établissemens religieux de l'un et de l'autre sexe, sont supprimés dans les départemens réunis par la loi du 9 vendémiaire dernier, ainsi que sur l'ancien territoire de la république.

2. Immédiatement après la publication de la présente loi, la direction des domaines nationaux établie dans lesdits départemens, nommera des commissaires pris dans son sein ou en dehors, qui se transporteront dans lesdits établissemens, s'y feront représenter tous les registres et comptes de régie, les arrêteront, et formeront un résultat des revenus et des époques de leur échéance, dresseront, sur papier libre et sans frais, un état et description sommaire de l'argenterie des églises et chapelles, effets de la sacristie, bibliothèques, livres, manuscrits, médailles et tableaux, en présence des religieux ou religieuses, a la charge et garde desquels ils laisseront ces objets ainsi inventoriés, et dont ils recevront les déclarations sur l'état actuel de leurs maisons, de leurs dettes mobilières et immobilières, et des titres qui les constatent.

3. La direction fera aussi dresser un état des religieux, religieuses, chanoines réguliers et chanoinesses de chaque maison, et de ceux ou celles qui s'y trouvent affiliés, avec leur nom et leur âge.

4. Dans les dix jours qui suivront la publication de la présente loi, la direction enverra au ministre des finances une expédition des procès-verbaux et des états ci-dessus prescrits.

5. L'administration des biens dont les établissemens supprimés par l'article 1er se trouvent en possession, est confiée, dès ce moment, a ladite direction, sous les règles, les exceptions et les modifications qui seront ci-après expliquées.

6. Jusqu'a l'époque où lesdits établissemens devront être évacués, et qui sera déterminée ci-après, les religieux de l'un et de l'autre sexe, chanoines réguliers et chanoinesses, continueront de régir et d'exploiter, sous la surveillance de ladite direction et des administrations municipales, les biens dépendant de leurs maisons respectives, et qui ne sont pas donnés a bail ou à ferme; à la charge d'en verser les produits dans la caisse de ladite direction.

— A l'égard des objets donnés à bail ou a ferme, les fermiers et locataires sont également tenus de verser les loyers ou fermages dus pour les fruits et revenus de l'an 4, dans la caisse de ladite direction, ou dans les magasins qui leur sont indiqués, lorsque les paiemens doivent être faits en nature.

7. Dans l'un et l'autre cas, et jusqu'a l'époque de leur sortie, les membres desdites maisons ou établissemens sont autorisés a prélever sur les fruits qu'ils auront récoltés eux-mêmes, ou a recevoir des mains des fermiers, sur des bons délivrés par ladite direction, la portion desdits fruits et revenus qui sera jugée nécessaire pour l'entretien de leursdites maisons. — Ce prélèvement et ces bons seront déterminés par ladite direction, sur l'avis des municipalités, et calculés d'après le nombre des membres de chaque maison, combiné avec les intérêts des capitaux ci-après fixés pour leur traitement et retraite.

8. Les comptes desdits religieux, religieuses, chanoines réguliers et chanoinesses, ainsi que ceux de leurs fermiers ou locataires, seront communiqués aux administrations municipales, pour être ensuite vérifiés et apurés par ladite direction.

9. Il est sursis a l'instruction et au jugement de toutes causes, instances et procès mus et a mouvoir, ainsi qu'a toutes saisies, exécutions, ventes de fruits, de meubles et autres poursuites quelconques, dirigées contre lesdits établissemens; et tous les meubles et effets mobiliers qui pourraient avoir été saisis, seront laissés a la garde desdits établissemens, qui en rendront compte ainsi et a qui il appartiendra.

₱ 10. Les poursuites mentionnées dans l'article précédent ne pourront être reprises, s'il y a lieu, que dans les formes prescrites par la loi des 23 et 28 octobre—5 novembre 1790 et autres lois relatives.

11. Les membres des maisons ou établissemens supprimés par la présente loi, recevront chacun, en représentation de leurs pensions de retraite, savoir : les abbés, prieurs, religieux et chanoines réguliers, un capital de quinze mille francs; les frères lais ou convers qui ont fait des vœux solennels, et les frères donnés qui rapporteront un engagement contracté en bonne forme entre eux et leurs monastères, un capital de cinq mille francs; les religieuses et chanoinesses, un capital de dix mille francs ; les sœurs converses qui ont fait des vœux solennels, et les sœurs données qui rapporteront un engagement contracté en bonne forme entre elles et leur couvent, un capital de trois mille trois cent trente-quatre francs.

12. Ne sont point compris dans les dispositions de l'article précédent ceux ou celles qui auraient émis des vœux monastiques ou contracté des engagemens avec lesdits couvens depuis la publication de l'acte constitutionnel dans lesdits départemens réunis; et néanmoins les dots qu'ils justifieraient légalement avoir apportées dans lesdits couvens, leur seront restituées.

13. Les divers capitaux mentionnés dans l'article 11 seront respectivement payés en bons, qui ne pourront être employés qu'en acquisition de biens nationaux situés dans la ci-devant Belgique.

14. Ces bons ne seront reçus en paiement de biens nationaux, qu'autant qu'ils seront présentés par lesdits abbés, prieurs, religieux, religieuses, chanoines réguliers, chanoinesses, frères lais ou convers, frères donnés, sœurs converses ou données, qui ne peuvent les aliéner ou céder qu'entre eux et a l'exclusion de toutes autres personnes.

15. Chacun d'eux pourra, en quittant la maison à laquelle il se trouve attaché, emporter le mobilier de sa chambre et cellule, ainsi que les linges et généralement tous les meubles et effets qui auront été jusqu'alors a son usage exclusif ou personnel.

16. Les linges, meubles et effets dont l'usage aura été commun entre les membres d'une ou de plusieurs desdites maisons, autres que les effets inventoriés en exécution de l'article 2, seront partagés entre eux.

17 Dans les deux décades qui suivront le jour auquel les membres desdits établissemens auront reçu les bons mentionnés dans l'article 13, ils seront tenus d'évacuer les maisons nationales qu'ils occupent.

18. A compter de cette même époque, il ne leur sera plus permis de porter le costume régulier.

19. Les lois relatives a l'administration, aux baux et à la vente des biens nationaux de l'ancien territoire, ainsi qu'a la liquidation et au paiement des dettes dont ils étaient grevés, seront publiées, si fait n'a été, dans lesdits départemens réunis, pour y être appliquées aux biens dépendant desdites maisons ou établissemens, en tout ce qui n'est pas contraire à la présente loi.

20. Sont exceptées des dispositions de la présente loi, les maisons de religieuses dont l'institut même a pour objet l'éducation publique ou le soulagement des malades, et qui, a cet effet, tiennent réellement, en dehors, des écoles ou des salles de malades; lesquelles maisons continueront, comme par le passé, d'administrer les biens dont elles jouissent.

Nº 604. ══ 16 fructidor an 4 (2 septembre 1796). ══ ARRÊTÉ *du directoire exécutif, qui proclame le terme moyen du cours des mandats du 11 au 15 fructidor* (1). (II, Bull. LXXII, n° 671.)

N° 605. = 16 fructidor an 4 (2 septembre 1796). = ARRÊTÉ *du directoire exécutif, contenant réglement pour la police des papeteries* (2). (II, Bull. LXXIII, n° 674; B., LXV, 305.)

Le directoire exécutif, considérant que l'article 360 de l'acte constitutionnel interdit toute corporation; que le décret de la convention nationale, du 21 septembre 1792, veut que, *jusqu'à ce qu'il en ait été autrement ordonné, les lois non abrogées continuent provisoirement d'être exécutées;* qu'ainsi il maintient celles des dispositions du réglement du 29 janvier 1739, concernant les ouvriers papetiers, auxquelles il n'a pas été dérogé postérieurement; que cependant, au mépris de ces dispositions et de celles des 14—17 juin 1791 et 23 nivose an 2, les ouvriers papetiers continuent d'observer entre eux des usages contraires a l'ordre public, de chômer des fêtes de coteries ou de confréries, de s'imposer mutuellement des amendes, de provoquer la cessation absolue des travaux des ateliers, d'en interdire l'entrée à plusieurs d'entre eux, d'exiger des sommes exorbitantes des propriétaires, entrepreneurs ou chefs de manufactures de papiers, pour se relever des proscriptions ou interdictions de leurs ateliers, connues sous le nom de *damnations;* – Considérant qu'il est urgent de réprimer ces désordres, en faisant exécuter les lois qui en punissent les auteurs, et par la de dégager le commerce, l'industrie et le droit de propriété, des entraves et des vexations de la malveillance, —Arrête ce qui suit :

Art. 1er. Toutes coalitions entre ouvriers des différentes manufactures de papiers, par écrit ou par émissaires, pour provoquer la cessation du travail, sont regardées comme des atteintes portées a la tranquillité qui doit régner dans les ateliers. (*Loi du 23 nivose an 2, article 5*) — Les délibérations qu'ils prendraient ou conventions qu'ils feraient entre eux pour refuser de concert, ou n'accorder qu'a un prix déterminé, le secours de leur industrie ou de leurs travaux, sont déclarées inconstitutionnelles, attentoires à la liberté, et de nul effet; les corps administratifs seront tenus de les déclarer telles. Les auteurs, chefs et instigateurs qui les auront provoquées, redigées ou présidées, seront cités devant le tribunal correctionnel, à la requête du commissaire du directoire exécutif près l'administration municipale, et condamnés chacun a cinq cents livres d'amende. (*Loi du 14—17 juin 1791, article* 4.)

2. Néanmoins chaque ouvrier pourra individuellement dresser des plaintes et former ses demandes; mais il ne pourra, en aucun cas, cesser le travail, sinon pour cause de maladie ou infirmités dûment constatées. (*Loi du 23 nivose an 2, article 5.*)

3. Si lesdites délibérations ou convocations, 'affiches apposées ou lettres circulaires, contenaient quelques menaces contre les entrepreneurs, artisans, ouvriers ou journaliers étrangers qui viendraient travailler dans le lieu, ou contre ceux qui se contenteraient d'un salaire inférieur, tous auteurs, instigateurs et signataires desdits actes ou écrits, seront punis d'une amende de mille livres chacun, et de trois mois de prison. (*Loi du 14—17 juin 1791, article* 6.)

---

(1) Voyez le tableau qui fait suite à la loi du 16 pluviose an 5 (4 février 1797).
(2) Voyez, sur le même objet, le decret du 26—26 juillet 1791; et celui du 28 nivose—3 pluviose an 2 (17—22 janvier 1794).

4. Les amendes entre ouvriers, celles mises par eux sur les entrepreneurs, seront considérées et punies comme simple vol. (*Loi du 23 nivose an 2, article 6.*)—Le simple vol est, outre les restitutions et dommages-intérêts, puni d'un emprisonnement qui ne peut excéder deux ans: la peine est double en cas de récidive. (*Loi du 19—22 juillet 1791, titre II, article 32.*)

5. Les proscriptions, défenses et interdictions connues sous le nom de *damnations*, seront regardées comme des atteintes portées a la propriété des entrepreneurs ; ceux-ci seront tenus de dénoncer au juge de paix les auteurs ou instigateurs de ces délits, qui seront mis sur-le-champ en état d'arrestation, et poursuivis a la requête du commissaire du pouvoir exécutif près l'administration municipale du canton, devant le tribunal correctionnel de l'arrondissement, pour y être jugés conformément à l'article precedent. (*Loi du 23 nivose an 2, article 6.*)

6. Tous attroupemens composés d'ouvriers ou excités par eux contre le libre exercice de l'industrie et du travail, ou contre l'action de la police et l'exécution des jugemens rendus en cette matière, seront tenus pour attroupemens séditieux, et comme tels ils seront dissipés par les dépositaires de la force publique, sur les réquisitions légales qui leur en seront faites, et punis selon toute la rigueur des lois sur les auteurs, instigateurs et chefs desdits attroupemens, et sur tous ceux qui auront commis des voies de fait et des actes de violence. (*Loi du 14—17 juin 1791, article 8.*)

7. Nul ouvrier papetier ne pourra quitter l'atelier dans lequel il travaille, pour aller dans un autre, sans avoir prevenu l'entrepreneur, devant deux témoins, quatre décades d'avance, a peine de cent livres d'amende payables par corps contre l'ouvrier, et de trois cents livres contre l'entrepreneur qui recevrait dans son atelier et engagerait un ouvrier qu'il ne lui ait représenté le congé par écrit du dernier fabricant chez lequel il aura travaillé, ou du juge de paix des lieux, en cas de refus mal fondé de la part du fabricant. Ces amendes seront appliquées, moitié à la république, l'autre moitié au profit des fabricans que les ouvriers auront quittés sans congé. — Seront aussi tenus les fabricans d'avertir les ouvriers, en présence de deux témoins, quatre décades avant de les renvoyer, a peine de leur payer leurs gages et nourriture pendant ce terme, sauf le cas de négligence ou inconduite dûment constatée. (*Règlement du 29 janvier 1739, article 48 ; loi du 23 nivose an 2, article 7.*)

8. Il est défendu aux fabricans de débaucher les ouvriers les uns des autres, en leur promettant des gages plus forts que ceux qu'ils gagnaient chez les fabricans où ils travaillaient, sous les peines portées par l'article précédent, tant contre les fabricans que contre les ouvriers. (*Règlement du 29 janvier 1739, article 49.*)

9. S'il arrivait qu'un ouvrier, pour forcer le fabricant à le congédier avant le temps, gâtât son ouvrage par mauvaise volonté, et qu'il en fût convaincu tant par la comparaison de ses autres ouvrages que par la déposition des autres ouvriers travaillant dans le même moulin, il sera condamné, outre le dédommagement, à la même peine que s'il avait quitté le fabricant sans congé. (*Règlement du 29 janvier 1739, article 50.*)

10. Indépendamment du congé mentionné dans les précédens articles, nul ouvrier ne pourra passer d'une manufacture à l'autre, sans un passeport signé de l'agent municipal du lieu ou son adjoint, et visé par l'administration municipale du canton. (*Loi du 23 nivose an 2, article 8.*)

11. Les fabricans pourront employer ceux de leurs ouvriers ou apprentis qu'ils jugeront à propos, a celles des fonctions du métier de papetier qu'ils trouveront leur être les plus convenables, sans qu'aucun des ouvriers puisse

s'y opposer, pour quelque cause et sous quelque prétexte que ce soit, à peine de trois livres d'amende payables par corps, contre chacun des compagnons qui auraient formé de pare.lles oppositions, et de plus grandes peines s'il y échoit. (*Réglement du 29 janvier* 1739, *article* 47.)

12. Les fabricans pourront prendre dans leurs moulins tel nombre d'apprentis qu'ils jugeront a propos, soit fils d'ouvriers ou autres. — Les ouvriers ne pourront, sous aucun pretexte, se dispenser de leur montrer leur métier. Les dépenses d'apprentissage seront aux frais des parens des élèves ou apprentis, au prolit des ouvriers, et ne pourront excéder cinquante livres par an. (*Réglement du* 29 *janvier* 1739, *article* 53; *loi du* 23 *nivose an* 2, *article* 9)

13. Pourront pareillement les fabricans recevoir dans leurs moulins les ouvriers qui viendraient leur demander du travail, en représentant, par eux, le congé du dernier fabricant qu'ils auront quitté, visé par le juge de paix du domicile de celui-ci, sans que les autres ouvriers puissent les inquiéter ou maltraiter, ni exiger d'eux aucune rétribution, pour quelque cause et sous quelque prétexte que ce soit, a peine, en cas de contravention, de vingt livres d'amende payables par corps, contre chacun des ouvriers, et de plus grandes peines s'il y échoit. (*Réglement du 29 janvier* 1739, *article* 53.)

14. Les mêmes peines seront appliquées aux ouvriers qui inquiéteraient ou maltraiteraient les élèves ou apprentis, ou exigeraient d'eux, pour quelque cause et sous quelque prétexte que ce fût, une rétribution plus forte que celle fixée par l'article 12. (*Ibidem*)

15. Le salaire des ouvriers papetiers sera payé par les fabricans, d'après les conditions consenties entre eux, et cela par jour effectif de travail, et non sur des usages émanés de l'esprit de corporation, de coterie ou de confrérie. réprouvé par la constitution.

16. Les ouvriers sont tenus de faire le travail de chaque journée, moitié avant midi, et l'autre moitié après midi, sans qu'ils puissent forcer leur travail, sous quelque prétexte que ce soit, ni le quitter pendant le courant de la journée, sans le congé du fabricant, a peine, en cas de contravention, de trois livres d'amende payables par corps, contre chaque ouvrier, applicables au profit des pauvres de l'hôpital le plus prochain du lieu où les jugemens seront rendus. (*Réglement du* 29 *janvier* 1739, *article* 51)

17. Défenses sont faites a tous ouvriers de commencer leur travail, tant en hiver qu'en été, avant trois heures du matin, et aux fabricans, de les y admettre avant cette heure, ni d'exiger d'eux des tâches extraordinaires appelées *avantages*, a peine de cinquante livres d'amende contre les fabricans, et de trois livres contre les ouvriers, pour chaque contravention, lesdites amendes applicables comme ci-dessus. (*Réglement du* 29 *janvier* 1739, *article* 59.)

18. Toutes les contestations qui pourraient s'élever dans les manufactures, entre les entrepreneurs ou fabricans et leurs ouvriers, relativement aux salaires de ceux-ci et à leurs engagemens respectifs, seront portées devant le juge de paix du canton, qui y statuera en dernier ressort, ou a la charge de l'appel, suivant les distinctions établies par l'article 10 du titre III de la loi du 16—24 août 1790 sur l'organisation judiciaire.

19. Les affaires dans lesquelles il y aura lieu à amende ou emprisonnement, seront portées devant le tribunal de police, ou devant le tribunal correctionnel, d'après les distinctions établies par l'article 233 de l'acte constitutionnel, et par l'article 150 du Code des délits et des peines.

20. Le présent arrêté sera imprimé au bulletin des lois. — Il sera en outre, à la diligence des commissaires du directoire exécutif près les administra-

tions centrales, affiché, au nombre de plusieurs exemplaires, dans chaque commune de la république où il existe des papeteries, principalement dans chaque atelier, et lu en séance publique de l'administration municipale de chaque canton dans lequel ces papeteries sont situees. — Les ministres de l'intérieur et de la police générale sont chargés, chacun en ce qui le concerne, de tenir la main à son exécution.

N° 606.=17 fructidor an 4 (3 septembre 1796). = Loi *contenant des moyens pour accélérer la vente des domaines nationaux, et l'exécution de la loi sur la suppression des maisons religieuses dans les neuf départemens réunis le 9 vendémiaire an 4* (1). (II, Bull. LXXIII, n° 678; B., LXV, 308.)

N° 607. = 17 fructidor an 4 (3 septembre 1796). = Loi *contenant des mesures pour assurer la tranquillité dans la commune de Vendôme.* (II, Bull. LXXIII, n° 679; B., LXV, 310.)

N° 608.=18 fructidor an 4 (4 septembre 1796).= Loi *qui indique aux accusés contumaces déportés des colonies françaises par les Anglais, les moyens de purger leur contumace* (2). (II, Bull. LXXIV, n° 682; B., LXV, 312.)

Art. 1ᵉʳ. Le tribunal de cassation est autorisé à indiquer aux accusés contumaces déportés des colonies françaises par les Anglais, un des tribunaux criminels de la république, par-devant lequel ils seront reçus à se présenter pour purger leur contumace, dans le délai et dans les formes prescrits par les lois.

2. Il en sera de même à l'égard de tous les accusés contumaces qui, pour quelque cause que ce soit, dûment constatée, se trouveront dans l'impossibilité de se présenter devant les tribunaux qui auront instruit et jugé la contumace.

N° 609. = 18 fructidor an 4 (4 septembre 1796).=Loi *qui détermine les cas dans lesquels il y a lieu à la révision des jugemens militaires* (3). (II, Bull. LXXIV, n° 683; B., LXV, 313.)

La révision des jugemens militaires ne peut et ne doit être ordonnée que dans les deux cas seulement exprimés dans l'article 3 de la loi du 17 germinal dernier, c'est-a-dire lorsqu'il y a violation des formes prescrites, ou lorsque la peine infligée est plus forte que celle que la loi applique au délit.

N° 610.=18 fructidor an 4 (4 septembre 1796).=Loi *portant que l'article 14 de la loi du 2 thermidor an 4* (4), *relative au paiement des fermages, continuera d'être exécuté.* (II, Bull. LXXIII, n° 681; B., LXV, 314.)

Le conseil...., considérant qu'il est instant de lever toutes difficultés qui pourraient naître sur le véritable sens de l'article 6 de la résolution du 7 fructidor présent mois (5), concernant le paiement de l'arriéré des ferma-

---

(1) Voyez la loi du 15 fructidor an 4 (1ᵉʳ septembre 1796), et la note.
(2) Voyez, sur le mode de jugement des coutumaces, les art. 462 et suiv. du Code du 3 brumaire an 4 (25 octobre 1795), et les notes.
(3) Cette loi a été etendue par celle du 18 vendémiaire an 6 (9 octobre 1797).—Voyez cette dernière loi et les notes.
(4) Lisez an 3.
(5) C'est-à-dire la précédente loi du 18 fructidor an 4.

ges, en ce qu'il y est dit que ceux qui ont *payé conformément aux lois exis-tant lors des paiemens*, seront entièrement libérés ; — Considérant que, par cet article, le conseil n'a pas entendu abroger l'article 14 de la loi du 2 thermidor dernier, relative au paiement des fermages...., — Prend la résolution suivante : — Les dispositions de l'article 14 de la loi du 2 thermidor, relative aux paiemens faits avant la publication de cette même loi, sur les prix de ferme représentatifs de la récolte de l'an 3, continueront d'être exécutées.

———

N° 611.=18 fructidor an 4 (4 septembre 1796).=Loi *qui détermine le mode de paiement des fermages arriérés* (1). (II, Bull. LXXIII, n° 680 ; B., LXV, 315.)

Art. 1er. Le mode d'acquittement des prix des baux et des rentes fon-cières, moitié en grains valeur de 1790, l'autre moitié en papier-monnaie valeur nominale, établi pour l'an 3 par les lois des 2 thermidor même an-née, 3 brumaire, 13 frimaire et 15 germinal derniers, cesse d'avoir lieu pour tous les paiemens restant a faire.

2. L'arriéré des sommes stipulées par des baux, soit d'une, soit de plu-sieurs années, pour fermages des années de jouissance antérieures a l'an 4, de biens ruraux, de coupes de bois, d'usines, et de toutes autres propriétés et exploitations rurales, quels qu'en soient la nature et le produit, même des bâtimens autres que les maisons servant uniquement a l'habitation, sera payé en numéraire métallique, ou en mandats au cours qui sera déclaré tous les cinq jours par le directoire exécutif, de la manière prescrite par la loi du 25 thermidor dernier, pour les fermages de l'an 4.

3. La réduction prononcée par l'article 10 de la loi du 9 messidor der-nier, des prix des baux qui ont été passés postérieurement à la levée du *maximum*, aura son effet pour l'an 3 comme pour l'an 4, et en général pour tout le temps de la durée desdits baux. La même réduction pourra être de-mandée sur les baux non stipulés en denrées ou en numéraire, postérieurs au 1er janvier 1792, dont les anciens prix ont été augmentés de plus d'un cin-quième ; néanmoins sans répétition des sommes payées pour le passé.

4. Dans les cas de réduction prévus par l'article précédent, le propriétaire et le fermier ont réciproquement la faculté de résilier les baux a l'expiration de l'année de jouissance commencée, en s'avertissant par écrit dans le mois de la publication de la présente résolution.

5. Il n'est rien innové aux arrangemens pris de gré à gré entre les pro-priétaires et les fermiers, sur l'exécution des lois des 2 thermidor, 3 brumaire, 13 frimaire et 15 germinal précitées.

6. Ceux qui ont payé la totalité de leurs fermages conformément aux lois existant lors du paiement, sont entièrement libérés, quelles que soient les réserves de revenir à compte d'après les lois qui pourraient survenir, insé-rées aux quittances qu'ils ont reçues : sont pareillement libérés ceux qui ont fait des offres et consignations valables, suivant les lois qui existaient aux époques desdites consignations.

7. Les dispositions ci-dessus s'appliquent aux ventes de fruits et de coupes et retailes de bois sur pied faites pour une seule ou plusieurs années.

8. Elles s'appliquent de même aux baux ou ventes du croit et utilité des fonds de bétail convenus à somme fixe.

———

(1) Voyez la loi du 15 germinal an 4 (4 avril 1796), sur le paiement des fermages, et les notes.

9. Elles sont communes aux baux passés tant par les anciens possesseurs
que par les administrations des biens nationaux, et de ceux régis et administrés comme tels, et généralement à tous les baux de propriétés rurales,
soit nationales, soit privées.

10. Tout ce qui a été statué par les articles précédens en faveur des propriétaires, ou contre eux, est commun a l'usufruitier et au fermier principal
a l'égard des sous-fermiers.

11. Les dispositions des lois antérieures contraires à la présente sont abrogées.

N° 612.—19 fructidor an 4 (5 septembre 1796).= Loi *qui autorise les ecclé-*
siastiques dont la réclusion a été ordonnée par le decret du 3 brumaire an 4,
à reprendre la jouissance de leurs biens (1). (II, Bull. LXXIV, n° 684; B.,
LXV, 317.)

Le conseil...., considérant que la loi du 22 fructidor an 3, qui lève la
confiscation des biens des prêtres reclus ou sujets a la réclusion, n'en interdit la possession et la jouissance qu'a ceux de ces ecclésiastiques qui, ayant
été condamnés par un jugement légal, ont encouru la peine de la mort civile; — Considérant que la loi du 3 brumaire dernier, en ordonnant l'exécution des lois concernant les prêtres reclus, a déclaré qu'elle n'entendait
rien changer aux dispositions de celle du 22 fructidor; que néanmoins, quelques administrations en ayant mal saisi le sens, il en est résulté des décisions
contraires aux principes consacrés dans ces lois; — Considérant enfin qu'il
est instant de faire cesser une erreur qui, en favorisant des prétentions
odieuses de la part des héritiers présomptifs, attaque le droit de propriété
et ajoute a la rigueur de la loi....,—Prend la résolution suivante :

Art. 1er. Les ecclésiastiques dont la réclusion a été ordonnée par la loi du
3 brumaire dernier en vertu des lois rendues contre eux en 1792 et 1793,
sont autorisés a reprendre la possession et jouissance de leurs biens.

2. Leurs héritiers présomptifs qui s'en seraient emparés et qui s'en trouveraient actuellement nantis, sont tenus de les leur restituer sans délai,
sans pouvoir se prévaloir contre eux de leur réclusion pour cause de non
prestation de serment.

3. Les ventes légalement faites des biens meubles et immeubles des ecclésiastiques désignés dans l'article 1er, sont maintenues; et le prix, ou ce qui
en reste dû, en sera payé auxdits ecclésiastiques, soit par les acquéreurs
desdits biens qui ne se seraient pas acquittés, soit par les héritiers présomptifs ou toutes autres personnes qui en auraient reçu la valeur, soit par le
trésor public pour les sommes provenant desdites ventes qui y auraient été
versées.

4. En ce qui concerne les perceptions de fruits, frais de séquestre, abus
ou dilapidations, on se réglera conformément à ce qui est indiqué par l'article 5 de la loi du 22 fructidor an 3.

5. Toutes dispositions contraires à la présente résolution sont révoquées.

N° 613. = 19 fructidor an 4 (5 septembre 1796). = ARRÊTÉ *du directoire*
exécutif, qui charge la commission des contributions directes de la déli-
vrance des patentes dans la commune de Paris. (II, Bull. LXXIV, n° 686;
B., LXV, 319.)

N° 614. = 20 fructidor an 4 (6 septembre 1796).= Loi *qui proroge le délai*

(1) Voyez, sur la déportation des prêtres, le décret du 27 mai 1792, et les notes qui résument
la législation.

*pour le paiement du dernier quart du prix des biens nationaux soumis-
sionnés, et porte que les domaines non soumissionnés seront vendus sur
enchères* (1). (II, Bull. LXXIV, n° 687; B., LXV, 319.)

Art. 1er. Il est accordé quinze jours, à compter du jour de la publication
de la présente loi, aux acquéreurs et soumissionnaires des biens nationaux,
pour se libérer du montant total ou partiel du quart du prix desdits biens,
conformément à la loi du 13 thermidor dernier.

2. A compter du jour de la publication de la présente, il ne sera procédé
à la vente des domaines nationaux non soumissionnés, que sur enchères,
dans les formes qui seront incessamment prescrites.

3. Les paiemens faits en mandats à la trésorerie nationale, pour les départemens, seront valables à compter du jour du versement, constaté par
la date des rescriptions, et seront regardés comme s'ils avaient été faits
entre les mains du receveur des domaines nationaux. — Ceux qui auront usé
ou useront de cette faculté, seront tenus de remettre au receveur des domaines nationaux les rescriptions, dans la décade de leur date.

N° 615. =21 fructidor an 4 (7 septembre 1796). = Loi *relative au recours en
cassation contre les jugemens des commissions militaires* (2). (II, Bull.
LXXIV, n° 689; B., LXV, 324.)

Le recours en cassation contre les jugemens des commissions militaires est
admissible pour cause d'incompétence.

(1) Voyez, sur le mode de paiement des domaines nationaux, les lois citées dans les notes qui
accompagnent le decret du 9 juillet (25, 26, 29 juin et)—25 juillet 1790. — Voyez spécialement,
sur le paiement du dernier quart, le décret du 13 thermidor an 4 (31 juillet 1796), et
les notes
(2) Voyez le Code militaire du 30 septembre—19 octobre 1791, art. 9; et la loi du 27 ventose
an 8, art. 77. — Les commissions militaires ont été remplacées par des conseils de guerre,
institués par la loi du 13 brumaire an 5 (3 novembre 1796). Voyez cette loi et les notes.
Toute formalité, devant un conseil de guerre, qui a pour objet de mettre un prévenu en état
de se défendre, est censée omise lorsque l'accomplissement n'en est pas constaté, et cette omission donne lieu à cassation : tel le défaut de lecture du procès-verbal d'information au prévenu,
après son interrogatoire. Cass., 15 janvier 1813, Sir., XIV, 1, 187.
Le ministère public près les conseils de guerre n'a pas le droit de se pourvoir en cassation
contre les jugemens émanés de cette juridiction : ce droit n'appartient qu'aux individus non militaires, pour incompétence et excès de pouvoir. Cass., 7 avril 1832, Sir., XXXII, 1, 715; Bull.
crim., XXXVII, 201.
Encore qu'en matière criminelle, correctionnelle et de police, le ministère public soit admis,
comme le condamné, à se pourvoir en cassation, néanmoins le procureur général près d'une cour
de justice criminelle ne peut pas se pourvoir pour cause d'incompétence, contre un jugement
rendu par un conseil de guerre, sur un fait dont la loi déférait la connaissance à cette cour. Cass.,
29 frimaire an 13. Sir., VII, 2, 945; Bull. crim., X, 77.
La cour de cassation peut, sur le réquisitoire du ministère public, casser le jugement d'un
conseil de guerre, pour fausse application de la loi pénale Cass., 26 février 1818, Sir., XVIII, 1,
186; Bull. crim, XXIII 64; et 1er août 1818, Sir., XVIII, 1, 384; Bull. crim., XXIII, 313.—
Il en est de même d'un jugement par lequel un conseil de guerre a absous un citoyen non militaire, sur lequel le conseil de guerre n'avait pas juridiction. Cass., 21 septembre 1815, Sir.,
XVI, 1, 133.
En matière de justice militaire, où la loi n'admet pas les militaires à se pourvoir en cassation,
mais autorise le pourvoi de la part du gouvernement, ce pourvoi du gouvernement, quand il a
lieu, doit profiter au condamné, s'il n'est pas restreint au seul intérêt de la loi; et par
suite le condamné a le droit d'intervenir. Le condamné intervenant peut proposer à l'appui du
pourvoi d'autres moyens que ceux que le gouvernement a proposes; mais il ne peut attaquer d'autres
jugemens. Cass., 15 juillet 1819, Sir., XIX, 1, 371; Bull. crim, XXIV, 244 — Jugé encore que
la cassation des jugemens des conseils de guerre, passés en force de chose jugée, lorsqu'elle a lieu
sur le réquisitoire du procureur géneral, présenté en vertu d'un ordre formel du ministre de la
justice, peut et doit même être prononcée, non seulement dans l'intérêt de la loi, mais encore

N° 616. = 21 fructidor an 4 (7 septembre 1796). = LOI *qui regle la manière dont seront payés les loyers de maisons.* (II, Bull. LXXIV , n° 691; B., LXV, 324.)

Art. 1er. Les loyers de maisons d'habitation, stipulés par baux ou conventions antérieurs au 1er nivose an 3 , seront payés en numéraire , ou mandats au cours, pour le temps qui s'écoulera a compter du 1er vendémiaire prochain.

2. Les loyers de maisons d'habitation stipulés par baux ou conventions postérieures au 1er nivose an 3 , seront réglés de gre a gré entre les parties : en cas de difficulté, ils le seront par experts, et payés pour le temps qui s'écoulera à compter du 1er vendémiaire prochain , en numéraire, ou mandats au cours.

3. Les locataires qui se croiront lésés par les dispositions précédentes, auront la faculté de se désister de leur jouissance , en avertissant dans le mois de la publication de la présente , et en cessant leur jouissance avant le 1er frimaire prochain. — En ce cas, les loyers pour les mois de vendémiaire et brumaire continueront d'être payés comme auparavant (1).

4. Les dispositions des articles précédens ne sont point applicables à la portion des loyers payée d'avance, ni aux baux dont le prix est stipulé en numéraire ou en denrées.

5. Les dispositions des lois antérieures contraires à la présente sont abrogées.

N° 617.=21 fructidor an 4 (7 septembre 1796). =LOI *relative aux vacances des tribunaux* (2). (II, Bull. LXXIV, n° 690 ; B., LXV, 326.)

Art. 1er. Les tribunaux civils de département auront deux mois de vacances chaque année , depuis le 15 fructidor jusqu'au 15 brumaire inclusivement.

2. Néanmoins, pendant les vacances, il y aura dans chaque tribunal une section désignée sous le nom de *section des vacations ,* composée de cinq juges, du commissaire du pouvoir exécutif , ou d'un de ses substituts, et uniquement chargée de prononcer sur les affaires qui requerront célérité.

3. Au tribunal civil du département de la Seine, cette section sera formée de dix juges , qui pourront même se partager en deux sections , s'ils le jugent convenable pour le bien du service ; et dans ce cas, chaque section sera composée de cinq juges, du commissaire du pouvoir exécutif, ou d'un de ses substituts.

4. La section des vacations sera renouvelée chaque année, de manière que tous les membres du tribunal y fassent le service chacun à leur tour, en

---

dans l'intérêt ou touchant l'intérêt des parties, lorsque le cours de la justice se trouve suspendu par un conflit , et qu'il y a nécessité de le retablir par un réglement de juges. Cass., arrêt précité du 7 avril 1832, SIR., XXXII, I, 715; Bull. crim , XXXVII, 201.

Aucun delai n'est fixé pour l'exercice du recours en cassation accordé aux individus non militaires traduits incompétemment devant les conseils de guerre : un pourvoi formé plusieurs mois après le jugement attaqué, est recevable. Cass, 17 novembre 1832, SIR., XXXII, I, 812; Bull. crim., XXXVII, 638 —Il peut être forme tant que le jugement n'a pas été exécuté, ou qu'il n'y a pas été arquiescé par le condamné. Cass , 9 mai 1833, SIR , XXXIII, I, 778; Bull.crim., XXXVIII, 234.

Le pourvoi est valablement formé par une simple déclaration du condamné transmise par le directeur de la prison où ce condamné est detenu. Cass., arrêt précité du 17 novembre 1832.

(1) Voyez la loi du 14 prairial an 5 (2 juin 1797), interpretative du present article.

(2) Voyez, sur le même objet, le décret du 17—23 septembre 1791, et les notes.

commençant par ceux qui sont les derniers dans l'ordre de leur nomination.

5. Les membres de la section des vacations pourront suppléer momentanément, dans le cas où il sera nécessaire, les juges du tribunal criminel.

6. Les tribunaux correctionnels, les tribunaux criminels, les tribunaux de commerce, le tribunal de cassation, n'ont point de vacances.

N° 618.=21 fructidor an 4 (7 septembre 1796).= Arrêté *du directoire exécutif, qui établit un nouveau mode dans la correspondance des autorités constituées.* (II, Bull. LXXIV, n° 692; B., LXV, 328.),

Art. 1er. A compter du 1er vendémiaire prochain, il ne pourra être adressé, — Aux ministres, — Aux administrations départementales et municipales, — Aux bureaux centraux des cantons de Paris, de Marseille, de Lyon et de Bordeaux, — Aux accusateurs publics, — Aux commissaires du directoire exécutif près les administrations et les tribunaux, — A la régie de l'enregistrement, — A la régie des douanes, — A l'administration générale des postes et messageries, — A la direction générale de la liquidation, — A la commission établie à Paris pour la liquidation de la dette des émigres du département de la Seine, — Et au bureau du domaine national du même département, — Aucun mémoire, pétition ou lettre, qu'il ne soit écrit à mi-marge, sur double feuille, et étiqueté, en tête de chacune des deux feuilles, d'un ou deux mots indicatifs de la nature d'affaire a laquelle il appartient, et d'un numéro.

2. Dans le cas où le mémoire, lettre ou pétition, serait susceptible d'être réduit a une série de questions, il suffira qu'il soit écrit sur une simple feuille, sauf a y joindre, sur feuille double, la série de questions a laquelle il donnera lieu.

3. La disposition des articles précédens s'applique aux mémoires, lettres et pétitions que les autorités s'écriront entre elles, comme a ceux que leur adresseront les citoyens. Elle ne s'applique pas aux pièces jointes à ces mémoires, lettres ou pétitions.

4. Chaque autorité a laquelle aura été adressé un mémoire, lettre ou pétition, consignera la minute de sa réponse a la marge de chacun des doubles qu'elle aura par-devers elle. — Elle gardera l'un de ces doubles par-devers elle, pour minute, et enverra l'autre à l'autorité ou au citoyen qui les lui aura adressés tous deux.

5. Si le mémoire, lettre ou pétition, contient plusieurs articles, la réponse sera couchée a la marge de chacun.

6. Tout mémoire, lettre ou pétition, — Qui contiendrait plusieurs objets distincts, — Qui ne serait pas écrit a mi-marge, — Ou qui ne serait pas étiqueté, ainsi que le prescrit l'article 1er, — Sera renvoyé sans réponse à celui ou ceux de qui il proviendra.

7. Les ministres et les autres autorités désignées dans l'article 1er, réformeront ceux de leurs employés dont les services leur deviendront inutiles d'après les dispositions du présent arrêté.

N° 619. = 21 fructidor an 4 (7 septembre 1796). = Arrêté *du directoire exécutif, qui proclame le terme moyen du cours des mandats du* 16 *au* 20 *fructidor* (1). (II, Bull. LXXIV, n° 693; B., LXV, 328.)

(1) Voyez le tableau place a la suite de la loi du 16 pluviose an 5 (4 février 1797).

N° 620. = 23 fructidor an 4 (9 septembre 1796).=Loi *interprétative de l'article* 4 *de celle du* 13 *thermidor dernier, sur le paiement du prix du dernier quart des domaines nationaux*(1). (II, Bull. LXXV, n° 697; B., LXV, 331.)

La remise de dix pour cent, accordée sur le prix des maisons d'habitation qui, en exécution de la loi du 6 floréal dernier, ont été estimées séparément, doit s'étendre sur la totalité du prix.

N° 621. = 23 fructidor an 4 (9 septembre 1796). = ARRÊTÉ *du directoire exécutif, interprétatif de celui du* 4 *pluviose an* 4, *qui détermine un mode pour la vente des domaines nationaux dans les neuf départemens réunis le* 9 *vendémiaire précédent.* (II, Bull. LXXVI, n° 701; B., LXV, 333.)

N° 622. = 24 fructidor an 4 (10 septembre 1796). = LOI *relative à la manière de juger les rebelles saisis dans un rassemblement armé* (2). (II, Bull. LXXV, n° 698; B., LXV, 335.)

Le conseil..., considérant qu'il est instant de faire cesser les doutes qui se sont élevés sur le point de savoir si la loi du 22 messidor dernier déroge aux lois des 30 prairial an 3, 1er vendémiaire an 4, et à l'article 598 du Code des délits et des peines;—Considérant aussi que ladite loi du 22 messidor n'est relative qu'aux individus qui, sous le prétexte de délits militaires, étaient distraits de leurs juges naturels, et non aux rébellions et aux rassemblemens armés..., —Prend la résolution suivante :

La loi du 22 messidor an 4 ne porte aucune limitation ni dérogation aux dispositions de l'article 598 du Code des délits et des peines, non plus qu'aux lois confirmées par ledit article, concernant les rebelles saisis dans un rassemblement armé.

N° 623.=24 fructidor an 4 (10 septembre 1796).=ARRÊTÉ *du directoire exécutif, contenant des mesures pour accélérer l'organisation de la marine française* (3). (II, Bull. LXXVI, n° 702; B., LXV, 338.)

Art. 1er. Les corps administratifs, municipaux et autres autorités constituées, sont tenus, *sous leur responsabilité*, de prêter aux officiers d'administration de la marine, préposés à l'inscription maritime, et syndics des marins, 1° les secours prescrits par les lois des 31 décembre 1790—7 janvier 1791 et 3 brumaire an 4, relativement aux levées des gens de mer et ouvriers requis pour le service des vaisseaux ou pour celui des ports et arsenaux de la république ; 2° ceux prescrits par les loi et arrêté des 21 septembre 1793 et 3 floréal an 3, pour contraindre lesdits gens de mer et ouvriers déserteurs, fuyards ou désobéissans, à se présenter, pour les faire rejoindre.

2. En cas de refus ou de retard à l'exécution des ordres de levées, les frais de recherches, d'arrestation et de conduite par la gendarmerie nationale ou par la force armée, des gens de mer et ouvriers, seront entièrement à la charge desdites autorités constituées, conformément aux loi et arrêté des 21 septembre 1793 et 3 floréal an 3.

---

(1) Voyez cet article et les notes.
(2) Voyez l'art. 598 du Code du 3 brumaire an 4 (25 octobre 1795).
(3) Voyez, sur l'organisation de la marine, le décret du 29 avril—15 mai 1791, et les notes qui résument la législation; et surtout les décrets du 3 brumaire an 4 (25 octobre 1795), pour l'exécution desquels le présent arrêté est rendu.

3. Les administrations municipales, et notamment les commissaires du pouvoir exécutif près de celles desdites administrations dans l'arrondissement desquelles se trouveront des marins déserteurs, fuyards ou désobéissans, seront *personnellement* responsables de l'inexécution du présent arrêté.

4. Tous ceux des gens de mer et ouvriers compris dans l'inscription maritime, qui, conformément à la loi du 3 brumaire an 4, auront été requis pour le service des vaisseaux ou pour celui des ports et arsenaux de la république, et ne se seront pas rendus a leur poste, ou qui l'auront quitté sans congé ni permission, seront tenus, dans la huitaine de la publication du présent arrêté, de se présenter a l'officier d'administration chargé de l'inscription maritime de leur quartier, qui leur délivrera un ordre de rejoindre.

5. Après ce délai expiré, lesdits officiers d'administration emploieront contre les déserteurs, fuyards ou désobéissans, les mesures de rigueur prescrites par les lois et arrêtés des 31 décembre 1790—7 janvier 1791, 21 septembre 1793, 3 floréal an 3 et 3 brumaire an 4.

6. En cas d'insuffisance de ces mesures, les familles des marins et ouvriers seront personnellement responsables de leur évasion ou désertion, conformément à l'arrêté de l'ex-comité de salut public, du 3 floréal an 3.

7. Les officiers d'administration, préposés à l'inscription maritime, et syndics des marins, sont autorisés, en vertu des loi et arrêté des 21 septembre —12 octobre 1791 et 3 floréal an 3, a requérir *directement* la gendarmerie nationale ou force armée, et à établir garnison chez les parens des gens de mer déserteurs, fuyards ou désobéissans, jusqu'a ce que ces derniers se soient présentés au bureau de l'inscription maritime de leur quartier.

8. Les dispositions des lois et arrêtés des 31 décembre 1790—7 janvier 1791, 21 septembre 1793, 16 germinal, 3 floréal et 7 thermidor an 3, et 3 brumaire an 4, relatives aux gens de mer et ouvriers déserteurs, fuyards ou désobéissans, seront exécutées dans tous les quartiers et syndicats désignés par l'arrêté du directoire exécutif du 21 ventose an 4, ainsi que celles des lois des 21—22 août 1790 et 26 nivose an 2, concernant les peines a infliger auxdits gens de mer et ouvriers.

9. Il est défendu à tous capitaines des bâtimens du commerce, maîtres, pilotes ou patrons de bateaux, tartanes, barques, allèges et autres bâtimens faisant le cabotage ou la navigation intérieure des rivières situées dans l'étendue des quartiers, de cacher ou recéler des marins ou de les embarquer à leur bord, s'ils ne sont portés sur les rôles d'équipages ; et ce, sous peine contre lesdits capitaines, maîtres ou patrons, d'être destitués de leur commandement, et embarqués sur les vaisseaux de la république, dans la simple qualité de matelots.

10. Il est enjoint aux corps administratifs, municipaux et autres autorités constituées, de se renfermer strictement dans les bornes de leurs fonctions : en conséquence, il leur est expressément défendu de s'immiscer directement ni indirectement dans tout ce qui est relatif aux opérations maritimes, expéditions navales et dispositions des officiers civils et militaires de la marine, officiers d'administration, préposés dans les quartiers; et ce, sous les peines portées par les lois et arrêtés des 26 janvier, 20 juillet 1793, 25 brumaire an 2 et 3 floréal an 3.

11. Il est pareillement défendu à tous officiers civils et militaires de la marine, ingénieurs constructeurs, officiers d'administration, préposés dans les quartiers et syndics des marins, d'avoir aucun égard aux réquisitions, certificats et arrêtés des corps administratifs, municipaux et autorités con-

stituées, qui auraient pour objet l'exemption du service de la marine, ou le renvoi de leur quartier, des marins et ouvriers employés au service de la république. — Les ministres de la marine et des colonies, de la guerre, de l'intérieur et de la police générale, sont chargés, chacun en ce qui le concerne, de donner les ordres nécessaires pour l'entière exécution du présent arrêté, qui sera imprimé et inséré au bulletin des lois.

N° 624. = 26 fructidor an 4 (12 septembre 1796). = ARRÊTÉ *du directoire exécutif, qui proclame le terme moyen du cours des mandats du 21 au 25 fructidor* (1). (II, Bull. LXXVI, n° 704.)

N° 625.=26 fructidor an 4 (12 septembre 1796).= LOI *portant que le décret du 26 floreal an 3 (2) n'est point applicable aux ecclésiastiques sujets à la réclusion ou à la déportation.* (II, Bull. LXXVIII, n° 712; B., LXV, 339)

Art. 1er. La loi du 26 floréal an 3 n'est point applicable aux ecclésiastiques sujets a la réclusion ou a la déportation.

2. En conséquence, nonobstant les dispositions de ladite loi, lesdits ecclésiastiques ou leurs héritiers sont admis, pendant six mois, a revendiquer leurs biens, ou leur valeur s'ils sont vendus, conformément à la loi du 22 fructidor an 3 (3).

3. Les ecclésiastiques sujets a la réclusion ou à la déportation, qui en ont été ou en seront relevés, et qui se trouvent inscrits sur une liste d'émigrés, seront envoyés provisoirement en possession de leurs biens par les administrations départementales, en justifiant, devant elles, qu'ils n'ont pas quitté le territoire de la république depuis le 9 mai 1792 jusqu'au moment de la loi qui les déporte.

4. Dans le cas où lesdits ecclésiastiques ne seraient pas relevés de l'état de réclusion ou déportation, ou seraient décédés, leurs biens seront restitués à leurs héritiers présomptifs, à la charge par eux de faire la preuve ordonnée par l'article précédent.

5. Il n'est rien innové a la loi du 28 pluviose dernier, qui charge le directoire exécutif de statuer définitivement sur les demandes en radiation de la liste des émigrés.

N° 626. = 26 fructidor an 4 (12 septembre 1796). = LOI *contenant ratification du traité d'alliance offensive et défensive entre la république française et le roi d'Espagne* (4). (II, Bull. XCI, n° 867 ; B, LXV, 342.)

Le directoire exécutif de la république française et sa majesté catholique le roi d'Espagne, animés du désir de resserrer les nœuds de l'amitié et de la bonne intelligence heureusement rétablies entre la France et l'Espagne par le traité de paix conclu a Bâle le 4 thermidor an 3 de la république (22 juillet

(1) Voyez le tableau qui fait suite à la loi du 16 pluviose an 5 (4 février 1797).
(2) Concernant la radiation des listes d'émigrés.
(3) Voyez les notes étendues qui accompagnent ce décret.
(4) Voyez le traité de paix du 4 thermidor an 3 (22 juillet 1795), inséré avec le décret du 14 thermidor même mois (1er août 1795), qui le confirme et le ratifie; celui du 6 germinal an 10 (27 mars 1802), insere avec la loi du 30 floréal an 10 (20 mai 1802), qui en ordonne la promulgation; le décret du 29 mars 1811, concernant les prises faites en mer et conduites dans les ports d'Espagne; la convention du 5 janvier 1824, rapportée avec l'ordonnance du 28 février—23 mars 1824, qui en prescrit la publication, sur le même objet. Voyez aussi l'ordonnance du 22 août—1er septembre 1822, portant publication de la convention du 30 avril précédent, relative aux créances des Français à la charge de l'Espagne.

1795), ont résolu de former un traité d'alliance offensive et défensive pour tout ce qui concerne les avantages et la commune défense des deux nations, et ils ont chargé de cette négociation importante et donné leurs pleins-pouvoirs; savoir : le directoire exécutif de la république française, au citoyen *Dominique-Catherine Pérignon*, général de division des armées de la république, et son ambassadeur près sa majesté catholique le roi d'Espagne; et sa majesté catholique le roi d'Espagne, a son excellence don *Manuel de Godoy et Alvarez de Faria*, *Rios*, *Sanchez*, *Zarzosa*, prince *de la Paz*, duc de la Alcudia, seigneur del soto de Roma et de l'état d'Alba, grand d'Espagne de la première classe, régidor perpétuel de la ville de San-Jago, chevalier de l'ordre de la Toison d'or, grand'-croix de celui de Charles III, commandant de Valencia, del Ventoso, Rivera et Acenchal dans celui de Saint-Jacques; chevalier grand'-croix de l'ordre de Malte, conseiller d'état, premier secrétaire d'état et de dépêches, secrétaire de la reine, surintendant des postes et des routes, protecteur de l'académie royale des beaux arts et du cabinet royal d'histoire naturelle, du jardin de botanique, du laboratoire de chimie, de l'observatoire astronomique; gentilhomme de la chambre du roi en exercice, capitaine-général de ses armées, inspecteur et major des gardes du corps; — Lesquels, après la communication et l'échange respectifs de leurs pleins pouvoirs, dont copie est a la fin du présent traité, sont convenus des articles suivans :

Art. 1er. Il existera a perpétuité une alliance offensive et défensive entre la république française et sa majesté catholique le roi d'Espagne.

2. Les deux puissances contractantes seront mutuellement garantes, sans aucune réserve ni exception, et de la manière la plus authentique et la plus absolue, de tous les états, territoires, îles et places qu'elles possèdent et posséderont respectivement; et si l'une des deux se trouve par la suite, sous quelque prétexte que se soit, menacée ou attaquée, l'autre promet, s'engage et s'oblige a l'aider de ses bons offices, et a la secourir sur sa réquisition, ainsi qu'il sera stipulé dans les articles suivans.

3. Dans l'espace de trois mois, a compter du moment de la réquisition, la puissance requise tiendra prêts et mettra a la disposition de la puissance requérante, quinze vaisseaux de ligne, dont trois a trois ponts ou de quatre-vingts canons, et douze de soixante-dix a soixante-douze; six frégates d'une force proportionnée, et quatre corvettes ou bâtimens légers, tous équipés, armés, approvisionnés de vivres pour six mois, et appareillés pour un an. Ces forces navales seront rassemblées, par la puissance requise, dans celui de ses ports qui aura été désigné par la puissance requérante.

4. Dans le cas ou la puissance requérante aurait jugé à propos, pour commencer les hostilités, de restreindre à moitié le secours qui doit lui être donné en exécution de l'article précédent, elle pourra, a toutes les époques de la campagne, requérir la seconde moitié dudit secours, laquelle lui sera fournie de la manière et dans le délai fixés. Ce délai ne courra qu'à compter de la nouvelle réquisition.

5. La puissance requise mettra pareillement à la disposition de la puissance requérante, dans le terme de trois mois, à compter du moment de la réquisition, dix-huit mille hommes d'infanterie et six mille de cavalerie, avec un train d'artillerie proportionné, pour être employés seulement en Europe, ou à la défense des colonies que les puissances contractantes possèdent dans le golfe du Mexique.

6. La puissance requérante aura la faculté d'envoyer un ou plusieurs commissaires à l'effet de s'assurer si, conformément aux articles précédens, la puissance requise s'est mise en état d'entrer en campagne au jour fixé, avec les forces de terre et de mer qui y sont stipulées.

7. Ces secours seront entièrement remis à la disposition de la puissance requérante, qui pourra les laisser dans les ports ou sur le territoire de la puissance requise, ou les employer aux expéditions qu'elle jugerait à propos d'entreprendre, sans être tenue de rendre compte des motifs qui l'auraient déterminée.

8. La demande que fera l'une des puissances, des secours stipulés par les articles précédens, suffira pour prouver le besoin qu'elle en a, et imposera à l'autre puissance l'obligation de les disposer, sans qu'il soit nécessaire d'entrer dans aucune discussion relative à la question si la guerre qu'elle se propose est offensive ou défensive, ou sans qu'on puisse demander aucune explication quelconque qui tendrait à éluder le plus prompt et le plus exact accomplissement de ce qui est stipulé.

9. Les troupes et navires demandés resteront à la disposition de la puissance requérante, pendant toute la durée de la guerre, sans que, dans aucun cas, elles puissent être à sa charge. La puissance réquise les entretiendra partout ou son alliée les fera agir, comme si elle les employait directement pour elle-même. Il est seulement convenu que pendant tout le temps que lesdites troupes ou navires séjourneront sur son territoire ou dans ses ports, elle leur fournira de ses magasins ou arsenaux, tout ce qui leur sera nécessaire, de la même manière et au même prix qu'à ses propres troupes ou navires.

10. La puissance réquise remplacera sur-le-champ les navires de son contingent qui se perdraient par des accidens de guerre ou de mer; elle réparera également les pertes que souffriraient les troupes de son contingent.

11. Si lesdits secours étaient ou devenaient insuffisans, les deux puissances contractantes mettront en activité les plus grandes forces qu'il leur sera possible, tant par mer que par terre, contre l'ennemi de la puissance attaquée, laquelle usera desdites forces, soit en les combinant, soit en les faisant agir séparément, et ce, d'après un plan concerté entre elles.

12. Les secours stipulés par les articles précédens seront fournis dans toutes les guerres que pourraient avoir à soutenir les puissances contractantes, même dans celles où la partie réquise ne serait pas directement intéressée, et n'agirait que comme simple auxiliaire.

13. Dans le cas où les motifs d'hostilités portant préjudice aux deux parties, elles viendraient à déclarer la guerre, d'un commun accord, à une ou plusieurs puissances, les limitations établies dans les articles précédens cesseront d'avoir lieu; et les deux puissances contractantes seront tenues de faire agir contre l'ennemi commun la totalité de leurs forces de terre et de mer, de concerter leurs plans pour les diriger vers les points les plus convenables, ou séparément, ou en les réunissant.—Elles s'obligent également, dans les cas désignés au présent article, à ne traiter de la paix que d'un commun accord, et de manière que chacune d'elles obtienne la satisfaction qui lui sera due.

14. Dans le cas où l'une des puissances n'agirait que comme auxiliaire, la puissance qui se trouvera seule attaquée pourra traiter de paix séparément, mais de manière qu'il n'en résulte aucun préjudice contre la puissance auxiliaire, et qu'elle tourne même, autant qu'il sera possible, à son avantage direct. A cet effet, il sera donné connaissance à la puissance auxiliaire, du mode et du temps convenus pour l'ouverture et la suite des négociations.

15. Il sera conclu très incessamment un traité de commerce, d'après des bases équitables et réciproquement avantageuses aux deux peuples, qui assure à chacun d'eux, chez son allié, une préférence marquée pour les produits de son sol et de ses manufactures; ou tout au moins des avantages égaux à

ceux dont jouissent, dans les états respectifs, les nations les plus favorisées.
Les deux puissances s'engagent a faire, dès à présent, cause commune pour
réprimer et aneantir les maximes adoptées par quelque pays que ce soit, qui
contrarieraient leurs principes actuels, et porteraient atteinte à la sûreté
du pavillon neutre et au respect qui lui est dû, ainsi que pour relever et
rétablir le système colonial de l'Espagne sur le pied où il a existé ou dû
exister d'après les traités.

16. Le caractere et la juridiction des consuls seront en même temps reconnus et réglés par une convention particuliere : celles antérieures au présent traité seront provisoirement exécutées.

17. Pour éviter toute contestation entre les deux puissances, elles sont
convenues de s'occuper immédiatement, et sans délai, de l'explication et du
développement de l'article 7 du traité de Bâle, concernant les frontières,
d'après les instructions, plans et mémoires qu'elles se communiqueront par
l'entremise des mêmes plénipotentiaires qui négocient le présent traité.

18. L'Angleterre étant la seule puissance contre laquelle l'Espagne ait des
griefs directs „ la présente alliance n'aura son exécution que contre elle pendant la guerre actuelle; et l'Espagne restera neutre a l'égard des autres
puissances armées contre la république.

19. Les ratifications du présent traité seront échangées dans un mois, a
compter de sa signature.

Fait à Saint-Ildefonse, le 2 fructidor an 4 de la république une et indivisible.

Signé PÉRIGNON ; el principe DE LA PAZ.

. El directorio executivo de la republica francesa y su magestad catolica el
rey de España, animados del deseo de estrechar los lazos de la amistad y
buena inteligencia que restableció felicemente entre Francia y España el tratado de paz concluido en Basilea el 4 thermidor, año 3 de la republica (22 de
julio de 1795), han resuelto hacer un tratado de alianza ofensiva y defensiva,
comprehensivo de todo sus lo que interesa á las ventajas y defensa comun
de las dos naciones, y han encargado esta negociacion importante y dado
sus plenos poderes para ella; á saber : el directorio executivo de la republica
francesa, al ciudadano *Domingo-Catalina Pérignon*, general de division de
los exercitos de la misma republica, y su ambaxador cerca de su magestad
catolica el rey de España; y su magestad catolica el rey de España, al ex-
celentissimo señor don *Manuel de Godoy y Alvares de Faria, Rios, Sanchez, Zarzosa*, principe *de la Paz*, duque de la Alcudia, señor del soto de
Roma y del estado de Alba, grande de España de primera clase, regidor
perpetuo de la ciudad de San-Iago, cavallero de la insigne orden del Tuson
de Oro, gran-cruz de la real y distinguida española de Carlos III, comenda-
dor de Valencia, del Ventoso, Rivera y Acenchal en la de San-Iago, cavallero gran-cruz de la religion de San-Juan, consejero de estado. primer secretario de estado y del despacho, secretario de la reyna, superintendente
general de correos y caminos, protector de la real academia de las nobles
artes y de los reales gavinete de historia natural, jardin botanico, laborato-
rio chimico y observatorio astronomico, gentilhombre de camara con exer-
cicio, capitan general de los reales exercitos, inspector y sargento mayor
del real cuerpo de guardias de corps;—Losquales despues de la comunicacion
y cambio respectivo de sus plenos poderes de que se inserta copia al fin del
presente tratado, han convenido en los articulos siguientes :

Art. 1º. Havrá perpetuamente una alianza ofensiva y defensiva entre la
republica francesa y su magestad catolica el rey de España.

2. Las dos potencias contratantes se garantiran mutuamente, sin reserva ni excepcion alguna, y en la forma mas autentica y absoluta, todos los estados, territorios, islas y plazas que poséen y póseeran respectivamente; y si una de las dos se viése en lo successivo amenazada ó atacada bajo qualquier pretexto que sea, la otra promete, se empeña y obliga á auxiliarla con sus buenos oficios, y á socorrerla luego que sea requerida, segun se estipulará en los articulos siguientes.

3. En el termino de tres meses, contados desde el momento de la requisicion, la potencia requerida tendrá prontos y á la disposicion de la potencia demandante, quince navios de linea, tres de ellos de tres ponentes ó de ochenta canoñes, y doce de setenta á setenta y dos; seis fregatas de una fuerza correspondiente; y quatro corbetas ó buques ligeros, todos equipados, armados, provistos de viveres para seis meses, y de aparejos para un año. La potencia requerida reunirá estas fuerzas navales en el puerto de sus dominios que húbiere señalado la potencia demandante.

4. En el caso de que, para principiar las hostilidades, juzgare á proposito la potencia demandante exigir solo la mitad del socorro que debe darsele en virtud del articulo anterior, podrá la misma potencia, en todas las epocas de la campaña, pedir la otra mitad de dicho socorro, que se le suministrará del modo y dentro del plazo señalado. Y este plazo se entenderá contado desde la nueva requisicion.

5. La potencia requerida aprontará igualmente en virtud de la requisicion de la potencia demandante, en el mismo termino de tres meses, contados desde el momento de dicha requisicion, dies y ocho mil hombres de infanteria y seis mil de cavalleria, con un tren de artilleria proporcionado, cuyas fuerzas se emplearan unicamente en Europa, ó en defensa de las colonias que posén las partes contratantes en el golfo de Mexico.

6. La potencia demandante tendrá facultad de enviar uno ó mas comisarios á fin de asegurarse si la potencia requerida, con arreglo á los articulos antecedentes, se ha puesto en estado de entrar en campaña en el dia señalado, con las fuerzas de mar y tierra estipuladas en los mismos articulos.

7. Estos socorros se pondran enteramente a la disposicion de la potencia demandante, bien para que los reserve en los puertos ó en el territorio de la potencia requerida, bien para que los emplée en las expediciones que le parezca conveniente emprehender, sin que esté obligada á dar cuenta de los motivos que la determinen á ellas.

8. La requisicion que haga una de las potencias de los socorros estipulados en los articulos anteriores, bastará para probar la necesidad que tiene de ellos, y para imponer á la otra potencia la obligacion de aprontarlos; sin que sea prociso entrar en discusion alguna de si la guerra que se propone hazer, es ofensiva ó defensiva, ó sin que se pueda pedir ningun genero de explicacion dirigido á eludir el mas pronto y mas exacto cumplimiento de lo estipulado.

9. Las tropas y navios que pida la potencia demandante quederan á su disposicion mientras dure la guerra, sin que en ningun caso puedan serle gravosas. La potencia requerida deberá cuidar de su manutencion en todos los parages donde su aliada las hiciése servir, como si las emplease directamente por si misma; y solo se ha convenido que durante todo el tiempo que dichas tropas ó navios permaneciésen dentro del territorio ó en los puertos de la potencia demandante, deberá franquear de sus almacenes ó arsenales todo lo que necesiten, del mismo modo y á los mismos precios que se fuésen sus propias tropas ó navios.

10. La potencia requerida remplazará al instante los navios de su con-

tingente que perecésen por los accidentes de la guerra ó del mar, y reparará tambien las perdidas que sufriésen las tropas que huviere subministrado.

11. Si fuésen ó llégasen á ser insuficientes dichos socorros, las dos potencias contratantes pondran en movimiento las mayores fuerzas que les sea posible asi de mar como de tierra, contra el enemigo de la potencia atacada; la qual usará de dichas fuerzas, bien combinandolas, bien haziendolas obrar separadamente; pero todo conforme á un plan concertado entre ambas.

12. Los socorros estipulados en los articulos antecedentes, se subministraran en todas las guerras que las potencias contratantes se viesen obligadas á sostener, aun en aquellas en que la parte requerida no tuviése interes directo, y solo obrase como puramente auxiliar.

13. Quando las dos partes llegasen á declarar la guerra de comun acuerdo á una ó mas potencias por que las causas de las hostilidades fuésen perjudiciales á ambas, no tendran efecto las limitaciones prescritas en los articulos anteriores; y las dos potencias contratantes deberan emplear contra el enemigo comun todas sus fuerzas de mar y tierra, y concertar sus planes para dirigirlas acia los puntos mas convenientes, bien separandolas ó bien uniendolas.—Igualmente se obligan, en el caso expresado en el presente articulo, á no tratar de paz sino de comun acuerdo y de manera que cada una de ellas obtenga la satisfaccion debida.

14. En el caso de que una de las dos potencias no obrase sino como auxiliar, la potencia solamente atacada podrá tratar por si de paz, pero de modo que de esto no resulte ningun perjuicio á la auxiliar, y que antes bien redunde en lo posible en beneficio directo suyo; á cuyo fin, se enterará á la potencia auxiliar del modo y tiempo convenido para abrir y seguir las negociaciones.

15. Se ajustará muien breve un tratado de comercio fundado en principios de equidád y utilidád reciproca á las dos naciones, que asegure á cada una de ellas en el pais de su aliada una preferencia especial a los productos de su suelo y á sus manufacturas; ó á los menos ventajas iguales a las que gozan en los estados respectivos las naciones mas favoridas. Las dos potencias se obligan desde aora á hazer causa comun, asi para reprimir y destruir las maximas adoptadas por qualquier pais que sea, que se opongan á sus principios actuales y violen la seguridad del pavellon neutral y el respecto que se le debe, como para restablecer y prever al sistema colonial de la España sobre el pie en que ha estado ó debido estar segun los tratados.

16. Se arreglará y decidirá, al mismo tiempo, el caracter y jurisdiccion de los consules por medio de una convencion particular; y las anteriores al presente tratado se executaran interinamente.

17. Al fin de evitar todo motivo de contestacion entre las dos potencias, se han convenido que tratáran, imediatamente y sin dilacion, de explicar y aclarar el articulo 7 del tratado de Basilea, relativo á los limites de sus fronteras, segun las instrucciones, planes y memorias que se comunicaran por medio de los mismos plenipotenciarios que negocian el presente tratado.

18. Siendo la Inglaterra la unica potencia de quien la España ha recibido agravios directos, la presente alianza solo tendrá efecto contra ella en la guerra actual; y la España permanecerá neutral respecto á las demas potencias que estan en guerra con la republica.

19. El cange de las ratificaciones del presente tratado se hará en el termino de un mes, contado desde el dia en que se firme.

Fecho en San-Ildefonso, á dos de fructidor, año quarto de la republica una é indivisible (18 de agosto 1796).

Fº Pérignon; el principe DE LA PAZ.

(*Suivent les pouvoirs donnés aux signataires du traité.*)

DÉCLARATION.

Des circonstances inattendues ayant retardé le retour du courrier porteur du présent traité a Paris, et le terme d'un mois étant expiré, dans lequel l'échange des ratifications devait être fait selon l'article 19 du même traité d'alliance offensive et défensive entre la république française et sa majesté catholique, nous soussignés plénipotentiaires des deux hautes parties contractantes, sommes convenus de proroger ledit terme jusqu'a ce jour.

En foi de quoi, nous avons signé cette déclaration, faite double entre nous, et y avons apposé nos cachets respectifs, a San-Lorenzo, ce 24 vendémiaire an 5 de la république française. — *Signé* PERIGNON, et el principe DE LA PAZ.

Nous, le citoyen *Dominique Pérignon*, ambassadeur de la république française auprès de sa majesté catholique, et don *Manuel de Godoy*, prince *de la Paz*, etc., premier secrétaire d'etat et de dépêches de ladite majesté, —Certifions que les lettres de ratification du traité d'alliance offensive et défensive entre la république française et sa majesté catholique, signées à Saint-Ildefonse le 2 fructidor dernier, revêtues de toutes leurs formes, et dûment collationnées l'une sur l'autre, et sur les exemplaires originaux dudit traité, ont été aujourd'hui par nous échangées.

En foi de quoi, nous avons signé le présent acte, fait double entre nous, et y avons apposé nos cachets respectifs, a San-Lorenzo, ce 24 vendémiaire an 5 de la république française.—*Signé* PERIGNON, et el principe DE LA PAZ.

DECLARACION.

Haviendo ocurrido circunstancias inesperadas que han retardado la buelta del correo que llevó á Paris el presente tratado, y pasado y á el termino de un mes en el que debia hazerse el cambio de las ratificaciones, segun el articulo 19 del mismo tratado de alianza ofensiva y defensiva entre la republica francesa y su magestad catolica, nos los intra escritos plenipotenciarios de las dos altas partes contratantes, hemos convenido en prorogar dicho termino hasta hoy dia de la fecha.

En fé de lo qual, hemos firmado esta declaracion por duplicado, sellandola con nuestros sellos respectivos, en San-Lorenzo, á quince de octubre de mil setecientos noventa y seis. *Signé* PERIGNON, *y el principe* DE LA PAZ.

Nos el ciudadano *Domingo Pérignon*, ambajador de la republica francesa cerca de su magestad catolica, y don *Manuel de Godoy*, principe *de la Paz*, etc., primer secretario de estado y del despacho de la dicha magestad,

Certificamos que las letras de ratificacion del tratado de alianza ofensiva y defensiva entre la republica francesa y su magestad catolica, firmado en San-Ildefonso á dies y ocho de agosto ultimo, acompañade y de todas sus solemnidades, y debitamente contejadas la una con la otra, y con los exemplares originales de dicho tratado, han sido cangeadas por nos en este dia.

En fé de lo.qual, hemos firmado el presente acto por duplicado, sellandole con nuestros sellos respectivos, en San-Lorenzo, á quince de octubre de mil setecientos noventa y seis.—*Signé* PERIGNON, *y el principe* DE LA PAZ.

RATIFICATION DU ROI D'ESPAGNE.

Après avoir vu et examiné les dix-neuf articles ci-dessus rapportés, a moi présentés pour être approuvés et ratifiés dans tout leur contenu, je déclare par la présente, que je les approuve et ratifie dans la meilleure et plus ample forme que ce puisse être, promettant sur ma foi et parole royale de les exécuter et observer, et de les faire exécuter et observer dans leur entier, comme si je les avais signés moi-même.

En foi de quoi, j'ai fait expédier les présentes, signées de ma main, scellées de mon scel royal, et contresignées par le soussigné, mon conseiller et premier secrétaire d'état et des dépêches.—Donné a Saint-Laurent, le 14 octobre 1796.— *Signé* YO EL REY, *et plus bas,* MANUEL DE GODOY.

Por tanto haviendo visto y examinado los referidos dies y nueva articulos, he venido en approbar y ratificar quanto contienen, como en virtud de la presente los apruebo y ratifico todo en la mejor y mas amplia forma que puedo. prometiendo en fé y palabra de rey cumplirlo y observarlo, hacer que se cumpla y observe enteramente como si yo mismo los huviése firmado.

En fé de lo qual, mandé despachar la presente firmada de mi mano, sellada con mi sello real, y refrendada por el infra escrito, mi consejero y primer secretario de estado y del despacho. Dada en San-Lorenzo, catorce de octúbre de mil setecientos noventa y seis. *Signé* YO EL REY, et plus bas, MANUEL DE GODOY.

La loi du 26 fructidor an 4, portant ratification du traité d'alliance offensive et défensive conclu entre la république française et le roi d'Espagne, ayant été munie du sceau de la république, et l'échange de cette ratification contre celle ci-dessus du roi d'Espagne ayant été fait, le directoire exécutif ordonne au ministre de la justice de la faire imprimer et solennellement publier dans toute l'étendue de la république.—Fait au palais national du directoire exécutif, le 7 brumaire an 5 de la république française, une et indivisible.

Nº 627. = 27 fructidor an 4 (13 septembre 1796). = Loi *portant que les prévenus de délits militaires ont le droit de se choisir des défenseurs dans le lieu où s'instruit la procédure.* (II, Bull. LXXVII, nº 705 ; B., LXV, 351.)

Art. 1ᵉʳ. L'article 12 de la loi du 2ᵉ jour complémentaire de l'an 3, sur l'établissement des conseils militaires, est rapporté.

2. Tout prévenu d'un délit militaire, traduit devant un conseil militaire, aura le droit de se choisir un défenseur dans toutes les classes de citoyens, pourvu que ce soit sur le lieu ou s'instruit la procédure.

Nº 628. = 1ᵉʳ jour complémentaire an 4 (17 septembre 1796). = Loi *qui ordonne la suspension des ventes ou échanges des livres existant dans les dépôts littéraires.* (II, Bull. LXXVII, nº 706 ; B., LXV, 362.)

Nº 629. = 1ᵉʳ jour complémentaire an 4 (17 septembre 1796). = ARRÊTÉ *du directoire exécutif, qui proclame le terme moyen du cours des mandats du 26 au 30 fructidor* (1). (II, Bull. LXXVII, nº 707 ; B., LXV, 364.)

Nº 630. = 2ᵉ jour complémentaire an 4 (18 septembre 1796). = Loi *qui détermine un mode pour la liquidation des créances dues aux citoyens du ci*

_____

(1) Voyez le tableau placé à la suite de la loi du 16 pluviose an 5 (4 février 1797).

devant comtat d'Avignon avant sa réunion a la France (1). (II, Bull. LXXVII, n° 708 ; B. , LXV, 364.)

Art. 1er. Les créances dues aux citoyens du ci-devant comtat d'Avignon avant sa réunion a la France, seront à l'avenir liquidées de la manière et dans les formes précédemment établies pour la liquidation des autres parties de la dette publique ; en conséquence, les dispositions de la loi du 30 frimaire an 3 sont rapportées.

2. Pour parvenir à cette liquidation, les titres de créances seront remis, si fait n'a été, au département de Vaucluse, avant le 1er brumaire an 5, à peine de déchéance.

3. Le département de Vaucluse adressera au directeur général de la liquidation a Paris, avant le 1er pluviose an 5, les pièces relatives aux créances excédant huit cents livres, revêtues des certificats et *visa* préparatoires prescrits par la loi du 23 messidor an 2.

4. Celles desdites créances qui auraient été vérifiées par la commission établie à Avignon jusqu'a l'époque de sa suppression, ne seront pas assujéties à une nouvelle vérification ; le département de Vaucluse est autorisé à faire acquitter celles exigibles au dessous de huit cents livres, d'après la liquidation qui en aura été faite par la commission : en conséquence, les titres par elle adressés au ministre des finances seront par lui renvoyés au département de Vaucluse.

5. Quant aux créances excédant huit cents livres, le travail de la commission tiendra lieu des certificats et *visa* prescrits par la loi du 23 messidor, an 2, et les pièces en seront adressées au liquidateur général, pour en opérer la liquidation définitive.

6. Les dispositions de la loi du 7 pluviose an 2, relatives à la liquidation des offices, seront observées pour la liquidation de ceux du ci-devant comtat d'Avignon.

7. Neanmoins, les titulaires et propriétaires desdits offices seront liquidés et remboursés des finances qu'ils justifieront avoir versées dans la caisse du trésorier établi par l'édit de mars 1769, et le réglement du ci-devant vice-légat, du 12 juillet 1784, pour l'exercice desdits offices.

8. Lesdits titulaires et propriétaires rapporteront, avec les quittances de leurs versemens, les originaux de leurs bulles, provisions ou commissions et réceptions, ensemble des certificats des administrations municipales de leurs résidences, constatant qu'ils étaient titulaires et en exercice a l'époque de leur reunion, et qu'ils jouissaient de l'hérédité, ou l'avaient conservée, en vertu du réglement du 12 juillet 1784.

9. Les finances touchées par le collége des notaires en exécution de l'édit de mars 1769 et du réglement du 12 juillet 1784, ayant dû être employées au paiement des différentes indemnités, il ne sera procédé a la liquidation des offices de notaires, qu'en justifiant de l'emploi des sommes précédemment payées par les titulaires desdits offices, conformément aux édit et réglement ci-dessus datés.

10. Les justifications et rapports de pièces ordonnés par les trois articles précédens, seront faits a la direction générale de la liquidation, avant le 1er pluviose an 5, a peine de déchéance.

———

N° 631. =3e jour complémentaire an 4 (19 septembre 1796). = LOI *relative*

———

(1) Voyez le décret du 14—14 septembre 1791, qui réunit le comtat d'Avignon à la France, et la note.

aux honneurs à rendre aux militaires blessés dans les combats. (II, Bull. **LXXVII**, n° 709 ; B., LXV, 369.)

―――

N° 632.=4ᵉ jour complémentaire an 4 (20 septembre 1796). = **LOI** *qui fixe le mode de paiement des adjudications de bois pour l'an* 5. (II, Bull. **LXXVIII**, n° 718 ; B., LXV, 372.)

Art. 1ᵉʳ. Le prix des adjudications de bois pour l'ordinaire prochain sera payable en valeur réelle et effective, dans le cours de l'an 5.

2. Le directoire exécutif pourra régler les époques de paiement suivant les besoins du service, de manière qu'une portion soit acquittée comptant dans les dix jours de l'adjudication, et le surplus ainsi qu'il sera convenu par le cahier des charges.

3. Il pourra être stipulé dans les conditions, que les adjudicataires fourniront, par avance, des lettres de change a différentes usances, suivant les termes de leur adjudication.

―――

N° 633.=5ᵉ jour complémentaire an 4 (21 septembre 1796).=**LOI** *portant qu'il sera payé un quart en numéraire sur les arrérages de rentes du dernier semestre de l'an* 4. (II, Bull. **LXXVIII**, n° 719 ; B., LXV, 374.)

FIN DU TOME SIXIÈME.

TABLE DES MATIÈRES.

(Les caractères italiques indiquent les dates de sanction de promulgation ou de publication.).

AN 3 (1795).

34.

AN 4 (1795).

AN 4 (1796).

FIN DE LA TABLE DU TOME SIXIÈME.

révolutions du Gouvernement. Dans ce dédale de lois et de règlemens, qui se heurtent et se détruisent, qui se modifient ou se complètent les uns par les autres, l'œil se perd, l'attention et la patience se fatiguent; et la loi, qui doit être connue de tous, peut rester inconnue à ceux mêmes qui la cherchent. Ces difficultés s'accroissent encore par l'encombrement des dispositions d'intérêt local ou privé, qui rendent les recherches longues et fastidieuses.

Pour porter la lumière dans ces ténèbres ; pour faire succéder l'ordre à la confusion, deux choses étaient nécessaires : éliminer de la collection générale les dispositions purement locales ou individuelles, sans en retrancher toutefois aucune, même abrogée, qui offrît un intérêt législatif ou simplement historique ; établir entre toutes les lois sur la même matière une relation directe et continue, par des annotations indiquant leur abrogation ou les modifications qu'elles ont subies. Ce travail était immense ; nous avons néanmoins porté plus loin nos vues : les annotations feront connaître, outre les variations successives de la législation, les arrêts des Cours royales, de la Cour de cassation et du Conseil d'Etat, qui ont fixé la jurisprudence, et présenteront l'analyse des opinions des auteurs les plus estimés sur les questions importantes. Pour les lois de finances, d'administration, de notariat, etc., ces commentaires seront rédigés par des hommes spéciaux, choisis parmi les chefs des différens ministères.

L'ouvrage que nous annonçons n'est donc pas seulement une collection de lois, mais en quelque sorte un cours de jurisprudence générale et spéciale, approprié aux besoins des hommes de tous les états, des fonctionnaires de toutes les branches du gouvernement et de l'administration.

Nous avons long-temps balancé entre l'ordre systématique et l'ordre chronologique. Si le premier peut séduire les esprits méthodiques, il présente d'immenses difficultés d'exécution. Le moment n'est pas venu peut-être encore d'entreprendre une codification complète de nos lois ; il faut attendre que l'époque de transformation sociale à laquelle nous assistons ait accompli son cours. L'ordre chronologique, que nous avons adopté, plus favorable aux recherches, plus commode pour l'homme public, dont tous les instans sont comptés, présente lui-même un grand intérêt historique et philosophique. On aime à retrouver en quelque sorte l'histoire vivante de chaque gouvernement dans l'ensemble de ses actes, à suivre jour par jour les causes de son élévation, de sa durée et de sa chute.

Le *Recueil général*, annoté, *des Lois* de 1789 à 1830, est le complément nécessaire du *Recueil des Lois et Ordonnances* que nous publions depuis cette dernière époque ; ils sont imprimés *sur papier absolument semblable et dans le même format*, de manière à ne former dans les bibliothèques qu'un seul et même ouvrage.

Le *Recueil général*, annoté, *des Lois* sera composé de 16 volumes, qui comprendront toute la législation de 1789 à 1830.

Une table chronologique terminera chaque volume. La livraison du 16e volume sera aussitôt suivie d'une table générale et analytique, dans laquelle seront classées, par ordre alphabétique, les lois, décrets et ordonnances qui régissent la même matière.

Les douze premières livraisons sont en vente : les autres se succèderont avec rapidité.

Prix de l'ouvrage entier. . . . . . . 80 fr. »
Prix de la livraison. . . . . 2 fr. 50 c. } Les frais de port en sus.

Nota. Le prix est exigible par livraison, après la remise aux souscripteurs, sur des mandats tirés par l'Administration.